Das Küchenlexikon

Mary Hahn Küchenpraxis

Das Küchenlexikon

von Claudia Daiber und Manfred Hailer

KOSMOS

MARY HAHN Küchenpraxis: Erfahrung ist der beste Koch

Mary Hahn (1867–1929)

Sie war die erfolgreichste deutsche Kochbuchautorin und -verlegerin zu Beginn des 20. Jahrhunderts. 1912 gründete sie zusammen mit ihrem Mann in Frankfurt/Main einen Kochbuchverlag. Und im gleichen Jahr erschien ihr erstes Buch: „Das Illustrierte Kochbuch für die einfache und feine Küche“, das bis in die 70er Jahre, immer wieder aktualisiert, Auflagen in Millionenhöhe erreichte und eines der meistverkauften Kochbücher war. Dieses Standardwerk wurde 1977 ergänzt durch „Mary Hahns Großes Koch- und Küchenlexikon“, herausgegeben von Michaela Lentz, das im neuen „Mary Hahn Kochbuchverlag“ in Berlin erschien.

Mit der nun im Kosmos Verlag erscheinenden Reihe „Mary-Hahn-Küchenpraxis“ kehrt das Erfolgskonzept in neuem Gewand zurück: zuverlässige Küchenratgeber für alle, die gerne kochen oder es lernen wollen; und die fundierte Informationen über Lebensmittel, internationale Speisen und Getränke, Küchentechnik, Zubereitungsarten sowie alle nützlichen und wissenswerten kulinarischen Themen suchen.

Tradition verpflichtet

Als „Mary Hahns Großes Koch- und Küchenlexikon“ vor über 30 Jahren das erste Mal erschien, war es genau auf die Bedürfnisse der damaligen Zeit zugeschnitten und auf dem neuesten küchentechnischen Stand. Auch die vorliegende, in jahrelanger Recherchearbeit entstandene, völlig neu bearbeitete Ausgabe will diesem Anspruch gerecht werden; und sie will sich als umfangreiches Nachschlagewerk von A bis Z von vergleichbaren Büchern abheben – optisch wie inhaltlich.

Man findet zwei Arten von Küchenlexika auf dem Markt: Auf der einen Seite Nachschlagewerke mit dem Anspruch, möglichst umfangreich, vollständig und wissenschaftlich fundiert zu sein; Bücher also, die man nur zur Hand nimmt, um ein Stichwort nachzuschlagen, nicht um darin auch zu schmökern. Auf der anderen Seite gibt es Werke, bei denen die Vollständigkeit eher Nebensache ist, und dem Leser locker formuliert eine Auswahl an kulinarischem Wissen geboten wird.

Das neue Mary Hahn Küchenlexikon versucht beides zu verbinden: fundiertes, umfassendes Wissen rund um Lebensmittel und ihre Verwendung in der Küche zu vermitteln, und diese Informationen so zu verpacken, dass das Lesen Spaß macht, und man das Buch nicht nur dann gerne zur Hand nimmt, wenn man auf der Suche nach einem bestimmten Begriff ist.

Für Lesevergnügen sollen unter anderem auch die über 300 „Schon gewusst?“-Kästen sorgen, in denen Sie über das, was Sie schon immer über Lebensmittel wissen wollten und sollten, hinausgehende Informationen finden. Das können im Einzelfall Erklärungen zum besseren Verständnis sein; vor allem aber bieten diese optisch besonders hervorgehobenen Kästen Hintergrundwissen, originelle bis kuriose Zusatzinformationen und viel unterhaltsamen Lesestoff; genauso wie die 50 Features, in denen wichtige Begriffe besonders ausführlich beschrieben sind.

Gesundheitliche Aspekte spielen bei der Ernährung heutzutage eine immer größere Rolle. Deshalb haben wir viel Wert darauf gelegt, die modernen Erkenntnisse der Ernährungswissenschaft einfließen zu lassen und alte Zöpfe möglichst abzuschneiden. Auch dem Umstand, dass Essen und Trinken untrennbar zusammengehören, dass nicht nur das Interesse an feinen Speisen, sondern auch an edlen Weinen zugenommen hat, haben wir Rechnung getragen und umfangreicher Weinkunde entsprechend Platz eingeräumt.

Tradition verpflichtet: Der aktuelle Inhalt muss auch optisch den zeitgemäßen Erfordernissen entsprechen und präsentiert sich daher in modernem Layout mit über 800 farbigen Abbildungen. Und beides, sowohl Inhalt als auch die Aufmachung, soll dazu animieren, in diesem Nachschlagewerk zu blättern und auf kulinarische Entdeckungsreise zu gehen. Bleibt uns nur noch, den Lesern dabei viel Spaß und natürlich noch mehr nützliche Erkenntnisse bei der Lektüre zu wünschen.

Claudia Daiber
Manfred Hailer

AACHENER PRINTEN

Spezielle, vor allem zur Weihnachtszeit in vielen Variationen hergestellte Lebkuchenart (▸ Lebkuchen) aus Nordrhein-Westfalen, die härter als Nürnberger oder ▸ Elisenlebkuchen und auch länger haltbar ist. Der Teig wird aus Rübensirup und Kandis hergestellt und enthält Gewürze wie Piment, Anis, Koriander, Zimt, Nelken und Kardamom, weshalb Printen auch Gewürzkuchen heißen. Trocken und luftdicht verschlossen gelagert, bleiben sie knusprig hart und können lange aufbewahrt werden.

EINKAUFSTIPP

Frischer Aal wird immer lebend angeboten und sollte noch am Tag des Einkaufs zubereitet werden. Junge Aale können mit der Haut verzehrt werden, bei älteren Aalen muss die Haut vor der Zubereitung aber entfernt werden – eine Arbeit, die man am besten vom Fischhändler erledigen lässt.

AAL

(Flussaal)

Der schlangenförmige ▸ Fisch gehört zur Familie der Knochenfische. Aale sind besonders fettreiche Süßwasserfische, die in der Sargassosee im Atlantik (östlich von Florida und südlich von den Bermudas) laichen, sich ansonsten aber im Süßwasser (in Flüssen und Seen) aufhalten. Die Fischdelikatesse kommt frisch, geräuchert (▸ Räucheraal) oder eingelegt in Konserven auf den Markt.

VORBEREITUNG: *Feste Gummihandschuhe anziehen. Aal am Bauch längs aufschlitzen und Innereien herauslösen. Mit einem scharfen Messer die Haut unterhalb des Kopfes von einer Kiemenflosse zur anderen einschneiden. Den Aal am Kopf festhalten und die Haut abziehen. Mit einer Schere die kleinen Gräten am Rückgrat abschneiden und den Kopf abtrennen.*

VERWENDUNG: *Junge Aale lassen sich gut grillen. Ältere Exemplare schmecken blau (Aal blau) oder im Kräutersud gekocht (Aal grün), geräuchert oder zu Ragouts verarbeitet.*

AALBRICKE

kleiner, gebratener, in Essig marinierter Aal

AALBUTT ▸ Zungenbutt

AALMUTTER

Lebend gebärender, bis zu 40 cm langer Meeresfisch (▸ Fische), der in den europäischen Küstengewässern lebt und seinen Namen dem aalähnlichen Aussehen seiner Jungen verdankt. Er kann wie Aal zubereitet werden, sein Fleisch ist zart und fein im Geschmack.

AALRUTTE

(Aalquappe, -raute, Quappe, Ruppe, Trüsche)

Einziger im Süßwasser lebender Vertreter der Dorschfamilie (▸ Dorsch, ▸ Fische), der unter normalen Bedingungen 30–40 cm, in Einzelfällen aber auch bis zu 80 cm lang wird. Die Aalrutte hat einen aalförmigen Körper und kommt hauptsächlich in Europa, Nordamerika und Asien in kühlen, klaren Flüssen und Seen vor. Vor allem in der Bodensee-Region kennt man diesen Fisch unter dem Namen Trüsche. Das Fleisch der Aalrutte ist weiß, sehr aromatisch und im Gegensatz zum Aal mager und leicht verdaulich. Sie wird besonders geräuchert geschätzt und ihre Leber gilt, in Butter gebacken oder gebraten, als besondere Delikatesse.

AALSUPPE ▸ Hamburger Aalsuppe

ABACATEBIRNEN ▸ Avocados

ABALONE

(Meerohr, Ohrschnecke, Seeohr)

In allen wärmeren Meeren, hauptsächlich aber an den amerikanischen und südeuropäischen Felsküsten kommt diese schmackhafte Meeresschneckenart vor. Mit ihrem breiten Fuß hält sich das rote oder rosarote, bis 30 cm große ▸ Schalentier am Felsen fest. Das Fleisch muss vor der Verwendung weichgeklopft werden, dazu schneidet man es in dünne Streifen oder Scheiben. Abalone sind meist nur tiefgefroren oder in Dosen erhältlich. Wegen ihrer großen Beliebtheit sind Abalone mittlerweile in ihrem Bestand gefährdet. In den USA hat man deshalb Schutzvorschriften erlassen, nach denen die Meeresschnecken weder frisch noch tiefgekühlt ausgeführt werden dürfen.

ABATE FETEL
besonders beliebte und qualitativ hochwertige Birnensorte (▸ Birnen)

ABBRENNEN
Erhitzen von Teig (vor allem Brandteig) in einem Topf, damit überschüssige Flüssigkeit verdampft. Dabei wird die Masse so lange mit einem Holzlöffel gerührt, bis sie sich vom Topfboden löst.

ABDÄMPFEN
Nach dem Garen abgegossenes Gemüse über der noch heißen Herdplatte schwenken, damit die restliche Flüssigkeit verdunstet.

ABERDEEN ▸ Angus

ABERTAMER KÄSE
Vollfetter Schafmilch-Hartkäse (45 % Fett i. Tr.) aus dem gebirgigen Nordwesten Böhmens, der im tschechischen Kurort Karlsbad (heute Karlovyvary) hergestellt wird und seinen Namen von dem nahe gelegenen Ort Abertam hat.

ABFLÄMMEN ▸ absengen, ▸ flambieren

ABGANG
(Nachgeschmack)
In der Weinterminologie wird mit Abgang und passenden Adjektiven (wie kurz oder lang, aromatisch, säurebetont, mild usw.) die gesamte Empfindung umschrieben, die ein Wein nach dem Schlucken für Mund und Nase hinterlässt. Ein langer Abgang mit viel Aroma ist für einen Kenner ein wichtiger Qualitätsindikator.

ABLÖSCHEN
Eine kalte oder warme Flüssigkeit wie Wasser, Bouillon, Milch, Marinade oder Wein beim ▸ Einbrennen (▸ Mehlschwitze) über angebräuntes Fleisch oder geröstetes Gemüse bzw. in den Bratensatz gießen.

ABONDANCE
1. Schnittkäse aus Kuhrohmilch (20–40 % Fett i. Tr.) aus dem Chablais (an die Schweiz angrenzende Landschaft in Hochsavoyen), der eine sehr lange Geschichte hat. Der Name geht zurück auf die gleichnamige Abtei, in der er ursprünglich hergestellt wurde. Heute ist Abondance aber nur noch selten zu finden.
2. wichtige französische Milchkuhrasse

ABRUZZEN
östlich auf Höhe von Rom an der Adria gelegenes italienisches Weinanbaugebiet mit einer Rebfläche von rund 33 000 ha, bekannt für seinen weißen ▸ Trebbiano (d'Abruzzo) und seinen roten ▸ Montepulciano (d'Abruzzo)

ABSCHÄUMEN
Den beim Kochen von Fleischbrühen, Suppen, Saucen, Gelees und Marmeladen entstehenden Schaum oder überschüssiges Fett mit einem Schaumlöffel abschöpfen.

ABSCHMÄLZEN
Fertig gekochte Nudeln oder Spätzle mit gebräunter Butter oder mit in Schmalz gerösteten, fein gehackten Zwiebeln übergießen.

ABSCHMECKEN
Einer Speise (vor allem Suppen und Saucen) geschmacklich sozusagen den „letzten Schliff" geben, indem man sie am Ende der Zubereitung durch Zugabe von Gewürzen, Würzsaucen, Zitronensaft usw. abrundet.

ABSCHNITTE ▸ Parüren

ABSCHRECKEN
1. Heiße Speisen in kaltes Wasser tauchen bzw. damit übergießen, um die Temperatur schnell abzusenken und den Garprozess zu stoppen. Nudeln oder Reis werden mit lauwarmem Wasser abgeschreckt, damit die Stärke abgespült und ein Aneinanderkleben verhindert wird. Eier und Pellkartoffeln werden mit kaltem Wasser übergossen, damit sie sich anschließend leichter schälen lassen.
2. Als seltenere Definition auch das Begießen eines Bratens mit kaltem Wasser, um eine appetitliche braune Kruste zu erzielen.

ABSENGEN
Das gerupfte ▸ Geflügel vor dem Waschen oder Ausnehmen über einer Gas- oder Spiritusflamme hin und her bewegen, um auch die letzten Flaumfedern und Haare wegzubrennen.

ABSINTH
1. eine besser als ▸ Wermut(kraut) bekannte Würzpflanze
2. Früher ein populärer Trinkbranntwein, der mit Wermutöl, Anis, Fenchel, Melisse und Ysop hergestellt und mit Wasser verdünnt getrunken wurde. In einigen europäischen Ländern ist die Herstellung der bitteren Absinthgetränke nach traditionellem Rezept heute verboten, weil einige Inhaltsstoffe des Wermutöls schädliche Auswirkungen auf das Nervensystem haben und zu Vergiftungserscheinungen führen können. Deshalb wird Absinth mittlerweile ohne Wermutöl hergestellt, allen voran der französische ▸ Pernod.

ABSTEIFEN
▸ Austern oder andere große ▸ Muscheln nach Entfernen der Schale so lange in eine heiße (aber nicht kochende!) Flüssigkeit tauchen, bis ihre Außenhaut fest geworden ist. So bleiben sie bei der weiteren Zubereitung schön saftig.

ABWÄLLEN ▸ blanchieren

ABZIEHEN
1. Saucen, Suppen, Brühe usw. mit Eigelb, Sahne, Stärkemehl oder anderen geeigneten ▸ Bindemitteln sämig machen (▸ binden) und so in Aussehen, Geschmack und Nährwert verbessern (auch legieren genannt).
2. Mandeln kurz in kochendes Wasser legen, kalt abschrecken und die Kerne zwischen Daumen und Zeigefinger aus der Haut drücken.

AC ▸ Appellation Contrôlée

ACAJOUS ▸ Cashewnüsse

ACEROLAS
(Ahornkirschen, Puerto-Rico-Kirschen)
Kirschähnliche Steinfrüchte mit einem besonders hohen Vitamin C Gehalt, die vor allem in Mittel- und Südamerika sowie in Westindien und Südostasien verbreitet sind. Acerolas sind weich und saftig, aber auch sehr säuerlich und deshalb zum rohen Verzehr ungeeignet. Sie werden zur Herstellung von Säften und anderen Getränken, Marmelade und Speiseeis sowie zur Vitaminanreicherung von Lebensmitteln verwendet.

ACETO ▸ Essig

ACETO BALSAMICO
(Balsamessig)
Aus dem nördlichen Italien, vor allem aus den Provinzen Modena und Reggio Emilia, kommt diese italienische Essigspezialität (▸ Essig), die von sehr unterschiedlicher Qualität sein und in der Küche vielfach verwendet werden kann. Billiger Aceto Balsamico ist ein industriell aus Weinessig, Zucker, Wasser, Karamell, Aromastoffen, Konservierungsmitteln und Glycerin hergestelltes Produkt. „Echter" Aceto Balsamico wird dagegen aus eingekochtem Traubenmostkonzentrat bzw. Traubenmost (vor allem aus der Rebsorte ▸ Trebbiano) gewonnen und zu seiner Verfeinerung über Jahre in kleinen Holzfässern gelagert. Je weniger Weinessig und je mehr Traubenmost verwendet wird, desto höher ist die Güte. Die höchste Qualitätsstufe und auch preislich weitaus teuerste Variante von Aceto Balsamico ist der Tradizionale. Dieser wird ausschließlich aus eingekochtem Traubenmost produziert und reift mehr als 12, teilweise sogar über 25 Jahre im Holzfass.

ACHATSCHNECKEN
Schneckenfamilie (▸ Schnecken), die im Fernen Osten und in ihrer angestammten Heimat Afrika teilweise gezüchtet wird und zu der die größten Landschnecken der Erde mit einer Länge von 20–30 cm gehören. Dagegen wirken die bei uns heimischen Weinbergschnecken mit rund 10 cm verhältnismäßig klein, sie sind aber wesentlich feiner im Geschmack.

ACHTFUSS ▸ Oktopus

ACKERSALAT ▸ Feldsalat (▸ Salate)

ACKERWURZ ▸ Kalmus

ACORNS
(Eichelkürbisse)
wichtige Sortengruppe der Speisekürbisse (▸ Kürbisse)

ADAMSÄPFEL ▸ Pampelmusen

ADAMSFEIGEN ▸ Bananen

ADELOST
industriell aus pasteurisierter Kuhmilch (45 % Fett i. Tr.) in Zylinderform hergestellter schwedischer Blauschimmelkäse, der 2–3 Monate Reifezeit benötigt

ADIOWAN ▸ Ajowan

ADI-WERT
Darunter versteht man die höchste für den menschlichen Körper noch zu „verschmerzende" und unschädliche tägliche Dosis einer Chemikalie oder von Fremd- und Zusatzstoffen in Lebensmitteln. Die Abkürzung kommt aus dem Englischen und steht für „Acceptable Daily Intake".

ADLERFARN
Das mit Ausnahme der Polargebiete praktisch in allen Klimazonen wild wachsende, zum Teil aber auch kultivierte Farngewächs wird vor allem in Japan gern als Frühlingsgemüse gegessen. Allerdings steht der Adlerfarn im Verdacht, krebserregend zu sein, und sollte deshalb aus der Küche verbannt werden.

ADLERFISCH
Meeresfisch (▸ Fische) mit einem ausgezeichneten Fleisch, der eine Größe von bis zu 2 m bei einem Gewicht von 75 kg erreichen kann; Hauptvorkommen im Ostatlantik von der Nordsee bis Senegal, im Mittelmeer und im Schwarzen Meer.

ADLONSALAT
Nach dem berühmten Berliner Nobelhotel Adlon benannter Salat, der aus Streifen von gekochtem Knollensellerie, Roten Beten, Kartoffeln, rohen säuerlichen Äpfeln, mit würzigem Mayonnaise-Dressing hergestellt und mit Feldsalat garniert wird.

ADMIRALS-ART
(amiral, à l')
Meeresfische wie Seezunge, Meer- und Steinbutt in Weißwein dünsten und mit einer Garnitur aus gebackenen Austern, Miesmuscheln, Krebsschwänzen, großen Champignonköpfen und Trüffelscheiben anrichten. Dazu wird ▸ normannische Sauce serviert.

ADVOKAAT
Ursprünglich ein holländischer Likör aus Eigelb und Weinbrand, der in der Provinz Gelderland hergestellt wurde; heute allgemein Bezeichnung für ▸ Eierlikör und Eierweinbrand.

ADZUKIBOHNE
(Azukibohne)
Bohnensorte (▸ Bohnen)

AEROSCHOKOLADE
(Luftporenschokolade, Schaumschokolade)
Schaumschokolade mit kleinen Luftblasen

AETTEKEES
(Brüsseler Käse, Brussels Kaas)
Traditioneller, belgischer Weichkäse aus pasteurisierter, entrahmter Kuhmilch mit 50 % Fett i. Tr., der während der 2-monatigen Reife in speziellen Kellern jede Woche in Salzlake getaucht wird (ursprünglich aus Brabant).

AFFENBROTBAUMFRUCHT
(Baobab)
Gurkenförmige, holzschalige Kapselfrucht des afrikanischen Affenbrotbaumes mit weißem, süßsaurem Fleisch und kürbisähnlichem Geschmack, die roh gegessen oder zu Saft und Kompott verarbeitet werden kann. Das aus den Kernen ausgepresste Öl ist überaus haltbar und eignet sich gut zum Backen.

AFFINIEREN
Erster Schritt bei der Raffination, also bei der Herstellung von Zucker, bei dem Rohrzucker mit einer konzentrierten Zuckerlösung gemischt wird. Anschließend werden die Zuckerkristalle durch Abschleudern in Zentrifugen von dem sie umgebenden Sirup getrennt.

AFLATOXINE
Gefährliche Stoffwechselprodukte von Schimmelpilzen in Lebensmitteln, die stark toxische Eigenschaften haben und krebserregend sind. Da auch eine Ausbreitung in nicht verschim-

melte Lebensmittelanteile nachgewiesen werden konnte, genügt es nicht, nur die direkt von Schimmel befallenen Stücke abzuschneiden, es muss das ganze Produkt entsorgt werden.

AFRIKANISCHE ART
(africaine, à l')
Fisch: gebraten und garniert mit gebratenen Bananenscheiben in ▸ Teufelssauce; Fleisch: Steinpilze, Auberginenscheiben, Gurkenstücke und Tomatenviertel in Öl gedünstet, dazu ▸ Schlosskartoffeln

AGAR-AGAR
(Ceylontang, Gelose, Japanische Gelatine, Pflanzengelatine)
Pflanzenschleimstoff, der aus roten oder braunen Meeresalgen vorwiegend in Japan und Kalifornien gewonnen wird. Er hat einen hohen Mineralgehalt, ist kalorienfrei und wird als pflanzliches Dickungsmittel vor allem für Aspiks, Gelees und Süßspeisen verwendet. Die Gelierkraft übertrifft die der ▸ Gelatine bei weitem. Agar-Agar wird in Flocken-, Stangen- oder Streifenform angeboten.

AGAR, DÄNISCHER ▸ Furcelleran

AGAVENBRANNTWEIN
(Mescal)
Hochprozentige (43–45 Vol.-%) mexikanische Branntwein-Spezialität, die aus den zerkleinerten und gerösteten Blattknospen und Sprossachsen verschiedener Agavenarten hergestellt wird. Schon die Indios kannten die so genannten Mescal- oder Schnapsagaven, die reichlich zuckerhaltigen „Blutungssaft" aufweisen. Der bekannteste Mescal und ein wichtiges mexikanisches Exportprodukt ist der aus der gleichnamigen Agavenart hergestellte ▸ Tequila.

AGAVENSAFT
Wird aus den geschlossenen Blütenköpfen bestimmter lateinamerikanischer Agavenarten gewonnen. Durch Vergärung des enthaltenen Zuckers (etwa 10 % Zucker und 2,5 % Fruchtzucker) wird daraus in Mexiko das Nationalgetränk ▸ Pulque hergestellt.

AGAVENWEIN ▸ Pulque

AGENPFLAUME
aus der französischen Stadt Agen an der Garonne kommende Halbtrockenpflaume

AGLIANICO
Uralte rote Rebsorte (▸ Wein) aus Süditalien, die antiken Ursprungs ist und robuste Weine mit gutem Alterungspotenzial ergibt.

AGRUMEN
Sammelbegriff für ▸ Zitrusfrüchte; ursprünglich für eine bestimmte Zitronenart gebraucht.

ÄGYPTISCHE ART
(égyptienne, à l')
gebratener Fisch, garniert mit gedünsteten Tomaten und Zwiebelringen, dazu Currysauce

ÄGYPTISCHE ZWIEBELN
▸ Luftzwiebeln (▸ Zwiebeln)

AHLBEERE ▸ schwarze Johannisbeeren (▸ Johannisbeeren)

AHORNKIRSCHEN ▸ Acerolas

AHORNSIRUP

Der dick eingekochte Saft des Zuckerahorns ist eine nordamerikanische Spezialität, die bereits den Indianern bekannt war. Der nährstoffreiche, aromatische Saft mit karamellartigem Geschmack wird aus den Stämmen junger Ahornbäume gezapft und in großen Pfannen zu braunem Sirup eingekocht. Für 1 l Ahornsirup benötigt man etwa 45 l Saft.
VERWENDUNG: *In der Küche kann Ahornsirup vielseitig eingesetzt werden. Er eignet sich zum Süßen von pikanten oder süßen Speisen. Klassisch ist die Kombination mit frisch gebackenen Waffeln oder Pfannkuchen, aber auch als Brotaufstrich ist Ahornsirup sehr beliebt.*

AHORNZUCKER
Der aus dem Ahornsaft gewonnene ▸ Zucker kommt entweder in Form von Sirup oder kristallisiert in den Handel. Rückstände von Invertzucker, Apfelsäure und eiweißhaltigen Substanzen

verleihen ihm ein besonderes Aroma. Ahornzucker findet in der amerikanischen Süßwarenindustrie vielseitige Verwendung.

AÏOLI
Bekannte Würzmayonnaise bzw. -sauce aus der Provence, deren Hauptzutaten geschälte Knoblauchzehen, Eigelb und Olivenöl sind. Aïoli passt zu allen „puren“ Gerichten wie kaltem und gekochtem Fleisch, gedünstetem Fisch, harten Eiern oder blanchiertem Gemüse.

AITEL ▸ Döbel

AJINOMOTO
japanisches Gewürzsalz mit sehr scharfen Pfefferschoten (Aji) als Hauptbestandteil

AJO BLANCO
kalte Knoblauchsuppe

AJOWAN
(Adiowan, Indischer Kümmel, Königskümmel)
Das im Aussehen der Kümmelfrucht ähnliche Gewürz hat ein sehr prägnantes bis scharfes und brennendes Aroma, das an ▸ Thymian erinnert. In der ayurvedischen Medizin Indiens ist Ajowan als Heilpflanze geschätzt und wird vor allem gegen Fieber und Verdauungsbeschwerden eingesetzt. Aufgrund seiner verdauungsfördernden Wirkungen wird es oft mit Hülsenfrüchten kombiniert. Bei uns ist dieses Gewürz relativ unbekannt.
VERWENDUNG: *Ajowan ist vor allem in der indischen Küche verbreitet und Bestandteil vieler Gewürzmischungen. Neben Fleisch-, Gemüse- und Reisgerichten, wie dem orientalischen ▸ Pilaw, werden damit auch Brot und Gebäck gewürzt.*

AJVAR
Aus Südosteuropa (insbesondere Serbien und Kroatien) stammendes würzig-saures bis scharfes Mus, das hauptsächlich aus in Öl gedünsteten Paprikaschoten und Auberginen hergestellt und (je nach Rezeptur) mit verschiedenen Würzmitteln verfeinert wird.
VERWENDUNG: *In seinen Ursprungsregionen ist Ajvar eine häufige Beigabe zu Grillgerichten (▸ Cevapcici, ▸ Raznjici, ▸ Plescavica, Lammkoteletts usw.). Es eignet sich auch gut als Brotaufstrich.*

AKAZIENHONIG
(Robinienhonig)
Ein von Akazienblüten stammender ▸ Honig von heller Farbe, der wegen seines mild-lieblichen Geschmacks besonders beliebt ist.

AKEE
(Akipflaume)
Die quittenförmige tropische Frucht mit ihrem gelben, pfirsichähnlichen Fleisch platzt bei voller Reife auf und entwickelt dann ihr feines Aroma. Sie kann roh verzehrt werden, aber Vorsicht: Auf keinen Fall die drei großen schwarzen Kerne mitessen, denn sie sind giftig. Als Heimat der auch Akipflaume genannten Frucht wird Westafrika angesehen, heute ist sie aber auch in der Karibik, in Asien und in Südamerika verbreitet.

VERWENDUNG

Vorwiegend wird Akee als Beilage zu Speisen mit besonders kräftigen Aromazutaten (z.B. Curry) verwendet. Oft wird Akee mit Chilis, Tomaten und anderem Gemüse gedünstet.

AKIPFLAUME ▸ Akee

ALABASTER-EIER
bunt gefärbte glänzende Schaumzuckerware, die bei uns meist an Ostern angeboten wird

À LA CARTE
im Restaurant nach Karte bestellen

À LA MODE
nach Art von

ALAND ▸ Orfe

ALASKALACHS ▸ Pazifiklachs (▸ Lachs)

ALBA
Stadt im italienischen Piemont mit besonderer kulinarischer Bedeutung: Aus Alba kommen die edelsten weißen ▸ Trüffeln und die Stadt gilt außerdem als Zentrum des piemontesischen Weinanbaus.

ALBACORE ▸ weißer Thunfisch

ALBEDO
Fachausdruck für die weißliche, schwammige Innenschicht der Schale von Zitrusfrüchten, im Gegensatz zu ▸ Flavedo

ALBOCK ▸ Blaufelchen

AL DENTE
Teigwaren (Pasta) und Gemüse auf den Punkt garen, sodass sie außen nicht zu weich und innen noch bissfest und leicht knackig, aber nicht mehr hart sind.

ALE

Obergäriges englisches ► Bier, das sich durch hohen Extrakt- und Alkoholgehalt (5–6 Vol.-%) sowie durch eine starke Schaumbildung auszeichnet. Man unterscheidet zwei Arten: Das helle Pale Ale ist leichter eingebraut und stark gehopft, das dunklere Mild Ale ist stark eingebraut, enthält weniger Hopfen und schmeckt milder. Eine weitere Spezialität ist das alkoholarme ► Ginger Ale, das aus Ingwerwurzelauszügen und Hopfen hergestellt wird.

ALFALFA ► Luzerne

ALFONCINO
Gilt als edler Tiefseefisch aus der Familie der Schleimköpfe, der sich für alle Zubereitungsarten eignet. Er hat wenig Gräten und ein festes weißes Fleisch. Der hauptsächlich in Pazifik und Atlantik lebende Fisch kann bis zu 60 cm lang und etwa 1,4 kg schwer werden.

AL FORNO
für im Ofen überbackene Speisen (vor allem bei Teigwaren)

ALGEN

(Meersalat, Meer-, Seetang)
Bestimmte Arten dieser besonders vielgestaltigen Meerespflanzen können als Gemüse oder Salat verzehrt werden, was vor allem in Japan, China und Korea lange Tradition hat. Bedeutung als Lebensmittel haben in erster Linie die Grün-, Braun- und Rotalgen. Sie schmecken nach Meerwasser und sind leicht süßlich. Aus Nordfrankreich (Bretagne), Schottland und Japan sind Algen mittlerweile auch bei uns meist getrocknet, teilweise aber auch frisch erhältlich. Als Seetang bezeichnet man die großen Algen der Meere.

SCHON GEWUSST?

Trotz des Gehalts an hochwertigen Eiweißen, Mineralstoffen, Spurenelementen, Vitaminen und Ballaststoffen ist der gesundheitliche Wert von ► Algen aufgrund ihres sehr hohen Jod-Anteils und schädlicher Bestandteile (wie Quecksilber) umstritten. Gegen eine maßvolle Verwendung in der Küche ist nach Ansicht der Ernährungsexperten allerdings nichts einzuwenden.

ALGENAMUR
Süßwasserfisch, Karpfenart (► Karpfen)

ALGERISCHE ART
(algérienne, à l´)
geschälte und in Öl gedünstete kleine Tomaten und Batatenkroketten in einer leichten Tomatensauce mit ► Julienne von rotem Paprika

ALGIN
Unter diesem Sammelnamen fasst man Alginsäure und Alginate zusammen, die aus Algen gewonnen und als Dickungs- und Geliermittel eingesetzt werden.

ALISIER
(Ebereschenbrand)
Spezialität der Vogesen (Elsass) aus im September geernteten Beeren der Eberesche, die bis zum Ende des Jahres auf der Maische liegen und dann destilliert werden. Der typische Brand hat 40 Vol.-% Alkohol und einen charakteristischen Mandelgeschmack.

ALKOHOL
Nach chemischer Definition unterscheidet man verschiedene Alkohole. Im allgemeinen Sprachgebrauch ist aber in der Regel Ätyhlalkohol (Ethanol, Weingeist) gemeint, der bei der alkoholischen ► Gärung entsteht und durch Destillation gewonnen werden kann. Alkohol wirkt anregend, in größeren Mengen berauschend und ist ein Aromenträger, weshalb er in der Lebensmittelindustrie und in der Küche gerne verwendet wird. Äthylalkohol lässt sich auch – chemisch identisch und sehr rein – auf synthetischem Wege herstellen.

ALKOHOLGEHALT
Wird bei Getränken in Volumenprozent (Vol.-%) angegeben. Sind beispielsweise auf dem Etikett eines Weines 13,5 Vol.-% ausgewiesen, dann

enthalten 100 ccm dieses Weines 13,5 ccm reinen Alkohol.

ALLASCH
Unter Verwendung von Kümmeldestillat hergestellter Kümmellikör, der sich durch kräftige Süße (30 % Zuckeranteil), hohen Alkoholgehalt (30–45 Vol.-%) und ein sehr reines Kümmelaroma auszeichnet. Der Zusatz von ätherischen Ölen bzw. Aromastoffen ist nicht erlaubt. Ursprünglich wurde Allasch auf einem deutschen Gut in dem Ort Allaz (daher leitet sich auch der Name ab) nahe Riga produziert. Heute kommt er aus Deutschland und Holland.

ALLEMANDE, À L' ▸ deutsche Art

ALLGÄUER EMMENTALER
Nach berühmten Schweizer Vorbild hergestellter ▸ Emmentaler (▸ Käse), der aus dem deutschen Allgäu mit seinen Almen hoch oben in den bayerischen Alpen stammt. Er wird ebenfalls aus Kuhmilch mit 45–50 % Fett i. Tr. hergestellt und ist nicht nur äußerlich, sondern auch im Geschmack dem Original zum Verwechseln ähnlich.

ALLIGATORBIRNEN ▸ Avocados

ALLSPICE ▸ Piment

ALLUMETTES
1. eine Kartoffelzubereitung der französischen Küche (▸ Streichholzkartoffeln)
2. lange, dünne Blätterteigstangen, salzig oder süß (auch: Blätterteigstangen, -stäbe)

ALPENBROT ▸ Magenbrot

ALPKÄSE
in der Schweiz oder in Österreich hergestellter ▸ Bergkäse (dreiviertel, halb- oder vollfett) in Laibform (▸ Käse)

ALSACIENNE, À L' ▸ Elsässer Art

ALSE
(Finte, Maifisch)
Heringsähnlicher, bis 75 cm langer Fisch der atlantischen Küstengewässer, der zum Laichen die Flüsse hinaufwandert (▸ Fische). Aufgrund der zunehmenden Verschmutzung ist die Alse vom Aussterben bedroht und wird deshalb auch gezüchtet. Ihr Fleisch ist vor allem vor der Laichzeit weich, zart und wohlschmeckend; deshalb ist die Hauptfangzeit im Frühjahr.

ALSTERWASSER
norddeutsches ▸ Radler, mit Pils statt hellem Bier und oft Orangen- statt Zitronenlimonade

ALTBACKEN
2 bis 3 Tage altes Brot (Semmeln), das nicht mehr ganz frisch, aber auch noch nicht so hart ist, dass man sich die Zähne daran ausbeißt.

ALTBIER
Kräftig gehopftes obergäriges ▸ Bier aus dem Rheinland (vor allem aus Düsseldorf und den umliegenden Städten sowie vom Niederrhein), das sich bereits optisch durch seine dunkelrötliche bis bronzene Farbe von anderen Sorten unterscheidet. Diese kommt von dem dunklen Malz, das bei der Herstellung von Alt verwendet wird. Der Name Altbier leitet sich vom Lateinischen „altus“ = „hoch, oben“ bzw. „ober“ ab und bedeutet damit, dass das Bier nach alter Tradition obergärig gebraut wurde.

ALTENBURGER ZIEGENKÄSE
Bei der EU als geschützte Ursprungsbezeichnung eingetragener ▸ Ziegenkäse aus Deutschland, der mit einem entsprechenden Siegel versehen ist. Altenburger hat mindestens 30 % Fett i. Tr., eine weiche, cremige Konsistenz und einen milden Geschmack.

ALTWEIBERSCHMECKEN ▸ Salbei

ALUFOLIE
Die wohl vielseitigste aller Haushaltsfolien kann sowohl zur fast luftdichten Aufbewahrung von Lebensmitteln im Kühlschrank und zum Einfrieren verwendet werden als auch zum raschen und gleichmäßigen Garen von Fisch, Fleisch und Gemüse im eigenen Saft. Alufolie ist auch bei höchsten Grilltemperaturen hitzebeständig und lässt keine Feuchtigkeit durch. Darin gegarte Gerichte sind besonders zart, saftig und aromatisch.

VERWENDUNG

Die Körner können zur Herstellung von Brot oder anderen Backwaren verwendet werden. Sie eignen sich außerdem gut für Getreidegerichte, als Suppeneinlage, für Müslis usw. Vor allem in Asien werden die Blätter wie Spinat zubereitet, daher wird Amarant(h) auch manchmal als Chinesischer Spinat bezeichnet.

AMARANT(H)
Aus Mittelamerika stammende, weltweit angebaute Getreidesorte, deren nährstoffreiche kleine Samen unter anderem einen sehr hohen Gehalt an der essenziellen Aminosäure Lysin (einer der lebenswichtigen Bausteine des menschlichen Körpers) aufweisen.

AMARELLEN
festfleischige Sauerkirschensorten (▸ Kirschen) mit hellroten Früchten und nicht färbendem Saft

AMARETTI
Italienische Mandelmakronen (weich oder hart), die traditionell zum Espresso gereicht werden. Die Minivariante davon wird als Amarettini bezeichnet.

AMARETTO
Italienische Likörspezialität aus Mandel- (vor allem ▸ Bittermandeln) und/oder Aprikosenkernen, die mit Gewürzen wie Vanille verfeinert wird und etwa 28 Vol.-% Alkohol enthält. Der Geschmack des goldbraunen Likörs erinnert an Marzipan. Er wird gerne für die Zubereitung von ▸ Tiramisu verwendet.

AMARONE
Einer der berühmtesten Weine Italiens, der aus ▸ Venetien kommt. Amarone wird als meist trockener ▸ Wein aus teilrosinierten Trauben erzeugt, die nach der Ernte auf Strohmatten ausgelegt und luftgetrocknet werden. Das ergibt hohe Zuckergehalte und viel Alkohol (mindestens 14 Vol.-%). In der süßen Variante heißt der Amarone Recioto.

AMATRICIANA, ALL'
Würzige Zubereitungsart von ▸ Teigwaren, die in Amatrice, einem Bergdorf in den italienischen Abruzzen, entstanden sein soll. Die Zutaten sind grob gewürfelte Schweinebacke oder durchwachsener Speck, kleine Pfefferschoten, Tomatenstücke, Zwiebelwürfel und geriebener Schafkäse.

AMAZONENMANDELN ▸ Paranüsse

AMBARELLAS ▸ Balsampflaumen

AMBROSIA
Nach der griechischen Mythologie die Lieblingsspeise der Götter, die ihnen ewige Jugend und Unsterblichkeit verlieh. Heute wird damit auch ein Obstsalat aus Orangen- und Ananasscheiben bezeichnet, den man mit Zucker und gehobelten Mandeln bestreut, mit Sherry übergießt und eiskalt serviert.

AMCHOOR
(Mangopulver)
Unreife, in geschältem Zustand an der Sonne getrocknete Mangos werden zu diesem Gewürz mit pikantem Aroma und säuerlichem, leicht harzigem Geschmack verarbeitet. Vor allem in Indien und Südostasien dient Amchoor als Ersatz für Zitronen- oder Limettensaft zum Säuern von Currys, Chutneys, Pickles, Gemüse- und anderen Gerichten bzw. Beilagen.

AMEISENSÄURE
Die farblose, stechend riechende und brennend schmeckende Flüssigkeit kommt in der Natur vor allem in Ameisen und Brennnesseln vor. Sie wird aber auch synthetisch hergestellt und als Konservierungsmittel verwendet. Ameisensäure wirkt vorzugsweise gegen Hefen, aber auch gegen Bakterien und Schimmel. In geringer Konzentration ist sie in natürlicher Form in Wein, Fruchtsäften und Honig enthalten.

AMÉRICAINE, À LA
▸ amerikanische Art

AMERICAN DRESSING
Salatsauce mit Joghurt, Mayonnaise und Sahne

AMERIKANER
an der Unterseite flaches und mit Puderzucker- (manchmal auch mit Schokoladenglasur) bestrichenes, oben leicht gewölbtes Gebäck

AMERIKANISCHE ART
(américaine, à la)
Verschiedene Gerichte tragen diesen Zusatz: Hummer mit Schalotten, Tomaten und Würzkräutern, der in heißer Butter oder Olivenöl

sautiert, mit Cognac flambiert und mit Weißwein abgelöscht wird; gedünsteter Fisch mit Hummerscheiben und ▸ amerikanischer Sauce; Geflügel mit Maiskroketten und gebratenen Batatenscheiben; gebratenes Fleisch mit gerösteten Frühlingsspeck-Scheiben, Bananenstücken in Backteig, Ananas, gedünsteten Tomaten und Maiskroketten.

AMERIKANISCHE MOOSBEEREN
▸ Cranberrys

AMERIKANISCHE SAUCE
(Sauce américaine)
Sauce zu Fisch oder Krustentieren, die im Wesentlichen aus zerstoßenen Hummerschalen, klein geschnittenem Wurzelgemüse, Tomatenmark und Fischfond hergestellt wird.

AMINOSÄUREN
Für den Aufbau von Zellen sowie die Produktion von Blutkörperchen, Hormonen und Enzymen benötigt der menschliche Körper Eiweiß (Protein), das aus einer Kette von Aminosäuren gebildet wird. Man kennt mindestens 20 Aminosäuren, die in den Nahrungseiweißen vorkommen. Diese wichtigen Eiweiß-Bausteine unterteilt man in zwei Gruppen:
1. Die essenziellen Aminosäuren brauchen wir unbedingt zum Leben, sie werden vom Körper nicht oder nicht ausreichend gebildet und müssen mit der Nahrung zugeführt werden.
2. Die nicht essenziellen Aminosäuren, für deren Herstellung der Körper selbst sorgt.

SCHON GEWUSST?

Was mittlerweile wissenschaftlich belegt ist, wird von vielen Völkern bereits seit Jahrtausenden instinktiv praktiziert. So werden in Südamerika, Afrika und Asien ▸ Hülsenfrüchte oft mit Reis, Getreide und Samen, Nüssen, Fleisch oder Fisch kombiniert, in Mexiko isst man schon immer Hülsenfrüchte mit Mais und ein Klassiker in der arabischen Küche sind zum Beispiel Kichererbsen mit Bulgur. Alle diese Kombinationen gewährleisten eine gute Versorgung mit ▸ Aminosäuren.

Ein Mangel an Aminosäuren in Lebensmitteln lässt sich durch geschickte Kombinationen kompensieren. Erst eine ausgewogene Ernährung stellt also die ausreichende Versorgung mit Aminosäuren (und anderen wichtigen Stoffen) sicher.

AMIRAL, À L' ▸ Admirals-Art

AMMER
saftige Sauerkirschenart (▸ Kirschen)

AMMONIUM(KARBONAT)
▸ Hirschhornsalz

AMSOI
(Blatt-, Indischer Senf, Sarepta-, Roter Senf)
Ursprünglich aus China stammende und mittlerweile auch in Europa kultivierte Gemüse- und Ölpflanze. Das Blattgemüse wird so wie Chinakohl von September bis Mai unter Glas gezogen und braucht rund zwei Monate zu seiner Entwicklung. Der Geschmack ist kresseartig. Die Blätter werden roh als Salat angemacht, ältere Blätter, Blattstiele und Blütenknospen als Gemüse zubereitet und Stengel und blühende Triebe in Salz und Essig eingelegt.

AMURKARPFEN
aus China stammende Zuchtformen der ▸ Karpfen (▸ Fische)

AMUSE BOUCHE
(Amuse gourmand, Amuse gueule)
Die typischen kleinen Appetithäppchen, die vor dem eigentlichen Mahl bzw. Menü sozusagen als Vor-Vorspeise und als „kleiner Gruß“ aus der Küche gereicht werden. Sie sollten als kleine kulinarische „Einstimmung“ nicht scharf und stark gewürzt sein.

ANANAS
eine der wichtigsten Tropenfrüchte (▸ Seite 18)

ANANASGUAVE ▸ Feijoa

ANANASKIRSCHEN ▸ Physalis

ANANASMELONE
bekannte Melonensorte (▸ Melonen)

ANBRATEN

(steifmachen)

Nahrungsmittel, vor allem Fleisch oder Fisch, bei starker Hitze (300–350 °C) in heißem Fett von allen Seiten bräunen, damit sich die Poren schnell schließen und kein wertvoller Saft verloren geht. Die „Außenhaut" wird dabei mehr oder weniger stark gebräunt.

ANCHOSEN

Sammelbezeichnung für Kräuter- und Salzfischerzeugnisse aus verschiedenen Fischarten, die für eine begrenzte Zeit haltbar gemacht werden. Für diese Zubereitungsart eignen sich vor allem Heringe und Sprotten, die in Deutschland auch als ► Anchovis bezeichnet werden. Besonders beliebt sind zum Beispiel die süß-sauren Anchosen aus Skandinavien.

ANCHOVIS

1. Vorwiegend in Deutschland als Synonym für gesalzene und mit Kräutern gewürzte ► Sprotten verwendet (► Anchosen). Sie kommen mit oder ohne Kopf und Schwanz in Dosen und Gläsern in den Handel.

2. In den romanischen und skandinavischen Ländern Sammelbegriff für sardellenartige Meeresfische, die vor allem gesalzen als ► Sardellen oder in Gewürztunke (auch „echte" Anchovis genannt) in den Handel kommen. Hauptproduzenten für diese Fischspezialität sind Holland, Portugal und Spanien. Bei ihrer Herstellung werden zunächst Kopf und Eingeweide entfernt und die Sardellen anschließend unter Zugabe großer Salzmengen in Eichenfässer eingelagert. Die fettreiche Lake, die sich über den Fischen bildet, wird alle zwei Wochen abgeschöpft. 1–2 Jahre dauert es dann bis zur vollen Entfaltung des typischen Aromas, während die Reifezeit bei Anchovis aus Sprotten nur rund 3 Monate dauert.

ANCHOVISPASTE

Diese meist in Tuben angebotene ► Fischpaste kann sowohl aus gesalzenen Sprotten wie auch aus Sardellen hergestellt sein, was auf der Verpackung angegeben ist. Anchovispaste hat einen salzig-pikanten Geschmack und dient zur Garnierung und Verfeinerung von kalten und warmen Gerichten.

ANDALUSISCHE ART

Paprikaschoten mit Reisfüllung, dazu mit gedünsteten Tomaten gefüllte Auberginenscheiben, ► Chipolatas und gebundener ► Bratenjus zu Fleisch oder Geflügel.

ANDALUSISCHE SAUCE

(Sauce andalouse)

eine ► Mayonnaise mit Tomatenpüree und Würfeln von rotem Gemüsepaprika zu hellem Geflügel, Bries, Eierspeisen usw.

ANDARINI

italienische Nudelart (► Pasta, ► Teigwaren) in Form großer Linsen

ANDOUILLE

Pikante französische Wurstspezialität, die aus Kalbsgekröse und Stücken vom Schwein (Magen, Bauch, Darm) hergestellt wird und kalt (in Scheiben) oder warm (gekocht oder gegrillt) gegessen werden kann.

ANDÜNSTEN

Nahrungsmittel, vor allem Gemüse, Pilze und Zwiebeln, in Fett oder wenig Wasser bei mäßiger Hitze angaren.

ANELLI(NI)

italienische Nudelart (► Pasta, ► Teigwaren), in kleine Ringe geschnittene ► Makkaroni

ANGELIKA

(Brustwurzel, Engelwurz)

In Europa, bevorzugt an feuchten Stellen, wächst diese Würz- und Heilpflanze aus der Familie der Doldenblütengewächse. Der Legende nach soll der Erzengel Gabriel (deshalb Engelwurz) dieser Pflanze ihre Heilkraft verliehen haben. Angelika regt Appetit und Verdauung an, wirkt beruhigend bzw. entspannend. Das enthaltene ätherische Öl verleiht Angelika ihr charakteristisches, leicht pfeffriges Aroma. Ihr Geschmack ist würzig und bittersüß.

VERWENDUNG: *Bis auf die Blüten können alle Pflanzenteile (junge Stiele, Samen, Wurzeln) zum Würzen verschiedener Speisen und Zutaten (wie Fischgerichten, Salaten, Marmeladen und Kompott) verwendet werden. Die grünen Stängel können als Gemüse zubereitet werden oder kandiert*

als Dekoration von Süßspeisen und Gebäck dienen. Mit dem ätherischen Öl der Wurzel werden Liköre – vorwiegend Kräuterliköre wie der berühmte ▶ Chartreuse – und Branntweine aromatisiert.

ANGELSCHELLFISCH
Frischer ▶ Schellfisch, der vor den britischen Inseln mit der Angel gefangen wird.

ANGELS ON HORSEBACK
(engl.: Engel zu Pferde)
Spezielle englische (und auch in den USA gebräuchliche) Zubereitungsart von ▶ Austern, die in je eine hauchdünne Scheibe Frühstücksspeck gewickelt und auf Holzspießchen gesteckt kurz in heißer Butter gebraten werden.

ANGLAIS
(à point, englisch, medium rare, rosa)
Garstufe beim Fleisch (▶ Garstufen)

ANGLAISE, À L' ▶ englische Art

ANGLER(FISCH) ▶ Seeteufel

ANGOSTURA (BITTER)
Ein stark bitterer, rotbrauner Trinkbranntwein mit hohem Alkoholgehalt (meist 48 Vol.-%), der aus folgenden Hauptzutaten besteht: Baumrinden (▶ Angosturarinde, Chinarinde), rotes Sandelholz, Kräutern und Gewürzen (vor allem Enzian, Ingwer, Zimt, Kardamom, Gewürznelken, Galgantwurzel, Angelikawurzel), Pomeranzenschalen und Rosinen. Ein paar Spritzer Angostura sorgen in Cocktails und Longdrinks für die geschmackliche Abrundung. Seltener wird der Bitter für Braten- und Salatsaucen, Fleisch- und Fischmarinaden oder Desserts verwendet.

ANGOSTURA

Der ▶ Angostura Bitter wurde erstmals 1824 von dem nach Venezuela ausgewanderten deutschen Arzt Dr. Siegert in der Stadt Angostura (heute Ciudad Bolivar) hergestellt. Daher kommt auch der Name, der mittlerweile zum Gattungsbegriff für alle ▶ Bitteren mit entsprechendem Geschmacksbild geworden ist.

ANGOSTURARINDE
Die getrockneten und vorwiegend für ▶ Bitter verwendeten Rindenstücke des Angosturabaumes, der vorwiegend an den Ufern des Orinoko in Venezuela wild wächst. Der Geschmack ist würzig und bitter.

ANGUS
(Aberdeen, Black Angus)
Mastrindrasse (▶ Rind), die ursprünglich in der schottischen Grafschaft Angus gezüchtet wurde und für ihr qualitativ hochwertiges Fleisch bekannt ist. Heute kommt Angus-Fleisch vor allem aus Argentinien, aber auch in Deutschland gibt es mittlerweile viele Züchter, die (meist schwarze) Angusrinder halten.

ANIS
(Süßer Kümmel)
Reife und getrocknete Spaltfrüchte (3–5 mm lang) der gleichnamigen Pflanze aus der botanischen Familie der Doldenblütengewächse, die vermutlich aus Vorderasien stammt und dort schon vor mehr als 3500 Jahren bekannt war. Die Hebräer, Römer und Griechen schätzten Anis besonders wegen seiner Heilwirkungen (krampflösend, verdauungsfördernd, schleimlösend).
Heute wird die Pflanze hauptsächlich im Mittelmeerraum, auf dem Balkan, in Indien und Lateinamerika kultiviert. In Geruch und Geschmack sind die Anissamen hoch aromatisch, sehr würzig, süß und lakritzartig. Die 3–6 mm langen und 2–2,5 mm breiten, blassgrünen bis gelblich-mittelbraunen Anisfrüchte werden oft mit Fenchelsamen (▶ Fenchel) verwechselt und das ähnliche Aroma macht beide teilweise auch austauschbar. Ebenfalls im Geruch sehr nahe kommt der ▶ Sternanis dem teureren Anis und tritt deshalb des Öfteren an seine Stelle.

VERWENDUNG

Die Anissamen werden zum Brotbacken verwendet und auch zum Aromatisieren von süßem Gebäck (Anisplätzchen, Anisbrot), Süßspeisen, Saucen, Käse und Wurstwaren verwendet. Das ätherische Öl dient zur Herstellung alkoholischer Getränke, die man unter dem Überbegriff ▶ Anisée zusammenfasst.

Ananas – die „Königin der Tropenfrüchte“

Als Scheinfrucht der winterharten, etwa 1 m hoch werdenden Ananasstaude genießt die Ananas seit jeher besonders großes Ansehen. Die saftige Frucht mit ihrem gelblichen, süßlich-säuerlich schmeckenden Fleisch und dem charakteristischen grünen Blätterschopf ist bereits optisch ein Genuss und eine der nährstoffreichsten aller exotischen Früchte. Neben Aroma-, Ballast- und Mineralstoffen, wichtigen Vitaminen, Kohlenhydraten und Fruchtsäuren enthält sie auch das Eiweiß spaltende Enzym Bromelin, das unter anderem harn- und schweißtreibend, entschlackend und verdauungsfördernd wirkt.

HERKUNFT UND GESCHICHTE

Ursprünglich ist die Ananas in Süd- und Mittelamerika sowie Westindien beheimatet. Christopher Kolumbus durfte die Frucht 1493 auf Guadeloupe als erster Europäer kosten. Neben ihren Ursprungsländern wird die Ananas heute in vielen Regionen des tropischen Gürtels zwischen dem 25. Grad nördlicher und südlicher Breite angebaut – so in mehreren Ländern Afrikas und Asiens, in Australien, in der Karibik und auf den Pazifikinseln. Eine lange und besonders erfolgreiche Tradition hat ihre Kultivierung auch auf Hawaii, wo 1899 James B. Doyle die ersten Ananasplantagen anlegte und gleichzeitig eine Konservenfabrik errichtete. Auch heute noch kommen Hawaii-Ananas meist in Dosen auf den Markt.

ETWA 40 VERSCHIEDENE SORTEN

Vom Steckling bis zur ersten erntereifen Frucht vergehen, je nach Anbaumethode und -gebiet, 9–22 Monate. Ananas wachsen in Freilandplantagen, werden aber auch in Gewächshäusern gezogen (bereits seit 1830 auch in Europa). Normalerweise erreichen die Früchte ein Gewicht von 1–4 kg, Spitzengewächse (die allerdings nicht nach Europa gelangen) bringen es auf bis zu 10 kg. Heute kennt man etwa 40 verschiedene Ananassorten, einige davon werden auch als Zierpflanzen verwendet.
Zu den wichtigsten Sortengruppen zählen Cayenne, Queen, Spanish und Pernambuco. Ein großer Teil der für den Handel angebauten Ananasfrüchte, vor allem die Sorten mit festem Fleisch wie Cayenne, werden zu Konserven verarbeitet. Als besonders aromatisch und qualitativ besser gelten die – allerdings auch deutlich teureren – Fluganananas, die per Flugzeug zu uns kommen und damit trotz des weiten Transportwegs nur vergleichsweise kurze Zeit unterwegs waren.

EINKAUFSTIPP

Frisch und zu günstigen Preisen kommen Ananas bei uns zwischen Oktober und April auf den Markt. Nachdem es bei Ananas keine Handelsklassen gibt, kann man sich nur auf den Augenschein und den Verkäufer bzw. seine eigene Erfahrung verlassen. Die Reifeprobe ist dabei ganz einfach: Lassen sich die Schopfblätter mit den Fingern leicht auszupfen und gibt die Frucht auf sanften Druck etwas nach, ist die Ananas reif. Von Früchten mit bräunlichen Flecken und schimmeligen, fauligen oder weichen

Stellen lässt man dagegen besser die Finger. Die Ananas sollte im Verhältnis zu ihrer Größe relativ schwer sein und dumpf klingen, wenn man dagegen klopft. Ein hohler Ton, dunkel gewordene „Augen“ und nicht mehr tiefgrüne, sondern gelbliche Blätter sind ebenfalls Indizien dafür, dass die Frucht nicht mehr frisch ist.

AUFBEWAHRUNG

Grundsätzlich ist die Ananas eine leicht verderbliche Frucht, die man möglichst bald verzehren sollte. Im Gemüsefach des Kühlschranks kann man sie ein paar Tage aufheben (Vorsicht: bereits Temperaturen unter 6 °C sind schädlich), besser wird sie dadurch allerdings nicht. Ananas reifen nicht in dem Maße nach wie Bananen, sondern es besteht die Gefahr, dass sie an Aroma und Geschmack verlieren. Allerdings werden sie dadurch auch nicht überreif wie Bananen.
Will man die Früchte einfrieren, schneidet man sie nach dem Schälen (siehe Vorbereitung) am besten in Würfel oder Scheiben. Anschließend gibt man sie in einen Gefrierbehälter und bedeckt sie mit kaltem Sirup (Herstellung: 4 Tassen Wasser mit 7 Tassen Zucker aufkochen, bis er klar ist).

VORBEREITUNG

Ananas lässt sich ganz leicht schälen: Die Frucht am Schopf fassen und das untere Ende abschneiden. Die Ananas mit der Schnittfläche auf ein Brett stellen und nun von oben nach unten mit einem scharfen Messer die Schale großzügig abtrennen. Zum Schluss den Schopf entfernen. Den harten Strunk entfernen und die Ananas in Scheiben oder Stücke schneiden.

VERWENDUNG

Frische Ananas hat ein unverwechselbares süßsäuerliches Aroma, das bei der Konservierung zumindest teilweise verschwindet. Es lohnt sich also, die frische Frucht für Bowlen (der Klassiker schlechthin), Obstsalate und andere Desserts (Joghurt, Eiscreme, Kuchen etc.), Sorbets und besondere Gerichte zu kaufen. Für den beliebten Hawaii-Toast werden zwar meist Ananasringe aus der Dose genommen, mit der frischen Frucht schmeckt aber auch dieser Klassiker noch besser. Selbst die Abfälle der Früchte (Schale, Strunk und Enden) werden häufig noch zur Herstellung von Kompott, Essig und alkoholischen Getränken verwendet oder ans Vieh verfüttert.

ZUBEREITUNG

Frische ▸ Ananas darf roh nicht zusammen mit Gelatine verarbeitet werden, weil das enthaltene Enzym Bromelin verhindert, dass die Gelatine fest wird. Doch es gibt einen Trick: Wenn man die Ananas vorher stark erhitzt; wird das Bromelin zerstört und es kann der Gelatine nicht mehr „schaden“.

ANIS, CHINESISCHER ▸ Sternanis

ANISCHAMPIGNON
Sehr guter, aber für Maden anfälliger und seltener Speisepilz mit Anis- und Mandelaroma.

ANISÉE
Sammelbegriff für Liköre, Branntweine und Aperitifs, die alle in Mittelmeerländern unter Verwendung des ätherischen Öls von ▸ Anis (▸ Anisöl) oder ▸ Sternanis hergestellt werden. Sie zeichnen sich durch ein intensives Anisaroma aus. Die bekanntesten sind: ▸ Anisette, ▸ Pastis (▸ Pernod), ▸ Ouzo, ▸ Mastika, ▸ Pacharán und ▸ Raki. Auch der ▸ Absinth ist in den meisten Fällen ein Anisée. Schon die alten Ägypter sollen um 1500 v. Chr. die Heilwirkung derartiger Spirituosen geschätzt haben.

SCHON GEWUSST?

Meist wird ▸ Anisée mit Wasser verdünnt oder eiskalt getrunken, wobei er sich in beiden Fällen milchig verfärbt. Man nennt dies den Louche-Effekt, der auf dem Gehalt an ätherischen Ölen beruht. Diese Öle lösen sich in Alkohol, aber kaum in Wasser, und bei starker Kühlung (wodurch das Lösungsvermögen des Alkohols sinkt) kommt es ebenfalls bereits zur Trübung.

ANISETTE
1. Sehr süßer Gewürzlikör (der Kategorie ▸ Anisée) aus Frankreich mit mindestens 30 Vol.-% Alkoholgehalt und kräftigem Anisaroma; weitere Hauptbestandteile neben Anis sind Koriander, Fenchel und Veilchen.
2. Manchmal wird Anisette als Sammelbegriff für andere Liköre verwendet, die aromatisch von ▸ Anis oder ▸ Sternanis geprägt sind.

ANISÖL
Aus den reifen und getrockneten Samen des ▸ Anis durch Wasserdampfdestillation gewonnenes ätherisches Öl, das in der Likör- und Süßwarenindustrie Verwendung findet.

ANKE ▸ Blaufelchen

ANNAKARTOFFELN
Geschälte rohe Kartoffeln in Scheiben schneiden, mit Butterflöckchen in eine flache Pfanne bzw. Form schichten, mit Salz und Pfeffer würzen und im Ofen knusprig backen.

ANNATTO
(Orleansamen)

1. Samen des ursprünglich aus dem Amazonasgebiet stammenden und heute in ganz Süd- und Mittelamerika heimischen Orleanstrauchs (Bixa orellana). Vor allem in ihrem Verbreitungsgebiet werden aus den Samen Würzsaucen und -pasten hergestellt sowie Fleisch- und Fischgerichte damit verfeinert.
2. Pflanzenfarbstoff mit einer gelbroten, safran-ähnlichen Farbe aus dem Fruchtfleisch des Orleanstrauchs; wird zum Färben von Lebensmitteln (u. a. von ▸ Cheshire-Käse) und in der Kosmetikindustrie verwendet.

ANNONE ▸ Cherimoya

ANSATZ
1. Ein ▸ Vorteig (▸ Teige), der aus Mehl, Milch oder Wasser und Hefe hergestellt und zum Backen von Brot usw. verwendet wird.
2. Bezeichnung für ein gängiges Verfahren bei der Likörherstellung. Dabei werden verschiedene Früchte oder auch Kräuter (je nach Art des Likörs) mit hochprozentigem Alkohol in einem geeigneten Gefäß (Flasche oder Glasballon) übergossen. Auf diese Weise werden die Aroma- (hauptsächlich ätherische Öle) und Farbstoffe aufgeweicht (mazeriert) und dann herausgelöst (extrahiert). Der Fachausdruck für dieses Verfahren ist deshalb auch Mazeration oder Extraktion.

ANSCHWITZEN
(anziehen lassen)
Mehl, Gemüse, Zwiebeln usw. in Fett nur leicht anrösten, sodass sich die Farbe nicht ändert.

ANTIOXIDANTIEN
In vielen Lebensmitteln natürlich vorhandene oder bei der industriellen Produktion zugesetz-

te Substanzen (▶ Lebensmittelzusatzstoffe), die negative Veränderungsprozesse bzw. der Oxidation durch Sauerstoff, Licht, Enzyme usw. entgegenwirken. Antioxidantien sind u. a. in verschiedenen Gewürzen bzw. Kräutern (z. B. Knoblauch, Ingwer, Rosmarin, Minze), Kohl, Tomaten, Gurken, Spargel, Zitrusfrüchten, Tee, Kaffee und Kakao enthalten und sind ein wichtiger Bestandteil der menschlichen Muttermilch. In der Lebensmittelindustrie werden sie auch synthetisch hergestellt. Besondere Bedeutung für den Organismus haben die Antioxidantien als Fänger der freien Radikale; gefährliche Stoffe, die eine Reihe von Erkrankungen bis hin zu Krebs auslösen können.

ANTIPASTI
Sammelbegriff für italienische Vorspeisen (Einzahl Antipasto), die wörtlich übersetzt also „vor den Nudeln" kommen. Sie bestehen vorwiegend aus Meeresfrüchten, Oliven, Tomaten, gebratenem oder gegrilltem und in Öl eingelegtem Gemüse wie Zwiebeln, Paprika, Fenchel, oder Pilzen sowie Salami und Schinken.

ANZIEHEN LASSEN ▶ anschwitzen

AOC ▶ Appellation d'Origine Contrôlée

APÉRITIF
Aus dem Französischen kommende, mittlerweile aber allgemein gebräuchliche Bezeichnung für jedes Getränk, das vor dem Essen als Appetitanreger gereicht wird. Das können normale ▶ Weine ebenso sein wie Perl- und Schaumweine (▶ Prosecco, ▶ Sekt, ▶ Champagner usw.) oder gespritete Erzeugnisse aus Weintrauben (z. B. ▶ Sherry und ▶ Port), aber auch Liköre oder Mixgetränke.

APEROL
Italienischer ▶ Bitter und beliebter ▶ Aperitif mit moderatem Alkoholgehalt (11 Vol.-%), der aus Enzian, Rhabarber, Orangenauszügen, aromatischen Kräutern und natürlichen Farbstoffen hergestellt wird.

ÄPFEL
am meisten verbreitetes Kernobst (▶ Seite 22)

APFELBANANEN
Kleinfingrige Obstbananenart (▶ Bananen), die etwas säuerlicher schmeckt als die meisten anderen Bananen und ein würziges Apfelaroma hat. Kommt hauptsächlich aus Kenia und Brasilien auf dem Luftweg zu uns. Apfelbananen können roh gegessen, aber auch ausgebacken und flambiert werden. Besonders gut sind sie für Obstsalate und zum Dekorieren geeignet.

APFELBIRNEN ▶ Nashis

APFELBRANNTWEIN
Ein durch Vergären und Brennen von Äpfeln hergestellter Branntwein mit einem Alkoholgehalt zwischen 38 und 50 Vol.-%, am bekanntesten ist der französische ▶ Calvados.

APFELDICKSAFT
Süßmittel aus eingedicktem Apfelsaft

APFELESSIG
Aus Äpfeln hergestellter milder Gärungs- und Fruchtessig (▶ Essig) mit einem pikant-fruchtigen Aroma und der alle Inhaltsstoffe des frischen Apfels enthält. Vielseitige Verwendungsmöglichkeiten in der Küche, unter anderem für Salate, Saucen, Gemüse, eingelegte Früchte; auch zum Beizen oder Marinieren gut geeignet.

APFELKRAUT
Der eingekochte, dicke Saft (ohne Zucker) aus frischen, ungeschälten Äpfeln wird mit seinem fein-säuerlichen Geschmack vor allem im Rheinland gerne als Brotaufstrich verwendet oder zu ▶ Kartoffelpuffer gegessen. Regional auch Bezeichnung für Rotkohl mit Äpfeln.

Äpfel – das beliebteste Obst

Der Apfel ist das vermutlich älteste und am meisten verbreitete Kernobst überhaupt und spielte bereits beim Sündenfall im Alten Testament eine wichtige, wenn auch nicht gerade rühmliche Rolle. Nach christlichem Glauben war die verbotene Frucht, mit der Eva den Adam aus dem Paradies lockte, ein Apfel (bzw. ein Granatapfel, wie manche Völker glauben).
In früheren Zeiten war die unwiderstehlich schmeckende, süßlich-säuerliche Frucht des Apfelbaumes aber nicht nur Symbol für die Sünde, sondern auch für Liebe, Fruchtbarkeit, Jugend und Schönheit. Neben seiner religiösen und mystischen Bedeutung erlangte der Apfel auch literarische Berühmtheit; unter anderem durch Wilhelm Tell und seinen Schuss mit der Armbrust. Kaiser und Könige halten auf vielen alten Abbildungen neben dem Zepter einen vergoldeten „Reichsapfel" als Symbol für die Weltkugel in der Hand.

VOM NAHEN OSTEN IN DIE GANZE WELT

Der zur Familie der Rosengewächse zählende Apfelbaum stammt vermutlich aus dem Nahen bzw. Fernen Osten. Als Urform gilt nach neueren genetischen Untersuchungen der Asiatische Wildapfel. Bereits vor rund 5000 Jahren sollen die Syrer Äpfel aus Kleinasien nach Ägypten mitgebracht haben und Alexander der Große soll den Apfelbaum bei der Rückkehr von seinen Feldzügen im Gepäck gehabt haben. Auch in unseren Breitengraden war der Apfelbaum sehr früh heimisch; das belegen archäologische Funde aus vorchristlichen Siedlungen in Süddeutschland. Und die Römer unterschieden bereits im 6. Jh. v. Chr. 37 verschiedene Apfelsorten und kelterten aus Äpfeln, die sie in ihrem gesamten Herrschaftsgebiet bzw. im heutigen Europa verbreiteten, bereits Saft und Wein. Als erster Kulturapfel (das heißt durch gezielte Züchtung entstandene Sorte) gilt der Bordsdorfer Apfel, der bereits 1170 von den Zisterziensern erwähnt wurde. Um 1620 soll der erste Apfelbaum dann die Reise über den großen Teich gemacht haben und nach Nordamerika gelangt sein. Große Anbaugebiete für Äpfel liegen heutzutage in Deutschland, Österreich, Frankreich, Italien, England, Russland, Nordamerika, Südafrika, Australien und China.

GROSSE SORTENVIELFALT

Allein auf dem europäischen Kontinent kennt man über 30 Hauptsorten, die entsprechend ihrer bevorzugten Verwendung in Tafeläpfel, Wirtschafts- oder Kochäpfel und Mostäpfel unterschieden werden. Die Gesamtzahl an Sorten wird auf rund 7500 (allein in Deutschland etwa 1500) geschätzt – Ergebnis gezielter Auslese und Kreuzungen, die immer bessere Sorten hervorbringen. Äpfel werden als frisches Tafelobst in den Handelsklassen Auslese (die Hand verlesenen Prachtexemplare nur bestimmter Sorten), A, B und C angeboten. Diese sagen allerdings nur über die Optik etwas aus, nicht aber über Geschmack und Verwendungseigenschaften.

HOHER WERT FÜR DIE ERNÄHRUNG

Ernährungsphysiologisch gelten Äpfel als besonders gesund, weil sie wenig „leere" Kalorien und einen besonders niedrigen glykämischen Index haben. Neben Kohlenhydraten sind sie nämlich auch reich an Vitaminen (vorwiegend unter der Schale, deshalb wann immer möglich mit

Schale verzehren), Fruchtsäuren, Mineralstoffen (vor allem im Kerngehäuse) und Pektinen. Äpfel wirken verdauungsfördernd. Außerdem soll ihr Gehalt an Pektin den Cholesterinspiegel günstig beeinflussen.

DIE WICHTIGSTEN APFELSORTEN

Sommersorten: Gravensteiner, Helios, Jamba, James Grieve, Klarapfel

Herbst-/Wintersorten: Alkmene, Berlepsch, Berner Rose, Boskop, Cox Orange, Elstar, Gloster, Golden Delicious, Goldparmäne, Holsteiner Cox, Idared, Iduna, Ingrid Marie, Jonagold, Jonathan, Marina, Melrose und Rubinette

Wintersorten: Auralia, Glockenapfel, Granny Smith, Maigold, Red Delicious, Redspur und Yellowspur

GUTES LAGEROBST

Äpfel sollten in dunklen, luftigen und kühlen (aber frostfreien) Räumen aufbewahrt werden. Sie sind grundsätzlich ein gutes Lagerobst, da sie heute aber jederzeit frisch im Handel erhältlich sind, lohnt es sich für „Normalverbraucher" kaum, größere Mengen über einen längeren Zeitraum einzulagern. Wenn man einlagern will, dann sollte man lieber die spät im Herbst/Winter geernteten Sorten nehmen.

In Tests hat sich auch Frischhaltefolie für den Haushalt (Folienbeutel) für die Aufbewahrung von Äpfeln als vorteilhaft erwiesen; dafür aber keine übergroßen und keine bereits genussreifen Früchte nehmen. Gänzlich ungeeignet sind Äpfel zum Einfrieren, im Gemüsefach des Kühlschranks können sie dagegen bis zu zwei Wochen lang aufgehoben werden.

ALLROUND-GENIES IN DER KÜCHE

Äpfel schmecken nicht nur roh sehr gut, sie sind auch in der Küche wahre Allroundgenies, denn sie eignen sich zum Backen, Braten, Dünsten, Gratinieren, Kochen oder Pochieren. Sie geben Salaten, kalten Suppen, Rotkohl, Sauerkraut oder Chutneys ein fein-fruchtiges Aroma, passen aber auch zu Gerichten mit Fleisch (vor allem Schweinefleisch), Leber, Schinken, Geflügel und sind Bestandteil vieler Desserts (Speiseeis, Obstsalat, Apfelmus) und Backwaren. Zeitlose Klassiker in der Küche sind Apfelstrudel, Apfelküchlein, Äpfel im Schlafrock oder Apfelkraut. Äpfel lassen sich sehr gut zu Kompott, Mus, Gelees, Konfitüren, Chutneys und Marinaden verarbeiten. Weiter werden aus ihnen auch Essig, ▸ Apfelbranntwein und auch Likör hergestellt.

APFELKREN ▸ Apfelmeerrettich

APFELMEERRETTICH
(Apfelkren)
Geriebener, frischer Meerrettich, der mit geraspelten, am besten süßsauren Äpfeln und etwas Sahne vermischt, mit Zitronensaft, Salz und Zucker abgeschmeckt und zum ▸ Tafelspitz, zu kaltem Fleisch oder Fisch serviert wird.

APFELMOST
Unvergorener, bei verschiedenen Getränken (wie dem französischen ▸ Cidre) auch leicht angegorener Saft (▸ Most) von frisch ausgepressten Äpfeln, der sofort getrunken oder weiterverarbeitet werden kann.

APFELMUS
Meist industriell produzierter Obstbrei aus Falläpfeln oder baumreifen Äpfeln, der aber auch im Haushalt ohne großen Aufwand selbst hergestellt werden kann. Dazu reife, geschälte und ausgestochene Äpfel in wenig Wasser oder Apfelsaft dünsten, bis sie zerfallen, durch ein Sieb streichen und je nach Geschmack mit Zucker, Zimt, Zitronenschale und Nelke würzen.

APFELSAFT
aus Äpfeln gewonnener ▸ Fruchtsaft

APFELSINEN ▸ Orangen

APFELSTRUDEL
Der große Klassiker unter allen Arten von ▸ Strudel und eine traditionelle, vor allem von Wien aus verbreitete österreichische Süßspeise, die auch im süddeutschen Raum beliebt ist. Die längliche Rolle aus hauchdünn ausgerolltem Strudelteig enthält eine feine Füllung aus Äpfeln (am besten saftig, fest und säuerlich-aromatisch), Rosinen, Zimt und gerösteten Semmelbröseln und wird meist warm und mit Puderzucker bestreut serviert. Dazu gibt es Vanillesauce, -creme oder -eis und Sahne.

APFELTÄUBLING
Speisepilz (▸ Pilze) aus der Gattung der Täublinge; nicht roh genießbar, anfällig für Maden

APFELWEIN
aus Äpfeln gewonnener ▸ Obstwein, in Frankreich als ▸ Cidre bekannt

APICIUS, MARCUS GAVIUS
Der römische Feinschmecker aus der Zeit des Kaisers Tiberius (42 v. Chr. – 37 n. Chr.) gilt als erster Kochbuchautor. In seinem Werk über die Kochkunst der damaligen Zeit „De re coquinaria“ sind reichlich ausgefallene Rezepte (wie z. B. gefüllter Flamingo, Gebärmutter von der Jungsau, gebackene Muräne oder Zungenragout von Singvögeln) enthalten. Vermutlich dürfte Apicius auch eine Kochschule betrieben und zu seiner Zeit hohes Ansehen genossen haben. Trotzdem fand er ein unrühmliches Ende: Wegen der immensen Ausgaben für seine lukullischen Genüsse verschuldete er sich so stark, dass er sich das Leben nahm.

À POINT
(anglais, englisch, medium rare, rosa)
auf den Punkt gebraten oder gegart, Garstufe beim Fleisch (▸ Garstufen)

APOSTELKUCHENTEIG ▸ Briocheteig

APPELLATION (D'ORIGINE) CONTRÔLÉE
Kurz als AC oder AOC bekannt ist diese kontrollierte und gesetzlich geschützte Qualitäts- und Herkunftsbezeichnung für ▸ Wein und auch für andere landwirtschaftliche Produkte aus Frankreich. Besonders auch viele ▸ Käse tragen eine eigene AC bzw. AOC.

APPENZELLER
Halbfester Schnittkäse (▸ Käse) aus der Schweiz, der in verschiedenen Fettstufen er-

hältlich ist, aus roher Kuhmilch hergestellt wird, 4–6 Monate reift und in 6–8 kg schweren Rundlaiben die Käsereien verlässt. Sein Aroma erhält er durch eine spezielle Salzbehandlung während der Reifezeit. Der berühmte Käse kommt nicht nur aus dem Kanton Appenzell, von dem er seinen Namen hat, sondern auch aus St. Gallen und Thurgau.

APPETITSILD
mit Salz, Zucker und Gewürzen eingelegte, zarte Filets von Sprotten, Breitlingen (▶ Anchosen) und sehr kleinen Heringen

APPETIZER
Unter diese gängige, für Vorspeisen verwendete Bezeichnung fallen z. B. ▶ Canapés, ▶ Dips, Cocktails mit ▶ Meeresfrüchten und gemischte ▶ Hors-d'oeuvre-Platten.

APPLE PIE
Englische Pastete aus Blätter- oder Mürbteig, deren Füllung aus dünnen Apfelscheiben besteht. Diese werden mit Muskatnuss, Zimt, manchmal auch Koriander, geriebener Schale unbehandelter Zitrone und Zucker gewürzt. Wird oft mit Eis oder Sahne serviert und kann warm oder kalt gegessen werden.

APRICOT BRANDY
Aus Aprikosensaft, Zucker, Wasser, Stärkesirup und Branntwein hergestellter Fruchtaromalikör (▶ Liköre), der häufig auch noch einen Schuss ▶ Arrak enthält und mindestens 30 Vol.-% Alkoholgehalt hat.

APRIKOSEN
(Marillen)
Die orangegelben, kugeligen und 4–8 cm großen Steinfrüchte des Aprikosenbaumes, der ursprünglich aus Zentralasien stammt. Heute werden Aprikosen praktisch in allen sonnenreichen Landstrichen angebaut; vor allem rund um das Mittelmeer, in Asien, Südafrika und Kalifornien, aber auch in den Weinanbaugebieten Deutschlands, Österreichs (dort werden sie Marillen genannt) und der Schweiz. Die den Pflaumen verwandten Steinfrüchte haben ein festes, süß-säuerliches Fleisch; unreif sind sie hart und herb, reif weich und saftig, überreif matschig und mehlig. Aprikosen wirken magenberuhigend und blutbildend. Die Einsatzmöglichkeiten von Aprikosen sind vielseitig und nicht auf ihre Saison (Juni bis August) beschränkt, denn Aprikosen gibt es getrocknet und als Konserve im Handel.
EINKAUFSTIPP: *Aprikosen sollten fest sein, eine glatte Haut und keine Druckstellen haben.*
VERWENDUNG: *Die Steinfrüchte können frisch wie gedünstet verzehrt werden und lassen sich gut einmachen. Sie schmecken in Desserts, Kuchen und Torten und geben pikanten Gerichten eine interessante Note. Vorsicht: Von einer Verwendung der Aprikosenkerne sollte man Abstand nehmen, denn sie enthalten giftige Blausäure.*

SCHON GEWUSST?

Um die ▶ Aprikosen ranken sich verschiedene Geschichten. So soll sie Alexander der Große von Persien, wo die Frucht von den Dichtern als „Samen der Sonne" besungen wurde, mit nach Griechenland gebracht haben. Der berühmte chinesische Philosoph Lao Tse soll unter einem Aprikosenbaum geboren worden sein und schrieb seine besonderen Talente dieser Tatsache zu. Und die Menschen eines kleinen Königreiches am Himalaja erregten Aufsehen durch außergewöhnliche Gesundheit und extrem hohe Lebenserwartung; ihr Hauptnahrungsmittel waren Aprikosen.

AUFBEWAHRUNG
Aprikosen nicht länger als drei Tage an einem nicht zu warmen Ort aufbewahren. Der Kühlschrank ist dafür nicht geeignet, denn dort werden die Früchte braun und verlieren schnell ihr Aroma. Zum Einfrieren die aromatischen Früchte häuten, halbieren und den Stein entfernen. Auch püriert lassen sich Aprikosen gut tiefkühlen.

APRIKOSEN, JAPANISCHE
▶ Kaki(pflaumen)

APRIKOTIEREN
Backwaren mit dick eingekochter und durch ein Sieb gestrichener Aprikosenkonfitüre überziehen. Konditoren wenden dieses Verfahren besonders gerne an, weil die Konfitüre dem Backwerk einen feinen Glanz gibt, Glasuren festigt, Mandeln und andere süße Streumittel „festklebt" und das Backwerk frisch hält.

AQUA SELTZER ▶ Selters(wasser)

AQUAVIT
Ein aus Kümmel-, Zitronenschalen-, Nelken- und Korianderauszügen bzw. -destillaten hergestellter Branntwein (▶ Trinkbranntweine) mit einem Alkoholgehalt von mindestens 38 Vol.-%; kommt aus Skandinavien (besonders bekannt ist die Sorte Malteserkreuz aus Däne-

mark), wird heute aber auch in Deutschland hergestellt. So genannter Edel-Aquavit wird aus Korndestillat gewonnen. Der Name kommt vom Lateinischen aqua vitae (= Lebenswasser)

ARACHIDENNÜSSE ▶ Erdnüsse (▶ Nüsse)

ARACHIDÖL ▶ Erdnussöl, ▶ Öl

ARANCINI
gekochte und kandierte, manchmal auch mit Schokolade oder Nusssplittern überzogene kleine Stücke der Schalen von unbehandelten ▶ Orangen oder ▶ Pomeranzen

ARBORIO
bekannte italienische Reissorte (▶ Reis), besonders gut für Risotto geeignet

ARBUSE
eine bestimmte Art der ▶ Wassermelonen (▶ Melonen)

ARBUTUSBEEREN
▶ Baumerdbeeren

ARGANÖL
Das kostbarste Öl der Welt wird aus den Kernen der Früchte des Arganbaumes gewonnen, der nur in Marokko wächst. Neben seinen geschmacklichen Vorzügen zeichnet sich das Gourmet-Speiseöl auch durch seine wertvollen Inhaltsstoffe, vor allem durch eine sehr hohe Konzentration an essentiellen Fettsäuren aus.

ARMAGNAC
Herkunftsbezeichnung für den zweiten berühmten und edlen französischen Weinbrand neben dem ▶ Cognac, von dem er sich aufgrund anderer Machart in Geruch und Geschmack allerdings deutlich unterscheidet. Armagnac kommt aus den Departments Gers, Lot und Garonne und hat einen Alkoholgehalt von mindestens 38 Vol.-%. Von Kennern wird er hoch geschätzt.

ARMAGNAC-PFLAUMEN
in Armagnac eingelegte Backpflaumen

ARME RITTER
(Verlorenes Brot, Versoffene Jungfrau)
Für diese Süßspeise werden (altbackene) Weißbrot- oder Zwiebackscheiben in Milch eingeweicht, paniert und in Fett gebacken, danach mit Zimt und/oder Zucker bestreut und mit Kompott oder Vanillesauce gegessen.

AROMA
1. Gemisch der flüchtigen Substanzen (▶ Aromastoffe), die Nahrungsmitteln, Speisen, Getränken (hier besonders dem Wein), Pflanzen und vielem mehr ihren charakteristischen und unverwechselbaren Geruch verleihen. Die meisten Lebensmittel haben ein sehr komplexes Aroma, das sich aus vielen verschiedenen, meist mehr als 100 Komponenten (man spricht auch von Aromen) zusammensetzt.
2. Die von Nahrungsmitteln, Getränken usw. ausgelösten Geruchsempfindungen, die nicht nur durch die Nase (Primärweg zum Riechkolben), sondern auch über eine Öffnung im Rachenraum (Sekundärweg zum Riechkolben) wahrgenommen werden.

AROMASTOFFE
Flüchtige Substanzen (auch Duft-, Geruchs- oder Riechstoffe genannt), die das Aroma von Nahrungsmitteln usw. bestimmen. Die so genannten primären Aromastoffe (auch: Primäraromen) wie Alkohole, Aldehyde, Ester, Ketone usw. sind schon von Natur aus in vielen Lebensmitteln enthalten, während die sekundären Aromastoffe (auch: Sekundäraromen) erst durch ihre mechanische, thermische oder enzymatische Behandlung (beispielsweise bei der Kaffee-, Tee-, Käse- oder auch Weinherstellung) entstehen. Man kennt heute mehr als 6000 verschiedene Aromastoffe, die in 3 Gruppen eingeteilt werden:
1. Natürliche Aromastoffe sind pflanzlichen oder tierischen Ursprungs und können durch physikalische, enzymatische und mikrobiologische Verfahren gewonnen werden. So stammt beispielsweise das natürliche Vanillearoma aus der Vanilleschote (Vanillezucker).
2. Naturidentische Aromastoffe werden zwar künstlich hergestellt, sind aber in ihrer chemischen Zusammensetzung mit den natürlichen Aromastoffen identisch. Um beim Beispiel Va-

nille zu bleiben: Vanillin ist ein naturidentischer Aromastoff, aber keine echte Vanille.
3. Künstliche Aromastoffe kommen in der Natur nicht vor und sind rein synthetisch hergestellte. Insgesamt 18 dieser synthetischen Aromastoffe sind gesetzlich zugelassen.
Die Lebensmittelindustrie setzt gezielt Aromastoffe ein, um ein bestimmtes Geruchs- und Geschmacksprofil zu erzeugen. Etwa 15 % unserer Lebensmittel sind damit versetzt; u. a. auch, um durch die Verarbeitung bedingte Aromaverluste auszugleichen. Die Verwendung wird durch die Aromenverordnung geregelt. Das Etikett eines Lebensmittels muss zwar darauf hinweisen, dass Aromastoffe enthalten sind, in der Regel genügt jedoch die Angabe „Aroma" ohne genauere Deklarierung. Nur synthetische Aromastoffe müssen beim Namen genannt werden.

AROMATEN
würzende Zutaten in Speisen (wie Gewürze, Kräuter usw.)

ARRABIATA, ALL'
Teigwaren oder Fleisch, scharf zubereitet mit einer Sauce aus Knoblauchzehen, Pfefferschoten und Zwiebeln, meist auch Tomaten

ARRACACHA
Aus den südamerikanischen Anden kommende und auch in den Gebirgslagen von Costa Rica, Guatemala und Jamaika angebaute, sellerieähnliche würzige Gemüsepflanze mit hohem Stärkegehalt. Die Wurzelknollen können roh oder gekocht, die jungen Blätter und Stängel als Salat oder Gemüse verwendet werden.

ARRAK
(Reisbranntwein)
Gehört zu den so genannten ▸ Edelbränden und wird hauptsächlich aus Reis, Zuckerrohrmelasse und zuckerhaltigen Pflanzensäften (von der Kokos- und Dattelpalme) sowie manchmal mit Anis aromatisiert hergestellt. Arrak wird hauptsächlich auf Sri Lanka, in Indien und auf der indonesischen Hauptinsel Java erzeugt. Sein Alkoholgehalt liegt zwischen 38 und 60 Vol.-%, in der Farbe ist er hellgelb bis gelbbraun. Mit seinem sehr spezifischen Geruch und Geschmack wird Arrak gern zur Bereitung von ▸ Grog und ▸ Punsch sowie zur Herstellung von Konditoreiwaren verwendet.

ARROSIEREN
Fleisch während des Bratens immer wieder mit heißem Bratensaft übergießen, damit sich kleine Risse in der Oberfläche schnell schließen und kein wertvoller Fleischsaft ausläuft. Erwünschter Nebeneffekt: Das Übergießen fördert die Bildung einer appetitlichen goldbraunen Kruste.

ARROWROOT
(Marantastärke, Pfeilwurzelmehl)
Sammelbegriff für Stärke, die aus tropischen oder subtropischen Gewächsen, vorwiegend aus Knollen, mit mechanischen Mitteln gewonnen wird. Früher war damit ausschließlich die der Kartoffelstärke ähnliche Marantastärke (auch Pfeilwurzelmehl) gemeint. Sie kommt aus den Knollen einer in vielen tropischen Gebieten angebauten Pflanze. Weitere Arrowroots sind: Arumstärke, Bananenstärke, Balatenstärke, Cannastärke, Kurkumastärke (auch Tik(ur)mehl), Dioscorea- oder Yamsstärke, Maniokstärke, Taccastärke und Zamiastärke.

ARTISCHOCKEN
(Erddisteln, Speisedisteln)
als Delikatesse geltendes Gemüse (▸ Seite 29)

ARTISCHOCKEN, CHINESISCHE/ JAPANISCHE ▸ Stachys

ARTISCHOCKEN, SPANISCHE
▸ Karden

ASANT
(Stinkasant, Teufelsdreck)
In der heimischen Küche wenig verbreitetes Gewürz, das aus dem milchigen Wurzelsaft

(Latex) einer im Iran und Irak, in Pakistan, Afghanistan und Vorderindien wild vorkommenden, dem Fenchel ähnlichen und bis 2 m hohen Staude gewonnen wird. Der Milchsaft wird an der Sonne getrocknet. Dadurch entsteht eine verklebte und harzige, in der Farbe gelbliche bis rötliche oder bräunliche Masse, die anschließend gemahlen wird.

VERWENDUNG: *Asant hat zumindest für europäische Nasen einen starken, fast schon abstoßenden Geruch, der sich beim Kochen aber mildert. Er wird mit seinem beißenden, bitteren Geschmack vor allem im Orient als knoblauch- und zwiebelähnliches (Ersatz-)Gewürz für Fleisch- (besonders Schaf und Hammel), Reis- und Gemüsegerichte verwendet.*

ASBACH URALT

Der älteste deutsche ▸ Weinbrand, der einst nach dem französischen Vorbild als deutscher bzw. Rüdesheimer ▸ Cognac vermarktet wurde. Doch nach dem Ersten Weltkrieg wurde den deutschen Herstellern im Jahre 1919 (im berühmten Versailler Vertrag) die Verwendung des Begriffs Cognac untersagt. Gegründet wurde das Unternehmen bereits 1892 von dem Kaufmann und Destillateur Hugo Asbach, der einige Zeit in Frankreich gelebt hatte und in Deutschland eine dem berühmten französischen Cognac ebenbürtige Spirituose aus Weintrauben herstellen wollte. Mit dem Asbach Uralt legte er den Grundstein für eine große Erfolgsgeschichte: Dieser war zeitweise so populär, dass er gleichsam zum Synonym für Weinbrand wurde.

> **SCHON GEWUSST?**
>
> Hugo Asbach gründete nicht nur 1892 in Rüdesheim am Rhein die „Export-Compagnie für deutschen Cognac" und war der Vater des ▸ Asbach Uralt, sondern erfand 1907 auch den Begriff Weinbrand. Dieser wurde 1923 offiziell für aus Weintrauben hergestellten Schnaps in das deutsche Weingesetz aufgenommen.

ASCHANTINÜSSE ▸ Erdnüsse

ÄSCHE

(Äschling, Gräsling, Mailing, Sprengling)

Edler, mit den Lachsen verwandter, bis 50 cm langer und 1,5 kg schwerer ▸ Süßwasserfisch (▸ Fische) mit kleinem Kopf und lang gestrecktem Körper, dessen auffallendstes Merkmal die sehr hohe und lange Rückenflosse ist. Die Äsche lebt wie die ▸ Forelle in Bächen und Flüssen Mittel- und Nordeuropas und eignet sich wie diese praktisch für alle Zubereitungsarten. Ihr mageres, festes und feines Fleisch zeichnet sich durch zartes Thymianaroma aus .

ÄSCHENKAVIAR

Der ▸ Rogen der Äsche ist eine seltene Delikatesse; beste Zeit: Januar/Februar.

ASCHKUCHEN ▸ Napfkuchen

ASCHLAUCH ▸ Schalotten

ÄSCHLING ▸ Äsche

ASCORBINSÄURE

chemisch für Vitamin C (▸ Vitamine)

ASEM

Würzpaste der ▸ Tamarinde als Handelsware

ASIAGO

Der würzige italienische Schnittkäse (Reifezeit 1–6 Monate) oder Reibekäse (Reifezeit 1 Jahr) wird aus teils entrahmter Kuhmilch in mehreren Varianten mit 34–45 % Fett i. Tr. in den Handel gebracht. Er stammt ursprünglich aus dem gleichnamigen Ort im Veneto und wurde in früherer Zeit aus Schafmilch hergestellt (▸ Käse).

ASIATISCHE BIRNEN ▸ Nashis

ASKALONZWIEBELN ▸ Schalotten

ASPIK

Allgemeine Bezeichnung für eine gelierte Flüssigkeit (meistens mit Alkohol), die vor allem

Artischocken – gesunde Delikatesse

Die noch grünen (teilweise auch violetten), kurz vor ihrem Aufblühen geernteten Blütenköpfe einer distelartigen Staude aus der Familie der Korbblütengewächse gelten als kulinarische und zudem sehr gesunde Delikatesse. Ihre Heimat ist der Mittelmeerraum, Anbauländer sind neben Italien, Frankreich, Spanien, Griechenland, Israel, Marokko und Algerien auch Holland (in Treibhäusern) und die USA. Durch die unterschiedlichen Erntezeitpunkte stehen Artischocken praktisch das ganze Jahr über zur Verfügung.

HOHER GESUNDHEITLICHER WERT

Die edlen Pflanzenteile der Artischocken, die in der Küche Verwendung finden, sind der fleischige Blütenboden und die unteren, dickeren der dachziegelartig übereinander liegenden Schutzblätter der Blüte. Artischocken werden für ihren interessanten zart-bitteren und herben Geschmack sowie ihren gesundheitlichen Wert (reich an Mineralstoffen, Vitaminen und Ballaststoffen, gleichzeitig fett- und kalorienarm) geschätzt. Sie sind magen-, leber- und gallenfreundlich bzw. regen die Tätigkeit der entsprechenden Organe an, fördern die Verdauung, helfen den Cholesterinspiegel senken und enthalten auch das für Diabetiker wichtige Insulin.

EINKAUFSTIPP

Die Artischockenblätter müssen glatt und frisch aussehen, eng anliegen und der Kopf muss noch fest geschlossen sein. Sind einzelne Blätter lose oder vertrocknet, haben sie braune Flecken oder ist der Kopf bereits leicht geöffnet, so ist das ein Zeichen von Überreife bzw. schlechter Qualität.

AUFBEWAHRUNG

Frische Artischocken, die nicht gleich am Einkaufstag verarbeitet werden, kann man in ein feuchtes Tuch eingewickelt im Gemüsefach des Kühlschranks etwa 3 Tage lang aufheben. Zum Einfrieren die Artischocken putzen und etwa 4 Minuten in kochendem Wasser blanchieren, so vorbereitet halten sie sich dann tiefgekühlt bis zu 8 Monate.

ZUBEREITUNG

Zum Kochen bindet man die Artischocken und legt sie in reichlich kochendes Salzwasser. Man darf dabei keinen Aluminiumtopf verwenden, denn das beeinträchtigt Aussehen und Geschmack. Je nach Größe und Sorte sind die Artischocken nach 15–60 Minuten gar gekocht. Zur Probe: Die Blätter müssen sich am Stielende leicht herausziehen lassen.

VERWENDUNG

Artischocken können als Salat oder Gemüse zubereitet werden. Beim Verzehr pflückt man ein Blatt nach dem anderen ab, zieht es durch eine passende Sauce (▸ Sauce Béarnaise, ▸ Sauce Hollandaise, ▸ Sauce Vinaigrette) und streift mit den Zähnen das köstliche Blattfleisch ab. Der kulinarische Höhepunkt aber sind die fleischigen Blütenböden. Diese lassen sich – von den Blättern und dem faserigen „Heu" befreit – backen, braten, schmoren, füllen, überbacken und warm oder kalt servieren. Artischocken eignen sich auch zum Einlegen und Konservieren.

Fleisch, Geflügel und Fisch, aber auch andere kalte Speisen umhüllt (Beispiele: Rehrücken in Aspik, Wachteleier in Aspik, Hummer in Aspik, Krabben in Aspik, Gänseleber in Aspik). So vielfältig die Einsatzmöglichkeiten sind, so unterschiedliche „Rezepte" gibt es auch für die Herstellung (mit Weiß- oder Rotwein, Sherry, Port, Madeira etc.) und die Garnierung von Aspiks (Kräuter, Gemüse, Eier und mehr). Als Synonym für Aspik wird manchmal auch ▶ Gelee verwendet, das man aber hauptsächlich von der Zubereitung von Süßspeisen kennt. Beim Aufschneiden muss Aspik gut gekühlt sein, damit es genügend Festigkeit hat; deshalb sollte man es mindestens 3–4 Stunden vor der Verwendung zubereiten. Für Dekorationszwecke vorgesehenes Aspik füllt man noch flüssig am besten in eine flache Schüssel; so erstarrt es am schnellsten und lässt sich dann mühelos in kleine Würfelchen schneiden.

ASTI SPUMANTE

Bekannter, meist süßer ▶ Schaumwein (▶ Wein) des Piemont aus der Gegend um den Weinbauort Asti mit einem Mindestalkoholgehalt von 12 Vol.-%, seit 1993 mit dem DOCG-Prädikat.

ASTORIASALAT

klassische Salatzubereitung (▶ Salate) aus Würfeln von Birnen und Grapefruits, Streifen von rotem und grünem Paprika sowie gehackten Haselnüssen in einer Essig-Öl-Sauce

ÄTHERISCHE ÖLE

Wichtige Gruppe der ▶ Aromastoffe, bestehend aus flüchtigen, geruchs- und geschmacksintensiven Gemischen organischer Verbindungen aus Pflanzen bzw. Pflanzenteilen. Die ätherischen Öle bestimmen das charakteristische, arteigene Aroma beispielsweise von Früchten und Gemüse. Neben allgemeinen diätetischen Eigenschaften haben ätherische Öle auch eine Vielzahl von gesundheitsfördernden Wirkungen und sind deshalb besonders wertvoll.

Ätherische Öle gewinnt man durch verschiedene Verfahren, wie Auspressen, Wasserdampf-Destillation, Ausziehen mit leicht flüchtigen Lösungsmitteln (z. B. Alkohol), Enfleurage (Extraktionsverfahren ohne Anwendung von Wärme) und Kohlensäure-Hochdruckextraktion. Hauptproduzenten sind die USA, China, die lateinamerikanischen Staaten, Italien, Spanien, Australien, Indien, Indonesien.

ATJAR ATJAR

Sauer eingelegtes Gemüse – zum Beispiel Gurken bzw. Cornichons, kleine Zwiebeln, Ingwer (▶ Mixed Pickles) –, das in kleinen Schalen angerichtet wird; Bestandteil der indonesischen ▶ Reistafel.

ATLANTIKLACHS

Sammelbegriff für die im Nordatlantik vorkommenden Lachsarten (▶ Lachs)

AUBERGINEN

(Eieräpfel, -früchte, Melanganen, Melanzane) vor allem in der Mittelmeerküche viel verwendete Gemüseart (▶ Seite 31)

AUERHAHN

Das größte europäische Federwild ist in seinem Bestand mittlerweile stark zurückgedrängt und deshalb in Deutschland ebenso wie das ▶ Birkhuhn geschützt. Es kommt in unseren Breitengraden fast nur noch in den Alpen, im Bayerischen Wald, im Schwarzwald und in den Vogesen vor. Weitere Verbreitungsgebiete sind Skandinavien und der Balkan; von dort kommt das Fleisch ganz selten in den Handel. Die Hühner werden 56–61 cm groß und bis 3 kg schwer, die Hähne 81–86 cm und bis 6 kg.

AUFLAUF

Mit Eiermilch oder -sahne gebundene Masse, die im Backofen gegart wird und dabei hochgeht (aufläuft). Es gibt salzige und süße Aufläufe die als Hauptspeisen gegessen werden, süße Aufläufe sind aber auch als Desserts beliebt. Sie können in einer großen Auflaufform oder in Portionsförmchen gebacken werden. Bei der Wahl der Zutaten sind der Fantasie und

Auberginen – Klassiker der Mittelmeerküche

Gemüsefrucht der gleichnamigen Nachtschattenpflanze, die an großblättrigen, bis zu 1 m hohen Sträuchern wächst und eine dunkelviolette, seltener auch eine weiße, gelbe, grüne oder rote (immer glänzende) Schale hat. Eigentlich ist die Aubergine eine Beere und manche Sorten sind auch klein und rund. In der Regel sind die bei uns angebotenen Früchte aber wesentlich größer und haben eine länglich-ovale Keulen- oder Birnenform.

DAS GANZE JAHR AUF DEM MARKT

Ursprünglich stammt die Aubergine aus Indien und in Asien kennt man sie bereits seit mehr als 2500 Jahren. Heute wird sie aber nicht nur in tropischen Gebieten, sondern auch in Ländern rund um das Mittelmeer angebaut. Von dort kommen die Früchte das ganze Jahr über frisch auf den Markt. Ihr gelblich-weißes Fleisch hat wie ein Schwamm saugende Wirkung und enthält viele kleine bräunliche Samen, die ebenfalls essbar sind.
Der Geschmack von Auberginen ist eigenwillig, aber überaus reizvoll mit einer Mischung aus süßlich und zartbitter. Die Früchte sollten fest und schwer sein, eine glänzende und glatte Schale mit gleichmäßiger Färbung (Vorsicht bei gelblich-braunen Flecken) haben und auf Fingerdruck leicht nachgeben. Dann sind sie im richtigen Reifestadium.

AUFBEWAHRUNG

Da Auberginen leicht Druckstellen bekommen, sollten sie grundsätzlich vorsichtig behandelt werden. Im Gemüsefach des Kühlschranks halten sie sich bis zu einer Woche. Empfindlich reagieren die Früchte allerdings auf starke Temperaturschwankungen und bereits bei unter 8 °C können Kälteschäden auftreten. Auberginen kann man auch tiefkühlen (dann sind sie 6–8 Monate haltbar); zu diesem Zweck sollte man sie vorher aber unbedingt in Scheiben oder Würfel schneiden und blanchieren oder dämpfen.

VERWENDUNG

Auberginen sollten niemals roh gegessen werden. Sie enthalten nämlich das Nervengift Solanin, das in höherer Dosierung auch in grünen Tomaten sowie in den Schalen grüner Kartoffeln bzw. Kartoffelkeimen auftritt und gesundheitliche Beschwerden hervorrufen kann. Das Fruchtfleisch der Auberginen verfärbt sich beim Luftkontakt sehr schnell; deshalb empfiehlt es sich, sofort nach dem Anschneiden Zitronensaft darüberzuträufeln. Die Scheiben oder Stücke von großen Auberginen bestreut man mit Salz und lässt sie 30 Minuten Wasser ziehen, damit sie etwas von ihrer Bitterkeit verlieren.

ZUBEREITUNG

Auberginen kann man in Öl oder Fett backen (sie brauchen sehr viel Fett!), sie lassen sich aber auch braten, dünsten, grillen oder schmoren. Besonders gut dazu passen südländische Kräuter und Gewürze.
Fester Bestandteil sind Auberginen in klassischen Mittelmeer-Gemüseeintöpfen und -gerichten wie ▸ Ratatouille oder ▸ Moussaka. Sie sind aber auch „solo" ein schmackhaftes Gemüse (gerade die italienische Küche kennt hier zahlreiche Zubereitungsarten) oder können – wenn man sie vorher brät, schmort oder dünstet – zu Salaten verarbeitet und als kalte Vorspeise serviert werden (z. B. das türkische ▸ Imam Bayildi). Unter Grill- und Barbecue-Fans sind Auberginenscheiben, auf dem Holzkohlengrill gebraten, ein heißer Tipp. Beliebt sind auch überbackene oder gefüllte Auberginen (mit Hackfleisch, Eiern, Kapern, Oliven usw.). In ihren Heimatländern werden die Früchte außerdem gerne zu Püree verarbeitet.

Kreativität des Kochs kaum Grenzen gesetzt. Gängige salzige Aufläufe sind Kartoffel- oder Nudelaufläufe, Gemüse- oder Fischaufläufe. Süße Aufläufe werden oft mit Früchten hergestellt, bekannt sind auch Reis- oder Grießauflauf, die mit Kompott gegessen werden.

AUFLAUFKRAPFEN ▸ Spritzkuchen

AUFGIESSEN
einer Speise die erforderliche Flüssigkeitsmenge nach und nach zugeben

AUFGUSSGETRÄNKE
Sammelbezeichnung für Getränke, die durch den Aufguss bzw. das Überbrühen eines Pulvers oder von Früchten, Blättern, Blüten usw. mit einer heißen Flüssigkeit (meist Wasser oder Milch) hergestellt und heiß getrunken werden. Am bekanntesten sind Kaffee und Tee, weitere Aufgussgetränke sind z. B. Früchte- und Kräutertees, Kakao, Mate oder Glühwein.

AUFSCHLAGEN
(montieren)
Saucen, Pürees usw. unter Zugabe von frischer Butter mit einem Schneebesen locker und luftig aufrühren

AUFSCHNITT
Gemischtes Sortiment an aufgeschnittenem kaltem Braten und Wurstwaren, das sich vielfältig garnieren lässt. Kann vakuumverpackt bis zu zwei Monate eingefroren werden.

AUFSTOSSEN LASSEN
eine dickliche, breiige Speise bis zum Siedepunkt erhitzen

AUFZIEHEN
ein feines Püree mit Butter und/oder Sahne verrühren

AUGENBOHNE
(Chinesische Bohne, Kuhbohne, -erbse)
wichtige Bohnensorte (▸ Bohnen)

AURORASAUCE
(Morgenrotsauce)
Allgemein eine mit Tomatenpüree leicht gebundene Sauce bzw. Kraftbrühe, die auf unterschiedliche Art gewürzt sein kann. Wegen ihrer zartrosa Farbe ist sie nach der römischen Göttin der Morgenröte benannt. Serviert wird Aurora zu Geflügelgerichten oder Salaten.

AUSBACKEN ▸ frittieren

AUSBACKTEIG
Dickflüssiger Teig (▸ Teige) aus Mehl, Eigelb, Bier (auch: Bierteig) oder Wein (auch: Weinteig), durch den Fleisch-, Fisch-, Gemüse- oder Fruchtstücke gezogen werden, um sie anschließend zu frittieren.

AUSBEINEN
Fleisch, Geflügel oder Wild im rohen Zustand oder bereits gekocht von den Knochen befreien

AUSBRUCH
In Österreich und Ungarn gebräuchliche (und im Weingesetz geregelte) Bezeichnung (auch Ausbruchwein) für einen Süßwein hoher Qualität, der aus edelfaulen oder zumindest überreifen, auf natürliche Weise eingetrockneten und von Hand geernteten Beeren gekeltert wird. Österreichischer Ausbruch (der bekannteste kommt aus Rust am Neusiedlersee) muss mindestens ein ▸ Mostgewicht von 138° ▸ Öchsle aufweisen, ungarischer Ausbruch (z. B. der berühmte Tokaji Aszú) muss mindestens 22 % Zucker enthalten.

AUS(GE)ZOGENE ▸ Kirchweihnudeln

AUSLEGETEIG
einfacher ▸ Mürbeteig (auch ▸ Blätter- oder ▸ Hefeteig) mit erhöhtem Fetteanteil als Hülle für Pasteten, Timbalen usw. (▸ Teige)

AUSLESE
Qualitätsstufe/-prädikat für ▸ Wein nach dem deutschen Weingesetz, für die neben anderen Kriterien vor allem ein bestimmtes ▸ Mostgewicht vorgeschrieben ist. Bei der Auslese muss es je nach Anbaugebiet und Rebsorte mindestens bei 83–100° ▸ Öchsle liegen.

AUSNEHMEN
die Eingeweide von geschlachteten Tiern (vor allem Geflügel oder Fisch) aus dem Inneren lösen und entfernen

AUSSTECHEN
1. Kartoffeln, Gurken, Karotten oder andere Zutaten (z. B. Äpfel) in gewünschter Form und Größe zurechtschneiden
2. Plätzchen mit kleinen Blechförmchen aus einem ausgerollten Teig ausstechen
3. Stückchen von Fleisch, Geflügel oder Wild nach dem Garen in ein anderes Geschirr (Platte, Schüssel) geben, um es vor dem Servieren zu garnieren und mit der jeweiligen Sauce zu übergießen

AUSSTREUEN
Damit Teige beim Garen oder Backen nicht kleben bleiben, werden gefettete Formen mit Mehl, gemahlenen Nüssen oder auch Semmelbröseln ausgestreut.

AUSTERN
unter Feinschmeckern besonders geschätzte Muschelart (▸ Seite 34)

AUSTERNFISCH ▸ Seewolf

AUSTERNPILZ
(Austernseitling, Kalbfleisch-, Muschelpilz)

Gängiger Name für eine besonders gut schmeckende der insgesamt 35–40 Austernpilzarten, die alle ungiftig sind: dem Austernseitling. Der muschelförmige Blätterpilz wird heute meist auf Strohballen gezüchtet (vor allem in Deutschland, Belgien, Holland, der Schweiz, Frankreich, Spanien) und erreicht Handteller- bis Pfannengröße. Er ist saftig, schmeckt mild-aromatisch nach Wald und ein wenig wie eine Mischung aus Champignon und Pfifferling.

VERWENDUNG: *Austernpilze sind eine gute Alternative zum Champignon, wobei das feste Fleisch noch junger Pilze am besten schmeckt. Man sollte sie grundsätzlich in wenig Fett und nicht in Kombination mit übermäßig aromatischen Lebensmitteln zubereiten. Sie lassen sich braten, dünsten, frittieren, kochen und panieren, sind in Essig, Öl und Kräuter eingelegt eine feine Vorspeise, können Suppen und Saucen verfeinern und machen sich gut als Beilage. Besonders gut passen Austernpilze zu Rührei und Omeletts, Reis, Nudeln, aber auch zu Fleisch und Meeresfrüchten.*

AUSTERNSAUCE
1. Dunkelbraune, dickflüssige Würzsauce, die in der asiatischen Küche weit verbreitet ist und den Charakter vieler Gerichte mit prägt. Ihre Basis sind Austernfleischextrakt und Sojasauce; beides zusammen wird in der industriellen Herstellung mit Zucker, Salz, Mehl, Maisstärke und Karamell eingekocht und mit Zuckercouleur eingefärbt. Mit ihrem salzigen und leicht fischigen Aroma dient Austernsauce vor allem in der chinesischen Küche als Universalwürzmittel.
2. Klassische helle Sauce der französischen Küche, für die frische Austern kurz in Weißwein steifgekocht und dann entfernt werden. Der Wein wird anschließend mit Flüssigkeit aus den Austernschalen und weißer Grundsauce vermischt, kurz durchgekocht, mit Sahne und Eigelb gebunden, mit Zitronensaft und Cayennepfeffer gewürzt. Zum Schluss gibt

Austern – Kostbarkeit aus dem Meer

Auch ohne Perle ist diese essbare Muschelart (▸ Muscheln) eine kulinarische Kostbarkeit, deren zartes, mildwürziges Fleisch mit seinem Geschmack nach Meer und Salz von Feinschmeckern besonders geschätzt wird. Das war bereits bei den alten Römern so, die auch schon die ersten Austernzuchten anlegten.

ZUCHT IN „AUSTERNPARKS"

Austern leben vorwiegend im Atlantik und Pazifik, und hier in Kolonien, den Austernbänken. Im freien Meer wird die ungeschützte Austernbrut aber leicht vernichtet, deshalb werden Austern in den Gezeitenzonen flacher Küstengewässer in so genannten „Austernparks" mit gemauerten Becken, denen durch Schleusen ständig frisches Meerwasser zugeführt wird, gezüchtet. Nach ca. 3–4 Jahren erreichen die ▸ Schaltiere die richtige Größe und Genussreife.

Frische Austern haben ihre beste Zeit nur in den Monaten mit „r", also von September bis April. Dank schneller Transportverbindungen und hoch entwickelter Kühltechnik sind sie heute aber praktisch das ganze Jahr über genießbar – vielleicht mit Ausnahme der Ablaichzeit im August. Austern werden nach Größe und Gleichmäßigkeit in drei Qualitäten sortiert: Imperiales, 1. Sorte und 2. Sorte.

FRANKREICH: LAND DER AUSTERN

Es ist keine Übertreibung, wenn Frankreich gerne als das „Land der Austern" bezeichnet wird. Dieser Beiname hat sowohl bezogen auf die Austernzucht (vor allem in der Bretagne und an der Südküste) als auch angesichts des Verbrauchs (rund 1 kg pro Kopf und Jahr) seine Berechtigung. Von dort kommen berühmte Sorten wie Belon, Arcachon, Cancale, Courseulles, Dive, Marenne, Quiberon oder Roscoff.

Weitere bekannte europäische Austern liefern England (Colchester, Helford, Whitstable), Irland (Cork, Galway, Rossmore), Belgien (Oostende), Holland (Imperialen, Zeelands), Dänemark (Limfjord) und Norwegen (Blue Point). Aus Übersee sind besonders die amerikanischen und westamerikanischen Austern sowie die Pazifischen Felsenaustern bekannt.

SO ISST MAN AUSTERN RICHTIG

In der Regel werden Austern frisch und noch lebend verspeist; also möglichst unmittelbar nach dem Öffnen der vorher noch fest verschlossenen Schale (ist die Schale bereits geöffnet, sind die Austern ungenießbar). Die frischen Austern werden mit einem kräftigen, kurzen und stumpfen Spezialmesser geöffnet, das man an der Nahtstelle zwischen die beiden Schalenhälften stößt und an der Innenseite des flacheren Deckels entlang zieht, um den Muskelstrang zu durchtrennen. Das delikate Meerwasser, welches das exklusive Geschmackserlebnis erst perfekt macht, darf dabei nicht vergossen werden, weshalb man die stärker gewölbte Seite der Austernschale nach unten in die Hand legt.

Nach dem Öffnen werden die Austern auf Eis angerichtet und ohne Zutaten, die ihren Eigengeschmack beeinflussen können, verzehrt. Allenfalls etwas Zitronensaft ist für Gourmets – neben Grau- oder Schwarzbrot mit leicht gesalzener Butter – zu Austern erlaubt. Aber auch als Frischetest ist ein Spritzer Zitronensaft hilfreich: Frische, noch lebende Austern zucken leicht zusammen, wenn Sie mit dem sauren Saft benetzt werden. Mit einer Austerngabel wird das Fleisch aus der Schale gelöst und aufgespießt. Als Getränk genießt man dazu Champagner oder einen trockenen Weißwein (z. B. Sancerre oder Chablis).

man die Austern wieder zu und serviert die Sauce zu Fisch und Wildgeflügel.

AUSTERNSEITLING ▸ Austernpilz

AUSTRALISCHE NÜSSE
▸ Macadamianüsse

AUSZUGSMEHL
(Weißmehl)
Kleiefreies, aus dem Weichweizenkorn gewonnenes ▸ Mehl (Type W 405), das die hellste Farbe (deshalb auch Weißmehl) aller ▸ Weizenmehle hat und aufgrund seines hohen Ausmahlungsgrades arm an Vitaminen und Mineralstoffen ist. Auszugsmehl wird vor allem zur Herstellung von Feinbackwaren verwendet und ist auch unter der Bezeichnung Kuchen- oder Tortenmehl bekannt.

AVERNA
Ein typischer italienischer „Amaro“, ein Bitterlikör also, der im 19. Jh. von einem Kapuzinermönch namens Fra Girolamo auf Sizilien erfunden wurde. Kurz vor seinem Tod gab er im Jahre 1868 das bis dahin geheim gehaltene Rezept an seinen Freund Salvatore Averna in Caltanissetta weiter, wo das Familienunternehmen noch heute seinen Hauptsitz hat. Die Grundbestandteile des Averna sind 60 verschiedene Kräuter, Wurzeln und Fruchtschalen. Wesentliche Herstellungsschritte erfolgen dabei noch heute in Handarbeit. Nach einer Lagerzeit von 2 Monaten wird er in Flaschen abgefüllt. Der Averna ist über seine italienische Heimat hinaus als pur getrunkener Digestif beliebt, gerne wird er auch auf Eis, mit Zitronen- oder Blutorangensaft getrunken oder zum Mixen von Cocktails oder Longdrinks verwendet.

AVINIEREN
Ein Weinglas oder anderes -gefäß (Karaffe, Dekanter) vor der Verwendung mit etwas Wein ausspülen, um mögliche Fremdgerüche (vom Spülen, von der Aufbewahrung usw.) zu eliminieren. Dadurch wird das Gefäß – wie man sagt – „weingrün“ gemacht. Der zum Avinieren verwendete Wein muss nicht der gleiche sein, den man hinterher auch trinkt; meist nimmt man dafür einen einfacheren Wein.

AVOCADOS
(Abacatebirnen, Alligatorbirnen, Butterfrüchte)

Birnenförmige, etwa 10–12 cm lange exotische Steinfrucht aus dem tropischen Teil Amerikas, die aufgrund ihres neutralen Geschmacks sowohl pikant als auch süß zubereitet werden kann. Unter ihrer nicht essbaren grünen Schale, die auch eine violette oder bräunliche Färbung haben kann, verbirgt sich ein nicht sehr süßes, aber butterweiches, fett- und Vitamin-C-haltiges Fruchtfleisch mit feinem nussigen Aroma. Es sind von der Avocado rund 400 Sorten bekannt, die auf 6–20 m hohen Bäumen wachsen. Bedeutende Pflanzungen liegen in Süd- und Zentralamerika, in den USA, in Südafrika, Israel, Australien und Kamerun. In der Gruppe der Nicht-Zitrusfrüchte werden sie bei Anbaufläche und Exportrate nur von Bananen, Ananas und Mango übertroffen. Avocados werden in der Küche immer roh verwendet; zum Kochen sind sie ungeeignet, weil sie dabei einen bitteren Geschmack annehmen.

ZUBEREITUNG: *Die Früchte längs halbieren, den Kern entfernen und die Schnittflächen mit Zitronensaft beträufeln, damit sie sich nicht braun verfärben. Avocados zum Füllen nicht schälen. Die Füllung in die Kernmulden geben und mit dem Fruchtfleisch auslöffeln.*

VERWENDUNG: *Avocados machen sich gut in Salaten und kalten Saucen. Salzige Kombinationen sind: Meeresfrüchte, Lachs, Kaviar, Räucherfisch, Thunfisch, Schinken, Geflügel, Salate, Eier, Käse. Beispiele für süße Kombinationen: so gut wie alle Früchte, Vanille- und andere Cremes, Schlagsahne, aromatische Liköre und Schnäpse.*

EINKAUFSTIPP

Die Avocados haben die richtige Reife, wenn sie nicht zu hart sind und auf Fingerdruck leicht nachgeben. Avocados bekommt man heute das ganze Jahr über. Große Früchte mit rauer Schale sind in der Regel preisgünstiger als kleine.

AUFBEWAHRUNG

Avocados sind relativ gut lagerfähig. Unreife Früchte reifen bei Zimmertemperatur in 2–3 Tagen nach, reife Früchte halten sich im Gemüsefach des Kühlschranks 4 bis 10 Tage (je nach Reifegrad). Das aus der Schale gelöste, in Scheiben oder Würfel geschnittene Fruchtfleisch lässt sich bis zu 3 Monate einfrieren; dazu mit etwas Zitronensaft beträufeln.

AVOCADOCREME
▸ Guacamole

AZAROLE
Weißdornstrauch des Mittelmeerraumes, dessen pflaumengroße Früchte einen apfelähnlichen Geschmack haben und besonders in Südeuropa gerne als Kompott gegessen werden.

AZIAGURKE ▸ Schälgurke

AZUKIBOHNE ▸ Adzukibohne

BABA
Ein ▸ Napfkuchen aus Hefeteig mit Rosinen, der mit Spirituosen oder Sirup getränkt und in runden, hohen Formen gebacken wird. Sein Name leitet sich vermutlich von der russischen Bezeichnung für Großmutter (Baba oder Babuschka) ab.

BABACOS
Tropische Früchte, die äußerlich reifen Papayas ähneln und deren rötliches Fruchtfleisch saftig ist und erfrischend säuerlich schmeckt. Mit zunehmender Reife wird die zuvor grüne Schale der Babacos gelb. Sie lassen sich dann wie Äpfel schälen. Man kann sie aber auch mit der Schale verzehren. Im Handel bzw. auf Märkten ist die Tropenfrucht bei uns von Januar bis etwa Juli erhältlich.

BABY-ANANAS
Kleine, in Südafrika gezüchtete Ananassorte mit einem besonderen Vorzug: Sie besitzt keinen festen Strunk, der nach dem Schälen entfernt werden muss.

BABY-BANANEN
Kleine, süße und aromatische Bananenzuchtsorte (▸ Bananen), die sich hervorragend zum Flambieren und Dekorieren eignet und zudem ausgezeichnet schmeckt. Baby-Bananen kommen hauptsächlich aus Kolumbien, Malaysia und Thailand nach Europa.

BACARDI
weiße Rumsorte (▸ Rum)

BACCHUS
Deutsche Rebsortenkreuzung (▸ Wein) zwischen Riesling, Silvaner und Müller-Thurgau, die ihren Namen dem römischen Gott des Weines verdankt. Die Qualität der weißen Traube ist zwar nicht „göttlich“, bei niedrigen Erträgen aber gut, mit Ähnlichkeiten zum ▸ Riesling und zur ▸ Scheurebe. Angebaut wird Bacchus auf ca. 3000 ha in Deutschland, in kleinerem Umfang auch in Österreich und England.

BACHBLÜMLEIN ▸ Huflattich

BACHE
ausgewachsenes weibliches ▸ Wildschein

BACHFORELLE
Süßwasserfisch (▸ Fische), besonders beliebte Forellenart (▸ Forellen)

BACHKRESSE
▸ Brunnenkresse (▸ Kresse)

BACHSAIBLING
Süßwasserfisch der Gattung der ▸ Saiblinge (▸ Fische)

BACKAROMEN
(Backessenzen)
Substanzen zum Aromatisieren von Backwaren, meist künstlich hergestellt

BÄCKCHEN
die Wange unterhalb der Augen von Fischen; gilt bei einigen Fischarten (z. B. Forelle, Seeteufel) als besondere Delikatesse

BACKEN
Eine der wichtigsten Zubereitungsarten überhaupt, bei der Nahrungsmittel im Backofen oder in heißem Fett gegart werden. Dieser Vorgang ist verbunden mit einer – je nach Hitzegrad und Backdauer – mehr oder weniger starken Bräunung und Krustenbildung. Im Backofen werden z.B. Kuchen, Torten, Gebäck, Brot, Aufläufe, Pasteten und auch manche Süßspeisen gegart. Zum Backen in heißem Fett verwendet man eine Stielpfanne oder eine Fritteuse. Darin werden Fleisch-, Geflügel-, Fisch- oder Gemüsestücke in Panade oder Backteig gehüllt

ausgebacken – so z. B. Wiener Schnitzel, Koteletts, Backhendl, paniertes Fischfilet. Aber auch manche Teigwaren wie etwa ▸ Pfannkuchen kommen (wie in diesem Fall der Name schon verrät) aus der Pfanne. So genanntes Schmalzgebäck dagegen muss ganz im Fettbad „schwimmen".

BACKERBSEN
erbsengroße, in Fett herausgebackene Teigbällchen als beliebte Suppeneinlage

BÄCKERKARTOFFELN
Geschälte Kartoffeln in dicke, runde Scheiben schneiden und zusammen mit Zwiebelscheiben und Fleischbrühe in einer Form im Ofen garen, bis die Brühe verdampft ist.

BÄCKEROFEN ▸ Baeckeoffa

BACKESSENZEN ▸ Backaromen

BACKFERMENT
Lockerungs- und Triebmittel (▸ Backtriebmittel) aus Getreide und Honig, das speziell zum Brotbacken verwendet wird.

BACKFETT
Alle gängigen Arten von Fett, die sich zum Garen bzw. Ausbacken von darin schwimmenden Speisen eignen. Backfett muss einen hohen Verbrennungspunkt haben, um Temperaturen von bis zu 250 °C aushalten zu können und soll dabei möglichst wenig spritzen. Am besten sollte man das Fett nur einmal verwenden; bei mehrmaligem Gebrauch muss man es aber zumindest noch heiß durch ein feines Drahtsieb gießen, damit alle verbliebenen Speisenteile aufgefangen werden. So kann das Fett maximal 4–5-mal verwendet werden.

BACKGEWÜRZE
1. Sammelbegriff für meist pulverisierte Einzelgewürze (Anis, Fenchel, Ingwer, Kardamom, Koriander, Kümmel, Muskatnuss, Nelken, Piment, Safran, Zimt usw.)
2. für einen bestimmten Verwendungszweck speziell zusammengestellte Gewürzmischungen zur Herstellung von Backwaren unterschiedlichster Art (u. a. Brot)

BACKHEFE
(Dauerhefe)
Krümelige Masse aus Hefezellen (▸ Hefe), die beim Backen als Triebmittel des Teigs eingesetzt wird; im Handel als Presshefe in Würfeln oder als Trockenhefe erhältlich.

BACKHENDL
(gebackenes Hähnchen, Wiener Backhendl)
Bekannte österreichische bzw. Wiener Geflügelspezialität (seit dem 18. Jh.), die nicht mit dem ▸ Grillhähnchen verwechselt werden darf. Bei der Zubereitung von Backhendl werden die ausgenommenen Hähnchen in 4 Stücke (2 Brusthälften, 2 Keulenstücke) zerteilt, mit Salz und Pfeffer gewürzt, mit Ei und Semmelbröseln paniert und in reichlich Fett (mit Leber und Magen) ausgebacken (▸ frittieren).

BACK(HILFS)MITTEL
In den 1970er Jahren von der Industrie eingeführte und allgemein gültig gewordene Bezeichnung für früher Backhilfsmittel genannte Stoffe oder Stoffgemische, die die Backeigenschaften der Mehle verbessern und das Backen erleichtern. Backmittel werden als Pasten, Pulver oder auch in flüssiger Form angeboten.

BACKOBST
(Dörrfrüchte, Dörrobst, Hutzeln)
Bei dieser besonderen Form von ▸ Trockenobst erfolgt der Trocknungsvorgang bei sehr hohen Temperaturen (über 100 °C). Dadurch nehmen die Früchte ein spezielles Aroma an, das bei der Zubereitung vieler Gerichte besonders geschätzt wird. Als Backobst sind vor allem Äpfel, Aprikosen, Feigen und Pflaumen erhältlich, die trocken und luftig aufbewahrt auch länger gelagert werden können.

BACKÖL
Backaroma mit Speiseöl als Lösungsmittel; z. B. Bittermandelöl

BACKPFLAUMEN ▸ Trockenobst

BACKPULVER
Ende des 19. Jh. erfundenes und schon bald industriell hergestelltes ▸ Backtriebmittel, das sich aus Natron, einem Säureträger (z. B.

▶ Weinstein) und einem Trennmittel (meist Stärke- oder Getreidemehl) zusammensetzt. Backpulver sollte rein weiß sein. Bei kühler und trockener Lagerung in geschlossenen Behältern ist es 6–8 Monate haltbar.

BACKSTEINKÄSE ▶ Limburger

BACKTEIG ▶ Ausbackteig

BACKTEIGKRUSTELN ▶ Kromeskis

BACKTRIEBMITTEL
(Lockerungs-, Triebmittel)
Sammelbegriff für Mittel, die unter Einwirkung von Feuchtigkeit und/oder Hitze Kohlendioxid produzieren, feine Poren bilden und damit zur Lockerung von Teigen dienen. Man unterscheidet biologische Backtriebmittel wie ▶ Hefe, ▶ Sauerteig oder ▶ Backferment und chemische Backtriebmittel wie ▶ Backpulver, ▶ Hirschhornsalz oder ▶ Pottasche.

BACKWAREN
Bezeichnung für eine große Palette an Produkten, die aus Getreide oder Getreideerzeugnissen und/oder Stärke mit passenden Gewürzen hergestellt werden. Der „Klassiker" unter den Backwaren ist das ▶ Brot.

BACON
(Frühstücksspeck)
Englische Bezeichnung für durchwachsenen Speck (aus dem Kotelettstück junger Schweine); bei uns als geräucherter und gepökelter „Frühstücksspeck" im Handel. Eignet sich vorzüglich zum ▶ Bardieren.

BADEKRÄUTEL ▶ Liebstöckel

BADEN
Geografisch am weitesten ausgedehntes (vom Bodensee über rund 400 km bis zum unteren Neckar und in das Taubertal) und in Bezug auf die Rebfläche (knapp 16 000 ha) drittgrößtes deutsches Weinanbaugebiet (▶ Wein), das mit einer großen Vielfalt an Weinen aufwarten kann. Rund 85 % der Rebfläche werden von etwa 100 Winzergenossenschaften, von denen einige einen hervorragenden Ruf genießen, bewirtschaftet. Dominierende Rebsorte ist der ▶ Spätburgunder, an zweiter Stelle steht der ▶ Müller-Thurgau. Als Spezialität gilt der ▶ Grauburgunder. Die Gesamtproduktion an Wein beläuft sich auf rund 1,3 Mio. Hektoliter.

BADIAN ▶ Sternanis

BAECKEOFFA
(Bäckerofen)

Eintopf-Spezialität aus dem Elsass, die ursprünglich nach dem Brotbacken im noch heißen Ofen des Dorfbäckers – daher der Name – zubereitet wurde. Früher wurde der Tontopf dabei mit einem festen „Deckel" aus Schwarzbrotteig verschlossen, was heute aber nur noch selten gemacht wird. Gleich geblieben sind die Zutaten: Lamm-, Rind- und Schweinefleisch, Kartoffeln, Zwiebeln, Karotten, Lauch, Kräuter, Gewürze und Weißwein.

BAGNA CAUDA
Italienische „warme Sauce" (so die wörtliche Übersetzung), die sehr pikant ist und aus Knoblauchzehen, Sardellen in Olivenöl und Butter hergestellt wird. Der beliebte Dip zu rohem oder blanchiertem Gemüse wird vor allem im italienischen Piemont, aber auch in der französischen Provence gereicht.

BAGNES
Bergkäse aus dem schweizerischen Wallis mit pikantem Aroma, eine der typischen Käsesorten für das ▶ Raclette

BAGUETTE
auch bei uns sehr beliebtes französisches Stangenweißbrot aus Weizen mit knuspriger Kruste, ca. 50–100 cm lang und mit einem Durchmesser von ca. 6–8 cm

BAILEYS
Die populäre Kurzform für Baileys Original Irish Cream, den Markennamen eines Likörs, der aus irischem Whiskey und Sahne herge-

stellt wird und 17 Vol.-% Alkohol hat. Baileys kam im November 1974 auf den Markt und hat sich zu einer der weltweit am häufigsten getrunkenen Spirituosen entwickelt.

BAIN-MARIE
heißes ▸ Wasserbad für empfindliche Saucen und Suppen

BAISER
(Meringe, Spanischer Wind)
Hauptsächlich aus Eischnee und Zucker bestehendes Schaumgebäck. Weitere Zutaten wie Vanillezucker, Nüsse, Kaffee, Kakao, Schokolade usw. dienen als Geschmacksstoffe. Die Masse wird mit dem Spritzbeutel in ovaler, runder oder anderen Formen auf ein Blech gespritzt und bei schwacher Hitze mehr getrocknet als gebacken. Man kann Baisers auch aushöhlen oder zusammensetzen und mit Schlagsahne, Eis oder Creme füllen. ▸ Baisermasse eignet sich als Grundmasse von Torten- oder Kuchenböden und zum Garnieren von Torten oder Kuchen.

> **SCHON GEWUSST?**
>
> Das Wort „baiser" kommt aus dem Französischen und heißt übersetzt „küssen". Als „Erfinder" des ▸ Baiser gilt ein Schweizer Konditor aus Meiringen, der das Schaumgebäck kreiert haben soll.

BAISERMASSE
(Eischaum-, Meringen-, Schaum-, Windmasse)
sehr fest geschlagenes Eiweiß, mit Puderzucker und etwas Vanillezucker gesüßt

BAKED POTATOE
Große, festkochende Kartoffeln, ungeschält und in Alufolie gehüllt gebacken und mit saurer Sahne, Crème fraîche oder Schnittlauchquark serviert; stammt aus den USA

BAKLAVA
Die sehr süße und fette, einem Strudel ähnliche Spezialität aus dem Orient besteht aus mehreren Teigschichten mit einer Füllung aus verschiedenen gehackten Nüssen, Rosinen usw. Sie wird vorwiegend mit Muskat und Zimt gewürzt und mit einem Zucker-Honig-Sirup übergossen. Baklava ist vor allem in den südlichen Balkanstaaten und in Vorderasien verbreitet.

BALCHEN
▸ Blaufelchen

BALLASTSTOFFE
(Nahrungsfasern)
Bezeichnung für eine Gruppe ernährungsphysiologisch wichtiger Elemente (meist Rohfasern) in Nahrungsmitteln, die eine Eigenschaft gemeinsam haben: Sie können nicht oder nur unvollständig durch die menschlichen Verdauungsenzyme gespalten und vom Körper verwertet werden.
Allerdings sind die Ballaststoffe nicht nur eine „Last" für den Organismus, sondern haben – bevor sie wieder ausgeschieden werden – auch positive „Nebenwirkungen". Sie regen die Darmtätigkeit an und fördern den Stuhlgang, helfen den Cholesterinspiegel zu senken und dämpfen das Hungergefühl. Reich an Ballaststoffen sind Getreideprodukte, Vollkornbrot, Hülsenfrüchte, Kohlgemüse, Salate, Obst und Nüsse. Fleisch, Fisch, Eier und Milchprodukte enthalten z. B. keine Ballaststoffe.

BALLOTTINES
Rouladen aus Geflügelfleisch oder entgrätetem Fisch mit einer Füllmasse (▸ Farce)

BALSAMÄPFEL ▸ Bittermelonen

BALSAMBIRNE ▸ Karella

BALSAMESSIG ▸ Aceto Balsamico

BALSAMINE
(Springkraut)
Wildgemüse, dessen Blätter zusammen mit anderen Kräutern als Suppengemüse verwendet werden.

BALSAMPFLAUMEN
(Ambarellas, Mangopflaumen)
Pflaumenartig und mit Mangos eng verwandt (und deren kleinste Art) sind die säuerlich-aro-

matischen Früchte eines tropischen Obstbaumes. Sie werden in ihren Heimatländern roh oder gekocht verzehrt, eignen sich aber auch für Gelee, Kompott und Marmelade.

BALTHAZAR
eine der ▶ Großflaschen für Wein/Champagner

BAMBOLMAS ▶ Pampelmusen

VERWENDUNG

Bambussprossen passen zu vielen Fleisch- oder Geflügelgerichten, sie schmecken in Suppen, Salaten sowie Nudelgerichten.

BAMBUSSPROSSEN
(Bambusschösslinge, Bambusspitzen)
Die inneren weißen bzw. elfenbeinfarbigen Teile der Triebe des tropischen Baumgrases Bambus gehören zu den Grundbestandteilen der asiatischen Küche. Sie werden jung wie Spargel gestochen und haben dunkelbraune Blätter, die vor dem Kochen entfernt werden müssen. Die in geringen Spuren enthaltene Blausäure wird beim Kochen neutralisiert. In ihren Haupterzeugerländern Indien und China werden Bambussprossen als Gemüse verzehrt oder auf verschiedene Art zubereitet. Unter anderem sind sie Bestandteil der chinesischen Spezialität ▶ Chop Suey. Zu uns kommen sie in Dosen oder Gläsern, in Stücken oder Streifen und in Wasser oder Salzlake eingelegt.

BAMIAS ▶ Okras

BAMI GORENG
indonesisches Nationalgericht mit Eiernudeln, Garnelen, Schweinefleisch, klein geschnittenem Gemüse und verschiedenen Gewürzen, in der Pfanne bzw. im Wok gebraten und serviert

BANANEN
(Adamsfeigen, Paradiesfeigen, Pisangfeigen)
beliebte exotische Frucht (▶ Seite 42)

BANDNUDELN
flache und breite, durch Pressen oder Walzen bandartig geformte Nudeln wie z. B. ▶ Fettuccine oder ▶ Tagliatelle (▶ Pasta, ▶ Teigwaren)

BANON
Ort im Hochland der französischen Provence und Frischkäse aus Kuhmilch, von dem kleine flach-runde Stücke in mit Branntwein getränkte Kastanien- oder Walnussblätter gewickelt und mit Bast verschnürt werden. Im Geschmack ist Banon mild und nussig. Oft wird er mit Kümmel, Pfeffer, Curry, Thymian sowie Rosmarin bestreut oder mit Kräutern und Gewürzen in Öl oder Wein eingelegt.

BANYULS
traditionsreicher französischer Likörwein mit mindestens 15 Vol.-% aus dem ▶ Roussillon, ein so gennanter ▶ Vin doux naturel

BAOBAB ▶ Affenbrotbaumfrucht

BARACK PÁLINKA
alkoholstarker ungarischer Branntwein aus Aprikosen, ähnlich dem österreichischen Marillenbrand

BARANKI
russische Fastenbrezeln aus Nudel- oder Weizenteig, auf dem Blech kross gebacken

BARBARAKRAUT
▶ Winterkresse (▶ Kresse)

BARBARESCO
nach dem ▶ Barolo der zweite berühmte Rotwein aus dem italienischen ▶ Piemont und wie dieser aus der Rebsorte ▶ Nebbiolo (▶ Wein)

BARBARIE-ENTE
kulinarisch besonders geschätzte französische Entenrasse, gekreuzt aus Flugentenweibchen und wildem Erpel (▶ Enten)

BARBE
(Flussbarbe)
In den europäischen Flüssen bis zum Schwarzen Meer vorkommender, karpfenartiger ▶ Süßwasserfisch mit einem lang gestreckten, schlanken Körper; kann bis zu 90 cm lang und 8 kg schwer werden. Barben haben ein feines Fleisch, sind heute aber relativ selten geworden und nur noch von regionaler Bedeutung.

BARBECUE
Das Grillen großer Fleischstücke, aber auch von Meeresfrüchten und Fisch auf einem einfachen Rost über offenem Feuer oder auf einem Holzkohlengrill ist in den USA ein regelrechter

„Volkssport“, bei dem sogar Meisterschaften ausgetragen werden.

BARCHES
Das weiße Sabbatbrot der Juden, über dem der Segen gesprochen wird. Hauptzutaten sind Pellkartoffeln, Mehl, Wasser und Hefe.

BARDIEREN
Mageres Fleisch, Wild oder Geflügel wird mit dünnen Speckscheiben umwickelt oder belegt, damit es beim Braten saftig bleibt. Kurz bevor es gar ist, den Speck abnehmen; dann bekommt das Fleisch noch eine schöne Bräune.

BÄRENDRECK
beliebte Lakritzzuckerware (▸ Lakritze)

BÄRENFANG
ursprünglich aus Ostpreußen stammender Honiglikör mit wenigstens 300 g Honig pro Liter und 35 Vol.-% Alkohol

BÄR(EN)LAUCH
(Wald-, Wilder Knoblauch, Zigeunerlauch)
Das in feuchten und schattigen Laubwäldern Europas heimische Würzkraut aus der Familie der Liliengewächse (wie z. B auch ▸ Porree und ▸ Schnittlauch) hat in den letzten Jahren selbst in der Gourmetküche eine Renaissance erlebt. Im Aroma erinnert Bärlauch stark an den zur Familie der Lauchgewächse zählenden ▸ Knoblauch, riecht aber feiner und nicht so stechend. **VERWENDUNG:** *Bärlauch dient in erster Linie als Würzkraut für Saucen, Suppen und Salate, aber auch in Fleisch- und Fischgerichten, Gratins und Risottos. Pikante Cremes und ▸ Pesto werden ebenfalls oft mit Bärlauch hergestellt.*

BÄRENTATZEN
Kleingebäck mit Schokolade

BAROLO
berühmter Rotwein (▸ Wein) des italienischen ▸ Piemont aus der Rebsorte ▸ Nebbiolo

BARON
Der in einem Stück gebratene Rücken von Rind, Kalb, Hammel oder Lamm war früher der Höhepunkt eines Festessens. Heute wird ein Baron allenfalls noch vom Lamm zubereitet.

BARQUETTES ▸ Schiffchen

BARRAKUDA
(Pfeilhecht)
hechtähnlicher Raubfisch (▸ Fische) des Meeres (tropische Gewässer, Stiller Ozean, Ostatlantik, Mittelmeer), jung mit einem ausgezeichneten Fleisch

BARRAMUNDI
im Indischen und Pazifischen Ozean vorkommender Meeresfisch (▸ Fische) mit festem, zartem Fleisch, gut zum Backen und Grillen

BARRIQUE
das kleinste bei der Weinerzeugung gebräuchliche ▸ Holzfass (meist aus Eichenholz, manchmal aber auch aus Akazie oder Kastanie) mit einem Fassungsvermögen von 225 l (▸ Wein)

BARSCHARTIGE FISCHE
Eine der umfangreichsten Ordnungen der Knochenfische (▸ Fische), von der man über 150 Familien (eine davon sind die Barsche) und rund 6000 Arten kennt. Die meisten barschartigen Fische leben im Meer (u. a. ▸ Seewolf, ▸ Wolfsbarsch oder Seebarsch, ▸ Blaubarsch, ▸ Sägebarsch und ▸ Zackenbarsch), einige jedoch auch in Brack- oder Süßwasser (z. B. ▸ Flussbarsch oder Egli, ▸ Zander, ▸ Viktoriabarsch und ▸ Kaulbarsch).

BARSCHE
große Fischfamilie (▸ barschartige Fische) mit vielen sehr guten Speisefischen

BARSCHLING ▸ Flussbarsch

BASILIENKRAUT
Oft als Synonym für ▸ Basilikum verwendet, eigentlich aber eine Sammelbezeichnung für stark duftende Gewürzpflanzen aus der Familie der Lippenblütengewächse, die als Würzmittel und zur Gewinnung von ätherischen Ölen (Blätter und Stängel) sowie als Schleimdroge und zur Herstellung von Erfrischungsgetränken (Samen) dienen.

„Alles Banane“: Porträt einer außergewöhnlichen Frucht

Sie gilt als eine der ältesten Kulturpflanzen überhaupt, wird in der christlichen Glaubenslehre einiger asiatischer Völker (anstelle des Apfels) mit dem Sündenfall in Verbindung gebracht, ist die Exportfrucht Nummer eins auf der Welt und hat durch ihre eigenwillige Form zu allen Zeiten die Fantasie der Menschen angeregt: Kurz, die Banane nimmt in vielerlei Hinsicht eine Sonderstellung unter den Früchten ein.

HERKUNFT UND GESCHICHTE

Die Bananen spielen auch in der christlichen Lehre einiger asiatischer Völker eine wichtige Rolle. Inder, Thailänder und Malayen glauben nämlich, dass die verbotene Frucht im Garten Eden, mit der Eva ihren Adam verführte, nicht ein Apfel, sondern eine Banane war. In Anlehnung an das Geschehen im Paradies trägt eine Bananenart deshalb den Namen „Musa paradisiaca“, was wörtlich übersetzt so viel wie „Paradiesfeige“ heißt. Später wurde sie häufig auch als ► Adamsfeige bezeichnet, vermutlich weil Bananen bei diesen Völkern auch Phallussymbole darstellten.

Die Banane stammt vermutlich aus Südostasien und wird bereits in buddhistischen Pali-Texten aus dem 6. Jh. v. Chr. erstmals schriftlich erwähnt. Die ältesten europäischen Quellen gehen auf das Jahr 327 v. Chr. und auf Alexander den Großen zurück, der sich auf seinem Feldzug nach Indien mit Bananen gestärkt haben soll. Ab dem 16. Jh. fand die Bananenpflanze durch die europäischen Kolonialmächte ihre Verbreitung auch in Übersee.

In Europa selbst blieb die Banane noch ziemlich lange unbekannt. Wegen ihrem rasanten Reifeprozess (dabei wird die enthaltene Stärke in Zucker umgewandelt) und der leichten Verderblichkeit überstanden die Früchte damals den langen Schiffstransport nicht und so war es für die Bananen noch ein weiter Weg bis zur Handelsware. Dieser wurde erst ab Ende des 19. Jahrhunderts durch die moderne Verkehrs- und Transporttechnik frei.

Bananen werden noch grün geerntet und in den großen Fracht- und Kühlräumen auf modernen Transportschiffen (im Volksmund auch „Bananendampfer“ genannt) bei einer Temperatur von exakt 13,2 °C in einen „Reifeschlaf“ versetzt. So kommen die Früchte noch grün in Europa an, wo sie vor ihrer Auslieferung an die Händler 4–8 Tage lang in speziellen Reifekammern lagern.

BOTANISCH EINE STAUDE MIT BEEREN

Entgegen der weit verbreiteten Annahme ist die Bananenpflanze kein Baum und auch keine Palme, sondern eine immergrüne Staude, die 3–6 m hoch wird. Ihre Früchte sind botanisch gesehen Beeren; auch das lässt die Optik kaum vermuten. Der Bananen-Anbau konzentriert sich heute rund um den Erdball auf die tropischen und subtropischen Länder vom Äquator bis zum 30. Grad nördlicher und südlicher Breite. Diese Zone wird auch „Bananengürtel“ genannt.

Rund 90 Mio. Tonnen Bananen pro Jahr werden weltweit produziert. Der größte Bananenerzeuger ist Indien, der größte Exporteur jedoch das südamerikanische Land Ekuador mit einem Anteil von 39 % am weltweiten Bananenexport. Die europäischen Bananeneinfuhren kommen in erster Linie aus den süd- und mittelamerikanischen Erzeugerländern.

WICHTIGE BANANENARTEN

Die rund 100 Bananensorten, die heute kultiviert werden, unterteilen sich in 3 wichtige Arten. Nur eine davon ist aber gemeint, wenn wir Europäer ganz allgemein von Bananen sprechen. Es handelt sich dabei um die Obst- oder Süßbanane, von der jährlich rund 11 Mio. Tonnen geerntet werden. Die Züchtung hat uns mittlerweile einige Sorten mit besonderen optischen oder geschmacklichen Eigenschaften beschert, so die ▸ Baby-Bananen, die ▸ Apfelbananen oder ▸ Rote Bananen.

Weit größere Bedeutung als die Obstbananen haben aber – wenn man über Europa hinausblickt – die Kochbananen (auch: Gemüse-, Mehl-, Pferdebananen, Platano). Auf sie entfallen mehr als 80 % der weltweiten Bananenerzeugung und sie dienen in ihren Anbauländern als unverzichtbares Grundnahrungsmittel – vergleichbar bei uns mit den Kartoffeln. Nach Europa kommen sie aber nur als Bananen-Chips.
Hauptsächlich auf den Philippinen kommt die dritte Bananenart vor, die so genannte Textilbanane. Die sehr kleinen Früchte sind aufgrund ihres hohen Gerbstoffgehalts überaus bitter und ungenießbar. Der brauchbare Teil der Pflanze sind vielmehr die faserigen Blattscheiden, aus denen Fasern zur Papier- und auch zur Tauwerk-Herstellung gewonnen werden.

PRÄDIKAT „BESONDERS WERTVOLL"

„Bananen machen glücklich". Was sich anhört wie ein pfiffiger Slogan der Bananenindustrie, ist hier wissenschaftlich belegt: Die Banane ist eines der Nahrungsmittel, in denen das „Glückshormon" Serotonin direkt enthalten ist. Dazu kommt ein hoher Gehalt an Kohlenhydraten, welche die körpereigene Produktion von Serotonin anregen. Im Gegensatz zu anderen typischen „Stimmungsmachern", wie z. B. Schokolade, machen Bananen aber nicht dick. Aufgrund ihrer hohen Nährstoffdichte ist ihr ▸ Glykämischer Index moderat und sie enthalten keine „leeren Kalorien". Ernährungsphysiologisch verdient die Banane also das Prädikat „besonders wertvoll".

VERWENDUNG

Nicht nur roh gegessen sind Bananen ein Genuss, auch in der Küche sind sie ein perfekter Allrounder. Sie schmecken in Fleisch-, Geflügel- oder Fischgerichten mit asiatischem „Einschlag", eignen sich zum Flambieren, Backen und Braten. Aus Bananen können Salate, Püree, Cremes, Füllungen, Eis, Kuchen, Torten und viele Desserts hergestellt werden.

AUFBEWAHRUNG

Bananen sollten immer frisch gekauft und relativ schnell verzehrt werden. Die Tropenfrucht darf nicht im Kühlschrank aufbewahrt werden, sie ist extrem empfindlich gegen Kälte und verdirbt gekühlt schneller als bei Zimmertemperatur. Allerdings können vollreife Bananen geschält und luftdicht verpackt gut eingefroren werden.

WARUM IST DIE BANANE KRUMM?

Natürlich gibt es auf diese beliebte Scherzfrage auch eine wissenschaftliche Antwort. Normalerweise wachsen Früchte, den Regeln der Schwerkraft folgend, nach unten; so auch die Bananen in der ersten Phase ihres Wachstums. Dies ändert sich jedoch, wenn die Deckblätter abfallen und helles Sonnenlicht auf die noch winzigen Bananen fällt. Die Sonneneinstrahlung setzt in ihnen ein Hormon frei, das die Bananen zum Licht nach oben wachsen und langsam ihre charakteristische gebogene Form annehmen lässt. In der Fachsprache heißt dieses Phänomen „negativer Geotropismus".

EINKAUFSTIPP

Basilikum gibt es frisch oder getrocknet, wobei es frisch am besten schmeckt. Gut eignet es sich allerdings zum Einfrieren. Beim Kochen sollte man das Basilikum immer erst kurz vor Ende der Garzeit zugeben und nur noch ziehen lassen, denn wie beim Trocknen leiden Aroma und Geschmack (es wird bitter), wenn es zu stark und zu lange Hitze ausgesetzt ist.

BASILIKUM(KRAUT)

(Basilienkraut, Braunsilge, Josefikräutl, Josefskraut, Königsbalsam, Königskraut)
Das besonders in den Küchen der südeuropäischen Länder und im ganzen Mittelmeerraum viel verwendete und angebaute Würzkraut aus der Familie der Lippenblütengewächse hat seinen Ursprung vermutlich in Indien. Es ist fester Bestandteil in der französischen, italienischen und griechischen Küche. Großer Beliebtheit erfreut es sich auch in Deutschland, wo es in Gewächshäusern gezogen wird. Der besonders intensive und prägnante Geruch und Geschmack ist auf die komplexe Zusammensetzung der ätherischen Öle zurückzuführen. Das Aroma ist angenehm frisch, „kühlend" und würzig; es erinnert etwas an frische Minze.
VERWENDUNG: *Die großen „Klassiker" mit Basilikum sind Tomaten mit Mozzarella, Pesto und Pistou. Darüber hinaus kommt das Würzkraut vielfältig zum Einsatz, so in Rohkostspeisen, Suppen, Nudelgerichten, Fleisch- und Fischspeisen, aber auch in Desserts und Erfrischungsgetränken.*

BASLER LECKERLI

aus der Schweiz stammender und als besondere Spezialität geltender ▸ Honigkuchen

BASMATIREIS

eine der wichtigen und qualitativ hochwertigsten Reissorten (▸ Reis)

BASTARDKIRSCHEN

Bezeichnung für Kirschsorten, die aus einer Kreuzung zwischen Süß- und Sauerkirchen (oder umgekehrt) hervorgegangen sind, wie zum Beispiel „Königin Hortense".

BASTARDMAKRELE

(Makrelenbarsch, Schildmakrele, Stöcker, Stachelmakrele)
Kleiner, bis 40 cm langer, fettreicher Raubfisch verschiedener Meere aus der Familie der Makrelen, der hauptsächlich zusammen mit Sardinen zu Konserven verarbeitet wird.

BASTARDSAUCE

(Sauce Bâtarde, unechte Buttersauce)
Weiße Mehlschwitze mit Salz und Pfeffer würzen, mit Wasser verkochen, mit Eigelb und Sahne binden, Butter dazugeben und mit Zitronensaft abschmecken; zu weiß gedünstetem Geflügel und Fisch, auch zu Gemüse.

BASTARDZUCKER

vorwiegend für die Herstellung von Backwaren dienender feuchter, krümeliger Zucker

BATATEN

(Pataten, Süßkartoffeln)
Die weißen, gelben oder roten Wurzelknollen sind besser als Süßkartoffeln bekannt, aber mit der „echten" Kartoffel botanisch nicht verwandt. Sie kommen von einer einjährigen windenden Pflanze (am Boden kriechend oder kletternd), die in den Tropen zu Hause ist und vermutlich von den malaiischen Inseln stammt. Der Anbau erfolgt heute in allen warmen Ländern der Erde. Die wichtigsten Eigenschaften der Bataten, die bis zu 3,5 kg wiegen können, sind ihr hoher Stärke- und Zuckergehalt; das macht sie kalorienreich. Die leicht schleimigen Knollen sind sehr mehlig und etwas süßlicher als Kartoffeln; roh können sie nicht verzehrt werden. Auch bei uns bekommt man Bataten. Sie sollten fest und glattschalig sein.
AUFBEWAHRUNG: *Bei Zimmertemperatur an einem möglichst dunklen, trockenen und luftigen Platz gelagert, halten sich Bataten 2–3 Wochen. Kälte mögen sie nicht, deshalb auf keinen Fall im Kühlschrank aufbewahren.*
ZUBEREITUNG/VERWENDUNG: *Sie werden wie Kartoffeln zubereitet, mit oder ohne Schale gekocht, gebacken oder zu Püree verarbeitet. Die aus den Knollen treibenden Schösslinge werden in den Anbauländern als Gemüse verzehrt. Die Bataten werden dort auch zu Mehl, Stärke, Sirup und alkoholischen Getränken verarbeitet.*

BATAVIASALAT
In Frankreich gezüchtete, mit dem ▸ Eissalat, dem sie auch im Geschmack ähnelt, verwandte Blattsalatsorte (▸ Blattsalat), ▸ Salate). Frischer Bataviasalat hat einen lockeren Kopf und sieht mit seinen gelbgrünen bis rotbraunen, gekräuselten bzw. gewellten Blättern dekorativ aus. Er kommt von Mai bis September als Freilandware aus Frankreich, Italien und Deutschland sowie als Treibhausgemüse aus Holland. Im Gemüsefach des Kühlschranks hält der sich 4–5 Tage.

BATTELMATT
im Schweizer Kanton Tessin aus Kuhmilch hergestellter Bergkäse (mindestens 45 % Fett i. Tr.) mit intensivem Geschmack (ähnlich Tilsiter)

BATWINIA ▸ Botwinja

BAUCH
das hintere untere Fleischstück bei ▸ Schwein und ▸ Kalb (auch: Dünnung)

BAUCHFLEISCH ▸ Wammerl

BAUERNFRÜHSTÜCK
herzhaftes Pfannengericht mit Bratkartoffeln, Bauchspeckstreifen, Rührei, kleinen Würfeln von gekochtem Schinken und gehacktem Schnittlauch, dazu Tomatensalat oder Salz-/Speckgurken

BAUERNKARPFEN
Süßwasserfisch (▸ Karausche)

BAUERNKARTOFFELN
in Öl, Fett und/oder Butter knusprig gebratene Kartoffelscheiben mit Speck- und Zwiebelwürfelchen, mit gehackter Petersilie bestreut

BAUERNSALAT
Kartoffel-, Rotkohl- und Sellerieschreiben (gekocht) mit geraspelten Möhren und gehackten Zwiebeln in Essig-Öl-Marinade

BAUERNSUPPE
Gemüsesuppe aus sehr klein geschnittenen Möhren, Porree, Sellerie, weißen Rüben, Zwiebeln und Kartoffeln, mit gerösteten Weißbrotwürfelchen und Kerbel serviert

BAUMERDBEEREN, CHINESISCHE
(Arbutusbeeren)
Die roten, kirschgroßen, kugeligen ▸ Steinfrüchte eines aus Ostasien stammenden Baumes haben ein weiches und saftiges Fleisch mit vielen Samen und einen süß-säuerlichen Geschmack. Sie sind allerdings nicht sehr aromatisch und werden deshalb vorwiegend zu Konserven oder leichtem Zuckersirup verarbeitet und für Getränke verwendet.

BAUMKUCHEN
Baumstammförmiges Konditoreierzeugnis aus biskuitähnlichem Teig aus Eiern, Butter, Zucker, Mehl und Geschmackszusätzen (Nüsse, Nougat, Marzipanrohmasse etc.), der auf einer langen Walze schichtweise über dem offenen Feuer gebacken wird. Der fertige Baumkuchen wird in Stücke geschnitten und mit Kuvertüre oder Zuckerglasur überzogen.

BAUMNÜSSE ▸ Walnüsse

BAUMSTACHELBEEREN ▸ Karambolen

BAUMTOMATEN ▸ Tamarillos

BAVETTE
italienische Nudelart (▸ Pasta, ▸ Teigwaren) in Form schmaler Bandnudeln (auch Bavettine)

BAYERISCHE CREME
(Bavaroise, Crème Bavaroise)
Bereits im 18. Jh. bei den bayerischen Prinzen in Paris ein bevorzugtes Dessert, ist die geschlagene Creme auch heute noch eine der beliebtesten kalten Süßspeisen. Das Grundrezept besteht aus Milch, Zucker, Eigelb, Gelatine und Sahne. Durch weitere Zutaten wie Vanillemark, Schokolade, Kaffeepulver, Nüsse, Liköre oder Brände sowie verschiedene Früchte (Orangen, Erdbeeren, Himbeeren, Kirschen usw.) gibt es vielfältige Variationen in Aroma und Geschmack. Bayerische Creme wird in eine schöne Form gefüllt und in den Kühlschrank gestellt, damit sie fest wird. Zum Servieren wird sie auf eine Platte gestürzt und mit Früchten

garniert. Manchmal wird sie auch dickflüssig in Gläsern seviert.

BAYERISCHER SENF
(Süßer Senf, Weißwurstsenf)
aus Mehl von weißen Senfkörnern, Weinessig, Farinzucker und Nelken hergestellter, süßlich schmeckender ▸ Speisesenf, vorwiegend zu Weißwürsten (und auch anderen Würsten), Leberkäse und rustikalen Pasteten

BAYERISCHES KRAUT
fein geschnittener oder gehobelter Weißkohl, Speckwürfel, grob gehackte Zwiebeln, manchmal auch Apfelstücke, angemacht mit Essig, gewürzt mit Kümmel, Salz, Pfeffer und Zucker

BAY-KAPPLES ▸ Multbeeren

BAZILLENKRAUT ▸ Meerfenchel

BÉARNER SAUCE
(Béarnaise)
Eine der klassischen französischen Saucen: Estragon- oder Kerbelblätter werden mit Estragon- oder Weinessig, Weißwein, gehackten Schalotten und zerdrücktem weißen Pfeffer eingekocht, anschließend mit Eigelb dick und schaumig gerührt, mit Butter aufgeschlagen, mit Salz gewürzt, durch ein Tuch passiert und mit weiteren Gewürzen/Kräutern verfeinert.
Béarner Sauce passt gut zu Fleisch (vor allem Steaks, Kalbsmedaillons, Schweinefilet und Fondue), aber auch zu Gemüse wie Spargel.

SCHON GEWUSST?

Die ▸ Béarner Sauce wurde im Jahre 1830 bei einem Festessen im Pavillon Heinrichs IV. (1553–1610) in Paris erstmals serviert. Benannt ist sie nach der Heimat dieses Königs, der südfranzösischen Landschaft Béarn.

BEAUFORT
(Gruyère de Beaufort)
Bekannter Hartkäse (▸ Käse) bzw. ▸ Gruyère aus den französischen Hochalpen (benannt nach einem Dorf in Savoyen) aus Kuhrohmilch mit 45–50 % Fett i. Tr. und einer glatten, lochfreien Schnittfläche; kommt in großen Rädern in den Handel und gilt mit seinem unvergleichlich nussigen Aroma als einer der besten Hartkäse Frankreichs. Schon Jean Anthelme ▸ Brillat-Savarin, einer der größten Gastronomen Frankreichs, nannte ihn im 19. Jh. den „König der Gruyère".

BEAUJOLAIS
Populäre Unterregion des französischen Weinanbaugebietes ▸ Burgund, die besonders für den Beaujolais Primeur (oder Beaujolais Nouveau) bekannt ist. Dabei handelt es sich um einen im Spezialverfahren vergorenen roten Jungwein mit viel Kohlensäure, der bereits ab November vermarktet wird und innerhalb des ersten Jahres getrunken werden sollte.

BÉCHAMEL-SAUCE
(Sauce Béchamel, weiße Rahm-/Sahnesauce)
Eine weiße Grundsauce aus Butter, Mehl, Milch und Sahne, die mit verschiedenen Zutaten (Zwiebeln, Muskat, Speck, usw.) noch verfeinert werden kann. Béchamel ist die Grundlage vieler Saucen und Suppen und dient zum Binden. Sie passt zu vielen Gerichten – besonders zu Geflügel, Fisch, Gemüse und Eiern.
Ihren Namen hat die Béchamel-Sauce von Louis de Béchamel, Marquis von Nointel und neureicher Bankier. Er kaufte sich das Amt des Haushofmeisters am Hofe Ludwigs XIV. (1643–1715) und erwarb dadurch großen Einfluss. Für die Nachwelt berühmt wurde sein Name aber erst durch die Sauce, die ihm einer der damaligen Hofköche widmete.

BECHERLINGE
verschiedenen Gattungen und Familien angehörende Schlauchpilze (▸ Pilze), zum Teil zwar essbar, aber eher ein optischer als ein kulinarischer Genuss

BECHERPASTETEN
(Dariolen, Füllpasteten, Timbalen)
Im Wasserbad in hitzebeständigen Formen pochierte und gestürzte feine Ragouts, Pürees, Farcen usw., die meist kalt angerichtet und als Vorspeisen, Beilagen oder auch als kleine

Schlemmerei ganz für sich alleine serviert werden. Ursprünglich wurden sie mit Pasteten-, Mürb-, Blätter-, Nudel- oder Eierkuchenteig umhüllt, zunehmend gibt es sie aber ohne Teigmantel. Früher hatten Dariolen vor allem die Form einer Pyramide und bestanden vorwiegend aus süßen Zutaten, wogegen Timbalen die Form von kleinen Kesselpauken hatten.

BEEFSTEAK

Fleischscheibe aus dem Filet des Rinds, die aber – wenn sie nicht ausdrücklich als Filetbeefsteak oder ▶ Filetsteak bezeichnet wird – auch aus dem flachen Roastbeef, aus der Hüfte oder der Kluft geschnitten werden kann. Beefsteak heißt nämlich wörtlich aus dem Englischen übersetzt nur „Rinderschnitte“. Diese wird rosa bis blutig gebraten oder gegrillt. Auch Beefhacksteak (▶ Tatar) wird bisweilen verkürzt als Beefsteak bezeichnet.

BEEFTEA

(Fleischtee)

Konzentrierte Fleischbrühe (▶ Fleischextrakt) aus zerkleinertem Rindfleisch, Wurzelgemüse und Aromaten, die mit wenig Wasser im geschlossenen Einmachglas hergestellt werden kann. Kalt serviert, mit Portwein und Tabasco oder Zitrone und Wodka gewürzt wird daraus das stärkende Getränk Bullshot.

BEEREN

Botanisch gesehen alle Früchte, die über eine mehr oder weniger dicke und feste Haut bzw. Schale und meist mehrere Samen verfügen, die von saftigem Fruchtfleisch umgeben sind. Die meisten Beeren tragen ihre botanische Zuordnung bereits im Namen: Heidel-, Brom-, Stachel-, Erd-, Johannis- und Himbeeren usw. Zu den Beeren zählen aber auch Weintrauben, Orangen, Bananen und sogar Kürbisse.

BEERENAUSLESE

Qualitätsstufe/-prädikat für ▶ Wein nach dem deutschen Weingesetz, für die neben anderen Kriterien vor allem ein bestimmtes ▶ Mostgewicht vorgeschrieben ist. Bei der Beerenauslese muss es je nach Anbaugebiet und Rebsorte mindestens bei 110°–128° ▶ Öchsle liegen.

BEIFUSS

(Besen-, Gänse-, Jungfern-, Sonnwend-, Weiberkraut, Wilder Wermut)

Das vermutlich aus Indien stammende und zur Familie der Korbblütlergewächse gehörende Würzkraut kommt vor allem in gemäßigten Klimazonen sowie in Mittel- und Nordamerika in großer Menge wild vor. Angebaut wird Beifuß hauptsächlich auf dem Balkan, in den GUS-Staaten, in Frankreich und Italien. Aroma und Geschmack erinnern an eine Mischung aus Wacholderbeeren, Nelken und Minze.

SCHON GEWUSST?

Der Name ▶ Beifuß geht der Überlieferung nach auf die heilsame Wirkung bei der äußerlichen Anwendung des Krauts zurück. So empfahl der römische Schriftsteller und Naturwissenschaftler Plinius der Ältere (23–79 n. Chr.) Wanderern, sich eine Beifußpflanze ans Bein zu binden bzw. sich frische Beifußblätter in die Sandalen zu legen. Dadurch würden müde Füße und Beine munter gemacht.

BEIGABEN

(Sättigungsbeigaben)

Vor allem der Sättigung dienende Bestandteile eines Gerichts, als da als klassische Beigaben z. B. sind: Kartoffeln, Klöße, Nudeln, Spätzle, Reis oder Brot. Oft wird Beigaben im allgemeinen Sprachgebrauch mit Beilagen (▶ Garnitur) gleichgesetzt und synonym verwendet, was aber küchentechnisch nicht korrekt ist.

BEIGNETS

Kleine, gefüllte französische ▶ Krapfen, deren Name sich vom französischen „beigne“ (zu Deutsch „Ohrfeige“) ableitet. Im heißen Fett schwillt das Gebäck nämlich an wie die Wange nach einer kräftigen Ohrfeige.

BEIGNETS SOUFFLÉS ▶ Spritzkuchen

BEILAGEN ▶ Garnitur

VERWENDUNG

Die frischen oder getrockneten Triebspitzen mit Stängel und die Blütenknospen werden vorwiegend zum Würzen verwendet; seltener dagegen die bitteren Blätter. Besonders gut passt der verdauungsfördernde Beifuß zu deftigen und fetten Speisen (Gans, Ente, Hammel- und Schweinebraten, Aal, Karpfen usw.).

BEINWELL
(Bein-, Milch-, Speck-, Wallwurz)
Zu den Borretschgewächsen zählendes, bis zu 1 m hohes Küchenkraut, dessen süßlich schmeckende Blätter roh als Salat und gekocht als Gemüse geschätzt werden. Die Sprossen können wie Spargel zubereitet werden. Beinwell kommt im östlichen Europa bis nach Westsibirien wild vor und wird dort auch kultiviert. Man macht dort daraus Sirup (mit Honig), die Wurzeln werden für die Weinherstellung und für Teeaufgüsse verwendet.

BEINWURZ ▸ Beinwell

BEIRIED ▸ Roastbeef

BEISSBEEREN ▸ Chilis (▸ Paprika)

BEISSKOHL eine Art von ▸ Mangold

BEISSLAUCH ▸ Porree

BEISSWURZEL ▸ Meerrettich

BEIZE ▸ Marinade

BEIZEN ▸ marinieren

BEKASSINE
kleinere Verwandte der ▸ Schnepfe

BELEGFRÜCHTE
unter Zusatz von Genusssäuren und zugelassenen Lebensmittelfarbstoffen hergestellte ▸ Dickzuckerfrüchte zum Belegen, Garnieren und Füllen von Süßwaren, Desserts, Speiseeis und Konditoreiwaren, in Zuckerlösung, aber nicht damit überzogen

BEL PAESE
In Deutschland und auch in anderen Ländern geschützter Markenname einer norditalienischen Firma für einen tortenförmigen, weichen und doch schnittfesten ▸ Butterkäse (▸ Italico-Käse, ▸ Käse) aus Kuhmilch (mindestens 50 % Fett i. Tr.), der ursprünglich aus der italienischen Region Lombardei stammt. Kreiert wurde er 1906 von Edigio Galbani. Der vielseitig einsetzbare Bel Paese ist eine der bekanntesten Käsesorten Italiens. Er hat einen zart säuerlichen, butterähnlichen und milden Geschmack.

BELUGA(KAVIAR)
berühmter und besonders großkörniger ▸ Kaviar mit mildem Geschmack

BELUGASTÖR ▸ Hausen

BÉNÉDICTINE
Einer der berühmten französischen Klosterliköre, der um 1510 von einem Mönch des Benediktinerklosters Fécamp in der Normandie „erfunden“ wurde. Die Originalrezeptur ging zwar bei der Zerstörung des Klosters in der französischen Revolution zunächst verloren, wurde aber 1863 von einem französischen Kaufmann wiederentdeckt und verfeinert. Der kräftige, aromatisch-süße Kräuterlikör wird aus insgesamt fünf Kräuter- und Gewürzmischungen unter Zugabe von Zucker und Honig hergestellt und enthält 43 Vol.-% Alkohol.

BENGALSAME ▸ Kichererbse (▸ Erbsen)

BENZOESÄURE
Organische Säure aus dem Pflanzenreich, heute aber ausschließlich synthetisch hergestellt; dient als wichtiges Konservierungsmittel, zum Frischhalten von Tabak und zur Herstellung von Farbstoffen.

BERBERITZE
(Dreidorn, Hageldorn, Sauerdorn)

Name eines dornigen, bis zu 3 m hohen Strauches, der früher in Europa, Mittel- und Vorderasien wegen seiner Beeren, die als Obst gegessen wurden, kultiviert wurde.
VERWENDUNG: *Die dunkelroten, erfrischend sauren Früchte eignen sich gut zur Herstellung von Gelees, Marmeladen, Branntwein (Berberitzengeist) oder Likör. In der Küche des Orients sind die Beeren oft Bestandteil von Reisgerichten.*

BERCYBUTTER
Schalottenbutter mit Rindermark, Weißwein, Petersilie, Salz, Pfeffer und Zitronensaft

BERCYER SAUCE
(Sauce Bercy)
in Butter gedünstete gehackte Schalotten, mit Weißwein und Fischfond (zu gleichen Teilen) eingekocht, mit Butter aufgeschlagen und mit Petersilie bestreut, zu gekochtem Fisch

BERGAMOTTE
1. Alte Bezeichnung für eine Gruppe von Birnensorten (► Birnen) mit meist kleinen, runden Früchten, die heute aber von wirtschaftlicheren Sorten verdrängt sind und deshalb kaum mehr angebaut werden.
2. Kugelige bis birnenförmige hellgelbe Zitrusfrucht, die eine Kreuzung aus Bitterorange und Limette ist und zu den ► Pomeranzen zählt. Die saftige, würzig säuerliche Frucht wird vorwiegend für Konfitüren verwendet, das ätherische Öl der Schale auch zum Aromatisieren, es gibt manchen Likören oder der Teespezialität Earl Grey ihr besonderes Aroma.

BERGILT ► Rotbarsch

BERGKÄSE
(Alpkäse)
Sammelbegriff für vollfette Hartkäse (mindestens 45 % Fett i. Tr.) aus Kuhmilch (► Käse), die in den Hochalpen nach Art von ► Emmentaler hergestellt werden, aber nur eine geringe Lochbildung haben. Im Geschmack ist Bergkäse – je nach Herkunft und Machart – mild aromatisch bis kräftig und würzig. Meist kommt er als mühlsteinförmiger Laib mit 40–90 cm Durchmesser und 20–50 kg Gewicht auf den Markt.

BERGPFEFFER ► Szechuanpfeffer

BERLINER LEBER
► Leber auf Berliner Art

BERLINER LUFT
Süßspeise aus schaumig gerührtem Eigelb (mit Zucker, Zitronensaft, geriebener Schale von unbehandelten Zitronen und Gelatine), steif geschlagenem Eiweiß und weiteren Zutaten zum Aromatisieren wie z. B. Vanille, die man in kleinen Förmchen fest werden lässt und stürzt. Dazu gibt es Himbeer- oder eine andere Sauce von roten Beeren und Kleingebäck.

BERLINER PFANNKUCHEN
(Faschingskrapfen, -küchle, Fastnachtskrapfen)
in heißem Fett ausgebackene und mit Marmelade bzw. Konfitüre gefüllte Hefeteigkugeln (► Krapfen), mit Puderzucker bestreut oder mit Zuckerglasur überzogen

BERLINER SCHNITZEL
eine dünne Scheibe vom Kuheuter (► Euter), in Ei und Paniermehl gewendet und in Fett knusprig gebraten, dazu Kartoffelsalat

BERLINER WEISSE
Obergäriges ► Bier (► Weißbier) aus Weizen- und Gerstenmalz mit einem Schuss Himbeersirup; wird in einer großen Glasschale (Molle) serviert und mit dem Strohhalm getrunken.

BERMUDAZWIEBELN
► Gemüsezwiebeln (► Zwiebeln)

BERNER PLATTE
Schweizer Spezialität ähnlich dem elsässischen ► Choucroute garni, deftige ► Schlachtplatte mit Sauerkraut, Rindfleisch, geräucherter Schweinerippe, Räucherspeck, Zungenwurst, Schweinswürstchen, Salzkartoffeln.

BERNITSCHKEN ► Preiselbeeren

BERNYKARTOFFELN
kleine Kugeln aus mit gehackten Trüffeln vermischter Herzoginkartoffelmasse (► Herzoginkartoffeln), überbacken mit Mandelsplittern

BERRICHONS
Plätzchen oder Stangen aus ► Berrichonteig, eine der vielen Arten von ► Petits Fours

BERRICHONTEIG
aus Mandelpulver, Vanillezucker, Mehl und fest geschlagenem Eiweiß hergestellter Teig

BERTRAM(KRAUT) ► Estragon

BESENKRAUT ► Beifuß

BESINGE ► Heidelbeeren

BETE, ROTE ► Rote Rüben

BETTELMANN
nahrhafter Auflauf aus geriebenem Schwarzbrot, Apfelmus, gestoßenen Mandeln oder anderen Nüssen und Ei

BEUGE(R)L
österreichische, allgemein gebrauchte Bezeichnung für Gebäck in Hörnchenform

BEURRE D'ESCARGOT
▸ Schneckenbutter

BEURRE MANIÉ
(Mehlbutter)
mit Mehl verknetete Butter, die zum Binden von Saucen oder Suppen verwendet wird

BEURRE RAVIGOTE ▸ Kräuterbutter

BEUSCHE(R)L
süddeutsche und österreichische Bezeichnung für Lunge, manchmal auch für die essbaren Innereien von Kalb und Lamm

BHAJIA
indische Krapfen mit Garnelen-, Geflügel-, Gemüse- oder anderen Füllungen, viele Varianten

BIBER(FLADEN)
in Holzmodeln gebackenes, würziges Honiggebäck mit Anis, Nelken, Koriander, Muskat und anderen aromatischen Gewürzen, teilweise mit Mandeln gefüllt und mit Rosenwasser bzw. anderen Zutaten aromatisiert

BIBERNELL(E) ▸ Pimpinelle

BICKBEEREN ▸ Heidelbeeren

BIEN CUIT
(durchgebraten, well-done)
Garstufe beim Fleisch (▸ Garstufen)

BIENENKRAUT ▸ Melisse

BIENENSTICH
flacher, sehr süßer Blechkuchen aus Hefeteig mit einer Auflage aus Butter, Honig, Mandelsplittern, Zucker, Milch und Vanillezucker, deutsche Spezialität

BIER
1. Im wörtlichen Sinn Bezeichnung für alle Getränke, bei denen Stärke (z. B. Mais, Reis, Gerste, Mehlbananen, Hirse usw.) durch ▸ Enzyme in Zucker umgewandelt und dieser durch ▸ Hefe zu Alkohol vergoren wird. In Asien kennt man u. a. Bananen- und Reisbier.
2. In Deutschland versteht man unter Bier ausschließlich das schäumende Nationalgetränk, das aus Gersten- oder Weizenmalz, Hopfen, Wasser und Hefe hergestellt wird (▸ Seite 51)

BIERKÄSE
Stark gesalzener, schnittfester Weichkäse (▸ Käse) fast ohne Lochung aus den bayerischen und Tiroler Alpen sowie aus Tschechien und der Slowakei mit pikant scharfem Geschmack; bekannt ist der ▸ Weißlacker Käse.

BIERRETTICH ▸ Rettich

BIERSAUCE
Besteht aus in ▸ Malzbier aufgeweichtem ▸ Pfefferkuchen, über den weich gekochtes Gemüse (auch Pastinake) passiert wird. Anschließend wird alles zusammen aufgekocht, die Sauce abgeschmeckt und gebunden. Passt zu Karpfen und anderen Süßwasserfischen.

BIERSCHINKEN
Brühwurst aus fein gemahlenem Rind- und Kalbfleisch, grob geschnittenem Schweine- und Kalbfleisch sowie Speck (▸ Brühwürste)

BIERSUPPE
mit Mehlschwitze gebundenes, helles oder dunkles Bier, verfeinert mit Zutaten wie Ingwer, Zimt, Muskat, Kümmel, Eigelb, Zitronensaft oder -schale, Zucker und Salz

Bier – das deutsche Nationalgetränk

Ausschließlich aus Gersten- oder Weizenmalz, Hopfen, Wasser und Hefe wird das schäumende Nationalgetränk der Deutschen getreu der ältesten überlieferten lebensmittelrechtlichen Vorschrift der Welt hergestellt. Es gilt außerdem neben dem Wein als das älteste von Menschen produzierte Getränk überhaupt.

DIE ERSTEN BIERBRAUER

Wie weit seine Geschichte zurückreicht, ist nicht genau bekannt; es sind aber mindestens 6000 Jahre. Die ältesten Zeugnisse des Bierbrauens können im Pariser Louvre bestaunt werden: kleine sumerische Tontafeln von ca. 4000 v. Chr. Die Sumerer, die als die Begründer der ersten Hochkultur der Menschheitsgeschichte gelten, hatten sich damals zwischen Euphrat und Tigris (Mesopotamien) angesiedelt.

Auf den Tafeln ist dargestellt, wie Getreide enthülst wird, daraus Fladen gebacken und anschließend zu Bier vergoren werden. Die „Erfindung" des Bieres wird einer ungeschickten Hausfrau jener Tage zugeschrieben, deren Brotteig zu dünn geraten und die deshalb „sauer" war. Sie ließ den Teig im Regen stehen – und setzte damit zufällig den Gärprozess in Gang.

DAS REINHEITSGEBOT

Das so genannte Reinheitsgebot für Bier gilt als die älteste lebensmittelrechtliche Bestimmung der Welt. Es wurde am 23. April 1516 von Herzog Wilhelm IV. von Bayern erlassen und besagt, dass nur Hopfen, Malz und Wasser (von Hefe war damals noch nicht die Rede, sie wurde erst im 19. Jh. entdeckt) zur Bierherstellung verwendet werden dürfen.

Im März 1987 wurde das ursprünglich bayerische, später aber in ganz Deutschland übernommene Reinheitsgebot für Bier vom Europäischen Gerichtshof zwar als unlauteres Handelshemmnis gekippt, doch hatte diese Entscheidung bislang nur geringe praktische Auswirkungen. Seither dürfen zwar nicht nach dem Reinheitsgebot gebraute Biere, was vorher verboten war, nach Deutschland eingeführt werden, doch haben sie nur einen geringen Marktanteil erobern können. Die Deutschen bevorzugen ihre im Inland hergestellten Biere, die nach wie vor dem Reinheitsgebot entsprechen.

DIE VERSCHIEDENEN ARTEN

Nach dem angewandten Gärverfahren werden die Biere in zwei Gruppen eingeteilt:

Obergärige Biere werden warm vergoren, wobei die Hefe nach oben ausgestoßen wird. Zu dieser Gruppe zählen z. B. ▸ Weißbier, ▸ Altbier, ▸ Kölsch, ▸ Malzbier oder auch das englische ▸ Ale.

Untergärige Biere werden kalt vergoren, wobei die Hefe nach unten ausfällt. Zu dieser Gruppe zählen vor allem alle Arten von ▸ Vollbier (hell und dunkel) und ▸ Pils(e)ner.

Nach ihrem jeweiligen Stammwürzegehalt (▸ Stammwürze), der mit dem Alkoholgehalt korrespondiert, unterscheidet man bei den deutschen Bieren zwischen:

- Normal- oder Einfachbier (2,9–6,2 %)
- Schankbier (8,7–9,3 %)
- Vollbier (11,0–14,3 %) und
- Starkbier (15,7–18,3 %)

ALKOHOLFREIES BIER

Heute gibt es in großer Zahl auch so genannte alkoholfreie (oder zumindest alkoholarme) Biere. Dabei handelt es sich um extrakt- und meist auch hopfenreiche Spezialbiere mit einem Ethanolgehalt bis maximal 0,5 Vol.-%; dann spricht man von alkoholfreiem Bier. Eine Angabe des Alkoholgehalts auf dem Etikett ist nach EU-Recht erst ab 1,2 Vol.-% vorgeschrieben. Bei der Herstellung von alkoholfreiem Bier wird durch ein besonderes Verfahren die Stärke in größtenteils nicht vergärungsfähige Abbauprodukte „aufgelöst". Das bedeutet, dass kein (oder kaum) Zucker für die Gärung und die Umwandlung in Alkohol zur Verfügung steht. Außerdem wird dies zusätzlich noch durch ▸ Pasteurisieren verhindert.

BIERTEIG
mit Bier hergestellter ▸ Ausbackteig (▸ Teige)

BIERWURZEL ▸ Rettich

BIFIGURT ▸ Biogurt

BIFTEKI
kräftig gewürztes griechisches Hacksteak aus Rindfleisch, teils vermischt mit ▸ Feta oder beim Braten damit gefüllt

BIGARADIE, BIGARRADE
▸ Pomeranzen

BIGARRIEREN ▸ spicken

BIGOLI
italienische Nudelart (▸ Pasta, ▸ Teigwaren) in Form dicker ▸ Spaghetti

BIGOS
Polnisches Nationalgericht, dessen Zusammensetzung je nach Anlass und Verfügbarkeit der Zutaten variiert. Die wichtigsten Grundzutaten sind Sauerkraut, Weißkohl, Pilze, Trockenpflaumen, Schweinefleisch, Schinken, Knoblauchwurst und teils Kartoffeln. Bigos wird meist auf Vorrat gekocht, und in Polen schwört man darauf, dass es mehrfach aufgewärmt am besten schmeckt.

BIHUNSUPPE
indonesische Spezialität aus Hühnerfleisch, Markknochen, Reisnudeln, Paprikaschoten, Möhren, Sojabohnen, Pak Choi und exotischen Gewürzen, in Asialäden auch als Fertigprodukt erhältlich

BINDEMITTEL
(Dickungsmittel, Geliermittel)
Sammelbegriff für Kochzutaten, die Speisen (z. B. Suppen, Saucen, Gemüsebeilagen, Ragouts, Pürees, Füllungen, Aspiks, Gelees, Süßspeisen) eine festere Konsistenz (▸ Gelieren) geben. Gängige Bindemittel sind u. a. Gelatine, Mehl, Stärke, (Mehlbutter, Mehlschwitze), Eigelb, Sahne, ▸ Agar-Agar, ▸ Johannisbrotkernmehl und ▸ Pektine.

BINDEN
(abziehen, legieren)
Flüssigkeiten wie Saucen, Suppen, Brühe usw. mit einem geeigneten ▸ Bindemittel und durch kurzes Aufkochen eindicken bzw. sämig machen und so in Aussehen, Geschmack und Nährwert verbessern.

BINDESALAT
meist als ▸ Römischer Salat bekannte Salatsorte (▸ Salate)

BINSENLAUCH ▸ Schnittlauch

BIOBIN
pflanzliches ▸ Bindemittel aus den gemahlenen Kernen des im Mittelmeerraum heimischen Johannisbrotbaumes und Kalziumlactat

BIOGERM
Weizenkeime mit noch vollem Nährwert ungekocht zu Fleisch- und Gemüsegerichten, Salaten, Müsli, Milchspeisen usw.

BIOGURT
(Bifigurt)
mild säuerliche, diätetisch wirksame Jogurt-Art (▸ Jogurt), hergestellt aus Sauermilch und besonderen Bakterienstämmen

BIO(KOST)
ein großes Schlagwort der heutigen Zeit und ein Sammelbegriff für die unterschiedlichsten Produkte aus natürlicher (ökologischer) landwirtschaftlicher Erzeugung unter Verzicht auf den Einsatz von Chemie (▸ Seite 53)

BIOLOGISCHER SÄUREABBAU
▸ malolaktische Gärung

Alles bio – logisch!

Biologische Lebensmittel sind heute gefragter denn je und haben sich längst aus der etwas verstaubten Ecke der Öko-Aktivisten befreit. Bio boomt, denn Bio mundet einfach besser. Aus Ökoproduktion schmecken Radieschen noch scharf, Käse aromatisch und Getreide nussig. Die Produkte dürfen in ihrer Zeit reifen, werden nicht mit Düngemitteln zum Wachstum getrieben oder mit Hormonen auf Masse getrimmt.
Diese Sorgfalt im Umgang mit Rohstoffen hat ihren Preis, weil der natürliche Ertrag geringer ist. Aber sowohl die steigende Nachfrage als auch die zunehmende Routine bei der Produktion, in Vertrieb und Logistik haben ein Nachlassen der Preise bewirkt. Selbst Supermärkte verfügen zwischenzeitlich über „Bioecken", in denen der Verbraucher ausgewählte Lebensmittel finden kann.

BIO IST GESUND

Gegenüber konventionellen Lebensmitteln haben solche aus biologischem Anbau den Vorteil, dass sie, zumindest was die bewusst aufgebrachten Chemikalien anbelangt, weniger Rückstände aufweisen. Das heißt, Bio-Lebensmittel enthalten geringere Mengen an Pestiziden, an Hormonen oder Antibiotika. Was an Schadstoffen mit dem Regen in den Boden gelangt, kann allerdings auch ein Bio-Landwirt nicht verhindern. Dies sind in erster Linie Schwermetalle wie Blei, Kadmium oder Quecksilber.
Untersuchungen zeigen, dass Bio-Obst oder Gemüse mehr Vitamine und Mineralstoffe enthält als solches aus konventionellem Anbau. Solche Aussagen sind nicht unumstritten. Sicher ist aber, dass konventionell angebautes Obst und Gemüse mehr Wasser enthält – und damit in Relation zum Gewicht weniger wertvolle Inhaltsstoffe.

BIO HILFT UMWELT UND MENSCHEN

Biologische Lebensmittel werden mit großer Verantwortung für die Umwelt erzeugt. Bei ihrer Herstellung fallen geringere Mengen an Schadstoffen an, denn es wird weniger Energie verbraucht. Der Verzicht auf chemische Pestizide oder Düngemittel schützt Boden und Grundwasser, kurze Transportwege und weitgehender Verzicht auf Flugzeugimporte halten die Luft sauber.
Weil weniger Maschinen eingesetzt werden, gibt es mehr Arbeitsplätze für Menschen.

WAS BEDEUTET „BIO"?

Die Biobewegung nahm in den 1970er Jahren ihren Anfang. Damals galten Öko-Freaks noch als fanatische Außenseiter. Doch bereits 10 Jahre später kam die Öko-Szene in Fahrt. Mitte der 80er Jahre öffnete die erste Bio-Fachmesse, die FKK (Frankfurter Körner Kongress) ihre Pforten, damals kamen knapp 2000 Besucher und rund 50 Aussteller. Name und Zielgruppe der Messe haben sich geändert: Die BioFach besuchten im Jahre 2005 rund 30 000 Fachbesucher, welchen die Produkte von mehr als 2000 Ausstellern aus über 100 Nationen präsentiert wurden. Diese Entwicklung ist bezeichnend für einen Trend.

WO STEHT „BIO" DRAUF?

Die Zeiten freier Namensgebung sind zumindest in der EU vorbei. Mit dem Jahr 2006 ist die Frist abgelaufen, in der Produkte noch ein „Bio" in ihrem Namen führen durften, ohne aus ökologischem Landbau zu stammen. Das garantiert die EG-Bioverordnung, die 1991 vom Agrarministerrat der Europäischen Gemeinschaft verabschiedet wurde. In ihr werden die Mindeststandards bezüglich Erzeugung, Verarbeitung sowie Kontrolle und Kennzeichnung von Bioprodukten definiert.

Vertrauen ohne Kontrolle?

Landwirte und verarbeitende Betriebe, die ihre Erzeugnisse mit einem Öko-Label versehen wollen, unterwerfen sich strengen Kontrollen, die von qualifizierten Fachleuten in regelmäßigen Abständen durchgeführt werden. Dabei werden Produkte vom Anbau bis zur Fertigstellung verfolgt – und nur wenn in allen Verarbeitungsstadien nach den Kriterien der EG-Ökoverordnung gearbeitet wird, darf das Label „Bio" verwendet werden. Festgestellte Mängel ziehen Sanktionen bis hin zum Ausschluss eines Betriebes nach sich.
Auch der Verbraucher kann erkennen, ob ein Produkt ordnungsgemäß kontrolliert wurde: Jedes verpackte Lebensmittel aus ökologischem Landbau ist mit einem Code versehen, der aus einer Buchstaben- und Zahlenkombination besteht, beispielsweise DE-006. Dabei steht DE für Deutschland, und die Zahlenkombination für die jeweilige Kontrollstelle .
Importware aus einigen ausgewählten Ländern darf dann unter der Bezeichnung „Bio" verkauft werden, wenn sie nachweislich den Kriterien der EG-Ökoverordnung entsprechen.

Das Bio-Siegel

Das Biosiegel, ein Sechseck mit der Aufschrift: Bio nach EG-Ökoverordnung, erhalten alle Produkte, welche nach den Kriterien der EG-Ökoverordnung in regelmäßigen Abständen kontrolliert werden. Anbauverbände wie Demeter oder Bioland kennzeichnen ihre Produkte zusätzlich mit ihrem eigenen Warenzeichen.

Die Dachverbände

Unter zwei großen Dachverbänden, der AGÖL (Arbeitsgemeinschaft ökologischer Landbau) und der IFOAM (International Federation of Organic Agriculture Movements) vereinen sich mehrere Verbände und Warenzeichen.
Die IFOAM ist eine internationale, eher politisch aktive Organisation, die bereits 1972 in Versailles ins Leben gerufen wurde und deren Ziel die weltweite Angleichung von Anbaustandards und Rahmenrichtlinien ist.
Die AGÖL wurde 1981 als Dachorganisation der Anbauverbände gegründet, im Jahre 2001 haben Demeter und Bioland die Arbeitsgemeinschaft verlassen um künftig stärker mit Verbraucher-, Naturschutz- und Umweltverbänden zusammenzuarbeiten.

Öko-Label und ihre Bedeutung

Es gibt verschiedene Verbände in denen sich Landwirte und verarbeitende Industrien mit denselben Zielen zusammengeschlossen haben: Sie unterwerfen sich strengen Regeln und Kontrollen und dürfen ihre Produkte mit dem Öko-Label ihres Verbandes kennzeichnen. In der ökologischen Landwirtschaft lassen sich zwei unterschiedliche Anbaurichtungen unterscheiden.

Demeter

Ist der älteste Verband, der seinen Namen der griechischen Fruchtbarkeitsgöttin Demeter verdankt. Seine Wirtschaftsweise orientiert sich an biologisch-dynamischen Prinzipien, die wesentlich von der anthroposophischen Lehre Rudolf Steiners geprägt wurden. Bereits 1924 erhielten die in diesem Verband organisierten Landwirte von Steiner wesentliche Impulse. Sie sollten beispielsweise bei der Bewirtschaftung ihrer Betriebe auf den Einfluss von Mondphasen oder Gestirnkonstellationen achten. 1928 kam das Markenzeichen Demeter auf den Markt.

Bioland

Ausgehend von der Lehre Rudolf Steiners gründete Dr. Hans Müller 1932 mit seiner Frau Maria die „Bauernheimatschule auf dem Möschberg" in der Schweiz. 1951 lernte das Ehepaar Müller den Arzt und Mikrobiologen Dr. Hans Peter Rusch kennen, der sich mit der Verbesserung der Bodenfruchtbarkeit beschäftigt hatte. Das war die Geburtsstunde der organisch-biologischen Landwirtschaft auf der Grundlage geschlossener, natürlicher Nährstoffkreisläufe. Mit über 4500 Betrieben ist Bioland heute der größte ökologische Anbauverband Deutschlands. Die Bioland-Betriebe pflegen die Direktvermarktung; Kundenkontakt ist ihnen wichtig. Ihre Erzeugnisse verkaufen sie aber auch über die Läden der Bioland-Vertragspartner.

ANOG

1962 wurde die Arbeitsgemeinschaft für naturnahen Obst-, Gemüse- und Feldfruchtbau gegründet. Was ursprünglich als Organisation für den Obst- und Gemüsebau begann umfasst heute längst die gesamte Palette der Lebensmittelproduktion. Die nahezu 100 Mitglieder der ANOG bewirtschaften eine Fläche von rund 3000 ha.

BIOKREIS E.V.

1979 in Ostbayern als regionale Verbraucher- und Erzeugergemeinschaft gegründet, verzeichnet Biokreis heute mehr als 300 Mitglieder, die sich dem ökologischen Land- und Gartenbau sowie gesunder Ernährung verschrieben haben.

BIOPARK

Ist mit nahezu 600 Mitgliedern vor allem in den neuen Bundesländern vertreten. Biopark wurde im Jahr 1991 in Mecklenburg-Vorpommern gegründet.

ECOLAND E.V.

Der regionale Bioverband wurde 1996 von Landwirten der „Bäuerlichen Erzeugergemeinschaft Schwäbisch Hall" gegründet und kümmert sich schwerpunktmäßig um Fleisch- und Getreideerzeugung sowie -verarbeitung.

GÄA

Der Name stammt aus der altgriechischen Mythologie und bezeichnet die Urmutter Erde. Gäa wurde in der ehemaligen DDR gegründet und setzt sich heute vor allem in Ostdeutschland für den Strukturaufbau im Öko-Landbau ein. In etwa 500 Bauern bewirtschaften rund 50 000 ha nach den strengen Gäa-Richtlinien.

NATURLAND

1982 in Gräfelfing als Verband für naturgemäßen Landbau gegründet, engagiert sich Naturland bereits seit 1989 auch international. Der Verband setzt sich weltweit für die Förderung des ökologischen Landbaus ein. Selbst in Entwicklungsländern, vor allem in Mexiko, Peru und Guatemala werden von Naturland kleinbäuerliche Projekte unterstützt. Mittlerweile sind 38 000 Landwirte, Winzer, Gärtner und andere Erzeuger sowie verarbeitende Betriebe in 25 Ländern unter der Zertifizierung Naturland aktiv. Der Verband arbeitet eng mit Fair-Trade-Organisationen zusammen und vermarktet deren Bio-Produkte wie Kaffee, Tee, Kakao, Bananen und Gewürze. Außerdem entwickelte Naturland neue Bereiche wie die ökologische Aquakultur und Waldwirtschaft.

ECOVIN

In den 1980er Jahren konnte man eine Zunahme unter den Ökowinzern beobachten. Weil man Richtlinien für die Erzeugung von ökologischem Wein festlegen musste, entstand zunächst der Bundesverband ökologisch arbeitender Winzer (BÖW), aus dem 1990 dann ECOVIN wurde, ein eingetragenes Warenzeichen, das die Flaschen der Verbandsmitglieder ziert. Ihr Ziel ist es, in Weinberg und Keller im Einklang mit Mensch und Natur ökologisch zu arbeiten. Allerdings haben aber auch andere Dachverbände eigene Kriterien für Ökowein entwickelt, sodass ECOVIN selbst nur noch 194 Winzer hat, die ca. 1000 Hektar Rebfläche in 10 deutschen Anbaugebieten bewirtschaften.

BIOSPITZENKÖCHE

Sie sind Deutschlands einzige Bio-Kochvereinigung. Bei ihren Kochkreationen verwenden sie vorrangig saisonale Bioprodukte aus regionalem Anbau und vereinen so den Anspruch auf eine ausgewogene Ernährung mit dem guten Geschmack erstklassiger Bio-Zutaten.

BIRCHER-MÜSLI

Aus den Komponenten Obst, Getreide und Milch besteht diese gesunde „Zwischenmahlzeit". Sie ist Bestandteil der so genannten Bircher-Benner-Kost, benannt nach dem Schweizer Arzt und Diät-/Ernährungsexperten Dr. Maximilian Oskar Bircher-Benner (1867–1939). Es handelt sich um Rohkost mit Säften, Gemüse, Kartoffeln, Obst, Nüssen, Vollkornschrot, Salaten, Kräutern, kalt gepressten Ölen und Honig, die als Vorläufer der ▸ Vollwerternährung gilt. Das Müsli entstand in der 1897 in Zürich gegründeten Bircher-Benner-Klinik. Dort wurde eine Diätspeise den Patienten so häufig serviert, dass diese bald nur noch von „d'Spyss" (die Speise) sprachen. Im Volksmund wurde sie als Bircher-Müsli bekannt.

SCHON GEWUSST?

Auch wenn es seinen Namen trägt, ist das ▸ Bircher-Müsli keine eigene Kreation von Dr. Bircher-Benner, vielmehr praktizierte der Arzt nur einen alten Brauch seiner Heimat. In den obstreichen Gegenden der Schweiz war es früher nämlich Sitte, kleinere Mahlzeiten ausschließlich aus Obst, gemahlenem Korn und meist frisch gemolkener Milch zuzubereiten. Auch wenn das Müsli heute im Rahmen einer gesundheitsbewussten Ernährung hoch im Kurs steht, ist es also keine „moderne Erfindung", sondern ein altes Volksnahrungsmittel der Schweizer.

BIRKENPILZ
(Graukappe, Kapuzinerröhrling)
Zur Familie der Röhrlinge zählender Speisepilz, der in unseren Breiten von Juni bis Oktober bevorzugt unter Birken, in Wäldern, Gebüschen, auf Heiden und in Mooren wächst. Vor allem junge Birkenpilze mit einem festen Fleisch sind sehr schmackhaft. Ältere Exemplare sind dagegen oft schwammig und laufen beim Kochen unappetitlich schwarz an.

BIRKHUHN
Beliebtes europäisches Federwild (auch in Asien vorkommend), das im Flachland vorwiegend in Mooren und mit Kiefern und Birken bestandenen Heidegebieten zuhause ist und im Bergland zwischen der Wald- und Baumgrenze lebt. Wie der ▸ Auerhahn ist auch das selten gewordene Birkhuhn in Deutschland geschützt und darf nicht bejagt werden. Birkhühner erreichen in etwa die Größe von Haushühnern, die Männchen wiegen 1200–1300 g, die Weibchen nur 750–1000 g. Das von Feinschmeckern geschätzte Fleisch kommt selten aus Nord- oder Osteuropa in den Handel.

BIRNE, ASIATISCHE/JAPANISCHE
▸ Nashi

BIRNE HELENE
Dessert aus geschälten, halbierten und mit ▸ Läuterzucker gedünsteten Birnen, die abgekühlt auf Vanilleeis angerichtet und mit heißer Schokoladensauce übergossen werden

BIRNEN
beliebtes und uraltes ▸ Kernobst (▸ Obst) des gleichnamigen Baumes (▸ Seite 57)

BIRNENBROT ▸ Früchtebrot

BIRNENKRAUT ▸ Obstkraut

BIRNENMELONEN ▸ Pepinos

BISAMKLEE ▸ Zigerklee

BISCHOFFSAUCE
Sauce aus Rotwein, der mit Nelken, Zimt und Zucker aufgekocht und mit Stärke gebunden wird. Man kann die Sauce mit Johannisbeergelee, Rosinen und gehackten Mandeln abwandeln. Sie wird zum ▸ Frankfurter Pudding serviert, passt aber auch zu anderen Desserts.

BISCHOFSBROT
Rührkuchen aus steif geschlagenem Eiweiß mit Feigen, Rosinen, Mandeln, Pistazien, Schokolade, Zitronat und anderen Zutaten

BISCHOFSKIRSCHEN
mit Essig und Zucker roh eingelegte Kirschen

BISKOT(T)EN ▸ Löffelbiskuits

Birnen: einfach ein Genuss

Der Birnbaum zählt zur Familie der Rosengewächse, die Birne ist also mit Apfel, Mandel und Aprikose verwandt. Die Zahl der verschiedenen Birnensorten schätzt man heute auf mindestens 1500, viele davon sind Kreuzungen aus dem 17. und 18. Jh.

WOHLKLINGENDE NAMEN

Die Ursprünge des Birnbaumes, dessen Heimat in den nördlichen Regionen Zentralasiens liegen dürfte, gehen allerdings viel weiter zurück. Bereits seit rund 3000 Jahren wird er von den Menschen kultiviert. Schon bei den alten Ägyptern, Griechen und Römern war die Birne eine beliebte Frucht. Von der Wertschätzung, die sie zu allen Zeiten genoss, zeugen die wohlklingenden Namen vieler Birnensorten wie z. B. Kaiser Alexander, Kaiserkrone, Köstliche von Charneux oder Gute Luise.
Wie der Apfelbaum, so gedeiht auch der Birnbaum in den meisten gemäßigten Klimazonen, reagiert aber sensibler auf Temperaturschwankungen. Birnen werden meist vor der Vollreife geerntet, damit das Fruchtfleisch nicht „mehlig" wird. Anschließend lässt man sie im Kühllager weiterreifen. Haupterzeugerländer sind u. a. Deutschland, Frankreich, die Schweiz, Italien, China, Argentinien, Chile, Südafrika und die USA.

ERNÄHRUNGSPHYSIOLOGIE

Die Nährwerte von Birnen entsprechen fast genau denen von Äpfeln und auch ihr glykämischer Index liegt niedrig – das macht sie, in Verbindung mit einer hohen Ballast- und Nährstoffdichte, ernährungsphysiologisch wertvoll. Den süßen Geschmack verdanken sie nicht einem höheren Zuckergehalt, sondern einem deutlich niedrigeren Säuregehalt als dem von Äpfeln. Am besten isst man sie ungeschält, denn gerade unter den Schalen – weitere Parallele zu Äpfeln – sitzen die wertvollen Inhaltsstoffe.

DIE WICHTIGSTEN BIRNENSORTEN

Sommersorten: Bunte Julibirne, Clapps Liebling, Guyot, Santa Maria, Trévoux, Williams Christ
Herbstsorten: Abate Fetel, Alexander Lucas, Boscs, Doppelte Philipp, Edelcrassane, Elsa, Gellert, Gute Luise, Kaiser Alexander, Konferenzbirne, Köstliche von Charneux, Marianne, Santa Maria, Vereinsdechant, Vienne (Triumph von Vienne)
Wintersorten: Edelcrassane, Gräfin von Paris, Jeanne d'Arc, Köstliche von Charneux, Madame Verté, Pastorenbirne

AUFBEWAHRUNG

Birnen reifen bei Zimmertemperatur rasch nach und verderben leicht. Sie sollten deshalb so schnell wie möglich verbraucht werden und eignen sich im Gegensatz zu Äpfeln nicht für längere Lagerung. Allenfalls noch unreife Früchte können in einem dunklen, kühlen und luftigen Keller begrenzte Zeit aufbewahrt werden. Dabei dürfen sie aber nicht zu dicht an- bzw. aufeinander liegen. Im Kühlschrank halten sich reife Birnen ein paar Tage. Zum Einfrieren sind nur gekochte Früchte geeignet.

VERWENDUNG

Die Einsatzmöglichkeiten für Birnen sind ebenso groß wie für Äpfel. Abgesehen von den rein Kochzwecken dienenden Sorten sind Birnen roh verzehrt ein Genuss, besonders auch in Kombination mit vielen Käsen (wie z. B. Brie, Camembert, Roquefort oder Ziegenkäse) oder mit luftgetrocknetem Schinken (▸ Parmaschinken).
Vielseitig verwendbar sind sie aber auch gekocht, gedämpft, getrocknet, eingelegt oder kandiert. Die aromatischen Früchte schmecken gut zu Wild, sie geben vielen Salaten einen besonderen Pfiff und sind Bestandteil zahlreicher Desserts (z. B. Obstsalate, Eisspezialitäten wie ▸ Birne Helene, Sorbets). Birnen lassen sich weiter zu Kompott und Chutneys verarbeiten, außerdem werden daraus Saft, Essig, Schnäpse und Liköre hergestellt.

BISKUIT
Trockenes, fettarmes und luftiges Feingebäck mit zarter Krumenstruktur, das nur aus (Weizen-)Mehl und/oder Stärke, warm oder kalt geschlagenen Eiern und Zucker (▸ Biskuitmasse) hergestellt wird; lässt sich einfrieren und so 2–3 Monate aufbewahren.

Schon gewusst?

Der Begriff ▸ Biskuit wurde im Laufe der Jahrhunderte sehr unterschiedlich gebraucht. Im 16. Jh. verstand man darunter zwei- oder auch mehrmalig gebackene Dauerbackwaren, im 17. Jh. sowohl Zwieback als auch Feinbackwaren. Ab dem 19. Jh. setzte sich dann in Deutschland und Österreich die heutige Bedeutung – aus Volleimasse hergestellte feinporige Gebäcke – durch. In anderen Ländern (z. B. Frankreich und Italien) versteht man darunter einen trockenen oder fettreichen Keks und in den USA werden als Biskuit vorwiegend Hartkekse bezeichnet.

BISKUITMASSE
Als Grundlage für Torten, Biskuitrolle (bzw. -roulade) und Löffelbiskuits dienende ▸ Volleimasse, die aus Zucker, schaumig gerührten Eigelben, Eischnee und Mehl, eventuell unter Zugabe von flüssiger Butter und abgeriebener Zitronenschale, hergestellt wird.

BISKUITROLLE, -ROULADE
Backware aus Biskuitmasse, die etwa 1 cm dick auf ein mit Pergamentpapier belegtes Backblech gestrichen und im heißen Ofen gebacken wird. Anschließend wird sie – je nach Rezept oder Geschmack – mit Konfitüre, Butter- oder Sahnecreme bestrichen, zusammengerollt, mit Puderzucker bestäubt oder mit etwas von der Füllcreme bestrichen.

BISKUITTEIG
oft anstatt ▸ Biskuitmasse verwendete, backtechnisch aber nicht korrekte Bezeichnung

BISMARCKHERINGE
Mit Gewürzen in Essigmarinade (▸ Marinade) eingelegte Filets von frischen oder gesalzenen Heringen (geköpft, entweidet und entgrätet). Der Name geht zurück auf Otto von Bismarck (1815–1898), Staatsmann und erster deutscher Reichskanzler (1871–1890).

BISTECCA
Italienisches ▸ Beefsteak aus dem Filetstück mit Knochen vorzugsweise vom jungen Rind; am bekanntesten ist das traditionell auf dem Holzkohlengrill, heute oft auch in der heißen Pfanne zubereitete Bistecca (alla) fiorentina.

BITKI
kleine, flach gedrückte und kräftig gewürzte Hackfleischklopse (▸ Klopse) aus der russischen Küche (Einzahl: Bitok)

BITTERGURKE ▸ Karella

BITTERKRAUT
▸ Brunnenkresse (▸ Kresse)

BITTER LEMON
kohlensäurehaltige ▸ Limonade mit afrikanischem Ursprung, hergestellt aus Limettensaft und bis zu 85 mg/l ▸ Chinin (für den bitteren Geschmack verantwortlicher Pflanzenstoff aus der Rinde des Chinarindenbaumes)

BITTER(LIKÖRE)
▸ Kräuterliköre (▸ Liköre)

BITTERMANDELN
Wie die ▸ Süßmandeln einsamige Steinfrüchte des Mandelbaumes (▸ Mandeln), die aber aufgrund eines giftigen Inhaltsstoffes nicht roh gegessen werden dürfen und beim Kochen nur in ganz geringen Mengen verwendet werden sollten.

Gerade die Bittermandeln bzw. das daraus gewonnene ätherische Öl haben aber den stärksten charakteristischen Mandelgeruch und -geschmack. Sie werden deshalb gern zum Aromatisieren von diversen Backwaren (wie z. B. ▸ Amaretti), Süßwaren (u. a. ▸ Marzipan) und Mandellikören wie dem bekannten ▸ Amaretto eingesetzt. Die besten Bittermandeln kommen aus Italien und Frankreich.
In Bittermandeln ist u. a. die Substanz Amygdalin enthalten, aus der bei enzymatischer Spaltung die hochgiftige Blausäure freigesetzt wird. Deshalb ist bei der Verwendung Vorsicht geboten. Bei der industriellen Verarbeitung

(z. B. zu ▸ Bittermandelöl) muss die Blausäure durch ein chemisches Verfahren getrennt und ausgeschieden werden.

BITTERMANDELÖL
Das ätherische Öl, das beim Zerkleinern von ▸ Bittermandeln gebildet wird. In Alkohol gelöst, wird die farblose bis gelbliche Flüssigkeit als aromatische Substanz verwendet. Die Herstellung von natürlichem Bittermandelöl ist aber teuer. Deshalb wird Öl mit Bittermandelaroma heute industriell aus den billigeren Aprikosenkernen oder synthetisch hergestellt.

BITTERMELONEN
(Balsamäpfel)

Ein zu den Kürbisgewächsen zählendes, gurkenähnliches chinesisches Gemüse, das einen herb-bitteren und erfrischenden Geschmack hat. Nur genießbar, wenn das Fruchtfleisch vor der weiteren Verwendung mit kochendem Wasser übergossen wird, um einen Teil der Bitterstoffe (vor allem Chinin) zu entziehen. In ihren Herkunftsländern werden Bittermelonen gedünstet zu Fleisch- und Geflügelgerichten gereicht. Bei uns kommen sie in Dosen und selten frisch in den Handel.

BITTERORANGEN
▸ Pomeranzen (▸ Orangen)

BITTERS
1. die Verdauung fördernde Trinkbranntweine (▸ Magenbitter)
2. Extrakte zum Würzen von Cocktails, Obstsalaten, Cremes usw.

BITTERSCHOKOLADE
▸ Schokolade mit hohem Anteil an Kakaomasse (50–70 %, bei so genannter Edelbitterschokolade sogar bis 99 %)

BLACK ANGUS ▸ Angus

BLACK VELVET
(Schwarzer Samt)
Mixgetränk aus gleichen Teilen ▸ Porter (berühmtes englisches Bier) und Sekt

BLANCHIEREN
(abwällen, brühen, überbrühen)
Kurzes Erhitzen roher Nahrungsmittel (vor allem von Gemüse), indem man sie vor der Zubereitung mit kochendem Wasser übergießt oder in ein siedendes Wasserbad taucht und anschließend mit kaltem Wasser abschreckt. Bei vielen Früchten (Gemüse und Obst) lässt sich nach dem Blanchieren die Haut bzw. Schale leichter entfernen. Blanchiert wird häufig vor dem Einfrieren, es reinigt und beseitigt unangenehme Geruchs- und Geschmacksstoffe.

BLANC-MANGER
(Mandelgelee, Mandelsulz)
Kalte Süßspeise, die aus fein zerstoßenen, mit Zucker und Milch aufgekochten süßen Mandeln unter Zugabe von Früchten, Likören usw. sowie Gelatine und geschlagener Sahne hergestellt wird. Man lässt sie in kalt ausgespülten Formen im Kühlschrank erstarren.

BLANKAAL
7–12 Jahre alter ▸ Aal auf der Rückwanderung zu den Laichplätzen im Meer mit dann silberweiß verfärbter, glänzender Unterseite

BLANKETT ▸ weißes Ragout (▸ Ragout)

BLARNEY
Dieser Schnittkäse aus Kuhmilch (▸ Käse) mit maximal 50 % Fett i. Tr. gilt als der einzige typisch irische Käse, der in großen Mengen produziert wird. Aufgrund seiner Lochung wird Blarney oft als irischer ▸ Gruyère bezeichnet.

BLASENKIRSCHEN ▸ Physalis

BLÄSSHUHN ▸ Blesshuhn

BLATT
Fleischstück (Schulter bzw. vorderer Teil des Rumpfes) bei Schlachttieren (▸ Schlachttiere) und beim ▸ Haarwild, dessen Name in besonderer Weise auch Eingang in die Jägersprache gefunden hat. Als „Blattschuss“ bezeichnen die Weidmänner seit dem 19. Jh. einen Schuss, der direkt ins Blatt des Jagdwilds trifft und in der Regel sofort tödlich ist, weil er Herz und Lungen verletzt.

BLÄTTERFLEISCH ▸ Geschnetzeltes

BLÄTTERKOHL ▸ Grünkohl

BLÄTTERKROKANT
hauchdünne Scheiben von ▸ Krokant, zur Herstellung von Pralinen, Süßwaren usw.

BLÄTTERPILZE
wichtige Ordnung der ▸ Ständerpilze mit zahlreichen Speisepilzen (z. B. ▸ Champignons und ▸ Reizker), aber auch einigen giftigen Arten

BLÄTTERTEIG
(Butterteig, Feuilletage)
Hefefreier, elastischer und mehrlagiger Ziehteig (▸ Teige) aus Mehl, Wasser und Butter für Kuchen, Torten, Kleingebäck, Pasteten, Strudel usw, der während des Backens aufgeht.

BLÄTTERTEIGGEBÄCK
Feine Backwaren aus Blätterteig in unterschiedlichen Formen; schmecken am besten frisch, halten sich luftdicht verpackt im Kühlschrank 2–3 Tage und tiefgefroren 3 Monate.

BLÄTTERTEIGHALBMONDE
▸ Fleurons

BLÄTTERTEIGPASTETEN
▸ Bouchées, ▸ Vol-au-vents

BLÄTTERTEIGRÖLLCHEN
▸ Cannelons

BLÄTTERTEIGSTANGEN (-STÄBE)
▸ Allumettes

BLATTGELATINE
In dünne Platten gegossene und in rechteckige Blätter geschnittene ▸ Gelatine, die in kleinen Gebinden für den Privatverbraucher in den Handel kommt. Der Herstellungsprozess erfordert besondere Sorgfalt: Da feuchte Gelatine ein idealer Nährboden für Mikroorganismen ist, muss die zum Trocknen genutzte Luft absolut keim- und staubfrei sein.

BLATTGEMÜSE
wichtige Gruppe beim ▸ Gemüse

BLATTRIPPE ▸ Querrippe

BLATTSALAT
(Lattich, Pflück-, Schnittsalat)
Eine Gruppe von Salatpflanzen (▸ Salate), die anders als der ▸ Kopfsalat keine geschlossenen Köpfe bilden und bei denen die Blätter in offenen Rosetten wachsen. Die bekanntesten Blattsalate sind der ▸ Eichblattsalat und der ▸ Lollo. Besonders gut passen dazu Kräuter wie Basilikum, Estragon, Kerbel, Schnittlauch.

BLATTSELLERIE ▸ Schnittsellerie

BLATTSENF ▸ Amsoi

BLATTSENF, CHINESISCHER
▸ Pak-Choi

BLATTSPINAT
aus ganzen Blättern zubereiteter ▸ Spinat

BLATTZICHORIE
(Catalogna)
Ein ▸ Blattsalat (▸ Salate), der mit dem ▸ Chicorée verwandt ist, aber bei weitem nicht so häufig angebaut wird. Die Blattzichorie hat besonders lange und zarte grüne Blätter (ähnlich dem Löwenzahn) mit einem feinen Bittergeschmack. Die beste Erntezeit ist von Juni bis Mitte November.

BLAU
1. Garstufe (auch: bleu, blue, raw, sehr blutig, very rare) beim Fleisch (▸ Garstufen).
2. Zubereitungsart von Süßwasserfischen (auch: blau kochen) wie Forellen, Felchen, Hechte, Karpfen und Schleien, bei der die möglichst frisch ausgenommenen Fische im Sud gekocht werden. Die schleimige Haut sorgt für die

appetitliche Blaufärbung, je unverletzter sie ist desto besser. Ist der Fisch schön blau, bestreicht man ihn schnell mit zerlassener Butter.

BLAUBARSCH
(Blaufisch, Tassergal)
In allen subtropischen und tropischen Meeren, so auch im Mittelmeer, vorkommender Raubfisch (▸ Fische), der bis zu 1,50 m lang und bis 12 kg schwer werden kann. Sein Fleisch ist hellgrau und fetthaltig, aber fein; es lässt sich gut braten und räuchern, eignet sich aber auch für alle anderen Zubereitungsarten. Im Handel wird es frisch oder tiefgefroren angeboten.

BLAUBEEREN ▸ Heidelbeeren

BLAUBURGUNDER
vorwiegend in Österreich und der Schweiz übliche Bezeichnung für die rote Rebsorte ▸ Spätburgunder (▸ Wein)

BLAUE ZIPFEL
(Saure Zipfel)
Fränkische Spezialität, bei der rohe Schweinsbratwürste in Essig- oder Weinsud mit viel Zwiebelringen und Gewürzen (Nelken, Lorbeer-, Pfeffer- und Senfkörnern, usw.) gekocht werden. Dazu wird Schwarzbrot gegessen.

BLAUFELCHEN
(Anke, Albock, Balchen, Stubben)
Vor allem in den Seen des Voralpenlandes und der Alpen vorkommende, forellenähnliche Süßwasserfische (▸ Fische) aus der Gruppe der ▸ Renken, die bis 75 cm lang und bis 3 kg schwer werden. Blaufelchen eignen sich für die gleichen Zubereitungsarten wie ▸ Forellen.

BLAUFISCH ▸ Blaubarsch

BLAUFRÄNKISCH
Im österreichischen Weinbau (▸ Wein) stark verbreitete und sehr alte rote Rebsorte, die schon Karl der Große (742–814) geschätzt haben soll. Mit seinem fruchtig-würzigen Charakter ist der Blaufränkisch nicht nur ein guter Partner in Cuvées, sondern kann auch reinsortig hochwertige Weine liefern. In Deutschland ist er unter dem Namen Lemberger bekannt.

BLAUKRABBE
schmackhafter Meereskrebs mit weichem Fleisch, vor allem an der amerikanischen Atlantikküste, aber auch im Mittelmeer (Ägäis)

BLAUKRAUT ▸ Rotkohl

BLÄULING
(Lackpilz, Lacktrichterling)
Speisepilz, der etwa von Juni bis Ende Oktober in großen Mengen in Laub- und Nadelwäldern wächst. Der dünne Hut und Stiel liefern aber nur wenig, leicht faseriges Fleisch.

BLAUSCHIMMELKÄSE
einer der so genannten ▸ Edelpilzkäse

BLECHKUCHEN
Sammelbegriff für auf dem Blech gebackene flache ▸ Kuchen aus Hefe- oder Mürbteig, die sehr unterschiedlicher Art sein können:
1. ungefüllt, mit Auflage, offen (z. B. ▸ Streuselkuchen, ▸ Bienenstich, ▸ Obstkuchen);
2. mit Auflage und Decke, die aus Hefe-, Mürb-, Blätter- oder Plunderteig bzw. Mischungen daraus oder Schaummasse bestehen kann (z. B. Obstkuchen mit Auflage);
3. nach dem Backen gefüllte Kuchen (z. B. gefüllter Streuselkuchen).

BLEI(E) ▸ Brachse

BLEICHGEMÜSE
Im Dunkeln gehaltene Pflanzen, bei denen die Pigmentsynthese unterbunden wird. Dadurch bilden sich zarte, gebleichte (in der Fachsprache „etiolierte“) und hellfarbige, leicht zu kauende Sprossen, Blätter und Stängel. Dieser Effekt wird – je nach Gemüseart unterschiedlich – durch Anhäufeln der Erde (z. B. ▸ Spargel, ▸ Löwenzahn), Zubinden (z. B. ▸ Endivie oder ▸ Bleichsellerie) oder einfach durch die Pflanzenzucht in dunklen Räumen (z. B. Chicorée) erreicht.
Zu den nicht speziell gezüchteten, sondern von Natur aus gebleichten Gemüsen zählen zum Beispiel alle unterirdischen Speicherorgane (wie ▸ Speisezwiebeln und ▸ Schwarzwurzeln), Kartoffeln oder die kompakten „Blattpakete“ im Inneren verschiedener Salatsorten.

BLEICHSELLERIE
(Englischer -, Stangen-, Stauden-, Stielsellerie)
Die oberirdisch wachsenden fleischigen Blattstiele von ▸ Sellerie, bei denen durch Anhäufeln mit Erde bzw. durch künstliche Hüllen die Bildung von Chlorophyll unterdrückt wird. In den Handel kommt Bleichsellerie in Bündeln geschlossener, fleischiger Blatttriebe und -spreiten. Er kann roh als Salat oder gekocht als Gemüse verzehrt werden. Mittlerweile hat man auch neue Sorten gezüchtet, die bei dichter Pflanzung selbstbleichend sind.

BLESSHUHN
(Blässhuhn)
Der etwa entengroße Wasservogel nistet an dicht bewachsenen Ufern europäischer Seen und Teiche. Das Fleisch junger Tiere findet, ohne Haut und Fettschicht, in der Küche Verwendung.

BLEU
(blau, blue, raw, sehr blutig, very rare)
1. Garstufe beim Fleisch (▸ Garstufen)
2. Überbegriff für einige ▸ Blauschimmelkäse (▸ Käse); besonders bekannt und die verschiedenen Spielarten verkörpernd sind der Bleu d'Auvergne (45 % Fett i. Tr., dem Roquefort ähnlich) und der Bleu de Bresse (50 % Fett i. Tr., an Gorgonzola erinnernd), beide aus Kuhmilch hergestellt und durch eine AOC geschützt.

BLICKE ▸ Güster

BLICKEN ▸ Einkorn

BLINDBACKEN
(leerbacken)
Das Backen eines Kuchenbodens, der anschließend belegt werden soll, in einer geeigneten Form. Dabei wird der Teig mit getrockneten Hülsenfrüchten z. B. Erbsen beschwert, damit er keine Blasen bildet und beim Backen nicht zu braun wird.

BLINIS
Sammelbezeichnung für weiche, lockere, poröse ▸ Pfannkuchen aus Buchweizen-, manchmal auch Weizen- oder Hirsemehl, die mit zerlassener Butter, saurer Sahne oder Jogurt serviert werden. Die ursprünglich russische Spezialität gibt es pikant (mit Kaviar, Matjesfilet, Räucherlachs, Gemüse, Fleisch) und süß.

BLITZKUCHEN ▸ Éclairs

BLOCKSCHOKOLADE
(Kochschokolade)
Schokolade einfacher Qualität (Zuckeranteil 50–60 %, Kakaobutteranteil 20–25 %), die in Blöcken hergestellt und verkauft wird. Blockschokolade dient zum Raspeln oder Schmelzen für Rührkuchen, Schokoladensaucen usw.

BLONDIEREN
Zwiebelscheiben und Ähnliches leicht in Butter bräunen

BLONDORANGEN
Gruppe der ▸ Orangen

BLOODY MARY
Mischgetränk aus einem Gläschen ▸ Wodka, einigen Tropfen ▸ Worcestersauce, einem Schuss Zitronensaft, einer Prise Pfeffer und einigen Eisstücken, aufgefüllt mit Tomatensaft

BLUE
(blau, bleu, raw, sehr blutig, very rare)
Garstufe beim Fleisch (▸ Garstufen)

BLUE STILTON ▸ Stilton

BLUME
bestes Stück aus der Rinderkeule, besonders feinfasriges und weiches Fleisch mit dünnem Fettrand

BLUMENKOHL
(Brüsseler Kohl, Italienischer Kohl, Karfiol, Karviol, Käsekohl)
Eine durch Züchtung entstandene Gartenpflanze aus der Familie der Kreuzblütengewächse und eine Spielart des Kohls (▸ Kohl), deren Urform wahrscheinlich in Kleinasien beheimatet sein dürfte. Blumenkohl ist heute zwar auch in deutschen Gärten heimisch, die Haupterzeugerländer aber sind China, Indien, Frankreich und Italien. Ernährungsphysiologisch ist Blu-

menkohl von hohem Wert, weil er leicht verdaulich und besonders reich an Vitamin C, Folsäure und Kalium ist. Aufgrund seiner Inhaltsstoffe und seiner zarten Zellstruktur ist er auch für Schonkost sehr gut geeignet. Blumenkohl wird ähnlich wie ▸ Brokkoli, den er in vielen Gerichten auch ersetzen kann, gekocht (u. a. in Suppen, Eintöpfen, Nudelgerichten, Omlettes oder Quiches) verwendet oder roh zu Salaten und in Vorspeisen verarbeitet.
EINKAUFSTIPP/AUFBEWAHRUNG: *Nur feste, weiße bis cremefarbene Köpfe ohne Druckstellen oder braune Flecken kaufen. Die äußeren Blätter müssen leuchtend grün und knackig sein. In gelochte Kunststoffbeutel verpackt hält er sich roh im Gemüsefach des Kühlschranks bis zu 1 Woche, gegarter kann er dagegen auch im Kühlschrank nur 2–3 Tage aufbewahrt werden. Sehr gut ist Blumenkohl zum Einfrieren geeignet, allerdings sollte er zuvor 3 Minuten blanchiert werden.*
ZUBEREITUNG: *Die Blätter entfernen, den Strunk abschneiden, den Kohl waschen und 30–60 Minuten mit dem Kopf nach unten in kaltes Salzwasser legen, das befreit ihn von Ungeziefer. Danach in kochendem Salzwasser mit 1/4 Zitrone (so bleibt er schön weiß) 15–20 Minuten garen. Bei zu langer Garzeit zerfällt der Blumenkohl und verliert Geschmack und Inhaltsstoffe.*

BLUMENKRESSE ▸ Kapuzinerkresse

BLUNZE(N)
in Bayern und Österreich gebräuchlicher Ausdruck für ▸ Blutwurst

BLUT
Für die menschliche Ernährung ist das Blut von Schlachttieren, Geflügel und Wild von Bedeutung. Es wird als Zutat bzw. Bindemittel bei der Herstellung und Zubereitung verschiedener Lebensmittel und Speisen (z. B. Ragouts, Suppen, Würste) verwendet.

BLUTBROT
vor allem in Skandinavien verbreitetes Spezialbrot mit einem Zusatz von Rinder- oder Schweineblut (▸ Brot)

BLUTIG
(rare, saignant, sehr englisch, underdone)
Garstufe beim Fleisch (▸ Garstufen)

BLUTREIZKER
In Nadelgehölzen wachsender Speisepilz, der einen orange-gelb-braunen Hut und zerbrechliche Lamellen hat. Der Geschmack ist etwas bitter, deshalb sollte der Blutreizker nur in Mischpilzgerichten verwendet werden.

BLUTWURST
(Blunzen, Flönz, Rotwurst, Schwarzwurst)
Kochwurst aus (bevorzugt) Schweineblut, Speckwürfeln und Schwarten, gewürzt mit Salz, Pfeffer, Piment, Majoran, Thymian und Ingwer. Bessere Sorten enthalten auch Fleisch, Zunge, Herz, Milz oder Niere. Teilweise wird Blutwurst auch geräuchert.

BLUTWURSTGEWÜRZ
Gewürzmischung aus schwarzem Pfeffer, Majoran, Kardamom, Piment und Thymian

BOBBES
feines Gebäck aus Biskuitmasse, Hefe- oder Mürbteig

BOCKBIER
Starkbier (▸ Bier) mit etwa 16–18 % Stammwürzegehalt (▸ Stammwürze)

BOCKSHÖRNER ▸ Johannisbrot

BOCKSHORNKLEE
(Brotklee, Fenougreek, Griechisches Heu)
Die in den Ländern des östlichen Mittelmeeres beheimatete, einjährige Würzpflanze gehört zu den Schmetterlingsblütengewächsen und wird bis zu 60 cm hoch. Sie ist heute besonders im südlichen Europa, in der Ukraine, in Vorderasien, Äthiopien, Indien, China und Argentinien verbreitet.

VERWENDUNG: *Als Gewürz werden Samen und Blätter des Bockshornklees verwendet. Aufgrund ihres etwas bitteren Geschmacks kommen sie in den Küchen der Mitteleuropäer meist nur in geringer „Dosis“ bzw. in besonderen Spezialitäten (Kräuterkäse und als Brotgewürz) zum Einsatz. Anders in ihren Ursprungsländern: Mit den Sa-*

men würzt man dort unter anderem Breispeisen, Suppen, Eintöpfe, Gemüse- und Fischgerichte, außerdem sind sie Bestandteil (bis 20 %) des Currypulvers und anderer Gewürzmischungen.

BOCKWURST
aus Rind-, Kalb- und Schweinefleisch mit weiteren Zutaten wie Nitritsalz, Pfeffer, Kümmel, Knoblauch, Paprika, Mazisblüte und Koriander hergestellte Brühwurst (▸ Brühwürste), zum warmen Verzehr bestimmt

BODENRENKE
Süßwasserfisch (▸ Fische, ▸ Renken)

BODENRÜBEN ▸ Kohlrüben

BODENSATZ ▸ Depot

BOERENKAAS
Holländischer Bauerngouda aus Kuhmilch (45 % Fett i. Tr.), der außerhalb der großen Käsereien noch immer nach traditioneller Art auf kleinen Höfen hergestellt wird (▸ Käse). Bevor er mit einer porösen Kunststoffhaut überzogen wird, liegt er mehrere Tage in Salzlake. Je nach persönlichem Geschmack kann Boerenkaas in verschiedenen Reifestadien verzehrt werden.

BŒUF
Französische Bezeichnung für Ochsen- und Rindfleisch, Bestandteil des Namens vieler bekannter Gerichte, wie z. B. ▸ Bœuf Bourguignon ▸ Bœuf Stroganoff

BŒUF BOURGUIGNON
Ragout aus mit Räucherspeck (Bauchspeck), Zwiebeln, Schalotten und Champignons in Rotwein geschmorten Rindfleischstücken (ursprünglich Ochsenschwanz), gewürzt mit Knoblauch, Salz und weißem Pfeffer

BŒUF STROGANOFF
(Filetspitzen Stroganow, Stroganoff, Stroganow)
Ragout aus dem in feine Streifen oder Würfel geschnittenen Filetkopf eines (jungen) Ochsen, gewürzt mit fein gehackten, in Butter gebratenen Zwiebeln, Paprika, Salz, Pfeffer, Zitronensaft und vor allem feinem Senf, mit Gewürzgurken und Steinpilzen als weiteren Zutaten.

SCHON GEWUSST?

Die Stroganows waren im zaristischen Russland eine angesehene Familie von Kaufleuten, Unternehmern und Mäzenen. Das ▸ Boeuf Stroganoff hat zwar seinen Namen von ihr, seine genaue Entstehungsgeschichte ist aber nicht bekannt. Möglicherweise wurde das Gericht Ende des 19. Jh. für einen Kochwettbewerb in St. Petersburg erfunden, aus dem es als Sieger hervorgegangen sein soll. Beschrieben ist es jedenfalls bereits in Auguste Escoffiers „Guide Culinaire" von 1903.

BÖFFLAMOTT
in Essig und Wasser 3–8 Tage lang mariniertes Rind- bzw. Ochsenfleisch in einer kräftigen Sauce mit Suppen- bzw. Wurzelgemüse und Gewürzen (je nach Rezept z. B. Lorbeerblätter, Wacholderbeeren, Liebstöckel, Thymian, Salbei, Knoblauch, Sternanis, Piment, Pfefferkörner) in Butterschmalz und Rotwein gekocht (vor allem eine Spezialität in Bayern)

BÖHMISCHE DALKEN ▸ Dalken

BOHNEN
1. Eine 160 bis 200 Arten umfassende Pflanzengattung aus der Familie der Hülsenfrüchtler (Unterfamilie Schmetterlingsblütler), die der Botaniker als Leguminosen kennt.
2. Die weltweit wichtigste Gemüseart (▸ Seite 66), die man zusammen mit Erbsen und Linsen als ▸ Hülsenfrüchte bezeichnet und die auch im unreifen Stadium als ▸ Schotengemüse verzehrt werden können.
3. Früchte des Kaffeestrauches (▸ Kaffee) und des Kakaobaumes (▸ Kakao)

BOHNENKEIME ▸ Bohnensprossen

BOHNENKERNE
geschälte und getrockente Samen der Bohne

BOHNENKRAUT
(Käsekraut, Pfefferkraut, Weinkraut)
Das aus dem östlichen Mittelmeerraum bzw. vom Schwarzen Meer stammende und bereits in

der Antike als Gewürz bekannte Küchenkraut wird heute vor allem in Mittel- und Südeuropa, aber auch in Indien sowie Süd- und Nordamerika angebaut. In Deutschland kommt das Lippenblütengewächs im Garten- und Feldanbau vor und wird am besten kurz vor oder zur Blütezeit (Juni bis September) geerntet. Man unterscheidet Sommer- und Winterbohnenkraut, bei dem der würzige Geschmack noch stärker ausgeprägt ist. Im Aroma erinnert Bohnenkraut an Bohnen und Thymian. Im Gegensatz zu anderen Kräutern leidet das Aroma beim Trocknen nicht, sondern intensiviert sich sogar. Bohnenkraut ist das klassische Würzkraut für Bohnengerichte und ▸ Hülsenfrüchte.
VERWENDUNG: *Man verfeinert mit dem Bohnenkraut Eintöpfe, Schmorgerichte aus Kaninchen, Geflügel, Lamm oder Schwein, Bohnensalate, Tomatensaucen und Grillmarinaden. Es ist Bestandteil einiger Wurstwaren und von Gewürzgurken.*

BOHNENSPROSSEN
(Bohnenkeime)
3–6 cm lange Keimlinge der ▸ Sojabohne oder ▸ Mungobohne als Beilage zu bzw. Bestandteil von Reis- und Fleischgerichten, Gemüseeintöpfen, Salaten, Suppen und Saucen

BOLDOBLÄTTER
Die Blätter eines mit den Lorbeergewächsen eng verwandten, immergrünen Strauches, der im Andenhochland von Chile heimisch ist und gelegentlich auch wild im Mittelmeerraum (vor allem in Nordafrika) wächst. Ihr stark würziger Geruch erinnert ein wenig an Kampfer und ▸ Rosmarin. Der Geschmack ist würzig-aromatisch, leicht brennend und etwas bitter.
VERWENDUNG: *Getrocknete Boldoblätter dienen in ihrer Heimat vor allem zum Würzen von Fleisch-, Fisch- und Kohlgerichten sowie Saucen und Suppen. Wie Lorbeerblätter sollten sie nur sehr dosiert verwendet werden.*

BOLLEN ▸ Zwiebeln

BOLLENFLEISCH
Berliner Spezialität: Eintopf aus Lammfleischwürfeln und ganzen Zwiebeln (geschält), mit Knoblauch, Kümmel und Lorbeer gewürzt und mit gestampften Kartoffeln serviert.

BOLLITO MISTO
Gemischter italienischer Fleischtopf, der mit grüner Sauce serviert wird und von dem es viele regionale Varianten gibt. Nach dem Originalrezept wird er mit gefülltem und geräuchertem Schweinefuß hergestellt, den es aber selten zu kaufen gibt. Alternativ dazu werden Poularde, Kalbskopf, Rindfleisch und Zunge genommen. Weitere Zutaten sind Möhren, Lauch, Sellerie und Zwiebeln.

BOLOGNAISE ▸ Bologneser Sauce

BOLOGNESER SAUCE
(Bolognaise, Sauce Bolognaise)
der kräftig-würzige Klassiker unter den italienischen Spagettisaucen besteht hauptsächlich aus Hackfleisch, Zwiebeln, Tomaten, Wein und Bouillon und wird mit Knoblauch und verschiedenen Kräutern gewürzt

BOMBAYSALAT
körnig gekochter Reis mit Mangowürfeln und roten Paprikaschoten in Essig-Öl-Marinade

BOMBE
Speise mit einer meist halbkugeligen Hülle und einer Füllung (z. B. Eisbombe)

BONBEL
weicher, im Geschmack milder und das ganze Jahr über erhältlicher französischer Schnittkäse (▸ Käse) aus pasteurisierter Kuhmilch mit gepresstem Teig und 25 % (hellgelbe Rinde) oder 50 % (rote Rinde) Fett i. Tr.

BONBONS
(Karamellen)
Ungefüllte oder gefüllte, harte oder weiche Zuckerware (▸ Zuckerwaren), deren Grundmasse aus stark eingekochter Lösung von Saccharose und Stärkesirup besteht. Je nach den weiteren Bestandteilen gibt es Frucht-, Honig-, Kräuter-, Eukalyptus-, Menthol-, Kaffee-, Mokka-, Kakao-, Schokoladen-, Cola-, Likör-, Nuss-, Nugat-, Malz-, Milch-, Sahne-, Butter- und Mohnbonbons. Für die Namen gebenden Inhaltsstoffe sind bestimmte Mindestmengen vorgeschrieben. Nach der Konsistenz unterscheidet man Hart- und Weichkaramellen.

Bohnen – ein echtes „Weltnahrungsmittel“

In unseren Breitengraden haben sie nicht immer den besten Ruf und ihr ernährungsphysiologischer Wert wurde in der Vergangenheit oft verkannt – so heißt es wenig schmeichelhaft: „Jedes Böhnchen gibt ein Tönchen“. Doch in ihren Ursprungsländern von Asien über Afrika bis nach Nord- und Südamerika und in die Karibik sind Bohnen, gerade für die ärmere Bevölkerung, ein wichtiger Bestandteil der Ernährung.

EINE DER ÄLTESTEN KULTURPFLANZEN

Die Indianervölker Mexikos und Perus kannten Bohnen schon vor mehr als 7000 Jahren, was durch archäologische Funde belegt ist, lange Zeit vermutete man dort auch ihre Heimat. Nach neueren Erkenntnissen wurden sie aber bereits vor mehr als 10 000 Jahren zuerst in Südostasien kultiviert. Sie sind damit eine der ältesten Kulturpflanzen der Menschheitsgeschichte.

Mehr noch als die anderen ► Hülsenfrüchte waren vor allem die Bohnen zu allen Zeiten und in allen Kulturen ein Grundnahrungsmittel. Sie sind nicht nur erstklassige „Sattmacher“, sondern auch in Bezug auf ihren Nährwert wie alle Hülsenfrüchte sehr hoch einzuschätzen.

GROSSER ARTEN- UND SORTENREICHTUM

Wie bei allen Leguminosen kennt man auch bei den Bohnen eine große Zahl von Arten, die auf 160 bis 200 geschätzt wird. Und jede von ihnen schließt wiederum mehrere 100, ja sogar 1000 Sorten ein. Dabei muss unterschieden werden, ob sie als ► Hülsenfrüchte oder als ► Schotengemüse in der Küche verarbeitet werden.

ADZUKIBOHNE

(Azukibohne)

Eine der wenigen Arten von Bohnen, die nicht unbedingt in Wasser quellen müssen, damit sie verzehrt werden können. Auf kleiner Flamme gegart, entwickeln die meist dunkelroten Samen einen kräftigen und süßlichen Geschmack. In China sind Adzukibohnen Glücksbringer und Zutat eines beliebten Festtagsessens; weitere Anbauländer bzw. -regionen sind Japan, Südamerika, USA, Kongo und Italien. Die Einsatzmöglichkeiten von Adzukibohnen in der Küche sind vielfältiger Art. Sie können Bestandteil von Suppen und Reisgerichten sein oder zu Mehl (für Teige, Kuchen und Milchprodukte) verarbeitet werden.

AUGENBOHNE

(Chinesische Bohne, Kuhbohne/-erbse)

Ihr Ursprung dürfte in Nordafrika liegen, doch heute werden Augenbohnen in fast allen tropischen und subtropischen Ländern angebaut und man kennt davon nicht weniger als rund 7000 Sorten. Entsprechend groß ist die „Farbpalette“ von weiß über cremefarben, gelblich grün, rot und braun bis schwarz. Ein Erscheinungsmerkmal ist aber bei allen Sorten gleich: der dunkle Ring, der wie ein Auge aussieht und dem diese Bohnenart ihren Namen verdankt.

Nachdem man sie mehrere Stunden eingeweicht hat, genügt bei Augenbohnen eine Garzeit von ca. 1 Stunde. Mit ihrem nussigen Geschmack eignen sich Augenbohnen für Suppen, Salate, Beignets und als Gemüsebeilage zu Schmorgerichten.

BORLOTTIBOHNE

(Saligiabohne)

Vor allem in Italien bekannte Bohnensorte (Farbe hellbraun, mit dunkelbraunen oder -roten Sprenkeln), die wichtiger Bestandteil der ► Minestrone ist. Mit ihrem leicht bitter-süßlichen Geschmack findet sie in der Küche auch Verwendung in würzigen Eintopfgerichten, sowie in Saucen oder Salaten. Beim Kochen wird sie cremig weich und eignet sich so gut zum Pürieren.

CANELLINOBOHNE

Diese Bohnensorte ist ebenfalls in der italienischen Küche ein Begriff und im Norden des Landes besonders beliebt. In der Toskana gehört sie mit Thunfisch in das traditionelle Gericht „Tonno e fagioli“, im Friaul bereitet man damit einen deftigen Eintopf zu. Die mittelgroßen weißen bis cremefarbenen Samen der Canellinobohne haben eine besonders weiche Konsistenz und müssen deshalb sorgfältig gegart werden.

DICKE BOHNE

(Feld-, Fava-, Pferde-, Puff-, Saubohne)

Frucht einer besonders formenreichen Pflanze, die vor allem in China, Ägypten, Äthiopien, Marokko, Italien und Deutschland kultiviert wird. Die Dicke Bohne ist eine jener Arten, die im noch unreifen Zustand besonders delikat sind und in der Küche vielfach als so genanntes ▸ Schotengemüse Verwendung finden. Mit ihrem hohen Eiweißgehalt sind Dicke Bohnen ein wichtiger Fleischersatz. Sie passen in Suppen, Eintöpfe oder Schmorgerichte, lassen sich aber auch zu Salaten und Püree verarbeiten. In Italien kennt man Dicke Bohnen nach alten Rezepten unter anderem mit Zwiebeln und Speck oder mit Mangold. Aus den getrockneten Samen gewinnt man Proteinkonzentrate.

FEUERBOHNE

(Prunkbohne, Türkenbohne)

Seit Jahrtausenden wird diese Bohnenart mit roten und schwarz gesprenkelten oder weißen und rot gesprenkelten Samen in den subtropischen Höhenlagen Mittelamerikas angebaut. Feuerbohnen eignen sich für alle Zubereitungsarten: Die Samen können getrocknet oder frisch verwendet werden und auch die jungen Hülsen sind essbar und werden wie grüne Bohnen zubereitet. Ihrem auffallenden Äußeren verdanken die Feuerbohnen den Namen "Prunkbohne".

FLAGEOLETBOHNE

(Krüllbohne)

Sehr edle und bekannte Bohnensorte, die sich durch hervorragende Kocheigenschaften und einen feinen Geschmack auszeichnet. Aus diesen Gründen wird sie ihn ihrem Heimatland Frankreich auch besonders geschätzt und meist als Gemüse aufgetischt, so gehört sie traditionell als Beilage zu gebratener Lammkeule.

GARTENBOHNE

(Gemüsebohne, Grüne Bohne)

Die mit Abstand wichtigste der Bohnenarten, die (fast nur) als ▸ Schotengemüse verzehrt werden, mit ihren bekannten Sorten Wachsbohne oder Breite Bohne. Nach der Wuchsform wird bei den Gartenbohnen zwischen Busch- (Strauch-, Zwerg-) und Stangen- bzw. Kletterbohnen unterschieden, nach der Farbe zwischen grün- und gelbhülsigen Bohnen und nach der Art der maschinellen Verarbeitung zu Konserven zwischen Schnitt- und Brechbohnen. Ausgesuchte Qualitäten kommen als Delikatess- und Prinzessbohnen auf den Markt.

HELMBOHNE

(Fasel-, Hyazinthen-, Lablab-, Seimbohne)

Besonders weit verbreitete und gegen Trockenheit außergewöhnlich resistente Bohnenart, von der es auch sehr viele Unterarten gibt. Im asiatischen Raum gilt die Helmbohne als wichtiges Grundnahrungsmittel und wird außerdem als Futter- und Gründüngungspflanze genutzt. Fast alle Helmbohnen-Sorten verfügen über einen sehr hohen Gehalt an Ballaststoffen. Sie müssen vor dem Verzehr aber ausgiebig eingeweicht und gekocht werden. Wie aus Sojabohnen, so kann man auch aus Helmbohnen eine Art Bohnenquark herstellen.

KATJANGBOHNE

(Strauchbohne, Taubenerbse)

Ausschließlich in den Tropen (Afrika, Südamerika, Indien) angebaute Bohnenart, deren braune bis schwarz-violette, teilweise auch gesprenkelte Samen in den Ursprungsländern für Nahrungs- und Futterzwecke verwendet werden. Sie werden meist unreif geerntet und gekocht als Gemüse oder als Salat gegessen. Aus dem Mehl der Samen werden süße Kuchen gebacken.

KIDNEYBOHNE

(Indianerbohne)

Diese rosa bis kastanienbraune Bohne, die zu den bekanntesten überhaupt zählt, ist in ihrer roten Variante typischer Bestandteil von ▸ Chili con carne, von texanischem Bohnenpüree oder indischem Bohnencurry. Angebaut werden Kidneybohnen hauptsächlich in Afrika und Amerika. Sie zeichnen sich durch einen besonders hohen Ballaststoff-Gehalt aus, haben eine mehlige Konsistenz und einen leicht süßlichen Geschmack. Besonders geeignet sind Kidneybohnen für Gerichte mit längerer Garzeit, deshalb werden sie bevorzugt für Eintöpfe und Ragouts verwendet.

LIMABOHNE
(Burma-, Butter-, Duffin-, Kap-, Madagaskar-, Mond-, Rangunbohne)
Eine Bohnenart, die warmes und feuchtes Klima besonders liebt und heute vor allem in Peru, weiteren Ländern in Süd- und Mittelamerika und in den USA angebaut wird. Die Garzeit darf nicht zu lang sein, sonst verkochen die relativ mehligen (hoher Stärkegehalt) Limabohnen schnell zu Brei. Mit ihrem feinen Geschmack eignen sie sich besonders gut für milde Gerichte. Vor allem püriert sind sie eine interessante Alternative zu Kartoffelpüree.

MUNG(O)BOHNE
(Jerusalembohne, Linsenbohne)
Die mehr als 200 Sorten von Mungbohnen haben besonders kleine Samen und viele von ihnen reifen ungewöhnlich schnell. In den traditionellen Küchen Asiens (vor allem in Indien und Pakistan) sind sie seit langem ein wichtiger „Rohstoff". Die wichtigsten Produzenten sind neben den beiden genannten noch China, Australien, die USA und Thailand. In Europa werden sie hauptsächlich als Keimlinge genutzt, können jedoch in vielen Rezepten andere ▸ Hülsenfrüchte vollwertig ersetzen. Mungbohnen sind dabei besonders bekömmlich. In Vor- und Zubereitung sind sie gegenüber anderen Bohnen vergleichsweise genügsam. Einweichen ist nicht unbedingt erforderlich und die Garzeit beträgt nur zwischen 45 Minuten und 1 Stunde.

REISBOHNE
(orientalische Bohne)
In Asien beheimatete Bohnenart. Die getrockneten Samen werden gemahlen und vor allem zu ▸ Reisnudeln und ▸ Glasnudeln verarbeitet. Reisbohnen können auch wie Reis zubereitet und gegessen werden.

SCHWARZE BOHNE
In der Karibik sowie in Süd- und Mittelamerika sind Schwarze Bohnen ein wichtiges Grundnahrungsmittel. Die weichen Bohnen sind im Geschmack zart und süß. Zu ihrer Verfeinerung eignen sich besonders Chili, Ingwer, Kreuzkümmel, Gewürznelken, Knoblauch und Tomaten. Verwendet werden sie vielfältig, als Gemüse und auch in Suppen und Salaten. Schwarze Bohnen sind z. B. die traditionelle Beilage zu vielen Gerichten im Südwesten der USA und in einigen mexikanischen Spezialitäten. Gebraten sind sie eine Nationalspeise in mehreren südamerikanischen Staaten.

SOJABOHNE
Die wirtschaftlich bedeutendste Gemüsepflanze der Welt nimmt in mehrfacher Hinsicht eine Sonderstellung ein, deshalb wird sie in einem eigenen Stichwort (▸ Sojabohne) abgehandelt.

SPARGELBOHNE
(Schlangen-, Spagetti-, Stricknadel-, Strumpfbandbohne)
Großer Beliebtheit erfreut sich diese Bohnenart im Fernen Osten, in Afrika und in der Karibik. Hauptlieferanten für den deutschen Markt sind Thailand und die Dominikanische Republik. Spargelbohnen können roh verzehrt werden. Sie werden sehr schnell gar und eignen sich besonders gut als ▸ Schotengemüse. Solo oder in Mischgemüse sind sie in ihren Erzeugerländern eine beliebte Beilage. Der Name Spargelbohne weist darauf hin, dass sie im Geschmack dem ▸ Spargel sehr ähnlich ist. Ihre lateinische Bezeichnung („sesquipedalis") und andere deutsche Synonyme wie „Spagettibohne" spielen dagegen auf die außergewöhnliche Länge ihrer schanken Hülsen (30–90 cm) an.

URDBOHNE
Als „Ableger" der dort heimischen Wildform der Mungbohne wird die Urdbohne in Indien schon seit Jahrtausenden kultiviert. Sie ist im asiatischen Raum besonders verbreitet, aber auch auf dem afrikanischen Kontinent zuhause. Schwarze Urdbohnen mit ihrem intensiven Eigengeschmack sind unter anderem in den bekannten asiatischen schwarzen Saucen, Suppen, Breis und Currys enthalten. Mehl aus geschälten Urdbohnen dient zur Herstellung von Gebäck.

WACHTELBOHNE

(Bunte Bohne)

Die Samen dieser Bohnenart sind rötlich, hellbraun oder braun gesprenkelt und erinnern – daher der Name – an Wachteleier. Die mittelgroßen Bohnen kochen relativ weich, aber fester als z. B. Weiße Bohnen. Beim Garen nehmen sie den Geschmack anderer Zutaten an und sind damit eine gute Alternative zu Kidney- oder Borlottibohnen. Besonders gut harmonieren Wachtelbohnen mit Gewürzen wie Thymian oder Knoblauch sowie Zitronensaft.

WEISSE BOHNE

(Perlbohne)

Die aufgrund ihres hohen Stärkegehalts mehlig kochenden Bohnen haben einen milden Geschmack und finden auch in den Küchen vieler europäischer Länder bevorzugt für Schmor- oder Eintopfgerichte Verwendung. Sie sind unter anderem Bestandteil des französischen Eintopf-Klassikers ▸ Cassoulet.

SCHON GEWUSST?

Vor allem Helmbohnen, Limabohnen und Urdbohnen müssen mehrere Stunden lang eingeweicht und besonders sorgfältig behandelt und gekocht werden. Kommt es zu Verletzungen ihres Gewebes, wird (vor allem bei den dunkleren Sorten) durch ein Enzym Blausäure freigesetzt. Vergiftungen beugt man durch starkes Kochen der Bohnen, wobei die schädlichen Inhaltsstoffe zerstört werden, und mehrmaligem Wechseln des Einweich- bzw. Kochwassers vor.

Bis auf wenige Ausnahmen sollte man Bohnen überhaupt nicht roh verzehren, da sie gesundheitsschädliche Substanzen wie das Eiweißgift Phasin enthalten, das beim Erhitzen zerfällt. Dicke Bohnen können – roh gegessen – zu einer Erkrankung namens „Favismus" führen, einer unter Umständen sogar tödlichen akuten Anämie, und anderen allergischen Reaktionen. Ungeachtet dieser Gefahr werden sie in der italienischen Region Latium am 1. Mai traditionell mit einem Stück ▸ Pecorino zum Wein gereicht.

ZUBEREITUNG

Frische Bohnen sollten erst unmittelbar vor der weiteren Verarbeitung gewaschen werden. Dann kappt man die Enden und zieht eventuelle Fäden ab. Um Geschmack, Farbe und Nährstoffe zu erhalten, werden Bohnen nur kurz (5–10 Minuten) in wenig Wasser gegart.

Trockenbohnen müssen oft mehrere (bis 12) Stunden in kaltem Wasser eingeweicht werden. Das verkürzt die Garzeit, schädliche bzw. schwer verdauliche Stoffe werden „ausgeschwemmt" und die Bohnen leichter verdaulich. Je nach Sorte beträgt die Garzeit dann 1 ½–2 Stunden.

VERWENDUNG

Frische Bohnen kommen grundsätzlich gegart und meist als Gemüsebeilage (▸ Schotengemüse) mit oder ohne Sauce auf den Tisch. Sie eignen sich außerdem für Salate, Suppen und Eintopfgerichte sowie zum Einlegen und Gratinieren. Im Prinzip die gleichen Einsatzmöglichkeiten gibt es für Trockenbohnen, die im Ganzen oder püriert warm oder kalt gegessen werden. Besonders gut harmonieren Bohnen mit Kräutern und Gewürzen bzw. Zutaten wie Knoblauch, Salbei, Fenchel, Zwiebeln, Tomaten, Sellerie, Dill, Thymian, Rosmarin, Oregano, Lorbeer, Majoran, Senf, Essig und Bohnenkraut.

Weitere Verwendungsmöglichkeiten von Bohnen sind bei den jeweiligen Arten bzw. Sorten näher beschrieben.

BONDANUSS ▶ Muskat(nuss)

BONITO
In der Fischwirtschaft wird dieser kleine Bewohner aller warmen und gemäßigten Meere, der auch im Mittelmeer zuhause ist, unter die ▶ Thunfische eingereiht. Zoologisch kommt er zwar aus der gleichen Familie, gehört streng genommen aber einer anderen Gattung an.

BONITOBUTTER
Buttermischung mit Schalotten, Champignons, Kräutern (Estragon, Kerbel, Petersilie), Würzsaucen (Worcester-, Tabasco-), Zitronensaft, Salz und Pfeffer

BORDEAUX
Französischer Atlantikhafen und Zentrum des gleichnamigen berühmten Weinanbaugebietes (▶ Wein), das mit rund 113 000 ha eine größere Anbaufläche als alle deutschen Anbaugebiete zusammen hat, aufgrund strengerer Ertragsbeschränkung mit rund 6 Mio. Hektoliter aber deutlich weniger Wein (Deutschland rund 10 Mio. Hektoliter) produziert. Die führenden Unterregionen sind Médoc, St. Emilion und Pomerol sowie Sauternes-Barsac (für Süßwein). Die wichtigsten Rebsorten sind ▶ Cabernet Sauvignon und ▶ Merlot bei den roten und ▶ Sauvignon Blanc und ▶ Sémillon bei den weißen. Nirgendwo in der Weinwelt werden innerhalb eines Anbaugebietes auch nur annähernd in so großer Zahl Spitzenweine erzeugt wie im Bordeaux. Legendären Ruf genießen viele von ihnen auch wegen ihres Alterungspotenzials. Für die Top-Weingüter gibt es eine bereits 1855 geschaffene und – mit ein paar Veränderungen – noch heute gültige Klassifizierung.

BORDEAUX-SAUCE ▶ Bordelaiser Sauce

BORDEAUX-SENF
sehr würziger ▶ Speisesenf, hergestellt aus schwarzen Körnern mit der Samenhülle, Wein, Kräutern und Gewürzen

BORDELAISER ART
(bordelaise, à la, Bordeaux-Art)
Rindermarkscheiben und ▶ Bordelaiser Sauce zu gebratenem Fleisch, benannt nach dem Bordelais (andere Bezeichnung für das berühmte Weinanbaugebiet ▶ Bordeaux)

BORDELAISER SAUCE
(Bordeaux-Sauce)
In rotem Bordeaux-Wein gedünstete Schalotten mit Thymian, Petersilie, Salz und Pfeffer, die man mit weißer Grundsauce auffüllt und einkochen lässt. Nach dem Passieren wird die Sauce mit Butter aufgeschlagen sowie Zitronensaft, etwas Salz und Cayennepfeffer abgeschmeckt. Die Sauce wird zu Fleisch und Geflügel, manchmal auch zur Seezunge gereicht.

BORDÜRE
(Rand)
Schlichte oder verzierte und verschnörkelte, ringförmige oder ovale Umrandung bzw. Einfassung aus essbaren Materialien wie Farcen, Grieß, Kartoffeln, Reis, Nudeln, Sauerkraut usw. (pikant) oder Cremes, Grieß, Milchreis, Gelee usw. (süß). Manchmal werden auch die Speisen selbst, die eine solche Einfassung haben, als Bordüren bezeichnet (frz. „bordure“ = „Kante“, „Saum“).

BORGEL ▶ Borretsch

BORLOTTIBOHNE
(Saligiabohne)
Bohnensorte (▶ Bohnen)

BORRETSCH
(Borgel, Gurkenkraut, Liebäuglein, Wohlgemut)

Das frische Kraut einer im Mittelmeerraum beheimateten, in Europa und Nordamerika verbreiteten Pflanze, die auch in vielen Hausgärten zu finden ist. Charakteristisch für Borretsch ist der erfrischende gurkenartige Geruch und Geschmack. Vorzugsweise die jungen Blätter werden zum Würzen von Salaten und Suppen, für Senf- und andere Saucen, Marinaden, Mayonnaisen und zum Einmachen von Gurken verwendet. Borretsch passt aber auch zu Grillgerichten, Fisch, Eierspeisen, Gemüseragouts, Risotto usw. und kann als spinatähnliches Gemüse auf den Tisch gebracht werden.

Schon gewusst?

Der Name Borretsch kommt aus dem Arabischen, wo „abu ʹaraq" so viel wie „Vater des Schweißes" bedeutet. In der Tat werden manche Borretschgewächse heute in der Pharmazie unter anderem als schweißtreibende Mittel verwendet. Auch in der Volksmedizin hat Borretsch einen festen Platz, vor allem wegen seiner harntreibenden Wirkung.

BÖRSCHKOHL ▸ Wirsing(kohl)

BORSCHTSCH
russische Suppenspezialität hauptsächlich aus Weißkohl, Roten Rüben, Kartoffeln, Fleisch (Rind-, Schwein-, Rauch-), saurer Sahne, Essig und Küchenkräutern (Knoblauch, Lorbeer, Dill usw.), auch als Fertigprodukt erhältlich

BOTRYTIS
für die Süßweinherstellung erwünschter Schimmelpilz auf Weintrauben (▸ Edelfäule)

BOTWINJA
(Batwinia)
eine kalte russische Gemüse- bzw. Kräutersuppe, hauptsächlich hergestellt aus Roten Rüben, Spinat, Gurken, Zwiebeln, Würzkräutern (Brennnesseln, Sauerampfer, Dill, Lorbeer, Meerrettich usw.) und ▸ Kwass

BOUCHÉES
(Blätterteigpasteten)
Die wohl bekannteste und beliebteste Pastetenart aus Blätterteig, die ursprünglich – wie der französische Name Bouchées (zu Deutsch „Mundvoll", „Mundbissen") schon sagt – gerade so groß waren, dass man sie in einem mundgerechten Happen verzehren konnte. Heute werden sie aber meist etwas größer hergestellt und man serviert pro Person ein Bouchée als Vorspeise. Passende Füllungen sind alle fein gewürzten Ragouts und Pürees. Die Blätterteighüllen bekommt man beim Bäcker und im Supermarkt, fertige Füllungen gibt es als ▸ Konvenienzprodukte zu kaufen.

BOUILLABAISSE
Eine Spezialität aus dem Süden Frankreichs (Marseille), deren Name vielfach mit Fischsuppe gleichgesetzt wird. Der Klassiker unter den Fischsuppen wird oft auch als „Königin aller Fischsuppen" bezeichnet. Bouillabaisse kann kleine, frische Seefische aller Art (mindestens drei verschiedene, aber vor allem ▸ Drachenkopf, ▸ Petersfisch, ▸ Knurrhahn, ▸ Seeteufel, ▸ Seehecht und ▸ Rotbarbe) enthalten, die mit Kopf, Flossen und Schwanz in Öl kurz angebraten werden. Dazu gibt man Zwiebelscheiben, klein geschnittenen Fenchel, in Öl angedünsteten Lauch und Knoblauch, Tomaten und verschiedene Gewürze (Lorbeer, Nelken, Safran, Pfefferkörner, Petersilie, Schale einer unbehandelten Orange usw.). Bei der „echten" Bouillabaisse werden Fische und Brühe getrennt. Der Sud wird wegen der Gräten durch ein Sieb gegossen und mit der traditionellen ▸ Rouille und ▸ Croûtons, die man mit Knoblauchzehen einreibt, serviert. Der Fisch kommt separat auf den Tisch, bei einigen Rezepten auf einem mit Safran gewürzten Kartoffelbett.

Schon gewusst?

Die „Erfindung" der ▸ Bouillabaisse wird Fischern aus dem Mittelmeerhafen Marseille zugeschrieben. Diese sollen vom Markt übrig gebliebene Fische und Fischreste mit Meerwasser gekocht und gegessen haben.

BOUILLON
▸ Fleischbrühe (frz. „bouillir" = „sieden, aufkochen, kochen")

BOULETTEN
vor allem in Berlin eine gebräuchliche Bezeichnung für ▸ Frikadellen (frz. „boulette" = „Kügelchen")

BOUQUET
(Bukett)
1. Mehrdeutige französische Bezeichnung für Bund, Büschel, Strauß (▸ Bouqet garni), aber auch für Duft oder Würze.

2. Ein wichtiger Begriff der Weinsprache, der alle in einem Wein wahrnehmbaren Düfte und Aromen (▸ Aroma) einschließt; unabhängig davon, ob sie aus den Trauben kommen, von der Kellertechnik „produziert" oder beim Reifeprozess unter Sauerstoffeinfluss entstanden sind. Hochwertige Weine zeichnen sich durch ein besonders komplexes Bouquet aus.

BOUQUET GARNI
(Kräuterbukett, -bündel)
Kräuter- und Gewürzsträußchen (auch ▸ Suppengrün), die aus zu einem Bündel geschnürten gemischten Würzkräutern bestehen und den Geschmack von Suppen, Saucen, Brühen und Schmorgerichten verfeinern sollen. Klassisch gehören dazu Lorbeerblätter, Petersilienstängel und Thymianzweige, gerne genommen werden aber auch Bohnenkraut, Lauch, Rosmarin, Salbei, Stangensellerie usw.

BOURBON-VANILLE
eine qualitativ hochwertige ▸ Vanille

BOURBON WHISKEY
ursprünglicher amerikanischer Whiskey (▸ Whisky), aus Mais gebrannt

BOURRIDE
Wie die ▸ Bouillabaisse ein traditionelles provenzalisches Fischgericht, allerdings etwas feiner als diese. Hauptzutaten sind verschiedene Mittelmeerfische auf Zwiebelscheiben, Fenchel und verschiedene Kräuter, dazu reicht man Weißbrot und ▸ Aioli.

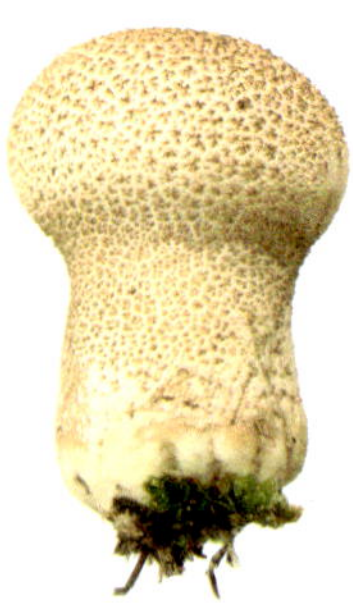

BOVIST
Kugelige Pilzgattung, die weder Hut noch Lamellen hat, botanisch aber dennoch unter die so genannten Hutpilze eingereiht wird. Junge Boviste der nicht giftigen Arten sind Speisepilze, auch wenn sie keinen sehr ausgeprägten Eigengeschmack haben. Junge Riesenboviste schmecken in Scheiben geschnitten und wie ein ▸ Wiener Schnitzel zubereitet.

BOWLE
stets kalt serviertes Mischgetränk aus Wein und/oder Schaumwein, teils Mineralwasser, einer oder verschiedenen Früchten (z. B. Erdbeeren, Himbeeren, Kirschen, Pfirsiche, Ananas) sowie Kräutern, Blüten und/oder Würzmitteln (z. B. Rosen, Waldmeister)

BOYSENBEEREN
Eine Rückkreuzung der ▸ Loganbeeren mit ▸ Brombeeren und ▸ Himbeeren, die sehr saftreich ist und ein kräftiges Aroma hat. Wegen ihrer Transportempfindlichkeit kommen die Beeren meist tiefgefroren aus den Hauptanbauländern Neuseeland und USA (Kalifornien) zu uns. Sie sind besonders für Marmeladen, Konfitüren, Jogurt und Speiseeis geeignet.

BRACHSE
(Blei(e), Brasse)
In den europäischen Flüssen und Seen lebender Süßwasserfisch (▸ Fische) aus der Familie der ▸ Karpfenfische, der bis zu 70 cm lang und bis 6,5 kg schwer werden kann. Das Fleisch ist sehr schmackhaft, aber auch grätenreich. Die Weißfische werden hauptsächlich im Herbst und Winter gefangen, in Weißwein gekocht, gegrillt oder geräuchert.

BRÄGEN
vor allem im Norden Deutschlands gebräuchliche Bezeichnung für ▸ Hirn

BRAISE
kräftige, fette und stark gewürzte Brühe zum Schmoren von Fleisch, Geflügel und Gemüse

BRAISIEREN ▸ schmoren

BRANDADE
Eine Fischspezialität der Provence bzw. des Languedoc aus gedünstetem ▸ Stockfisch, der mit Öl und Milch (manchmal auch Kartoffelpüree) vermengt, mit Knoblauchzehen, Salz und Pfeffer gewürzt wird. Dazu gibt es ▸ Fleurons oder Toastecken (frz. „brandir" = „rühren").

BRANDMASSE
(Brandteig, Brühmasse, -teig, Chouxmasse)
Oft fälschlich als Brand- oder Brühteig bezeichnete ▸ Volleimasse (▸ Masse), die aus Wasser oder gekochter Milch, wenig Mehl, in der Regel ohne chemische Lockerungsmittel und mit hohem Eianteil hergestellt wird. Daraus entsteht dann besonders luftiges, ungefülltes oder gefülltes Backwerk, so genannte Windbackwaren. Brandmasse ist vielseitig verwendbar, z.B. für Nocken, Desserts, Spritzkuchen (Éclairs, Profiterolles, Windbeutel), Tortenböden usw.

BRANDTEIG ▸ Brandmasse

BRANDY
1. International gebräuchliche Bezeichnung für ▸ Spirituosen (▸ Edelbrände, ▸ Trinkbranntweine und ▸ Liköre), die aus Früchten gewonnen werden.
2. Besonders in Italien und Spanien übliche Bezeichnung für Brände, die aus Weintrauben hergestellt sind (▸ Weinbrand).

BRANDY-SAUCE
Sauce für den Plumpudding (auch Hard Sauce)

BRANNTWEINE
(Brände, Schnaps)
1. Im weiteren und allgemein gebräuchlichen Sinne alle durch ▸ Gärung und ▸ Destillation hergestellten, im Volksmund als Schnaps bezeichneten Spirituosen (die zweite große Gruppe sind ▸ Liköre), die in ▸ Edelbrände und ▸ Trinkbranntweine unterteilt werden. Branntwein heißt es auch dann, wenn das Ausgangsprodukt nicht Wein, sondern z. B. Obst oder Getreide war, dies in hochprozentigen Alkohol eingelegt wurde oder das Destillat künstlich (durch Industriealkohol) erzeugt und mit Geschmacksstoffen versetzt wurde. Branntweine haben mindestens 32 Vol.-%. Alkohol.
2. Im engeren Sinne ausschließlich aus Weintrauben hergestellte Destillate aus Wein, die aber besser als ▸ Weinbrand oder ▸ Brandy bekannt sind und nach einer 1989 erlassenen EU-Verordnung in der Amtssprache „Branntweine aus Wein" heißen.

BRANZINO ▸ Wolfsbarsch

BRASILKASTANIEN/-NÜSSE
▸ Paranüsse

BRASSE ▸ Brachse

BRÄT
fein gemahlene, rohe Wurstmasse aus Rind-, Kalb- oder Schweinefleisch, Fett, pikant gewürzt, Ausgangsprodukt für ▸ Brühwürste

BRATÄPFEL
Vom Kerngehäuse befreite Äpfel, die mit einer süßen Masse aus verschiedenen Zutaten (Rosinen, Marmelade, Nüsse, Honig, Marzipanrohmasse usw.) gefüllt und im Ofen gebacken werden. Am besten eignen sich dafür feste Äpfel mit kräftigem, leicht säuerlichem Geschmack. Bratäpfel werden gerne mit Zimt und Zucker bestreut, mit etwas Rum übergossen oder mit Schlagsahne „garniert" und warm gegessen.

BRATEN
Eine der wichtigsten Garmethoden, bei der auf der Oberfläche des Fleisches eine schnelle Bräunung einsetzt und sich eine appetitliche Kruste bildet. Das Braten erfolgt in heißem Fett bei Temperaturen um die 200 °C auf 2 Arten:
1. Braten in der Pfanne auf den Herdplatten ist die beliebteste und schnellste Garmethode für portionierte Fleischstücke (Koteletts, Schnitzel, Steaks usw.), aber auch für ▸ Frikadellen, Fische, Kartoffeln, Eiergerichte und mehr.
2. Braten in der Backröhre (ebenfalls in der Pfanne oder in einem Bräter) ist eine gängige Garmethode vor allem für größere Fleischstücke wie Roastbeef, Kalbskeule, Schweinehals, Ente, Gans, Lamm- oder Rehrücken usw.

SCHON GEWUSST?

Der Weltraumfahrt verdanken wir die „Erfindung" von Spezialpfannen, mit denen man auf die gesündeste Art ▸ braten kann: nämlich völlig ohne Fett. Diese Stahlpfannen sind mit einem speziellen Kunststoff beschichtet, der hitzebeständig und nahezu „unverwüstlich" ist und der kein Fett benötigt, damit das Bratgut nicht „anbackt".

BRATEN ▸ Schmorbraten

BRATENFOND
(Bratensaft, Bratensatz)
wertvoller Fleischsaft, der beim Braten aus dem Bratenstück austritt und die Grundlage für Saucen und ▸ Bratenjus bildet (▸ Fond)

BRATENJUS
(Jus)
Entfetteter Bratensaft, der beim Erkalten geliert. Dient zur Vollendung von Saucen oder in Würfel geschnitten zum Garnieren von Wurstaufschnitt, kaltem Braten usw. (Braten-) Jus kommt in Dosen oder Gläsern in den Handel. Manchmal wird damit – nicht ganz korrekt – auch der reine ▸ Fleischsaft bezeichnet.

BRATENKRAUT ▸ Majoran

BRATENSAFT/-SATZ ▸ Bratenfond

BRATENSAUCE
klare oder leicht gebundene braune Sauce als wichtiger Bestandteil gebratener Fleischgerichte, auch mit Fleischextrakt vorgefertigt und industriell hergestellt

BRATFETT
Spezialfett, das – wie der Name schon sagt – speziell zum Braten verwendet wird. Mit Ausnahme von ▸ Frittierfett ist Bratfett in der Regel nur für einmaligen Gebrauch geeignet, weil es sonst „ranzig" werden kann und sich gesundheitsgefährdende Stoffe bilden können.

BRATFISCHE
Sammelbegriff für Erzeugnisse aus Fischen oder Fischteilen, die nach unterschiedlicher Vorbereitung gebraten, geröstet, frittiert (mit ▸ Panade) oder gegrillt werden. Von der deutschen Fischindustrie werden Bratfische hauptsächlich in sauren Aufgüssen (Bratmarinaden) und Tunken als länger haltbare Fischhalbkonserven, Fischkonserven oder Aspikwaren (▸ Aspik) hergestellt, in anderen Ländern gibt es sie auch ohne jegliche Beigaben zum sofortigen Verbrauch. Zu Bratfischen verarbeitet werden Fischarten wie Heringe, Makrelen, Dorsche, Plattfische und auch verschiedene Süßwasserfische. „Moderne" Bratfische sind neben den eingelegten Erzeugnissen auch tiefgekühlte Fischwaren wie z. B. ▸ Fischstäbchen.

BRATHÄHNCHEN
nicht genau durch Eigenschaften oder Vorschriften definierte Bezeichnung für zum Braten bestimmte Masthühner oder -hähnchen

BRATHERINGE
Grüne ▸ Heringe bzw. ▸ Salzheringe, die mit Mehl paniert, in Öl gebraten und mit Zwiebeln und Gewürzen in Essig eingelegt sind. Bratheringe gibt es in Konserven und Gläsern.

BRATKARTOFFELN
(Röstkartoffeln)
Eine klassische Beilage der deutschen Küche, die man aus gekochten und aus rohen Kartoffeln zubereiten kann. Die entweder mit der Schale vorgekochten oder rohen Kartoffeln – das verlängert die Garzeit in der Pfanne – werden zunächst geschält, in Scheiben oder in die gewünschte Form (Spalten, Würfel etc.) geschnitten. Anschließend werden sie in heißem Fett (Butter, Öl oder Schweineschmalz) gebraten – je nach Geschmack entweder mit oder ohne gehackte und vorher in der heißen Pfanne leicht angeröstete Zwiebeln – und gewürzt.
ZUBEREITUNG: *Damit Bratkartoffeln schneller braun und knusprig werden, kann man sie vor dem Braten mit Mehl bestäuben. Dadurch gewinnen sie auch noch etwas an Geschmack.*

BRATKLOPSE ▸ Frikadellen

BRÄTLING
(Brotpilz, Milchreizker)
Speisepilz aus der Gattung der Milchlinge, der

in unseren Wäldern von Juli bis Oktober zu finden ist. Besonders gut eignen sich die Brätlinge zum Braten, denn dabei entfaltet sich ihr Aroma am besten. Beim Kochen werden sie dagegen schleimig. Charakteristisches Merkmal aller Vertreter dieser Pilzgattung ist die milchartige weiße (manchmal auch orangerote) Flüssigkeit, die an Bruchstellen am Hut austritt. Diese „Milch" ist teils scharf, teils auch nur leicht bitter wie beim Brätling. Manche Pilzsucher lassen sich von dem Anblick der Flüssigkeit abschrecken, verpassen dadurch aber schmackhafte Speisepilze

BRATLINGE
aus Gemüse, geschrotetem Getreide oder Hülsenfrüchten hergestellte ▸ Frikadellen, Bestandteil der Gesundheitskost nach Dr. Bircher-Benner (▸ Bircher-Müsli)

BRATWÜRSTE
Sammelbegriff für Brüh-, Koch- oder Rohwürste, die aus Kalb-, Rind- oder Schweinefleisch und Speck bestehen und kräftig gewürzt sind. Die Würste werden zwar vielfach gebraten, doch leitete sich der Name nicht von „braten" ab, sondern von der Herstellungsweise der Wurst aus ▸ Brät (deshalb auch Brätwurst). Es gibt sie in vielen regionaltypischen Varianten.

BRAUNALGE
eine der essbaren Arten von ▸ Algen

BRAUNDÜNSTEN ▸ poelieren

BRAUNE BUTTER
geschmolzene und unter Rühren braun gewordene Butter

BRAUNE GRUNDSAUCE
(Espagnole, spanische Sauce)
Grundsauce aus klein gehackten Rind-, Schweine- oder Kalbsknochen, Zwiebelscheiben, gewürfeltem Wurzelzeug, Tomatenmark, Mehl und Fleischbrühe als Hauptbestandteile und abgeschmeckt mit Salz und Pfeffer. Gibt es im Handel als Fertigprodukt.

BRAUNER REIS
Reissorte (▸ Reis)

BRAUNER ZUCKER ▸ Farin(zucker)

BRAUNHÄUBCHEN ▸ Maronenröhrling

BRAUNKAPPE
1. Allgemein unter diesem Namen bekannter Speisepilz, dessen botanische Hauptbezeichnung aber ▸ Rotbrauner Riesenträuschling ist. Unter Braunkappe versteht man streng genommen nur die kultivierte Form dieses Pilzes, die von vielen Liebhabern als der Steinpilz unter den Zuchtpilzen angesehen wird. Eignet sich gut zum Schmoren und Sautieren sowie für Suppen und Saucen.
2. auch als Synonym für den ▸ Maronenröhrling gebraucht

BRAUNKOHL ▸ Grünkohl

BRAUNSILGE ▸ Basilikum

BRAUTKRAUT, BRAUTKRÄUTL
▸ Rosmarin

BRECHBOHNEN
Handelsform von ▸ Bohnen (▸ Gartenbohne), siehe auch ▸ Schotengemüse

BREGEN
vor allem im Norden Deutschlands gebräuchliche Bezeichnung für ▸ Hirn

BREI
Dickflüssige (Feuchtigkeitsgehalt 70–90 %), mundfertige Masse aus zerkleinerten, gekochten oder ungekochten, meist pflanzlichen Rohstoffen wie Getreidekörner oder -mahlprodukte, Hülsenfrüchte, Kartoffeln, Gemüse, Obst oder auch Mischungen davon. Brei ist weltweit die häufigste Zubereitungsart für Getreide. Breie gibt es auch als tischfertige Erzeugnisse in Form von Konserven (insbesondere für Säuglinge und Kinder), als kochfertige Produkte in Trockenform (z. B. alle Pudding- und sonstigen Süßspeisepulver) sowie als Instanterzeugnis in löslicher Pulverform.

BREIAPFEL ▸ Sapodilla

BREISLAUCH ▸ Schnittlauch

BREITLAUCH ▸ Porree

BREITLINGE ▸ Sprotten

BRENNNESSEL
(Haarnessel, Nesselkraut)
Eine krautartige und als klassischer „Kosmopolit" über die gemäßigten Klimazonen der ganzen Welt verbreitete Pflanze. Wenn man mit den Blättern in Berührung kommt, wird die Haut rot, brennt und es bilden sich kleine Pusteln. Nichtsdestotrotz können junge Brennnesselblätter als Wildgemüse roh verzehrt oder wie Spinat zubereitet werden. Getrocknete Brennnesseln zählen neben Lindenblüten und Leinsamen zu den am häufigsten verwendeten ▸ Drogen.

BRENNSUPPE
Suppe aus Hafer-, Weizen- oder Maismehl, das in der Pfanne in Butter angebräunt, mit Wasser aufgerührt und mit Kümmel gewürzt wird

BRENNWERT
(Energiewert)
In einem Lebensmittel enthaltene Energiemenge, die bei der vollständigen Verbrennung bzw. Verwertung von Nährstoffen (Eiweiß, Fett, Kohlenhydrate) im Organismus gewonnen wird. Der Brennwert wird in der modernen Ernährungswissenschaft in Joule bzw. Kilojoule (kJ) gemessen, oft wird er aber auch noch in der veralteten Maßeinheit Kilokalorien (kcal) angegeben. Umgerechnet wird wie folgt: 1 kcal = 4,184 kJ oder 1 kJ = 0,239 kcal.

BRESAOLA
Sozusagen die italienische Antwort auf das ▸ Bündnerfleisch ist dieser luftgetrocknete Schinken, der aber weicher, saftiger und zarter als die Schweizer Spezialität ist. Bresaola ist ein traditionelles und typisches Produkt des Veltlin, einem Teil der Region Lombardei und der Provinz Sondrio, nicht weit von Mailand entfernt. Er wird nach einem aufwendigen Verfahren aus dem Muskelfleisch der Rinderkeule hergestellt, das u. a. einige Zeit mit einer Mischung aus Salz, Pfeffer und würzenden Zutaten bedeckt, getrocknet und in speziellen Räumen bei genau kontrollierter Temperatur und Luftfeuchte gelagert wird. Je nach Fleischstück unterscheidet man 3 Arten Bresaola. Punta d'Anca mit einem Gewicht von 2,5–3 kg gilt als das wertvollste Stück, es entspricht der ▸ Blume. Sotta fesa (mindestens 2 kg) und Magatello (mindestens 1 kg) sind etwa mit ▸ Unterschale und ▸ Bug gleichzusetzen.

VERWENDUNG

Bresaola wird in dünne Scheiben geschnitten und meist als Teil der Antipasti serviert. Traditionell isst man sie natur, doch sie schmeckt auch mit Olivenöl, Pfeffer und etwas Zitronensaft angemacht.

BRESLAUER
der ▸ Lyoner ähnliche Brühwurst aus Rind-, Schweinefleisch und Speck (Breslau: Stadt und Bezirk in Niederschlesien/Polen)

BRESSEHUHN
(Poulet de Bresse)
Gängige Bezeichnung für Masthühner, Masthähnchen und Kapaune (▸ Huhn), die aus dem AOC-Gebiet Bresse stammen, nach dessen Regeln gezüchtet sind und die Herkunftsbezeichnung sowie das blau-weiß-rote Gütesiegel tragen dürfen. Unter Feinschmeckern gelten Bressehühner als die besten ihrer Art. Sie dürfen, entgegen den sonstigen Bestimmungen für Geflügel, auch in Deutschland mit Kopf und Füßen verkauft werden.

SCHON GEWUSST?

Die französische Region Bresse, nordöstlich von Lyon, ist für ihre Hühnerzucht und viele hochwertige Agrarprodukte berühmt. Sie erhielt im Jahre 1957 für die Geflügelzucht eine eigene AOC, die vor allem vom Wein bekannte kontrollierte Ursprungsbezeichnung, verbunden mit strengen Aufzuchtbestimmungen.
So müssen unter anderem für jedes Tier mindestens 10 m^2 Freilandfläche zur Verfügung stehen. Auf die Freilandzucht folgt das Mästen in kleinen Ställen aus Holz. Hähnchen bleiben dort 8–15 Tage, Kapaune und Masthühner mindestens 1 Monat.

BRETONISCHE SAUCE
(Sauce Bretonne)
gehackte Zwiebeln, in Butter angeschwitzt, mit Essig abgelöscht und mit Weißwein eingekocht, dazu Tomatensauce und mit Salz, Pfeffer, Knoblauch und Petersilie abschmecken

BRETTSPÄTZLE
von Hand geschabte und nicht industriell hergestellte ▸ Spätzle

BREZE(L)N

Eine Frisch- oder Dauerbackware, die aus sehr unterschiedlichen Arten von Teig oder Masse hergestellt sein kann (u. a. als ▸ Laugengebäck), immer jedoch ihre typische Form aus zweimal verschlungenen Strängen (einfach, gedreht oder verflochten) hat. Diese ist zu einem echten Markenzeichen für das Bäckerhandwerk geworden und auf vielen Wappen, Schildern und Zunftzeichen zu sehen.

BRICKEN ▸ Neunaugen

BRIDIEREN
(dressieren)
Das Zusammenbinden der abstehenden Flügel und Beine von Geflügel, das gebraten oder gekocht werden soll, nach dem Ausnehmen und Abspülen (frz. „brider“ = „fesseln“).

BRIE
Nach der gleichnamigen Landschaft „Brie de France“ östlich von Paris benannter ▸ Weichkäse (▸ Käse) aus Kuhmilch (außer er ist ausdrücklich als Ziegenbrie deklariert), auf dem sich wie beim ▸ Camembert essbarer weißer Schimmel bildet. In Geruch und Geschmack ist Brie, der in der „normalen“ Variante (also nicht als Lightprodukt) einen Fettgehalt von 40–70 % i. Tr. hat, fein aromatisch und erinnert an Champignons. Brie gibt es in vier Sorten, nämlich den beiden AOC-Bezeichnungen Brie de Melun und Brie de Meaux, sowie die heute nur noch selten zu findenden Brie de Coulommiers, Brie de Nangis oder Brie de Montereau.
Der in Deutschland (Koblenz) geborene und später als österreichischer Staatsmann berühmt gewordene Klemens Wenzel Fürst von Metternich (1773–1859) war ein so glühender Verehrer des Brie, dass er ihn zum „König aller Käse“ kürte.

BRIES, BRIESCHEN, BRIESEL
▸ Kalbsbries

BRILLAT-SAVARIN
Dem französischen Schriftsteller, Gourmet und Gastronomiekritiker Jean Anthelme Brillat-Savarin (1755–1826), einem hauptberuflichen Richter seiner Zeit, gewidmeter Namenszusatz bei verschiedenen Küchenprodukten:

1. Garnitur aus mit Gänseleber- oder Schnepfensoufflé gefüllten Torteletts zu Federwild
2. Hummermedaillons mit Champignons und Trüffel; in Cognac flambierte Schnitzel mit Champignonrahmsauce
3. mit ▸ Tapioka gebundene Consommé (Kraftbrühe) mit Streifen von weißem Hühnerfleisch, geschmortem Kopfsalat und Sauerampfer oder Champignons, Karotten und Trüffelstreifen
4. Doppelrahm-Weichkäse (▸ Käse) aus Kuhmilch mit Crème fraîche

SCHON GEWUSST?

Jean Anthelme ▸ Brillat-Savarin, der große Gourmet, ist vor allem als Verfasser eines Buches berühmt geworden, das noch heute zu den Standardwerken der gastronomischen Literatur zählt: das 1865 erschienene Lehrbuch der Tafelfreuden „Physiologie du goût“ („Physiologie des Geschmacks“). Seine vielen geistreichen und humorvollen Betrachtungen über das Genießen gipfeln in einer Aussage, die für Feinschmecker auf der ganzen Welt zum Credo geworden ist: „Die Tiere fressen, der Mensch isst, aber nur der Mensch von Geist versteht zu essen.“

BRIMSEN
(Brinsenkäse)
Ein Frisch- bzw. Labkäse (▸ Käse) aus Schafsmilch, der ursprünglich aus den Karpaten (Siebenbürgen) stammt und heute vor allem in der Slowakei, in Österreich und Rumänien verbreitet ist. Brimsen wird nur von März bis September ähnlich wie Quark hergestellt, aber gesalzen und in kleine Holzfässer gefüllt. Er ist die Ausgangsbasis für echten ▸ Liptauer.

BRINZA
In der Karpatenregion (Rumänien) ist Brinza allgemein das Wort für ▶ Käse, bezeichnet aber auch einen sehr verbreiteten, dem griechischen ▶ Feta ähnlichen Käse aus vollfetter Schafsmilch (45 % Fett i. Tr.). Der milde und weiche Brinza war in Mitteleuropa und im Nahen Osten der traditionelle Käse der Schafzüchter. Er wird in gesalzener Milch in Metallbehältern konserviert.

BRIOCHES
(Zackenbrötchen)
feine Backwaren unterschiedlicher Art, entweder aus leicht gezuckertem ▶ Hefeteig als eine Art Hefebrot und teilweise gefüllt mit Püree, Salpicon, Creme, Früchten, Konfitüre usw. oder pikant aus ungesüßtem Hefeteig mit Fleisch-, Geflügel- oder Wildfüllung

BRIOCHETEIG
(Apostel-, Prophetenkuchenteig)
feiner ▶ Hefeteig, entweder mit Zucker oder ohne, für ▶ Brioches

BRISLINGE ▶ Sprotten

BRISOLETTEN
in ovaler Form gebratene Klopse aus gehacktem Fleisch (Kalb-, Schweine-) oder Fisch (▶ Frikadellen)

BROCCIO
(Brucciu)
Frischkäse (45 % Fett i. Tr.) von der Insel Korsika, der in der Art von ▶ Ricotta aus Schafs- oder Ziegenmolke hergestellt wird (▶ Käse). Er wird am besten frisch mit oder ohne Salz verzehrt; bei längerer Lagerung wird er hart und entwickelt einen scharfen Geruch.

BROCCOLI ▶ Brokkoli

BROCHETTES
Kleine Spieße, auf die Fleisch-, Geflügel-, Wild- oder auch Fischstückchen abwechselnd mit Pilzen, Artischockenböden, verschiedenem Gemüse, Zwiebel- oder Räucherspeckscheiben gesteckt und anschließend gebraten oder auf dem Rost gegrillt werden. Dazu reicht man meist nur Kräuterbutter und Brot. Zu den Brochettes zählen auch ▶ Schaschliks als die vielleicht bekannteste Art.

BROGLIESAUCE
(Sauce Broglie, Schinkensauce)
in kleine Würfel geschnittener roher Schinken, in Butter kräftig angeröstet, mit brauner Grundsauce verkocht und mit Portwein aromatisiert, zu gebratenem Fleisch (nach dem französischen Staatsmann Achille Léon Victor Herzog von Broglie, 1785–1870, Angehöriger der berühmten Académie Francaise)

BROKKOLI

(Broccoli, Grüner Blumenkohl, Spross-, Triebkohl)
Botanisch eng mit dem ▶ Blumenkohl verwandte Gemüseart, die wie dieser seine ursprüngliche Heimat in Kleinasien haben dürfte. Großflächig angebaut wird Brokkoli vor allem in Südeuropa und in den USA. Bereits die alten Römer schätzten diese Spielart des Kohls (▶ Kohl) und noch heute spielt sie in der italienischen Küche eine wichtige Rolle. Der Name Brokkoli leitet sich vom Lateinischen „brachium“ = „Zweig“ oder „Arm“ ab und spielt auf seine baumähnliche Form an. Mit den 20–25 cm langen Stangen, an deren Spitze die Brokkoliröschen sitzen, ist er auch optisch ein Genuss. Die „inneren Werte“ sind ebenfalls beachtlich: Brokkoli enthält viel Vitamin C und eine vielfältige Mischung wichtiger Mineralstoffe und Spurenelemente. Außerdem enthält er Betakarotine, denen die Wissenschaft heute Krebs vorbeugende Wirkung zuschreibt.
EINKAUFSTIPP: *Die Röschen bzw. Köpfe sollten ein möglichst einheitliches sattes dunkles Grün haben, gleichmäßig und fest sein. Gelbe oder weiße Stellen sowie lose oder abgefallene Röschen sind ein schlechtes Zeichen, genauso wie bereits geöffnete Blüten.*
VERWENDUNG: *Brokkoli passt zu unterschiedlichen Fleisch- und Fischgerichten, aber auch in Eintöpfe, Nudelgerichte und Salate sowie auf Omlettes und Quiches. Bissfest gegart schmeckt er kalt (mit Dressing) wie warm (mit Sauce) und vielfach wird er auch püriert und gratiniert serviert.*

BROMBEEREN
(Brumm(el)-, Kratz-, Kroatzbeeren)
Dunkelrote bis schwarze Früchte eines dornigen Strauches in großer Arten- und Formenvielfalt. Die über 1000 Brombeersorten wachsen an vielen Standorten wild, einige werden seit Beginn des 19. Jh. kultiviert. Durch Kreuzung mit Himbeeren sind neue Beerensorten entstanden wie z. B. ▸ Loganbeeren und ▸ Boysenbeeren. Die aus Gärten oder von Plantagen kommenden großfrüchtigen Sorten werden zur Unterscheidung von den Wildfrüchten auch als Garten- oder Kulturbrombeeren bezeichnet. Im Obsthandel und auf Märkten findet man Brombeeren nur begrenzt und wegen des knappen Angebots sind sie meist vergleichsweise teuer, selbst in der Saison von Juli bis Oktober.
VERWENDUNG: *Wie alle Früchte sollte man Brombeeren möglichst frisch verzehren bzw. verarbeiten. Sie schmecken gut zu Eiscreme, Jogurt und Quarkspeisen, die man wie Puddings, Sorbets und Cremes auch aus pürierten Brombeeren zubereiten kann. Besonders beliebt ist auch ihre Verarbeitung zu Gelee, Marmelade, Konfitüre, Saft, Wein und Likör.*

BRÖSCHEN ▸ Bries

BRÖSEL
1. Zerkleinerte Reste bzw. „Abfälle" von Tortenböden, Waffeln, Keksen, Weißbrot oder Semmeln, die zur Wiederverwendung getrocknet und zerkleinert werden. Daraus macht man dann Tortenmassen und Ähnliches.
2. Im süddeutschen und österreichischen Raum gängige Bezeichnung für Gebäckkrümel und Paniermehl (▸ Semmelbrösel).

BROT
auf der ganzen Welt verbreitetes Grundnahrungsmittel (▸ Seite 80)

BRÖTCHEN
(Kleinbrot, Knüppel, Semmeln, Wecken)
Sammelbegriff für knuspriges, rundes oder ovales (Frühstücks-)Kleingebäck, das aus Weizen-, Roggen- oder Mischmehl hergestellt wird und unter vielen ortstypischen Bezeichnungen bekannt ist. Brötchen isst man am besten ganz frisch. Wenn sie altbacken sind, kann man sie zu Paniermehl zerreiben oder einweichen und daraus Knödel zubereiten oder Hackfleisch damit binden.

BROTFRUCHT
Vor allem auf den Südseeinseln und in der Karibik kultivierte Frucht des gleichnamigen Baumes, die in den Tropen als wichtiges Lebensmittel gilt. Die fast runden, stacheligen und meist samenlosen Früchte mit 30–50 cm Durchmesser und bis 5 kg Gewicht sind sehr stärkereich. Sie werden gekocht, geröstet und gebacken und schmecken dann wie Brot oder geröstete Kartoffeln. Als Gemüse sind sie vielseitig einsetzbar, es werden aber auch Puddings, Biskuits usw. daraus zubereitet.

BROTGEWÜRZ
Sammelbegriff für verschiedene Früchte der Doldengewächse (in erster Linie Anis, Fenchel und Kümmel), mit denen Brot gewürzt wird

BROTKLEE ▸ Bockshornklee

BROTKONSERVE ▸ Dauerbrot

BROTKÜMMEL ▸ Kümmel

BROTPANADE
(Mitonage)
Bindemittel für Füllungen aller Art aus Weißbrot, Milch und Butter

BROTPILZ ▸ Brätling

BROTPUDDING
Pudding aus entrindetem Brot, das mit zerlassener Butter, Eigelb und Eischnee vermengt und in einer gebutterten, mit Paniermehl ausgekleideten Auflaufform im Wasserbad gegart wird. Brotpudding kann süß oder salzig zubereitet und entsprechend gewürzt werden.

BROTSUPPE
Grundsätzlich eine kräftig gewürzte Suppe in der Brotstücke oder -würfel „schwimmen", meist mit Zwiebeln. Es gibt davon viele regions- bzw. ländertypische Zubereitungsarten.

Gut und wertvoll – das tägliche Brot

„Sein (tägliches) Brot verdienen", „jemandem um sein Brot bringen", „Brötchengeber", „hartes Brot": In vielen Ausdrücken und Redewendungen hat die Wertschätzung für die älteste „Backware" der Menschheit ihren Niederschlag gefunden. Brot ist ein uraltes und wertvolles Grundnahrungsmittel (vielleicht das wichtigste überhaupt), das aus Mehl oder Schrot, Wasser, Salz und einem Treibmittel (Hefe, Sauerteig, Backpulver) in Laib-, Kasten-, Stangen- oder je nach Brottyp manchmal auch anderen Formen gebacken wird. Weitere Zutaten für den Teig können Gewürze, Samen oder Nüsse sein.

GESCHICHTE DES BROTES

Das Brot ist sicher fast so alt wie die Gewohnheit des Menschen, die Rohstoffe seiner Nahrung in irgendeiner Form aufzubereiten. Die Grundlage für das, was wir heute Teig nennen, wurde in dem prähistorischen Moment gelegt, als er die gesammelten Samen zu zerkleinern und mit Flüssigkeit zu einem Brei zu vermischen begann. Der erste Brotteig wurde dabei mit Sicherheit nicht „erfunden", sondern wir verdanken seine Entdeckung einem Zufall.
Der Legende nach trug es sich im alten Ägypten zu, dass ein „Bäcker" eine Mischung aus gemahlenem Getreide und Wasser versehentlich einige Stunden in der Hitze stehen ließ, wodurch der Brei zu gären begann. Ob es wirklich so war, wird letztlich ein ungelüftetes Geheimnis bleiben, belegbar ist aber durch Funde, dass die Menschen im Nahen Osten schon vor mehr als 5000 Jahren auf diese Weise Brotteig hergestellt haben und dass in Ägypten auch die ersten Hefepilze kultiviert wurden und der Brotbackofen erfunden wurde. Die Griechen sollen um 300 v. Chr. bereits 70 verschiedene Brotsorten gekannt haben.

UNTERSCHEIDUNG DER BROTE

Allein in Deutschland kennt man über 200 verschiedene Brotsorten in verwirrender Vielfalt. Auch die Einteilung der Brote in bestimmte Gruppen ist für den Verbraucher nur schwer durchschaubar, weil sie nach sehr unterschiedlichen Kriterien erfolgen kann. Die Brotbezeichnungen können sich richten nach:

- Rohstoffbeschaffenheit (z. B. Misch-, Dinkel-, Roggen-, Weizen-, Mehrkorn-, Vollkornbrot)
- Art der Teigführung (z. B. Sauerteig-, Hefe-, Salzsauer-, Trockensauer-, Quellschrotbrot)
- Aussehen (vor allem Laib-, Kasten-, Stangenbrot)
- Art des Backprozesses (Steinofen-, Holzofen-, Doppelback-, Torfofen-, Vorbackbrot)
- Art der Zusätze (z. B. Anis-, Blut-, Fenchel-, Sesam-, Käse-, Gewürz-, Kletzenbrot)
- Konsistenz (z. B. Hart-, Trocken-, Weich-, Luftbrot)
- Nährwert (z. B. angereichertes, ballaststoffarmes, vitaminiertes Brot)
- Haltbarkeit/Verpackung (z. B. Dauer-, Frischbrot)
- „Erfinder" (z. B. Bircher-Benner-, Kneipp-, Simonsbrot)
- Herkunft (z. B. Bauern-/Landbrot, Französisches Brot, Frankenlaib, Heide-, Land-, Rheinisches Schwarzbrot)
- Verwendungszweck (z. B. Diabetiker-, Röst-, Teebrot).

ERNÄHRUNGSPHYSIOLOGIE

Brot ist ein wichtiger Lieferant für Kohlenhydrate und damit ein wertvoller Energiespender. Mengenmäßig zweitgrößter Bestandteil ist das Eiweiß, das durch die Kombination mit Milch, Quark, Käse, Eiern, Wurst und Fleisch an Wertigkeit gewinnt. Weiter ist Brot eine potente Quelle für B-Vitamine, Mineralstoffe und Spurenelemente. Die Nährstoffdichte ist dabei in dunklen bzw. Vollkornbroten generell höher als in hellen.

VERWENDUNG

Brot ist klassischer Hauptbestandteil von Frühstück und Abendbrot, eine nahrhafte Zwischenmahlzeit und beliebter Begleiter für viele Vorspeisen und Suppen sowie teilweise auch Hauptgerichte. Manche davon werden sogar direkt aus Brot zubereitet, wie z. B. ▸ Brotsuppe und selbst für manches Dessert wie ▸ Arme Ritter oder ▸ Brotpudding ist Brot die Grundlage.

BROTZEIT
vor allem im Süden Deutschlands beliebte Zwischenmahlzeit am Vor- oder Nachmittag, bestehend aus Wurst, Leberkäse, Schinken, Speck, Käse usw.

BRUCCIU ▸ Broccio

BRÜHE
Klare, kräftige Flüssigkeit, in der Fleisch (▸ Bouillon, ▸ Fleischbrühe, ▸ Consommé), Knochen, Geflügel (▸ Hühnerbrühe), Fisch, Gemüse und andere Nahrungsmittel gekocht und dabei mit Aromen, Mineralstoffen und Fett angereichert werden. Brühen werden als Grundlage für feine Suppen oder Saucen verwendet und sind konzentriert als Fertigprodukt (Würfel, Paste oder andere Verpackungsformen) im Handel erhältlich. Besonders dick eingekochte Brühen werden als ▸ Fond bezeichnet. Brühen werden nicht sprudelnd gekocht, sondern knapp unter dem Siedepunkt, dafür aber mindestens 1 Stunde. Sie werden kalt angesetzt und langsam erhitzt, wobei der aufsteigende Schaum mehrmals abgeschöpft werden sollte.

BRÜHEN ▸ blanchieren

BRÜHKARTOFFELN
Rohe Kartoffeln, die grob gewürfelt mit angeschwitztem Wurzelzeug, gehackten Zwiebeln und gehackter Petersilie in Fleischbrühe gekocht werden.

BRÜHMASSE/-TEIG ▸ Brandmasse

BRÜHWÜRFEL
(Suppenwürfel)
In kleine Quader gepresstes Würzkonzentrat, das Ende des 19. Jh. erfunden wurde und damit als Produkt der Lebensmittelindustrie lange Tradition hat. Brühwürfel sind meist eine Mischung aus getrockneter Würze, Salz, Geschmacksverstärkern und verschiedenen Zuckerarten sowie Fett (meist gehärtetes Pflanzenöl) als Bindemittel. Weitere Geschmack und Aroma gebende Zutaten können – je nach Hersteller und Sorte – Gewürze, Gemüse, Sellerie-, Hefe- und Fleischextrakt, Karamell usw. sein. Trotz des vermeintlich „fleischigen" Geschmacks enthalten Brühwürfel – außer sie sind als Fleischbrühwürfel etikettiert – kein Fleisch und können damit auch in der vegetarischen Küche verwendet werden.

BRÜHE

Werden Lebensmittel in Brühen gegart, bleiben sie aromatischer und haben meist einen besseren Nährstoffgehalt als in Wasser gegarte. Brühen enthalten nämlich bereits selbst viele Aroma-, Geschmacks- und Mineralstoffe und geben diese zum Teil auch an das Gargut ab, anstatt ihm solche Stoffe zu entziehen. Dies wird teilweise durch Osmose erreicht, ein Vorgang, der noch unterstützt wird, wenn man Brühen und Zutaten kalt ansetzt.

BRÜHWÜRSTE
Aus zerkleinertem, rohem Muskelfleisch (von Rind, Schwein und Kalb), Fett und manchmal Innereien hergestellte Würste, die in vielen Varianten angeboten werden. Das vorher gepökelte (▸ pökeln) Fleisch wird mit Salz, Gewürzen und Wasser zu einem ▸ Brät verarbeitet, bei manchen Wurstsorten unter Beimengung von Fett- und/oder Fleischwürfeln. Nach dem Einfüllen des Bräts in Därme oder künstliche Hüllen wird die Wurst bei 80–100 °C heiß geräuchert und anschließend bei 75–85 °C gebrüht. Besonders bekannte Brühwürste sind ▸ Bockwurst, ▸ Frankfurter (Würstchen) oder ▸ Wiener (Würstchen), ▸ Bierschinken, ▸ Jagdwurst, ▸ Mortadella und ▸ Kochsalami.

BRUMM(EL)BEEREN ▸ Brombeeren

BRUNCH
Reichhaltiges Frühstück aus kalten und warmen Speisen, das vom späteren Vormittag über die Zeit des Mittagessens hinaus geht und dieses ersetzt; wörtliche Zusammensetzung aus den englischen Wörtern Breakfast und Lunch und eine ideale „Erfindung" für alle Langschläfer und Sonntagsfaulenzer.

BRUNELLO DI MONTALCINO
berühmter Rotwein aus der ▸ Toskana von den Hügeln rund um das Städtchen Montalcino mit eigener DOCG, ausschließlich aus der Rebsorte ▸ Sangiovese hergestellt (▸ Wein)

BRUNNENKRESSE
(Bachkresse, Bitterkraut, Wassersenf)
Würzkraut, eine der Arten von ► Kresse

BRUNOISE
(Feinwürfelgemüse)
in feine Würfel geschnittenes Wurzelgemüse (Zwiebeln, Sellerie, Möhren, Porree), in Fett gedünstet als Suppeneinlage oder zu Fleisch- und Fischgerichten (frz. „brun“ = „braun“)

BRUNSLI
Kleingebäck bzw. Plätzchen aus ungeschälten und gemahlenen Mandeln, Mehl, Eiweiß, Gewürzen (Nelken, Koriander, Zimt), Kirschwasser und pulverisierter Bitterschokolade (bekannt auch als Basler Brunsli)

BRUSCHETTA

Einfach-raffinierte und typisch italienische Vorspeise, deren Grundlage goldbraun geröstete, mit Knoblauchzehen eingeriebene, mit Olivenöl getränkte und kräftig gewürzte Scheiben von Landbrot sind. Darauf streicht man verschiedene Pürees (z. B. aus Bohnen, Auberginen, Fenchel, Tomaten) oder versieht sie mit anderen pikanten Belägen, oft auch mit Käse. Der passende Imbiss zu einem Glas frischem Weißwein.

SCHON GEWUSST?

In alten Zeiten waren die Klöster verpflichtet, Brot zu backen, das war die bruschetta monastica. Mit der Zeit verschwand dieser Brauch aber und man ging dazu über, das Brot beim Bäcker zu kaufen. Überliefert ist das Rezept für die ► Bruschetta des Klosters von San Lorenzo: Der Brotteig wurde fingerdick ausgerollt, mit fein geschnittenen Zwiebeln belegt, mit Salz bestreut, mit Olivenöl beträufelt und mit gehackten Rosmarinnadeln bestreut.

BRÜSSELER ENDIVIE ► Chicorée

BRÜSSELER KÄSE ► Aettekees

BRÜSSELER KOHL
► Blumenkohl, ► Rosenkohl

BRÜSSELER SALAT
klassische Salatzubereitung (► Salate) aus gekochtem Rosenkohl, grob geschnittenem Chicorée und Kartoffelscheiben mit gehackten Zwiebeln und Kräutern in einer Essig-Öl-Sauce

BRUSSELS KAAS ► Aettekees

BRUSTBEERE ► Jujube

BRUSTWURZEL ► Angelika

BRUT
(herb)
Angabe zum Trocken- bzw. Süßegrad bei ► Schaumwein

BRUT NATURE
(brut zéro, brut sauvage, ultra brut)
Angabe zum Trocken- bzw. Süßegrad bei ► Schaumwein

BUBENSPITZLE ► Schupfnudeln

BUCATINI
italienische Nudelart (► Pasta) in Form langer, dünner Hohlnudeln (► Makkaroni)

BUCHTELN ► Rohrnudeln

BUCHECKERN
Die dreikantigen Früchte der Rotbuche sind botanisch eine der wenigen echten ► Nüsse, ihr kulinarischer Wert ist allerdings begrenzt. Sie dienen in erster Linie zur Gewinnung von Speiseöl und geröstet in beschränktem Umfang als Mandelersatz.

BUCHSTABENKEKS ► Russisch Brot

BUCHWEIZEN
(Grücken, Heiden-, Pater-, Tatarenkorn)
Anspruchsloses Knöterichgewächs, das aus Nordasien stammen dürfte und heute vor allem in Sibirien, Nordeuropa und Nordamerika sowie seit einiger Zeit auch wieder verstärkt in der Schweiz und in Süddeutschland angebaut

wird. Die dreieckigen, dunkelbraunen, mehligen Früchte mit harter Schale enthalten viel Stärke und Eiweiß. Der Buchweizen wird wie Getreide, zu dem er zwar nicht botanisch, in Deutschland aber lebensmittelrechtlich zählt, zu Mehl oder Grütze gemahlen. Man macht daraus vor allem verschiedene Backwaren und Brei. Buchweizen enthält kein ▸ Gluten, das macht ihn für Menschen mit einer Unverträglichkeit dagegen zu einer guten Alternative zum Weizen, zum Brotbacken eignet er sich damit aber nicht.

BÜCKLINGE
(Pöcklinge, Pökelinge)
frische Heringe mit Kopf, leicht gesalzen und geräuchert (▸ Räucherfische, ▸ räuchern)

BUDDHA CONGEE
traditionelles chinesisches Reisgericht mit in Streifen geschnittenen Muscheln, gehackten Garnelen und gemahlenem Hühnerfleisch in etwas Öl, gewürzt mit Salz, Pfeffer und Reiswein (alternativ Sherry)

BÜFFELMOZZARELLA
italienische Käsespezialität (▸ Mozzarella)

BÜF(F)ETT
(Buffet)
1. In der Gastronomie oft ein Tisch bzw. nach der ursprünglichen Bedeutung des Wortes eine Anrichte, auf der kalte oder warme Speisen unterschiedlichster Art sowie auch Getränke für eine größere Gesellschaft meist zur Selbstbedienung aufgebaut werden.
2. Auch als Sammelbezeichnung für die angerichteten Speisen selbst bzw. ihren Verwendungszweck gebraucht; z. B. Frühstücksbüfett, Vorspeisenbüfett, ▸ kaltes Büfett, Dessertbüfett oder Kuchenbüfett.

BUG
(Schulter)
Schulterstück beim Schlachtvieh

BUKETT ▸ Bouquet

BULETTEN ▸ Frikadellen

BULGUR
Traditionelles Nahrungsmittel im Orient, das aus geschälten, geschroteten und gekochten Weizenkörnern besteht. Bulgur wird wie Reis zubereitet und ähnlich vielseitig verwendet, ist aber eiweiß- und vitaminreicher als dieser. In den Handel kommt Bulgur fertig vorbereitet und getrocknet; er muss dann nur noch gekocht werden.

BULLE
(Farren, Fasel, Stier)
geschlechtsreifes männliches ▸ Rind im Alter von über 2 Jahren

BUNDMÖHREN
Gebinde von Frühlingsmöhrchen mit Grün

BÜNDNERFLEISCH
Dieses gepökelte und luftgetrocknete Rindfleisch ist eine besondere Spezialität aus dem Schweizer Kanton Graubünden, für die traditionell nur besonders zarte, feinfaserige und fettfreie Muskelstücke der Rinderkeule verwendet werden. Diese werden mit einer Mischung aus Salz, Pfeffer, Wacholderbeeren und Gebirgskräutern eingerieben, dann 3–6 Monate getrocknet. Das Fleisch verliert dabei bis zu 50 % seines ursprünglichen Gewichts. Serviert wird Bündnerfleisch hauchdünn geschnitten mit Schwarzbrot, Butter, frisch gemahlenem Pfeffer und einem trockenen Weißwein.

BUNDSALAT
meist als ▸ Römischer Salat bekannte Salatsorte (▸ Salate)

BUNTE BOHNE
▸ Wachtelbohne (▸ Bohnen)

BURENNÜSSE ▸ Erdnüsse

BURGENLAND
Mit rund 15 000 ha ist das gleichnamige Bundesland die zweitgrößte österreichische Weinregion (▸ Wein), die sich noch einmal in 4 eigene Anbaugebiete untergliedert (in der Reihenfolge ihrer Größe und zugleich von Nord

nach Süd): ▸ Neusiedlersee, Neusiedlersee-Hügelland, Mittelburgenland und Südburgenland. In rund 230 Weinorten gibt es ca. 9500 Weinbaubetriebe, die meisten davon mit hervorragenden klimatischen Bedingungen. Besonders bekannt ist das Burgenland für die Erzeugung von Rot- und Süßweinen. Die Roten werden vor allem aus den einheimischen Rebsorten Blaufränkisch, Zweigelt und St. Laurent, aber auch aus internationalen Rebsorten wie Cabernet Sauvignon, Pinot Noir und Merlot gekeltert. Erfolgreich sind die Winzer auch mit hochwertigen Cuvées daraus. Erstklassige edelsüße Weine kommen vor allem vom Neusiedlersee.

BURGER
Das bekannteste, aus den USA kommende Fast-Food-Produkt (▸ Fast Food), bestehend aus aufgeschnittenen Weizenbrötchen zwischen deren Hälften wie bei einem Sandwich „Füllungen" unterschiedlicher Art – aus Fleisch, Geflügel oder Fisch, mit oder ohne Gemüse bzw. Salat, mit verschiedenen Saucen kräftiger oder milder gewürzt – gelegt werden. Die beiden Klassiker sind der ▸ Hamburger (mit einem den deutschen Frikadellen ähnlichen „Hackfleischfladen") und der ▸ Cheeseburger (zusätzlich mit Käse belegt).

BÜRGERMEISTERKARTOFFELN
▸ Rahmkartoffeln

BURGUND
Historische Provinz Frankreichs (La Bourgogne) südöstlich von Paris (Hauptstadt Dijon) und ein berühmtes Weinanbaugebiet, aus dem viele edle (und teure) Weine aus den Rebsorten ▸ Chardonnay (weiß) und ▸ Pinot Noir kommen. Die Kernzone ist die Côte d'Or mit allein 22 der 23 so genannten Grand-Cru-Lagen für Rotweine, die an der Spitze der Qualitätspyramdie stehen. Legendäre Namen sind unter anderem Chambertin, La Tâche, Romanée-Conti, Bonnes-Mares, Montrachet oder Corton. Zum Burgund gehören weiter die nordwestlich abgesetzte Appellation Chablis (ausschließlich Weißwein) und das populäre Beaujolais. Dort ist allerdings nicht der Pinot Noir die weitaus dominierende Rebsorte, sondern der rote Gamay. Insgesamt werden auf rund 46 000 ha Anbaufläche knapp 3 Mio. Hektoliter Wein erzeugt. Die wichtigsten Rebsorten sind ▸ Cabernet Sauvignon und ▸ Merlot (▸ Wein).

BURGUNDER FONDUE
▸ Fondue bourguignonne

BURGUNDERSAUCE
(Sauce bourguignonne)
geputzte Champignonstücke mit fein gehackten Schalotten, Lorbeerblatt, Thymian und Petersilie in Rotwein eingekocht und mit Salz und Cayennepfeffer gewürzt, zu verschiedenem Fleisch und Geflügel

BURMABOHNE ▸ Limabohne (▸ Bohnen)

BURMA TAK
mit Hammelfleisch, Hühnerleber, Reis und Gewürzen gefüllte und in Fett gebackene Weinblätter, traditionelle persische Spezialität

BURRATA DI ANDRIA
(Butirri di Andria)
Aus dem Süden Italiens stammender ▸ Frischkäse (▸ Käse) vom Typ ▸ Filata, der ausschließlich aus Kuhmilch mit einem Fettgehalt von ca. 45 % i. Tr. produziert wird. Die beiden unterschiedlichen Namen für diesen Käse hängen mit der Form zusammen: Der Burrata ist kugelrund, der Butirri birnenförmig, ansonsten sind beide identisch. Der weiße, rindenlose Käse von der Konsistenz des ▸ Mozzarella wird in Blätter des Liliengewächses Affodill eingewickelt und in seinen Teig sind kleine Butterstückchen eingeschlossen.

BURRIDA
Fischspezialität der italienischen Riviera und Variante der provenzalischen ▸ Bourride aus verschiedenen kleinen Meeresfischen und Schalentieren in einem kräftig gewürzten Fischfond mit einer dicken Sauce aus Weinessig, Olivenöl, Zitronensaft, Zwiebeln, Knoblauch, Knollensellerie, getrockneten Steinpilzen und gehackter Petersilie

BURRITO
Fladen aus Weizenmehl nach mexikanischer Art mit gewürztem Hackfleisch, Käse und verschiedenem Gemüse

BURZELKRAUT ▸ Portulak

BUSCHBOHNEN
buschig und nicht besonders hoch wachsende Art der ▸ Gartenbohne (▸ Bohnen)

BUSECCA
Dicke, deftige Kaldaunen-Gemüse-Suppe und Spezalität der oberitalienischen Region Lombardei (Hauptstadt: Mailand), die aus gekochten und in Butter knusprig gebratenen Kaldaunen, gehacktem fetten Räucherspeck, Borlottibohnen, Weißkohl, Mohrrüben, Knollensellerie, Lauch, Tomaten, Wirsing und Zwiebeln besteht. Gewürzt wird Busecca gerne mit Safran, Kümmel, Salbei und Knoblauch.

BUTIRRI DI ANDRIA
▸ Burrata di Andria

BUTTE
verschiedene Vertreter aus der großen Familie der im Meer lebenden ▸ Plattfische mit zwei besonders geschätzten Speisefischen, dem ▸ Heilbutt und dem ▸ Steinbutt

BUTTER
aus der Milch von Kühen bzw. der daraus gewonnenen Sahne oder Molkesahne (-rahm) hergestelltes Streichfett (▸ Seite 86)

BUTTERBECHER
(Buttercups)
Sortengruppe der Speisekürbisse (▸ Kürbisse)

BUTTERBOHNE ▸ Limabohne

BUTTERBONBONS
Hart- oder Weichkaramellen (▸ Bonbons) mit mindestens 4 % Butterfett

BUTTERFISCH
(Dollarfisch)
Silber glänzender Vertreter der ▸ Meeresfische (▸ Fische) mit einem schlank-ovalen Körper, der vor allem an der gesamten US-amerikanischen Atlantikküste in Küstengewässern von maximal 60 m Tiefe und dort in Schwärmen vorkommt. Er hat ein festes, weißes und sehr schmackhaftes Fleisch mit wenig Gräten. Ein weiterer Grund für seine Beliebtheit in den USA ist seine praktische Portionsgröße.

BUTTERFRÜCHTE ▸ Avocados

BUTTERGEBÄCK
Sammelbegriff für feine Back- oder Dauerbackwaren, die mit keinem anderen Öl oder Fett als Butter hergestellt sind.

BUTTERKARTOFFELN
(Schwenkkartoffeln)
in Salzwasser gekochte und in zerlassener Butter geschwenkte kleine Kartoffeln

BUTTERKÄSE
Deutsches Erzeugnis nach Vorbild des italienischen ▸ Bel Paese (▸ Italico-Käse), das in den Fettstufen 45–50 % i. Tr. hergestellt wird. Der Weichkäse bzw. halbfeste Schnittkäse hat eine goldbraune bis rötliche Oberfläche, ist mild und butterähnlich in Geruch und Geschmack.

BUTTERKÄSE, DÄNISCHER ▸ Esrom

BUTTERKOHL ▸ Schnittkohl

BUTTERLING ▸ Butterpilz

BUTTERMILCH
An Nährstoffen reiche, aber fast fettfreie Flüssigkeit, die bei der Herstellung von Sauerrahmbutter übrig bleibt. Buttermilch ist ein erfrischendes Getränk, kann aber auch für Suppen, Saucen oder Gebäck verwendet werden.

BUTTERMISCHUNGEN
Nach Belieben bzw. je nach der beabsichtigten Verwendung gewürzte Butter, für die sich u. a. folgende Zutaten eignen: Kräuter, Gewürze, Senf, Meerrettich, Knoblauch, Nüsse, Paprika, Schalotten, Anchovis, Sardellen, Kaviar, Garnelen, Krebse, Hummer, Gäsenleber usw.
ZUBEREITUNG: *Die Zutaten können variieren, die Zubereitung von Buttermischungen ist aber immer*

„Alles in Butter“, nicht nur sprichwörtlich

Ausgrabungen in Ur, der einstigen Hauptstadt Mesopotamiens, belegen, dass die Sumerer bereits 5000 v. Chr. Butter herstellten. Heute ist Butter auf der ganzen Welt ein wichtiges Nahrungsmittel, von dem etwa 8 Mio. Tonnen pro Jahr produziert und verbraucht werden. Weltweit größter Butterproduzent sind die USA mit über 500 000 Tonnen. Die Mitgliedsstaaten der EU bringen es jährlich auf 1,9 Mio. Tonnen, angeführt von Frankreich und Deutschland mit jeweils zwischen 420 000 und 460 000 Tonnen. Der Pro-Kopf-Verbrauch liegt hierzulande bei etwa 6,5 kg im Jahr.

QUALITÄT UND KENNZEICHNUNG

Es gibt 3 Arten von Butter: Sauerrahmbutter, der vor der Reifung Milchsäurebakterien zugesetzt werden, sowie Süßrahmbutter und mildgesäuerte Butter, die ohne diesen Zusatz reifen.

Butter kommt in Deutschland vorwiegend in 2 Handelsklassen in den Verkauf: als qualitativ höherwertige Deutsche Markenbutter (die mindestens 20 auf einer Qualitätsskala von maximal 25 Punkten erreichen muss) und als nur noch selten angebotene Deutsche Molkereibutter (mindestens 15 Punkte). In beiden Klassen muss das „Ausgangsmaterial“ immer Kuhmilch sein; ansonsten besteht Kennzeichnungspflicht für die verwendete Milchart. Es gibt noch eine dritte Handelsklasse, die allerdings nicht an den Einzelhandel abgegeben wird und der Gastronomie usw. vorbehalten ist: Kochbutter. Diese eignet sich – im Gegensatz zur „normalen“ Butter – auch für Garmethoden mit sehr hohen Temperaturen.

Ungesalzene Butter muss einen Fettgehalt von mindestens 82 % haben und der Wasseranteil darf maximal 16 % betragen. Die sonstigen Inhaltsstoffe wie Milchzucker, Milcheiweiß, Mineralstoffe und fettlösliche Vitamine dürfen nicht mehr als 2 % ausmachen. Davon abweichen können die Werte von speziellen Butterarten wie z. B. gesalzene Butter, Jogurtbutter, Kräuterbutter, Senfbutter und Honigbutter.

VERWENDUNG

Süßrahmbutter eignet sich wegen ihren feinen und süßlichen Nuancen besonders für süße Speisen wie Torten, Feingebäck oder süße Brotaufstriche (in Kombination mit einer milden Brotsorte). Sie unterstreicht auch gut den Eigengeschmack von Gemüse wie Erbsen, Möhren oder Spargel.

Sauerrahmbutter ist dagegen in Verbindung mit herzhaften Speisen wie Fleisch, Wild oder Geflügel der Vorzug zu geben. Sie passt besonders gut zu Schinken, Wurst und Käse und unterstützt in der warmen Küche mit ihrer säuerlichen Note z. B. den Geschmack von Rindergulasch, Kalbsbraten, Suppen und Eintöpfen. Aber auch für süße Backwaren – vor allem mit Schokolade und Nüssen – kann Sauerrahmbutter verwendet werden.

Mildgesäuerte Butter vereint die Eigenschaften von Süß- und Sauerrahmbutter und kann universell eingesetzt werden.

AUFBEWAHRUNG

Butter wird am besten im Kühlschrank aufbewahrt, wo sie sich 20–30 Tage hält. Tiefgekühlt hat sie eine Haltbarkeit von 6–12 Monaten. Angebrochene Butter sollte immer gut verpackt werden, weil sie sehr schnell das Aroma stark riechender Speisen annimmt.

SCHON GEWUSST?

Die Bedeutung der Redewendung „alles in Butter“ für „alles in Ordnung“ kennt fast jeder, nur die Wenigsten wissen aber, wie und wann sie entstanden ist. Im Mittelalter war es üblich, zerbrechliche Gegenstände zum Transport über die holprigen Wege in Fässer mit flüssiger Butter zu „versenken“. Dann ließ man die Butter fest werden und schon war das Transportgut bestens geschützt. Am Ziel der Reise angekommen, wurde die Butter dann wieder verflüssigt und die Gegenstände konnten unversehrt hervorgeholt werden.

gleich: Butter schaumig rühren, mit den Zutaten vermengen, im Kühlschrank fest werden lassen, zur Rolle formen und in Alufolie wickeln. So hält sie sich im Kühlschrank 4 Wochen, tiefgekühlt sogar 6 Monate.

VERWENDUNG: *Buttermischungen eignen sich als Beilage zu gegrilltem Fisch oder Fleisch sowie als Brotaufstrich.*

BUTTERN

1. eine Form mit Butter ausstreichen
2. warme Speisen unterschiedlicher Art (z. B. Teigwaren, Gemüse, Reis, Saucen) vor dem Anrichten mit einem Stück Butter verfeinern
3. langes Schlagen der Sahne als entscheidender Vorgang bei der Butterherstellung

BUTTERNOCKERL(N)

in zerlassener Butter geschwenkte oder mit brauner Butter übergossene ▸ Nockerl(n) aus Butter, Ei und Mehl

BUTTERNUDELN

gekochte und in Butter geschwenkte, mit Salz und Muskatnuss gewürzte Nudeln

BUTTERNÜSSE

(Butternuts)

wichtige Sortengruppe der Speisekürbisse (▸ Kürbisse)

BUTTERPILZ

(Butterling, Butterröhrling, Kiefernpilz)

Mittelgroßer und relativ niedriger (deshalb gedrungen wirkender) Speise- und Marktpilz aus der großen Familie der Röhrlinge mit goldbraunem bis dunkelbraunem Hut, der mit einer Schleimschicht überzogen ist. Das weiße bis hellgelbe und „butterweiche" (aber auch leicht verderbliche) Fleisch riecht obstartig und schmeckt leicht säuerlich, es eignet sich besonders zum Braten. Butterpilze wachsen von Juli bis November in Nadelwäldern bevorzugt unter Kiefern.

BUTTERSAUCE, UNECHTE

▸ Bastardsauce

BUTTERSAUCEN

Sammelbegriff für alle mit Butter und Eigelb aufgeschlagenen Saucen, wie z. B. ▸ holländische Sauce oder ▸ Béarner Sauce

BUTTERSCHMALZ

Vor allem in Süddeutschland gerne verwendetes Back- und Bratfett, das durch Ausschmelzen der Butter gewonnen wird und somit völlig wasser- und eiweißfrei ist. Bei 0–5 °C aufbewahrt, ist Butterschmalz 3–4 Jahre haltbar.

BUTTERSCOTCH

Karamellsauce nach amerikanischer Machart, die in den USA zu verschiedenen Desserts (u. a. zum Bananensplit) kalt oder warm serviert wird. Ihre Zutaten sind brauner Zucker, Ahornsirup, Sahne, Butter, Vanillezucker und Salz.

BUTTERTEIG ▸ Blätterteig

BYRRH

Französischer Aperitif, der seit über 100 Jahren nach seinem traditionellen Rezept hergestellt wird. Dazu wird Rotwein (hauptsächlich aus der Rebsorte Carignan) mit einer Pflanzenessenz-Mischung aus Zimt, Chinarinde, Orangenschale, Kaffee und Kakao aromatisiert, was den typischen bitter-süßen Geschmack ergibt.

CABANOSSI
pikante, grobe Brühwürste aus Rind- und/oder Schweinefleisch, Fettgewebe und Gewürzen (teils nachgeräuchert), vor allem für Eintöpfe

CABERNET SAUVIGNON
Eine der beiden Hauptrebsorten (neben dem ▸ Merlot) der berühmten Weine aus Bordeaux und einer der Weltenbummler unter den roten Trauben: Aus Cabernet Sauvignon (Anbaufläche weltweit rund 260 000 ha) werden heute mehr Spitzenweine gekeltert als aus anderen Rebsorten. Sie zeichnet sich besonders durch tiefe Frucht (vor allem schwarze Johannisbeere), hohen Tanningehalt und ihr Alterungspotenzial aus (▸ Wein).

CABRALES
spanischer Blauschimmelkäse (45 % Fett i. Tr.), der aus der Milch von Rindern, Schafen und Ziegen hergestellt wird (▸ Käse) und üblicherweise 3–6 Monate in Höhlen reift

CACCIATORA, ALLA
italienische Zubereitungsart für Lamm, Huhn und Kaninchen bzw. Reis entweder mit Knoblauch, Rosmarin und Essig oder mit Tomaten, Zwiebeln, Speck und Pilzen

CACCIUCCO
traditionelle, ursprünglich aus der Toskana kommende italienische Fischsuppe aus verschiedenen Fischen (Drachenkopf, Knurrhahn, Meeraal, Tintenfisch) und Krustentieren in vielen regionalen Varianten

CACHONÜSSE ▸ Cashewnüsse

CACIOCAVALLO
Traditioneller italienischer Kuhmilchkäse (▸ Käse) mit 44 % Fett i. Tr., der Bestandteil vieler regionaler Spezialgerichte ist. Caciocavallo zählt zu den so genannten Pasta-Filata-Käsen (▸ Filata), oft auch Brüh- oder Knetkäse genannt; sein Herstellungsverfahren ähnelt dem des ▸ Mozzarella. Jung ist sein Geschmack mild und delikat, mit zunehmender Reifung wird er strenger und dann wird der Käse vorwiegend zum Reiben verwendet.
Der Caciocavallo ist der älteste noch bekannte Käse vom Pasta-Filata-Typ. In einer alten Schrift wird er bereits im 1. Jh. n. Chr. erwähnt, vermutlich gehen seine Ursprünge aber noch viel weiter zurück. Der Name „Pferdekäse" (so die wörtliche Übersetzung) ist der Überlieferung nach darauf zurückzuführen, dass Reiter ihn in Leder- oder Leinenbeuteln, die mit einer Schnur zusammengebunden waren, an ihre Sättel hängten. Daher kommt vermutlich auch die Sitte, Caciocavallo wie einen Kürbis oder eine Birne zu formen, das verdickte Ende mit einer Hanfschnur zu umwickeln und ihn hängend reifen zu lassen.

CADGERY
(Kadgeree, Kedgeree)
aus Ostindien stammendes Fischragout mit Reis, Eierscheiben und Sahne, gewürzt mit Currypulver

CAERPHILLY
Dem ▸ Cheddar ähnlicher Schnittkäse (▸ Käse) aus Kuhmilch (48 % Fett i. Tr.) mit einem weichen Teig, der jung frisch und leicht säuerlich, gereift etwas schärfer und bitterer schmeckt. Der Caerphilly ist nach der gleichnamigen kleinen Stadt in Südwales benannt, in der er gegen Mitte des 19. Jh. erstmals hergestellt wurde. Er gilt als der einzige berühmte Käse, der aus Wales stammt.

CAESAR SALAD
Für diesen Salatklassiker der US-amerikanischen Küche ist ▸ Römersalat die Grundlage. Angemacht wird der Salat mit einer Vinaigrette aus Eigelb, Olivenöl, Zitronensaft, Worces-

SCHON GEWUSST?

Mit dem römischen Herrscher Gaius Julius Cäsar (100–44 v. Chr.) hat ▸ Caesar Salad nichts zu tun. Er ist vielmehr nach dem Italiener Caesar Cardini benannt, der Anfang des 20. Jh. im US-amerikanischen San Diego lebte und im mexikanischen Tijuana das berühmte Hotelrestaurant Caesar's Place betrieb. Dort kreierte er im Jahr 1924 die Salatspezialität.

tersauce, Salz und Pfeffer, weitere sättigende Zutaten sind in Knoblauchöl geröstete Croûtons und Parmesanspäne. Abweichend vom Originalrezept wird Caesar Salad oft auch mit zerdrückten Sardellenfilets, Garnelen, Avocados, Tomaten oder Geflügelbrust angereichert.

CAKE
englische Bezeichnung für Kuchen, Kekse und generell Backwaren verschiedenster Art

CALAMARES / CALAMARI
▸ Kal(a)mare (▸ Tintenfische)

CALDEIRADA
portugiesischer Fischeintopf aus verschiedenen Fischen (z. B. Rotbarsch), Miesmuscheln, Garnelen (Gambas, Scampi) mit Kartoffeln, Tomaten und Zwiebeln als Hauptzutaten, gewürzt mit Lorbeerblättern, Olivenöl, Paprikapulver, Oregano, Cayenne- und Schwarzem Pfeffer, Salz, Weiß-, Portwein und Weinbrand

CALISSON
süßes, mit Zuckerguss überzogenes Mandelgebäck in Rautenform, bekannt vor allem in Südfrankreich

CALVADOS
Bekannter französischer ▸ Apfelbranntwein aus dem gleichnamigen Departement in der Normandie, der aus festen, teils säuerlichen Äpfeln hergestellt wird und durch die lange Reife in Eichenholzfässern (durchschnittlich 6 Jahre) sein besonderes Aroma erhält. Sein Alkoholgehalt liegt zwischen 38–50 Vol.-%

> **CAMEMBERT**
>
> Seinen Namen hat der ▸ Camembert von dem gleichnamigen Dorf in der Normandie. Der Legende nach geht seine Entstehung auf die Zeit der französischen Revolution (1789–1799) zurück und ist der Bäuerin Marie Fontaine Harel aus Camembert zu verdanken. Sie soll damals einem Priester aus Brie, Abbé Charles-Jean Bonvoust, Unterschlupf gewährt haben und von ihm in die Geheimnisse der Käseherstellung eingeweiht worden sein. Zum Durchbruch verhalf dem Camembert schließlich Kaiser Napoleon III. (1808–1873), der ihn auf die Hoftafel setzte.

CALZONE
vor dem Backen einmal zusammengeklappte Pizzaspezialität (ital. „calzone" = „Hose"), auch Tasche aus Brotteig mit einer cremigen Füllung aus Ricotta, Eiern, Käse sowie Schinken- und Wurstwürfeln

CAMARGUEREIS ▸ Roter Reis

CAMEMBERT
Traditionell aus Kuhrohmilch, heute aber oft auch aus pasteurisierter Milch hergestellter französischer Weichkäse (▸ Käse) mit einem geschmeidigen Teig und einer weißen Schimmelrinde, die man mitessen kann. Camembert gibt es – abgesehen von speziellen Light-Produkten – in den Fettstufen 30–60 % i. Tr. und als Camembert de Normandie AOC trägt er in seiner ursprünglichen Heimat sogar eine geschützte Herkunftsbezeichnung. Je nach Fettstufe kann er fein-säuerlich bis etwas kräftig-pikanter schmecken. Immer ist er aber relativ mild und hat eine charakteristische Pilznote (Champignons). Diese wird durch eine besondere chemische Verbindung hervorgerufen, die z. B. auch in Krabben und Hummern vorkommt. Reifer Camembert hat eine relativ weiche, cremige Konsistenz. Er lässt sich auch gut panieren und braten (gebackener Camembert).

CAMPANELLE
italienische Nudelart (▸ Pasta, ▸ Teigwaren) in Form von kurzen gerollten Röhrennudeln

CAMPARI
bitterer italienischer Aperitif, hergestellt aus Kräutern und Wein

CANAPÉS

(Kanapees, Schnittchen)

Kleine dünne Brotschnittchen (vorzugsweise Weißbrot oder Schwarzbrot) in verschiedenen Formen, die natur oder auch getoastet bzw. in Butter gebraten sein können. Die Canapés werden mit Butter oder Buttermischungen bestrichen und bunt belegt (z. B. mit verschiedener Wurst und Essiggurken, mit Schinken und gekochten Eiern, Käse, aber auch Fisch, Garnelen usw.) gerne als Appetithappen, Vorspeise, kleiner Zwischensnack oder auch als Imbiss gereicht (fr. „canapé“ = „Ruhebett“).

CANESTRATO DI MOLITERNO

▸ Moliterno

CANESTRINI

etwa 2 cm lange, schleifenförmige italienische Nudeln (▸ Pasta, ▸ Teigwaren)

CANNELLINI-BOHNEN

Bohnensorte (▸ Bohnen)

CANNELLONI

International verbreitete italienische Pasta-Spezialität (▸ Pasta, ▸ Teigwaren): Nudelteigrollen, die mit Hackfleisch, Fischfarce oder Gemüse gefüllt, teils überbacken und mit Tomaten-, Béchamel-Sauce usw. serviert werden. Canelloni gibt es auch als Fertigprodukt zu kaufen, meist tiefgekühlt.

CANNELONS

(Blätterteigröllchen)

Französische Variante der italienischen Canelloni aus gefüllten Blätterteigröllchen, die im Ofen gebacken werden und feine Füllungen wie Gänselebermousse, Räucherlachs, Garnelenfarce usw. enthalten (frz. „canne“ = „Rohr“).

CANNOLO

ursprünglich aus Sizilien bzw. Süditalien stammende süße Spezialität, bestehend aus einer in Öl gebackenen knusprigen Teigrolle mit einer Füllung aus gesüßtem Ricotta und kandierten Früchten oder auch Schokolade

CANTABRIA

Cremiger Kuhmilchkäse aus der spanischen Region Kantabrien, nach der er auch benannt ist, mit 45 % Fett i. Tr. Als Besonderheit wird der Cantabria in einer Salzlake mit einer Reifezeit von mindestens 7 Tagen aufbewahrt.

CANTAL

Halbfester, würziger ▸ Käse aus Kuhrohmilch mit 45 % Fett i. Tr., der zwischen Juni und September produziert wird und am besten in einem Alter von etwa 4 Monaten schmeckt. Er kommt aus dem gleichnamigen Departement in der Auvergne und trägt die Herkunftsbezeichnung AOC. Gut geeignet ist Cantal neben dem Frischverzehr auch zum Schmelzen. Nachweislich schon seit mehr als 2000 Jahren in der Auvergne hergestellt, gilt der Cantal als der älteste Käse Frankreichs.

CANTALOUPE

(Warzenmelone)

Zuckermelone (▸ Melonen)

CANTUCCINI

(Cantucci)

Trockenes toskanisches (ursprünglich aus Florenz stammendes) Mandelgebäck mit Anissamen und Pinienkernen, das in Italien am Ende einer Mahlzeit gerne zu süßem Wein (vor allem ▸ Vin Santo) gereicht wird. In Blechdosen lassen sich Cantuccini lange aufbewahren.

CAPELLINI

italienische Fadennudeln (auch als Engelshaar bezeichnet), noch deutlich dünner als Spagetti (▸ Pasta, ▸ Teigwaren)

CAPONATA

Traditioneller Eintopf der sizilianischen bzw. süditalientischen Küche aus geschmortem Gemüse (vor allem Auberginen und Tomaten, variierend auch grüne Paprikaschoten, Zwiebeln, Sellerie oder Fenchel) in einer süß-sauren Sauce (Zutaten Basilikum, Oliven, Petersilie, Knoblauch, Sardellen); wird oft kalt als Vorspeise gegessen.

CAPPELLETTI
italienische Teighütchen mit Hackfleisch- oder Käsefüllung (▶ Pasta, ▶ Teigwaren)

CAPPUCCINO
italienisches Kaffeegetränk mit aufgeschäumter Milch, bestreut mit Kakaopulver

CAPRESE
(Insalata Caprese)
Klassiker der italienischen Vorspeisenküche in den Nationalfarben aus Tomatenscheiben (rot) und ▶ Mozzarella (weiß) mit Basilikum (grün), Olivenöl, Salz und Pfeffer

CAPRICE (DES DIEUX)
industriell hergestellter und aus der Champagne stammender französischer Doppelrahmkäse (▶ Käse) aus pasteurisierter Kuhmilch mit 60 % Fett i. Tr. (frz. „caprice des dieux“ = „Laune der Götter“)

CAPRISALAT
dünne Kartoffelscheiben in heißer Fleischbrühe, mit Öl, Essig, Salz und Pfeffer angemacht und mit Orangenspalten garniert

CARAMEL ▶ Karamell

CARBONARA, ALLA
italienische Zubereitungsart für ▶ Teigwaren (vor allem ▶ Pasta) in einer Sauce aus gebratenen Speckwürfeln, Eiern, geriebenem Parmesankäse und einer Prise Muskat, ursprünglich aus dem Aostatal (Norditalien)

CARBONATA
allgemeine italienische Bezeichnung für angegrilltes Fleisch oder Gemüse, das anschließend in den Schmortopf kommt

CARDAMOM ▶ Kardamom

CARDY ▶ Karden

CARÊME
Zubereitungsarten der klassischen französischen Küche nach Marie-Antoine Carême:
1. mit Schinkenpüree gefüllte große Oliven und Kartoffelkroketten in Madeirasauce zu Fleisch
2. Kalbs- oder Geflügelkraftbrühe mit Kopfsalatstreifen, Spargelspitzen, Karotten und kleinen weißen Rüben
3. Fischklößchen, Trüffelscheiben und Fleurons zu Fisch in weißer Sahnesauce

Schon gewusst?

Marie-Antoine ▶ Carême (1784–1833), auch „der Unvergleichliche“ genannt, gilt als einer der „Väter“ der klassischen französischen Küche und leitete eine neue kulinarische und gastronomische Epoche ein. Dem berühmten Kochkünstler seiner Zeit verdanken wir zahllose Rezepte und wichtige Werke der Kochliteratur wie „Le Maître d'hotel francais“ oder „L'Art de la Cuisine francaise“. Die berufliche Laufbahn von Marie-Antoine Carême begann bereits mit 9 Jahren. Später wirkte der Meisterkoch nicht nur in seiner Heimat Frankreich, sondern auch an den europäischen Höfen und diente u. a. dem englischen König George IV. (1762–1830) und Zar Alexander I. (1777–1825). Als Koch der Könige legte Carême auch besonderen Wert auf die optische Präsentation seiner Kreationen.

CARIGNAN
Uralte, vermutlich aus Spanien stammende Rotweinrebe, die meist robuste und rustikale Weine erbringt. Diese spielen qualitativ zwar nicht in der „ersten Liga“, aber mit ca. 245 000 ha wird Crignan unter den roten Rebsorten nach ▶ Grenache weltweit am häufigsten angebaut (▶ Wein).

CARMENSALAT
Streifen von gekochtem Knollensellerie und Äpfeln mit Chicoréescheiben, gebunden mit leichter Mayonnaise, garniert mit Trüffel- und Eierscheibchen

CARNAROLI
italienische Reissorte (▶ Reis) hoher Qualität

CAROBA ▶ Johannisbrot

CAROLINA
Nordamerikanische Reissorte (▶ Reis)

CAROLINES ▶ Éclairs

CAROLINESALAT
Bananenscheiben, Orangenspalten und gehackte rote Paprikaschoten in Essig und Öl

CAROTINE ▸ Karotine

CARPACCIO
(Rohfleisch)
Nach dem Originalrezept in hauchdünne Scheiben geschnittenes rohes Rinderfilet, das mit einer kalten Sauce aus Mayonnaise, Worcestersauce, Zitronensaft, Milch, Salz und Pfeffer serviert wird. Heute wird die italienische Spezialität allerdings viel häufiger entweder mit einer Vinaigrette sowie Kapern und Sardellen angemacht oder auch nur mit Zitronensaft beträufelt, mit Parmesankäse bestreut und frisch gemahlenem Pfeffer gewürzt. Der Begriff Carpaccio wird mittlerweile als Synonym für eine Zubereitungsart von Speisen gebraucht, die aus dünn geschnittenen und marinierten Zutaten bestehen. Beispiele sind Fisch-, Wild-, Gemüse- und Obstcarpaccio.

SCHON GEWUSST?

Erfunden haben soll das ▸ Carpaccio um 1950 Giuseppe Cipriani, der Inhaber von Harry's Bar in Venedig, und zwar für einen weiblichen Stammgast: die Comtessa Mocenigo. Dieser hatte ihr Arzt den Genuss von gekochtem Fleisch verboten und Cipriani machte aus der Not eine Tugend. Der Name der beliebten Vorspeise geht auf den berühmten venezianischen Maler Vittore Carpaccio (1460–1526) zurück.

CARRÉ DE L'EST
aus pasteurisierter Kuhmilch hergestellter viereckiger Weichkäse (▸ Käse) aus der französischen Champagne mit 45–50 % Fett i. Tr., dem Brie bzw. Camembert ähnlich, mild und etwas säuerlich-herb im Geschmack

CARUBIN ▸ Johannisbrotkernmehl

CASHEWNÜSSE
(Acajous, Cachonüsse, Elefantenläuse)
Die Frucht des 7–20 m hohen Acajou- oder Nierenbaumes, der seine Heimat in Südamerika haben dürfte, ist botanisch keine echte Nuss, sondern eine einsamige Steinfrucht. Der Hauptproduzent von Cashewnüssen ist heute Indien, weitere wichtige Erzeugerländer sind z. B. Brasilien, Nigeria, Kenia, Indonesien und Hawaii. Die Cashewnüsse werden von zwei Schalen (vor allem die innere ist extrem hart) umschlossen, zwischen denen sich ein ätzendes und toxisches Öl befindet. Das macht zur Gewinnung der Nüsse ein aufwendiges Verfahren notwendig. Roh sind Cashewnüsse ungenießbar, sie müssen auf jeden Fall geröstet werden. Im Vergleich zu den meisten anderen „Nüssen" haben sie einen relativ niedrigen Fettanteil. Sie sind aromatisch-süßlich und erinnern in ihrem Geschmack an Mandeln.

VERWENDUNG

Cashewnüsse sind nicht nur eine beliebte Knabberei, sondern werden vor allem in der asiatischen und südamerikanischen Küche viel verwendet. Sie schmecken sehr gut in Kombination mit Reis (Currys) und Nudeln, kommen in Eintöpfe, Suppen und Salate, aber auch in Kuchen und Desserts.

CASSATA
In ihrer süditalienischen Heimat war die Cassata ursprünglich ein Kuchen mit Biskuit- oder Sandteigboden und Schichten von gesüßtem Ricotta oder Schokolade und kandierten Früchten. Heute ist sie aber als Eisspezialität mit Vanille-, Himbeer- und Schokoladeneis sowie mit Rum aromatisierten Dickzuckerfrüchten weit bekannter.

CASSIA ▸ Zimt

CASSIS
bekannter französischer Branntwein bzw. Likör aus schwarzen Johannisbeeren (▸ Crème de Cassis)

CASSISBEEREN ▸ schwarze Johannisbeeren (▸ Johannisbeeren)

CASSOULET
Klassischer und deftiger französischer Eintopf in vielen regionalen Varianten, der hauptsächlich aus weißen Bohnen, Schweine- und Hammelfleisch, Gans und/oder Ente und Knoblauchwurst besteht. Weitere wichtige Zutaten sind Möhren, Zwiebeln und Rotwein, zum Würzen dienen vor allem Thymian, Lorbeerblätter und Knoblauchzehen. Das Cassoulet stammt vermutlich aus dem Südwesten Frankreichs, aus der Gascogne. Schon die alten Römer sollen sich mit dem köstlichen Eintopf gestärkt haben. Als besondere Spezialität gelten die Cassoulets von Castelnaudry, Carcassonne und Toulouse.

CASTELLO BLUE
sahnig-weicher Blauschimmelkäse (▶ Käse) aus Dänemark mit 70 % Fett i. Tr. und einem deutlichen Pilzaroma

CATALANE, À LA ▶ katalanische Art

CATALOGNA ▶ Blattzichorie

CAVA
in Spanien und Portugal gebräuchliche Bezeichnung für nach Champagner-Methode (▶ Champagner) erzeugten ▶ Schaumwein (▶ Wein)

CAVATAPPI
kurze italienische Nudeln (▶ Pasta, ▶ Teigwaren) in Korkenzieherform

CAYENNEKIRSCHEN
▶ Surinamkirschen

CAYENNEPFEFFER
Scharfes Würzpulver, das aus getrockneten und gemahlenen roten Chilischoten (▶ Chilis) hergestellt wird und diesen somit in Farbe und Aroma ähnelt. Da die Schärfe weit stärker ausgeprägt ist als das Aroma, eignet sich Cayennepfeffer grundsätzlich für alle Gerichte und Zubereitungen, bei denen zur Abrundung Hintergrundschärfe erwünscht ist.

CEDRAT ▶ Zitronat

CELENTANI
italienische Nudelart (▶ Pasta, ▶ Teigwaren) in Form von kleinen Locken

CÉLESTINES
in Streifen geschnittene Eier- oder Kräuterpfannkuchen als Suppeneinlage (▶ Flädle, ▶ Frittaten)

CEREALIEN
(Zerealien)
Von Ceres, der römischen Göttin des Getreides und des Ackerbaus, abgeleitete allgemeine Bezeichnung für Feldfrüchte, insbesondere Getreide. Heute werden als Cerealien oft auch zu Flocken, Grütze oder Schrot verarbeitete Getreidekörner in Müslis oder Breien, Suppen, Desserts oder Gebäck bezeichnet.

CERVELAT(WURST)
(Schlackwurst, Zervelatwurst)
feinkörnige und schnittfeste Rohwurst aus Rind-, Schweinefleisch und Speck, gewürzt und geräuchert

CEVAPCICI
Vor allem auf dem Balkan verbreitete Spezialität, von der man viele regionale Varianten kennt. Traditionell wird für die kleinen Röllchen aus Hackfleisch ausschließlich Rind- und Lammfleisch verwendet, oft wird aber auch Schweinefleisch daruntergemischt. Mit reichlich Knoblauch, Paprika, Majoran, Salz und Pfeffer wird die Fleischmischung kräftig gewürzt, anschließend kommen die fertigen Röllchen auf den Holzkohlegrill oder werden in Öl gebraten. Cevapcici serviert man mit ▶ Ajvar und fein geschnittenen Zwiebeln.

CEYLONTANG ▶ Agar-Agar

CEYLONSPINAT
(Surinamportulak)
im tropischen Asien und Amerika kultivierte Pflanze, deren Triebspitzen und Blätter wie ▶ Portulak als Gemüse, Salat oder Küchenkraut Verwendung finden

CHABICHOU (DU POITOU)
Weichkäse aus Ziegenmilch (45 % Fett i. Tr.) mit eigener ▶ AOC aus der Gegend Poitou-Charentes, die heute als die bedeutendste Ziegenkäse-Region Frankreichs gilt (▶ Käse). Zu einem „Markenzeichen" von Chabichou ist seine

SCHON GEWUSST?

Schon seit dem 8. Jh. soll ▶ Chabichou in der Gegend um Poitou erzeugt werden und der Legende nach wurde er von den Sarazenen dort eingeführt. Die gebräuchliche Abkürzung Chabi soll eine Verballhornung des arabischen Wortes für Ziege „Chebli!" sein.

leicht konische Zylinderform geworden. Sein dezentes Ziegenaroma und sein leicht milchig-säuerlicher Geschmack machen ihn nicht nur pur gegessen zum Genuss, sondern Chabichou eignet sich auch für die kalte und warme Küche ganz ausgezeichnet.

CHABLIS
zum französischen Anbaugebiet ▸ Burgund gehörende berühmte Appellation für Weißweine aus der Rebsorte ▸ Chardonnay (▸ Wein)

CHALBE
aus Sesam, Zitronat und Honig zubereitete jüdische Fastenspeise

CHALVA ▸ Halva

CHAMIN ▸ Tscholent

CHAMOIS D'OR
ein das ganze Jahr über in Großproduktion hergestellter französischer Markenweichkäse (▸ Käse) aus Kuhmilch mit 60 % Fett i. Tr. und weißem Edelschimmelbelag, cremiger Teig, im Geschmack mild und leicht nussig

CHAMPAGNER
Schäumendes Luxusgetränk mit einer geschützten Bezeichnung: Champagner darf ein ▸ Schaumwein (▸ Wein) nur dann heißen, wenn er auch wirklich in der historischen französischen Provinz Champagne östlich von Paris nach dem so genannten Champagnerverfahren mit einer zweiten Gärung in der Flasche (▸ Flaschengärung) und langem Hefelager hergestellt wurde. Auf einer Anbaufläche von rund 30 000 ha werden jährlich 250–300 Mio. Flaschen Champagner produziert. Die 3 Hauptrebsorten (sie nehmen zusammen 99 % der Fläche ein) sind die beiden roten ▸ Pinot Noir und Pinot Meunier und die weiße ▸ Chardonnay. Trägt ein Champagner den Zusatz Blanc de Blancs, so darf er ausschließlich aus Chardonnay hergestellt werden; ein Blanc de Noirs dagegen ist ebenfalls weiß, aber aus roten Trauben gekeltert.

CHAMPAGNERKRAUT
mit Speck und gespickter Zwiebel in Weißwein und Fleischbrühe gedünstetes und kurz mit Schaumwein – in der Edelvariante mit Champagner, von dem es auch seinen Namen hat – aufgekochtes Sauerkraut

CHAMPAGNERSENF
mit Weinen aus der Champagne abgerundeter, milder ▸ Speisesenf zu Fleisch sowie für Senf- und Salatsaucen

CHAMPIGNON
(Edelpilze, Egerlinge)
weltweit am meisten gezüchteter Speisepilz (▸ Seite 95)

CHANTILLYSAUCE
(Sauce chantilly)
mit Schlagsahne vermischte ▸ holländische Sauce zu Hummer (und anderen Krustentieren), pochiertem weißen Geflügel, gekochtem Fisch, Spargel und Artischocken

CHAOURCE

Ursprünglich aus dem gleichnamigen Ort in der Champagne stammender sahnig-weicher und dem Brie ähnlicher Kuhmilchkäse (50 % Fett i. Tr.), der das ganze Jahr hergestellt wird (▸ Käse). Das zarte Frühlingsgras verleiht allerdings den Käsen, die im Mai/Juni in den Handel kommen, eine besonders delikate Note. In Aroma und Geschmack ist Chaource rahmig und leicht säuerlich.

CHAPELURE
mit der Kruste zerriebenes altbackenes Weißbrot bzw. Semmeln als ▸ Paniermehl (Chapelure blonde) oder entrindetes und durch ein Drahtsieb geriebenes frisches Weißbrot (frz. „chappe“ = „Kappe“, „Überzug“)

CHARDONNAY
(Morillon)
Rebsorte der großen Weißweine aus dem ▸ Burgund mit zwei Parallelen zum roten ▸ Ca-

Champignon – der Speisepilz Nummer 1

Die sowohl in Europa wie auch in der Neuen Welt am meisten gezüchteten Speisepilze gehören botanisch zur Ordnung der Blätterpilze. Die größten europäischen Champignonzuchten liegen in Frankreich, Deutschland, Polen, Dänemark und England. Champignons eignen sich aber nicht nur besonders gut zur Zucht, sie wachsen auch in der freien Natur in großer Zahl.

SORTENVIELFALT

Allein in Mitteleuropa gibt es rund 40 verschiedene Arten. Die beiden wichtigsten sind der Wiesen- oder Feldchampignon und der Waldchampignon, bei dem für nicht so geübte Pilzsammler jedoch höchste Vorsicht geboten ist: Er kann nämlich – vor allem jung – mit den tödlich giftigen Knollenblätterpilzen verwechselt werden.
Eine weitere wichtige Champignonart sind die bräunlichen Egerlinge, die aromatischer und schmackhafter als die weißen Kulturchampignons sind.
In Frankreich werden Champignons bereits seit dem 17. Jh. in dunklen, feuchten Kellern, stillgelegten Kohlegruben und Höhlen gezogen. Die Kultivierung erfolgt in einem genau kontrollierten Milieu. Dazu werden große Beete mit zuvor fermentiertem und pasteurisiertem natürlichem (meist Pferdemist) oder künstlichem Dung (aus Heu, Stroh, Baumrinde, Maiskolben, Gips oder Kalium) angelegt. Darauf verteilt man dann sogenannte Myzelien, sehr feine Geflechte aus einzelligen Sporen, welche die Vermehrung der Pilze bewirken. Die berühmtesten Vertreter der Zuchtchampignons sind die weißköpfigen Champignons de Paris. Sie kommen seit rund 200 Jahren aus den unterirdischen Steinbrüchen von Carrières-sous-Bois nahe der französischen Hauptstadt.

EINKAUFSTIPP

Zuchtchampignons gibt es im Handel das ganze Jahr über frisch, getrocknet, als Konserven oder tiefgefroren (in dünne Scheiben geschnitten). Sie sollten möglichst fest, dickfleischig und nicht beschädigt, vertrocknet oder fleckig sein. Im Handel gibt es 1. Wahl (frisch geerntet, kleine und geschlossene Köpfe) und 2. Wahl (größere leicht geöffnete Köpfe), was aber eine rein optische Differenzierung ist. Manche Feinschmecker bevorzugen die zweite Wahl, weil Aroma und Geschmack dieser Pilze meist intensiver ist. Klare Abstriche in der Qualität sind bei der 3. Wahl (offene Köpfe, Stücke und Stiele) zu machen.

ZUBEREITUNG

Frische Champignons sollten vor der Verarbeitung mit Küchenkrepp (oder einem speziellen Pinsel) gereinigt werden. Am besten verarbeitet man die Pilze sofort, ansonsten beträufelt man sie mit etwas verdünntem Zitronensaft, damit sie nicht braun werden. Bei schwacher Hitze zu lange gegart, schrumpfen Champignons zusammen und trocknen aus. Deshalb sollten sie nur wenige Minuten bei starker Hitze und unter ständigem Umrühren gebräunt werden.

VERWENDUNG

Champignons sind roh oder gegart äußerst vielseitig verwendbar. Sie gehören in viele Fleisch-, Hackfleisch-, Fisch-, Käsegerichte, Eintöpfe und Eierspeisen, passen gut zu Kartoffeln, Gemüse, Pürees, Teigwaren und ganz besonders zu Reis (z. B. im ▶ Risotto), eignen sich für Füllungen und sind ein wichtiger Bestandteil vieler Suppen, Saucen und Salate. Große Köpfe lassen sich auch sehr gut pikant füllen oder panieren und backen. Passende Gewürze sind u. a. Thymian, Oregano, Basilikum, Knoblauch oder Paprika.

AUFBEWAHRUNG

Im Gemüsefach des Kühlschranks halten sich Champignons in einer Papiertüte oder in ein feuchtes Tuch gewickelt bis zu 1 Woche. Gut können sie – entsprechend vorbereitet – auch eingefroren werden; in Fett geschmort 3–4 Monate, fertig gekocht sogar bis zu 8 Monate.

bernet Sauvignon: Auch der Chardonnay hat von Frankreich aus einen unaufhaltsamen Siegeszug gestartet und ist dank der Spitzenqualität, die er unter den verschiedensten Anbaubedingungen hervorbringen kann, nun auf einer Anbaufläche von rund 140 000 ha über die ganze Welt verbreitet (▸ Wein). Geradezu prädestiniert ist Chardonnay für den Ausbau im ▸ Barrique.

CHARIVARISALAT

Würfel von Birnen, Äpfeln, roten Rüben, Möhren, Kartoffeln, Knollensellerie, Champignons und salzigen Gurken in kräftig gewürzter Mayonnaise

CHARLOTTEN

Süßspeisen, die in einer zylindrischen Form zubereitet und nach der Fertigstellung gestürzt werden. Die Form wird mit Löffelbiskuits, Waffeln oder Weißbrotscheiben ausgelegt und mit Fruchtpürees, Cremes, Gelees, Speiseeis, Sahne usw. gefüllt. Die Charlotten wurden vermutlich Ende des 18.Jh. in England kreiert und erhielten ihren Namen von der Gemahlin Georgs III. (1760–1820). Am berühmtesten ist die „Charlotte russe" (bayerische Creme mit Schlagsahne, Vanille und kandierten Früchten in einem „Bett" aus Löffelbiskuits), die von Marie-Antoine ▸ Carême erfunden wurde.

CHAROL(L)AIS

bei Feinschmeckern hoch geschätzte Mastrindrasse (▸ Rind) mit einem besonders saftigen und zarten Fleisch

CHARTREUSE

1. Bekannter französischer Kloster- und Kräuterlikör, der bis zum heutigen Tag von den Mönchen des Klosters Grande Chartreuse (in den Alpen oberhalb von Grenoble) in Voiron produziert wird. Von dem Kartäuserlikör gibt es – abgesehen von besonders edlen und raren Spezialabfüllungen – zwei Hauptarten: den kräftigeren und „schärferen" Chartreuse Verte (grüner Kartäuserlikör) mit einem Alkoholgehalt von 55 Vol.-% und den milderen und süßlicheren Chartreuse Jaune (gelber Kartäuserlikör) mit 43 Vol.-%.
2. ▸ Kartäusergericht

SCHON GEWUSST?

Die Rezeptur von 1605 und das genaue Herstellungsverfahren von Chartreuse (das erst 1755 vom „Apothekermönch" Jérôme Maubec entwickelt wurde) sind noch heute ein Geheimnis, das trotz modernster Labortechnik nicht gelüftet werden konnte. Nur ein ausgewählter Kreis von Kartäusermönchen kennt die Rezeptur, die unter anderem aus 130 Pflanzen und Kräutern bestehen soll. Fünf Jahre lang reift Chartreuse vor Abfüllung und Verkauf in großen Eichenholzfässern.

CHASSELAS ▸ Gutedel

CHASSEUR, À LA ▸ Jäger-Art

CHATEAUBRIAND

(Doppellendenstück)
Doppeltes, etwa 4 cm dickes Filetsteak, das aus der Mitte des Rinderfilets geschnitten wird und 400–500 g wiegen sollte; folglich eine Portion für 2 Personen. Es verdankt seinen Namen Francois René Vicomte de Chateaubriand (1768–1848), der dadurch größere Berühmtheit erlangte als durch sein Wirken als Staatsmann und Schriftsteller. Erstmals zubereitet wurde das Chateaubriand vermutlich vom Küchenchef des Vicomte.

CHÂTELAINE-DRESSING

Salatdressing zu gleichen Teilen aus gewürzter Mayonnaise und ungesüßter Schlagsahne

CHAUDEAU

im heißen Wasserbad zubereiteter ▸ Weinschaum (frz. „chaud" = „heiß", „eau" = „Wasser")

CHAUDFROID

Warm zubereitete und eiskalt servierte Fleisch-, Geflügel- und Wildspeisen in ▸ Aspik bzw. ▸ Chaudfroidsauce, auch als ▸ Sulzgerichte bezeichnet (frz. „chaud" = „heiß", „froid" = „kalt").

CHAUDFROIDSAUCE

(Sulzsauce)

Mit Gelatine gebundene weiße oder braune Sauce mit verschiedenen Aroma gebenden Zutaten, die man kalt rührt, dann über Fleisch-, Geflügel- oder Wildspeisen gießt und fest werden lässt.

> **Schon gewusst?**
>
> Wie bei so vielen anderen Gerichten bzw. Zubereitungsarten dürfte auch die „Erfindung" des ▸ Chaudfroid einem Zufall zu verdanken sein. Der Überlieferung nach soll Louis Alexandre Berthier (1753–1815) – französischer Marschall, Generalstabschef Napoleons I. und Kriegsminister – einst von einem Souper weggerufen worden sein. Als er nach einiger Zeit zurückkehrte, war das Hühnerfrikassee auf seinem Teller kalt und erstarrt. Er probierte es dennoch und fand so großen Gefallen daran, dass es fortan bei jedem festlichen Essen auf dem Speiseplan stand.

CHAUMES

Französischer Weichkäse aus Kuhmilch (50 % Fett i. Tr.) mit würzigem Geschmack und kräftigem Aroma, der in Großproduktion hergestellt wird (▸ Käse). Die gelborange, leicht schmierige Rinde muss vor dem Verzehr (mit frischem Baguette oder auf schwarzem Brot) weggeschnitten werden. Gut geeignet ist Chaumes auch zum Schmelzen (z. B. auf gebratenen Kartoffeln).

CHAUSSON

lauwarm oder kalt gegessener Strudel bzw. Blätterteigtasche mit Fruchtkompott (vor allem Apfel-), als Vorspeise auch pikant mit Ragout oder Käse gefüllt und warm serviert

CHAYOTE

(Choco, Chouchou)

Birnen- bis quittenförmige Frucht eines vor allem in tropischen Ländern verbreiteten Gurkengewächses, die bis 20 cm lang, 4–8 cm dick und bis 500 g schwer wird. Im Winter kommt das tropische Gemüse mit seinem relativ neutral schmeckenden, leicht süßlichen Fleisch und dem ebenfalls essbaren, nussigen Kern auch bei uns in den Handel. In der Regel wird es halbiert oder in kleine Stücke geschnitten, geschält und gekocht oder gedünstet. Die bis 10 kg wiegenden Wurzelknollen werden in Mittelamerka auch zur Stärkegewinnung genutzt.

VERWENDUNG

Chayote wird warm wie Kartoffeln als Beilage zu Fleischgerichten gereicht oder als Suppeneinlage verwendet. Kalt werden daraus Salate zubereitet. Man kann die Hälften auch mit gut gewürztem Lammfleisch, mit Scampi oder Hummer füllen und kalt servieren oder im Ofen überbacken. Leicht gesüßt können gedünstete Chayote-Würfel auch als Kompott gereicht werden.

CHEDDAR

Weltweit am meisten und überwiegend industriell hergestellter Schnittkäse (▸ Käse) aus frischer, vollfetter Kuhmilch (original mit 48 % Fett i. Tr.), der sich durch ein intensives Aroma und einen nussartigen Geschmack auszeichnet. Cheddar wird in seiner englischen Heimat (benannt ist er nach dem gleichnamigen Dorf in der Grafschaft Somerset in Südwestengland) bei einer durchschnittlichen Reifezeit von 3–6 Monaten in großen Rädern (40 cm Durchmesser, 40 cm hoch und rund 40 kg schwer) produziert und fast überall auf der Welt imitiert.

CHEESEBURGER

ein zusätzlich mit Käse belegter ▸ Hamburger (▸ Burger)

CHEMISIEREN

das gleichmäßig dünne Ausgießen oder Auskleiden einer Form oder Teighülle mit Gelee oder einer anderen weichen Masse bevor die eigentliche Füllung hineinkommt

CHENIN BLANC

Spät reifende und vielseitige weiße Rebsorte (▸ Wein), die aus Frankreich stammt und heute in vielen Weinbauländern auf insgesamt rund 50 000 ha Anbaufläche verbreitet ist. Neben der Erzeugung trockener Weine eignet sich die Chenin Blanc aufgrund ihrer Neigung zur ▸ Edelfäule auch besonders gut zur Produktion erstklassiger Süßweine, wie sie vor allem von der ▸ Loire kommen.

CHERBAH

berühmte arabische Zwiebelsuppe mit Tomatenscheiben, klein geschnittenen roten Paprikaschoten und Knoblauchzehen, manchmal mit Schaffleisch als Einlage, gewürzt mit gehackter frischer Pfefferminze, Pfeffer und Salz

VERWENDUNG

Cherimoyas werden meist frisch verwendet, da sich ihr Aroma durch das Kochen deutlich verschlechtert. Das gekühlte Fruchtfleisch löst man am besten mit einem Löffel aus der Schale, um es zu Obstsalaten, Sorbets, Speiseeis, Konfitüre, Gelee, Kompott, Säften oder Mixgetränken zu verarbeiten. Die Südfrucht eignet sich ebenso für Kuchen und passt zu Jogurt und Plätzchen. Man kann das Fruchtfleisch auch einfach mit Vanillezucker oder kandiertem Ingwer bestreut oder mit Weinbrand bzw. Likör beträufelt essen. Ebenso probierenswert ist Sekt mit Cherimoyawürfeln.

CHERIMOYA

(Annone, Custardapfel, Zimt-, Zuckerapfel)
Exotische Frucht des so genannten Flaschenbaumes, dessen Heimat die hoch gelegenen Täler der peruanischen Anden sind. Heute wird sie in vielen tropischen und subtropischen Gegenden kultiviert und kommt das ganze Jahr über zu uns, vorwiegend aus Brasilien, Chile, Mexiko, Peru, Spanien, Westafrika, Israel, Thailand und Sri Lanka. Die Cherimoya ist die kulinarisch wertvollste unter den Annone-Arten und gilt neben Ananas und Mangos als die beste, allerdings weniger bekannte Südfrucht. Die feinsten ihrer über 80 Sorten haben ein aromatisches und erdbeerähnliches weiß-bläuliches Fruchtfleisch mit einem harmonischen Süße-Säure-Verhältnis.
Die meist herzförmigen Früchte sind 7–14 cm lang und von einer grau-grünen schuppigen (manchmal auch glatten) Schale umgeben. Sie sind reif, wenn die Schale dunkelt und auf Fingerdruck nachgibt. Besonders hoch ist dann ihr Gehalt an Kohlenhydraten und Vitamin C.
AUFBEWAHRUNG: *Reife Cherimoyas halten sich im Gemüsefach des Kühlschranks. Bei Überreife fangen sie schnell an zu gären. Zum Einfrieren eignen sich die Früchte nicht.*

CHERRY BRANDY

aus Kirschbranntwein, Kirschsaft, hochprozentigem Alkohol, Zucker und Wasser hergestellter Kirschlikör mit mindestens 30 Vol.-%

CHERRYTOMATEN ▸ Kirschtomaten

CHESHIRE

(Chester)
In der Gegend um Chester und in den benachbarten Grafschaften hergestellter englischer Schnittkäse (▸ Käse) aus Kuhmilch, der wie der Cheddar 48 % Fett i. Tr. hat und 3–6 Monate Reifezeit braucht. Seinen besonderen Geschmack und seine außergewöhnliche Qualität verdankt der Cheshire (oder Chester, wie er vor allem in Frankreich und Belgien genannt wird) dem salzhaltigen Weideland im Grenzgebiet zu Wales, das sich auf die Milch der dort weidenden Kühe auswirkt. Die besten Cheshire-Erzeuger benutzen Rohmilch.

SCHON GEWUSST?

Der ▸ Cheshire ist ein sehr alter Käse, der aus der Zeit der Kelten stammen soll. Nach der traditionellen, heute aber fast ausgestorbenen Herstellungsmethode entwickelte er den so genannten „Green Fade", einen Blauschimmel mit grünlicher Färbung (was sich durch die aprikosenähnliche Farbe des Käses erklärt). Mittlerweile hat man als „Ersatz" eine spezielle Blauschimmel-Variante entwickelt, die als Blue Cheshire gehandelt wird.

CHÈVRE

(Ziegenkäse)
Sammelbegriff für in Frankreich seit Jahrhunderten hergestellte ▸ Käse aus Ziegenmilch (▸ Ziegenkäse), von denen es mehr als 60 Arten und eine besonders große Formenvielalt gibt. Die Rinde ist weiß, gelb, braun oder blau, spezielle Käse sind mit Kümmel bestreut oder in Weinblätter gewickelt. Guter Chèvre ist pikant und aromatisch. Bekannte Chèvres sind ▸ Chabichou, ▸ Crottin, ▸ Pélardon, ▸ Picodon und ▸ Sainte-Maure.

CHIANINA

italienische Mastrindrasse (▸ Rind), vor allem in der Toskana

CHIANTI

Bekanntes, klar umrissenes DOCG-Gebiet für trockene Qualitäts-Rotweine (▸ Wein) mit knapp 7000 ha im italienischen Weinanbaugebiet ▸ Toskana, dessen Hauptrebsorte wie auch beim berühmten ▸ Brunello di Montalcino der ▸ Sangiovese ist. Die Kernzone wird als Chianti Classico bezeichnet.

CHICKENBURGER

Hacksteak aus Hühnerfleisch (▸ Burger)

CHICKEN WINGS

gegrillte marinierte Hähnchenflügel

CHICO ▸ Sapodilla

CHICORÉE

(Brüsseler Endivie, Witloof)

Von der ▸ Zichorie abstammende Gemüseart, die mit relativ großem Aufwand produziert wird. Während Chicorée früher nur angebaut wurde, um die unterirdischen Speicherorgane als Wurzelgemüse zu verzehren, sind diese heute in erster Linie das Ausgangsmaterial zur Erzeugung der im Dunkeln getriebenen und daher weißen, 10–20 cm langen Blattsprossen (▸ Bleichgemüse) mit einem Durchmesser von rund 5 cm. Der vor allem in Belgien, Holland, Frankreich und Italien angebaute Chicorée hat einen frischen und leicht bitteren Geschmack. Eine neu gezüchtete Sorte aus Chicorée und ihrem roten „Ableger" ▸ Radicchio, der Rote Chicorée, schmeckt etwas milder.

VOR-/ZUBEREITUNG: *Chicorée muss in der Regel nicht geputzt werden, es genügt, die äußeren Blätter mit einem feuchten Tuch abzureiben bzw. welke Außenblätter zu entfernen. Die Sprossen werden im Ganzen verwendet oder klein geschnitten. Wer Chicorée nicht ganz so bitter mag, schneidet am unteren Ende einen 3–4 cm langen Keil aus der Mitte des Strunks heraus, denn dort sitzen die meisten Bitterstoffe. Man sollte ihn nicht längere Zeit im Wasser liegen lassen, denn dabei verstärken sich die Bitterstoffe.*

VERWENDUNG: *Chicorée schmeckt roh als Salat mit einer Vinaigrette oder Mayonnaise und gegart als Gemüse zu den verschiedensten Gerichten – entsprechend unterschiedlich sind auch die Zubereitungsarten (z.B. in Rotwein und Fleischbrühe oder mit gehackten Schinken- und Speckwürfeln in Butter gedünstet). Man kann die Blätter auch mit Käse füllen.*

CHIFFERI

italienische Nudelhörnchen (▸ Pasta, ▸ Teigwaren)

CHIFFONADE

in lange, schmale Streifen geschnittene Blätter von frischen Gemüse-, Kräuter- und/oder Salatpflanzen als delikate Suppeneinlage (frz. „chiffon" = „Lappen")

CHILEKRABBEN ▸ Langostinos

CHILI CON CARNE

scharf gewürzter, aus Mexiko bzw. dem Südwesten der USA stammender Eintopf aus Roten Bohnen, Rindfleischstreifen, Tomaten, Zwiebeln, Knoblauchzehen, Chilis, Oregano und anderen Gewürzen

CHILIPULVER

(Chilipfeffer)

mildes bis sehr scharfes Gewürzpulver, ursprünglich ausschließlich aus Chilis, heute aber meist eine Mischung aus Chilis und anderen Gewürzen (Nelken, Knoblauch, Koriander, Kreuzkümmel, Oregano, Paprika usw.)

CHILIS

(Beißbeeren, Cayenne-, Gold-, Teufelspfeffer)

Die kleinste und mit Abstand schärfste Art von Paprika mit leuchtend roten, grünen, gelben oder orangefarbenen Früchten, die zwar gemeinhin als ▸ Schoten bezeichnet werden, botanisch aber (wie jeder Paprika) Beeren sind. Die Pflanze ist im tropischen und subtropischen Süd- und Mittelamerika heimisch, wo sie von den Indianern schon vor Jahrtausenden kultiviert wurde. Heute werden Chilis neben ihrer Heimat vor allem in Indonesien, Indien und Thailand, in Westafrika, der Türkei und den südlichen USA angebaut. Ihr Geruch ist scharf und stechend. Im Geschmack können sie mild bis sehr scharf sein. Durch das Entfernen der Samenkerne und der weißen Innenhäute kann der Schärfegrad reduziert werden. Zum Würzen werden

SCHON GEWUSST?

Die Schärfe von ▸ Chilis wird traditionell in den sogenannten „Scoville-Einheiten" gemessen. Die schärfsten Exemplare bringen es auf 200 000–300 000 Scoville, während die immer noch extrem scharfen Thai-Chilis kaum 100 000 Scoville erreichen. Handelsübliche Formen wie die italienischen Peperoni bzw. Peperoncini dagegen, die für unsere europäischen Gaumen immer noch als sehr scharf gelten, bringen es nicht einmal auf 5000 Scoville.

VERWENDUNG

In der lateinamerikanischen Küche und in vielen Gebieten Afrikas, des Orients und des Fernen Ostens werden mit Chilis Fleisch-, Geflügel, Fisch-, Reis- und Eiergerichte sowie Eintöpfe und Suppen pikant gewürzt. Aus getrockneten und gemahlenen roten Chilischoten wird ▸ Cayennepfeffer hergestellt, außerdem sind sie Bestandteil vieler Gewürzmischungen wie z.B. ▸ Currypulver. In frischer Form sind Chilis Hauptzutat bekannter Würzpasten und -saucen wie ▸ Sambals und ▸ Tabasco.

die reifen, glänzenden Früchte verwendet. Chilischoten können aber auch frisch in Essig eingelegt oder getrocknet und gemahlen werden.

CHILISAUCE
1. Traditionell pikant scharfe Tafelsauce, die Bestandteil der Indonesischen Reistafel ist und zu gebratenem, gegrilltem oder gebackenem Fleisch und Fisch, zu Eierspeisen und Salaten gereicht wird. Die Hauptzutat sind Chilis, dazu kommen Tomaten, Paprika, Zwiebeln, Ingwer, Gewürznelken, Zimt, Knoblauch, Aprikosen, Zucker und Essig.
2. Weitgehend mit den gleichen Zutaten industriell hergestellte Würzsauce in den beiden Geschmacksrichtungen „sweet“ und „hot“, besonders zu Fleisch vom Grill.

CHINAKOHL
(Pekingkohl, Pe-Tsai, Selleriekohl)
Wichtigste Gemüsepflanze in China und vielen ostasiatischen Ländern, wo sie mindestens seit dem 5. Jh. kultiviert wird. Heutzutage wird diese Kohlart (► Kohl) auch in Europa (besonders in Frankreich und Deutschland) und den USA angebaut wird. Chinakohl bildet geschlossene, keulenförmige Köpfe, die häufig doppelt so lang wie breit sind, hat eine blassgrüne bis weiße Farbe und ganz dicht übereinanderliegende Blätter. Er kommt bei uns von August bis März auf den Markt und gilt als potenter Vitaminspender in den Wintermonaten. Als besondere Arten von Chinakohl kennt man noch Pak-soi und Chinesischen Brokkoli.
VOR-/ZUBEREITUNG: *Den Kohl waschen, halbieren und den Strunk entfernen. Anschließend je nach Geschmack oder Zubereitung in Stücke oder für Salat in Streifen schneiden. Bei Verarbeitung im rohen Zustand sollte man die Blätter längere Zeit in Wasser legen, damit sie weicher werden.*

VERWENDUNG

Chinakohl ist leichter verdaulich als z.B. Weißkohl und hat keinen typischen Kohlgeschmack. Er kann vielseitig verwendet werden, roh als Salat oder gegart als Gemüse wie Wirsing und andere Kohlarten. Auch Suppen, Eintöpfen und Nudelgerichten verleiht er eine feine Note.

CHINALAUCH ► Schnittknoblauch

CHINARINDE
Die getrocknete Rinde des vorwiegend in Südamerika (Heimat in den Anden), Indonesien, Indien und Afrika kultivierten Chinarindenbaumes ist eine stark bitter schmeckende Droge (► Drogen), die in reichlicher Menge Alkaloide enthält, darunter auch ► Chinin. Sie wird hauptsächlich medizinisch genutzt, aber auch verschiedenen Getränken zugesetzt.

SCHON GEWUSST?

Seinen lateinischen Namen Cinchona, von dem später auch die Bezeichnung Chinin abgeleitet wurde, erhielt der Baum der ► Chinarinde vermutlich von der Gräfin von Chinchon, der Frau des Vizekönigs der spanischen Kolonien. Sie wurde 1638 durch Chinarindenpulver von der Malaria geheilt. Von den Jesuiten wurde das Arzneipulver in Europa verbreitet, daher kommen auch in früheren Jahrhunderten gebräuchliche Namen wie Jesuitenrinde oder Kardinalspulver.

CHINESISCHE ARTISCHOCKEN
► Stachys

CHINESISCHE BIRNEN
► Nashis

CHINESISCHE BOHNE
► Augenbohne (► Bohnen)

CHINESISCHE DATTEL
Südfrucht, ► Jujube

CHINESISCHE EIER
(tausendjährige Eier, verfaulte Eier)
Eispezialität aus China: Mit einem schwarzen Brei aus Kalk, Holzasche und Salz überzogen werden frische Eier rund 100 Tage lang in der Erde vergraben. Das Eiweiß geliert in dieser Zeit und nimmt Bernsteinfarbe an, das Eigelb wird quarkartig und „giftgrün“. Nach Entfernen der Kruste und Schale werden die Eier vorwiegend ungekocht als Vorspeise oder auch als kleiner Snack zwischendurch gegessen, vorzugsweise mit Sojasauce, Essig oder mit gehacktem Ingwer.

CHINESISCHE HASELNÜSSE
► Litschis

CHINESISCHE KASTANIEN
► Wasserkastanien

CHINESISCHE MORCHEL ► Mu-Err

CHINESISCHE NUDELN
Eiernudeln aus Weizenmehl, Glasnudeln aus gemahlenen Mungobohnenkeimen oder Reisnudeln als Einlage für Suppen, als Beigabe, Garnitur oder in Pfannengerichten

CHINESISCHE PETERSILIE
► Koriander

CHINESISCHE QUITTEN
► Kaki(pflaumen)

CHINESISCHE STACHELBEEREN
► Kiwis

CHINESISCHER ANIS
► Sternanis

CHINESISCHER BLATTSENF
► Pak-Choi

CHINESISCHER ESSIG
aus Reis gewonnener roter, brauner oder schwarzer Essig, mild und süßlich im Geschmack

CHINESISCHER INGWER
► Fingerwurz

CHINESISCHER PFEFFER
► Szechuanpfeffer

CHINESISCHER SCHNITTLAUCH
► Schnittknoblauch

CHINESISCHER SPINAT
► Amarant(h)

CHININ
Bitter schmeckendes Hauptalkaloid der ► Chinarinde, das verschiedenen Lebensmitteln und Getränken (z. B. ► Bitter Lemon oder ► Tonic Water, auch ► Magenbitter) als Bitterstoff zugesetzt wird. Die Herstellung von Chinin erfolgt heutzutage allerdings meistens synthetisch.

CHINOIS
kleine, säuerliche Bitterorange des Mittelmeerraumes, meist kandiert oder für Getränke

CHIOCCIOLE
italienische Nudelart (► Pasta, ► Teigwaren) in Form von kleinen Schneckenhäuschen

CHIPOLATA, ALLA
(cipollata, alla)
Garnitur der italienischen Küche aus sautierten Champignons, gerösteten Maronen, glasierten Zwiebelchen und Karotten, gebratenen Räucherspeckwürfeln und kleinen Bratwürsten (► Chipolatas) zu geschmortem Fleisch, Geflügel oder Wild

CHIPOLATAS
(Cipollatas, Perlwürstchen)
Sehr kleine Bratwürstchen aus Schweine- und/oder Rindfleisch, ursprünglich mit viel Zwiebeln; traditionelle italienische Beilage zu Fleisch- oder Geflügelgerichten.

CHKEMBÉ TCHORBA
Berühmte Balkanspezialität (Ursprung Bulgarien): Suppe aus gekochten ► Kutteln und als weiteren Zutaten fein gehackten Zwiebeln, süßen Pfefferschoten, Tomatenmark und Fleischbrühe, gewürzt mit Thymian, Majoran, Knoblauch, Lorbeerblatt und gehackter Petersilie, dazu geriebener Käse.

CHLODNIK
(Chladnik)
aus dem Baltikum bekannte kalte Suppe aus mit saurer Sahne gebundenen Gurken, Fenchel und Sauerampfer und weiteren möglichen Zutaten wie Fisch, Möhren, Rüben, Zwiebeln, Petersilienwurzeln, gewürzt mit Dill, Estragon, Petersilie usw., oft mit gekochten Eiern serviert

CHLOR(ID)
Einer der für den menschlichen Organismus (u. a. Nerven- und Muskelfunktionen) wichtigen ► Mineralstoffe (chemisches Zeichen Cl), der vor allem im Kochsalz und gesalzenen Speisen bzw. Backwaren, Gewürzen und Käse enthalten ist. Der empfohlene Tagesbedarf von 3–5 g wird bei normaler Ernährung gedeckt.

CHOCO ► Chayote

CHOJU ► Sojasauce

CHOLERMUES
in Stücke geschnittenes und knusprig gebackenes Omelett aus Eiern, Milch und Sahne, mit Zimt und Zucker bestreut und oft mit Apfel- oder Birnenstücken serviert, schweizerische Spezialität ähnlich dem ▸ Kaiserschmarrn

CHOLESTERIN
Ein für den menschlichen Organismus lebenswichtiger Fettstoff, der an wichtigen biochemischen Prozessen beteiligt ist. Cholesterin ist u. a. Bestandteil der Zellmembranen und wirkt an der Bildung von Hormonen, Gallensäure und Vitamin D mit. Trotz seiner positiven Eigenschaften wurde das Cholesterin von der Medizin nach der Formel „fette Nahrung, hoher Cholesterinspiegel, hohes Herzinfarktrisiko" geradezu zum Schreckgespenst für die Patienten gemacht. In Langzeitstudien konnte der Zusammenhang zwischen Ernährungsgewohnheiten, einem hohen Cholesterinspiegel und erhöhtem Herzinfarktrisiko jedoch nicht eindeutig nachgewiesen werden.
Zudem wird das Cholesterin zu nicht weniger als über 90 % vom Körper des Menschen selbst gebildet und nur zu einem ganz kleinen Teil über die Nahrung aufgenommen, die somit auch nur einen sehr beschränkten Einfluss auf den Cholesterinspiegel hat. Tatsache ist allerdings auch, dass so genannte Cholesterinsenker heute das weltweit umsatzstärkste Segment des Pharmamarktes darstellen und rund 25 Mio. Menschen regelmäßig solche Präparate einnehmen.

CHOP CHAI
koreanischer Eintopf aus getrennt zubereiteten Zutaten (wie Schweinefleisch, Glasnudeln, Eierkuchen, Champignons, Möhren, Spinat oder Zwiebeln) mit Sojasauce, Glutamat und Sesam

CHOP SUEY
In dünne Streifen geschnittenes, mariniertes (in Reiswein, Sojasauce, Ingwer) und in Öl knackig gebratenes Schweine-, Rind- oder Hühnerfleisch mit Bambussprossen, Sojabohnenkeimlingen, Bleichsellerie, Pilzen und teils auch Wasserkastanien. Chop Suey gilt bei uns als typisch chinesisches Gericht, in China selbst ist es aber unbekannt. Erfunden wurde es auf amerikanischem Boden, und zwar vermutlich 1896 von Li Hung-Chang, dem Koch der damaligen chinesischen Diplomaten in den USA.

CHORIZOS

leicht geräucherte und kräftig gewürzte spanische Würstchen aus rohem Schweinefleisch (seltener auch Rind-, Pferde- oder Eselfleisch) mit Chilis, Knoblauch und Rosenpaprika

CHOUCHOU ▸ Chayote

CHOUCROUTE GARNI
(Choucroute alsacienne)
opulente, deftige elsässische Schlachtplatte mit gepökeltem Schweinefleisch, geräuchertem Bauchspeck, verschiedenen Würsten, Schinken usw. auf mit Weißwein verfeinertem Sauerkraut

CHOUXMASSE ▸ Brandmasse

CHOWDER
Typische nordamerikanische eingedickte Suppe bzw. ein Eintopf aus Fisch und/oder Meeresfrüchten, Speck, Kartoffeln und Zwiebeln, der je nach Rezept auch noch Mais, Gemüsepaprika, Tomaten usw. enthalten bzw. in der beliebten Variante Clam Chowder mit Muscheln zubereitet wird.

CHOW MEIN
Fadennudeln, in heißem Öl oder Schweineschmalz goldgelb gebraten, als Beigabe zu vielen chinesischen Gerichten (chin. „chow" = „gebraten", „mein" = „Nudeln")

CHOW SUB GUM MEIN
Chinesische Spezialität, die auf gebratenen Nudeln (▸ Chow Mein) angerichtet wird und aus folgenden Zutaten besteht: in Erdnussöl gar gebratene dünne Schweinefleischscheiben, Champingnons, Wasserkastanien, Bambussprossen, grüne Paprikaschoten, Bleichsellerie. Gewürzt wird Chow Sub Gum Mein mit Sojasauce, Salz und Pfeffer.

CHREMSEL
in Öl oder Schmalz gebackene Knödel der jüdischen Küche aus Matzenmehl, Kartoffeln und Roten Rüben

CHRISTMAS PUDDING
▸ Plumpudding

CHRISTOFINE ▸ Chayote

CHRISTSTOLLEN
(Dresd(e)ner Stollen, Weihnachtsstollen)
Ursprünglich eine sächsische und thüringische Weihnachtsspezialität, die heute in ganz Deutschland zur Advents- und Weihnachtszeit hergestellt wird. Sie besteht hauptsächlich aus Hefeteig mit in Rum eingeweichten Rosinen bzw. Korinthen, Zitronat, Orangeat und Mandeln. Zum Aromatisieren nimmt man Zimt, Vanilleextrakt, Bittermandelöl, Muskatblüte, Kardamom und die Schale von unbehandelten Zitronen. Den Stollen sollte man am besten in den ersten beiden Adventswochen backen, wenn er bis zum Fest gut durchgezogen sein soll. Er hält sich bis zu 6 Monate. Christstollen und auch andere ▸ Stollen werden im Handel aus Eigenproduktion von kleinen Bäckereien oder aus industrieller Herstellung angeboten.

CHRISTUSFISCH ▸ Petersfisch

CHROM
Einer der für den menschlichen Organismus wichtigen ▸ Mineralstoffe (chemisches Zeichen Cr), der an einigen Stoffwechselvorgängen mitwirkt. Chrom ist vor allem in Fleisch, Fisch, verschiedenen Salat- und Gemüsearten, Getreide- und Vollkornprodukten, Nüssen, Honig, Kakao und Schwarzem Tee enthalten.

CHRISTSTOLLEN

Der ▸ Christstollen gilt als das älteste deutsche Weihnachtsgebäck überhaupt. Er wurde 1329 in Naumburg an der Saale als Weihnachtsgabe für den Bischof erstmals urkundlich erwähnt. Für die typische Form beim Christstollen kennt der Volksmund natürlich eine zur Weihnachtszeit passende Erklärung. Sie soll einen Bezug zur Weihnachtsgeschichte haben und an das in Windeln gewickelte Jesuskind erinnern.

CHRUTWÄHE
schweizerischer Mürbteigkuchen mit einem Belag aus Spinat, kleinen Würfeln von magerem Speck, Zwiebeln, Eigelb und Sahne, gewürzt mit Muskatnuss, Majoran, Salz, Pfeffer

CHUFANÜSSE, CHUFAS ▸ Erdmandeln

CHURRO
in der Pfanne in heißem Öl gebackener und darin servierter spanischer Spritzkuchen zum Frühstück (in Schokolade oder Kaffee getunkt) oder als Dessert

CHUTNEY
eine Art Würzkompott, süß-säuerlich von mild bis sehr scharf in unzähligen Varianten aus verschiedenen Früchten und/oder Gemüsen, eingekocht mit Essig und verschiedenen Gewürzen als Beigabe zu Fleisch, Geflügel, Wild, Fisch, Curry, Reisgerichten, Salaten und vielen asiatischen Nationalgerichten (ursprünglich aus Ostinidien)

CICEROLLE ▸ Kichererbse (▸ Erbsen)

CICORELLI
italienisches Feingebäck mit Schokolade

CICORINO ▸ Radicchio

CICVARA
Maisbrei mit Ei und Sahne, serviert mit Frischkäse, Milch oder Sahne (Balkanspezialität)

CIDRE
(Cider)
Alkoholarmer, prickelnder Obstwein vorzugsweise aus Äpfeln (seltener aus Birnen), der vor

allem aus Frankreich und England bekannt ist. Cidre wird in verschiedenen Typen industriell, in vielen Gegenden aber auch als Hausmost hergestellt. Entsprechende Getränke kennt man auch in Deutschland, den hessischen „Äppelwoi", und in Österreich, dort „Blauer Bock" genannt.

CILANTRO
das Koriandergrün bzw. -kraut (▶ Koriander), wird vor allem in der lateinamerikanischen und asiatischen Küche wie die Samen als Würzmittel eingesetzt

CINSAULT
Vor allem im französischen ▶ Languedoc-Roussillon wird diese rote Rebsorte (▶ Wein) schon seit Jahrhunderten – unter ihrem Hauptnamen oder zahlreichen regionalen Synonymen – angebaut. Wegen ihrer tiefen Farbe und ihrer vollmundigen Art wird sie neben dem reinsortigen Anbau gerne als farb- und aromenverstärkender Partner in Cuvées verwendet.

CINZANO
Bekannter Markenname für einen italienischen ▶ Wermut, der bereits seit 1775 hergestellt wird und in verschiedenen Geschmacksrichtungen auf dem Markt ist. Cinzano ist ein beliebter Aperitif und Bestandteil vieler Cocktails und Longdrinks.

CIOPPINO ▶ Kalifornischer Fischtopf

CIPOLLATA, ALLA ▶ Chipolata, alla

CIPOLLATAS ▶ Chipolatas

CITRONELLE ▶ Zitronenmelisse

CIVET ▶ Wildpfeffer

CLAFOUTIS
Auflauf aus mit Biskuit- bzw. Eiermasse überbackenen frischen (manchmal auch getrockneten) Früchten, vor allem entsteinte schwarze Süßkirschen, als traditionelle französische Süßspeise

CLAM COCKTAIL ▶ Muschelcocktail

CLARET
traditionelle englische Bezeichnung für Rotweine (▶ Wein) aus ▶ Bordeaux

CLARIFIZIEREN ▶ klären

CLEMENCES
kleine Stangen aus ▶ Berrichonteig, eine der vielen Arten von ▶ Petits Fours

CLEMENTINEN ▶ Klementinen

CLOTTED CREAM
Eine Art dicker Rahm mit mindestens 55 % Fett i. Tr., der durch das langsame Erhitzen von Milch in flachen Pfannen gewonnen wird. Die Briten lieben die der italienischen ▶ Mascarpone ähnliche Clotted Cream zu ihrem traditionellen Gebäck ▶ Scones.

CLUB SANDWICH
Spezialität aus den USA, aus getoasteten und mit Butter bestrichenen Weißbrotscheiben (3 Stück), belegt mit Kopfsalatblättern, gebratenem Frühstücksspeck und Hühnerbrust, darüber Mayonnaise und alles aufeinandergelegt

CLUB STEAK
Nordamerikanische Steakart: 400–500 g schwere, leicht durchwachsene Scheibe aus dem Rippenstück (zur Hochrippe hin) des Rindes, die meist mariniert und auf dem Rost über Holzkohle gegrillt wird; dazu Barbecuesauce, gegrillte Tomaten und Weißbrot.

COBBLERS
Immer Früchte und Mineralwasser sowie Wein oder Sekt enthaltende Mischgetränke, die mit

Strohhalm und einem kleinen Löffel serviert werden. Geeignete Früchte sind z. B. Ananas, Aprikosen, Bananen, Erdbeeren, Kirschen Orangen, Pfirsiche oder Weintrauben.

COCA-COLA
das bekannteste der Colagetränke (▸ Cola)

COCIDO
Spanischer Eintopf aus Rind- und Schweinefleisch (seltener mit Hühnchen), Schinken, ▸ Chorizos und verschiedenem Gemüse (Kartoffeln, Kichererbsen, Möhren, Porree, Sellerie, Weißkohl, Zwiebeln usw.), der vorwiegend mit Knoblauch, Lorbeer und Petersilie gewürzt und teilweise in drei Gängen serviert wird (span. „cocido“ = „gekocht“, „gesotten“).

COCKTAILKIRSCHEN
besonders aromatische, in Zuckersirup eingelegte, oft gefärbte Sauerkirschen für Mixgetränke (Cocktails) oder als Garnitur

COCKTAILKRABBEN
Spezielle Art von Tiefseegarnelen aus den norwegischen Fjorden und den Küstengewässern vor Alaska, Kanada, Chile und Korea. Ihre rosaroten Schwänze mit zartem Fleisch sind eine beliebte Vorspeise.

COCKTAILS
1. unmittelbar vor der Verwendung frisch zubereitete Mixgetränke auf der Grundlage von hochprozentigen Spirituosen mit Säften und verschiedenen Geschmacksstoffen (heute allerdings oft auch alkoholfrei)
2. in gekühlten Gläsern servierte Vorspeisen-Zubereitungen (z. B. ▸ Krabbencocktail)

COCKTAILSAUCE
kalte Würzsauce, nach vielen verschiedenen Rezepten und in großer Auswahl tafelfertig angeboten, zu Vorspeisen (kaltes Fleisch, Geflügel, Fisch, Austern, Käse, Eierspeisen usw.)

COCKTAILTOMATEN ▸ Kirschtomaten

COCKTAILWÜRSTCHEN
als Konserve (in Gläsern oder Dosen) angebotene kleine, nur 5 cm lange Brühwürstchen

COFFEE SUGAR
eine Art von ▸ Kandis(zucker)

COGNAC
(Kognak)

Berühmter französischer ▸ Weinbrand, der nach der gleichnamigen Stadt im Gebiet Charente unmittelbar nördlich der Region Bordeaux im Westen Frankreichs benannt ist und hauptsächlich aus der Rebsorte ▸ Ugni Blanc hergestellt wird. 1715 begann Jean Martell in Cognac mit der Produktion von Weinbrand. Es folgten Richard Hennessy und andere Namen, die noch heute für bekannte Cognac-Erzeuger stehen. Seit 1909 ist der Name Cognac gesetzlich geschützt und sind die Grenzen des Gebietes, in dem er produziert werden darf, fest umrissen. Die so genannte „Région délimitée“ wurde in 6 Zonen eingeteilt, die qualitative Spitze bilden die Produkte aus dem Bereich Grande Champagne (hat nichts mit der Landschaft Champagne, der Heimat von ▸ Champagner, zu tun) oder Grande Fine Champagne.

SCHON GEWUSST?

Das nach dem Brennen noch wasserklare Destillat wird zunächst in ca. 340 l fassenden Eichenholzfässern gelagert, wobei der ▸ Cognac seine typische goldbraune Farbe annimmt. Nach einigen Jahren wird er in größere Fässer mit 540 l Volumen umgefüllt und reift unterschiedlich lange weiter. Um die Qualität zu verbessern, werden meist Cognacs unterschiedlichen Alters miteinander verschnitten. Das Alter eines Cognacs wird dabei durch das jüngste Destillat bestimmt, das enthalten ist. Grundsätzlich darf er frühestens nach 2 Jahren Flaschenlagerung abgefüllt und verkauft werden. In den Cognac-Häusern reifen die besten Produkte bis 20 Jahre und teilweise noch viel länger, bis sie dann, zu entsprechend hohen Preisen, in den Handel kommen.

COINTREAU
Französische Likörspezialität mit 40 Vol.-%, die seit rund 130 Jahren – nach einem unveränder-

ten und geheim gehaltenen Rezept – aus den Schalen süßer und bitterer Orangen hergestellt wird. Cointreau ist als Markenname bereits seit 1885 geschützt und gilt als weltweit führender Orangenlikör.

COLA
Sammelbezeichnung für koffeinhaltige und mit Kohlensäure versetzte alkoholfreie Erfrischungsgetränke (▸ Limonade), die auch kurz Coke genannt werden. Dieser Name ist allerdings wie Coca-Cola ein eingetragenes Warenzeichen der Coca-Cola Company. Andere bekannte Colagetränke sind z. B. Pepsi, Sinalco Cola und Afri Cola. Ihren typischen Geschmack erhält die Cola von der Kolanuss, den Blättern des Kolastrauchs und weiteren Zutaten wie Vanille, Zimt- und Nelkenöl, Zitrone, Ysopkraut, Mazisblüten sowie Koriander- und Limettenöl. Die genauen Rezepturen werden von den Cola-Firmen allerdings streng geheim gehalten. Ursprünglich waren die koffeinreiche ▸ Kolanuss und die Blätter des kokainhaltigen Kolastrauchs die Hauptzutaten von Cola. Im Jahre 1903 wurde die Produktion – nachdem man die gefährliche Wirkung des Kokains erkannt hatte – aber umgestellt und heute wird ein Extrakt aus entkokainierten Blättern verwendet.

COLANUSS ▸ Kolanuss

COLCANNON
(Kalikenny)
von den britischen Inseln stammendes Gericht aus Kohl und gekochten Kartoffeln mit Sahne, Salz und Pfeffer

COLE SLAW
nordamerikanischer Krautsalat aus zarten Weißkohlblättern und gehackten Zwiebeln mit Weinessig-Öl-Vinaigrette, Salz und Pfeffer

COLOMBINES
(Grießkroketten, Grießtörtchen, Kolombinen)
in Tortelettförmchen im Ofen gebackene Grießtörtchen mit pikantem Fleischragout bzw. -püree, Eigelb und Parmesan, meist warm als Vorspeise gereicht

COLONCHEN ▸ Kaktusfrüchte

COLORIEREN
Farbe annehmen lassen, bräunen (frz. „colorer“ = „färben“)

COMTÉ
(Gruyère de Comté)
Bekannter französischer Hartkäse (▸ Käse) mit 45 % Fett i. Tr., der gepresst und in großen Laiben (50–70 cm Durchmesser, 10–13 cm hoch, Gewicht 40–45 kg) hergestellt wird. Im Handel wird Comté jung oder gereift (mindestens 6 Monate) angeboten. Seine Heimat ist die im Osten Frankreichs gelegenene Region Franche-Comté.

CONCH ▸ Flügelschnecke

CONCHIGLIE
italienische Nudeln (▸ Pasta, ▸ Teigwaren) in Herzmuschelform

CONDÉGLASUR
geschmeidige Masse aus rohem Eiweiß, gehackten Mandeln und Puderzucker als Deckschicht für Kuchen, Torten und Süßspeisen

CONDÉS
mit dicker ▸ Mornaysauce bestrichene und mit Cayennepfeffer gewürzte Blätterteigstreifen, im Ofen gebacken und heiß serviert

CONFIT
im eigenen Saft und Fett geschmortes, gewürztes und anschließend in einem Steingut- oder Glastopf eingemachtes Geflügel (vor allem Gans und Ente), manchmal auch Schweinefleisch zum kalten oder warmen Verzehr

CONFORTINI
dünnes und knuspriges italienisches Haselnuss- und Honiggebäck (ursprüngliche Heimat ist Piemont)

CONGEE
chinesischer Reisbrei aus in Wasser oder Brühe gekochtem Rundkornreis mit gewürfeltem Geflügel oder Schlachtfleisch, Fisch, Garnelen, Muscheln, Gemüse, Pilzen usw., Grundlage vieler Reisgerichte

CONGER ▶ Meeraal

CONSOMMÉ
(Kraftbrühe)
Besonders kräftige klare (fettfreie) ▶ Fleischbrühe (▶ Brühe), die auch aus Geflügel (Consommé de Volaille, ▶ Geflügelfond), Wild (Consommé de Gibier, ▶ Wildfond) oder Fischbrühe (Consommé de Poisson, ▶ Fischfond) hergestellt sein kann. Consommé double ist eine doppelt starke Fleischbrühe, bei der das Verhältnis zwischen Fleisch und Brühe 2:5 statt bei der „normalen" Consommé 1:5 beträgt. Unter Consommé Royale versteht man eine Fleischbrühe mit Eierstich.

CONTREFILET
Rippenstück des Rindes (▶ Roastbeef)

CONVENIENCE FOOD
▶ Konvenienzprodukte

COOKIES

Sammelbegriff in England und den USA für alle süßen Kleinigkeiten, die auf dem Blech gebacken werden, also Kekse, Plätzchen usw.

COOLERS
Mischgetränke mit Zitronensaft und Ginger Ale, serviert mit Strohhalm

COPPA
gepökelter und luftgetrockneter Schweinenacken, gewürzt und in Därme gefüllt, norditalienische Spezialität (vor allem Emilia-Romagna bzw. Poebene)

COQ AU VIN
In vielen Varianten bekannte französische Hähnchenspezialität, die man ursprünglich im Burgund nur aus bestem, mit Getreide gefüttertem Geflügel und mit hochwertigem Rot- oder Weißwein der Gegend zubereitete. In die Sauce kommen Speckwürfel, Wurzelgemüse, kleine Zwiebeln, Pilze und verschiedene Kräuter.

COQUILLES
1. Die Schalen der großen Fächer- oder ▶ Jakobsmuscheln, in denen teilweise kleine Happen dekorativ angerichtet werden.

2. Auch Bezeichnung für die in den Schalen angerichteten und manchmal überbackenen kleinen Ragouts. Alternativ werden heute aber an Stelle der Muschelschalen zunehmend kleine Keramik- oder Porzellanschalen im Muscheldesign verwendet.

COQUILLES ST. JACQUES
▶ Jakobsmuscheln

CORAIL
der Rogen von Krusten- und Schalentieren (besonders Hummer), ungekocht von grüner Farbe und gekocht korallenrot

CORDIAL MÉDOC
Besonders edle französische Likörspezialität, die original aus alten Rotweinen des Anbaugebietes Bordeaux (ein Teil davon ist das Médoc) oder anderen besonders aromatischen Weinen unter Verwendung von feinem Weindestillat oder -brand hergestellt wird. Cordial Médoc hat mindestens 38 Vol.-% und erhält sein typisches Veilchenaroma durch die Beigabe von Veilchenwurzel- oder Iriswurzel-Mazerat (frz. „cordial" = „herzlich").

CORDON BLEU
(Käseschnitzel)
Kalbsschnitzel (▶ Schnitzel), das mit einem halbfesten, gut schmelzenden Käse (z. B. Emmentaler oder Gouda) und Schinken gefüllt, mit Ei und Semmelbröseln paniert und gebacken wird. Man nimmt dazu große Schnitzel, in die eine Tasche geschnitten wird, seltener auch dünne und breite Schnitzel, die zusammengeklappt werden. Für das original Cordon bleu wird Kalbfleisch verwendet; teilweise wird aber auch Schweinefleisch genommen, ähnlich wie beim ▶ Wiener Schnitzel. Und wie bei die-

sem muss auf die Verwendung von Schweinefleisch z. B. auf der Speisenkarte ausdrücklich hingewiesen sein.

Schon gewusst?

Cordon bleu war ursprünglich das himmelblaue Ordensband, an dem der französische Orden vom heiligen Geist (Ordre du Saint-Esprit) den „Auserwählten" umgehängt wurde. Heinrich III (1551–1589) gründete diese auf 100 Ritter begrenzte elitäre Gemeinschaft 1578. Im Laufe der Zeit wurde „Le Cordon bleu" zunehmend auch als Bezeichnung für besondere Leistungen in den verschiedensten Disziplinen, insbesondere auch auf kulinarischer Ebene, verwendet. Möglicherweise hat daran auch Ludwig XV. großen Anteil, weil er die Köchin seiner berühmten Maitresse Madame Dubarry (1743–1793) entgegen allen Regeln mit dem Ordre du Saint-Esprit auszeichnete. Auch heute noch wird eine erfolgreiche Köchin, die bei einem bekannten Chef de Cuisine gelernt hat, gerne als Cordon Bleu bezeichnet. Und Gourmets würdigen besonders gute Gerichte mit dem Ausspruch: „Bien, c'est un vrai de cordon bleu". Ganz in dieser Tradition steht auch die 1895 in Paris gegründete und bis heute berühmte französische Kochschule Cordon Bleu.

CORN
englische Bezeichnung für Korn bzw. Getreide, in den USA speziell für ▸ Mais

CORNED BEEF
Fleischkonserve aus Stücken von gepökeltem mageren Rindfleisch, das vorgekocht, mit Knochenbrühe und Schwarten vermischt und in Dosen gefüllt wird. Corned beef kommt ursprünglich aus Argentinien und ist kühl und trocken gelagert fast unbegrenzt haltbar. Corned Pork wird analog aus Schweinefleisch hergestellt, Kraftfleisch ist ein ähnliches Erzeugnis aus Rind- und Schweinefleisch.

CORNETS
pikant gefüllte Teigtüten, -röllchen oder -hörnchen, auch für Hippentüte und Eistüte (frz. „cornet" = „spitze Tüte", „Tütchen")

CORNFLAKES
(Maisflocken)
gewalzte und geröstete Flocken aus besonders vorbereiteten Maiskörnern (entkeimt) mit oder ohne Zusatz von Malz, Zucker und Salz, meist als nahrhafter Bestandteil des Frühstücks mit Milch oder Jogurt gegessen

CORN FRITTERS
Kleine, kugelförmige nordamerikanische Kuchen aus Maiskörnern; sie werden mit dicker Béchamelsauce und Ei gebunden, mit Salz, frisch gemahlenem Pfeffer und Muskatnuss gewürzt und anschließend in Ei und Paniermehl gewendet und in heißem Fett gebacken.

CORNICHONS
kleine und besonders feine in Essig eingelegte Gürkchen

COSTATA
bei den Italienern gebräuchliche Bezeichnung für das Rippenstück mit oder ohne Knochen, meist vom Rind

CO(S)TOLETTA ALLA MILANESE
(Mailänder Schnitzel)
Bekanntes italienisches Gericht, das als Vorläufer des Wiener Schnitzels gilt: Das gewürzte Kalbsschnitzel (▸ Schnitzel) bzw. -kotelette wird mit Ei und Weißbrotbröseln (manchmal auch noch mit Parmesan) paniert und in Butter(schmalz) gebraten; traditionell wird es mit Rosenpaprika auf Zitronenscheiben und Salzkartoffeln serviert, in Deutschland auch mit Tomatensauce als Cotoletta bolognese.

COTTAGE CHEESE
(Hüttenkäse, Katenkäse)
feuchter, körniger ▸ Frischkäse (▸ Käse) aus entrahmter Kuhmilch mit 4–20 % Fett i. Tr., der sich vielseitig variieren lässt, z B. mit Kräutern, Gewürzen oder Früchten

COULEUR
Der Farbstoff, der Bratensaucen braun, Liköre, Bier und Essig dunkel färbt; leistet auch in der Küche gute Dienste und kann selbst hergestellt werden (▸ Zuckercouleur).

COULIS
flüssiges Püree von Fischen, Krusten- und Schalentieren, Wild und Geflügel, teils auch Gemüse und Früchten, als Grundlage für Saucen und Suppen bzw. Süßspeisen (frz. „couler" = „gießen")

COULOMMIERS, BRIE DE ▸ Brie

COUPE
in einem Becher, einer Schale, einem Kelch usw. dekorativ angerichtete Süßspeise oder Eisbecher wie Coupe Danmark (Vanilleeis mit warmer Schokoladensauce und Schlagsahne)

COURGETTEN ▶ Zucchini

COURTBOUILLON ▶ Fischsud

COUSCOUS
(Kuskus)
Nordafrikanisches bzw. arabisches Grundnahrungsmittel und vielfach verwendete Sättigungsbeigabe zu Fleisch-, Geflügel- und Eiergerichten, die aus geschälten Getreidekörnern (je nach Region Weizen oder Hirse bzw. eine Mischung aus beiden) hergestellt wird. In den Handel kommt Couscous als Halbfertigprodukt in Form vorgegarter, anschließend gepresster und getrockneter kleiner Kügelchen, ähnlich dem ▶ Bulgur. Die Grießkügelchen werden in einem Siebtopf über Wasserdampf gegart – je nach Rezept gewürzt und entweder getrennt oder zusammen mit Fleisch, Gemüse usw. oder auch süß mit Datteln, Rosinen usw.

COUVERTURE ▶ Kuvertüre

CRAB MEAT
(Krabbenfleisch)
Spezialbezeichnung für das Fleisch aus Beinen und Scheren von Riesenkrabben (▶ Krabben), das in Dosen oder tiefgekühlt bei uns in den Handel kommt; insbesondere von der vor der nordostasiatischen Halbinsel Kamtschatka lebenden Kamtschatkakrabbe (▶ Königskrabben) und der Japanischen Riesenkrabbe.

CRACKER ▶ Kräcker

CRANBERRYS
(Amerikanische Moosbeeren, Gartenpreiselbeeren, Kranichbeeren, Kulturpreiselbeeren)
Die Beeren einer vorwiegend in Nordamerika, mit speziellen Sorten zunehmend aber auch in Europa kultivierten Preiselbeerpflanze (den ▶ Moosbeeren) aus der botanischen Familie der Heidekrautgewächse, die größere und säuerlichere Früchte als die heimische Preiselbeere hat. Cranberrys kommen bei uns ab Spätherbst bis April auf den Markt. Vor allem als Bestandteil von Saucen passen sie zu Wild, Schlachtfleisch, Geflügel (in den USA traditionell zum Truthahn), weiter können sie für Vorspeisen, Suppen oder Pasteten verwendet werden. Vielseitig einsetzbar sind Cranberrys auch für Gelees, Kompott, Pudding, Quark, Konfitüre, Chutney, Cremes usw. Gezuckert kann man die säuerlich-herben Beeren auch roh essen; gut schmecken sie mit Schlagsahne und Vanilleprodukten (Sauce, Eis, Quark).

CREMA
nicht nur in Italien und Spanien oft gebrauchte Bezeichnung für Sahne (Rahm) und ▶ Creme

CREMA CATALANA
▶ katalanische Creme

CREMA DI MASCARPONE
▶ Mascarponecreme

CRÉMANT
Nach dem Champagnerverfahren (▶ Champagner) hergestellter ▶ Schaumwein, der aber über einen geringeren Kohlensäuredruck verfügt und damit etwas milder schmeckt. Crémant wird auch in der Champagne hergestellt, man kennt ihn aber besser aus anderen französischen Anbaugebieten wie ▶ Burgund, ▶ Elsass und ▶ Loire.

CREME
(Krem, Kreme)
sahnige, dickflüssige bis pastenförmige Zubereitung von Lebensmitteln, hauptsächlich bei Süßspeisen und süßen Füllungen für Torten usw., aber auch pikant

CRÈME ▶ Rahm (▶ Sahne)

CREME BAVAROISE
▶ Bayerische Creme

CRÈME BRÛLÉE
(gebrannte Creme)
gestockte Sahne-Eier-Creme, mit Zucker karamellisiert und abgekühlt mit brauner Oberfläche in Förmchen serviert

CREME CARAMEL ▸ Karamellcreme

CREME CATALANE
▸ katalanische Creme

CREME CHANTILLY
steif geschlagene, gezuckerte Sahne, mit Vanille oder anderen aromatischen Zutaten

CRÈME DE CASSIS
Der bekannteste aller Cassisliköre kommt aus der Gegend um Dijon. Bei 16 Vol.-% Alkohol muss er 450 g Zucker und 325 g Schwarze Johannisbeeren je Liter enthalten, bei 18 Vol.-% 475 g Zucker und 375 g Beeren usw. Der Alkoholgehalt darf aber 22 Vol.-% nicht übersteigen. Bei der Herstellung, die in einem dreistufigen Verfahren abläuft, dürfen auch in streng begrenzter Menge Himbeeren und Rote Johannisbeeren zugesetzt werden. Crème de Cassis kommt u. a. in den ▸ Kir.

CRÈME DOUBLE
(Doppelrahm)
Handelsname für eine besonders dicke bzw. fettreiche ▸ Sahne mit 40–45 % Fettgehalt (in der Schweiz sogar mindestens 45 %)

CRÈME FRAÎCHE
(Küchensahne)
Handelsname für eine saure ▸ Sahne mit 30–40 % Fettgehalt, manchmal mit Jogurt vermischt

CRÈMES
Sammelbezeichnung für sehr süße Liköre aus Weinbrand mit diversen Geschmackszutaten

CREMESCHNITTEN
(Tausend-Blätter-Kuchen)
Gebäck aus einzeln gebackenen Blätterteigscheiben mit Cremefüllung (meist Vanille-), manchmal auch mit Schlagsahne

CREMESUPPEN
(Rahmsuppen)
mit Sahne, Eigelb, Mehl und anderen Zutaten gebundene Suppen

CRÉOLE, À LA ▸ Kreolen-Art

CRÊPES
Hauchdünne und meist nur untertassengroße ▸ Pfannkuchen aus Mehl, Milch und Ei, die auf speziellen gusseisernen Platten oder in der Pfanne in Butter gebacken werden. Crêpes schmecken auch pur, werden aber meist mit den verschiedensten Füllungen süß (z. B. Marmelade, Creme, Früchte, Schokolade, Eis) oder pikant (z. B. Kaviar, Muscheln, Hackfleisch, Schinken, Speck, Gemüse, Käse) zubereitet. Vielfach werden gefüllte Crêpes auch als ▸ Pannequets bezeichnet.

SCHON GEWUSST?

In der Bretagne sind Crêpes mindestens seit dem 13. Jh. bekannt. Noch heute ist es dort Sitte, dass eine Braut an ihrem Hochzeitstag eine Crêpe bäckt. Gelingt es ihr, diese beim schwungvollen Wenden wieder mit der Pfanne zu fangen, wird ihre Ehe glücklich sein. Am bekanntesten sind ▸ Crêpes Suzette, die der damals 14-jährige Kochlehrling Henri Charpentier, der spätere berühmte Koch der Rockefellers, im legendären Café de Paris in Monte Carlo erfunden haben soll, und das per Zufall, als ein Likör in der Küche zu brennen begann.

CRÊPES SUZETTE
Nach dem Grundrezept gebackene Crêpes, die mit Orangenbutter bestrichen und mit Orangenlikör (Curacao, Grand Marnier) oder Cognac flambiert werden.

CRÉPINETTES ▸ Netzwürstchen

CRESCENZA
Vollfetter Kuhmilch-Frischkäse (48 % Fett i. Tr.) aus der Lombardei, der mit dem ▸ Gorgonzola verwandt ist, obwohl er kein Schimmelkäse ist (▸ Käse). Crescenza ist aber frischer und lockerer in der Konsistenz als sein berühmterer „Verwandter“.

CREVETTEN ▸ Garnelen

CRIANZA
Qualitätsstufe/-bezeichnung nach dem spanischen Weingesetz (► Wein), die eine Reifezeit von mindestens 24 Monaten – davon je nach Anbaugebiet 6 oder 12 Monate im kleinen Eichenholzfass (► Barrique) – vorschreibt, bevor ein Wein in den Handel kommen darf (siehe auch ► Reserva und ► Gran Reserva).

CRISPS ► Krispies

CRISPSALAT
eine lockere Variante vom ► Eissalat (► Salate)

CROISSANT
Blätterteighörnchen mit der Form einer Mondsichel und in Frankreich traditionelles Frühstücksgebäck, das mit Süßrahmbutter hergestellt wird. In ihrem Mutterland werden die Croissants in Fußgängerzonen, an Bahnhöfen usw. in so genannten Croissanterien stets frisch gebacken zum Verkauf angeboten, entweder mit Käse, Wurst und/oder Salatbeilagen oder süß gefüllt mit Schokolade, Marmelade usw. Am besten isst man sie ofenwarm, wie sie mittlerweile auch in Deutschland in vielen Bäckereien angeboten werden.

CROMESQUIS ► Kromeskis

CROQUANT
Knusperkeks, knuspriges Gebäck

CROQUE-MADAME
ein ► Croque-monsieur mit Ananasscheibe

CROQUE-MONSIEUR
gekochter Schinken und Käse, eingeklappt in zwei in Butter oder Öl gebackene Scheiben von Toastbrot oder altbackenem Weißbrot

CROQUETTEN ► Kroketten

CROSTATA
italienischer Mürbteigkuchen mit Ricotta, Creme, Marmelade, Früchten usw.

CROTTIN

„Crottin (de cheval)" heißt auf Deutsch „Pferdeapfel". Dieser Name spielt auf das Aussehen des bekannten Ziegenkäses an, wenn er reif und trocken und seine Rinde fleckig und schimmelig ist. Die meisten Käsefreunde bevorzugen den ► Crottin allerdings, wenn er noch weicher und die Rinde noch nicht so dick ist.

CROTTIN (DE CHAVIGNOL)
AOC-geschützter französischer Weichkäse (► Käse) aus Ziegenmilch mit 45 % Fett i. Tr. und natürlicher Rinde, die mit weißen, blauen oder braunen Schimmelkolonien gesprenkelt ist. Der Crottin ist einer der berühmten Ziegenkäse von der Loire, aus der Gegend um Chavignol nahe Sancerre. Er muss mindestens 10 Tage lagern, um seine kompakt-feste und bröckelige Konsistenz und sein nussiges und leicht säuerliches Ziegenaroma, das so charakteristisch ist, zu entwickeln. Crottin wird auch gern heiß auf Toast und zu Salaten gegessen.

CROÛTES ► Krustchen

CROÛTONS
geröstete Weißbrotscheiben als Beilage zu warmen Gerichten oder als Unterlage für kleine Appetithappen mit den verschiedensten Belägen (oft mit einer Farce z. B. aus Fisch, Fleisch, Gemüse, Käse usw.)

CRUDITÉS
Sammelbezeichnung für Rohkostplatten mit Gemüse, Pilzen oder Früchten und verschiedenen kalten Saucen als Vorspeise

CRUMBLE
Streuselkuchen mit Mehl, Butter, Mandeln, Zimt usw., der keinen Boden hat und in der Backform mit Früchten (meist Stachelbeeren) gemischt wird (vor allem im englischsprachigen Raum)

CRUMPET
knuspriges Frühstücks- oder Teegebäck des englischsprachigen Raums, das aus Hefeteig hergestellt und mit reichlich zerlassener Butter oder Marmelade serviert wird

CRUNCHY
(Granola)
Traditionelle englische bzw. amerikanische Frühstückszubereitung, bei der Flocken, Nüsse, Samen, Trockenfrüchte, Honig und/oder brauner Zucker in heißer Luft geröstet werden. Crunchy wird auch in Formen gepresst und kommt als Getreideriegel in den Handel.

CRUSTAS
Mischgetränke, die in einem Weinglas oder speziellen Schalen mit Zuckerrand serviert werden.

CUBAITO
sizilianische Süßspeise aus Honig, Sesamsamen und Zucker

CULOTTE ▸ Hüfte

CUMBERLANDSAUCE
Pikante Tafelsauce der klassischen englischen und französischen Küche, die aus rotem Johannisbeergelee, Schalen von unbehandelten Zitronen und Orangen und manchmal auch klein geschnittenen Kirschen, Senf, Zitronensaft, Cayennepfeffer, Zucker und Portwein zu kaltem Fleisch, Wild(geflügel), Ente- und Gänsebraten oder Pasteten zubereitet wird (Cumberland: bekannte Grafschaft im Nordwesten Englands).

CUMIN ▸ Kreuzkümmel

CÜMMELTJE
besonders würzig schmeckender holländischer ▸ Gouda (▸ Käse) mit Zusatz von Kreuzkümmel (48 % Fett i. Tr.)

CURACAO
Orangenlikör, der bereits seit dem 16. Jh. aus den Schalen unreifer Pomeranzen von der Insel Curacao vor der Küste Venezuelas hergestellt wird. Heute werden dazu auch andere Orangen verwendet und ist Haiti der Hauptproduzent. Curacao gibt es in verschiedenen Farben (weiß, gelb, orange, rot, grün, blau), deshalb wird er nicht nur zur geschmacklichen, sondern auch zur optischen Bereicherung für Cocktails verwendet. Sein Alkoholgehalt beträgt mindestens 30 Vol.-%, Sorten mit den Bezeichnungen „sec" (trocken) oder „triple sec" haben mindestens 35 Vol.-%.

CURRYBLÄTTER
Die meist frisch als Gewürz verwendeten, bei uns relativ unbekannten Blätter eines zu den Rautengewächsen zählenden Strauches, der seine Heimat im Süden des Himalaya, in Südindien, Bengalen und auf Sri Lanka hat. Sie haben einen würzigen Geruch und einen scharfen Geschmack, der bei getrockneten Blättern aber schon nach wenigen Tagen verschwindet. Curryblätter geben vielen indischen Gerichten ihren authentischen Geschmack. Ähnlich wie Lorbeerblätter werden sie zunächst mitgekocht, vor dem Servieren aber wieder entfernt.

CURRYPULVER
(Indisches Gewürz)
Gelbliche bis braune indische Gewürzmischung aus mindestens 10 und teilweise noch weit mehr fein gemahlenen Gewürzen, als da unter anderem sind: Bockshornkleesamen, Chilischoten (bzw. Cayennepfeffer), Curryblätter, Gewürznelken, Ingwer, Kardamom, Koriander, Kreuzkümmel, Macis, Muskatnuss, Paprika, Piment, Rosmarin, Senfsamen, Zimt und andere. Hauptbestandteil ist aber die gelbe Kurkumawurzel, die dem Currypulver seinen typischen Geschmack und seine Farbe gibt.

VERWENDUNG: *Mit Currypulver würzt man Reisgerichte (▸ Currys), Suppen, Saucen, weißes Fleisch, Fisch, Meeresfrüchte, Gemüse und mehr.*

Currypulver sind im Handel in verschiedenen Zusammensetzungen zu kaufen, außerdem gibt es die Gewürzmischungen auch als Paste. In Indien selbst wird Currypulver nicht verwendet, sondern ausschließlich für den Export hergestellt.

Schon gewusst?

In Indien soll die Kunst des Gewürzmischens manchen Quellen nach schon Ende des 17. Jh., als die englischen Kolonialherren in das Land kamen, sehr verbreitet gewesen sein. In anderen Überlieferungen heißt es allerdings, das ▸ Currypulver sei eine „Erfindung" der Engländer. Auf jeden Fall brachten britische Offiziere die Gewürzmischungen aus Indien mit in ihre Heimat, um auf den Geschmack ihrer lieb gewonnenen indischen Speisen nicht verzichten zu müssen. Die Engländer waren es auch, die das Currypulver über Indien hinaus bekannt gemacht haben. Der Name Curry kommt dabei vermutlich nicht von den Curryblättern, die wenig enthalten sind und kaum Einfluss auf den Geschmack haben, sondern geht vielmehr auf die tamilische Bezeichnung „kadhi" für eine Art Eintopfgericht bzw. eine scharfe Sauce zurück. Da das „dhi" für die Engländer ein Zungenbrecher war, machten sie einfach „rry" daraus und aus „Karry" in der englischen Schreibweise schließlich „Curry".

CURRYS
Sammelbezeichnung für mit ▸ Currypulver oder ▸ Currysauce gewürzte indische Reisgerichte, die mit Geflügel, Lamm, Kaninchen, Fisch, Krustentieren oder Gemüse zubereitet werden. Oft werden Currypulver verkürzt auch als Currys bezeichnet, was aber küchentechnisch nicht korrekt ist.

CURRYSAUCE
(Sauce au curry)
Gebundene Sauce mit reichlich Currypulver oder Currypaste, Petersilienwurzel, Knollensellerie, Zwiebeln, Thymian, Fleisch- oder Fischfond, Eigelb und Sahne; passt zu Fleisch, Geflügel, Meeresfisch usw.

CURRYWURST
deftige Bratwurst aus Schweinebrät mit Haut, serviert mit einer scharfen (Tomaten-) Sauce und Currypulver

CURUBAS
Blassgelbe Früchte einer tropischen Kletterpflanze, die 8–10 cm lang sind, ähnlich wie Gurken aussehen und eine Art der ▸ Passionsfrüchte sind. Am besten schneidet man sie der Länge nach auf, um das geleeartige Fruchtfleisch mit den vielen kleinen Kernen auslöffeln zu können. Curubas sind bei uns das ganze Jahr erhältlich. Mit ihrem mild-säuerlichen und erfrischenden Geschmack eignen sie sich neben dem Rohverzehr auch für Kaltschalen, Cremes, Desserts, Speiseeis, Sorbets, Kuchen und Torten.

CUSTARD ▸ englische Creme

CUSTARDAPFEL ▸ Cherimoya

CUVÉE
Beim ▸ Wein oft verwendete, aber auch Verwirrung stiftende Bezeichnung, die sehr unterschiedliche Bedeutungen haben kann. Ursprünglich war Cuvée eine bestimmte Menge Wein in einem speziellen Behälter. Heute versteht man darunter den gezielten Verschnitt aus verschiedenen Rebsorten (in Frankreich auch als Assemblage bezeichnet), Jahrgängen oder Lagen, und zwar entweder der Moste oder der bereits vergorenen Weine. Die Bezeichnung „Cuvée" auf einem Weinetikett ist allerdings nicht genau definiert. Es kann sich auch um einen Wein aus nur einer Rebsorte, einer Einzellage oder einem Jahrgang handeln oder um eine Sonderabfüllung eines Weingutes für einen bestimmten Gastronomiebetrieb oder Weinhändler.

CYNAR
italienischer Kräuter- und Artischockenlikör mit 16,5 Vol.-% und einem leicht bitteren, herbsüßen Geschmack, besonders als Aperitif und für Longdrinks geeignet

DAHI
in Südasien (besonders Indien) beheimatetes, jogurtähnliches Sauermilcherzeugnis aus Büffelmilch, das seinen Ursprung in der Hindu-Kultur hat

DAIKONKERS
(Rettichgrün)
als Bündelware angebotene Rettichblätter (▸ Rettich), die als Salat oder als milchsauer eingelegtes Gemüse zubereitet werden können

DALKEN
Österreichisches und böhmisches Gebäck, das den ▸ Krapfen ähnlich ist und aus mit Eischnee gelockertem Hefeteig besteht bzw. manchmal auch aus Grieß-, Kartoffel- oder Quarkmasse. Aus dem ausgerollten Teig werden runde Taler ausgestochen, nach dem Aufgehen in der Mitte leicht ausgehöhlt, gebacken und zum Schluss mit Pflaumenmus oder Johannisbeergelee gefüllt.

DALMATINISCHE CREME
Kalte Süßspeise, die wie ▸ Bayerische Creme zubereitet wird. Sie wird zusätzlich mit Vanille aromatisiert und mit Biskuitbröseln und gehackten Maraschinokirschen vermischt (Dalmatien: Küstenland am Ostufer des Adriatischen Meeres).

DAME BLANCHE
Bezeichnung für Dessertzubereitungen der französischen Küche mit weißen oder hellen Zutaten, wie z. B. viele Cremes

DAMPF(E)L
süddeutsche/österreichische Bezeichnung für den Hefeansatz bzw. den ▸ Vorteig (▸ Hefeteig)

DÄMPFEN
Garen von Nahrungsmitteln im Wasserdampf bei Temperaturen von 75–100 °C, ohne oder mit Druck im geschlossenen Gefäß. Der Dampf weicht die Zellwände und Fasern auf, lässt die Eiweißstoffe gerinnen und die Stärke quellen. Die wertvollen Nährstoffe bleiben beim Dämpfen besonders gut erhalten; es eignet sich vor allem für fettarmen Fisch, zartes Gemüse, Kartoffeln, Getreideprodukte usw.

DAMPFKAMMERBROT
rindenloses Brot, das in geschlossenen Kästen im Dampf bei niedrigen Temperaturen lange gebacken wird, z. B. ▸ Pumpernickel

DAMPFNUDELN
Süddeutsche Spezialität: Große Hefeklöße, die in Milch in einem Topf zugedeckt gebacken und meist mit Vanillesauce oder Kompott serviert werden. Regional begrenzt kennt man Dampfnudeln auch in salzigen Varianten.

DAMPFWURST
Brühwürstchen (in engen Schweinedärmen) aus Rind- und/oder Schweinefleisch, Fett- und Bindegewebe, gewürzt mit Knoblauch, Kardamom, Majoran, Pfeffer und Nitritsalz

DAMWILD
Zum ▸ Haarwild gehörende Wildart (▸ Wild), die ein besonders zartes und schmackhaftes Fleisch besitzt. Der Damhirsch trägt ein schaufelförmiges Geweih, ist kleiner als der Rothirsch und wird nur etwa 75 kg schwer. Jagdzeit für die männlichen Tiere ist von September bis März, für die weiblichen Tiere (auch Damtiere genannt) von September bis Januar.

DANABLU
(Marmora)
Dänischer ▸ Blauschimmelkäse (▸ Käse) mit 50–60 % Fett i. Tr. aus pasteurisierter Kuhmilch hergestellt, mit feinen, blaugrünen Schimmeladern. Danablu gilt als dänischer ▸ Roquefort.

DANBO
(Dänischer Steppenkäse)
Beliebter dänischer Schnittkäse (▸ Käse) aus pasteurisierter Kuhmilch mit 45 % (seltener

auch 30 %) Fett i. Tr. Danbo hat eine regelmäßige Lochung mittlerer Größe und kommt als quadratischer Block, manchmal auch mit Kümmel gewürzt in den Handel.

DANFU ► Tofu

DÄNISCHE ART
(danoise, à la)
1. mit Sardellenbutter aufgeschlagene ► Mousseline zu gekochten Meeresfischen
2. Suppe aus püriertem Entenfleisch mit Artischocken, Entenklößchen und ► Marsala
3. Püreesuppe aus Wildfleisch mit Linsen, Trüffelscheiben und Madeira
4. Rahmsauce mit Hühnerpüree und Champignonfond

DÄNISCHER AGAR ► Furcelleran

DÄNISCHER BUTTERKÄSE ► Esrom

DÄNISCHER PLUNDER
► Kopenhagener Plunder

DÄNISCHER STEPPENKÄSE ► Danbo

DÄNISCHER TILSITER ► Havarti

DANOISE, À LA ► dänische Art

DANZIGER GOLDWASSER
(Danziger Lachs)

Ursprünglich aus Danzig kommender farbloser, süßlicher Gewürzlikör, der unter Verwendung von Extrakten aus Zimt, Koriander, Kardamom, Kümmel, Muskatnüssen, Rosenblüten, Zitronen- und Orangenschalen hergestellt wird und mindestens 38 Vol.-% Alkoholgehalt hat. Das besondere Kennzeichen sind die darin schwimmenden „Schwebeteilchen" aus echtem 22-karätigen Blattgold.

DARBLAY
mit Eigelb und Sahne legierte Kartoffelsuppe mit Gemüsestreifen und Kerbel

DARIOLEN ► Becherpasteten

DANZIGER GOLDWASSER

Erfunden wurde das ► Danziger Goldwasser von dem holländischen Prostestanten Ambrosius Vermöllen, den es 1567 auf der Flucht vor Herzog Alba von Spanien nach Danzig verschlug. Er hatte offenbar eine Sammlung überlieferter Spirituosenrezepte mit im Gepäck und als er 1598 das Danziger Bürgerrecht erhielt, gründete er eine Brennerei und Likörfabrik, die unter ihrer Hausbezeichnung „Der Lachs" bekannt wurde. Dieser Name ist geblieben und so heißt der bekannte Likör auch „Der Lachs – Original Danziger Goldwasser". Er wird heute allerdings nicht mehr in Danzig hergestellt.

DARJEELING
sehr bekannte Teesorte (► Tee) aus dem Hochland des nordindischen Distrikts Darjeeling

DARTOIS
Blätterteigschnitten mit pikanter Füllung aus Sardellen, Sardinen, Krebsen, Geflügel, Gänseleber (Artois: Landschaft in Nordfrankreich)

DASHEEN ► Taro

DASHI
klare, konzentrierte Brühe der japanischen Küche aus Bonito, Shiitakepilzen, Seetang (► Kombu) und Sojasauce

DÄTSCHERKUCHEN
thüringische Spezialität: Kartoffelpuffer mit Eiern, Quark, saurer Sahne und Speckwürfeln

DATSCHI
süddeutsche Bezeichnung für mit Zwetschgen, manchmal auch anderen Früchten belegten Blechkuchen aus Hefeteig (seltener Mürbteig)

DATTEL, CHINESISCHE
Südfrucht, ► Jujube

DATTEL, INDISCHE ► Tamarinde

DATTELFEIGEN ► Kaki(pflaumen)

DATTELN

Pflaumenartige Beerenfrüchte der Dattelpalme, die, wie alle Palmenarten, im feuchtwarmen Klima der Subtropen zuhause ist. Die wichtigsten Anbauländer bzw. -regionen sind

AUFBEWAHRUNG

Kühl, dunkel und trocken in einem luftdicht geschlossenen Behälter gelagert, sind getrocknete Datteln 6–12 Monate haltbar. Frische Datteln sollte man möglichst schnell verbrauchen, im Kühlschrank halten sie sich bis zu 2 Wochen. Da sie bereits tiefgefroren waren, sollte man sie nicht mehr einfrieren.

Nord- und Südafrika, der Nahe Osten, Südasien, Mexiko, Kalifornien und Australien. Hauptexporteur ist der Irak mit rund 50 % des Weltexports. Es gibt zwar rund 100 verschiedene Dattelsorten, nur wenige davon kommen aber bei uns auf den Markt. Man unterscheidet 2 Gruppen: trockene Sorten, die weniger aromatisch und in erster Linie für den Inlandskonsum in den Erzeugerländern bestimmt sind, und weiche Sorten mit wesentlich höherem Zuckergehalt für den Export. Meist kommen Datteln bei uns getrocknet in den Handel. Dazu werden die Früchte kurz vor der Vollreife geerntet und an der Sonne oder in speziellen Anlagen getrocknet. Sie sind sehr süß und schmecken nach Honig. Zunehmend werden auch die weniger süßen frischen Datteln angeboten, die nach der Ernte für den Transport schockgefroren werden.
VERWENDUNG: *In ihren Ursprungsländern sind Datteln teilweise noch heute ein Grundnahrungsmittel. In den westlichen Ländern kennt man sie in Müslis, Kuchen, Gebäck, Fruchtschnitten oder Desserts. In den arabischen Ländern isst man Datteln auch in Salaten, Couscous, Fleischgerichten, in Indien in Currygerichten und Chutneys.*

DATTELN, SCHWARZE
▸ Lotuspflaumen

DAUBE
Fleischgericht (meist Rind, teilweise auch Schwein, Lamm oder Geflügel) mit Pilzen und Gemüse, das über Stunden zugedeckt in einem Topf aus Stein oder Ton in wenig Flüssigkeit (Wasser und Wein) sanft geschmort wird.

DAUERBACKWAREN

Feine Backwaren, die aufgrund ihres niedrigen Feuchtigkeitsgehalts (20–40 %) und eines erhöhten Fett- bzw. Zuckergehalts mehrere Monate aufbewahrt werden können; z. B. ▸ Biskuit, Dosenbrot, Dosenkuchen, ▸ Keks, ▸ Kräcker oder ▸ Zwieback.

DAUERBROT
(Brotkonserve)
Spezialbrote (▸ Brot) mit einer Haltbarkeit von mindestens 6 Monaten, die es als Brottrockenkonserven (z. B. ▸ Knäckebrot) oder in feuchter Form als so genannte Brotkonserven (alle Brote, die nach dem Backvorgang in Dosen verpackt und sterilisiert werden) gibt.

DAUERHEFE ▸ Backhefe

DAUERWURST
Schnittfeste ▸ Rohwurst, die aus sehnenarmem Muskelfleisch von Rind und Schwein hergestellt wird. Durch längeres Räuchern, Reifen und Trocknen ist sie extrem haltbar.

DAUPHIN
(Dauphiné)
dem ▸ Maroilles ähnlicher, aus Nordfrankreich stammender Kuhmilch-Weichkäse (50 % Fett i. Tr. und mehr), mit Gewürzen und Kräutern aromatisiert, strenger Geruch, pikant-würziger Geschmack (frz. „Dauphin" = „Thronfolger")

DAUPHINEKARTOFFELN
Nocken aus zerstampften Salzkartoffeln und und Brandteig, die in Fett gebacken werden.

DEBRE(C)ZINER
nach der ungarischen Stadt Debrecen (Debreczin) benannte Brühwürstchen aus Rind-/Schweinefleisch und Speck, bzw. in Österreich stark gewürzte Rohwurst aus Schweinefleisch und Speck

DEBRE(C)ZINER GULASCH
in große Würfel geschnittenes Rindfleisch mit reichlich in Schweineschmalz angerösteten Zwiebelscheiben, Gewürzgurken und viel Paprika, gewürzt mit gehacktem Kümmel, Salz und Knoblauch

DECKSAUCE
Sauce zum Überziehen von Schlachtfleisch-, Wild- oder Geflügelstücken (▸ Chaudfroidsauce, ▸ Duxelles)

DEELENSCHINKEN ▸ Katenschinken

DEGENFISCH
begehrter, bei uns allerdings nur selten erhältlicher Speisefisch des Atlantiks (eine zweite Art lebt im Pazifik), mit sehr lang gestrecktem Körper (80–170 cm) und zartem Fleisch

DEGLACIEREN
den Bratensatz mit wenig Flüssigkeit (z. B. Wasser, Wein, Weinessig) aufgießen und aufkochen lassen, ▸ ablöschen

DEGORGIEREN
1. Das Wässern von Hirn, Kalbsbries, Herz und anderen Innereien, um vor der Zubereitung Blut herauszuziehen (frz. „degorger" = „frei machen", „reinigen", in der Küchensprache „Wasser ziehen lassen", „wässern")
2. Der entscheidende letzte Schritt bei der Herstellung von ▸ Schaumwein, bei dem die ▸ Hefe vom Wein getrennt wird.

DEGRAISSIEREN
von Brühen, Saucen und Suppen das überschüssige Fett abschöpfen (frz. „degraisser" = „abspecken")

DEGUSTATION
(Verkostung)
Kosten und Prüfen von Lebensmitteln und Getränken (kennt man besonders vom Wein) nach Kriterien wie Aussehen, Konsistenz, Geruch und Geschmack

DEKANTIEREN
Umgießen einer Flüssigkeit in ein geeignetes Gefäß, um sie in erster Linie vom Bodensatz (▸ Depot) zu befreien, manchmal auch um sie (vor allem beim Dekantieren des Weines in eine Karaffe) zur weiteren Entwicklung stärker mit Sauerstoff in Kontakt zu bringen (frz. „décanter" = „klären").

DEKORIEREN
Speisen oder auch Backwaren mit verschiedenen (meist essbaren) Zutaten verzieren (frz. „décorer" = „(aus)schmücken, verzieren")

DELIKATESSBOHNEN
▸ Bohnen, ▸ Gartenbohne

DELIKATESSEN
Allgemeiner Begriff für besondere kulinarische Spezialitäten bzw. Gaumenfreuden, die sich durch hohe Qualität auszeichnen, was oft auch optisch in einer exklusiven Verpackung zum Ausdruck kommt. Als klassische „natürliche" Delikatessen gelten z. B. ▸ Trüffeln, ▸ Morcheln, ▸ Kaviar, ▸ Austern oder ▸ Hummer. Unter Delikatessen versteht man aber auch Feinkosterzeugnisse aller Art (wie z. B. Gänseleberpastete). Der Zusatz „Delikatess-„ wird heute – ohne dass er nach bestimmten Kriterien geregelt ist – bei vielen Nahrungsmitteln gemacht und soll generell gehobene Qualität ausdrücken.

DELMONICOKARTOFFELN
Streifen oder Würfel von gekochten Kartoffeln, in Sahnesauce und geriebenem Weißbrot gewälzt, mit Butterflocken im Ofen überbacken (Delmonico: einst ein berühmtes Restaurant in New York)

DEMI-ANGLAIS
(halb durchgebraten, medium)
Garstufe beim Fleisch (▸ Garstufen)

DEMIGLACE ▸ Kraftsauce

DEMI-SEC
(halbtrocken)
Angabe zum Trocken- bzw. Süßegrad bei ▸ Schaumwein bzw. ▸ Wein (▸ halbtrocken)

DEMOULIEREN
eine Speise aus der Form, in der sie gegart oder geliert wurde, stürzen (frz. „démouler" = „aus der Form nehmen")

DENG DENG

indonesische Spezialität: in Gewürzen (unter anderem Kümmel, Ingwer), Knoblauch und Salz marinierte, anschließend im Ofen gedörrte und in Öl knusprig gebratene dünne Scheiben von Büffelfleisch

DENOMINACIÓN DE ORIGEN

Kurz DO oder (mit dem Zusatz Calificada) DOC, kontrollierte Herkunftsbezeichnung spanischer Qualitätsweine (▸ Wein), mit dem Zusatz „Calificada" der obersten Kategorie

DENOMINAZIONE DI ORIGINE CONTROLLATA (E GARANTITA)

Kurz als DOC oder DOCG bekannt ist diese kontrollierte und gesetzlich geschützte Herkunfts- und Qualitätsbezeichnung für ▸ Wein und andere landwirtschaftliche Produkte aus Italien. Der Zusatz „e garantita" beim Wein weist auf die oberste Kategorie hin, was aber nicht mit der tatsächlichen Qualität übereinstimmen muss.

DEPOT

Bodensatz, der sich im Laufe der Zeit bei Flüssigkeiten am Boden des Gefäßes absetzt, in dem sie gelagert werden. Der Begriff Depot wird vor allem mit ▸ Wein und seinen Ablagerungen in der Flasche in Verbindung gebracht. Bei Rotweinen können sie aus Farbstoffen und ▸ Tannin bestehen, bei Weißweinen auch kristallin (▸ Weinstein) sein. Der Fachausdruck für das Trennen des Depots ist ▸ dekantieren.

DERBY

Milder Schnittkäse aus pasteurisierter Kuhmilch mit 48 % Fett i. Tr., der ursprünglich eine Spezialität der Grafschaft Derbyshire in Mittelengland war. Die Reifezeit beträgt 2–3 Monate, kann aber auch bis zu 1 Jahr dauern, wenn der Geschmack etwas strenger sein soll. Derby wird gerne mit dem Saft zerstoßener Salbeiblätter pikant gewürzt und passt besonders zu Früchten, Portwein oder Bier (Ale).

DESOSSIEREN

frisches Fleisch, Geflügel usw. von allen Knochen befreien, ohne dass die Haut dabei verletzt wird, ▸ ausbeinen (frz. „desosser" = „von den Knochen befreien", „entbeinen")

DESSECHIEREN

eine Speise abtrocknen lassen oder mit einem Tuch oder Küchenpapier trocken tupfen (frz. „dessécher" = „austrocknen")

DESSERT

(Nachtisch)

Der süße und (oft auch optisch) verführerische letzte Gang eines Menüs als abschließender Genuss. Viele Köche legen in das Dessert noch einmal besonderen Ehrgeiz und denken sich immer wieder neue fantasievolle Kreationen aus. Als krönenden Abschluss eines Essens kannte man das Dessert schon bei den alten Römern. Eine Nachspeise sollte sich im Charakter dem Hauptgericht anpassen. Beispiele für gängige Desserts: Cremes, Mousses, Crêpes, Eis, Puddings, Soufflés, Gebäck.

DESSERTWEINE

(Südweine)

Früher gängige Bezeichnung für alkoholstarke bzw. mit Alkohol versetzte süße Weinspezialitäten, die oft zum Dessert gereicht wurden. Bekannte Vertreter ihrer Art sind ▸ Port, ▸ Sherry, ▸ Madeira, ▸ Malaga, ▸ Marsala, ▸ Tokajer und ▸ Samos. Nach heutigem Weinrecht sind dies ▸ Likörweine. Unter Dessertweinen versteht man alle ▸ Süßweine wie ▸ Auslese, ▸ Beerenauslese, ▸ Trockenbeerenauslese, ▸ Eiswein usw., die zum Dessert passen.

DESTILLATION

Physikalisches Verfahren, bei dem durch Erhitzen, Verdampfung und anschließende Kondensation zwei Flüssigkeiten mit verschiedenen Siedepunkten voneinander getrennt werden können. Die Destillation wird in vielen Bereichen eingesetzt, die älteste und wohl auch bekannteste Anwendung ist die Herstellung von hochprozentigen alkoholischen Getränken (in der Fachsprache ▸ Branntweine) durch die Trennung von Wasser und Alkohol.

DEUTSCHE ART
(allemande, à l')
1. Kartoffelpüree und/oder Butternudeln in gebundenem Bratensaft zu großen Fleischstükken (vor allem Schwein und Rind)
2. glasierte Zwiebelchen, gedünstete Paprikaschoten, Bratkartoffeln und gebratene Kalbsleberscheiben mit Madeirasauce
3. mit Sardellenbutter aufgeschlagene und mit Kapern verfeinerte weiße Sauce zu Fisch

DEUTSCHE MARKENBUTTER
Handelsklasse für ▸ Butter

DEUTSCHE MOLKEREIBUTTER
Handelsklasse für ▸ Butter

DEUTSCHE SAUCE
(Sauce allemande)
Dem Namen nach deutsch, aber in Frankreich kreiert: Verfeinerte weiße Grundsauce mit Champignonfond, Kalbsfond, frischem Eigelb, weißem Pfeffer, geriebener Muskatnuss, Zitronensaft und Sahne, die zu gedünstetem Geflügel, Kalb und Lamm serviert wird.

DEUTSCHER INGWER ▸ Kalmus

DEUTSCHER KAVIAR
Der ▸ Seehase und der ▸ Dorsch liefern diesen billigen Ersatzkaviar (▸ Kaviar), der im Urzustand rosa bis gelblich ist, oft auch rot oder schwarz eingefärbt und vor allem gerne zu Dekorationszwecken verwendet wird.

DEUTSCHER SALAT
klassische Salatzubereitung (▸ Salate) aus in Würfel geschnittenen Äpfeln, Kartoffeln, Gewürzgurken und Salzheringen, Scheiben von Roten Rüben, hart gekochten Eiern und gehackten Zwiebeln in Essig-Öl-Senf-Marinade

DEUTSCHES BEEFSTEAK
runder oder ovaler Kloß aus Rinderhackfleisch, mit Ei als Bindemittel gebraten (▸ Frikadellen)

DEXTROSE ▸ Traubenzucker

DFD-FLEISCH
Bezeichnung für qualitätiv minderwertiges Fleisch, das durch dunkles (fast schwarzes) Aussehen und eine leichte Klebrigkeit gekennzeichnet ist. Die Ursache für die vor allem bei Rindern festgestellte negative Veränderung des Fleisches ist noch nicht genau erforscht. Einiges deutet aber auf einen Zusammenhang mit Tierhaltung und Fütterungsbedingungen (unter anderem Massentierhaltung und Stress vor dem Schlachten) hin. DFD-Fleisch ist schlecht haltbar; es eignet sich aufgrund seiner hohen Wasserbindung zur Herstellung von Brüh- und Kochwürsten. Eine weitere Form von Fleisch minderer Qualität ist ▸ PSE-Fleisch.

DHAL
indische Gerichte mit Hülsenfrüchten, wie Katjang- und Urdbohnen, Kichererbsen, Linsen

DHUDI
Im Aussehen einer Gurke bzw. einer Zucchini ähnliche tropische Gemüsefrücht mit gelber bzw. gelblich-grüner Farbe, die wie Zucchini unter die ▸ Kürbisse eingereiht wird und bis zu 50 cm lang werden kann. Dhudi werden vor allem als Gemüse verzehrt, das weiße Fruchtfleisch mit seinen essbaren Kernen hat wenig Eigengeschmack. Ihr Anbau erfolgt hauptsächlich in Afrika, Indien und auf Zypern.

DIABETIKERLEBENSMITTEL
Bezeichnung für alle Lebens- bzw. Nahrungsmittel, die von an Diabetes mellitus erkrankten Personen ohne negative gesundheitliche Folgen verzehrt werden können. Im Gegensatz zu „normalen" Lebensmitteln enthalten sie weniger verdauliche Kohlenhydrate und statt Zukker Zuckeraustauschstoffe/Süßungsmittel.

DIANAPASTETEN
Blätterteighüllen mit einer Füllung aus Resten von gebratenem Federwild (Fasan, Wildente usw.) und etwa der gleichen Menge gewürfelter, in Butter gedünsteter Champignons

DIANASAUCE
(Sauce Diane)
Pfeffersauce mit Sahne, kleinen Eiweißwürfeln und Trüffelsplitterchen zu gebratenem Wild

DIÄT
Allgemeine Bezeichnung für eine gesunde und ausgewogene Lebens- und Ernährungsweise, die den menschlichen Organismus mit allem (Vitamine, Mineralstoffe, Spurenelemente, Eiweiß, Fett, Kohlenhydrate usw.), versorgt, was er braucht – und das im richtigen Verhältnis. Wissenschaftlich befasst sich die so genannte Diätetik mit diesem Thema. Nahrungsmittel, welche die gehobenen Ansprüche (vor allem auch bei körperlichen und gesundheitlichen Einschränkungen, unter besonderen Umweltbedingungen oder in einem bestimmen Lebensalter) erfüllen, werden als diätetische Lebensmittel bezeichnet. Vielfach wird der Begriff Diät auch für Fastenkuren verwendet, die eine schnelle Gewichtsabnahme versprechen. In diesem Fall ist aber Vorsicht geboten: Solche Diäten sind oft sehr einseitig ausgerichtet und führen auf längere Sicht zum Gegenteil dessen, was man erreichen wollte: Nach dem schnellen Verlust der Pfunde setzt nämlich – sobald man wieder „normal“ isst – der gefürchtete Jo-Jo-Effekt ein und der Körper legt sich umso schneller seine Fettreserven (-polster) an, um für die nächste „Hungersnot“ gewappnet zu sein.

DIÄTKOST
Die gesundheitsbewusste Zusammenstellung der Lebens- und Nahrungsmittel, die auf den täglichen Speiseplan kommen, zur Vorbeugung gegen ernährungsbedingte Krankheiten bzw. zur Heilung solcher sowie zur dauerhaften Bekämpfung von Übergewicht, z. B. ▸ Schonkost.

DIAVOLA, ALLA
Zubereitung verschiedener Gerichte, scharf gewürzt oder in scharfer Sauce serviert (oft mit Chilis bzw. Peperoni; ital. „diavola“ = „Hexe“)

DICKE
Brühwürstchen aus Rind-/Schweinefleisch und Fettgewebe

DICKE BOHNE
(Feld-, Fava-, Pferde-, Puff-, Saubohne)
Bohnensorte bzw. -art (▸ Bohnen)

DICKKOPF ▸ Döbel

DICKMILCH ▸ Sauermilch

DICKSAFT
durch Eindampfen konzentrierter Obstsaft (aus Äpfeln, Birnen, Trauben usw.), in der Vollwertküche Ersatz für Industriezucker

DICKUNGSMITTEL ▸ Bindemittel

DICKZUCKERFRÜCHTE
(Belegfrüchte, kandierte Früchte, Kanditen, Konfitfrüchte)
Frische oder konservierte Früchte, die mit klarem Weißzuckersirup kandiert – das heißt ganz davon durchdrungen – sind (ital. „candire“ = „einzuckern“). Dickzuckerfrüchte werden zur Herstellung von Süß-, Backwaren und Spirituosen verwendet. Eine besondere Art sind die unter Zusatz von Genusssäuren und zugelassenen Lebensmittelfarbstoffen hergestellten Beleg- oder Konfitfrüchte, die zum Belegen, Garnieren oder Füllen von Süßspeisen, Desserts, Konditoreiwaren und Speiseeis dienen.

DIELENSCHINKEN ▸ Katenschinken

DIGESTIF
Spirituosen, die nach dem Essen getrunken werden, um die Verdauung zu fördern, z. B. Cognac, Wein- oder Obstbrände, Kräuterliköre

DIJONER ART
(dijonnaise, à la)
1. pikant mit Senfsauce oder süß mit Johannisbeerlikör (▸ Cassis)
2. Kalbfleischklöße, gebratene Kartoffelviertel und gehackte Pökelzunge zu Fleisch in Madeirasauce (Dijon: Hauptstadt des Departments Côte d’Or im französischen Burgund)

DIJONER SALAT
Scheiben von gekochten Kartoffeln und Gewürzgurken in einer leichten Senfmayonnaise, garniert mit fein geschnittenem Bleichsellerie

DIJONNAISE, À LA ▸ Dijoner Art

DIJON-SENF
besonders scharfer und aromatischer ▸ Speisesenf, hergestellt aus einem speziellen Verfah-

ren aus nicht entölten und gesiebten schwarzen Senfkörnern sowie Most bzw. Wein

DILL

(Gurkenkraut, -kümmel, Kapernkraut)

Blätter und Samen einer einjährigen Pflanze, die aus dem Mittelmeerraum bzw. Vorderasien stammen dürfte. Als Küchenkraut und -gewürz ist Dill bereits seit dem Altertum bekannt. Schon Römer und Ägypter schätzten ihn als Heil- und Gewürzpflanze. In Duft und Geschmack ist Dill sehr würzig, süßlich und kümmelähnlich, nur milder und erfrischender. Aus den Samen gewinnt man Dillöl, das unter anderem zum Aromatisieren verschiedener Liköre verwendet wird.
VERWENDUNG: *Kraut und Samen werden oft (mit oder ohne blühende Dolde) zum Einmachen von Gewürzgurken bzw. für eingelegtes Gemüse verwendet, passen aber auch gut zu Fleisch und Fisch, eignen sich zum Würzen von Salaten, hellen Saucen, neuen Kartoffeln und jungem Kohl.*

DIM SUM

Chinesische Spezialität: Kleine süß-saure oder auch süße Häppchen, die im Bambuskorb über Wasserdampf gegart und vom Morgen bis zum frühen Nachmittag zu grünem Tee serviert werden. Dim Sum können mit Fisch, Meeresfrüchten, Fleisch oder Gemüse gefüllt und mit Currypulver, Sesam oder Sojasauce pikant gewürzt sein und kommen meist in fantasievoller „Verpackung" bzw. Zubereitung auf den Tisch, z. B. als Nudelteigtaschen, Reismehlrollen usw.

DINER

(Souper)

(festliches) Abendessen

DINKEL

(Fesen, Schwabenkorn, Spelz, Vesen)

Besonders robuste und in Bezug auf die Anbaubedingungen vergleichsweise anspruchslose Weizenart, deren Körner beim Dreschen nicht aus den Spelzen (Hülsen) fallen, sondern mit einem speziellen Verfahren herausgelöst werden müssen. Dieses traditionsreiche Getreide, dessen Anbau im 19. und 20. Jh. stark zurückgegangen war, hat seit Beginn der 90er-Jahre eine große Renaissance erlebt. Heute wird der auch für raue Lagen geeignete Dinkel vor allem in Süddeutschland, in Tirol und in der Schweiz angebaut. Das Korn wird auch vor der Reife als ▸ Grünkern geerntet.

DIPLOMATENPUDDING

▸ Kabinettpudding

DIPPEHAS

(Has im Topf)

Hessische Spezialität: Würfel von Hasenfleisch mit Schweinenacken oder -bauch werden in Schweineschmalz angebraten, mit geriebenem Brot (Roggen-) und/oder Lebkuchen, Wurzelgemüse und Gewürzen in Rotwein (original mit ▸ Spätburgunder) und Bouillon in einem mit Brotteig verschlossenen Topf im Ofen gegart.

DIPS

Kalte oder warme, dickliche Würzsaucen (oft mit Mayonnaise, Jogurt, saurer Sahne oder Quark als Bindemittel) oder auch pikante Käsecremes, in die man kleine Happen taucht. Das können kleine Kräcker, Kartoffelchips, Rohkost oder gegarte Speisen, z. B. kleine Fleischstücke oder Shrimps auf Cocktailspießchen sein (engl. „to dip" = „eintauchen").

DIRLITZEN ▸ Kornellen

DIRTY RICE

nordamerikanisches Gericht aus gekochtem Langkornreis mit Schweinfleisch, Hühnerleber und -magen, Frühlingszwiebeln, Bleichsellerie und Paprikaschoten, verschiedenen Gewürzen, einer zerdrückten Knoblauchzehe und etwas Petersilie

DISTELFEIGEN ▸ Kaktusfrüchte

DISTELKOHL ▸ Karden

DISTELÖL
(Safloröl)
Speiseöl, das aus Saflor gewonnen wird, einer vom Mittelmeer bis Mittelasien verbreiteten und auch unter dem Namen Färberdistel bekannten Öl-, Gewürz-, Heil- und Farbstoffpflanze. Distelöl wird aus den Pflanzensamen kalt gepresst und hat einen hohen Anteil an ungesättigten Fettsäuren; das macht es ernährungsphysiologisch besonders wertvoll. Aufgrund seines milden Geschmacks eignet es sich besonders gut als Salatöl.

DITALI(NI)
italienische Nudeln (▸ Pasta, ▸ Teigwaren) in der Form von kurzen ▸ Makkaroni, auf 5–10 mm Länge geschnitten

DJAHÉ ▸ Ingwer

DJELOU KHABAB
Eine persische Spezialität sind diese dünn geklopften, mit Kurkuma, Salz und Pfeffer gewürzten kleinen Hammelsteaks, die in etwas Stärkemehl gewendet, auf dem Holzkohlengrill gegart und mit Butterreis serviert werden.

DJENTEN ▸ Kreuzkümmel

DJOREK POEROOT
indonesische Pomeranzenart (▸ Pomeranzen), beliebe Zutat der Reistafel

DJUVEC
deftiger, stark gewürzter Eintopf vom Balkan aus Schweinefleisch, verschiedenem Gemüse (Auberginen, Grüne Bohnen, Möhren, Tomaten, Peperoni usw.), Kartoffeln und Reis

DJUVECREIS
pikante Zubereitung für Langkornreis mit kleinen Stückchen von Tomaten, Auberginen, Peperoni, Möhren und Zwiebeln in Olivenöl, gewürzt mit Paprikapulver und Salz

DÖBEL
(Aitel, Dickkopf)
Lang gestreckter Süßwasser-Raubfisch (▸ Fische), der in fast ganz Europa und in Vorderasien verbreitet ist. Besonders gerne bevölkert er schnell fließende Bäche und Flüsse. Der Döbel kann bis 60 cm lang und 4 kg schwer werden. Sein weißes, fettarmes Fleisch eignet sich vor allem zum Braten, Grillen und Frittieren.

DOBOSTORTE
eine nach dem Budapester Konditor Lajos Dobos benannte runde Torte aus 6–8 Biskuitböden und Schichten aus Schokoladen-Butter-Creme (manchmal auch Vanillecreme) und mit einer Karamellglasur überzogen

DO(C)
▸ Denominación de Origen

DOC/DOCG
▸ Denominazione di Origine Controllata (e Garantita)

DOGGERSCHARBE
(Raue Scharbe)
Ein Vertreter der ▸ Plattfische (▸ Fische), der mit dem ▸ Heilbutt eng verwandt ist und vor allem im Nordatlantik vorkommt. Die Doggerscharbe hat zwar wenig Fleisch, dies ist aber von guter Qualität und eignet sich für alle Zubereitungsarten außer Dünsten und Schmoren.

DOLCE
italienische Bezeichnung für Süßspeisen, Kuchen, Torten usw., auch als Namenszusatz bei süßlichen Weinen

DOLCETTO
besonders im Piemont verbreitete italienische Rotweinrebsorte (▸ Wein), liefert trockene und fruchtige Weine meist von einfacherer Art

DOLLARFISCH ▸ Butterfisch

DOLMAS
(Dolmades)
griechische bzw. türkische Spezialität: Weinblätter, die mit einer Mischung aus gehacktem und kräftig gewürztem Hammelfleisch und/oder Reis, Pinienkernen, Rosinen sowie Gewürzen gefüllt und kalt serviert werden

DOMINOSTEINE
kleine, meist mit Schokoladenglasur überzogene Lebkuchenstücke (▸ Lebkuchen) bzw. -würfel aus einer oder mehreren Teigschichten mit Füllungen aus Marzipan und Fruchtgelee

DONAULACHS ▸ Huchen

DÖNER KEBAB
Am senkrechten Drehspieß mit seitlicher Hitzequelle gegrilltes, stark gewürztes Lammfleisch (in Deutschland oft Rind-, Schweine- oder Putenfleisch), das ähnlich dem griechischen ▸ Gyros in kleinen Scheibchen bzw. Streifchen abgeschnitten wird, sobald es außen leicht knusprig ist. Anschließend wird das Fleisch mit Zwiebelringen, Gurken- und Tomatenscheiben, Schafskäse, Salat und einer Jogurtsauce in Fladenbrot (▸ Pita) gefüllt.

DONGCHIMI ▸ Kimchi

DONKOPILZ
eine besonders dickfleischige und beliebte Art des ▸ Shiitake

DOORNKAAT
klarer, wasserheller norddeutscher ▸ Trinkbranntwein (▸ Branntweine) aus Korn (Kornbrand) mit Zusatz von Wacholderbeeren und einem Alkoholgehalt von 38 Vol.-%

DOPPELLENDENSTÜCK
▸ Chateaubriand

DOPPELMAGNUM
eine ▸ Großflasche für Wein und Champagner

DOPPELRAHM ▸ Crème double

DOPPELRAHMKÄSE
besonders fetter ▸ Käse mit 60–85 % Fett i. Tr.

DOPPELRAUKE
Im europäischen Raum auf Ödland, an Bahndämmen und als Unkraut vorkommende Pflanze, die vor allem in Süditalien und Frankreich zur Zubereitung von Salaten in der freien Natur gesammelt oder manchmal auch kultiviert wird. Ihr Geschmack erinnert an Fleischbrühe.

DORADE ▸ Goldbrasse

DORNFELDER
Eine zunehmend beliebter werdende rote deutsche Weinrebenzüchtung (▸ Wein), die auf rund 5500 ha angebaut wird und aus zwei anderen Neuzüchtungen (Helfensteiner und Heroldrebe) erfolgte. Der Dornfelder liefert tiefdunkle, fruchtbetonte und vollmundige Weine.

DORNFISCH ▸ Dornhai

DORNGARNELE
in der Ostsee heimische Garnelenart (▸ Garnelen, ▸ Krebstiere)

DORNHAI
(Dornfisch, Steinaal)
Essbare, kleine Art der ▸ Haifische (▸ Fische), die lebend gebärt und in den nordeuropäischen Meeren zu Hause ist. Dornhaie werden bis 1 m lang und 10 kg schwer. Sie kommen fast ausschließlich geräuchert und als ▸ Schillerlocke oder ▸ Seeaal in den Handel.

DÖRRFLEISCH
1. durchwachsener, geräucherter Speck vom Schweinebauch, mit oder ohne Knochen
2. ▸ Trockenfleisch

DÖRRFRÜCHTE/-OBST ▸ Backobst

DORSCH
junger, noch nicht geschlechtsreifer bzw. aus der Ostsee kommender kleinerer ▸ Kabeljau (▸ Fische)

DORSCHARTIGE FISCHE
Diese Ordnung der ▸ Fische vereinigt insgesamt 10 Familien (eine davon sind die Dorschfische) und über 200 Arten, die fast ausschließlich im Meer leben. Besonders bekannte Vertreter sind u. a. ▸ Kabeljau, ▸ Seehecht, ▸ Grenadierfisch und ▸ Wittling.

DORSCHEN ▸ Kohlrüben

DORSCHLEBER
die vitaminreiche und als Delikatesse geltende Leber des jungen ▸ Kabeljau bzw. anderer dorschähnlicher ▸ Fische, im Handel als pikant gewürzte und in Öl eingelegte Dosenkonserve

DORSET BLUE VINNEY
englischer ▸ Blauschimmelkäse (▸ Käse) aus entrahmter Kuhmilch, hart oder halbfest mit 40–46 % Fett i. Tr. und einer Reifezeit von 12–18 Monaten (aus dem Sherbourne-Tal)

DOSAI
(Doza)
weichteigige Fladen aus Mungobohnen und Reis, typisch indische Frühstücksnahrung

DOSENFLEISCH ▸ Fleischkonserven

DOSENMILCH ▸ Kondensmilch

DOSENSUPPE ▸ Suppenkonserven

DOSENWÜRSTCHEN
durch Erhitzen auf 90–100 °C begrenzt haltbar gemachte und in Kochsalzlösung eingelegte ▸ Brühwürste, handelsfertig verpackt in Metalldosen oder Gläsern

DOST ▸ Oregano

DOTTER ▸ Eigelb (▸ Eier)

DOTTERPILZE, -SCHWÄMME
▸ Pfifferlinge

DOUGHNUTS

ringförmiges aus Nordamerika kommendes Schmalzgebäck, das mit Zimt und Zucker bestreut oder mit Zukker-, Schokoladen- oder Karamellglasur überzogen sein kann

DOUGLASSALAT
halbierte oder geviertelte Kopfsalatherzen und Tomatenscheiben in Kräutermarinade mit Tomatenketchup, mit gehacktem Ei bestreut

DOURO
Weinanbaugebiet am gleichnamigen Fluss im Norden Portugals und Heimat eines der berühmtesten Likörweine, des ▸ Port

DOUX
(süß)
Angabe zum Trocken- bzw. Süßegrad bei ▸ Schaumwein bzw. gängige Bezeichnung für süße Weine

DOZA ▸ Dosai

DRACHENAUGEN ▸ Longanen

DRACHENFRÜCHTE ▸ Pitahayas

DRACHENKOPF, GROSSER ROTER
(Rascasse)

Gepanzerter Bodenfisch (▸ Meeresfische, ▸ Fische) des Mittelmeeres und des Atlantiks, der bis 50 cm lang wird und einen dornigen Kopf und giftige Stacheln in der Rükkenflosse hat. Er gehört der Ordnung der so genannten Panzerwangen an. Unter Feinschmekkern ist er als unverzichtbarer Bestandteil der

▸ Bouillabaisse bekannt, aber auch sonst nimmt er mit seinem festen und aromatischen Fleisch in der französischen Küche einen festen Platz ein.

DRACHENKRAUT ▸ Estragon

DRAGEES
1. nach der ursprünglichen und historisch belegten Bedeutung eine Bezeichnung für harte Kerne (z.B. Nüsse, Fruchtstücke, Zuckerkristalle oder andere feste Füllmassen) in einer Zucker- oder Schokoladenhülle
2. pharmazeutische Erzeugnisse (Arzneimittel) in Pillenform

DRAGON, DRAGUN ▸ Estragon

DRAGONERSPIESS
kleine Rind- und Schweinefleischstücke mit würzenden Beigaben (Paprikaschoten, Zwiebeln usw.) am Spieß zum Grillen oder Braten (▸ Schaschlik)

DRAMBUI(E)
Bernsteinfarbener schottischer Likör mit 40 Vol.-% Alkohol, der aus edlen, bis zu 17 Jahre alten Malt Whiskys (▸ Whisky) und Heidehonig hergestellt und mit verschiedenen Kräutern/ Gewürzen aromatisiert wird. Mit seinem vollmundigen Maltgeschmack und seiner harmonischen Süße ist Drambui kühl getrunken auch ein interessanter Aperitif.

SCHON GEWUSST?

Der Name ▸ Drambui stammt von Mönchen aus dem Gälischen, bei denen die alte Likörspezialität „Am Dram Buidhach" hieß. Das bedeutet so viel wie „Ein Trank, der zufrieden macht".

DREIDORN ▸ Berberitze

DREIECKSKRABBEN ▸ Seespinnen

DREIVIERTELFETTKÄSE
▸ Käse mit 30–39,9 % Fett i. Tr.

DRESD(E)NER STOLLEN
▸ Christstollen

DRESSIEREN
1. allgemein eine Speise in eine bestimmte Form bringen bzw. sie hübsch anrichten
2. ▸ bridieren (frz. „dresser" = „aufstellen", „aufrichten")

DRESSIERGEBÄCK ▸ Spritzgebäck

DRESSINGS
(Salatdressings)
1. englische Bezeichnung für Salatsaucen
2. spezielle amerikanische Salatsaucen, meist auf der Grundlage von Mayonnaise (engl. „to dress" = „zurechtmachen")

DRINK
vorwiegend ein Bargetränk, meist eine Mischung aus verschiedenen Getränken und Alkoholika

DROGEN
In der Küchensprache ein Sammelbegriff für Pflanzen bzw. Kräuter oder Teile davon (z.B. Blätter, Blüten, Samen, Wurzeln), deren besondere aromatische, geschmackliche und farbliche Eigenschaften sowie Heilwirkungen auch beim Trocknen erhalten bleiben. Ihre Haupteinsatzgebiete sind die Herstellung von Spirituosen, Essig und pharmazeutischen Produkten bzw. Naturheilmitteln.

DROPS
gefüllte oder ungefüllte saure Fruchtbonbons (▸ Bonbons), meist mit säuerlichem Geschmack und in Rollenform verpackt

DROSSELBEEREN ▸ Ebereschenbeeren

DRY ▸ sec

DUBARRYSUPPE
Rahmsuppe aus püriertem Blumenkohl (oder mit kleinen Blumenkohlröschen als Einlage) mit Fleischbrühe, Sahne und Eigelb, gewürzt mit Muskatnuss, Salz und Pfeffer (benannt nach Madame du Barry, 1743–1793, der berühmten Mätresse Ludwigs XV.)

DUBOIS, À LA
Wachteln oder sonstiges Wildgeflügel auf Champignon-, Fleisch-, Kastanienpüree mit einer Garnitur aus Champignons und Geflügelklößchen (Urbain Dubois, 1826–1901, Küchenmeister von Kaiser Wilhelm I. und Verfasser verschiedener Kochbücher)

DUBONNET
Aperitif auf Weinbasis mit einer speziellen Gewürzmischung, in rot und weiß erhältlich. Erstmals wurde der Dubonnet 1846 von Joseph Dubonnet verkauft. Er ist dem ▸ Vermouth sehr ähnlich.

DUCHESSEKARTOFFELN
▸ Herzoginkartoffeln

DUCHESSES
kleine Krapfen mit salzig-pikanter oder süßer Füllung als Vorspeise, Garnitur zu verschiedenen Gerichten oder Nachtisch

DUFFINBOHNE ▸ Limabohne (▸ Bohnen)

DUFTREIS
(Jasminreis, Siamreis)
besonders aromatische Reissorte (▸ Reis)

DUGLÉRÉ, À LA
gehackte Schalotten, Tomaten und Knoblauchzehen, mit oder ohne Champignons, mit Weißwein zu feinen Meeresfischen, z. B. Seezunge oder Goldbrasse (Adolphe Dugléré, 1805–1884, berühmter französischer Meisterkoch seiner Zeit und der „Mozart der Küche" genannt)

DUKATENKARTOFFELN
dicke Kartoffelscheiben mit Butter auf dem Blech gebraten

DUKATENNUDELN
Süßspeise: in der Pfanne ausgebackene Hefeteigstücke

DUKKAH
Ägyptische Gewürzmischung, u. a. mit Koriander, Kreuzkümmel, schwarzem Pfeffer, Sesam, Zimt und gerösteten Nüssen für gegrilltes Fleisch und hart gekochte Eier

DUMAS, À LA
Garnitur aus winzigen, gedünsteten Kohlköpfen, glasierten Möhren und angebratenen Räucherspeckwürfeln zu Fleisch in Demiglace, benannt nach Alexandre Dumas dem Älteren (1802–1870). Der berühmte französische Roman-Schriftsteller, aus dessen Feder u. a. Klassiker wie „Die drei Musketiere", „Der Graf von Monte Christo" und „Der Mann mit der eisernen Mase" stammen, verfasste auch eine Enzyklopädie der Kochkunst.

DUNDEE CAKE
Früchtekuchen mit kandierten Kirschen, Rosinen bzw. Korinthen und Mandeln (Dundee: schottische Industrie- und Hafenstadt)

DUNKELFELDER
Rote deutsche Rebsortenzüchtung (▸ Wein) zwischen der französischen Teinturier (Färbertrauben) und dem ▸ Portugieser, die lediglich auf rund 300 ha angebaut wird. Sie wird meist nur als Partner (und Farbgeber) in Rebsortencuvées oder als ▸ Süßreserve verwendet.

DÜNNUNG
Fleischstück beim Kalb (▸ Bauch) und beim Rind (▸ Lappen)

DÜNSTEN
Garmethode, bei der Speisen im geschlossenen Topf in wenig Flüssigkeit (Wasser, Fond, Wein usw.) oft auch etwas Fett, bei Temperaturen knapp unter 100 °C gegart werden. Bei dieser schonenden Methode bleiben Aroma- und Inhaltsstoffe der Lebensmittel weitgehend erhalten. Zum Dünsten eignen sich u. a. Fische, weißes Fleisch, Gemüse aller Art, Pilze oder auch Obst.

DUNSTFRÜCHTE
(Dunstobst)
Obstkonserve in Wasser, ohne Zuckerzusatz z. B. als Kuchenbelag; für Diabetiker geeignet

DURCHGEBRATEN
(bien cuit, well-done)
Garstufe beim Fleisch (▸ Garstufen)

DURCHWACHSEN
mit natürlichen Fettadern durchzogenes (auch marmoriertes) Fleisch, bleibt besonders saftig

DURHAM-RIND
Rinderrasse (▸ Rind), gezüchtet in der nordenglischen Grafschaft Durham

DURIAN
(Durion, Stinkfrucht, Zibetbaumfrucht)

Ostasiatische, sehr aromatische Tropenfrucht, die mit ihrem dichten Stachelkleid Ähnlichkeit mit einem Igel hat und auf 20–40 m hohen Bäumen wächst. Außerhalb Asiens wird sie kaum angebaut, weil sie sich anderen klimatischen Bedingungen schlecht anpassen kann. Bei uns kommen Durians, die in der Regel rund 40 cm lang, 20–30 cm breit und bis 5,5 kg schwer werden können, von Juni bis August auf den Markt. Gewöhnungsbedürftig ist ihr leicht fauliger Geruch, der bei Vollreife penetrant wird. Am besten sollten die Früchte leicht unreif verzehrt werden, dann hat ihr gelbliches Fruchtfleisch einen köstlichen vanilleartigen Geschmack.
VERWENDUNG: *Die Schale längs aufschneiden, das Fruchtfleisch mit dem Löffel auslösen und roh mit Jogurt oder Eiscreme essen oder zu Konfitüre verarbeiten. In Asien werden Durians zum Reis gegessen oder als Füllung für Pasteten verwendet. Die gebackenen oder gerösteten Kerne kann man wie Nüsse essen, zermahlen dienen sie zur Herstellung von Süßwaren.*

DÜRLITZEN ▸ Kornellen

DURUM(WEIZEN) ▸ Hartweizen

DÜSSELDORFER RIPPCHEN
kräftig gewürztes Hackfleisch vom Kalb mit Speckwürfeln, geviertelten Champignons, gehackten Schalotten, Petersilie und Eigelb, zu Koteletts geformt, paniert und gebraten

DUXELLES
(Pilzfarce)
Braune, in Butter sautierte Deck- oder Füllmasse (▸ Farce), die zum Überkrusten von Fleisch- und Geflügelspeisen, Füllen von Pasteten, als Garnitur, Beilage oder Einlage für Saucen verwendet werden kann. Sie besteht aus fein gehackten, gedünsteten Champignons oder anderen Pilzen, Schalotten und/oder Zwiebeln, gewürzt mit Paprika, Salz, Pfeffer und Zitronensaft; sie kann je nach Rezept mit Brät, Tomatenmark und Weißwein angereichert werden.

SCHON GEWUSST?

Man sagt, dass die ▸ Duxelles auf den Koch François-Pierre de La Varenne (1618–1678) zurückgeht, der sie seinem Dienstherrn, dem Marquis d'Huxelles, gewidmet haben soll. La Varenne gilt als der bedeutendste Küchenchef des 17. Jh., dessen berühmtes, 1651 veröffentlichtes Kochbuch „Le Cuisinier François" die europäische Kochkunst stark beeinflusst hat.

DUXELLESSAUCE
(Sauce Duxelles)
In Weißwein eingekochte, gehackte Kräuter mit Duxelles und zuletzt mit gehackter Petersilie vermischt; passt zu kleinen Fleisch- und Geflügelstücken sowie zu Eiern.

VERWENDUNG

Aus Vogelbeeren kann man Saucen, Tees, Gelees, Kompotte, Marmeladen, Saft oder auch Wein herstellen. Weiter sind Ebereschenbeeren Ausgangsmaterial für Brände wie den französischen ▸ Alisier oder Liköre wie den deutschen ▸ Sechsämtertropfen.

EBERESCHENBEEREN
(Drosselbeeren, Judenkirschen, Kreienbeeren, Vogelbeeren)
Die leuchtend roten, runden Scheinfrüchte der Eberesche, eines meist kleinwüchsigen Laubbaumes aus der Familie der Rosengewächse, der bereits im 17. Jh. in Russland und Indien kultiviert wurde. Die Früchte zählen, auch wenn sie Beeren heißen, zum Kernobst und sehen bei genauerer Betrachtung auch wirklich wie kleine Äpfel aus. Stark verbreitet ist die Eberesche als typisches Feldgehölz und schneller Besiedler von Brachflächen in fast ganz Europa (außer dem Mittelmeerraum) sowie in den gemäßigten Klimazonen Asiens.
Vogelbeeren enthalten große Mengen an Vitamin C, aber auch die wenig schmackhafte und abführende Parasorbinsäure, die beim rohen Verzehr der Früchte Magenprobleme hervorrufen kann. Auch wenn deshalb Generationen von Kindern beigebracht wurde, dass Vogelbeeren „giftig“ sind, können sie in der Küche – nach entsprechender Vorbehandlung – verarbeitet werden. Dazu müssen sie unbedingt gekocht oder dürfen erst nach dem ersten Frost geerntet werden.

VERWENDUNG

Früher wurden Eberrautenblätter nicht nur des Aromas wegen gerne in der Küche eingesetzt, sondern auch wegen ihrer die Verdauung fördernden Wirkung. Deshalb wurden sie besonders zu fetten Fleischgerichten gegeben. Sie passen in Saucen oder Salate und dienen als Droge bei der Likör- und Arzneimittelherstellung.

EBERRAUTE
(Edelraute, Pastorenkraut, Stab-, Stangenwurz)
Ein etwas in Vergessenheit geratenes Würzkraut aus der Familie der Korbblütengewächse, das vor allem in Südosteuropa, Nordafrika und Westasien heimisch ist. Die Blätter der Eberraute, die in der Regel frisch verwendet werden, sind aromatisch und haben einen leicht zitronenartigen Geruch. Ihr Geschmack ist etwas bitter und leicht brennend und erinnert entfernt an Beifuß, mit dem sie oft auch in Kombination verwendet werden. Der Geruch der Blätter der Eberraute vertreibt die Motten, deshalb wurden sie in früheren Zeiten getrocknet in Beuteln zwischen die Kleider gelegt. Im Garten hält der kleine Busch Insekten fern und das Einreiben der Haut mit dem Kraut soll Mücken abschrecken.

ECHTER RITTERLING ▸ Grünling

ECLAIRS
(Carolines, Blitzkuchen, Karolinen, Liebesknochen)
Stangen aus Brandmasse, die nach dem Backen gefüllt und je nach Art der Füllung (pikant oder süß) als Vorspeise oder Dessert gereicht werden.

ÉCOSSAISE, À L’ ▸ schottische Art

EDAMER
In den Niederlanden bereits seit Jahrhunderten aus pasteurisierter Kuhmilch hergestellter und den Geschmack der Holländer (und nicht nur dieser) besonders gut treffender Schnittkäse, auf den allein rund 25 % der holländischen Käseproduktion entfallen. Edamer wird meist in den Fettstufen 30–45 % i. Tr. angeboten und die Reifezeit beträgt mindestens 2 Monate. Er ist etwas trockener als der ihm verwandte ▸ Gouda und gilt als typischer Frühstückskäse. Er wird aber auch gerne für Salate und andere Gerichte (auch zum Überbacken) verwendet.

SCHON GEWUSST?

Seinen Namen hat der ▸ Edamer von der kleinen Hafenstadt Edam einige Kilometer nördlich von Amsterdam am IJsselmeer. Um ihn auf dem internationalen Markt unverwechselbar zu machen, erhielten seine Hersteller bereits vor rund 600 Jahren die Erlaubnis, den Edamer mit einer roten Wachsschicht zu überziehen. Heute gibt es viele Varianten wie z. B. Kräuteredamer (grüner Wachsüberzug), Pfefferedamer (mahagonirot) oder Kümmeledamer (hellorange).

EDELBRÄNDE
Die qualitativ hochwertigere Gruppe der ▸ Branntweine, zu der alle Destillate aus vergorenen Flüssigkeiten (vor allem Wein) oder vergorenen Maischen zählen. Der Alkoholgehalt muss mindestens 38 Vol.-% betragen und ausschließlich aus der Destillation des Rohstoffes kommen. Es dürfen weder Zucker oder Alkohol noch Aromastoffe zugesetzt werden und das Endprodukt muss die typischen aromatischen bzw. sensorischen Eigenschaften des Rohstoffes aufweisen. Edelbrände sind u. a.: ▸ Weinbrand, ▸ Obstbrand, Kornbrand, ▸ Grappa (▸ Tresterbrände), ▸ Rum und ▸ Arrak.

EDELFÄULE
(Botrytis)
Ein für die Süßwein-Herstellung erwünschter Schrumpelungsprozess bei Weintrauben, die besonders lange am Stock hängen bleiben. Warmes und nebelfeuchtes Herbstwetter fördert die Bildung eines Schimmelpilzes mit dem Namen Botrytis Cinerea (auch Grauschimmel). Dieser durchdringt mit seinen feinen Sporen die Beerenhäute, aus denen somit Wasser entweichen und verdunsten kann, während der Zuckergehalt in den Trauben konzentriert wird. Die Beeren rosinieren dadurch, ihre Häute bleiben äußerlich aber unverletzt – andernfalls würden sie richtig faulen. Aus Trauben mit Edelfäule werden viele der besten ▸ Süßweine hergestellt, so der berühmte ▸ Sauternes aus Bordeaux oder deutsche Beerenauslesen und Trockenbeerenauslesen (▸ Wein).

EDELFISCHE
Sammelbegriff für besonders feine und geschätzte ▸ Süßwasserfische wie z. B. Lachs, Forelle, Renke oder Saibling

EDELKASTANIEN ▸ Maronen

EDELKREBS
(Europäischer Flusskrebs)
Der kleine Bruder des ▸ Hummer ist das größte der europäischen ▸ Krebstiere, die im Süßwasser zuhause sind. Er kann 15–20 Jahre alt, maximal 20 cm lang werden und dabei ein Gewicht von bis zu 350 g erreichen – allerdings nur Männchen, Weibchen sind deutlich kleiner. Der für sein schmackhaftes Fleisch von Feinschmeckern geschätzte Edelkrebs tummelt sich am liebsten in etwas wärmeren und nährstoffreichen Gewässern in den Niederungen, wo er in ganz Europa mit Ausnahme der iberischen Halbinsel, Nordengland und Irland vorkommt. Allerdings sind seine Bestände durch eine als Krebspest bekannte Pilzinfektion stark dezimiert. Um keine Lücke im Ökosystem entstehen zu lassen, wurde deshalb in den 1960er-Jahren in Europa der amerikanische ▸ Signalkrebs angesiedelt.

EDELPILZE ▸ Champignons

EDELPILZKÄSE
(Edelschimmelkäse, Schimmelkäse)
Sammelbezeichnung für Grün- oder ▸ Blauschimmelkäse, die von mehr oder weniger großen Schimmeladern und -nestern durchzogen sind und meist als halbfeste Schnittkäse hergestellt werden. Bekannte Edelpilzkäse sind z. B. ▸ Roquefort aus Frankreich, ▸ Gorgonzola aus Italien, ▸ Stilton aus England oder ▸ Danablu aus Dänemark.

EDELRAUTE ▸ Eberraute

EDELSÄCKER
Hessisches Gericht: Als Tasche eingeschnittenes Kotelettstück ohne Knochen mit einer Füllung aus gekochtem Sauerkraut, Räucherspeck, Essiggurken und Zwiebeln in Senf, in Mehl gewendet und in heißem Fett knusprig gebacken; dazu Kartoffelpüree und Salat.

EDELSCHIMMEL
(Kulturschimmel)
Begriff für die „guten" Arten von Schimmelpilzen (▸ Schimmel), die im Gegensatz zu ihren „Artgenossen" Lebensmittel nicht ungenießbar und zu einer Gefahr für die Gesundheit machen, sondern sie geschmacklich und teils auch optisch aufwerten. Spezielle Pilzkulturen kommen zu diesem Zweck u. a. bei der Herstellung von ▸ Edelpilzkäse und auch anderen Käsesorten (z. B. ▸ Camembert und ▸ Brie), Salami und Süßwein (▸ Edelfäule) zum Einsatz.

EDELSCHIMMELKÄSE ▸ Edelpilzkäse

EGERLINGE ► Champignons

EGLI ► Flussbarsch

ÉGYPTIENNE, À L' ► ägyptische Art

EIBISCHFRÜCHTE ► Okras

EICHELKAFFEE
aus den gerösteten und zerkleinerten Samen (Eicheln) der Eiche hergestellter Kaffee-Ersatz bzw. das daraus bereitete Aufgussgetränk

EICHELKÜRBISSE
► Acorns (► Kürbisse)

EICH(EN)BLATTSALAT
(Eich(en)laubsalat)
Seinen Namen verdankt dieser ► Blattsalat (► Salate) der Form seiner roten oder grünen Blätter, die an gezackte Eichenblätter erinnert. Eichblattsalat hat einen reizvoll nussigen und würzigen Geschmack, der nur in einer leichten Essig-Öl-Sauce am besten zur Geltung kommt, und sieht dekorativ aus. Besonders gut passen dazu Knoblauch, Petersilie und Schalotten.

EICHENPILZ ► Shiitake

EIDOTTER ► Eigelb (► Eier)

EIER
(Hühnereier)
Eines der wichtigsten Lebensmittel, wobei ohne weiteren Namenszusatz immer Hühnereier gemeint sind (► Seite 131)

EIER, CHINESISCHE ► chinesische Eier

EIER, POCHIERTE ► verlorene Eier

EIER, RUSSISCHE ► russische Eier

EIER, VERLORENE ► verlorene Eier

EIERÄPFEL ► Auberginen

EIERBACKWAREN
feine Backwaren mit mindestens 4 Volleiern oder Eidottern auf 1 kg Getreideprodukte

EIEREINLAUF
(Einlauf)
flockenförmige Suppeneinlage aus Ei, Mehl, Milch und Salz

EIERFLAN ► Eierstich

EIERFRÜCHTE ► Auberginen

EIERGRAUPEN ► Tarhonya

EIERHABER
(Kratzete)
Schwäbische Spezialität: Eierkuchen mit Mehl, Milch, Salz und etwas Zucker, der in der Pfanne gebacken und in Stücke getrennt wird.

EIERKROKETTEN
zu kleinen Eiern geformte Masse aus hart gekochten Eiern, gedünsteten Champignons und Trüffeln, mit dicker weißer Grundsauce gebunden, paniert und in Fett gebacken, mit Currysauce serviert

EIERKUCHEN ► Pfannkuchen

EIERLIKÖR
(Advokaat)
Ausschließlich aus frischem Eigelb, Zucker (oder Honig), Alkohol und aromatischen Zutaten hergestellter Likör, der je Liter mindestens 240 g Eigelb enthalten und dessen Alkoholgehalt mindestens 20 Vol.-% betragen muss.

EIERMILCH
Mischung aus mit Zucker geschlagenen Eiern und aromatisierter Milch (z. B. mit Vanille oder Zitronensaft) als Kuchenguss bzw. zum Füllen von Mürbteigböden (► Elsässer Milchfladen)

EI(ER)PANADE
Bindemittel für Farcen aller Art oder Klöße aus Eiern, zerlassener Butter, Mehl und Milch, gewürzt mit Salz, Pfeffer und Muskatnuss

EIERSAUCE
► Béchamel-Sauce mit grob gehackten, hart gekochten Eiern und gehackter Petersilie zu Fisch, vorwiegend gekochten Meeresfischen

Eier – wichtiger Bestandteil der Ernährung

Eier haben eine besonders hohe biologische Wertigkeit und sind in der Küche universell einsetzbar – das macht sie zu einem der wichtigsten Lebensmittel überhaupt und zu einem unverzichtbaren Bestandteil unserer Ernährung. Ohne weitere Spezifizierung sind allgemein Hühnereier gemeint, wenn man von Eiern spricht. Nach den gültigen Lebensmittelgesetzen dürfen in Deutschland die Eier anderer Vogelarten nicht verkauft werden; einzige Ausnahme: ▸ Wachteleier.

SYMBOL DER FRUCHTBARKEIT

Alle Eier, egal von welchem Tier gelegt, enthalten den Keim eines Embryos und Nährstoffe für dessen Entwicklung bis zum Schlüpfen – damit ist jedes Ei auch der Ursprung neuen Lebens. Die Menschen in unterschiedlichen Kulturkreisen haben das Ei schon immer als Symbol der Fruchtbarkeit angesehen und in den Mittelpunkt heidnischer und religiöser Verehrung gestellt. In Indien wurden bereits vor mehr als 5000 Jahren die Eier legenden Bankivahühner domestiziert. Die alten Griechen züchteten diese vor 2000 Jahren weiter und sorgten für ihre Verbreitung. Das Ei wurde von ihnen besonders verehrt, denn im Altertum war man der Meinung, dass das Universum aus dem Weltei hervorgegangen sei.

GESUNDER GENUSS

Die Hauptbestandteile des Eies sind Eiklar (Eiweiß), Eidotter (Eigelb) sowie die Kalkschale. Das Eiklar besteht zu 86 % aus Wasser, etwa 13 % Stickstoffsubstanz und etwa 1 % Mineralstoffen, das Eigelb aus rund 49 % Wasser, etwa 30 % Fett und 21 % anderen Substanzen. Der ernährungsphysiologische Wert von Eiern ist besonders hoch. Das machen der Gehalt an Vitaminen und Mineralstoffen sowie noch mehr das enthaltene ▸ Eiweiß aus. Dieses hat ein optimales Verhältnis von essenziellen und nichtessenziellen Aminosäuren und damit die höchste biologische Wertigkeit aller Nahrungsmittel.

HANDELS- UND GEWICHTSKLASSEN

Eier werden in verschiedenen Güte- und Gewichtsklassen gemäß EU-einheitlich geregelten Normen angeboten. Was die Qualität betrifft, kommen fast nur Eier der höchsten Güteklassen A und A extra (nicht älter als 7 Tage) in den Handel. Eier der Güteklasse B findet man nur ganz selten. Sie müssen auf der Schale einen wisch-/kochfesten Stempel tragen, der sie als „haltbar gemacht" oder „2. Qualität" ausweist. Eier der Klasse C sind ausschließlich für die industrielle Verwertung bestimmt. Seit 1996 werden Eier der Güteklasse A nach folgenden Gewichtsklassen sortiert: XL (sehr groß) 73 g und mehr; L (groß) 63–72 g; M (mittel) 53–62 g; S (klein) 53 g und weniger.

GLÜCKLICHE UND ARME HÜHNER

Dank moderner Technik in der Tierhaltung können heute Eier in größerer Menge als je zuvor produziert werden. Heftig diskutiert werden allerdings die Haltungs- und Lebensbedingungen der Legehühner. In den Legebatterien lebt ein Huhn auf einer Fläche von 550 cm^2, nicht einmal die Größe eines DIN-A4-Blattes. Als erstes Land der Welt hat die Schweiz bereits 1992 diese Art der Hühnerhaltung verboten. Berichte über das Schicksal der Legehennen haben auch in Deutschland viele Verbraucher sensibilisiert. Sie kaufen deshalb nur Eier von „glücklichen" und artgerecht gehaltenen Hühnern aus Freilandhaltung. Eine andere Form der Käfighaltung neben der Legebatterie ist die so genannte Bodenhaltung. Dabei werden die Legehennen zwar auch in Ställen gehalten, doch können sie sich darin einigermaßen frei bewegen. Entscheidend für die Qualität der Eier ist auch die Art des Futters.

EINKAUFSTIPP

Die Schalen sollten unbeschädigt, eben und sauber sein. Die Farbe sagt dabei nichts über die Qualität aus, sondern ist abhängig von der Hühnerrasse. Braune Eier haben aber eine festere Schale als weiße. Deutsche Eier müssen immer zwei zeitliche Angaben auf der Verpackung tragen: das Mindesthaltbarkeitsdatum und den Tag, von welchem an die Eier gekühlt aufzubewahren sind.

EIERSCHWÄMME
▸ Pfifferlinge

EIERSCHECKE
sächsischer bzw. schlesischer Blechkuchen aus Hefeteig mit einem Belag aus Quark, Eigelb, Mandelblättern, Rosinen, abgeriebener Zitronenschale und Puddingmasse, nach dem Backen mit heißem Fett bepinselt und mit Zucker bestreut

EIERSPEISEN
Hauptsächlich aus bzw. mit viel Eiern hergestellte Gerichte, die sowohl als Zwischenmahlzeit, Hauptgericht oder Desserts serviert werden können. Klassische Eierspeisen sind z. B. ▸ Auflauf, ▸ Kaiserschmarrn, ▸ Omeletts, ▸ Salzburger Nockerln oder ▸ Soufflés, werden sie mit Mehl hergestellt, heißen sie Eierkuchen oder ▸ Pfannkuchen (in Frankreich ▸ Crêpes, in Österreich ▸ Palatschinken). Nicht zu den Eierspeisen werden dagegen die unterschiedlichen Zubereitungsarten für Eier selbst gezählt, z. B. Spiegeleier, poschierte oder verlorene Eier

EIERSTICH
(Eierflan, Royale)
mit verschiedenen Zutaten (Milch, Salz, auch Muskatnuss, Kräuter, Tomatenmark usw.) verquirlte und abgedeckt im Wasserbad bei ca. 100 °C gestockte Eiermasse, als Einlage für vorzugsweise klare Suppen

EIGELB
(Dotter, Eidotter)
der innere, gelbe Teil von ▸ Eiern mit vielen für den Menschen wichtigen Nährstoffen

EIKLAR ▸ Eiweiß

EINBACK
weiches Gebäck aus Weizenmehl, Milch und Hefe (manchmal auch Butter und Eier), wird durch nochmaliges Backen zum ▸ Zwieback

EINBRENN(E) ▸ Mehlschwitze

EINBRENNEN
Saucen sowie Fleisch-, Gemüse- und andere Gerichte mit Einbrenne (Mehlschwitze) binden

EINBRENNSUPPE
braune, meist mit Kümmel gewürzte Mehlsuppe (Süddeutschland, Österreich)

EINGEDICKTE MILCH ▸ Kondensmilch

EINGEMACHTES
(Eingewecktes)
durch Einkochen in einer Marinade haltbar gemachtes Obst und Gemüse

EINGETROPFTES
frischen dickflüssigen Teig aus Ei und Mehl direkt in eine kochende Suppe tropfen, nur einige Sekunden lang aufkochen und mit Schnittlauch bestreut servieren

EINGEWECKTES ▸ Eingemachtes

EINKOCHEN ▸ einmachen

EINKORN(WEIZEN)
(Blicken, Kleiner Spelz)
Eine zu den ältesten Kulturpflanzen überhaupt zählende Weizenart (▸ Weizen, ▸ Getreide), deren Spuren bis in das 7. Jahrtausend v. Chr. zu ihrer orientalischen Wild- bzw. Stammform zurückreichen. Heute wird Einkorn nur noch in geringem Umfang in der ehemaligen Sowjetunion, im Nahen Osten, aber auch in Mitteleuropa und ein wenig in der Schweiz und Süddeutschland angebaut. Meist wird es zu Grieß oder Grünkern verarbeitet.

EINLAGEN
feste und oft sogar namensgebende Bestandteile von Suppen, Saucen und Pasteten

EINLAUF ▸ Eiereinlauf

EINLEGEGURKEN
eine der Hauptgruppen von ▸ Gurken

EINLEGEN
Methode zur Konservierung von Lebensmitteln, indem man sie mit einem würzigen Essigsud, Salzwasser oder Olivenöl (vor allem in Italien und anderen Mittelmeerländern) vollständig bedeckt. Als Lagergefäß verwendet man in der Regel große Gläser, die zum Luftabschluss mit Folie bzw. Einmachhaut überzogen werden. So können z. B. Gewürz- und Senfgurken, Kürbis, Maiskolben, Perlzwiebeln, Paprika, Chilis, getrocknete Tomaten und Rote Bete, aber auch mancher Fisch und Käse haltbar gemacht und bis zu 1 Jahr – allerdings unter regelmäßiger Kontrolle – gelagert werden.

EINMACHEN
(einkochen, einwecken)
Methode der Konservierung von Lebensmitteln, für die sich dafür Fleisch, Gemüse, Pilze und vor allem auch Obst eignen. Die Zutaten werden vorgekocht oder roh mit genügend Flüssigkeit in spezielle Einkochgläser gefüllt und mit einem Gummiring und einem Deckel mit einem Drahtbügel als „Sicherung" verschlossen. Die Gläser werden im Wasserbad oder Backofen so lange erhitzt, bis der Inhalt sterilisiert ist. Nach dem Abkühlen kann der Bügel entfernt werden, weil der Unterdruck im Glas den Deckel fest anpresst. Kühler und dunkel gelagert bleiben eingekochte Lebensmittel mehrere Monate bis Jahre haltbar.

EINMACHSAUCE
(sauce blanquette)
mit Eigelb und Sahne gebundener Kalbsfond mit Zwiebelscheiben, geriebener Schale einer unbehandelten Zitrone, zerdrückten Pfefferkörnern und Zitronensaft zu kleinen Stücken Kalbfleisch oder Geflügel, dazu kleine Champignons oder Perlzwiebeln

EINMACHZUCKER
speziell zum ▸ Einmachen von Obst bestimmter Zucker

EINSIEDLERKREBS
(Eremitenkrebs)
Meereskrebs (▸ Krebstiere) mit einem feinen Fleisch, wird wie ▸ Garnelen zubereitet

EINTÖPFE
Gerichte aus dem Schmortopf, bei denen verschiedenste Zutaten (wie Fleisch, Würste, Schinken, Geflügel, Fisch, Gemüse, Hülsenfrüchte, Kartoffeln, Pilze, Teigwaren usw.) gemeinsam (lange) mit mehr oder weniger Flüssigkeit gegart werden. Eintöpfe, die der Küchenprofi zu den ▸ Suppen zählt, gibt es in unzähligen landes- oder regionaltypischen Varianten und Geschmacksrichtungen – von der deftigen Hausmannskost bis zu Haute Cuisine.

EINWECKEN ▸ einmachen

EIS
1. gefrorenes Wasser
2. ▸ Speiseeis

EISAUFLAUF
(Soufflé Glacé)
Eisspeise aus Fruchtauflauf- oder Schaummasse (mit Früchten, Sahne, Eigelb, Eiweiß und anderen Zutaten), die übervoll in Schalen beliebiger Größe gefüllt und im Tiefkühlschrank gut durchgefroren wird. Vor dem Servieren noch mit Kakaopulver und Puderzucker dekorieren.

EISBAISERS
mit Frucht oder Sahneeis gefüllte und mit Schlagsahne verzierte ▸ Baisers

EISBECHER
eine oder mehrere Sorten Frucht- und Sahneeis mit Früchten, Nüssen, Spirituosen, Schlagsahne und anderen Zutaten, dekorativ angerichtet in Schalen, Gläsern, Bechern, Pokalen usw.

EISBEIN
(Schweinshachse/-haxe, Stelze, Surhaxe)
Volkstümliche Bezeichnung für das Dickbein des Schweines und eine Berliner Spezialität,

die als eines der deutschen Nationalgerichte gilt. Im Süden Deutschlands kennt man das Eisbein auch als Schweinshaxe, die frisch zubereitet, kurz in Pökellake eingelegt (Surhaxe) oder geräuchert sein kann und sich zum Kochen wie auch zum Braten eignet. Als traditionelle Beilage werden zum Eisbein Sauerkraut und Salzkartoffeln gereicht.

EISBERGSALAT ► Eissalat

EISBISKUIT
Mehrschichtige (meist 3–4), rechteckig geformte Eisspeise aus verschiedenen Frucht- und anderen Pürees (z. B. Schokolade, Krokant, Vanille usw.), Eigelb und Schlagsahne, aromatisiert mit Spirituosen

EISBLUME ► Eiskraut

EISBOMBE
Süßspeise in Form einer Halbkugel mit einer Hülle aus Speiseeis und einer Füllung aus einer Masse mit Eigelb, Läuterzucker, Vanille, Fruchtsaft und -püree, Spirituosen, Kaffeepulver, gestoßenem Krokant, geschmolzener Schokolade und/oder anderen Zutaten

EISBONBONS
Hartkaramellen in mehreren Geschmacksrichtungen, aber immer säuerlich (fruchtig) und erfrischend

EISCHAUMMASE ► Baisermasse

EISCHNEE
steif geschlagenes Eiweiß (► Lebensmittelschaum)

EISCREME ► Speiseeis

EISEN
Wichtiger ► Mineralstoff (chemisches Zeichen Fe) für den menschlichen Organismus, dessen Hauptaufgabe der Sauerstofftransport im Blut ist. Wenigstens 1 mg muss man täglich zu sich nehmen, optimal wäre aber eine weit höhere Menge von 12 mg (bei Frauen sogar noch etwas mehr). Gute Eisenlieferanten sind u. a. Fleisch, Innereien (Leber), Austern, Kaviar, verschiedenes Gemüse, Hülsenfrüchte, Vollkorn- und Sojaprodukte sowie Nüsse und einige Obstarten. Tierisches Eisen wird allerdings vom Körper generell besser aufgenommen als pflanzliches.

EISENKRAUT
(Taubenkraut, Venuskraut)
Traditionelle Heilpflanze, die in Europa (außer im Norden), in Nordafrika und Teilen Asiens heimisch ist. Eisenkraut wächst bevorzugt in sonnigen und geschützten Lagen sowie auf sandigen Lehm- und Tonböden. Neben seiner Bedeutung in der Volks- bzw. Naturheilkunde eignet es sich mit seinem salzigen Geschmack auch zum Würzen von Gurken oder Kürbissen und zum Abrunden von Salaten. Auch verschiedene Tees werden aus bzw. mit Eisenkraut zubereitet.

SCHON GEWUSST?

In alten Zeiten stand das ► Eisenkraut im Mittelpunkt kultischer Verehrung, so z. B. bei den Römern, wo es als heilig angesehen wurde. Davon leitet sich auch das Synonym Venuskraut ab. Weiter galt es als das Kraut von Miraculix und seinen Druidenkollegen, das seine Heil- und Zauberkraft auch dann nicht verlor, wenn es mit Eisen geschnitten wurde. Eng verbunden war das Eisenkraut auch mit der Kunst des Schmiedens. Es wurde dem Löschwasser zugegeben, um das Eisen noch härter zu machen, und auch die Fähigkeit, eiserne Schlösser und Türen zu öffnen, Fesseln zu sprengen und durch Eisenwaffen verursachte Wunden zu heilen, wurde ihm zugeschrieben.

EISFISCH
Ausschließlich in der Antarktis und ihren Randzonen verbreitete Fischart (▸ Fische), die als besonderes Erscheinungsmerkmal einen schuppenlosen, oft durchscheinenden Körper hat und deren Skelett nicht verknöchert ist. Das Fleisch, das nur 15–30 % der Gesamtmasse ausmacht, enthält weder den Blutfarbstoff Hämoglobin noch den Muskelfarbstoff Myglobin. Es wirkt daher roh glasig, eignet sich aber besonders gut zur Aufbewahrung im tiefgekühlten Zustand. In der Küche kann es für jede Zubereitungsart verwendet und auch geräuchert werden.

EISKAFFEE
mit eiskaltem, starkem Kaffee aufgefülltes und mit Schlagsahne bedecktes Vanilleeis

EISKRAUT
(Kristallpflanze)
Vor allem im Mittelmeerraum, in Kalifornien, Australien und Indien kultivierte Gemüsepflanze, die auch bei uns in Treibhäusern gezogen wird. Die Blätter können wie Spinat als Gemüse verwendet, aber auch roh als Salat angemacht werden.

EISKREM ▸ Speiseeis

EISPARFAIT
Besonders feine Speiseeismasse mit Eigelb, Schlagsahne und aromatischen Zutaten, die in einer großen Form oder mehreren kleinen Förmchen tiefgekühlt und vor dem Servieren gestürzt wird.

EISSALAT
(Eisbergsalat, Knacksalat, Krachsalat)

Beliebter ▸ Kopfsalat (▸ Salate), der Ende des 19. Jh. in den USA (Kalifornien) gezüchtet und auf bzw. unter Eis lagernd von der Westküste an die Ostküste transportiert wurde – daher der Name. Eissalat hat einen kohlartigen und sehr fest verschlossenen Kopf, besonders knackige Blätter und einen erfrischend herzhaften Geschmack. Mit leicht gekräuselten und etwas lockereren Außenblättern kommt er als Crispsalat in den Handel. Angebaut wird Eissalat u. a. in Spanien, Italien, Frankreich, Süddeutschland und Österreich. In Folie eingewickelt, hält er sich im Gemüsefach des Kühlschranks besonders lange.

EISTEE
Jede Art von Tee (meist aber Schwarzer Tee), der zunächst heiß zubereitet, dann aber durch die Zugabe von Eiswürfeln schlagartig abgekühlt und kalt serviert wird. Diese Methode hat einen entscheidenden Effekt: Der Tee wird dabei nicht bitter, was bei einem langsamen Abkühlen der Fall ist. Eistee kann nach vielen verschiedenen Rezepten hergestellt werden und kommt auch in mehreren Varianten als Fertiggetränk in den Handel. Aromatische Zutaten können u. a. Früchte (Apfel, Limette, Zitrone, Pfirsich, Mango usw.) und Kräuter sein.

SCHON GEWUSST?

Die „Erfindung“ des ▸ Eistee ist einem Engländer namens Richard Blechynden zu verdanken. Er sollte bei der Weltausstellung 1904 in St. Louis/Missouri die Amerikaner, die bis dahin nur Grünen Tee kannten, für den Schwarzen Tee der Engländer begeistern – und das ausgerechnet in einem Rekordsommer, in dem eigentlich kühle Getränke viel gefragter waren. Doch Richard Blechynden machte aus der Not eine Tugend und ließ den Tee mit kalten Bleirohren abkühlen und hatte Erfolg: Die Amerikaner waren sofort Feuer und Flamme für den „Iced Tea“.

EISTORTE
Feine Eisspeise aus einer oder mehreren Eissorten (in Schichten), die auch Gebäckanteile enthalten kann. Entscheidend für den Namen ist die Tortenform.

EISWAFFEL
1. flache Waffel mit Füllung als kleine Beigabe zu Speiseeis
2. ungefüllte Waffel in Tüten-, Becher- oder Schalenform zum Einfüllen von Speiseeis

EISWEIN
Qualitätsstufe/-prädikat für ▸ Wein nach dem deutschen Weingesetz und eine besondere Spezialität aus geschrumpften Trauben, die bei mindestens −7 °C nachts geerntet, sofort in den Keller gebracht und dort noch in gefrorenem Zustand weiterverarbeitet werden müssen (auch in Österreich). Das vorgeschriebene ▸ Mostgewicht entspricht dem der ▸ Beerenauslese (mindestens 110–128 ▸ °Oechsle).

EISZAPFEN ▸ Radieschen

EIWEISS
1. Das Eiklar des Hühnereis, in das der Dotter eingebettet ist.
2. Die – auch Proteine genannten – Grundbausteine aller lebenden Organismen und jeder lebenden Zelle, die viele lebenswichtige Prozesse im menschlichen Körper in Gang setzen bzw. steuern. Gebildet wird Eiweiß aus einer Kette von ▸ Aminosäuren, von denen 20–22 in der Nahrung vorkommen und die in nichtessenzielle und essenzielle Aminosäuren unterteilt werden. Eiweiß ist aber nicht gleich Eiweiß. Über seine Qualität für den menschlichen Organismus – die so genannte biologische Wertigkeit – entscheidet seine Zusammensetzung aus den verschiedenen Aminosäuren als Bausteine. Tierisches Eiweiß ist pflanzlichem Eiweiß (mit Ausnahme der Sojabohne) in der biologischen Wertigkeit überlegen, weil es alle der wertvolleren essenziellen Aminosäuren liefert und am besten in körpereigenes Eiweiß umgewandelt werden kann. Die höchste biologische Wertigkeit aller Lebensmittel überhaupt hat das Hühnerei (▸ Eier).

EIWEISSGLASUR
schneeweiße und geschmeidige Masse aus rohem Eiweiß und Puderzucker zum Bestreichen oder Verzieren von Kuchen, Torten und verschiedenem Gebäck

EKELLE ▸ Zimt

ELBO
dem ▸ Danbo ähnlicher dänischer Schnittkäse (▸ Käse) aus pasteurisierter Kuhmilch in Fettstufen von 30–45 % Fett i. Tr.

ELCH
(Elen)
Der mächtige ▸ Hirsch der Wälder und Sümpfe des Nordens und die schwerste Hirschart überhaupt, die nur noch begrenzt im Nordosten Europas, in Nordasien und Nordamerika vorkommt. Besonders begehrte Fleischstücke des Elchs sind Rücken und Keule, die wie beim Hirsch zubereitet werden.

ELEFANTENLÄUSE ▸ Cashewnüsse

ELICHE
besonders große italienische Spiralnudeln (▸ Pasta, ▸ Teigwaren)

ELISENLEBKUCHEN
der wohl bekannteste aller ▸ Lebkuchen, auf ▸ Oblaten gebacken und mit mindestens 25 % Mandeln und/oder Haselnuss- bzw. Walnusskernen als einzige erlaubte Ölsamen (▸ Nürnberger Lebkuchen)

ELSASS
Flächenmäßig kleinste, zwischen Rhein und Vogesen liegende Region auf dem französischen Festland, die als besonderes Schlemmerland gilt und deren Küche und Weine gerühmt werden. Aus dem Elsass kommen viele regionaltypische kulinarische Spezialitäten wie z. B. ▸ Flammkuchen, ▸ Baeckeoffa, ▸ Choucroute, ▸ Guglhupf. Mit seinen malerischen Städtchen und Weinbauorten ist das Elsass ein beliebtes Ziel für Weinfreunde und Feinschmecker. Die besten Weine von den rund 15 000 ha Anbaufläche kommen von den 50 Grand-Cru-Lagen. Besondere Weinspezialitäten sind der Pinot

Gris (▸ Grauburgunder), hier auch Tokay (Pinot Gris) und der ▸ Gewürztraminer.

ELSÄSSER ART

(alsacienne, à l')

1. generell mit Sauerkraut, Schinken, gepökeltem Schweinefleisch, Würsten usw.
2. mit gedünstetem Sauerkraut gefüllte und mit einer Schinkenscheibe bedeckte Torteletts zu Fleisch, Ente, Gans und Fasan
3. Butternudeln mit Gänseleber- und Trüffelwürfelchen zu Fleisch oder Geflügel

ELSÄSSER MILCHFLADEN

in Butter gedünstete Apfelscheiben auf einem Mürbteigboden, mit Eiermilch bedeckt und im Ofen überbacken

ELSÄSSER SALAT

1. Würfel von gekochten Kartoffeln und Roten Rüben, mit leichter Mayonnaise gebunden und mit Kerbel, Petersilie, Schnittlauch bestreut
2. Knoblauchwurst, Emmentaler Käse, jeweils in kleine Scheiben geschnitten, in Essig-Öl-Marinade mit Senf, gehackten Schalotten, Schnittlauch, Salz und Pfeffer

ELSÄSSER TÜTEN

Kleine Tüten aus dick ausgerolltem Nudelteig, die mit Ei und geriebenem Weißbrot paniert und gebacken sowie anschließend mit Gänseleberpüree gefüllt werden.

ELSBEEREN

Länglich eiförmige, 8–15 cm große und sehr harte Früchte des Elsbeerbaumes (Familie der Rosengewächse), der vor allem in Süd- und Mitteleuropa (auch Deutschland) wächst. Nur in Vorgebirgslagen bleibt die Pflanze strauchartig, unter normalen Bedingungen werden die Bäume 15–30 m hoch. Die im Oktober reifenden süß-säuerlichen und mehligen Elsbeeren sind erst nach dem ersten Frost frisch genießbar – ähnlich wie die ▸ Ebereschenbeeren – und sie werden auch wie diese verarbeitet.

EL VENTORO

zu je ⅓ aus Schaf-, Ziegen- und Kuhmilch hergestellter spanischer Schnittkäse (▸ Käse) aus La Mancha mit 45 % Fett i. Tr.

EMINCÉ ▸ Geschnetzeltes

EMINCIEREN

in feine Scheiben oder Streifen schneiden, vor allem beim Fleisch (frz. „émincer" = „in dünne Streifen schneiden")

EMMENTALER

(Schweizer Käse)

Ursprünglich aus dem Emmental, einer Berg- und Hügellandschaft im Schweizer Kanton Bern kommender vollfetter ▸ Käse (mindestens 45 % Fett i. Tr.) aus roher Kuhmilch, der heute aber auch in anderen Gegenden bzw. Ländern nach dem berühmten Vorbild produziert wird. Der original Emmentaler reift in großen Laiben mit einem Gewicht von rund 40 kg 3–12 Monate in luftigen, kühlen Kellern. Er hat ein kräftiges, aber feines Aroma, das ein wenig an Haselnüsse erinnert. Der wohl bekannteste nicht in der Schweiz hergestellte Emmentaler ist der ▸ Allgäuer Emmentaler. Ein anderer hochwertiger Emmentaler ist der französische Emmental Grand Cru aus den Regionen Savoyen und Franche-Comté.

EMMER

(Zweikorn)

Zusammen mit dem ▸ Einkorn eine der ältesten kultivierten und möglicherweise sogar die wichtigste Weizenart (▸ Weizen) der Urgeschichte, die heute in Europa aber kaum mehr angebaut wird. Das hängt u. a. damit zusammen, dass Emmer aufgrund seiner mäßigen Klebereigenschaften für die Brotherstellung nicht geeignet ist. Seine stärkste Verbreitung hat er noch im Nahen Osten.

EMPANADAS

Pikant (mit einer Farce aus Hackfleisch, Eiern, Zwiebeln, Oliven, Knoblauch, Gewürzen usw.) oder süß gefüllte Teigtaschen, die im Ofen oder schwimmend im heißen Öl ausgebacken werden. Die ursprünglich spanische bzw. lateinamerikanische Spezialität erfreut sich mittlerweile auch in vielen anderen Ländern großer Beliebtheit.

EMU
Der zweitgrößte Laufvogel nach dem ▸ Strauß erreicht eine Höhe von 150–180 cm und ein Gewicht von 30–45 kg. Die ursprüngliche Heimat der Emus ist Australien, heute werden sie aber auch in Israel, Spanien, Frankreich und vereinzelt sogar in Deutschland gezüchtet. Das Emufleisch, besonders von der Keule, wird nicht nur wegen seines Geschmacks geschätzt, der dem Rindfleisch ähnlich ist und noch ein wenig an Wild erinnert. Auch sein geringer Fett- und Cholesteringehalt machen es vom ernährungsphysiologischen Standpunkt aus wertvoll.

EMULGATOR
Öliger, wachsartiger oder pulverförmiger Stoff, der die besondere Fähigkeit hat, die Grenzflächenspannungen zwischen zwei eigentlich nicht miteinander mischbaren Flüssigkeiten bzw. Substanzen (z. B. Öl und Wasser) herabzusetzen und eine stabile ▸ Emulsion zwischen beiden zu ermöglichen. Die bekanntesten Emulgatoren sind die ▸ Lecithine, die auf natürliche Weise z. B. aus Sojaöl gewonnen werden. Für alle Emulgatoren sind Höchstmengen und Verwendungszweck lebensmittelrechtlich vorgeschrieben. Sie finden sich unter anderem in Milchprodukten, Margarine, Mayonnaisen, Backwaren, Speiseeis, Süßwaren usw.

EMULSION
die feinstmögliche gleichmäßige Verteilung von zwei nicht ineinander löslichen Flüssigkeiten durch einen ▸ Emulgator

ENCHILADAS
In Öl oder Sauce eingeweichte und gebackene Maisfladen (große ▸ Tortillas), die mit Hühner- oder anderem Fleisch, Käse oder Bohnen gefüllt sind. Frei übersetzt heißt Enchiladas „mit Chilis gewürzt“. Die kommen bei dieser Spezialität aus Mexiko, die auch im Süden der USA sehr beliebt ist, entweder bereits in die Füllung oder zumindest in die Sauce.

ENDIVIE
(Escariol, Eskariol)
Wie der ▸ Chicorée eine Zichorienart (▸ Zichorie) aus der botanischen Gattung der Wegwarten, die traditionell als Salatpflanze (▸ Salate) genutzt wird. Wer sie in dieser Form nicht so gerne mag, kann die Endivie auch wie Spinat als Gemüse zubereiten bzw. in Suppen und Eintöpfen verarbeiten. Man unterscheidet zwischen 2 grundsätzlichen Arten, der Glatten Endivie und der Krausen Endivie (auch als Frisée bekannt). Wichtige Anbauländer sind Italien, Frankreich, Deutschland, Belgien, Holland und die USA.

ENERGIEWERT ▸ Brennwert

ENGADINER NUSSTORTE
Mürbteigboden mit einem Belag bzw. einer karamellisierten Masse, die aus Nüssen, Honig, Sahne besteht und eine Decke aus Butterteig und verquirltem Eigelb hat. Diese Spezialität des Schweizer Kantons Graubünden gibt es in vielen lokalen Varianten.

ENGELFRÜCHTE ▸ Papayas

ENGELSHAAR
Hauchdünne ▸ Nudeln (▸ Teigwaren), die nicht mitgekocht, sondern erst beim Anrichten in die siedend heiße Suppe gegeben werden.

ENGELWURZ ▸ Angelika

ENGLISCH
(à point, anglais, medium rare, rosa)
Garstufe beim Fleisch (▸ Garstufen)

ENGLISCHE ART
(anglaise, à l')
1. panierter und in Butter gebratener Fisch mit Kräuterbutter
2. gekochter Speck und Petersiliensauce oder Püree von ▸ Pastinaken (auch weißen Rüben) und Salzkartoffeln in Kapernsauce zu gekochtem Schlachtfleisch
3. gekochte Karotten, weiße Rüben, Bleichsellerie, grüne Bohnen und Pökelzungenscheiben zu gekochtem Geflügel mit Rahmsauce

ENGLISCHE BUTTER
Buttermischung mit Estragon, Kerbel, Petersilie, Zitronensaft, Senf und ▸ Worcestersauce

ENGLISCHE CREME
(Custard)
Dickflüssige Creme, die meist in Gläsern serviert oder auch als Sauce für andere Süßspeisen verwendet wird. Ihre Grundbestandteile sind Eigelb, gekochte Milch oder Sahne und Zucker. Aromatische Zutaten können u. a. Vanillemark, Schale von unbehandelten Zitronen oder Orangen, Liköre und Branntweine sein.

ENGLISCHE MINZE ▸ Pfefferminze

ENGLISCHER SALAT
Streifen von Bleichsellerie in Essig-Öl-Marinade, garniert mit Scheibchen von Roten Rüben

ENGLISCHER SELLERIE
▸ Bleichsellerie

ENGLISCHES GEWÜRZ ▸ Piment

ENOKIPILZ
japanischer Zuchtpilz (▸ Pilze) mit einem champignonähnlichen Geschmack

ENTBARTEN
Das Entfernen des Randes, mit dem sich Muscheln an der Schale festsaugen und der auch Muschelbart genannt wird. Beim Kochen löst sich dieser bereits von der Schale, anschließend lässt er sich – beginnend am dickeren Ende – mit einem leichten Ruck auch vom Muschelfleisch abziehen.

ENTE
Beliebte Geflügelart (▸ Geflügel), die mit der ▸ Gans verwandt ist und auch viele Gemeinsamkeiten hat, aber kleiner und zarter im Fleisch ist. Allerdings gibt es auch hier erhebliche Größen- und Qualitätsunterschiede. Das Fleisch von einem weiblichen Vogel ist in der Regel saftiger und feiner im Aroma, das von einem Erpel dagegen etwas trockener und würziger. Grundsätzlich unterscheidet man 2 Gruppen: Haus- und Wildenten. Hausenten sind in der Regel größere und fettere Rassen aus der Zucht (Mast). Eine wichtige Rolle spielt das Alter, in dem sie verzehrt werden: Frühmastenten sind nicht älter als 9 Wochen und wiegen etwa 1,5 kg, eine Jungente ist ca. 8 Monate alt. Auf keinen Fall sollte eine Ente älter als 1 Jahr sein, denn etwa ab diesem Zeitpunkt beginnt das Fleisch tranig zu schmecken und kann allenfalls noch für Schmorgerichte verwendet werden. Besonders hochwertige Rassen sind die französische ▸ Barbarie-Ente sowie die ▸ Flugente und die ▸ Moschusente, die beide wenig Fett und die größte und beste Brust haben. Eine andere bekannte Hausente ist die in chinesischen Restaurants allgegenwärtige ▸ Peking-Ente. Von Feinschmeckern besonders geschätzt wird die Blutente (Nantaiser Ente, Rouen-Ente), die nicht ausgeblutet ist und deshalb auch rosa gebraten werden kann. Die nur geringere Qualitätsansprüche erfüllende Deutsche oder Hamburger Ente muss dagegen immer durchgebraten werden.
Wildenten sind generell magerer als Hausenten und haben weniger Kalorien. Sie sollten immer jung und frisch sein und vor der Zubereitung unausgenommen und auch ungerupft 3–4 Tage abhängen. Heimische Wildenten können z. B. Flug- oder Sumpfenten, Schnatter- oder Krickenten und Stockenten sein. Die beste Zeit ist im Oktober/November. Kulinarisch ist den Schwimmenten der Vorzug vor den Tauchenten zu geben.

VERWENDUNG

Enten können im Ganzen – mit oder ohne Füllung – gegrillt, gebraten oder geschmort werden. Als bestes Stück gilt die Entenbrust, die auf ihrer Fettschicht kross gebraten wird oder auch dünn geschnitten als Entenschnitzel aus der Pfanne kommen kann. Klassische Beilagen zur Ente sind Rotkohl mit Kartoffeln oder Kartoffelklößen, sehr gut passen aber auch Rosenkohl, Maroni und Kartoffelpüree.

ENTENEIER
größer und fettreicher als Hühnereier, dürfen wegen des hohen Salmonellenrisikos aber nur hart gekocht (10 Minuten) verzehrt werden

ENTENLEBER
gilt wie die ▸ Gänseleber als (allerdings stets preiswerte) Delikatesse und wird auch wie diese zubereitet

ENTENPFEFFER
Pendant zum ▸ Gänsepfeffer, nur mit Ente

ENTFETTEN
Fettes Fleisch- oder Hühnerbouillon und fette Bratensaucen kalt werden lassen, damit das Fett erstarrt. Nur mit dieser Methode kann es vollständig abgeschöpft werden. Bei fetten Braten ist es ratsam, das Fett während der Garzeit mehrmals abzuschöpfen.

ENTRADAS
spanische Sammelbezeichnung für Vorspeisen unterschiedlichster Art

ENTRAHMTE MILCH ▸ Magermilch

ENTRECÔTE
(Fehlrippe, Mittelrippenstück)
international geläufige Bezeichnung für das besonders dicke (4–6 cm) und schwere (350–550 g) Zwischenrippenstück des Rindes und ein beliebtes ▸ Steak

ENTRÉE
Kaltes oder warmes „Eingangsgericht" (frz. „entrée" = „Eintritt", „Eingang"), das eine lange Tradition hat. Klassische Entrées sind z. B. feine Ragouts, Pasteten oder gefüllte Kroketten. Heute werden sie als ▸ Vorspeisen serviert, was nicht ihrer klassischen Verwendung entspricht. Ursprünglich waren die Entrées in der großen Menüfolge zwei kleine Zwischengerichte – ein warmes und ein kaltes – nach dem Fischgang. Es sollte als kleine Portion noch einmal Appetit auf den großen Hauptgang (früher in der Regel ein Braten) machen.

ENTREMETS
Kleine ▸ Zwischengerichte, die im Menü früher ihren Platz zwischen dem Hauptgang (traditionell ein Braten) und dem Dessert hatten. Klassische Entremets wären kleine Gemüse- und Käsegerichte oder Eierspeisen; sie sind heute aber – wie das Entrée im ursprünglichen Sinn – völlig aus der Mode gekommen und der Begriff wird oft mit dem Dessert gleichgesetzt (frz. „entre" = „zwischen", frz. „mettre" = „stellen", „bringen").

ENZIAN
Typischer Schnaps (▸ Branntweine) der Alpenländer, der aus den 30–60 Jahre alten Wurzeln des Gelben Enzians gebrannt wird und mindestens 38 Vol.-%, meist aber 45–50 Vol.-% Alkohol hat. Die meisten Wurzeln kommen allerdings nicht aus den Alpen, sondern aus Spanien, Frankreich und vom Balkan. Ihr Geschmack ist zunächst erdig-süß, dann aber überaus bitter. Außer für Enzian wird die Wurzel noch zur Herstellung anderer bekannter Branntweine (z. B. ▸ Angostura oder ▸ Underberg) verwendet.

ENZYME
(Fermente)
Die wichtigen Katalysatoren aller Stoffwechselprozesse und biochemischen Vorgänge im menschlichen Organismus sind gleich in mehrfacher Hinsicht buchstäblich in aller Munde: Sie sind in unserem Speichel enthalten, wir nehmen sie mit der Nahrung auf und Ernährungsphysiologen sprechen ihnen sehr positive Eigenschaften zu. Aber auch außerhalb des Körpers leisten die Enzyme für den Menschen vielfach wichtige „Arbeit", so z. B. bei der Wein- und Käseherstellung, beim Brotbacken, bei der Milchgerinnung und der Fruchtsaftklärung.

EPASOTE ▸ Jesuitentee

EPIGRAMM
Klassisches Gericht, bei dem das gleiche Fleisch auf zweierlei Art – z. B. gebraten und gebacken – zubereitet und serviert wird. Der Begriff Epigramm ist allerdings weitgehend von den Speisekarten verschwunden und durch Bezeichnungen wie „Dialog" oder „Das Beste vom ..." (womit auch mehr als 2 Zubereitungsarten gemeint sein können) ersetzt.

ÉPOISSES

Vollfetter, cremiger Weichkäse (50 % Fett i. Tr.) mit Rotschmiere, der im französischen Burgund aus Kuhmilch hergestellt wird. Zur Reifung lagert man ihn 2 Monate lang in kühlen, feuchten Kellern. In dieser Zeit wird er mit einer schwachen Salzlösung abgewaschen und zweimal pro Woche gewendet. Époisses ist sehr aromatisch und hat einen etwas strengen Geruch.

Jung schmeckt er am besten und kann auch als Dessertkäse gegessen werden. Eine besondere Spezialität ist der mit ▸ Marc de Bourgogne (einem Tresterbrand) eingeriebene Époisses.

Schon gewusst?

Bereits am Hofe des Sonnenkönigs Ludwig XIV. (1643–1715) erfreute sich der ▸ Époisses großer Beliebtheit und man entdeckte die Kombination mit einem anderen Spitzenerzeugnis des Burgund, dem großen Rotwein Chambertin. Sozusagen unsterblich machte den Époisses Alexandre Dumas d. Ä. (1802–1870), denn in seinem Abenteuerroman „Die drei Musketiere" ist er der Lieblingskäse von Musketier Porthos, der den leiblichen Genüssen besonders zugetan ist.

EPPICH ▸ Sellerie

ERBSEN
Eine der großen Gruppe der ▸ Hülsenfrüchte (mit Bohnen und Linsen), deren Vertreter auch als ▸ Schotengemüse verwendet werden können und in Europa besonders beliebt sind (▸ Seite 142)

ERBSENPÜREE
Püree aus über Nacht eingeweichten gelben oder grünen Erbsen, die gekocht und durch ein Sieb passiert werden. Zur Verfeinerung eignen sich Butter, geschlagenes Ei, geröstete Zwiebelringe, verschiedene Gewürze und Kräuter.

ERBSENSALAT
grüne Erbsen der Handelsklasse extrafein, in Essig-Öl-Marinade eingelegt und vor dem Anrichten mit leichter Mayonnaise gebunden

ERBSWURST
Eine aus Erbsenmehl (gemahlene gelbe oder grüne Erbsen) hergestellte kochfertige Suppe, die in Wurstform gepresst und abgepackt wird. Weitere Zutaten sind Speck, Fett, Zwiebeln und Gewürze. Erbswurst kann auch zum Binden von Saucen verwendet werden. Die Erbswurst wurde bereits im Jahre 1867 von dem Berliner Koch und Konservenfabrikanten Johann Heinrich Grünberg entwickelt und ist damit eines der ältesten ▸ Instanterzeugnisse und ▸ Konvenienzprodukte überhaupt. Grünberg verkaufte sein Rezept bald an den preußischen Staat und so wurde die Erbswurst zur wichtigsten Soldatenverpflegung im Deutsch-Französischen Krieg. Dazu wurde bei Ausbruch des Krieges eigens eine Fabrik errichtet, in der 1700 Arbeiter zuerst täglich 7 Tonnen und später bis zu 65 Tonnen produzierten.

ERDÄPFEL ▸ Kartoffeln

ERDARTISCHOCKE ▸ Topinambur

ERDBEEREN
besonders hoch geschätzte Beerenfrüchte (▸ Seite 144)

ERDBEERGUAVE ▸ Guave

ERDBIRNE ▸ Topinambur

ERDBOHNEN ▸ Erdnüsse

ERDDISTELN ▸ Artischocken

ERDEFEU ▸ Gundermann

ERDKASTANIEN ▸ Kerbelrüben

ERDMANDELN
(Chufanüsse, Chufas, Kaffeewurzeln, Tigernüsse, Zulunüsse)
1. Mandelförmiger Wurzelknoten des Zyperngrases, das in warmen Gebieten Europas und im tropischen Gürtel kultiviert wird. Erdmandeln sind stärke-, öl- und zuckerreich und haben einen nussigen Geschmack. Sie können roh und gekocht als Gemüse zubereitet oder auch geröstet werden. In dieser Form dienen sie auch als Kaffee- oder Kakaoersatz. Erdmandelöl ist eine besonders schmackhafte Öl-Spezialität, die durch das Rösten der Erdmandeln einen aromatischen Geschmack erhält. Es eignet sich besonders zum Verfeinern von Desserts und Kuchen, schmeckt aber auch in Salaten oder Suppen ganz hervorragend.
2. ▸ Erdnüsse

Erbsen – klein aber fein

Erbsen sind die in Hülsen wachsenden Samen einiger Gattungen aus der großen Familie der Hülsenfrüchtler (botanisch Leguminosen), deren ursprüngliche Heimat vermutlich der Orient war. Schon vor mehr 8000–10 000 Jahren dürften bestimmte Erbsenarten, wie archäologische Funde vermuten lassen, im Mittleren und Fernen Osten als Grundnahrungsmittel gedient haben, seit rund 5000 Jahren auch im Mittelmeerraum.

JE KLEINER DESTO FEINER

Heute sind die Erbsen, von denen es weltweit rund 1000 Sorten gibt, in Europa wohl die beliebteste Gemüseart und werden gemeinsam mit ▸ Bohnen und Linsen – je nach Verwendungsart – unter die sogenannten ▸ Hülsenfrüchte eingereiht oder als ▸ Schotengemüse bezeichnet. Die besonders eiweiß- und kohlenhydrathaltigen Erbsen wachsen an buschigen oder rankigen Pflanzen, die 1,50 m und höher werden können. Der Grundsatz „je kleiner desto feiner“ gilt bei der Einteilung in die handelsüblichen Güteklassen: junge Erbsen, mittelgroß (bis 9,5 mm), mittelfein (bis 8,5 mm), fein (bis 7,5 mm) und extra fein (bis 7 mm).

ERBSENGATTUNGEN UND -ARTEN

Die Gartenerbse (Pflückerbse) ist die in Europa beheimatete und hier auch am meisten verwendete Erbsengattung, von der eine Reihe von Arten in der Küche Verwendung finden. Dazu zählt die Markerbse, die wegen ihres vergleichsweise geringen Stärkegehalts etwas süßer als andere Erbsen und besonders zart im Geschmack ist. Sie eignet sich hervorragend zum Tiefkühlen. Große Ähnlichkeit mit der Markerbse hat die Schalerbse (auch Gelbe Erbse, Palerbse), die allerdings etwas mehliger und nicht ganz so fein schmeckt und meist als Trockenerbse geerntet wird. Die dritte besonders bekannte Art der Gartenerbse und ein typisches Schotengemüse ist die besonders saftig und süß schmeckende Zuckererbse (auch Kaiserschote oder Zuckerschote).

Weniger bekannt sind die Spargel- oder Flügelerbsen, zarte Erbsenschoten, die einen spargelähnlichen Geschmack haben. Sie müssen jung geerntet werden, da sie leicht fasrig und holzig werden.

Eine andere wichtige Erbsengattung ist die Kichererbse (Bengalsame, Cicerolle, Garbanzo, Kicherling, Platterbse, Spanische Erbse), die vermutlich die älteste ihrer Art ist und heute in fast allen tropischen und subtropischen Gebieten angebaut wird. Von der Gesamtproduktion von über 9 Mio. Tonnen im Jahr entfallen aber allein ²⁄₃ auf Indien, mit großem Abstand gefolgt von Pakistan und der Türkei. Kichererbsen sind größer als Gartenerbsen und haselnussförmig, nussig im Geschmack und knackig in der Konsistenz.

VERWENDUNG

In den Handel kommen Gartenerbsen frisch, getrocknet, tiefgekühlt oder in Form von Konserven. Sie können auf vielfältige Weise als ▸ Hülsenfrüchte oder als ▸ Schotengemüse zubereitet werden und passen zu Fisch, Fleisch und Geflügel ebenso wie in Reisgerichte und Eintöpfe aller Art. Kichererbsen sind bei uns ausschließlich getrocknet oder in Dosen in den Läden erhältlich. Sie sind Bestandteil vieler nationaler Traditionsgerichte in den Erzeugerländern und neben der Bohne die vielseitigste Hülsenfrucht, die ein Mahl von Suppe und Vorspeise bis zum Dessert begleiten kann.

ERDNUSSCREME

(Erdnussbutter, Erdnussmus, Erdnusspaste)
Cremige, streichfähige Masse mit hohem Fettgehalt, die aus gerösteten oder ungerösteten und fein gemahlenen Erdnusskernen mit Öl hergestellt wird. Erdnusscreme ist vor allem bei Kindern ein beliebter Brotaufstrich zum Frühstück. Im Volksmund heißt sie nach dem amerikanischen Vorbild auch Erdnussbutter, als Handelsname ist diese Bezeichnung in Deutschland aber nicht zugelassen ist. Der Begriff Butter darf hier nur für Milchprodukte verwendet werden.

SCHON GEWUSST?

Der „Erfinder" der ▸ Erdnusscreme ist der amerikanische Arzt Dr. John Harvey Kellogg (1852–1943), der einst ein möglichst nahrhaftes Lebensmittel für seine Patienten ohne Zähne suchte und hierbei pürierte Erdnüsse entdeckte.

ERDNÜSSE

(Arachiden-, Aschanti-, Burennüsse, Erdbohnen, -pistazien, Kamerunnüsse, Peanuts)
Die Früchte bzw. Samen einer vermutlich aus Brasilien stammenden Pflanze, die im strengen botanischen Sinn eine „Mogelpackung" sind: Wie einige andere ihrer bekannten „Artgenossen" ist auch die Erdnuss in Wirklichkeit keine echte Nuss. Als, wer hätte das gedacht, Vertreter der ▸ Hülsenfrüchte sind ihre engsten botanischen Verwandten vielmehr Bohnen, Erbsen und Linsen. Ihren Namen verdanken die Erdnüsse ihrer besonderen Wuchs- und Reifeform: Nach der Befruchtung der Blüten bohren sich die Stängel 3–8 cm tief in den Boden und an den Enden reifen die 2–4 Samen tragenden Hülsen heran.
Erdnusspflanzen werden in allen tropischen und subtropischen Gebieten kultiviert. Asien und Afrika liefern allein rund 90 % der Welternte, ein weiterer wichtiger Erdnusserzeuger sind die USA. Die Erdnüsse unterliegen relativ strengen Einfuhrkontrollen, da sie sehr anfällig für die so genannten ▸ Aflatoxine (Giftstoffe bestimmter Schimmelpilze) sind. Dunkle, geschrumpfte bzw. „ranzige" Erdnüsse sollte man deshalb auf keinen Fall verzehren. In unseren Breiten werden die 35–50 % Fett enthaltenden Erdnüsse meist nur als beliebte Knabberei genossen, damit sind sie aber unter Wert verkauft, denn auch in der Küche sind sie eine echte Bereicherung.

VERWENDUNG

Erdnüsse können im Ganzen, zerstoßen, gemahlen oder als Paste vielseitig eingesetzt werden. Vor allem in Afrika, Südamerika, Indien und Indonesien (Reistafel) sind Erdnüsse eine der am häufigsten verwendeten Zutaten überhaupt in Fisch-, Fleisch- und Geflügelgerichten, in Suppen, Saucen, Salaten, Gemüse und Desserts.

ERDNUSSFLIPS

Der Name trügt: Korrekter wäre „Maisflips", denn die beliebte Knabberei besteht hauptsächlich aus Maismehl, während der Erdnussanteil bei maximal 32 % liegt. Ihren typischen Geschmack erhalten die Flips aber weder von dem einen noch von dem anderen, sondern von einer Masse aus Kokosfett, Erdnusscreme, Gewürzen und Salz, in die sie getaucht werden.

ERDNUSSÖL

(Arachidöl)
Aus Erdnüssen gewonnenes Öl (▸ Speiseöle), das hoch erhitzbar und deshalb besonders gut zum Braten und Backen geeignet ist. Europäisches Erdnussöl ist besonders mild, amerikanisches deutlich nussiger und asiatisches sehr aromatisch.

ERDPISTAZIEN ▸ Erdnüsse

ERDRÜBEN ▸ Kohlrüben

ERDSCHOCKE ▸ Topinambur

ERDSONNENBLUME ▸ Topinambur

EREMITENKREBS ▸ Einsiedlerkrebs

ERFRISCHUNGSGETRÄNKE

Aus Trinkwasser (▸ Wasser) oder ▸ Mineralwasser mit aromatischen Zusätzen hergestellte Getränke, die als Durstlöscher wirken sollen. Um diesen Effekt zu erzielen, enthalten sie Kohlendioxid und/oder Fruchtsäuren. Erfrischungsgetränke können alkoholfrei und auch alkoholhaltig sein.

ERFRISCHUNGSTEE ▸ Kombucha

Erdbeere – Königin der Beerenfrüchte

Erdbeeren sind die Scheinfrüchte einer mehrjährigen Staudenart, die zu den Rosengewächsen gehört – und sie haben auch eine ähnlich leuchtend rote Farbe wie viele Rosen. Gelten diese als „Königin der Blumen“, so kommt dieser Rang bei den Beerenfrüchten den Erdbeeren zu. Wenn sie richtig ausgereift sind, haben sie ein unvergleichliches Aroma und eine besonders harmonische Süße.

EINE TYPISCHE SOMMERFRUCHT

Früher waren sie die Sommerfrucht par excellence und auch heute noch haben sie aus heimischer Produktion ihre beste Zeit von Mitte Juni bis maximal Ende Juli. Allerdings wird die „Erdbeerzeit“ durch Importe (u. a. aus Spanien) mittlerweile erheblich (bis in den Vorfrühling hinein) verlängert. Erdbeeren werden auf großen Plantagen angebaut, zum Teil kann man sie dort auch selbst pflücken – und die eine oder andere Frucht gleich direkt von der Staude naschen. Unübertroffen im Aroma sind die kleinen, wild wachsenden Walderdbeeren – ein Hochgenuss, den man sich aber hart verdienen muss, denn das Sammeln ist eine mehr als mühsame Angelegenheit.

EINKAUFSTIPP

Die gängigen Handelsklassen für Erdbeeren sagen nur etwas über Größe und das äußere Erscheinungsbild der Früchte aus, nicht aber über geschmackliche und aromatische Eigenschaften. Die beste „Einkaufshilfe“ ist noch immer der Geruchstest: Wenn sie richtig reif sind, verströmen Erdbeeren umso mehr von ihrem unvergleichlichen Aroma. Generell sollte man kleineren und dunkleren Sorten den Vorzug vor „aufgeblähten“ und hellroten Erdbeeren geben und sie am besten dann kaufen, wenn sie bei uns Saison haben.

VERWENDUNG

Erdbeeren sind sehr druck- und wasserempfindlich, deshalb sollte man zu jeder Zeit besonders schonend mit ihnen umgehen. Am besten verwendet man sie möglichst frisch und isst sie leicht gezuckert – entweder „solo“ oder mit Sahne und/oder Vanilleeis. Erdbeeren lassen sich aber auch gut mit Zitrone, Orange, Wein, Champagner, Spirituosen aller Art und sogar etwas Pfeffer würzen. Eine weitere besonders delikate Kombination sind Erdbeeren mit einer Aceto-Balsamico-Sauce. Vielfältig sind auch die Verarbeitungsmöglichkeiten zu Cremes, Puddings, Aufläufen, Flammeris, Kaltschalen, Obstsalaten, Marmeladen usw.

AUFBEWAHRUNG

Zur Lagerung sind Erdbeeren schlecht geeignet, denn sie beginnen sehr schnell matschig und faul zu werden. Selbst im Gemüsefach des Kühlschranks halten sie sich nicht länger als 1 Tag. Wenn sie nicht sofort gegessen oder verarbeitet werden, sollte man sie aus den Schalen herausnehmen und nebeneinander auf einen Teller legen, weil allein der Druck aufeinander schädlich ist. Ganz gut lassen sich Erdbeeren, ungezuckert oder gezuckert, für maximal 10 Monate tiefkühlen.

SEIT LANGEM GESCHÄTZT

Archäologische Funde lassen darauf schließen, dass Erdbeeren schon in der Steinzeit bekannt waren. In der Antike wurden sie „frega“ oder „fregum“ genannt. Seit dem 16. Jahrhundert werden sie in Europa kultiviert, die eigentlichen Vorfahren der heutigen Erdbeeren sind aber amerikanische Arten, die im 18. Jahrhundert eingeführt und verbreitet wurden. Neben dem kulinarischen Genuss erfreuten sich die Erdbeeren früher auch besonderer religiöser Wertschätzung. Ihre dreiteiligen Blätter galten als Symbol der christlichen Dreifaltigkeit und als Sinnbild für Demut und Bescheidenheit – und so sollten Erdbeeren nach traditioneller Meinung auch genossen werden: frisch und ohne jeden „Schnickschnack“, so wie die Natur sie geschenkt hat.

ERNÄHRUNGSPHYSIOLOGIE
Ein Zweig der Physiologie (die Wissenschaft von den physikalischen, biochemischen und informationsverarbeitenden Funktionen der Lebewesen), der sich mit den Auswirkungen der Lebensmittel auf den menschlichen Organismus und damit auch auf die Gesundheit beschäftigt. Vor allem wird in der Ernährungsphysiologie untersucht, in welcher Menge und Kombination die Lebensmittel für eine optimale Ernährung – mit nicht zu wenig und nicht zu viel des Guten – zugeführt werden müssen. Wichtig: Dabei können nicht alle Menschen über einen Kamm geschert werden, sondern ist Rücksicht auf Faktoren wie Geschlecht, Alter und Lebensbedingungen zu nehmen.

ERPEL
die männliche Ente

ESCABECHE
Fisch, Fleisch, Geflügel und Gemüse in Essig eingelegt und in scharfer Marinade konserviert, vor allem in Spanien und Südamerika

ESCALOPE
dünne Scheibe Fisch, Fleisch oder Geflügel zum Grillen oder Kurzbraten (▸ Schnitzel)

ESCARIOL ▸ Endivie

ESCHLAUCH ▸ Schalotten

ESCOFFIER
Französischer Meisterkoch (mit vollständigem Namen Auguste Escoffier), 1846–1935, der als größter Kochkünstler aller Zeiten gilt. Seine Kreativität, mit der er neue Gerichte, Zubereitungsarten usw. erfand, schien geradezu unerschöpflich und auch an Dienstjahren in der Küche hält er mit 63 den Weltrekord. Mit seinem Freund César Ritz gründete er die größte europäische Hoteldynastie und Kaiser Wilhelm II. adelte ihn als „Kaiser der Köche". Weiter sind Escoffier einige Standardwerke der Koch- und Küchenliteratur zu verdanken, mit denen er die moderne Kochkunst begründete bzw. nachhaltig beeinflusste, allen voran der 1903 erschienene „Guide Culinaire", für viele Küchenchefs noch heute die „Bibel der Kochkunst".

ESKARIOL ▸ Endivie

ESPAGNOLE ▸ braune Grundsauce

ESPAGNOLE, À L' ▸ spanische Art

ESPRESSO

Konzentrierter Spezialkaffee, der in einem speziellen Druckfilterverfahren aus schonend und tiefdunkel gerösteten Kaffeebohnen (Espressobohnen) hergestellt wird. Für einen original Espresso mit der typischen Crema (Schaumschicht) benötigt man genau den richtigen (mittelfeinen) Mahlgrad des Kaffees und exakt 9 bar Druck; das schaffen nur wirklich erstklassige Espressomaschinen, die von italienischen Herstellern teilweise Kultstatus genießen, wie z. B. die „Pavoni". Hardcore-Kaffeetrinker nehmen einen Doppio, einen doppelt so starken Espresso aus 14 statt 7 g Kaffeepulver pro Tässchen. Für alle, denen der normale Espresso schon zu stark ist, gibt es aber auch leichtere Varianten wie den Caffé americano oder Caffé lungo (beide mit Wasser gestreckt).

ESROM
(Dänischer Butterkäse)
Bekannter dänischer ▸ Käse mit 45–60 % Fett i. Tr., der aus pasteurisierter Kuhmilch hergestellt wird. Seinen Namen hat Esrom von einer lange Zeit vergessenen Käsespezialität nach Art des Trappistenkäse (▸ Port-Salut) aus dem gleichnamigen Kloster auf der Insel Seeland. Diese wurde von Mitarbeitern des Staatlichen Milchwirtschaftsinstituts wieder entdeckt und der modernen Käseherstellung angepasst.

ESSENZ
1. Für die Industrie: Mehr oder weniger konzentrierte Mischung von Geruchs- und Geschmacksstoffen (▸ Aromastoffe), die auf natürlichem Wege oder synthetisch gewonnen werden und zum Aromatisieren von Nahrungsmitteln aus Großproduktion dienen.
2. In der Küche: Stark reduzierte Brühe oder Fond, in der/dem eine Vielzahl von Aromen konzentriert ist; z. B. Fischessenz, Wildessenz, Champignonessenz, Trüffelessenz, um nur einige zu nennen.

ESSIG
(Speiseessig)
Klare Flüssigkeit mit stechendem Geruch und saurem Geschmack, die durch die Vergärung von Alkohol (und seine Umwandlung in Essigsäure als das Werk von Bakterien) entsteht. Essig ist genauso alt wie Wein und Bier und wurde bereits im Altertum verwendet. Heute wird er in erster Linie aus Sprit, Wein (▶ Weinessig) oder auch vergorenen Fruchtmosten (▶ Obstessig), wie der populäre ▶ Apfelessig (und noch viele andere), hergestellt. Die berühmteste und teuerste Essigspezialität ist der italienische ▶ Aceto Balsamico.

ESSIGBAUM ▶ Sumach

ESSIGESSENZ
Wässrige Lösung mit 15,5–25 % Essigsäure, die allenfalls in der deftig-rustikalen Küche bzw. als Konservierungsmittel zum Einsatz kommen sollte. Wertvoller ist sie als umweltverträgliches Reinigungsmittel.

ESSIGGEMÜSE
nach dem Garen in Weinessig mit Gewürzen, Kräutern usw. eingelegtes, tafelfertiges Gemüse (▶ Mixed Pickles)

ESSIGGURKEN ▶ Gewürzgurken

ESSIGGURKENGEWÜRZ
Gewürzmischung aus Dill, Estragon, Beifuß, Gewürznelken, Lorbeerblatt, Ingwer und weißem Pfeffer

ESSKASTANIEN ▶ Maronen

ESTOUFFADE
französische Gerichte bzw. ▶ Eintöpfe aus dem dichten Schmortopf (ohne dass die Flüssigkeit entweichen kann) bei möglichst niedrigen Temperaturen

ESTRAGON
(Bertram(-kraut), Drachenkraut, Dragon, Dragun, Kaisersalat, Schlangenkraut)
Besonders aromatisches und mit dem ▶ Wermut verwandtes Küchenkraut aus der Familie der Korbblütengewächse, dessen Heimat vermutlich die weiten Steppen Mittelasiens bzw. Ostsibiriens sind. Heute ist der Estragon besonders in den gemäßigten Klimazonen und damit auch in Europa, wohin er Ende des 13. Jh. von Kreuzrittern gebracht wurde, stark verbreitet. Als Gewürz verwendet werden beim Estragon die frischen oder getrockneten Blätter und auch die Zweigspitzen. Der Estragon hat ein überaus kräftiges Aroma, das an Anis erinnert, und ist im Geschmack würzig und süßlich mit einer feinen Bitternote. Es gibt zwei Arten, den russischen Estragon und den feineren französischen.
VERWENDUNG: *Vor allem in der französischen Küche ist Estragon eines der beliebtesten Kräuter zum Würzen von Fleisch- und Fischragouts sowie -brühen, es passt aber auch zu Geflügel, Garnelen, Gemüse, Pilzen und kommt in Salate. Weiter ist Estragon Bestandteil der ▶ fines herbes und feiner weißer Saucen wie z.B. ▶ Béarner Sauce.*

ESTRAGONSAUCE
(Sauce à l'éstragon)
1. weiße Geflügelrahmsauce (▶ deutsche Sauce), verfeinert mit Estragon, zu Geflügel
2. braune ▶ Kraftsauce mit Estragonblätterauszug in Weißwein, fein gehackten Estragonblättern, z. B. zu Kalbsnierenbraten

ESTRAGONSENF
mit fein gehacktem Estragon gewürzter ▶ Senf

ETORKI
Traditioneller vollfetter Schafmilchkäse (50 % Fett i. Tr.) aus den französischen Pyrenäen, der heute allerdings nicht mehr von Hand sondern in Großproduktion von Molkereien hergestellt wird. Deshalb trägt Etorki kein AOC-Prädikat mehr. Neben dem Direktverzehr eignet er sich auch zum Reiben.

EUKALYPTUSÖL
Das ätherische Öl aus den Blättern des Eukalyptusbaumes hat einen kräftigen kampferartigen Geruch und einen würzig-kühlenden Geschmack. Es wird vorwiegend in der Zucker-

warenindustrie, zum Aromatisieren von Essenzen und zur Herstellung von Hustenmitteln (Eukalyptusbonbon) verwendet.

EUROPÄISCHER FLUSSKREBS
▸ Edelkrebs

EUTER
Allgemein das Milch bildende, zu den Innereien zählende Organ (Milchdrüse) weiblicher Säugetiere (insbesondere von Wiederkäuern), das im Volksmund mit dem Euter der Kuh gleich gesetzt wird. Dieses kann von jungen Tieren in Scheiben geschnitten und paniert (▸ Berliner Schnitzel) sowie für Ragouts, Füllungen, Pasteten und Terrinen verwendet werden. Eine unerkannte Zutat ist es auch in Blut- und Leberwürsten.

EVAPORIEREN
eindampfen, verdampfen

EVAPORIERTE MILCH ▸ Kondensmilch

EXOTEN
Sammelbezeichnung für tropische und subtropische, entweder wild wachsende oder kultivierte Früchte (▸ Südfrüchte) und Gemüse

EXPORT(BIER)
Ein untergäriges Vollbier (▸ Bier), das hell oder dunkel sein kann. Durch die untergärige Brauweise und einen etwas höheren Stammwürze- und Alkoholgehalt war es in früheren Zeiten möglich, das Bier zunächst über die Stadtgrenzen hinaus zu exportieren. Es wurde stärker gebraut, um es dann an seinem Bestimmungsort wieder etwas mit Wasser zu strecken

EXTRA BRUT, EXTRA DRY
(extra herb, extra trocken)
Angaben zum Trocken- bzw. Süßegrad bei ▸ Schaumwein

EXTRAKT
1. küchentechnisch ein reduzierter Auszug (z. B. durch Einkochen) aus tierischen oder pflanzlichen Stoffen bis hin zum Gelierstadium
2. Gesamtheit aller beim Verdampfen oder bei der Destillation zurückbleibenden Inhaltsstoffe in Wein, Bier und Spirituosen
3. durch Pressen oder Destillation von pflanzlichen/tierischen Stoffen gewonnene Essenz von Aromastoffen für Industrie/Pharmazie

EXTRA VERGINE
Bestes und reinstes Olivenöl, das nur aus der allerersten Pressung gewonnen wird. In früheren Zeiten erfolgte diese noch mit den bloßen Füßen (wie auch beim Wein), heute erledigen diese Arbeit von Hand oder maschinell betriebene Pressen.

EXTRAWURST
Sprichwörtlich für eine besondere Bevorzugung stehend, bekommt in Österreich jeder eine Extrawurst: Dort wird unter diesem Namen nämlich eine Wurstspezialität aus fein gewürztem, geräuchertem und gebrühtem Rind- und Schweinefleisch hergestellt.

FABADA
Spanisches Nationalgericht (vor allem in der Region Asturien): Eintopf aus weißen Bohnen, gepökeltem Schweinefleisch (meist Hachse), geräuchertem Bauchspeck, Blutwurst, Paprikawurst (den typischen ▸ Chorizos), Knoblauch und Zwiebeln. Er wird mit Pfeffer, Salz, Safran und Paprikapulver pikant gewürzt.

FÄCHERMUSCHELN ▸ Jakobsmuscheln

FAÇONNIEREN
Fleischstücke in eine ansprechende Form bringen, indem man Fett und Sehnen entfernt oder das Fleisch mit Küchengarn in Form bindet

FADENNUDELN
(Vermicelles)
fadenförmige ▸ Nudeln (▸ Teigwaren) aus Hartweizengrieß, meist als Suppeneinlage verwendet

FAGOTTINI
italienische Nudelspezialität (▸ Pasta, ▸ Teigwaren) in Form von kleinen gefüllten Teigtäschchen (wie kleine ▸ Ravioli)

FALAFEL
Frittierte Klößchen, die fester Bestandteil der arabischen Küche sind und ursprünglich aus Ägypten stammen. Für Falafel werden gegarte, zerkleinerte Kichererbsen oder Dicke Bohnen mit klein gehackten Frühlingszwiebeln, Knoblauch, Korianderkraut und/oder Petersilie sowie etwas Backpulver vermengt und mit Salz, Pfeffer, Koriandersamen, Kreuzkümmel, Paprika und teilweise weiteren Gewürzen wie Nelken, Zimt, Muskat gewürzt und in Pflanzenöl (z. B. Sojaöl) knusprig braun frittiert. Im Nahen Osten werden aus Falafel und ▸ Hummus leckere Fladenbrot-Sandwiches gemacht.

FALSCHE LENDE
(falsches Filet)
zartfaseriges Fleischstück aus der Schulter des Rindes, das sich zum Braten und Schmoren oder als ▸ Tatar eignet

FALSCHER HASE
in manchen Regionen gebräuchliche Bezeichnung für ▸ Hackbraten

FANCHONETTES
kleines Konfekt bzw. kleine mit Konditorcreme gefüllte und mit Baisermasse überbackene Blätterteigstückchen

FAO
Abkürzung für Food and Agriculture Organization – Organisation unter dem Dach der Vereinten Nationen für die Bereiche Ernährung, Landwirtschaft und Forstwesen mit Sitz in Rom (▸ Bio)

FÄRBERBAUM ▸ Sumach

FARBSTOFFE

Man unterscheidet organische oder natürliche sowie synthetische Farbstoffe. Natürliche Farbstoffe geben Lebensmitteln ihre charakteristische Farbe (z. B. Karotine). Allerdings sind sie nicht sehr stabil; deshalb wird oftmals durch Lebensmittelfarbstoffe nachgeholfen – das Auge isst schließlich mit. Für diese „Kosmetik" werden auch besonders farbintensive und stabile synthetische Farbstoffe verwendet, die aber bei weitem nicht alle für Lebensmittel geeignet und aus ernährungsphysiologischer Sicht unerwünscht sind. Ihre Zulassung als Lebensmittelfarbstoffe unterliegt deshalb strengen Bestimmungen, außerdem herrscht Deklarationspflicht (▸ Lebensmittelzusatzstoffe).

FARBZUCKER ▸ Zuckercouleur

FARCE
Eine Art Teig aus fein zerkleinerten rohen oder gegarten Zutaten wie Gemüse, Fleisch, Fisch, Eiern, Gewürzen und Kräutern etc.; wird zum Füllen von Torten oder Pasteten, Fleisch- oder Fischstücken, für Terrinen oder Klößchen usw. verwendet (frz. „farcir" = „füllen").

FARCIEREN
mit einer Farce füllen oder bestreichen

FARFALLE
Italienische ► Pasta (► Nudeln, ► Teigwaren) in Form von kleinen Schleifen, die auch Schmetterlingsnudeln genannt wird.

FARFEL
bezeichnet in der jüdischen Küche eine Suppeneinlage aus Mehl, Ei, Salz usw.

FARINATA
Pikanter Fladen bzw. eine Art Pfannkuchen aus den Grundzutaten Kichererbsenmehl, Olivenöl, Salz und Pfeffer, der wie eine ► Pizza im Holzofen gebacken wird. Die Farinata stammt ursprünglich aus der oberitalienischen Region Ligurien und ist heute im Mittelmeerraum (Frankreich, Nordafrika) und in Südamerika in vielen lokalen Variationen bekannt. Dazu reicht man einen knackigen Salat.

FARIN(ZUCKER)
(Brauner Zucker, Rohzucker)
Wenig gereinigter Zucker, der bei den ersten Schritten der ► Raffination gewonnen wird. Farin(zucker) ist gelb bis bräunlich gefärbt, leicht feucht und aromatisch im Geschmack. Bei weiterem Auswaschen entsteht weißer Farin- oder auch Bastardzucker, der vor allem für die Herstellung von Gebäck verwendet wird. Farinzucker ist nicht gesünder als raffinierter Zucker, er enthält nur wenig Mineralstoffe.

FARMERSTEAK
ein ► Beefsteak vom Grill oder aus der Pfanne

FARREN ► Bulle

FÄRSE
(Kalbin, Starke)
Weibliches Jungrind im Alter von 3 Monaten bis 2 Jahren, das noch nicht gekalbt hat. Das Fleisch von Färsen ist besonders feinfasrig, zart mit Fett durchzogen und saftig.

FASAN
Aromatisches und bei Feinschmeckern sehr begehrtes Wildgeflügel, das in Deutschland von Oktober bis Mitte Januar bejagt werden darf. Die Hühnervögel stammen ursprünglich aus Mittelasien. Die Männchen können bis 90 cm groß werden, die Weibchen sind deutlich kleiner und auch vom Federkleid unscheinbarer. Das Fleisch von jungen Fasanen (vor allem von Hähnen) ist besonders schmackhaft und zart und sollte vor der Zubereitung etwa 3 Tage in den Federn abhängen.

VERWENDUNG

Weil Fasanenfleisch (vor allem die Brust) sehr mager ist, muss man es vor dem Braten mit Speckscheiben abdecken. Eine klassische Zubereitungsart ist mit Apfelscheiben und glasierten Maronen.

SCHON GEWUSST?

Es soll der griechische Held Jason gewesen sein, der den ► Fasan auf seinen Fahrten mit den Argonauten entdeckte. Auf der Suche nach dem goldenen Vlies fand er mit seinen Gefährten auch die bunten Vögel, die er mit dem Vlies in seine Heimat brachte. Die Römer sorgten dann bereits für die Verbreitung des Fasans in ganz Europa.

FASCHIERTES
in Österreich Bezeichnung für ► Hackfleisch

FASCHINGSKRAPFEN, -KÜCHLE
► Berliner Pfannkuchen (► Krapfen)

FASEL ► Bulle

FASELBOHNE ► Helmbohne (► Bohnen)

FASTENKRAUT
(Hechtenkraut)
Bayerische Spezialität: Sauerkraut wird mit Apfel- und Zwiebelstückchen, Sahne und Ei vermischt, mit Salz, Pfeffer, Muskat gewürzt und mit Fischfilet und Pellkartoffeln serviert.

FAST FOOD
Schnellgerichte wie ► Hamburger oder ► Cheeseburger (► Burger), die man in so genannten Fast-Food-Restaurants bekommt (engl. „fast food" = „Schnellnahrung"). Fast Food ist eine „amerikanische Erfindung" und erfreut sich auch bei uns immer größerer Beliebtheit. Darunter versteht man eine schnelle und unkomplizierte Art der Ernährung (häufig auch Selbstbedienung), die allerdings den Kri-

terien einer gesunden und ausgewogenen Ernährung meist nicht entspricht. Fast Food wird deshalb allgemein zum ▸ Junkfood gerechnet.

FASTNACHTSKRAPFEN
▸ Berliner Pfannkuchen (▸ Krapfen)

FAUSTKÄSE
etwa faustgroßer Sauermilchkäse, ▸ Handkäse

FAVABOHNE ▸ Dicke Bohne (▸ Bohnen)

FAVORIS
Feingebäck aus Mürb- und Brandteig, mit Konditorcreme gefüllt, mit Belegkirschen verziert

FEDERKOHL ▸ Grünkohl (▸ Karden)

FEDERSPIEL
zweithöchste Qualitätsstufe für trockene Weißweine (▸ Wein) in der österreichischen ▸ Wachau nach ▸ Smaragd, verbunden mit strengen Qualitätsbestimmungen und benannt nach dem „Lockmittel" des Falkners bei der früher in dieser Gegend beliebten Jagd mit Falken

FEDERWEISSER
(Neuer, Rauscher, Sauser, Suser)
Diesen erfrischenden Traubenmost, der je nach Vergärungsgrad des Zuckers mehr oder weniger Alkohol enthalten kann, gibt es nur im Herbst. Federweißer ist die ideale Begleitung zu ▸ Zwiebelkuchen.

FEDERWILD
(Wildgeflügel)
alle Wildarten mit Federkleid (▸ Wild)

FEGATO ALLA VENEZIANA
italienische Spezialität aus Kalbsleber mit Zwiebeln in Bouillon und Weißwein

FEHLRIPPE ▸ Entrecôte

FEIGEN
Die grünen oder blauvioletten, birnenförmigen und süß aromatischen Scheinfrüchte eines Maulbeerbaumes waren im Nahen Osten und im Mittelmeerraum bereits im Altertum ein fester Nahrungsbestandteil der dort lebenden Völker. Heute kommen rund 90 % der Weltjahresproduktion aus dem Mittelmeerraum, vor allem aus der Türkei. Aus der Wildfeige haben sich zwei Arten entwickelt: die Haus- oder Essfeige und die Holzfeige ohne essbare Früchte. Es gibt heute über 700 verschiedene Sorten von Essfeigen. Die druckempfindlichen frischen Feigen sind leicht verderblich und sollten deshalb nach der Ernte bzw. dem Einkauf möglichst rasch verzehrt werden. Sollen Feigen getrocknet werden, bleiben sie am Baum, bis sie abfallen, manchmal werden sie auch abgeschüttelt oder gepflückt. Getrocknete Früchte kommen zu Quadern gepresst oder locker zu Kränzen gebunden auf den Markt. Am besten sind weiche, nicht zu stark gepresste Früchte. Getrocknete Feigen halten sich trocken, kühl und luftig gelagert einige Monate.

EINKAUFSTIPP

Kaufen Sie nur frische Feigen, deren Schale fein, zart und makellos ist und die nicht gequetscht sind. Grüne Feigen sind süßer und aromatischer als blau-violette Früchte, allerdings auch seltener im Handel. Achten Sie in jedem Fall darauf, dass die getrockneten Feigen nicht zu zuckrig sind, denn dies deutet darauf hin, dass es sich um Ware aus dem vergangenen Jahr handelt.

FEIGEN, INDIANISCHE/INDISCHE
▸ Kaktusfrüchte

FEIGENBROT
Eine Süßigkeit aus Spanien, die dort „pan de higos" genannt wird. Dafür werden getrocknete Feigen fein zerkleinert, mit gehackten Mandeln und Haselnüssen sowie etwas geschmolzener Blockschokolade, Anisschnaps, Zucker, Zitronenschale und Zimt vermengt. Die Masse wird zu Rollen geformt, in Sesam gewälzt und kühl gelagert.

FEIGENKUCHEN
Für diese griechische Spezialität vermischt man getrocknete Feigen, Mandeln und andere Nüsse, Pistazien und Kräuter mit Honig und presst sie zu kleinen Tafeln.

FEIJOA
(Ananasguave)

Ursprünglich aus Brasilien stammende 3–5 cm große eiförmige Vertreterin der ▸ Südfrüchte mit graugrüner, fester Schale, deren Hauptanbaugebiete heute Neuseeland, die USA, Israel, Südafrika und Frankreich sind. Das angenehm säuerliche Fruchtfleisch der Feijoa erinnert im Geschmack etwas an Ananas. Sie kann einfach aus der Schale gelöffelt werden, passt aber ebenso gut in exotische Fruchtsalate.

FEIJOADA
bäuerlich-deftiges Gericht aus Brasilien, bestehend aus getrocknetem Rindfleisch, Rind- und Schweinefleisch, gepökelter Zunge, Speck, schwarzen Bohnen und Grünkohl

FEINGEBÄCK
Alle Backwaren, deren Anteil an Fett und/oder Zucker bezogen auf Mehl und/oder Stärke mindestens 10 % beträgt. Die Konditoreiwaren sind eine besondere Art davon mit einem Anteil an Fett und/oder Zucker von mindestens 20 %.

FEINSCHMECKER ▸ Gourmet

FEINSCHMECKERHAPPEN
▸ Gourmandises

FEINWÜRFELGEMÜSE ▸ Brunoise

FELCHEN ▸ Renken

FELDBOHNE ▸ Dicke Bohne (▸ Bohnen)

FELDKÜMMEL ▸ Quendel

FELDSALAT
(Ackersalat, Mäuseöhrchen, Nisslsalat, Rapunzel, Vogerlsalat)
Verbreitete, winterharte Salatsorte (▸ Salate) der gleichnamigen botanischen Gattung mit etwa 80 Arten (Familie der Baldriangewächse), die vor allem in den Herbst- und Wintermonaten (dann aber meist aus dem Treibhaus) angeboten wird. Ihre Blätter werden 5–30 cm lang und schmecken sehr aromatisch. Feldsalat liefert reichlich Vitamin C, Eisen und Kalium. Vor der Zubereitung muss er mehrmals gründlich gewaschen werden, sofern es sich nicht um vorgewaschene oder Treibhausware handelt.

FELDTHYMIAN ▸ Quendel

FELSENBIRNEN
(Steinbirnen)
Meist als Ziersträucher kultiviert, tragen die kleinen Bäume und Sträucher aus der botanischen Familie der Rosengewächse auch ein essbares ▸ Kernobst; jedenfalls die wenigen bei uns kultivierten der 25 Arten (meist Nordamerika). Die kleinen, kugeligen roten Früchte schmecken aromatisch süß, haben einen marzipanähnlichen Beigeschmack und eignen sich zur Herstellung von Konfitüre oder Wildgerichten. Trotz des Namens haben die Früchte keinerlei Ähnlichkeit mit richtigen Birnen.

FELSENGARNELEN
Garnelenart (▸ Garnelen, ▸ Krebstiere)

FEMIS ▸ Fenchel (▸ 1. Gewürzfenchel)

FENCHEL
1. Gewürzfenchel (Femis, Langer Kümmel): Diese Doldenblütlerpflanze stammt aus dem Mittelmeerraum, wo ihre Samen als Gewürz in vielen Gerichten auftauchen. Sie enthalten das ätherische Fenchelöl, ein bewährtes Mittel gegen Magenverstimmungen und Blähungen. Traditionell finden Fenchelsamen beim Brotbacken und Einmachen Verwendung. Auch Fencheltee wird aus ihnen gekocht, der wegen seiner krampflösenden Wirkung vor allem Kleinkindern und Säuglingen gerne verabreicht wird. Bekannt ist die schleimlösende Wirkung von Fenchelhonig, einem verbreiteten Mittel bei harmlosen Erkältungskrankheiten.
2. Gemüsefenchel (Finocchi, Zwiebelfenchel): Zartes Gemüse aus den knollenförmigen bzw. zwiebelartig verdickten Stängeln bestimmter

SCHON GEWUSST?

Historische Zeugnisse belegen, dass in Mesopotamien bereits um 3000 v. Chr. Fenchel benutzt wurde. Die alten Griechen schätzten Fenchel als Schlankheitsmittel, während die Römer damit Augenleiden, Krankheiten der Verdauungsorgane und Atemwege behandelten. In der „Naturalis Historia" von Plinius dem Älteren (23–79 n. Chr.) wird Fenchel als Gewürz- und Heilpflanze lobend erwähnt.

Zuchtformen der Fenchelpflanze. Besonders beliebt ist Fenchel als Gemüse in seinen europäischen Hauptanbauländern Italien und Frankreich, von wo er hauptsächlich von Oktober bis Mai auch frisch bei uns auf den Markt kommt. Charakteristisch für Fenchel ist sein süßlich-würziger Anisgeschmack.

FENCHELSAUCE
Englische Buttersauce auf der Basis einer hellen Mehlschwitze, die mit Wasser oder heller Brühe aufgegossen und mit Sahne gebunden wird. Zum Schluss wird die Sauce mit Butter aufgeschlagen und mit frisch gehacktem Fenchelgrün, Salz, weißem Pfeffer und Zitronensaft gewürzt. Passt gut zu Fisch.

FENDANT
vor allem im Schweizer Wallis gebräuchliche Bezeichnung für ▸ Wein aus der weißen Chasselasrebe, in Deutschland unter der Bezeichnung ▸ Gutedel vor allem in Baden anzutreffen

FENOUGREEK ▸ Bockshornklee

FERKEL
Bezeichnung für ein junges Schwein bis zum Alter von 12–14 Wochen (▸ Spanferkel)

FERMENTATION
Oft künstlich in Gang gesetzter Prozess, bei dem Lebensmittel (z. B. Tee, Kaffee oder Kakao) über einen längeren Zeitraum mit Wärme (ca. 50 °C) behandelt werden (teilweise mit ▸ Gärung). Dabei leiten Enzyme und andere Mikroorganismen chemische Veränderungen ein. So können z. B. Zucker in Stärke verwandelt, Eiweißstoffe abgebaut und Aromastoffe gebildet werden, was sich auf Geschmack, Farbe oder Haltbarkeit der behandelten Rohstoffe auswirkt. Durch Fermentation entstehen u. a. aus Milch Jogurt oder Käse, aus grünem schwarzer Tee oder aus Sojabohnen Sojasauce.

FERMENTE ▸ Enzyme

FERMIER, FERMIÈRE
auf natürliche Weise und nicht industriell hergestellte Lebensmittel, z.B. Käse (frz. „fermier" = „bäuerlich")

FERNET BRANCA
Berühmter italienischer Bitterlikör auf Kräuterbasis, der seit 1845 von einer Mailänder Firma nach einem geheim gehaltenen Familienrezept aus über 40 Kräutern hergestellt wird. Fernet Branca hat 40 Vol.-% Alkohol und reift über 1 Jahr in Eichenfässern. Er wird pur als Digestif, auf Eis, in Kaffee, Espresso und diversen Mixgetränken genossen.

FERTIGGERICHTE/-PRODUKTE
▸ Konvenienzprodukte

FESEN ▸ Dinkel

FETA

Aromatischer Weichkäse, der ursprünglich aus Griechenland kommt und dort traditionell aus Schafmilch (manchmal auch Ziegenmilch) hergestellt wird. In anderen Ländern wurde Feta (= „Scheibe") aus Kuhmilch oder einer Mischung von Kuh-, Schaf- und Ziegenmilch produziert. Nach einer EU-Verordnung darf seit 2007 nur noch aus Griechenland stammender ▸ Salzlakenkäse „Feta" heißen.
VERWENDUNG: *Der rindenlose Käse reift 4–6 Wochen in Salzlake, schmeckt besonders gut zu Fladenbrot und eignet sich zum Grillen und Frittieren ebenso wie zum würzigen Einlegen in Öl. In der griechischen Küche kommt kaum ein Fleischgericht ohne ein Stück Feta auf den Tisch.*

FETT
Wichtiger Bestandteil der menschlichen Ernährung, der allerdings nur in geringen und ausgewogenen Mengen zugeführt werden sollte. Fett liefert viele Kalorien, ist für die Aufnahme einiger fettlöslicher Vitamine (A, D, E, K) unerlässlich und sorgt für eine reibungslose Funktion von Gehirn und Nerven. Allerdings sollte man bei gesunder Ernährung nicht mehr als 60–80 g Fett pro Tag zu sich nehmen. Dies ist schnell erreicht, denn viele Nahrungsmittel enthalten so genannte versteckte Fette.
Tierische wie pflanzliche Fette bestehen aus ▸ Fettsäuren und Glyzerin. Bei den Fettsäuren unterscheidet man gesättigte und ungesättigte bzw. mehrfach ungesättigte, welche am wert-

vollsten sind. Gesättigte Fettsäuren sind tierischen Ursprungs, kommen also in Butter, Gänseschmalz, Käse, Wurst und Fleisch etc. vor. Sie sollten möglichst nur ein Drittel der täglichen Fettzufuhr ausmachen. Das zweite Drittel sollte aus einfach ungesättigten Fettsäuren bestehen, die vor allem in Oliven- und Rapsöl enthalten sind. Die mehrfach ungesättigten Fettsäuren finden sich vor allem in Fisch-, Distel-, Lein-, Maiskeim-, Walnuss- und Weizenkeimöl. Dem „Schlankheitswahn" haben wir es zu verdanken, dass heute zahlreiche Lebensmittel mit reduziertem Fettgehalt angeboten werden. Die unterschiedlichen Bezeichnungen sorgen aber eher für Verwirrung denn für Klarheit.
Fettreduziert: Darunter fallen Fette wie Butter oder Margarine, deren Fettgehalt auf bis zu 42 % reduziert wurde. Wurst, Käse und andere Nahrungsmittel mit diesem Label müssen um 30 % weniger Fett enthalten wie vergleichbare Waren mit normalem Fettgehalt. Fettarm ist ein Lebensmittel, wenn es weniger als 3 g Fett/100 g oder 1,5 g Fett/150 ml enthält. Fettfrei dürfen sich Lebensmittel nennen, deren Fettgehalt unter 0,5 g/100 g liegt. „Ohne Fett" darf auf der Packung stehen, wenn nur 0,2–0,4 g Fett pro 100 g enthalten sind.

FETTARME MILCH
teilentrahmte Milch mit 1,5–1,8 % Fett

FETTE HENNE ▸ Krause Glucke

FETTGEBACKENES
in reichlich heißem Fett schwimmend ausgebackene Speisen oder Gebäckstücke, wie z. B. ▸ Krapfen, ▸ Kroketten, ▸ Pommes frites, ▸ Spritzkuchen und ▸ Tempura

FETTGEHALT
prozentualer Anteil an Fett bezogen auf das Gewicht eines Lebensmittels

FETTGLASUR
kakaohaltige Glasur zum Überziehen von Kuchen und Gebäck

FETTHÄRTUNG
Verfahren zur Herstellung streichfester Fette aus pflanzlichen und tierischen Ölen

FETT I. TR.
Handelsübliche Bezeichnung für den Fettgehalt von Käse und Quark, wobei Trockenmasse – abgekürzt Tr. – die reine Käsemasse ohne Wasser nennt. Die Angaben lassen allerdings keine direkten Rückschlüsse auf den tatsächlichen (absoluten Fettgehalt) von Käse zu. Verallgemeinernd lässt sich sagen: Je mehr Wasser ein Käse enthält, desto geringer ist sein absoluter Gehalt an Fett. Oder umgekehrt: Je höher der Anteil der Trockenmasse, desto fettreicher ist der Käse. Bei Frischkäse kann man von etwa 20–30 % Trockenmasse ausgehen, bei Weichkäse rechnet man mit 50 %, Schnittkäse dagegen hat bereits 60 % und Hartkäse bis zu 70 %. Einen groben Richtwert über den tatsächlichen Fettgehalt bekommt man, wenn man die Angabe über den Fettgehalt der Trockenmasse multipliziert und zwar mit 0,3 bei Frischkäse, mit 0,5 bei Weichkäse, mit 0,6 bei Schnittkäse und mit 0,7 bei Hartkäse.

FETTKÄSE
▸ Käse mit mindestens 40–44,9 % Fett i. Tr.

FETTLEBER ▸ Gänseleber

FETTSÄUREN
Bestandteil von Fetten, unterschieden nach gesättigten Fettsäuren, die eine feste Konsistenz und einen hohen Schmelzpunkt haben (z. B. Kokosfett), und ungesättigten Fettsäuren mit einem niedrigen Schmelzpunkt und flüssiger Konsistenz. Die ungesättigten Fettsäuren werden noch einmal in einfach ungesättigte und mehrfach ungesättigte Fettsäuren unterteilt. Einige der Fettsäuren sind für einen reibungslos funktionierenden Stoffwechsel wichtig. Die so genannten nicht essenziellen Fettsäuren können im Körper selbst gebildet werden, wogegen die essenziellen Fettsäuren mit der Nahrung zugeführt werden müssen. Nimmt man zu wenig davon zu sich, kann dies die Entwicklung von Artheriosklerose, Fertilitätsstörungen oder Hautveränderungen begünstigen. Prophylaktisch sollten deshalb regelmäßig linol- oder linolensäurereiche Pflanzenöle sowie Fischöle auf dem Speiseplan stehen. Eine für die menschliche Ernährung wichtige Fettsäure, die Linolsäure, findet sich vor allem in

Pflanzenölen (Distel-, Soja- und Sonnenblumenöl). Weit wichtiger und der Gesundheit auch zuträglicher sind aber die Omega-3-Fettsäuren, denen als Antioxidantien eine hohe Bedeutung beikommt. Die Linolensäure beispielsweise findet sich vor allem in Leinöl, Walnuss-, Soja- und Rapsöl, aber auch in Fisch, weshalb Fisch mindestens einmal wöchentlich auf dem Speiseplan stehen sollte.

FETTUCINE
italienische ▸ Pasta (▸ Nudeln, ▸ Teigwaren) von 8–10 mm Breite (auch in einer schmaleren Version als Fetuccelle), hell oder „verde", d. h. mit Spinat gefärbt

FEUERBOHNE
(Prunkbohne, Türkenbohne)
Bohnenart (▸ Bohnen)

FEUERTOPF
Scharf gewürzter Eintopf aus Gemüse und Fleisch, der ursprünglich aus der mongolischen Küche stammt. Der Feuertopf ist auch bei den Chinesen bekannt: Es ist ein Topfofen, in dem eine pikant gewürzte Brühe köchelt. In diese taucht man mit kleinen Sieblöffeln oder Spießen rohe Stückchen von Fisch, Fleisch oder Gemüse und dippt sie gegart in würzige Saucen; eine Art asiatisches Fondue also.

FEUERZANGENBOWLE
Traditionsreiches heißes Weingetränk, das 1933 sogar einem berühmten und mehrfach verfilmten Roman (Die Feuerzangenbowle von Hans Reimann und Heinrich Spoerl) seinen Namen gegeben hat. Für Feuerzangenbowle wird eine Flasche Rotwein in einem speziellen Topf erhitzt, darauf ein Zuckerhut gelegt, dieser mit hochprozentigem Rum oder Arrak begossen und angezündet. Der Zucker schmilzt und tropft in den heißen Wein. Zusätzlich kann man mit Zimtstange, Nelke und unbehandelter Orangen- oder Zitronenschale würzen.

FEUILLETAGE ▸ Blätterteig

FEYJDAR MECHADA
Für diese Spezialität aus Brasilien werden getrocknete weiße oder rote Bohnen eingeweicht, in frischem kaltem Wasser aufgekocht, zum Schluss gesalzen. Die abgetropften Bohnen werden gehackt und mit gebratenen Zwiebeln, Fleischbrühe und Mehl oder Tapioka zu einem breiartigen Teig vermengt. Daraus formt man Fladen und backt sie in der Pfanne mit Öl aus.

FICELIEREN
ein Filetstück oder ein anderes Bratenstück mit Küchengarn in Form binden oder umwickeln (frz. „ficeler" = „schnüren")

FILATA
Spezielles italienisches Verfahren zur Herstellung von Brüh- und Knetkäse (▸ Käse), bei dem die Molke vom Bruch getrennt, dieser anschließend gesäuert und der Bruchkuchen zerteilt wird. Die zerteilte Masse wird mit heißem Wasser gebrüht, geknetet und gezogen (ital. „filare" = „ziehen"), anschließend geformt, gesalzen und zur Reife gebracht. Der berühmteste Filatakäse ist der ▸ Mozzarella, weitere bekannte Vertreter sind ▸ Caciocavallo, ▸ Provolne, ▸ Ragusano und ▸ Scamorza.

FILDERKRAUT ▸ Spitzkohl

FILET
(Lende, Lummel)
Das Filet bzw. die ▸ Lende ist der von allen Sehnen und Fett befreite Lendenmuskelstrang und das teuerste und feinste Fleisch, egal ob von Rind, Kalb, Lamm oder Schwein. Das schmale, lange Stück zieht sich auf beiden Seiten des Rückgrats im Lendenwirbelbereich hin. Vielfach wird aber noch innerhalb dieses Fleischstücks ein feiner Unterschied gemacht und ist mit „Filet" nur das besonders schmale und zarte vordere Ende der Lende gemeint (auch: ▸ Filet mignon). Beim Geflügel versteht man im allgemeinen Sprachgebrauch unter „Filet" die komplette ausgelöste Brust, was streng genommen aber nicht korrekt ist. Beispielsweise beim Hähnchen verdienen diese Bezeichnung nur die kleinen Fleischstücke, die seitlich an der Brust dranhängen. Auch bei den von den Gräten gelösten Seitenteilen der Fische spricht man von Filets.

FILETBEEFSTEAK ▸ Filetsteak

FILETIEREN
Filets (von Zitrusfrüchten ebenso wie vom Fisch) auslösen

FILETKOPF dickes Ende des Rinderfilets

FILET MIGNON
(Mignon)
kleine Scheibe aus der Spitze des Rinderfilets (frz. „mignon“ = „niedlich“)

FILETSPITZE
das dünn auslaufende Ende des Filets, wird häufig in feine Streifen geschnitten und gebraten (▸ Bœuf Stroganoff)

FILETSPITZEN STROGANOW
▸ Bœuf Stroganoff

FILETSTEAK
(Beefsteak, Filetbeefsteak, Lendensteak, -stück)
Eine etwa fingerdicke Schnitte, die aus der Mitte des Rinderfilets geschnitten wird. Es gilt als das beste Steak überhaupt und hat ein Gewicht von 150 bis 200 Gramm. Es wird meist rosa gebraten oder blutig serviert.

FILOTEIG
(Phylloteig)
Spezialität aus Griechenland und dem vorderen Orient: Die hauchdünnen Teigblätter, die an Strudelteig erinnern, werden für süß oder pikant gefüllte Pastetchen und die berühmte ▸ Baklava, ein sehr süßes, orientalisches Gebäck verwendet. Die Teigplatten gibt es auch in Vierecke geschnitten tiefgekühlt zu kaufen.

FILTRIEREN
1. durch einen Filter laufen lassen, reinigen
2. Klären des Traubenmosts oder Weins durch den Winzer, wobei dem Wein aber Inhalts- und Geschmacksstoffe entzogen werden. Deshalb verzichten manche Winzer, die auf eine schonende Weinbereitung Wert legen, darauf.

FINES DE CLAIRES
So genannte „Portugiesische Austern“, die in den „claires“, den ehemaligen Salzgärten der französischen Charente reifen (▸ Austern).

FINES HERBES
In unterschiedlicher Zusammensetzung erhältliche Mischung aus verschiedenen Gewürzkräutern wie beispielsweise Petersilie, Kerbel, Estragon, Schnittlauch, Basilikum, Thymian usw., die gehackt zum Würzen von Suppen, Saucen oder anderen Speisen benutzt werden (frz. „fines herbes“ = „feine Kräuter“).

FINGERBISKUITS ▸ Löffelbiskuits

FINGERFOOD
Bezeichnung für feine Kleinigkeiten, die man ohne Besteck sozusagen „von der Hand in den Mund“ genießen kann und die oft bei Stehempfängen gereicht werden. Dabei sind der Fantasie keine Grenzen gesetzt, denn Fingerfood können gebratene Hähnchenschlegel ebenso sein wie gefüllte Weinblätter, Käsehäppchen, Gemüsesticks, Partybrötchen usw.

FINGERNUDELN
Für diese süddeutsche Spezialität werden gekochte Kartoffeln durchgepresst und mit Mehl und Ei verknetet. Aus diesem Teig formt man nach außen spitz zulaufende, etwa fingergroße Nudeln und brät diese in Butter.

FINGERWURZ
(Chinesischer Ingwer)
Ursprünglich aus China kommendes und heute vor allem in der thailändischen Küche geschätztes Ingwergewächs, dessen Wurzeln sich wie Finger verzweigen. Es werden vorwiegend die frischen Wurzeln, aber auch die Samen (als Ersatz für Kardamom) verwendet. Die Wurzeln haben einen hohen Gehalt an ätherischen Ölen und schmecken intensiv nach Kampfer. Die mögliche karzinogene Wirkung des enthaltenen Cadamonin wird derzeit untersucht.

FINOCCHI ▶ Fenchel (▶ 2. Gemüsefenchel)

FINTE ▶ Alse

FIORENTINA, ALLA ▶ Florentiner Art

FIORE SARDO
Italienischer Käse aus Schafmilch, der auch unter dem Namen Pecorino Sardo bekannt ist. Er schmeckt wie alle Schafskäse sowohl in frischem wie auch gereiftem Zustand.

FISCHBRÜHE ▶ Fischfond

FISCHE
Die wechselwarmen Wasserbewohner gehören seit langem zu den wichtigsten Nahrungsmitteln der Menschheit (▶ Seite 157).

FISCHERZEUGNISSE
Aus Fischen oder Meeresfrüchten hergestellte Speisen, bei denen der Rohstoff verarbeitet (evtl. gegart) und dann in Gläsern, Dosen oder auch offen, natur oder mit aromatischen Saucen angeboten wird; z. B. Brathering, Sardellenfilets, Nordmeerkrabben usw.

FISCHESSENZ
durch ▶ Reduzieren sehr konzentrierter und geschmacksintensiver ▶ Fischfond, Grundlage für feine Suppen oder Saucen

FISCHFARCE
Püriertes Fischfleisch, das mit Eiern und diversen anderen Zutaten wie eingeweichtem Brot oder Semmelbröseln, Kräutern und Gewürzen zu einem Teig verarbeitet wird und als Füllung z. B. für Fischpastetchen oder ▶ Teigwaren sowie zur Herstellung von ▶ Fischklößchen oder Fischterrinen dient.

FISCHFILET
Von den Gräten gelöstes Seitenteil eines Fisches, roh vor allem von festfleischigen Seefischen im Handel erhältlich

FISCHFOND
(Fischbrühe, Fischfumet)
reduzierter Sud aus Fischabschnitten und Gräten, Wurzelgemüse und Aromaten

FISCHGELEE
gelierter Fischfond, zum Anrichten von Fischsülzen, Überziehen von Terrinen, Auffüllen von Pasteten usw.

FISCHGLACE
kräftiger, eingedickter ▶ Fischfond

FISCHGRUNDSAUCE, WEISSE
(Fischvelouté)
eine cremige Sauce, bei der wie bei der klassischen ▶ Velouté eine helle Mehlschwitze mit Fond (hier Fischfond) und nach Belieben etwas Sahne aufgegossen wird

FISCHKLÖSSCHEN
Zerkleinertes Fischfleisch, Ei, Semmelbrösel oder eingeweichtes Brot, Kräuter und Gewürze werden zu einem formbaren Teig vermengt, aus dem Klößchen geformt und in siedendem Salzwasser gegart werden.

FISCHKRAPFEN
Dafür wird gegartes Fischfleisch von Haut und Gräten befreit, mit Salz, Pfeffer und Zitronensaft gewürzt, in Backteig getaucht und im heißen Fett schwimmend goldgelb ausgebacken. Die Fischkrapfen mit Zitronenscheiben und Petersilienblättchen garnieren, nach Geschmack einen Dip dazu reichen.

FISCHMILCH(ER)
Sperma von See- und Süßwasserfischen, besonders von Karpfen und Hering als Delikatesse geltend

FISCHPASTE
streichfähige Creme aus zerkleinertem Fischfleisch (vor allem Anchosen) und weiteren Zutaten wie Gewürzen, Stabilisatoren etc.

FISCHPASTETE
feine Pasteten aus Fischfarce und weiteren Zutaten wie Sahne, Gemüse und Bindemitteln

FISCHPFEFFERKUCHEN
Wie Saucenlebkuchen ein einfacher, brauner Pfefferkuchen, der zum Binden und aromatisieren von Fischsaucen verwendet wird (Fertigprodukt).

Fisch – Gesundes aus dem Wasser

Zweimal wöchentlich Fisch – das empfiehlt die DGE (Deutsche Gesellschaft für Ernährung), denn Fisch ist leicht verdaulich und arm an Fett, aber reich an hochwertigem Eiweiß. Der Gesundheit kommen darüber hinaus auch der Gehalt an Jod (bei Seefischen) und an Omega-3-Fettsäuren zugute, die nachgewiesenermaßen einen positiven Einfluss auf Herz-Kreislauf-Erkrankungen haben.

DER FISCH – EIN ALTES SYMBOL

Sie bevölkern unsere Seen und Meere und so manche Geschichte spinnt sich um die eleganten stummen Schwimmer – Fische haben die Menschen schon immer fasziniert, denn das Fischsymbol finden wir bereits in babylonischer Zeit, hier war der Fisch ohne Flossen Zeichen für die Reinkarnation. Später gaben sich mit diesem Zeichen die ersten Christen untereinander zu erkennen. Bei den Germanen war es das Symbol für ihre Fruchtbarkeitsgöttin Freya, bei den Indern für Vishnu und in neuester Zeit hat es die New-Age-Bewegung für sich gepachtet. Immer bedeutet der Fisch Neu- oder Wiedergeburt.

GROSSE ARTENVIELFALT

Die Fische werden nach ihrem Lebensbereich unterschieden in Meeres- oder Seefische einerseits und Süßwasserfische andererseits. Zu den Meeresfischen gehören u. a. Dorsch, Hering, Kabeljau, Makrele, Rotbarsch, Seelachs oder Thunfisch, aber auch St. Pierre, Loup de mer oder Rascasse. Zu den Süßwasserfischen zählt man u. a. Barsch, Forelle, Hecht, Karpfen, Schleie, Wels usw. Einige wenige Fische gibt es, die sowohl in Salz- als auch in Süßwasser leben können.

Hinsichtlich ihres Körperskeletts differenziert man zwischen Knorpel- und Knochenfischen. Die Mehrheit der Knochenfische pflanzt sich durch Laich (Fischeier, Rogen) fort, der zu festgelegten Zeiten und an bestimmten Orten abgelegt und befruchtet wird. Knorpelfische hingegen sind lebendgebärend. Entsprechend ihrem Körperquerschnitt spricht man von Rund- (beispielsweise Kabeljau, Schellfisch, Seelachs) oder Plattfischen (Flunder, Scholle, Seezunge u. a.).

Da die natürlichen Vorkommen den Bedarf der Menschheit an frischem Fisch nicht mehr decken können, gewinnt die Fischzucht (► Zuchtfische) zunehmend an Bedeutung. Weil Fisch nicht in allen Regionen der Welt frisch zur Verfügung steht und auch schnell verderblich ist, wird er häufig tiefgekühlt, getrocknet oder zu Fischerzeugnissen verarbeitet angeboten. Die ernährungsphysiologische Bedeutung von Fischfleisch liegt in erster Linie in seinem Gehalt an leicht verdaulichem Eiweiß.

EINKAUFSTIPP

Kaufen Sie frischen Fisch nur in Geschäften, in denen auch entsprechende Mengen umgesetzt werden. Fragen Sie nach, an welchem Tag die Fischlieferung eintrifft und richten Sie Ihren Wochenspeiseplan danach aus. Wenn Sie einen ganzen Fisch kaufen, achten Sie auf glänzende, feste Schuppen, feste Flossen, rote (nicht braune) Kiemen und glänzende, noch deutlich gewölbte Augen. Auch der Geruch kann Auskunft über die Frische eines Fisches geben: Riecht er angenehm nach Meerwasser oder Wasser ist er frisch. Finger weg von Fisch, der nach Fisch riecht, er ist nicht mehr taufrisch. Bei Fischfilets achten Sie darauf, ob sie auch ordentlich gelagert wurden (z. B. auf viel frischem Eis) und ob sie keine trockenen Stellen aufweisen. Wenn Sie tiefgekühlten Fisch für den Vorrat kaufen, sollten Sie diesen nicht auf- oder antauen lassen, sondern möglichst in Kühltaschen transportieren und sofort wieder einfrieren.

AUFBEWAHRUNG

Frischer Fisch gehört sofort in den Kühlschrank und sollte am selben Tag zubereitet werden. Tiefgefrorenen Fisch lassen Sie am besten langsam im Kühlschrank auftauen.

FISCHROGEN
(Rogen)
Die unbefruchteten, nicht ins Wasser abgelaichten Eier (im Gegensatz zum ▸ Laich) bestimmter ▸ Fische, die – geräuchert oder gesäuert – als besondere Delikatesse gelten. Am bekanntesten sind die Rogen von Stör (▸ Kaviar), Lachs und Forelle.

FISCHSAUCE, FERMENTIERTE
klare braune Fischsauce, die in Indonesien aus kleinen, ganzen Fischen und Getreide oder Kleie hergestellt wird

FISCHSTÄBCHEN
Erklärtes Lieblingsgericht vieler Kinder: Seelachs- oder Kabeljaufleisch wird zu Blöcken gepresst, eingefroren, in gleichmäßige Streifen gesägt, paniert und wieder tiefgekühlt.

FISCHSUD
(Courtbouillon)
Bouillon, in der Fisch oder auch Meeresfrüchte gegart werden; sie kann aus Wasser, Wein und eventuell Essig sowie Wurzelgemüse gekocht werden.

FISCHSUPPEN
Suppen mit Fischen und auch Meeresfrüchten, die je nach Region sehr unterschiedlich zubereitet werden. Fischsuppen können klar mit Einlage oder auch gebunden sein. Weltberühmt sind beispielsweise ▸ Bouillabaisse, ▸ Cacciucco, ▸ Hamburger Aalsuppe oder ▸ Zarzuela.

FISCHTRAN ▸ Tran

FISCHVELOUTÉ
▸ Fischgrundsauce, weiße

FISH AND CHIPS
(Fish'n'Chips)

Schnell zubereitetes englisches Nationalgericht, das man auf der Insel an jeder Straßenecke kaufen kann. Es besteht aus in Fett ausgebackenem Kabeljau- oder Schellfischfilet (auch Dorn- oder Heringshai) mit frittierten Kartoffelscheiben.

FISKEBOLLER
Nationalgericht aus Dänemark und Norwegen: Fischklößchen aus einem Mehl-Wasser-Teig mit kleinen Fischstücken, in Weißwein gegart und in einer weißen Sauce mit Kapern serviert.

FISOLEN, EINGEBRANNTE
Österreichische Spezialität: Grüne, knapp gar gekochte Bohnen, die in einer eingebrannten sauren Sauce aus gedünsteten Zwiebeln, Mehl, Wasser und Essig serviert werden.

FIZZES
Erfrischende Mixgetränke auf der Basis von Alkohol und Mineralwasser oder Limonaden, die meist als Longdrinks serviert werden. Am berühmtesten ist der Gin Fizz.

FJORDLACHS
gezüchteter Lachs aus Norwegen (▸ Lachs)

FLACHRIPPE ▸ Querrippe

FLADEN
Bezeichnung für ein flaches und oft rundes Gebäck, süß oder pikant

FLADENBROTE
Flaches Brot, das auch ganz ohne Backtriebmittel hergestellt und in einer Pfanne gebacken sein kann. Fladenbrote sind die frühesten Backwaren der Menschheit und bestanden einst nur aus einem einfachen Wasser-Getreide-Brei. So wurde bereits 5000 v. Chr. von den Ägyptern und Sumerern Brot auf heißen Steinen gebacken. In Europa kann man seine Herstellung erst ab 3000 v. Chr. nachweisen.
Heute gibt es weltweit die unterschiedlichsten Rezepte für Fladenbrote, angefangen vom etwas dickeren türkischen ▸ Pide, der italienischen ▸ Pizza Pane oder dem ▸ Vinschgauer aus dem Alpenraum bis hin zu den dünnen, arabischen Fladenbroten und dem griechischen ▸ Pita, die sich sehr gut füllen lassen. In Israel schätzt man Pita-Brote ebenso wie ▸ Matze, in Indien kennt man Fladenbrote in mehreren Variationen wie die dünnen, scharfen ▸ Papadams. Zu den besonders haltbaren Sorten gehören das ▸ Knäckebrot aus Schweden und das ▸ Schüttelbrot aus Südtirol.

FLÄDLE
Spezialität aus Baden-Württemberg: Hauchdünn gebackene Pfannkuchen, die solo z. B. als Beilage zu Spargel, süß oder pikant gefüllt oder in feine Streifen geschnitten in Brühe serviert werden.

FLÄDLESUPPE
Schwäbische Suppenspezialität: Fleischbrühe mit einer Einlage von in feine Streifen geschnittenen hauchdünnen Pfannkuchen.

FLAGEOLETTBOHNE
(Krüllbohne)
Bohnensorte (▸ Bohnen)

FLAMANDE, À LA ▸ flämische Art

FLAMBALES
Sammelbegriff für in hochprozentigem Alkohol eingelegte Früchte, z. B. Äpfel in Calvados

FLAMBÉES
flambierte Speisen (▸ flambieren)

FLAMBIEREN
(überflammen)
Das Abbrennen (frz. „flamber") einer hochprozentigen Flüssigkeit, die über eine Speise gegossen wird, um dieser ein besonderes Aroma zu geben. Bei diesem Vorgang verbrennt der Alkohol und die Aromastoffe dringen in die Speise ein. Zum Flambieren sind alle aromatischen Spirituosen mit einem Alkoholgehalt ab 50 Vol.-% geeignet.

FLAMICHE, LA
französische Lauchpastete aus der Picardie (Region im Norden Frankreichs)

FLÄMISCHE ART
(flamande, à la)
1. glasierte Möhrchen mit gedünsteten Wirsingkugeln, weißen Rübchen, Scheiben von geräuchertem Speck oder auch Knoblauchwurst, Salzkartoffeln und Bratensaft zu Fleisch
2. Fisch in einer Mischung aus hellem Bier und Fischfond pochiert, Sud mit ▸ Beurre manié gebunden und mit Gewürzen und Kräutern abgeschmeckt

FLÄMISCHER SALAT
in Streifen geschnittener Chicorée, vermischt mit Kartoffelwürfeln, zerkleinerten Salzheringen und gebackenen Zwiebelringen in einer Kräutermarinade

FLAMMERIS
Gekochte, aber kalt servierte Süßspeisen (ähnlich dem ▸ Pudding) aus Grieß, Reis oder Sago und Milch, Wein oder Wasser, Zucker und Eiern. Flammeris werden in Formen gefüllt und erkaltet gestürzt.

FLAMMKUCHEN
(Tarte flambée)
Spezialität aus dem Elsass: Dünner Brotteigfladen, der mit Sauerrahm und kleinen Würfelchen von durchwachsenem, geräuchertem Speck sowie gehackten Zwiebeln belegt und gebacken wird. War früher Resteverwertung für übrig gebliebenen Teig.

FLAN
Puddingähnliche Speise, die in speziellen, meist konisch zulaufenden Förmchen im Wasserbad sanft gegart wird. Ein Flan kann süß oder pikant sein. Am berühmtesten ist der Flan au caramel aus Frankreich, eine süße Nachspeise aus gestockter Vanille-Eier-Milch und brauner Karamellsauce.

FLANKE ▸ Lappen

FLASCHENGÄRUNG
Zweite ▸ Gärung in der Flasche bei ▸ Champagner und nach dem gleichen Verfahren hergestellten ▸ Schaumweinen, die durch Zugabe von Zucker (der Dosage) künstlich eingeleitet und gesteuert wird. Beim Champagner ist dieses Verfahren zwingend vorgeschrieben, in an-

deren Ländern/Anbaugebieten wird es freiwillig von qualitätsbewussten Erzeugern angewandt. Den geschützten Begriff Champagner dürfen sie aber nicht verwenden, deshalb werden Bezeichnungen wie Méthode classique oder in Italien Metodo classico bzw. Metodo tradizionale benutzt. Zu einer Flaschengärung kann es aber auch bei trockenen Weinen kommen, in diesem Fall ist sie aber ein Weinfehler.

FLASCHENKÜRBISSE ▸ Kalebassen

FLASCHENTOMATEN
Längliche Tomatensorte (▸ Tomaten), deren Früchte wenig Kerne und nicht so viel Wasser enthalten. Flaschentomaten eignen sich hervorragend für aromatische Saucen und werden oft als Schältomaten in ▸ Konserven angeboten.

FLAVONOIDE
In der Pflanzenwelt weit verbreitete Farbstoffe, die zu den sekundären Pflanzenstoffen gehören und deren gesundheitsfördernde Wirkung durch zahlreiche Untersuchungen belegt ist. So sollen sie als Antioxidantien, wie z. B. das in den Tomaten enthaltene Lycopin, Krebs vorbeugen, vor Herz-Kreislauferkrankungen, Viren und Bakterien schützen und sogar die Gedächtnisleistung verbessern (diese Eigenschaft wird vor allem dem in Weintrauben enthaltenen Fisetin zugeschrieben). Die Deutsche Gesellschaft für Ernährung (DGE) unterscheidet mehr als 6500 verschiedene Flavonoide.

Schon gewusst?

Das in Tomaten enthaltene Lycopin aus der Gruppe der ▸ Flavonoide wird durch Kochen nicht zerstört, sondern erst richtig freigesetzt. Deshalb ist auch die beliebte Tomatensauce zu Nudeln ein schmackhafter Beitrag zur Gesundheit.

FLECK ▸ Kuttelfleck

FLECKERL(N)
Vor allem in Österreich und Böhmen bekannte Speise: Nudelteigquadrate, die als Suppeneinlage, aber auch gemischt mit Schinken (Schinkenfleckerln) oder Kraut (Krautfleckerln) als Hauptgericht beliebt sind.

FLEISCH
Die essbaren Teile von Tieren, die für die meisten Menschen, außer für ▸ Vegetarier und ▸ Veganer, wichtiger Bestandteil der Ernährung sind (▸ Seite 162)

FLEISCHAUSZUG ▸ Fleischextrakt

FLEISCHBÄLLCHEN ▸ Frikadellen

FLEISCHBRATLING ▸ Hacksteak

FLEISCHBRÜHE
(Bouillon)
Eine ▸ Brühe, die durch Auskochen von Fleisch, Knochen, Gemüse und Kräutern unter Zusatz von Salz und Aromaten gewonnen wird. Verbreitet ist Rinderbouillon, aber auch andere Fleischsorten können aromatische Brühen ergeben. Fleischbrühe ist als Konzentrat in Form von Pulver oder Paste erhältlich.

Schon gewusst?

Jede ▸ Fleischbrühe sollte immer erst nach dem Kochen gesalzen werden, da das Salz Blei aus den Knochen löst. Anders als der Name vermuten lässt, enthalten gekörnte Brühen oder Pasten (außer Fleischextrakt) aber kein oder nur wenig Fleisch.

FLEISCHERZEUGNISSE
Aus Fleisch, Gewürzen und eventuell weiteren Zutaten hergestellte Erzeugnisse, um dem Verbraucher ein umfangreicheres Sortiment anzubieten, Fleischüberschüsse zu verwerten und haltbar zu machen oder qualitativ weniger hochwertige Fleischteile zu verwerten. Zu den Fleischerzeugnissen gehören:
1. Wurstwaren wie ▸ Kochwürste (z. B. Blut- oder Leberwurstsorten), ▸ Brühwürste und Schnittbrühwurst (z. B. Bratwurst oder Bierschinken) sowie ▸ Rohwürste (z. B. Tee- oder Zervelatwurst);

2. Fleisch- und Fleischdauerwaren wie Koch- oder Lachsschinken, Kasseler, Zunge oder Bauchspeck;
3. Feinkosterzeugnisse wie beispielsweise Sülzen, Pasteten oder Salate;
4. tafelfertige Gerichte wie Gulasch, Braten etc.;
5. ► Fleisch- oder Wurstkonserven.
Als künstliche Fleischerzeugnisse werden Lebensmittel bezeichnet, die aus nicht-fleischlichen Eiweißstoffen wie beispielsweise Milch- oder Sojaproteinen (► Soja) hergestellt werden.

FLEISCHERZWIEBELN
► Gemüsezwiebeln (► Zwiebeln)

FLEISCHEXTRAKT
(Fleischglace, Tafelbouillon)
Bräunliche, zähe Paste, die aus Fleisch gewonnen wird und zum Würzen von Suppen oder Saucen dient. Aus 25 bis 30 kg Fleisch entsteht 1 kg Fleischextrakt. Allerdings waren die früher hergestellten Fleischextrakte wesentlich aromatischer als die heutigen Varianten, für die häufig nur Abfallprodukte der Dosenfleischherstellung verwendet werden.
Als die Tochter eines Freundes in seinem Hause um 1850 an Cholera erkrankte, hatte Justus von Liebig die Idee, ein „Fleischinfusum" zu entwickeln, das zur Kräftigung bei Darmerkrankungen dienen sollte. Daraus wurde später sein berühmter Fleischextrakt.

FLEISCHEXTRAKTERSATZ
► Hefeextrakt

FLEISCHFARCE
Zerkleinertes Fleisch, das mit Gewürzen, gedünsteten Zwiebeln, Petersilie, eingeweichtem Weißbrot und Ei vermengt wird und zur Füllung von Gemüse, Pasteten oder Kleingebäck etc. dient und dann gegart wird.

FLEISCHFONDUE
► Fondue Bourguignonne

FLEISCHGELEE
Kräftige, klare Fleischbrühe aus Fleisch und Kalbsfüßen, die beim Erkalten geliert. Will man keine Kalbsfüße mitkochen, erreicht man das Gelieren durch Zugabe von ► Gelatine.

FLEISCHGLACE ► Fleischextrakt

FLEISCHJUS ► Bratenjus

FLEISCHKÄS(E) ► Leberkäs(e)

FLEISCHKLOPSE ► Frikadellen

FLEISCHKONSERVEN
(Dosenfleisch)
Sammelbezeichnung für Fleischerzeugnisse, die zur Haltbarmachung in Dosen oder Gläsern eingekocht wurden und dann für etwa 6 Monate haltbar sind. Fleischkonserven sind besser als ihr Ruf, denn zu ihrer Herstellung dürfen nur Zutaten bester Qualität verwendet werden. Die wohl bekannteste Fleischkonserve ist das ► Corned beef.

FLEISCHKRAFTBRÜHE
konzentrierte ► Fleischbrühe

FLEISCHKRAUT ► Zuckerhut

FLEISCHKÜCHLE ► Frikadellen

FLEISCHPFLANZERL ► Frikadellen

FLEISCHREIFUNG
Lagerzeit von Fleisch nach dem Schlachten, damit sich die Totenstarre löst und das Fleisch zart und schmackhaft wird. Verantwortlich für diesen Vorgang sind Eiweiß spaltende Enzyme. Für Kalb wird bei einer Temperatur von −1 bis +7 °C eine Mindestreifezeit von 7 Tagen, bei Rind sogar 14 Tagen empfohlen. Bei zu langer Lagerung verdirbt das Fleisch – es weist dann eine leberartige Konsistenz und auch ein leberartiges Aroma auf. Diese biochemischen Veränderungen können nicht gestoppt werden – auch die Verpackung kann den Verfallsprozess nicht hinauszögern, lediglich die Lagertemperatur kann die Fleischqualität beeinflussen. So bleibt Fleisch bei kühler Lagerung länger frisch, in der Tiefkühlung 3–6 Monate.

FLEISCHSAFT
der aus rohem Fleisch gewonnene Saft, der fälschlicherweise häufig auch als ► Bratenjus bezeichnet wird

Fleisch – wichtiger Bestandteil der Ernährung

Auch wenn ▸ Vegetarier und ▸ Veganer das anders sehen: Tatsache ist, dass der Mensch schon zu Urzeiten nicht nur Sammler (von essbaren vegetarischen Rohstoffen), sondern auch Jäger von Tieren war – ganz besonders seit der Nutzbarmachung des Feuers, das den Genuss von Fleisch schmackhafter und gesünder machte. Und Tatsache ist auch, dass Fleisch ein wichtiger Bestandteil der menschlichen Ernährung mit hoher biologischer Wertigkeit ist.

EIN HAUPTNAHRUNGSMITTEL

Im weitesten Sinne der Küchensprache versteht man unter Fleisch alle essbaren Weichteile von geschlachteten Tieren. Nach dieser Definition gehören z. B. auch Innereien, Fett, Knorpel und Sehnen zum Fleisch. Im normalen Sprachgebrauch dagegen wird als Fleisch meist nur das Muskelgewebe von Tieren, egal ob im rohen oder gegarten Zustand, bezeichnet.

Auf jeden Fall ist Fleisch eines der Hauptnahrungsmittel des Menschen und ein wichtiger Eiweiß- und Energielieferant. Die ernährungsphysiologische und geschmackliche Qualität des Fleisches hängt dabei von verschiedenen Faktoren ab, so u. a. von Alter, Aufzucht, Haltung, Fütterung und auch Schlachtung der Tiere. Deshalb sollte man beim Kauf von Fleisch ganz genau hinschauen und am besten zu Ware aus regionaler Produktion greifen.

Grundsätzlich unterscheidet man zwischen rotem und weißem Fleisch. Zum roten Fleisch gehören das von Rind, Kalb, Schwein, Schaf, Lamm, Hammel, Pferd, Kaninchen, Hirsch, Reh, Wildschwein und Hasen. Zum weißen Fleisch zählt das von Geflügel und Wildgeflügel.

DIE FLEISCHQUALITÄT

Um die Ausbreitung von Tierseuchen einzudämmen und zu verhindern, dass Fleisch von kranken Tieren zum Schlachten oder in den Handel kommt, muss es vor und nach der Schlachtung amtlich untersucht werden. Nach der Schlachtung erhält das Fleisch einen Stempel, der seine Qualität dokumentiert: So kann Fleisch tauglich, minderwertig, bedingt tauglich oder untauglich für den Handel sein.

Tauglich ist das Fleisch gesunder Tiere, es kann roh und ohne Einschränkung in den Handel gebracht werden. Minderwertiges Fleisch ist zwar nicht gesundheitsschädlich, darf aber aufgrund von Einschränkungen in Geschmack und Haltbarkeit nicht im Einzelhandel verkauft werden. Bedingt taugliches Fleisch würde roh die Gesundheit des Menschen gefährden und darf deshalb nur in weiterverarbeitetem Zustand, etwa gegart, gepökelt oder tiefgekühlt verkauft werden. Untaugliches Fleisch muss vernichtet werden. Eine Reihe von Fleischskandalen hat mittlerweile die Fleischindustrie und das Kontrollsystem teilweise in Verruf gebracht.

GUT ABGEHANGEN

Fleisch unterliegt nach der Schlachtung einem Reifeprozess. Während der Totenstarre eignet es sich nicht zur Zubereitung, weshalb es generell einige Zeit „abhängen" sollte. Während dieser Reifezeit wird das Fleisch durch einen biochemischen Prozess erst genießbar. Je nach Fleischsorte kann dies 1–2 Tage oder eine ganze Woche dauern.

Fleisch sollte nicht bei Zimmertemperatur gelagert werden, denn hier ist es nur sehr begrenzt haltbar, außerdem können sich unerwünschte Keime entwickeln und rasant vermehren. Deshalb sollte beim Einkauf darauf geachtet werden, dass die Kühlkette möglichst nicht unterbrochen wird – dies gilt natürlich vor allem bei höheren Temperaturen. Da früher eine Kühlung des Fleisches nicht möglich war, entwickelte der Mensch verschiedene Methoden zur Haltbarmachung, die wir auch heute noch kennen und schätzen. So wurde Fleisch getrocknet, geräuchert, gepökelt und eingekocht, um seinen Verfall zu stoppen. Uns stehen heute noch als moderne Konservierungsverfahren das Tiefkühlen und das Vakuumieren zur Verfügung. Grundsätzlich gilt, dass man Fleisch nach dem Einkauf aus seiner Verpackung nehmen und in einem Glas- oder Porzellanbehälter zugedeckt in den Kühlschrank stellen sollte.

FLEISCHGENUSS UND GESUNDHEIT

Fleisch versorgt den menschlichen Organismus mit biologisch hochwertigem Eiweiß, mit Vitaminen der B-Gruppe und Eisen, weshalb es zu einer ausgewogenen Ernährung gehört – allerdings nicht in Unmengen. Neuere Untersuchungen wollen einen Zusammenhang zwischen der Entstehung von Darmkrebs und einem besonders häufigen Verzehr von Fleisch festgestellt haben. Sicher ist, dass alle aus Fleisch hergestellten Produkte Stoffe (z. B. ▸ Phosphate) enthalten, die unserer Gesundheit nicht unbedingt zuträglich sind.
Ganz besonders gewarnt werden muss vor dem häufigen Genuss von Gepökeltem (▸ pökeln) oder Gegrilltem (▸ grillen), denn Nitrosamine und Benzo-a-pyrene sind nachweislich krebserregende Stoffe, die dabei ins Fleisch gelangen. Gegen den moderaten Verzehr von Fleisch 1-2-mal pro Woche lässt sich aber nichts einwenden.

VOR-/ZUBEREITUNG

Fleisch vor dem Zubereiten immer kurz unter kaltem Wasser abspülen und anschließend mit Küchenpapier trocken tupfen, das reduziert die Bildung von Salmonellen. Große Bratenstücke vor der Zubereitung würzen, nur dann bekommt das Fleisch ein würziges Aroma. Kleine Fleischstücke zum Kurzbraten, wie Steaks oder Schnitzel, nur dann mit Salz und Pfeffer würzen, wenn sie anschließend sofort gebraten werden. Lässt man gesalzenes Fleisch liegen, verliert es zu viel Flüssigkeit. Die Pfanne zum Kurzbraten erhitzen, das Fett erst hinzufügen, wenn die Pfanne heiß ist. Dann die Fleischstücke bei hoher Hitze von beiden Seiten kurz anbraten und zum Nachziehen in den auf 80 °C vorgeheizten Backofen geben. Das Fleisch darin 8–10 Minuten ruhen lassen, damit der Fleischsaft stocken kann. Wie stark Fleisch durchgebraten wird, hängt von der Fleischart, dem jeweiligen Schlachtteil, vom Gericht und vom persönlichen Geschmack ab (Näheres siehe unter Eintrag ▸ Garstufen).

SANFT GEGART

Bratenstücke werden besonders zart und fein, wenn man sie untergärig – das heißt bei einer Temperatur um die 80–90 °C – gart. Ein weiterer großer Vorteil: Man gerät bei der Zubereitung eines Menüs nicht unter Zeitdruck. Das Fleisch kann nämlich getrost länger im Backofen bleiben, ohne dass es an Saftigkeit oder Aroma verliert. Allerdings muss man für den Garprozess an sich – je nach Größe und Beschaffenheit des Fleischstücks – zwischen einer (z. B. für Rinderfilet) und mehreren Stunden (z. B. Lammkeule) rechnen.

FLEISCHSALAT

Eine pikante Mischung aus in Streifen geschnittenem gekochtem Fleisch, Braten oder Wurst und kleinen Würfeln von Essiggurken, Eiern, Zwiebeln sowie Mayonnaise. Von Fleischsalat gibt es zahlreiche Varianten.

FLEISCHSPECK

durchwachsener ▸ Räucherspeck

FLEISCHSPIESS

Fleischwürfel, die zusammen mit Gemüsestücken wie Paprika, Zucchini, Zwiebel etc. auf einen Metall- oder Holzspieß gereiht und auf dem Grill oder in der Pfanne gegart werden. Fleischspieße kennt man in allen Kulturen und sie sind überall beliebte Gerichte, stellvertretend seien ▸ Schaschlik, ▸ Tatarenspieß, ▸ Raznjici und ▸ Souvlaki genannt.

FLEISCHSÜLZE

(Bratensülze)

Stücke von gegartem Fleisch, die mit Fleischaspik überzogen werden. Fleischsülzen enthalten häufig auch Scheiben von gekochtem Ei oder/und Gewürzgurken.

FLEISCHTEE ▸ Beeftea

FLEISCHTOMATEN

besonders große, fleischige Tomatensorte, eignet sich für Salate und zum Füllen (▸ Tomaten)

FLEISCHWURST

eine Brühwurst aus Schweine- sowie Rindfleisch und Rückenspeck, unter anderem gewürzt mit Muskatnuss und Majoran etc. (▸ Lyoner, Brühwürste)

FLEMEN

Fleischstück vom Rind (▸ Dünnung, ▸ Lappen)

FLEUR DE SEL

Das edelste ▸ Meersalz kann nur an heißen und windigen Tagen und in Handarbeit gewonnen werden. Unter den richtigen Bedingungen setzt es sich als hauchdünne Schicht an der Wasseroberfläche ab und wird mit Holzschaufeln abgeschöpft. Das macht es rarer und teurer als normales Meersalz. Fleur de Sel wird zum Beispiel an der portugiesischen Algarve sowie in Frankreich in der Bretagne und der Camargue „erzeugt" und kommt immer naturrein und völlig unbehandelt in den Verkauf. Viele Köche und Feinschmecker schätzen seinen besonderen Geschmack, hervorgerufen durch Mineralstoffe, die im normalen Salz nicht oder in geringerer Menge enthalten sind (frz. „Fleur de Sel = „Blume des Salzes").

FLEURONS

kleines Gebäck aus Blätterteig, meist in Halbmondform als Garnitur oder Dekoration zu verschiedenen Speisen (z. B. Frikassees)

FLIEDER, SCHWARZER ▸ Holunder

FLIEDERBEEREN ▸ Holunder

FLIEDERBEERSUPPE

Vor allem in Norddeutschland und im Erzgebirge bekannte Suppe aus Holunderbeersaft, die oft mit Schnee- oder Grießklößchen kalt serviert wird (▸ Holunder).

FLIP

Mixgetränk, das immer ein frisches Ei oder Eigelb enthält

FLOCKEN

Verschiedene Lebensmittel werden zu Flocken verarbeitet angeboten. Bekannt sind vor allem Getreideflocken, z. B. ▸ Haferflocken, Dinkel-, Roggen- oder Weizenflocken, als Beigabe im Müsli oder als Zutat von Suppen, Bratlingen oder Gebäck. Auch aus Hefe, Kartoffeln oder Malz werden Flocken hergestellt.

FLODNI

Jüdisches Gebäck aus mehreren Schichten: Der feste Teig besteht aus Mehl, Butter, Eiern, Zucker und etwas Wein. Daraus werden fünf Fladen geformt, welche getrennt mit Pflaumenmus, Haselnuss-, Mohn- und Apfelfüllung bestrichen und dann aufeinander gesetzt werden. Der letzte Fladen wird mit verquirltem Ei bepinselt, dann backt man den Flodni bei mittlerer Hitze im Backofen.

FLOMEN
(Liesen)
Bauchwandfettgewebe des Schweins, das zur Herstellung von ▸ Schweineschmalz und Wurst verwendet wird. Gewonnen wird das Schmalz durch Druck mit Hilfe von Dampf, aber auch durch Ausbraten, wobei die gerösteten Grieben oder Grammeln entstehen. Dieses Schmalz kennt man unter der Bezeichnung ▸ Griebenschmalz als beliebten Brotaufstrich.

FLÖNZ ▸ Blutwurst

FLORENTINER
(Orangegaletten)
Sehr süßes, flaches Gebäck aus Honig, Zucker, Butter und Sahne, Mandelblättchen, sehr fein gehacktem Zitronat und Orangeat sowie etwas Mehl. Aus dieser Masse werden kleine, runde Taler geformt, die nach dem Backen auf der Unterseite mit Zartbitterkuvertüre bestrichen werden. Für Florentiner gibt es viele verschiedene Rezepte. Entstanden sind sie ursprünglich aus einer Belagsmasse für Bienenstich. Florentiner sind sehr lange haltbar. Sie müssen mindestens 30 % Mandel- und Nusskerne enthalten, allerdings keine Erdnusskerne.

FLORENTINER ART
(fiorentina, alla)
1. Grießkroketten mit Parmesankäse, gebratene Spinatfladen und tomatierte Kraftbrühe zu Fleischgerichten
2. auf gedünstetem Spinat und mit ▸ Mornaysauce überbackener Fisch
3. gegrilltes T-Bone-Steak, bevorzugt aus dem Fleisch von Jungochsen der Rasse Chianina, einst in der Toskana, heute in ganz Italien und über dessen Grenzen hinaus ein Begriff

FLOTT
nordwestdeutsche Bezeichnung für ▸ Sahne

FLOTTKÄSE ▸ Schichtkäse

FLUDEN
jüdischer Apfelkuchen mit Nüssen und Rosinen

FLÜGELBUTT
(Glasbutt, Schefsnut)
Meeresplattfisch mit trockenem, schmackhaftem Fleisch; eignet sich zum Braten, aber nicht zum Dünsten und Schmoren.

FLÜGELERBSEN ▸ Erbsen

FLÜGELSCHNECKE
(Conch)
Meeresweichtier, dessen Fleisch vor allem zerkleinert verwendet wird.

FLUGENTE
(Moschus-, Stumm-, Warzenente)
Die Flugenten gehören zur Familie der Entenvögel (▸ Ente). Sie zeichnen sich durch ein besonders feines, fettarmes Fleisch aus, sofern sie jung sind, was man am biegsamen Brustbein erkennen kann. Bei Enten beträgt das Bratgewicht etwa 1,5 kg, bei einem Erpel können es bis 3 kg sein. Vor allem der Anteil an magerem Brustfleisch ist bei den Flugenten im Gegensatz zu den Hausenten beachtlich.

FLUNDER
(Graubutt, Sandbutt)
Schollenähnlicher Grundfisch (▸ Fische) mit einem flachen Körper, der beide Augen auf einer Seite seines Körpers hat. Allerdings ist dies nicht von Anfang an so, denn Flundern sind zunächst wie andere Fische auch symmetrisch und schwimmen aufrecht. Erst mit der Zeit „kippen" sie, dann wandert eines der Augen auf die „Oberseite" (häufig die rechte Seite) des Fisches. Die zur Ordnung der ▸ Plattfische gehörenden Flundern sind 30–50 cm lang, wer-

den wie Schollen zubereitet und kommen häufig auch geräuchert in den Handel. Von ihren Verwandten, den Schollen, unterscheiden sie sich durch die rauen Schuppen und die warzenartigen Erhebungen auf der Augenseite.

FLUOR
Einer der für den menschlichen Organismus wichtigen ▸ Mineralstoffe (chemisches Zeichen F), den dieser nur in Spuren benötigt. Bei Erwachsenen liegt der Tagesbedarf an Fluorid bei 1,5 – 4 mg. Natürlich kommt Fluor in Fisch, Schwarztee, einigen Mineralwässern sowie in Vollkornprodukten vor. In manchen Gebieten wird es dem Trinkwasser zugesetzt, auch Salz kommt oft mit einem Zusatz an Jod und Fluor in den Handel. Fluor unterstützt die Stabilität von Knochen und Zähnen und hemmt die Bildung Karies verursachender Bakterien, weshalb es in der Kariesprophylaxe eine große Rolle spielt. In winzigen Mengen ist Fluor ein wichtiger Stoff für den menschlichen Organismus, doch bei zu hoher Dosierung ist es giftig und ab einer Gabe von 5–10 g sogar tödlich.

FLUSSAAL ▸ Aal

FLUSSBARBE ▸ Barbe

FLUSSBARSCH
(Egli, Kretzer)
Dieser feine Süßwasserfisch (▸ Fische), der auch gezüchtet wird, verfügt über ein festes, aromatisches und grätenarmes Fleisch. Vor allem jung eignet er sich zum Frittieren, aber auch für alle anderen Zubereitungsarten. Er gehört zu den beliebtesten Speisefischen und kommt in ganz Europa vor. Der Flussbarsch wächst langsam und liefert deshalb kleine Filets, die sich gut für die Küche eignen. Dunkelrote Kiemen sind beim Flussbarsch ein sicheres Zeichen dafür, dass er frisch ist.

VORBEREITUNG

Die dichten, festen Schuppen entfernt man am besten mit einem Messer oder einem Löffel im Spülbecken. Kopf und Flossen können mit einer Küchenschere abgeschnitten werden; anschließend die Bauchseite aufschneiden und die Innereien entfernen. Den Fisch vor der weiteren Zubereitung waschen, mit Zitronensaft beträufeln und salzen.

FLUSSKREBSE
In zwei Familien werden diese Vertreter der ▸ Krebstiere unterteilt, die Astacidae und die Cambaridae. Zu den Astacidae, die vor allem in Europa und Nordamerika vorkommen, gehören der ▸ Edelkrebs und der ▸ Signalkrebs. Die Cambaridae findet man vor allem im östlichen Nord- und in Mittelamerika, in Japan, Korea und in Teilen Sibiriens. Flusskrebse sind Allesfresser. Wie alle anderen Vertreter ihrer Art kann man sie auf vielfältige Art zubereiten. Am besten schmeckt ihr feines, nussiges Fleisch jedoch pur. Zwar sind Krebse heute das ganze Jahr über erhältlich, am besten schmecken sie aber von Juni bis September.

FLUSSKRESSE ▸ Gründling

FLÛTE
französisches Weizenbrot in Stangenform (frz. „Flöte“)

FOCACCIA
Italienische Spezialität: Bereits seit der Antike (in Ligurien) bekannte Teigfladen (▸ Fladenbrote), die dicker sind als ▸ Pizza und in ihrer ursprünglichen Form vor dem Backen nur mit etwas Salz und Kräutern oder gehackten getrockneten Tomaten bestreut und mit Olivenöl beträufelt werden. Heute gibt es auch für Focaccia viele verschiedene Rezepte.

FOGAS(CH)
ungarische, teils auch in Österreich gebräuchliche Bezeichnung für ▸ Zander

FOIE BLOND DE VOLAILLE
frz. für Geflügelleber

FOIE DE CANARD
frz. für Enten(stopf)leber

FOIE D'OIE
frz. für Gänse(stopf)leber

FOIE GRAS
französisch für Enten- oder Gänsestopfleber oder Pastete, die 75 % Enten- oder Gänsestopfleber beinhalten muss

FOLIENKARTOFFELN
(Ofenkartoffeln)
Kartoffeln, die ungeschält in Alufolie eingewickelt und im Backofen oder in der Holzkohlenglut gegart werden. Ofenkartoffeln werden gerne zu kurz gebratenem Fleisch gereicht, dazu schmeckt Sauerrahm mit oder ohne Kräuter.

FOLSÄURE
Vor allem in der Schwangerschaft wichtiges Vitamin der B-Gruppe, das in Vollkornprodukten, grünem Blattgemüse, Eigelb und Nüssen enthalten ist. Ein Mangel an Folsäure kann zu Missbildungen beim Kind führen, aber auch zur Entstehung von Herz-Kreislauf-Erkrankungen. Die empfohlene Tagesdosis liegt bei 400 µg, für Schwangere sogar bei 800 µg.

FONCIEREN
eine Kuchen- oder Pastetenform mit Teig, Speck- oder Gemüsescheiben auslegen

FOND
Flüssigkeit, die man beim Kochen von Fleisch, Geflügel, Fisch, Gemüse (auch aus Abschnitten und Karkassen verwendet) mit verschiedenen Aromaten gewinnt. Fond ist eine durch Einkochen (▸ Reduzieren) aromatisch konzentrierte Brühe, die Saucen und Suppen einen besonders feinen und intensiven Geschmack gibt. Fonds kann man heute in guter Qualität bereits fertig kaufen (frz. „fond“ = „Grundlage“).

FONDANT
Schmelzglasur aus dick eingekochter Zuckerlösung zum Verzieren von Kuchen, Torten und Gebäck. Fondant gibt es als ▸ Rollfondant auch zum Ausrollen fertig zu kaufen. Fondant kann erwärmt und dann mit verschiedenen Geschmackszutaten parfümiert werden (frz. „fondre“ = „schmelzen“).

FONDANTKARTOFFELN
▸ Schmelzkartoffeln

FONDANTS
Speisen von zarter Konsistenz, die leicht auf der Zunge zergehen. Allen voran kennt man die süßen Fondants, feine gefüllte oder ungefüllte Gaumenschmeichler. Es gibt aber auch pikante Fondants von Fleisch oder Geflügel, so genannte ▸ Schmelzkroketten.

FONDUE
Gerichte, bei denen in einem Topf Käse, Öl, Fleischbrühe oder auch Schokolade erhitzt und mit speziellen Gabeln bzw. Spießen kleine Stücke von Brot, Fleisch oder Fisch, Gemüse oder Obst in die Flüssigkeit getaucht und gegart werden. Es gibt zwei klassische Formen des Fondues, das ▸ Fondue bourguignonne (Burgunder Fondue, Fleischfondue) und das ▸ Fondue Neuchâteloise/savoyarde auch Neuenburger bzw. Savoyer Fondue, Käsefondue (frz. „fondre“ = „schmelzen“).

FONDUE BOURGUIGNONNE
(Burgunder Fondue, Fleischfondue)
Für dieses Fleischfondue verwendet man verschiedene Fleischsorten (Rinderfilet, Kalbsfilet, Schweinefilet, aber auch Puten- und Hähnchenbrust), in mundgerechte Stücke geteilt. Jeweils 1 Fleischstück wird auf eine lange Fonduegabel gespießt, in heißes Öl getaucht und darin gegart. Als dazu passende Fonduesaucen eignen sich ▸ Frankfurter grüne Sauce, ▸ Aïoli, die verschiedensten Saucen auf der Basis von Tomaten, Currysauce, nach Belieben auch Mayonnaise oder Remoulade etc. Außerdem reicht man zu Fleischfondue ▸ Mixed Pickles, Perlzwiebeln, kleine Maiskölbchen, Cornichons und frisches Baguette. Bei der bekömmlicheren und leichteren Form des Fondues wird das Fleisch in Brühe gegart – das ergibt für den nächsten Tag eine herrliche Fleischsuppe. Außerdem kann man bei einem Fleischbrühfondue auch Gemüse im Sud garen.

FONDUE NEUCHÂTELOISE
(Neuenburger/Savoyer Fondue, Käsefondue)
Dafür braucht man einen irdenen Topf, einen so genannten Caquelon, der vor der Zubereitung mit einer Knoblauchzehe ausgerieben wird. Das Fondue besteht meist zu gleichen Teilen aus geriebenem Emmentaler, Gruyère und Weißwein. Es wird mit etwas Speisestärke gebunden und mit Kirschwasser sowie Muskatnuss abgeschmeckt. Die Käsemasse hält man auf dem Rechaud warm. Dann werden Weißbrotstückchen auf eine Fonduegabel gespießt und durch den Käse gezogen. Anstelle von Brot eignen sich auch gegarte Kartoffelstücke (fest kochend) oder bissfest gegartes Gemüse.

KÄSEFONDUE

Da ein ▸ Käsefondue eine schwer verdauliche Speise ist, wird gerne ein Verdauungsschnäpschen dazu gereicht, traditioneller Weise ein Kirsch. Weil man ihn am besten mittendrin zu sich nimmt, heißt er auch „le coup du milieu". Verliert ein Mann seinen Brotbrocken im Käse, muss er eine Flasche guten Wein spendieren – den trinkt man am besten nach dem Fondue, denn Tee ist während des Fondues ein bekömmlicheres Getränk. Damen dürfen ihr verlorenes Brotstück mit einem Kuss wettmachen. Wer der glückliche Empfänger ist, bestimmt die Dame selbst.

FONDUTA
Italienisches Käsefondue, das aus ▸ Fontina, Eigelb, Milch, Butter und Scheiben von weißen Trüffeln zubereitet wird. Dazu reicht man geröstete Weißbrotstücke.

FONTINA
Aus dem Aostatal (Italien) stammender halbfester Schnittkäse mit mindestens 45 % Fett i. Tr. Aufgrund seiner weichen Textur und seiner guten Schmelzfähigkeit eignet sich Fontina sehr gut zum Kochen und zum Überbacken.

FORCLAZ
Bergkäse aus dem schweizerischen Wallis mit pikantem Aroma, eine der typischen Käsesorten für das ▸ Raclette

FORELLE
Der Name des beliebten Speisefisches (▸ Fische) leitet sich vom mittelhochdeutschen „forhele" ab, was so viel heißt wie „die Gesprenkelte". Forellen sind Süß und Meerwasserfische und gehören zur Familie der Lachse. Wenn man von Forellen spricht, meint man meist die Bachforelle, die wie die Regenbogenforelle (mit ihrem in allen Regenbogenfarben schillernden Seitenband), häufig gezüchtet wird. Besonders beliebt ist auch die Lachs- oder Meerforelle mit ihrem zart lachsfarbenen, aromatischen Fleisch. Sie wandert wie ihre Verwandten, die Lachse, flussaufwärts zum Meer, um dort zu laichen. Forellen eignen sich für alle Zubereitungsarten und schmecken auch geräuchert vorzüglich. Sie sollten fangfrisch zubereitet werden, halten sich aber tiefgekühlt bis zu 3 Monate.

FORELLE BLAU
Neben ▸ Forelle Müllerin Art eine der wohl bekanntesten Zubereitungsarten für den feinen Fisch. Damit die Forelle beim Garen auch wirklich blau wird, darf die Schleimschicht auf den Schuppen nicht verletzt werden. Die Forelle wird mit einem Essigsud übergossen und dann in einem Sud mit klein geschnittenem Wurzelgemüse und Aromaten wie Pfeffer- und Pimentkörnern, Lorbeerblatt und Kräutersträußchen gegart. Passende Beilage: Salzkartoffeln.

FORELLE MÜLLERIN ART
dafür den gesäuberten Fisch in Mehl wenden und in heißer Butter braun braten

FORELLENFILETS
Ausgelöste Seitenteile der Forelle, die auf verschiedene Art zubereitet werden können. Als Handelsware erhält man Forellenfilets nur in geräucherter Form.

FORELLENKAVIAR
Rogen der Forellen, dem echten ▸ Kaviar nicht unähnlich

FORMFLEISCH
Fleischreste, die wieder in Form gepresst werden und dann so in den Handel kommen. Am bekanntes-

ten sind sicher Hähnchen Nuggets, die zusätzlich noch schick in Panade gepackt werden, um den Schein eines ganzen Fleischstückes zu wahren. Aber auch die japanischen ▸ Surimi sind eine solche Resteverwertung.

FOURME D'AMBERT

Würziger, im Vergleich zum ▸ Roquefort aber wesentlich milderer französischer Blauschimmelkäse (▸ Edelpilzkäse, ▸ Käse), der aus Kuhmilch mit mindestens 45 % Fett i. Tr. hergestellt wird. Es gibt sogar Käsekenner, die den Fourme d'Ambert, der seit 1976 eine geschützte Herkunftsbezeichnung (AOC) trägt und aus dem Kanton Ambert in der Region Auvergne (Zentralfrankreich) kommt, noch höher schätzen als seinen berühmten Konkurrenten. Der halbfeste Schnittkäse hat einen cremig weichen Teig und einen überaus feinen Geschmack mit Nuss- und Pilzaromen und einer zarten und noblen Bitternote.

FOURNITURE

in der Küchensprache eine Kräutermischung für Salate aus beispielsweise Schnittlauch, Schalotte, Kerbel, Kresse, Petersilie etc. (frz. „Bedarf, Lieferung, Ausstattung")

FOU YOUNG

Chinesisches Eiergericht: Eier mit Salz, Pfeffer, Knoblauch und Sojasauce verquirlt, nach Geschmack mit verschiedenen zerkleinerten Zutaten (gegartem Fleisch oder Gemüse, Pilzen oder Garnelen) angereichert und in der Pfanne wie Omelett in Öl gebacken.

FRANÇAISE, À LA

▸ französische Art

FRANGIPANCREME

mit zerkleinerten Makronen vermischte Konditorcreme zum Füllen von Torten und Gebäck

FRANKEN

Im Norden Bayerns gelegenes deutsches Weinanbaugebiet (▸ Wein) mit dem Zentrum Würzburg. Rund 6000 ha sind in Franken mit Weinreben bestockt, den mit Abstand größten Flächenanteil haben die weißen ▸ Müller-Thurgau (über 40 %) und ▸ Silvaner (rund 20 %).

FRANKENLAIB

kräftiges Bauernbrot aus Roggenmehl, rund oder oval, mit Mehl bestäubte Oberfläche

FRANKFURTER

Magere ▸ Brühwurst, die aus Schweinefleisch hergestellt und heiß geräuchert wird. „Frankfurter" ist nur echt aus Frankfurt am Main, sonst muss sie die Bezeichnung „nach Frankfurter Art" tragen.

FRANKFURTER FLEISCHWURST

▸ Lyoner

FRANKFURTER GRÜNE SAUCE

(Grie Sooß)

Pikante Sauce aus gehackten Kräutern wie Schnittlauch, Petersilie, Dill, Estragon, Kerbel, Pimpinelle, Borretsch, gehacktem hart gekochten Ei, Öl, Senf, Salz und Pfeffer sowie – je nach Rezept – auch Sahne und/oder Jogurt. Diese aromatische Sauce passt zu gekochter Ochsenbrust ebenso wie zu pochiertem Fisch, zartem Hähnchenfleisch oder Fleischfondue.

FRANKFURTER KRANZ

Berühmter Kuchen aus ▸ Rührteig (▸ Sandkuchen), der in einer Kranzform gebacken wird. Der fertige Kuchen wird waagerecht zweimal durchgeschnitten, mit einer feinen Vanillebuttercreme gefüllt, wieder zusammengesetzt, auch außen mit Buttercreme überzogen, mit Krokant bestreut und mit Belegkirschen verziert. Ein Gebäck, das es in sich hat und durch die Buttercreme lange saftig bleibt.

FRANKFURTER PUDDING

Gehaltvoller Pudding aus Butter, Eiern, Zucker, gemahlenen Nüssen und Zwieback- oder Brotbröseln, der mit Anis, Kardamom, Zimt, Muskatnuss, Nelken und abgeriebener unbehandelter Zitronenschale gewürzt, manchmal mit Zitronat und Orangeat angereichert und im Wasserbad gegart wird. Dazu reicht man teils eine heiße Rotweinsauce (▸ Bischoffsauce).

FRÄNKISCHE BRATWÜRSTE

(Zipfel)

Eine Art ▸ Rostbratwurst in unterschiedlichsten Größen und Rezepturen, die vor allem aus zerkleinertem Schweinefleisch und Speck besteht und mit Majoran, Muskatnuss und -blüte sowie Pfeffer und Piment gewürzt wird. Die fränkische Bratwurst soll 1573 erfunden worden sein. In ihrer Heimat serviert man sie oft als ▸ Blaue Zipfel (in einem Sud aus Essig, Wein, Wurzelgemüse), klassisch gebraten oder gegrillt mit Sauerkraut oder Kartoffelsalat. Als „Zwickte" zwischen zwei Semmelhälften kann man sie bequem aus der Hand essen.

SCHON GEWUSST?

Die Bezeichnung Bratwurst leitet sich nicht von der Zubereitungsart ab, sondern von der Hauptzutat, dem „Brät" ab (althochdeutsch. „brato" = „schieres Fleisch"; mhd. „gebrœte" = „Fleisch").

FRANZBROT, FRANZBRÖTCHEN

1. Lockeres Hefeplundergebäck, das man vor allem in Hamburg kennt und dort gerne zum Frühstück genießt, mit einer Füllung aus Zimt und Zucker, teils auch Rosinen und Nüssen.
2. in der Mitte geteilte Semmel aus Weizenmehl, Wasser oder etwas Milch und wenig Fett (auch: Dresdner Franzsemmel)

FRANZÖSISCHE ART

(française, à la)

1. Blumenkohlröschen mit ▸ Sauce Hollandaise überzogen
2. Garnitur aus gedünsteten Blumenkohlröschen, geschmolzenem Kopfsalat, Spargelspitzen und klein gewürfeltem Gemüse mit ▸ Herzoginkartoffeln zu großen Fleischstücken

FRANZÖSISCHE MARINADE

▸ French Dressing

FRAPPÉS

gekühlte Drinks oder Desserts aus Speiseeis oder Sorbet und Früchten (frz. „frappé" = „geschlagen")

FRAPPIEREN

eine Speise oder ein Getränk stark herunterkühlen, kalt stellen

FRAUENKRAUT ▸ Zitronenmelisse

FRAUENTÄUBLING

Speisepilz, der von Mai bis November wächst und sich auch zum Trocknen eignet. Beste Sammelzeit ist von Juni bis September. Wichtigstes Erkennungsmerkmal sind seine weichen Lamellen, die sich leicht schmierig anfühlen. Der Frauentäubling wird bis 10 cm hoch, sein dunkler Hut hat einen Durchmesser von 5–10 cm. Er gedeiht auf leicht sauren Böden.

FREEZES

Mischgetränke aus pürierten Früchten, mit passendem Branntwein parfümiert, auf zerkleinertem Eis serviert

FREGATT(EN)MAKRELE

Nur 50–60 cm großer ▸ Thunfisch (▸ Fische), der in allen wärmeren Meeren vorkommt und in Schwärmen lebt.

FREIBANKFLEISCH

Billiges ▸ Fleisch, das zwar genussfähig aber minderwertig ist und deshalb nicht in den öffentlichen Handel gelangt, sondern nur auf Freibänken verkauft werden darf. Es muss entsprechend kenntlich gemacht werden und darf nur an den privaten Verbraucher bis zu einer Menge von 3 kg abgegeben werden. Die Abgabe an Gastronomen oder Händler ist untersagt.

FREIBURGER VACHERIN

(Vacherin fribourgeois)

Sehr aromatischer Halbhartkäse aus Kuhmilch mit einer Reifezeit von 4–6 Monaten, der aus dem Kanton Fribourg in der Schweiz stammt und mindestens 48 % Fett i. Tr. hat. Wegen seiner guten Schmelzeigenschaften wird Freiburger Vacherin gerne für Fondue verwendet. Er darf nicht mit dem ▸ Vacherin Mont d'Or, einem Weichkäse, verwechselt werden.

FREIGESCHOBEN

Beschreibendes Adjektiv für Brotlaibe, die im Brotbackofen frei liegend, d.h. ohne Form, gebacken werden und deshalb rundum eine Kruste haben.

FREILANDGEMÜSE
im Freien angebautes Gemüse im Gegensatz zum ► Treibhausgemüse

FREMDSTOFFE
Stoffe, die nicht von Natur aus in Lebensmitteln enthalten sind, sondern diesen zugesetzt werden (► Lebensmittelzusatzstoffe), durch Bearbeitung entstehen oder aufgrund von Verschmutzung enthalten sind. Da der Begriff „Fremdstoffe" negativ besetzt ist, wird er zunehmend durch andere Begriffe ersetzt.

FRENCH DRESSING
(französische Marinade)
die klassische ► Vinaigrette aus 3 Teilen Öl, 1 Teil Weinessig, mit Salz und Pfeffer verquirlt und mit frischen, gehackten Kräutern, wie Petersilie, Kerbel, Estragon abgeschmeckt

FRENCH FRIES ► Pommes frites

FRENCH TOAST
In Eiermilch getauchte Toastbrotscheiben, die in Butter gebacken und mit gebratenen Speckscheiben belegt serviert werden.

FRIAUL
Im nordöstlichsten Zipfel Italiens an der Grenze zu Österreich und Slowenien gelegenes Weinanbaugebiet (► Wein), das mit vollem Namen Friuli-Venezia Giulia heißt. Auf einer Anbaufläche von knapp 19 000 ha hat sich das Friaul als Zentrum der Produktion hochwertiger Weißweine in Italien etabliert, vor allem aus den Rebsorten ► Friulano, ► Sauvignon Blanc, Pinot Grigio (► Grauburgunder), Pinot Bianco (► Weißburgunder) und ► Chardonnay. Eine der großen Stärken des Friaul ist aber eine breite Palette an alten Rebsortenspezialitäten wie z. B. ► Ribolla (weiß), Schiopettino, Pignolo und Refosco (alle rot).

FRIESEKAAS
Holländischer Schnittkäse (► Käse) aus pasteurisierter Kuhmilch, der in Laiben von ca. 40 cm Durchmesser reift und in verschiedenen Geschmacksrichtungen erhältlich ist: naturbelassen (Kanterkaas), mit Nelken (Nagelkaas) oder Kümmel (Kruidkaas), manchmal auch mit beidem im Teig. Der aromatische Käse hat einen Fettgehalt von 40 % i. Tr. Und kommt nach einer Reifezeit von 3 Monaten bis zu 1 Jahr in den Handel. Seine natürliche Rinde wird mit einem Wachsüberzug geschützt.

FRIESENSCHWARZBROT
grobes Roggenschrotbrot (► Brot) in Kastenform ohne Rinde mit einem leicht süßlichen Geschmack (► Vollkornbrot)

FRIESENTORTE
geschichtete Blätterteigböden mit einer Füllung aus Pflaumenmus und Rumsahne

FRIESISCHER PFANNFISCH
In Würfel geschnittener, mehlierter und in Butter gebratener Seefisch, der zwischen Scheiben von Salzkartoffeln in der Pfanne braun gebraten wird.

FRIJOLEBOHNEN
rötlich-braune Bohnenkerne, werden wie Weiße Bohnen zubereitet (► Bohnen)

FRIKADELLEN
(Bouletten, Bratklopse, Buletten, Fleischklopse, -küchle, -pflanzerl)
Aus zerkleinertem Fleisch/Hackfleisch, eingeweichtem Brot, Ei und Gewürzen geformte Klößchen oder flache Taler, die in Fett kross gebraten werden. Frikadellen können auch aus Geflügel- oder Fischfleisch bestehen. Es gibt sie in der deutschen Küche in allen Regionen nach verschiedenen Rezepten, deshalb auch die vielen Synonyme. Werden die Bratklopse für Vegetarier fleischfrei mit Gemüse, geschrotetem Getreide oder Hülsenfrüchten hergestellt, nennt man sie ► Bratlinge. Man isst sie mit Beigaben oder einfach in einer Semmel.

FRIKANDEAU
Bratenstück aus der Keule (Nuss), meist für Kalbsbraten gebraucht, aber auch Bezeichnung für entsprechende Stücke von Schwein oder Hirsch. Das Frikandeau ist ein sehr mageres Fleischstück und wird deshalb oft gespickt.

FRIKASSEE
Bezeichnung für Ragouts aus weißem Fleisch in einer hellen Sauce, z. B. Hühnerfrikassee, Kalbsfrikassee (frz. „fricasser", vermutlich eine Verschmelzung von „frire" = „braten" und „casser" = „klein schlagen", „hacken")

FRILLICE
Salatzüchtung aus Eissalat und Endivie, mit gekrausten Blättern, die besonders knackig ist und einen angenehmen, nicht zu bitteren Geschmack hat. Die Köpfe wiegen 500–700 g und sind im Kühlschrank besonders gut haltbar.

FRISCHER SPECK
ungeräucherter ▶ Speck

FRISCHKÄSE
Weißkäse (▶ Käse) aus pasteurisierter Milch (von Kuh, Schaf oder Ziege), der nach kurzer Reifezeit meist in Kunststoffbechern in den Handel kommt. Frischkäse hat keine Rinde und einen fein-säuerlichen Geschmack. Es gibt ihn in unterschiedlichen Fettstufen (bis 60 % = Doppelrahmfrischkäse) und Geschmacksrichtungen, oft mit frischen Kräutern. Der weiche, streichfähige Käse ist in der Küche extrem wandlungsfähig, er eignet sich für Süßspeisen ebenso wie für pikante Zubereitungen. Körniger Frischkäse wie z. B. der ▶ Cottage Cheese und Hüttenkäse werden aus Magermilch hergestellt. Wegen seiner leichten Verderblichkeit sollte Frischkäse immer im Kühlschrank aufbewahrt werden und darf man in Deutschland für seine Herstellung ausschließlich pasteurisierte Milch verwenden.

FRISCHKORNERZEUGNIS
Frisch gemahlenes oder geschrotetes Getreide, das unbehandelt ist und deshalb schnell verbraucht werden muss.

FRISCHLING
junges Wildschwein, bis zum Alter von 1 Jahr und einem Gewicht von 35 kg

FRISCHMILCH
1. vom Bauern gelieferte, nicht pasteurisierte ▶ Milch
2. pasteurisierte ▶ Trinkmilch

FRISÉE
spezielle Züchtung der krausen ▶ Endivie

FRITTATAS
Die italienische Version der ▶ Omeletts, die kalt oder warm als Vorspeise oder Hauptgericht bzw. in kleinen Stücken auch zum Aperitif gereicht werden. Die Grundlage für Frittatas sind ausschließlich geschlagene Eier, weitere Zutaten können Gemüse (z. B. Zucchini, Pilze, Zwiebeln und Kräuter) sowie als schmackhafte Resteverwertung auch Fleisch oder Fisch, Schinken und Garnelen sein. Im Gegensatz zu anderen Omeletts werden Frittatas nie zusammengeklappt, gerollt oder umgeschlagen.

FRITTATEN ▶ Pfannkuchen

FRITTATENSUPPE ▶ Flädlesuppe

FRITTEN
umgangssprachlich für ▶ Pommes frites

FRITTIEREN
(ausbacken)
Im schwimmenden Fett ausbacken, z. B. Teigstücke, Gemüse oder Obst, Fleisch oder Fisch sowie Zubereitungen daraus, mit oder ohne Panade. Beim Frittieren muss man immer genügend Öl/Fett verwenden, damit das Gargut gut umschlossen wird; so kann sich schneller eine Kruste bilden und weniger Fett eindringen. Außerdem sollte man darauf achten, dass man nicht zu große Portionen gleichzeitig frittiert, denn dabei kühlt das Fett ab, es bildet sich nicht so schnell eine Kruste um das Gargut und es saugt sich mit Fett voll. Beim Frittieren werden sogenannte Röststoffe gebildet, die dem Gargut zusätzlich einen sehr feinen Geschmack geben.

FRITTIERFETT
Fette mit einem besonders hohen Rauchpunkt, die also gut erhitzbar sind; dazu zählen gehärtetes Erdnussöl, Kokospalmfett und Butterschmalz. Allerdings sollten auch diese Fette nicht über einen längeren Zeitraum über 175 °C erhitzt werden, da sich hierbei giftiges Acrylamid bildet. Frittierfett kann mehrmals verwendet werden, sofern es nicht zu hoch erhitzt und nach dem Gebrauch gefiltert wird.

FRITTO MISTO
Italienische Spezialität: Gemischte Fische, Meeresfrüchte und Gemüse, mit oder ohne Backteig in Öl schwimmend ausgebacken.

FRIULANO
Meist angebaute und hochwertige weiße Rebsorte (▸ Wein) im ▸ Friaul, die in Italien insgesamt rund 7000 ha belegt und viele körperrei che, charaktervolle Weine hervorbringt. Der frühere Name Tocai Friulano darf nach einer Entscheidung der EU seit 31. März 2007 nicht mehr verwendet werden, damit es zu keinen Verwechslungen mit der ungarischen Süßweinspezialität ▸ Tokajer kommen kann.

FRIVOLITÉS
kleine, feine Naschereien (frz. „frivole“ = „leichtfertig“)

FRIZZANTE ▸ Schaumwein aus Italien

FROSCHSCHENKEL
In den 1970er Jahren waren sie – ebenso wie Schnecken in Kräuterbutter – noch sehr beliebt, zwischenzeitlich haben sie sehr an Popularität eingebüßt und man findet sie kaum noch auf deutschen Speisenkarten. In Frankreich allerdings erfreut sich das weiche, an Hähnchen erinnernde Fleisch immer noch einiger Beliebtheit. Es gibt sie gebacken, gebraten oder auch in Weißweinsauce gedünstet.

FRUCHTDICKSAFT
▸ Fruchtsaftkonzentrat

FRÜCHTE
Alle Organe von Bäumen, Sträuchern und anderen Pflanzen, die nach der Befruchtung aus einer Blüte bzw. dem Fruchtknoten hervorgehen und die Samen bis zu ihrer Reife umhüllen. Je nach Entwicklung der Fruchtknotenwand entstehen unterschiedliche Früchte. Allgemein wird der Begriff Früchte synonym für ▸ Obst verwendet, das aber nur einen Teil der verschiedenen Fruchtarten ausmacht..

FRÜCHTE, KANDIERTE
▸ Dickzuckerfrüchte

FRÜCHTEBROT
(Birnen-, Hutzel-, Kletzenbrot, Zelten)
Backware in Brotform mit einem Verhältnis an Trockenfrüchten und Nüssen zu Mehl von 1:1 (▸ Kletzenbrot)

FRUCHTGEMÜSE
wichtige Gruppe beim ▸ Gemüse

FRUCHTMARK ▸ Mark

FRUCHTSAFT
Saft, der durch Pressen, Zentrifugieren oder Auskochen aus verschiedenen Früchten gewonnen wird. Egal ob der Saft industriell oder im Haushalt gewonnen wurde, Fruchtsaft muss in jedem Fall unvergoren und ohne den Zusatz von Trinkwasser oder Konservierungsstoffen sein. Auch wenn diese Säfte meist „ohne Zuckerzusatz“ angeboten werden, sagt dies nichts über ihren tatsächlichen Zuckergehalt aus, denn dieser ist bis heute nicht deklarationspflichtig. Am wertvollsten sind Fruchtsäfte, die gepresst und direkt abgefüllt werden, allerdings wird dies in der Fruchtsaftindustrie selten praktiziert. Weit häufiger werden Fruchtsäfte zu Konzentraten verarbeitet und nach ihrer Rückverdünnung als Fruchtsaft verkauft.

FRUCHTSAFTKONZENTRAT
(Fruchtdicksaft)
Erzeugnis, das aus rohem Fruchtsaft entsteht, indem man das Fruchtwasser entzieht.

FRUCHTSAFTLIKÖRE
Liköre, die aus Fruchtsaft unter Zusatz von Zucker und Aromaten hergestellt werden und deren Alkoholgehalt bei etwa 20–25 Vol.-% liegt.

FRUCHTSAUCEN
Saucen, die aus zerkleinertem oder püriertem rohem oder gedünstetem Obst mit Zucker, Honig oder anderen Süßungsmitteln und Zutaten hergestellt und zum oder als Dessert gereicht werden, z. B. Erdbeer- oder Himbeersauce.

FRUCHTSCHNITTE
Schnitte aus zerkleinerten getrockneten Früchten und geschmacksgebenden Zutaten, die zwischen zwei Oblatenscheiben gepresst wird und einen hohen Nährstoffgehalt hat

FRUCHTSIRUP ▸ Sirup

FRUCHTZUCKER ▸ Fruktose

FRÜHLINGSLORCHEL ▸ Morcheln

FRÜHLINGSPASTETCHEN
in Blätterteigpastetchen angerichtetes gedünstetes und mit einer weißen Grundsauce vermischtes Frühlingsgemüse

FRÜHLINGSROLLE
(Loempia)
Spezialität aus China: Längliche Teigrollen, die meist mit einer Mischung aus Bambus- und Sojabohnensprossen, in Streifen geschnittenem Gemüse, Pilzen, Garnelen-, Hähnchen- oder Schweinefleisch, Glasnudeln etc. gefüllt und im heißen Fett knusprig braun frittiert werden; dazu Soja- oder süß-scharfe Sauce.

FRÜHLINGSZWIEBELN
Vielseitige und wichtige Zwiebelart (▸ Zwiebeln), die nicht nur im Frühling, sondern das ganze Jahr über erhältlich ist. Frühlingszwiebeln haben im Unterschied zu den ▸ Lauchzwiebeln bereits kleine Zwiebeln ausgebildet, die einen Durchmesser von bis zu 4 cm erreichen können. Der Ursprung der Frühlingszwiebel wird in China vermutet und es war auch die chinesische Küche, welche die kleinen Gemüsezwiebeln bei uns erst so richtig populär gemacht hat. Frühlingszwiebeln müssen frisch zubereitet und gegessen werden, dabei verwendet man den grünen Lauch (die Stängel) ebenso wie die weiße Knolle. Frühlingszwiebeln sind kalorienarm, enthalten die Vitamine B1, B2, C sowie Provitamin A, außerdem Kalium. Den ätherischen Ölen wird antibiotische Wirkung nachgesagt.

VERWENDUNG: *In Italien genießt man Frühlingszwiebeln mit etwas Olivenöl, Salz und Brot. Sie schmecken roh in Salaten oder pikantem Quark, gedünstet oder gebraten in Wok-Gerichten, in Pasta oder Risotto, sie geben Suppen eine feine Würze und das fein geschnittene Grün eignet sich als Dekoration für viele pikante Speisen.*
EINKAUFSTIPP: *Die Zwiebelchen sollten fest und glatt, das Grün knackig sein und keine welken Stellen besitzen. Am besten schmecken Frühlingszwiebeln ganz frisch, sie halten sich aber im Kühlschrank zwei Tage und lassen sich, in feine Ringe geschnitten, auch wunderbar tiefkühlen.*

FRÜHSTÜCK
Ursprünglich war damit das in der Früh gegessene Stück Brot gemeint, heute ist es zum Synonym für die erste Mahlzeit des Tages geworden. Je nach Land und Laune fällt das Frühstück karg bis üppig aus.

FRÜHSTÜCKSFLEISCH
Dosenkonserve aus gehacktem Rind- und Schweinefleisch sowie Speck und Gewürzen.

FRÜHSTÜCKSSPECK ▸ Bacon

FRÜHZWETSCHGEN
Frühe Zwetschgensorten, die vor September in den Handel kommen, z. B. Bühler Frühzwetsche (▸ Zwetschgen).

FRUKTOSE
(Fruchtzucker)
1. Monosaccharid, das in vielen Pflanzen, vor allem in Früchten vorkommt.
2. Zuckeraustauschstoff für die Diätküche, z. B. für Diabetiker. Die Süßkraft von Fruktose im Vergleich zu Zucker beträgt 120 %. Eine Einzeldosis sollte 25 g, die Tagesdosis 60 g nicht überschreiten. Fruktose ist als Pulver und als Sirup erhältlich.

FRUTTI DI MARE ▸ Meeresfrüchte

FUCHSBEEREN ▸ Preiselbeeren

FUDGE
Toffee-Spezialtät aus Zucker, Butter und Milch sowie Aromastoffen

FUGU ▸ Kugelfisch

FÜLLPASTETEN ▸ Becherpasteten

FÜLLSTOFFE
Stoffe, die einem Lebensmittel zugesetzt werden um sein Volumen zu erhöhen, die jedoch keinen oder nur einen geringen Nährwert besitzen (z. B. Wasser, Kleie).

FUMET
Geschmacksauszug, ▸ Essenz
(frz. „fumet" = „Duft")

FUNCTIONAL FOOD
Bezeichnung für Speisen (zu Deutsch „funktionelle Lebensmittel"), denen bewusst bestimmte Inhaltsstoffe zugesetzt werden (▸ Nahrungsergänzungsmittel), die positive Auswirkungen auf die Gesundheit haben sollen. Zugegeben werden dabei vor allem Vitamine, Mineralstoffe, Bakterienkulturen und ungesättigte Fettsäuren, allerdings ist der Begriff Functional Food lebensmittelrechtlich nicht definiert. Gängige Produkte sind probiotischer Jogurt mit Bakterienkulturen, mit verschiedenen Vitaminen angereicherte Fruchtsäfte, Brot mit Fettsäuren und Jod sowie Margarine mit pflanzlichen Sterinen. Als Ursprungsland des Functional Food gilt Japan, wo erstmals 1993 derartige Lebensmittel hergestellt wurden.

FÜNF-GEWÜRZ
Gewürzmischung aus der asiatischen Küche; die chinesische Variante besteht üblicherweise aus Sternanis, Zimt, Szechuanpfeffer, Nelken und Fenchelsamen, indisches Fünf-Gewürz wird aus Senfkörnern, Fenchelsamen, Kreuzkümmel, Zwiebel- und Bockshornkleesamen gemischt. Beide Gewürzmischungen sind bei uns im Handel erhältlich.

FURCELLERAN
(Dänischer Agar)
Algenprodukt, kann wie Agar-Agar anstelle von Gelatine zum Gelieren von Speisen verwendet werden und muss dafür auf etwa 80 °C erhitzt werden.

FÜRST-PÜCKLER-EISBOMBE
Eisspezialität, die nach dem deutschen Schriftsteller und Landschaftskünstler Hermann Fürst von Pückler-Muskau (1785–1871) benannt wurde (▸ Eisbombe). Ein patriotischer Konditormeister namens Schulz soll dem Fürsten diese Spezialität gewidmet haben. In Anlehnung an die damals neuen Bundesfarben Schwarz-Rot-Gold schuf er eine längliche Eisbombe aus drei Schichten: Schokolade-, Vanille- und Erdbeereis, die von mit Maraschino getränkten Makronen gekrönt wird.

FUSILLI
spiralen- bzw. zöpfchenförmige italienische Nudeln (▸ Pasta, ▸ Teigwaren)

FYNBO
dänischer Schnittkäse, 30 und 45 % Fett i. Tr.

GABELBISSEN
(Kräuterhappen)
Mundgerechte Happen von besonders zarten und fetten Heringen (meist ▶ Matjes), für deren Verzehr man nur eine Gabel benötigt. Der süß-säuerliche Geschmack (durch eine Marinade aus Weinessig, Gewürzen, Kräutern, Salz und Zucker, eventuell auch Dessertwein) und die geballte Ladung Protein aus dem Fisch machen Gabelbissen zum idealen Katerfrühstück.

GABELDORSCH
Vor allem im Mittelmeer hat dieser Seefisch (▶ Fische) wirtschaftliche Bedeutung. Er wird dort wegen seines schmackhaften und fettarmen Fleisches, das dem des verwandten ▶ Kabeljau ähnelt, gerne gefangen. Ansonsten kommt der Gabeldorsch hauptsächlich im Nordatlantik vor, wo er aber meist nur als Beifang „mitgenommen" und zu Fischmehl verarbeitet wird. Sein auffallendstes Merkmal ist die in 2–3 lange Fäden gegabelte Bauchflosse.

GADDEN ▶ Wittling

GADO-GADO
indonesische Gewürzzubereitung bzw. -sauce mit Sojasauce, Erdnussbutter, Chilipaste, Zitronengras, Ingwer, Knoblauch, Kokosmilch, braunem Zucker usw., zu Fleischgerichten und Salaten aus rohem oder gekochtem Gemüse

GAISBURGER MARSCH
ein traditioneller schwäbischer Eintopf aus Fleisch (meist vom Rind), Gemüse, Kartoffeln und Spätzle in einer kräftigen Fleischbrühe

SCHON GEWUSST?

Gaisburg ist ein Stadtteil von Stuttgart, der früher ein eigenes Dorf war. In der dortigen Gastwirtschaft wurde damals ein Eintopf aufgetischt, der so gut geschmeckt haben muss, dass die jungen Soldaten aus den umliegenden Kasernen in großer Zahl und teils viele Kilometer dorthin marschierten. So erhielt das Gericht ▶ Gaisburger Marsch seinen Namen.

GALAKTOSE
im Tier- und Pflanzenreich hauptsächlich gebunden vorkommende, nur wenig süß schmeckende Zuckerart, u. a. Bestandteil von Milchzucker, Agar-Agar und Johannisbrotkernmehl

GALANGAWURZEL ▶ Galgant

GALANTINEN
(Rollpasteten)
Aus entbeintem Geflügel oder taschenförmig eingeschnittenem Fleisch (z. B. Schweine- oder Lammschulter) hergestellte Rollpasteten mit verschiedenen gelierten Füllungen (Galantinenfarce). Sie werden in der Fleisch- oder Geflügelhülle pochiert und nach dem Abkühlen kalt (meist als Vorspeise) mit einer weißen oder braunen Decksauce serviert; in der kleinsten Form als ▶ Ballotines. Galantinen sind eine alte französische Spezialität und waren ursprünglich kleine Kunstwerke: Pasteten im Teigmantel mit der Form und dem Aussehen des Tieres, das die Füllung lieferte. Heute werden sie oft einfach in einer Form zubereitet.

GALETTES
1. ursprünglich aus der Bretagne stammendes französisches Kleingebäck, heute in vielen regionalen Varianten aus Blätter-, Hefe- oder anderem Teig süß oder pikant hergestellt
2. als Jahrmarkts-Spezialität Grillwürstchen in Buchweizenpfannkuchen

GALGANT
(Galanga-, Laoswurzel, Siamingwer, Siamwurzel)

Die Wurzel der in China heimischen und ansonsten vor allem in Thailand, Indien, Indonesien und Malaysia angebauten, schilfähnlichen Galgantpflanze kann frisch oder getrocknet als Gewürz eingesetzt werden. Sie hat einen würzig-aromatischen Geruch und einen scharf brennenden, leicht bitteren, dem Ingwer ähnlichen Geschmack. In den europäischen Küchen ist Galgant nur eine Randerscheinung. Wenn überhaupt wird er bei uns meist nur in speziellen Asialäden angeboten.

VERWENDUNG: *In vielen asiatischen Küchen wird Galgant für zahlreiche Suppen, Fleisch-, Fisch- und Süßspeisen verwendet. Er ist Bestandteil vieler Currypasten und Gewürzmischungen und gibt unter anderem dem indonesischen Nationalgericht ▸ Nasi Goreng sein unverwechselbares Aroma. Weiter werden mit Galgant Kräuterliköre und Lebkuchen aromatisiert.*

GALIZIERKREBS
(Sumpfkrebs)
Vorwiegend aus dem östlichen Europa importierter Sumpfkrebs (▸ Krebstiere), der dem ▸ Flusskrebs ähnelt. Allerdings hat er weniger und nicht ganz so feines Fleisch.

GALLERT
Sammelbezeichnung für erstarrte, gelierte Flüssigkeiten wie z. B. ▸ Gelee oder ▸ Aspik

GALLIANO
Bereits seit mehr als 100 Jahren wird dieser goldfarbene italienische Kräuterlikör mit 30 Vol.-% Alkoholgehalt nach der Rezeptur seines Schöpfers Arturo Vaccari aus über 30 verschiedenen Kräutern, Wurzeln, Beeren und Blüten hergestellt. In den Handel kommt er in Flaschen mit der markanten Form römischer Säulen. Seinen Namen hat er von dem italienischen Major Giuseppe Galliano, der gegen Ende des 19. Jh. im Abessinischen Krieg eine Festung gegen eine Übermacht verteidigte.

GALLOWAY
Ursprünglich in den schottischen Highlands gezüchtete Mastrindrasse (▸ Rind) mit niedrigem Wuchs, die heute u. a. auch in Deutschland erfolgreich gehalten wird. Galloways sind bei Feinschmeckern für ihr fein marmoriertes, zartes und saftiges Fleisch geschätzt.

GALOTIRI
Zusammen mit dem ▸ Feta einer der ältesten griechischen Käse aus Schafsmilch, der im Gegensatz zu seinem berühmten „Verwandten" aber weitgehend ein regionales Produkt geblieben ist. Das liegt u. a. an dem aufwendigen Herstellungsverfahren.

GALUSCHEL ▸ Pfifferlinge

GALUSCHKA
Ungarische Spezialität: Klößchen bzw. Nocken aus Mehl, Butter, Eiern und saurer Sahne, die als Suppeneinlage dienen sowie zu Ragouts, Geflügel und ▸ Pörkölt gereicht werden.

GAMALOST
(Gammelost)
traditionsreicher norwegischer Blauschimmelkäse, der aus Ziegen- oder Kuhmilch hergestellt wird. Sein Name setzt sich aus „gammel" = „alt" und „ost" = „Käse" zusammen.

GAMAY
Die dominierende und fast immer reinsortig angebaute rote Rebsorte im bekannten Beaujolais, Teil des berühmten französischen Weinanbaugebietes ▸ Burgund. Ansonsten hat Gamay in der Weinwelt nur relativ geringe Bedeutung.

GAMBAS
auch in Deutschland gängige spanische Bezeichnung für ▸ Garnelen, streng genommen aber nur für ▸ Geißelgarnelen zutreffend (▸ Krebstiere)

GAMBER(ETT)I ▸ Garnelen

GAMBOS ▸ Okras

GAMMELFLEISCH
Relativ neue Bezeichnung, die sich erst im Zuge mehrerer Fleischskandale eingebürgert hat. Sie steht für in der Haltbarkeit lange abgelaufenes bzw. verdorbenes Fleisch, das eigentlich nicht mehr in Verkehr gebracht werden dürfte und vernichtet werden müsste, dem Verbraucher aber dennoch unter falscher Etikettierung als noch genussfähige Ware angedreht wird.

GAMMELOST ▸ Gamalost

GAMS ▸ Gemse

GANACHE (CREME)
Ebenso köstliche wie gehaltvolle Konditorcreme aus Butter, Crème fraîche und Schokolade als Füllung von Torten, Kuchen, Gebäck (Petit Fours) und Pralinen, die Mitte des 19. Jh. in der Pariser Patisserie Siraudin kreiert wurde.

GANDARIAS
Pflaumenförmige exotische Steinfrüchte eines bis 20 m hohen Baumes, der in den asiatischen Tropenländern vorkommt. Das saftige Fruchtfleisch schmeckt – ähnlich wie die verwandte Mango – je nach Sorte süß bis sauer und hat oft einen harzigen Unterton. Gandarias werden gewürzt als süß-saure und scharfe Beilage zu Reisgerichten verwendet sowie zu Saft, Sirup, Chutneys und Konfitüre verarbeitet.

GANEF ▸ Kugli

GANG
In der Küchensprache Bestandteil in einem mehrteiligen ▸ Menü, das wenigstens drei Gänge hat. Ursprünglich wurden die einzelnen Abteilungen eines großen Menüs (in der klassischen französischen Menüfolge mit wenigstens acht Gerichten) als Gang bezeichnet, im Laufe der Zeit hat sich der Begriff jedoch für die einzelnen Gerichte durchgesetzt.

KÜCHENTIPP

Neben dem Fleisch kann auch die Kruste der Gans ein besonderer Leckerbissen sein. Einige Tricks, damit sie schön knusprig wird: 24 Stunden in Salzlake einlegen, mehrfaches Einstechen mit einer Gabel, wiederholtes Begießen/Bestreichen mit Bratensaft und/oder Bier (besonders gut eignet sich dunkles) und zum Abschluss mit kaltem Salzwasser übergießen oder etwas Mehl bestäuben.

GANS
Unter ihren Artgenossen gilt die Hausgans als die älteste gezähmte Geflügelart. Wegen ihrem zarten Brustfleisch, ihren kernigen Keulen, ihres schmackhaften Fetts und ihrer köstlichen Leber sollen bereits die alten Babylonier und Ägypter das Geflügel gezüchtet haben. Gänsefleisch ist allerdings kalorienreich und schwer verdaulich. Besonders gut schmecken Gänse nur bis zu einem Alter von maximal 1 Jahr, danach wird ihr Fleisch immer derber und fetter. Am zartesten ist das Fleisch der so genannten Frühmastgänse, die nicht älter als 5 Monate sind und ein Gewicht von 2,5–3,5 kg erreichen. 9–10 Monate alte Mastgänse (junge Gänse) werden bereits 3,5–6 kg schwer, in zwölf Monaten steigt ihr Gewicht auf bis zu 7 kg. Traditionell geschlachtet und gegessen werden Gänse vor allem am bayerischen Kirchweihfest (3. Sonntag im Oktober), am Namenstag von St. Martin (11. November) und an Weihnachten. **ZUBEREITUNG:** *Der klassische Gänsebraten hat eine Füllung aus Äpfeln und Maronen oder aus den zerkleinerten, gewürzten und mit anderem Fleisch gestreckten Innereien der Gans. Bei der Zeitplanung nicht vergessen: Eine Füllung verlängert die Bratzeit um fast die Hälfte auf 3 Stunden und (je nach Größe der Gans) mehr. Klassische Beilagen sind Rotkohl, Semmelknödel und Kartoffelknödel, gut passt z. B. aber auch Rosenkohl.*

GÄNSEBLÜMCHEN
Die jungen Triebe (Blätter und noch nicht behaarte Blütenknospen) der kleinen Wiesenblume können mit ihrem fein bitteren Geschmack als würzende Zutat für Salate, Kräuterbutter, Frischkäse usw. verwendet werden. Sie sind zudem reich an Vitaminen und Mineralstoffen.

GÄNSEEIER
Ähnlich wie Hühnereier (▸ Eier), aber erheblich größer und mit einem Gewicht von 150–200 g auch deutlich schwerer. Aufgrund des stark erhöhten Salmonellenrisikos dürfen Gänseeier (wie Enteneier) roh nicht in Verkehr gebracht und nur hart gekocht (mindestens 10 Minuten) verzehrt werden.

GÄNSEFETT ▸ Gänseschmalz

GÄNSEFINGERKRAUT
(Gänserich, Krampfkraut, Silberkraut)

Das getrocknete Kraut einer kleinen Staude aus der Familie der Rosengewächse hat einen besonders hohen Gehalt an Gerb-, Bitter- und Schleimstoffen. Es ist Bestandteil verschiedener Kräutermischungen und -tees, die jungen Blätter kann man aber auch für Salate und Suppen verwenden. In England werden auch die getrockneten Wurzeln manchen Gerichten als würzende Zutat beigegeben.

GÄNSEFUSS
(Gartenmelde, Guter Heinrich, Melde)
Wild wachsendes, in Europa und Nordamerika teilweise aber auch in Hausgärten kultiviertes Kraut, das als Blattgemüse ähnlich wie Spinat zubereitet oder auch roh für gemischte Salate verendet werden kann.

GÄNSEKLEIN ▸ Geflügelklein

GÄNSEKRAUT ▸ Beifuß

GÄNSELEBER

(Fettleber, Foie d'oie, Foie gras, Stopfleber)

Seit dem Altertum gilt die Gänseleber als besondere Delikatesse und werden Gänse allein wegen dieser köstlichen Innerei gehalten. Schon der römische Schriftsteller Plinius d. Ä. (23–79 n. Chr.) etwa schrieb: „Man kennt die Gans wegen ihrer vortrefflichen Leber, die durch die Mast besonders groß wird und sogar noch nach dem Ausnehmen weiter wächst, wenn man sie in gesüßte Milch legt." Die Methoden zur Erzeugung möglichst großer, bis zu 2 kg schwerer Gänsestopf- bzw. Fettlebern wurden mittlerweile perfektioniert – allerdings zur Qual der Gänse, die permanent mit Futterpellets vollgestopft werden. Die so erzeugte Gänseleber ist von besonders zarter Struktur und Konsistenz und damit einer der wertvollsten Rohstoffe in der ▸ Haute Cuisine. Eines der kulinarischen „Traumpaare" sind z. B. Gänseleber und Trüffeln. Als besonders fein gelten die Gänselebern aus dem Elsass und aus Südwestfrankreich.

Für viele Feinschmecker ein kulinarischer Hochgenuss, verschmähen andere die Gänseleber aufgrund ihrer Erzeugung aus ethischen Gründen. Bei der Bezeichnung Gänseleber wird nämlich oft ein kleiner, aber wesentlicher Zusatz (... stopf ...) schamhaft verschwiegen. Gerade dagegen aber ziehen Tierschützer heute zu Felde und Berichte über das Schicksal der Gänse haben so manchem Feinschmecker den Appetit auf diese Delikatesse verdorben. In einigen Ländern (z. B. in Deutschland, Österreich und der Schweiz) ist die Erzeugung sogar verboten. Die Liebe der Franzosen zu ihrer Foie gras ist dagegen ungebrochen.

GÄNSELEBERPARFAIT

Wie der aus dem Französischen kommende Name schon sagt (frz. „parfait" = „perfekt", „vollkommen") eine nicht zu übertreffende Zubereitungsart für Gänseleber, Paradestück für die großen Meister der Kochkunst. Das Parfait wird aus frischer, pürierter Stopfleber, feinster Schweinefleischfarce und Gelee hergestellt, stark getrüffelt und in eine Form gefüllt. Nach dem Erstarren die Form stürzen, das Parfait zur Vollendung mit Madeiragelee überziehen und eiskalt servieren.

GÄNSELEBERPASTETE

(Gänseleberpâté)

Nachdem es schon eine andere ▸ Königinpastete gibt, kann man die Gänseleberpastete vielleicht zur „Kaiserin unter den Pasteten krönen." Hergestellt aus mindestens 70 % Gänseleber sowie Schweinefleisch, Speck, Gänsefett, Trüffeln, Lorbeer, Thymian, Madeira, Cognac und anderen würzenden Zutaten, kommt sie in kleinen Terrinen in den Handel. In Frankreich gibt es „pâté de foie gras" (Gänseleberpastete mit mindestens 80 % Gänseleberanteil) und „mousse de foie gras" (mindestens 55 %).

SCHON GEWUSST?

Die „Erfindung" der ▸ Gänseleberpastete verdanken wir Jérôme Close, dem normannischen Küchenchef eines französischen Marschalls. Er vermählte 1762 feinste Gänsestopfleber mit erlesenen Périgordtrüffeln und erlangte mit seiner Pastete Weltruhm. Anschließend ging er nach Straßburg und vermarktete seine Pasteten in großem Stil in kleinen Terrinen.

GÄNSEPFEFFER

traditionelles, kräftig mit Pfeffer gewürztes Gericht aus ▸ Gänseklein (▸ Geflügelklein) mit kleinen Zwiebelchen bzw. Schalotten, Champignons und einer stark eingekochten Sauce aus dem Fond, Rotwein und Sahne

GÄNSERICH ▸ Gänsefingerkraut

GÄNSEKRAUT ▸ Beifuß

GÄNSESCHMALZ

(Gänsefett)

Das aus dem Eingeweide- und Brustfett gewonnene Schmalz wird für seinen delikaten Eigengeschmack geschätzt. Es hat einen sehr niedrigen Schmelzpunkt und wird deshalb zur besseren Nutzbarkeit oft mit Schweineschmalz vermischt. Gänseschmalz eignet sich bestens zum Dünsten von Gemüse, vor allem von Rotkohl und Sauerkraut. Beliebt ist es auch als schmack- und nahrhafter Brotaufstrich.

GÄNSESAUER
Pommersche Spezialität, die es in einer schwarzen und einer weißen Variante gibt. Gänseschwarzsauer enthält u. a. Gänseklein, Wurzelwerk und Zwiebeln, gewürzt mit Lorbeerblatt, Nelken, Piment, Salz, Pfeffer und Essig, in einer mit geriebenem Pfefferkuchen und Gänseblut gebundenen Brühe. Die Zutaten von Gänseweißsauer sind Gänsefleisch, Kalbsfüße, Wurzelwerk, Kräuter und Gewürze. Bei dieser Zubereitung gießt man die Brühe über das Gänsefleisch und lässt sie gelieren.

GARAM MASALA
indische Gewürzmischung (u. a. mit Currypulver, Kardamom, Koriander, Kreuzkümmel, Nelken, Safran und Knoblauch), vorwiegend zur aromatischen Vollendung bereits fertig gekochter Currys und anderer Gerichte

GARBANZO ▸ Kichererbse (▸ Erbsen)

GARBURE
rustikaler Eintopf aus Südwestfrankreich aus eingemachter Ente, Gans, Schweine- oder anderem gepökelten Fleisch mit Grün- und Weißkohl und verschiedenem Gemüse

GAREIS(L) ▸ Karausche

GAREN
Das genussfertige Zubereiten von Speisen unter Wärme- bzw. Hitzeeinwirkung, wofür es verschiedene Methoden gibt. Grundsätzlich unterscheidet man 2 Gruppen. Bei den feuchten Garverfahren „schwimmt" das Gargut in einer heißen Flüssigkeit mit Wasser oder wird von heißem Wasserdampf umströmt. Bei den trockenen Garverfahren werden die Lebensmittel in heißer Luft oder heißem Fett gegart – es darf also eine Flüssigkeit im Spiel sein, sofern sie wasserfrei ist. Die gängigen Garverfahren sind: ▸ backen, ▸ braten, ▸ dämpfen, ▸ dünsten, ▸ frittieren, ▸ gar ziehen, ▸ grillen, ▸ kochen, ▸ rösten, ▸ sautieren, ▸ schmoren. Sie werden gezielt eingesetzt, um Bekömmlichkeit bzw. Verdaulichkeit und Genusswert des Garguts zu verbessern. Das Garen ist mit chemischen und physikalischen Veränderungen verbunden, die starke Auswirkungen auf Nährstoffe und sensorische Eigenschaften des Gargutes haben.

GARGANEGA
Eine der wichtigsten weißen Rebsorten (▸ Wein) in Italien, aus der u. a. so bekannte Weine wie der Soave und der Bianco di Custoza gekeltert werden. Die ertragreiche Garganega wird auf rund 13 000 ha vor allem in ▸ Venetien, ▸ Friaul, ▸ Lombardei und ▸ Umbrien in zahlreichen Varietäten angebaut. Sie ist eine Paradesorte für italienischen Weißwein: duftig, nicht zu schwer, mit harmonischer Säurestruktur und süffig.

GARGANELLI
kurze und gerollte italienische Röhrennudeln (▸ Pasta, ▸ Teigwaren)

GÄRGEMÜSE
mittels Milchsäuregärung in Salzlake konserviertes Gemüse (Bohnen, Sauerkraut, Gurken)

GARI
1. In der japanischen Küche in einem Sud aus Reis- oder Pflaumenessig, Wasser und Zucker süß-sauer eingelegter und scharf aromatischer Ingwer, der vor allem zu Fisch und Meeresfrüchten gegessen wird (u. a. zu ▸ Sushi und ▸ Sashimi).
2. In der afrikanischen Küche das wichtigste Produkt aus ▸ Maniok, bei dessen Herstellung die geschälten, gewaschenen und geriebenen Knollen zur Fermentation in Säcke gepackt und nach einigen Tagen getrocknet werden.

GARNACHA
spanischer Name für die auf der ganzen Welt verbreitete rote Rebsorte ▸ Grenache (▸ Wein)

GARNELEN

(Crevetten, Gamber(ett)i, Krevetten, Prawns)

Wichtige Gruppe der ▸ Krebstiere mit großer Artenvielfalt: Bis zu 3000 Arten und Unterarten kennt man davon, was oft zur Begriffsverwirrung führt. So ist auch die in Deutschland gerne für Garnelen verwendete Bezeichnung ▸ Krabben schlichtweg falsch und auch ▸ Scampi sind keine Garnelen, sondern viel näher mit dem ▸ Hummer verwandt. Echte Garnelen sind zehnfüßige Schwimmkrebse von unterschiedlicher Größe, die sich durch mehrere Merkmale von den anderen Krebsarten unterscheiden: Sie haben einen länglichen Körper, eine weiche Schale und keine Scheren. Ihr bevorzugter Lebensraum ist der Meeresboden, von dem sie mit großen Schleppnetzen aufgesammelt werden. An Bord der Kutter müssen sie sofort in Salzwasser gekocht werden, weil sie sonst zu schnell verderben. Unter den Krebstieren haben die Garnelen mit Abstand die größte wirtschaftliche Bedeutung. Die vier wichtigsten Arten sind:

Geißelgarnelen (auch Riesengarnelen, Gambas, Shrimps): besonders große und vom Mittelmeer bis in die Tropen verbreitete Vertreter ihrer Art (z. B. Bärengarnele, Glattrückengarnele, Furchengarnele oder King Prawn).

Tiefseegarnelen: hauptsächlich in den Nordmeeren vorkommende und in Grönland und Norwegen gefangene Garnelen wie Grönlandshrimp (auch als Grönlandkrabbe oder Grönlandgarnele bekannt) und Aesopgarnele.

Felsengarnelen: von Südnorwegen bis zum Mittelmeer und in den Indopazifik verbreitete Arten wie Sägegarnele (in Frankreich als „crevette rose“ bekannt und sehr beliebt), Ostseegarnele und Rosenberggarnele (fälschlich oft als Hummerkrabbe bezeichnet).

Sandgarnelen (auch Granat): in Deutschland auch als Nordseegarnelen (unkorrekt auch als Nordseekrabben) bekannte kleine Arten aus den nördlichen Meeren und dem Mittelmeer.

VORBEREITUNG: *Der kulinarisch interessante Körperteil der Garnelen ist ihr langer Schwanz mit seinem delikaten Fleisch. Vielfach werden Garnelenschwänze bereits ausgelöst angeboten, teilweise aber auch noch in der Schale. Um sie daraus zu befreien, nimmt man Kopf und Körper zwischen Daumen und Zeigefinger der linken und rechten Hand, dreht den Kopf vorsichtig ab und bricht dann die Schale längs der Bauchseite auf.*

VERWENDUNG: *Garnelen eignen sich für die unterschiedlichsten Zubereitungsarten von phantasievollen Kreationen der ▸ Haute Cuisine bis zu relativ einfachen Rezepten. Am besten schmecken sie aber, wenn sie frisch und mit Betonung des feinen Eigengeschmacks zubereitet werden.*

GARNELENPASTE ▸ Terasi

GARNIEREN

Eine fertige Speise noch mit kleinen Zugaben verschiedenster Art belegen bzw. verzieren und ihr so noch den letzten optischen Schliff geben (frz. „garnir“ = „ausstatten“, „garnieren“).

GARNITUR

(Beilagen)

Kleinere, nicht als sättigende ▸ Beigaben gedachte, aber weitgehend die Optik, den Geschmack, die Zubereitungsart und oft auch den Namen des Gerichts (à la ..., nach ... Art) bestimmende Beilagen. Die Garnituren sind meist nach Ländern, Regionen, Städten und an deren geographischen Einheiten sowie nach berühmten Persönlichkeiten, Titeln oder Berufen benannt. Viele berühmte Garnituren stammen aus dem 18. und 19. Jh., als die französische Kochkunst ihre größte Blütezeit erlebte. Damals war es bei hochgestellten Persönlichkeiten „in“, Namensgeber für feine Speisen bzw. die Garnitur zu sein.

GARSTUFEN

Beim Fleisch unterscheidet man verschiedene Garstufen bzw. -zeiten, die je nach Art, Qualität und Dicke des Fleischstücks stark variieren können. International gebräuchliche Garstufen siehe Tabelle Seite 182.

DEUTSCH	ENGLISCH	FRANZÖSISCH	EIGENSCHAFTEN
blau, sehr blutig	blue, very rare, raw	bleu	sehr kurz angebraten, Fleisch innen noch roh/blutig, Fleischsaft dunkelrot
blutig, sehr englisch	rare, underdone	saignant	Fleisch nur außen rosa, im großen Kern noch rot/blutig, Fleischsaft rötlich
rosa, englisch	medium rare	à point, anglais	Fleisch im größeren Teil rosa, Kern aber noch blutig, Fleischsaft rosa
halb durchgebraten	medium	demi-anglais	Fleisch durchgängig rosa, Fleischsaft hell, fast klar
durchgebraten	well done	bien cuit	Fleisch rosa bis grau-braun, Fleischsaft tritt nicht mehr aus

GARTENAMPFER
(Gemüseampfer, Winterspinat)
Bis 1 m hohe Wildpflanze, die in den Bergregionen von Mittel- und Südosteuropa sowie Südostasien vorkommt und äußerlich vom ▶ Sauerampfer nur durch den üppigeren Wuchs zu unterscheiden ist. Im Geschmack ist Gartenampfer milder und weniger sauer als sein naher Verwandter. Im Nahen Osten und in Indien wird er als Blattgemüse kultiviert, weiter kann er für gemischte Salate verwendet werden.

GARTENBOHNE
(Gemüsebohne, Grüne Bohne)
wichtige Bohnenart (▶ Bohnen)

GARTENERBSE
(Pflückerbse)
wichtigste Erbsengattung (▶ Erbsen) in Europa

GARTENKRESSE
Kulturform der ▶ Brunnenkresse (▶ Kresse)

GARTENMELDE ▶ Gänsefuß

GARTENPREISELBEEREN
▶ Cranberrys

GARTENRAUTE ▶ Weinraute

GARTENSALAT
Sammelbegriff für eine Vielzahl von Salatpflanzen (▶ Salate), die zur gleichnamigen botanischen Art (Familie Korbblütengewächse) zählen; u. a. alle Kopf- und Blattsalatsorten (▶ Kopfsalat, ▶ Blattsalat).

GÄRUNG
Nach vereinfachter chemischer Definition alle Stoffwechselprozesse, bei denen ohne Einfluss von Sauerstoff (der Fachausdruck dafür ist „anaerob") organisches Material (z. B. Zucker) in einfachere Verbindungen zersetzt und Energie gewonnen wird. Immer ist die Gärung als eine von mehreren Arten der ▶ Fermentation das Werk von Bakterien oder Pilzen bzw. Hefen. Bei der Herstellung vieler Nahrungsmittel wird die Gärung heute gezielt eingesetzt, z. B. bei Backwaren (Hefeteig), bei Milch-, Gemüse- oder Getreideprodukten. Aus kulinarischer Sicht haben 4 Arten der Gärung Bedeutung:
Alkoholische Gärung: Eine einfache Form der Gärung, bei der Hefen einfachen Zucker in Alkohol (Ethanol) umwandeln und als Nebenprodukt Kohlendioxid entsteht. Sie ist der entscheidende Vorgang bei der Herstellung von alkoholischen Getränken (▶ Wein, ▶ Bier etc.) und läuft auch bei der Teigauflockerung ab.

Milchsäuregärung: Teils erwünschte (z. B. bei der Herstellung von Jogurt, Käse oder Sauerkraut), bisweilen aber auch den Appetit verderbende Form der Gärung (z. B. wenn die Milch sauer wird). Hierbei werden Kohlenhydrate durch Milchsäurebakterien in Milchsäure abgebaut. Für die Weinherstellung hat eine besondere Art der Milchsäuregärung Bedeutung: die malolaktische Gärung (▸ Wein).
Propionsäuregärung: Eine kompliziertere Form der Gärung, bei der Glukose oder Milchsäure zu Propionsäure, Essigsäure und CO_2 vergoren werden. Dieser chemische Prozess ist z. B. bei der Herstellung von ▸ Emmentaler nicht nur für dessen Aroma mit verantwortlich, sondern auch für seine typischen Löcher.
Essigsäuregärung: Im chemischen Sinn eigentlich keine Gärung, sondern eher eine unvollständige Oxidation, weil bei der Umwandlung von Zucker oder Alkohol zu Essigsäure Sauerstoff verbraucht wird. Was bei der Herstellung von Essig ausdrücklich erwünscht ist, kann zum Leidwesen von Wein- und Bierliebhabern auch spontan passieren, wenn ihr Lieblingsgetränk „sauer“ wird.

Schon gewusst?

Durch Zufall entdeckt, wussten die Menschen bereits in uralten Zeiten die Vorteile von Gärprozessen bei der Aufbereitung ihrer Nahrungsmittel zu nutzen. Lange hielt man die Gärung für einen spontanen physikalischen Vorgang. Erst der französische Chemiker und Biologe Louis Pasteur (1822–1895) konnte 1857 nachweisen, dass sie das Werk von Mikroorganismen ist. Er bezeichnete diesen Vorgang als „vie sans l'air“, („Leben ohne Luft“).

GARVERFAHREN

Sammelbezeichnung für die verschiedenen Methoden zur Zubereitung von Lebensmitteln unter Wärme- bzw. Hitzeeinwirkung (▸ garen)

GAR ZIEHEN

(pochieren)

Speisen (z. B. Geflügel, Fisch, Austern, Brühwürstchen, Knödel, Nockerl) knapp unterhalb des Siedepunkts bei ca. 98 °C in reichlich Flüssigkeit oder in Wasserdampf garen, damit ein Aufplatzen oder Zerfallen verhindert wird

GASPACHO ▸ Gazpacho

GASTROKRITIKER

Die von den Besitzern und Küchenchefs feiner Restaurants gefürchtete Gilde von journalistisch bewanderten Experten in Sachen Essen und Trinken. Gastrokritiker testen die Gourmettempel anonym auf Herz und Nieren und geben Bewertungen ab, die u. a. in Restaurantführern (z. B. Michelin, Gault Millau, Varta oder Aral) veröffentlicht werden.

GASTRONOMIE

1. Im ursprünglichen Sinn die tiefe Kenntnis bzw. Lehre von den Nahrungs- und Genussmitteln sowie von deren küchentechnischer Verarbeitung, letztlich also auch der Kochkunst.
2. Heute allgemein als Überbegriff für alle Erscheinungsformen des Gastgewerbes gebraucht. Entsprechend wird der Besitzer bzw. Betreiber eines Gastronomiebetriebs als Gastronom bezeichnet.

GASTROPODEN ▸ Schnecken

GASTROSOPH

Die Steigerung des Feinschmeckers (▸ Gourmet): Jemand, der nicht nur feines Essen und Trinken stilvoll zu genießen, sondern Speisen und Getränke auch mit viel Sorgfalt und „Weisheit“ (z. B. hinsichtlich Bekömmlichkeit, gesundheitlichen Aspekten und geschmacklicher Harmonie) auszuwählen versteht. Dazu benötigt der Gastrosoph vor allem auch Kenntnisse in der Lebensmittel- und Kochlehre (griech. „gaster“ = „magen“, „sophos“ = „klug“, „weise“).

GASTROSOPHIE

Kaum zu glauben, aber wahr: Schöpfer der Lehre von der Weisheit im Genuss der Tafelfreuden – so die freie „Übersetzung“ von Gastrosophie – war nicht ein Franzose, sondern ein Deutscher: der preußische Offizier und Schriftsteller Friedrich Christian Eugen Baron von Vaerst (1792–1855). In der Abgeschiedenheit eines Gutes in Ostpreußen schuf er in 10-jähriger Arbeit sein 1851 in 2 Bänden erschienenes Hauptwerk mit dem Titel „Gastrosophie oder die Lehre von den Freuden der Tafel". Den Genuss von Speisen erhebt Baron von Vaerst, oft auch als der deutsche ▸ Brillat-Savarin bezeichnet, darin zur Kunstform und die Feinschmecker teilt er in 3 Typen ein: den der Völlerei huldigenden ▸ Gourmand, den etwas bewusster genießenden ▸ Gourmet und den beherrschten und weisen ▸ Gastrosoph.

GÂTEAU
in Frankreich übliche Bezeichnung für Gebäck oder kleine Kuchen

GAUFRES
(Gaufrettes)
Kleine knusprige Waffeln, die mit verschiedenen Zutaten aromatisiert werden (z. B. Vanille, Zimt, Orangensaft).

GAZPACHO
(Gaspacho)
Spanische Spezialität (ursprünglich aus Andalusien): Nicht gekochte, kräftig gewürzte und gut gekühlt servierte Sommersuppe, deren Hauptzutat Tomaten sind. Weiter gehören in Gazpacho vor allem Gurken (geschält und entkernt), Paprikaschoten, Zwiebeln, Knoblauch und Olivenöl. Je nach regionaler Variante können noch andere Zutaten hinzukommen.

GEBÄCK
Sammelbezeichnung für eine große Palette an ▸ Backwaren von Plätzchen über Kekse und Waffeln bis zum Kuchen, die aus unterschiedlichen Teigarten (wie Hefe-, Mürb-, Plunder- oder Brandteig) und teilweise in mundgerechten Stücken hergestellt werden. Gebäck enthält oft Zucker, großer Beliebtheit erfreut sich aber auch Salz- oder Käsegebäck (siehe auch ▸ Feingebäck, ▸ Kleingebäck).

GEBACKENES HÄHNCHEN
▸ Backhendl

GEBRANNTE CREME ▸ Crème brûlée

GEBRANNTER ZUCKER ▸ Karamell

GEDECK
Alle Utensilien, die auf dem Tisch für das Einnehmen einer Mahlzeit benötigt werden, wie Geschirr, Gläser, Besteck und Servietten. In der gehobenen Gastronomie war es früher vor allem in den romanischen Ländern üblich, sich das Gedeck vom Gast mit einem gesondert berechneten Obolus bezahlen zu lassen. Heute wird es nur noch selten berechnet.

GEFILTE FISCH
Bei dieser jüdischen Spezialität wird die Haut von Süßwasserfischen (vor allem Hecht, auch Karpfen, Forelle oder Weißfisch) mit dem vorher ausgelösten, entgräteten und gemahlenen Fischfleisch, Eiern, Mehl, Zwiebeln und Gewürzen gefüllt. Zusammen mit dem Fischkopf wird das Ganze bei schwacher Hitze im Fischfond gegart, anschließend kalt gestellt (wobei die Brühe geliert) und so auch serviert.

GEFLÜGEL
In der Küchensprache Sammelbegriff für alle Vogelarten, die sich der Mensch schmecken lassen kann und die für die Ernährung Bedeutung haben. Ein Genuss, der auch noch sehr gesund ist, denn Geflügelfleisch zeichnet sich meist (eine Ausnahme macht die Gans) durch niedrigen Fettgehalt, hochwertige Eiweiße sowie einen beachtlichen Gehalt an Vitaminen und Mineralstoffen aus. Damit ist es auch als Diät- und Krankenkost sehr gut geeignet.
Geflügel wird in 2 Gruppen unterteilt. Das Hausgeflügel umfasst alle gezüchteten Arten wie Huhn, Truthahn, Gans, Ente und Taube sowie auch Strauß und Emu. Zum Wildgeflügel (auch ▸ Federwild) zählen Fasan, Rebhuhn,

Perlhuhn und Wachtel. Weitere Vertreter sind Auerhahn, Birkhuhn und Wacholderdrossel, die aber als gefährdet eingestuft sind und in Deutschland (und auch anderen europäischen Ländern) nicht mehr bejagt werden dürfen. Eine „Zwitterstellung" haben Ente und Fasan: Sie gibt es sowohl gezüchtet wie von der Jagd. Wachtel und Perlhuhn werden ebenfalls gezüchtet, aufgrund ihres Geschmacks aber dem Wildgeflügel zugeordnet.

VERWENDUNG: *Geflügel kann in vielfältiger Form auf den Tisch kommen. Allein bei ▸ Escoffier finden sich beispielsweise für Hühnertiere 114 Zubereitungsarten (Näheres unter dem Stichwort der einzelnen Geflügelarten). Aufgrund des hohen Salmonellenrisikos sollte das Fleisch von Geflügel stets nur durchgegart verzehrt werden. Tiefgekühltes Geflügel, das einmal aufgetaut wurde, darf nicht wieder eingefroren werden.*

GEFLÜGELBRÜHE ▸ Geflügelfond

GEFLÜGELBRUST
Die Brust gilt beim Geflügel in der Regel als das „Sahnestück" mit dem zartesten und besten Fleisch, so etwa bei Ente oder Huhn.

GEFLÜGELESSENZ
konzentrierter Geflügelfond

GEFLÜGELFARCE ▸ Hühnerfarce

GEFLÜGELFOND
(Geflügelbrühe)
aus Geflügelklein (auch Geflügelabfällen und Karkassen), klein gehackten Kalbsknochen und Wurzelwerk hergestellter ▸ Fond als Grundlage für Geflügelsaucen, verpackt und tiefgekühlt mehrere Monate haltbar

GEFLÜGELGELEE
durch Zusatz von Gelatine erstarrte kalte Geflügelkraftbrühe

GEFLÜGELGLACE
dick eingekochter weißer Geflügelfond zum Verfeinern von Saucen

GEFLÜGELKLEIN
Die bei der Zubereitung von Geflügel meist übrig bleibenden Klein- oder Nebenteile wie Innereien (mit Ausnahme von Gänse- und Entenleber als besondere Delikatessen), Kopf, Hals, Flügel und Füße. Geflügelklein (vor allem Hühnerklein, Entenklein, Gänseklein) wird meist gekocht, gedünstet oder geschmort.

GEFLÜGELKRAFTBRÜHE
zusätzlich mit Hausgeflügelabfällen und Karkassen gekochte Rinderkraftbrühe

GEFLÜGELRAHMSAUCE
(Sauce suprême)
eingekochter Geflügel- und Champignonfond, mit gekochter Sahne nochmals reduziert, dann mit Cayennepfeffer und Zitronensaft abgeschmeckt und mit frischer Butter vollendet, zu hellem Geflügel, Kalbsbries, Eierspeisen, gedünsteten Austern

GEFLÜGELSALAT
mit mindestens 20 % Geflügelfleischanteil und aus unterschiedlichen Salatsorten hergestellt, oft auch mit Gemüse, Pilzen, Eiern, Früchten, Nüssen usw.

GEFLÜGELVELOUTÉ
▸ weiße Grundsauce

GEFRIERBRAND
Eine gefürchtete Erscheinung bei unsachgemäßer Tiefkühllagerung: Fleisch, Geflügel und Fisch trocknen an der Oberfläche aus, das Fleisch wird porös, schwammartig und zäh, was seinen Genusswert erheblich beeinträchtigt. Außerdem kann an den geschädigten Stellen das Fett ranzig werden. Mögliche Ursachen für Gefrierbrand können u. a. undichte Verpackungen oder stärkere Schwankungen in der Lagertemperatur sein.

GEFRIERGETROCKNET
Auf diese Art behandelte Lebensmittel sind besonders lange und ohne Qualitätsverlust haltbar. Beim Gefriertrocknen wird den bei extrem tiefen Temperaturen (bis −70 °C) gefrorenen Lebensmitteln unter Vakuum Wasser entzogen, wobei weder Vitamine noch Aroma verloren gehen.

GEHACKTES ▸ Hackfleisch

GEHEIMRATSKÄSE
Fester und fetter bis vollfetter Schnittkäse aus Holland, der auch in Deutschland und Österreich nach Art des ▸ Gouda oder ▸ Edamer hergestellt wird. Im Geschmack ist er typisch holländisch, nämlich mild und buttrig.

GEISS ▸ Ziege

GEISSBART ▸ Ziegenbart

GEISSBRASSE
Vor allem im Mittelmeer und im Ostatlantik vorkommender Meeresfisch (▸ Fische), der im Fleisch nicht so fein wie z. B. die verwandte ▸ Goldbrasse ist. Geißbrassen eignen sich weniger für die feine Küche als vielmehr für kräftige Garmethoden (wie Grillen, Braten) und für kräftig gewürzte Gerichte.

GEISSELGARNELEN
(Gambas, Riesengarnelen, Shrimps)
Garnelenart (▸ Garnelen, ▸ Krebstiere)

GEKLÄRTE BUTTER
in der Pfanne zerlassene Butter, abgeschäumt und vorsichtig vom Bodensatz getrennt

GEKRÖSE
(Geschlinge, Inster)
In der Küchensprache spezielle Innereien beim Schlachtvieh, die nicht die wertvollsten Teile sind, aber dennoch verwertet werden können: beim Kalb oder Lamm Magen, Darm, Netz (eine Bauchfellfalte), beim Rind Vormagen, Magen, Fettdarm. Gekröse wird hauptsächlich zu Wursthäuten verarbeitet, kommt manchmal aber auch auf den Teller, so beim ▸ Pfälzer Saumagen oder beim schottischen ▸ Haggis.

GELATINE
Traditionelles und in der Küche universell einsetzbares ▸ Bindemittel, das vor einigen Jahren durch den BSE-Skandal in Verruf gekommen war. Man erinnerte sich daran, dass die farblose, klare, geruchs- und geschmacksneutrale Gelatine Knochenleim ist, und griff verstärkt zu alternativen Geliermitteln wie ▸ Agar-Agar. Nachhaltig konnte dies die beherrschende Stellung der preiswerten Gelatine aber nicht schwächen. Im Handel wird sie in Blatt- oder Pulverform angeboten.

GELATINE, JAPANISCHE ▸ Agar-Agar

GELBE ERBSE ▸ Schalerbse (▸ Erbsen)

GELBE RÜBEN ▸ Mohrrüben

GELBER INGWER ▸ Kurkuma

GELBFUSS ▸ Kuhmaul

GELBLINGE ▸ Pfifferlinge

GELBPFLAUMEN ▸ Mirabellen

GELBRÖHRCHEN ▸ Pfifferlinge

GELBWURST
Fein zerkleinerte, nicht gerötete Brühwurst (aus Jungrind, Kalb- und/oder Schweinefleisch) in gelb pigmentierten Kunstdärmen

GELBWURZ ▸ Kurkuma

GELEE

Ein Fleisch- oder Fruchtsaft, der beim Erkalten gallertartig erstarrt ist. In den meisten Fällen geschieht dies mit Hilfe eines Binde- oder Geliermittels. Gutes Gelee muss optisch kristallklar sein, einen feinen Geschmack haben und je nach seinem Verwendungszweck mehr oder weniger fest sein. Fleischgelee wird z. B. zum Überziehen von Speisen, als Füllung für Pasteten oder (gehackt oder gewürfelt) als schmackhafte Dekoration verwendet. Weiter dient Gelee zur Herstellung

von ▸ Aspik und manchmal werden beide Begriffe gleichgesetzt, was küchentechnisch aber nicht korrekt ist. Gleiches gilt für mit Gelatine zubereitete Süßspeisen. Fruchtgelees sind ein beliebter Brotaufstrich, werden aber auch mit feinen Zutaten aromatisiert und als Süßspeise verzehrt.

GELIEREN
auf einen einfachen Nenner gebracht der Übergang einer Flüssigkeit in eine mehr oder weniger feste, gallertartige Form

GELIERMITTEL ▸ Bindemittel

GELIERZUCKER
Besondere Zuckerart aus weißem Kristallzucker mit Pflanzenpektin und Zitronensäure, die nicht nur süßt, sondern auch gelierende Wirkung hat. Deshalb eignet sich Gelierzucker besonders zum Herstellen von Gelees, Konfitüre und Marmelade.

GELOSE ▸ Agar-Agar

GEMSE
(Gams)
Die einzige in Europa und hier vor allem im Hochgebirge (Alpen, Pyrenäen, Karpaten) beheimatete Antilopenart, die Ähnlichkeit mit der Ziege hat und kleine Hörner trägt. Bei den Jägern vor allem wegen ihres Rückenhaarbüschels, dem berühmten Gamsbart, eine begehrte Beute, sind Feinschmecker meist weniger „wild" auf das Fleisch. Bei jungen Tieren und sorgfältiger Zubereitung kann es allerdings sehr fein sein. Hals, Schulter, Rücken und Keule lassen sich wie Reh zubereiten.

GEMÜSE
Sammelbezeichnung für die küchentechnisch verwertbaren und essbaren Teile einer Vielzahl von wild wachsenden oder in Kultur genommenen Pflanzen, aber auch allgemeine Bezeichnung für das, was aus ihnen zubereitet wird und auf den Tisch kommt. Meist dient Gemüse im Sinne einer ausgewogenen Ernährung als Beigabe, Beilage oder Garnitur, bei Vegetariern und Veganern wird es aber auch zum Hauptgericht. Die Einteilung bzw. Unterscheidung der verschiedenen Gemüsepflanzen ist nicht ganz einfach. Die Tatsache, dass viele von ihnen auch zu Salat verarbeitet und als Würzkräuter verwendet werden können, macht die Zuordnung auch nicht leichter. Einige Botaniker wollen zudem das sogenannte Fruchtgemüse sowie Kartoffeln und Pilze aus der großen Gemüsefamilie verbannen. Will man es nicht bei der simplen Unterscheidung zwischen Wild- und Kulturgemüse oder Freiland- und Treibhausgemüse belassen, so erscheint die folgende Einteilung nach der Nutzung bestimmter Pflanzenteile am sinnvollsten:

Algengemüse (darunter versteht man alle essbaren Meerespflanzen)
Blatt- oder Salatgemüse (z. B. praktisch alle Salatarten sowie Spinat, Mangold, Kresse, Melde, Sauerampfer usw.)
Blüten- oder Kohlgemüse (dazu zählen alle Kohlarten wie Weißkohl, Grünkohl, Kohlrabi, Rosenkohl, Blumenkohl, Brokkoli, Wirsing, Artischocke usw.)
Fruchtgemüse (vor allem Tomaten, Gurken, Auberginen, Kürbisse, Melonen und Paprika)
Schoten- oder Samengemüse (z. B. die frisch und unreif in der Küche verarbeiteten Erbsen- und Bohnenarten)
Stängel- oder Stielgemüse (wie Spargel, Rhabarber, Chicorée, Bleichsellerie, Fenchel usw.)
Wurzel- oder Knollengemüse (u. a. Mohrrüben, Rüben, Kartoffeln, Pastinaken, Knollensellerie, Rettich, Radieschen und Schwarzwurzeln)
Würzgemüse (z. B. Dill, Petersilie und andere Küchenkräuter)
Zwiebelgemüse (wie Zwiebeln, Schalotten, Knoblauch, Porree usw.)
Nicht so recht passen in diese Einteilung ▸ Pilze und ▸ Hülsenfrüchte; sie bilden eigene Gruppen in der Großfamilie der Gemüse.

GEMÜSEAMPFER ▸ Gartenampfer

GEMÜSEBANANEN
▸ Kochbananen (▸ Bananen)

VERWENDUNG

Gemüsepaprika können roh gegessen und für Salate verwendet, aber auch gegart als Gemüse genossen werden. Man kann sie kochen, dünsten, schmoren, in Fleischgerichten verarbeiten oder einfach im Sommer mit auf den Grill legen. Wie kein anderes Gemüse eignen sie sich aufgrund ihrer Form und Größe außerdem dazu, mit leckeren Füllungen serviert zu werden.

GEMÜSEBOHNE
▸ Gartenbohne (▸ Bohnen)

GEMÜSELAUCH ▸ Porree

GEMÜSEMAIS ▸ Zuckermais (▸ Mais)

GEMÜSEPAPRIKA
Die meist vor ihrer Vollreife geernteten Beerenfrüchte von besonders großfrüchtigen Zuchtformen der Paprikapflanze (▸ Paprika). Die meisten davon bleiben grün, andere werden mit zunehmender Reife gelb und rot. Die Unterschiede sind aber nicht nur äußerlich, sie zeigen sich auch im Geschmack. Grüne Paprika schmeckt unreifer mit leichter Schärfe bzw. Bitterkeit, rote Paprika ist süßlicher und würziger und gelbe Paprika am mildesten und fein säuerlich. Neben den 3 Grundarten wurden neue Sorten in anderen Farben (orange, aber auch schwarz bis violett), Formen und geschmacklichen Abstufungen gezüchtet, so z. B. die aus Ungarn kommende Tomatenpaprika als Kreuzung aus den beiden im Namen enthaltenen Früchten. Ernährungsphysiologisch gelten Paprika als „Vitaminbomben", die neben Kohlenhydraten, Eiweiß und wichtigen Mineralstoffen vor allem Provitamin A, die Vitamine B1, B2, C und als einzige Gemüseart überhaupt beträchtliche Mengen an Vitamin P enthalten.

GEMÜSESTREIFCHEN ▸ Julienne

GEMÜSESUPPE, ITALIENISCHE
▸ Minestrone

GEMÜSEZWIEBELN
(Bermuda-, Fleischerzwiebeln)
Diese besondere Art der Speisezwiebel wird vor allem in südlichen Ländern angebaut und bringt es auf eine stolze Größe von etwa 15 cm Durchmesser. Ihr Fleisch ist saftig, aber weniger scharf und würzig als das ihrer kleineren Schwestern. Mit ihrem milden Fleisch eignen sie sich vor allem zum Füllen. Gemüsezwiebeln können nicht lange gelagert werden.

GENEVER
Bereits vor rund 400 Jahren als Verdauungsschnaps entwickelter belgischer bzw. holländischer ▸ Kornbrand (▸ Edelbrände) mit 32–40 Vol.-% Alkohol, der aus 2/3 Getreide (Gerste, Roggen) und 1/3 Darrmalz hergestellt und unter anderem (neben Kümmel, Anis und Koriander) mit Wacholderbeeren aromatisiert wird. Deshalb hieß er einst auch Genièvre (die französische Bezeichnung für Wacholder). Mit seinem Kornaroma und seinem Wacholdergeschmack gilt Genever als Vorläufer des ▸ Gin.

GENFER ART
(genevoise, à la)
1. gedünstetes Wurzelgemüse und geschmolzene Tomaten zu Süßwasserfisch in ▸ Genfer Sauce
2. in Butter geschwenkte Nudeln, Trüffeln und Champignons in Sahnesauce zu Fleisch und Geflügel (Genf: Stadt am gleichnamigen See und Kanton in der Schweiz)

GENFER SAUCE
(Sauce genevoise)
weiße Grundsauce mit Fischfond, angeschwitztem Röstgemüse (Zwiebeln, Mohrrüben, Petersilienwurzeln) und Fischabfällen (vor allem vom Lachs), mit Rotwein, Kraftsauce und Kräutern eingekocht, mit Thymian, Cayennepfeffer, Zitronensaft und Sardellenpaste gewürzt und etwas Butter vollendet, zu Süßwasserfischen (vor allem Lachs, Forelle und Karpfen)

GENFOOD
(Genlebensmittel, gentechnisch veränderte Lebensmittel)
Ein modernes Schlagwort für Lebensmittel, die gentechnisch veränderte Mikroorganismen bzw. Bestandteile enthalten oder unter Anwendung gentechnischer Verfahren hergestellt wurden. Für die einen ist Genfood „Teufelszeug" aus dem Labor als Hexenküche, für die anderen ein „Segen" für die Menschheit. Unabhängig von solchen Grundsatzdiskussionen treiben die großen Lebensmittelkonzerne die Erzeugung von Genlebensmitteln bzw. -rohstoffen voran, um vor allem die Produktionsprozesse effektiver zu gestalten, Kosten zu sparen und den Gewinn zu maximieren.
In der Europäischen Union (EU) müssen gentechnisch veränderte Lebensmittel seit der Novel-Food-Verordnung (▸ Novel Food) von 1997

gekennzeichnet werden. Mittlerweile fallen sie sogar unter eine eigene EU-Verordnung und seit April 2004 müssen Lebensmittel selbst dann gekennzeichnet werden, wenn gentechnisch veränderte Zutaten im Endprodukt nicht mehr nachweisbar sind. Auch Restaurants und Kantinen müssen auf Speisekarten oder Aushängen auf gentechnisch veränderte Lebensmittel hinweisen. Trotz allem kommt man zunehmend mit Genfood in Berührung, ohne es im Einzelfall zu wissen. Trotz verschärfter Vorschriften hat die Kennzeichnungspflicht bei Genfood noch immer Lücken. Nicht gekennzeichnet werden müssen z. B. Fleisch, Eier und Milch von Tieren, die „Genfutter" bekommen haben.

GÉNOISE
leichte Biskuitgrundmasse bzw. leichter Biskuitkuchen aus ▸ Wiener Masse, oft mit Mandeln und kandierten Früchten und gefüllt mit Cremes, Marmelade usw.

GÉNOISE, À LA ▸ Genueser Art

GENTLEMAN'S RELISH
Sehr würzig und fischig schmeckt diese dunkle Anchovispaste mit dem originellen Namen, der mit ihrer Entstehungsgeschichte zu tun hat. Weitere Zutaten neben ▸ Anchovis sind Butte sowie exotische Kräuter und Gewürze. In den Handel kommt Gentleman's Relish in kleinen, dekorativen Döschen. Es wird hauchdünn auf heißen Buttertoast gestrichen, kann – sehr dosiert – aber auch zum Verfeinern verschiedener Speisen verwendet werden.

SCHON GEWUSST?

Als der englische Provianthändler John Osborn im Jahre 1828 seine Anchovispaste in Paris kreierte und sie nach seiner Rückkehr nach England seinen Landsleuten präsentierte, traf er genau deren Geschmack, ganz besonders den der feinen Herren. So wurde sie schnell zu einem typischen Snob-Erzeugnis und hatte ihren Namen weg: ▸ Gentleman's Relish.

GENUESER ART
(génoise, à la)
Garnitur aus Krebsfleisch, Champignons und Karpfenmilch zu Fisch in ▸ Genueser Sauce (Genua: italienische Hafenstadt an der ligurischen Mittelmeerküste)

GENUESER MASSE ▸ Wiener Masse

GENUESER SAUCE
(Sauce génoise)
Mayonnaise mit zerstoßenen Mandeln und Pistazien, fein gehackten Kräutern (Estragon, Kerbel, Kresse, Petersilie), Zitronensaft und Salz zu Fisch (auch kaltem Fleisch)

GENUSSGIFTE
In Genussmitteln enthaltene Stoffe, die vor allem bei übermäßigem Konsum gesundheitliche Schäden nach sich ziehen und im Extremfall lebensgefährlich sein können; u. a. ▸ Alkohol (Ethanol), ▸ Nikotin und ▸ Koffein.

GENUSSMITTEL
Sammelbegriff für Lebensmittel meist pflanzlicher Herkunft oder zumindest lebensmittelähnliche Produkte, bei denen nicht Nährwert und Inhaltstoffe im Vordergrund stehen. Vielmehr werden sie in reiner Genussabsicht und aufgrund ihrer anregenden und die Stimmung aufhellenden Wirkung konsumiert. Zu den Genussmitteln zählen u. a. alkoholische Getränke, Tabakwaren, ▸ Kaffee, ▸ Tee, ▸ Cola ▸ Mate und streng genommen auch ▸ Schokolade.

GENUSSSÄUREN
Organische Säuren, die in der Lebensmittelindustrie vorwiegend als saure und frische Geschmacksstoffe vielfältig zum Einsatz kommen. Dies sind u. a. Apfel-, Essig-, Milch-, Wein- und Zitronensäure. Genusssäuren kommen in vielen Pflanzen vor, werden heute für die industrielle Verwertung aber vorwiegend im Labor synthetisch oder biotechnisch hergestellt.

GEORGSRITTERLING ▸ Maipilz

GERANIEN
Bestimmte Arten dieser vor allem als Balkonblumen bekannten Pflanzen sind als Aromen-

spender für Suppen, Saucen, Obstsalate usw. auch von kulinarischem Wert. Dies gilt vor allem für die Rosengeranie mit ihrem zarten Rosenduft und die in vielen Spielarten vorkommende Duftblattgeranie, die je nach Sorte nach Apfel, Zitronen, Rosen, Muskat oder Minze duftet. Blätter und Blüten sind zudem ein dekoratives Element.

GERÄUCHERTES
(Räucherschinken)
gepökeltes, kalt geräuchertes Schweine- oder Rindfleisch (▸ Rauchfleisch, ▸ räuchern), kräftiger und dunkler (dann auch Schwarzgeräuchertes genannt) oder milder und etwas heller (dann auch Braungeräuchertes)

GERBERSUMACH ▸ Sumach

GERBSÄURE ▸ Tannin

GERIEBENE SEMMELN ▸ Paniermehl

GERINNEN
der Übergang einer Flüssigkeit oder Masse in eine festere Konsistenz (flockig, klumpig, gallertartig) aufgrund falscher Lagerung, Überhitzung, Überfettung usw.

GERM
vor allem in Österreich gebräuchliche Bezeichnung für ▸ Hefe

GERMKNÖDEL
(Hefeknödel)
Eine bekannte österreichische Nachspeisen-Spezialität, die aber auch eine vollwertige Mahlzeit sein kann. Die ▸ Knödel (▸ Klöße) aus Hefe, Mehl, Milch, Fett, Ei und Zitronenschale enthalten eine Füllung aus Pflaumen- bzw. Zwetschgenmus (▸ Powidl), seltener auch anderen Früchten, aromatisiert mit Zimt, Rum und Zucker. Zur Vollendung werden Germknödel mit brauner Butter übergossen sowie mit geriebenem Mohn und Zucker bestreut bzw. darin gewälzt. Es gibt regionale Varianten, teils auch mit Vanillesauce.

GERMON ▸ Thunfisch

GERMTEIG ▸ Hefeteig

GÉROMÉ
(Munster des Vosges)
Mit dem bekannteren ▸ Munster identischer und in einer gemeinsamen Appellation vereinter ▸ Käse mit Rotschmiere aus der Stadt Gérardmer in den französischen Vogesen (Elsass), der meist in Spanholzschachteln angeboten wird. Géromé wird aus pasteurisierter Kuhmilch hergestellt, hat 45–50 % Fett i. Tr. und einen würzig-aromatischen Geschmack.

GERSTE
Als eine der ältesten Getreidearten (▸ Getreide) war die Gerste bereits im alten China sehr geschätzt. Während sie früher auch als Brotgetreide diente, wird sie heute aufgrund ihrer – verglichen mit anderen Getreidearten wie Weizen – deutlich schlechteren Backeigenschaften nur noch als Zumischmehl und hauptsächlich für andere Zwecke verwendet. Ihre Hauptbedeutung hat sie als Industriegerste für die Malz- und Alkoholherstellung, vor allem für Bier und Whisky, sowie als Futterpflanze. Ansonsten ist sie Bestandteil der ▸ Vollwertkost.

GESÄLZ
schwäbische Bezeichnung für Brotaufstrich aus gezuckertem und eingekochtem Obst

GESALZENE BUTTER
vor allem in Frankreich beliebte, mehr oder weniger stark gesalzene Butterspezialität

GESCHLAGENE ▸ Wollwürste

GESCHLINGE ▸ Gekröse

GESCHNETZELTES

(Blätterfleisch, Emincé, Saucen-, Scheibenfleisch)
In dünne Streifen geschnittenes Fleisch, vorwiegend von Rind, Schwein oder Kalb, auch von Wild und Geflügel (dann meist als ▸ Emincé bezeichnet). Der Klassiker unter den verschiedenen Gerichten ist ▸ Züricher Geschnetzeltes (Kalbsgeschnetzeltes), nach der allgemeinen Definition sind aber auch Gerichte wie ▸ Bœuf Stroganoff (Filetspitzen Stroganow) oder ▸ Gyros Formen von Geschnetzeltem.

GESCHWOLLENE ▸ Wollwürste

GESELCHTES

(Selchfleisch)
vor allem in Süddeutschland und Österreich gebräuchliche Bezeichnung für gepökeltes und kalt geräuchertes Fleisch (▸ Rauchfleisch, ▸ räuchern), ausschließlich vom Schwein

GESINKA

Dicke polnische Graupensuppe mit püriertem Gemüse (Mohrrüben, Knollensellerie, Petersilienwurzel, Zwiebeln und Waldpilze)

GESPRITET

mit hochprozentigem Alkohol (▸ Sprit) versetzt, u. a. bei einigen Weinspezialitäten (▸ Likörweine, ▸ Wein)

GESPRITZTER ▸ Schorle

GEST ▸ Hefe

GETRÄNKE

Sammelbezeichnung für flüssige Lebensmittel mit oder ohne Alkohol, die klar oder trüb sein und warm oder kalt genossen werden können. Die wichtigsten Arten sind: alkoholische Getränke (Wein, Sekt, Bier, Spirituosen usw.), alkoholfreie Getränke bzw. Erfrischungsgetränke (Saft aus Früchten und Gemüse, Most, Limonade, Cola usw.), Kaffee und Tee sowie Pulver- und Granulatgetränke (zum Aufgießen).

GETREIDE

Mehrere Gattungen aus der botanischen Familie der Süßgräser, deren einsamige Schließfrüchte als Körner bzw. Korn bezeichnet werden und für Mensch und Tier gleichermaßen ein wichtiges Grundnahrungsmittel sind. Das haben die Menschen bereits zu Urzeiten, zumindest instinktiv, erkannt und so wurde Getreide kultur- bzw. agrargeschichtlich schon vor rund 10 000 Jahren im Nahen, Mittleren und Fernen Osten belegt. Getreide wird bei weitem nicht nur zu Mehl verarbeitet oder an Tiere verfüttert, es ist universell einsetzbar und in so vielen Lebensmittelprodukten enthalten, dass jeder Deutsche im Jahr – ohne dass ihm das bewusst wird – durchschnittlich über 70 kg davon „verdrückt“.
Grundsätzlich unterscheidet man 2 Arten: das sogenannte Nacktgetreide, bei dem die Körner beim Dreschen „nackt“ (ohne Schale) aus der sogenannten Spelze fallen (▸ Weizen, ▸ Roggen, ▸ Mais), und das Spelz- oder Schälgetreide, bei dem die Körner in einem weiteren Arbeitsgang von der Spelze (einer sie umgebenden Holzfaserschicht) befreit werden müssen. Zum Spelzgetreide zählen ▸ Reis, ▸ Hirse, ▸ Dinkel, ▸ Buchweizen, ▸ Gerste und ▸ Hafer, wobei von den beiden Letzten auch Nacktsorten gezüchtet wurden.

GETREIDEKAFFEE

ein Kaffeersatz aus gereinigtem und (feucht oder trocken) gerösteten Getreide in Pulverform bzw. das daraus bereitete Aufgussgetränk (▸ Malzkaffee)

GETREIDERIEGEL ▸ Crunchy

GEWÄCHSHAUSGEMÜSE

▸ Treibhausgemüse

GEWÜRZ, INDISCHES ▸ Currypulver

GEWÜRZE

(Gewürzpflanzen, Küchengewürze)
Eine Vielzahl von Pflanzen, die in der Küche zum Aromatisieren von Speisen Verwendung finden (▶ Seite 193)

GEWÜRZGURKEN

(Essiggurken)
mit Kräutern und Gewürzen in Essig eingelegte Gurken, als Handelsware erhältlich oder in Eigenproduktion herstellbar (▶ Cornichons)

GEWÜRZKÖRNER ▶ Piment

GEWÜRZKUCHEN ▶ Lebkuchen

GEWÜRZMISCHUNGEN

Aus einer unterschiedlichen Zahl von Gewürzen und völlig ohne andere Zutaten hergestellte Mischungen (vergl. ▶ Gewürzzubereitungen), meist in getrockneter Form klein gehackt oder als Pulver. Man unterscheidet dabei 2 Arten von Gewürzmischungen: solche, die einem bestimmten Zweck bei der Herstellung von Lebensmitteln dienen (wie z. B. ▶ Brotgewürz, ▶ Wurstgewürz), und solche, die in der Küche zum Würzen von Speisen verwendet werden. Bekannte Vertreter dieser „Kategorie" sind z. B. ▶ Currypulver, ▶ Fines Herbes, ▶ Garam Masala, ▶ Bouquet garni, ▶ Herbes de Provence.

GEWÜRZNELKEN ▶ Nelken

GEWÜRZPAPRIKA

(Schotenpfeffer)
Die meist länglichen und dünnen Früchte kleinerer Paprikaarten (▶ Paprika, ▶ Gemüsepaprika), die von roter bis rotbrauner, seltener auch gelber oder grüner Farbe sind. Im Handel wird Gewürzpaprika in der Regel in Form von Pulver angeboten, das meist so gut wie geruchlos ist, aber einen würzig brennenden bzw. scharfen Geschmack hat. Der Schärfegrad hängt nicht allein von der Sorte ab, sondern auch davon, wie viele Samen und Scheidenwände mitgemahlen werden. Vor allem in diesen ist nämlich das für die Schärfe verantwortliche Alkaloid Capsaicin enthalten. Der bekannte Rosenpaprika (als Pulver) zählt zu den schärferen (aber auch billigeren) Varianten, während der Delikatesspaprika am mildesten schmeckt. Als kulinarisch am wertvollsten gilt aber Edelsüßer Paprika mit seiner milden Schärfe und seinem würzigen Aroma.

VERWENDUNG

Paprikapulver ist neben dem Pfeffer eines der beliebtesten Gewürze für Saucen, Suppen, Fleisch und Fisch, Wurstwaren, Käse und Marinaden. Es wird außerdem bei der Produktion von Tomatenketchup und Gewürzmischungen (z. B. Currypulver) sowie für Gewürzgurken und Mixed Pickles verwendet.

GEWÜRZSALZ

(Kräutersalz)
Mischungen von Kräutern, Gewürzen und Gemüse mit Speisesalz, z. B. Selleriesalz, Knoblauchsalz oder Zwiebelsalz

GEWÜRZSTRÄUSSCHEN

▶ Bouquet garni

GEWÜRZTRAMINER

Als einer der großen Charakterdarsteller unter den weißen Rebsorten (▶ Wein) ist der Gewürztraminer (▶ Traminer) eher etwas für Kenner (die ihn auch richtig einzusetzen wissen), als für den Massengeschmack. Er liefert Weine, die sich durch prägnante Würze, den typischen Rosenwasser-Duft, Aromen-, Extrakt- und Alkoholfülle auszeichnen. Als besondere Spezialität gilt er im Elsass, weiter wird er in Deutschland, Österreich und Italien angebaut.

GEWÜRZZUBEREITUNGEN

Im Gegensatz zu den ▶ Gewürzmischungen werden bei der (industriellen) Produktion dieser Würzmittel auch andere Zutaten wie z. B. Essig, Wein, Fleischbrühe, Nüsse oder Hülsenfrüchte verwendet. Beispiele für Gewürzzubereitungen sind u. a. ▶ Gewürzsalz, ▶ Speisesenf, ▶ Sambal und ▶ Chutney.

GEZOGENER ZUCKER

von den Zuckerbäckern und Konditoren für (kunstvolle) Dekorationen, Figuren usw. verwendeter Zucker

GHEE

(Misli, Samna)
Dem Butterschmalz ähnliches Produkt, das beim Braten sehr hohe Temperaturen aushält und für eines der typischen Aromen in der indischen Küche verantwortlich ist. Original wird es aus Büffelmilch bzw. -butter hergestellt. Um Ghee in den tropischen Regionen haltbar zu machen, werden ihm Eiweiß und Wasser entzogen, bis es zu 99,5 % aus Fett besteht.

Gewürze: Die große Welt der Aromen

Unter Gewürzen versteht man alle Teile von Pflanzen, die besonders aromatisch, oft auch scharf schmecken, und mit dieser Eigenschaft viele Speisen, die sonst vielleicht sogar fad und langweilig wären, erst veredeln und zu einem Hochgenuss für Nase, Zunge und Gaumen machen. So ist eine möglichst große Vielfalt an Gewürzen (zu denen das ▶ Salz übrigens nicht zählt) ein unverzichtbarer Bestandteil in einer schmackhaften, abwechslungsreichen und kreativen Küche. Ihre Verwendung verlangt freilich auch einiges Fingerspitzengefühl, denn sie dürfen den Eigengeschmack der Hauptzutaten nicht überdecken und müssen damit harmonieren.

GEWÜRZPFLANZEN GEBEN ALLES

Für ihre Bestimmung in der Küche geben die Gewürzpflanzen (siehe auch ▶ Kräuter) buchstäblich alles: von den Samen bzw. Früchten (Anis, Mohn, Sesam, Pfeffer, Nelken, Kardamom, Paprika, Vanille, Kümmel usw.) über Blätter (Thymian, Basilikum, Salbei, Bärlauch, Rosmarin, Kresse, Liebstöckel), Blüten (Nelken, Lavendel), Stängel (Beifuß, Sellerie, Zitronengras usw.) und Rinde (Zimt) bis hin zu Knollen, Wurzeln und Rhizomen (Galgant, Fingerwurz, Ingwer, Knoblauch, Kurkuma, Meerrettich, Zwiebeln usw.). Die Pflanzenteile werden dabei frisch oder getrocknet, ganz oder zerkleinert (gehackt, gemahlen, zerstoßen) verwendet.

Viele Gewürzpflanzen bzw. -kräuter spielen seit jeher eine wichtige Rolle in der Volksmedizin und Naturheilkunde und auch die Arzneimittelindustrie macht sich heute ihre vielfältigen Heilwirkungen, auf die bereits im 12. Jh. Hildegard von Bingen setzte, in vielen Präparaten zunutze. Außerdem werden mit Gewürzen bzw. Kräutern viele und teils berühmte Spirituosen hergestellt. Ihre Wirkungen (und auch ihre aromatischen Vorzüge) beruhen vor allem auf ätherischen Ölen, Alkaloiden, Flavonoiden, Gerbstoffen und Phenolen.

Die unangefochtene Nummer 1 unter den Gewürzen ist weltweit der Pfeffer mit durchschnittlich 210 g Verbrauch pro Kopf und Jahr, gefolgt von Paprikapulver und Koriander. Besonders stark auf den Geschmack „fremdländischer" Gewürze sind mittlerweile die Deutschen gekommen. So ist Deutschland nach den USA der zweitgrößte Gewürzimporteur.

AUFBEWAHRUNG

In der Regel sollten Gewürze möglichst frisch verarbeitet werden, sie eignen sich nicht gut zur Lagerung. Es gibt aber Unterschiede zwischen den verschiedenen Arten und manche kommen nur getrocknet in den Handel, während andere in diesem Zustand viel von ihrer Würzkraft einbüßen und fast wertlos werden. Grundsätzlich sollten Gewürze gut verschlossen, kühl und trocken aufbewahrt werden, wobei sie in der Regel ungemahlen länger halten als gemahlen. Nähere Hinweise unter den einzelnen Stichworten.

DIE BEDEUTUNG DER GEWÜRZE

Im 15. Jh. hatten Gewürze fast die gleiche wirtschaftliche und politische Bedeutung wie heute das Erdöl. Es wurden Kriege darum geführt und sie verhalfen zunächst den arabischen Staaten und den italienischen Stadtstaaten, später den Kolonialmächten zu Reichtum und Macht. Pfeffer war beispielsweise früher so wertvoll, dass er in Gold aufgewogen wurde. Aus dieser Zeit stammt auch die despektierliche Bezeichnung „Pfeffersack" für einen sehr reichen Menschen.

GIANDUJA
Spezialität aus dem italienischen Piemont: Nugat-Schokolade aus gerösteten Haselnüssen oder Mandeln, Zucker und Kuvertüre oder Kakaobutter, die als Masse auch für Pralinenfüllungen oder Cremes verwendet wird. Nüsse und Zucker bilden die Grundmasse, die Menge der zugegebenen Kuvertüre entscheidet über die Konsistenz (weicher oder fester).

SCHON GEWUSST?

Der Spaßmacher ▸ Gianduja ist die Symbolfigur der italienischen Region Piemont und ihrer Hauptstadt Turin, wo sie bei folkloristischen Veranstaltungen immer mit dabei war.

GIBELOTTE
in Weiß- oder Rotwein geschmortes Kaninchenfrikassee

GICHTBEEREN
volkstümliches Synonym für ▸ schwarze Johannisbeeren (▸ Johannisbeeren)

GICHTSTOCK ▸ Liebstöckel

GIEBEL ▸ Karausche

GIEBEN ▸ Güster

GIMBLETTES
gezuckerte Brandmasse- oder Hefeteigkringel, reichhaltig aromatisiert mit Anis, Mandeln, Orange, Vanille, Zitrone usw. (südfranzösische Spezialität)

GIN
Traditioneller britischer Branntwein, der aus Getreide (Gerste, Roggen) als Grundstoff hergestellt wird. Sein typisches Aroma bezieht Gin aber aus Wacholderbeeren und anderen aromatischen Zutaten (u. a. Gewürze wie Koriander, Ingwer, Muskat, Angelika, Lavendel- und Orangenblüten). In der EU muss Gin einen Alkoholgehalt von mindestens 37,5 Vol.-% haben. Was seine Beliebtheit anbelangt, haben die US-Amerikaner den Briten den Rang abgelaufen: In den USA wird heute am meisten Gin hergestellt und zugleich am meisten britischer Gin importiert. Vorläufer des Gin ist der holländische ▸ Genever, der Ende des 17. Jh. nach England gebracht wurde.

GINGER ALE
alkoholarmes bzw. gänzlich alkoholfreies, gehopftes und mit Ingwerauszügen hergestelltes Erfrischungsgetränk (▸ Ale)

GINGER BEER
(Ingwerbier)
Leichtes und erfrischendes englisches Spezialbier, das mit Ingwerwurzeln versetzt wird und eine Nachgärung in der Flasche macht.

GINKGONÜSSE-/SAMEN ▸ Ginnan

GINKGOPFLAUMEN
(Silberaprikosen)
Pflaumenähnliche Steinfrüchte eines optisch sehr attraktiven asiatischen Parkbaumes, dessen Ursprung rund 250 Mio. Jahre zurückgeht und der vor allem in China als heiliger Baum verehrt wird. Die gelben Früchte haben ein süßliches, im Geschmack an Mirabellen erinnerndes Fleisch und sind bei uns in Konserven erhältlich. Ginkopflaumen eignen sich als Suppeneinlage und passen vor allem zu Fisch und Geflügel.

GINNAN
(Ginkgonüsse, Ginkgosamen)
Die gelben Samenkerne der Ginkgofrüchte gelten vor allem in China und Japan als Delikatesse. Sie werden mariniert oder geröstet verzehrt und als Nasskonserve angeboten. Bei uns sind sie allenfalls in speziellen Asialäden zu finden.

GINSENG(WURZEL)
(Kraftwurz, Lebenswurzel)
Mehr noch als ein Würzmittel in der Küche ist die Wurzel dieses ostasiatischen Araliengewächses (Ursprung vermutlich in Korea) als Heilpflanze bekannt. Allerdings steht sie auch im zweifelhaften Ruf, ein Suchtmittel zu sein. Der Anbau von Ginseng ist schwierig (am

besten gelingt er aber in Laubwäldern in über 1000 m Höhe in China, Japan, Nordamerika und der ehemaligen Sowjetunion), deshalb sind die Wurzeln, mit reizvollem süßlichem Aroma, relativ teuer.

Schon gewusst?

Wilder ▸ Ginseng aus dem chinesischen Bergland gilt – noch vor Safran – als das teuerste Gewürz der Welt. Ein einziges Gramm wird auf dem Hauptumschlagsplatz in China, wo auch die USA ihre Ginsengproduktion vermarkten, zu Preisen bis 1500 Euro gehandelt.

GIROS ▸ Gyros

GJETOST
In seiner norwegischen Heimat der beliebteste Käse mit 35 % Fett i. Tr., der streng genommen gar keiner ist, weil er aus Molke statt aus Rahm gewonnen und bei seiner Herstellung kein ▸ Lab zugesetzt wird. Ursprünglich war Gjetost ein Ziegenkäse, heute trägt er in diesem Fall den Zusatz Ekte. Meist wird er aus einer Mischung von Kuh- und Ziegenmilchmolke hergestellt, teilweise unter Zusatz von Sahne oder Milch, Gewürzen und Kräutern. Ausschließlich aus Kuhmilch heißt er ▸ Mysost.

GLACE
1. Eine durch Einkochen stark reduzierte Brühe (Kalb-, Rind-, Geflügel-, Wild-, Fisch-) oder eine sirupartige Zuckerlösung, die beim Erkalten schnittfest wird und zum Überglänzen (▸ glasieren) bzw. Verfeinern von Speisen unterschiedlicher Art verwendet wird.
2. Bezeichnung für ▸ Speiseeis

GLACE ROYALE
weißer Zuckerguss aus Eiweiß, Puderzucker und Zitronensaft

GLACIEREN ▸ glasieren

GLARNER KRÄUTERKÄSE
▸ Schabziger

GLASAALE
Erst 6–8 cm lange, durchsichtige Jungaale, die – mit goldbraun gebratenen Knoblauchzehen und klein geschnittenen Chilischoten kurz in heißem Olivenöl gegart – vor allem in Spanien eine beliebte Spezialität sind.

GLASBUTT ▸ Flügelbutt

GLASIEREN
(glacieren)
Speisen mit dem eigenen Saft, Fleischextrakt, dick eingekochter Brühe (▸ Glace), Gelee (Variante 1) oder mit Zucker (Variante 2) überglänzen. Obwohl die beiden Schreibweisen synonym zu gebrauchen sind, wird in der Küchenpraxis bisweilen ein Unterschied gemacht; „glacieren" steht dann für Variante 1, „glasieren" für Variante 2.

GLASIERTE FRÜCHTE
nach dem Kandieren mit einer dünnen Zuckerschicht überzogene ▸ Dickzuckerfrüchte

GLASNUDELN
Dünne asiatische Nudeln aus Reisbohnen-, Mungbohnen-, Sojamehl oder Meeresalgen, die roh spröde sind und erst beim Garen (kurzes Ziehen in heißem Wasser) transparent werden und ihren Namen verdienen. Glasnudeln müssen aber nicht unbedingt vorgekocht werden, sondern können auch direkt ins heiße Öl (z. B. in den Wok) kommen. Völlig getreidefrei sind sie ein ideales Ausweichprodukt für Menschen mit einer Weizenallergie.

GLASSCHMELZ ▸ Queller

GLASUR
Mehr oder weniger glänzender Überzug von Backwaren, Süßspeisen, Früchten, Pasteten, Gemüse usw. (siehe auch ▸ glasieren), um sie optisch ansprechender zu machen und/oder zu konservieren. Klassische Glasuren bestehen aus reinem Eiweiß, aus Puderzucker und Eiweiß, aus Zucker und Wasser oder nur aus Wasser, eventuell mit aromatischen Zutaten wie Spirituosen, Schokolade usw. angereichert.

GLASWEIZEN ▸ Hartweizen

GLATTBUTT
(Kleist, Tarbutt)
Schollenartiger Meeresfisch (▸ Fische) aus der großen Familie der ▸ Plattfische, der vor allem in Nord- und Ostsee sowie im Mittelmeer zu Hause ist. Er ernährt sich von kleinen Krebstieren und wird bis 70 cm lang. Sein schmackhaftes, aber etwas trockenes Fleisch wird wie Scholle oder Seezunge zubereitet.

GLIEDKRAUT ▸ Waldmeister

GLOUCESTER
Gängige Kurzform für einen traditionellen englischen Hartkäse (▸ Käse), der mit vollem Namen nach der Grafschaft, aus der er kommt, Gloucestershire Cheese heißt. Er wird aus Kuhmilch mit 48 % Fett i. Tr. in zwei Varianten hergestellt: Single Gloucester aus entrahmter Abendmilch und nicht entrahmter Morgenmilch und Double Gloucester aus entrahmter Morgen- und Abendmilch. Vor allem beim Reiben entfaltet er sein mild würziges Aroma.

GLOUCESTERSAUCE
traditionelle Mayonnaise der Engländer mit gekochten und klein gehackten Fenchelknollen, englischem Senf, Worcestersauce, Cayennepfeffer und Zitronensaft

GLUCKE
1. Literarische Bezeichnung für weibliches Federvieh, besonders für eine Henne, die ihre Küken mit Argusaugen behütet und bemuttert. Im übertragenen Sinne, allerdings nicht unbedingt schmeichelhaft gemeint, wird diese Bezeichnung auch für eine übertrieben sorgsame Mutter gebraucht.
2. Kurzname für einen Speisepilz (▸ Krause Glucke)

GLÜCKSKEKSE
Jeder, der schon einmal in einem chinesischen Restaurant gegessen hat, kennt die kleinen, knusprigen und innen hohlen Kekse mit süßlichem Geschmack. Man bekommt sie traditionell nach dem Essen. Im Inneren findet man einen kleinen Zettel, auf dem man einen weisen Spruch oder einer Zukunftsdeutung mit auf den Nachhauseweg bekommt .

SCHON GEWUSST?

Die ▸ Glückskekse gelten zwar hierzulande als typisch chinesisch, die Idee, sie nach dem Essen zu verteilen, hatte jedoch 1909 der Japaner Makato Hagiwara. Er betrieb damals einen japanischen Teegarten in San Francisco und hatte mit seinen „Zuckerln" so großen Erfolg, dass sie schnell von chinesischen Restaurants imitiert wurden. Seit 1964 werden Glückskekse industriell hergestellt.

GLÜCKSKLEEWURZELN
▸ Sauerkleewurzeln

GLÜHWEIN
heißes Getränk für die kalten Tage aus Wein (in der Regel Rotwein), Fruchtwein, Zucker und Gewürzen (z. B. Nelken, Zimt, Koriander), eventuell mit einem Schuss Rum

GLUKOSE ▸ Traubenzucker

GLUKOSESIRUP ▸ Stärkesirup

GLUMSE ▸ Quark

GLUTAMAT
Das Salz einer in fast allen Eiweißstoffen unserer Lebensmittel vorkommenden Glutaminsäure, die zu den nichtessenziellen ▸ Aminosäuren gerechnet wird. Glutamat wird meist aus Mais, Sojabohnen, Weizen oder Zuckerrüben gewonnen. Es besitzt zwar keinen Eigengeschmack, ist aber ein vor allem in der asiatischen Küche viel verwendeter Aromen- und Geschmacksverstärker. Einige Zeit war das Glutamat wegen angeblicher gesundheitlicher Risiken bei regelmäßigem Genuss in Verruf und es wurde sogar für das „China Restaurant Syndrom" verantwortlich gemacht. Neuere Studien haben dies aber nicht bestätigt.

GLUTEN
(Klebereiweiß, Weizenkleber)
Proteingemisch im Mehlkern des Weizens von niedriger biologischer Wertigkeit, aber hohem

Wirkungsgrad beim Backen, das in erster Linie für die Elastizität und die Klebeigenschaften des Teiges verantwortlich ist und dafür sorgt, dass die Gase der Backtriebmittel nicht aus ihm entweichen können. Gluten ist allerdings auch der Stoff, der manchen Allergikern den Genuss bestimmter Getreidesorten und der daraus hergestellten Produkte verbietet.

GLYKÄMISCHER INDEX
(Zuckerfaktor)
Eine der wichtigsten Entdeckungen der modernen Ernährungswissenschaft war die Bestimmung des Zuckerfaktors, in der Fachsprache Glykämischer Index (GI), als Maßeinheit für den Einfluss eines kohlenhydrathaltigen Lebensmittels auf den Blutzuckerspiegel. Je stärker und schneller dieser bei deren Verzehr ansteigt, desto kräftiger kurbelt der Körper die Produktion des „Dickhormons" Insulin an und füllt seine Fettdepots auf. Bezugsgröße bei der Bestimmung des GI ist der Traubenzucker: Hat ein Lebensmittel genau die gleiche Auswirkung auf den Blutzuckerspiegel wie Glukose liegt der GI bei 100; je niedriger der GI desto besser. Als niedrig gilt ein GI von unter 50, als hoch bei über 70. Trotz der wichtigen Erkenntnisse, die er GI liefert, dürfen Lebensmittel nicht nur nach diesem Kriterium beurteilt werden. Der GI berücksichtigt nämlich nicht, in welcher Menge Kohlenhydrate überhaupt enthalten sind – ist der Gehalt sehr niedrig, schadet auch ein hoher GI nur wenig.

SCHON GEWUSST?

Schock für die deutschen Männer: Ihr Lieblingsgetränk Bier schneidet bei der Berechnung des GI (▸ Glykämischer Index) mit 110 ganz schlecht ab. Immerhin: Jetzt weiß man wenigstens, woher der berühmt-berüchtigte Bierbauch kommt.

GNOCCHI
(italienische Nocken)
Bekannte italienische Pasta-Spezialität (▸ Pasta, ▸ Teigwaren), als eigenes Gericht oder als Beigabe zu Fleisch: Kleine Klößchen, Schnittchen oder Nocken, die je nach regionaler Variante aus Kartoffelteig, Maisgrieß oder Brandmasse hergestellt und in Salzwasser gegart oder pochiert und im Backofen fertig gebacken werden. Klassisch sind Gnocchi mit geriebenem Parmesan und zerlassener Butter, sie schmecken aber auch in Fleisch-, Tomaten- oder Gorgonzolasauce oder mit leckeren Füllungen (z. B. aus gehackten Pilzen oder Walnüssen).

GOCKEL
süddeutsche und österreichische Bezeichnung für ▸ Hahn

GOLDÄPFEL ▸ Tomaten

GOLDBARSCH ▸ Rotbarsch

GOLDBEEREN ▸ Physalis

GOLDBRASSE
(Dorade)
Nicht nur einer der besten Speisefische aus dem Meer (▸ Fische, ▸ Meerbrassen), auch optisch ist die Goldbrasse mit ihrem dekorativen goldenen Band zwischen den Augen (das nach dem Tod allerdings verblasst) etwas Besonderes. Teilweise ist sie deshalb nicht nur unter dem Synonym Dorade, sondern als Dorade Royale bekannt. Die Goldbrassen leben vor allem im östlichen Atlantik und im Mittelmeer, werden bis 70 cm lang und bis 3 kg schwer.

VERWENDUNG

Das feine, magere und an Gräten arme Fleisch der Goldbrasse wird bei Köchen und Feinschmeckern hoch geschätzt (beste Zeit Juli bis Oktober). Es eignet sich für alle Fischzubereitungsarten und besonders für die rohe japanische Fischspezialität ▸ Sashimi

GOLDBUTT ▸ Scholle

GOLDLACHS
In der Tiefsee lebende, bis 50 cm lange Lachsfische (▸ Fische), die im Nordatlantik in bis zu 500 m Tiefe gefangen werden. Ihr weißes, saftiges Fleisch eignet sich besonders gut zum Braten und Räuchern.

GOLDORANGEN ▸ Kumquats

GOLDPFEFFER ▸ Chilis

GOLDREGEN, INDISCHER ▸ Manna

GOLDRÜBEN ▸ Mohrrüben

GOLOGLAW
vom Balkan bekannte Maisbreizubereitung, ähnlich der ▸ Polenta

GOMASIO
(Sesamsalz)
aus Japan kommendes Würzmittel aus gerösteten, zerstoßenen Sesamkörnern und Meersalz mit einem leicht nussigen Geschmack, vor allem für Getreide- und Gemüsegerichte

GOMBOS ▸ Okras

GOMSER
Bergkäse aus dem schweizerischen Wallis mit pikantem Aroma, eine der typischen Käsesorten für das ▸ Raclette

GORDALES große Olivensorte (▸ Oliven)

GORGONZOLA
Als weicher Blauschimmelkäse sozusagen die italienische Antwort auf die berühmen französischen ▸ Fourme d'Ambert und ▸ Roquefort, von denen sich der Gorgonzola aber deutlich unterscheidet. Er ist weicher und milder und legt erst mit der Reife an Würze zu. Gorgonzola wird aus pasteurisierter Kuhmilch und mit mindestens 48 % Fett i. Tr. hergestellt. Gorgonzola dolce heißt ein 60 Tage gereifter, milder Käse, Gorgonzola piccante ein 90–100 Tage gereifter, würziger Käse. Panarone ist ein Gorgonzola ohne Blauschimmel. Eine andere Variante ist noch heute unter dem ursprünglichen Namen Stracchino bekannt. Der schmelzig-sahnige Gorgonzola (con) Mascarpone (auch Torta Crema oder Torta San Gaudenzio) ist eine besondere Spezialität, bei der Schichten von Gorgonzola und ▸ Mascarpone abwechselnd wie bei einem Kuchen geschichtet werden.

SCHON GEWUSST?

Der ▸ Gorgonzola gilt als einer der ältesten italienischen Käse und ist in seiner lombardischen Heimat bereits im 11. Jh. erstmals urkundlich erwähnt. Seinen Namen hat er von der Stadt Gorgonzola etwa 20 km nordöstlich von Mailand. Um seine Entstehung rankt sich eine originelle Geschichte. Demnach soll einst ein Melker während des Abendmelkens von einer Magd verführt und die ganze Nacht so beschäftigt worden sein, dass er seine Arbeit vergaß. Am Morgen schüttete der völlig erschöpfte junge Mann dann die frische Milch des morgendlichen Melkgangs mit der geronnenen Milch des Vorabends zusammen. Ein neuer Käse war „erfunden" und wurde in Anspielung auf den fehlenden Schlaf des Melkers „Stracchino di Gorgonzola" (Der Müde von Gorgonzola) genannt.

GÖTTERPFLAUMEN ▸ Kaki(pflaumen)

GÖTTERSPEISE
1. Auch Früchtepudding, Wackelpeter, Wackelpudding oder Wasserpudding genannt: Glibberiges, wackelndes Fruchtgelee, das in Pulverform im Handel erhältlich ist und nur in heißem Wasser aufgelöst und nach dem Erkalten gestürzt werden muss.
2. Mancherorts eine in Gläsern oder kleinen Schüsseln angerichtete Süßspeise aus in Weinbrand getränkten Schwarzbrotkrümeln mit Zucker und Kakaopulver bzw. geriebener Schokolade sowie einer Haube aus aromatisierter Schlagsahne.

GOTTESLACHS
(Königsfisch)
Speisefisch (▸ Fische) aller warmen und gemäßigt warmen Meere, der bis 2 m lang und 100 kg schwer werden kann. Sein lachsähnlich rotes Fleisch eignet sich mit seinem hohen Fettanteil besonders gut zum Grillen und Braten.

GÖTTINGER
grobe Brühwurst aus Rind-, Schweinefleisch und Speck (Göttingen: Stadt an der Leine im südlichen Niedersachsen)

GOUDA
Bereits im 13. Jh. war dieser aus der gleichnamigen Stadt nordöstlich von Rotterdam stammende milde, leicht süßliche Schnittkäse über sein Heimatland hinaus bekannt und noch heute ist er der wichtigste holländische ▸ Käse.

Gouda wird aus pasteurisierter oder roher Kuhmilch längst nicht mehr nur in den Niederlanden hergestellt, sondern weltweit in vielen Varianten mit 30–55 % Fett i. Tr. (z. B. der ▸ Geheimratskäse) kopiert. Traditioneller Gouda hat einen gelben Kunststoffüberzug, andere Farben weisen auf spezielle Zutaten hin: grün mit Kräutern, mahagonirot mit Pfefferkörnern, hellorange mit Kümmel. Junger Gouda (4–7 Wochen gereift) schmeckt sahnig und mild, im mittleren Alter (2–6 Monate) wird er pikanter und leicht nussig und eignet sich am besten zum Gratinieren und Überbacken. Noch älterer Gouda ist herzhaft würzig und trocken. Nur selten erhält man qualitativ hochwertigeren Bauerngouda aus nicht industrieller Produktion.

GOUGÈRE
Lockeres Gebäck in Kugel- oder Ringform aus Brandmasse mit Hartkäse, das aus einer französischen Weingegend (Burgund) kommt und auch gut zum Wein passt oder als warme Vorspeise serviert werden kann.

GOURMAND
Im Gegensatz zum ▸ Gourmet oder ▸ Gastrosoph der schlemmende Vielfraß, der einfach gerne isst und trinkt und sich für seine Völlerei – was man meist auch an seinem Körperumfang sieht – nicht schämt.

SCHON GEWUSST?

Als der unmäßigste ▸ Gourmand aller Zeiten gilt der wohlbeleibte James Buchanan Brady, genannt Diamond Jim, einer der großen Eisenbahnbarone in den USA an der Schwelle des 19. zum 20. Jh. Von ihm wird erzählt, dass er bei seinen Gelagen in den New Yorker Fresstempeln immer exakt 5 inches (13 cm) von der Tischkante entfernt Platz nahm und erst mit dem Essen aufhörte, wenn sein Bauch dort anstieß.

GOURMANDISES
(Feinschmeckerhappen)
Kleine köstliche Leckerbissen (siehe auch ▸ Appetizer), bei deren Herstellung der Kreativität des Kochs kaum Grenzen gesetzt sind und die – oft auf gebuttertem Toast angerichtet – Highlights der kalten Küche sein sollen. Zum Beispiel: fein gefüllte Torteletts bzw. kleine Blätterteigtaschen, Éclairs, Galantinen, Roastbeefhappen, feine Cremes usw.

GOURMET
(Feinschmecker)
Der große Genießer, der gesundheitsbewusster schlemmt als der Gourmand und auch über mehr theoretisches Wissen über feines Essen und Trinken verfügt – ein echter Feinschmecker eben.

GOURNAY
aus Kuhrohmilch hergestellter Weichkäse mit Edelschimmelrinde und 45 % Fett i. Tr. aus der französischen Normandie, eine Art kleiner Camembert, im Geschmack mild, leicht salzig und säuerlich

GRAHAMBROT
Spezial- bzw. Diätbrot, das nach dem Rezept des amerikanischen Arztes und Ernährungsexperten Sylvester Graham (1794–1851) aus Weizenschrot mit fein vermahlener Kleie hergestellt wird. Entscheidend ist dabei die spontane Gärung und der Verzicht auf den Zusatz von Backhefe oder Salz.

GRAMATKA
Nichts für Antialkoholiker ist diese traditionelle polnische Suppe aus Wein und Bier mit Zucker, Zimt und geriebenem Weißbrot.

GRAMBEEREN ▸ Krähenbeeren

GRAMMELKNÖDEL ▸ Speckknödel

GRAMMELN ▸ Grieben

GRAMOLATA ▸ Granita

GRANADILLAS
Die kolumbianischen Verwandten der ▸ Passionsfrüchte haben ein leicht säuerliches aber fein aromatisches und zartes Fruchtfleisch. Granadillas sind eine köstliche exotische Zutat zu Obstsalaten und Süßspeisen, man kann

die fast kugelrunden Früchte mit ihrer glatten gelben bis orangen Schale aber auch halbieren und auslöffeln (mitsamt der essbaren Kerne).

GRANAKÄSE
Sammelbezeichnung für eine Gruppe von harten, bröseligen Käsen mit herzhaftem Geschmack, die vor allem als Reibekäse verwendet werden. Die beiden bekanntesten ihrer Art sind der ► Parmesan und der ► Grana Padano.

GRANA PADANO
Im Herstellungsverfahren mit dem ► Parmesan fast identischer krümeliger Hartkäse (32 % Fett i. Tr.), dessen einziger Unterschied zu seinem berühmten „Bruder“ in der Verwendung von Kuhmilch unterschiedlicher Herkunft und nicht nur aus einem eng umrissenen Gebiet besteht. Ursprünglich kam Grana Padano aus der Poebene, mittlerweile aber wird er in ganz Norditalien hergestellt und macht dem Parmesan als beliebter Reibekäse Konkurrenz.

GRANÄSCHEN ► Meeräschen

GRANAT ► Sandgarnelen

GRANATAPFEL
(Purpurapfel, Punischer Apfel)
Die botanisch als Beere klassifizierte Frucht eines kleinen Baumes bzw. großen Strauches, dessen ursprüngliche Heimat in Vorderasien vermutet wird. Heute wird er in den Tropen, Subtropen und den warmen Gebieten der gemäßigten Klimazonen kultiviert. Unter der leuchtend roten, teils gelbgrünen oder auch schwarzvioletten Schale der apfelgroßen, fast kugelrunden Frucht (Durchmesser 8–10 cm) verbergen sich viele Kerne. Deren rosarote Hüllen bzw. ihr Saft sind der kulinarisch wertvolle Teil der Granatäpfel. Ihr frischer Verzehr ist aufgrund der zahlreichen Kerne, die viel Gerbsäure enthalten, allenfalls bei voll ausgereiften Früchten zu empfehlen. Meist wird die Frucht mit den Händen weich geknetet und durch ein Loch, das man in die Schale sticht, der Saft getrunken. Aber Vorsicht: Der Saft macht Flecken, die sich kaum mehr entfernen lassen. Nicht umsonst werden daraus im Orient Naturfarben für Teppiche hergestellt.

VERWENDUNG

Hauptsächlich werden Granatäpfel für die Produktion von ► Grenadine, einen vielseitig verwendbaren Sirup, verwendet. Außerdem werden Saft und Fruchtfleisch gerne zur Herstellung bzw. zum Aromatisieren von Sorbets, Süßspeisen, Puddings, Cremes usw. eingesetzt, können aber mit den Kernen als säuerliche Würze auch Wild- und Geflügelgerichte, Hackfleisch, Fisch oder Salate verfeinern.

SCHON GEWUSST?

Vielleicht liegt es an seinem leuchtenden Rot, vielleicht an seinem Samenreichtum oder an beidem: Auf jeden Fall galt der ► Granatapfel früher als Symbol von Fruchtbarkeit, Liebe und Verführung. Mit einem Granatapfel soll Eva den Adam verführt haben und mit einem Granatapfel, den er der griechischen Göttin der Liebe, der Schönheit und der sinnlichen Begierde Aphrodite überreichte, entschied Paris ihren Streit mit Hera und Athene, wer wohl die Schönste von ihnen sei. Der Sage nach war dies der Auslöser für den zehnjährigen Trojanischen Krieg.

GRAND CRU
In Frankreich für einige der feinsten (und teuersten) Weine stehender Begriff, der allerdings nicht einheitlich geregelt ist: In Burgund, Elsass und Champagne steht Grand Cru für Weine, die aus den topklassifizierten Lagen kommen, wie z. B. Romanée-Conti, Chambertin, Richebourg oder Montrachet. In Bordeaux sind mit Grand Cru (teilweise noch mit dem Zusatz Classé) dagegen Weingüter klassifiziert.

GRANDELN ► Preiselbeeren

GRAND MARNIER
Französischer Edellikör, der seit 1880 nach dem gleichen Rezept hergestellt wird. Hauptbestandteile sind gereifter Cognac und karibische Bitterorangen; beide sorgen für das unverwechselbare Aroma und den besonders feinen Geschmack. Grand Marnier (Alkoholgehalt 40 Vol.-%) ist nicht nur pur ein Genuss, sondern auch prädestiniert für den Einsatz in der Küche. Kenner wählen den „cordon rouge“, denn es gibt auch eine qualitativ bescheidenere Variante mit gelbem Band („cordon jaune“), die mit neutralem Alkohol statt Cognac und mit bitteren und süßen Orangen hergestellt wird.

GRANITA
(Gramolata)
Körnig zerstoßenes bzw. geschabtes Wassereis, das aus moderat gesüßtem Fruchtsirup

bzw. Fruchtpüree, Kaffee, Wein oder Likör hergestellt und wie ein ▸ Sorbet zwischen zwei Gängen eines Menüs, nach dem Essen oder auch als feine Erfrischung am Nachmittag serviert wird.

GRANOLA ▸ Crunchy

GRAN RESERVA
Höchste Qualitätsstufe für spanischen ▸ Wein mit klarer gesetzlicher Vorgabe: Ein als Gran Reserva gekennzeichneter Rotwein muss mindestens 60 Monate gelagert und gereift sein, bevor er in den Handel kommen darf; mindestens 18 Monate davon im kleinen Eichenholzfass (▸ Barrique). Für Rosé- und Weißweine ist eine Gesamtreifezeit von mindestens 48 Monaten vorgeschrieben, davon 6 Monate im Fass (siehe auch ▸ Reserva und ▸ Crianza).

GRAPEFRUITS

Eine (wahrscheinlich zufällige) Kreuzung aus ▸ Orangen und ▸ Pampelmusen ist diese um 1750 in Puerto Rico entstandene Vertreterin der ▸ Zitrusfrüchte. Sie zeichnet sich durch ein bitter-süßes und sehr aromatisches Fruchtfleisch (in der Farbe gelb bis rot) aus und ihr Saft ist eine Grundzutat für viele Mixgetränke. Grapefruits eignen sich als Frühstücksfrucht, aber auch als Rohkost zu Entenfleisch, Meeresfischen, in Obstsalaten und auf Torten. Bemerkenswert ist ihr Gehalt an Vitamin C und P. Zu uns kommen die Früchte hauptsächlich aus Israel, Spanien und Afrika, die meisten Grapefruits produzieren aber die USA.

GRAPPA
Aus Traubentrester, den Pressrückständen bei der Kelterung von Weintrauben, wird dieser bekannte italienische Branntwein hergestellt, dessen Name sich von „grappolo“ = „Traube“ ableitet. Im Gegensatz zu Tresterbränden aus anderen Ländern (z. B. dem französischen ▸ Marc) schreiben die gesetzlichen Bestimmungen vor, dass er durch direkte Destillation des Tresters gewonnen werden muss. Der Mindestalkoholgehalt beträgt 37,5 Vol.-%, meist hat Grappa aber 40–50 Vol.-% oder mehr. Verwendet werden können weiße und auch rote Rebsorten, u. a. Chardonnay, Gewürztraminer, Moscato, Müller-Thurgau, Nebbiolo und Pinot Noir. Meist werden sie gemischt, besteht ein Grappa nur aus einer Rebsorte, ist diese auf dem Etikett angegeben.

SCHON GEWUSST?

Urkundlich belegt ist die Herstellung von ▸ Grappa seit dem 15. Jh. Ein Notar aus dem Piemont vermachte seinen Nachfahren 1451 eine Destillationsanlage und größere Mengen an Destillaten, darunter auch der Vorläufer des Grappa, der vermutlich schon länger hergestellt wurde. Damit zählt der Grappa auf jeden Fall – neben Armagnac und Cognac – zu den ältesten hochwertigen Branntweinen in Europa.

GRASKARPFEN
aus China stammende Zuchtform der ▸ Karpfen (▸ Fische)

GRASLAUCH ▸ Schnittlauch

GRÄSLING ▸ Äsche

GRÄTEN
die „Knochen“, korrekt die Bindegewebsverknöcherungen des Skeletts von Fischen

GRATIN
jedes mit geriebenem Käse, Weißbrot- und Semmelbröseln, Butter, Ei usw. überbackene bzw. überkrustete Gericht, entweder im Eisentopf oder in einer Glasform

GRATINIEREN
(überbacken, überkrusten)
Eine Speise bei starker Oberhitze überbacken, sodass eine leckere Kruste entsteht (frz. „gratiner“ = „überbacken“)

GRATIN(IER)SAUCE
(Sauce gratin)
in Weißwein und Fischfond stark eingekochte Schalotten, aufgefüllt mit Kraftsauce und Duxelles und langsam durchgekocht (zum Überkrusten von Fischen)

GRAUBARSCH
(Seekarpfen)
Ein Vertreter der ▸ Meerbrassen (▸ Fische), der vor allem im Ostatlantik von Senegal bis zur norwegischen Küste und im Mittelmeer vorkommt. Der Graubarsch hat meist nur regionale Bedeutung, wird an seinen Fangorten aber sehr geschätzt für sein festes und aromatisches Fleisch, das sich gut grillen und braten lässt.

GRAUBÜND(E)NER FLEISCH
▸ Bündnerfleisch

GRAUBURGUNDER
(Pinot Grigio, Pinot Gris, Ruländer)
Als eine Mutation des roten Pinot Noir (▸ Spätburgunder) gilt diese feine weiße Rebsorte aus der Burgunderfamilie, deren verschiedene Namen zum Teil mit einem unterschiedlichen Weinstil einhergehen. Der italienische Pinot Grigio ist meist die leichtere fruchtig-frische Version, während es in Deutschland den Grauburgunder sowohl im Sommerwein-Stil als auch nach traditioneller Art als gehaltvollen, cremig-schmelzigen Wein gibt. Dann trägt er oft die alte Bezeichnung Ruländer.

GRAUBUTT ▸ Flunder

GRAUKAPPE
1. Auch Graukopf, Herbstblattel, Nebelgrauer Trichterling oder Nebelkappe: Großer und auffälliger Blätterpilz des herbstlichen Laub- und Nadelwaldes, der in größeren Gruppen oder Ringen auftritt. Als Speisepilz eignen sich nur Exemplare, die im Geruch süßlich, im Geschmack aber säuerlich mild sind und gut gekocht werden müssen.
2. Synonym für den ▸ Birkenpilz

GRAUKÄSE
Käsespezialität aus dem österreichischen Tirol, die aus magerer Kuhmilch als ▸ Sauermilchkäse mit maximal 2 % Fett i. Tr. hergestellt wird. Graukäse hat eine dünne rissige Rinde, meist mit einem grünlich-grauen Edelschimmelflaum, und ist im Geschmack würzig-säuerlich und rassig frisch. Schmeckt sehr gut in Essig und Öl eingelegt.

GRAUKOPF ▸ Graukappe

GRAUPEN
(Rollgerste)
Einst eine typische Suppeneinlage in Kriegs- und Notzeiten, erleben die geschälten und polierten Gerstenkörner (manchmal auch Weizenkörner) heute eine kleine Renaissance und werden teilweise auch in der gehobenen Küche in feinen Suppen verarbeitet.

GRAVED LACHS
Nach einem besonderen Verfahren konservierter Lachs aus Skandinavien (Norwegen), der nicht geräuchert, sondern stattdessen in Salz, Zucker, Pfeffer und Dill gebeizt (mariniert) wird. Bei dieser Methode bleiben der feine Geschmack und die Konsistenz des Fischfleisches besonders gut erhalten. Früher wurde der so behandelte Lachs zur Reifung in Erdgruben versenkt, heute kommt er in den Kühlraum.

GRECQUE, À LA ▸ griechische Art

GREINWURZEL ▸ Meerrettich

GREMOLATA
Italienische Gewürzmischung aus fein gehacktem Knoblauch, Petersilie und geriebener Schale von unbehandelten Zitronen, die als Garnitur für viele (meist geschmorte) Gerichte

die aromatische Vollendung ist. Nicht fehlen darf die Gremolata beispielsweise auf ▸ Ossobuco. Je nach Rezept können auch noch Sardellen oder Peperoncini dazugegeben werden.

GRENACHE
(Garnacha)
Es gibt vor allem im Süden Frankreichs auch eine weiße Spielart, in erster Linie ist Grenache (Noir) aber als rote Rebsorte bekannt. Sie stammt ursprünglich aus Nordspanien und ist heute mit rund 275 000 ha Rebbaufläche die am meisten angebaute rote Traube auf der Welt. Ein nicht wegzudenkender Bestandteil mit langer Tradition ist sie in vielen Weinen von der Rhone, aus dem Languedoc-Roussillon und aus Spanien. Grenache wird aber auch in Übersee angebaut und auf der italienischen Insel Sardinien kennt man sie als Cannonau.

GRENADIERFISCH
Ein riesiger Kopf mit den für Tiefseefische typischen großen Augen und ein vergleichsweise kleiner Körper mit einem lang und spitz zulaufenden Schwanz sind die äußerlich auffallenden Merkmale dieses hauptsächlich im Nordostatlantik vorkommenden Meeresfisches (▸ Fische). Sein mageres und geschmackvolles Fleisch wird sehr geschätzt.

GRENADINE
Der bekannte, stark gesüßte Granatapfelsirup (▸ Granatapfel) wurde früher ausschließlich aus den Früchten der Karibikinsel Grenada erzeugt, woher auch sein Name kommt. Meist ist er alkoholfrei, manchmal hat er aber auch etwas Alkohol. Grenadine ist Bestandteil vieler Cocktails und Mixgetränke.

GRENADINS
dicke runde und gespickte Fleischscheiben von Kalbsfilet oder -nuss (manchmal auch Truthahnfleisch), in Butter gebraten und gerne auf gerösteten Weißbrotscheiben angerichtet

GRESSLING ▸ Gründling

GREYERZER ▸ Gruyère

GRICKEN ▸ Buchweizen

GRIEBEN
(Grammeln, Grieven, Krammeln)
der feste Rückstand beim Ausschmelzen (Ausbraten) von Fettgewebe

GRIEBENSCHMALZ
Mit ▸ Grieben (Stückchen) aus dem Rückenspeck oder ▸ Flomen angereichertes Schweineschmalz (oder eine Mischung verschiedener Schmalzsorten), das gewürzt mit säuerlichen Äpfeln und Majoran oder auch nur mit Salz und Pfeffer ein beliebter Brotaufstrich ist.

GRIECHISCHE ART
(grecque, à la)
1. körnig gekochter Reis mit grünen Erbsen, kleinen Würfeln von Paprika, Tomatensauce und teils Wurstbrät, zu Fleisch und Geflügel
2. Weißweinsauce mit Fenchel, Sellerie und Koriander zu Fisch
3. Gemüse in aromatischer, scharf gewürzter Olivenölmarinade, meist kalt als Vorspeise

GRIECHISCHE NUDELN ▸ Kritharaki

GRIECHISCHER SALAT
Salatklassiker (▸ Salate) aus Scheiben von Paprika, Gurken und Tomaten mit Zwiebelringen, Schafskäse (Feta) und schwarzen Oliven in Essig-Öl-Sauce

GRIECHISCHES HEU ▸ Bockshornklee

GRIE SOOSS ▸ Frankfurter Grüne Sauce

GRIESS
1. müllereitechnischer Begriff für die beim Mahlen von Getreide entstehenden Teilstückchen des Getreidekornes
2. Handelsbezeichnung für ein Produkt aus geschälten und geschroteten Getreidekörnern (meist Weizen, seltener Gerste, Hafer, Reis oder Mais), wobei man zwei Arten mit unterschiedlichen Kocheigenschaften unterscheidet: Hartweizengrieß, der vor allem zur Herstellung von Teigwaren (Nudeln usw.), Aufläufen, Knödeln, Kroketten usw. verwendet wird, und Weichweizengrieß (für Suppen, Breie, Puddings, Süßspeisen usw.). Die klassische ▸ Polenta wird mit Maisgrieß hergestellt.

GRIESSKNÖDEL
aus in Milch aufgequollenem Grieß unter Zugabe von Butter, Eiern und gerösteten Weißbrotwürfeln hergestellte ▸ Knödel

GRIESSKROKETTEN ▸ Colombines

GRIESSNOCKEN
(Grießnockerl)
Klößchen bzw. Nocken aus Weizengrieß mit Butter, Eigelb und frisch geriebener Muskatnuss als Suppeneinlage oder auf dem Blech mit Butterflöckchen und geriebenem Käse (Parmesan) überbacken

GRIESSSCHMARR(E)N
Pendant zum Kaiserschmarrn und ebenfalls eine österreichische Spezialität: Mit Butter, Eiern und Zucker in der Pfanne gebackener Grießbrei, der mit der Gabel aufgerissen und mit Zwetschgenröster serviert wird.

GRIESSTÖRTCHEN ▸ Colombines

GRIEVEN ▸ Grammeln (▸ Grieben)

GRILLADE
über einer Feuerstelle auf dem Grill oder Rost gegarte Speise, vor allem Fleisch, Geflügel und Fisch

GRILLAGE
österreichische Bezeichnung für ▸ Krokant

GRILLAGEMASSE
Biskuitmasse mit Zusatz von Krokant, Bröseln, rohen Mandeln und Zimt zur Herstellung von Dessertstückchen bzw. -schnitten

GRILLBEIZE
Eine Art Öl-Wasser-Marinade zum Beträufeln des Grillgutes beim Grillen, um es aromatischer und knuspriger werden zu lassen. Für die Beize können je nach Geschmack verschiedene Gewürze bzw. Kräuter verwendet werden.

GRILLEN
Die älteste Garmethode überhaupt ist auch heute noch besonders beliebt und meist Männersache. (▸ Seite 205)

GRILLER ▸ Rostbratwürste

GRILLIEREN ▸ grillen

GRILLKARTOFFEL ▸ baked potatoe

GRILLSAUCEN
kalte, süß-saure bis pikant scharfe Würzsaucen für Gegrilltes

GRILLWURST ▸ Rostbratwüste

GRISSINI
Langes und dünnes italienisches Stangengebäck aus Brotteig als kleine Knabberei, mit der man die Wartezeit aufs Essen überbrücken kann, die aber genauso zum Plausch am Nachmittag wie bei der Weinprobe oder – mit einer Scheibe Parmaschinken umwickelt – als ▸ Fingerfood beim Stehempfang gereicht werden.

GROG
Alkoholhaltiges Heißgetränk, das gerne bei Erkältungskrankheiten und zur Vorbeugung dagegen getrunken wird. Grog wird aus Rum (auch Arrak, Whisky oder Weinbrand), Zitronensaft, Zucker und heißem Wasser zubereitet.

SCHON GEWUSST?

Der ▸ Grog geht zurück auf den legendären englischen Admiral Edward Vernon (1684–1757). Aufgrund zunehmender Disziplinlosigkeiten und Alkoholexzesse ließ er die übliche Ration Rum für die Seeleute „entschärfen“ und mit Wasser strecken. Er gab dem Grog auch seinen Namen: Vernon wurde nämlich „Old Grogg“ genannt, weil er stets nur Mantel und Hosen aus einem groben, Grogram genannten Stoff trug.

GRÖNER HEIN
(Grüner Heinrich)
hamburgischer bzw. schleswig-holsteinischer Eintopf aus Scheiben von Räucherschinken oder Bauchspeck, grünen Bohnen und kleinen harten Kochbirnen mit Petersilie, Bohnenkraut und weißem Pfeffer, meist mit Pellkartoffeln

Die älteste Garmethode: Grillen

Die Garmethode mit der bei weitem längsten Tradition beruht ausschließlich auf direkter Strahlungswärme. Grillen kann man (wie in grauer Vorzeit) auf einem Rost bzw. einem Spieß über dem offenen Feuer oder auf einem mit Holzkohle, Strom oder Gas betriebenen Grill. Die weitaus meisten „Barbecuer“ sind aber nach wie vor für den Holzkohlengrill Feuer und Flamme: Nur beim Brutzeln über der Holzkohle nimmt das Grillgut das typische und von Grillfreunden so heiß geliebte Aroma an (▸ Barbecue).

GRILLEN HAT VIELE VORZÜGE

Gegenüber anderen Garmethoden hat das Grillen einige Vorzüge: Es ist vor allem besonders Nährstoff schonend und fettarm. Beim Grillen denkt man immer zuerst an Fleisch, das auch mit Abstand am häufigsten auf dem Rost landet. Der Renner auf dem Grill sind dabei Schweine(nacken)steaks (Halsgrat) bzw. -koteletts und Würstchen. Ein ideales Grillfleisch ist auch Lamm. Grundsätzlich eignen sich stärker von Fettadern durchzogene (marmorierte) Fleischarten und -stücke besser als sehr mageres Fleisch. Bei richtiger Zubereitung versprechen aber auch Rind, Wild und Geflügel vom Grill einen hohen Genussfaktor. Oft empfiehlt es sich, das Grillfleisch zu marinieren.

Wer seine Grillkünste auf Fleisch und Geflügel beschränkt, verpasst eine ganze Menge. Den Genuss erst perfekt macht nämlich eine bunte Mischung auf dem Grill. Eine besondere Delikatesse sind Fische, vor allem fettreichere wie Makrele, Lachs, Hering, Schwertfisch, Heilbutt, Thunfisch und natürlich Forelle. Eine schmackhafte und gesunde Abwechslung bieten auch Gemüse und (Feld-)Früchte wie z. B. Paprikas, Auberginen, Zucchini oder die Klassiker Grilltomate, Maiskolben und Kartoffel. Aber auch viele Obstsorten schmecken fein vom Grill, etwa halbierte Pfirsiche und Nektarinen, Apfelscheiben, Ananas, Bananen oder gemischte Spieße. Der Geheimtipp ist Käse, wobei sich außer Hartkäse alle Sorten eignen.

GRILLEN IST MÄNNERSACHE

Eine Grilltradition wie keine andere Nation haben in den letzten 400 Jahren die USA entwickelt. In den Vereinigten Staaten ist das Barbecue eine Art Volkssport. Aber auch bei den Deutschen und in vielen anderen Ländern zählt das Grillen im Sommer (und im geselligen Kreis) zu den Lieblingsbeschäftigungen vor allem der Männer, denn sie stehen (Umfragen zu Folge) zu rund 80 % am Grill. Dabei mutieren auch Männer, die sonst nicht einmal ein Spiegelei „unfallfrei“ zubereiten können, zu ambitionierten Meisterköchen. Ein Phänomen, das Experten mit dem Urinstinkt des Mannes als Jäger und Herrscher über das Feuer und mit dem Hauch von Abenteuer und Lagerfeuerromantik erklären, der das Grillen umweht.

AM ANFANG WAR DAS FEUER

Das gilt nicht nur für die Erdgeschichte, sondern auch für die Zubereitung von Fleisch. Das Grillen der erjagten Tiere über dem offenen Feuer ist die älteste Garmethode überhaupt, die vermutlich schon genauso lange praktiziert wird, wie der Mensch das Feuer beherrscht. Durch Funde von alten Feuerstellen ist belegt, dass bereits vor mindestens 500 000 Jahren Fleisch über dem offenen Feuer gegart wurde. Vermutlich liegt die „Entdeckung“ des Grillens aber noch viel weiter zurück. Lange Zeit war es für die Menschen die einzige Möglichkeit, das Fleisch nicht roh essen zu müssen und es für den Magen besser genießbar, schmackhafter und leichter verdaulich zu machen. Andere Garverfahren wie Kochen oder Braten entstanden erst viel später.

GRÖNLANDKRABBEN
Vertreter der Tiefseegarnelen (▸ Garnelen)

GRÖNLANDLACHS
eine der Atlantiklachs-Arten (▸ Lachs)

GROSSER HANS
In Norddeutschland ein würziger Mehlkloß mit Kardamom, Rosinen, Rum und geriebener Zitronenschale, der im Topf wie ein Serviettenknödel gedünstet wird. Dazu serviert man Kompott oder Fruchtsauce.

GROSSER SCHMIERLING ▸ Kuhmaul

GROSSFLASCHEN
Sammelbegriff für Wein- und Champagnerflaschen, die über die normalen Flaschengrößen von 0,75 l oder 1 l Füllmenge hinausgehen. Das beginnt mit der Magnum mit einem Füllvolumen von 1,5 l. Die Doppelmagnum enthält – wie der Name schon sagt – die doppelte Menge der Magnum, also 3 l. Sie heißt in der Champagne auch Jeroboam, während in Bordeaux eine Jeroboam 4,5 l fasst; eine Flaschengröße, die in der Champagne Rehoboam heißt. Die Jeroboam ist gleichzeitig die kleinste der Großflaschen, die nach biblischen Gestalten bzw. Königen des Alten Testaments benannt sind. Nicht in diese Reihe gehört zwar die Impériale mit einem Fassungsvermögen von 6 l, doch sie heißt auch Methusalem, wenn Champagner der prickelnde Inhalt ist. Weitere gängige Großflaschenformate sind Salmanazar (9 l), Balthazar (12 l), Nebukadnezar (15 l), Melchior (Bordeaux) oder Goliath (Champagne) mit jeweils 18 l Inhalt und Salomon (20 l).

GRÖSTE
süddeutsche Bezeichnung für in der Pfanne geröstete Kartoffeln (Bratkartoffeln)

GRÖSTL
(Tiroler Gröstl)
Österreichische Spezialität, vor allem im Bundesland Tirol: Bratkartoffeln mit Fleisch, Wurst, Speck und/oder Ei sowie anderen Zutaten, beliebt auch als „Resteverwertung".

GRÜCKEN ▸ Buchweizen

GRUMMBEEREN ▸ Kartoffeln

GRÜMMEL(KANDIS)
eine Art von ▸ Kandis(zucker)

GRÜNALGEN
eine der essbaren Arten von ▸ Algen

GRÜNDLING
(Flusskresse, Greßling)
Kleiner (nur 10–15 cm langer) Karpfenfisch (▸ Fische) aus dem Meer und aus Flussmündungen, der in fast ganz Europa bis Sibirien in schnell fließenden, aber auch stehenden Gewässern mit kiesigem und sandigem Grund und Pflanzenbewuchs verbreitet ist. Sein aromatisches Fleisch wird meist gebacken oder frittiert und als Beilage gereicht.

GRUNDNAHRUNGSMITTEL
die wichtigsten ▸ Nahrungsmittel

GRUNDSAUCEN
wie der Fond eine wichtige Grundlage beim Kochen und Ausgangsbasis für unzählige Saucenvariationen (z. B. ▸ weiße Grundsauce, ▸ braune Grundsauce, ▸ Kraftsauce, ▸ deutsche Sauce, ▸ Tomatensauce oder ▸ holländische Sauce)

GRÜNE BOHNE
▸ Gartenbohne (▸ Bohnen)

GRÜNE KLÖSSE ▸ Thüringer Klöße

GRÜNE MANDELN ▸ Pistazien

GRÜNE SAUCE
(Sauce verte)
Mayonnaise mit klein gehackten Kräutern, in die klassisch Borretsch, Kerbel, Kresse, Petersilie, Pimpinelle, Sauerampfer und Schnittlauch gehören. Es werden teilweise aber auch Estragon, Fenchel, Dill und sogar Spinat genommen. Weitere Zutaten sind Essig, Öl, Eigelb, Senf und Zitronensaft. Grüne Sauce passt zu Meeresfrüchten, pochiertem Fisch, kaltem Braten und hart gekochten Eiern (▸ Frankfurter Grüne Sauce).

GRÜNE ZWIEBELN
▸ Frühlingszwiebeln (▸ Zwiebeln)

GRÜNER BLUMENKOHL ▸ Brokkoli

GRÜNER HEINRICH ▸ Gröner Hein

GRÜNER MEERRETTICH ▸ Wasabi

GRÜNER PFEFFER
eine der Hauptarten von ▸ Pfeffer

GRÜNER SALAT ▸ Kopfsalat (▸ Salate)

GRÜNER SPARGEL
(Grünspargel)
im Gegensatz zu seinem weißen „Bruder" ans Tageslicht gewachsener ▸ Spargel

GRÜNER TEE
(Grüntee)
Im Gegensatz zum Schwarzen Tee nicht fermentierter ▸ Tee, der deshalb seine hellgrüne Farbe sowie auch alle Inhaltsstoffe in ihrer ursprünglichen Konzentration und in unveränderter Zusammensetzung behalten hat.

GRÜNER VELTLINER
Bei weitem dominierende Weinrebe in Österreich, wo rund 17 500 ha und damit mehr als ein Drittel der gesamten Anbaufläche mit ihr bestockt sind. Vielfach gilt der Grüne Veltliner als Inbegriff des österreichischen Weißweines und als Prototyp des Heurigenweins: frisch und süffig mit knackiger Säurestruktur und fruchtigem Aroma von grünen Äpfeln, Pilzen und dem typischen „Pfefferl" (einer leicht pfeffrigen Note). Dass der Veltliner aber noch mehr kann, zeigt eine ganze Reihe hochwertiger Weine aus dieser Rebsorte, vor allem aus der Wachau und dem benachbarten Kamptal.

GRÜNKERN
(Grünkorn)
Vollwertiges Getreideprodukt aus dem noch unreif geernteten Korn des ▸ Dinkel, das gedarrt, geröstet, geschält und wie Weizen zu verschiedenen Produkten (Mehl, Grieß, Graupen, Grütze, Schrot) verarbeitet wird. Das ganze Korn kommt als Einlage in Suppen und Eintöpfe sowie als würzige Beilage zu verschiedenen Speisen. Grieß und Schrot werden u. a. zum Binden von würzigen Brüh- und Gemüsesuppen verwendet sowie für Aufläufe, Klöße usw. Das Mehl dient zum Binden und Backen.

GRÜNKNOCHEN ▸ Hornhecht

GRÜNKOHL
(Blätter-, Braun-, Feder-, Kraus-, Winterkohl)

Vor allem in der Nordhälfte Deutschlands populärer Vertreter aus der Kohlfamilie, der besonders gesund ist und viele Vitamine und Nährstoffe enthält. Die Hauptanbaugebiete des typischen Herbst- und Wintergemüses liegen im Rheinland, in Niedersachsen, Westfalen und Schleswig-Holstein. Im Süden Deutschlands dagegen wird der kulinarische Wert des deftigen Grünkohls meist unterschätzt. Grünkohl hat einen angenehm würzigen und süßlichherben Geschmack. Man erhält ihn auch tiefgekühlt oder tafelfertig in Dosen.
VERWENDUNG: *Am besten bereitet man Grünkohl möglichst frisch zu (im Gemüsefach des Kühlschranks maximal 5 Tage haltbar). Bei den weitaus meisten Rezepten wird er mit Gepökeltem, Geräuchertem, Schweinebacke und Kochwürsten kombiniert. Eine weitere Spezialität ist Grünkohl mit karamellisierten Bratkartoffeln.*

GRÜNKOHL MIT PINKEL
▸ Kohl und Pinkel

GRÜNKORN ▸ Grünkern

GRÜNLING
(Echter Ritterling)
Lange Zeit ein geschätzter Speisepilz, gilt der Grünling heute als „potenziell tödlich giftig". Möglicherweise enthält der bevorzugt in Kiefernwäldern und oft unter Moos, Flechten, Nadeln oder Sand versteckt wachsende Pilz einen Giftstoff, gegen den die meisten Menschen resistent sind, der bei manchen aber schlimme Folgen bis zum Tod haben kann.

GRÜNSCHIMMELKÄSE ▸ Edelpilzkäse

GRÜNZWIEBELN ▸ Lauchzwiebeln

GRÜTZE
Geschälte und geschrotete bzw. geschnittene Getreidekörner, die meist von Hafer, Gerste und Buchweizen stammen, grundsätzlich aber von jeder Getreideart kommen können. In der Größe liegt Grütze zwischen Graupen und Grieß. Sie wird vor allem für Suppen, Breie, Schleime und Wurstwaren (▸ Grützwurst) verwendet und ist nicht zu verwechseln mit ▸ roter Grütze, einem süß-sauren Beerenmus.

GRÜTZE, ROTE ▸ rote Grütze

GRÜTZWURST
deftige Kochstreichwurst aus Schweine- und Rindfleisch, Fett- und Bindegewebe, teils auch Innereien, Grütze und Zwiebeln

GRUYÈRE
(Greyerzer)
Berühmter Hartkäse aus den französischen oder schweizerischen Alpen, der aus vollfetter Kuhmilch (45 % Fett i. Tr.) und auf traditionelle Art – und das bereits seit vielen Jahrhunderten – hergestellt wird. Gruyère reift durchschnittlich 4–10 Monate, bevor er in den Handel kommt. Er braucht einige Zeit, um sein typisches würziges Aroma richtig zu entwickeln. Als Gruyère oder Greyerzer ohne weiteren Namenszusatz wird heute nur ein Käse bezeichnet, der aus der gleichnamigen Stadt im Schweizer Kanton Fribourg stammt. Von französischer Seite dagegen kommen der (Gruyère de) ▸ Beaufort und der (Gruyère de) ▸ Comté.

SCHON GEWUSST?

Lange Zeit nahmen Franzosen und Schweizer gleichermaßen für sich in Anspruch, Erfinder des ▸ Gruyère zu sein. Historisch genau zu belegen ist aber nicht mehr, wem diese Ehre nun gebührt, auch wenn er in der Schweiz etwas früher (1115) in alten Dokumenten auftaucht als in Frankreich (1185). Der Streit wurde 1951 mit einer salomonischen Entscheidung beendet: In der „Konvention von Stresa" räumte man sich gegenseitig Herkunftsschutz ein.

GUACAMOLE
(Avocadocreme)
Mexikanische Spezialität: Dicke grüne Sauce, die hauptsächlich aus pürierten Avocados, fein gehackten und geschälten Tomaten und Chilis besteht und u. a. mit frischem Koriander, Knoblauch und Zitronen- oder Limettensaft gewürzt wird. Guacamole ist ein beliebter Dip zu ▸ Nachos (Maischips) und kommt als pikante Füllung in ▸ Tortillas und ▸ Tacos. Sie passt als Beilage zu Fleisch- und Gemüsegerichten.

GUAJABA, GUAJAVE ▸ Guave

GUANABANA ▸ Stachelannone

GUARANA

1. In Venezuela und Brasilien heimischer Strauch, aus dessen pulverisierten Samenkörnern eine Paste hergestellt wird. Diese enthält unter anderem die Stimulanzien Koffein und Guaranatin und dient zur Herstellung von Erfrischungsgetränken.
2. Das Aufgussgetränk aus Guaranapaste, das bei den Indianern des Amazonasgebietes eine lange Tradition hat und mittlerweile auch in Mitteleuropa bekannt ist. Vor allem Bodybuilder, Jogger und andere Sportler nehmen es gern als Fitnessdrink zu sich.

GUAVE
(Erdbeerguave, Guajabe, Guajave, Kujave)

Apfel- oder birnenförmige Frucht eines tropischen Myrtengewächses (kleiner Baum oder baumartiger Strauch), dessen größte Pflanzungen in Südafrika, in Indien, auf Hawaii und in den Südstaaten der USA zu finden sind. Das weiße, rosafarbene oder gelbliche und mit vielen kleinen Kernen durchsetzte Fruchtfleisch wird beim Erhitzen lachsfarben. Es schmeckt angenehm süß-säuerlich und moschusartig.

GUG(E)LHUPF
(Kugelhupf)
Vor allem im süddeutschen Sprachraum ein luftig-leichter, aber doch gehaltvoller ▸ Napf-

kuchen, der „pur" aus Mehl, Hefe, Eiern, Zucker, geschmolzener Butter und Milch gebacken wird. Manchmal kommen ein Schuss Hochprozentiges, Rosinen, gehackte Mandeln und abgeriebene Schale einer unbehandelten Zitrone dazu. Den Ruhm des Guglhupf-Erfinders nehmen verschiedene Länder für sich in Anspruch; er gilt als typische Spezialität in Süddeutschland (Baden-Württemberg), Österreich, der Schweiz und im französischen Elsass.

Schon gewusst?

Als Anfang des 19. Jh. das 39. ungarische Infanterie-Regiment aufgestellt wurde, mussten auch viele Rinderhirten der Puszta nach Wien einrücken. Sie hatten natürlich auch ihr Lieblingsgericht, das Debrecziner ▸ Gulasch, mit im Gepäck. Damit trafen sie nicht nur den Geschmack der Wiener, sondern ihr Gulasch verbreitete sich in etwas abgewandelter Form schnell über die österreichischen Grenzen hinaus. Und die „Gulaschkanone" wurde zum allgemein gängigen Synonym für die Feldküche.

GUIDE MICHELIN ▸ Michelin

GUINEAHUHN
Afrikanische Hühnerrasse, die heute auch in Europa und den USA gezüchtet wird. Viele Feinschmecker ziehen das Guineahuhn unserem Haushuhn vor, weil sein etwas dunkleres Fleisch einen reizvollen Beigeschmack von Wildgeflügel hat.

GUINEAPFEFFER ▸ Paradieskörner

GUINNESS

Von der gleichnamigen Brauerei in der irischen Hauptstadt Dublin wurde dieses dunkle irische Bier bereits in der zweiten Hälfte des 18. Jh. erstmals nach einem speziellen Verfahren hergestellt. Das Geheimnis seines besonderen Geschmacks liegt vor allem in der Verwendung von geröstetem Malz und ausgewähltem Hopfen mit sehr hohem Bitterstoffgehalt – in der Fachsprache ein Bier des Typs ▸ Stout. Heute verbirgt sich hinter dem Namen Guinness ein Brauereiimperium und ein Markenbier, das in über 50 Ländern in Lizenz produziert und in rund 150 Ländern getrunken wird.

GULASCH
Ungarisches Nationalgericht, von dem es verschiedene regionale Varianten gibt wie z. B. das ▸ Debrecziner Gulasch oder das ▸ Szegediner Gulasch. Grundzutaten für ein original Gulasch sind Fleischwürfel von Rind, Schwein, Kalb oder Hammel (auch gemischt), die mit Zwiebeln im eigenen Saft gar gedünstet und mit kräftig Paprikapulver gewürzt werden. Beigaben können Kartoffeln, Nudeln oder Gemüse (Sauerkraut) sein. Außerhalb Ungarns werden oft auch Gerichte, die mit einem echten Gulasch nur wenig zu tun haben, so bezeichnet. Das Gulasch mit einer dicken gebundenen Sauce, wie es bei uns oft serviert wird, ist ursprünglich die Gulaschsuppe bzw. das ungarische ▸ Paprikasch. Ein weiteres bekanntes Gulaschgericht der Magyaren ist ▸ Pörkölt (ungar. „gulyás" = „Rinderhirte"). Eine in Österreich verbreitete Variante ist das ▸ Saftgulasch.

GUMBO
Ein würziger Eintopf mit dunkler Mehlschwitze der vor allem aus der Küche der amerikanischen Südstaaten bekannt ist. Sein Ursprung geht vermutlich auf französische Einwanderer zurück, die ihre aus der Heimat bekannten Gerichte wie ▸ Bouillabaisse und ▸ Cassoulet an die lokal verfügbaren Zutaten anpassten. Gumbo wird meist mit Meeresfrüchten oder Geflügel sowie Staudensellerie, Paprika und Zwiebeln zubereitet. Klassisch gehören außerdem ▸ Okras zum Gumbo (was in der Sprache der Bantu auch die Übersetzung für Okra ist), das stets würzig bis scharf abgeschmeckt und mit frisch gekochtem Reis serviert wird.

GUMBOS ▸ Okras

GUNDERMANN
(Erdefeu, Gundelrebe, Hederich, Katzenminze)
Wild wachsendes und ganzjährig pflückbares Würzkraut und eine alte Heilpflanze, die auf-

Deutsches „Lieblingskind": die Gurke

Die meist grünen und seltener gelben Früchte eines Kürbisgewächses sind botanisch – trotz ihrer Form, die das nicht vermuten lässt – Beeren. Ihre ursprüngliche Heimat wird im nördlichen Indien vermutet und an den Hängen des Himalaja sollen Gurken bereits vor mindestens 4000 Jahren angebaut worden sein. Andere Quellen gehen allerdings davon aus, dass sie bereits viel früher in Südasien heimisch waren und erst von Seefahrern mit nach Indien gebracht wurden.

EINTEILUNG IN 3 HAUPTGRUPPEN

Es gibt eine Vielzahl von verschiedenen Sorten, von Winzlingen wie den Cornichons bis zu über 1 m langen Riesenexemplaren, die der Grund dafür sind, dass Salatgurken auch als Schlangengurken bezeichnet werden. Nach ihrem Verwendungszweck kann man sie in 3 Hauptgruppen einteilen:

Einlegegurken: Alle Arten von Gurken, die in Gewürze, Kräuter, Essig und manchmal auch Zucker eingelegt sind. Sie kommen dann als Cornichons, Essiggurken, Pfeffergurken, Gewürzgurken, Saure Gurken, Salzgurken, Senfgurken und Zuckergurken in den Handel.

Salatgurken (auch Schlangengurken): Alle Sorten, aus denen vorwiegend Salate und Rohkost zubereitet werden. Sie sind schlank und lang und kommen meistens aus dem Gewächshaus. Für Salate werden sie in dünne Scheibchen oder Streifen geschnitten, gewürfelt oder geraspelt.

Schmorgurken: Alle Sorten, die in erster Linie zu Gemüse verarbeitet werden. Sie sind festfleischig, prall und rund, haben bereits Gelbreife und werden im Gegensatz zu den Salatgurken geschält.

Gurken bestehen zu 97 % aus Wasser. Sie sind damit kalorienarm und nicht besonders nahrhaft, sorgen aber für kräftigen Nachschub an Mineralstoffen und haben einen besonders frischen Geschmack. Sie entwässern, bauen Fett ab und regulieren den Blutzucker.

VERWENDUNG

Gurken sind – je nach Art – eine besonders vielseitige Bereicherung des Speisezettels. Als Einlegegurken gehören sie zur kalten Küche und in Mixed Pickles wie das Salz in die Suppe. Aus Salatgurken wird eine Vielzahl von (sommerlichen) Salaten mit verschiedenen Dressings bzw. Vinaigrettes hergestellt.

Schmorgurken lassen sich gegart in Suppen, Saucen oder Eintopfgerichten verarbeiten. Sie eignen sich außerdem besonders als „Hülle" für leckere Füllungen – z. B. aus Lachs und Hering mit Ei und Sahne (Dänemark), aus fein gewürfeltem gekochten Schinken mit Sahne und herzhafter Würze (Elsass), aus eingeweichten Semmeln mit gehacktem Ei, geriebenem Parmesan, Eigelb und Muskatnuss (Italien), aus Heringssalat (Schweden) oder aus gehacktem Hammelfleisch und Tomatenrisotto (Türkei) – und zum Überbacken, z. B. mit geriebenem Käse.

BESONDERS VIELSEITIG

Die Gurke ist eine der vielseitigsten und in der Küche am meisten verwendeten Salat- und Gemüsepflanzen, ganz besonders in Deutschland. Im Jahre 2005 wurden hier immerhin 64 000 t ▸ Gurken erzeugt und weitere 420 000 t importiert. In der EU sind die Deutschen mit 3,3 kg pro Kopf und Jahr die größten Gurkenesser, gefolgt von den Niederländern (2,5 kg) und den Spaniern (2,3 kg). Fast jedes europäische Land hat seinen eigenen typischen Gurkensalat bzw. spezifische Gurkengerichte.

grund ihrer Bitterstoffe früher auch beim Bierbrauen verwendet wurde – und das noch vor dem Hopfen, der diese Rolle erst im 17. Jh. übernahm. Das krautige, flach auf dem Boden kriechende Lippenblütengewächs (deshalb volkstümlich auch als Erdefeu bezeichnet) wächst in Europa und Asien bevorzugt an Weg- und Waldrändern. Die jungen Blätter des Gundermann haben einen überaus aromatischen und frischen, herben Geschmack.
VERWENDUNG: *Gundermann schmeckt gut in Salaten, Suppen, Saucen und Kräuterbutter. Man kann daraus aber auch Wildgemüse als originelle Beigabe z. B. zu Kartoffeln und Quark zubereiten.*

GURKEN
Eine der vielseitigsten und in der Küche am meisten verwendeten Salat- und Gemüsepflanzen, die sich nirgendwo sonst größerer Beliebtheit erfreuen als in Deutschland (▸ Seite 210).

GURKEN, SAURE ▸ Salzgurken

GURKENKRAUT ▸ Borretsch, ▸ Dill

GURKENKÜMMEL ▸ Dill

GURKENKÜRBISSE ▸ Zucchini

GURUNUSS ▸ Kolanuss

GÜSTER
(Blicke, Gieben, Pliete)
Flache Seen und langsam fließende Gewässer mit Pflanzenbewuchs bevorzugt dieser Schwarmfisch (▸ Fische), der nördlich der Pyrenäen und Alpen bis zum Ural und zum Kaspischen Meer vorkommt. Der Güster zählt mit seinen vielen Gräten zwar nicht zu den edelsten Süßwasserfischen, eignet sich aber relativ gut zum Grillen und Braten bzw. für etwas rustikalere Fischgerichte.

GUTEDEL
(Chasselas)
Als eine der ältesten Rebsorten überhaupt gilt diese Weißweinrebsorte, die in Deutschland schon bessere Zeiten gesehen hat als heute. Ihr Anbau beschränkt sich mittlerweile weitgehend auf das Markgräflerland im südlichen Baden. Meist werden daraus relativ anspruchslose und jung zu trinkende Weine mit milder Säure gekeltert. Als Spezialität gilt die Rebsorte unter dem Namen Chasselas in der Schweiz.

GUTER HEINRICH ▸ Gänsefuß

GUTSHOFKÄSE ▸ Herrgardost

GYOZA ▸ Jiaozi

GYROS
(Giros)
Griechische Spezialität: An einem senkrechten Drehspieß dick aufgeschichtetes, kräftig gewürztes Fleisch (meist Lamm oder Schwein, seltener Kalb/Rind), das in speziellen Grills durch seitliche Hitzeeinstrahlung gegart wird. Wenn die äußerste Schicht schön knusprig ist, werden kleine Scheibchen bzw. Streifchen abgeschnitten und die nächste „Lage" kann fertig gegrillt werden. Gyros wird mit griechischem Reis und/oder griechischem Salat oder auch nur mit Fladenbrot (▸ Pita) serviert, immer gehört aber eine kräftige Portion ▸ Zaziki dazu. Das türkische Pendant ist ▸ Döner Kebap. Das einstige Alltagsgericht, das die griechischen Gastarbeiter aus ihrer Heimat mitgebracht haben, ist heute in Deutschland in den griechischen Restaurants das beliebteste Gericht.

HAAGPFLAUMEN ▸ Schlehen

HAARNESSEL ▸ Brennnessel

HAARWILD
alle Wildarten mit Haarkleid (▸ Wild)

HABER ▸ Hafer

HABICHTSPILZ
(Rehpilz)
Speisepilz mit auffallender Erscheinung, dessen Hut bis zu 30 cm Durchmesser erreichen kann. Seine schuppige Oberseite erinnert an das Gefieder eines Habichts (daher der Name), während die Unterseite zahlreiche Stacheln trägt. Wirklich gut essbar und vor allem zum Braten geeignet ist der in Fichten- und Kiefernwäldern wachsende Habichtspilz nur möglichst jung. Aber Vorsicht: Roh ist er giftig, er muss deshalb immer gut durchgebraten werden. Meist wird der Habichtspilz getrocknet, gemahlen gibt er Suppen und Saucen ein würziges Aroma.

HACHÉE ▸ Haschee

HACHSE
(Haxe, Stelze)
Der untere Teil des Beines von Schwein (▸ Eisbein) und Kalb, der in vielen deutschen Regionen eine beliebte deftige Spezialität ist. Die Hinterhachse hat generell mehr und weicheres Fleisch. Die Hachse kann unbehandelt zubereitet oder vorher geräuchert oder gepökelt (dann als Surhaxe bezeichnet) werden. Als klassische Beilage zur Hachse gelten Sauerkraut und Salzkartoffeln oder Blaukraut und Semmelknödel. Eine feinere Variante sind Krautsalat, Meerrettich und Senf. Auf italienische Art kennt man die Kalbshachse als ▸ Ossobuco.

HACKBRATEN
(Falscher Hase)
Hackfleisch zu gleichen Teilen von Rind und Schwein, das mit eingeweichten altbackenen Semmeln, Eiern und gerösteten Zwiebeln als Laib geformt und gebraten wird. Gewürzt wird Hackbraten traditionell nur mit Salz und Pfeffer, weitere Zutaten sind eine Frage des persönlichen Geschmacks.

HACKEPETER
(Mett)
Rohes Hackfleisch vom Schwein, das mit würzigen Zutaten (Zwiebeln, Pfeffer, Salz usw.) vermengt und mit Salzgurken und/oder Zwiebelwürfeln garniert wird. Hackepeter wird meist mit bzw. auf Brot gegessen (▸ Tatar).

HÄCKERLE
1. in Süddeutschland Brotaufstrich aus Hackfleisch oder zerkleinerter Wurst (Speck), ausschließlich vom Schwein
2. auf schlesische Art durch den Fleischwolf gedrehte Salzheringe (auch Matjestatar), angemacht mit Räucherspeck, Äpfeln, hart gekochten Eiern, Zwiebeln und saurer Sahne

HACKFLEISCH
(Faschiertes, Gehacktes)
Durch den Fleischwolf gedrehtes rohes Fleisch, das von verschiedenen Schlachttieren, aber auch von Wild und Geflügel stammen kann. Heißt es nur „Hackfleisch" ohne weiteren Namenszusatz, bekommt man in der Regel eine Mischung aus Schwein und Rind. Mit Hackfleisch gibt es viele traditionelle Zubereitungen, entweder kalt (z. B. ▸ Hackepeter, ▸ Tatar) oder warm (z. B. ▸ Frikadellen, ▸ Hackbraten, ▸ Hacksteak ▸ Bologneser Sauce). Wild- und Geflügelhackfleisch darf wegen der Trichinen-

bzw. Salmonellen-Gefahr in Deutschland nicht roh an Endverbraucher abgegeben werden und dient zur Erzeugung von Metzgereiprodukten.

> **SCHON GEWUSST?**
>
> Da ▸ Hackfleisch besonders schnell verderblich ist, unterliegen Herstellung und Verkauf einer eigenen lebensmittelrechtlichen Verordnung. Danach muss Hackfleisch u. a. noch am Tag der Herstellung (ausschließlich aus frischem Fleisch) verkauft werden und die Innentemperatur der Verkaufstheke darf nicht mehr als 7 °C betragen. Im Kühlschrank zu Hause sollte man es nicht länger als 6–8 Stunden aufbewahren.

HACKFLEISCHGEWÜRZ

Gewürzmischung aus Bohnenkraut, Majoran, Salbei, Thymian, Rosmarin, Paprika, Pfeffer, Zwiebelpulver und Salz für Hackfleisch

HACKSTEAK

(Fleischbratling)

Rundliches bis flach-ovales Hackfleischstück von Rind (▸ deutsches Beefsteak) oder Hammel, das in Fett gebraten wird. Damit es nicht zu fest und trocken gerät, mischt man es zur Auflockerung mit eingeweichten Semmeln, Ei, etwas Schweinefleisch oder auch Reis. Beim Griechen heißt das Hacksteak ▸ Bifteki, die kroatische Variante kennt man als ▸ Pljeskavica. Beide gibt es auch gefüllt mit Schafskäse.

HADDOCK

Englischer Name für ▸ Schellfisch und ein Frühstücksprodukt daraus, das auch als Smoked Haddock bekannt ist und mit Butter und Toast angerichtet wird: in Streifen geschnittener, leicht gesalzener und kalt geräucherter Schellfisch (ohne Kopf und Hauptgräte), in Milch gekocht oder auf dem Rost gebraten.

HAFER

(Haber)

Eine der meistangebauten Getreidearten (▸ Getreide), die besonders viel und biologisch hochwertiges Eiweiß enthält, reich an ungesättigten Fettsäuren, Mineralstoffen und Vitaminen aus der B-Gruppe ist und als das nahrhafteste Getreide überhaupt gilt. Das macht den Hafer mit seinen vielfältigen diätetischen Wirkungen zum idealen Bestandteil von Vollwert-, Roh-, Kranken-, Diät- und Babykost.

VERWENDUNG

Hafer ist eigentlich ein Spelzgetreide, von dem mittlerweile aber auch einige Nacktsorten gezüchtet wurden. Sein weiches Korn eignet sich besonders gut für Müslis (mit Milch und Früchten) oder gekocht für Breie, Schleime oder Suppen.

HAFERFLOCKEN

Am meisten produziertes und gegessenes Hafererzeugnis bzw. -nährmittel aus gedarrten, gedämpften und mit der Fruchtschale gewalzten Haferkörnern. Mit Milch als Brei oder Schleim verzehrt, sind Haferflocken besonders nahrhaft und bekömmlich. Mehrfach gedämpfte Haferflocken werden auch als Haferschnellflocken bezeichnet, die nur noch ganz kurz (2 Minuten) oder als Instant-Haferflocken überhaupt nicht mehr gekocht werden müssen.

HAFERGRÜTZE

(Porridge)

In England und Schottland ist die Grütze aus geschnittenen Haferkörnern als Brei ein Muss zum Frühstück. Außerdem kennt man sie als vegetarische Speise oder in Suppen.

HAFERWURZ(EL)

der ▸ Schwarzwurzel ähnliche (meist auch wie diese zubereitet) und hauptsächlich im Mittelmeerraum verbreitete Gemüsepflanze

HAGEBUTTEN

(Hägen, Heckenbutzen, Mehl-, Rosenbeeren)

Sammelbezeichnung für die leuchtend roten Scheinfrüchte der wilden Heckenrose und anderer wild wachsender Rosenarten, deren erfrischend säuerliches Fruchtfleisch viel Vitamin C enthält und harte, haarige Samenkerne umschließt. Hagebutten können nicht nur roh verzehrt oder getrocknet als Droge verwendet werden, auch ihre Einsatzmöglichkeiten in der Küche sind vielfältig. Es werden daraus Konfitüre, Gelee, Kompott und Mark (z. B. als Kuchenfüllung) hergestellt, sie werden in Saucen verwendet (zu Wildgerichten), und Getränke (Tee, Likör, Wein) sowie Essig lassen sich gut daraus zubereiten.

HAGEDORNFRÜCHTE ▸ Schlehen

HAGELDORN ▸ Berberitze

HAGELZUCKER
grobkörniger reiner Weißzucker (▸ Zucker) zum Bestreuen bzw. Verzieren von Backwaren, Desserts, Pralinen usw.

HÄGEN ▸ Hagebutten

HAGGIS
Deftiges schottisches Nationalgericht aus klein gehackten bzw. durch den Fleischwolf gedrehten Innereien vom Schaf (manchmal auch Kalb), die traditionell mit einer Leberfarce gebunden, kräftig gewürzt und im Schafsmagen gegart werden. Weitere Zutaten sind Hafergrütze, Nierenfett und Zwiebeln. Serviert wird Haggis bevorzugt mit Kartoffel- und Steckrübenpüree, damit das Fett „aufgesaugt“ wird.

SCHON GEWUSST?

Um ihr Leibgericht auch entsprechend zu würdigen, haben die Schotten ihren ▸ Haggis mit so manchem Tischritual verbunden. Bei größeren Essen ist es z. B. Sitte, dass ein Gast vor dem ersten Bissen die pathetische Ode „Address to a Haggis“ des Dichters Robert Burns rezitiert und ein anderer Ehrengast oder der Koch an einer bestimmten Stelle den Haggis anschneidet. Bevor er verteilt wird, müssen noch alle Gäste im Stehen auf das Gericht, den Koch, den Dichter und Schottland mit einem kräftigen Schluck Whisky anstoßen; genau die richtige „Verdauungshilfe“ für die nicht gerade „leichte Kost“.

HAHN
(Gockel)
das männliche ▸ Huhn, insbesondere beim Haushuhn

HÄHNCHEN
(Hendl)
Hühner beiderlei Geschlechts, die gemästet und noch vor der Geschlechtsreife bei einem Gewicht von etwa 500 bis über 2000 g geschlachtet werden (▸ Huhn). Das klassische Brat- oder Grillhähnchen ist meist 5–6 Wochen alt und 500–800 g schwer. Ein Jungmasthähnchen hat keine 10 Wochen gelebt, ein Masthähnchen (auch Poulet) erreicht ein Alter von 8–14 Wochen und ein Gewicht von etwa 700–1200 g. Eine Poularde (auch Masthuhn) wiegt mehr als 1200 g (teilweise bis 2500 g) und ist maximal 20 Wochen alt. Das kleinste und jüngste Hähnchen, das auf den Tisch kommt, ist das sogenannte Stubenküken (3–5 Wochen jung, 300–600 g schwer).

HAHNENKÄMME
1. Die roten Fleischwülste auf dem Kopf männlicher Hühner gelten vor allem in Frankreich als Delikatesse und sind Bestandteil vieler klassischer Zubereitungsarten bzw. -garnituren. Sie werden auch für Ragouts verwendet, gebraten, frittiert und als Vorspeise aufgetischt (auch: Kämme).
2. Blätterteiggebäck, das mit einer Masse aus fein gehackten und gerösteten Haselnüssen, Paniermehl, Zimt und Zucker gefüllt wird.

HAHNENKAMMKORALLE
▸ Ziegenbart

HAIFISCHE
Es liegt vermutlich an ihrem Image als blutrünstige Meeresbestien und als „Menschenfresser“: Gegen die zu den Knorpelfischen zählenden Haie bestehen in Europa noch immer große Vorbehalte als Speisefisch. Dabei gibt es unter den rund 250 bekannten Arten des Meeresräubers eine ganze Reihe, deren Fleisch kulinarische Ansprüche erfüllt und in anderen Kontinenten hoch geschätzt wird. In Japan etwa sind Blauhai und Hammerhai besonders beliebt, während der Fuchshai in den USA als exzellenter Speisefisch bei Feinschmeckern hoch im Kurs steht. Aber auch die Europäer essen mehr Haifischfleisch als die meisten glauben – und oft ohne es zu wissen. Aus verkaufspsychologischen Gründen werden die Haie hier unter „Tarnnamen“ an den Verbraucher gebracht. Die beliebten ▸ Schillerlocken etwa stammen vom Dornhai, der in Deutschland auch als Seeaal oder Steinaal und in Dänemark

als Königsaal bezeichnet wird. Auch für das englische Nationalgericht ▸ Fish and Chips wird teilweise Dornhai oder Heringshai verwendet, der wiederum bevorzugt unter dem Namen Kalbfisch oder Seestör auftaucht.
Alle diese Haie sind passable bis gute Speisefische. Dies gilt auch für den lieber als Meerengel bezeichneten Engelhai, den Grauhai (Greyfish), den Glatthai (in Italien Palombi), den Makrelenhai (Mako) und den besonders in der Mittelmeerküche (in Frankreich als Saumonette) und in England (als Rock Eel oder Rock Salmon) geschätzten Katzenhai.
VERWENDUNG: *In der Regel schmeckt Haifischfleisch gebraten besser als gekocht und eignet sich eher für kräftigere Zubereitungsarten (z. B. Haifischsteaks) als für die feine Küche. Aus Haifischfleisch werden auch verschiedene Fischprodukte wie z. B. ▸ Schillerlocken, ▸ Seeaal oder ▸ Speckfisch hergestellt.*

HAIFISCHFLOSSEN

Die faserfreien Muskelstränge der Rücken- und Bauchflossen mancher Haie (vor allem des Katzenhai) gelten in Asien als traditionelle Leckerbissen. Nach Europa kommen sie getrocknet und gepresst, um in den Konservenfabriken zur tafelfertigen Haifischflossensuppe verarbeitet zu werden. Zutaten sind dabei u. a. Fleischextrakt, Pilze, exotische Gewürze und Wein. Die Suppe ist in Dosen oder Gläsern in Feinkostgeschäften erhältlich und muss nur noch erhitzt sowie eventuell mit einem Schuss Sherry oder Port verfeinert werden.

HAJDUCKI CEVAP ▸ Räuberspieß

HALBBITTERSCHOKOLADE

▸ Schokolade mit einem relativ hohen Anteil an Kakaomasse

HALB DURCHGEBRATEN

(demi-anglais, medium)
Garstufe beim Fleisch (▸ Garstufen)

HALBFESTER SCHNITTKÄSE

Festigkeitsstufe beim ▸ Käse

HALBFETTKÄSE

▸ Käse mit 20–29,9 % Fett i. Tr.

HALBGEFRORENES

(Semifreddo)
Nach dem Pasteurisieren gekühlte Speiseeismasse aus Früchten, Kakao, Vanille und weiteren aromatischen Zutaten, die mit Sahne aufgeschlagen und schnell tiefgekühlt wird. Halbgefrorenes ist eine italienische Erfindung und heute ein beliebtes Dessert (▸ Parfait).

HALBSÜSS

(lieblich)
In Deutschland und Österreich gebräuchliche Bezeichnung für einen bestimmten Restzuckergehalt bei ▸ Schaumwein und ▸ Wein, der zwischen 12 bzw. 18 und 45 g/l und damit höher als bei halbtrockenen Weinen liegt. In Italien werden diese Weine mit dem Zusatz amabile versehen, in Frankreich sind sie moelleux.

HALBTROCKEN

Nach EU-Recht geregelte Bezeichnung für den Säure- und Süßegrad bei ▸ Wein, die vor allem in Deutschland gebräuchlich ist. Ein halbtrockener Wein darf normalerweise maximal 12 g/l Restzucker aufweisen. Wenn die Säure nicht mehr als 10 g/l niedriger liegt, sind sogar bis 18 g/l Restzucker erlaubt. Ein ▸ Schaumwein gilt bei einem Restzuckergehalt zwischen 33 und 50 g/l als halbtrocken, weil die enthaltene Kohlensäure ein anderes Geschmacksempfinden verursacht.

HALLIMASCH

(Heckenschwamm, Honigpilz)
Oft an Baumstümpfen in Büscheln wachsender und besonders häufig anzutreffender Speisepilz mit einem honiggelben Hut, der aber mit seinem pikant herben Geschmack nicht zu den feinsten Vertretern seiner Art zählt. Hallimasche können nur jung gegessen werden und selbst dann trübt ihre Eigenschaft, beim Dünsten Schleim zu ziehen, den Genuss etwas. Andererseits müssen sie gut durchgekocht werden, weil sie roh giftig sind. Überhaupt nicht verwendet werden dürfen die Stiele. Bei Förstern und Waldbesitzern ist der Hallimasch als einer der gefährlichsten Forstschädlinge verrufen, weil er sich extrem stark ausbreiten und mit seinem wurzelähnlichen Geflecht Laub- und Nadelbäume befallen kann.

HAL(L)OUMI
Ursprünglich von der Insel Zypern stammender und dort seit mehr als 2000 Jahren bekannter halbfester Käse, der heute aber z. B. auch vom griechischen Festland oder aus Rumänien kommt. Haloumi wird traditionell aus Ziegenmilch hergestellt (heute auch Schaf- oder Kuhmilch). Er ist ▸ Feta ähnlich, im Geschmack aber etwas milder und feiner, und wird wie dieser gerne für Füllungen oder Salate verwendet. Weiter gehört er auf Moussaka oder kann mit Öl und Tomaten angerichtet werden.

HALSGRAT
Fleischstück hinter dem Kopf von Schlachttieren; vor allem vom Schwein besonders zum Grillen geeignet.

HALSKRÄUTLEIN ▸ Waldmeister

HALVA
(Chalva, Halfa, Halwa)
Orientalische Süßigkeit (Ursprung in Persien), die heute auch in vielen anderen Ländern (z. B. Griechenland, Türkei, Polen und Ägypten) mit teilweise veränderter Zusammensetzung bekannt ist. Die Grundmasse besteht aus gerösteten Sesamsamen, Zucker, Honig und Pflanzenöl, manchmal kommen Erdnüsse, Mandeln, Pistazien und Kakao dazu. In Russland wird Halva meist aus Sonnenblumenkernen hergestellt und in der indischen Küche bezeichnet es eine Süßspeise in Form einer dick gerührten Paste, z. B. aus Möhren oder Kichererbsen.

HALVER HAHN
knuspriges, dick mit Holländer Käse belegtes und mit Senf bestrichenes Roggenbrötchen (Kölner Spezialität)

HAMANATTO
Käseähnliches japanisches Erzeugnis aus gekochten Sojabohnen und Mehl (aus Weizen oder gerösteter Gerste), das auch in anderen Ländern Asiens hergestellt wird. Das Gemisch wird 3 Tage der prallen Sonne ausgesetzt, über 12 Tage fermentiert und mit Salz und Ingwer, der eine scharfe Note gibt, gewürzt.

HAM AND EGGS
Absolute Pflicht bei einem traditionellen englischen Frühstück sind die Spiegeleier mit gekochtem Schinken oder geräuchertem Speck (dann als Bacon and Eggs).

HAMANTASCHEN
Jüdisches Gebäck in Form von dreieckigen Teigtaschen, die nach alter Tradition zum Fest Purim hergestellt werden. Die Füllung besteht aus einem süßen Mohnbrei, Nüssen, Zwetschgenmus, Datteln, Rosinen usw. Mit dem Fest Purim wird – so wie es die Legende sagt – die Errettung der Juden in der persischen Diaspora vom Wesir Haman gefeiert, der sie ausrotten wollte.

HAMBURGER
Der große Klassiker und die unangefochtene Nummer 1 unter den Fast-Food-Produkten ist die amerikanische Variante des deutschen ▸ Hacksteak. Ein Hamburger besteht aus durchgedrehtem Rindfleisch, das in kleinen Fladen in der Pfanne gebraten und zwischen den beiden Hälften eines weichen Weißbrötchens mit Salatblatt, Gurken- und Tomatenscheiben, Ketchup, Mayonnaise und Senf angerichtet wird. Bisweilen werden auch Edelvarianten des Hamburger in Gourmettempeln angeboten – so wie erstmals vom legendären New Yorker Restaurant Delmoncino's, das bereits 1934 ein Hamburger Steak auf der Speisenkarte hatte. Ansonsten sind der Hamburger und Fast Food aber untrennbar miteinander verbunden, spätestens seit der Gründung von McDonald's, der größten und bekanntesten unter den Fast-Food-Ketten, im Jahre 1940.

SCHON GEWUSST?

So typisch amerikanisch der Hamburger auch ist, in die USA gebracht haben ihn im 19. Jh. deutsche Auswanderer aus Hamburg (daher der Name). Die Frikadellen aus deutschen Landen trafen offensichtlich genau den Geschmack der Amerikaner und wurden von ihnen schnell vereinnahmt.

HAMBURGER AALSUPPE
(Aalsuppe)
reichhaltige und leicht süß-saure Suppe mit Aalstücken, teils Pökel- und Rindfleisch, Saisongemüse, Backobst (vor allem Dörrpflaumen), Schwemmklößchen und Aalkräutern, gewürzt mit Salz, Pfeffer, Zucker, Lorbeer, Weinessig

HAMBURGER PLOCKFINKEN
► Plockfinken

HAMBURGER STEAK
kurz in der Pfanne gebratenes (rosa bis blutig) Rindersteak aus der Keule mit im Bratfett gerösteten Zwiebelringen und Kartoffelpüree

HAMMEL
(Schöps)
Im engeren Sinn der Viehhaltung ist ein Hammel ein über 1 Jahr alte männliches ► Schaf, das mindestens 3 Monate vor der Schlachtung kastriert wird, damit sich der typische strenge Geschmack abschwächt. In der Küchen- und Gastronomiesprache fasst man den Begriff weiter und schließt auch bis 2 Jahre alte weibliche Schafe, die noch nicht gelammt haben, mit ein. Kräftig im Geschmack, dunkelrot, fest und deutlich marmoriert bzw. von weißem Fett eingehüllt: So sollte gutes Hammelfleisch beschaffen sein. Am besten ist es von Tieren im Alter von 1,5–2 Jahren und im Herbst. Generell gilt es als qualitativ besonders hochwertig. Die bevorzugten Stücke sind Keule, Rücken und Bug. **VERWENDUNG:** *Die Hammelkeule gibt einen besonders feinen Braten mit mürbem Fleisch. Der Rücken ist eine ebenfalls sehr schmackhafte Alternative. Bug, Hals und Bauch eignen sich besonders zum Schmoren, Brust, Hals und Kopf zum Kochen. In vielen Gerichten gut verarbeiten lassen sich auch die Innereien.*

HAMMELFETT
Aus Fettgeweben des Schafs ausgeschmolzenes Fett, das ein strenges und charakteristisches Aroma hat. Es wird vielfach gemischt mit anderem Fett zum Kochen und Backen verwendet und harmoniert besonders gut mit Kohlgerichten. In der arabischen Küche drückt Hammelfett einer Reihe von Gerichten seinen aromatischen Stempel auf.

SCHON GEWUSST?

Das Hammelfett ist ein sogenanntes ► Hartfett mit einem relativ hohen Schmelzpunkt (etwa 40 °C). Deshalb müssen Hammelgerichte immer besonders heiß serviert werden und sollte man sich beim Verzehr nicht zu viel Zeit lassen. Sonst gerinnt das Fett und das Fleisch beginnt talgig zu schmecken.

HAMMELMÖHREN ► Pastinaken

HANDKÄSE
(Faustkäse)
Mit der Hand in kleine Laibchen geformter ► Sauermilchkäse in der Tradition der alten Bauernkäse, der aus entrahmter pasteurisierter Kuhmilch hergestellt wird. Handkäse kann – je nach regionaler Variante – mild aromatisch bis kraftvoll würzig und stechend scharf schmecken. Von manchen geliebt, für andere Grund zur Flucht ist sein strenges Aroma. Er wird in Scheiben aufs Butterbrot gelegt, dazu gibt es Apfelwein oder Bier (► Harzer Käse und ► Mainzer Handkäse).

HANDKÄS MIT MUSIK
Die hessische Art (ursprünglich vermutlich aus Mainz) Handkäse anzurichten: Hierbei wird er in einer Marinade aus Apfelessig und Öl mit Pfeffer, Kümmel und Zwiebeln serviert, auf Bauernbrot mit Butter oder zu Pellkartoffeln.

HANGTOWN FRY
Amerikanisches bzw. kalifornisches Pfannengericht mit langer Tradition und originellem Namen, das aus verquirlten Eiern mit Austern, Räucherschinken, Frühstücksspeck, Semmelbröseln, gehackter Petersilie und Zwiebeln zubereitet wird.

SCHON GEWUSST?

Einer überlieferten Geschichte nach stürmte 1849 ein Goldgräber, der einen großen Fund gemacht hatte, überglücklich in die nächste Siedlung namens Hangtown und dort in das erstbeste Restaurant. Er bestellte das beste Gericht, das ihm der Wirt servieren konnte. Das waren Austern und Eier – die Geburtsstunde eines fortan ► Hangtown Fry genannten Gerichts.

HARISSA

Aus bis zu 20 frischen oder getrockneten Gewürzen (Chilis, Knoblauch, Koriander, Kreuzkümmel, getrocknete Pfefferminzblätter usw.) besteht diese nordafrikanische bzw. arabische Würzpaste. Sie wird für Suppen und Eintöpfe oder ▸ Couscous verwendet und zu Fleisch (vor allem Lamm), Geflügel (Huhn) und Fisch in einem Schälchen zum Eintunken serviert.

HARTFETT

Fette mit hohem Schmelzpunkt über 36 °C

HARTKARAMELLEN ▸ Bonbons

HARTKÄSE Festigkeitsstufe beim ▸ Käse

HARTMAIS

Die wichtigste Maissorte für menschliche Ernährungszwecke, aus der vor allem ▸ Maisflocken hergestellt werden.

HARTWEIZEN

(Durum, Glasweizen)

Besonders kleber- bzw. eiweißreiche Weizenart, die am besten für die Herstellung von Teigwaren geeignet ist und ihnen ihren kernigen Biss gibt. Deshalb wird Hartweizen in Deutschland fast ausschließlich zu Grieß verarbeitet.

HARTWURST

Sammelbezeichnung für geräucherte oder ungeräucherte schnittfeste Rohwürste mit kleinen Fettstückchen

HARZER KÄSE

(Harzer Roller)

Fettarmer, gelblich glasiger ▸ Handkäse (weniger als 10 % Fett i. Tr.) aus Sauermilchquark (▸ Sauermilchkäse), der gut durchgereift einen würzig pikanten Geschmack hat. Man isst ihn meist auf einer mit Gänseschmalz und fein gehackten Zwiebeln bestrichenen Scheibe Roggen- oder Schwarzbrot oder als Tatar. Dazu wird der Käse, der wegen seiner Handelsform (als Zylinder oder Stangen) auch als Harzer Roller bekannt ist, mit der Gabel zerdrückt und mit Kümmel, Zwiebeln, scharfem Senf, Pfeffer und Öl angereichert (Harz: nördlichstes deutsches Mittelgebirge).

HASCHEE

(Hachées)

Sammelbezeichnung für ein warmes Gericht aus fein gehacktem (aber nicht durch den Fleischwolf gedrehtem) Fleisch, auch Innereien, Geflügel oder Fisch, in einer passenden Sauce oder in der Pfanne gebraten, z. B. Hühnerhaschee oder Lungenhaschee (frz. „hacher" = „hacken", „zerkleinern").

HASE

Der zum Haarwild zählende Nager steht aufgrund des dezimierten Bestands mittlerweile relativ selten, und wenn dann zu hohen Preisen, auf dem Speisezettel. Hasen können bis 75 cm lang und 6 kg schwer werden, doch mit zunehmendem Alter und Gewicht verliert „Meister Lampe" an kulinarischem Wert. Am besten ist das Fleisch von Rammlern (männliche Hasen) und Häsinnen (weibliche Hasen) im Alter von 3–8 Monaten. Junge Hasen sind dabei an den leicht einreißbaren Ohren und den schwach entwickelten Krallen zu erkennen. Jagdzeit für Hasen ist vom 1. Oktober bis 15. Januar, am fettesten sind sie im November und Dezember. Nicht alles, was man als Hase aufgetischt bekommt, ist auch wirklich einer. Bisweilen wird schon mal ein ▸ Kaninchen, also ein Stallhase, als Hase verkauft. Stärker noch als bei anderen Tieren ist bei der Zubereitung von Hasengerichten zu berücksichtigen, dass die Fleischteile unterschiedliche Garzeiten haben.

VERWENDUNG: *Vor allem der Rücken, aber auch die Keulen junger Hasen geben einen feinen Braten mit ▸ Dianasauce und Maronenpüree. Hasenragout (Läufe, Brust- und Halsstücke, Herz, Leber und Lunge) als ▸ Hasenpfeffer und ▸ Hasenklein gehört mit zu den beliebtesten Wildgerichten. Von Alttieren werden die genannten Stücke zu Pasteten oder Farcen verarbeitet.*

HASE, FALSCHER ▸ Hackbraten

HASEL

Bis zu 30 cm langer Süßwasserfisch (▸ Fische), der sich in klaren Gewässern – kühlen und schnell fließenden Flüssen mit festem Grund und Seen – am wohlsten fühlt. Seine Verbreitung hat er in ganz Europa nördlich der Pyrenäen und Alpen bis zum Ural und nach Sibirien. Mit ihren vielen Gräten machen es diese ▸ Weißfische dem Genießer nicht leicht, belohnen ihn aber mit einem sehr schmackhaften Fleisch, besonders zum Braten und Grillen.

HASELHUHN
Wie ▸ Auerhuhn und ▸ Birkhuhn zu den Raufußhühnern zählendes Wildgeflügel (etwa so groß wie das ▸ Perlhuhn), das Laub- und Nadelwälder besiedelt und in Deutschland geschützt ist. In anderen Ländern Europas dürfen Haselhühner dagegen bejagt werden. Sie haben ein zartes, fein schmeckendes, aber etwas trockenes weißes Fleisch. Man sollte sie deshalb mit Speck umwickeln und fleißig begießen.

HASELNUSSCREME ▸ Nusscreme

HASELNÜSSE
(Welschhasel)

Die Früchte des Haselstrauches, der in feuchtem und gemäßigtem Klima am besten gedeiht, ist botanisch eine der wenigen „echten" ▸ Nüsse mit mehr als 100 verschiedenen Sorten. Der Haselstrauch stammt vermutlich aus Kleinasien und hat sich über die Mittelmeerländer schon früh auch nach Deutschland ausgebreitet. Haselnüsse gelten als die älteste bei uns beheimatete Obstart, die auch die alten Römer und Griechen schon schätzten. Mit 61 % Fettgehalt zählen sie zu den fettreichsten Nussarten, trotzdem sind sie keine gefährlichen Dickmacher. Das in der Haselnuss enthaltene Fett setzt sich zu 88 % aus den wertvollen ungesättigten Fettsäuren zusammen – der höchste Anteil aller gängigen Nussarten. Kurz nach der Reife sind Haselnüsse am besten. Ihr mildaromatisches Aroma „verfliegt" aber schnell; deshalb sollten sie möglichst frisch oder getrocknet verwendet werden (im Ganzen, gemahlen oder gehackt). Kurzes Rösten lässt ihr Aroma noch besser zur Entfaltung kommen.
VERWENDUNG: *Ein Klassiker sind Haselnüsse zu Wild- und Geflügelgerichten, vielen Saucen geben sie eine nussige Note. Eine beliebte Zutat sind sie weiter im Frühstücksmüsli, in Salaten, Puddings, Cremes (oft kombiniert mit Nougat und Schokolade), Obstsalaten, Speiseeis und feinen Back- und Konditoreiwaren. Nicht zuletzt sind Haselnüsse eine leckere Knabberei und die Basis für das von Kindern heiß geliebte Nutella.*

HASELNÜSSE, CHINESISCHE
▸ Litschis

HASELNUSSÖL
Aus Haselnusskernen kalt gepresstes Speiseöl mit einem kleinen Wermutstropfen: Es ist auch bei kühler Lagerung (die beim Öl generell wichtig ist) kaum mehr als 3 Monate haltbar. Haselnussöl darf nicht erhitzt und sollte vorsichtig dosiert werden, weil sein intensiver Geschmack sonst zu dominant wird. Beherzigt man diesen Rat, gibt es Salaten, aber auch Desserts und Obstsalaten eine interessante Note.

HASENBLUT
Blut des frisch geschossenen Hasen, mit Essig verquirlt (bevor es gerinnt) für ▸ Hasenpfeffer und Saucen

HASENKLEE ▸ Waldsauerklee

HASENKLEIN
Kopf, Hals, Bauchlappen, Läufe, Herz, Nieren und Leber des Hasen für ▸ Hasenpfeffer

HASENPFEFFER
Ragout aus ▸ Hasenklein, das gewürfelt und in Öl und Weinbrand (bzw. Cognac) mit Gewürzen mariniert, anschließend mit Räucherspeck, Zwiebeln und Rotwein geschmort und mit ▸ Hasenblut eingedickt wird. Serviert wird es traditionell mit Klößen und Rotkohl, auch mit Butternudeln oder gedünsteten Maroni.

HAS IM TOPF ▸ Dippehas

HASLIBERG-KÄSE ▸ Sbrinz

HAUERKÄSE
Bevorzugt als Dessertkäse wird diese österreichische Käsespezialität gegessen (▸ Käse). Der vollfette Weich- und Schnittkäse (48 % Fett i. Tr.) mit fast schwarzer Rinde wird aus Kuhmilch hergestellt und reift in Weinkellern, wo er mit Rotwein gewaschen wird. Original Hauerkäse kommt aus der Südsteiermark.

HÄUPTELSALAT
vor allem in Österreich ▸ Kopfsalat

HAUSEN
(Belugastör)
Der berühmteste und mit einer Länge bis 6 m und einem Gewicht bis 1500 kg auch größte Vertreter der ▸ Störe, einer besonders artenreichen Fischfamilie, die von Feinschmeckern in aller Welt als Lieferant des ▸ Kaviar „verehrt" wird. Der Hausen kommt im Schwarzen, Asowschen und Kaspischen Meer vor, ist mittlerweile aber relativ selten. Zum Ablaichen steigt er die Flüsse hinauf und vereinzelt kam er früher in der Donau sogar bis nach Bayern.

SCHON GEWUSST?

Der ▸ Hausen heißt auf Russisch „Beluga" – ein Name, der Musik in den Ohren von Feinschmeckern ist: Von diesem Stör kommt der berühmteste und teuerste ▸ Kaviar, der Beluga. Ein Fisch kann 50–100 kg von dieser Delikatesse liefern.

HAUSGEFLÜGEL
alle gezüchteten Geflügelarten (▸ Geflügel), z. B. Huhn, Gans oder Ente

HAUSHALTSZUCKER
(Haushaltsraffinade)
reiner Weißzucker zum Backen, Kochen und Einmachen

HAUSMACHER-ART
Von einfachen Gaststätten bis zu gehobenen Restaurants wird dieses Attribut – wie auch „nach Art des Hauses" – gerne verwendet, um auf eine spezielle Zubereitungsart hinzuweisen, welche die Handschrift des jeweiligen Hauses tragen soll. Letztlich kann sich hinter dem Begriff aber alles und nichts verbergen, weil er küchentechnisch nicht definiert ist. Das gilt auch für industrielle Produkte.

HAUSMANNSKOST
Volkstümliche Bezeichnung für meist besonders deftige, nahrhafte und in der jeweiligen Region traditionelle Gerichte aus preiswerten Zutaten. Der Begriff geht zurück auf die bis ins 20. Jh. verbreitete Sitte, dass der Hausherr bei der Essenszubereitung und -verteilung bevorzugt wurde und mehr Fleisch, Fett und Eier erhielt als der Rest der Familie. Heute versteht man unter Hausmannskost einfachere Gerichte – wie Eintöpfe –, die bei gekonnter Zubereitung aber ausgezeichnet schmecken können.

HAUTE CUISINE
(hohe Kochkunst)
Die hohe Schule der Kochkunst, nicht nur was Auswahl der „Rohstoffe", die Technik ihrer Zubereitung und die geschmackliche Qualität betrifft, sondern auch in Bezug auf die Präsentation der Speisen auf dem Teller. Als Begründer der Haute Cuisine wird Auguste ▸ Escoffier (1846–1935), der vielleicht größte Kochkünstler aller Zeiten angesehen. Sie dürfte aber wohl eher das Gemeinschaftswerk mehrerer französischer Meisterköche sein, welche die Kochkunst nachhaltig geprägt haben und die schon vor Escoffier für ihre Kochkünste Berühmtheit erlangten, wie z. B. Marie-Antoine ▸ Carême.

HAUTGOÛT
(Wildgeschmack)
Der früher sehr geschätzte typische Wildgeschmack, den die meisten Menschen mittlerweile aber immer weniger riechen können. Er kommt vom Abhängen des Wilds im Haar- oder Federkleid und kann – je nach Dauer – in allen Nuancen von leichter Überreife bis zu Verwesungsgeruch auftreten. Heute ist der Hautgoût selten geworden, weil für den Handel bestimmtes Wild nicht mehr abgehangen werden darf.

HAVANNA-ART
1. Garnitur aus Gemüsepaprikawürfeln, geschmolzenen Tomaten, glasierten Zwiebeln und Champignons zu Fisch in Kräutersauce
2. Garnelenschwänze und Spargelspitzen auf einem Salatbett mit Gurkenpüree
(Havanna: Hauptstadt von Kuba)

HAVARTI
(Dänischer Tilsiter)
Einer der bekanntesten und ältesten dänischen Käse, der heute nach Art des ▸ Tilsiter indus-

triell in mehreren Fettstufen (30–60 % Fett i. Tr.) aus pasteurisierter Kuhmilch hergestellt wird. Havarti schmeckt sahnig und leicht säuerlich sowie je nach Reifegrad mehr oder weniger pikant. Er ist ein guter Frühstückskäse, eignet sich aber – bevorzugt mit exotischen Früchten – genauso gut als Dessert.

Schon gewusst?

Der ► Havarti trägt den Namen eines Gutshofes auf der Insel Seeland, dessen Besitzerin Mitte des 19. Jh. Europa bereiste, um tiefer in die Geheimnisse der Käseherstellung einzudringen. Dabei lernte sie auch den Tilsiter kennen und produzierte fortan die dänische Variante davon.

HAWAII, À LA
Kleine Fleischstücke, die mit dem großen Exportschlager der Hawaiianischen Inseln garniert sind: Ananas in Stücken oder Scheiben. Am bekanntesten ist der ► Toast Hawaii.

HAXE ► Hachse

HEBEL ► Vorteig

HECHT
(Hengste, Schnöck)

Raubfisch in Seen und Flüssen in gemäßigten Klimazonen Europas, Asiens und Amerikas, der ruhige und klare Gewässer bevorzugt. Der Hecht „wildert" im Karpfenteich und ernährt sich von Fischen und sogar Artgenossen. Er ist ein Nimmersatt, was ein rasantes Wachstum bis 1,50 m Länge und 35 kg Gewicht zur Folge hat. Junge Hechte im Alter von etwa 1 Jahr schimmern noch grünlich und werden deshalb Grashechte genannt. Saison ist von September bis Januar. Der Hecht ist, vor allem jung im Alter bis zu 2 Jahren, ein hervorragender Speisefisch mit magerem Fleisch, das sich für verschiedene Zubereitungsarten eignet.
VERWENDUNG: *Bevorzugt wird Hecht in Weißwein gedünstet oder gedämpft; früher war er mit Aal oder Speck gespickt eine besondere Spezialität. Auch ältere Hechte können noch ein Leckerbissen sein, wenn man sie püriert zu pikanten Hechtklößchen, Pasteten und Farcen verarbeitet. Als Delikatesse gelten außerdem Leber und Rogen (Hecht- oder Sigikaviar, ► Kaviar).*

HECHTBARSCH ► Zander

HECHTDORSCHE ► Seehechte

HECHTENKRAUT ► Fastenkraut

HECKENBEEREN ► Stachelbeeren

HECKENBUTZEN ► Hagebutten

HECKENDORNFRÜCHTE ► Schlehen

HECKENSCHWAMM ► Hallimasch

HEDERICH ► Gundermann

HEFE
(Germ, Gest)
Sammelbezeichnung für einzellige Mikroorganismen, so genannte Sprosspilze, deren wichtigste Eigenschaft ihr hohes Gärvermögen unter anaeroben Bedingungen (ohne Sauerstoff) ist (► Gärung). Sie sind in der Natur als Wildhefen auf Früchten, im Blütennektar und in den Wundsäften vieler Pflanzen vorhanden und werden als Kulturhefen gezüchtet. Diese so genannten Reinzuchthefen, die auch spezielle Geschmacksnoten und zusätzliche Vitamine einbringen, dienen u. a. zur Produktion von ► Backhefe und werden bei der Herstellung von alkoholischen Getränken, vor allem Branntwein, Bier und Wein, eingesetzt. Viele Winzer schwören aber auch auf die in Weinbergen und Kellern natürlich vorhandenen Hefen.

HEFEEXTRAKT
In einem schonenden Verfahren eingedampfter Zellsaft bestimmter Reinzuchthefen (z. B.

Bierhefe, Melassehefe, Molkenhefe), der als brau-ne Paste oder Pulver, teils mit Gewürzzusätzen, in den Handel kommt. Hefeextrakt hat ein würziges, fast fleischiges Aroma und ist ein Geschmacksverstärker für Suppen, Fleischbrühen und Saucen, vor allem auch in der vegetarischen Küche gerne verwendet wird.

HEFEFLOCKEN
Getrocknete, gepresste und nicht mehr gärfähige Hefe mit einem hohen Gehalt an essenziellen Aminosäuren, Mineralstoffen und Vitaminen, die vor allem als Speisenwürze Verwendung findet und einen Beitrag zu einer besseren Nährstoffversorgung leisten kann.

HEFEKNÖDEL ▸ Germknödel

HEFEKRANZ ▸ Hefezopf

HEFETEIG
(Germteig)
Aus lauwarmer Milch, Hefe, Mehl, weicher Butter, Eiern und Salz (für süßes Gebäck auch Zucker) hergestellter Teig, der zugedeckt an einem warmen Ort (30–60 Minuten) besonders stark „geht“ und vielseitig verwendbar ist. Für schwere und fettere Hefeteige macht man zunächst einen ▸ Vorteig und gibt die übrigen Zutaten erst später dazu.

HEFEWEIZEN
eine besondere Form von ▸ Weißbier

HEFEZOPF
(Hefekranz, Striezel)
Im süddeutschen Raum verbreitete Spezialität aus gesüßtem, fetthaltigem Hefeteig, der zu drei Strängen gerollt und wie ein Zopf geflochten wird – entweder länglich oder als geschlossener Kranz. Je nach Rezept wird das Backwerk mit Rosinen oder Nüssen gefüllt. Außen wird es vor dem Backen mit Milch bestrichen (für eine schöne Bräunung) und nachher eventuell mit gehobelten Mandeln bestreut. Gegessen wird der Hefezopf in Scheiben geschnitten und manchmal mit Butter bestrichen. Noch heute wird er auf dem Land besonders zu festlichen Anlässen wie Taufe, Kommunion, Ostern oder Weihnachten hergestellt.

HEIDENKORN ▸ Buchweizen

HEIDELBEEREN
(Besinge, Bick-, Blau-, Heu-, Schwarzbeeren)

Die kleinen kugeligen Früchte eines Heidekrautgewächses wachsen wild im Wald (meist als Blaubeeren bezeichnet) oder kommen als Kulturheidelbeeren aus der Zucht. Sie werden hauptsächlich in Nordamerika angebaut, während in ganz Europa und Asien die Waldheidelbeeren wesentlich verbreiteter sind. Die beste Pflückzeit ist Juli und August, die wichtigsten deutschen Erntegebiete sind der Bayerische Wald und die Oberpfalz. Aber Achtung: Die Farbstoffe der Heidelbeeren machen Flecke, die nur schwer zu entfernen sind.
VERWENDUNG: *Die frischen Beeren sind pur ebenso ein Genuss wie im Müsli, im Obstsalat oder auf Kuchen und Torten. Für feine Desserts, Speiseeis, Sorbets und generell Süßspeisen sind Heidelbeeren eine hervorragende Wahl und auch zu Konfitüre, Gelee, Saft und alkoholischen Getränken lassen sie sich gut verarbeiten.*

HEIDENSTERZ
Breiartiges, vor allem aus der österreichischen Steiermark bekanntes Gericht (▸ Sterz) aus Buchweizenmehl (in Österreich auch Heidenmehl) mit durchwachsenem Speck und Grieben. Eine Variante wird auch aus Esskastanienmehl hergestellt. Der Heidensterz wird oft als Beilage zu Klach(e)lsuppe gereicht.

HEIDESAND
Kleine Scheiben bzw. größere Plätzchen aus einer Masse von gebräunter Butter, Zucker, Vanillezucker, Milch oder Sahne und Salz, die oben und unten gerne noch mit Kristallzucker bestreut werden. Heidesand kann in Blechdosen gut aufbewahrt werden.

HEIDSCHNUCKEN
Kleine, zartfleischige Wildschafrasse aus der Lüneburger Heide mit delikat aromatischem Fleisch, dessen an Hammel und Wild erinnernder Geschmack von Feinschmeckern geschätzt wird. Es wird gerne mit Lorbeer, Wacholderbeeren und Wildgewürzen zubereitet.

HEILBUTT
Besonders gefräßiger Raubfisch (▸ Fische) der nördlichen Meere, der nicht sehr wählerisch ist und sich von Fischen aller Art, auch Tintenfischen, und Krebstieren ernährt. Der Heilbutt ist der größte und schwerste Plattfisch, er kann bis zu 4 m lang und 300 kg schwer werden. Solche Riesenexemplare kommen für kulinarische Zwecke aber nicht mehr in Frage; dafür werden um 1,5 m lange und 50 kg schwere Fische bevorzugt, deren Fleisch noch feiner ist. Es wird vorwiegend gekocht, gebraten oder gegrillt und ist besonders reich an Eiweiß.

HEILWASSER
Wie für natürliches ▸ Mineralwasser gelten auch für Heilwasser strenge Kriterien. Es muss von seinem Ursprung her rein sein, unterirdischen Wasservorkommen entstammen, direkt am Quellort abgefüllt sein, relativ hohe Mengen an (natürlichen) Mineralstoffen enthalten und eine amtliche Anerkennung besitzen. Vor allem müssen heilende, lindernde oder vorbeugende Wirkungen nachgewiesen sein. Derzeit gibt es in Deutschland rund 60 Heilwässer.

HEISSWECK(EN)
kaltes Gebäck aus zwei Lagen Hefeteig mit Korinthen und Zuckerguss, dazwischen mit Butter oder Schlagsahne bestrichen

HELGOLÄNDER STEAK
mit drei dicken Saucen (Kräuter-, Tomaten-, Holländer Sauce) in den helgoländischen Farben Grün, Rot und Weiß überzogenes Filetsteak (Helgoland: deutsche Nordseeinsel)

HELIANTH(I)
Die Wurzelknollen einer in nordamerikanischen Gefilden beheimateten Sonnenblumenart sind ein Modegemüse mit exotischem Flair und werden mittlerweile auch in Südeuropa angebaut. In Stücke geschnitten bleiben sie beim Kochen knackig und sie lassen sich in Schweineschmalz auch gut braten oder rösten. Letztlich besteht kaum ein Unterschied zu einer anderen, wesentlich bekannteren Sonnenblumenknolle, nämlich ▸ Topinambur.

HELLER SEELACHS ▸ Pollack

HELMBOHNE
(Fasel-, Hyazinthen-, Lablab-, Seimbohne)
Bohnenart (▸ Bohnen)

HELVETIA, À LA
mit Spinat und Zwiebelpüree gefüllte Tomaten zu kleinen Fleischstücken in Madeirasauce

HENDL
bayerische und österreichische Bezeichnung für ▸ Hähnchen

HENGSTE ▸ Hecht

HENNE, FETTE ▸ Krause Glucke

HERB ▸ brut

HERBADOX
als Fertigprodukt im Handel erhältlicher Würzextrakt (entsprechend einer konzentrierten ▸ Béarner Sauce) aus Weinessig, Fleischextrakt, Schalotten, Estragon, Pfeffer usw.

HERBES DE PROVENCE
(Kräuter der Provence)
Klassische Mischung aus Gewürzkräutern, die für die südfranzösische Landschaft Provence typisch sind, als da wären: Lavendel, Thymian, Rosmarin, Majoran, Oregano, Basilikum, Bohnenkraut usw.

HERBES FINES ▸ Fines Herbes

HERBSTBLATTEL ▸ Graukappe

HERBSTLORCHEL
Für Küchenzwecke bedingt brauchbarer Pilz (Zeit: August bis November) aus der Gattung der ▸ Lorcheln mit einem lappigen Hut und etwas bizarrer Form, der bevorzugt an feuchten Gräben oder Waldrändern (vor allem von Laubwäldern) im Gras wächst. Er ist etwas zäh und erdig und will immer gut durchgekocht sein.

HERBSTTROMPETE
(Totentrompete)
Beliebter Speise- und Würzpilz, der von August bis November bevorzugt in Buchenwäldern anzutreffen ist. Mit seiner Trichter- bzw.

Trompetenform erinnert er ein wenig an Pfifferlinge, nicht aber mit seiner grauschwarzen bis -braunen Farbe. Die Herbsttrompete eignet sich besonders gut als Würzpilz und entfaltet getrocknet und gemahlen als Pulver ihr bestes Aroma. Sie ist auch ein guter (und weit billigerer) Ersatz für Morcheln und Trüffeln.

HEREFORD
Ursprünglich in der mittelenglischen Grafschaft Herefordshire gezüchtete Mastrindrasse, die heute der wichtigste Rindfleisch-Lieferant der Welt ist. Sie erreicht besonders hohe Schlachtgewichte und eignet sich für die ganzjährige Freilandhaltung. Dabei ist sie – was ihren Lebensraum anbelangt – ausgesprochen genügsam und anpassungsfähig. Über 5 Mio. reinrassige Hereford-Fleischrinder wachsen in rund 50 Ländern.

HERGMA
tunesische Fischbrühe mit Fleisch der Kalbshachse und gewürzt mit Chilis, Knoblauch, Sellerie, Essig und Zitronensaft

HERINGE
Aufgrund des großen Bestands und des hohen Nährwerts ist der Hering nach wie vor einer der wichtigsten Speise- und Industriefische der Weltmeere (▸ Fische), auch wenn es in manchen Zonen (z. B. im Nordatlantik) Warnzeichen einer Überfischung gibt und Fangquoten festgesetzt wurden. Nimmt man alle heringsartigen Fische zusammen, also auch Sardinen, Sprotten und Sardellen, sind sie mit rund 13 Mio. Tonnen pro Jahr (etwa 1/3 der weltweiten Fischausbeute) die am meisten gefangenen. Sie treten in riesigen Schwärmen auf und gehen jedes Jahr zu Milliarden in die Netze. Nur gut, dass jedes Heringsweibchen in der Laichzeit 30 000–50 000 Eier absetzt und kräftig für Nachwuchs sorgt. Heringe sind eine relativ billige Fischdelikatesse mit sehr gutem Geschmack und besonders hohem Nährwert. Heringe werden zu vielen beliebten Fischspezialitäten verarbeitet wie z. B. ▸ Matjes, ▸ Bismarckheringe, ▸ Bratheringe, ▸ Bücklinge, ▸ Rollmops, ▸ Kipper, ▸ Salzheringe.

VERWENDUNG: *Heringe eignen sich für die unterschiedlichsten Zubereitungsarten. Einzige Einschränkung: Da das fette Fleisch schnell ranzig wird, muss man Heringe entweder ganz frisch braten, dünsten, backen, grillen oder möglichst schnell konservieren bzw. räuchern.*

SCHON GEWUSST?

Der Fang der ▸ Heringe hatte bereits im Mittelalter große Bedeutung – vor allem ab dem 9. Jh. mit dem Beginn der Herstellung von Salzheringen. Eng mit dem Heringshandel verbunden ist der Aufstieg der Hanse, und ebenso ihr Niedergang ab Ende des 15. Jh., als sich die Heringsbestände in der Ostsee stark verminderten. Dafür gewannen die Nordseeheringe und mit ihnen die niederländischen Generalstaaten zunehmend an Bedeutung. Der Fischer Willem Beukelsz aus Flandern war im 14. Jh. auf die Idee gekommen, die Fische bereits an Bord auszunehmen und mit Salz zu konservieren, also zu ▸ pökeln. Früher galt der wegen seiner massenhaften Verfügbarkeit billige Hering als Arme-Leute-Fisch, dem man Beinamen wie „Beamtenlachs" oder „Knastforelle" gab.

HERINGSBÜCKLINGE
ausgenommene und (anders als ▸ Bücklinge) kalt geräucherte Heringe

HERINGSFILETS ▸ Matjesfilets

HERINGSHÄCKERLE
schlesische Zubereitung für Matjes- bzw. Salzheringe mit säuerlichen Äpfeln, durchwachsenem Räucherspeck, Zwiebeln, hart gekochten Eiern, saurer Sahne, Senf und Petersilie

HERINGSKÖNIG ▸ Petersfisch

HERINGSMILCH
Das besonders eiweißreiche Sperma der männlichen Vollheringe, die noch vor dem Ablaichen gefangen werden. Heringsmilch wird vor allem in der Fischindustrie bei der Herstellung von Marinaden verwendet.

HERINGSSALAT
gibt es in vielen Variationen, u. a. mit Würfeln oder Streifen von Heringsfilets, gekochtem Rindfleisch, Fleischwurst, Pellkartoffeln, Roten Rüben, Essiggurken, Kapern, Äpfeln und hart gekochten Eiern in Essig-Öl-Marinade

HERINGSSTIPP
gesalzene oder gesäuerte Stücke von Heringsfilet in einer Marinade aus Milch, saurer Sahne oder Mayonnaise mit säuerlichen Äpfeln, Gurken, Zwiebeln, gewürzt mit Pfefferkörnern, Piment und Senf

HERLITZEN ▸ Kornellen

HERRENPILZ ▸ Steinpilz

HERRGARDOST
(Gutshofkäse)
Schwedische Variante des Emmentaler: Gepresster Schnittkäse, hergestellt aus pasteurisierter Kuhmilch mit 30–45 % Fett i. Tr. Herrgardost ist im Geschmack ähnlich mild wie sein berühmter Verwandter aus der Schweiz.

HERVA ▸ Mate

HERVE
Belgischer Kuhmilch-Weichkäse mit Rotschmiere, der aus der gleichnamigen Region in der Provinz Lüttich kommt und bis ins 7. Jh. zurückverfolgt werden kann. Sein überaus pikantes Aroma ist für manche Nasen kaum zu ertragen, was dem Herve ähnlich wie dem ▸ Limburger den Ruf eines „Stinkerkäses“ eingebracht hat.

HERZ
Das magere Muskelfleisch aus dem Hohlorgan von Tieren kann von Köchen, die ihr Handwerk verstehen, zu delikaten Gerichten verarbeitet werden. Von besonderem kulinarischen Wert sind die Herzen von Kälbern oder Lämmern, fein können aber auch Schaf- und Schweineherz schmecken.

HERZKIRSCHEN
große, herzförmige Süßkirschen mit festem Fleisch (vor allem für Kuchen, Torten, Kompott)

HERZMUSCHELN
Die „Austern der Armen“ verdienen diesen Beinamen eigentlich nicht, denn die Herzmuscheln haben zwar wenig, dafür aber ein festes und schmackhaftes orangefarbenes Fleisch. Am besten sind sie von Oktober bis April aus dem Mittelmeer und der Nordsee.

HERZOGINKARTOFFELN
(Duchessekartoffeln)
Häufchen oder Kroketten aus gekochten und durch ein Sieb passierten Kartoffeln mit untergerührter Butter und Eigelb, im Backofen leicht gebräunt

HERZTROST ▸ Zitronenmelisse

HESSE
Fleisch vom vorderen oder hinteren Unterschenkel beim Rind oder Kalb

HEUBEEREN ▸ Heidelbeeren

HEURIGER
In Österreich der noch ganz junge Wein, der ab dem 11. November des Erntejahres in den Buschenschenken (den „Heurigen“) in Kombination mit deftigen Brotzeiten unter die Weintrinker gebracht wird. Ein Heuriger – meist aus der österreichischen Nationalrebsorte ▸ Grüner Veltliner – erhebt keine höheren Ansprüche, sondern soll ein sauberer, leichter, frischer und bekömmlicher Wein sein.

HEUSCHRECKENKREBS
Dem ▸ Kaisergranat ähnlicher Meereskrebs, dessen Fleisch nicht ganz so zart und fein aber sehr aromatisch ist. Heuschreckenkrebse kommen vor allem in den Küstenregionen warmer Meere vor und können eine Länge von bis

ZUBEREITUNG

Bei der Zubereitung von Herz ist besonders darauf zu achten, dass es gut gewässert und somit ganz blutfrei ist. Anschließend muss der zähe Muskel langsam und lange gekocht oder geschmort werden.

zu 25 cm erreichen. Ihre Schwänze werden teils wie die des Kaisergranat unter dem Handelsnamen ▸ Scampi angeboten.

HEXENRÖHRLING, FLOCKENSTIELIGER
(Tannenpilz)
Sehr guter Speisepilz mit festem Fleisch und geringer Madenanfälligkeit, der von Frühsommer bis Herbst häufig unter Buchen und Eichen zu finden ist und teils sogar mehr geschätzt wird als der ▸ Steinpilz. Auffallend sind sein großer Hut und sein gedrungener Stiel. Roh ist der Flockenstielige Hexenröhrling giftig, er muss deshalb gut durchgekocht werden. Vom Genuss abzuraten ist dagegen beim verwandten Netzstieligen Hexenröhrling.

HIBISKUSFRÜCHTE ▸ Okras

HICKORYNÜSSE ▸ Pekannüsse

HICKORYSALZ ▸ Rauchsalz

HILLIGBITTER ▸ Wermut

HIMALAJA ▸ Vacherin

HIMBEEREN
Die dunkelroten, leicht haarigen Früchte eines Halbstrauches mit dornigen Zweigen, der zur Familie der Rosengewächse zählt. Seine Heimat wird im Orient bzw. noch weiter östlich in Asien vermutet. Himbeeren wachsen in der nördlichen Hemisphäre entweder wild oder werden in Gärten kultiviert. Sie sind wie ▸ Brombeeren so genannte Sammelfrüchte mit vielen kleinen Einzelfrüchten, die traubenartig auf einem zentralen Fruchtboden angeordnet sind. Himbeeren sind reich an Fruchtsäuren und Fruchtzucker. Sie haben ein typisches Aroma, das an Wald erinnert, und einen süß-säuerlichen Geschmack – beides ist vor allem bei den wild wachsenden Beeren am stärksten ausgeprägt.
AUFBEWAHRUNG: *Himbeeren verderben und schimmeln sehr leicht. Sie vertragen weder Druck und langen Transport noch Wärme; weiche und matte Früchte sind bereits ein Zeichen von Überreife. Sie sollten deshalb möglichst frisch verarbeitet oder tiefgekühlt werden, denn dazu eignen sie sich gut (bis zu 1 Jahr haltbar). Ansonsten können sie wenige Tage einzeln auf einem Tablett ausgebreitet dunkel und kühl gelagert werden.*

VERWENDUNG

Himbeeren schmecken roh, eignen sich ideal für Desserts wie Puddings, Quarkspeisen oder Cremes und lassen sich sehr gut zu Mark, Konfitüre, Gelee, Eiscreme, köstlichen Sorbets und Saft verarbeiten. Ein Nachspeisenklassiker ist Vanilleeis mit heißen Himbeeren. Weitere wichtige Produkte sind ▸ Himbeergeist und andere Spirituosen sowie Himbeeressig (▸ Essig).

HIMBEERESSIG
ein gängiger ▸ Obstessig, passt vor allem in Blatt- und Gemüsesalate, zu gebratenem Wildgeflügel, Ente und Gänseleber, in Obstsalate und sommerliche Erfrischungsgetränke

HIMBEERGEIST
Besonders aromareicher ▸ Obstgeist, der in dieser Gruppe von Spirituosen die größte Bedeutung hat. Er wird nicht nur pur getrunken, sondern auch zum Verfeinern vieler Liköre verwendet. Laut EU-Verordnung beträgt der Mindestalkoholgehalt ohne geographische Angabe 37,5 Vol.-%, bei geschützten Produkten aus einem bestimmten Herkunftsgebiet, wie z. B. „Schwarzwälder Himbeergeist" 40 Vol.-%.

HIMMELSGUCKER
(Meerpfaff)
Dem ▸ Petermännchen verwandter Meeresfisch (▸ Fische), dessen Hauptmerkmal die an der Oberseite des Kopfes eng zusammenstehenden Augen sind. Das feste Fleisch ähnelt in gekochtem Zustand dem der ▸ Languste.

HIMMELSZIEGE
umgangssprachliche Bezeichnung für die Sumpfschnepfe (▸ Schnepfe)

HIMMEL UND ERDE
Traditionelles Gericht in Niedersachsen und im Rheinland, das aus Stampfkartoffeln und Apfelmus, gebratener und eventuell geräucher-

SCHON GEWUSST?

Das Gericht ▸ Himmel und Erde ist bereits seit dem 18. Jh. bekannt. Seinen Namen verdankt es der alten und auch heute noch in manchen Regionen gängigen Bezeichnung Erdäpfel für Kartoffeln. „Himmel" steht folglich für die Äpfel an den Bäumen und „Erde" für die Kartoffeln im Boden.

ter Blutwurst sowie gerösteten Zwiebeln besteht. Je nach Rezept kann Speck dazukommen oder es wird mit Bratwürstchen kombiniert.

HINTERSCHINKEN
ein ▸ Schinken aus der Schweinekeule

HIPPEN(GEBÄCK)
Feine, teils hohle Gebäckrollen, -tüten oder -fladen, die aus einem Teig mit Eiern, Mehl, Mandeln oder Marzipan, Sahne, Zimt und Zucker hergestellt werden. Zum Teil wird das Hippengebäck auch mit Sahne gefüllt und mit Schokolade überzogen, dann heißt es Schlotfeger.

HIRN
(Brägen, Bregen)
Im Kopf befindlicher Teil des Nervensystems von Wirbeltieren, wobei für Kochzwecke hauptsächlich das Hirn von Kalb und Lamm Bedeutung hat. Die Hirnmasse ist grau bis schneeweiß, sehr zart, vitamin- und fetthaltig. In der Regel wird sie nicht in großen Mengen verarbeitet, sondern in kleinen Portionen wie bei Vorspeisen, Pasteten, Suppen und Saucen. Aus dem Hirn von Rind oder Schwein wird vorwiegend Hirn-/Brägenwurst hergestellt. Hirn kann nur frisch verwendet werden; es ist nicht lagerfähig und eignet sich nicht zum Tiefkühlen.

HIRNSUPPE
Rahmsuppe mit Püree bzw. winzigen Stückchen von gekochtem Kalbshirn

HIRSCHE
Alle Wildarten, deren Männchen ein Geweih tragen und über ein Rudel „herrschen", also Elch, Ren, Reh, Sikahirsch, Damhirsch und Rothirsch. Als echte Hirsche im gastronomischen Sinn gelten aber nur die beiden Letzten, die in Deutschland von August (Rothirsch) bzw. September (Damhirsch) bis Januar geschossen werden dürfen. Für die noch nicht ganz ausgewachsenen Jungtiere (männlich Schmalspießer, weiblich Schmaltier), deren Wildbret am meisten geschätzt wird, beginnt die Jagdsaison jeweils zwei Monate früher.
VERWENDUNG: *Der Hirschrücken (Ziemer) ist neben der Keule das beste Stück, wird allerdings leicht trocken und hart. Deshalb wird er gern mehrere Tage gebeizt und mit Speck gespickt. Meist werden daraus Steaks oder Koteletts geschnitten. Besonders fein ist das Filet. Einen intensiven, aber nicht aufdringlichen Wildgeschmack hat die Keule, die ebenfalls selten im Ganzen zubereitet wird.*

HIRSCHHORNSALZ
(Ammonium, Ammoniumkarbonat)
Backtriebmittel für flache, dünne Backwaren, das bei Temperaturen über 60 °C in Kohlendioxid, Ammoniak und Wasser zerfällt. Das weiße Salz ist Wasser ziehend und muss deshalb immer gut verschlossen aufbewahrt werden.

HIRSCHKALB
Jungtier (bis zu 1 Jahr) des männlichen Dam- oder Rotwilds mit besonders zartem Fleisch

HIRSCHMÖHREN ▸ Pastinaken

HIRSCHSCHWAMM ▸ Ziegenbart

HIRSEN
Sammelbezeichnung für kleinfrüchtige Spelzgetreidearten, die schon zu Urzeiten in Asien und Afrika angebaut wurden, wo sie noch heute zu den wichtigsten Grundnahrungsmitteln (meist als Brei oder Fladen) gehören. In früheren Zeiten spielten sie auch in deutschen Küchen eine wichtige Rolle, bevor die große Zeit von Weizen und Roggen kam und Brot zum deutschen Volksnahrungsmittel Nummer eins avancierte. Heute werden Hirsen in Westeuropa fast nur noch an Vieh verfüttert. Ein Schicksal, das sie nicht verdienen; Hirsen besitzen ein kräftiges Aroma, sind eine schmackhafte Alternative zu anderen Getreidearten und diesen ernährungsphysiologisch sogar überlegen. Hirsen enthalten z. B. mehr hochwertiges Eiweiß als Weizen, Reis oder Mais, sind reich an Vitaminen und Mineralstoffen und frei von Gluten. Das macht sie auch für Weizenallergiker verträglich. Aufgrund dieser Ernährungseigenschaften erleben Hirsen wenigstens in der Vollwertküche eine kleine Renaissance.
VERWENDUNG: *Hirsen können z.B. für Suppen, Breie, Omelettes, Kroketten, Fleischpasteten, Bratlinge, Pudding oder im Müsli verwendet und zu Grütze und Grieß verarbeitet werden. Aus den gegorenen Körnern wird in Afrika Bier hergestellt,*

ZUBEREITUNG

Hirsen müssen vor der weiteren Zubereitung immer gut unter fließendem heißen Wasser gespült werden, sonst können sie im Geschmack bitter und leicht ranzig sein. Ganze Körner gart man bei schwacher Hitze 30–40 Minuten, (für 250 g Hirse 0,5–0,75 l Wasser).

die Chinesen machen daraus Hochprozentiges. Aus dem Mehl werden in Asien und Afrika Fladenbrote hergestellt.

HIRSOTTO
Risotto aus Hirsekörnern mit Bouillon, gehackten Zwiebeln, Butter, Fett oder Öl und geriebenem Käse

HIRTENGULASCH
oft benutzter Name für ein Gulaschgericht (▸ Gulasch), aber ohne einheitliches Rezept

H-MILCH
Das bekannteste der Lebensmittel, die ultrahocherhitzt werden und sich durch lange Haltbarkeit auszeichnen. H-Milch wird aus Kuhmilch nach einem speziellen Pasteurisierungsverfahren hergestellt und auf den gewünschten Fettgehalt (1,5 oder 3,5 %) eingestellt.

HOBELKÄSE
Schnittfester oder harter Bergkäse, der mit einem Messer oder einem Gurkenhobel in feine Spalten geschnitten wird. In der kalten Küche isst man ihn mit Brot und Wein, in der warmen wird er zum Überbacken verwendet.

HOBELMANDELN ▸ Mandelsplitter

HOBELSPÄNE
ostpreußische Weihnachtsspezialität aus ineinander „verhakten" und mit Puderzucker bestreuten Mürbteigstreifen

HÖBES ▸ Thüringer Klöße

HOCHEPOT ▸ Hotchpotch

HOCHRIPPE
(Hohe Rippe)
Stück des Rinderrückens von der 6.–12. Rippe, kopfseitig an das Roastbeef anschließend, für Steaks oder als Braten geeignet

HOCHWILD
Das früher der Hohen Jagd und damit dem Adel zum Abschuss vorbehaltene Wild, zu dem u. a. das gesamte ▸ Schalenwild – also Dam-, Rot-, Schwarz-, Sikawild, Elch usw. – und auch verschiedenes ▸ Federwild wie z. B. das ▸ Rebhuhn zählt. Einzige Ausnahme ist das Reh (ein Schalenwild), das dem vom Adel verschmähten ▸ Niederwild zugerechnet wird.

HOCHZEITSSUPPE
deftige Suppe nach altem niedersächsischen Brauch aus magerem Suppenfleisch und Gemüse (Möhren, Porree, Sellerie) mit Sahne, Butter, Mehl usw., dazu (in kleinen Schalen serviert) Graupen und Rosinen

HOCHZEITSTORTE
In aller Welt ist es der besondere Ehrgeiz von Konditoren, den schönsten Tag des Lebens mit einem Kunstwerk, das auch mit Hochgenuss verspeist werden kann, noch mehr zu versüßen. Eine richtige Hochzeitstorte muss aus mehreren Etagen bestehen, die auf Säulen usw. ruhen. Das Anschneiden ist bei traditionellen Hochzeiten ein besonderes Ritual.

HÖCKERMELONE ▸ Kiwano

HODEN
Das paarig angelegte männliche Geschlechtsorgan vieler Tiere (und auch des Menschen), in dem vor allem die Samenfäden (Spermien) produziert werden. In Deutschland vom Speisezettel verbannt, kommen die Hoden mancher Tiere (in erster Linie von Schafen und Rindern) in anderen Ländern auch auf den Teller; so z. B. in Italien als Testicoli, in Spanien als Criadillas und in Frankreich als Animelles.

HOHE KOCHKUNST ▸ Haute Cuisine

HOHE RIPPE ▸ Hochrippe

HOHLHIPPEN ▸ Hippen(gebäck)

HOHLPASTETEN ▸ Vol-au-vents

HOISINSAUCE
(Pekingsauce)
Die bräunliche, dickflüssige ostasiatische Tafel- bzw. Würzsauce wird aus fermentierten So-

jabohnen, rotem Reis, Chilis, Knoblauch, weiteren Gewürzen, Zucker und Wasser hergestellt. Sie hat einen gleichzeitig süßen und pikant scharfen Geschmack und wird in vielerlei Gerichten verwendet (u. a. Ente, geschmortes Schweine- und Hühnerfleisch, Muscheln und gebratener Reis). Oft werden damit auch Fleischgerichte glasiert.

HOLDER(BEEREN) ▸ Holunder

HOLLANDAISE ▸ Holländische Sauce

HOLLÄNDER (KÄSE)
Sammelbezeichnung für Käse aus Holland (vor allem ▸ Gouda), der nur echt und qualitätskontrolliert ist, wenn er die „Reichskontrollmarke" in der Rinde hat.

HOLLÄNDISCHE SAUCE
(Sauce Hollandaise)
Die holländische Variante der Buttersaucen kann als weiße Grundsauce vielfältig abgewandelt werden. Sie wird aus aufgeschlagenem Eigelb, Zwiebeln, Butter und Weißwein hergestellt und mit Zitronensaft, Cayennepfeffer abgeschmeckt. Holländische Sauce ist auch als Fertigprodukt im Handel erhältlich.

HOLLÄNDISCHER SALAT
klassische Salatzubereitungen (▸ Salate) aus Kartoffel- und Räucherlachswürfeln, etwas Kaviar, gehackten Zwiebeln und Schnittlauch in Öl-Zitronensaft-Sauce oder aus Gouda, Hering und hart gekochten Eiern mit Mayonnaise

HOLLER(BEEREN) ▸ Holunder

HOLLISCHKE
jüdische Kohlroulade mit Rindfleisch

HOLSTEINSCHNITZEL
In Mehl gewendetes und in Butter gebratenes Kalbsschnitzel, das mit Spiegelei, Sardellen (teils auch Räucherlachs), Kapern, Perlzwiebeln, Pfeffergürkchen und Zitronenscheiben belegt wird. Traditionell gibt es dazu geröstete und edel-pikant (mit Kaviar, Hummer, Lachs und Ölsardinen) belegte Weißbrotscheiben, die einfachere Beigabe sind Bratkartoffeln.

SCHON GEWUSST?

Das ▸ Holsteinschnitzel wird oft fälschlich als Holsteiner Schnitzel bezeichnet, was zu einer Ableitung des Namens von der norddeutschen Region Holstein „verführt". In Wirklichkeit soll es jedoch die Leibspeise des Berliner Geheimrats und Diplomaten Friedrich von Holstein (1837–1909) gewesen sein, der als „graue Eminenz" hinter den beiden Reichskanzlern Otto von Bismarck und Bernhard Fürst von Bülow galt.

HOLUNDER(BEEREN)
(Holder, Holler)
In Mitteleuropa beheimateter, wild wachsender Strauch aus der Familie der Geißblattgewächse, der 1–15 m hoch und zum Baum mit einem bis 40 cm dicken Stamm werden kann. Kulinarisch verwertet werden die Beeren (botanische Steinfrüchte) und Blüten. Es gibt auch Arten mit weißen oder roten Beeren, allgemein meint man mit Holunder aber die schwarze Art (den Schwarzen Flieder, nicht zu verwechseln mit dem Zierflieder) mit ihren violettschwarzen Beeren (auch: Flieder-, Holder-, Hollerbeeren) und ihren gelblichweißen Blüten mit ausgeprägtem Duft. Holunderbeeren sind für den Rohverzehr nicht geeignet, weil sie (nicht ausgereift) wie Samen und grüne Pflanzenteile ein Blausäure abspaltendes Glykosid enthalten, das erst beim Kochen (100 °C) zerstört wird. Die aromatischen Blüten kann man in Backteig tauchen, in Fett schwimmend als Holunderkrapfen/-küchle backen und mit Zucker und Zimt bestreuen. In Säften und Schaumweinen sorgen sie für ein unverwechselbares Aroma.

VERWENDUNG

Richtig vorbehandelt können die (passierten) Beeren gut zu Saft, Sirup, Mus, Konfitüre, Gelee, Obstwein, Likör usw. verarbeitet werden. Vor allem in Norddeutschland und im Erzgebirge macht man daraus auch eine Suppe (mit Zucker, Nelken, Zimtrinde, Obstsaft, Sahne oder Milch, ▸ Fliederbeersuppe). Ein köstlicher Aperitif ist Holundersaft bzw. -sirup mit Schaumwein aufgegossen.

HOLUNDERPILZ ▸ Mu-Err

HOLZÄPFEL
(Wildäpfel)
Die Früchte wilder Apfelbäume (oft als Heckengehölz) sind klein, hart, schrumpelig und sehr sauer bis bitter. Sie haben große Bedeutung für die Herstellung von Apfelsaft, -most und -gelee, sind mit ihrer pikanten Art aber auch reizvoll in Konfitüren oder als eingemachtes Obst.

HOLZBIRNEN

(Knödelbirnen, Wildbirnen)
Die herben Früchte wilder Birnbäume (oft als Heckengehölz) sind im Gegensatz zu den Holzäpfeln auch zum Frischverzehr geeignet, meist werden sie aber zur Saftherstellung verwendet.

HOLZFASS

Das traditionelle Lagergefäß für den werdenden Wein, meist aus Eiche, manchmal auch aus anderen Hölzern wie Akazie oder Kastanie. Der Fachmann spricht vom Holzausbau im Gegensatz zum Ausbau im Stahltank, der heute vor allem bei frischen und fruchtigen Weißweinen praktiziert wird. Das kleinste gebräuchliche Holzfass ist das so genannte ▸ Barrique mit 225 l Volumen, es gibt aber auch Holzfässer mit ein paar tausend Litern Fassungsvermögen. Je kleiner und neuer das Fass dabei ist, desto mehr Holzaromen gibt es an den Wein ab.

HOLZOFENBROT

Spezialbrot (▸ Brot) aus Roggen- oder Weizenmehl, das in ausschließlich mit Naturholz befeuerten, aus Steinen gemauerten Öfen mit abfallender Backtemperatur gebacken wird.

HOMINY

nordamerikanischer Brei aus in etwas Wasser gequollenem und mit heißer Milch verrührtem Maisgrieß mit Butter, dazu kalte Sahne

HOMOGENISIEREN

Das Herstellen einer einheitlichen (homogenen) Mischung aus zwei Komponenten bzw. Substanzen, die eigentlich nicht ineinander löslich und mischbar sind. Bei Feststoffen genügt dazu meist schon kräftiges Rühren, bei Flüssigkeiten mit unterschiedlicher Dichte ist das Homogenisieren weit schwieriger und gelingt nur unter hohem Druck. Besonders bekannt ist das Verfahren der Homogenisierung von der Milch. Dadurch wird das Fett zumindest für die Haltbarkeitsdauer so stark gebunden, dass es sich nicht von der Flüssigkeit trennen und als dicke Rahmschicht absetzen kann.

HONGO ▸ Kombucha

HONGROISE, À LA ▸ ungarische Art

HONIG

Von Bienen produzierte und zuckersüße klebrige Flüssigkeit, die zu 75–80 % aus Fruchtzucker (Fruktose und Glukose), 14–19 % Wasser und 6 % hochwertigen Eiweiß- und Mineralstoffen besteht. Weltweit gibt es rund 20 000 Bienenarten, nur 6 davon sind für die Imkerei von Nutzen. Aroma und Geschmack des Honigs hängen von den Pflanzen ab, die von den Insekten angeflogen werden. Die Konsistenz (dünner, dickflüssiger oder fest) sagt nichts über die Qualität aus, sondern nur über Herkunft und Gewinnungsverfahren. Als Grundregel gilt, dass dunkler Honig im Geschmack kräftiger als heller ist. Fest gewordener Honig kann durch Erhitzen im Wasserbad (aber nicht über 45 °C, weil ihn höhere Temperaturen schädigen) wieder verflüssigt werden. Zum unmittelbaren Verzehr bestimmter Honig, so genannter Speisehonig, muss sauber (frei von Wabenteilen usw.), unverfälscht (ohne Zusatz von Säuren, Farb- und Aromastoffen) und nicht über 45 °C erwärmt gewesen sein. Ansonsten darf er nur als Back- oder Industriehonig gehandelt werden. Honig, der überwiegend aus einer bestimmten Blüte gewonnen wurde, darf deren Namen tragen (z. B. Akazienhonig, Heidehonig, Rapshonig oder die als besonders fein geltenden Linden- und Kleehonig) und wird allgemein als Trachtenhonig bezeichnet. Sehr geschätzt wird auch Waldhonig (Koniferenhonig).

VERWENDUNG: *Honig ist beliebt als Brotaufstrich sowie als Zutat bei der Herstellung von Backwaren (z.B. Lebkuchen), wobei seine Süßkraft die von Zucker aber weit übertrifft. Er kann Vinaigrettes und Saucen verfeinern und ist eine köstliche Zugabe zu kräftigem Ziegenkäse. Weiter können daraus Honigessig, Honigwein (▸ Met), Honiglikör (wie ▸ Bärenfang oder der schottische ▸ Drambui) hergestellt werden.*

HONIGBLATT, HONIGBLUME
▸ Zitronenmelisse

HONIGKUCHEN

eine besondere Form von ▸ Lebkuchen mit mindestens 50 % reinem Bienenhonig, vor allem eine Nürnberger Spezialität

HONIGLECKERLI

(Basler Leckerli)
kleine Honiglebkuchen mit Zucker, Zimt, Nelken, Mandeln, Zitronat, Orangeat und Kirschwasser

HONIGMELONE

beliebte Art der Zuckermelonen (▸ Melonen)

HONIGPILZ ▸ Hallimasch

HOPFEN

Besonders hoch hinaus will diese Kletterpflanze aus der Familie der Hanfgewächse. In den Hopfengärten rankt sie sich Jahr für Jahr in der Vegetationsperiode zwischen April und August an den Aufleitdrähten bis zu 7 m in die Höhe und bildet grüne, schuppige Fruchtzapfen, die Hopfendolden, aus. Das größte zusammenhängende Hopfenanbaugebiet der Welt ist die Hallertau in Bayern, wo Hopfen seit dem 8. Jh. angebaut wird. Der zweite wichtige Hopfenerzeuger neben Deutschland sind die USA.

VERWENDUNG: *Für den Bierbrauer und -trinker sind die Hopfendolden das, was für den Winzer und Weinliebhaber die Trauben sind. Der weltweit angebaute Hopfen wird fast ausschließlich von den Brauereien verbraucht. Nur in sehr geringem Umfang wird er noch für pharmazeutische Zwecke (vor allem in Medikamenten mit beruhigender Wirkung) verwendet und daraus Hopfenschnaps und -likör hergestellt.*

SCHON GEWUSST?

Erst der ▸ Hopfen machte im Mittelalter mit dem Beginn seines Anbaus in Deutschland aus einem bis dahin ziemlich fad schmeckenden Getränk das echte Bier mit seiner feinherben Note. Seither heißt es in Bayern „Hopfen und Malz, Gott erhalt' s". Das „Geheimnis" der Braukunst liegt dabei im Lupulin, einem gelblichen Hopfenmehl, das alle wertvollen Aroma- und Bitterstoffe in sich trägt.

HOPFENSPROSSEN

(Hopfenspargel)
Die in den letzten Jahren für kulinarische Zwecke und sogar für die feine Küche wieder entdeckten jungen Sprossen vom ▸ Hopfen. In der Tat sind die Hopfensprossen, die frisch von März bis Mai erhältlich sind, eine Delikatesse. Sie können roh als Salat oder gekocht wie Gemüse zubereitet werden (besonders lecker in Verbindung mit Morcheln) und lassen sich umhüllt von Backteig auch gut in Fett ausbacken.

HOPPELPOPPEL

Berliner Spezialität als schmackhafte Resteverwertung: In einer Pfanne gebratene, fein geschnittene Reste von gekochtem Rindfleisch, Braten, Speck, Schinken usw. mit Bratkartoffeln, in Sahne verquirlten Eiern und Zwiebelringen, sauren Gurken, gehackter Petersilie, Salz und verschiedenen Gewürzen (u. a. Pfeffer, Kümmel, Majoran). Hoppelpoppel war ursprünglich ein deftiges Bauernfrühstück zur Stärkung für die harte körperliche Arbeit, heute wird es meist mittags oder abends gegessen.

HOPPING JOHN

Reisgericht aus den USA mit getrockneten Augenbohnen, Frühstücksspeck, gehacktem Knoblauch, Zwiebeln und Chilipulver

HORMONE

Sie sagen uns, wann wir glücklich sind, wann uns zum Heulen ist, wann wir „Lust" und wann wir Hunger haben, wann wir Flüssiges brauchen und vieles mehr: Auch wenn wir nicht einmal 1 g davon im Körper haben, steuern die Hormone viele wichtige Stoffwechselprozesse und biochemische Vorgänge des menschlichen Organismus. Gebildet werden sie von überall im Körper verteilten Drüsen und Organen aus Molekülen, die mit der Nahrung zugeführt werden. Unsere Ess- und Trinkgewohnheiten haben folglich erheblichen Einfluss auf den Hormonhaushalt. Nichts zu suchen haben Hormone dagegen im Fleisch von Schlachttieren. Tierfutter enthält als „Mastverstärker" manchmal Anabolika. Im Schlachtfleisch dürfen zwar keine Hormone nachweisbar sein, doch hin und wieder wird hormonverseuchtes Fleisch entdeckt und aus dem Verkehr gezogen.

HÖRNCHEN
1. halbmondförmiges Kleingebäck meist aus Mürbteig (teils aber auch aus anderen Teigarten), oft mit geriebenen Mandeln oder Nüssen und Vanillezucker als Vanillekipferl (auch: Kipfeln, Kipferl)
2. glatte bzw. gerippte und gebogene Hohlnudeln unterschiedlicher Länge

HORNHECHT
(Grünknochen)
Schwarm bildender, hauptsächlich im Nordostatlantik vorkommender Meeresfisch (▶ Fische), der auffallend lang gestreckt (bis 1 m) und dünn ist. Sein zweites besonderes Erkennungsmerkmal sind seine von dem Farbstoff Vivianit grün gefärbten Gräten. Der Hornhecht hat ein relativ trockenes, aber feines Fleisch, das sich besonders gut für Suppen und Eintöpfe sowie zum Räuchern eignet.

HORNMELONE ▶ Kiwano

HORS D'OEUVRES
Kleine und feine gemischte Häppchen bzw. Vorspeisen im Miniformat, die den Appetit anregen oder den ersten Hunger stillen sollen (frz. „hors d'oeuvres" = wörtlich übersetzt „außerhalb der Werke", sprich der eigentlichen Menüfolge). Es gibt sie in fast unzähligen Variationen und sie fordern die Fantasie der Köche immer wieder heraus. Traditionell werden Hors d'oeuvres kalt vor oder warm nach der Suppe gereicht. Heute sind dafür andere Bezeichnungen wie ▶ amuse bouche (amuse gourmand, amuse gueule), ▶ Antipasti, ▶ Entradas oder ▶ Appetizers populärer.

HORSERADISH SAUCE
englische Meerrettichsauce (engl. „horseradish" = „Meerrettich") mit geriebenem Weißbrot, englischem Senf, Salz, Zucker und ein paar Tropfen Worcestersauce, vorwiegend zu gekochtem Rindfleisch (wie dem ▶ Tafelspitz)

HOSO-MAKI
kleine japanische Rouladen mit einer Füllung aus gekochtem Reis, rohem Fisch, Gemüse, Pilzen usw., eingehüllt in ▶ Yakinori (getrocknete Seetangblätter)

HOT
Englischer Namenszusatz oder Hinweis auf den Etiketten für manche Lebensmittelprodukte (z. B. Grillsaucen oder Chips), der hier nicht nach der Hauptbedeutung mit warm oder heiß übersetzt werden darf, sondern kräftig gewürzt und scharf bedeutet.

HOTCHPOTCH
pikant gewürzter, fetter Eintopf bzw. Fleischragout in mehreren regionalen Varianten mit Zutaten wie Hammelschulter, Schweineohren und -schwanz, Rinderbrust, Ochsenschwanz, Suppengemüse (Möhren, Petersilie, Sellerie, Porree usw.), Pastinaken, Zwiebeln etc.

HOT DOG
Das nach dem ▶ Hamburger beliebteste Fast Food in den USA besteht aus einer heißen ▶ Frankfurter oder ▶ Bockwurst in einem aufgeschnittenen länglichen Brötchen (meist getoastet oder gedämpft) mit Senf und/oder Ketschup, Relish, Zwiebeln, manchmal auch Sauerkraut oder Mixed Pickles. Nicht eindeutig geklärt ist, woher der kuriose Name (engl. „hot dog" = „heißer Hund") kommt.

HP-SAUCE
Aus England kommende Würzsauce, die aus Malzessig, Melasse, Fruchtauszügen und orientalischen Gewürzen besteht. Sie passt vor allem zu dunklem Fleisch und Pasteten.

HUBBARDS
wichtige Sortengruppe der Speisekürbisse (▶ Kürbisse)

HUBERTUSPASTETCHEN
gefüllte Blätterteighüllen mit einer Farce aus fein püriertem, mit Weinbrand aromatisiertem und mit dicker Wildsauce gebundenem Wildbratenfleisch (Sankt Hubertus: 705–727 Bischof von Lüttich, Schutzpatron der Jäger und zugleich Beschützer des Wildes)

HUCHEN
(Donaulachs, Rotfisch)
Dem ▶ Lachs ähnlicher Süßwasserfisch (▶ Fische), der hauptsächlich in der Donau und ihren Nebenflüssen vorkommt (seltener in den

oberen Rhein- und Rhonegebieten). Der Huchen kann bis 160 cm lang und 30 kg schwer werden und ist ein ausgezeichneter Speisefisch, dessen Bestände aber stark abgenommen haben. Zubereitet wird er wie ▸ Forelle oder ▸ Hecht.

HUFLATTICH
(Bachblümlein)
An Wegrändern wachsendes und oft in Hustensaft und Hustentee enthaltenes Wildkraut, das reich an Schleim-, Bitter- und Gerbstoffen, aber auch an Vitaminen und Mineralstoffen ist. Die jungen Blätter, Blütenstiele, Knospen und Blüten können für gemischte Salate, Eintöpfe oder auch als Gemüse verwendet werden.

HÜFTDECKEL ▸ Tafelspitz

HÜFTE
(Culotte)
Schwanzstück von Schlachttieren, aus dem z. B. beim Rind die Hüftsteaks und andere Kurzbratstücke geschnitten werden.

HUHN

Das am häufigsten gezüchtete und beliebteste ▸ Geflügel stammt vermutlich aus Asien und dürfte aus dem Burma-Bankiva-Huhn entstanden sein. Knochenfunde in China deuten darauf hin, dass das Haushuhn bereits im 6. Jahrtausend v. Chr. domestiziert wurde. Gesicherte Nachweise gibt um 2500–2100 v. Chr. aus Indien. Die ältesten Funde in Mitteleuropa gehen zurück auf die Frühe Eisenzeit (800–450 v. Chr.). Das männliche Haushuhn ist der Hahn, das weibliche die Henne, das Jungtier heißt Küken und der kastrierte Hahn ▸ Kapaun. Als ▸ Hähnchen (die klassischen Brat- oder Grillhähnchen) bezeichnet man Hühner beiderlei Geschlechts, die noch vor der Geschlechtsreife geschlachtet werden. Es gibt viele verschiedene Hühnerrassen, die gezielt nach ihren besonderen Stärken – die Qualität ihres Fleisches oder das Legen von Eiern – gezüchtet wurden. Auch wenn der kulinarische Ruf der Hühner durch Massentierhaltung, Hähnchenbratketten und Fast Food (Chicken Nuggets) arg gelitten hat, steht fest: Seit Fleisch und Eier nicht mehr von den gleichen Hühnern geliefert werden müssen, hat sich die Qualität ihrer Produkte erheblich gesteigert.

HÜHNERBRÜHE
(Hühnerfond)
durch langsames Einkochen von Suppenhuhn oder Hühnerklein, gehackten Kalbsknochen und Wurzelwerk hergestellte Brühe

HÜHNEREIER ▸ Eier

HÜHNERFARCE
(Geflügelfarce)
aus gekochtem Hühnerfleisch mit Eiweiß, Weinbrand und Sahne hergestellte ▸ Farce

HÜHNERFOND ▸ Hühnerbrühe

HÜHNERFRIKASSEE ▸ Frikassee

HÜHNERKLEIN ▸ Geflügelklein

HÜHNERKOPPE ▸ Reifpilz

HÜLSENFRÜCHTE
(Schotenfrüchte)
Sammelbezeichnung für einige Vertreter der botanischen Familie der Leguminosen (Hülsenfrüchtler) (▸ Seite 234)

HUMMER
(Lobster)
Für Gourmets auf der ganzen Welt gilt er als „König der Krustentiere“: Rein zoologisch ist der Hummer ein großer zehnfüßiger Krebs, dessen vorderstes Beinpaar zu zwei mächtigen Scheren ausgewachsen ist, und bildet (mit Languste und Flusskrebs) eine der drei großen Hauptgruppen der ▸ Krebstiere. Hummer bewohnen das tiefere und kalte Meer und können – sofern sie nicht vorher in einem Kochtopf enden – bis 30 Jahre alt, bis 70 cm lang und bis 10 kg schwer werden. Der europäische Hummer (von den Atlantikküsten Norwegens, Irlands, Englands, Nordfrankreichs, Spaniens und Portugals) ist ein echtes Luxusprodukt der Küche mit seinem charakteristischen, leicht süßlichen

VERWENDUNG

Das gegrillte oder gebratene Hähnchen ist der Klassiker unter den Hühnergerichten. Hühnerfleisch kann aber auch gekocht und geschmort werden und eignet sich für viele Zubereitungsarten. In allen Erdteilen kennt man eine Vielzahl von Rezepten und regionalen Varianten, besonders in den asiatischen Ländern. Aber auch der französische Meisterkoch ▸ Escoffier kannte bereits 313 Zubereitungsarten für Hühner.

Hülsenfrüchte – die Energielieferanten

Die Hülsenfrüchte – allen voran ▸ Bohnen, ▸ Sojabohnen, ▸ Erbsen und ▸ Linsen – gehören botanisch zur großen Familie der Leguminosen (auch: Hülsenfrüchtler) und hier zur Unterfamilie der Schmetterlingsblütler mit ihren 700 Gattungen und bis zu 18 000 Arten. Sie sind eine der ältesten Kulturpflanzen der Menschheitsgeschichte und archäologische Funde lassen darauf schließen, dass sie bereits vor mehr als 11 000 Jahren in Südostasien kultiviert wurden. Auch in Ägypten werden sie seit mindestens 10 000 Jahren angebaut und die Indianervölker in Mexiko und Peru kannten sie ebenfalls bereits vor 7000 Jahren.

IN EUROPA OFT UNTERSCHÄTZT

Mit einer jährlichen Produktion von rund 150 Mio. Tonnen sind die Hülsenfrüchte eines der wichtigsten Weltnahrungsmittel überhaupt. Im Vergleich zu ihren Hauptverbreitungsländern in Asien, Afrika, Süd- und Mittelamerika fristen sie in Europa, wo sie in früheren Zeiten einen wesentlich höheren Stellenwert als heute hatten, aber weitgehend ein Schattendasein. Trotz einer kleinen Renaissance, die sie seit einiger Zeit auch in der gehobenen Küche erleben, verzehrt der statistische Durchschnittsdeutsche nur etwa 1 kg im Jahr davon, aber sage und schreibe rund 60 kg Fleisch und Wurst. Bei vielen Köchinnen und Köchen sind die Hülsenfrüchte als „Arme-Leute-Essen“, als für den Magen schwer verdaulich und als gefährliche Dickmacher verpönt. Musste nicht schon Aschenputtel zur Strafe Linsen verlesen, während die anderen tanzen und feiern durften? Und war es nicht eine einzige kleine Erbse, die eine Prinzessin um den Schlaf brachte?

ALLES ANDERE ALS „LEERE HÜLSEN“

Aus Sicht der modernen Ernährungsphysiologie kann man zum schlechten Image von Bohnen, Erbsen, Linsen & Co. nur sagen: „Alles nur Märchen“. Hülsenfrüchte sind beileibe keine „leere Hülsen“, sondern wahre „Nährstoffbomben“ mit dem höchsten Proteingehalt aller pflanzlichen Lebensmittel. Gleichzeitig sind sie reich an Ballast-/Faserstoffen, Kohlenhydraten, Mineralstoffen und Spurenelementen – und (mit Ausnahme der Sojabohnen) arm an Fett. Das macht sie besonders wertvoll. Ein Mangel an gewissen Eiweißbausteinen aus der Gruppe der essenziellen ▸ Aminosäuren lässt sich durch die Kombination mit Reis, Mais, Getreide, Fleisch und Fisch mehr als ausgleichen. So wie es die Menschen in den Ursprungsländern der Hülsenfrüchte schon seit Jahrtausenden praktizieren; nur dass sich heute wissenschaftlich belegen lässt, was sie schon immer instinktiv richtig gemacht haben.

Hülsenfrüchte sollten also möglichst oft auf dem Speisezettel stehen, denn sie liegen voll im Trend der modernen Ernährungslehre. Ganz abgesehen davon sind sie auch aromatisch und geschmacklich eine große Bereicherung.

DIE EIGENTLICHEN HÜLSENFRÜCHTE

Im eigentlichen Sinne bezeichnet man als ▸ Hülsenfrüchte nur die in Schoten oder Fruchthülsen ausgereiften, luftgetrockneten und essbaren Samen der Leguminosen, und hier vor allem von Bohnen, Sojabohnen, Erbsen und Linsen. Verschiedene Arten von Bohnen und Erbsen werden aber bereits unreif (grün) geerntet und in der Küche mit ihren Hülsen verarbeitet. In diesem Stadium werden sie korrekt als ▸ Schotengemüse bezeichnet. Zu den Hülsenfrüchten zählen botanisch auch ▸ Erdnüsse und ▸ Johannisbrot, die ansonsten relativ wenig Gemeinsamkeiten mit ihren „Artgenossen“ haben.

Geschmack und zart-festen Fleisch. Seinen amerikanischen Artgenossen (auch als Lobster bekannt) gibt es dagegen in weit größerer Menge von den riesigen Hummerfanggründen an der US-amerikanischen und an der kanadischen Küste. Vor Ort sind sie deshalb ein sehr preiswerter Genuss. Allerdings ist der amerikanische Hummer nicht so fein im Geschmack und sein Fleisch grobfaseriger und zäher. Man bekommt Hummer auch aus der Zucht, doch sind diese Tiere mit Medikamenten und Antibiotika „aufgepäppelt“. Das zarteste Fleisch sitzt in den Scheren, die mit einem speziellen Werkzeug „geknackt“ und um ihr delikates Inneres erleichtert werden. Ihr Idealgewicht und das beste Fleisch haben Hummer kurz vor dem Panzerwechsel bzw. in den Wochen danach, wenn sie 500–700 g wiegen. Begehrt ist auch der Rogen (▸ Corail) vom Hummer.

ZUBEREITUNG: *Eine Delikatesse ist Hummer vor allem dann, wenn er frisch zubereitet wird. Ihre Reise von den Fanggründen zu den Großhändlern, Restaurants und Fischgeschäften machen die Krebstiere deshalb lebend mit zusammengebundenen Scheren und gut gekühlt. Am Bestimmungsort werden sie auf Eis gelagert, noch lebend in siedend heißes Wasser „getaucht“ und 20–35 Minuten gekocht, wobei sich ihr Panzer rötlich färbt.*

Schon gewusst?

Meist finden Hummer in sprudelnd kochendem Wasser ihr Ende, doch ist diese Methode qualvoller als oft vermutet. Schmerzloser töten kann man Hummer durch einen Elektroschock oder mit einem schweren Messer. Die Befürworter der klassischen Methode führen dagegen an, dass die Qualität des Fleisches dabei leidet.

HUMMERBUTTER
Reste von gekochtem Hummer im Mörser fein zerstoßen, mit der gleichen Menge Butter vermischt und durch ein Haarsieb gestrichen

HUMMERKRABBEN
häufig verwendete aber falsche Bezeichnung für manche ▸ Garnelen und ▸ Kaisergranat

HUMMERSAUCE
(Sauce homard)
mit kräftigem Fischfond verkochte Béchamel-Sauce mit Hummerbutter (bzw. Hummerpüree), Sahne und Hummerwürfeln

HUMM(O)US
In der israelischen und arabischen Küche beliebte orientalische Spezialität in Form einer cremigen Paste bzw. eines Breis, der aus gemahlenen Kichererbsen und ▸ Tahin(a), abgeschmeckt mit Sesam- oder Olivenöl, Knoblauch, Zitronensaft und orientalischen Gewürzen hergestellt wird. Hummus wird u. a. gerne als Vorspeise mit Fladenbrot (▸ Pita) und als Beilage zu Lammfleisch serviert.

HUNDSZUNGE ▸ Zungenbutt

HUNTUN ▸ Wan Tan

HUSARENFLEISCH
Österreichische Spezialität: Dünne Scheiben vom Schwein-, Kalbs- und Rinderfilet, die dick mit Paprika bestrichen, mit gebratenen Zwiebelringen belegt und in brauner Grundsauce geschmort werden; dazu Salzkartoffeln.

HUSHALLSOST
Schwedischer Schnittkäse aus pasteurisierter Kuhmilch mit bis 60 % Fett i. Tr., der im Gegensatz zu anderen Käsen seiner Heimat keine Nachahmung berühmter Käse anderer Herkunft, sondern eine schwedische Spezialität ist.

HÜTES ▸ Thüringer Klöße

HÜTTENKÄSE ▸ Cottage Cheese

HÜTTENSCHMAUS
1. Pfannengericht aus Fleisch, Wurst, Käse usw. mit Bratkartoffeln, ähnlich dem ▸ Gröstl
2. Früchtebrot mit Dörrobst (▸ Backobst), Nüssen, Rosinen, Anis, Fenchel, Koriander, Gewürznelken und Zwetschgen-/Kirschwasser

HUTZELBROT ▸ Früchtebrot

HUTZELN ▸ Backobst

IBSCHE ▸ Ysop

ICKELEI ▸ Ukelei

ICPILAV
Reis mit fein geschnittenem Schaffleisch und/oder Leber, Zwiebeln, Piment, Pinienkernen, Korinthen, Zimt usw., alles in Bouillon gekocht und vorwiegend als Füllung für verschiedene Gerichte verwendet

IDIAZÀBAL
Der berühmteste ▸ Käse aus dem spanischen Baskenland (mit kontrollierter Ursprungsbezeichnung) wird aus der Milch von Lacha- oder Carranzana-Schafen, die in den Bergen weiden, mit mindestens 45 % Fett i. Tr. hergestellt. Seinen prägnant rauchigen Geruch und Geschmack sowie seine typische dunkelbraune Rinde erhält der Hartkäse durch ein traditionelles Herstellungsverfahren: Er wird auf kleinen Bauernhöfen produziert und im Kamin über brennendem Holz geräuchert. Seinen Namen hat er von einem Dorf in den Urbiabergen. Eng verwandt sind mit ihm andere Käse wie Urbia, Entzia, Gorbea und Orduna.

IDLI
Indischer sauer schmeckender Fladen, der heiß zum Frühstück gegessen wird. Die traditionellen Zutaten sind Reis und Mungobohnen, die mit Gewürzen angereichert und 15–24 Stunden fermentiert werden (▸ Fermentation).

IGELGURKE ▸ Kiwanon

IGNAME ▸ Jamswurzel

IGT ▸ Indicazione Geografica Tipica

IHLEN abgelaichte, magere ▸ Heringe

IKAKOPFLAUMEN
Pflaumenartige tropische Früchte (Farbe gelb, rot oder blau) eines Strauches oder kleinen Baumes, der zur Familie der Rosengewächse zählt und vor allem in Südamerika, Afrika und Westindien vorkommt. Ikakopflaumen schmecken herb-süß, was sie ihrem hohen Fruchtzucker- und Gerbstoffanteil verdanken.
VERWENDUNG: *Die Früchte mit ihren essbaren Kernen sind roh genießbar, besser aber für die Verarbeitung zu Kompott oder zum Einmachen geeignet. Aus den Samen wird auch Speiseöl gewonnen.*

IKAN TERIE
Bestandteil der Indonesischen Reistafel: Kleine, getrocknete Fische (Sardellen usw.), die in Öl ausgebacken werden.

ILAMA
der ▸ Cherimoya ähnliche exotische Frucht mit cremigem und sehr aromatischem Fleisch, vorwiegend aus Mexiko

IMAM BAYILDI
Türkische Spezialität: Mit Knoblauch, Thymian, Majoran, Salz und Pfeffer kräftig gewürzte Auberginen mit einer Füllung, die aus fein gehackten Zwiebeln, Tomaten, milden Peperoni, Petersilie und Olivenöl angemacht wird.

IMBER ▸ Ingwer

IMBISS
Kleine Zwischenmahlzeit (aus dem Amerikanischen abgeleitet auch als „Snack" bezeichnet), die in der Regel im Stehen an speziellen Imbissständen oder -buden eingenommen wird – letztlich nichts anderes als eine Form von ▸ Fast Food. Klassische Imbissprodukte sind z. B. Grill- und Bratwürste verschiedenster Art, Schaschlik, Schnitzel- oder Steaksemmel.

IMMENBLATT ▸ Zitronenmelisse

IMPÉRIALE
eine der ▸ Großflaschen für Wein/Champagner

IMTABA
orientalisches Hammelragout (Fleisch von der Keule) mit Zucchini, kleinen Zwiebelchen und Jogurt, gewürzt mit ▸ Satar, Zimt, Knoblauch und Rosenblättern

INDIAN ▸ Truthahn

INDIANERBOHNE
▸ Kidneybohne (▸ Bohnen)

INDIANERKORN, -REIS
▸ Wildreis, der in Nordamerika ausgebaut wird

INDIANISCHE FEIGEN
▸ Kaktusfrüchte

INDICAZIONE GEOGRAFICA TIPICA
(IGT)
Kontrollierte Herkunftsbezeichnung nach dem italienischen Weingesetz (▸ Wein), die eine Stufe unter der DOC bzw. DOCG liegt und nach EU-Weinrecht dem Landwein entspricht. In den letzten Jahren hat die IGT an Bedeutung gewonnen und so findet man heute in dieser Klasse eine Vielzahl von Weinen, die zwar Spitzenqualität haben, aber nicht in die DOC-Bestimmungen „passen“ und früher als gewöhnlicher ▸ Vino da Tavola gehandelt wurden.

INDISCHE ART
(indienne, à l')
Fleisch, Geflügel, Fisch und Eier mit körnig gekochtem und lockerem Reis in einer würzigen Currysauce

INDISCHE DATTEL ▸ Tamarinde

INDISCHE FEIGEN ▸ Kaktusfrüchte

INDISCHE PETERSILIE ▸ Koriander

INDISCHE SAUCE
(Sauce à l'indienne)
weiße (Fisch-)Grundsauce mit Kokosmilch, Sahne, gehackten Zwiebeln (in Butter angeschwitzt), weißem Pfeffer und Zitronensaft, zu Geflügel, hellem Fleisch und Fisch

INDISCHER GOLDREGEN ▸ Manna

INDISCHER KÜMMEL ▸ Ajowan

INDISCHER SAFRAN ▸ Kurkuma

INDISCHER SALAT
Würfel von Mangos, Äpfeln und Tomaten, fein gehackte Zwiebeln und gekochter Reis in Currysauce mit Champignonketchup und Zitronensaft, garniert mit rotem Paprika

INDISCHER SENF ▸ Amsoi

INDISCHES GEWÜRZ ▸ Currypulver

INDUSTRIEHONIG Backhonig

INFUSION
aromatischer Auszug aus dem Aufguss von Kräutern, Gewürzen usw. mit einer heißen Flüssigkeit (wie z. B. Tee).

INGWER
(Djahé, Imber, Ingber)
Die knollenartigen Rhizome (Wurzelstöcke) einer bambus- bzw. schilfähnlichen Staude, die bis 1,5 m hoch wächst und ursprünglich aus Zentralasien stammt. Bei Chinesen und Indern ist ihre Würz- und Heilkraft schon seit über 3000 Jahren bekannt. Heute wird Ingwer im ganzen tropischen und subtropischen Asien, in Teilen Afrikas, in Südamerika und in der Karibik vor allem auf Jamaika angebaut, von wo der beste Ingwer kommen soll. Rund 50 % der Welternte liefert allerdings Indien. In Europa war Ingwer bereits im Mittelalter ein sehr beliebtes Gewürz, das als Ersatz für den extrem teuren Pfeffer zum Schärfen von Speisen verwendet wurde. Im Lauf der Zeit verlor er an Bedeutung, doch mit der steigenden Popularität der asiatischen Küche hat der Ingwer bei uns eine Renaissance erlebt.
Charakteristisch sind sein erfrischend würziges, leicht zitronenartiges Aroma und sein brennend scharfer, beißender Geschmack. Das Gewürz kommt als Wurzelstücke oder gemah-

SCHON GEWUSST?

Bereits der chinesische Philosoph Konfuzius (551–479 v. Chr.) soll ein glühender Verehrer des ▸ Ingwer gewesen sein. Der Wurzel werden vielfältige Heilwirkungen nachgesagt (Verdauung fördernd, Magen stärkend, Husten und andere Erkältungsleiden lindernd) und sie gilt von jeher als Aphrodisiakum. So soll Madame du Barry (1743–1793), die berühmte Mätresse von König Ludwig XV., bei ihren Liebhabern gerne mit einem Ingwerauflauf „nachgeholfen“ haben.

len (▸ Ingwerpulver) in den Handel. Besonders geschätzt wird Ingwer in der Volksmedizin seiner Herkunftsländer für seine vielfältigen Heilwirkungen. Allerdings sollte er nur möglichst kurz gelagert und frisch verbraucht werden, weil er relativ schnell seine ätherischen Öle verliert – und damit auch seine Frische und Schärfe. Neben der Verwendung in der Küche wird aus bzw. mit Ingwer auch Tee hergestellt und aromatisiert (vor allem Grüner Tee), außerdem gibt es Likör, Bier (▸ Ginger Beer) und Limonade (▸ Ginger Ale) daraus.

VERWENDUNG: *In Stücke geschnittener, gehackter oder geriebener Ingwer gibt vielen asiatischen Gerichten wie Suppen, Fleischbrühen, Currys, Eintöpfen, Fleisch, Fisch und Meeresfrüchten eine pikante Note. In der japanischen und chinesischen Küche wird er oft in Kombination mit Sojasauce und Knoblauch verwendet, die Japaner essen ihn süßsauer eingelegt zu ▸ Sushi. Ingwer eignet sich auch zur aromatischen Bereicherung von Süßspeisen, Konfitüren, fruchtigen Kaltschalen, eingelegten Früchten, Obstsalaten und Lebkuchen. Er schmeckt kandiert und in Sirup eingelegt (als Ingwerpflaumen), kommt in Lebkuchen und lässt sich auch in der Konfiserie gut einsetzen.*

INGWERBIER ▸ Ginger Beer

INGWERPULVER
getrocknete und gemahlene Ingwerrhizome zum Würzen vieler asiatischer Gerichte (Fleisch- und Fisch-), Salatsaucen, feiner Leberwurst, Mortadella, Süßspeisen und Gebäck

INKAKORN, - REIS, -WEIZEN
▸ Quinoa

INKY-PINKY
schottischer Eintopf aus gebratenen Fleischresten mit Möhren, Zwiebeln usw. in Bratensauce mit Mehl und Essig, dazu geröstetes Weißbrot

INNEREIEN
Die für den Menschen essbaren inneren Organe von Schlachttieren, Wild und Geflügel, als da sind: Herz, Leber, Lunge, Niere, Hirn, Milz, Bries, Kaldaunen, Zunge, Gekröse usw. Wenn sie gut zubereitet werden, können Innereien eine Delikatesse sein und im Prinzip sind sie mit ihrem höheren Gehalt an Nährstoffen und Vitaminen für die Ernährung sogar wertvoller als Muskelfleisch. Allerdings sammeln sich in ihnen auch viele Schadstoffe an, deshalb spielen Qualität und Herkunft bei den Innereien eine umso wichtigere Rolle. Als besonders fein gelten die Innereien von Lamm und Kalb.

INSALATA CAPRESE ▸ Caprese

INSELT ▸ Talg

INSTANTERZEUGNISSE
Lebensmittel-Fertigprodukte meist in Form von Pulver oder Granulat, das sich in Flüssigkeiten sofort und vollständig auflöst. Typische Instanterzeugenisse sind z. B. Kaffee, Tee und Kakao, Saucen und Suppen, Kartoffelpüree und Pudding.

INSTER
die essbaren Gedärme von Schlachttieren (▸ Gekröse)

INVERTZUCKER
Zu gleichen Teilen aus Glukose und Fruktose bestehender Zucker, der ein Spaltungsprodukt von Saccharose und Hauptbestandteil von Honig und ▸ Kunsthonig (auch als Invertzuckercreme bezeichnet) ist. Invertzucker wird in der Lebensmittelindustrie häufig verarbeitet.

INVOLTINI
kleine gefüllte Rouladen der italienischen Küche, die klassisch aus Kalbfleisch bestehen,

heute aber auch aus Fisch und Gemüse (vor allem Auberginen) mit den unterschiedlichsten Füllungen hergestellt werden

IRISH COFFEE

Alkoholisches Getränk aus starkem, heißem Kaffee mit irischem Whiskey und Schlagsahne, das bereits Anfang der 1940er-Jahre entstanden sein soll. Weithin bekannt wurde der Irish Coffee aber erst Jahrzehnte später durch gezielte Werbekampagnen der irischen Fremdenverkehrsbehörde.

IRISH CREAM

Irische Likörspezialität, die oft mit dem Markennamen Bailey's gleichgesetzt wird und aus irischem Whiskey und Sahne mit aromatischen Zusätzen (u. a. Vanille, Kakao) besteht. Bailey's war der erste Irish Cream überhaupt (präsentiert 1974) und avancierte innerhalb von nur 10 Jahren zum meistgetrunkenen Likör der Welt. Seine genaue Herstellung ist ein gut gehütetes Geheimnis, doch haben das Original mittlerweile rund 40 Hersteller kopiert.

IRISH STEW

deftiges irisches Hammelragout aus Schulter oder Nacken (grob gewürfelt) mit Weißkohl, Kartoffeln und viel Zwiebeln, gewürzt mit Gewürznelken, Lorbeerblatt, Kümmel, Salz und Pfeffer (viele regionale Varianten)

IRISWURZEL ▸ Veilchenwurzel

ISCHLER KRAPFEN

Österreichische Spezialität aus Bad Ischl (Kurort im Salzkammergut): Auf dem Blech gebackene kleine Kugeln aus Mehl, Eigelb, Zucker, Butter, gemahlenen Mandeln, Zimt, abgeriebener Schale einer unbehandelten Zitrone und Eischnee, die mit Fondant glasiert und kandierten Kirschen verziert werden.

ITALICO-KÄSE

mit dem deutschen ▸ Butterkäse identischer Weichkäse aus Italien, bekannt als ▸ Bel Paese

ITALIENISCHE ART

(italienne, à l')

1. allgemein für Gerichte mit typisch italienischen Produkten
2. Garnitur aus gedünsteten Artischockenböden und flachen Makkaronikroketten mit geriebenem Parmesan zu Fleisch und Geflügel in ▸ italienischer Sauce

ITALIENISCHE GEMÜSESUPPE

▸ Minestrone

ITALIENISCHE NOCKEN ▸ Gnocchi

ITALIENISCHE SAUCE

in Butter angeschwitzte Schalotten (oder Zwiebeln) und gehackte Champignons, mit Weißwein, Demiglace und Tomatensauce eingekocht und mit fein gewürfeltem gekochtem Schinken und gehackter Petersilie vollendet

ITALIENISCHER KOHL ▸ Blumenkohl

ITALIENNE, À L' ▸ italienische Art

I. TR.

Abkürzung für „in der Trockenmasse" bei der Angabe des Fettgehalts von ▸ Käse

IZGARA KÖFTE

gegrillte Frikadellen aus Rinderhack mit eingeweichtem Brot, Eiern und Zwiebeln, gewürzt mit Knoblauch, Paprika, Thymian und Petersilie (türkische Spezialität)

VERWENDUNG

Das reife Fruchtfleisch der Jackfrüchte kann frisch gegessen oder z. B. zu Obstsalaten oder in Reisgerichten verarbeitet werden. Als Salat, Gemüse, Suppen und Eintöpfe werden noch nicht ganz ausgereifte Früchte bevorzugt. Aus jungen Früchten können Getränke und Sirup hergestellt werden und aus dem gemahlenen Fruchtfleisch kann man Brot backen. Die Samenkerne schmecken geröstet ähnlich wie Maronen.

JACKFRÜCHTE

(Nangkas)

Aus Indien stammende und heute in den gesamten Tropen, vor allem aber in Südostasien, verbreitete exotische Frucht, die an großen immergrünen Bäumen (25 m Höhe) wächst und auch selbst beachtliche Ausmaße hat. Jackfrüchte können bis 90 cm lang und 40 kg schwer werden, damit gehören sie zu den größten essbaren Baumfrüchten. Im Inneren der dicken, gelblich-braunen bis grünen Schale mit stacheligen Warzen sitzen mehrere sechseckige Einzelfrüchte. Ihr meist goldgelbes Fruchtfleisch schmeckt süß und erinnert entfernt an Feigen, Bananen und Honig. Zum Verzehr geeignet sind auch die Samenkerne, die einen besonders hohen Gehalt an Kohlenhydraten, Eiweiß und Mineralstoffen haben. Das Aroma von Jackfrüchten ist durch die enthaltene Capronsäure für europäische Nasen und Gaumen bisweilen gewöhnungsbedürftig.

JAGDWURST

grobe heiß geräucherte Brühwurst aus Rind- und Schweinefleisch sowie Speck

JÄGER-ART

(chasseur, à la)

mit Weißwein abgelöschter und mit ▸ Jägersauce verkochter Bratensatz zu kleinen Stücken Fleisch, Wild und Geflügel

JÄGERMEISTER

Weltweit bekannter deutscher Kräuterlikör, der 35 Vol.-% Alkohol enthält und seit 1934 hergestellt wird. Das genaue Rezept wird seitdem geheim gehalten, es soll sich aber aus 56 verschiedenen Kräutern, Blüten und Früchten zusammensetzen. Seit Anfang der 70er-Jahre wird Jägermeister auch exportiert; heute in über 60 Staaten. Damit ist er der erfolgreichste deutsche Spirituosenexport, der sich besonderer Beliebtheit in den USA erfreut.

JÄGERSAUCE

(Sauce chasseur)

1. in Butter angeschwitzte fein gehackte Zwiebeln, rohe Champignonscheiben und gehackte Tomaten (ohne Haut und Kerne), mit Kraftsauce verkocht, darüber Estragon und Kerbel (zu gebratenem Rindfleisch, Wild und Geflügel)
2. pikante, gebundene braune Sauce unter Verwendung von Speisepilzen und aromatischen Zutaten in Trockenform als Fertig- bzw. Instantprodukt

JÄGERSCHNITZEL

Auf deutschen Speisekarten oft auftauchendes Gericht (▸ Schnitzel), das aber auf unterschiedliche Art zubereitet sein kann; so z. B. in der gehobenen Variante als feines Kalbsschnitzel (unpaniert) mit gedünsteten Morcheln und Champignonscheiben in Jägersauce oder in der einfacheren Version als mit gedünsteten Champignonscheiben (manchmal auch Pfifferlingen) bedecktes Schweineschnitzel (unpaniert).

JAGERTEE

Das traditionelle Getränk der Jäger für kalte Tage; es besteht aus Wasser, Rum und Obstbrand sowie verschiedenen aromatischen Zusätzen. Jagertee wird heiß getrunken und ist seit den 70er-Jahren ein Modegetränk der Skifahrer.

JAHRGANG

Im Sinne der Weinwirtschaft und des Weinrechts ist damit sowohl die Ernte eines bestimmten Jahres als auch der daraus erzeugte Wein gemeint. Der Jahrgang (vor allem die klimatischen Bedingungen bzw. der Witterungsverlauf in der Vegetationsperiode einschließlich der Ernte) kann erheblichen Einfluss auf die Qualität haben – vom „schlechten" bis zum „Jahrhundert-Jahrgang" und alles, was dazwischen liegt. Nicht alle Weine werden aber mit Jahrgangsbezeichnung abgefüllt, teilweise werden bewusst die Weine mehrere Jahrgänge miteinander verschnitten, damit Qualität und Geschmack möglichst gleich bleiben. Dies ist u. a. bei Markenweinen sowie bei ▸ Sherry, ▸ Portwein und ▸ Champagner so.

JAKOBSLAUCH ▸ Winterzwiebeln

JAKOBSMUSCHELN

(Coquilles St. Jacques, Fächer-, Kamm-, Pilgermuscheln, Scallops)

Große und bei Feinschmeckern fast ebenso hoch wie Austern geschätzte Meeresmuscheln (▸ Muscheln), die an den Atlantik- (östlich wie

westlich) und an den Mittelmeerküsten in rund 400 verschiedenen Arten leben. Jakobsmuscheln dürfen ab einer Größe von 9 cm vermarktet werden, die beste Zeit ist von September bis Mai. Sie zeichnen sich durch ein festes Fleisch mit angenehmer Konsistenz und einen leicht süßlich nussigen Geschmack aus und sind sehr sättigend. Als ganz besondere Delikatesse gilt auch der orangefarbene bis tief rote Rogensack, der ▸ Corail.

VORBEREITUNG: *Frische Jakobsmuscheln müssen schwer und geschlossen sein. Damit sie leichter zu öffnen sind, legt man sie wenige Minuten mit dem Rücken auf eine heiße Herdplatte. Das Schwarze und der Bart werden in der Regel entfernt, in Frankreich teilweise aber auch mitgegessen, ebenso wie in Südamerika, wo man Jakobsmuscheln wie Austern auch roh verzehrt.*

VERWENDUNG: *Das feste Fleisch der Jakobsmuscheln kann gegrillt, gebraten, gedämpft, pochiert oder mit Backteig überzogen in Öl schwimmend ausgebacken werden. Besonders wenn sie in ihrer dekorativen Schale angerichtet werden, sind Jakobsmuscheln auch optisch ein Leckerbissen.*

SCHON GEWUSST?

Die Schalen der ▸ Jakobsmuscheln waren früher das Erkennungszeichen für die Pilger auf dem weltberühmten Jakobsweg nach Santiago de Compostela in Nordspanien; deshalb auch der Name Pilgermuschel. Außerdem leisteten sie gute Dienste beim Wasser schöpfen und als Trinkgefäß.

JAKOBSZWIEBEL ▸ Schnittlauch

JALAPENOS

Scharfe Paprika- bzw. Chiliart, die vor allem in ihren Heimatländern Mexiko und USA (Texas) sehr beliebt ist. Frische Jalapenos werden fast ausschließlich grün und damit unreif geerntet und verkauft. In der mexikanischen Küche werden sie sowohl als Gemüse als auch wegen ihrer Schärfe als Gewürz und in ▸ Salsas verwendet. Getrocknet bzw. geräuchert dienen sie als würzige Zutat zu Schmorgerichten und Saucen. Bei uns kommen Jalapenos meist eingelegt in den Handel.

JALEBI

Indisches Hefeteiggebäck, das in Öl ausgebacken, anschließend in einen Sirup aus Zucker und Rosenessenz getaucht und meist noch heiß gegessen wird.

JAMAICA PEPPERPOT

Suppentopf von der Karibikinsel Jamaika, bestehend aus mit Kokosmilch gebundener Rinderbrühe mit Auberginen, Okras, Bataten, Spinat und Zwiebeln sowie Garnelen und Schweineschwänzen als Einlage, pikant gewürzt mit Chilis, Thymian und Piment

JAMAIKAKIRSCHEN

(Panamakirschen)

Rote oder gelbe Beerenfrüchte eines Strauches oder kleinen Baumes, der hauptsächlich in Mittelamerika vorkommt. Die aromatischen, fein süßlichen Beeren werden roh verzehrt oder zu Gelees und Konditoreiwaren verarbeitet.

JAMAIKAPFEFFER ▸ Piment

JAMBALAJA

(kreolische Reispfanne)

Vor allem in der kreolischen Küche des US-amerikanischen Südens, in Mittelamerika und der Karibik populäre Reispfanne, die optisch und teilweise auch bei den Zutaten eine gewisse Ähnlichkeit mit dem spanischen Nationalgericht ▸ Paella hat. Jambalaja kann außer dem obligatorischen Langkornreis noch Geflügel (Hähnchenschenkel), Schinken, Speck, Chorizos, Garnelen, Flusskrebse, andere Krebstiere, Austern usw. sowie gewürfeltes Gemüse (Tomaten, Paprika, Zwiebeln usw.) enthalten. Bevorzugte Gewürze sind Cayennepfeffer, Chilipulver, Thymian, Oregano, Lorbeer.

JAMBARAPS
(Ölrauke, Persischer Senf, Rauke)
Alte Kulturpflanze, die vom Mittelmeerraum bis Indien angebaut wird bzw. wild wächst. Die Samen werden hauptsächlich zur Ölgewinnung und zur Herstellung von Speisesenf genutzt. Blätter und Stängel wurden in den letzten Jahren in Mitteleuropa auch wieder vermehrt als Würzkraut und als Salat verwendet.

JAMBOS ▸ Rosenäpfel

JAMSWURZEL
(Igname)
Die Wurzelknollen einer Kletterpflanze mit rund 150 Arten werden besonders in Asien, Afrika, Mittel-/Südamerika und der Karibik als Gemüse gekocht oder in Scheiben geröstet und dann wie Chips gegessen. Jamswurzeln sind reich an Stärke, ihr Geschmack ist süßlich bis bitter. In Europa sind sie nur wenig bekannt.

JANHINNERK
deftiger Pfannkuchen und niedersächsische Spezialität aus Buchweizen- und/oder Weizenmehl, Eiern und fettem Speck, noch heiß mit Preiselbeeren oder Heidehonig gegessen

JAN IM SACK
westfälischer ▸ Serviettenknödel aus Reis, Graupen, Rosinen, Dörrpflaumen und Zucker, übergossen mit brauner Butter

JAPANISCHE APRIKOSEN
▸ Kaki(pflaumen)

JAPANISCHE ARTISCHOCKEN
▸ Stachys

JAPANISCHE BIRNEN ▸ Nashis

JAPANISCHE GELATINE ▸ Agar-Agar

JAPANISCHE KARTOFFELN ▸ Stachys

JAPANISCHE MISPELN ▸ Loquats

JAPANISCHE ORANGEN ▸ Kumquats

JAPANISCHE PFLAUMEN
(Susinen)
Tropische Edelpflaumen, die frisch verzehrt oder wie andere ▸ Pflaumen in der Küche verwendet werden können. Die saftigen Steinfrüchte werden vor allem in Südostasien und in Kalifornien, teilweise auch im Mittelmeerraum angebaut. Bei uns sind sie in der Regel aber nur als Trocken- oder Nasskonserve im Handel erhältlich.

JAPANISCHER MEERRETTICH
▸ Wasabi

JAPANISCHER PFEFFER
▸ Szechuanpfeffer

JAPANISCHER RETTICH
Rettichart mit einem milden Geschmack, die sich zum Rohverzehr oder gedünstet als Gemüsebeilage oder Suppeneinlage eignet. Sie wird u. a. in Deutschland angebaut und ist auch in Konserven erhältlich.

JAPANISCHER SALAT
Ananas- und Tomatenwürfel sowie Orangenspalten in einer dicken Sauce aus Sahne, Zitronen- und Orangensaft, gewürzt mit Paprika und Salz

JAPANPERLEN
kleine Kugeln aus ▸ Tapioka als Einlage für klare Suppen

JAPONAIS
gefüllte Törtchen aus ▸ Baisermasse mit leicht gerösteten, fein gemahlenen Haselnüssen bzw. Mandeln und Mokka-Butter-Creme

JARLSBERG
Schnittfester norwegischer Hartkäse (▸ Käse) aus pasteurisierter Kuhmilch mit 45 % Fett

i. Tr., der eine sehr lange Tradition hat. Mitte des 19. Jh. wurde er neu entdeckt, als einige Bauern im Süden Norwegens eine Genossenschaft gründeten. Der Jarlsberg wird aus Sommermilch von Kühen hergestellt, die auf hoch gelegenen Almen weiden. Er ist nicht nur in seiner Heimat sehr beliebt, sondern wird auch in viele Länder exportiert.

Schon gewusst?

Seinen Namen verdankt der ▸ Jarlsberg einer der ältesten Wikingersiedlungen Norwegens in der Nähe von Tonsberg am Oslofjord. Aufgrund seiner unregelmäßigen runden Löcher wird er auch „Emmentaler der Fjorde" genannt.

JASMINREIS ▸ Duftreis (▸ Reis)

JAUSE
Im süddeutschen Raum und in Österreich eine kleine Zwischenmahlzeit, die im Gegensatz zu der auch vormittags vor allem bei Handwerkern obligatorischen ▸ Brotzeit zwischen dem Mittag- und Abendessen eingenommen wird. Die Jause besteht meist aus Wurst, Schinken und Käse, eventuell garniert mit Essiggurken, Tomatenstücken, Meerrettich, Senf usw.

JAVAÄPFEL ▸ Rosenäpfel

JAVANISCHER SALAT
Orangenfilets auf Salatherzen, darüber eine mit Zitronensaft und geriebenem Meerrettich gewürzte und mit abgeriebener Schale einer unbehandelten Orange bestreute dicke Sahne (Java: eine der vier Hauptinseln, die zu Indonesien gehören)

JELLY SAUCE
besonders in den USA populäre Sauce aus Johannisbeergelee mit Gewürzen

JEREZ
Spanische Stadt und Weinanbaugebiet in Westandalusien an der Atlantikküste, aus dem eine besondere Weinspezialität kommt, der manchmal auch als Jerezwein bezeichnete ▸ Sherry (▸ Likörweine). Die Anbaufläche beläuft sich auf gut 10 000 ha.

JÉROBOAM
eine der ▸ Großflaschen für Wein/Champagner

JEROME
Österreichischer Schnittkäse (halbfest), der in Ziegelform aus Kuhmilch mit mindestens 45 % Fett i. Tr. hergestellt wird. Jerome gibt es in verschiedenen Varianten von mild (ähnlich dem dänischen Esrom) bis pikant würzig.

JERUSALEM-ARTISCHOCKE
▸ Topinambur

JERUSALEMBOHNE
▸ Mung(o)bohne (▸ Bohnen)

JESUITENTEE
(Epasote, Mexikanisches Teekraut)
Sehr verbreitetes Gänsefußgewächs, das vereinzelt zwar in Kultur genommen wird, meist aber wild vor allem in Mittelamerika, den USA und auch ganz Europa wächst. Ursprünglich stammt das Würz- und Teekraut aus Mexiko, wo es schon bei den Ureinwohnern, den Mayas, als Heil- und Gewürzpflanze bekannt war. Durch Jesuitenpater kam es Anfang des 17. Jh. nach Europa, daher auch sein Name. Zum Würzen dienen beim Jesuitentee die Blätter, Blüten und die unreifen Früchte, die den intensivsten Geschmack haben. Alle Pflanzenteile sollten möglichst frisch verwendet werden, weil sie getrocknet viel von ihrem Aroma verlieren.

VERWENDUNG

Jesuitentee ist nicht nur ein klassisches Teekraut, sondern man kann damit auch Suppen, Salate, Fleischgerichte und Hülsenfrüchte – vor allem gekochte und danach gebratene mexikanische Bohnen – pikant würzen.

JÉSUS
Wurstspezialität vor allem aus der französischen Franche-Comté und der angrenzenden Schweiz, die aus grob gehacktem Schweinefleisch (manchmal auch Rindfleisch) hergestellt und in lange Naturdärme gefüllt wird. An deren Ende wickelt man einen Holzpflock, an dem die Würste zum Räuchern aufgehängt werden. Man kann Jésus als deftige Brotzeit mit Landbrot essen, besonders beliebt sind die Würste in ihrer Heimat aber in Gemüseeintöpfen oder mit Kartoffeln (in Stücken). Wenn die Würste an ihren „Holzbalken" geräuchert wer-

den, dann sieht das aus, als würden sie am Kreuz hängen. Daher kommt der ungewöhnliche, schon etwas blasphemische Name Jésus.

JIAOZI
(Gyoza)
Populäres chinesisches Teiggericht (in Japan als Gyoza bekannt), das ein Vorläufer der italienischen ▸ Ravioli und der schwäbischen ▸ Maultaschen sein soll. Die Füllungen werden meist aus Fleisch, Garnelen und Gemüse, teilweise mit Ei zum Binden, hergestellt. Die gekochten Jiaozi werden als Vorspeise oder Imbiss gegessen und vor dem Verzehr in eine scharf-würzige Sauce (Essig, Sojasauce, Chili, gehacktem Koriander, Knoblauch) getaucht.

JOCHELBEEREN ▸ Jostabeeren

JOD
Einer der für den menschlichen Organismus wichtigen ▸ Mineralstoffe (chemisches Zeichen J), der vor allem zur Bildung der beiden Schilddrüsenhormone gebraucht wird. Die von Ernährungsexperten empfohlene tägliche Jodzufuhr liegt bei 100–200 μg. Außer in Meeresfischen und Krebstieren ist Jod in den meisten Lebensmitteln nur in geringsten Spuren enthalten. Um eine ausreichende Versorgung zu gewährleisten, müsste man demnach zweimal pro Woche 150 g Meeresfisch essen, was aber nur Küstenbewohner schaffen. Deshalb wird oft die Verwendung von Jodsalz empfohlen, was aber unter Ernährungsexperten und Medizinern ebenso umstritten ist wie die Frage, ob überhaupt ein verbreiteter Jodmangel besteht.

JOG(H)URT
Stichfestes, sämiges oder flüssiges Sauermilchprodukt, das aus Milch in allen Fettstufen (von Magermilch bis Rahm) hergestellt wird. „Hilfsbereite" Bakterien wandeln dabei den Milchzucker (Laktose) in Milchsäure um – ein Vorgang, der auch als Milchsäuregärung (▸ Gärung, ▸ Fermentation) bezeichnet wird. Dabei bilden sich die Aromastoffe, die den charakteristischen Geruch und Geschmack von Jogurt ausmachen. Name und Herstellung sollen auf die Thraker (4.–6. Jh. v. Chr.) zurückgehen, die Urbevölkerung des Balkans. Die Schafzucht war bei ihnen sehr verbreitet und in ihrer Sprache bedeutete das Wort „jog" so viel wie „schnittfest, dick" und das Wort „urt" stand für „Milch". Um den Gürtel trugen die Thraker einen mit Milch gefüllten Sack aus Lammfell, in dem es zur spontanen Säuerung und Dicklegung der Milch kam. Sie stellten fest, dass ihnen die „saure Dickmilch" schmeckte und gut tat – der Jogurt war „erfunden".

Man unterscheidet 3 Arten von Jogurt: Naturjoghurt wird ohne weitere aromatische Zusätze aus Milch oder Sahne und Milchsäurebakterien hergestellt. Unterschieden wird er in Jogurt aus entrahmter Milch (Magermilchjogurt) mit maximal 0,5 % Fett und fettarmen Jogurt (1,5–1,8 % Fett), Jogurt bzw. Vollmilchjogurt (mindestens 3,5 % Fett) und Sahne- oder Rahmjogurt (mindestens 10 % Fett).
Fruchtjogurt zählt zu den Milchmischerzeugnissen und enthält zusätzlich Früchte oder Fruchtzubereitungen. Jogurt mit Früchten hat mindestens 6 % Fruchtanteil, Jogurt mit Fruchtzubereitung mindestens 3,5 % und Jogurt mit Fruchtgeschmack weniger als 3,5 % . Die fruchtigen Varianten haben heute einen Marktanteil von 80 % beim Jogurt. Neben dem Fruchtjogurt gibt es weitere Mischerzeugnisse mit anderen aromatischen Zugaben wie Vanille, Nougat, Stracciatella, Schokolade usw. Trinkjogurt findet man in ähnlichen Geschmacksrichtungen wie Früchtejogurt in den Kühlregalen. Sie werden durch Wasserzusatz bei gleichzeitigem Verzicht auf Verdickungsmittel hergestellt.
Viele Verbraucher achten heute beim Einkauf von Jogurt auf den „richtigen Dreh" bzw. auf die bei seiner Herstellung verwendeten Bakterienkulturen. Es besteht nämlich ein Unterschied zwischen der sogenannten rechtsdrehenden Milchsäure, auch genannt L(+)-Laktat, und der linksdrehenden Milchsäure, auch D(–)-Laktat. Während die rechtsdrehende Milchsäure auch im menschlichen Organismus vorkommt, vom Körper besser verwertet werden kann und durch ein spezielles Enzym abgebaut wird, kann die linksdrehende nicht di-

rekt verstoffwechselt werden. Vor allem die rechtsdrehende Variante wird auf der Verpackung gerne ausgewiesen, die linksdrehende wird dagegen oft „verschwiegen". In vielen Jogurts werden heute beide Arten gemischt.

JOGURTSAUCE ▸ Terbiye

JOHANNISBEEREN

Die säuerlichen, fein aromatischen Beeren eines Strauches aus der Familie der Steinbrechgewächse verdanken ihren Namen der Tatsache, dass sie normalerweise nach Johanni (dem Namenstag des hl. Johannes des Täufers am 24. Juni) ihre Reife erlangen. Je nach Sorte (ca. 150) können die Beeren, die in Trauben an den Zweigen hängen, das Genussstadium aber auch erst spät im August erreichen. Angebaut werden sie vor allem in Europa. Es gibt drei Hauptgruppen – weiße, rote und schwarze Johannisbeeren –, die mit der dunkler werdenden Farbe in der Süße nachlassen und an Herbe aber auch Aroma zulegen. Weiße Johannisbeeren sind die süßeste, jedoch am wenigsten verbreitete und empfindlichste Art mit einem feinen Aroma. Rote Johannisbeeren (auch: Ribiseln, Träublis, Zeitbeeren) haben einen erfrischend säuerlichen Geschmack, sind saftig und appetitanregend. Schwarze Johannisbeeren (auch Ahl-, Bock-, Cassis-, Gicht-, Wanzenbeeren) haben einen deutlich höheren Gerbstoffgehalt und sind am kräftigsten im Geschmack; dazu verströmen ihre Blätter einen intensiven und charakteristischen Duft.

VERWENDUNG: *Johannisbeeren schmecken nicht nur direkt vom Strauch oder gezuckert. Sie lassen sich zu Kompott, Cremes, Quarks, Speiseeis, Sorbets, Konfitüre und Gelee mit einer säuerlichen Note verarbeiten, man kann mit ihnen Windbeutel und Sahnetorten füllen oder sie auf den Obstkuchen legen und pikante Fruchtsaucen damit herstellen. Rote Johannisbeeren sind der Hauptbestandteil von ▸ Rote Grütze und können mehr als nur ein Ersatz für ▸ Preiselbeeren zu Wildgerichten sein. Schwarze Johannisbeeren liefern u. a. den Edellikör ▸ Crème de Cassis.*

JOHANNISBROT

(Bockshörner, Caroba, Karobe)

Die bis 20 cm langen, braunen Schoten- bzw. Hülsenfrüchte zählen zur großen botanischen Familie der Leguminosen. Sie wachsen am dekorativen und immergrünen Johannisbrot- oder Karobenbaum, der seinen Ursprung in Syrien haben dürfte und heute in vielen Ländern vom Mittelmeerraum (vor allem Spanien) über die Südstaaten der USA, Mittel- und Südamerika, Südafrika bis nach Australien angebaut wird. Er lässt sich zwar 20 Jahre Zeit, bis er die ersten Früchte trägt, tut dies anschließend aber rund 100 Jahre lang. Die Hülsen umschließen ein süßes Fruchtmark (mit 30–50 % Zuckeranteil), das leicht nach Honig, aufgrund der enthaltenen Buttersäure aber auch stets etwas ranzig riecht, und die harten Samenkerne.

VERWENDUNG: *Johannisbrot wird meist getrocknet und ohne weitere Zubereitung gegessen oder als Viehfutter verwendet. In der Nahrungsmittelindustrie dienen die gemahlenen Kerne als Kakao- und Kaffeeersatz, außerdem wird Johannisbrot zu Likör und Sirup sowie ▸ Johannisbrotkernmehl verarbeitet.*

SCHON GEWUSST?

Der Name ▸ Johannisbrot geht auf Johannes den Täufer zurück, der sich der Überlieferung nach beim Durchqueren der Wüste von den Hülsenfrüchten ernährt haben soll. Im antiken Griechenland dienten die Samen, von denen jeder exakt 0,18 g wiegt, als Gewichtseinheit für Gold und Juwelen (Diamanten). Davon leiten sich auch die Karat (je 0,2 g) ab, in denen die Kostbarkeiten heute gewogen werden.

JOHANNISBROTKERNMEHL

(Carubin)

Binde-, Quell- und Dickungsmittel aus den vermahlenen Samen des Johannisbrots für Suppen, Saucen, Mayonnaisen, Speiseeis usw.

JOHANNISLAUCH ▸ Winterzwiebeln

JOHN-DORY ▸ Petersfisch

JONCHÉE
Traditioneller französischer Frischkäse, der je nach Region aus Kuh-, Schaf- oder Ziegenmilch hergestellt und in ein Binsengeflecht gewickelt wird. Er hat meist 45 % Fett i. Tr. und schmeckt mild und cremig. Man isst Jonchée in seiner Heimat gerne als Nachtisch mit Konfitüre oder Honig, aber auch als Vorspeise mit Knoblauch und gehackten Kräutern.

JORDANISCHER SALAT
körnig gekochter Reis mit Bananen- und Tomatenwürfeln in einer mit Mayonnaise und Tomatenketchup gebundenen Zitronen-Öl-Marinade, mit Mandelsplittern bestreut (Jordanien: Königreich in Vorderasien)

JOSEFIKRÄUTL ▸ Basilikum

JOSEFSKRAUT ▸ Basilikum

JOSTABEEREN
(Jochelbeeren)
Kreuzung aus Schwarzen Johannisbeeren und wilden Stachelbeeren mit dunklen, leicht ovalen Früchten, die in der Größe zwischen den beiden „Eltern" liegen und deren aromatische Eigenschaften in sich vereinigen. Die süßsäuerlich schmeckenden Beeren mi t dicker Haut und hohem Gehalt an Vitamin C wachsen an einem stachellosen Strauch, der sich durch hohe Resistenz gegen Krankheiten und Schädlinge auszeichnet. Sie können wie ihre „Eltern" verwendet werden.

JOULE
Die Maßeinheit für den Energiegehalt bzw. den quantitativen ▸ Nährwert eines Lebensmittels (auch ▸ Brennwert genannt) wurde bereits im Jahre 1848 nach dem englischen Physiker James Prescott Joule (1818–1889) benannt, der auch als Entdecker des ersten thermodynamischen Satzes gilt. Erst 1978 wurde das Joule allerdings nach dem Einheitssystem (SI) als international gültige Maßeinheit anstatt der ▸ Kalorien eingeführt, die aber ebenfalls noch gebräuchlich sind. Das Verhältnis zwischen Joule (J) und Kalorien (cal) beträgt grob 4:1. 1 kJ (= 1000 J) entspricht 0,24 (kcal) und 1 kcal (= 1000 cal) sind 4,186 kJ.

JUDASOHR ▸ Mu-Err

JUDENKIRSCHEN
Synonym für verschiedene Früchte bzw. Beeren, u. a. ▸ Ebereschenbeeren, ▸ Kornellen oder auch ▸ Physalis

JUICE
englische und mittlerweile auch bei uns gängige Bezeichnung für reinen und meist ungesüßten Fruchtsaft, z. B. aus exotischen Früchten, aber auch aus Pflaumen und Tomaten

JUJUBE
(Brustbeere, Chinesische Dattel)

Die olivenartigen und in der Farbe rotbraunen Früchte eines stacheligen Strauches oder Baumes aus der botanischen Familie der Kreuzdorngewächse, der auch als Judendorn bekannt ist. Im Mittelmeerraum bleibt er relativ klein, in China aber kann er bis 20 m hoch werden. Die mehlig-süßen und zugleich leicht säuerlichen Früchte haben einen besonders hohen Vitamin-C-Gehalt. Sie können zwar auch roh verzehrt werden, am besten schmecken sie aber getrocknet, mit Honig und Zucker kandiert oder in Honig eingelegt (daher auch der Name Chinesische Dattel). Gut lässt sich Jujube zu Konfitüre, Gelee und Kompott verarbeiten.

JULIENNE
(Gemüsestreifchen)
In feine Streifen geschnittene Kochzutaten wie vor allem Gemüse (Mohrrüben, Knollensellerie, Gurken, Weiße Rüben usw.), das oft auch gewürfelt wird und dann als Brunoise auf den Tisch kommt. Zu Julienne werden aber auch Pilze (Trüffeln, Steinpilze, Champignons usw.) und Fleisch verarbeitet. Egal aus welchem Rohstoff sie letztlich hergestellt wird, dient sie vor allem als Einlage in Suppen oder Saucen, als Garnitur zu Fleisch- und Fischgerichten, Rohkost usw. Ihren Namen soll die Julienne von ihrem Erfinder haben: Monsieur de Julienne, dem Hauskoch von Jean Antoine Watteau (1684–1721), der als bedeutendster Maler des französischen Rokoko gilt, obwohl er nur 36 Jahre alt wurde . Ein Jahr später tauchte eine Gemüsesuppe als „potage de julienne" erstmals in einem französischen Kochbuch auf.

JUMILLA
Nach der gleichnamigen Stadt benannte spanische DO im Hinterland von Alicante, die als eines der wenigen Anbaugebiete in Europa im 19. Jh. aufgrund ihrer sandigen Kalkgesteinsböden von der Reblaus verschont blieb. Heute werden dort auf über 40 000 ha Rebfläche vorwiegend Rotweine aus der Hauptrebsorte Monastrell (85 % der Rebfläche), Tempranillo, Garnacha und anderen erzeugt.

JUNGFERNBRATEN
vor allem in Österreich gebräuchliche Bezeichnung für einen Lendenbraten vom Schwein, oft mit Rahmsauce serviert

JUNGFERNHERING ▸ Matjeshering

JUNGFERNKRAUT ▸ Beifuß

JUNGZWIEBELN ▸ Winterzwiebeln

JUNKFOOD
Polemischer und abwertender Begriff (engl. „junk" = „Trödel", „Plunder") für Lebensmittel, die als minderwertig und/oder ungesund angesehen werden: u. a. alle Arten von ▸ Fast Food sowie generell besonders fett-, salz- und zuckerhaltige Lebensmittel, die kaum oder gar keine ▸ Nährstoffe, aber einen hohen Brennwert und viele „leere Kalorien" haben. Es handelt sich dabei meist um Lebensmittel aus industrieller Produktion wie z. B. viele Fertiggerichte, Pommes frites, Kartoffelchips, aber auch Süßwaren und Limonaden.

SCHON GEWUSST?

Erstmals in der Öffentlichkeit erwähnt wurde der Begriff ▸ Junkfood im Jahre 1972 von Michael Jacobson, dem damaligen Leiter des US-amerikanischen „Center for Science in the Public Interest". Die „Wortschöpfung" allerdings wird einem New Yorker Foodjournalisten namens Greene zugeschrieben, der bereits ein Jahr zuvor bekannt hatte, nicht nur ein Verehrer der französischen Küche, sondern auch dem typisch amerikanischen Junkfood verfallen zu sein.

JURANCON
Kleine Appellation im Südwesten Frankreichs an den Ausläufern der Pyrenäen, die sowohl für interessante trockene Weißweine als auch für ihre Süßweine unter Kennern hohes Ansehen genießt. Die Hauptrebsorten sind zwei Varietäten von Manseng, die Gros und die Petit. Das Jurancon wurde 1930 als einer der ersten Bereiche in Frankreich als AC klassifiziert.

JUS ▸ Bratenjus

JUVIANÜSSE ▸ Paranüsse

VERWENDUNG

Kabeljau lässt sich gut backen (paniert oder nur in Mehl gewendet), braten, dämpfen, dünsten, grillen, pochieren oder schmoren. Getrocknet kommt er als ▶ Klippfisch in den Handel, gesalzen und getrocknet als ▶ Stockfisch, in Pökellake eingelegt als ▶ Laberdan. Aus den Eiern der Weibchen werden so genannter Norweger-Kaviar und eine Kaviarcreme hergestellt, auch die Leber ist verwertbar.

KABELJAU
Erst wenn er geschlechtsreif und ausgewachsen ist, „mutiert“ der ▶ Dorsch zum Kabeljau mit bis zu 2 m Länge und 100 kg Gewicht – außer er kommt aus der Ostsee, wo er generell kleiner (unter 1,5 m) ist und stets als Dorsch bezeichnet wird. Der überaus beliebte Meeresfisch (▶ Fische) kommt in Nord- und Ostsee sowie im gesamten Nordatlantik in großer Zahl vor und ist in Europa einer der wirtschaftlich wichtigsten Fische. Sein Fleisch gilt zwar als nicht so fein wie das des verwandten ▶ Schellfischs, trotzdem wird er in der feinen Küche zu Unrecht unterschätzt. Im Schwanzstück sitzt das beste und zarteste Fleisch. Kabeljau eignet sich für viele Zubereitungsarten und die klassische Küche kennt allein 80 davon.

SCHON GEWUSST?

Die besonders an Vitamin D reiche Leber des ▶ Kabeljau gilt als Delikatesse, liefert aber auch ein bei Kindern (die es wegen Krankheit oder Unterernährung einnehmen müssen) gefürchtetes Produkt: Lebertran.

KABINETT
Qualitätsstufe/-prädikat für ▶ Wein nach dem deutschen Weingesetz, für die neben anderen Kriterien vor allem ein bestimmtes ▶ Mostgewicht vorgeschrieben ist. Beim Kabinett muss es je nach Anbaugebiet und Rebsorte mindestens bei 67–82 ° ▶ Öchsle liegen.

KABINETTPUDDING
(Diplomatenpudding)
Pudding aus Biskuit oder Weißbrot, mit Eiermilch im Wasserbad gegart und mit Vanillesauce oder Weinschaum serviert

KABIS ▶ Weißkohl

KADA(Y)IF
in den Balkanländern und in der Türkei bekanntes Kleingebäck in Nesterform aus einem süßen Honig- oder Sirupteig, gefüllt mit Nüssen oder anderen Zutaten

KADDIGBEEREN ▶ Wacholderbeeren

KADINBUDU KÖFTE
Türkische Spezialität: ▶ Frikadellen aus Hammel- oder Rinderhackfleisch, Reis, Käse, Eiern und Zwiebeln, gewürzt mit Piment, Petersilie, Pfeffer und Salz, in Mehl und Eiern gewälzt und in heißem Fett gebraten oder gebacken.

KAFFEE
(Bohnenkaffee, Café)
Die rohen oder gerösteten Samen der Früchte von Kaffeebäumen und -sträuchern sowie das Getränk, das aus ihnen zubereitet wird und ein klassisches ▶ Genussmittel ist (▶ Seite 250).

KAFFEEERSATZ
Früher gern als „Muckefuck“ bezeichnetes und noch heute gegen dieses Image kämpfendes Getränk, das ähnlich wie Kaffee schmeckt aber aus anderen Rohstoffen hergestellt wird. Das können stärkereiche Früchte wie Gerste oder Roggen (Getreidekaffee, Malzkaffee) ebenso sein wie Wurzelgewächse oder zuckerreiche Früchte wie Feigen, Datteln. Kaffeeersatz wird als ▶ Landkaffee deklariert und ist eine gesunde, schmackhafte und besonders bekömmliche Alternative zum Kaffee – ganz besonders für Menschen mit Bluthochdruck und für Kinder, denn er enthält kein Koffein.

KAFFEESAHNE
Handelsname für ▶ Sahne mit 10–15 % Fett

KAFFEEWURZELN ▶ Erdmandeln

KAFFERNHIRSE ▶ Sorghumhirse

KAISERFLEISCH
Österreichische Spezialität aus gepökeltem und geräuchertem Schweinefleisch (Brust oder Karree), das gekocht und mit Sauerkraut und Semmelknödeln serviert wird.

KAISERGRANAT
(Kaiserkrebs, Lang(o)ustine, Scampo)
Ein mit dem ▶ Hummer nahe verwandter, nur kleinerer und mit

schlankeren Scheren ausgestatteter Tiefseekrebs (▸ Krebstiere), der bis 25 cm lang werden kann. Der Kaisergranat besiedelt vor allem die europäischen Küsten im nördlichen Atlantik und das westliche Mittelmeer. Das feine Fleisch sitzt in den Schwänzen (in Italien als ▸ Scampi bekannt), während in den Scheren – im Gegensatz zum Hummer – kaum etwas zu holen ist. Kaisergranatschwänze gibt es im Handel auch tiefgekühlt oder als Konserve.

KAISERSALAT ▸ Estragon

KAISERSCHMARR(E)N

Die vielleicht bekannteste unter den österreichischen Süß- bzw. ▸ Mehlspeisen wird aus den Grundzutaten Mehl, Milch, Eiern, Zucker und Salz zubereitet. Der Clou bei der Zubereitung: Während des Backens in Butter in der Pfanne bei mittlerer Hitze wird der Teig – sobald er an der Unterseite fest ist – mit der Gabel, einem Kochlöffel oder einem Pfannenwender zerpflückt bzw. zerteilt und immer wieder vorsichtig gewendet, bis die Eierkuchenstücke leicht angebacken sind. Zum Schluss wird der Kaiserschmarrn mit Puderzucker bestreut und klassisch mit Zwetschgenröster (Zwetschgenkompott) serviert. Weitere Zutaten bzw. Beilagen können z. B. Rosinen, Mandeln, Mirabellen, Kirsch-, Johannisbeer- oder Himbeerkompott sowie Schokoladensauce sein.

SCHON GEWUSST?

Eine der Geschichten rund um die Entstehung des ▸ Kaiserschmarrn besagt, dass dieser eigentlich Kaiserin Elisabeth (1837–1898) – allseits als Sissi bekannt – zugedacht war. Doch diese war nicht nur bildhübsch, sondern auch äußerst schlank und auf ihre Figur bedacht. Sie verschmähte deshalb die schwere Mehlspeise. Ihr Gatte Kaiser Franz Joseph I. (1830–1916) dagegen war spontan begeistert von der Kreation der Wiener Köche und statt des Kaiserinschmarrns war der Kaiserschmarrn geboren.

KAISERSCHOTEN ▸ Zuckererbsen

KAJMAK

vor allem in Slowenien, Kroatien und Serbien hergestellter gesalzener Frischkäse (▸ Käse) aus Schafmilch (mindestens 50 % Fett i. Tr.)

KAKAO

Die Kultivierung des Kakaobaumes dürfte bereits vor mehr als 3000 Jahren begonnen haben. Entsprechende Hinweise stammen aus der Zeit der mittelamerikanischen Urvölker wie Maya und Olmeken. Die Azteken pflegten den Kakaoanbau weiter und im tropischen Amerika waren Kakaobohnen bereits lange vor der Entdeckung des Kontinents durch die Europäer nicht nur Grundlage für ein anregendes Getränk, sondern auch ein Zahlungsmittel. Um 1520 brachten Seefahrer den Kakao mit nach Europa, wo man für ihn nicht sofort Feuer und Flamme war. Das änderte sich erst, als man feststellte, dass man ihm durch Zucker und Hitze viel von seiner Bitterkeit nehmen konnte.

KAKAO

Die ganzen oder zu Pulver vermahlenen Samen (auch Kakaobohnen) des Kakaobaumes, der vermutlich aus Mittel- und Südamerika stammt, sowie Bezeichnung für das aus ▸ Kakaopulver zubereitete Getränk. Die Hauptanbaugebiete von Kakao liegen heute in Äquatorialafrika, weltweit größter Erzeuger ist die Elfenbeinküste. Die gelben bis roten Früchte des Baumes, der das ganze Jahr über und rund 30 Jahre lang Blätter, Blüten, unreife und reife Früchte zugleich trägt, haben eine gurkenähnliche Form und werden bis 25 cm lang und 500 g schwer. Ihr wertvollster Teil sind die 30–50 in das Fruchtfleisch eingebetteten Kakaobohnen, die zu 50 % und mehr aus einem hellgelben, aromatischen Fett, der Kakaobutter, bestehen. In mehreren Arbeitsschritten wird daraus die klebrige Kakaomasse hergestellt: Zunächst werden die Bohnen 3–9 Tage fermentiert, wobei Enzyme die Produktion der Substanzen ankurbeln, die den typischen Kakao- bzw. Schokoladengeschmack hervorrufen. Die getrockneten Bohnen werden anschließend verlesen, gereinigt und geröstet. Der Röstvorgang spielt eine ähnlich wichtige Rolle wie beim Kaffee. Zwischen Stahlwalzen werden die Samen schließlich zerrieben. Kakaopulver erhält man, indem man der Kakaomasse einen Großteil ihres Fetts entzieht und „entölt“, wie es in der Fachsprache heißt.

VERWENDUNG

Kakaomasse ist vor allem das Ausgangsprodukt zur Herstellung von ▸ Schokolade, ▸ Kuvertüre und ▸ Kakaopulver. Die herausgelöste Kakaobutter wird in der Lebensmittelindustrie vielen Schokoladensorten beigemischt und alleine zu weißer Schokolade verarbeitet, außerdem ist sie Bestandteil von Nougat.

Kaffee – ein anregender Genuss

Preisfrage: Was ist nach Erdöl das wichtigste Produkt des Welthandels? Stimmt genau: Es ist der Kaffee oder genauer gesagt die Samen der kirschähnlichen Früchte (Kaffeebohnen) von Kaffeebäumen und -sträuchern, die der Gattung Coffea angehören. Die Kaffeepflanze stammt vermutlich aus Äthiopien und wurde in der Hochebene Kaffa entdeckt, wo sie noch heute als Wildpflanze vorkommt.

KAFFEE-LEGENDEN

Um die Entdeckung des Kaffees ranken sich eine Reihe von Legenden. Eine davon erzählt von einem Hirten im alten Königreich Kaffa, dessen Ziegen die tollsten Luftsprünge vollführten und ungewohnt ausgelassen waren. Sie hatten von den Beeren und Blättern eines bestimmten Strauches gegessen. Das probierte auch der Hirte und stellte die stimulierende Wirkung am eigenen Körper fest. Nach einer anderen Version nahm der Hirte einen Zweig mit den Früchten zu einem Mönch mit, der aus den Samen ein Getränk zubereitete. Und wieder eine andere Geschichte besagt, dass der Kaffee an dem Tag entdeckt wurde, als einmal die Wälder in Kaffa brannten und der Duft frisch gerösteter Kaffeebohnen über dem ganzen Land lag.

SCHON MOHAMMED TRANK „CHAWA"

Erstmals erwähnt wurde der Kaffee im 10. Jh. von einem arabischen Arzt, doch liegt die Vermutung nahe, dass er schon weit länger kultiviert wird. Der Legende nach soll bereits der Prophet Mohammed (um 570–632 n. Chr.), Begründer des Islam, mit Vorliebe „Chawa" getrunken haben, um für seine nächtlichen Gebete wach zu bleiben. Die Türken brachten ihn von Arabien nach Europa und beherrschten im 15./16. Jh. lange Zeit den Kaffeehandel, bis den Holländern eine Kaffeepflanze in die Hände fiel und das Monopol gebrochen wurde.

Im 17. Jh. entstanden dann in den europäischen Metropolen die ersten Kaffeehäuser und der Siegeszug des besonders aromatischen und anregenden Getränks war nicht mehr aufzuhalten. Heute wird Kaffee rund um den Erdball am Äquatorgürtel angebaut. $^2/_3$ der Welternte kommen aber aus Mittel- und Südamerika, wobei Brasilien und Kolumbien an der Spitze stehen.

KAFFEEBOHNEN PLATZEN WIE POPCORN

Auf dem Weltmarkt werden die Kaffeebohnen noch grün, also ungeröstet, gehandelt. In diesem Zustand können sie unter geeigneten Bedingungen über Jahre hinweg ohne Geschmacks- und Qualitätsverlust gelagert werden. Das macht sie für die Industrie zu einem relativ „pflegeleichten" Produkt, das ansonsten aber schon einer strengen Auslese bedarf.

Der entscheidende Schritt bei der Weiterverarbeitung der Kaffeebohnen ist das Rösten, wobei in ihrem Inneren gewaltiger Druck entsteht. Dadurch platzen die Kaffeebohnen nicht nur wie die beliebte Kinoknabberei Popcorn unter einem hörbaren Knacken auf, das in der Fachsprache „Crack" heißt. Durch den Druck bläht sich auch ihr Volumen um ein Viertel, manchmal sogar um die Hälfte, auf. Gleichzeitig verlieren sie durch Wasserentzug 15–20 % ihres ursprünglichen Gewichts und erhalten ihre typische braune bis fast schwarze Farbe (je stärker die Röstung desto dunkler).

Was aber am wichtigsten ist: Bei der Röstung werden die derzeit rund 300 bekannten Aromastoffe (vermutlich sind es noch einmal so viele, die man bislang nicht kennt) konzentriert bzw. noch verstärkt und die Kaffeebohnen entfalten ihren charakteristischen Duft. Neben den komplexen ätherischen Ölen und Gerbsäure enthalten sie zusammen mit anderen Reizstoffen 1–3 % Koffein, das für die stimulierende Wirkung von Kaffee verantwortlich ist, aber nicht von allen Menschen gleich gut vertragen wird und manchen auch den Schlaf raubt bzw. nervöse Reaktionen hervorruft.

Aus diesem Grund gibt es heute auch koffeinfreien bzw. entkoffeinierten Kaffee. Dafür werden in der Regel so genannte Arabica-Bohnen verwendet, die bereits von Natur aus weniger Koffein als andere Sorten enthalten. Dieses wird mit Hilfe von Wasserdampf und Lösungsmitteln nach einem bereits 1906 erfundenen, hinsichtlich der Kaffeequalität mittlerweile erheblich verfeinerten Verfahren extrahiert.

PULVER ODER FRISCH GEMAHLEN?

Die einfachste Art der Kaffeezubereitung ist die Verwendung von Instant- oder Pulverkaffee, den man nur noch mit heißem Wasser übergießen muss. Allerdings muss man zugunsten der Bequemlichkeit Abstriche in der Qualität machen. Das Instantpulver ist aufgrund des aufwendigen Herstellungsverfahrens zwar relativ teuer, wird aber meist aus Kaffeebohnen der qualitativ bescheideneren Robusta-Sorten hergestellt. Außerdem ist es sehr empfindlich gegen Feuchtigkeit und verliert leicht an Aroma. Den besten Kaffee macht man immer noch aus frisch gemahlenen und sofort mit heißem Wasser überbrühten Bohnen. Das Mahlen muss man heute aber nicht mehr wie früher mühsam von Hand in der Mühle erledigen (außer man ist „Traditionalist"), sondern diese Arbeit übernehmen heute Kaffee- bzw. Espressoautomaten, die oft verschiedene Kaffeearten zubereiten können und in unterschiedlichen Ausführungen und Preisklassen auf dem Markt sind.

EIN KAFFEE FÜR JEDE GELEGENHEIT

Groß ist die Zahl der Kaffeespezialitäten für jede Gelegenheit und jede Tageszeit. Der Genuss steigern lässt sich dabei noch durch verschiedene Zusätze wie Sahne, Zucker, Kaffeeersatz, Kakao, Schokolade, Sirup, Spirituosen (wie z. B. beim ▸ Irish Coffee) oder sogar orientalische Gewürze. Das bleibt aber letztlich eine Frage des Geschmacks und es gibt Puristen, die ihren Kaffee nur „schwarz" (in Frankreich „Café noir", in Österreich „Schwarzer") und völlig „unverfälscht" trinken.

Besonders bekannte Kaffeespezialitäten kommen aus Italien mit ▸ Espresso und ▸ Cappuccino, aus Frankreich mit Café brûlot oder Café royal, die beide mit Cognac flambiert werden, und aus Österreich mit ▸ Melange. Ein „Brauner" ist der dunkelste der Wiener Milchkaffees mit nur ein paar Tropfen Milch. In Italien heißt er „Caffé macchiato" im Gegensatz zum „Latte macchiato", der nur ganz wenig Kaffee und viel Milch enthält (in Österreich ein „Kaffee verkehrt"). Gern getrunken wird auch Kaffee „mit Schuss", also etwas Hochprozentigem, wie beim „Caffé coretto".

KAKAOPULVER
Zu Pulver vermahlene Kakaomasse (▸ Kakao), die mit Milch aufgegossen ein nahrhaftes und anregendes Kalt- oder Heißgetränk ergibt und besonders bei Kindern „heiß“ begehrt ist.

KAKAVIA
griechische Suppenspezialität aus Meeresfischen/-früchten, Bleichsellerie, Fenchel, Tomaten und Zwiebeln, gewürzt bzw. abgeschmeckt mit Lorbeer, Thymian, Olivenöl und Weißwein, als Einlage geröstete Weißbrotwürfel

KAKI(PFLAUMEN)
(Chinesische Quitten, Dattelfeigen, Götterpflaumen, Japanische Aprikosen, Persimonen)
Nimmt man die verschiedenen Synonyme als Maßstab, dann weiß man offensichtlich nicht richtig, wo die Kaki als Frucht eigentlich hingehört. Rein botanisch gesehen handelt es sich um die gelbrote Frucht eines exotischen Ebenholzbaumes, der seinen Ursprung im östlichen Asien (Japan, Korea, China) haben dürfte. Heute werden Kakis u. a. auch im Mittelmeerraum angebaut, weitere Verbreitungsgebiete sind die USA und Südamerika. Die gerbsäurehaltigen Früchte sehen nicht nur tomatenähnlich aus, sie erinnern auch in ihrem süßsäuerlichen Geschmack entfernt an Tomaten, Aprikosen und Vanille bzw. getrocknet an Feigen. Allerdings sind Kakis in der Regel nicht besonders aromatisch. Zunehmender Beliebtheit erfreut sich die in Israel für den „europäischen Geschmack“ gezüchtete Sorte Sharon, die weniger Tannin enthält, süßer und aromatischer ist.

VERWENDUNG

Kakis schmecken in Obstsalaten, Quark- und Jogurtspeisen, als Kompott und Konfitüre. Besonders gut harmonieren sie mit Alkoholischem und bereits ein paar Tropfen davon können den Genusswert der frischen Frucht gewaltig steigern. Noch besser sind sie aber in Portwein eingelegt. Auch zu Fleisch- und Geflügelgerichten können Kakis eine reizvolle Zugabe sein.

KAKTUSFRÜCHTE
(Distelfeigen, Indianische/Indische Feigen, Kaktusbirnen, -feigen, Stachelbirnen)
Die essbaren Früchte verschiedener Kakteenarten, aus deren grünen, gelben oder roten Schalen „hinterhältige“ Stacheln mit kleinen Widerhaken ragen. Doch Vorsicht und Mühe im Umgang mit den Stachelfrüchten lohnen sich, denn bei richtiger Reife haben sie ein erfrischend süßsäuerliches Fruchtfleisch mit birnenähnlichem Aroma, das zur Entschlackung beiträgt und gut für die Verdauung ist.
VERWENDUNG: *Kaktusfrüchte werden meist roh aus der Schale gelöffelt und gegessen. Sie schmecken aber auch in Obstsalaten, als Kompott oder in Scheiben mit Frischkäse.*

KALB
Das junge männliche oder weibliche Rind (auch ▸ Färse) im Alter von 2 Wochen bis 3 Monaten, dessen Fleisch in der Regel zwischen der 4. und 10. Woche am besten schmeckt. Vom Kalb können praktisch alle Teile vom Kopf bis zum Schwanz gegessen werden und von hoher Qualität sein. Kalbfleisch ist einerseits eiweißreich, fettarm und gut verträglich, wobei durch die kurzen Garzeiten weniger Nährstoffe verloren gehen. Andererseits ist es durch tierfeindliche Mastmethoden und den Einsatz von Antibiotika sowie Hormon- und Östrogenspritzen aber in Verruf geraten. Gerade beim Kalbfleisch ist der Einkauf deshalb Vertrauenssache. Das Fleisch sollte zartrosa, saftig und mit etwas weißem Fett bedeckt sein. Als die besten Stücke gelten Rücken und Keulen (vor allem Oberschale und Nuss). Von Feinschmeckern geschätzte Delikatessen sind die Innereien wie ▸ Kalbsbries, Kalbsnieren, Kalbshirn und Kalbsleber. Als Kräuter und Gewürze passen u. a. Basilikum, Cayennepfeffer, Currypulver, süßes Paprikapulver, Fenchel, Kapern, Kerbel, Knoblauch, Minze, Rosmarin, Salbei und Thymian besonders gut zu Kalbfleisch.
VERWENDUNG: *Die populärste Zubereitung für Kalbfleisch ist das panierte ▸ Wiener Schnitzel, sehr beliebt sind aber auch Kalbsmedaillons (Nüsschen oder Lendchen) in zahlreichen Variationen. Besonders viele und international bekannte Gerichte mit Kalbfleisch kommen aus italienischen Landen, so z. B. ▸ Vitello tonnato, ▸ Saltimbocca, ▸ Piccata und ▸ Ossobuco. Auch in der Zubereitung von Kalbsleber sind die Köche aus Bella Italia oft die wahren Meister.*

KALBFLEISCHKÄSE
(Kalbskäse)
brühwurstartiges Metzgereiprodukt in Laibform aus Rindfleisch, Kalb- oder Jungrindfleisch, Schweinefleisch und Speck

KALBFLEISCHPILZ ▸ Austernpilz

KALBIN ▸ Färse

KALBSBRIES
(Bries, Brieschen, Briesel, Bröschen, Kalbsmilch, Milcher, Midder, Milken, Schweser)
Die Thymusdrüse (Wachstumsdrüse) aus dem vorderen Brustkorb vom Kalb regelt Wachstum und Knochenbildung des jungen Rindes, ehe sie mit zunehmendem Alter nicht mehr gebraucht wird und sich zurückbildet. Das Bries gilt mit seinem zarten Fleisch als besondere, aber nicht gerade billige Delikatesse. Aufgrund seines geringen Fettgehalts, seiner leichten Verdaulichkeit und seiner hohen Nährstoffdichte wird es auch als Diätkost geschätzt. Kalbsbries eignet sich für viele Zubereitungsarten, will aber immer vorgegart und mit Fingerspitzengefühl behandelt werden.

KALBSHACHSE
(Kalbshaxe)
unterer Teil des Beines beim Kalb (▸ Hachse)

KALBSJUS ▸ Bratenjus

KALBSKÄSE ▸ Kalbfleischkäse

KALBSLEBER
Es muss für den Feinschmecker nicht immer ▸ Gänseleber sein: Unter den Schlachttieren gilt die ▸ Leber vom Kalb als die zarteste und am feinsten schmeckende, die bei gekonnter Zubereitung stets saftig bleibt und auch hohe kulinarische Ansprüche erfüllt. Sie lässt sich – in der Regel bei kurzer Garzeit – gut braten, backen, dünsten, grillen und schmoren, ist also vielseitig verwendbar.

KALBSLEBERWURST
gekochte, geräucherte und fein gewürzte Streichwurst aus mindestens 30 % Schweine- und/oder Kalbsleber (die trotz des Namens nicht zwingend enthalten sein muss), Kalbfleisch, Schweinefleisch und Speck

KALBSMILCH ▸ Kalbsbries

KALDAUNEN ▸ Kutteln

KALEBASSEN
(Flaschenkürbisse)
wichtige Sortengruppe der ▸ Kürbisse

KALIFORNIEN
Das „Mutterland" des Weinbaus in den USA und noch heute das wichtigste nordamerikanische Weinanbaugebiet (▸ Wein), dessen Reblagen sich an der Ostküste über 1000 km von Norden nach Süden (grob zwischen San Francisco und Los Angeles) erstrecken. Auf etwa 220 000 ha werden jährlich rund 21 Mio. Hektoliter Wein erzeugt, etwa 90 % der gesamten amerikanischen Weinmenge. Der kometenhafte Aufstieg des kalifornischen Weinbaus zeigt sich in zwei Zahlen deutlich: Mitte des 20. Jh. gab es nur 25 Weinbaubetriebe, im Jahre 2005 waren es bereits rund 1100. Großen Erfolg haben die Amerikaner neben den französischen Rebsorten (▸ Chardonnay, ▸ Cabernet Sauvignon & Co.) auch mit einer echten Spezialität, dem ▸ Zinfandel.

KALIFORNISCHER FISCHTOPF
(Cioppino)
Eintopf bzw. Fischsuppe aus Fischfiletstücken, Meeresfrüchten, Knoblauchzehen, gehacktem Bleichsellerie, Tomaten, Gemüsepaprika, Zwiebeln usw. in Weiß- oder Rotwein, kräftig gewürzt mit zerstoßenen Fenchelsamen, Thymian, Basilikum, Oregano usw.

KALIFORNISCHER SALAT
Orangenspalten, Ananasecken, Blumenkohlröschen und Prinzessbohnen auf Salatblättern, darüber Mayonnaise

KALIFORNISCHE SAUCE
Doppelrahm und Tomatenketchup mit Tabasco, Worcestersauce, Paprikapulver, Zitronensaft

KALIKENNY ▸ Colcannon

KALIUM

Einer der für den menschlichen Organismus wichtigen ▸ Mineralstoffe (chemisches Zeichen K), der u. a. für die Entwässerung des Körpers sorgt sowie Muskel- und Nervenfunktionen in Schwung hält. Kalium ist in so vielen Lebensmitteln (z. B. Fleisch, Gemüse, Kartoffeln, Hülsenfrüchten, Pilzen, Obst, Reis, Nüssen) enthalten, dass der Tagesbedarf von mindestens 2 g bei normaler Ernährung gedeckt wird.

KALIUMKARBONAT ▸ Pottasche

KAL(A)MARE

(Calamares, Calamari)

neben ▸ Sepien und ▸ Kraken die dritte der kulinarisch interessanten Ordnungen in der zoologischen Unterklasse der ▸ Tintenfische

KALMÜCK ▸ Pollack

KALMUS

(Acker-, Magenwurz, Deutscher Ingwer)

Würze aus der Wurzel einer Sumpfpflanze (Familie der Aronstabgewächse), die u. a. an See-, Fluss- und Bachufern in Europa und Nordamerika wuchert. Im Herbst werden die 10–20 cm langen und bis 1,5 cm dicken Rhizome ausgegraben, geschält und getrocknet. Dass Kalmus im Volksmund auch Deutscher Ingwer heißt, kommt nicht von ungefähr: Er hat kräftige ätherische Öle, die ihm (ähnlich dem Ingwer) einen bitterwürzigen Geschmack und ein charakteristisches, zart süßliches Aroma geben.

VERWENDUNG

Die Rhizome von Kalmus können nur getrocknet als Gewürz verwendet werden, frisch hätte er für den Magen – zumindest bei uns Europäern – üble Folgen. Gemahlen als Pulver werden sie wie Muskatnuss eingesetzt, man kann sie aber auch wie Ingwer einlegen. Kalmus kann vielen Gerichten bis hin zum Dessert einen exotischen Touch verleihen. Er dient weiter zur Herstellung von Spirituosen und Konfekt.

KALORIEN

Bis international auf ▸ Joule umgestellt wurde, waren die Kalorien (abgekürzt cal) bzw. Kilokalorien (kcal = 1000 Kalorien) die gängige Maßeinheit für den Energiegehalt (auch Brennwert genannt) eines Lebensmittels. Und sie werden noch heute oft angegeben, wenn der tägliche Energiebedarf eines Menschen beziffert werden soll (eine Kilokalorie ist die Wärmemenge, die nötig ist, um die Temperatur von 1 l Wasser um 1 °C zu erhöhen). Wie hoch dieser ist, hängt von mehreren Faktoren wie Alter, Geschlecht, Beruf, Stress und individuellem Stoffwechsel ab. Oder anders ausgedrückt: Wie viele Kalorien über die Nahrung zugeführt werden müssen, wird vom Kalorienverbrauch bestimmt. Die Faustregel für den täglichen Energiebedarf: bei körperlich leichter Tätigkeit Frauen 1800–2200 kcal, Männer 2000–2600 kcal; bei mittelschwerer Arbeit Frauen 2200–2800 kcal, Männer 2600–3200 kcal; bei schwerer Arbeit Frauen 2800–3400 kcal, Männer 3200–4000 kcal.

KALTE KÜCHE

im Gegensatz zu warmen Gerichten die Zubereitung von kalten Speisen wie z. B. Vorspeisen, Salaten, Aspiks, kalten Saucen usw., aber auch das Anrichten kalter Platten oder eines ▸ kalten Büfetts

KALTES BÜFETT

abwechslungsreiche und appetitlich hergerichtete Auswahl an kalten Speisen (auch als kalte Platten bezeichnet), in der Regel zur Selbstbedienung auf einer speziellen Anrichte oder einem langen Tisch aufgebaut (▸ Büfett)

KALT GEPRESST

Vorwiegend bei Speiseölen und Honig angewandter Begriff, der auf ein besonders schonendes Produktionsverfahren hinweist und allgemein als Qualitätsmerkmal gilt (vor allem beim ▸ Olivenöl). Der Rohstoff wird bei der Herstellung keiner Hitze ausgesetzt, unter der Nährstoffe und Aroma leiden. So gewonnene ▸ Speiseöle zeichnen sich u. a. durch kräftige Farbe und intensiven Eigengeschmack aus. Aufgrund der geringeren Ausbeute sind sie aber auch teurer als andere Öle.

KALTSCHALEN

Ursprünglich ein russisches Dessert, gelten die in vielen Variationen auf den Speisekarten auftauchenden Kaltschalen heute als typisch deutsche Nachspeise. Es handelt sich dabei um kalte süße Suppen aus Wein, Fruchtsaft, Wasser, Milch oder Bier mit vor allem fruchtigen Einlagen wie z. B. Ananas, Orangen, Aprikosen, Erdbeeren, Stachelbeeren, Johannisbeeren oder Kirschen. Steigender Beliebtheit erfreuen sich im Sommer auch gekühlte pikante Suppen bzw. Vorspeisen mit viel Flüssigkeit.

KALZIUM
Einer der für den Organismus wichtigen ▸ Mineralstoffe (chemisches Element Ca), von dem jeder Mensch 1–1,1 kg mit sich herumträgt, zu 99 % in Knochen und Zähnen. Der menschliche Tagesbedarf liegt bei 800–1200 mg, die man vor allem mit Milchprodukten, Käse, grünem Gemüse, Hülsenfrüchten, Obst, Fruchtsäften, Mineralwasser und Ölsardinen decken kann.

KAMABOKO
Sammelbegriff für japanische Fischerzeugnisse aus grätenfreiem, zerkleinertem Fisch, der durch den Zusatz von Zucker, Salz, Gewürzen usw. und durch mildes Erhitzen aromatisiert wird. Am bekanntesten sind ▸ Surimi.

KAMEL
Für uns Europäer nur ein „Lastesel" und das typische Karawanentier, sind Kamele für die Menschen in ihren Heimatländern auch ein wichtiger Fleischlieferant für Nahrungszwecke. In den nordafrikanischen Ländern wird Kamelfleisch neben Hammelfleisch vor allem von jungen Tieren am liebsten gegessen. Wie bei Kalb oder Rind sind alle Teile ernährungstechnisch verwertbar. Das beste Fleisch soll das einhöckrige Dromedar haben, Kutteln und Höcker gelten als Delikatessen. Die beliebteste Beilage zu Kamelfleisch ist ▸ Couscous.

KAMERUNER
traditionelles Berliner Schmalzgebäck aus Krapfen- oder Pfannkuchenteig

KAMERUNNÜSSE ▸ Erdnüsse

KAMILLE
Einjährige Pflanze (Familie der Korbblütengewächse), die vorwiegend zu pharmazeutischen Zwecken angebaut wird und Bestandteil vieler Kräuterliköre und Kräuterteemischungen ist bzw. den gleichnamigen Tee ergibt. Mit Kamille lassen sich auch Kaltschalen und gekochtes Rindfleisch aromatisieren.

KAMINWURZ
im Volksmund geräucherte Mettwurst (Süddeutschland) bzw. geräucherte Hartwurst (Österreich)

KAMM
das Nackenstück zwischen Rücken und Hals bei Schlachttieren (Kalb, Lamm, Rind, Schwein) und auch beim Wildschwein

KAMMKORALLE ▸ Ziegenbart

KAMMMUSCHELN ▸ Jakobsmuscheln

KAMPTAL
Nebental der Donau, das direkt an die Wachau anschließt und sich mittlerweile als eigenständiges Weinanbaugebiet (▸ Wein) etabliert hat. Klein aber fein ist die Weinproduktion im Kamptal mit seiner Rebfläche von knapp 4000 ha. 85 % davon sind mit weißen Rebsorten bestockt, die mit Abstand führende Traube ist – wie in ganz Österreich – der Grüne Veltliner. Bei Weinkennern genießen die Toplagen des Kamptals wie z. B. Heiligenstein, Steinmassl, Lamm, Spiegel oder Dechant einen sehr guten Ruf. Zentrum des Kamptals ist Langenlois.

KAMTSCHATKAKRABBEN
▸ Königskrabben

KAMPYO
getrocknete Kürbisscheiben aus Japan, als Handelsware verpackt auch für den Export

KAMUT
Als Vorgänger des Weizens gilt diese Getreideart (▸ Getreide) mit besonders dicken Spelzen, deren Ursprung in Mesopotamien liegen dürfte. Kamut enthält viel Eiweiß, Mineralstoffe und ungesättigte Fettsäuren. Er wird u. a. zu Mehl (für Brot, Pfannkuchen, Gebäck, Kuchen usw.), Nudeln und Couscous verarbeitet.

KANADALACHS ▸ Pazifiklachs (▸ Lachs)

KANAPEES ▸ Canapés

KANARIENNÜSSE ▸ Pilinüsse

KANDELNÜSSE ▸ Kemiri(nüsse)

KANDELZUCKER ▸ Kandis(zucker)

KANDIEREN
Das Einlegen von Früchten, Gemüse, Blüten, Wurzeln und anderen Pflanzenteilen in konzentriertem, klaren Weißzuckersirup, bis sie vom Zucker vollständig durchdrungen sind. Das dauert im Gegensatz zum Glasieren, bei dem sie nur kurz in Zuckerlösung eingetaucht werden, oft mehrere Tage lang. Das Kandieren ist zugleich eine gute Methode zum ▸ Konservieren (Haltbarmachung).

KANDIERTE FRÜCHTE
▸ Dickzuckerfrüchte

KANDIS(ZUCKER)
(Kandelzucker)
Große Kristalle aus einer reinen Zuckerlösung, die je dunkler in der Farbe desto aromatischer sind. Weißer Kandis ist geschmacksneutral, hellbrauner bis schwarzer hat dagegen weniger oder mehr Karamellgeschmack. Je nach Art eignet sich Kandis zum Süßen von Getränken (vor allem heißen wie Tee, Kaffee, Grog usw.), zum Backen oder zum Aromatisieren von Früchten und Desserts. Grümmel(kandis) oder Grummet ist ein klein zerstoßener brauner Kandis mit starkem Karamellgeschmack, der in England seit langem als Coffee Sugar bekannt ist. Kluntjes heißt ein meist weißer und nur manchmal brauner Kandis in unregelmäßig großen Stücken. Der braune Krustenkandis hat ebenfalls kleine Brocken in unterschiedlicher Größe, während sich der dunkelbraune oder weiße Würfelkandis in Name, Form und Verwendung dem Würfelzucker anpasst.

KANDITEN ▸ Dickzuckerfrüchte

KANEEL ▸ Zimt

KÄNGURU
Beuteltier des australischen Kontinents, das früher ein wichtiger Fleischlieferant für die australischen Ureinwohner, die Aborigines, war und als Arme-Leute-Essen abgewertet wurde. Mittlerweile wird Kängurufleisch, das sich durch einen geringen Fett-/Kaloriengehalt und einen an Wild erinnernden Geschmack auszeichnet, aber in Australien selbst und auch in China und den USA sehr geschätzt. Die Europäer hingegen haben nach wie vor Hemmungen, das Fleisch für kulinarische Zwecke zu verwenden. Erhältlich sind bei uns vo allem Steaks tiefgekühlt und manchmal tauchen sie in Restaurants, die etwas Ausgefallenes bieten wollen, auf der Speisenkarte auf.
VERWENDUNG: *Kängurufleisch hat eine ähnliche Struktur wie Rindfleisch und kann wie dieses zubereitet werden. Am besten wird es, wenn man es vor dem Braten mit Olivenöl bestreicht. Wie Rindfleisch sollte man es tunlichst nicht durchbraten, sondern medium oder englisch garen.*

KANINCHEN
Wenn das Nagetier auf den Tisch kommt, hat man meist ein zahmes Hauskaninchen (auch Stallhase) auf dem Teller. Die Tiere werden oft schon nach 3 Monaten geschlachtet und haben ein fast weißes, zartes, fettarmes und leicht verdauliches Fleisch von hohem Nährwert, das große Ähnlichkeit mit Hühnerfleisch haben kann. Grundsätzlich lässt sich Kaninchen wie ▸ Hase zubereiten. Kulinarisch mehr zu bieten hat das viel seltenere ▸ Wildkaninchen, das würziger und wildähnlicher schmeckt.

KANTWURST
luftgetrocknete Hartwurst und österreichische Spezialität aus Rind-/Schweinefleisch und Speck

KAPAMA
gedünstetes und mit Dill bestreutes Lammfleisch auf einem Bett von Möhren, Porree, Frühlingszwiebeln, Salatblättern usw. (vor allem Türkei)

KAPAUN
(Kapphahn, Masthahn)
Junger, kastrierter Masthahn mit einem Gewicht von 1,5–2,5 kg, der vor allem in Frankreich wegen seines zarten und saftigen Fleisches sehr geschätzt wird. Kapaune werden wie Masthähne gegrillt, gebraten, gedünstet oder geschmort und können es in der Fleischqualität – besonders bei gekonnter Zubereitung – fast mit einem ▸ Fasan aufnehmen.

KAPBOHNE ▸ Limabohne (▸ Bohnen)

KAPERN

Die Blütenknospen des praktisch im ganzen Mittelmeerraum heimischen Echten Kapernstrauches (Familie der Kaperngewächse), die sich nur ein einziges Mal und dann auch nur für wenige Stunden öffnen. Meist ist ihnen aber nicht einmal diese kurze Blüte vergönnt, denn die geschlossenen Knospen werden noch vorher (im Frühjahr) von Hand geerntet und dürfen sich nicht mehr zu den so genannten Kapernäpfeln auswachsen. Hin und wieder bekommt man diese eingelegt mit Stielen als Antipasti (in Italien) oder als Tapas (in Spanien) serviert. Roh sind Kapern ungenießbar, sie werden deshalb getrocknet und in Meersalz oder eine Salzlake mit Essig und/oder Öl eingelegt. Dabei entstehen die Substanzen, die Kapern ihren charakteristischen würzig-pikanten und säuerlichen Geschmack geben: Caprinsäure und Senfölglycosid. Kapern sollten geschlossen, oliv- bis bläulichgrün und möglichst klein sein, denn es gilt die einfache Formel: je kleiner desto feiner (aber auch teurer) und je größer desto plumper im Geschmack. Gute Kapern schmecken etwas nach Senf und den unreifen Knospen der ▸ Kapuzinerkresse bzw. der ▸ Brunnenkresse. Als die besten Kapern gelten die besonders kleinen „Nonpareilles“ aus Südfrankreich. Weitere Handelsbezeichnungen sind (nach der Größe aufsteigend): „Surfines“, „Fines“, „Mifines“, „Capucines“, „Capottes“ und „Communes“.
VERWENDUNG: *Kapern sind vor allem in hellen Saucen, Salaten und Gemüse, zu kaltem Fleisch, Sulzspeisen, Hackfleischgerichten, Ragouts und Fisch eine aromatische und geschmackliche Bereicherung. Die bekanntesten Gerichte mit Kapern sind das italienische ▸ Vitello tonnato und die ostpreußischen ▸ Königsberger Klopse.*

KAPERNKRAUT ▸ Dill

KAPPES
verbreitete rheinische Bezeichnung für ▸ Weißkohl bzw. mit entsprechendem Farbzusatz (roter Kappes) auch für ▸ Rotkohl

KAPPHAHN ▸ Kapaun

KAPS ▸ Weißkohl

KAPSELFRÜCHTE
In der Botanik ein bestimmter Fruchttyp, der in fast allen Pflanzenfamilien vorkommt. Kapselfrüchte bilden sich aus einem Fruchtknoten mit mehreren, verwachsenen Fruchtblättern. Bei der Reifung trocknen sie aus, platzen auf und setzen die Samen frei; sie sind deshalb so genannte Öffnungs- oder Streufrüchte. Bekannte Kapselfrüchte sind u. a. ▸ Akee, ▸ Annatto, ▸ Mohn und auch ▸ Pekannüsse.

KAPSTACHELBEEREN ▸ Physalis

KAPUSNIAK
mit saurer Sahne gebundene russische/polnische Suppe aus Sauerkraut, Möhren, Zwiebeln und Sellerie mit geräuchertem Bauchfleisch vom Schwein, Speck und Würstchen

KAPUZINERKRESSE
Würzkraut, eine der Arten von ▸ Kresse

KAPUZINERRÖHRLING ▸ Birkenpilz

KARAMBOLEN
(Baumstachelbeeren, Sternfrüchte)
Mit diesen Beerenfrüchten eines tropischen Gurkenbaumes (ursprünglich aus Ostasien,

KÜCHENTIPP

Kapern sollten warmen Gerichten immer erst ganz zum Schluss zugegeben werden, weil sich manche Inhaltsstoffe und das Aroma bei Wärme rasch verflüchtigen. Gesalzene Kapern, die in der italienischen und spanischen Küche bevorzugt zum Einsatz kommen, müssen zuvor gewässert werden.

heute auch in Afrika und Südamerika) gehen dank ihrer ungewöhnlichen Form Sterne auf dem Teller auf. Die 8–12 cm lange, grünlichgelbe, stark durchscheinende und in jeder Beziehung exotische Frucht hat als Hauptmerkmal fünf scharfkantige Längsrippen. Quer durchgeschnitten sieht sie aus wie ein Stern und liefert mit einfachsten Mitteln eine attraktive Dekoration nicht nur für Desserts. Abgesehen vom süßsäuerlichen Geschmack sind Karambolen meist wenig aromatisch und reizvoll. Das gilt insbesondere für die bei uns (frisch oder in Konserven) auf den Markt kommenden Früchte, die selten die richtige Reife haben und meist nur zur Dekoration verwendet werden.
VERWENDUNG: *Früchte von besserer Qualität machen sich gut in Obstsalaten und Sorbets, als Kompott, Gelee, Konfitüre und als Kuchenbelag. In ihren Ursprungsländern kommen Karambolen auch in Currys und Fleischsaucen. Originell sind Karambolesternchen (von kleinen Früchten) im Sekt (oder einem anderen Schaumwein), denn beim Aufgießen und durch die aufsteigende Kohlensäure fangen sie regelrecht zu tanzen an.*

KARAMELL
(Caramel, gebrannter Zucker)
Zersetzungsprodukt aus hoch erhitztem (190–200 °C oder leicht darüber) und geschmolzenem Zucker, dessen reizvoller Röstgeschmack in vielen Desserts geschätzt wird. Es ist allerdings die Kunst (bzw. das Fingerspitzengefühl) des Kochs und eine im wahrsten Sinne des Wortes „brenzlige" Angelegenheit, den Zucker beim Karamellisieren der Hitze nicht zu lange auszusetzen und ihn nicht „verbrennen" zu lassen. Die Süße des Karamell nimmt beständig ab und in gleichem Maße kommt immer stärkerer Bittergeschmack auf. Entsprechend groß sind die farblichen und geschmacklichen Abstufungen, von hell- bis dunkelbraun, von süß über leicht bittersüß bis intensiv bitter.

VERWENDUNG

Karamell verfeinert Cremes, Puddings, Saucen, Süßspeisen und Zuckerwaren. Ein Nachspeisenklassiker ist die ▸ Karamellcreme (Creme Caramel). Es dient aber auch als Farbstoff und wenn es nur für diesen Zweck eingesetzt wird, heißt es ▸ Couleur bzw. ▸ Zuckercouleur.

KARAMELLCREME
(Creme Caramel)
Ein Dessertklassiker: Feine Creme aus Zucker mit Milch oder Sahne, Eiern und Vanille, die in gebutterte und mit Zucker ausgegossene Förmchen gefüllt wird. Die Creme wird anschließend in Wasser „badend" im Ofen gegart, wobei der Zucker karamellisiert. Je nach Geschmack kann man die Creme mit Likören, Kaffee, Schokolade usw. aromatisieren und mit Früchten kombinieren.

KARAMELLEN ▸ Bonbons

KARAMELLISIEREN
das Brennen von Zucker bei der Herstellung von ▸ Karamell

KARASUMI
Kaviarersatz (▸ Kaviar) aus den Rogen der ▸ Meeräschen, gilt neben den Rogen der ▸ Seeigel und ▸ Konowata als eine der drei größten Delikatessen der japanischen Küche

KARAUSCHE
(Bauernkarpfen, Gareisl, Giebel, Moor-, Schneiderkarpfen)
Eng mit dem ▸ Karpfen verwandter Süßwasserfisch (▸ Fische) mit einem ähnlich gedrungenen Körperbau, der von England bis in das äußerste Osteuropa in flachen, pflanzenreichen Tümpeln und Seen vorkommt. Er kann in Einzelfällen bis 4 kg schwer werden, die Regel sind 1–2 kg. Die Karausche wird gerne eingesetzt, weil sie genügsam und widerstandsfähig ist und selbst Sauerstoffmangel und einen höheren Verschmutzungsgrad als andere Fische verträgt. Fischkenner schätzen diese ▸ Weißfische mit ihrem weichen und schmackhaften (wenn auch sehr grätenreichen) Fleisch bei gleicher Zubereitungsart oft mehr als Karpfen.

KARBEI ▸ Kümmel

KARBONADE
1. Fingerdickes Rippenstück aus dem Kotelettstrang von Schwein, Kalb oder Schaf, das in manchen Gegenden in Norddeutschland und auch in Österreich als Karbonade bezeichnet, ansonsten meist aber ▸ Kotelett genannt wird.
2. Flämisches Gericht, für das Rindfleisch und Zwiebeln in Bier geschmort werden. Gewürzt wird es mit Thymian, Lorbeer, Senf usw.

KARBONADENFISCH
Oft als Synonym für den ▸ Seewolf gebraucht, hat diese Bezeichnung eigentlich allgemeinere

Bedeutung. Sie steht für alle ▸ Fische, aus denen man Karbonaden (Koteletts) schneiden kann; also z. B. auch für ▸ Seeteufel.

KARBONADENFLEISCH/-SCHINKEN
▸ Lachsschinken

KARDAMOM
(Cardamom)

Die vor der Reife gesammelten und getrockneten Fruchtkapseln einer schilfartigen Pflanze aus der Familie der Ingwergewächse zählen zu den beliebtesten exotischen Gewürzen überhaupt. Jede der gelbgrünen bis grau-braunen Hülsen enthält 8–20 braune Samenkörner, die ätherisches Öl enthalten. Kardamom dürfte seinen Ursprung in Südasien haben und ist eine uralte indische Kulturpflanze. Heute wird das Gewürz im ganzen tropischen Asien sowie in Westafrika und Mittelamerika angebaut, wo auch Guatemala als größter Produzent liegt. Der beste Kardamom aber kommt aus Ceylon und von der Malaberküste in Südwestindien. Im Geruch ist er blumig-süßlich und sehr aromatisch mit einem Hauch Eukalyptus. Der Geschmack kann sanft würzig bis leicht brennend sein. Kardamomsamen sollten immer erst unmittelbar vor Gebrauch zerstoßen bzw. zermahlen werden, weil sie ihr spezifisches Aroma schnell verlieren.
VERWENDUNG: *Kardamom ist fester Bestandteil zahlreicher Gewürzmischungen (z.B. Currypulver), vieler Currys, Pilaws und Wurstwaren, man kann damit aber auch Suppen und Saucen würzen. Breite Verwendung findet er in Gebäck (z.B. Spekulatius oder Lebkuchen). Eine besondere Note gibt er Konfitüren, Kompotts, Likören und Glühwein, vor allem die Araber lieben ihn im Kaffee.*

KARD(ON)EN
(Distel-, Federkohl, Spanische Artischocken)
Ein „Ableger" der ▸ Artischocken und vermutlich sogar deren Stammform, die ein feinbitteres Artischockenaroma hat. Allerdings werden von Karden nicht die Blütenköpfe kulinarisch verwertet, sondern die dickfleischigen Blattstiele als ▸ Bleichgemüse. Diese sind auch roh essbar, werden meist aber – vor allem in ihrer Heimat Südeuropa und Nordafrika – wie Spargel zubereitet; also in Wasser weich gekocht, mit verschiedenen Zutaten überbacken oder mit Saucen übergossen bzw. in Fleischbrühe, Kalbsjus, Rot- oder Portwein gedünstet. Oder sie werden in Streifen geschnitten, gekocht und in Essig-Öl-Sauce lauwarm serviert.

KARELLA
(Balsambirne, Bittergurke)

Gurkenähnliche, 10–20 cm lange Frucht einer tropischen Kletterpflanze, deren rotes Fruchtfleisch einen bitteren Geschmack hat. Ein kurzes Bad in heißem Wasser mildert die Bitterkeit. Karella wird meist als Gemüse gekocht, manchmal auch gebraten oder in heißem Fett gebacken, und als Beilage zu Fleischgerichten gereicht oder mit Currysaucen gegessen. Beliebt ist sie in ihren Ursprungsländern auch gefüllt mit Hackfleisch oder Zwiebelmus.

KARFIOL ▸ Blumenkohl

KARKASSEN
Das nach dem ▸ Tranchieren zurückbleibende Knochengerüst meist kleinerer Tiere (Geflügel) samt Fleisch- und Hautresten, das Grätengerippe von Fischen und die Panzer von Krustentieren – aber kein wertloser „Abfall": Karkassen ergeben ausgekocht oder angeschmort eine Grundlage für Saucen/Suppen (▸ Fond).

KARLSBADER OBLATEN
hauchdünne Waffeln bzw. ▸ Oblaten mit Vanille-, Haselnuss-, Schokoladen- oder einer anderen süßen Füllung (Karlsbad: Kurort mit langer Tradition im Westen von Tschechien, in der Landessprache Karlovyvary)

SCHON GEWUSST?

Ähnlich wie Gewürznelken wird ▸ Kardamom in seinen Ursprungsländern gerne auch als Mittel gegen Mundgeruch und als „Bakterienkiller" gekaut. Es wirkt vor allem gegen Knoblauch und Zwiebeln. Nach dem Genuss von Speisen, die damit kräftig gewürzt waren, verhelfen 2–4 zerkaute Kardamomsamen wieder zu einem besseren Atem.

KARNIVOREN
Die „Gegenspieler“ der ▸ Vegetarier und ▸ Veganer: Menschen (auch Tiere oder Pflanzen), die tierische Nahrung in jeglicher Form zu sich nehmen. Im engeren wissenschaftlichen Sinn versteht man unter Karnivoren alle fleischfressenden und beißenden Säugetiere. Ob der Urmensch nun zuerst ein Fleisch- oder ein Pflanzenfresser war, über diese Grundsatzfrage wird trefflich gestritten. Eine wissenschaftlich gesicherte Antwort wird man aber kaum mehr finden. Also darf bei der Ernährung jeder nach seiner Facon satt und glücklich werden.

KAROBE ▸ Johannisbrot

KAROLINEN ▸ Éclairs

KAROTINE
(Carotine)
Farbstoffe, die in allen grünen Pflanzenteilen, aber auch in Blüten, Früchten (wie Tomaten, Paprika oder Gurken) und in Mohrrüben enthalten sind. Karotine werden auch als Provitamin A bezeichnet, weil aus ihnen durch oxidative Spaltung im tierischen oder menschlichen Organismus Vitamin A gebildet wird. In der Industrie kommen sie vielfach als Lebensmittelfarbstoffe (besonders für Getränke wie Limonaden und Fruchtsäfte) zum Einsatz.

KAROTTEN kleine und feine ▸ Mohrrüben

KAROTTENTORTE ▸ Rüeblitorte

KARPATENKÄSE
aus den Karpaten stammender, heute vorwiegend in der Ukraine hergestellter und dem ▸ Emmentaler ähnlicher Bergkäse mit oder ohne Lochung (Karpaten: neben den Alpen der bestimmende Hochgebirgszug in Europa von Österreich bzw. Tschechien bis zur Ukraine)

KARPFEN
aus China stammender, heute auf der ganzen Welt verbreiteter Süßwasserfisch (▸ Seite 261)

KARPFENFISCHE
Der ▸ Karpfen ist nur einer von vielen Vertretern der großen Familie der Karpfenfische. Mit über 2000 Arten ist sie eine der größten Fischfamilien überhaupt. Zu ihr zählen u. a. auch ▸ Ukelei, ▸ Brachse, ▸ Güster, ▸ Döbel, ▸ Orfe und ▸ Schleie.

KARPFENMILCH
Ein eleganter „Tarnname“: Karpfenmilch ist das Sperma des männlichen Karpfens. Gebraten oder paniert gilt sie als Delikatesse.

KARREE
Der vordere, längs gespaltene Teil des Rückens von Schlachttieren (meist Kalb, Lamm oder Schwein) mit Kotelett und Sattel hat seinen Namen von der viereckigen Form. Aus dem vorderen Bereich wird die ▸ Karbonade geschnitten. In Österreich versteht man unter Karree speziell Kamm (langes Karree) und Nacken (kurzes Karree) vom Schwein, in manchen Gegenden ist der ganze Schweinerücken gemeint.

KARTÄUSERGERICHT
(Chartreuse)
Würfel von Fleisch, Geflügel oder Fisch, die auf klein geschnittenem Gemüse und mit Speck in einer Auflaufform oder kleinen Becherformen im Wasserbad gegart und heiß serviert werden. Bei der kalten Variante werden die Zutaten mit Madeira- oder Portweingelee gebunden und das Gericht kommt gestürzt auf den Tisch (Kartäuser: katholischer Halberemitenorden, gegründet im 11. Jh. vom Heiligen Bruno von Köln in einer einsamen Gebirgsgegend bei Grenoble in den französischen Alpen).

KARTÄUSERKLÖSSE
Süße Klöße aus Brötchenvierteln oder -hälften, die in verquirlter Milch, Eigelb, Vanille und Zucker eingeweicht, in Eiweiß und Paniermehl gewendet und anschließend in viel Butter goldgelb gebacken werden. Zum Servieren bestreut man sie mit Zimt und gibt Vanillesauce dazu.

KARTOFFELBREI ▸ Kartoffelpüree

KARTOFFELCHIPS
dünne runde Scheiben von geschälten rohen Kartoffeln, in heißem Fett oder Öl knusprig gebraten, im Handel als „mundgerechte“ Knabberei in vielen Variationen erhältlich

Karpfen – weltweit der wichtigste Zuchtfisch

Eine der ältesten Fischarten (▸ Fische), die vom Menschen in Teichanlagen gehalten wird, und der weltweit wichtigste Zuchtfisch überhaupt ist der Karpfen. Als seine ursprüngliche Heimat gilt Asien und in China kannte man seine Zucht schon vor unserer Zeitrechnung. Die Römer brachten den Karpfen nach Europa, wo er sich aber erst zwischen dem 13. und 15. Jh. so richtig verbreitete.

DAS „SCHWEIN UNTER DEN FISCHEN“

Heute werden Karpfen auf der ganzen Welt und unter den unterschiedlichsten Bedingungen gezüchtet. Als regelrechte „Allesfresser“ sind sie dafür ideal geeignet: Ob Wasserpflanzen oder kleine Bodentiere, der Karpfen frisst alles, was ihm auf dem möglichst schlammigen und bewachsenen Grund warmer und am besten stehender (bzw. nur ganz langsam fließender) Gewässer vor das Maul kommt oder ihm von Menschenhand zum Fraß vorgeworfen wird (z. B. Getreide, Mais, Soja oder Pelletfutter). Das hat ihm auch den nicht gerade schmeichelhaften Namen „Schwein unter den Fischen“ eingebracht.
Karpfen können, wenn sie nicht vorher an der Angel hängen, bis über 1 m lang, bis 35 kg schwer und bis 40 Jahre alt werden. Im „Anglerlatein“ ist sogar die Rede von über 100 Jahre alten Fischen. Als Speisefisch aus der Zucht kommen sie in der Regel mit einem Alter von 2–3 Jahren, einer Länge von 25–35 cm und einem Gewicht von 1–2 kg auf den Teller. Wild lebende Karpfen sind heute selten geworden und der Wildkarpfen, die Urform der heutigen Zuchtkarpfen, steht weltweit mittlerweile sogar auf der Roten Liste der bedrohten Arten.

ZUCHTKARPFEN AUS EUROPA UND CHINA

Bei den Zuchtkarpfen unterscheidet man nach ihrer Beschuppung vier Hauptarten: den direkt vom Wildkarpfen abstammenden Schuppenkarpfen (gleichmäßiges und vollständiges Schuppenkleid), den Zeilkarpfen (eine oder selten auch mehrere Reihen großer Schuppen entlang der Seitenlinie), den Spiegelkarpfen (wenige, verschieden große und unregelmäßig verteilte Schuppen) und den (fast) ganz schuppenfreien Leder- oder Nacktkarpfen. Als qualitativ besonders gut gilt dabei das Fleisch von drei chinesischen Karpfen, die mittlerweile auch in Europa gezüchtet werden: dem Marmorkarpfen (von Feinschmeckern am meisten geschätzt), dem Graskarpfen (Weißer Amur) und dem Silberkarpfen (Algenamur), alle aus dem Amurgebiet und deshalb manchmal auch gesammelt als Amurkarpfen bezeichnet.

VERWENDUNG

In der chinesischen Küche ist der Karpfen der Universalfisch Nummer 1 und auch bei uns erfreut er sich als Speisefisch und vor allem als traditionelles Weihnachts- und Silvesteressen großer Beliebtheit. Er lässt sich blau kochen, auf Müllerin-Art oder im Rohr ausbacken, aber auch braten, dämpfen, schmoren, panieren und füllen. Allerdings ist sein oft etwas derber Geschmack, der entscheidend von den Lebensbedingungen und der Zufütterung abhängt, nicht jedermanns Sache.

UNANGENEHMER BEIGESCHMACK

Geradezu berüchtigt ist beim ▸ Karpfen das verbreitete so genannte „Mooseln“ oder „Letteln“. Dieser unangenehme Beigeschmack entsteht, wenn die Fische im Teich eine bestimmte Algenart fressen, die Teichschwingalge (oder ihre Verwandten). Diese wächst in mit Phosphor überdüngten Gewässern flächig genau dort, wo sich der Karpfen am liebsten aufhält und seine Nahrung sucht: am Grund.

KARTOFFELFÄDEN
▶ Schneekartoffeln

KARTOFFELGRATIN
Dünne Scheiben von geschälten rohen Kartoffeln, die in der klassischen Variante in einem mit Butter und Knoblauch ausgeriebenem Topf nur mit Crème fraîche gratiniert werden. Heute nimmt man zum Überbacken oft auch Milch, Sahne, geriebenen Käse oder Eier und würzt mit etwas geriebener Muskatnuss.

KARTOFFELKLÖSSE
Knödel aus gekochten zerdrückten oder rohen geriebenen (manchmal auch aus beiden gemischt) mehligkochenden Kartoffeln, die gebunden mit Mehl (auch Butter oder Eiern), teils unter Zugabe von Weißbrotwürfeln, zu mehr oder weniger großen „Kugeln" geformt werden. Anschließend gart man sie in Salzwasser, bis sie an der Oberfläche schwimmen.

KARTOFFELKROKETTEN
Geschälte, in Salzwasser gekochte und durchgestrichene bzw. pürierte Kartoffeln (mehligkochend), mit Salz und geriebener Muskatnuss gewürzt sowie Butter und Eigelb vermischt. Aus der Masse werden Korken oder Kugeln geformt und in Fett ausgebacken (▶ Kroketten).

KARTOFFELMASSE
die küchentechnisch korrekte Bezeichnung für Kartoffelteig und die Grundlage für ▶ Kartoffelklöße und ▶ Kartoffelkroketten

KARTOFFELMEHL ▶ Kartoffelstärke

KARTOFFELN
(Erdäpfel, Grummbeeren, Tartuffeln)
die knollenartig verdickten, stärkereichen unterirdischen Stielenden einer Pflanze aus der Familie der Nachtschattengewächse (▶ Seite 264)

KARTOFFELPRÄSERVE
Dosenkartoffeln

KARTOFFELPUFFER
(Reibe(r)datschi, Reibekuchen)
Fladen aus geriebenen rohen Kartoffeln mit Mehl, eventuell etwas Backpulver, Eiern, Zwiebeln und Muskat, die je nach Geschmack dicker und innen weicher oder dünner und ganz kross in Schweineschmalz gebraten werden. Im Handel auch als Fertigprodukt erhältlich.

KARTOFFELPÜREE
(Kartoffelbrei, Quetsch-, Stampfkartoffeln)
geschälte, in Salzwasser weich gekochte Kartoffeln (mehligkochende Sorte), durch die Kartoffelpresse gedrückt oder mit dem Stampfer zerkleinert, mit Salz, Pfeffer und geriebener Muskatnuss gewürzt und mit Butter, heißer Milch oder Sahne vermischt

KARTOFFELSALAT
Auf die klassische deutsche Art wird Kartoffelsalat aus Scheiben von Pellkartoffeln und Äpfeln mit (warmer) Fleischbrühe, Essig, Öl, gehackten Zwiebeln, Salz und Pfeffer hergestellt. Es gibt davon aber viele regionale Varianten. Teilweise werden die Äpfel weggelassen, in anderen Gegenden kommen dick Mayonnaise oder Gurken und Kräuter dazu. Die Holländer mögen Kartoffelsalat mit Bücklingsfilet- und Räucherspeckwürfeln.

KARTOFFELSTÄRKE
(Kartoffelmehl)
aus Kartoffeln gewonnenes Stärkemehl (▶ Stärke), wegen seiner hohen Quellfähigkeit besonders zum Backen geeignet, aber auch ein gutes Bindemittel für Saucen und Suppen

KARTOFFELSUPPE
Püree- bzw. Cremesuppe aus Kartoffeln in unzähligen Varianten, entweder „pur" oder mit verschiedenen Einlagen bzw. Beimischungen

KARTOFFELTEIG ▶ Kartoffelmasse

KARTOFFELZWIEBELN ▸ Schalotten

KARVIOL ▸ Blumenkohl

KASCHA
Russischer Brei aus angerösteter Buchweizengrütze, mit Butter und heißem Wasser angerührt und zugedeckt langsam gekocht, dazu zerlassene Butter und süße oder saure Sahne.

KÄSE
aus Milch unterschiedlichster Herkunft und Qualität (hauptsächlich von Kühen, Schafen und Ziegen) in einer riesigen Vielfalt von Sorten hergestelltes Nahrungsmittel (▸ Seite 266)

KÄSEFONDUE ▸ Fondue Neuchâteloise

KÄSEGEBÄCK
Sammelbegriff für meist feine Backwaren, die unter Zugabe von Käse hergestellt werden, wie z. B. ▸ Breze(l)n, ▸ Kekse oder ▸ Kräcker. Der Anteil an Käse beträgt in der Regel bis zu 20 % der verwendeten Mehlmenge.

KÄSEKOHL ▸ Blumenkohl

KÄSEKRAUT ▸ Bohnenkraut

KÄSEKRAPFEN
Brandmassestücke von der Größe einer Nuss bzw. kleine Windbeutel, mit klein gewürfeltem Emmentaler (teils auch Parmesan) vermischt und in Fett schwimmend ausgebacken.

KÄSEKUCHEN

Mürbteig- oder Hefeteigboden mit einem Belag aus Quark, Sahne, Eigelb, Korinthen und Zucker, aromatisiert mit unbehandelter Zitronenschale oder Vanillezucker, im Ofen gebacken.

KÄSEMAGEN ▸ Lab

KÄSENOCKEN
(Kasnocken, Kasnockerl)
zu Nocken geformter Teig aus geriebenem Weiß- bzw. Semmelbrot, Mehl, Milch und Eiern mit Käse (je nach Rezept z. B. ▸ Graukäse, ▸ Emmentaler, ▸ Tilsiter oder sogar ▸ Gorgonzola), Zwiebeln und eventuell Küchenkräutern (vor allem Schnittlauch, Petersilie)

KÄSESAUCE ▸ Mornaysauce

KÄSESCHNITZEL ▸ Cordon Bleu

KÄSESPÄTZLE
(Kasspatzen)
eine Variante der ▸ Spätzle mit geriebenem Käse (z. B. ▸ Emmentaler, ▸ Gouda), je nach Geschmack mild oder pikanter gewürzt, mit Röstzwiebeln und brauner Butter überbacken, dazu grünen Salat

KÄSEWASSER ▸ Molke

KASNOCKEN, -NOCKERL
▸ Käsenocken

KASSPATZEN ▸ Käsespätzle

KASSAVA ▸ Maniok

KASSELER (RIPPENSPEER)
Gepökeltes und geräuchertes Rippen-, Nacken-, Schulter- oder Bauchstück vom Schwein, das gebraten oder im Ofen gebacken wird. Speziell das ursprünglich am Spieß (Speer) gebratene Rippenstück wird auch als Kasseler Rippenspeer bezeichnet. Traditionelle Beigaben sind Rotkohl mit Kartoffelpüree oder Sauerkraut mit Erbsenpüree. Oft ist Kasseler auch Bestandteil deftiger Eintöpfe, vor allem mit Kohl.

SCHON GEWUSST?

Das Kasseler hat nichts mit der Stadt Kassel zu tun und ist keine hessische Spezialität. Sein Ursprung liegt vielmehr in Berlin und es geht zurück auf den Fleischermeister Cassel, dessen Metzgerei dort Ende des 19. Jh. eine „Institution" war.

KASSIA ▸ Zimt

Kartoffeln – der „Reis" der Europäer

Die wichtige Rolle, die bei Asiaten und Südamerikanern den Hülsenfrüchten (und hier besonders den Bohnen) als universell verwendbares und besonders nahrhaftes Lebensmittel zukommt, spielen in Europa die Kartoffeln. Es dauerte zwar relativ lange, bis sich die besonders stärkereichen Sprossknollen der Kartoffelpflanze nach ihrer Einbürgerung durch die Seefahrer im 16. Jh. hier durchsetzen konnten, doch dann begann eine unvergleichliche Erfolgsstory. Heute kommt etwa die Hälfte der Welt-Kartoffelproduktion (ca. 300 Mio. Tonnen im Jahr) aus Europa. Mit Abstand größter Einzelproduzent ist allerdings China mit etwa 75 Mio. Tonnen. In vielen Teilen der Welt ist die Kartoffel ein wichtiges Grundnahrungsmittel, in Mitteleuropa sogar das wichtigste überhaupt.

SEIT JAHRTAUSENDEN ANGEBAUT

Die Heimat der Kartoffel liegt im Hochland der Anden bzw. in den Küstenregionen von Bolivien, Peru und Chile. Durch archäologische Funde ist belegt, dass die indianischen Ureinwohner dort schon vor rund 2000 Jahren Kartoffeln gezielt produziert haben. Man vermutet aber, dass ihr Anbau durch den Menschen noch viel weiter, nämlich 4000–7000 Jahre, zurückgeht. Die ältesten Spuren der Wildkartoffel, deren Alter auf 13 000 Jahre v. Chr. geschätzt wird, wurden auf der 190 km langen und 50 km breiten chilenischen Insel Chiloé, nach Feuerland die zweitgrößte des Landes, gefunden.
In der zweiten Hälfte des 16. Jh. wurden die ▸ Kartoffeln durch die Seefahrer, wie so viele andere Früchte und Pflanzen auch, mit nach Europa mitgebracht. Doch von ihrer Ankunft bis zu ihrer massenhaften Verbreitung sollte es noch ein langer und auch mit vielen Missverständnissen gepflasterter Weg werden. Vor allem in England und Deutschland wurde im 17. Jh. versucht, den Anbau von Kartoffeln zu fördern, weil sie eine billige Alternative zum damals noch vergleichsweise teuren Brot darstellten.
Aber nicht nur, dass sich die Menschen anfangs nicht so recht an den Geschmack der Knollen gewöhnen konnten, gab es teilweise auch aus anderen Gründen größte Berührungsängste. Kartoffeln wurden nämlich „verdächtigt", Überträger von Lepra zu sein. Dem Ruf der Kartoffel nicht gerade förderlich war auch ein Vorfall jener Zeit in London, als Hofköche aus Unkenntnis die giftigen oberirdischen Pflanzenteile zubereiteten und eine ganze Gesellschaft nach dem Genuss Vergiftungserscheinungen hatte. Erst als die Bauern im 18. Jh. durch ein Dekret Friedrichs des Großen (1712–1786) gezwungen wurden, mehr Kartoffeln anzubauen, begann sich die Feldfrucht immer stärker durchzusetzen.

150–200 BEDEUTENDE SORTEN

Botanisch ist die Kartoffel z. B. mit Tomate, Paprika und Tabak verwandt, nicht aber mit der so genannten Süßkartoffel (▸ Bataten). In einer tomatenähnlichen, allerdings nicht essbaren Beere bildet sie ihre Samen. Die Vermehrung erfolgt aber nicht nur geschlechtlich, sondern auch vegetativ durch die unterirdischen Sprossknollen, die eigentlichen Kartoffeln. Die Zahl der verschiedenen Kartoffelsorten wird auf etwa 5000 geschätzt, 150–200 davon sind von wirtschaftlicher Bedeutung. In Deutschland sind vom Bundessortenamt 206 Sorten für den Anbau zugelassen. Eingeteilt werden sie nach zwei Kriterien: Reifezeitpunkt und Kocheigenschaften.
Man unterscheidet zunächst einmal sehr frühe Sorten (Juni/Anfang Juli, nicht lagerfähig), frühe Sorten (Mitte bis Ende Juli/August, Lagerung bis in den Herbst möglich) sowie mittelfrühe (August/September), mittelspäte und späte Sorten (September/Oktober), die alle über den Winter bis zum nächsten Frühling dunkel, trocken und kühl gelagert werden können.
Innerhalb der genannten Sortengruppen erfolgt die zweite Unterscheidung nach den Kocheigenschaften, die auch den Verwendungszweck bestimmen: Es gibt festkochende (z. B. Belana, Cilena, Ditta, Filea, Hansa, Nicola, Princess, Selma, Sieglinde oder Vitelotte, vorwiegend festkochende (z. B. Agria, Arkula, Bolero, Colette, Christa, Désirée, Granola, Jelly, Laura, Marabel, Rosara, Saturna, Solara oder Tizia) und mehlig kochende Kartoffeln (z. B. Adretta, Afra, Bintje, Blauer Schwede oder Likaria).

ACHTUNG GIFTIG!

Wie alle Nachtschattengewächse enthält auch die Kartoffelpflanze giftige Alkaloide – vor allem Solanin –, die im Extremfall sogar zum Tod führen können. Auf keinen Fall dürfen deshalb oberirdische Pflanzenteile verzehrt werden. Dies gilt auch für die aus den Knollen herauswachsenden Triebe, die man möglichst großzügig ausschneiden sollte, ebenso wie „Augen" und grüne Stellen.

KARTOFFELN SIND KEINE DICKMACHER

Es gab auch eine Zeit, als die Ernährungswissenschaft noch nicht auf dem heutigen Stamd war, da wurden Kartoffeln für gefährliche Dickmacher gehalten. Doch mittlerweile weiß man es besser und kennt ihren hohen ernährungsphysiologischen Wert. Die Knolle enthält zwar je nach Sorte stattliche 15–21 % Stärke (Kohlenhydrat), besteht zu 78 % aber aus Wasser, ist besonders reich an Vitaminen (B1, B2 und C) sowie an wichtigen Mineralstoffen und Spurenelementen. Der Gehalt an Eiweiß ist mit 2 % zwar eher bescheiden, doch hat es eine besonders hohe biologische Wertigkeit. Von allen pflanzlichen Eiweißlieferanten hat die Kartoffel den höchsten Anteil an verwertbarem Eiweiß.

Wenn die Kartoffeln ihr Dickmacher-Image trotz dieser modernen Erkenntnisse dennoch nicht ganz abschütteln können, so liegt das in erster Linie an der Zubereitung. Oft enthalten Kartoffelgerichte nämlich viel Fett und darin sind die Kalorien „versteckt".

VERWENDUNG

Den Verwendungsmöglichkeiten von Kartoffeln in der Küche sind kaum Grenzen gesetzt. Als ▸ Bratkartoffeln, ▸ Pellkartoffeln oder ▸ Salzkartoffeln, als ▸ Annakartoffeln oder als ▸ Herzoginkartoffeln sind sie zu vielen Gerichten die perfekte Sättigungsbeigabe, aber auch „Rohstoff" für beliebte Küchenprodukte. Klassiker aus den bliebten Knollen sind u. a. ▸ Kartoffelsalat, ▸ Kartoffelsuppe ▸ Kartoffelpuffer, ▸ Kartoffelpüree, ▸ Kartoffelklöße, ▸ Kartoffelgratin, ▸ Kartoffelkroketten oder ▸ Rösti. Und selbst Kinder, die sonst keine Kartoffeln mögen, sind verrückt nach ▸ Pommes frites.

Trotz der universellen Einsetzbarkeit von Kartoffeln in der Küche ist weniger als ein Viertel der Kartoffelernte direkt für den menschlichen Verzehr bestimmt. Ein weiteres Viertel wird zu Stärke und Alkohol verarbeitet, doch der Löwenanteil von rund 40 % landet im Futtertrog von Nutztieren. Und rund 10 % der Ernte werden als so genannte Saatkartoffeln wieder in der Erde vergraben.

Käse – Paradeprodukt für Feinschmecker

Für manche ist er nur „saure Milch“ und sie können ihn im wahrsten Sinne des Wortes nicht riechen, anderen machen das Aroma und der Geschmack so großen Appetit, dass sie gar nicht genug davon kriegen können. Und nach verbreiteter Meinung zeigt sich der Feinschmecker u. a. darin, welche Käse er isst und wie viel er (ähnlich wie beim Wein) davon versteht. Es besteht kein Zweifel: Der Käse nimmt unter den Nahrungsmitteln eine besondere Stellung ein.

SCHON DIE ALTEN RÖMER KANNTEN KÄSE

Die genauen Ursprünge der Käseherstellung liegen zwar im Dunkeln, doch lassen archäologische Funde darauf schließen, dass sie sich bereits vor rund 10 000 Jahren mit der Domestizierung der ersten Tiere durch den Menschen (vermutlich Ziegen und Schafe) entwickelte – und das höchstwahrscheinlich unabhängig voneinander an verschiedenen Orten.

Große Käseliebhaber und teilweise auch -kenner waren bereits die alten Griechen und Römer, welche das Handwerk der Käserei in ihrem gesamten Reich verbreiteten. Im Mittelalter pflegten die Klöster nicht nur selbst die Kunst der Käserei, sondern fertigten auch handschriftliche Aufzeichnungen über die damaligen Käsesorten an. Dadurch können u. a. noch heute populäre Käse wie der ▸ Greyerzer, der ▸ Gouda, der ▸ Edamer, der ▸ Emmentaler und der ▸ Appenzeller bis ins frühe 12. und 13. Jh. zurückverfolgt werden.

MILCHEIWEISS ALS ROHSTOFF

Käse ist ein Produkt aus dem Milcheiweiß (das so genannte Kasein), das durch Zusatz von ▸ Lab und/oder Milchsäurebakterien aus Milch, Rahm, Buttermilch oder Molke (manchmal auch aus Gemischen daraus) abgeschieden und weiterbehandelt wird. Die große Vielfalt in Aussehen, Qualität, Konsistenz und Geschmack der Käsesorten machen die unterschiedlichen Herstellungsverfahren, Zusätze, Pressungen und Reifungsprozesse aus. Natürlich hat auch die Art und Güte der verwendeten Milch Einfluss auf das Endprodukt.

Die mit Abstand wichtigsten Milchlieferanten für die Käseherstellung sind Kühe, Schafe und Ziegen, hin und wieder wird auch Büffelmilch verwendet. Nach der deutschen Käseverordnung wird Käse nach seinem Wassergehalt und dem damit zusammenhängenden Härtegrad klassifiziert:

Frischkäse: über 73 % Wasser, Herstellung aus pasteurisierter Milch auf der Basis von Sauermilchquark (z. B. ▸ Quark, ▸ Schichtkäse, ▸ Cottage Cheese, ▸ Ricotta, ▸ Mascarpone, ▸ Mozzarella)

Weichkäse: über 67 % Wasser, meist aus pasteurisierter Milch, mit besonderer Genehmigung auch aus Rohmilch (z. B. ▸ Camembert, ▸ Brie, ▸ Romadur, Münsterkäse, ▸ Feta, ▸ Vacherin)

Sauermilchkäse: 60–73 % Wasser, meist zweistufige Herstellung nur mit Milchsäurebakterien (z. B. ▸ Harzer Käse, ▸ Handkäse, ▸ Korbkäse)

Halbfester Schnittkäse: 61–69 % Wasser, meist junger und noch streichbarer Käse (z. B. ▸ Butterkäse, ▸ Reblochon, ▸ Bel Paese, ▸ Edelpilzkäse wie ▸ Roquefort oder ▸ Stilton)

Schnittkäse: 54–63 % Wasser, feste Laibe, Räder oder Kugeln (z. B. ▸ Edamer, ▸ Gouda, ▸ Tilsiter, ▸ Appenzeller, ▸ Fontina)

Hartkäse: bis 56 % Wasser, sehr feste Konsistenz, reift meistens sehr lange (z. B. ▸ Bergkäse, ▸ Parmesan, ▸ Emmentaler, ▸ Gruyère, ▸ Pecorino, ▸ Manchego, ▸ Cheddar, ▸ Comté)

Als weiteres Unterscheidungsmerkmal für den Verbraucher muss bei jedem Käse der Fettgehalt angegeben sein, der in der Trockenmasse (nach Entzug des Wassers) enthalten ist, und zwar abgekürzt als „% Fett i. Tr.“

In der Käseverordnung sind folgende Stufen festgesetzt:
Magerstufe: unter 10 % Fett i. Tr.
Viertelfettstufe: 10–19,9 % Fett i. Tr.
Halbfettstufe: 20–29,9 % Fett i. Tr.
Dreiviertelfettstufe: 30–39,9 % Fett i. Tr.
Fettstufe: 40–44,9 % Fett i. Tr.
Vollfettstufe: 45–49,9 % Fett i. Tr.
Rahmstufe: 50–59,9 % Fett i. Tr.
Doppelrahmstufe: 60–85 % Fett i. Tr.

EINE GLAUBENSFRAGE

Fast eine Glaubensfrage unter Käseliebhabern ist, ob sie Käse aus pasteurisierter Milch oder den so genannten Rohmilchkäse nach ursprünglicher Art bevorzugen, der in den letzten Jahren eine Renaissance erlebt hat. In den großen Käsereien wird die Milch bei der Käseherstellung pasteurisiert, das heißt auf 60–70 °C erhitzt (▸ pasteurisieren), wobei alle Bakterien abgetötet werden. Der technisch perfekten Methode steht die handwerkliche Käsebereitung gegenüber, bei der die Milch nicht über 40 °C erhitzt wird und als Schutz vor den „bösen" Keimen Hygiene und eine längere Reifezeit erforderlich sind. Kenner schwören darauf, dass Rohmilchkäse aromatischer und vielfältiger im Geschmack sind.
Ernährungsphysiologisch ist Käse ein wertvolles Nahrungsmittel, weil das hochwertige Milcheiweiß besonders viele essenzielle Aminosäuren und auch wichtige Mineralstoffe enthält. Die Nährstoffe sind dabei u. a. auch vom Futter und den Haltungsbedingungen der Milchtiere abhängig.

EUROPAS GRÖSSTER KÄSEPRODUZENT

Auf 3000–5000 wird heute weltweit die Zahl der verschiedenen Käsesorten geschätzt. Frankreich gilt dabei als die Grande Nation beim Käse, zumindest was die Vielfalt betrifft. 500–700 Käsesorten kommen allein aus Frankreich und die Franzosen sind auch die größten Käseesser mit dem höchsten Pro-Kopf-Verbrauch (rund 22 kg im Jahr) – allerdings praktisch gleichauf mit der Bevölkerung eines Nachbarstaates, zugleich der größte Käseproduzent in Europa noch vor Frankreich. Und das ist nicht Italien und auch nicht Holland, die auf den weiteren Plätzen folgen, sondern Deutschland.

VERWENDUNG

Zu einem vollständigen Mahl (mit mindestens 3 Gängen) gehört eine kleine oder größere Auswahl an Käse noch vor dem Dessert oder sogar an seiner Stelle. Dieser Grundsatz gilt nicht nur traditionell in Frankreich, sondern ist geradezu ein „Credo" für Feinschmecker und Käseliebhaber in der ganzen Welt.
Manche essen Käse ohne jede Beigabe, andere schwärmen von bestimmten Kombinationen, die oft aber auch Anlass zu Diskussionen unter Feinschmeckern sind. Das beginnt beim richtigen Wein, geht über das Brot bis hin zu Früchten. Letztlich ist nur eine „Regel" unzweifelhaft richtig: Probieren geht über Studieren. Nur ein paar Tipps: Münsterkäse schmeckt mit Kreuzkümmel und süßlichem Gewürztraminer köstlich, Ziegenkäse aus dem Languedoc und Honig aus dieser Gegend sind ein „Traumpaar" und Roquefort verlangt nach einem Sauternes (Süßwein aus Bordeaux). Und auch wenn Weintrauben bevorzugt zu Käse gegessen werden: Generell besser passen dazu Birnen. Neben dem Frischverzehr können die verschiedenen Käsearten und -sorten vielfältig für Kochzwecke eingesetzt werden.

KASTANIEN ▸ Maronen

KASTANIENPÜREE
klebrige, süße Creme aus passierten Maroni mit Zucker (siehe auch ▸ Vermicelles)

KÄSTCHEN
Ragouts mit feinen Zutaten, warm oder kalt als Vorspeise in kleinen Porzellan-, Keramik- oder Silberförmchen serviert

KASTENPASTETEN
in einer länglichen Kastenform gebackene Krustenpasteten (▸ Pasteten)

KASTENPICKERT
Traditionelle westfälische Spezialität: In einer Kastenform gebackener Hefeteig aus Weizen- und je nach Rezept auch Buchweizenmehl, geriebenen Kartoffeln, Rosinen, Eiern, Zucker, Salz, Milch und Sahne, der nach dem Backen im Rohr gestürzt und wie Brot aufgeschnitten wird. Die Scheiben werden anschließend in einer großen Pfanne von beiden Seiten goldbraun gebraten und traditionell mit Rübenkraut serviert.

KATALANISCHE ART
(catalane, à la)
1. Garnituren aus gebratenen Auberginenwürfeln und Pilawreis in Tomatensauce oder aus Chipolatas, pochierten Kastanien, entsteinten Oliven und geschälten Tomaten zu großen Fleischstücken, bzw. aus Artischockenböden und gegrillten Tomaten zu kleinen Fleischstücken in tomatierter Kraftsauce
2. Salat aus gegrillten Gemüsepaprikawürfeln, gebratenen Zwiebelringen und körnigem Reis in Essig-Öl-Marinade (Katalonien: weitgehend autonome Region im Nordosten Spaniens mit der Hauptstadt Barcelona und besonders stolzen und lokalpatriotischen Einwohnern)

KATALANISCHE CREME
(Crema Catalana, Creme Catalane)
mit Karamellzucker überzogene Creme aus Milch, Eiern, Zimt und Zucker, traditionelle katalanische Spezialität

KATENKÄSE ▸ Cottage Cheese

KATENSCHINKEN
(Deelen-, Dielenschinken)
Holsteiner Schinkenspezialität: Von Hand trocken gepökelter Schinken ohne Knochen, der 3–4 Wochen abgedeckt unter Tüchern gelagert und anschließend 4–8 Wochen über harzfreiem Buchenholz kalt geräuchert wird.

KATFISCH ▸ Seewolf

KATJANGBOHNE
(Strauchbohne, Taubenerbse)
Bohnensorte bzw. -art (▸ Bohnen)

KATZENGESCHREI
1. in Bayern ein ▸ Omlett, gefüllt mit einer Farce aus dünn geschnittenen, gebratenen oder gekochten Fleischresten (Bayern)
2. in Schwaben eine Resteverwertung in der Pfanne aus gewürfelten Fleischstücken (meist vom Rind), in Butter glasig gebratenen Frühlingszwiebeln (anderes Gemüse nach Wahl), Eiern und Milch, gewürzt mit Salz und Pfeffer

KATZENMINZE ▸ Gundermann

KATZENZUNGEN
1. knuspriges Spritzgebäck aus Butter, Zucker, Vanille, Eiweiß, Mehl und Sahne in Zungenform, zu Speiseeis, Cremes, Fruchtsalaten usw.
2. zungenförmige dünne Schokoladenstückchen (Vollmilch- oder Halbbitterschokolade)

KAULBARSCH
(Pfaffenlaus)
Einer der wenigen Süßwasserfische (▸ Fische) aus der großen Familie der Barsche (▸ barschartige Fische), der als exzellenter Speisefisch gilt, aber nur spärlich auf den Markt kommt. Das hat mit seiner bescheidenen Größe zu tun, die ihn wirtschaftlich weniger interessant als viele Artgenossen macht. Kaulbarsche werden maximal 25 cm lang, meist sogar nur 15 cm, und kommen in weiten Teilen Europas bis Sibirien nördlich der Alpen und Pyrenäen vor. Am besten schmecken sie im Ganzen gebraten.

KAVIAR
Die Rogen (Eier) verschiedener Störarten (▸ Störe, ▸ Fische) aus dem Kaspischen und

dem Schwarzen Meer (mit dem Asowschen Meer, einem kleinen Nebenmeer) zählen zu den von Feinschmeckern am meisten gerühmten Delikatessen und sind einer der kostspieligsten kulinarischen Genüsse überhaupt. Für einen Spitzenkaviar (Beluga) muss man hierzulande im Feinkosthandel 300 Euro und mehr für ein 50-g-Döschen bzw. -gläschen hinlegen. Die Fangsaison beginnt im Spätherbst, wenn die Störe aus dem Meer in die Flüsse hinaufsteigen. Die schwarzgrauen Eier der weiblichen Tiere – auch „Schwarzes Gold" oder „Perlen des Meeres" genannt – werden entfettet, gesiebt, gewaschen und gesalzen.

Als der edelste der allgemein verfügbaren Kaviararten gilt der Beluga vom größten und relativ selten gewordenen Stör, dem ▸ Hausen. Belugakaviar hat den größten Durchmesser pro Ei mit 3,5 mm. Von Kennern geschätzt wird auch der Os(s)ietrakaviar vom ▸ Waxdick. Er ist zwar deutlich kleiner (Durchmesser 2 mm) und hartschaliger als Beluga, hat jedoch ein mit keinem anderen Kaviar zu vergleichendes spezielles Aroma und einen interessanten nussigen Geschmack. Vom kleinsten Stör, dem ▸ Sternhausen, stammt der dünnschalige und empfindliche Sevruga(kaviar) mit besonders kräftigem und würzigem Aroma.

Preislich günstigere echte Kaviarvarianten sind so genannter Presskaviar (aus Eiern zweiter Wahl) sowie Kaviar aus der Zucht (z. B. der wie Ossietra vom Waxdick gewonnene Desietrakaviar oder der White Sturgeon Caviar aus kalifornischen Aquafarmen). Noch preiswerter ist Kaviarersatz, ebenfalls Fischrogen aber nicht vom Stör. Der beste davon, der echtem Kaviar in der Qualität sehr nahe kommt, ist der rote, grobkörnige ▸ Ketakaviar (oder Lachskaviar). Bekannt sind auch ▸ Deutscher Kaviar (von ▸ Seehase oder ▸ Dorsch), Forellenkaviar (von ▸ Forellen), Hecht- oder Sigikaviar (vom ▸ Hecht), Norweger-Kaviar (vom ▸ Dorsch bzw. ▸ Kabeljau) oder der japanische Karasumi (von ▸ Meeräsche oder ▸ Thunfisch).

Schon gewusst?

Oft tragen die feinsten Arten des ▸ Kaviar noch den Zusatz „malossol"; das ist Russisch und heißt auf Deutsch nichts anderes als „mild gesalzen". Der rarste und teuerste Kaviar ist der elfenbeinfarbige und vom 100-jährigen Albinostör kommende Almas(kaviar), von dem es jährlich nur 20–30 kg gibt. Geradezu unbezahlbar ist der persische Almas: Das Kilo in der 24-Karat Golddose kostet 35.000–45.000 Euro. Auf keinen Fall sollte Kaviar mit Metall in Berührung kommen, das verwendete Besteck muss also aus Holz, Horn, Perlmutt oder Kunststoff sein.

VERWENDUNG: *Keine Kochkunst gehört dazu, um Kaviar richtig zu servieren. Die sündteure Delikatesse sollte möglichst ganz frisch oder nur wenige Minuten geöffnet im Originalglas bzw. in ihrer Dose auf Eis gebettet angerichtet werden. Dazu gibt es lediglich dünnen Toast mit ungesalzener Butter oder ▸ Blinis. Passende Getränke sind Krimsekt, Champagner oder ein kräftiger trockener Weißwein.*

KAWAGE

kräftig gewürzte Suppenspezialität der arabischen Halbinsel mit fein gehacktem Hammelfleisch und Tomaten als Hauptzutaten

KEBAB, KEBAP

Von der Türkei bis nach Indien Sammelbezeichnung für Gerichte aus gebratenem Fleisch/Geflügel vom Spieß (bei den Griechen das ▸ Souvlaki), aus dem Ofen oder aus der Pfanne, aber stets scharf gewürzt. Kebabs können auch Meerestiere oder diverse Gemüse vom Spieß oder aus dem Schmortopf sein. Es gibt unzählige regionale Varianten. Am bekanntesten ist bei uns das ▸ Döner Kebab.

KEFALOTIRI

harter, pikant salziger Vollfettkäse (▸ Käse) mit 45–50 % Fett i. Tr. aus Rohmilch von Schafen oder Ziegen, findet in der Küche seiner griechischen Heimat häufig Verwendung

KEFIR

Leicht schäumendes Sauermilchprodukt, das früher ausschließlich aus der Milch kaukasischer und sibirischer Pferdestuten gewonnen wurde. Heute nimmt man dafür Kuhmilch. Im

Gegensatz zu anderen Sauermilcherzeugnissen wird die Gärung nicht von Milchsäurebakterien hervorgerufen, sondern von einem speziellen Hefepilz. Kefir hat etwas Kohlensäure und Alkohol (maximal 0,8 %), schmeckt erfrischend herb pikant und prickelt leicht. Nach dem Abfüllen in Plastikbecher setzt sich die Gärung noch etwas fort und wenn sich der Deckel leicht wölbt, ist der Kefir genussreif.

KEFTEDES

Die griechische Art von ▸ Frikadellen in Form von Bällchen oder kleinen Fladen aus Hackfleisch (Rind, Kalb, Schwein oder Hammel), eingeweichtem Weißbrot (oder Paniermehl), Eiern, Zwiebeln und Olivenöl, gewürzt mit Salz, Pfeffer, Oregano, klein gehackter Petersilie und Minze. Die Keftedes werden in Mehl gewälzt und in der Pfanne in Öl knusprig gebraten. Von diesem Grundrezept gibt es viele regionale Abwandlungen, z. B. mit Kartoffeln, Tomaten und Käse (▸ Tirikeftedes). Die typischen Beilagen zu Keftedes sind griechischer Reis und Salat.

KEHLEN

bei einem Fisch die Kiemen und die Innereien entfernen (▸ ausnehmen)

KEILER

das ausgewachsene männliche ▸ Wildschwein ab dem 3. Lebensjahr

KEIME

1. in der Küchensprache ▸ Keimlinge
2. in der Mikrobiologie lebende Mikroorganismen wie Bakterien und Pilze (z. B. Hefe, Schimmelpilze, Sauerteigbakterien)

VERWENDUNG

Keimlinge eignen sich hervorragend für Suppen, Saucen, Salate, als Brotbelag, für Eintöpfe und Füllungen. Auch in Quark und Müslis schmecken sie gut.

KEIMLINGE

(Keime, Sprossen)

Ungeachtet botanischer Feinheiten bzw. Haarspaltereien versteht man in der Küchensprache unter Keimlingen, Keimen und Sprossen generell kulinarisch wertvolle Frühformen neuen pflanzlichen Lebens bzw. Samen, die sich gerade zu Sprossen entwickeln. Keimlinge aus Getreide (z. B. Gerste, Hafer, Roggen, Weizen), Hülsenfrüchten (vor allem Bohnen, Luzerne, Kichererbsen usw.) und anderen Pflanzensamen (z. B. Senf, Sesam, Sonnenblu-

men) liefern eine geballte Ladung Vitamine, Ballast- und Mineralstoffe und sind ein ebenso leckeres wie nährstoffreiches Kleingemüse.

KEKSE

Meist kleine und feine Dauerbackwaren, die in unterschiedlichen Formen (quadratisch, rechteckig, dreieckig, rund) angeboten werden. Kühl und dunkel gelagert, sind Kekse 3–6 Monate haltbar. Je nach ihrer Konsistenz unterscheidet man 3 Arten: Hartkekse, Weich- oder Mürbkekse und ▸ Kräcker. Die beiden Erstgenannten können dabei ungefüllt, gefüllt, überzogen und garniert sein. Hartkekse haben den geringsten Fettgehalt dieses Trios, Kräcker enthalten am

SCHON GEWUSST?

In Deutschland wurden die ▸ Kekse 1889 durch die „Hannoversche Cakes-Fabrik H. Bahlsen" als Cakes eingeführt. Heute hat man sich an Anglizismen in der deutschen Sprache gewöhnt, in der damaligen Zeit erregten sie aber noch Missfallen. Um die Wende vom 19. zum 20. Jh. wurde sogar ein Wettbewerb ausgeschrieben, um einen passenden deutschen Namen zu finden. Es gab Tausende von Vorschlägen, die aber alle nicht überzeugen konnten; so war am Ende der Duden am Zug, der „Cake" einfach in „Kek" eindeutschte. Der Plural Keks wurde im Laufe der Zeit zur Einzahl für das Gebäck und Kekse zur neuen Mehrzahl.

wenigsten Zucker. Kekse sind beliebt als Tee- und Kaffeegebäck, werden aber gern auch zwischendurch geknabbert. Der Name ist von der Mehrzahl des englischen „cake“ (= „Kuchen“) abgeleitet. Umgangssprachlich wird zwischen Keks und ▸ Plätzchen oft keine Unterscheidung gemacht.

KELTERN

In früheren Jahrhunderten war es bei der Weinherstellung (▸ Wein) üblich, die Trauben mit den Füßen zu stampfen. Darin liegt auch der Ursprung des Begriffs keltern, der sich vom lateinischen „calcare“ = „festtreten“, „stampfen“ ableitet. Im Laufe der Zeit wurde die Bedeutung viel weiter ausgedehnt. Anfangs wurde das Pressen der Trauben als keltern bezeichnet, später wurde das Wort auch auf das mechanische Gerät, das dabei verwendet wird (die Kelter) übertragen und heute ist mit Kelterung die gesamte Weinbereitung gemeint.

KEMIRI(NÜSSE)

(Kandelnüsse)

Die haselnussgroßen und ölhaltigen Samen des in China, Indien und Indonesien heimischen Kandelnussbaumes, der bis 20 m hoch wächst. Kemirinüsse haben einen leicht bitteren und mandelähnlichen Geschmack. Sie dienen in ihren Heimatländern gemahlen u. a. zum Würzen und Binden von Saucen (Curry- und andere) und zum Backen. Weiter wird daraus Sambal Kemiri (▸ Sambal) hergestellt und ein Speiseöl gewonnen.

KERBEL(KRAUT)

Feines, mit der Petersilie verwandtes Würzkraut, das sich durch einen leicht süßlichen, zarten Ingwer- und Anisgeschmack auszeichnet. Aus einer giftigen Wurzel sprießen die aromatischen Stiele und Blätter, die nur jung und frisch verwendet werden; getrocknet, alt oder zu lange gekocht verlieren sie ihre Würzkraft. Kerbel ist u. a. in ganz Europa, im Mittelmeerraum und in den USA verbreitet.

VERWENDUNG: *Kerbel ist u. a. fester Bestandteil der ▸ Fines Herbes und in verschiedenen Saucen (besonders ▸ Grüne Sauce). Er kommt in Suppen, Kräuterbutter, Remouladen, Salate, Eierspeisen, Fleisch- (Kalb-, Lamm) und Fischgerichte.*

KERBELRÜBEN

(Erdkastanien, Knollenknobel, -rüben)

Wurzel einer Gemüsepflanze, die früher in Nord-/Mitteleuropa stärker angebaut wurde, heute aber etwas in Vergessenheit geraten und von den Schwarzwurzeln verdrängt ist. Die 3–5 cm dicken, ca. 7 cm langen Knollen haben einen süßlichen, kastanienähnlichen Geschmack und passen gut zu Wild. Man kann sie braten, kochen oder in heißem Fett backen, sie schmecken warm mit Butter oder Holländischer Sauce und kalt als Salat mit Essig-Öl-Marinade.

KERNE

Handelsübliche Bezeichnung für das Innere von Früchten, die botanisch zu den Nüssen, Kapseln, Hülsen, Beeren und Steinfrüchten zählen. Von einem Kern bzw. Kernen spricht man u. a. bei Dinkel (Grünkern), Hafer, Mandel, Erdmandel, Kürbis, Sonnenblume, Sojabohnen, Nüssen, Pistazie, Pinie, Aprikose oder Pflaume. Die von allen „Hüllen“ befreiten Samen werden oft auch Samenkerne genannt.

KERNER

Die weiße Rebsorte (▸ Wein) ist eine Kreuzung aus Trollinger (rot) und Riesling (weiß). Benannt wurde sie nach dem schwäbischen Dichter Justinus Kerner (1786–1862), der auch Gedichte und Lieder über Wein verfasste. Im Charakter (frisch, säurebetont) ähnelt der auf rund 6000 ha angebaute Kerner dem Riesling.

KERNOBST

Handelsübliche Sammelbezeichnung für die Sammel- oder Scheinfrüchte einiger Obstarten aus der Familie der Rosengewächse, also Apfel, Birne, Quitte, Mispel, Hagebutte, Weißdorn, Ebereschenbeere, Elsbeere usw. Kernobst eignet sich meist für lange Lagerung.

KERNÖL ▸ Kürbiskernöl

KESSELFLEISCH

(Wellfleisch)

Gekochtes Bauchfleisch von frisch geschlachteten Schweinen, das am besten noch direkt am Schlachtort aus dem Kessel mit Salz, Bauernbrot und Bier gegessen wird. Eine andere Spezialität des Schlachtens ist die ▸ Metzelsuppe.

KESSELGULASCH
ungarischer Eintopf in vielen regionalen Varianten aus Rindfleisch, gewürfelten Kartoffeln, gestückeltem Gemüsepaprika, zerkleinerten Tomaten, Zwiebeln, klein gehacktem Knoblauch und Kümmel, dazu gezupfter Nudelteig

KESSELSUPPE ► Metzelsuppe

KETAKAVIAR
(Lachskaviar, Roter Kaviar)
Die hochwertigste der verschiedenen Arten von Kaviarersatz kommt dem echten ► Kaviar in der Qualität sehr nahe. Geliefert wird der rote und großkörnige Rogen streng genommen nur vom Ketalachs (auch Kett) aus der Mandschurei und aus Nordkanada. Oft werden aber generell die Eier von Lachsarten (Lachskaviar) als Ketakaviar bezeichnet.

KET(S)CHUP

Eine meist aus Tomaten und Essig als gebrauchsfertiges Produkt hergestellte dickflüssige Würzsauce, die in unterschiedlichen Geschmacksrichtungen im Handel angeboten wird. Weitere Zutaten können Gewürze (Chili- und Currypulver, Cayennepfeffer, Nelken, Ingwer, Knoblauch, Muskat usw.), Kräuter, Zitronensaft etc. sein. Ketchup kann fruchtig süß bis süßsauer oder pikant würzig bis scharf schmecken. Es gibt auch andere Arten von Ketchup (z. B. mit Pilzen), doch die meisten Menschen setzen ihn mit Tomatenketchup gleich.

VERWENDUNG

Nicht nur bei Kindern ist Ketchup der große Favorit zu Grillfleisch, Geflügel, Würsten unterschiedlichster Art, Hackfleisch und natürlich zu ► Pommes frites. Ein unzertrennliches Paar sind Fast Food und Tomatenketchup (z.B. in Burgern aller Art), oft in Verbindung mit Mayonnaise und Senf. Manche Ketchupsorten passen auch zu Fisch und Meeresfrüchten.

SCHON GEWUSST?

Der ► Ketchup gilt zwar als typisch amerikanisch, war ursprünglich aber eine ostindische bzw. chinesische Fisch,- Pilz- und Gewürzsauce namens ket-siap, ähnlich dem ► Chutney aber etwas weniger gewürzt. Britische Seeleute brachten die Sauce im späten 17. Jh. mit nach Europa und von hier gelangte sie erst über den großen Teich in die USA. Im 19. Jh. wurde jede Sauce, die mit Essig hergestellt war, als Catchup bezeichnet. Den klassischen Tomatenketchup, der im 20.Jh. zum Synonym für Ketchup wurde, erfand um 1870 die amerikanische H. J. Heinz Company.

KEULE
Hinterbein von Schlachttieren, Geflügel, Wild

KEULENPILZ ► Ziegenbart

KHEER, KHIR
süßer indischer Reispudding, meist mit Kardamom, Gewürznelken, Zimt, Mandelsplittern, Rosinen und Rosenwasser

KHOSCHAF
ägyptischer Obstsalat (auch in anderen Ländern des Nahen Ostens) aus getrockneten Früchten (Aprikosen, Feigen, Pfirsiche, auch Backpflaumen usw.), mit Mandeln, Pinien- oder Pistazienkernen

KIBBEH
Lammhackfleisch, das mit Bulgur und fein geschnittenen Zwiebeln zu einer geschmeidigen Masse verknetet und mit Zimt, Muskat, Kreuzkümmelpulver, Piment, Salz und Pfeffer gewürzt wird. Kibbeh ist fester Bestandteil der arabischen Vorspeisenküche. Es kann roh wie ► Tatar gegessen oder zu kleinen Bällchen geformt im Ofen gebacken werden.

KICHERERBSE
(Bengalsame, Cicerolle, Garbanzo, Platterbse)
verbreitete Erbsengattung (► Erbsen)

KIDNEYBOHNE
(Indianerbohne)
Bohnenart (► Bohnen)

KIEFERNPILZ ► Butterpilz

KIELER SPROTTEN
besonders zarte und saftige geräucherte ► Sprotten aus der Ostsee, entweder im Original-Holzkistchen oder (ohne Haut, Kopf und Gräten) auf gewürfeltem Gelee, Kresse oder Kopfsalatblättern angerichtet

KIGL
(Kugl)
jüdischer Auflauf aus Bandnudeln, säuerlichen Äpfeln, Walnüssen, Hüttenkäse, Eiern, Zimt, Rosinen und braunem Rohrzucker, serviert mit Vanilleeis

KILKIS
in Salzlake mit Gewürzen eingelegte Sardellen aus Norwegen

KIMCHI

Höllisch scharfes koreanisches Lebensmittel, das eine bereits über 500-jährige Geschichte hat und je nach Jahreszeit unterschiedlich zusammengesetzt ist. Winterkimchi besteht aus Chinakohl, Rettich, Zwiebeln und Gewürzen wie Knoblauch, Paprika oder Ingwer, Sommerkimchi (auch Kakdugi oder Dongchimi genannt) wird dagegen aus Rettich, Salat, Gurken, Kürbis und Radieschenblättern hergestellt. Immer aber wird Kimchi sehr scharf eingelegt (u. a. mit Essig, heller Sojasauce und getrockneten Chilis) und fermentiert. Kimchi ist ein traditioneller Wintervorrat, der früher in dicht verschlossenen Tonkrügen in der Erde vergraben wurde. Heute wird es auch industriell hergestellt. Ähnlich dem Sauerkraut ist Kimchi reich an Mineralien und Vitamin C.

KIMTSCHI
Nicht zu verwechseln mit dem koreanischen ▸ Kimchi handelt es sich bei Kimtschi um eine einjährige Chrysanthemenart, die in China und Japan angebaut und als Salat oder wie Spinat verwendet wird, unter anderem zu rohem Fisch oder zu chinesischen Nudeln.

KINGCLIP
Ausgezeichneter Speise- und Meeresfisch (▸ Fische) südafrikanischer Gewässer, der Ähnlichkeit mit ▸ Leng und ▸ Dorsch hat. Der lang gestreckte Fisch kann bis 1,5 m Länge erreichen. Sein weißes und saftiges Fleisch hat einen kräftigen Geschmack und lässt sich gut braten, dämpfen, dünsten, grillen, pochieren oder schmoren.

KING PRAWN
Riesengarnele (▸ Garnelen, ▸ Krebstiere)

KINOTOS ▸ Kumquats

KIPFELN, KIPFERL ▸ Hörnchen

KIPPER
Auseinandergeklappter, in Salzlake gebadeter und kalt geräucherter Hering, der in England aus der heißen Pfanne mit Rührei und Toast eines der beliebtesten Frühstücksgerichte überhaupt ist. Kipper wird meist gebacken oder gebraten und macht sich gut in Pâtés und auf einem Büfett. Besonders gut schmeckt er mit Rührei, Dillgurken, schwarzen Oliven und Zitronenscheibe. Auf die traditionelle Art über dem Rauch von Eichenholzspänen wird er nur noch auf der Isle of Man und teils in Schottland bereitet, während industriell hergestellter Kipper gekocht ist; Rauchfarbe und zugesetzte Raucharomen besorgen den Rest. Als Konserve ist er in Öl eingelegt erhältlich. Ähnlich zubereiteter Lachs ist als Smoked Salmon bekannt.

KIR
Klassischer ▸ Aperitif bzw. beliebtes Getränk zu festlichen Anlässen, bei dem nach Originalrezept 1 Teil ▸ Cassis (Crème de Cassis) mit 7 Teilen Weißwein (ursprünglich von der Rebsorte Aligoté) aufgegossen wird. Nimmt man statt Weißwein zum Aufgießen Schaumwein oder noch besser Champagner, wird aus dem gewöhnlichen Kir der königliche Kir Royal.

SCHON GEWUSST?

Ein Mischgetränk aus Cassis und Weißwein gab es im Burgund schon seit langer Zeit als „blanc cassis". Als ▸ Kir zu ungeahnter Popularität verhalf ihm erst in den 1960er-Jahren der Domherr und Bürgermeister von Dijon, Félix-Adrien Kir (1876–1968), der das Mischgetränk bei offiziellen Anlässen reichen ließ.

KIRCHWEIHNUDELN
(Aus(ge)zogene, Schmalznudeln)
Vor allem in Bayern traditionelles Festtags- und Hefeteiggebäck, das in heißem Butterschmalz schwimmend ausgebacken wird. Kirchweihnudeln haben die Form von Fladen mit einem breiten und wülstigen Rand und sind in der Mitte hauchdünn und durchsichtig (deshalb im Volksmund auch „Fensterkiacherl" genannt).

VERWENDUNG

Süßkirschen sind ein köstliches Obst für den Frischverzehr, sie können aber wie Sauerkirschen auch auf vielfältige Art verwendet werden: für Obstsalate, Quarks und Jogurts, als Kuchen- und Tortenbelag, für Kompott, Konfitüre, Gelee, Sorbet, Speiseeis und Saft. Speziell Sauerkirschen kommen oft in Aufläufe und Mehlspeisen bzw. in pikante Fleisch- und Wildgerichte.

KIRSCHBRAND ▸ Kirschwasser

KIRSCHEN
Kugelige gelbe oder rote, helle bis fast schwarze Früchte, die an bis über 20 m hohen Bäumen wachsen. Die ursprüngliche Heimat des Obstgehölzes aus der botanischen Familie der Rosengewächse ist ungewiss, weil es schon zu Urzeiten in verschiedenen Gegenden kultiviert wurde. Der Ursprung könnte im nordöstlichen Asien ebenso liegen wie in Kleinasien. Dort entdeckte jedenfalls der römische Feldherr und große Feinschmecker seiner Zeit Lucius Licinius Lucullus (117–56 v. Chr., ▸ Lukullus) Kirschbäume. Er nahm die Kirsche mit nach Rom, von wo sie sich früh im gesamten Römischen Reich verbreitete. In das – je nach Art – sehr saure bis verführerisch süße Fruchtfleisch der Kirschen ist der Kirschkern (Samen) eingebettet, der botanisch korrekt Kirschstein heißen müsste. 80 % der Welternte kommen heute aus Europa. Kirschen sind sehr gesund: Sie liefern leicht verwertbaren Zucker wie sonst nur Weintrauben und haben einen besonders hohen Gehalt an Vitamin C und Provitamin A. Man unterscheidet zwei Hauptgruppen: die süßen und dickfleischigen Süßkirschen (rund 500 Sorten) sowie die meist kleineren und mehr oder weniger säuerlichen Sauerkirschen (rund 250 Arten bzw. Sorten mit den Hauptgruppen ▸ Weichseln und ▸ Amarellen). Spezielle Sorten sind die Bastardkirsche, eine Kreuzung aus Süß- und Sauerkirsche, und die Maraschinokirsche (kleine Wildkirsche aus Dalmatien, Rohstoff für den Likör ▸ Maraschino).
AUFBEWAHRUNG: *Durch Einkochen oder Einfrieren können Kirschen lange konserviert werden. Andere gängige Konservierungsmethoden sind das Kandieren und das Einlegen in Sirup oder Alkohol.*

KIRSCHKNÖDEL
Mit entsteinten Kirschen gefüllte, mehr oder weniger süße Klöße, für die es unterschiedliche Rezepte gibt. In Bayern werden Kirschknödel aus Kartoffelteig hergestellt, in Österreich dagegen nimmt man meist einen Teig aus Hartweizengrieß und ▸ Topfen zubereitet.

KIRSCHMICHEL
Kirschauflauf mit altbackenen, in heißer Milch eingeweichten Brötchen, schaumig gerührter Butter, Eigelb, Eischnee, Zucker und Zimt

KIRSCHTOMATEN
(Cherrytomaten, Cocktailtomaten)
Winzige ▸ Tomaten, die besonders aromatisch sind, süß schmecken und in vielen Gerichten zudem dekorativ aussehen. Kirschtomaten sind aber auch roh verzehrt, auf kalten Büfetts und in Salaten ein Genuss. Ihre Farbe kann rot, orange oder goldgelb sein.

KIRSCHWASSER
(Kirschbrand)
Ein „Wasser", das es in sich hat: Mit 40–50 Vol.-% Alkohol wird dieser Edelbrand vorwiegend im Schwarzwald, im Elsass und in der Schweiz aus verschiedenen Süßkirschenarten hergestellt. Er dient auch zum Verfeinern von Likören und Aromatisieren von Konditoreiwaren und anderen Süßigkeiten, allen voran die berühmte ▸ Schwarzwälder Kirschtorte.

KISCHKE
jüdische Wurstspezialität aus Maismehl oder Kartoffeln, Zwiebeln und Küchenresten, in Rinder- oder Kalbsdärme gefüllt

KISSELJ
Süßsäuerlicher russischer Nachspeisenbrei mit verschiedenem Beerenobst (hauptsächlich Johannisbeeren und Preiselbeeren), das gekocht, passiert und mit Kartoffelmehl gebunden wird. Kisselj wird in Schalen eiskalt mit Milch oder saurer bzw. süßer Sahne serviert.

KISSENKARTOFFELN
▸ Polsterkartoffeln

KITZ Jungtier von Ziege, Gemse und Reh

KIWANO
(Höcker-, Hornmelone, Igelgurke, Lemonbanana)
Ursprünglich afrikanische Tropenfrucht aus der botanischen Familie der Kürbisgewächse,

die mit Melone und Gurken verwandt ist und heute neben ihrer Heimat vor allem in Neuseeland, Israel, Italien und Portugal kultiviert wird. Die länglich-runde Kiwano hat eine mit Höckern bzw. „Warzen" übersäte orangefarbene Schale und ein grünes, saftiges Fruchtfleisch mit vielen essbaren Samenkernen. Ihr Geschmack lässt sich als Mischung aus Passionsfrucht, Banane und Limone beschreiben. Kiwanos können bei Zimmertemperatur (aber nicht im Kühlschrank, denn dort verderben sie) bis zu 6 Monate gelagert werden.

VERWENDUNG: *Kiwanos können wie Kiwis samt den Kernen aus ihrer festen Schale gelöffelt werden, geben aber auch Obstsalaten, Eisbechern und Süßspeisen einen exotischen Touch. Entdeckungsfreudige Genießer können sie auch als Gemüse und Beilage zu Fischgerichten verwenden oder kleine Stückchen in den Krabbencocktail geben.*

KIWICHA ▸ Quinoa

KIWIS
(Chinesische Stachelbeeren)
Ursprünglich aus China stammende Südfrüchte, deren weltweite Verbreitung aber von Neuseeland ausging, und das erst ab den 1960er-Jahren. Damals wurden in Neuseeland besondere Anstrengungen zur Veredelung der leuchtend grünen Frucht und zur Züchtung auch optisch ansprechender Sorten unternommen. Dass die Neuseeländer eine besondere Affinität zur Kiwi haben, schlug sich auch in einem anderen Bereich nieder: Nach ihr wurde der Nationalvogel benannt – eine kleine Straußenart, die nur in Neuseeland in freier Wildbahn lebt. Heute kommen Kiwis auch aus Mittelmeerländern (Israel, Griechenland, Italien, Frankreich, Spanien), Chile und Kalifornien zu uns. Der enthaltene Zucker in Verbindung mit einer ungewöhnlichen Kombination von Säuren geben den Kiwis ihren unvergleichlichen Geschmack (Mischung aus Erdbeeren und Melonen). Das grüne Fruchtfleisch ist mit vielen schwarzen Samen durchsetzt, die mitgegessen werden. Es enthält besonders viel Vitamin C.

SCHON GEWUSST?

Heute zählen ▸ Kiwis zu den beliebtesten Südfrüchten überhaupt. Freilich mussten sie sich dafür einigen „Schönheitsoperationen" unterziehen, denn ursprünglich waren sie ziemlich hässliche Dinger mit unappetitlich langen Haaren. Deshalb wurden Kiwis früher auch Affen- oder Schafspfirsiche genannt. 1935 kam es zu den ersten Veredelungsversuchen an der 1906 nach Neuseeland eingeführten Frucht, um vor allem die Behaarung verschwinden zu lassen; erst in den 1960er-Jahren stellten sich die gewünschten Erfolge ein.

KLABEN ▸ Klöben

KLACH(E)LSUPPE
Deftige Suppenspezialität aus der österreichischen Steiermark mit klein geschnittenem Schweinshachsenfleisch, Wurzelwerk und Gewürzen (Lorbeerblatt, Majoran, Gewürznelken, Wacholder-/Pfefferkörner, Knoblauch, Pfeffer, Kümmel, Salz usw.), die traditionell vor allem an Schlachttagen zubereitet wurde. Dazu werden neben geriebenem Kren (Meerrettich) gekochte Erdäpfel (Kartoffeln), ▸ Heidensterz, oder geröstete Brotwürfel serviert.

KLÄREN
(clarifizieren, schönen)
Flüssigkeiten wie Brühen, klaren Suppen, Fruchtsäften, Wein, Bier usw. alle Trübstoffe entziehen. Gängige Klär(hilfs)mittel sind u. a. rohes Eiweiß (von Hühnereiern, Rindfleisch oder Meeresfisch) ▸ Gelatine oder ▸ Agar-Agar. Zur Klärung können aber auch technische Verfahren wie Filtrieren oder Zentrifugieren (z. B. bei der Weinherstellung) eingesetzt werden.

KLARER
allgemeine Bezeichnung für ▸ Trinkbranntweine ohne Geschmackszusätze und mindestens 40 Vol.-% Alkoholgehalt

KLARE SUPPE
nicht gebundene Suppe aus klarer Brühe

VERWENDUNG

Kiwis schmecken nicht nur frisch ausgelöffelt gut (noch besser mit ein paar Spritzern Zitronen- oder Limettensaft), sondern auch in Scheiben geschnitten und mit Spirituosen (z.B. Weinbrand, Kirschwasser) aromatisiert oder mit Jogurt, Quark und Sahne. Eine dekorative und schmackhafte Zutat sind sie in Obst- und Gemüsesalaten, auf Kuchen und Torten, aber auch zu kurz gebratenem Fleisch, Fisch, Meeresfrüchten und Käse. Weiter eignen sie sich bestens zur Herstellung von Sorbets, Speiseeis, Chutney, Kompott, Gelee, Konfitüre und Erfrischungsgetränken.

KLEBEREIWEISS ▸ Gluten

KLEBREIS
(Süßreis, Wachsreis)
Reissorten (▸ Reis), deren Körner durch ihren hohen Stärkegehalt beim Kochen vollständig miteinander verkleben und so besonders „stäbchentauglich“ werden. Klebreis wird vor allem in der chinesischen, thailändischen und koreanischen Küche verwendet.

KLEIE
Der Rückstand, der nach dem Mahlen von Getreide und dem Absieben des Mehls übrig bleibt (Schalen, Keimlinge usw.). Kleie ist aber kein „Abfall“, sondern kann gereinigt und aufbereitet eine wertvolle Nahrungsergänzung sein. Sie liefert vor allem Ballaststoffe, Eiweiß und Vitamine, enthält also in konzentrierter Form praktisch alle ernährungsphysiologisch bedeutenden Inhaltsstoffe des Getreidekorns.

KLEINBROT ▸ Brötchen

KLEINER SPELZ ▸ Einkorn

KLEINGEBÄCK
Bäckereierzeugnisse mit einem Gewicht von maximal 180 g, die aus Weizen- oder Weizen- und Roggenmehl mit Wasser und/oder Milch sowie Backtrieb- bzw. Backhilfsmittel hergestellt werden. Zum Kleingebäck zählen u. a. ▸ Brötchen (bzw. Semmeln), ▸ Brezen, ▸ Hörnchen, ▸ Kringel oder ▸ Schnecken.

KLEINRAGOUT ▸ Salpicon

KLEIST ▸ Glattbutt

KLEMENTINEN
(Clementinen)
Die beliebten ▸ Zitrusfrüchte sind auch Gegenstand eines weit verbreiteten Irrtums: Gemeinhin werden alle kernlosen Mandarinenarten (▸ Mandarinen) als Klementinen bezeichnet, doch botanisch sind diese eine Kreuzung aus Mandarine und Pomeranze. In der Überlieferung taucht die Frucht erstmals um 1902 in Algerien im Garten des Trappistenmönchs Pierre Clément auf, nach dem sie später auch benannt wurde. Allerdings ist nicht genau überliefert, ob er die besonders saftige und süße Klementine selbst gezüchtet oder nur entdeckt hat. Heute werden Klementinen vor allem in Spanien, Italien und Nordafrika angebaut.

KLETZEN
in Österreich und teils auch im Süden Deutschlands Bezeichnung für getrocknete Birnen

KLETZENBROT
(Zelten)
Vor allem zur Advents- und Weihnachtszeit in Süddeutschland und Österreich beliebtes ▸ Früchtebrot, das aus gesäuertem Roggenbrotteig oder Weizenhefeteig mit Dörrobst (hauptsächlich Birnen), Nüssen, Zitronat/Orangeat und Gewürzen (Anis, Fenchel, Piment, Zimt usw.) hergestellt und teils noch mit Spirituosen (Rum etc.) aromatisiert wird.

KLEVNER ▸ Weißburgunder

KLEZKI ▸ Klosski

KLIEBENSUPPE
Spezialität aus Pommern: Suppe aus Milch und Mehl, mit Ei gebunden und mit Zimt und Zitronenschale gewürzt

KLIESCHE
(Limande, Scharbe)
Zusammen mit ▸ Flunder, ▸ Scholle, ▸ Seezunge und ▸ Steinbutt einer der häufigsten Plattfische in der Nordsee (▸ Fische), der im Nordostatlantik verbreitet ist. Die Kliesche wird selten länger als 40 cm und verdient das „Prädikat“ klein aber fein, denn ihr fettarmes Fleisch ist sehr schmackhaft. Deutlich größer (bis 2 m) kann ihr Pendant im Pazifik werden. Da man die Kliesche nicht hältern (also außerhalb ihres Lebensraumes nicht am Leben erhalten) kann, kommt sie meist tiefgekühlt als Filet, seltener auch geräuchert in den Handel. Außer zum Dünsten und Schmoren eignet sie sich für alle Fischzubereitungsarten.

KLIPPFISCH
Stark gesalzener (im Gegensatz zum ▸ Stockfisch), geköpfter, entgräteter und an der Luft

getrockneter Meeresfisch (► Fische), der sich mehr durch lange Haltbarkeit als durch kulinarische Qualitäten auszeichnet und als traditionelle Fastenspeise gilt. Zu Klippfisch werden bevorzugt ► Kabeljau, ► Leng(fisch), ► Schellfisch und ► Seelachs verarbeitet. Das harte Fleisch (Wassergehalt nur noch 42 %) muss vor seiner Zubereitung mindestens 24 Stunden (besser 2–3 Tage) in Wasser eingeweicht werden, damit es für die Küche verwertbar wird.

Schon gewusst?

Der Name ► Klippfisch hat doppelten Sinngehalt – und man weiß auch nicht sicher, woher er ursprünglich abgeleitet wurde. Er könnte daher kommen, dass die Fischer früher ihren Fang auf den Küstenfelsen – den Klippen – getrocknet haben. Genauso gut könnte Klippfisch aber von dem Verb „klippen" kommen, dem Fachausdruck für das längsseitige Aufschneiden und Entgräten der Fische.

KLÖBEN
(Klaben, Klöven)
norddeutsches Hefegebäck/-brot mit Mandeln oder Haselnüssen, Korinthen und Zitronat

KLOPSE
Vor allem in nördlichen und östlichen Gefilden Deutschlands gebräuchliche Sammelbezeichnung für kugelige bis flachrunde bzw. -ovale ► Klöße unterschiedlicher Größe, die aus einer teigähnlichen Masse aus Fleisch oder Fisch mit diversen Zutaten geformt sind. Zu besonderer Bekanntheit haben es ► Königsberger Klopse gebracht, eine der Arten von Klopse sind aber auch ► Frikadellen (bzw. Fleischpflanzerl).

KLÖSSE
(Knödel)
Meist kugelig geformte Beigaben (außer es ist ein ► Serviettenknödel) zu vielen Gerichten oder eine Suppeneinlage, die aus vielen Zutaten wie Kartoffeln, Semmeln, Grieß, Mehl und Hefeteig, aber auch Fleisch, Leber, Speck, Wild, Geflügel oder Fisch hergestellt sein können und in siedendem Salzwasser gegart werden. Die größeren Exemplare bringen es auf 8 cm Durchmesser oder mehr, Klöße können aber auch nur mundgerechte „Happen" sein. Bekannte Klöße bzw. Knödel sind z. B. ► Kartoffelklöße, ► Semmelknödel, ► Grießklöße, ► Serviettenknödel, ► Speckknödel oder die ► Germknödel als süße Variante. Klöße gibt es auch küchenfertig aus der Packung (vorgegart), so dass sie nur noch erwärmt werden müssen, oder als typisches Konvenienzprodukt.

KLÖSSE, GRÜNE ► Thüringer Klöße

KLOSSKI
(Klezki)
russische Klöße aus gehacktem Kochschinken, gehackten und in Butter angeschwitzten Zwiebeln, Weißbrotwürfeln, Eiern, Butter, Mehl und Salz, angerichtet mit saurer Sahne

KLOSTERBEEREN ► Stachelbeeren

KLOSTERKÄSE
Gerne verwendeter Begriff, der aber weder für eine bestimmte Käsesorte bzw. -art noch für ein spezielles Herstellungsverfahren steht. Er bedeutet lediglich, dass ein Käse in einem Kloster produziert wird bzw. früher einmal wurde, und ist vor allem historisch zu sehen. Im Mittelalter waren es gerade die Klöster, die sich – ähnlich wie beim Wein – der Produktion und Qualitätsverbesserung von Käse widmeten. Mit strengen Hygiene- und Herstellungsvorschriften waren die Mönche letztlich auch die Urväter der ► Appellation d'Origine Contrôlée.

KLOSTERLIKÖRE
auf alte, in Klöstern gehütete Rezepturen zurückgehende ► Liköre (in der Regel Kräuterliköre), wie z. B. die berühmten ► Chartreuse und ► Bénédictine

KLÖVEN ► Klöben

KLUFT Teil aus der Rinderkeule

KLUFTSCHALE ▸ Tafelspitz

KLUNTJES eine Art von ▸ Kandis(zucker)

KNÄCKEBROT
Ursprünglich aus Schweden stammendes dünnes Brot, das beim Hineinbeißen charakteristisch knackt. Es wird meist aus Vollkorngetreide (hauptsächlich Roggenschrot und fein gemahlenes Roggen- und Weizenmehl) mit oder ohne Gewürze und Milch hergestellt und nur sehr kurz und sehr heiß gebacken. Anschließend wird es getrocknet, bis es höchstens noch 10 % Wassergehalt hat. Das macht Knäckebrot (an einem trockenen Ort) sehr lange lagerfähig.

KNACKER ▸ Knackwürste

KNACKMANDELN ▸ Krachmandeln

KNACKSALAT ▸ Eissalat

KNACKWÜRSTE
(Knacker)
Regional unterschiedliche Würste, die vor allem zwei gemeinsame Eigenschaften haben: Sie sind weich und klein, sodass sie gut aus der Hand gegessen werden können. Im Norden und Osten Deutschlands versteht man unter einer Knackwurst in der Regel eine dünne, leicht geräucherte und getrocknete Rohwurst aus kräftig gewürztem Schweinemett. In Süddeutschland und Österreich dagegen sind damit umgangssprachlich meist Brühwürste aus feinem Brät wie z. B. ▸ Regensburger oder ▸ Frankfurter gemeint.

KNETTEIG ▸ Mürbteig, ▸ Pastetenteig

KNOBLAUCH
(Knobloch, Knofel)
weltweit kultivierte Pflanze aus der Familie der Lauch- bzw. Liliengewächse und eines der beliebtesten Gewürze überhaupt (▸ Seite 279)

KNOCHEN
Fester Teil des Skeletts von Wirbeltieren, der sich zu 10 % aus Wasser, zu 20 % aus organischen Materialien und zu 70 % aus anorganischen Stoffen (vor allem Kalzium) zusammensetzt. Viele der Knochen, die bei der Zerlegung von Schlachttieren übrig bleiben, können in der Küche eingesetzt werden. Sie enthalten so viele wertvolle Mineral- und Aromastoffe, dass sie zur Bereitung von Kraftbrühen und Suppen gleich zweimal ausgekocht werden können (beim zweiten Mal zerschlagen). Grundsätzlich unterscheidet man Markknochen (Röhrenknochen mit ▸ Knochenmark), Fleischknochen (Wirbelknochen mit anhaftendem Fleisch) und Brühknochen (die restlichen Knochen).

KNOCHENFISCHE
Die größte Klasse (rund 20 000 Arten) der Meeres- und Süßwasserfische (▸ Fische) und sogar aller Wirbeltiere mit zumindest teilweise verknöchertem Skelett, die trotz aller äußerlichen Unterschiede einem gemeinsamen Grundschema entsprechen. Zu den Knochenfischen zählen u. a. ▸ Störe, ▸ Karpfen, ▸ Lachs, ▸ Heringe, ▸ Forellen und ▸ Plattfische (z. B. ▸ Heilbutt, ▸ Scholle).

KNOCHENMARK
(Mark)
Zartes, fett- und lecithinreiches Zellgewebe im Inneren der Röhrenknochen, das zu delikaten Klößchen als Suppeneinlage oder als Beilage verarbeitet oder gehackt einfach auf gerösteten Weißbrotscheiben angerichtet werden kann. Der vielleicht beste Markknochen ist die Kalbshachse im italienischen Klassiker ▸ Ossobuco. Für viele Feinschmecker ist das Mark eine besondere Delikatesse, freilich ist es nicht jedermanns Sache und wird deshalb oft verschmäht.

KNÖCHERLSULZ
Kalbs- oder Schweinefüße in Sülze (Bayern)

KNÖDEL
in Süddeutschland und Österreich gebräuchliche Bezeichnung für ▸ Klöße

KNÖDELBIRNEN ▸ Holzbirnen

KNÖDELBROT
(Semmelbrot)
Altbackene Semmeln, die in dünne Scheiben geschnitten und abgepackt beim Bäcker oder im Supermarkt erhältlich sind. Knödelbrot

Knoblauch – Würz- und Heilpflanze

Nicht nur (angeblich) ein Mittel, um sich Vampire vom Leib zu halten, sondern auch dazu geeignet, seine Mitmenschen abzuschrecken: So unangenehm der „Duft", den ein Mensch nach dem Genuss eines Gerichts mit viel Knoblauch verströmt, für seine Umgebung auch sein kann, ist das Lauch- und Liliengewächs dennoch eine hervorragende Speisenwürze.

KRAFTQUELLE BEIM PYRAMIDENBAU

Die Heimat des Knoblauchs dürfte in den Steppengebieten Zentralasiens liegen und er wurde vor rund 6000 Jahren zum ersten Mal kultiviert. In Ägypten wurde er als Würz- und Heilpflanze seit 2000 v. Chr. angebaut und beim Bau der Pyramiden sollen die Arbeiter und Flößer, die damals Schwerstarbeit verrichten mussten, zur Stärkung ihrer Kräfte Knoblauch bekommen haben. Heute wird er weltweit kultiviert (in großem Stil vor allem in China und in den USA) und ist eines der beliebtesten Gewürze überhaupt.

GEWÜRZ MIT HEILWIRKUNG

Als Gewürz dienen dabei die botanisch als Zwiebeln bezeichneten Knoblauchknollen. In den unterirdischen Speicherorganen sitzen bis zu 15 längliche, eiförmige Nebenzwiebelchen, die so genannten Knoblauchzehen. Jede einzelne von ihnen ist von mehreren silberweißen Häutchen umhüllt. In den Anbauländern unterscheidet man zwischen weißen (frühen) und rosa bis violetten (späten und auch länger haltbaren) Sorten, die auch im Geschmack sehr unterschiedlich sein können: von süßlich-mild bis kernig scharf.

Dem Knoblauch werden zahlreiche Heilwirkungen (u. a. antibakteriell, Magen und Darm stärkend, krebshemmend, gegen Arterienverkalkung vorbeugend) zugeschrieben. Deshalb ist er auch in einigen Naturheilmitteln bzw. pharmazeutischen Präparaten enthalten.

INTENSIVER DUFT

Nach dem Genuss von viel Knoblauch kann es sein, dass nicht nur der eigene Atem anderen die Luft wegbleiben lässt, sondern dass man auch durch die Poren der Haut den stechenden Geruch ausdünstet. Hauptverantwortlich dafür sind verschiedene Schwefelverbindungen und hier vor allem das Allicin, das bei jeder Zellschädigung der Knoblauchzehen (wie z. B. Zerschneiden oder Pressen) gebildet wird. Dagegen helfen soll das Kauen von Petersilie, Kardamom- und Anissamen oder Gewürznelken, aber auch Milch, Honig und Zitrone sollen wirksame Gegenmittel sein.

VERWENDUNG

Alleine das Ausreiben eines Topfes, einer Pfanne oder einer Schüssel mit einer Knoblauchzehe vollbringt bisweilen schon kleine aromatische Wunder. Die beste Art des Umgangs mit Knoblauch ist aber, ihn durch eine spezielle Knoblauchpresse zu drücken.

Grundsätzlich passt „ein Hauch" Knoblauch zu den unterschiedlichsten Gerichten; er ist deshalb eines der vielseitigsten Gewürze überhaupt. Vor allem aus der mediterranen Küche ist Knoblauch nicht wegzudenken und fast allgegenwärtig – von Würzsaucen (▸ Aioli), Suppen und Salaten über Nudeln und Gemüse bis hin zu Fleisch-, Geflügel-, Wild- und Fischgerichten. Er macht (darauf abgerieben) eine einfache geröstete Brotscheibe ebenso zur Köstlichkeit wie (damit gespickten) Lammbraten und Hammelkeule.

Wer nicht gerne mit frischem Knoblauch hantieren möchte (und bereit ist, qualitative Abstriche zu machen), der kann auch zu Handelsprodukten daraus greifen: Knoblauchsalz, -pulver und -öl.

kommt vor allem in ▸ Semmelknödel, ▸ Frikadellen und ▸ Hackbraten.

KNOFEL ▸ Knoblauch

KNOLAU ▸ Schnittknoblauch

KNÖLLA ▸ Thüringer Klöße

KNOLLEN
Sammelbezeichnung für runde oder länglich-ovale Speicherorgane von Pflanzen in Form fleischiger Verdickungen von Spross- oder Wurzelteilen, in denen vor allem Eiweiß, Fett und Stärke „gebunkert" sind. Man unterscheidet drei Arten: oberirdische Sprossknollen (z. B. ▸ Radieschen oder ▸ Kohlrabis), unterirdische Sprossknollen (z. B. ▸ Kartoffeln) und Rhizom- oder Wurzelknollen (z. B. ▸ Bataten).

KNOLLENGEMÜSE
wichtige Gruppe beim ▸ Gemüse

KNOLLENKOBEL/-RÜBEN
▸ Kerbelrüben

KNOLLENSELLERIE
(Mark, Merk, Wurzelsellerie)
mit dem ▸ Bleichsellerie die am weitesten verbreitete Art von ▸ Sellerie

KNOLLENZIEST ▸ Stachys

KNÖPFLE, KNÖPFLI
Über eine Reibe bzw. einen Hobel geschabte oder durch ein Sieb gedrückte Teigstückchen (kleine ▸ Spätzle) aus Mehl und Eiern, die in kochendem Salzwasser gegart und in Butter geschwenkt werden. Manchmal werden die in der Schweiz, in Baden und Bayern bekannten Knöpfle mit Käse bestreut und überbacken.

KNOPFSTÜCK ▸ Kugel

KNORPELFISCHE
Wichtige Klasse der Meeresfische (▸ Fische), deren bekannteste Vertreter Haie (▸ Haifische) und ▸ Rochen sind. Ihr Skelett besteht aus Knorpel, der allerdings durch Kalkeinlagerungen von hoher Festigkeit (wie Knochen) sein kann.

KNÖTERICH
Sammelbezeichnung für mehrere Pflanzen aus der Familie der Knöterichgewächse, deren oberirdische Teile für kulinarische Zwecke (roh als Salat, gekocht als Gemüse) verwendet werden können. Sie wachsen in Europa, Afrika und Asien wild, werden teils aber auch kultiviert. Knöterich dient auch als Würzkraut oder es wird daraus Frischsaft gepresst.

KNÜPPEL ▸ Brötchen

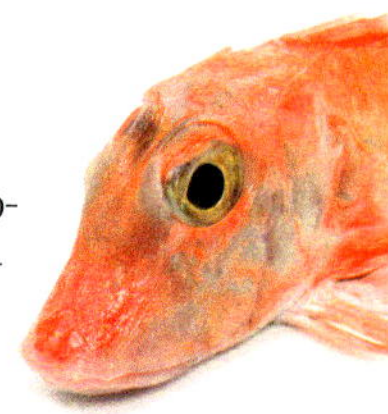

KNURRHAHN
(Seehahn, Seeschwalbe)
Kein schlecht gelaunter Gockel, sondern ein stacheliger Meeresfisch (▸ Fische) mit gepanzertem Kopf, der aber meist ohne seine gefährlich aussehende „Verkleidung" in den Handel kommt. Aus der Familie der bis 1 m langen Knurrhähne (14 Gattungen, rund 100 Arten) werden vor allem der Rote und der Graue Knurrhahn und der (Rote) Seekuckuck, die im Atlantik, in Nord- und Ostsee sowie im Mittel- und Schwarzen Meer vorkommen, als sehr gute Speisefische geschätzt. Sie haben ein festes, weißes und überaus schmackhaftes Fleisch.
VERWENDUNG: *Der Graue Knurrhahn wird oft geräuchert, der Rote bevorzugt gebraten und gedämpft. Grundsätzlich eignen sie sich für alle Zubereitungsarten und ihre besonders großen ▸ Karkassen machen sie zu idealen Suppenfischen.*

SCHON GEWUSST?

Seinen seltsamen Namen verdankt der ▸ Knurrhahn seiner Fähigkeit, knurrende bzw. grunzende Geräusche von sich zu geben. Diese erzeugt er mit Hilfe eines Muskels, mit dem er seine Schwimmblase zum Vibrieren bringt.

KOBALT
Einer der für den menschlichen Organismus wichtigen ▸ Mineralstoffe (chemisches Zeichen Co), der in vielen Enzymen steckt und für Zellwachstum und Blutbildung wichtig ist. Ko-

balt kommt in zahlreichen Lebensmitteln vor und der Tagesbedarf ist sehr gering, sodass es eher zu einer Überversorgung als zu einem Mangel kommen kann.

KOCH

1. Jeder, der Speisen zubereitet; sei es von Berufs wegen (als Koch in einem Restaurant etc.) oder am heimischen Herd (▸ kochen).
2. In Österreich auch eine Bezeichnung, die für einen Auflauf, Brei bzw. eine gekochte Mehlspeise verwendet wird.

KOCHBANANEN

(Gemüse-, Mehl-, Pferdebananen, Platano)
eine der drei Bananenarten (▸ Bananen)

KÖCHELN

langsames Kochen von Nahrungsmitteln in schwach brodelnder Flüssigkeit

KOCHEN

Im engeren küchentechnischen Sinn das Garen von Nahrungsmitteln (z. B. Kartoffeln, Reis) in einer auf den Siedepunkt erhitzten Flüssigkeit, im weiteren Sinn ist damit aber jede Zubereitung von Speisen gemeint, bei der Hitze eingesetzt wird. Was heute teilweise zur Kunst (▸ Kochkunst) erhoben ist, gehört zu den ältesten und wichtigsten Kulturhandlungen/-techniken der Menschheitsgeschichte.
Die frühesten Spuren von Nahrungszubereitung mit Werkzeugen sind 1,5 Mio. Jahre alt und wurden in Kenia gefunden. Die bedeutendste kulturelle Errungenschaft des Menschen, die ihm den entscheidenden Vorsprung vor allen anderen Lebewesen verschaffte, war weder das bewusste Benutzen von Werkzeugen noch die Sprache, sondern vielmehr die Beherrschung des Elements Feuer. Erst dadurch konnten die Menschen auch langsam das entdecken, was wir heute unter Kochen verstehen. Der gezielte Gebrauch von Feuer kann rund 500 000 Jahre zurückverfolgt werden, und das etwa zeitgleich an zwei sehr weit voneinander entfernt liegenden Orten: im heutigen Frankreich (nahe Nizza) und in China (bei Peking).
Das Kochen mit Hitze (das älteste Garverfahren ist das ▸ Grillen) machte die ursprüngliche Nahrung des Menschen (vor allem Fleisch und Früchte) nicht nur leichter verdaulich und ließ sie besser schmecken. Damit verbunden war auch eine enorme Ausweitung des Nahrungsangebotes, denn von nun an konnten auch viele Pflanzen, die roh ungenießbar oder sogar giftig waren, für Nahrungszwecke zubereitet werden. Das ist den chemischen Reaktionen zu verdanken, die beim Kochen ablaufen und die Struktur der Nahrungsmittel erheblich verändern. In der Kulturgeschichte des Menschen wurden die verschiedenen Kochtechniken so weit verfeinert, dass sich eine echte ▸ Kochkunst entwickelte.

KOCHFERTIG

Attribut für industriell fertig zubereitete und konservierte Teile eines Gerichts bzw. komplette Speisen (z. B. Suppen, Klöße, Nudelgerichte, Fleischgerichte), die vor dem Verzehr nur noch gegart (lediglich erhitzt oder kurz gekocht) werden müssen.

KOCHKÄSE

Ein Schmelzkäse (▸ Käse) aus gereiftem und gewürztem Sauermilchquark (▸ Sauermilchkäse), der in verschiedenen Fettstufen (10–50 % Fett i. Tr.) hergestellt wird. Der Geschmack wird dabei hauptsächlich durch die verwendeten Zusätze bestimmt.

KOCHKUNST

Mehr als nur das gewöhnliche Kochen: Den Hunger seiner Gäste verbunden mit größtmöglichem Genuss zu stillen – sowohl was Aroma und Geschmack als auch die optische Präsentation der Speisen betrifft. Das setzt natürlich die Auswahl hochwertiger Zutaten und eine perfekte Kochtechnik voraus (siehe auch ▸ Haute Cuisine).

KOCHSALAMI

mittelgrobe Brühwurst aus Schweinefleisch bzw. -bauch, Rindfleisch und Speck in Natur- und Kunstdärmen, gewürzt mit Nitritpökelsalz, Pfeffer, Macis, Kardamom und Senfkörnern

KOCHSALAT

Salatsorte (▸ Römischer Salat, ▸ Salate)

KOCHSALZ
das ► Salz für die menschliche Ernährung

KOCHSCHINKEN
Ein zunächst gepökelter und anschließend gebrühter (gekochter) ► Schinken, der aus der Keule des Schweins hergestellt wird (also ein ► Hinterschinken). Auf die gleiche Art und Weise kann man auch Fleisch aus der Schweineschulter verarbeiten; das Produkt heißt dann nach Lebensmittelrecht Vorderschinken.

KOCHSCHOKOLADE ► Blockschokolade

KOCHWEIN
So kann jeder Wein bezeichnet werden, der bei der Zubereitung von Speisen verwendet wird. Je nachdem welche Ansprüche der Koch an sich, an seine Speisen und an Wein stellt, kann es sich um einen einfachen Rebensaft oder einen Spitzenwein handeln. Bei „Köchen", die behaupten, selbst der minderwertigste Wein tauge zum Kochwein, weiß man schon vorher, wie das Essen schmeckt. Aber auch gute Weine passen natürlich nicht zu jedem Essen und wollen richtig eingesetzt sein. Als klassische Kochweine gelten ► Likörweine wie ► Sherry, ► Port, ► Madeira oder ► Marsala. Aber auch normal vergorene Weine können – vor allem wenn sie intensiv im Aroma sind – für feine aromatische Nuancen in den Speisen sorgen.

KOCHWÜRSTE
Wie ► Brühwürste und ► Rohwürste ein Wursttyp, dessen verschiedene Arten aus zweimal gekochtem, teils geräuchertem und zerkleinertem Fleisch hergestellt und mit Blut, Grütze oder Gelee gebunden werden. Weitere Zutaten sind Gewürze und Innereien. Typische Kochwürste sind Blut- und Leberwürste, ► Schwartenmagen, ► Grützwurst, ► Presssack, ► Pfälzer Saumagen und ► Haggis.

KODER ► Wamme

KOFFEIN
Ein bekannter „Muntermacher" ist dieses Alkaloid, das vor allem in Kaffee, Tee, Mate, Kakao und der Kolanuss bzw. in dem beliebten Erfrischungsgetränk ► Cola enthalten ist. Es hat positiv anregende bis aufputschende Wirkung, zu viel davon kann aber ungesund sein, zu Vergiftungserscheinungen und Abhängigkeit führen. Deshalb wird das Koffein unter die so genannten ► Genussgifte eingereiht. Vor allem Kaffee wird oft auch „entkoffeiniert" mit nur noch ganz wenig Restkoffein angeboten.

KÖFTE
(Kofta, Kufta)
Türkische Klöße bzw. Frikadellen aus Schaf- oder Rinderhackfleisch, die mit Kreuzkümmel, Zwiebeln, Pfefferminze, Knoblauch usw. scharf gewürzt werden. Köfte gibt es in der orientalischen Küche in vielen regionalen Varianten vom Balkan über Nordafrika bis in den Nahen und Mittleren Osten (vor allem auch Indien), z. B. ► Malai Kofta oder ► Nargisi Kofta. In der griechischen Küche kennt man ► Keftedes.

KOGNAC ► Cognac

KOHL
Sammelbezeichnung für die große Gruppe (botanisch eine Gattung in der Familie der Kreuzblütengewächse) der Kohlköpfe. Die vom Wildkohl bzw. Wilden Strauchkohl abstammenden Kulturarten/Zuchtformen zeichnen sich generell durch niedrigen Kaloriengehalt, hohe Nährstoffdichte und viel Vitamin C und K aus. Die Blätter, Stängel und Blüten werden für Ernährungszwecke gezüchtet. In Deutschland machen sie fast 60 % der jährlichen Gemüseernte aus und wegen ihrer besonderen Vorliebe für den Kohl und vor allem für das ► Sauerkraut werden die Deutschen im Ausland auch „Krauts" genannt. Die wichtigsten Kohlarten sind: ► Amsoi, ► Blumenkohl, ► Brokkoli, ► Chinakohl, ► Grünkohl, ► Kohlrabi, ► Man-

gold, ▸ Romanesco, ▸ Rosenkohl, ▸ Rotkohl, ▸ Schnittkohl, ▸ Spitzkohl, ▸ Weißkohl und ▸ Wirsing(kohl). Speziell Weißkohl, Rotkohl und Wirsing werden als Kopfkohl bezeichnet.

KÜCHENTIPP: *Kohl hat einen sehr charakteristischen bis rustikalen und strengen Geruch und Geschmack, der bisweilen auch störend sein kann. Das kommt von dem hohen Gehalt an Senfölen und Schwefel. Um das typische Aroma von Kohl zu mildern und feiner zu machen, kochen „Profis" ihn immer im offenen Topf.*

ZUBEREITUNG: *Kulinarisch veredelt wird Kohl meist mit kräftigem Fleisch, Fett, Sahne oder Gewürzen (hier empfiehlt sich vor allem Kümmel, weil er die stark blähende Wirkung des Kohls dämpft). Zwei besonders gelungene Kombinationen sind ▸ Kohl und Pinkel (eine scharf gewürzte rote Grützwurst) und ▸ Krautsalat mit Speck.*

KOHLENHYDRATE

(Saccharide)

Zusammen mit Eiweißen und Fetten bilden die Kohlenhydrate (organische Verbindungen aus Kohlen-, Wasser- und Sauerstoff) die für den Menschen unentbehrlichen Grund- und Hauptnährstoffe. Sie sind aus einer Kette mit mehr oder weniger Zuckerbausteinen aufgebaut und werden deshalb wissenschaftlich auch als Saccharide bezeichnet (Sammelbegriff für alle Zuckerarten). An Kohlenhydraten reiche Lebensmittel sind u. a. Getreideprodukte, Hülsenfrüchte und Kartoffeln. Im Körper werden die Kohlenhydrate in ihre verschiedenen Bestandteile gespalten. Deshalb kommt ihrer Zusammensetzung ernährungsphysiologisch große Bedeutung zu. Am wertvollsten sind die so genannten komplexen (also vielfältig aufgebauten) Kohlenhydrate. Und je mehr diese noch mit Ballaststoffen, Vitaminen, Mineralstoffen, Spurenelementen usw. verbunden sind, desto besser. Einfach strukturierte und nicht weiter „angereicherte" Kohlenhydrate – wie z. B. in Süßwaren – können dagegen gefährliche Dickmacher sein.

KÖHLER

(Seelachs)

Sehr verbreiteter und wirtschaftlich bedeutender Meeresfisch (▸ Fische) aus der Familie der Dorsche, der vor allem im gesamten Nordostatlantik und in der Nordsee zu Hause ist. In Deutschland ist der Köhler der drittwichtigste Speisefisch mit einem Anteil von rund 8 % am gesamten Fischangebot. Wenn er nicht vorher in den Fangnetzen landet, kann er ein Alter von 30 Jahren erreichen und dabei bis 1,50 m groß und 15 kg schwer werden, vereinzelt wurden sogar schon über 20 kg schwere Exemplare gefangen. Der Köhler ist ein Raubfisch, der Jagd auf kleinere Schwarmfische (Heringe, Sprotten) macht. In den Handel kommt er oft als Seelachs; eine reine Fantasiebezeichnung der Fischindustrie, die in einer Zeit erfunden wurde, als es noch keine Lachszucht gab und das Fleisch des Köhlers als rot eingefärbter Lachsersatz verkauft wurde. Zu den echten Lachsen besteht aber keine Verwandtschaft.

VERWENDUNG

Der Köhler kommt als Frisch-, Salz- oder Trockenfisch und tiefgekühlt (als Fischfilet) auf den Markt, wird zu Fischstäbchen verarbeitet und gefärbt als Seelachs in Öl angeboten.

KOHLRABI

(Oberrüben)

Vermutlich aus Nordeuropa stammendes Stängelgemüse aus der großen „Kohlfamilie" (▸ Kohl), dessen für Nahrungszwecke verwertbarer Teil die im Boden wachsende Sprossknolle ist. Die fleischigen, etwa apfelgroßen und meist kugeligen Kohlrabi gibt es in hellgrünen, seltener auch in rötlich-bläulichen Zuchtformen, die sich im Geschmack allerdings kaum unterscheiden. Deutschland hat in Europa sowohl die größte Produktion (rund 40.000 Tonnen im Jahr) als auch den höchsten Verbrauch an Kohlrabi.

KÜCHENTIPP: *Das Blattgrün ist der Indikator für den Reifezustand von Kohlrabi: Nicht mehr saftig grüne, bereits lappige Blätter deuten auf eine alte Knolle hin. Der energiearme Kohlrabi zeichnet sich durch hohen Gehalt an Ballaststoffen, Kohlenhydraten, Eiweiß, Vitaminen und Nährstoffen aus. Noch weit höher als in der Knolle sind diese in den jungen Herzblättern, die deshalb mit verwendet werden sollten.*

VERWENDUNG

Kohlrabi können eine knackige Ergänzung von Rohkost sein, meist werden sie aber geschält, in mehr oder weniger dicke Scheiben geschnitten und gekocht (selten gratiniert und gefüllt). Sie kommen in Eintöpfe, Suppen und Salate oder werden als Beilage zu Fleisch, Schinken und Geflügel gereicht. Im östlichen Frankreich werden sie auch wie ▸ Sauerkraut zubereitet.

KOHLROULADEN

(Krautrouladen, Krautwickel)

Aus Weißkohl- oder Wirsingblättern gerollte ▸ Rouladen, die mit einer pikanten Füllung aus Hackfleisch (Rinder- und Schweinehack) oder Schweinemett (Bratwurst), Speckwürfeln, Zwiebeln und eingeweichten Brötchen zubereitet werden. Kohlrouladen werden hauptsächlich mit Muskat, Paprikapulver und Pfeffer gewürzt und in Fleisch- oder Gemüsebrühe mit oder ohne saurer Sahne gekocht.

VERWENDUNG

Zur Verwertung in der Küche werden Kohlrüben in der Regel geschält, in dicke Stifte oder Würfel geschnitten, mit Fett und Flüssigkeit gedünstet und dann je nach Rezept weiterverarbeitet. Sie können gedünstet als Gemüse (in Stücken oder püriert) zu Fleischgerichten oder in Aufläufen und Eintöpfen verwendet werden.

KOHLRÜBEN
(Bodenrüben, Dorschen, Erdrüben, Kullochen, Runkel-, Steckrüben, Wruken)
Die bis 1,5 kg schweren Wurzelknollen aus der großen Kohlfamilie (▸ Kohl) haben die höchste Masse aller Rübenarten. Ihre Form ist annähernd rund und die gelbliche bis rötliche, derbe Schale umhüllt ein weißliches bis gelbes Fleisch. Sie sind kalorienarm, haben aber eine hohe Nährstoffdichte. Die genaue Herkunft der Kohlrüben ist ungewiss; teilweise wird angenommen, es könnte sich um eine Kreuzung zwischen ▸ Kohlrabi und Weißer Rübe (▸ Rüben) handeln. Kohlrüben werden heute in gemäßigten Klimazonen weltweit angebaut. Erntesaison in Europa ist von September bis Mai.

SCHON GEWUSST?

In Kriegs-/Nachkriegs- und anderen Notzeiten waren Kohlrüben die „eiserne Reserve" für einen Großteil der Bevölkerung, wenn es an anderen Nahrungsmitteln mangelte. Gegen Ende des Ersten Weltkriegs sprach man sogar vom „Steckrübenwinter": morgens Kohlrübensuppe, mittags Koteletts von Kohlrüben, abends Kuchen davon. Damals wurden sie deshalb auch in Hindenburg-Knollen „umgetauft". Während des Wiederaufbaues litten die Kohlrüben unter ihrem Image als „Notnahrung" und verloren schwer an Boden, doch heute machen sie ihn ganz langsam wieder gut.

KOHLSAATÖL ▸ Rapsöl

KOHLSPROSSEN ▸ Rosenkohl

KOHL UND PINKEL
(Grünkohl mit Pinkel)
Traditioneller norddeutscher Eintopf und das bekannteste Gericht mit (braun gekochtem) Grünkohl, das sich in Ostfriesland, Niedersachsen und Westfalen besonderer Beliebtheit erfreut. Der Grünkohl wird mit gehackten Zwiebeln und Schweineschmalz in wenig Wasser gar gedünstet und mit ▸ Pinkel (eine scharf gewürzte rote ▸ Grützwurst mit Schweinefleisch und Zwiebeln), teilweise auch mit weiteren Kochwürsten, ▸ Kasseler und Speck serviert.

KOKOSBUTTER/-FETT ▸ Kokosöl

KOKOSFLOCKEN ▸ Kokosraspeln

KOKOSMAKRONEN
unter Verwendung von Kokosraspeln hergestellte ▸ Makronen

KOKOSMILCH
Bei uns in Dosen oder im Tetrapak erhältliches Produkt aus frischem Kokosfleisch (Kokosraspeln), das mit heißem Wasser oder heißer Milch angesetzt und ausgepresst wird. Aus der asiatischen Küche ist Kokosmilch für Saucen, zum Ablöschen von Currys, für Wokgerichte usw. nicht wegzudenken. Im Volksmund wird oft auch die Flüssigkeit im Inneren von Kokosnüssen so bezeichnet. Richtig heißt diese aber ▸ Kokoswasser.

KOKOSNÜSSE
die in tropischen Gebieten angebauten Steinfrüchte der Kokospalme (▸ Seite 286)

KOKOSÖL
(Kokosbutter, Kokosfett)
Rein weißes bis schwach gelbliches Öl, das aus dem getrockneten Fruchtfleisch der Kokosnüsse, der so genannten Kopra, gewonnen wird und eine fettähnliche Konsistenz hat. Roh taugt es nur als Lampenöl, aber raffiniert besitzt Kokosfett einen nussartigen Geschmack, ist bekömmlich und hat einen besonders hohen Schmelzpunkt. Damit eignet es sich hervorragend zum Backen und Braten und ist bei der Speise-, Koch-, Bratfett- und Margarineherstellung ein wichtiger Rohstoff. Aufgrund seiner hautpflegenden Eigenschaften wird Kokosöl auch zur Herstellung von Kosmetika verwendet (z. B. Körperöl, Seifen, Shampoos, Sonnenschutzmittel und Cremes).

KOKOSRASPELN
(Kokosflocken)
Handelserzeugnis aus getrocknetem und geraspeltem Kokosfleisch, das meist gezuckert und vor allem zum Backen (wie Mandeln) bzw. zur Zubereitung von Süßspeisen und in der Süßwarenindustrie verwendet wird. Man kann damit aber auch Fleisch- und Reisgerichten (Currys) eine exotische Note geben oder Fleisch, Fisch und Gemüse damit panieren.

KOKOSWASSER
Die fast klare Flüssigkeit im Hohlraum im Inneren von Kokosnüssen, die von der Bevölkerung in den Anbauländern als Trinkwasserersatz roh getrunken oder zu Kokoswein vergoren wird. Sie wird bei uns vielfach auch als ▸ Kokosmilch bezeichnet, die aber ein Produkt aus Kokosfleisch ist.

KOLANUSS
(Colanuss, Gurunuss)
Dem vermutlich bekanntesten Erfrischungsgetränk der Welt, der amerikanischen ▸ Cola, hat diese Kapselfrucht des bis 20 m hohen westafrikanischen Kolabaumes ihren Namen gegeben. Die Kolanuss enthält 4–5 etwa taubeneigroße Samen, die frisch rot und getrocknet braun sind. Seit jeher werden diese in Afrika wegen ihrer Hunger stillenden und anregenden Wirkung, die durch den hohen Gehalt an Koffein und Theobromin hervorgerufen wird, mit Wonne gekaut. Kolanuss ist aber nicht nur in Erfrischungsgetränken enthalten, sondern kommt auch in viele Bonbons, Schokolade und andere Süßwaren.

KOLATSCHEN
Ursprünglich eine der typischen österreichisch-böhmischen Mehlspeisen, die aus einem süßen Germteig (Hefeteig) mit einer Füllung aus gezuckertem Topfen (Quark), Eigelb und Rosinen hergestellt wurde. Heute sind Kolatschen meist ein ▸ Plundergebäck in kleinen rechteckigen oder quadratischen Stücken mit verschiedenen Füllungen (neben Topfen auch Pflaumen-, Himbeer- oder Marillenmus, Mohn, Nüsse usw.). Original Kolatschen bekommt man nur noch selten, so z. B. in wenigen Wiener Bäckereien.

KOLLATH-KOST
Auf den deutschen Bakteriologen, Hygieniker und Ernährungswissenschaftler Professor Dr. Werner Kollath (1892–1970) zurückgehende ▸ Vollwertkost, die auf sechs Wertstufen von „besonders empfehlenswert" bis „nicht empfehlenswert" aufgebaut ist. Mit seinen Werken gilt Dr. Werner Kollath als einer der Väter der modernen ▸ Vollwerternährung.

KÖLNER KAVIAR
In dicke Scheiben geschnittene ▸ Flönz (rheinischer Name für ▸ Blutwurst) mit Zwiebelringen, die mit scharfem Senf, Gewürzgurke, Butter und einem Roggenbrötchen serviert wird. Zu diesem typisch rheinischen Imbiss in Brauhäusern und Kneipen trinkt man ▸ Kölsch.

SCHON GEWUSST?

Der Name ▸ Kölner Kaviar geht auf den in den kölschen Bierkneipen verbreiteten Brauch zurück, zur Schau gestellte Vornehmheit und Wichtigtuerei auf die Schippe zu nehmen.

KOLOMBINEN ▸ Colombines

KÖLSCH
Obergäriges, stark gehopftes helles ▸ Bier mit einem durchschnittlichen Alkoholgehalt von 4,9 Vol-%, das nur von gut 20 Brauereien ausschließlich im Großraum Köln gebraut wird – und das bereits seit rund 100 Jahren gemäß der so genannten Kölsch-Konvention. Das Kölsch erhält seinen typischen Geschmack durch meist 100 % Gerstenmalz, das Kölner Wasser und die besondere Hefe. 1997 wurde es als bisher einzige Bierspezialität überhaupt von der EU in den erlauchten Kreis der geschützten regionalen Spezialitäten aufgenommen.

KOLZAÖL ▸ Rapsöl

KOMBU
Vielseitig verwendbarer japanischer Seetang (▸ Algen), der in sauberem und klarem Tiefseewasser als bis 10 m lange Pflanze mit gro-

Exotisch durch und durch – die Kokosnuss

Ihr Geschmack ist einzigartig und aus der asiatischen Küche ist sie nicht wegzudenken: Die Kokosnuss ist eine ganz und gar exotische Frucht, die nicht nur in ihren Erzeugerländern gerne gegessen wird, sondern auch in Europa. Botanisch ist sie keine echte Nuss, sondern die Steinfrucht der vermutlich aus Südostasien stammenden Kokospalme, die im gesamten Tropengürtel und hier vor allem in den Küstengebieten und an den großen Flussläufen kultiviert wird. Die wichtigsten Anbauländer sind u. a. Indonesien, die Philippinen, Indien, Sri Lanka, Thailand und Mexiko.

NICHT LEICHT ZU KNACKEN

Kokosnüsse werden grün und noch relativ unreif geerntet. Die eigentliche „Nuss" ist umhüllt von einer 4–6 cm dicken Schicht von Fasern und einer harten äußeren Schale. Vor dem Export werden diese äußeren Schichten bis auf einen Rest der Fasern entfernt und was bei uns in den Handel kommt, ist eigentlich nur der braune Kern der Kokosfrucht. Das essbare Frucht- bzw. Samenfleisch ist dabei von einer weiteren harten Schale umgeben, durch die man sich erst knacken muss, um an das leckere Innere zu kommen.

Der Hohlraum im Inneren der Kokosnuss enthält das ▸ Kokoswasser. Je mehr davon noch vorhanden ist, was man durch Schütteln feststellen kann, desto frischer ist die Frucht. Um das Wasser auslaufen zu lassen, durchbohrt man die drei dunklen Keimstellen mit einem geeigneten Werkzeug, das man auch für das „Knacken" der steinharten Schale benötigt. Am besten nimmt man einen Hammer und eventuell noch einen Meißel oder eine stabile Holzsäge dazu.

SCHWIERIGE ERNTE

Kokospalmen können bis 100 Jahre alt und bis 30 m hoch werden. Die Ernte der Kokosnüsse in den Plantagen ist Handarbeit und erfolgt in schwindelnder Höhe durch so genannte Palmkletterer. In Asien werden aber auch dressierte Affen einer bestimmten Art als billige Erntehelfer eingesetzt. Durch Zurufe bzw. Kommandos werden die geschickten Klettertiere dazu gebracht, die Nüsse so lange um ihre eigene Achse zu drehen, bis sie vom Baum fallen und aufgesammelt werden können.

VERWENDUNG

Seit Jahrtausenden sind Kokosnüsse wertvolle Grundnahrungsmittel vor allem in der asiatischen und lateinamerikanischen Küche. Das frische oder getrocknete Fruchtfleisch und ▸ Kokosmilch kommen in viele süße oder würzige Vorspeisen, in Suppen, Hauptgerichte (Eintöpfe, Currys, Fisch und Meeresfrüchte, Fleisch und Geflügel) und Desserts (Obstkuchen, Puddings, Eiscreme). ▸ Kokosraspeln sind (goldgelb geröstet) eine delikate Beilage oder können eine exotische Panade abgeben. Auch zum Backen sind sie vielseitig einsetzbar.

Das getrocknete Fruchtfleisch dient weiter als wichtiges Ausgangsmaterial zur Gewinnung von ▸ Kokosöl und auch die anderen Teile der Kokospalme lassen sich bestens verwerten – vom Holz (für Möbel, Schiff- und Hausbau) bis zu den Blättern (z. B. für Matten, Körbe, Teppiche, Matratzenfüllungen oder zur Wärmedämmung). Weil sie so viel Nutzen aus der Kokospalme ziehen können, wird diese bei den Indern auch „Baum des Himmels" genannt.

ßen Blättern wächst. Kombu enthält natürliches Glutamat, das als Geschmacksverstärker wirkt. Traditionell wird es als Grundlage für verschiedene Suppen verwendet (besonders ▶ Dashi), Kombu eignet sich aber auch als Gemüse. Als würzende Zutat kommt es in Fisch- und Fleischgerichte. In der koreanischen und chinesischen Küche wird es beim Kochen von Bohnen zugesetzt.

KOMBUCHA

(Erfrischungstee, Hongo)

Leicht alkoholhaltiger Erfrischungstee, bei dessen Herstellung Schwarzer Tee mit dem so genannten Kombuchapilz versetzt wird und dadurch zu gären beginnt. Kombucha schmeckt aromatisch-säuerlich und apfelweinartig; so soll ihn bereits der japanische Kaiser Inkyo um 400 v. Chr. geschätzt haben und kennen ihn die russischen Bauern seit Jahrhunderten als Teekwaß (▶ Kwaß). Im Handel kann man Kombucha aus industrieller Herstellung kaufen.

KOMPOTT

Gedünstetes Obst (ganz, in Stücken oder als Mus), das in Zuckerlösung gekocht wird. Meist werden die Früchte frisch zu Kompott verarbeitet, bei einigen Obstsorten kann man sie aber auch getrocknet nehmen (z. B. Äpfel, Aprikosen, Pflaumen bzw. Zwetschgen). Heiß oder kalt ist Kompott eine beliebte Nachspeise und ein guter Begleiter von Wild (besonders aus Preisel- oder anderen dunklen Beeren).

KONDENSMILCH

(Dosenmilch, eingedickte/evaporierte Milch)

Unter vermindertem Druck eingedampfte und eingedickte Vollmilch oder entrahmte Frischmilch, die bei dieser Behandlung auf die Hälfte bis ein Drittel ihres ursprünglichen Volumens „schrumpft". Kondensmilch kommt als lange haltbares Produkt in Dosen oder Gläsern in den Handel und wird hauptsächlich zur geschmacklichen Abrundung und Milderung in Kaffee und Tee gegossen.

KONDITORCREME

Zum Füllen von Torten und Gebäck dienende Creme, die klassisch aus Milch, Eigelb, Mehl oder Speisestärke, Zucker und Vanillemark hergestellt wird. Anstelle der Vanille kann sie z. B. auch mit Kaffeepulver, Schokolade oder Likören aromatisiert werden.

KONFEKT

Sammelbezeichnung, unter der alle feinen und in mundgerechten Stücken hergestellten Süßwaren in einen Topf geworfen werden. Ursprünglich war das Konfekt ein reines Erzeugnis der Zuckerbäckerei, heute versteht man darunter auch ▶ Pralinen, ▶ Fondants, ▶ Nugat, ▶ Marzipan, ▶ Trüffel und Kleingebäck.

KONFISERIE

Bezeichnung für die Herstellung und auch den Produktionsbetrieb von süßen Konditoreiwaren, die genauso fein klingt, wie die Erzeugnisse schmecken sollen.

KONFITFRÜCHTE ▶ Dickzuckerfrüchte

KONFITÜRE

Mehr oder weniger süßer und noch mit kleinen Fruchtstücken durchsetzter Brotaufstrich aus Zucker und eingekochten Früchten (bzw. dem Mark oder der Pulpe), die von einer oder mehreren Obst- und Wildfruchtarten stammen können. Bevorzugt wird Konfitüre aus verschiedenen Beerenarten (Heidel-, Johannis-, Erd-, Him- und Brombeeren), Kirschen, Zwetschgen, Aprikosen oder Pfirsichen hergestellt. Grundsätzlich unterschieden werden „Konfitüre extra" mit mindestens 45 g Fruchtfleisch auf 100 g und einem Gesamtzuckergehalt von mindestes 60 % und „Konfitüre ein-

SCHON GEWUSST?

Bei den Bezeichnungen ▶ Konfitüre und ▶ Marmelade nimmt es der Volksmund weniger genau als die Bürokratie. Im allgemeinen Sprachgebrauch werden beide Begriffe synonym verwandt, was aufgrund der 1982 durch die EU eingeführten Konfitüren-Verordnung lebensmittelrechtlich nicht zulässig ist. Während sich Marmelade und Konfitüre bis dahin vor allem dadurch unterschieden, dass in letzterer noch Fruchtstücke enthalten waren, ist die Bezeichnung Marmelade seither süßen Aufstrichen vorbehalten, die ausschließlich aus Zitrusfrüchten hergestellt sind.

fach“ (35 g Fruchtfleisch je 100 g, Gesamtzuckergehalt mindestens 50 %). Für manche Obstarten werden dabei aber Ausnahmen gemacht und die Grenzen tiefer angesetzt. Erlaubte Zusätze sind u. a. Honig, Fruchtsaft, Spirituosen, Wein, Nüsse, Kräuter und Gewürze.

KONIFERENHONIG
meist als Waldhonig bekannter ▸ Honig

KÖNIGINPASTETE
die vermutlich bekannteste Kleinpastete aus Blätterteig, gefüllt mit einem feinen Ragout von gekochtem Geflügel und/oder Kalbfleisch sowie gedünsteten Champignons mit einer dicken weißen Rahmsauce

KÖNIGSAAL
anderer Name für frischen Dornhai (▸ Haifische), vor allem in Dänemark

KÖNIGSBALSAM ▸ Basilikum

KÖNIGSBERGER KLOPSE
Spezialität aus Ostpreußen: Kleine Klöße bzw. Fleischbällchen aus Hackfleisch vom Kalb oder von Rind und Schwein, fein gehacktem Hering oder Sardellen, Zwiebeln, Ei, und eingeweichten Brötchen. Die Klopse werden in Salzwasser oder kochender Fleischbrühe gegart, die Flüssigkeit wird mit heller Mehlschwitze, Sahne und Eigelb gebunden und mit Kapern ergänzt. Traditionelle Beigaben sind Salzkartoffeln und Rote Bete.

KÖNIGSFISCH
1. ▸ Gotteslachs
2. ▸ Weißbarsch

KÖNIGSKRABBEN
(Kamtschatkakrabben, Kronenkrebse)
Hauptsächlich im nördlichen Pazifik und Nordatlantik lebende große ▸ Krabben (▸ Krebstiere), deren feines Fleisch aus Schwanz, Scheren und Beinen bei uns meist in Konserven oder tiefgekühlt in den Handel kommt. Die männlichen Tiere können bis 25 cm breit und 10 kg schwer werden und eine Beinspannweite von bis zu 180 cm erreichen. Oft werden sie fälschlicherweise auch als Japanhummer angeboten.

KÖNIGSKRAUT ▸ Basilikum

KÖNIGSKUCHEN
feiner Sandkuchen in Kastenform mit Eiern, Butter, Zucker, Korinthen, Zitronat, Orangeat und Mandeln, bestreut mit Puderzucker

KÖNIGSKÜMMEL ▸ Ajowan

KÖNIGSMAKRELE ▸ Thunfisch

KONOWATA
die gepökelten Innereien von ▸ Seegurken, gelten neben ▸ Karasumi und dem Rogen der ▸ Seeigel als eine der 3 größten Delikatessen der japanischen Küche

KONSERVEN
Mit verschiedenen Verfahren (▸ konservieren) behandelte und haltbar gemachte Nahrungs- bzw. Genussmittel, die in luftdicht verschlossenen Verpackungen (Gläser, Dosen usw.) in den Handel kommen. Je nach Art halten sich Konserven mehrere Monate bis einige Jahre. Zur noch besseren Haltbarkeit dürfen außerdem ▸ Konservierungsstoffe zugesetzt werden.

KONSERVIEREN
Lebens- und Genussmittel mit verschiedenen Verfahren behandeln, die alle das gleiche Ziel haben: das Endprodukt (▸ Konserven) lange haltbar zu machen. Erst das Konservieren ermöglichte es den Menschen, nicht mehr von der Hand in den Mund leben zu müssen, sondern Nahrungsmittel über einen längeren Zeitraum auf Vorrat zu halten, ohne dass sie an Qualität einbüßen bzw. faulen oder ranzig und damit ungenießbar werden. Je nach Lebensmittel können verschiedene Verfahren angewendet werden. Relativ einfache Methoden, die man teilweise auch zuhause selbst anwenden kann, sind ▸ Pökeln, ▸ Einmachen, Einzuckern, ▸ Einlegen (z. B. in hochprozentigen Alkohol oder Essig), Einsäuerung und ▸ Gärung mit ▸ Milchsäure, ▸ Trocknung (Dörren) und Räuchern. In großem Stil industriell eingesetzt werden das ▸ Tiefkühlen bzw. Gefriertrocknen (natürlich auch in privaten Haushalten) und das Konservieren bei großer Hitze und unter hohem Druck (▸ Pasteurisierung, ▸ Sterilisati-

on, ▸ Ultrahocherhitzung). Eine weitere Konservierungsmethode ist das Bestrahlen von Lebensmitteln, das in Deutschland verboten ist. Seit dem Jahr 2000 gibt es gemäß einer EU-weiten Verordnung lediglich eine Ausnahme: getrocknete Kräuter und Gewürze. Für alle Zeiten „unverwüstlich“ sind übrigens auch konservierte Lebensmittel nicht. Deshalb ist auf den haltbar gemachten Lebensmitteln ein Mindesthaltbarkeitsdatum angegeben.

Schon gewusst?

Die Methode, Nahrungsmittel in luftdicht verschlossenen Behältnissen (Glasflaschen) zu erhitzen und dadurch zu ▸ konservieren, erfand vermutlich im Jahre 1804 der Pariser Konditor und Zuckerbäcker François Nicolas Appert (1749–1981). Auf die Idee anstatt der Glasflaschen dafür Dosen zu verwenden, kam wenige Jahre später der britische Kaufmann Peter Durand. Am 25. April 1810 ließ er sich die Konservendose patentieren. Bereits 1813 wurde die erste Konservenfabrik eröffnet, allerdings nicht durch Durand, sondern seine Landsleute Bryan Donkin und John Hall, die mit ihren Konserven die britische Armee versorgten.

KONSERVIERUNGSSTOFFE

(Konservierungsmittel)

Bestimmte Stoffe/Substanzen, die Lebensmitteln zugesetzt werden dürfen, um sie zu konservieren, also ihren Verderb (durch Bakterien, Hefe- und Schimmelpilze) zu verzögern. Da die Zerfallsprozesse sensorisch nicht immer wahrnehmbar sind und dabei hochgiftige Stoffe entstehen können, dienen die Konservierungsstoffe auch dem vorbeugenden Gesundheitsschutz. Andererseits sind einige von ihnen in ihrer Wirkung auf den menschlichen Organismus und weil sie einer hygienisch nachlässigen Verarbeitung Vorschub leisten können nicht ganz unumstritten. Häufige Einsatzgebiete von Konservierungsstoffen sind Fischprodukte, Brot, Backwaren, Fruchtsäfte, Limonaden, Fruchtzubereitungen bei Joghurt, Salate, Margarine, Gewürz- und Salatsoßen, Mayonnaise, Wein, Trockenfrüchte, getrocknete Kartoffelprodukte, Wurstwaren und Oberflächen von Zitrusfrüchten. Grundsätzlich müssen die eingesetzten Konservierungsstoffe (▸ Lebensmittelzusatzstoffe) deklariert und dürfen festgesetzte Höchstmengen nicht überschritten werden.

KONVENIENZPRODUKTE

(Convenience Food, Fertiggerichte, -produkte)

Eine scheinbar typische Errungenschaft der modernen und schnelllebigen Zeit, in der versucht wird, auch das Kochen immer rationeller zu machen. Als Konvenienzprodukte bezeichnet man Lebensmittel, bei denen bestimmte Zubereitungsschritte (industriell) vorweggenommen werden, damit sie dann in der Küche in relativ kurzer Zeit fertig gestellt werden können. So gesehen sind z. B. auch ▸ Nudeln ein kochfertiges Konvenienzprodukt. Convenience Food hat es also schon lange gegeben, bevor es seinen modernen Namen erhielt. Noch nie war allerdings die Vielfalt so groß wie heute (bis zum Fertiggericht) und auch die Qualität wird immer besser. Selbst Profis können oft Gerichte mit Convenience Food nicht mehr von frisch zubereiteten Speisen unterscheiden und zunehmend genügen die Konvenienzprodukte auch den Ansprüchen der gehobenen Küche. So erleichtern sie nicht nur das Kochen zu Hause, sondern kommen auch in der Gastronomie immer häufiger auf den Teller.

KOPENHAGENER PLUNDER

(Dänischer Plunder)

verschiedenes feines Gebäck (Schnecken, Taschen, Dreiecke, Rollen) aus gezogenem Hefe-, Blätter- oder Strudelteig, häufig mit Früchten oder Konfitüre gefüllt, mit Kardamom, Vanille usw. gewürzt und warm zum Kaffee gereicht

KOPFKOHL

Sammelbezeichnung für vier Kohlarten (▸ Kohl), nämlich ▸ Weißkohl, ▸ Rotkohl, ▸ Spitzkohl und ▸ Wirsing

KOPFSALAT

(grüner Salat, Häuptelsalat)

Eine wichtige Gruppe der ▸ Salate, bei denen die Blätter einen mehr oder weniger festen Kopf (im Gegensatz zum ▸ Blattsalat) bilden. Durch Züchtungen und Kreuzungen wird die

VERWENDUNG

Kopfsalat wird in der Küche bevorzugt roh mit Marinade oder Mayonnaise als Salat angemacht. Einige Sorten kann man aber auch als Gemüse – je nach Rezept gedünstet oder geschmort – zubereiten. Verschiedene Blattsalate werden auch mit Zutaten wie Bries, Enten- oder Gänseleber, Fischfilets, Krebsschwänzen, Räucherlachs, Trüffeln und anderen Pilzen veredelt.

Zahl der Kopfsalatsorten heute auf über 100 geschätzt, vom einfachen Grünen Salat bis zu speziellen Zuchtformen wie ▸ Eissalat oder ▸ Bataviasalat. Kopfsalat wird in Mittel- und Südeuropa im Freien oder in Gewächshäusern angebaut und ist ganzjährig verfügbar.

KORALLENPILZE

Pilzfamilie mit einem korallenähnlichen Fruchtkörper, bekanntester Vertreter ist der ▸ Ziegenbart

KORALLENSTRAUCHBEEREN

▸ Sanddornbeeren

KORBKÄSE

Sauermilchkäse (▸ Käse) mit 30–50 % Fett i. Tr., weißem Edelschimmel und Kümmel, im Geschmack mild bis pikant (vor allem aus Niedersachsen)

KORIANDER

(Chinesische/Indische Petersilie, Schwindelkorn, Wanzendill)

Vermutlich im östlichen Mittelmeerraum bzw. im Orient heimische Würzpflanze, die eine sehr lange Tradition hat und bereits im Alten Testament erwähnt wird. In Ägypten soll sie schon vor rund 3500 Jahren angebaut worden sein. Heute ist Koriander eines der wichtigsten Gewürze überhaupt und auf der ganzen Welt verbreitet, vor allem im Mittelmeerraum, in den GUS-Staaten, im Nahen und Mittleren Osten, in den USA und sogar in Deutschland. Der eng mit Dill, Fenchel, Kümmel und Anis verwandte Koriander ist eine einjährige krautige Pflanze, deren zarte Stängel 30–80 cm hoch werden. Ihre Blätter ähneln der Petersilie und die Früchte enthalten jeweils zwei pfefferkornähnliche Samen, die beim Trocknen ihre gelblich-braune bis -rötliche Farbe annehmen. Würze geben die Samen und die frischen, auch als Koriandergrün/-kraut oder als ▸ Cilantro bekannten Pflanzenteile. Koriandersamen haben einen süßlich-aromatischen, moschusartigen Duft, in den sich Zitrone und Orangenschalen mischen.

VERWENDUNG: *Traditionell werden Koriandersamen für süße Backwaren (u. a. als klassisches Lebkuchengewürz) aber auch Brot, für Kräuterliköre und diverse andere Spirituosen sowie in Deutschland als Wurstgewürz verwendet. Weiter sind sie Bestandteil vieler Gewürzmischungen wie z. B. ▸ Currypulver oder ▸ Garam Masala und in Asien werden damit Saucen, Currys, Fleisch-, Geflügel- und Fischgerichte, Hülsenfrüchte und Gemüse gewürzt. Das Koriandergrün verleiht vielen Gerichten eine exotische Note und wird vor allem in Asien und in der Tex-Mex-Küche verwendet.*

KÜCHENTIPP: *Koriandersamen werden getrocknet verwendet und dann im Ganzen oder frisch gemahlen; ihr Aroma ist unvergleichlich, aber es verfliegt auch schnell. Wenn man sie vor der Verwendung kurz röstet, entfalten sie ihr Aroma noch besser. Koriandergrün ist zitronig frisch und leicht pfeffrig; es darf erst kurz vor Ende der Garzeit zugegeben werden.*

KORINTHEN

Aus Griechenland und ursprünglich aus der Gegend um Korinth stammende getrocknete Weinbeeren einer speziellen violett-schwarzen Traubenart, die kleiner als ▸ Rosinen, sind. Hauptanbaugebiete sind die nordwestliche Küstenregion des Peloponnes und einige Inseln des Ionischen Meeres, heute werden Korinthen aber auch in Australien, Südafrika und Kalifornien produziert. Sie haben eine feine Haut und keine Kerne, sind etwas säuerlicher und aromatischer als Rosinen und diesen qualitativ überlegen, vor allem als Backzutat.

KORN

1. Die einsamigen Schließfrüchte von ▸ Getreide und Gräsern, die für Mensch und Tier eines der wichtigsten Grundnahrungsmittel überhaupt sind.
2. Kurzname für einen Kornbrand bzw. Kornbranntwein, oft Klarer genannt, der einer der so genannten ▸ Edelbrände ist. Seinen Alkohol darf Korn ausschließlich aus vergorener Maische von Roggen, Weizen, Buchweizen, Gerste oder Hafer beziehen. Es dürfen keine würzenden Substanzen, keine Aromen und keine Farbstoffe zugegeben werden. Der vorgeschriebene Mindestalkoholgehalt beträgt für „einfachen" Korn 32 Vol.-%, für Doppel- oder Edelkorn 37,5 Vol.-%. Dann darf der Korn auch den Zusatz -brand oder -branntwein tragen.

KORNELLEN

(Dirlitzen, Dürlitzen, Herlitzen, Juden-, Kornelkirschen, Krakebeeren)

Die 2–3 cm langen, ovalen Steinfrüchte eines auch als Hornstrauch oder Gelber Hartriegel bekannten großen Strauches bzw. kleinen Baumes werden auch als Kornel- oder Judenkirschen bezeichnet, sind mit der „echten" Kirsche, abgesehen von der kirschroten Farbe, nicht näher verwandt. Die süßsäuerlich schmeckenden Kornellen lösen sich nur schwer vom Stein und werden vorwiegend zu Konfitüre, Gelee, Kompott oder Sorbet verarbeitet. Sie wachsen vor allem in den wärmeren Regionen Europas und im vorderen Orient, sind aber auch in Deutschland zu finden.

KOSCHER

Bezeichnung für alle nach jüdischem Glauben „reinen" Lebensmittel, die den Speisevorschriften nach den Heiligen Schriften entsprechen. In der so genannten Kashrut wird nicht nur beschrieben, welche Lebensmittel für einen gläubigen Juden zum Verzehr geeignet sind, sondern es werden auch sehr detaillierte Regeln für die Zubereitung der Speisen, die Einrichtung von Küchen und die Handhabung von Kochutensilien aufgestellt. Die jüdische Küche ist vornehmlich durch diese Regeln bestimmt, besonders bei streng orthodoxen Juden.

Fleisch ist z. B. nur „koscher", wenn es folgende Kriterien erfüllt: Es muss von Säugetieren stammen, die Wiederkäuer sind, gespaltene Hufe haben und rituell geschlachtet, also geschächtet (▸ schächten), wurden. Rinder, Schafe, Ziegen und Hochwild bzw. die daraus zubereiteten Speisen sind demnach koscher, ebenso Geflügelfleisch (mit Ausnahmen). Das Fleisch von Schweinen, Eseln und Pferden ist dagegen „trefe" (unrein). Fische müssen Schuppen und Flossen haben, um als koscher zu gelten; trefe sind z. B. Aal und Tintenfisch, Schalen- und Krustentiere. Ein weiterer wichtiger Grundsatz ist die strikte Trennung von Fleisch und Milch bzw. Produkten und Speisen daraus. Diese geht sogar so weit, dass nicht nur der gemeinsame Verzehr verboten ist, sondern dass Fleisch und Milch auch in unterschiedlichen Räumen bzw. Behältern gelagert werden müssen und nicht mit den gleichen Küchenutensilien zubereitet werden dürfen.

KOTELETT

(Rippenstück)

Fingerdicke Scheibe vom besten Nacken- oder Rippenstück mit dem eingewachsenen Knochen aus dem Kotelettstrang (die rückseitige Stammmuskulatur) von Schwein, Kalb, Schaf und Rind. In manchen Gegenden ist das Kotelett auch als ▸ Karbonade bekannt und beim Rind heißt es oft Hochrippe.

KRABBEN

(Kurzschwanzkrebse)

Zehnfüßige Schwimmkrebse (wie auch ▸ Garnelen oder ▸ Hummer), die eine der drei Hauptgruppen der ▸ Krebstiere – und mit rund 5000 Arten sogar die größte – bilden. Die Krabben unterscheiden sich von ihren Artgenossen durch ein stark verbreitertes Kopfbruststück und durch ein zurückgebildetes, „schamhaft" unter dem Panzer verborgenes Schwanzteil aus. Das erste Beinpaar des Rumpfes ist zu Scheren umgebildet. Ungewöhnlich ist auch die Fortbewegungsart von Krabben: Sie laufen bemerkenswert schnell seitwärts. Besonders bekannte Vertreter der Krabben sind die amerikanische ▸ Blaukrabbe, der vor allem im Mittel- und Schwarzen Meer heimische ▸ Taschenkrebs mit einer Panzerbreite bis 30 cm, die ▸ Wollhandkrabbe und die Japanische Riesenkrabbe als größte ihrer Art mit einer Spannweite von 3–4 m und als wichtiger Lieferant von ▸ Crab Meat. Häufig werden auch die langschwänzigen Garnelen als Krabben bezeichnet, obwohl sie völlig anders „gebaut" sind.

KRABBENCHIPS

(Krabbenbrot, Kroepoek, Krupuk)

Dünne, durchscheinende Chips aus gemahlenen Garnelen bzw. Shrimps, Tapiokamehl, Salz, Zucker und teilweise exotischen Gewürzen, die ganz kurz in heißem Öl schwimmend knusprig gebacken werden und sich dabei zum

4–5-fachen ihrer vorherigen Größe „aufplustern“. Krabbenchips sind Bestandteil der indonesischen Reistafel und eine häufige Beilage zu Nudel- und Reisgerichten (u. a. ▸ Bami Goreng und ▸ Nasi Goreng), aber auch beliebter Cocktailsnack. In asiatischen Restaurants werden sie häufig vorneweg gereicht.

KRABBENFLEISCH ▸ Crab Meat

KRABBENPASTE ▸ Terasi

KRACHMANDELN
(Knackmandeln)
süße Mandelsorte (▸ Mandeln) mit besonders dünner und leicht zu knackender Schale, vor allem aus Südfrankreich, Spanien und Sizilien

KRACHSALAT ▸ Eissalat

KRACKBEEREN ▸ Preiselbeeren

KRÄCKER
(Cracker)
kleine, knusprige und meist pikante (mit Salz, Paprika, Käse) Dauerbackware als beliebte Knabberei nicht nur beim Fernsehen

KRAFTBRÜHE ▸ Consommé

KRAFTFLEISCH ▸ Corned beef

KRAFTSAUCE
(Demiglace)
verfeinerte braune Grundsauce (gebunden mit Braten- oder Kalbsfond, abgeschmeckt mit Madeira/Sherry), auch konzentrierter Fischfond

KRAFTWURZ ▸ Ginseng(wurzel)

KRÄHENBEEREN
(Grambeeren)
Dunkelblaue, schwarze oder rote Beeren eines Heidekrautgewächses, das vor allem in der nördlichen Tundra, in Eurasien, in höher gelegenen Regionen Nordeuropas sowie in Nordamerika vorkommt. In Skandinavien werden die säuerlich schmeckenden Krähenbeeren gerne als Kompott gegessen oder zu Wein und anderen alkoholischen Getränken vergoren.

KRAKAUER
Grobe Brühwürste aus gepökeltem Rind- und Schweinefleisch sowie Speck (auch Fettgewebe), die meist kräftig gewürzt und geräuchert werden. Ursprünglich eine schlesische Spezialität werden Krakauer heute in Natur- oder Kunstdärmen besonders häufig in Bayern hergestellt (Krakau: alte polnische Kultur- und Universitätsstadt im Süden des Landes an der oberen Weichsel).

KRAKEBEEREN ▸ Kornellen

KRAKEN
(Oktopusse, Pulpos)
neben ▸ Sepien und ▸ Kalmaren die dritte der für kulinarische Zwecke interessanten Ordnungen in der großen zoologischen Unterklasse der ▸ Tintenfische

KRAMMELN ▸ Grieben

KRAMMETSBEEREN
▸ Wacholderbeeren

KRAMMETSVOGEL ▸ Wacholderdrossel

KRAMPFKRAUT ▸ Gänsefingerkraut

KRANBEEREN ▸ Preiselbeeren

KRANEWITTBEEREN
▸ Wacholderbeeren

KRANICHBEEREN ▸ Cranberrys

KRANZ(KUCHEN)
Feine Backware aus Hefe-, Plunder- oder Mürbteig, die meist in Kranzform hergestellt wird; entweder ungefüllt und ohne weitere Zutaten oder mit Stücken von Trockenfrüchten bzw. mit Füllungen aus Marzipan, Nussmasse usw. Nach dem Backen wird der Kranz mit Fondant glasiert oder mit Zucker und Nüssen bzw. Mandeln garniert. Es gibt auch eine amerikanische Variante mit Walnüssen und Äpfeln.

KRÄPFCHEN ▸ Kreplach

KRAPFEN
Für viele ausschließlich das beliebte süße und kugelige Schmalzgebäck aus Hefeteig, das auch als ▸ Berliner Pfannkuchen bekannt ist und klassisch mit Marmelade bzw. Konfitüre gefüllt ist (heute auch mit anderen Füllungen wie z. B. Vanillecreme, Schoko- oder Nussmasse). Doch der Kochprofi versteht unter Krapfen alle in Teig getauchten und in heißem Fett schwimmend ausgebackenen Stücke Fleisch, Geflügel, Fisch, Gemüse usw.

KRÄPPEL
rheinländisches Fastnachtsgebäck in der Art des Krapfens bzw. Berliner Pfannkuchens

KRATZBEEREN ▸ Brombeeren

KRATZETE ▸ Eierhaber

KRÄUDELE
Griebenwurst aus Schweinefleisch, pikant gewürzt (mit Knoblauch, Muskat, Kümmel, Pfeffer, Majoran, Koriander, Piment usw.)

KRAUSBEEREN ▸ Stachelbeeren

KRAUSE GLUCKE
(Fette Henne, Glucke)
Am Stammgrund oder an den Stümpfen von Nadelbäumen wachsender Speisepilz, der einen fleischfarbigen bzw. ockergelblichen und bis 20 cm großen Fruchtkörper hat. Die Krause Glucke wird wegen ihres würzigen Geruchs und ihres nussigen und morchelähnlichen Geschmacks von Pilzliebhabern sehr geschätzt. Sie lässt sich frisch oder getrocknet vor allem für Saucen, Risottos usw. verwenden.

KRAUSGEBACKENES
in heißem Fett schwimmend knusprig ausgebackene, mit Zimt und Zucker bestreute Mürbteigstreifen

KRAUSKOHL ▸ Grünkohl

KRAUSPETERSILIE
Krausblättrige Art der ▸ Petersilie, besonders zum Garnieren von Speisen

KRAUSSALAT
Sammelbegriff für verschiedene Salatsorten (▸ Salate), die aus Kopfsalat mit anderen Arten gekreuzt wurden und mehr oder weniger gekräuselte Blätter haben.

KRAUT
1. Blätterwerk grüner Pflanzen (vor allem von Kräutern bzw. Würzkräutern)
2. vor allem in Süddeutschland und Österreich gebräuchliche Bezeichnung für ▸ Rotkohl und ▸ Weißkohl bzw. ▸ Sauerkraut

KRAUTBEEREN ▸ Preiselbeeren

KRÄUTER ▸ Küchenkräuter

KRÄUTERBUKETT, -BÜNDEL
▸ Bouquet garni

KRÄUTERBUTTER
(Beurre ravigote)
Aus der klassischen französischen Küche stammende Buttermischung mit verschiedenen frischen Kräutern (wie Schnittlauch, Petersilie, Kerbel, Estragon, Thymian, Brunnenkresse und/oder Pimpinelle), fein gehackter Schalotte, Salz und Pfeffer. Eine besondere Variante der Kräuterbutter ist die so genannte ▸ Schneckenbutter. Meistens wird Kräuterbutter als industriell gefertigtes Handelsprodukt angeboten. Sie wird besonders gerne zu gebratenem und gegrilltem Fleisch gegessen, aber auch zu Kartoffeln und als Brotaufstrich.

KRÄUTER DER PROVENCE
▸ Herbes de Provence

KRÄUTERHAPPEN ▸ Gabelbissen

KRÄUTERHERING
großer und fetter Hering (ausgenommen oder nicht, aber immer ohne Kopf), mild gesalzen und mit Gewürzen und Kräutern meist süßsauer eingelegt

KRÄUTERKÄSE
aus Magermilch bzw. Molke hergestellter ▸ Zigerkäse mit Kräutergeschmack, auch Schmelz- oder Frischkäse mit Zusatz von Kräutern

KRÄUTERLIKÖRE
(Bitter(liköre), Magenbitter)
Wichtige Gruppe der ▸ Liköre, zu der viele bekannte Spezialitäten zählen. Den Kräuterlikören werden allgemein positive Wirkungen auf die Verdauung bzw. Magen-, Darm-, Leber- und Nierentätigkeit zugeschrieben. Als „Zugabe" sind – je nach Art der verwendeten Kräuter – oft noch medizinische Wirkstoffe enthalten, die Kräuterliköre schon seit Jahrhunderten nicht nur zum Genuss- sondern auch Heilmittel machen. In Deutschland haben Kräuterliköre bzw. Magenbitter einen Mindestalkoholgehalt von 32 Vol.-%, meistens aber um die 40 Vol.-%. International bekannte Kräuterliköre sind u. a. die französischen Klosterliköre ▸ Chartreuse und ▸ Bénédictine, die deutschen ▸ Jägermeister und ▸ Underberg oder der italienische ▸ Fernet Branca.

KRÄUTERSALZ ▸ Gewürzsalz

KRÄUTERTEE
Teeähnliches Getränk aus den Blättern, Blüten oder Früchten von Kräuterpflanzen, das im Gegensatz zum echten ▸ Tee kein Koffein bzw. Tein enthält und damit nicht dessen stimulierende Eigenschaft hat. Je nach Art der verwendeten Kräuter kann es aber andere positive bzw. heilende Wirkungen haben. Kräutertees sind im Handel „reinsortig" oder in den unterschiedlichsten Mischungen (teilweise auch mit schwarzem Tee) erhältlich. Sie werden (mit Ausnahme von ▸ Mate) immer mit heißem Wasser aufgegossen. Man kann die Kräuter aber auch selbst anbauen bzw. wild sammeln, was einen großen Vorteil hat: Frisch gepflückte Kräuter entfalten das beste Aroma und haben auch sonst nichts von ihrem Wert verloren. Klassische Kräuterteepflanzen sind Kamille, Hagebutte und Pfefferminze. Geschmackssache sind weitere Zusätze wie Honig, Zucker oder Zitrone.

ZUBEREITUNG

Sorgfalt verlangt die Zubereitung von frischem Kräutertee. Die Menge an Kräutern darf nicht zu gering sein, sonst schmeckt Kräutertee dünn und fad. Wird das Wasser zu heftig (sprudelnd) gekocht, verflüchtigen sich die wertvollen ätherischen Öle und lässt man ihn zu lange ziehen, schmeckt er unangenehm bitter.

KRAUTFLEISCH
Hinter dieser Bezeichnung können sich verschiedene Gerichte verbergen, die aber zumindest die beiden Hauptzutaten Sauerkraut und Fleisch (meist vom Schwein) gemeinsam haben. Eine besonders bekannte und oft nachgeahmte Art Krautfleisch ist das bekannte ungarische ▸ Szegediner Gulasch.

KRAUTKRAPFEN
Süddeutsche Spezialität: Taschen, Streifen oder Fladen aus Nudel- bzw. Strudelteig, gefüllt mit Sauerkraut, Speckwürfeln und Zwiebeln (teilweise auch geriebenen Äpfeln), und in der Pfanne in Schweineschmalz oder Öl goldgelb bis knusprig gebacken.

KRAUTROULADEN ▸ Kohlrouladen

KRAUTSALAT
fein gehobelter bzw. in dünne Streifen geschnittener Weißkohl mit Kümmel, Zwiebel, Salz und Zucker in einer Essig-Öl-Marinade, oft auch mit Speck

KRAUTSPÄTZLE
schwäbische Spätzle mit Sauerkraut, gebratenem Speck, Schinkenwürfeln und Zwiebeln

KRAUTSTIEL eine Art von ▸ Mangold

KRAUTSUPPE ▸ Krotsip

KRAUTWICKEL ▸ Kohlrouladen

KREBSTIERE
(Krustentiere, Kruster)
Äußerst vielgestaltige Klasse der Gliederfüßer mit weltweit beinahe 40 000 Arten, deren Vertreter meist im Wasser leben und durch Kiemen „Luft schnappen". Für den Feinschmecker von Interesse ist aber nur die Ordnung der lang-, mittel- oder kurzschwänzigen Zehnfußkrebse, bei denen Kopf und Brust zu einem harten Panzer verschmolzen sind und die fünf Paar Beine besitzen. Ein Beinpaar (meist das vorderste) ist bei einigen Arten zu Scheren ausgebildet, was sie gefährlicher aussehen lässt als sie sind. Nach der Körperform unterscheidet man drei Hauptgruppen der gepanzerten Delikatessen: ▸ Garnelen, ▸ Krabben und als dritte Gruppe ▸ Hummer, ▸ Languste und ▸ Flusskrebse. Letztere leben als einzige Vertreter der kulinarisch verwertbaren Krebstiere im Süßwasser und werden im Volksmund oft irreführend kurz als Krebse bezeichnet.

KREIENBEEREN ▸ Ebereschenbeeren

KREM(E) ▸ Creme

KREMINI
italienisches Gebäck mit einer Füllung aus Haselnuss- und Vanille- oder aus Kakaocreme

KREN
in Süddeutschland und Österreich verbreiteter Name für ▸ Meerrettich

KRENDEL
ursprünglich aus Russland kommendes, mit Puderzucker bestäubtes süßes Gebäck in Brezenform aus Hefeteig mit Eigelb, Rum, Vanillinzucker und Safran, dazu Butter oder Schlagsahne und heiße Schokolade zum Eintauchen

KRENFLEISCH
Österreichische Spezialität: Schweine- oder Rindfleisch wird mit Mohrrüben, Petersilienwurzel, Knollensellerie, Zwiebeln, Kartoffeln in Wasser gekocht (gewürzt mit Lorbeerblatt, Thymian, Pfefferkörnern, Salz, Essig) und mit reichlich geriebenem Meerrettich serviert.

KREOLEN-ART
(créole, à la)
Zubereitung mit Risotto (Kreolenreis), Gemüsepaprika, Tomaten und Zwiebeln, auch mit Risotto gefüllte Paprika (Kreolen: in Lateinamerika geborene Nachkommen der europäischen Eroberer und Einwanderer sowie in Lateinamerika geborene Mischlinge zwischen Weißen und Farbigen, auch in den Südstaaten der USA)

KREOLISCHE REISPFANNE
▸ Jambalaja

KREPLACH
kleine dreieckige Nudelteigtaschen der jüdischen Küche, mit Hackfleisch und Quark gefüllt und in Wasser oder Fleischbrühe gegart, als Suppeneinlage

KRESSE
Sammelbezeichnung für krautige und artenreiche Kriechpflanzen, die verschiedenen botanischen Familien angehören. Kresse ist im Geschmack von milder bis brennender Schärfe, wofür vor allem die enthaltenen Senföle und andere Scharfstoffe verantwortlich sind. Sie wächst wild vor allem in Europa, Nordamerika und im nördlichen Asien, ist längst aber gezähmt und massenhaft im Topf erhältlich und auch zu Hause leicht anzubauen. Vier Arten von Kresse sind für die Verwendung in der Küche am wichtigsten.

Brunnenkresse: Wild wachsende Art von Kresse (auch Bachkresse, Bitterkraut, Wasserkresse, Wassersenf, Wiesenkren), die bevorzugt an feuchten und schlammigen Standorten in gemäßigten Klimazonen vorkommt (an Quellen, Bächen, Flüssen, nassen Gräben oder Teichen). Echte Brunnenkresse wird nicht kultiviert und ist nur regional verfügbar. Ihr Geschmack ist besonders würzig pikant und hat Ähnlichkeit mit Senf und Meerrettich. In der Küche wird sie wie Gartenkresse verwendet.

Gartenkresse: Die Kulturform der Brunnenkresse ist dieser sehr ähnlich, aber etwas weniger aromatisch und milder. Sie lässt sich auch auf der Fensterbank gut ziehen und zugedeckt im Kühlschrank aufbewahren. Gartenkresse (und Brunnenkresse) ist weit mehr als eine ausgezeichnete Salat- (in Mischsalaten) und Rohkostpflanze. Man kann damit Brühen und klare Suppen, aber auch gebratenes Fleisch, Fisch oder Reis würzen sowie Mayonnaisen und Remouladen verfeinern.

Kapuzinerkresse: Sehr beliebte und in Europa weit verbreitete Art von Kresse (auch Blumenkresse), die besonders fleischige und saftige Stängel und Blätter mit einem pfeffrigen Geschmack hat. Die Blätter werden meist als Salat angerichtet, eignen sich aber auch für Quark, Frischkäse, Kartoffeln, Eier und Saucen sowie Fisch und Fleisch. Die Blüten würzen Salate, Essig und Desserts und sind in ihrer orangeroten Farbenpracht eine schöne und zudem

essbare Dekoration. Die Samen bzw. geschlossenen Knospen werden in Essig und Salzbrühe eingelegt als Kapernersatz verwendet.
Winterkresse (auch Barbarakraut genannt): Eine wild an Wegrändern, Äckern, Bahndämmen und Gewässerrändern wachsende Art von Kresse, die mit 30–90 cm höher als die meisten ihrer Artgenossen wird und in gemäßigten Klimazonen weltweit verbreitet und vermutlich eine spontane Kreuzung zwischen zwei anderen Arten ist. Sie wird ebenfalls in Mischsalaten angemacht und als Saucenwürze verwendet oder ergibt in Butter gedünstet ein spinatähnliches Wildgemüse.

KRETZER ▸ Flussbarsch

KREUSEL ▸ Portulak

KREUZBROT ▸ Pinza

KREUZKÜMMEL
(Cumin, Djenten, Kumin, Mutter-, Pfaffen-, Pfefferkümmel, Welscher Kümmel)
Wie der „echte" Kümmel gehört der Kreuzkümmel zwar zur Familie der Doldenblütengewächse, dennoch ist die Namensverwandtschaft zwischen beiden Pflanzen und ihre optische Ähnlichkeit größer als die botanische. Als Gewürz werden die getrockneten Früchte, manchmal auch als Samen bezeichnet, verwendet – und das schon seit Jahrtausenden. Der Ursprung wird im Nil-Tal vermutet, wo die Pflanze schon seit biblischen Zeiten kultiviert wird.
Heute wird Kreuzkümmel vor allem im Mittelmeerraum, in den GUS-Staaten, in weiten Teilen Asiens und in Lateinamerika angebaut und in den dortigen Küchen besonders vielfältig verwendet. Seine getrockneten Früchte sind unverwechselbar aromatisch und kampferartig (wenn man sie vor Gebrauch röstet, entfaltet sich das exotische Aroma noch besser), ihr Geschmack ist bitter, scharf und völlig unterschiedlich zum „normalen" Kümmel. Deshalb sollte man sich vom Namen und der Optik keinesfalls dazu „verführen" lassen, in der Küche Kreuzkümmel anstelle von Kümmel einzusetzen. Kreuzkümmel ist eines der charakteristischen Gewürze der indischen Küche und ein klassisches Mischgewürz.

VERWENDUNG

Kreuzkümmel ist Bestandteil vieler Gerichte bzw. Eintöpfe mit Fleisch, Reis (Currys) und Hülsenfrüchten sowie traditioneller Gewürzmischungen wie ▸ Garam Masala, ▸ Currypulver oder ▸ Chillipulver. Ein typisches Gericht mit intensivem Kreuzkümmelaroma ist ▸ Falafel aus der arabischen Küche. Weiter wird er in China, in Indonesien, im Nahen Osten, in Nordafrika (vor allem im ▸ Couscous), Frankreich und in Mexiko gerne verwendet.

KREVETTEN ▸ Garnelen

KRILL
Kleiner, nur bis 6 cm langer Leuchtkrebs der Nordmeere (▸ Krebstiere), der früher als ungenießbar galt, doch von Feinschmeckern mittlerweile in einem anderen Licht gesehen wird. Das Fleisch des Minikrebses hat nämlich einen ungewöhnlich hohen Proteingehalt (über 60 %) und ist ernährungsphysiologisch besonders wertvoll. Der Krill bildet riesige Schwärme und ist als wichtiger Bestandteil des Ökosystems in der Antarktis die Hauptnahrung für viele Wale, Robben, Eisfische, Tintenfische, Pinguine und Albatrosse. Für die menschliche Ernährung wird er hauptsächlich industriell zu Krillfleischpaste, einem Proteinkonzentrat, verarbeitet und auch bei der Herstellung von ▸ Surimi verwendet.

KRIMSEKT
Roter oder weißer Schaumwein mit 200-jähriger Tradition, der von der früher russischen und heute ukrainischen Halbinsel Krim im Schwarzen Meer kommt. Der Glanz früherer Tage ist durch den Trend zu immer trockeneren Weinen und die lange übertriebene Süße des Krimsekts verblasst. Doch die Hersteller haben die Zuckerzugabe (Dosage) deutlich verringert und stellen den Krimsekt heute nach dem Champagnerverfahren her – das hat ihn wieder zu einem international konkurrenzfähigen Produkt gemacht.

KRINGEL
Sammelbezeichnung für ringförmiges Backwerk (meist aus Weizenmehl)

KRISPIES
(Crisps)
moderne Bezeichnung für vorwiegend ungesüßte und meist zum Frühstück gegessene Knuspererzeugnisse aus verschiedenen „Rohstoffen" (z. B. Reis)

KRISTALLPFLANZE ▸ Eiskraut

KRISTALLWEIZEN
neben dem Hefeweizen die zweite Hauptart von ▸ Weißbier

KRISTALLZUCKER
vor allem als Streuzucker verwendete Zuckersorte (▸ Zucker) mit sichtbaren Kristallen, grobkörnig als ▸ Hagelzucker, mittelgrob als Granulatzucker, feinkörnig als Kastorzucker

KRITHARAKI
(Griechische Nudeln)
kleine, in der griechischen Küche für verschiedene Gerichte verwendete Nudeln in Getreide- oder Reiskornform aus Hartweizengrieß

KROATZBEEREN
Synonym für ▸ Brombeeren, genauer für Waldbrombeeren, außerdem heißt ein bekannter Brombeerlikör mit 25–35 Vol.-% Alkoholgehalt Kroatzbeere. Die Bezeichnung „Echte Kroatzbeere" ist dabei geschützt und einem einzigen Hersteller vorbehalten.

KROEPOEK ▸ Krabbenchips

KROKANT
(Grillage)
Knusprige Masse aus karamellisiertem Zucker und gehackten Nüssen (in der Regel Mandeln, Hasel- oder Walnüsse), deren Anteil mindestens 20 % betragen muss. Nach der Konsistenz unterscheidet man Hartkrokant (hart, knusprig), Weichkrokant (mit Zusatz von Mich, Stärkesirup, Honig und Rohmasse) und Blätter- oder Mürbkrokant (wird ähnlich wie Blätterteig mit vielen dünnen Schichten hergestellt). Eine andere spezielle Art ist der mit Butter veredelte und besonders weiche Butterkrokant.
VERWENDUNG: *Eine beliebte Zutat ist Krokant für Konditorei- und Zuckerwaren, u.a. als Füllung für Pralinen, als Unterlage für Gebäck, Marzipan und Nugat oder zerbröselt bzw. zerstoßen für Torten und Kuchen. Butterkrokant wird auch als Konfekt gereicht (frz. „croquant" = „Knuspergebäck").*

KROKETTEN
(Croquetten, Krusteln)
Oft gleichgesetzt mit ▸ Kartoffelkroketten, können Kroketten auch aus vielen anderen „Rohstoffen" als Kartoffeln (bzw. den Massen daraus) in unterschiedlichen Formen hergestellt werden. Damit sie Kroketten heißen dürfen, müssen die Kügelchen, Röllchen, Klößchen, Stäbchen usw. paniert und in heißen Fett schwimmend ausgebacken werden. Dazu eignen sich Massen aus klein geschnittenem oder püriertem Fleisch, Geflügel, Wild, Fisch, Krusten- und Schalentieren ebenso wie aus Gemüse, Pilzen, Reis, Nudeln oder Grieß.

KROMESKIS
(Backteigkrusteln, Cromesquis)
In Eierkuchen oder Speckstreifen gehüllte Krokettenmasse, die durch Backteig gezogen und in heißem Fett schwimmend ausgebacken wird; als Vorspeise, Beilage oder Süßspeise.

KRONAWETTBEEREN
▸ Wacholderbeeren

KRONENBRATEN
zu einer Krone gebundener, im Ofen gebratener Kotelettstrang von Schwein, Kalb, Lamm

KRONENKREBSE ▸ Königskrabben

KRONFLEISCH
Bayerische/österreichische Spezialität: Das Zwerchfellfleisch von Schlachttieren, meist vom (jungen) Rind (dann die ▸ Querrippe), wird mit Möhren, Sellerie, Porree und Zwiebeln leicht gekocht und mit frisch geriebenem Meerrettich, Essiggurken und grobem Salz serviert (traditionell auf einem Brotzeitteller aus Holz). Dazu gibt es Brezen oder Holzofenbrot.

KRONSARDINEN
(Kronsild)
kleine Ostseeheringe ohne Kopf in einer Marinade aus Essig, Zwiebelscheiben, Pfefferkörnern, Wacholderbeeren, Salz usw.

KRONSBEEREN ▸ Preiselbeeren

KRONSILD ▸ Kronsardinen

KRÖTENFISCH ▸ Seeteufel

KROTSIP
(Krautsuppe)
jüdische Suppe mit Sauerkraut, geräuchertem Rindfleisch, Zwiebel und Knoblauchzehen, gebunden mit heller Mehlschwitze

KRÜLLBOHNE
▸ Flageoletbohne (▸ Bohnen)

KRUME
Das meist weiche und locker-voluminöse Innere von Brot und anderen Backwaren, dessen Eigenschaften (Struktur, Elastizität, Geruch, Geschmack) von der Art der Backzutaten und der Teiglockerung abhängig sind. Umgeben wird die Krume von einer meist festen ▸ Kruste.

KRUMMETVOGEL ▸ Wacholderdrossel

KRUPNIK
1. polnische Graupensuppe mit klein geschnittenem Wurzelwerk, Kartoffeln Zwiebeln, Eigelb, saurer Sahne und Zitronensaft
2. in Polen und Litauen populärer süßer Honiglikör (auf der Basis von Kornbrand und Honig) mit bis zu 50 unterschiedlichen Kräutern

KRUPUK ▸ Krabbenchips

KRUSE(L)BEEREN ▸ Stachelbeeren

KRUSTADEN
(Krustenpasteten, -törtchen)
Meist blind gebackene Törtchen aus Mürb-, Blätter- oder Pastetenteig aus Reis-, Grieß- oder Kartoffelmasse mit einer Füllung (Ragout) aus Fleisch, Meeresfrüchten, Pilzen, Eiern usw., die gerne als Vorspeisen und immer heiß serviert werden; im Handel auch als Fertigprodukt (frz. „croustade“ = „Mürbteigtörtchen“).

KRUSTCHEN
(Croûtes)
ausgehöhlte und mit verschiedenen feinen Ragouts usw. gefüllte ▸ Croûtons, auch panierte und in Butter gebackene Schwarz- oder Weißbrotscheiben

KRUSTE
Feste und meist knusprige äußere Oberfläche bzw. Hülle einer Speise, die das meist weiche Innere umschließt und manchmal auch „zusammenhält“. Die Kruste ist für Feinschmecker ein besonderer Leckerbissen, z. B. bei einem Braten, bei Grillfleisch und -würsten, Aufläufen, aber auch bei Backwaren (vor allem Brot).

KRUSTELN ▸ Kroketten

KRUSTENKANDIS
eine Art von ▸ Kandis(zucker)

KRUSTENPASTETEN ▸ Krustaden

KRUSTENTIERE ▸ Krebstiere

KRUSTENTÖRTCHEN ▸ Krustaden

KRUSTER ▸ Krebstiere

KUBEBENPFEFFER
(Schwanz-, Stielpfeffer)
Die Steinfrüchte eines bis 6 m hohen Strauches bzw. kleinen Baumes aus der botanischen Familie der Pfeffergewächse, der vor allem auf Java und anderen indonesischen Inseln, in Sri Lanka und einigen afrikanischen Ländern angebaut wird. Die braun-schwarzen, runzeligen Körner haben einen stielartigen Fortsatz, weshalb sie auch Schwanz- oder Stielpfeffer genannt werden. Kubebenpfeffer hat ein ausgeprägtes Aroma, das entfernt an Terpentin und Gewürznelken erinnert. Im Geschmack ist er würzig-pfeffrig mit leichter Schärfe und Bitterkeit. In früheren Zeiten diente Kubebenpfeffer in Europa oft als Ersatz für Schwarzen Pfeffer (wie noch heute in seiner Heimat), doch mittlerweile hält sich seine Verwendung hier in engen Grenzen.
VERWENDUNG: *Kubebenpfeffer ist Bestandteil von Gewürzmischungen und Pfefferkuchengewürzen, dient aber auch zum Würzen von Reis- und Gemüsegerichten sowie Meeresfrüchten. Weiter werden damit Liköre und Saucen aromatisiert.*

KUCHELKRAUT ▸ Majoran

KUCHEN

Sammelbezeichnung für feine und größere Backwaren, die aus Teigen oder Massen hergestellt werden. Mehl, Eier, Fett, Milch, Wasser und Zucker sind die Grundzutaten für einen Kuchen, der weiter mit Früchten, Nüssen, Schokolade, Quark, Korinthen usw. angereichert werden kann. Nach ihrer Form und Größe unterscheidet man flache

▸ Blechkuchen, höhere ▸ Napfkuchen (wie der ▸ Marmorkuchen) oder schichtweise „herangewachsene“ ▸ Baumkuchen. Der große deutsche Kuchenklassiker ist der ▸ Obstkuchen. Etwa 75 % aller in Deutschland „vernaschten“ Kuchen werden zu Hause hergestellt, was durch Fertigmischungen in vielen Variationen leicht gemacht wird.

KÜCHENKRÄUTER
(Kräuter, Würzkräuter)
Sammelbegriff für Gewürz-, Heil- und Gemüsepflanzen, deren oberirdische Pflanzenteile frisch und grün zum Würzen von Speisen verwendet werden (▸ Gewürze) und die in diesem Zustand ihr Aroma besser entfalten als getrocknet. Typische Küchenkräuter sind u. a. Basilikum, Beifuß, Bohnenkraut, Borretsch, Dill, Estragon, Kerbel, Petersilie, Pfefferminze, Pimpinelle, Rosmarin, Salbei, Schnittlauch oder Thymian. Viele davon kann man selbst im Garten ziehen oder in kleinen Blumentöpfen für die Fensterbank zu Hause kaufen.

KÜCHENLAUCH ▸ Porree

KÜCHENPOLEI ▸ Thymian

KÜCHENSAHNE ▸ Crème fraîche

KUFTA ▸ Köfte

KUGEL
(Knopfstück, Nuss)
Feines, mageres Fleischstück, das aus der Rinder- oder Kalbskeule (zwischen ▸ Blume und Schwanzstück) quer zur Faserung geschnitten wird und sich am besten zum Braten und Schmoren eignet. Oft werden die zarten Steaks auch als Nüsschen angeboten.

KUGELFISCH
(Fugu)
Vielleicht liegt es ja noch mehr am Nervenkitzel als an der Qualität des Fleisches: Auf jeden Fall hat es der Kugelfisch, der zur Familie der Keulenfische zählt, in Japan (allerdings sonst nirgendwo auf der Welt) zu höchster Popularität gebracht. Wenn dem Koch nur ein kleiner Fehler bei der Zubereitung unterläuft, kann der Genuss tödlich enden, weil Kugelfisch in Innereien (besonders Leber, Eierstöcke) und Haut das für den Menschen bereits in geringsten Dosen absolut tödliche Nervengift Tetrodotoxin enthält. Daher benötigen in Japan Köche, die Fugu zubereiten – wie auch alle Personen, die mit Fang und Handel zu tun haben –, eine Spezialausbildung und eine besondere Lizenz. Das macht Kugelfisch zu einer kostspieligen Delikatesse, die traditionell als Statussymbol verspeist wird.

In früheren Zeiten war die Todesrate nach dem Genuss von Kugelfisch in Japan noch relativ hoch. Die durchschnittlich fünf Japaner pro Jahr, die auch heute noch daran sterben, sind aber ausnahmslos Privatleute, die den Fisch ohne Lizenz zubereiten. Kugelfisch wird nur in besonders autorisierten Restaurants angeboten. Man erkennt sie oft an einem getrockneten und aufgeblasenen Kugelfisch am Eingang. Der Fisch wird meist roh, als Sashimi in hauchdünne Scheiben zerlegt, verzehrt. Nach deutschem Recht darf Kugelfisch nicht zum Verzehr nach Deutschland importiert werden und seine Zubereitung ist verboten. Fugu ist auch die einzige Nahrung, die den Mitgliedern der kaiserlichen Familie nicht aufgetischt werden darf.

SCHON GEWUSST?

Einer Legende nach begingen Köche von Fugu (▸ Kugelfisch), in deren Restaurant Leute vergiftet wurden, früher rituellen Selbstmord – was in Japan Seppuku heißt und nicht Harakiri, wie Europäer und Amerikaner oft denken. Seppuku war etwa ab der Mitte des 12. Jh. in Japan und hier vor allem innerhalb der Schicht der Samurai, verbreitet und wurde 1868 offiziell verboten. Der Begriff Harakiri dagegen beschreibt nur einen Teil des Rituals und ein traditionsbewusster Japaner empfindet seine Verwendung in Bezug auf den Akt der Selbsttötung sogar als Beleidigung.

KUGELHUPF ▸ Gugelhupf

KUGL ▸ Kigl

KUGLI
(Ganef)
jüdische Knödel aus Mehl und Gänseschmalz, gewürzt mit Paprika, Salz und Pfeffer im ▸ Tscholent (Bohneneintopf) gegart

KUH
Im allgemeinen Sprachgebrauch meist das weibliche Hausrind (▸ Rind), das erstmals gekalbt hat und Milch gibt (deshalb auch Milchkuh). Zoologisch werden aber auch die weiblichen bzw. Muttertiere vieler anderer Säugetierarten als Kühe bezeichnet, unter anderem von so unterschiedlichen Tieren wie Hirsch, Elefant, Giraffe oder Wal.

KUHBOHNE/-ERBSE
▸ Augenbohne (▸ Bohnen)

KUHMAUL
(Gelbfuß, Großer Schmierling)
Wenig bekannter und wegen der Schleimschicht, die ihn bedeckt, meist nicht so beliebter Speisepilz, der aber durchaus geschmackliche Qualitäten hat. Das Kuhmaul wächst von Juli bis Anfang November in Nadelwäldern ausschließlich unter Fichten.

KUHMILCHKÄSE
Sammelbegriff für alle aus der rohen oder pasteurisierten Milch von Kühen hergestellten ▸ Käse, die von sehr unterschiedlichem Charakter und Geschmack sein können. So sind beispielsweise ▸ Emmentaler, ▸ Greyerzer oder ▸ Comté ebenso wie ▸ Vacherin, ▸ Camembert und ▸ Munster, wie ▸ Fourme d'Ambert, ▸ Stilton und ▸ Gorgonzola, wie ▸ Gouda und ▸ Edamer Kuhmilchkäse.

KUHPILZ
(Kuhröhrling)
Für sich alleine nur ein mäßiger Speisepilz aus der Familie der Röhrlinge, der aber in Pilzmischgerichten verwendet werden kann und oft in Handelspackungen mit (getrockneten) Mischpilzen enthalten ist oder zu Pilzpulver verarbeitet wird.

KUJAVE ▸ Guave

KÜKEN
Allgemein ein frisch geschlüpfter Vogel, in der Küchensprache ist damit aber vor allem das Jungtier des Huhns und das kleinste ▸ Hähnchen gemeint, das auf den Tisch kommt (auch als Stubenküken bezeichnet).

KUKURUZ ▸ Mais

KUKUSSA
nordafrikanische Teigwaren (vor allem aus Marokko), hergestellt aus Weizen-, Gersten-, Hirse- oder Maisschrot

KULEBJAKA
Eine der bekanntesten ▸ Piroggen (Pasteten), die in Russland zu den Nationalgerichten zählen. Kulebjaka ist eine Hefeteigpastete, die immer hart gekochte Eier enthält, ansonsten aber verschiedene Füllungen aus Fleisch, Fisch, Kohl, Reis oder Pilzen haben kann. In der Edelversion (Moskauer Kulebjaka) besteht eine Schicht aus Stör, der noch ein anderes Luxusprodukt liefert, den ▸ Kaviar.

KULLOCHEN ▸ Kohlrüben

KULTURHEIDELBEEREN
dunkelblaue, gut haltbare und transportfähige Heidelbeersorte mit großen und fleischigen Beeren und wenig Kernen, vor allem aus den USA, England, Holland, Deutschland

KULTURPREISELBEEREN
▸ Cranberrys

KULTURSCHIMMEL ▸ Edelschimmel

KUMIN ▸ Kreuzkümmel

KÜMMEL

(Brot-, Mattenkümmel, Karbei)
Die reifen, getrockneten Spaltfrüchte einer krautigen Pflanze aus der Familie der Doldenblütengewächse gedeihen vor allem in Mittel- bzw. Nordeuropa und gelten als typisches Gewürz der deutschen Küche. Zu den Hauptproduzenten zählen neben Deutschland noch Holland und die GUS-Staaten. Über den Ursprung des Kümmels sind sich die „Gelehrten" nicht ganz einig; manche vermuten ihn in Mitteleuropa, andere im östlichen Mittelmeerraum oder in den gemäßigten Zonen Asiens. Aufgrund von Funden in Pfahlbauten gilt er als das älteste in Europa verwendete Gewürz. Die 3–7 mm langen und 1,5–2 mm breiten Kümmelfrüchte, die zum Würzen ver-

wendet werden, haben ein markant-würziges Aroma. Im Geschmack sind sie leicht brennend, süßlich und erinnern an Anis. Sie enthalten ein ätherisches Öl, das sich beim Zerstoßen am besten entfaltet. Kümmel ist auch deshalb so populär, weil er die Verdauung anregt sowie Magen und Darm stärkt. Neben der Verwendung in der Küche werden deshalb auch Liköre und Branntweine damit aromatisiert, so z. B. ▸ Aquavit und ▸ Allasch. Kümmelschnaps ist Zutat in ▸ Berliner Weiße, wenn sie „mit Strippe" angeboten wird. Nicht verwechselt werden darf er mit ▸ Kreuzkümmel.

VERWENDUNG: *Kümmel ist ein typisches Gewürz für Sauerkraut und andere Kohlgerichte, gibt aber auch vielen Fleisch-, Gemüse- und Zwiebelgerichten, Kartoffeln, Käse- und Wurstwaren Würze. Er gehört ins ▸ Gulasch und ins ▸ Irish Stew ebenso wie in den ▸ Krautsalat und passt besonders zu deftigen Speisen bzw. fettem Fleisch. Eine unverzichtbare Zutat ist Kümmel in vielen Backwaren, u.a. in Brotsorten oder auf salzigem Gebäck.*

KÜMMELKÄSE

unter Zusatz von Kümmel aus Kuhmilch hergestellter Weichkäse (▸ Käse) mit 10 % Fett i. Tr., im Geschmack würzig und pikant

KUMQUATS

(Gold-, Japanische Orangen, Kinotos, Nagamis, Zwergorangen, -pomeranzen)

Die kirsch- bis pflaumengroßen Miniorangen sind die kleinsten aller Zitrusfrüchte und werden u. a. in ihrer ursprünglichen Heimat China, in Indien und Japan kultiviert. Bei uns kommen sie hauptsächlich aus Italien, Israel, Südafrika und Brasilien in den Handel. Die Früchte können – da sie chemisch nicht behandelt werden – mitsamt ihrer dünnen und würzig-süß schmeckenden Schale verspeist werden, die mit dem säuerlich-herben Fruchtfleisch eine feine Geschmackskombination ergibt. Mit einer Limette gekreuzt wird aus der Kumquat eine ▸ Limequat, wenn eine Orange Kreuzungspartner ist eine Orangequat.

VERWENDUNG: *In Mode sind Kumquats besonders auch wegen ihres hübschen Aussehens, das sie zu einer beliebten Dekoration macht. Man kann sie frisch essen, Obstsalate und verschiedene Süßspeisen damit ergänzen, als schmackhafte Dekoration auf Kuchen, Torten usw. legen oder sie zu Kompott oder Marmelade verarbeiten.*

KUNSTHONIG

Hauptsächlich aus ▸ Invertzucker (Spaltungsprodukt aus Saccharose) bestehendes, meist aromatisiertes und gefärbtes Erzeugnis der Lebensmittelindustrie, das in seinen sensorischen Eigenschaften echtem ▸ Honig ähnlich ist. Kunsthonig wird zur Herstellung von Lebkuchen und anderen Backwaren sowie als Brotaufstrich verwendet.

KUPFER

Einer der für den menschlichen Organismus wichtigen ▸ Mineralstoffe (chemisches Zeichen Cu), der vielfältige Funktionen erfüllt (z. B. Bildung von Blutfarbstoff, Aufbau von Knochen- und Bindegewebe, Stärkung des Immunsystems). Kupfer ist vor allem in Fleisch, Innereien, Austern, Fisch, grünem Blattgemüse, Hülsenfrüchten, Brot, Pilzen, manchen Gewürzen und Kokosnüssen enthalten.

KÜRBISKERNE

In der Küche verwertbare mandelförmige Samen der ▸ Kürbisse, aus denen auch das ▸ Kürbiskernöl gewonnen wird. Sie kommen in der Regel von einer besonderen Sorte, dem so genannten Ölkürbis. Dieser zeichnet sich durch „nackte" Kerne aus, die nicht – wie bei den anderen Kürbissen – von einer dicken Faserschicht und einer zähen Haut umgeben sind. Dadurch lassen sich die Kerne leicht aus dem Fruchtfleisch lösen. Kürbiskerne sind wahre Nährstoffpakete und eine kleine Delikatesse. Sie machen sich nicht nur in der Kürbissuppe gut, sondern sind vielseitig verwendbar. Karamellisiert schmecken sie besonders lecker und machen Nüssen Konkurrenz. Außerdem wird aus ihnen ▸ Kürbiskernöl hergestellt.

KÜRBISKERNÖL

(Kernöl)

Aus den gerösteten Samen des so genannten Ölkürbis in einem aufwändigen technischen Verfahren gepresstes Speiseöl, das man vor allem als Spezialität der südlichen Steiermark in Österreich kennt. Das besonders gesunde Kernöl wird weiter in Russland, Rumänien und zunehmend auch in Deutschland hergestellt. Seine Haltbarkeit ist begrenzt (12 Monate).

KÜRBISORANGEN ▸ Pampelmusen

KÜRBISSE
Früchte einer Pflanze aus der großen Familie der Kürbisgewächse, die in rund 120 Gattungen unterteilt ist und einen besonders großen Artenreichtum (über 800 Arten) aufweist (u. a. zählen zu ihr auch ▸ Melonen und ▸ Gurken). Die Gattung der Kürbisse ist in 20 Arten unterteilt, von denen aber nur 5 für den Kürbisanbau eine Rolle spielen: Gartenkürbis (mit rund 400 Sorten), Riesenkürbis (mit den größten Exemplaren), Moschuskürbis (mit vielen Sorten von hohem kulinarischen Wert), Ayote (vor allem in Mittel- und Südamerika verbreitet, auch als Cushaws bekannt) und Feigenblattkürbis (vorwiegend als Veredelungsunterlage für Gurken und Melonen). (▸ Seite 303).

KURKUMA
(Gelber Ingwer, Gelbwurz, Indischer Safran)
Eine Pflanzengattung aus der Familie der Ingwergewächse und ein exotisches Gewürz, das aus den Haupt-/Nebenrhizomen (Knollen) einer speziellen Art mit intensiver gelber Farbe gewonnen wird. Seinen Ursprung hat Kurkuma vermutlich im Hochland Indiens, das auch heute noch rund 80 % der Welternte liefert. Weitere Hauptverbreitungsgebiete sind China, Sri Lanka und die Philippinen. Zur Herstellung des Gewürzes werden die Rhizome gekocht, geschält, auf Matten ausgebreitet und 1–2 Monate lang an der Sonne getrocknet. Frisch hat die Wurzel ein harziges Aroma und einen brennenden, ingwerartigen Geschmack, getrocknet ist er mildwürzig und feinbitter. Das gute Aroma schlägt bei längerer Lagerung aber relativ bald in erdig und muffig um. Bei uns kommt Kurkuma meist fein gemahlen in den Handel.

VERWENDUNG

Als Einzelgewürz wird Kurkuma vor allem in vielen indischen, thailändischen oder anderen asiatischen Gerichten verwendet (vor allem wenn Reis, Geflügel, Krustentiere und Eier mit dabei sind). Ein wesentlicher und die typische Farbe gebender Bestandteil ist es in Currypulver, anderen Gewürzmischungen und vielen Saucen. Außerdem dient Kurkuma oft als wesentlich billigerer Safranersatz und als Färbemittel.

KURZKORNREIS
▸ Rundkornreis (▸ Reis)

KUSKUS ▸ Couscous

KUTTELFLECK Gericht aus ▸ Kutteln

KUTTELKRAUT ▸ Majoran

KUTTELN
(Kaldaunen, Löser, Tripes)
In der Küchensprache gebräuchliche Bezeichnung für die Kaldaunen, womit der Vormagen (in dem die pflanzliche Nahrung der Wiederkäuer bakteriell zersetzt wird) und die essbaren Teile des Magen-Darm-Traktes vor allem von Rindern (in Frankreich und Italien auch von Kalb oder Lamm) gemeint sind. Kutteln gelten – richtig zubereitet – als leicht verdauliche Delikatesse. Hauptteil ist der Pansen, doch werden auch die anderen drei Mägen der Kuh oft zu Kutteln verarbeitet: Blättermagen, Netzmagen und Lab- oder Käsemagen.
VERWENDUNG: *Man kann Kutteln zu Ragouts (z. B. ▸ Saure Kutteln oder ungarisches Kuttelgulasch) und in Suppen verarbeiten, in feine Streifen geschnitten lassen sie sich mit Kräutern, Gemüse, Gewürzen usw. aber auch als Salat zubereiten.*
EINKAUFSTIPP: *Um sie genießbar zu machen, müssen Kutteln sorgfältig vorbehandelt (gereinigt, vom Talg befreit, mehrere Stunden gewässert und etwa 10 Stunden in Salzwasser gegart) werden. Nur so sollte man sie beim Metzger kaufen.*

KUVERTÜRE
(Couverture, Schokoladenguss, Überzugsmasse, Überzugsschokolade)
Aus mindestens 31 % Kakaobutter, fettfreier Kakaotrockenmasse und Zucker bestehende Spezialschokolade, die im warmen Wasserbad geschmolzen und zum Überziehen von Back- und Konditoreiwaren verwendet wird.

KWASS
Erfischendes und durstlöschendes Volksgetränk der Russen, das durch Vergärung von Ausgangsstoffen mit hohem Kohlenhydratanteil (z. B. Getreide/-produkte, Tee) hergestellt wird und nur geringen Alkoholgehalt hat. Es gibt für Kwass eine Vielzahl von Rezepturen, teils gemischt mit Früchten und aromatischen Zugaben. Früher wurde Kwass in jedem Haushalt angesetzt, heute versteht man darunter auch ein russisches Leichtbier.

Kürbis – der „Kaiser des Gartens“

Im alten China wurde er „Kaiser des Gartens“ genannt, die alten Griechen verneigten sich ehrfurchtsvoll vor dem „gewaltigen Sohn der Erde“, in seiner Heimat Süd- und Mittelamerika galt er wegen seines rasanten Wachstums als Fruchtbarkeitssymbol und im christlichen Europa von Spätgotik und Barock genau aus diesem Grund als Ausdruck der Vergänglichkeit: Der Kürbis war für die Menschen schon immer eine besondere Frucht und hat ihre Fantasie angeregt. Bereits vor 5000–8000 Jahren wurden Kürbisse von den indianischen Ureinwohnern Lateinamerikas angebaut und sind damit eine der ältesten Kulturpflanzen.

BOTANISCH EINE BEERE

Wer an typische Beeren wie Johannisbeeren, Erdbeeren oder Weintrauben denkt und sich dann einen Kürbis vorstellt, der zu den größten Einzelfrüchten im Pflanzenreich überhaupt zählt, mag es kaum glauben: Aber botanisch gesehen ist auch der Kürbis eine Beere. Verschiedene Riesenkürbissorten können mit gezielter Zucht Kürbisgiganten – so genannte „Superbombs“ – mit 100 kg und noch weit mehr Gewicht hervorbringen. Der „Weltrekord“ steht derzeit bei weit über 600 kg.

EINTEILUNG NACH VERWENDUNG

Aufgrund der Sorten-, Formen-, Farben- und Größenvielfalt sowie unterschiedlicher Verwendungszwecke werden die Kürbisse, unabhängig von ihrer botanischen Einteilung, für den Haus- und Küchengebrauch in vier Kategorien eingeordnet:

Speisekürbisse: Die mit Abstand größte Gruppe bilden Sommer- und Winterkürbisse. Sommerkürbisse werden jung bzw. unreif geerntet, weil sie in diesem Stadium den höchsten kulinarischen Wert haben. Die bekanntesten ihrer Art mit der größten wirtschaftlichen Bedeutung sind ▸ Zucchini. Winterkürbisse sind die klassischen Speisekürbisse mit viel Geschmack und breitem Aromenspektrum. Die wichtigsten Sortengruppen sind die Acorns oder Eichelkürbisse, die Buttercups oder Butterbecher, die Butternuts oder Butternüsse, die Hubbards, die Moschuskürbisse und die Spagettikürbisse.

Zierkürbisse: Mit ihren schönen Formen und Farben ist diese Gruppe ausschließlich als Zierde für Heim und Hof sowie für Dekorationszwecke gedacht und nicht zum Verzehr geeignet.

Halloweens: Von den Amerikanern auch als Pumpkins bezeichnet werden alle Kürbisse, aus denen man an Halloween gruselige Fratzen herstellen und seine Mitmenschen damit erschrecken kann.

Kalebassen: Die Früchte bzw. Pflanzen, die meistens im Hof, im Garten oder auf dem Balkon ausschließlich zur Zierde wachsen. Sie werden auch als Flaschenkürbisse bezeichnet, gehören aber einer anderen Gattung an. Kalebassen blühen weiß, echte Kürbisse gelb.

DIE GESUNDE MISCHUNG MACHT'S

Kürbisse enthalten keine besonders großen Mengen an einzelnen für Körper und Gesundheit wichtigen Stoffen, doch macht sie die Mischung aus Kohlenhydraten, Eiweiß, Vitaminen, Mineralstoffen, Ballaststoffen und Enzymen so gesund. Doch es gibt eine ernährungsphysiologisch bedeutsame Ausnahme: die Karotene – rote, orange und gelbe Pflanzenfarbstoffe. Kürbisse zählen (neben rotem Paprika, Grünkohl und Karotten) zu den potentesten Lieferanten dieser wichtigen Substanzen.

VERWENDUNG

In der Küche können Kürbisse (und auch die ▸ Kürbiskerne) sehr vielseitig verwendet werden: für Suppen, Eintöpfe, als Gemüse (süß-sauer eingelegt oder gekocht) und als süßes Kompott bzw. Mus in Kombination mit den verschiedensten Desserts.

LAB
(Käsemagen, Süßkäse)
Enzymgemisch, das im Labmagen junger Wiederkäuer im Milch trinkenden Alter (vor allem Kälber, aber auch Schafe und Ziegen) enthalten ist. Seine Fähigkeit, Eiweiß zu spalten, macht es zu einem wichtigen Stoff bei der Käseherstellung. Das Lab sorgt dabei in einem ersten Schritt für die so genannte Dicklegung bzw. die Gerinnung („Koagulation") der Milch, ohne dass diese sauer wird, ein Effekt, der auf der Spaltung des Milcheiweißes Kasein beruht. Bereits in geringer Dosis bringt Lab große Mengen von Milch zur Gerinnung. Die weitaus meisten der bekannten Käsesorten werden auf diese Weise produziert und deshalb auch als Süßmilch- oder Labkäse bezeichnet.

LABANE
Vor allem in den arabischen Ländern versteht man darunter einen cremigen, gesalzenen Quark bzw. Frischkäse aus Schafmilch, mit oder ohne Kräuter.

LABERDAN
Direkt am Fangort in Salzlake eingelegter und in Holzfässer geschichteter ▸ Kabeljau, der heute, im Gegensatz zu ▸ Klippfisch oder ▸ Stockfisch, aber nur noch selten angeboten wird. Manchmal ist Laberdan ein Synonym für Kabeljau. „Echter" Laberdan muss vor dem Verzehr mindestens 24 Stunden gewässert werden. Anschließend wird er in kaltem Wasser aufgesetzt, erhitzt und langsam gegart.

LABKRAUT
Eine Gattung von Kräutern, die meist an sonnigen, trockenen Standorten (Wegrändern, lichten Wäldern, Wiesen usw.) wachsen. Wie der Name schon sagt, enthalten sie alle das Enzym ▸ Lab, das wichtige Dienste bei der Käseherstellung leistet. Farbstoffe aus den Blüten einer bestimmten Art, des Echten Labkrauts, verleihen dem ▸ Cheshire seine typische gelb-orangerote Farbe. Manche Labkräuter schmecken in Mischsalaten und wie Spinat zubereitet oder werden für Tee verwendet.

LABLABBOHNE
▸ Helmbohne (▸ Bohnen)

LABMAGEN
einer der vier Teile des Magens von Wiederkäuern, Bestandteil der ▸ Kutteln, Rohstoff bei der Kochwurstherstellung und „Lieferant" des Enzyms ▸ Lab

LABSKAUS
Traditionelles Seemannsgericht aus dem Norden Deutschlands, dessen Grundzutaten gepökeltes Rindfleisch, Kartoffeln, Rote Bete und Zwiebeln sind. Diese werden durch den Fleischwolf gedreht (bzw. die Kartoffeln gestampft) und kräftig gewürzt (z. B. mit Koriander, Lorbeer, Nelke, Muskat, Senf). Dann wird die Masse in Schweineschmalz gedünstet und in der Brühe durchgekocht. In den vielen, regional unterschiedlichen Rezepten kommen als weitere Zutaten Salzgurken, Matjesfilets, Bismarckheringe und Rollmöpse vor.

SCHON GEWUSST?

Der Name ▸ Labskaus entstand im 19. Jh. aus dem englischen „lob's course", was so viel bedeutet wie „Speise für einen handfesten Kerl". Das Gericht selbst ist bereits im Jahre 1701 erstmals erwähnt.

LÂCHMACUN ▸ Lahmacun

LACHSBÜCKLING
kalt geräucherter, ausgenommener großer Salzhering ohne Kopf

LACHSE
(Salm)
Edelfische (▸ Fische) einer Gattung aus der Familie der Forellenfische und einer der beliebtesten Speisefische überhaupt, der in den nördlichen Weltmeeren zuhause ist (▸ Seite 305).

LACHSERSATZ
Höchstens optisch ein Ersatz für Lachs, kulinarisch aber weit davon entfernt sind diese lachsähnlich rosa gefärbten, gewürzten (gesalzenen) und in Öl eingelegten Fischerzeugnisse. Sie werden meist aus Seelachs oder anderen kabeljauartigen Fischen hergestellt.

Erschwingliche Delikatesse: Lachs

Nicht nur ihr rosafarbenes bis rötliches und fast grätenfreies Fleisch und ihr Laichverhalten macht die Lachse im Reich der ▸ Fische zu einer Ausnahmeerscheinung. Sie haben auch besondere geschmackliche Eigenschaften, die sich von anderen Fischen deutlich unterscheiden und Lachs zur geschätzten Delikatesse machen.

IN NÖRDLICHEN MEEREN ZUHAUSE

Ihr Hauptvorkommen haben Lachse in den nördlichen Meeren. Unter Atlantiklachs (auch: Salmo Salar) versteht man alle im Nordatlantik bzw. in Nord- und Ostsee lebenden Lachsarten. Als der beste seiner Art gilt der Grönlandlachs, weitere wichtige Arten sind Dänischer oder Bornholmlachs, Irischer/Schottischer Lachs, Norwegen-Lachs (meist aus Zuchtfarmen) und der Ostseelachs.
Als Pazifiklachs (Oncorhynchus) bezeichnet man die im Nordpazifik von Kalifornien über Kanada, Alaska bis Japan vorkommenden Lachsarten. Bei uns werden sie im Handel meist in Dosen oder tiefgekühlt angeboten. Als bester Pazifiklachs gilt der große Red King (Spring). Besondere Bedeutung hat auch der Ketalachs (auch: Chumlachs oder Silver Bright), der den ▸ Ketakaviar liefert.
Äußerlich zeichnen sich alle Lachse durch einen länglichen, schlanken und mit kleinen Schuppen besetzten Körper sowie einen relativ kleinen Kopf aus. Im offenen Meer wurden vereinzelt bereits Riesenexemplare von bis zu 2 m Länge und 40 kg Gewicht gefangen, das Durchschnittsgewicht liegt aber lediglich bei 3–4 kg.

LACHSE ZIEHEN „ZU BERGE“

Zu Beginn der Laichzeit steigen die wild lebenden Lachse Ströme und Flüsse zu ihren Laichplätzen hinauf – sie „ziehen zu Berge“, wie der Fachmann sagt. Dabei legen sie teilweise an einem Tag Strecken von 50–100 km zurück und können bis zu 4 m hohe Hindernisse überspringen, sind aber auch vielen Gefahren ausgesetzt. Allerdings gehen heute nur noch rund 3 % der Lachse auf die Laichwanderung. Aufgrund von (industrieller) Verbauung und Verschmutzung der Gewässer sind die Lachsschwärme aus vielen Flüssen und Strömen verschwunden. Für eine weitere Dezimierung der Lachsbestände hat im 20. Jh. ihre Überfischung gesorgt.

LACHS AUS ZUCHTFARMEN

Dank groß angelegter Zucht ist Lachs (▸ Zuchtlachs) dennoch eine erschwingliche und in vielerlei Variationen im Handel angebotene Delikatesse geblieben. Auf speziellen Zuchtfarmen, die als starke Umweltverschmutzer aber nicht unumstritten sind, werden die Lachse (teils mit Antibiotika) gemästet und nur bedingt artgerecht gehalten. Auf die Qualität scheint das alles aber kaum Einfluss zu haben, denn die Unterscheidung zum wesentlich teureren ▸ Wildlachs ist meist unmöglich oder fällt zumindest sehr schwer.
Wer dennoch aus grundsätzlichen Erwägungen Wildlachs bevorzugt, muss gut aufpassen, dass er nicht aufs Glatteis geführt wird: So genannter Wildwasser- oder Fjordlachs, wie er oft angeboten wird, kommt zwar aus natürlichem („wildem“) Meerwasser, aber dennoch aus Aquafarmen. Auch die Farbe (heller oder dunkler) ist kein Qualitätskriterium, sondern durch die Futtergabe leicht zu beeinflussen.
Größter Produzent von Zuchtlachs sind weder die USA noch Norwegen, auch wenn beide Länder für ihre Aquafarmen bekannt sind. Die größten Mengen Zuchtlachs kommen heute aus Chile.

VERWENDUNG

Frischer bzw. tiefgekühlter Lachs eignet sich für verschiedene Zubereitungsarten wie Pochieren, Dampfgaren, Braten, Grillen usw. Als Beilagen schmecken besonders Reis, Kartoffelpüree, Gemüse, aber auch Sauerkraut. Besondere Spezialitäten sind ▸ Räucherlachs, ▸ Stremellachs und ▸ Graved Lachs.

LACHSFLEISCH ▸ Lachsschinken

LACHSFORELLE
1. In der Fischerei ursprünglich Name für die ▸ Meerforelle (auch: Weißforelle), der aber keine korrekte Artbezeichnung ist. Er entstand, weil die Meerforelle wegen ihrer Nahrung rötliches Fleisch hat und wie der echte Lachs zum Laichen die Flüsse hinaufsteigt.
2. Heute dient der Begriff Lachsforelle in erster Linie als Verkaufsname für gezüchtete Forellen (meist handelt es sich um Regenbogenforellen) mit lachsrotem Fleisch. Die Farbe kommt durch die „Zufütterung" des aus Krebstieren gewonnnenen Karotinoids Astaxanthin, das den Fisch „erröten" lässt. Die Verwendung des Namens Lachsforelle ist in Deutschland im sogenannten Fischetikettierungsgesetz geregelt.

LACHSHERING
(Räucherhering)
kalt geräucherter Salzhering (▸ Räucherfische, ▸ räuchern), mit Kopf und nicht ausgenommen

LACHSKAVIAR
Rogen von einigen Lachsarten (▸ Ketakaviar)

LACHSMAKRELE
ein ausgenommener ▸ Lachshering

LACHSPASTE
Paste aus geräuchertem, zerkleinertem Lachs

LACHSSCHINKEN
(Karbonadenfleisch,- schinken, Lachsfleisch)
komplett von Speck, Sehnen, Haut und Knochen gelöste, magere Stücke aus dem Kotelettstrang vom Schwein, mild gepökelt und kurz warm oder kalt geräuchert

LACKPILZ/-TRICHTERLING
▸ Bläuling

LACTOSE ▸ Milchzucker

LADYFINGERS ▸ Okras

LAGE
Im deutschen Weinanbau bzw. -recht Bezeichnung für eine Weinbauflächen-Einheit mit genau festgesetzten Grenzen, wobei zwischen Einzel- und Großlage unterschieden wird. Im Idealfall bietet die Natur allen Weinreben innerhalb einer Lage die gleichen Wachstumsbedingungen in Bezug auf Boden und örtliches Kleinklima (und allen damit zusammenhängenden Faktoren) – in Frankreich fasst man dies alles unter dem Begriff ▸ Terroir zusammen. Das macht die Lage zu einem der wichtigsten Qualitätsfaktoren für ▸ Wein. Allerdings entsprechen dem Terroirgedanken nur die so genannten Einzellagen in Deutschland – aber hier auch nicht alle der über 2600 registrierten. Trotz erster Ansätze für Lagenklassifizierungen bemängeln Kritiker des deutschen Weingesetzes, dass dem Terroirgedanken noch viel zu wenig Rechnung getragen wird. In anderen Weinbauländern wie z. B. Frankreich haben Lagenklassifizierungen dagegen bereits lange Tradition. Man denke nur an das Burgund oder das Elsass, wo sich die besten Lagen mit dem Zusatz Grand Cru und die zweitbesten mit Premier Cru „schmücken" dürfen.

LAGER(BIER)
Der Name ist „Programm": Ein untergäriges Bier, das nach der Hauptgärung mehrere Monate in Lagertanks (früher in den Eiskellern der Brauereien) reift, ehe es abgefüllt wird. Dadurch soll es runder und milder im Geschmack werden. Trotzdem kann der Charakter von Lagerbier sehr unterschiedlich sein – vom stärker gehopften Pils bis zum normalen Hellen. Ein typisches Lagerbier ist das ▸ Märzen. Der traditionelle Begriff Lagerbier wurde in Deutschland und Österreich lange Zeit nur noch sehr selten verwendet. Eine leichte Aufwertung hat er in den letzten Jahren wieder durch eine besonders milde, international verbreitete Biervariante erfahren, die vor allem in den angelsächsischen Ländern gerne getrunken wird und auch bei uns immer mehr Freunde findet.

LAGOSÖL ▸ Palmöl

LAGREIN
Schon im 17. Jh. in Urkunden des Benediktinerklosters Muri bei Bozen erwähnte rote Rebsorte (▶ Wein), die vor allem in Südtirol verbreitet ist und dort ihren Ursprung haben dürfte. Lagrein wird in Cuvées wie auch reinsortig ausgebaut und ist trotz seiner rustikalen Struktur von guter Qualität. Mittlerweile lassen einige Winzer der würzigen und fruchtigen Rebsorte verstärkte Sorgfalt angedeihen und bauen sie manchmal sogar im Barrique aus. Es gibt auch eine seltene weiße Variante des Lagrein.

LAGUIOLE

Dem ▶ Cantal ähnlich, aber im Geschmack milder ist dieser Kuhmilchkäse (▶ Käse) mit mindestens 45 % Fett i. Tr. Er kommt aus dem gleichnamigen Dorf in der südlichen Auvergne und ist wie der Cantal herkunftsgeschützt. Der hellgoldene Hartkäse wird ausschließlich im Sommer in Sennhütten – so genannten „burons“ – in trommelförmigen Laiben mit einer dicken weiß-braunen Rinde hergestellt.

LÂHANA DOLMAS
Krautwickel aus der Türkei bzw. dem vorderen Orient, die mit Hammelhackfleisch, Reis und Paprika gefüllt sind.

LAHMACUN

(Lâchmacun, türkische Pizza)
Türkischer Imbiss: Fladenbrot aus Hefeteig, das mit einem kräftig (u. a. mit viel ▶ Sumach) gewürzten Ragout aus Hackfleisch, Zwiebeln und Tomaten bestrichen und gebacken wird. Am besten isst man Lahmacun direkt aus dem Backofen aus der Hand. Die Bezeichnung „Lahmacun“ leitet sich vom Arabischen „lahm ala adschiin“ ab, zu Deutsch „Fleisch auf Teig“.

LAHMÉ
Arabische Spezialität aus Hammelhackfleisch, etwas Mehl, Gurken-, Tomaten- und Zwiebelwürfeln, die auf dem Blech gebacken wird.

LAICH
befruchtete, ins Wasser abgelaichte Eier weiblicher ▶ Fische, im Gegensatz zum ▶ Rogen

LAKE
(Pökellake)
Konzentrierte 10- bis 20%ige Salzlösung, die zum Einlegen bzw. Nasspökeln (▶ pökeln) und damit auch zur Konservierung von verschiedenen Nahrungsmitteln (wie Fleisch, Fisch, Käse, Gemüse usw.) dient. Je nach Verwendungszweck kann die Lake um weitere Zutaten wie Zucker, Salpeter und Gewürze (z. B. Pfeffer, Wacholder, Lorbeer, Macis) ergänzt werden.

LAKFLEISCH ▶ Pökelfleisch

LAKRITZ(E)
1. Bezeichnung für eine bestimmte Art der botanischen Gattung ▶ Süßholz, die vor allem im Mittelmeerraum und im westlichen Asien heimisch ist. Das hauptsächlich in den Wurzeln enthaltene Glycyrrhizin hat eine bis zu 50 Mal stärkere Süßkraft als Rohrzucker. Der Wurzelsaft dient zur Herstellung von Lakritz oder Hustensäften und aromatisiert u. a. manche Biersorten (wie ▶ Porter oder ▶ Stout) sowie Tabakwaren. In Finnland gibt es einen Lakritzschnaps namens Salmiakki.
2. Beliebte, in Süddeutschland auch als „Bärendreck“ bekannte Süßware in verschiedenen Formen (Bänder, Stäbchen, Pastillen, Schnecken usw.). Ihren charakteristischen Geschmack gibt der Lakritze vor allem der eingedickte Saft der Süßholzwurzeln, der zu mindestens 3 % enthalten sein muss. Weitere Zutaten sind Zucker, Stärke (Mehl) bzw. Stärkesirup und Verdickungsmittel (Gelatine).

LAKTOBAZILLEN
(Milchsäurebakterien)
Bakterien, die in den Schleimhäuten und im Verdauungstrakt von Mensch und Tier sowie in Pflanzen vorkommen und aus Kohlenhydraten bevorzugt Milchsäure bilden. Laktobazillen leisten nützliche Dienste bei der Herstellung von Milcherzeugnissen, Sauerkraut und anderen milchsauer eingelegten Lebensmitteln sowie beim Backen mit Sauerteig. Einige „böse“ Arten sind aber auch Krankheitserreger.

LAKTOSE ▸ Milchzucker

LAMBERTSNÜSSE
Eine Sorte der ▸ Haselnuss, mit länglichem und süß schmeckendem Kern, die vor allem in südlichen Anbauländern kultiviert wird. Lambertsnüsse sind die vermutlich aus der italienischen Lombardei kommende Stammform aller Kulturformen der Haselnüsse.

LAMM
Das junge ▸ Schaf beiderlei Geschlechts, das seinen 1. Geburtstag noch nicht erlebt hat. Bevor sie diesen erreichen, werden viele Lämmer bereits geschlachtet, weil ihr Fleisch im Alter von 3–4 Monaten als am besten gilt. Unabhängig von der zoologisch korrekten Definition wird in der Küchensprache generell das Fleisch vom Schaf bzw. ▸ Hammel als Lammfleisch bezeichnet. Beim Einkauf sollte man also die Frage nach dem Alter des Tieres stellen, wenn man echtes Lamm essen will.
Der Kenner bevorzugt das würzige Fleisch von Weidemastlämmern (im Gegensatz zu Stalltieren) aus dem Hochland (Alpen, französische Hochebenen, Schottland usw.), von den Meeresküsten (z. B. deutsche Nordseeküste, Bretagne, Normandie) oder aus Heidegebieten (z. B. Heidschnucken aus der Lüneburger Heide). Zarter im Geschmack sind Milchlämmer, die mit Milch aufgezogen werden und maximal 6 Monate alt werden dürfen. Lammfleisch sollte feinfaserig, trocken und nicht zu fett sein.

VERWENDUNG

Lammfleisch schmeckt gebraten und geschmort (Fettschicht erst nach dem Garen trennen) oder in Eintöpfen und sollte möglichst heiß serviert werden, denn je nach Alter und Zuchtbedingungen kann sich beim Abkühlen ein unangenehmer Beigeschmack entwickeln. Lammrücken (auch: ▸ Lammlachs) und Lammkeule gelten als die besten Stücke, die Innereien (Bries, Herz, Hirn, Nieren) als Delikatessen. Sehr gut harmoniert Lamm mit mediterranen Gewürzen (z. B. Salbei, Thymian, Rosmarin usw.).

LAMMKRONE
der zu einer Krone zusammengebundene Rücken vom ▸ Lamm

LAMMLACHS
das ausgelöste, zurechtgeschnittene Rückenfleisch vom ▸ Lamm

LAMPRETEN ▸ Neunaugen

LANCASHIRE
Halbfester, vollfetter Schnittkäse (▸ Käse) mit 48 % Fett i. Tr., der traditionell aus Rohmilch von Kühen hergestellt wird. Mittlerweile gibt es von ihm aber auch eine Reihe industriell produzierter Varianten aus pasteurisierter Milch. Wie viele andere englische Käse ist auch der Lancashire nach der Grafschaft (im Nordwesten der Insel) benannt, aus der er kommt.

LANDBROT
auch als Bauernbrot bezeichnetes Roggenbrot (▸ Brot) aus Sauerteig

LANDBUTTER
Keine offizielle Handelsklasse für ▸ Butter, dennoch mit gesetzlicher Definition: Landbutter mit mindestens 48 % Fett i. Tr. wird nicht in Molkereien hergestellt, sondern meist direkt auf dem Bauernhof und nur zum sofortigen Verzehr. Andernfalls müsste sie mit der Handelsklasse „Kochbutter“ deklariert werden.

LANDJÄGER
Gepresste, an der Luft hartgetrocknete und durch Räuchern haltbar gemachte Rohwurst, die aus Rind-/Schweinefleisch, Fettgewebe und Speckwürfeln hergestellt wird. Kräftig Pfeffer, Kümmel und weitere Gewürze sorgen für einen pikanten Geschmack der meist paarweise zusammenhängenden Würste, die eine Spezialität im Süden Deutschlands, im Elsass, in Österreich und der Schweiz sind. Früher waren sie eine wichtige Nahrung der Landbevölkerung bei ihrer harten körperlichen Arbeit, noch heute sind sie ein beliebter Wanderproviant.

LANDKAFFEE
lebensmittelrechtliche Bezeichnung für ▸ Kaffeeersatz, also nicht aus Kaffeebohnen hergestellte kaffeeähnliche Getränke

LANDKRABBEN
In Wassernähe, aber an Land lebende „Krabbeltiere“, die von hohem kulinarischen Wert sind. Landkrabben sind an den tropischen und subtropischen Küsten Afrikas, Amerikas und der karibischen Inseln heimisch. Im Geschmack stehen sie ihren Namensvettern aus dem Wasser nicht nach. In Europa kommen Landkrabben aber selten in den Handel; wenn überhaupt, dann die karibischen Arten.

LANDLEBERWURST
Eine grobe Kochstreichwurst mit mindestens 15 % Leber, bis zu 60 % Schweineinnereien,

Schweinefleisch, Speck, Flomen und Bindegewebe, die auch als Konserve erhältlich ist.

LANDWEIN
(Vin du Pays, Vino de la Tierra)
Gemäß Weinrecht in der Europäischen Union die nächst höhere Qualitätsstufe über dem einfachen ▸ Tafelwein (▸ Wein), die z. B. in Frankreich Vin de Pays, in Spanien Vino de la Tierra oder in Italien IGT-Weine heißen. Landweine sind sauber vinifizierte Tafelweine gehobener Qualität, bei denen die Herkunft (zumindest großräumig) angegeben sein muss und die gebietstypischen Charakter haben müssen.

LANGER KÜMMEL ▸ Fenchel

LANGFISCH ▸ Leng(fisch)

LANGKORNREIS
Sammelbegriff für längliche hartkörnige Reissorten (▸ Reis)

LANGOS(CH)
Dünne ungarische Fladenbrote aus Hefeteig, die in der Pfanne in Öl auf beiden Seiten hellbraun gebacken und warm als Beilage zu Suppen oder als Snack mit Kräuterquark, Frischkäse oder Knoblauchbutter gereicht werden. Gut schmecken Langos auch mit geriebenem Käse und Sauerrahm oder süß mit Apfelmus.

LANGOSTINOS
(Chilekrabben)
Trotz des ähnlich klingenden Namens zählen Langostinos nicht zu den engeren Verwandten von ▸ Langusten und ▸ Lang(o)ustinen. Und es sind auch keine ▸ Scampi, als die sie in der Vergangenheit bisweilen angeboten wurden. Vielmehr handelt es sich um 20–25 cm lange Furchenkrebse, die vorwiegend im Südostpazifik und hier besonders an den Küsten Chiles vorkommen. Aufgrund ihres delikaten Fleisches sind Langostinos dort frisch sehr begehrt; nach Europa kommen allerdings nur die Schwänze, gekocht und tiefgekühlt.

LANGRES
Dem ▸ Epoisses ähnlicher französischer Weichkäse (▸ Käse) mit 45 % Fett i. Tr., benannt nach dem gleichnamigen Hochplateau in der Region Champagne-Ardenne. Der Langres wird aus roher (auf Bauernhöfen) oder pasteurisierter (in Molkereien) Kuhmilch hergestellt und hat eine tief eingebuchtete Oberfläche mit rotbrauner Käseflora.

LANGSAT ▸ Lanzonen

LANGUEDOCER ART
(languedocienne, à la)
Garnitur aus in Öl gebratenen Auberginenscheiben und Steinpilzen sowie geschmolzenen Tomaten mit Knoblauch und Petersilie zu Fleisch, Geflügel oder Eiern (Languedoc: Landschaft im Süden Frankreichs)

LANGUEDOC-ROUSSILLON
In einem Atemzug werden weintechnisch die beiden aneinander grenzenden Regionen Languedoc und Roussillon im Hinterland der französischen Mittelmeerküste genannt, die das größte zusammenhängende Weinanbaugebiet (▸ Wein) Frankreichs und sogar der ganzen Welt bilden. In dem auch als Midi bekannten Gebiet zwischen Nîmes und dem Rand der Pyrenäen (bzw. der spanischen Grenze) stehen rund 330.000 ha unter Reben, das ist in etwa das Dreifache der gesamten deutschen Weinanbaufläche. Die wichtigsten Rebsorten sind die weißen Marsanne, Rousanne und Viogner sowie die roten Carignan, Grenache, Syrah, Mourvèdre und Cinsault. Viele junge und ehrgeizige Winzer sind mittlerweile aus dem Schatten der Massenweinproduktion herausgetreten, die lange Zeit über dieser Region lag, und schöpfen das riesige Qualitätspotenzial immer besser aus. Und so genießen die Region

SCHON GEWUSST?

Bereits die Gallier (Kelten) sollen im ▸ Languedoc-Roussillon Weinbau betrieben haben, was aber nicht gesichert ist. Nachweislich legten die Römer nach ihrem Sieg über die Kelten 125 v. Chr. im Bereich der heutigen Appellationen Corbières und Minervois Weinberge an.

und Appellationen wie z.B. Coteaux du Languedoc, St. Chinian oder Côtes du Roussillon Villages heute bei vielen Weinkennern bereits einen hervorragenden Ruf. Das Roussillon ist außerdem Heimat berühmter ▸ Vin doux naturel aus den Appellationen Rivesaltes, Banyuls und Maury.

VERWENDUNG

In der Regel werden Langusten wie ▸ Hummer zubereitet. Sie schmecken mit Abstand am besten, wenn sie frisch (noch lebend) in den Topf kommen. Tiefgekühlt und aus Konserven ist das Fleisch dagegen oft langweilig und fad.

LANGUSTEN

(Ritterkrebse, Stachelhummer)

Langschwänzige, als Delikatesse geschätzte Krustentiere, die in allen Weltmeeren in unterschiedlichen Größen und Farben vorkommen. Langusten sind mit den Hummern verwandt, besitzen als echte Zehnfüßer aber 5 Paar Beine und haben keine Scheren. Der mit stacheligen Höckern besetzte Panzer (vor allem am Kopf) ist charakteristisch für Langusten. Auffallend sind die langen Fühler, wegen derer die Languste manchmal fälschlicherweise als ▸ Heuschreckenkrebs bezeichnet wird. Langusten leben vorwiegend an den felsigen Küsten der gemäßigt warmen subtropischen und tropischen Meere – von Europa über Südafrika, die Karibik, Nord- und Mittelamerika bis nach Australien. Sie erreichen in der Regel eine Länge von 30–45 cm und ein Gewicht von 2–4,5 kg, manchmal auch noch mehr. Das handelsübliche Gewicht liegt allerdings in den meisten Fällen bei nur 800-2000 g. Eine der größten Langustenarten ist die Portugiesische oder Mauretanische Languste mit einer Länge von bis zu 75 cm und einem Gewicht von 5–6 kg.

Als die besten europäischen Langusten gelten die vor der irischen Westküste gefangenen, von wo auch exzellente Hummer kommen. Durch die große Nachfrage und den starken Fang sind die natürlichen Bestände bei Langusten stark zurückgegangen. Gleiches gilt auch für den Hummer, der heute aber in großem Stil gezüchtet wird. Bei Langusten ist die Zucht noch nicht so ausgeprägt, deshalb sind sie eine noch seltenere Delikatesse als Hummer. Manche Feinschmecker halten das weiße Langustenfleisch für noch feiner im Geschmack. Die im Handel angebotenen Langustenschwänze stammen häufig nicht von echten Langusten. Teilweise erhält man unter diesem Namen Schwanzfleisch des ▸ Kaisergranat (in Frankreich auch Langoustine genannt).

LANG(O)USTINEN

Eine weitere Variante im Verwirrspiel um die Bezeichnungen für die verschiedenen Krebsarten. Lang(o)ustinen sind nämlich weder kleine ▸ Langusten noch handelt es sich um ein Synonym für ▸ Langostinos. Dabei wäre alles so einfach, wenn man beim deutschen Namen bliebe: ▸ Kaisergranat (ein Hummerverwandter, der in Italien gerne als Scampo bzw. in der Mehrzahl ▸ Scampi bezeichnet wird).

LANZONEN

(Langsat)

In Europa wenig bekannte exotische Früchte eines 30–40 m hohen Baumes, die ▸ Longanen und ▸ Litschis gegenüber den Vorzug einer weichen Schale haben. Diese ist zwar ebenfalls nicht genießbar, löst sich aber zumindest leichter vom aromatischen, süß-sauren Fruchtfleisch. Daraus lassen sich erfrischende Getränke sowie Sirup, Gelee usw. herstellen.

LAOS

scharfe indonesische Gewürzmischung, insbesondere für Fisch und Salate

LAOSWURZEL ▸ Galgant

LAPACHO

Tee aus der inneren Rinde und dem Laub eines Regenwaldbaumes, der bis 700 Jahre alt werden kann. Bereits bei den Inkas galt dieses Tee-Getränk als ein wahres Wundermittel und noch heute schreiben ihm die Einheimischen Südamerikas umfangreiche Heilwirkungen zu. Mittlerweile hat Lapachotee weltweit viele Anhänger gefunden, zumal er nicht nur sehr gut schmeckt, sondern einige die Gesundheit fördernde Wirkungen (z.B. Förderung der Verdauung, Stärkung des Immunsystems, antibakterielle und Schmerz lindernde Wirkung) nachgewiesen sind. Vor allem in den USA ist er zum Modetee avanciert. Der Geschmack von Lapacho ist erdig mit süßlicher Vanillenote.

LAPPEN

(Dünnung, Flanke, Lempen)

Fleischstück aus dem hinteren Viertel des Rindes, das meist für Fleisch- und Wursterzeugnisse sowie für Gulasch verwendet wird.

LARDIEREN
mit Speck ▸ spicken (frz. „lard" = „Speck")

LARDÖL ▸ Schmalzöl

LARUNS
Nur in geringer Menge exportierter, bei Kennern aber besonders geschätzter Schafkäse (▸ Käse), der nach dem gleichnamigen französischen Ort in den nordöstlichen Pyrenäen benannt ist. Laruns hat 45 % Fett i. Tr. und schmeckt jung mild und nussig.

LASAGNE
Ein nicht nur in Italien sehr beliebtes Nudelgericht bzw. eine ▸ Pasta (▸ Nudeln, ▸ Teigwaren) aus sehr dünnen, rechteckigen Teigplatten, zwischen die man verschiedene Füllungen schichten kann. In einer feuerfesten Form wird die Lasagne anschließend im Ofen mit Käse überbacken. Die Füllungen können aus Hackfleisch, Wurst, Gemüse, Pilzen, Käse usw. bestehen; die bei uns bekannteste Variante besteht aus Hackfleischsauce überbacken mit Béchamel. In der deutschen Pizzeria herrscht bei der Lasagne meist langweiliges Einerlei, doch in ihrer italienischen Heimat gibt es sie in vielen regionalen Varianten: z. B. im Veneto mit geschmolzener Butter und Mohnsamen, im Piemont mit Fleischsauce und Trüffeln oder in Kampanien mit Ricotta und Wurst. Weil das Kochen der Nudelplatten aufwendig ist, bietet der Handel heute Hartweizenplatten an, die nicht mehr vorgekocht werden müssen.

LASSI
Indisches Jogurtgetränk, für das jedes asiatische Land sein eigenes traditionelles Rezept hat. Lassi gibt es süß mit Zucker und Safran, Fruchtsaft oder pürierten Früchten (vor allem Mango) oder pikant mit Kardamom, Kreuzkümmel, Essig usw. Eine Besonderheit ist das indische Bangh-Lassi mit getrockneten Cannabisblättern oder -blüten, das bei ausgelassenen Festen konsumiert wird.

LATKES
Jüdische (auch polnische) Kartoffelpuffer bzw. Reibekuchen, die in Öl ausgebacken werden und u. a. eine beliebte Beilage zur Weihnachtsgans sind. Dazu gibt es Zucker, dicke Sahne, Jogurt oder Apfelmus.

LATTICH ▸ Blattsalat (▸ Salate)

LATTUGHINO ▸ Lollo (▸ Salate)

LATWERG(E)
ungesüßtes Fruchtmus (aus Birnen oder Pflaumen bzw. Zwetschgen), gewürzt mit Sternanis, gemahlenen Nüssen oder Holunderbeeren (vor allem in Süddeutschland)

LAUBE ▸ Ukelei

LAUBFRÖSCHE
Süddeutsche und schweizerische Spezialität: Blanchierte Spinatblätter möglichst gleicher Größe, die mit einer Farce aus Hackfleisch, eingeweichten Semmeln, Eiern, gedünsteter, gehackter Zwiebel und Petersilie sowie geriebenem Parmesan und Gewürzen gefüllt und zusammengerollt bzw. -gefaltet und dann in Brühe pochiert werden.

LAUCH
Sammelbezeichnung für eine große Gruppe von Pflanzen aus der botanischen Familie der Zwiebelgewächse, die Würze in die Küche bringen oder als Gemüse verwendet werden. Die gängigsten Lauchgewächse sind ▸ Porree (umgangssprachlich auch Lauch), ▸ Zwiebeln, ▸ Schalotten, ▸ Schnitt- und ▸ Knoblauch.

LAUCHZWIEBELN
(Bund-, Grünzwiebeln)
Wie die ▸ Frühlings-, so zählen auch die Lauchzwiebeln zu den Bundzwiebeln, bilden aber keine Knollen aus. Das Weiße der Lauchzwiebeln ist nur schwach verdickt und etwa 4-5 cm lang. Verwendet und gelagert werden Lauchzwiebeln wie Frühlingszwiebeln. (▸ Zwiebeln)

LAUER ▸ Trester

LAUGENGEBÄCK
Backwaren, oft in Form von Brezeln, die vor dem Backen in Natronlauge getaucht werden und dadurch ihre dunkelbraun glänzende Kruste und ihren typischen Geschmack erhalten. Laugengebäck ist besonders beliebt zum Frühstück und zur Brotzeit mit Bier.

LÄUTERZUCKER
(Zuckersirup)
Farbloser, gekochter und geklärter (vom Schaum befreiter) Zuckersirup, der fast unbegrenzt haltbar ist. Zur Herstellung von Läuterzucker gibt man 1 kg gewöhnlichen weißen Kristallzucker in einen Messbecher und füllt diesen anschließend bis zur 1-l-Marke mit Wasser auf. Nach Zugabe von ca. 1 g Säure (Zitronen-, Wein- oder Ascorbinsäure) wird alles in einem Topf gekocht. Je nach Verwendungszweck können noch aromatische Zutaten hinzukommen oder kann das Mischungsverhältnis variieren. Dabei ist aber zu beachten, dass ein dünnerer Zuckersirup leichter zu gären beginnt und schneller verdirbt.
Gegenüber normalem Zucker hat Läuterzucker für den Gebrauch in der Küche vor allem zwei entscheidende Vorteile: Der gekochte Sirup bleibt auch beim Abkühlen flüssig und kristallisiert nicht wieder (wird also nicht zäh wie Honig) und löst sich selbst in eisgekühlten Getränken schnell und restlos auf. Diese praktischen Eigenschaften machen Läuterzucker in der Gastronomie (z. B. in Bars) unentbehrlich. Weiter wird er als Süßungsmittel bzw. Garflüssigkeit u. a. zum Dünsten bzw. Einkochen von Früchten, zum Glasieren, zum Tränken verschiedener Kuchen und zur Herstellung von Karamell und Speiseeis verwendet.

SCHON GEWUSST?

Die Bezeichnung ▸ Läuterzucker leitet sich von läutern ab, was so viel bedeutet wie reinigen. In früheren Zeiten wurde der Zucker durch Auflösen in Wasser und anschließendes Filtern von Verunreinigungen befreit. Heute nehmen diese Arbeit die Zuckerfabriken ab und kommt der Zucker bereits „lupenrein" beim Verbraucher an.

LAVATA
Eine in Italien besonders populäre Art der ▸ Endivie (▸ Salate), die nach der Ernte in Wasser gelegt wird und dadurch weniger Bitterstoffe enthält und weiche Rippen bekommt.

LAVENDEL

Die intensiv duftende Pflanze und eines der wichtigsten mediterranen Gewürze weckt bei vielen Menschen Urlaubsgefühle und Assoziationen an Sommer, Sonne und Süden. Als Gewürz und Duftstoff war Lavendel bereits den alten Römern bekannt. Das „Parfum der Provence", wie er wegen seines Aromas auch genannt wird, mag es heiß und trocken. Deshalb hat er seine Hauptverbreitung im Mittelmeerraum, wo auch seine ursprüngliche Heimat liegen dürfte und wo der 20–60 cm hohe Halbstrauch während seiner Blütezeit optisch das Bild der Landschaft prägt. Als Gartenpflanze gibt es Lavendel auch in unseren Breiten.
VERWENDUNG: *Lavendelduft kennt man in erster Linie von Kosmetika, Seifen und Raumsprays. In der französischen, spanischen und italienischen Küche werden mit Blättern und Blüten (frisch oder getrocknet) aber auch gerne Speisen aromatisiert. So gibt Lavendel z.B. Braten, Fischsuppen, Kräuterbutter oder Salaten eine besondere, leicht bittersüße Würze und ist in Gewürzmischungen wie ▸ Herbes de Provence enthalten. Selbst Sorbets, Speiseeis oder Puddings erhalten durch Lavendel ein blumiges Aroma. Als besondere Spezialitäten gelten Lavendelhonig und -essig.*

LAVERBREAD
Ein gekochter Brei aus gesammelten oder kultivierten Rotalgen (Laver), der vor allem in Großbritannien (Wales) und den USA bekannt ist. Zur geschmacklichen Abrundung werden meist Zitronensaft und Gewürze dazugegeben. Manchmal wird Laverbread unter Zugabe von Hafermehl auch zu kleinen Kuchen geformt.

LAX ▸ Graved Lachs

LAXTONBEEREN
eine Kreuzung zwischen ▸ Himbeeren und ▸ Loganbeeren

LEBENSMITTEL
Grundsätzlich alle der Ernährung des Menschen dienenden Pflanzen und Tiere bzw. die daraus hergestellten Produkte, unabhängig davon wie „gesund“ sie für den Organismus sind. Lebensmittel werden entweder roh und völlig unverändert, (industriell) verarbeitet, gekocht oder in einer anderen Form zubereitet verzehrt – das heißt gegessen, getrunken, gekaut oder auch geraucht. Unter den Überbegriff „Lebensmittel“ fallen alle ▸ Nahrungsmittel und auch ▸ Genussmittel, nicht aber Pharmazeutika, auch wenn diese ebenfalls sozusagen Mittel für das Leben des Menschen sind. Im wörtlichen Sinn das wichtigste und elementare „Lebensmittel” ist das Wasser, wenn es in irgend einer Art Nahrungszwecken dient.

LEBENSMITTELSCHAUM
Im lebensmitteltechnischen Sinn alle aus schlagfähigen bzw. Schaum bildenden pflanzlichen oder tierischen Proteinen erzeugte „federleichte“ und „luftblasige“ Massen, die essbar sind. Die bekanntesten sind ▸ Eischnee und ▸ Schlagsahne. Unter der Bezeichnung Dessertschaum werden verschiedene Mischpulver aus Pflanzenfetten, Milchbestandteilen und Emulgatoren (meist unter Zusatz von Vanillin und Zucker) gehandelt, die optisch von Schlagsahne kaum zu unterscheiden sind, aber einen niedrigeren Energiewert aufweisen.

LEBENSMITTELZUSATZSTOFFE
Möglichst gut genießbar – angefangen von der Konsistenz über den Geschmack bis zur Haltbarkeit – und auch optisch ansprechend, so müssen Lebensmittel heute in der Regel sein, um im Wettbewerb um die Gunst der Verbraucher bestehen zu können. Damit sie diesen Anforderungen gerecht werden, dürfen sie nur mit bestimmten Substanzen – den so genannten Lebensmittelzusatzstoffen – „aufgebessert“ werden. Sowohl die Art als auch die erlaubten Höchstmengen der Lebensmittelzusatzstoffe sind dabei gesetzlich streng geregelt. In erster Linie müssen die Substanzen gesundheitlich unbedenklich sein. Außerdem besteht Deklarationspflicht auf den Produktverpackungen. Bereits seit 1986 werden die Zusatzstoffe in der Europäischen Union mit E-Nummern gekennzeichnet und in verschiedene Kategorien eingeteilt. Die Liste der Lebensmittelzusatzstoffe wird dabei laufend ergänzt bzw. überarbeitet. Zu den Lebensmittelzusatzstoffen zählen Farbstoffe, ▸ Konservierungsstoffe, ▸ Säuerungsmittel und Säureregulatoren, Antioxidanzien, ▸ Bindemittel (Dickungs- und Geliermittel), Stabilisatoren und ▸ Emulgatoren, ▸ Süßstoffe, ▸ Phosphate und Geschmacksverstärker sowie Trägerstoffe.

LEBENSWURZEL ▸ Ginseng(wurzel)

LEBER
Das größte Drüsenorgan des tierischen (und auch menschlichen) Körpers ist die Schaltzentrale für den gesamten Stoffwechsel, eine Produktionsstätte für wertvolle Substanzen und ein „Entsorgungsunternehmen“ für Schadstoffe. Die wichtigsten Aufgaben der Leber sind die Produktion von Gallensaft und lebenswichtiger Eiweißstoffe, die Verwertung von Nahrungsbestandteilen, der Abbau bzw. die Ausscheidung von Stoffwechselprodukten, Medikamenten, Giftstoffen usw.
Als besondere Delikatesse gilt die Leber von Gans, Reh und Kalb. Ebenfalls fein kann sie von Lamm und Ente sein, während Rinds- und Schweineleber derber in Aroma/Geschmack sind und deshalb vor der Verarbeitung 1 Stunde in Milch eingelegt werden sollten. In einigen Gerichten schmeckt auch Hühner- oder Putenleber gut. Grundsätzlich gilt: Je jünger das Tier war, desto besser die Qualität der Leber. Ernährungsphysiologisch zählt die Leber zu den wertvollen tierischen Nahrungsmitteln. Sie enthält in großer Menge biologisch wertvolles Eiweiß, viel Eisen und reichlich Vitamine. Trotzdem sollte man sie nicht zu oft essen, weil sich in ihr Giftstoffe (wie z. B. Schwermetalle und Chemikalien) anreichern und der hohe Vitamin-A-Gehalt problematisch sein kann.

LEBER AUF BERLINER ART
(Berliner Leber)
in Mehl gewendete und in Fett gebratene Leberscheiben (von Kalb, Rind oder Schwein) mit angebratenen Apfelstücken (von säuerlichen Sorten), hellbraun gerösteten Zwiebelringen und Kartoffelpüree als Beigabe

VERWENDUNG

Für die Zubereitung von Leber gibt es zahlreiche regionale Spezialitäten. Meist wird Leber in Butter oder Öl kurz gebraten, gebacken, gegrillt, gedünstet oder geschmort. Klassiker sind neben anderen die ▸ Leber auf Berliner Art, die ▸ Leber auf Tiroler Art oder die italienische ▸ Fegato alla veneziana. Leber wird auch zu verschiedenen Kochwurstsorten verarbeitet und kleine Leberstücke kommen oft auf ▸ Schaschliks.

LEBER AUF TIROLER ART
gebratene Leber in Sauerrahmsauce mit einer Garnitur aus geschmolzenen Tomaten, gebackenen Zwiebelringen und Bratenjus

LEBERKÄS(E)
(Fleischkäse)
Vor allem in Süddeutschland populäre Kochwurst, die nur selten – und wenn dann maximal 5 % – Leber enthält. Der bayerische bzw. Münchner Leberkäs wird aus Rind- und Schweinefleisch sowie Speck hergestellt und mit Majoran, Muskat und Zwiebeln gewürzt. Sein Name leitet sich nicht von der Innerei ab, sondern von „Laibkäse“, weil er die Form eines Brotlaibs hat, wie dieser im Ofen gebacken wird und so seine appetitliche Kruste erhält.

SCHON GEWUSST?

Der bayerische ▸ Leberkäs(e) wird ohne Leberzusatz hergestellt und ist streng genommen eigentlich „nur“ ein Fleischkäse. Die Bayern lehnen diese in anderen Teilen Deutschlands gebräuchliche Bezeichnung aber ab und bleiben bei ihrem geliebten Leberkäs.

LEBERKNÖDEL
Klöße aus gehackter Kalbs- oder Rindsleber, fettem Speck, Eiern, Mehl, eingeweichten und gut ausgedrückten Semmeln und Gewürzen (u. a. Majoran, Petersilie, Zwiebeln), die in siedendem Salzwasser gegart werden und auch kochfertig zu kaufen sind. Leberknödel werden mit brauner Butter mit Sauerkraut oder noch häufiger in Fleischbrühe serviert.

LEBERPASTETE
Auch wenn es für Feinschmecker nur eine „echte“ Leberpastete gibt, die ▸ Gänseleberpastete, kann die streichfähige bis schnittfeste Kochwurst auch aus der Leber anderer Tiere hohe Qualität haben. Nach deutschen Bestimmungen muss Leberpastete aus mindestens 30 % Schweine- und/oder Kalbsleber bestehen und dürfen Schweine-, Rind- oder Kalbfleisch, Speck und Flomen zugegeben werden.

LEBERSPÄTZLE
(Leberspatzerl)
in Fleischbrühe gegarte Spätzle aus Kalbsleber, Butter, Eiern und Semmelmehl, gewürzt mit Majoran und Petersilie, oft als Suppeneinlage

LEBERSTOCK ▸ Liebstöckel

LEBERTRAN ▸ Tran

LEBERWURST
Kochstreichwurst (seltener schnittfest), die hauptsächlich aus (Schweine-)Leber und anderen Innereien sowie Speck und Muskelfleisch besteht. Sie wird mit verschiedenen Gewürzen (wie Majoran, Thymian, Macis, Kardamom usw.), manchmal auch mit Kräutern oder Trüffeln verfeinert. Der Leberanteil liegt meist bei 10–15 %, an anderen Innereien sind maximal 40 % erlaubt – außer bei der so genannten Delikatessleberwurst, die keine andere Innerei enthalten darf. Leberwurst gibt es von fein bis sehr grob im Natur- oder Kunstdarm, in Dosen und Gläsern, geräuchert oder ungeräuchert. Grobe Leberwürste gehören zusammen mit Blutwürsten auf die ▸ Schlachtplatte.

LEBKUCHEN
(Gewürzkuchen, Lebzelten, Pfefferkuchen)
Als typische Advents- und Weihnachtsleckerei kennt man diese Dauerbackware aus süßen und gewürzten Massen und Teigen, oft mit ▸ Oblaten als „Boden“. Von entscheidender Bedeutung bei der Lebkuchenherstellung ist die Verwendung von ▸ Hirschhornsalz und/oder ▸ Pottasche als Backtriebmittel. Als Süßungsmittel kann Honig, Dextrose, Stärkezucker oder eine Mischung daraus verwendet werden, weitere Grundzutaten sind natürliche Aroma-

stoffe (z. B. Vanille, Malzextrakte) und vor allem exotische Gewürze (▸ Lebkuchengewürz). Besonders beliebt sind weitere Zusätze wie Nüsse bzw. Mandeln, Orangeat, Zitronat, Dörrfrüchte, Konfitüre usw. Lebkuchen werden in vielen verschiedenen Varianten angeboten, oft auch mit Zuckerglasur oder Schokolade überzogen. Zu Weltruhm haben es Nürnberger und ▸ Elisenlebkuchen gebracht, besondere regionale Spezialitäten sind z. B. ▸ Aachener Printen oder ▸ Basler Leckerli. Auf Volksfesten, Jahrmärkten, Dulten oder Weihnachtsmärkten ist das mit buntem Zuckerguss verzierte bzw. beschriftete Lebkuchenherz ein beliebtes Geschenk. Die handwerkliche Lebzelterei ist allerdings so gut wie ausgestorben, Lebkuchen werden heute in Großproduktion hergestellt.

LEBKUCHENGEWÜRZ
speziell für die Lebkuchenbäckerei hergestellte Gewürzmischungen mit den Hauptbestandteilen Anis, Gewürznelken, Ingwer, Kardamom, Koriander, Muskatnuss, Piment, Zimt

LEBZELTEN ▸ Lebkuchen

LECITHINE
(Lezithine)
Fettähnliche Naturstoffe in pflanzlichen und tierischen Zellen, die u. a. verhindern, dass sich Öl und Wasser abstoßen, und damit als so genannter ▸ Emulgator wirken. Aufgrund dieser besonderen Eigenschaft werden die 1846 vom französischen Chemiker Maurice Gobley entdeckten Lecithine heute in der Lebensmittelindustrie u. a. zur Herstellung von Mayonnaise, Margarine, Milchpulver, Kakao- und Sahnepulver, Vollmilch usw. eingesetzt. Natürlich kommen sie in größerer Menge vor allem in Eigelb, Hirn, Fischrogen bzw. -fetten, Sojabohnen (und anderen Hülsenfrüchten), Sonnenblumenkernen, Senfkörnern, Milch, Butter und im Blut vor. Der gesundheitliche Wert von Lecithinen (Stärkung des Nervensystems, Schutz der Leber) macht sie außerdem zum Inhaltsstoff in vielen Aufbaupräparaten etc.

LEBKUCHEN

Der ▸ Lebkuchen in der heute noch bekannten flachen Form wurde nicht – wie oft angenommen – in Nürnberg erfunden, sondern soll das Werk eines Bäckers aus dem belgischen Ort Dinant sein. Über Aachen wurde das Gebäck verbreitet und in Ulm ist es 1296 erstmals erwähnt – und zwar als Pfefferkuchen, weil man damals alle fremdländischen Gewürze als Pfeffer bezeichnete. Die bevorzugte Verwendung exotischer Gewürze ist auch der Grund dafür, dass vor allem Städte an ehemals bedeutenden Handelsknotenpunkten eine lange Lebkuchentradition haben, so z. B. Nürnberg (ab dem 14. Jh.), Ulm, Köln und Basel.

LECKERLI
kleine schweizerische ▸ Honigkuchen

LEDERKARPFEN
(Nacktkarpfen)
Zuchtform der ▸ Karpfen (▸ Fische)

LEERBACKEN ▸ blindbacken

LEERDAM(M)ER
Ein Niederländischer Hart- bzw. Schnittkäse (▸ Käse) aus Kuhmilch mit nussig-mildem Geschmack, der seit 1976 hergestellt wird. Leerdamer ist der bekannteste Vertreter aus der Familie der ▸ Maasdamer (Leerdam: Gemeinde in Südholland).

LEGIEREN ▸ abziehen, ▸ binden

LEGUMINOSEN
Botanische Bezeichnung für die Familie der Hülsenfrüchtler, die im allgemeinen Sprachgebrauch synonym für eine kleine, für die menschliche Ernährung sehr wichtige Gruppe aus der Unterfamilie der Schmetterlingsblütler verwendet wird: die ▸ Hülsenfrüchte.

LEICESTER
Dem ▸ Cheddar ähnlicher Kuhmilch-Hartkäse (▸ Käse) aus der mittelenglischen Grafschaft Leicestershire, die bekannt für ihre Käseproduktion ist. Leicester wird aus pasteurisierter Milch hergestellt, hat 45–50 % Fett i. Tr. und ist kräftig-würzig im Geschmack. Charakteristisch ist die intensive orangerote Farbe, die früher mit Möhren- und Rote-Bete-Saft erzeugt

wurde; heute nimmt man dafür ▸ Annatto. Leicester reift 3–6 Monate. In seiner Heimat reibt man ihn gerne auf ein mit Milch getränktes und mit Senf bestrichenes Brot, das anschließend im Ofen gebacken wird.

LEICHTBIER
Eingefleischte Bierliebhaber rümpfen oft die Nase, doch viele kalorien- und alkoholbewusste Biertrinker greifen gerne zur Leichtvariante. Diese hat mit nur 2,5–4 Vol.-% weniger Alkohol (und Kalorien) als ein Vollbier, schmeckt allerdings auch etwas „dünner" und sollte gekühlt (ca. 7 °C) getrunken werden. Leichtbier wird entweder wie normales Vollbier eingebraut und man entzieht ihm am Ende eine bestimmte Menge Alkohol oder die Stammwürze wird von Beginn des Brauprozesses an entzogen .

LEICHTE KÜCHE
Auf eine gesund erhaltende und ausgewogene Ernährung, die den Körper mit allem versorgt, was er braucht, wird heute mehr denn je geachtet. Zu einem modernen Schlagwort ist in diesem Zusammenhang die so genannte „Leichte Küche" geworden. Man versteht darunter im weitesten Sinne eine Koch- und Ernährungsweise, die guten Geschmack mit Ausgewogenheit und Bekömmlichkeit verbindet – kurzum, die den Erkenntnissen der modernen Ernährungswissenschaft entspricht. Das bedeutet u. a. wenig Fett, Zucker und Salz, kalorienarme Ballaststoffe sowie schonende Verarbeitung frischer und qualitativ hochwertiger Produkte.

LEICHTPRODUKTE ▸ Lightprodukte

LEIDENER KÄSE
(Leidenkaas)
Pikanter holländischer Schnittkäse (▸ Käse) mit 20–40 % Fett i. Tr., der in der Umgebung der Stadt Leiden aus roher oder pasteurisierter Kuhmilch hergestellt wird. Seinen besonderen Geschmack verdankt er u. a. dem Zusatz von Buttermilch. Die kräftige Würze, die sich mit zunehmendem Alter ausprägt, erhält er von Kümmel, Kreuzkümmel oder Anis. Handwerklich auf dem Bauernhof produzierten Leidener Käse erkennt man am Signet „Boeren Leidse" mit 2 gekreuzten Schlüsseln auf der Rinde.

LEINEWEBER
deftiges altdeutsches Pfannengericht: mit Speckwürfeln gebratene und mit Eierkuchenteig übergossene Kartoffeln

LEINÖL
Hochwertiges, blumig duftendes Speiseöl, das aus den Samen der Leinpflanze (auch als Flachs bekannt) fast ausschließlich durch Kaltpressung gewonnen wird. Sein hoher Anteil an ungesättigten Fettsäuren (rund 90 %!) macht das goldfarbene bis gelbgrüne Öl besonders wertvoll. Trotz seiner Vorzüge ist es nur relativ gering verbreitet, was in erster Linie mit seinem etwas gewöhnungsbedürftigen, leicht bitteren Geschmack zusammenhängt. Leinöl eignet sich ausschließlich für die kalte Küche (z. B. Salate). Eine schlesische Spezialität ist mit Leinöl vermischter Quark zu Pellkartoffeln.

LEINSAMEN

Aus den kleinen, länglichen Samen der Lein- bzw. Flachspflanze wird nicht nur ▸ Leinöl gewonnen. Sie bringen – über Müsli oder Jogurt gestreut – die Verdauung in Schwung oder geben Brot und Semmeln ein nussiges Aroma. Die ursprünglich aus Westasien stammende Pflanze wird heute in ganz Europa, aber auch in Asien und Nordamerika angebaut.

LEIPZIGER ALLERLEI
Traditionelles sächsisches Gemüsegericht, das hauptsächlich aus jungen Erbsen, Karotten, Spargel und Morcheln (bzw. früher aus den mittlerweile als Marktpilze verbotenen ▸ Lorcheln) besteht und für das dennoch nicht einfach alles in einen Topf geworfen wird. Die verschiedenen Gemüse werden nämlich getrennt voneinander gegart. In der klassischen Variante kommen noch Flusskrebse, Krebsbutter oder Semmelklößchen dazu, in heutigen Rezepten können auch Grüne Bohnen, Blumenkohl oder Kohlrabi als weitere Zutaten stehen oder es wird Mettwurst statt Krebsen verwendet. Mit den Gemüsekonserven, die unter diesem Namen angeboten werden, hat das Original wenig zu tun.

Schon gewusst?

Der Erzählung nach wurde das ▸ Leipziger Allerlei erfunden, um die reiche Stadt Leipzig nach den napoleonischen Kriegen (1803–1815) vor Bettlern und Steuereintreibern zu schützen. In jener Zeit soll ein Stadtschreiber auf die Idee gekommen sein, den Speck zu verstecken und nur noch Gemüse bzw. Gemüsebrühe aufzutischen, sonntags eventuell mit ein paar Flusskrebsen oder Mettwurst. Dann würden die unliebsamen „Gäste“ schnell weiterziehen.

LEIPZIGER LERCHEN
Mürbteiggebäck mit einer Füllung aus geriebenen Mandeln (süß und bitter), Butter, Mehl, Eiweiß und Aprikosenkonfitüre

LEKACH
jüdischer Honig- bzw. Zuckerlebkuchen mit Rosinen und Walnüssen, ohne Fettzusatz

LEMBERGER ▸ Blaufränkisch

LEMON
Bei Produktnamen usw. gerne verwendeter englischer Begriff, der nichts anderes meint als die ▸ Zitrone und sich vom persischen „limun“ ableitet, ebenso wie die Bezeichnung für das beliebte Erfrischungsgetränk ▸ Limonade .

LEMONBANANA ▸ Kiwano

LEMONGRAS ▸ Zitronengras

LEMPEN ▸ Lappen

LENDE
Auch wenn viele Menschen lieber das ▸ Filet als die Lende wählen, haben sie letztlich das Fleisch aus dem gleichen Schlachtkörperstück auf dem Teller – und zwar aus dem langen, keulenförmigen Muskelstrang, der sich im Lendenbereich auf beiden Seiten der Wirbelsäule von Rind, Kalb und Schwein entlangzieht. In der Regel wird allerdings beim Metzger und auf Speisenkarten ein Unterschied gemacht und als Filet nur das feinste Stück aus dem Lendenstrang bezeichnet. Das Fleisch der Lende bzw. das Filet wird in vielen Variationen mit klangvollen Namen zubereitet, wie z. B. als ▸ Medaillons, ▸ Tournedos, ▸ Beefsteak, ▸ Chateaubriand oder als ▸ Lendenbraten (in Österreich auch ▸ Lungenbraten).

LENDENBRATEN
regionale Bezeichnung für ▸ Rinderfilet

LENDENSCHNITTE
allgemein für eine flache Scheibe aus dem Filet vom Rind, z. B. ▸ Medaillons, ▸ Tournedos

LENDENSTEAK ▸ Filetsteak

LENG(FISCH)
(Langfisch)
Auffallender Vertreter der Dorschfische, der einen lang gestreckten, aalförmigen Körper hat und bis 2 m lang und 40 kg schwer werden kann. Der Leng ist im Nordostatlantik von Portugal bis zur Barentssee zu Hause. Kulinarisch hat sein Fleisch mit geringem Fett- und Eiweißgehalt nicht den höchsten Wert. Meist wird er deshalb nur als Beifang mitgenommen und sein Fleisch kommt frisch als Filet in den Handel oder wird (in Norwegen, Schottland, Island und auf den Färöer-Inseln) zu ▸ Klippfisch verarbeitet. Zur selben Familie gehören auch der Blauleng (auch Blauaal), der im Nordatlantik von Norwegen bis Island und Irland vorkommt, und Mittelmeerleng (Mittelmeer, Ostatlantik), der die geringste wirtschaftliche Bedeutung dieses Trios hat.

LE PITCHOU
Käsespezialität aus dem Süden Frankreichs (Provence): Kleine Laibe des ▸ Saint-Marcellin werden in einer Marinade aus Traubenkernöl und Provencekräutern in Gläsern eingelegt.

LETSCHO
Ungarischer Gemüsetopf aus in Schweineschmalz gedünsteten gelben und grünen Paprikaschoten, Tomaten, Zwiebeln, Räucherspeck usw. Letscho wird in seiner Heimat vielseitig verwendet: als Beilage zu Fleisch, Pilzen, Frikadellen oder Würsten (mit oder ohne Reis).

LEZITHINE ▸ Lecithine

LIAISON
In der Küchensprache eine Mischung aus Eigelb und Sahne (auch Milch und Weißwein), zum Binden von Saucen, Suppen usw.

LIÉBANA PICÓN
Traditioneller nordspanischer Käse, der im Landstrich Liébana (Provinz Kantabrien) aus Schafs-, Ziegen- oder Kuhmilch – einzeln oder gemischt – hergestellt wird. Er hat 45 % Fett i. Tr., sieht mit seinem blaugrünen Innenschimmel dem ▸ Cabrales sehr ähnlich und reift mindestens 2 Monate lang. Eine besondere Variante wird anschließend über Wacholderfeuer geräuchert.

LIEBÄUGLEIN ▸ Borretsch

LIEBESÄPFEL ▸ Tomaten

LIEBESGRÜBCHEN
Zusammengesetzte Plätzchen aus Blätterteig, von denen das obere vor dem Backen ausgestochen wurde. Nach dem Backen wird dieser „Hohlraum“ mit Johannisbeergelee gefüllt.

LIEBESKNOCHEN ▸ Eclairs

LIEBESPERLEN
bunt eingefärbte Zuckerperlen zur Verzierung von Back-, Süß- und Schokoladenwaren (siehe auch ▸ Nonpareilles)

LIEBLICH ▸ halbsüß

LIEBSTÖCKEL
(Badekräutel, Gicht-, Leberstock, Maggikraut)
Vermutlich aus Persien stammende und heute vor allem in Süd- und Mitteleuropa heimische Staudenpflanze, deren Kraut als Speisenwürze verwendet wird. Vor allem die üppigen Blätter verströmen den charakteristischen Duft (frischer wesentlich stärker als getrocknet), der wie eine Mischung aus Pfeffer, Sellerie, Zitrone und Moschus ist. Das interessante Aroma von Liebstöckel kann – mit Bedacht eingesetzt – in vielen Speisen eine Bereicherung sein. Das feinste Aroma haben die jungen Blätter.

VERWENDUNG

Die Blätter des Liebstöckel eignen sich zum Würzen von deftigen, geschmorten Fleisch- und Fischspeisen, Hackfleischgerichten, Eintöpfen, Hülsenfrüchten, kräftigen Suppen und Salaten. Eine interessante Note können sie Füllungen, Pasteten und Marinaden geben. Die jungen Triebe schmecken als Gemüse, mit den Samen werden gelegentlich Käsegebäck und Brot gewürzt.

SCHON GEWUSST?

Der Geruch von ▸ Liebstöckel erinnert insgesamt stark an die bekannte Suppen- und Saucenwürze ▸ Maggi, auch wenn diese aus ganz anderen pflanzlichen Rohstoffen hergestellt wird. Aufgrund der engen aromatischen Verwandtschaft wurde Liebstöckel im Volksmund auch schon bald in Maggikraut umgetauft.

LIEDER OHNE WORTE
Vor allem in Hamburg und Niedersachsen bekanntes Gericht: Dickes, gebratenes Kalbsschnitzel mit Demiglace und verlorenem Ei, das mit Béarner Sauce bedeckt und reichhaltig mit Essiggemüse, Krebsfleisch und Sardellen (manchmal sogar Kaviar), Oliven und Zitronenscheiben garniert wird.

LIÉGEOISE, À LA ▸ Lütticher Art

LIEGNITZER BOMBE
Mit Marzipan und/oder Früchten, Nüssen, Korinthen, Orangeat und Zitronat gefüllter und mit Schokoladenglasur überzogener ▸ Honigkuchen (Liegnitz: Stadt in Niederschlesien, heute polnisch Lignica)

LIESEN ▸ Flomen

LIESENSCHMALZ ▸ Schweineschmalz

LIGHTPRODUKTE
(Leichtprodukte)
Sammelbezeichnung für Lebensmittel, die vor allem bei ernährungsbewussten Menschen voll im Trend liegen und in vielerlei Form im Handel zu finden sind. Light bedeutet – ohne verbindliche Definition – meist, dass der Gehalt von einem oder mehreren Inhaltsstoffen, die heute von der Ernährungswissenschaft oft kritisch gesehen werden, gegenüber der „normalen“ Variante reduziert ist. Die Lightprodukte können also z. B. etwas weniger Fett, weniger Zucker, weniger Kalorien, weniger Salz, weniger Kohlensäure oder auch weniger Alkohol, weniger Tabak oder weniger Reizstoffe haben.

LIGURISCHE ART

(ligurienne, à la)

Garnitur aus Risotto mit Safran, Kartoffelkroketten und gefüllten Tomaten zu großen Fleischstücken im Bratensaft (Ligurien: norditalienische Landschaft am Golf von Genua)

LIKÖRE

Aperitif oder Digestif, ein „Magenwärmer" oder eine Wohltat für den Verdauungsapparat nach einem opulenten Mahl: Liköre können zu vielen Gelegenheiten ein passender Begleiter sein. Neben der Gruppe der ▸ Branntweine bilden sie die zweite große Unterabteilung der ▸ Spirituosen. Grundzutaten bei die Likörherstellung sind Alkohol (hochprozentiger Sprit bzw. verschiedene ▸ Edelbrände und ▸ Trinkbranntweine), Wasser, Zucker und – je nach Art – weitere Zugaben, die Geruch, Geschmack und Farbe bestimmen. Das sind in erster Linie Früchte und Kräuter, können aber auch Kaffee, Kakao, Tee, Eier usw. sein. Mit relativ einfachen Mitteln kann man Liköre selbst herstellen. Der Alkohol dient dabei als Lösungsmittel, mit dessen Hilfe man einen konzentrierten Auszug der Inhaltsstoffe (Farb-, Aroma- und Geschmacksstoffe, ätherische Öle usw.) gewinnt. Diesen Vorgang nennt man in der Fachsprache Extraktion bzw. Mazeration. Liköre erreichen meist einen Alkoholgehalt von 20 bis 40 Vol.-% und müssen – mit wenigen Ausnahmen – mindestens 100 g/l Zucker haben.

SCHON GEWUSST?

Im Vergleich zu anderen alkoholhaltigen Getränken ist die Geschichte der ▸ Liköre noch relativ jung. Sie geht nur bis ins 13. Jh. zurück und hat ihren Ursprung in der Medizin. Der italienische Arzt Arnoldus de Villa Nova, der unter anderem Leibarzt mehrerer Päpste war, soll die Idee gehabt haben, seinen hoch gestellten Patienten die Einnahme alkoholhaltiger Arzneien durch die Zugabe von Säften, Früchten und Honig im wahrsten Sinne des Wortes zu versüßen. Auch das Wort „liquore" kommt ursprünglich aus dem Italienischen und heißt übersetzt ganz banal „Flüssigkeit". Perfektioniert wurde die Kunst der Likörherstellung später in Frankreich.

LIKÖRWEINE

Manchmal spricht man auch von „gespriteten Weinen" und diese Bezeichnung drückt eigentlich noch besser aus, was Likörweine eigentlich sind: Mit Alkohol angereicherte Getränke, die aus Wein oder einer Mischung aus Wein mit teilweise vergorenem oder auch unvergorenem Traubenmost hergestellt werden. Je nach Art und Herstellungsverfahren können Likörweine bei einem Alkoholgehalt zwischen 15 und 22 Vol.-% trocken oder süß sein. Likörweine werden oft zum Dessert, manchmal auch als solches getrunken. Deshalb wurden sie früher, was mit EU-Recht aber zumindest offiziell abgeschafft wurde, ▸ Dessertweine genannt. Bekannte Vertreter ihrer Art sind ▸ Port, ▸ Sherry, ▸ Madeira, ▸ Malaga, ▸ Marsala, ▸ Tokajer und ▸ Samos. In Frankreich werden gespritete Weine als ▸ Vin doux naturel, wie z. B. ▸ Banyuls, ▸ Maury oder ▸ Rivesaltes, oder auch als ▸ Vin de liqueur bezeichnet.

LILIENKNOSPEN

In Europa weitgehend unbekannt, gelten die getrockneten Knospen bestimmter Lilienarten mit ihrem moschusartigen Aroma als Gemüsedelikatesse. In Butter oder Öl gedünstet werden sie als exklusive Beilage zu Fleisch, Geflügel oder Fisch gereicht.

LIMABOHNE

(Burma-, Butter-, Duffin-, Kap-, Madagaskar-, Mond-, Rangunbohne)

wichtige Bohnenart (▸ Bohnen)

LIMANDE

(Rotzunge)

Manche Feinschmecker ziehen diesen Plattfisch, der im nordöstlichen Atlantik vom Weißmeer bis zur Biskaya sowie in einer zweiten Art im Pazifik vorkommt, sogar der ▸ Seezunge vor. Ihr weißes und mageres Fleisch ist zwar nicht ganz so fest wie das der Seezunge, dafür sind die Filets etwas dicker und ergiebiger. Limande eignet sich ideal zum Braten, aber auch gut zum Pochieren. Manchmal wird auch die ▸ Kliesche als Limande bezeichnet.

LIMBURGER (KÄSE)

(Backsteinkäse, Ziegelkäse)

Manche lieben ihn gerade wegen seines intensiven Geruchs, andere suchen fluchtartig das Weite, wenn die ursprünglich belgische Käsespezialität (aus der Grafschaft Limburg in der Provinz Lüttich) auf den Tisch kommt. Der Weichkäse mit Rotschmiere – oft auch wenig schmeichelhaft als „Stinkerkäse" bezeichnet – wird heute vor allem in Deutschland aus Kuhmilch mit 20–50 % Fett i. Tr. hergestellt. Dem derben Aroma folgt auch im Mund ein sehr pikanter Geschmack, der Limburger, wenn man ihn mag, zum herzhaften Imbiss (mit Brot und Bier oder einem sehr kräftigen Wein) macht.

LIMEQUATS

Kleine Zitrusfrüchte, die aus einer Kreuzung von ▸ Kumquats und ▸ Limetten hervorgegangen sind und einen besonderen Vorzug haben: Sie sind – weil ihre Schale unbehandelt und weich ist – im Ganzen zu genießen. Einer der Gründe, warum Limequats zur Modefrucht geworden sind, die in Desserts und zu Marmelade verarbeitet wird und oft als – zudem leckere – Dekoration in Fleisch- und Fischgerichten oder auf Büfetts auftaucht.

LIMES

Alkoholisches Getränk mit etwa 10 Vol.-% auf der Basis von Fruchtpüree, das meistens aus Wodka mit bis zu 60 % Fruchtanteil hergestellt wird. Am bekanntesten ist der klassische Erdbeerlimes, mittlerweile gibt es im Handel aber auch viele andere Varianten mit Mango, Sauerkirsche, Himbeere usw.

AUFBEWAHRUNG

Limetten sind nicht so lagerfähig wie Zitronen, denn ihre Schale schrumpft leicht (bei Zimmertemperatur besonders schnell), die Frucht verliert Flüssigkeit und ihr charakteristisches Aroma. Die Frucht hält sich höchstens 1 Woche im Kühlschrank, der gepresste Saft einige Tage, er eignet sich auch zum Tiefkühlen.

LIMETTEN

(Limonellen, Limonen)

Als die Edelversion ihrer Verwandten, der ▸ Zitrone, gilt diese tropische Zitrusfrucht im Allgemeinen. Limetten haben eine dünne, meist glatte Schale, ihr grünliches Fruchtfleisch ist in der Regel kernlos, noch viel saftiger und wesentlich aromatischer als das der Zitronen. Die grünen Früchte wachsen an dornigen Sträuchern oder an 4–5 m hohen Bäumen und haben einen Durchmesser von 3–6 cm. Die Heimat der Limette liegt vermutlich im südostasiatischen Raum, insbesondere Malaysia. Von allen Zitrusfrüchten ist sie die kälteempfindlichste und deshalb ein reines Tropengewächs. Limetten kommen das ganze Jahr über zu uns, wichtige Produzenten sind neben ganz Südostasien vor allem Indien, Sri Lanka, die karibischen Länder, Mexiko, Brasilien, die USA sowie Spanien und Italien. Eine besondere Art ist die Kaffern- bzw. Kaffirlimette, die eine dicke, schrumpelige Schale und wenig Saft hat.

VERWENDUNG: *In der Küche können Limetten grundsätzlich wie ▸ Zitronen verwendet werden. Sie geben Fleisch- und Fischgerichten, Salatsaucen und Desserts eine besonders aromatisch-frische Note. Großer Beliebtheit erfreuen sie sich als Bestandteil von Longdrinks bzw. Cocktails, wie im Klassiker Caipirinha.*

LIMONADE

In der ursprünglichen Bedeutung ein Getränk aus mit Wasser verdünntem Zitronensaft (lemon squash), ist Limonade heute eine Sammelbezeichnung für Erfrischungsgetränke, die umgangssprachlich kurz auch Limo genannt werden. Nach den Leitsätzen des Deutschen Lebensmittelbuches handelt es sich bei Limonaden um alkoholfreie, mehr oder weniger stark gesüßte (Mindestzuckergehalt 7 %) und meist mit Kohlensäure versetzte Getränke aus Wasser, Fruchtauszügen, Aromaextrakten oder natürlichen Aromastoffen sowie meist Zitronensäure. Limonaden gibt es heute in vielerlei Variationen, auch Cola zählt dazu. Oft werden Limonaden mit anderen Getränken gemischt, wie z. B. beim süddeutschen ▸ Radler oder beim Hamburger „Alsterwasser".

LIMONCELLO

Italienischer Zitronenlikör (▸ Liköre) mit 30–35 Vol.-% Alkoholgehalt, der – eiskalt serviert

SCHON GEWUSST?

Nach Meinung der Kampanier waren die kostbaren und gut gehüteten goldenen Äpfel aus dem paradiesischen Garten der Hesperiden in der griechischen Mythologie in Wirklichkeit keine Äpfel, sondern Zitronen aus Amalfi.

– gern zum bzw. als Dessert getrunken wird. Besonders gut schmeckt er auch als Longdrink mit Champagner, Prosecco oder Wein gemischt oder zu Speiseeis, Obstsalaten oder Erdbeeren. Es heißt, dass Limoncello sein Aroma den würzigsten Zitronen aus den Plantagen bei Amalfi an der kampanischen Küste verdankt, die dort bereits seit dem 7. Jh. angebaut werden. Der Likör daraus soll ebenfalls dort erfunden worden sein, wird aber heute auch im Golf von Neapel und auf Sizilien produziert.

LIMONELLEN ▸ Limetten

LIMONEN
1. kleine und besonders würzige Zitronenart mit glatter Oberfläche, auch als Sauerzitronen bekannt
2. Synonym für ▸ Limetten

LIMONENKRAUT ▸ Zitronenmelisse

LIMOUSIN
Aus der gleichnamigen Region in Mittelfrankreich (westlich des Zentralmassivs) stammende Rinderrasse, die für gute Fleischqualität, Langlebigkeit und Anpassungsfähigkeit bekannt ist. Um 1975 wurden Limousinrinder erstmals in Deutschland eingeführt, wo sie heute eine der wichtigsten Rinderrassen sind.

LINGONBEEREN ▸ Preiselbeeren

LINGUINE
sehr schmale italienische Bandnudeln (▸ Pasta, ▸ Teigwaren), wie flache ▸ Spaghetti

LINSEN
Auf der ganzen Welt verbreitete Hülsenfrüchte, die zu den ältesten Nahrungsmitteln der Menschheit gehören (▸ Seite 323)

LINSENBOHNE
▸ Mung(o)bohne (▸ Bohnen)

LINZER TORTE
Kuchen mit einem Boden und einem „Deckel" in Gitterform aus knusprigem Mürbteig, in dem noch gemahlene süße Mandeln, Gewürznelken und Zimt verarbeitet werden. Zwischen die beiden Schichten kommt eine Lage Johannisbeer- oder Himbeerkonfitüre (manchmal auch Preiselbeer- oder Aprikosenkonfitüre). Vereinzelt wird behauptet, ein Wiener Konditor namens Linzer hätte diese Tortenspezialität erfunden, wahrscheinlicher ist aber, dass ihr Name auf die oberösterreichische Landeshauptstadt Linz an der Donau zurückgeht.

SCHON GEWUSST?

Für ▸ Linzer Torte gibt es das älteste überlieferte Tortenrezept der Welt. Im Rezeptbuch der Anna Margarita Sagramosin aus dem Jahr 1653, das im Stiftsarchiv des Benediktinerklosters Admont aufbewahrt wird, sind vier unterschiedliche Rezepte für die beliebte Torte verzeichnet.

LIPPFISCH
Barschartiger Meeresfisch, der vorwiegend im Ostatlantik und im Mittelmeer zuhause ist. Das grobe Fleisch mit leicht süßlichem Geschmack ist kulinarisch eher von geringem Wert und wird meist nur in Fischsuppen verwendet.

LIPTAUER (KÄSE)
Dem ▸ Brinza ähnlicher Weichkäse (▸ Käse), der eine Spezialität der ehemals ungarischen und seit 1918 slowakischen Region Liptovsky ist und von ihr auch seinen Namen hat. Heute wird der Weichkäse mit 45 % Fett i. Tr. auch in Österreich, Tschechien und Bayern (hier allerdings aus Kuhmilchquark) hergestellt. Ausgangsbasis ist dabei ▸ Brimsen aus Schafmilch, der bis zu 10 % Kuhmilch beigemischt sein dürfen, bzw. ersatzweise auch Quark oder Topfen. Je nach Rezept wird Liptauer mit Rosenpaprika, gemahlenem Kümmel, Pfeffer, geriebener Zwiebel, Kapern, Senf, Sardellen, Schnittlauch, Anchovis usw. sowie Butter, Sahne oder besonders aromatischen Käsen (z. B. ▸ Limburger) angereichert. Besonders beliebt ist Liptauer als pikanter Brotaufstrich und als Bestandteil der deftigen Brotzeiten, die in Österreich beim Heurigen aufgetischt werden.

LITSCHIS
(Chinesische Haselnüsse, Lychees)
Pflaumengroße Steinfrüchte des gleichnamigen Baumes aus der botanischen Familie der

VERWENDUNG

Litschis schmecken nicht nur frisch und roh oder in Obstsalaten bzw. als Kompott. In der chinesischen, aber auch in anderen asiatischen Küchen werden sie außerdem gerne als Beilage zu Geflügel oder Fisch serviert.

Seifenbaumgewächse, der seinen Ursprung in Südchina haben dürfte. Frische Litschis haben eine braunrote, mit Noppen übersäte, nicht essbare Schale, ihr Fruchtfleisch ist glasig weiß und hat einen nicht essbaren braunen Kern. Nach der Ernte reifen sie als sogenannte nichtklimaterische Früchte nicht mehr nach. Eine enge Verwandte der Litschi ist die ► Rambutan. Die wichtigsten Erzeugerländer von Litschis sind China, Indien, Thailand, Indonesien, Südafrika, Madagaskar, Mexiko, Australien und die USA. Die Vitamin-C-reichen Früchte haben ein eigenwilliges süßliches Aroma, das an Muskat und Rosenwasser erinnert. Bei frischen Früchten ist das Aroma viel intensiver (und besser) als bei den im Lebensmittelhandel erhältlichen geschälten und entkernten Litschis in Dosen .

LIVAROT
Weichkäse mit Rotschmiere (► Käse) aus dem gleichnamigen Ort in der französischen Normandie, der aus pasteurisierter oder frischer Kuhmilch mit 40–45 % Fett i. Tr. und AOC-Prädikat hergestellt wird. Der Käse ist reif, wenn er in der Mitte etwas einsinkt. In seiner Heimat trinkt man dazu ein Gläschen ► Calvados. Charakteristisch sind die um den Laib gewickelten Streifen, die früher aus Riedgras waren, heute aber meist aus Papier sind. Ihnen verdankt er seinen Spitznamen „Colonel“.

LIVLÄNDER VORSCHMACK
Traditionelles Gericht aus dem Baltikum: Mischung aus Salzheringswürfeln, Butter, Eigelb und Eischnee, die mit Muskatnuss und Pfeffer gewürzt, in einer Auflaufform im Ofen gebacken und heiß serviert wird (Livland: Landschaft an der baltischen Ostseeküste).

LIVORNER ART
(livornese, alla)
Garnitur aus kleinen Pfefferschoten, geschälten Tomaten und Knoblauch zu Meeresfisch (Livorno: Provinz und Hafenstadt an der italienischen Westküste)

LIWANZEN
Böhmisch-tschechische Spezialität: Kleine Pfannkuchen aus Hefeteig mit Muskatnuss, abgeriebener, unbehandelter Zitronenschale und Eischnee, die mit Konfitüre (meist ► Powidl) bestrichen, mit Zimt und Zucker bestreut und manchmal mit Schlagsahne garniert werden.

LOBSTER der amerikanische ► Hummer

LOCKERUNGSMITTEL
► Backtriebmittel

LOCRO
lateinamerikanischer Eintopf mit in Wasser gekochtem Mais oder Weizen, frischem oder gedörrtem Fleisch; viele regionale Varianten

LOEMPIA ► Frühlingsrolle

LÖFFELBISKUITS
(Biskot(t)en, Fingerbiskuits)
Feines, fingerdickes und zungenförmiges Gebäck aus Biskuitmasse, das besonders haltbar und eine beliebte Beigabe zu kalten Desserts (z. B. Cremes und ► Sabayon) und Speiseeis ist. Löffelbiskuits gibt es auch mit Nugat gefüllt und mit Kuvertüre überzogen.

LÖFFELERBSEN
Besonders dickflüssige Variante der Erbsensuppe bzw. des Erbseneintopfes, die man vor allem aus der Berliner Küche kennt und dort mit Schwarz- oder Graubrot serviert. Ungeschälte gelbe Erbsen in Wasser einweichen, zu Püree kochen und mit Zwiebelwürfeln, Salz, Pfeffer, Majoran und Lorbeerblatt würzen. Mit in den Topf kommen noch Schweineohren und -schnauze (teils Kasseler oder Räucherspeck), später noch Kartoffelwürfel. Fertig ist der Eintopf, wenn ein Löffel darin „stehen bleibt“.

LÖFFELKLÖSSCHEN
mit einem Löffel aus Teigmasse oder Farce ausgestochene, in Salzwasser gegarte Klößchen (z. B. Brandteig-, Grießklöße usw.) als Suppeneinlage oder Beilage zu vielen Gerichten

LÖFFELKRAUT
(Löffelkresse, Skorbutkraut)
In Vergessenheit geratenes Küchenkraut aus der Familie der Kreuzblütengewächse, das vor allem auf salzhaltigen Wiesen in Meeresnähe

Bunte Eiweißbomben: Linsen

Eine für die menschliche Ernährung schon zu Urzeiten wichtige Hülsenfrucht und Gattung aus der großen botanischen Familie der ▸ Leguminosen (Unterfamilie der Schmetterlingsblütler), zu der auch ▸ Bohnen, ▸ Sojabohnen und ▸ Erbsen zählen. Die flachrunden und leicht gewölbten Samen des einjährigen Linsenstrauches, der meist nicht höher als 50 cm wird, sind umgeben von maximal 2 cm langen Hülsen (pro Hülse meist nur 1–2 Samen). Linsen gelten als eines der ältesten kultivierten Nahrungsmittel überhaupt.

DEN LINSEN AUF DER SPUR

Die ursprüngliche Heimat des Linsenstrauches wird im Mittelraum bzw. in Kleinasien vermutet und die ältesten archäologischen Funde von Linsen, die vermutlich mit verschiedenen Getreidesorten zu Nahrung verarbeitet wurden, stammen aus der Zeit um 7000–8000 v. Chr. Heute werden Linsen vor allem in Spanien, Russland und der Türkei, in Südamerika (vor allem Chile, Argentinien), in den USA, Kanada, Vorderasien, Indien und China angebaut.
Nicht nur bei den alten Ägyptern waren Linsen bereits ein wichtiges Grundnahrungsmittel (und eine Grabbeigabe), auch eine Stelle im Alten Testament zeugt von der großen Wertschätzung der Hülsenfrüchte schon in frühen Zeiten. So steht geschrieben, dass Esau für ein Linsengericht das Erstgeburtsrecht an seinen kurz nach ihm geborenen Zwillingsbruder Jakob (beides Söhne von Isaak und Rebekka) abgegeben hat.

RENAISSANCE IN GEHOBENER KÜCHE

In der Regel haben Linsen eine Größe von 3–7 mm. Bunt ist die Farbpalette; es gibt schwarze, graue, braune, rote, orange, gelbe und grüne Linsen in vielen Schattierungen. Die Hülsenfrüchte sind kleine Nährstoffbomben (ihr Eiweißgehalt wird nur noch von Sojabohnen übertroffen), die aber leichter verdaulich als Bohnen und Erbsen sind. Lange Zeit galten sie bzw. die mit ihnen zubereiteten Gerichte als einfaches Essen, seit ein paar Jahren erleben Linsen aber auch in der gehobenen Küche eine Renaissance. Das gilt vor allem für feine Sorten wie die Champagner- und die Puy-Linse, die aus Frankreich kommen.

VORBEREITUNG

Oft müssen Hülsenfrüchte vor dem Kochen mehrere Stunden in Wasser eingeweicht werden. Bei Linsen ist dies nicht zwingend notwendig, sondern hängt von der verwendeten Sorte, der Größe, ihrem Alter und dem Verwendungszweck ab. Angaben auf der Packung oder im jeweiligen Rezept beachten.

VERWENDUNG

Linsen sind in der Küche vielseitig verwendbar und Bestandteil zahlreicher Nationalgerichte wie z. B. dem klassischen indischen ▸ Dhal. In Frankreich isst man Linsen gerne mit Speck, Zwiebeln, Petersilie und Rotwein angemacht, in Spanien mit rohen Zwiebeln, in Italien mit Knoblauch, Zwiebeln, Salbei und Olivenöl, in Deutschland als Suppe mit Mettwurst, Suppengrün und Essig, in Schwaben mit Spätzle und ▸ Saitenwürstchen, in Russland mit Macis usw. Grundsätzlich eignen sich Linsen für Suppen bzw. Eintöpfe (auch vorgekocht als Konserve erhältlich) oder als Gemüse, besonders in Kombination mit Pökel- oder Rauchfleisch, bzw. die feineren Sorten auch zum Fisch.

Schon gewusst?

Noch vor rund 300 Jahren war das ▸ Löffelkraut in fast allen Gärten in Mittel- und Nordeuropa heimisch, denn es war eine wirksame Pflanze gegen den Skorbut (Vitamin C Mangelkrankheit). Deshalb wurde es sogar eingesalzen und fässerweise auf Seereisen mitgenommen. Schon die Wikinger (skandinavische Seefahrer und Plünderer 700–1100 n. Chr.) sollen Löffelkraut bei ihren Beutezügen an Bord gehabt haben.

vorkommt. Verbreitet ist es von der Arktis bis in die gemäßigten Klimazonen der nördlichen Halbkugel (vor allem an den Küsten Nord- und Westeuropas). Löffelkraut gedeiht an sonnigen Plätzen ebenso wie im Schatten, braucht aber Feuchtigkeit. Löffelkraut hat ein leicht scharfes, senfartiges Aroma und einen salzigen und bitteren Geschmack, der der Kresse, einer anderen Gattung der Kreuzblütler ähnelt.

VERWENDUNG: *Löffelkraut kann wie Kresse verwendet werden. Es schmeckt in allen Blatt- und Mischsalaten, aber auch solo. Weiter passt es in Kräuterquark und -butter, zu Möhren und Kartoffeln. Gekocht ist es eine pikante Beilage.*

LÖFFELTEST

Die Garprobe beim Fleischbraten: Mit einem Löffel drückt man dabei auf das Fleisch; gibt dieses stark nach, ist es innen noch roh, gibt es leicht nach, ist es innen leicht blutig, gibt es kaum mehr nach, ist es durchgebraten.

LOGANBEEREN

Die Natur selbst bzw. der Zufall bescherte uns vermutlich diese amerikanische Kreuzung aus wilden kalifornischen Brombeeren und Himbeeren. Entdeckt und erstmals gezielt weitervermehrt wurde sie 1881 vom US-Richter und Hobbygärtner James H. Logan (1841–1931). Die relativ großen, weinroten, saftreichen und sehr aromatischen Beeren werden heute neben den USA vor allem in Neuseeland in großer Menge angebaut.

VERWENDUNG: *Loganbeeren eignen sich u.a. zur Herstellung von Gelees, Konfitüren und Sirups oder als Tortenbelag. Sie lassen sich sehr gut konservieren und haben deshalb vor allem für die industrielle Herstellung von Konfitüren, Jogurts und Backwerk große Bedeutung.*

LOIRE

Der längste Fluss Frankreichs (mit ca. 1020 km) und ein bekanntes Weinanbaugebiet (▸ Wein), das sich über eine Länge von rund 400 km und etwa 70.000 ha Anbaufläche bis zur Mündung in den Atlantik erstreckt. Die ersten Reben wurden im Loiretal bereits von den Römern gepflanzt. Weinliebhaber schätzen an den trockenen Weißweinen von der Loire, vor allem aus der Rebsorte ▸ Sauvignon Blanc, ihre frische Säure, Fruchtigkeit und die zarten Aromen. Exemplarisch hierfür sind die Weine aus den Appellationen Pouilly-Fumé und Sancerre. Weiter kommen von der Loire aber hochwertige Süßweinspezialitäten und trockene Weißweine aus der Rebsorte ▸ Chenin Blanc, in geringer Menge auch charaktervolle Rotweine und populäre Schaumweine wie der Crémant de Loire.

LOKSCHENKUGL

jüdische Spezialität aus Bandnudeln mit frischem Eigelb, Rosinen, Zucker, Honig und abgeriebener Schale einer unbehandelten Zitrone

LOLLO

Allein schon wegen seines dekorativen Aussehens populärer Blattsalat (▸ Salate), der in der roten Variante allgemein als Lollo rosso (auch Ricchi), in der grünen Variante als Lollo bianco bzw. Lollo biondo bezeichnet wird (auch wenn er sprachlich korrekt eigentlich Lollo rossa, bianca und bionda heißen müsste). Lollo stammt aus Italien und ist mit der ▸ Endivie verwandt. Seine knackigen Blätter schmecken herb und nussig und können als Salat oder Gemüse zubereitet werden.

LOMBARDEI

Die italienische Region mit der Hauptstadt Mailand verfügt als Weinanbaugebiet (▸ Wein) über rund 27 000 ha Rebfläche und eine Vielzahl von angebauten Rebsorten. Als die besten Weinbauzonen gelten die Seengebiete um Garda-, Iseo- und Comer See zwischen Bergamo und Verona sowie das Valtellina-Tal an der Schweizer Grenze. Die Lombardei ist auch für ihre große Erzeugung von Schaumweinen, u. a. aus der berühmten DOCG Franciacorta, bekannt. Weniger für hohe Qualität als vielmehr für Massenerzeugung und billigen Supermarktwein steht dagegen der Lambrusco.

LOMBARDISCHE ART
(lombarda, alla)
mit Risotto und manchmal auch gehackten weißen Trüffeln gefüllte und überbackene Tomaten als Garnitur zu kleinen Fleischstücken in Madeirasauce, auch zu Geflügel

LONGANEN
(Drachenaugen)

Die kirsch- bis pflaumengroßen Früchte von bis zu 10 m hohen Bäumen, die vor allem im indochinesischen Raum verbreitet sind. Longanen haben eine rötlich-braune bzw. zimtfarbene oder gelbe Schale, ihr Fruchtfleisch ist wie bei den verwandten ▸ Litschis glasig weiß und noch süßer, aber nicht so aromatisch. Darin eingebettet ist ein schwarzer Kern mit einem augenähnlichen Fleck, deshalb auch die Bezeichnung Drachenaugen. Longanen kommen bei uns meist in Dosen in den Handel.
VERWENDUNG: *In exotischen Fruchtsalaten und Desserts (auch kandiert) sind Longanen eine originelle Zutat und Alternative zu Litschis, deren Qualität sie meist aber nicht erreichen. Ebenso können sie gut zu Kompott und Sirup bzw. zu erfrischenden Drinks verarbeitet werden.*

LONGCHAMP
gebundene Fleischbrühe mit pürierten, frischen grünen Erbsen, Nudeln, Sauerampferstreifen und Kerbelblättern

LONGDRINKS
Mit Fruchtsäften, Soda und/oder Mineralwasser sowie Eiswürfeln „verlängerte" alkoholische Getränke, mit mehr als 12 cl, teils sogar bis 40 cl, die in einem hohen, schlanken Becherglas serviert werden. Auch reichhaltig gemixte ▸ Cocktails sind somit Longdrinks. Bei der einfachsten Variante werden 2–4 cl einer Spirituose mit einem nicht alkoholischen Getränk aufgefüllt, z. B. Whiskey-Cola.

LOOSE VINKEN
Flämische Spezialität: Feine Röllchen aus Rindfleisch mit magerem Speck und einem Stückchen Salzgurke, die mit frisch geriebener Muskatnuss, Salz und Pfeffer gewürzt und kräftig angebraten werden. Zusammen mit kurz angerösteten Zwiebelscheiben, Malzbier, Lorbeerblättern und Thymian werden die Röllchen, aufgefüllt mit Brühe, in einem Topf geschmort. Die Sauce wird dann mit Stärkemehl gebunden, mit etwas Senf, Salz und Pfeffer abgeschmeckt. Dazu reicht man Kartoffelpüree.

LOPINO
(Lupinen-Tofu)
Rein pflanzliches Naturprodukt aus Samen der heimischen Süßlupine, das einen hohen Gehalt an Proteinen, ungesättigten Fettsäuren, essenziellen Aminosäuren und Mineralstoffen aufweist. In ihren Eigenschaften ähnelt die schnittfeste, quarkähnliche Masse dem ▸ Tofu, hat aber einen intensiveren, nussigen Geschmack. Wie Tofu kann Lopino geräuchert oder mariniert als Fleischersatz dienen und (gut gewürzt) zu Bratlingen, Aufstrichen oder auch Teig verarbeitet werden.

LOQUATS
(Japanische Mispeln, Wollmispeln)
Die gelb-orangen Früchte eines immergrünen subtropischen Baumes, dessen Heimat in Ostasien liegen dürfte, sehen aus wie eine Mischung aus Aprikosen und Pflaumen. Sie haben eine dünne, aber zähe, gerbstoffreiche Haut, die ein festes, aromatisches Fruchtfleisch umgibt. Der süß-säuerliche Geschmack von Loquats, die u. a. mit ▸ Quitten verwandt sind, erinnert an Äpfel und Birnen. Loquats werden heute außerhalb ihrer asiatischen Heimat auch im Mittelmeerraum, in Mittel- und Südamerika sowie den USA kultiviert. Für den Rohverzehr sollte man sie 1–2 Wochen lagern, bis die Haut schön weich geworden ist.

VERWENDUNG

Loquats passen gut in exotische Fruchtsalate und eignen sich für Cremes, Kompotte, Gelees, Konfitüren oder als Tortenbelag. Eine leckere Kombination sind sie mit Vanille- und Walnusseis. In Asien werden sie gerne als Beilage zu Geflügelgerichten gereicht.

LORBEER
Ein immergrüner Strauch bzw. bis zu 10 m hoher Baum, der seinen Ursprung in Kleinasien haben dürfte und heute im gesamten Mittelmeerraum verbreitet ist. Die frischen oder getrockneten Blätter, aber auch die glänzenden

VERWENDUNG

In der Küche ist Lorbeer vielseitig verwendbar. Seine typische Würze passt gut zu Fleischgerichten von Kalb (auch zu Leber) und Rind, Geflügel und Wild. Ein absolutes Muss ist er in Sauerbraten, vielen Frikassees, Ragouts und Pasteten, Sauerkraut, Rotkraut, Tomatensauce und vielen Marinaden. Weiter kommt er in sauer eingelegte Gemüse (z.B. ▸ Mixed Pickles, Gurken) und Fischspeisen, in Suppen und Eintöpfe und ist Bestandteil des ▸ Bouquet garni. Fein gemahlen sind die Blätter als Lorbeerpulver erhältlich, das beim Würzen eine genauere Dosierung erlaubt.

blau-schwarzen Früchte (von weiblichen Pflanzen) dienen zum Würzen zahlreicher Gerichte. Die Kultivierung des Lorbeerbaumes geht bis in die Antike zurück. Lorbeerblätter haben ein charakteristisches Aroma, das sich beim Mitkochen am stärksten entfaltet. Vor dem Servieren werden die Blätter wieder entfernt. Lorbeer hat eine hohe Würzkraft, er riecht und schmeckt würzig herb und balsamisch. Das aus den Früchten gewonnene Öl wird für pharmazeutische Zwecke und Parfums verwendet.

SCHON GEWUSST?

Lorbeer führt, wenn er in höheren Dosen zu sich genommen wird, zu Trance- und Rauschzuständen. So wird vermutet, dass die Visionen der Priesterinnen des berühmten Orakels von Delphi durch den vorherigen Genuss von Lorbeer beeinflusst waren. Im alten Rom galt der Lorbeerkranz als Symbol für Ruhm, Triumph und Weisheit. Deshalb durften siegreiche Feldherrn, die Gewinner der Spiele und Kaiser ihre Häupter damit zieren.

LORCHELN
(Stockmorcheln)
Eine Pilzgattung, deren Vertreter durch ihre bizarre Form auffallen. Einige Exemplare sind essbar, andere ungenießbar bis giftig. Als der beste Speisepilze unter den Lorcheln gilt die ▸ Herbstlorchel.

LÖSER ▸ Kutteln

LOTHRINGER ART
(lorraine, à la)
in Rotwein gedünsteter Rotkohl und Kartoffelklöße mit oder ohne geriebenen Meerrettich zu geschmortem Fleisch

LOTHRINGER SPECKKUCHEN/ SPECKTORTE ▸ Quiche

LOTOS
Botanische Gattung und Sammelbezeichnung für verschiedene asiatische Wasserpflanzen bzw. Wasserlilien, die in Teilen essbar sind. Das gilt vor allem für die jungen Stiele, Blätter und Blütenknospen, die wie Gemüse (Spinat) zubereitet werden können. Die auch als Lotosnüsse bekannten Samen kommen in Asien geschält auf den Tisch und werden zum Essen geknabbert oder geschmort oder geröstet als Beilage zu salzigen wie süßen Speisen serviert. In den Handel kommen sie sauer eingelegt oder kandiert. Die stärkehaltigen Wurzelknollen werden wie Sellerie zubereitet.

LOTOSNÜSSE
die essbaren Samen des ▸ Lotos

LOTOSWURZELN
die essbaren Wurzelknollen des ▸ Lotos

LOTTE ▸ Seeteufel

LOTUSPFLAUMEN
(Schwarze Datteln)
Obwohl die Wasserpflanzengattung ▸ Lotos oft Lotus geschrieben wird und umgekehrt die Lotuspflaumen auch als Lotospflaumen zu finden sind, besteht nicht die geringste botanische Verbindung zwischen den beiden. Bei den Lotuspflaumen handelt es sich um kirschähnliche schwarze Beerenfrüchte eines asiatischen Ebenholzgewächses, das heute auch im Mittelmeerraum angebaut wird. Sie sind sehr süß und tanninhaltig und werden meist frisch gegessen oder zu Saft und Wein verarbeitet.

SCHON GEWUSST?

Auf der 10-jährigen Irrfahrt nach der Schlacht von Troja vergaßen die Gefährten des griechischen Helden Odysseus, wie es in den Dichtungen Homers überliefert ist, im Land der Lotophagen nach dem Genuss von ▸ Lotuspflaumen Heimat und Freunde. Die Erklärung dafür dürfte weit weniger geheimnisvoll sein als in der Mythologie dargestellt: Vermutlich hatten die Männer einen ganz gewöhnlichen Rausch, weil die Früchte bereits vergoren waren.

LOUISIANA, À LA
Traditionelles Gericht aus dem gleichnamigen Staat im Südwesten der USA: Mit Maispüree und Paprikawürfeln gefülltes Geflügel in gebundener Kalbs- oder Geflügeljus, zu dem man Maistörtchen, Reispasteten, Bataten und gebratene Bananen reicht.

LOUP DE MER
Hinter diesem Namen können sich zwei ▸ Fische verbergen, ▸ Seewolf und ▸ Wolfsbarsch. Egal welcher serviert wird – man hat einen ausgezeichneten Speisefisch auf dem Teller.

LÖWENZAHN
Das häufig auf Wiesen, an Wegrändern und in Gärten vorkommende Wildkraut aus der Familie der Korbblütengewächse kennt jedes Kind. Trotzdem wissen selbst viele Erwachsene nicht, dass Löwenzahnblätter und bedingt auch Knospen und Wurzeln essbar sind. In Deutschland erfreuten sie sich zu Küchenzwecken schon einmal größerer Beliebtheit als heute, doch langsam steigen sie in der Gunst der Köche wieder. Die Hauptverbreitungsgebiete von Löwenzahn liegen in Europa und Asien. Die Kultursorten sind nicht so bitter wie wild wachsender Löwenzahn, bei dem die Blätter unbedingt vor der Blüte geerntet werden sollten, weil sie dann noch milder sind.
VERWENDUNG: *Löwenzahnblätter können alleinige oder ergänzende Zutat in Salaten sein, solo aber auch wie Spinat zubereitet werden. Gehackt passen sie in Suppen, Saucen und Kräuterquark. Die jungen, noch geschlossenen Blüten schmecken pilzähnlich und ergänzen auf pfiffige Weise Pastasaucen. Die Wurzeln lassen sich wie Spargel mit Sahnesauce zubereiten. Löwenzahn sollte frisch verarbeitet werden. Er hält sich im Gemüsefach des Kühlschranks maximal 2 Tage.*

LÜBECKER FÜLLUNG
Füllung für gebratene Ente oder Gans aus säuerlichen Äpfeln, Weißbrotscheiben, Enten- oder Gänsefett, Kardamom, Salbei, Zimt, Rosinen, Rum und Weißwein

LÜBECKER MARZIPAN
qualitativ hochwertiges weißes ▸ Marzipan, meist mit Schokoladenüberzug

LÜBECKER NATIONAL
schleswig-holsteinischer Eintopf aus gewürfeltem Schweinebauch oder -nacken, Kartoffeln, Kohlrüben, Möhren und gehackten Zwiebeln, abgerundet mit Salz, Pfeffer und Petersilie

LUCCA-AUGEN
1. Mit Tatar, Kaviar und Austern belegte Toastbrotscheiben, die ein wenig wie Augen aussehen. Erfunden wurden sie von einem Küchenchef des Berliner Hotels Kempinski zu Ehren der österreichischen Opernsängerin Pauline Lucca (1842–1908), die herrlich gesungen und besonders schöne Augen gehabt haben soll.
2. Ringförmiges Gebäck bzw. Spritzkuchen aus Brandmasse mit Cremefüllung und Karamellglasur oder mit Sahne-Sauerkirsch-Füllung und Schmelzglasur (▸ Fondant).

LUCKELESKÄS
schwäbische Frischkäse- bzw. Quarkzubereitung mit Sauermilch oder saurer Sahne, gehackten Kräutern oder Kümmel

LUCUMA
Exotische Frucht eines langsam wachsenden Baumes, der über 100 Jahre alt werden kann. Die runden Früchte haben etwa die Größe einer Zitrone, eine dunkelgrüne Schale und ein gelbes Fruchtfleisch. Das kräftig-feine Aroma von Lucumas erinnert an Mango und Vanille, ihr Geschmack ist nussig. Angebaut werden sie vor allem in Chile und Mexiko, Afrika, Indien, Südostasien und Australien.

VERWENDUNG

Lucumas eignen sich neben dem Rohverzehr für Süßspeisen (wie z.B. Cremes), Speiseeis, Kuchen und Konditorwaren. Die Chilenen lieben ihre Baiser-Lucuma-Cremetorte.

LUFTPORENSCHOKOLADE
▸ Aeroschokolade

LUFTSPECK
gepökelter und ohne Räuchern an der Luft getrockneter Schweinespeck

LUFTZWIEBELN
(Ägyptische Zwiebeln)
Von den anderen Zwiebeltypen unterscheidet sich diese Pflanze dadurch, dass sie unter- wie auch überirdisch Zwiebeln ausbildet, die roh oder gebraten gegessen sowie zum Würzen verwendet werden können. Für den Handel hat diese Zwiebelsorte kaum Bedeutung.

LUKANIKA
griechisches Gericht mit Würstchen aus magerem Schweinefleisch, Schwarte und Rückenspeck in Rotwein, kräftig gewürzt mit Lorbeer, Koriander, Majoran, Knoblauch, Piment, Thymian und unbehandelter Orangenschale

LUKULL(US)
Die höchste Form der Ess- und Trinkgenüsse wurde bereits im alten Rom gepflegt: die lukullischen Tafelfreuden, die wir ihrem „Erfinder", dem Feldherrn Lucius Licinus Lucullus (117–57 v. Chr.) verdanken. Er war nicht nur ein Mann des Schwertes, sondern auch des Geistes und der Genüsse. Von einem zehnjährigen Feldzug nach Kleinasien brachte er neben persönlichen Reichtümern den Kirsch- und Pfirsichbaum mit nach Hause, ebenso wie neues Wissen (z. B. über die persische Gartenkunst). Nach seinem Ausscheiden aus dem Heer ließ er in Rom und Neapel Prachtgärten und prunkvolle Villen samt großer Bibliothek und kostbaren Skulpturen anlegen. Dort pflegte er mit seinen Freunden und den Mitgliedern seines philosophischen Gesprächskreises üppige Gastmahle, zu denen neben den leiblichen Genüssen perfekte Arrangements, niveauvolle Darbietungen und geistreiche Unterhaltung gehörten. Nach Lucullus wurden deshalb mehrere hochwertige Zubereitungsarten mit meist edlen Zutaten benannt, wie z. B.: in Madeira gedünstete Trüffeln, Hahnennieren und -kämme, getrüffelte Geflügelklöße und Trüffelsauce zu kleinen Fleisch- oder Geflügelstücken; gebratenes Hähnchen mit einer Füllung aus Hühnerhack und Trüffeln mit Champagnersauce und nochmals Trüffeln; Geflügelkraftbrühe mit Wachtelessenz, als Einlage Geflügelklößchen, Wachtelbrüstchen und Trüffelscheiben.

LULOS ▸ Frucht aus Südamerika

LUMACHE
kurze, dicke und innen hohle italienische ▸ Nudeln (▸ Pasta, ▸ Teigwaren) in Schneckenform (vor allem in Kampanien und Ligurien)

LUMB
Geschätzter, wenn auch nicht sehr bekannter Speisefisch (▸ Fische) aus dem Nordatlantik, der 60–100 cm lang und bis 10 kg schwer wird und sich in Tiefen bis 1000 m aufhält. Der Lumb hat festes, weißes Fleisch mit feinem Geschmack, der ein wenig an Hummer erinnert. Er kommt vorwiegend als Filet in den Handel und wird in den skandinavischen Ländern in großen Mengen zu ▸ Stockfisch verarbeitet.

LUMBERJACK
pikante Pfannkuchen mit Speck, Schinken, Würstchen und Eiern

LUMMEL ▸ Filet

LUMMELBRATEN
süddeutsche Bezeichnung für ▸ Rinderfilet

LUMPFISCH ▸ Seehase

LUNCH

Das zweite (späte) Frühstück bzw. das schnelle und leichte Mittagsmahl, das vorwiegend aus kalten Speisen (Wurst- und Käseaufschnitt, Salaten, Sandwiches, Jogurt, Müsli usw.) und vereinzelt auch aus warmen Kleinigkeiten (vor allem Eier in den verschiedensten Variationen, Frühstücksspeck usw.) besteht. Fällt das Ganze üppiger aus und nimmt man sich mehr Zeit dafür als z. B. die kurze Vormittags- oder Mittagspause im Büro, dann spricht man vom ▸ Brunch, wie er heute gern zelebriert wird.

LUNGE
Das Atmungsorgan von Kalb, Rind oder Schwein ist – im Vergleich etwa zur Leber – eine relativ nährwertarme Innerei. Es wird regional unterschiedlich zubereitet, eine besonders beliebte Form ist das (saure) ▸ Züngerl. Zum Braten eignet sich Lunge allerdings nicht.

LUNGENBRATEN
kein Gericht mit der Innerei ▸ Lunge, sondern in Österreich gebräuchliche Bezeichnung für das ▸ Rinderfilet, ähnlich dem deutschen Lenden- oder Lummelbraten

LÜNGERL

(saures Lüngerl)

Vor allem in Bayern bzw. im süddeutschen Raum bekanntes Gericht aus Kalbslunge und Kalbsherz, die in feine Stücke bzw. Streifen geschnitten und in Sauce gekocht werden. Zutaten dafür sind Lorbeer, Pimentkörner, Pfeffer, Essig, saure Sahne und Zitronensaft. Mit Semmelknödeln kann es als Vorspeise, Zwischenmahlzeit oder Mittagessen serviert werden.

LUPINEN

Pflanzengattung aus der Familie der Hülsenfrüchtler, von der man über 200 Arten mit farbenfrohen Blüten kennt. Lupinen finden in erster Linie als Futterpflanzen Verwendung. Vor allem in Südeuropa bzw. im Mittelmeerraum werden die bohnenähnlichen Samen aber auch gekocht und mit Essig und Öl als Salat angemacht oder sie kommen in Saucen. Eingelegte Lupinenkerne sind dort ein beliebter Snack. Aus den gerösteten Samen wird ein kaffeeähnliches Produkt hergestellt. Ein modernes Nahrungsmittel aus den Samen der heimischen Süßlupine ist der ▸ Tofu ähnliche ▸ Lopino.

LUPINEN-TOFU ▸ Lopino

LÜTTICHER ART

(liégeoise, à la)

generell Zubereitungen mit Wacholderbeeren und/oder Wacholderbranntwein (Lüttich: Stadt und Provinz in Belgien; frz. Liège)

LÜTTICHER SALAT

in Streifen geschnittene Pellkartoffeln und Salzheringe mit grünen Bohnen und gehackten Zwiebeln in einem Weinessig-Öl-Dressing

LUZERNE

(Alfalfa)

Die eiweißreiche Grün- und Trockenfutterpflanze wird heute vorzugsweise in asiatischen Ländern kultiviert. Es gibt von ihr eine Vielzahl von Land- und Zuchtsorten. Die jungen Blätter sind in ihren Anbauregionen ein beliebtes Gemüse, als besondere Delikatesse gelten aber die essbaren Keimlinge, die aus den Samen gezogen und als Alfalfasprossen gehandelt werden.

VERWENDUNG: *Die zarten Keimlinge, die man am besten frisch verwendet, schmecken in Salaten, auf Sandwiches und als Vorspeise. Sie sind aber auch eine geschmackliche Bereicherung, wenn man sie kurz vor dem Servieren zu Suppen, Eintopfgerichten, Omelettes oder Gemüse gibt.*

LYCHEES ▸ Litschis

LYONER(WURST)

Im „Original" eine Spezialität der französischen Stadt Lyon, die aus fettem Schweinefleisch und Pistazienkernen besteht und nur leicht gesalzen und mild gewürzt wird. Die Cervelas, wie sie in ihrer Heimat genannt wird, schmoren die Franzosen gerne im Ofen auf Zwiebeln in rotem Beaujolais und essen sie mit Pellkartoffeln oder Linsen. Die Lyoner hat vielen Wurstarten ihren Namen gegeben, die aber nur mehr oder weniger der echten Lyoner entsprechen. In Deutschland bekommt man als Lyoner dagegen feine oder grobe Brühwürste aus Schweinefleisch, manchmal auch mit Rindfleisch vermischt, und Speck, die sanft heiß geräuchert und u.a. mit Koriander, Muskatnuss, Kardamom, Kurkuma, weißem Pfeffer usw. gewürzt werden. Lyoner wird in verschiedenen Eintopfgerichten heiß serviert, vor allem im Süden Deutschlands isst man Lyoner gerne kalt zur Brotzeit oder in Wurstsalat.

LYONER ART

(lyonnaise, à la)

fein gehackte Zwiebeln und Schmelzkartoffeln, in Butter gedünstet, in einer Sauce aus Weißwein, Essig, brauner Grundsauce und Tomatenpüree, abgeschmeckt mit Pfeffer und Zitronensaft, zu Fleisch oder Geflügel

MAASDAMER
Eine holländische Käsefamilie (► Käse), deren Mitglieder aus pasteurisierter Kuhmilch und in der Regel mit 45 % i. Tr. hergestellt werden. In Aussehen und Geschmack ähnelt Maasdamer ein wenig dem Emmentaler. Der bekannteste Maasdamer ist der ► Leerdamer.

MACADAMIANÜSSE
(Australische Nüsse, Queenslandnüsse)
Botanisch streng genommen keine echte Nuss und trotzdem gerne als „Königin der Nüsse“ bezeichnet: Macadamianüsse sind die einsamigen, in Büscheln bis zu 20 Stück wachsenden Steinfrüchte eines in Australien beheimateten, bis 15 m hohen Baumes. Wenn sie ausgereift sind, fallen sie alleine auf den Boden und müssen nur noch aufgesammelt werden. So einfach die Ernte ist, so schwer lassen sich die Früchte öffnen. Macadamia haben die härteste Schale aller Nüsse, sie müssen deshalb maschinell geknackt werden.
Die 2–3 cm großen Nüsse kommen nur geschält in den Handel. Aufgrund ihres unvergleichlichen Aromas (an Mandeln erinnernd) und Geschmacks (fein süß, leicht kastanienartig) gelten sie als die edelsten und feinsten aller Nüsse. Zu den teuersten gehören sie u. a. wegen ihrer aufwendigen Bearbeitung nach der Ernte. Macadamianüsse sind besonders fett- und eiweißreich, verbunden mit hohem Vitamin- und Mineralstoffgehalt. Aus diesem Grund waren sie bereits für die australischen Ureinwohner, die Aborigines, eine wichtige Nährstoffquelle. Wichtige Erzeuger neben Australien sind noch Neuseeland, Kenia, Südafrika, Israel, Hawaii und Kalifornien.

VERWENDUNG

Macadamianüsse sind beliebte Zutat in Currys, Eintöpfen, Gemüsezubereitungen und generell in würzigen Gerichten. Sie kommen aber natürlich auch in Süßes wie Kuchen, Pralinen, Schokoladendesserts, Eiscreme und andere Süßspeisen.

SCHON GEWUSST?

Der Macadamiabaum wurde erst 1857 in den Regenwäldern des australischen Bundesstaates Queensland entdeckt, deshalb werden seine Früchte manchmal auch Queenslandnüsse genannt. Ihren Hauptnamen haben sie aber von John McAdam, dem Sekretär der Philosophical Society of Victoria, obwohl er mit der Entdeckung nicht direkt zu tun hatte. Sie ist vielmehr dem Botaniker Ferdinand von Müller und dem Direktor des Botanischen Gartens von Brisbane, Walter Hill, zu verdanken, welche die Pflanze nach ihrem Freund John McAdam benannten.

MACAIRE(KARTOFFELN)
Eine Art Kartoffelkuchen aus großen mehligkochenden Kartoffeln, die zunächst mit der Schale im Ofen gebacken und anschließend mit dem Löffel aus der Haut gelöst und grob zerdrückt werden. Mit Butter, Salz und Pfeffer vermischt, wird die Masse dann in einer Pfanne auf beiden Seiten schön knusprig gebraten.

MACCHERONI ► Makkaroni

MACÉDOINE
warmes oder kaltes Gericht aus Gemüse oder Obst (z. B. Kompott)

MACHANDEL
vor allem in Norddeutschland übliche Bezeichnung für ► Wacholderbeeren und daraus hergestellte ► Branntweine

MACIS ► Muskat(blüte)

MADAGASKARBOHNE
► Limabohne (► Bohnen)

MADEIRA
Legendäre Likörweinspezialität (► Likörweine, ► Wein), die auf der gleichnamigen portugiesischen Vulkaninsel erzeugt wird. Madeira gilt als der langlebigste Wein überhaupt – viele Weine lassen sich auch im Alter von 100 Jahren noch mit Genuss trinken – und war vor allem im 18./19. Jh. einer der am höchsten geschätzten und teuersten Weine der Welt. Heute ist er etwas aus der Mode gekommen, nicht aber bei Weinkennern. Er wird nach einem speziellen Verfahren hergestellt, das zur so genannten Maderisierung (einem teilweisen Karamellisieren des Zuckers bei gleichzeitig starker Oxidation) führt. Das verleiht ihm seinen unvergleichlichen Charakter. Nach der Gärung wird Madeira Alkohol zugesetzt, bis er 17–20 Vol.-% aufweist. Die vier führenden edlen Rebsorten sind Sercial, Verdelho, Boal und Malvasia. Am meisten angebaut wird auf den 2100 ha Produktionsfläche aber die Massenrebsorte Tinta Negra Mole, die seit 1993 nicht mehr auf dem Etikett angegeben sein darf. Aus ihr werden die billigen Varianten erzeugt, die 40 % der Gesamtproduktion ausmachen.

Schon gewusst?

Was man heute als Maderisierung bezeichnet und typisch für den ▶ Madeira ist, wurde im 17. Jh. zufällig „entdeckt". Beim Transport größerer Mengen von Madeirawein in die Kolonien stellte man fest, dass dieser umso besser schmeckte, je länger er auf dem Schiff im heißen tropischen Klima unterwegs war. Heute wird dieser Effekt bei hochwertigem Madeira durch die Lagerung der Fässer in Wärmehäusern bzw. in Gestellen unter dem Dach erzielt. Bei den Madeiras aus Massenproduktion lagert der Wein in 20 000–50 000 l fassenden Betonbehältern, die von Heizschlangen mit 40–50 °C warmem Wasser durchzogen sind.

MADEIRASAUCE
mit ▶ Madeira verfeinerte ▶ Demiglace und eine der beliebtesten Bratensaucen überhaupt, passt fast zu allen Fleischgerichten (Schlachttiere und Geflügel) und auch Innereien

MADELEINES
Schon bevor der Schriftsteller Marcel Proust (1871–1922) in seinem Werk „Auf der Suche nach der verlorenen Zeit" ein Loblied auf die Madeleines seiner Großmutter sang, waren die französischen Mandel- und Sandküchlein berühmt und beim Adel beliebt. Je nach Rezept werden sie mit Rum, Vanille, Zitrone oder Orangenblütenwasser aromatisiert.

MADELONS
kleines S-förmiges Gebäck aus Brandmasse mit einer Füllung aus Johannisbeergelee und mit grobem Zucker bestreut

MADIRAN
Kleines Weinanbaugebiet (▶ Wein) im Südwesten Frankreichs, das für sehr robuste, langlebige und tanninreiche Rotweine bekannt ist. Die rund 1400 ha Anbaufläche sind hauptsächlich mit der Rebsorte ▶ Tannat bestockt. Jung sind die Weine meist hart und unnahbar, später entwickeln sie erstaunliche Finesse.

MAFALDE
gewellte, etwa 1,5 cm breite italienische Bandnudeln (▶ Pasta, ▶ Teigwaren)

MAGENBITTER
vor allem in Deutschland gerne verwendete Bezeichnung für ▶ Kräuterliköre

MAGENBROT
(Alpenbrot)
Leb- bzw. Honigkuchen in Form eines sehr kleinen Brotlaibs, gewürzt mit Kardamom, Anis, Nelken, Muskat, Zimt, Zitronat usw. und meist mit einer Zucker-Kakao-Glasur

MAGENKRAUT ▶ Wermut(kraut)

MAGENWURZ ▶ Kalmus

MAGERFISCH
besonderes fettarme Fische mit einem Fettgehalt unter 1 % wie u. a. ▶ Flussbarsch, ▶ Hecht, ▶ Kabeljau, ▶ Schellfisch oder ▶ Zander

MAGERKÄSE
▶ Käse mit unter 10 % Fett i. Tr.

MAGERMILCH
Fast fettfreie, durch Abtrennen des Rahms gewonnene Milch, die maximal 0,3 % Fett haben darf. Magermilch ist in erster Linie eine Zwischenstufe bei der Herstellung von Vollmilch und anderen Milchprodukten.

MAGGERUNSEN
Tiroler Nocken aus gekochten Kartoffeln, Mehl, Milch und Salz

MAGGI
Beliebte Speisenwürze, die als typisch deutsches Produkt gilt, deren Erfinder und Na-

MAGGI

In Deutschland entwickelte sich die Speisenwürze zu einem der ersten und wichtigsten Markenprodukte überhaupt und ihr Name setzte sich so in den Köpfen der Verbraucher fest, dass er noch heute als Synonym für alle ähnlich hergestellten Würzsaucen verwendet wird. Aufgrund der aromatischen Verwandtschaft wird im Volksmund sogar ▸ Liebstöckel gerne als Maggikraut bezeichnet, obwohl nicht die geringste Menge davon in der Speisenwürze enthalten ist.

mensgeber im Jahre 1886 aber ein Schweizer war: Julius Michael Johannes Maggi (1846–1912), einer der Pioniere der industriellen Lebensmittelproduktion. 1887 eröffnete er in Singen am Hohentwiel (bei Konstanz) eine Niederlassung und seither wird Maggi auf deutschem Boden produziert. Kaum verändert hat sich bis heute, außer der Modernisierung des Verfahrens, die Herstellung der Universalwürze, die in Aussehen, Konsistenz und Geschmack eine gewisse Ähnlichkeit mit ▸ Sojasauce hat. Und auch die markante viereckige Maggiflasche mit dem traditionellen gelb-roten Etikett ist grundsätzlich gleich geblieben. Ausgangsstoffe für Maggi sind Getreide- und Hülsenfrüchteschalen, weitere geschmacksverstärkende Bestandteile sind Hefeextrakt, Natriumglutamat und Aromenzusätze. Seine charakteristische Farbe erhält Maggi durch Zuckercouleur.

MAGGIKRAUT ▸ Liebstöckel

MAGNESIUM
Einer der für den menschlichen Organismus wichtigen ▸ Mineralstoffe (chemisches Element Mg), der u. a. für wichtige Stoffwechselprozesse und die Knochenbildung benötigt wird. Mindestens 300–400 mg pro Tag sollte man davon aufnehmen, z. B. aus Fleisch, Wurst, Fisch, Kartoffeln, Milchprodukten, Hülsenfrüchten, Getreide- und Vollkornprodukten, bestimmtem Obst (vor allem Beeren und Bananen), Nüssen, Kakao und schwarzem Tee.

MAGNUM
eine ▸ Großflasche für Wein oder Champagner

MAGSAMEN ▸ Mohn

MAHALLEBI
türkische Süßspeise, ein puddingartiger Brei aus Milch, Kochwasser von Reis, Reisstärke, Eigelb und Zucker, mit Puderzucker (auch Zimt) bestäubt, mit Rosenwasser beträufelt

MAHÓN

Aus pasteurisierter oder roher Kuhmilch mit maximal 5 % Schafmilch-Anteil hergestellter spanischer ▸ Käse, der seit 1985 eine eigene DO hat. Der elfenbeinfarbige Hartkäse hat meist 40–45 % Fett i. Tr., eine geschmeidige Textur und eine ungleichmäßige Lochung. Er reift 2–10 Monate und wird dabei mit Butter oder mit kalt gepresstem und mit Paprika gewürztem Olivenöl eingerieben. Im Geschmack ist Mahón je nach Alter milchig, sahnig bis kräftig, meerwürzig bzw. salzig und pikant. Er stammt ursprünglich von der Insel Menorca und ist nach deren Hauptstadt benannt.

MAHONIENBEEREN
Die Früchte eines aus Nordamerika stammenden, bis 1,5 m hoch wachsenden Strauches aus der botanischen Gattung der Mahonien, der in Europa vorwiegend als Unterholz an Waldrändern oder als Ziergehölz anzutreffen ist. Die schwach bläulichen, kugeligen und erbsengroßen Beeren mit ihrem stark färbenden, purpurroten Saft sind roh nicht genießbar, können aber gut zur Herstellung von Konfitüre, Gelee, Saft und Likör verwendet werden.

MAIBOWLE
(Maiwein, Waldmeisterbowle)
Eine klassische ▸ Bowle und ein erfrischender Frühlingsgenuss, der aus $^{4}/_{5}$ Weißwein und

1/5 Rotwein sowie etwas Sekt (oder Mineralwasser) hergestellt wird. Das „Geheimnis" des intensiven und besonderen Aromas der Maibowle sind die Blätter von ▸ Waldmeister, die man noch vor der Blüte pflücken sollte und – zu einem Sträußchen gebunden – eine Weile im Weißwein ziehen lässt. Weitere aromatische Zutaten können Erdbeer-, Johannisbeer- und Pfefferminzblättchen sein. Nach dem Aufgießen mit Sekt wird die Bowle ganz zum Schluss je nach Geschmack gezuckert.

Schon gewusst?

Für das typische Aroma der ▸ Maibowle ist das im Waldmeister enthaltene Cumarin verantwortlich, das auch den Geruch von frischem Heu prägt und in Lavendel(öl) enthalten ist. In höherer Konzentration kann es toxische Wirkung haben und bei manchen Menschen zu Benommenheit und Kopfschmerzen oder noch schlimmeren Vergiftungserscheinungen führen. Es wird deshalb empfohlen, nicht mehr als 3 g frisches Waldmeisterkraut (ohne Blüten) auf einen Liter Bowle zu verwenden.

MAIFISCH ▸ Alse

MAIKRAUT ▸ Waldmeister

MAILÄNDER
mit verschiedenen kandierten Früchten belegtes kleines Gebäck aus Mürbteig mit Mandeln, aromatisiert mit Zitronenschale (Mailand: zweitgrößte Stadt Italiens)

MAILÄNDER ART
(Milanaise, à la)
1. mit geriebenem Parmesan überbackene Nudeln (meist Makkaroni) in Tomatensauce
2. Nudeln oder Risotto mit gehackten Champignons, Schinken- und Pökelzungenstreifen

MAILÄNDER SCHNITZEL
▸ Co(s)toletta alla milanese

MAILING ▸ Äsche

MAINAUER KÄSE
Weichkäse bzw. geschmeidiger Schnittkäse (▸ Käse) mit 30–50 % Fett i. Tr., der im Bodenseegebiet aus Kuhmilch hergestellt wird und Ähnlichkeit mit dem ▸ Munster hat. Der Geschmack von Mainauer Käse ist mild bis feinwürzig (Mainau: deutsche Insel im Bodensee).

MAINZER HANDKÄSE
Laibförmiger Sauermilchkäse (▸ Käse) mit goldgelber bis rotbrauner Schmiere, der einen sehr niedrigen Fettgehalt hat. Der geschmeidige bis feste Teig ist teilweise mit Kümmel gewürzt, schmeckt milchsauer und mild bis pikant. Er wird vorwiegend zu deftigen Brotzeiten bzw. als solche gegessen, z. B. ▸ Handkäs mit Musik (▸ Handkäse).

MAINZER RIPPCHEN
mild gepökeltes und mit leicht gesalzenem Sauerkraut in Weißwein weich gekochtes Schweinskarree, dazu Kartoffelpüree (Mainz: Landeshauptstadt von Rheinland-Pfalz)

MAIPILZ
(Georgsritterling, Moosschwamm)
Von den weitaus meisten Speisepilzen (▸ Pilze) unterscheidet sich dieser weiße Blätterpilz durch seine Vegetationszeit. Der Maipilz ist ein Frühlingspilz und wächst in einer ansonsten noch pilzarmen Zeit von April bis Juni vorwiegend in Laubwäldern, auf Waldwiesen und an Waldrändern unter Gebüschen und Hecken. Der feine Speisepilz eignet sich auch gut zum Trocknen, Einlegen und Würzen.

MAIREKARTOFFELN
in Brühe und Milch mit etwas Butter sämig gekochte Scheiben von geschälten Kartoffeln (frz. „maire" = „Bürgermeister")

MAIRENKE
(Schiedling, Seeanke, Zollfisch)
Der ▸ Ukelei nahe verwandter Süßwasserfisch (▸ Fische), der vor allem im Donaugebiet (bis zum Schwarzen Meer) und in den bayerischen Seen vorkommt. Die kleinen, meist nur bis 30 cm großen Mairenken leben dort in Schwärmen in uferfernen Wasserzonen. Sie haben ein sehr schmackhaftes Fleisch.

MAIRÜBEN ▸ Navetten (2.)

MAIS
(Corn, Kukuruz, Türkenkorn, Welschkorn)
wichtige Getreideart aus der botanischen Familie der Süßgräser (▸ Seite 336)

MAISBREI ▸ Polenta

MAISCHE
Grundsätzlich jeder Brei von Pflanzenteilen, aus dem Saft abgepresst werden kann. In erster Linie kennt man die Maische als ein Gemisch von Flüssigkeit und sehr zucker- bzw. stärkehaltigen Ausgangsstoffen für die ▸ Gärung, wie bei der Herstellung von ▸ Bier und vor allem ▸ Wein, aber auch bei der Destillation von ▸ Whisky und anderen ▸ Spirituosen.

MAISFLOCKEN ▸ Cornflakes

MAISGRIESS
aus reifen Maiskörnern gemahlener Grieß als Ausgangsprodukt für verschiedene nahrhafte Speisezubereitungen wie z. B. ▸ Sterz, ▸ Polenta oder ▸ Mamaliga

MAISKEIMÖL
Aus dem fetthaltigen Keimling des reifen Maiskorns gewonnenes goldgelbes Speiseöl, das sehr mild und relativ neutral im Geschmack, aber reich an essenziellen ▸ Fettsäuren ist. Maiskeimöl wird vorwiegend für die kalte Küche verwendet, eignet sich aber auch zum Backen und Braten. Es ist außerdem Ausgangsprodukt bei der Herstellung von ▸ Margarine.

MAISKOLBEN
der verwertbare Fruchtstand von ▸ Mais

MAISKUCHEN
kleine Küchlein aus Maismehl mit Backpulver, geschlagenem Ei, Milch und Speck

MAISNOCKEN
aus Maisgrieß hergestellte ▸ Gnocchi (di polenta)

MAISON, À LA
nach Art des Hauses

MAISPUDDING ▸ Polenta

MAISSTÄRKE
Aus reifen Maiskörnern gewonnene und von Eiweiß, Fett und Fasern befreite Stärke, die als weißes, geruchloses und geschmacksneutrales Pulver in den Handel kommt. Sie dient vor allem zum Binden von Suppen, Saucen, Süßspeisen usw.

MAIWEIN ▸ Maibowle

MAJIRITSA
griechische Suppe aus Lamminnereien mit Reis und Zwiebeln, gebunden mit Eiern und gewürzt mit Anis, Fenchel und Zitronensaft

MAJONÄSE ▸ Mayonnaise

MAJORAN

(Bratenkraut, Meiran, Kuchelkraut)
Mit dem ▸ Oregano und dem ▸ Thymian verwandtes Küchenkraut, dessen Verwendung im Mittelmeerraum lange Tradition hat. Viel angebaut wird Majoran außerdem in Mittel- und Osteuropa sowie in Süd- und Zentralamerika. In Deutschland zählt er nach der Petersilie zu den wichtigsten kultivierten Würzkräutern. Zum Würzen wird sowohl das frische wie auch das getrocknete Kraut verwendet. Majoran ist sehr aromatisch und blumig im Geruch, begleitet von einer süßlichen und leicht bitteren Note im Geschmack. Er sollte möglichst noch vor der Blüte (Juni–September) geerntet werden, dann ist er am besten.

SCHON GEWUSST?

Im alten Griechenland galt ▸ Majoran als ein Symbol der Glückseligkeit, was auf Aphrodite, die Göttin der Liebe und Schönheit, zurückgeht. Deshalb wurden frisch vermählten Paaren Girlanden aus Majoran um den Hals gelegt – auf dass ihr Glück für immer Bestand haben möge.

VERWENDUNG: *Majoran ist weit mehr als nur ein klassisches Wurstgewürz. Gut passt er in viele Suppen, Saucen, Eintöpfe, Kartoffelgerichte, zu Hülsenfrüchten, Innereien und vielen Fleisch- und Fischgerichten. Auch auf der Pizza oder in der Pastasauce mit Tomaten sollte er ebenso wenig fehlen wie in vielen Pasteten und Terrinen.*

MAKKARONI
(Hohlnudeln, Maccheroni)
Die dicken Röhrennudeln aus Weizengrieß und Eiern zählen zu den bekanntesten italienischen Nudelarten (▸ Pasta, ▸ Teigwaren). In ihrer typischen Form dürften sie im 12. Jh. auf Sizilien entstanden sein. Als „macaroni" wurden damals in Italien generell Nudeln bezeichnet. Die heute als Makkaroni bekannte Nudelart hat diesen Namen erst um 1900 bekommen. In manchen Gegenden Italiens heißen so nur die kürzeren, bis 6 cm langen Röhrennudeln, während die lange Form Bucatini heißt.

MAKRELEN
Eine in Schwärmen lebende Familie von räuberischen und sehr wanderfreudigen Meeresfischen (▸ Fische), die unter anderem im Atlantik mit Nord- und Ostsee, im Mittelmeer und Schwarzen Meer sowie im Pazifik vorkommen und der gleichen zoologischen Gattung angehören wie die ▸ Thunfische. Am weitesten verbreitet ist die Atlantische Makrele. Das leicht rötliche, feste Fleisch hat einen sehr hohen Fettgehalt (bis 12 %) und ist nicht lange haltbar. Besonders gut eignen sich die bis 60 cm langen Makrelen zum Räuchern oder Einlegen, aber auch zum Kochen und Braten sowie als ▸ Steckerlfische. Als besondere Delikatesse gelten Leber und Milcher von Makrelen.

MAKRELENBARSCH ▸ Bastardmakrele

MAKRELENHECHT
Dem ▸ Hornhecht ähnlicher Meeresfisch (▸ Fische) mit lang gestrecktem Körper, der vor allem im offenen Atlantik und im Pazifik oberflächennah anzutreffen ist. Der Makrelenhecht wird maximal 60 cm lang. Struktur und Geschmack des Fleisches sind den ▸ Sardinen ähnlich. Besonders gut eignet es sich zur Herstellung von Fischkonserven in Öl.

MAKROBIOTIK
Für ihre Anhänger ein „Zauberwort", für die Gegner ein Reizthema ist diese spezielle Ernährungs- und Lebensweise. Sie geht auf den Thüringer Arzt Christoph Wilhelm Hufeland (1762–1836) zurück, der in seinem 1796 veröffentlichten Hauptwerk „Makrobiotik oder die Kunst, das menschliche Leben zu verlängern" eine besondere Ernährung und einen harmonischen Lebensstil als lebensverlängernde Maßnahmen empfiehlt. Die Japaner entwickelten die Hufeland-Theorien weiter und erhoben sie zur weltanschaulich geprägten Ernährungslehre. Die moderne Makrobiotik basiert auf den Thesen von Georges Ohsawa (1893–1966). Danach werden die Lebensmittel nicht nach ihrem Nährstoffgehalt im Sinne einer ausgewogenen Ernährung beurteilt, sondern nach dem fernöstlichen Yin- und Yang-Prinzip der Dualität und des Gleichgewichts der Kräfte.
Das wichtigste Lebensmittel der Makrobiotik ist Vollkorngetreide und die extremste Form zielt auf die alleinige Ernährung damit ab. Nach einem Zehn-Stufen-Plan soll dabei der schrittweise Verzicht auf alle anderen Nahrungsmittel erfolgen. Geht es nicht ganz so streng zu, dann sind auch frisches und gekochtes Gemüse, ölhaltige Lebensmittel (Sesam, Sonnenblumen- und Kürbiskerne, Nüsse, usw.), Sojaprodukte, Algen, Meeresfrüchte und Fisch sowie kleine Mengen an Obst erlaubt. Die moderne Makrobiotik ist in der modernen Ernährungswissenschaft aber höchst umstritten. Untersuchungen haben gezeigt, dass die einseitige makrobiotische Ernährung bei Erwachsenen zu Darmbeschwerden und Mangelerscheinungen sowie bei Kindern zu Entwicklungsstörungen – im Extremfall mit lebensgefährlichen Folgen – führen kann.

MAKROELEMENTE
eine Gruppe der für den menschlichen Organismus wichtigen ▸ Mineralstoffe

MAKRONEN
Zu kleinen Häufchen geformtes, mehlfreies Gebäck, das hauptsächlich aus Eiweiß und Zucker oder Honig besteht. Als geschmacksgebende Zutaten können Mandeln, Hasel- bzw. andere Nüsse oder Kokosraspeln,

Mais: Grundnahrungsmittel und Viehfutter

Unter den verschiedenen Getreidearten (▸ Getreide) ist der Mais so etwas wie ein „Außenseiter". Seine Sonderstellung beginnt beim Erscheinungsbild und endet bei der Verwendung. Die Maispflanze dürfte aus Mexiko stammen und wird im dortigen Hochland nachweislich bereits seit rund 7000 Jahren angebaut. Christoph Kolumbus (1451–1506) brachte ihn mit nach Europa, wo es eine Periode gab, in der die Türken den Handel mit Mais kontrollierten. Daher rühren Bezeichnungen wie Türkenkorn oder Türkischer Weizen.

MAISKOLBEN: WEIBLICHE FRUCHTSTÄNDE

Von den anderen Getreidearten unterscheidet sich der Mais alleine schon dadurch, dass er bis 5 m hoch werden kann. Eine weitere Besonderheit sind seine getrenntgeschlechtlichen Blüten. Während die männlichen Blüten an der Halmspitze in Rispen stehen, bilden die weiblichen Fruchtstände an der gleichen Pflanze 1–2 von Hüllblättern umgebene Kolben. Deren Körner können je nach Sorte unterschiedlich gefärbt sein: weiß, gelb (so kennt man bei uns den Mais meistens), orange, braun, blau schimmernd oder fast schwarz. Frische Maiskolben kommen von Ende Juli bis Mitte Oktober in den Handel. Ansonsten gibt es sie in Dosen und Gläsern.

UNERMESSLICHE SORTENVIELFALT

Die Zahl der verschiedenen Maissorten wird heute auf rund 50.000 geschätzt. Der Mais ist in einigen Teilen der Erde (vor allem den wirtschaftlich benachteiligten Ländern) ein traditionelles Grundnahrungsmittel, in anderen als Silo- bzw. Silagemais eine wichtige Viehfutterpflanze, vor allem in den Industriestaaten. Mit Abstand größter Maisproduzent sind bei einer jährlichen Gesamternte von rund 700 Mio. t die USA mit etwa 280 Mio. t, mit weitem Abstand folgt China (135 Mio. t). Danach klafft erneut eine große Lücke zu Brasilien (ca. 35 Mio. t), Mexiko und Argentinien (jeweils rund 20 Mio. t). Deutschland liegt in der Statistik mit seinen gut 2 Mio. t nicht unter den Top 15.

VERWENDUNG

Die ganzen Maiskolben oder auch die einzelnen Körner schmecken köstlich im Ofen oder auf Holzkohle gegrillt und mit Butter oder Käsecreme verzehrt. Man kann Mais aber auch ausbacken, dünsten, kochen oder pürieren. Noch nicht ganz reifer Mais ergibt ein delikates Gemüse und lässt sich in Salaten und Saucen verarbeiten. Es gibt ihn auch süß-sauer eingelegt. Die beste Sorte dafür ist der so genannte ▸ Zuckermais. Voll ausgereifter Mais, der dann trocken und mehlig ist, wird u. a. zu ▸ Maisgrieß, ▸ Maisstärke oder ▸ Maiskeimöl verarbeitet. Weitere bekannte Produkte auf der Basis von Mais sind ▸ Cornflakes, ▸ Popcorn, ▸ Erdnussflips und ▸ Tortillas.

Für viele Verbraucher hat der Mais heute einen faden Beigeschmack, weil er für gentechnische Experimente besonders beliebt ist und eine der ersten Pflanzen war, an der Veränderungen des Erbgutes vorgenommen wurden. Der Anteil von Genmais an der weltweiten Anbaufläche von rund 140 Mio. ha wird heute von Experten bereits auf rund 15 % geschätzt – Tendenz steigend. In der EU muss gentechnisch veränderter Mais in Lebensmitteln kenntlich gemacht werden, nicht aber aus Genmais hergestellte Lebensmittelzusatzstoffe. Keine Kennzeichnungspflicht besteht bisher auch für Produkte von Tieren, an die gentechnisch veränderter Mais verfüttert wurde.

getrocknete Früchte oder Schokolade hinzugefügt werden. Die Makronen werden entweder direkt auf das gefettete Backblech oder meist auf ► Oblaten gesetzt. Besonders klein gebacken, sind sie auch eine feine Einlage bzw. eine Beigabe zu süßen Suppen und Kaltschalen sowie zu Cremes.

MÁLAGA
Meist süße spanische Weinspezialität (► Wein) aus Andalusien, die nach der gleichnamigen Provinz bzw. ihrer Hauptstadt an der Costa del Sol benannt ist. Heute steht der einstmals hoch geschätzte Dessertwein (Rebfläche 12 000 ha, davon nur 1100 mit der DO), im Schatten von ► Sherry und ► Port. Die beiden einzigen zugelassenen Rebsorten sind die weißen Pedro Ximenez und Moscatel. Der besondere Charakter von Málaga ist das Ergebnis des Herstellungsverfahrens: Die vollreif geernteten Trauben werden auf Strohmatten ausgelegt und von der Sonne getrocknet. Dabei verdunstet Wasser, die Trauben rosinieren und der Zuckergehalt steigt stark an. Teilweise werden die Weine mit Mostkonzentrat und karamellisierter Zuckerlösung angereichert oder mit Alkohol aufgespritet. Entsprechend groß ist ihre Bandbreite in der Farbe (von hellgelb bis zu dunkelrot bzw. rotbraun) und im Süßegrad.

MALAGASAUCE
mit Röstgemüse, Tomaten, gehackten Schalotten und Kalbsfond verkochte braune Mehlschwitze, abgeschmeckt mit Málaga und gewürzt mit Cayennepfeffer und Zitronensaft, zu Fleisch oder Geflügel

MALAI KOFTA
kleine indische Kartoffel-Gemüse-Klöße (teils auch mit Käse), kräftig gewürzt mit Chilis, Koriander, Ingwer, Zimt, Nelken usw., meist in einer sahnigen Tomatensauce (► Köfte)

MALAKOFF(TORTE)
Verschiedenes Gebäck bzw. eine Torte aus Biskuitteig, deren weitere Zutaten Kaffee- oder Maraschinocreme, Milch-Rum-Mischung und Schokoladenglasur sind.

MALANGA ► Tannia

MALAYENSPIESS
am Spieß gebratene Medaillons vom Schwein, Kalb oder Rind, gewürzt mit Curry- und Ingwerpulver, garniert mit Mango-Chutney, gebratener Ananas und Banane, als Beigabe Reis

MALBEC
Alte Rebsorte (► Wein), die aus Frankreich stammt und dort vor allem im Südwesten farbkräftige, robuste und alkoholstarke Rotweine mit kräftigem Tannin hervorbringt. Als Komplementärtraube spielt der Malbec auch im roten Bordeaux eine wichtige Rolle. Außerhalb Frankreichs hat die Traube vor allem in Argentinien eine neue Heimat gefunden. Die weltweite Anbaufläche beträgt rund 50 000 ha.

MALFATTI
Der Name ist wenig schmeichelhaft und bedeutet frei übersetzt so viel wie „die Missratenen" oder „die Missgestalteten", doch dahinter verbirgt sich eine typisch italienische bzw. lombardische Köstlichkeit: Kleine Bällchen aus Weißmehl, Gemüse (meistens Spinat), Ricotta und/oder Käse (Parmesan), Eiern und Butter. Vergleichsweise „bescheiden" ist nur die Form der Malfatti, nicht aber ihr Geschmack.

MALLOREDDUS
Eine typische Spezialität der italienischen Insel Sardinien: Nocken bzw. Nudeln (► Pasta, ► Teigwaren) aus Hartweizengrieß, die nach traditioneller Art und handwerklicher Herstellung auf einem Korbboden hin und her gerollt werden und dabei ihre Muschelform erhalten. Zum Teig werden bisweilen auch Safran, Tomaten und Spinat hinzugefügt.

MALOLAKTISCHE GÄRUNG
(biologischer Säureabbau)
Ein wichtiger, in der Regel gesteuerter Vorgang bei der Weinherstellung (► Wein), der das Endprodukt im Geschmack milder macht. Im Wesentlichen wird dabei die härtere Apfelsäure in die weichere Milchsäure umgewandelt und es verringert sich die Gesamtsäure, was das Werk nützlicher Bakterien ist. Bei den meisten Rotweinen ist die malolaktische Gärung heute obligatorisch, bei Weißweinen dagegen wird sie weit weniger angewandt, weil die Apfelsäure

hier meist erwünschte Frische gibt. Streng biologisch ist die malolaktische Gärung keine echte Gärung. Treffender als die klassische Bezeichnung ist deshalb der heute zunehmend verwendete Begriff biologischer Säureabbau.

MALOSSOL
Zusatzbezeichnung für besonders mild gesalzenen ▸ Kaviar

MALT
Die Kurzform weist den Kenner aus: Unter Malt versteht er einen ausschließlich aus gemälzter Gerste, Quellwasser und Hefe hergestellten ▸ Whisky einer einzigen Destillerie, also einen Single Malt Whisky. Er kommt – von wenigen Ausnahmen abgesehen – aus Schottland oder Irland und hat stets individuellen Charakter bzw. einen speziellen Hausstil, der u. a. vom verwendeten Wasser, vom Herstellungsverfahren und von der Lagerung bestimmt wird. Teilweise wird deshalb mit angegeben, in welcher Art von Fässern der Whisky gelagert war. Auch ein Single Malt kann eine Mischung von mehreren Fässern der jeweiligen Brennerei sein. Wird er mit Jahres- oder Altersangabe vermarktet, entspricht diese dem jüngsten Fass. Das Nonplusultra für einen Whisky-Fan ist der „Single Cask“: ein aus einem einzigen Fass abgefüllter und nicht mit Wasser verdünnter Malt mit hohem Alkoholgehalt (bis 80 Vol.-%). Solche exklusiven Jahrgangs- und Einzelfassabfüllungen in oft nummerierten Flaschen sind teuer gehandelte Raritäten.

SCHON GEWUSST?

Während verschnittener Whisky (Blend) gerne mit Eis oder auch Cola getrunken wird, wäre das beim (Single) ▸ Malt ein wahres Sakrileg. Ihn genießt man pur oder nur mit weichem Quellwasser und bei Zimmertemperatur, denn nur dann kann man seine komplexen Geschmacksnuancen richtig wahrnehmen.

MALVASIA
Sowohl Bezeichnung für eine Reihe verschiedener (meist weißer) Rebsorten (▸ Wein) als auch für einen jahrhundertealten Weintyp. Der traditionelle Malvasia ist ein farbkräftiger, süßer und alkoholstarker Wein, dessen Name wahrscheinlich auf den griechischen Hafen Monemvasia, die spätere venezianische Festung Napoli di Malvasia, zurückgeht. Dieser war früher ein wichtiger Umschlagplatz für Dessertweine aus dem östlichen Mittelmeer. Heute kennt man mehr als 50 Rebsorten, deren Name mit Malvasia beginnt. Eine von ihnen liefert u. a. die süßeste Variante von ▸ Madeira. Andere berühmte Likörweine aus Malvasia sind ▸ Banyuls, ▸ Maury und ▸ Rivesaltes aus dem französischen Roussillon.

MALVEN

Botanische Pflanzengattung, deren verschiedene Arten als Heilpflanzen und teilweise auch als Gemüse in der Küche verwendet werden. Letzteres gilt vor allem für die Wilde Malve und die auch als Roselle bekannte Afrikanische Malve. Ihre jungen Blätter und Triebe werden, kurz vor der Blüte gesammelt, als Salat und Gemüse zubereitet oder dienen zum Würzen von Currys. Sie sind oft auch „Grundstoff“ für den Malventee.

MALZ
Produkt aus gekeimten Getreidekörnern (meist Gerste, seltener Weizen, Roggen oder andere Getreidearten), das die Grundlage für die Kunst des Bierbrauers und des Whiskybrenners ist. Beim Mälzen wird das Getreide in Wasser eingeweicht, bis es zu keimen beginnt. Dabei entstehen u. a. Enzyme, welche die Stärke in einfachere Zucker (die von den Hefen bei der Gärung in Alkohol umgewandelt werden können) zerlegen und Eiweiß abbauen. Außer bei der Bier- und Whiskyerzeugung wird Malz u. a. zur Herstellung von Malzkaffee und -bonbons, als Backhilfsmittel (Malzmehl) und für Nährstoffpräparate verwendet.

MALZBIER
Nur leicht gehopftes und wenig vergorenes (damit alkoholarmes) Bier mit süßlichem Geschmack, von dem auch Kinder einmal ein Schlückchen ohne Nebenwirkungen nehmen können. Bei der typisch malzig braunen Farbe wird mit Zuckercouleur nachgeholfen.

MALZESSIG
In Feinkostgeschäften erhältliche englische Essigspezialität aus doppelt gegärter und gemälzter Gerste mit süßsaurem Geschmack, u. a. würzende Zutat zu ▸ Fish and Chips, in Chutneys oder dunklen Bratensaucen.

MALZKAFFEE
(Getreidekaffee)
Ein ▸ Kaffeeersatz (▸ Landkaffee) aus Gerstenmalz (seltener Roggenmalz), der kaffeeähnlich schmeckt, aber kein Koffein und auch keine anderen Reizstoffe enthält. Das macht Malzkaffee zu einer gesunden und bekömmlichen Alternative zum Kaffee, auch für Kinder und alte bzw. gesundheitlich beeinträchtigte Menschen.

MAMALI(N)GA
Nationalgericht mehrerer osteuropäischer Länder (u. a. Rumänien, Ungarn), das ähnlich der italienischen ▸ Polenta aus Maisgrieß mit Butter und Salzwasser als Brei angerührt und mit geschmolzener Butter übergossen wird. Mamaliga wird als Beigabe zu verschiedenen Gerichten serviert oder als Brotersatz gegessen.

MAMEYAPFEL
Unter der unscheinbaren grünlichen bis rotbraunen, lederartigen Schale dieser exotischen Frucht verbirgt sich ein sehr aromatisches und saftiges goldgelbes Fruchtfleisch. Vorsicht ist bei den Samenkernen geboten: Sie sind giftig. Der Geschmack der 10–15 cm großen Mameyäpfel ist süß-säuerlich und erinnert an Aprikosen. Ihre Hauptverbreitung haben sie im Norden Südamerikas, in der Karibik und im Süden der USA.

VERWENDUNG:
Neben dem Frischverzehr werden Mameyäpfel in Obstsalaten oder zu Kompott, Konfitüren, Saft, Eis und Milchshakes verarbeitet. Teilweise kommen sie auch als Konserven in den Handel.

MAMEY (SAPOTE) ▸ Sapote, Große

MAMIROLLE
Halbfester französischer Schnittkäse (▸ Käse), der nach der gleichnamigen Stadt in der nördlichen Franche-Comté (Jura) benannt ist. Er wird aus pasteurisierter Kuhmilch mit 40–50 % Fett i. Tr. hergestellt. Mamirolle reift nur 15 Tage und wird mit Salzlake abgewaschen, die mit dem roten Farbstoff ▸ Annatto versetzt ist. So erhält er seine charakteristische feuchte und ziegelrote Rinde. Mamirolle ist dem ▸ Limburger ähnlich, aber milder im Geschmack.

MANCHEGO
Spanischer Exportschlager beim ▸ Käse, der aus der Mancha (zentralspanische Hochebene) kommt und seit 1984 eine geschützte Herkunftsbezeichnung tragen darf. Der pikante Hartkäse aus roher oder pasteurisierter Milch der zähen Manchega-Schafe hat meist 50–60 % Fett i. Tr. und eine sehr harte Rinde mit charakteristischem Flecht- oder Zopfmuster, manchmal auch Blumenmotiven. Manchego ist mit Abstand der bekannteste einer ganzen Reihe spanischer Schafskäse, die ähnlich hergestellt werden. Als Curado reift er gemäß den AOC-Vorschriften mindestens 2 Monate, als Viejo 9–12 Monate in feuchten Kellern. Die Spanier essen ihren Manchego am liebsten als Dessertkäse mit einem passenden Rot- oder Süßwein.

MANDARINEN
Die kleinen, aber feinen „Schwestern" der ▸ Orangen mir 4–7 cm Durchmesser gibt es in vielen Varietäten, Kreuzungen und Mutationen. Immer aber sind die orangefarbenen ▸ Zitrusfrüchte einer Pflanze aus der Familie der Rautengewächse leichter schälbar und meist auch süßer als Orangen. Wie diese dürften sie ihren Ursprung in China haben und ihr Name geht auf die einstigen hohen kaiserlichen Beamten, die Mandarine, bzw. auf deren gelborange Gewänder zurück. Die wichtigsten Mandarinenarten sind neben der gewöhnlichen Mandarine ▸ Satsumas und ▸ Tangerinen. In der besten Qualität kommen Mandarinen zwischen Oktober und April zu uns. Sie werden vor allem im östlichen Asien, in Südamerika, den USA und im Mittelmeerraum angebaut.

MANDELBLÄTTCHEN
zarte Blättchen von Süßmandeln als Füllung, Belag oder zum Garnieren von Backwaren, aber auch von pikanten Gerichten

MANDELGEBÄCK
Sammelbezeichnung für feine Backwaren, die aus unterschiedlichen Teigarten in verschiedenen Formen und Kombinationen mit fein zerkleinerten Mandeln, Mandelsplittern usw. hergestellt werden. Diese können als Füllung, Belag oder auch nur zum Garnieren dienen.

MANDELGELEE ▸ Blanc-Manger

MANDELMASSE
1. Biskuitmasse mit geriebenen Mandeln
2. ▸ Marzipanrohmasse

VERWENDUNG

Süßmandeln sind nicht nur eine leckere Knabberei. Ihr mildes und feines Aroma passt auch zu pikanten Gerichten (Fleisch, Geflügel, Nudeln, Reis Gemüse, Salate) und natürlich zu Süßem (Obstsalat, Kuchen, Torten, Puddings, Mehlspeisen, Gebäck, Eiscreme). Weiter dienen sie zur Herstellung von ▸ Nugat, ▸ Pralinen und ▸ Marzipan. Aus Bittermandeln wird hauptsächlich das aromatische ▸ Bittermandelöl hergestellt.

MANDELN
Die länglich-eiförmigen, einsamigen Steinfrüchte des 6–9 m hohen Mandelbaumes, der dem Pfirsichbaum ähnelt und wie dieser zur botanischen Familie der Rosengewächse gehört. Allerdings trägt er im Gegensatz zu diesem keine fleischigen Früchte, sondern die nussartigen Samenkerne sind von besonderem kulinarischen Wert. Der Anbau von Mandeln kann bis ins assyrische Reich (ca. 1700–600 v. Chr.) bzw. ins alte Mesopotamien zurückverfolgt werden. Heute werden Mandelbäume weltweit in Regionen mit mediterranem Klima kultiviert, so im Mittelmeerraum, in Südafrika, Südamerika und den USA. Man unterscheidet zwei Hauptgruppen: ▸ Süßmandeln und ▸ Bittermandeln. Mandeln aus dem Mittelmeerraum schmecken aromatischer als kalifornische; auf der Packung ist die Herkunft oft aber nicht angegeben.

SCHON GEWUSST?

Aufgrund der besonderen klimatischen Bedingungen, die dort herrschen, wachsen ▸ Mandeln zum Teil auch in deutschen Weinanbaugebieten. Dort wurden sie vermutlich mit der Weinrebe von den Römern eingeführt.

MANDELN, GEBRANNTE
beliebte Volksfest-, Dult- und Jahrmarktsleckerei aus gerösteten und mit karamellisiertem Zucker überzogenen Süßmandeln

MANDELÖL
aus Süß- oder Bittermandeln hergestelltes Speiseöl (▸ Bittermandelöl) für Salate sowie zum Braten und Backen

MANDELSPLITTER
geröstete Mandelstifte, die mit Schokolade übergossen und zu knapp fingerlangen Pralinen geformt werden

MANDELSTIFTE
in kleine Stifte gespaltene geröstete Süßmandeln (Handelsware)

MANDELSULZ ▸ Blanc-Manger

MANGAN
Einer der für den menschlichen Organismus wichtigen ▸ Mineralstoffe (chemisches Zeichen Mn), der u. a. das Immunsystem stärkt, Fettsäuren und Cholesterin abbaut, in vielen Enzymen enthalten ist und die Insulinproduktion der Bauchspeicheldrüse ankurbelt. Gute Manganlieferanten sind Kartoffeln, Gemüse, Hülsenfrüchte, Getreide, Gewürze, Bananen, Heidelbeeren, Nüsse, Kakao, schwarzer Tee.

MANGO
Tropische Frucht, die wie Pflaume, Aprikose oder Pfirsich eine Steinfrucht und zudem die größte ihrer Art mit einem Gewicht zwischen 180 g und 2,5 kg und einer Größe von bis zu 40 cm ist (▸ Seite 342)

MANGOLD

Die Blätter ein spinatartiges Gemüse, die Stängel früher der „Spargel des kleinen Mannes“ – und beides nicht zuletzt dank des Einflusses der italienischen Küche von Feinschmeckern heute hoch geschätzt: Mangold ist eine vielseitig verwendbare Pflanze aus der botanischen Familie der Gänsefußgewächse und verwandt mit der Roten Rübe. Allerdings werden beim Mangold nicht die Wurzelknollen verzehrt, sondern die bis 30 cm langen, runzeligen oder glatten Blätter und Stiele. Viel angebaut und gegessen wird Mangold

im Mittelmeerraum, weitere wichtige Erzeuger sind die Schweiz und Holland. Unter den zahlreichen Mangoldsorten mit unterschiedlicher Blattfarbe (gelb, hell- oder dunkelgrün) unterscheidet man zwei Kulturformen: Blattmangold (auch: Beißkohl, Schnittmangold, Römischer Kohl) ist eine Art Winterspinat mit herb pikantem Geschmack, der wie Grünkohl durch Frost noch besser wird. Beim Rippenmangold (auch: Krautstiel, Rippenkohl, Stängel-, Stielmangold) werden vor allem die fleischigen, weißen oder leicht rötlichen (jungen) Blattstiele mit ihrem zart nussigen Geschmack verwertet.

VERWENDUNG: *Beim Blattmangold werden die meist grünen (manchmal auch rötlichen und dann noch aromatischeren) Blätter wie ▸ Spinat als Gemüse zubereitet. Stielmangold kann man in der Küche wie ▸ Spargel (dazu ▸ holländische Sauce) oder ▸ Schwarzwurzeln verarbeiten.*

AUFBEWAHRUNG: *Blattmangold hält sich im Gemüsefach des Kühlschranks 2–3 Tage, Stielmangold maximal 1 Woche. Blanchiert lassen sich die Blätter bis 8 Monate tiefkühlen, die vorgekochten Stiele bis 6 Monate.*

MANGOPFLAUMEN ▸ Balsampflaumen

MANGOPULVER ▸ Amchoor

MANGOSTANEN

Kugelige exotische Beerenfrüchte, die bei Feinschmeckern einen ausgezeichneten Ruf als Dessertfrüchte genießen. Mangostanen haben etwa die Größe von Mandarinen und ihre dicke, ledrige purpurrot-bräunliche bis dunkelviolette Schale umschließt das weiße Fruchtfleisch. Die Mangostane stammt ursprünglich aus Malaysia und wird außer in Asien vor allem in den tropischen Gebieten Südamerikas kultiviert. Nach Europa kommt sie aus den Erzeugerländern praktisch das ganze Jahr über (mehr in der kalten Jahreszeit), allerdings in nur geringer Menge. Damit bleibt sie ein echter Exot und auch der süß-säuerliche Geschmack und ihr Aroma (eine Mischung aus Ananas, Orange, Pfirsich und Weintrauben) sind exotisch.

VERWENDUNG: *Mangostanen sind prädestiniert für die Verwendung als Dessertfrucht. Besonders gut entfalten sie ihren Geschmack in Verbindung mit Sahne und Speiseeis, am allerbesten kommt ihr Aroma als Sorbet zur Geltung. Sie schmecken in Puddings und Cremes, sind dafür aber fast zu schade, weil sie beim Erhitzen viel von ihrem reizvollen Aroma einbüßen.*

MANICHE

italienische Hohlnudeln (▸ Pasta, ▸ Teigwaren) ähnlich den ▸ Makkaroni, manchmal geriffelt

MANIOK

(Kassava, Yuca)

Die besonders stärkereichen braunen Wurzelknollen einer uralten Kulturpflanze aus der botanischen Familie der Wolfsmilchgewächse, die in ihrer Heimat Südamerika (vermutlich Brasilien) bereits in prähistorischen Zeiten den Ureinwohnern als wichtiges Nahrungsmittel dienten. Heute ist sie in vielen tropischen und subtropischen Ländern verbreitet und es wird aus den Wurzelknollen vor allem Maniokmehl bzw. -stärke (▸ Arrowroot) gewonnen. Eher selten werden Maniokwurzeln bei uns – im Gegensatz zu ihren Heimatländern – in der Küche (wie Kartoffeln) verarbeitet.

SCHON GEWUSST?

Die Wurzeln von Maniok enthalten roh die giftige Blausäure und sind deshalb für Rohkostfans tabu. Bei einer Verwendung in der Küche müssen sie gut gekocht werden, aber auch bei der Verarbeitung zu Maniokstärke oder -mehl muss die Bläusäure herausgefiltert werden. Die Cyanide einiger Arten werden von den Eingeborenen als Pfeilgift verwendet.

MANNA

Wenn ein Gourmet sein „Manna“ bekommt, dann bedeutet das für ihn die höchste Erfüllung kulinarischer Wünsche. Im Alten Testament war das Manna die legendäre Speise, die nachts vom Himmel fiel und die Israeliten bei ihrer Wanderschaft durch die Wüste ernährte.

Mango: Heilige Frucht der Inder

Ihr äußeres Erscheinungsbild ist weder so reizvoll wie das der ▸ Ananas noch regen ihre Form und ihr Wachstumsverhalten die Fantasie der Menschen so an wie bei ▸ Bananen: Wenn die Mango sich trotz ihrer „gewöhnlichen" Optik mit der Ananas um den Ehrentitel „Königin der Tropenfrüchte" streitet und bei den Indern als heilige Frucht verehrt wird, so hat sie das ihren „inneren Werten" zu verdanken.

DIE NUMMER 3 DER TROPENFRÜCHTE

Seinen Ursprung hat der 25 bis 30 m hohe Mangobaum, der problemlos 100 und mehr Jahre alt werden kann, im Nordosten Indiens. Im Tiefland des Brahmaputra und an den Ufern des Ganges wird er vermutlich bereits seit über 6000 Jahren angebaut. Heute ist die Mango mit einer Gesamtproduktion von rund 28 Millionen Tonnen die weltweit am drittmeisten produzierte Tropenfrucht nach Banane (rund 72 Millionen Tonnen) und Orange (rund 60 Millionen Tonnen). Der Mangoanbau erstreckt sich über den gesamten Tropengürtel. Mit Abstand größter Erzeuger (knapp 11 Millionen Tonnen) ist Indien, weitere wichtige Produktionsländer sind China, Thailand, Pakistan und Mexiko.

Die Mangofrüchte finden bereits um 4000 v. Chr. in den hinduistischen Veden, die als die ältesten (religiösen) Schriften der Menschheitsgeschichte gelten, Erwähnung. Sie haben einen festen Platz in der indischen Mythologie, wurden von den alten Indern als heilige Frucht und Götterspeise verehrt und Buddha soll seine Erleuchtung unter einem Mangobaum empfangen haben. Noch heute spielen Mangos sowohl im Hinduismus als auch im Buddhismus bei religiösen Zeremonien eine wichtige Rolle.

AROMATISCHE VIELFALT

Weltweit kennt man rund 1000 Mangosorten, manche Quellen sprechen sogar von bis zu 1500. Und auch wenn es um die aromatische Vielfalt geht, kann keine andere Tropenfrucht mit der Mango konkurrieren. Sie bietet einen reizvollen Mix aus den anderen Tropenfrüchten (von Ananas über Passionsfrucht und Physalis bis zu Kokosnuss), in den sich auch Aprikose und Pfirsich mischen, und ihr Geschmack ist von einem besonders harmonischen Verhältnis zwischen Süße und Säure (Frische) geprägt. Zudem ist die Mango ernährungsphysiologisch sehr wertvoll und bietet einen wahren Vitamin- und Nährstoffcocktail. Typisch für viele (vor allem asiatische) Mangosorten ist eine deutliche, bei Überreife noch stärker werdende Terpentin-Note. Für den europäischen Gaumen ist diese von den Asiaten besonders geschätzte aromatische Eigenheit sehr gewöhnungsbedürftig. Deshalb haben die für den Export nach Europa bestimmten Sorten – wenn überhaupt – nur einen Hauch davon.

VERWENDUNG

Aus bzw. mit Mangos lassen sich nicht nur köstliche fruchtige Desserts oder Süßspeisen „zaubern" oder die gängigen Fruchtzubereitungen (Konfitüre, Gelee, Kompott) herstellen. Sie können vielmehr auch eine leckere Beilage zu vielen – exotisch angehauchten – Gerichten sein, harmonieren u. a. mit Fleisch (vor allem vom Schwein), Geflügel, vielen Fischen, Krebstieren oder Linsen und machen sich gut in Suppen und Chutneys.

AUFBEWAHRUNG

Wie für andere Tropenfrüchte sind auch für Mangos niedrige Temperaturen absolutes „Gift". Unter 12–13 °C wird es kritisch und die Früchte nehmen Schaden. Deshalb ist der Kühlschrank für sie der denkbar schlechteste Lagerort. Die richtige Reife haben Mangos, wenn sie auch ungeöffnet ihr prägnantes Aroma verströmen und auf Daumendruck wie ein reifer Pfirsich leicht nachgeben.

Doch es gibt auch zwei wissenschaftliche Bedeutungen von Manna.
1. Der süße, dickflüssige und harzähnliche Saft der Manna-Esche und anderer Nadelbäume im Mittelmeerraum und im Orient, der einen süßherben Geschmack und ein honigartiges Aroma hat. Er wird u. a. als Zuckerzusatz für Diätspeisen und als Süßstoff verwendet.
2. Die Frucht der in Südasien beheimateten Röhrenkassie (auch Indischer Goldregen), die ein schwarzbraunes, klebrig süßes und leicht bitteres Mark hat. Die Fruchthülsen kommen aus tropischen Ländern das ganze Jahr zu uns.

MANONPASTETCHEN
warme Blätterteighüllen mit einer zart gewürzten Füllung aus fein püriertem gekochten oder gebratenen Kalbfleisch und klein gewürfelter Pökelzunge, gebunden mit Madeirasauce

MANZANILLA
1. Feiner spanischer Aperitif oder Dessertwein und eine Variante des ▸ Sherry, die nur im Gebiet von Sanlúcar de Barrameda erzeugt wird. Manzanilla zeichnet sich durch leicht salzigen und zart bitteren Geschmack aus, der von der Seeluft und den starken Atlantikwinden kommen soll. Es gibt ihn als Fina oder – später gelesen, länger gereift und im Fass gelagert, damit dunkler und nussiger im Geschmack – als Pasada (Alkoholgehalt 15–19 Vol.-%).
2. eine kleine Olivensorte

MANZO BRASATO
italienischer Rinderbraten, in Rotwein geschmort mit Möhren, Bleichsellerie, Zwiebeln, Speck und Tomatenmark, gewürzt mit Salbei und Rosmarin

MAQLUBA
arabisches Geflügelgericht (meist Hühnerfleisch) mit in Öl angebratenen Auberginenscheiben (teilweise auch mit Blumenkohl, Tomaten, Kartoffeln) und Reis, dazu Salat oder Gurken mit Jogurtsauce

MARACUJA
Besonders bekannte gelbe bzw. hellgrüne Spielart der ▸ Passionsfrucht, die vor allem zur Herstellung von Saft und Konzentraten wirtschaftliche Bedeutung hat. Maracujas haben ein sehr intensives Aroma, das nicht so fein wie das anderer Tropenfrüchte ist. In Cremes, im Jogurt und im Speiseeis kommt es aber gut zur Geltung. Wichtige Anbauländer: Brasilien, Hawaii, Sri Lanka.

MARÄNEN ▸ Renken

MARANTASTÄRKE ▸ Arrowroot

MARASCHINO
Bekannter, relativ trockener Kirschlikör (▸ Liköre) aus dem ehemaligen Jugoslawien, der original aus dalmatinischen Maraskakirschen (einer kleinen Sauerkirschenart) hergestellt und mindestens drei Jahre gelagert wird (Alkoholgehalt 32 Vol.-%). Weit häufiger sind heute aber „Imitate", z. B. aus Italien oder aus Österreich. Mit dem Likör werden oft Desserts, Eisbecher und Obstsalate verfeinert.

MARASCHINOKIRSCHEN
So wie Maraschinolikör heute oft nicht mehr original aus Maraskakirschen hergestellt wird, sind auch die so genannten Maraschinokirschen, die in der Konditorei und in Cocktailbars verwendet werden, nur in Zuckersirup eingelegte gewöhnliche Sauerkirschen.

MARC
In Frankreich nicht nur die Pressrückstände vor allem bei der Weinherstellung, sondern auch Bezeichnung für einen Brand (▸ Branntweine, ▸ Edelbrände), der daraus hergestellt wird – und damit die französische „Antwort" auf den italienischen ▸ Grappa. Der „eau de vie de marc", wie er auch genannt wird, hat in der Regel 40 Vol.-% Alkoholgehalt. Besonders bekannt ist der Marc mit den Herkunftsbezeichnungen .... de Bourgogne, ... de Champagne und ... d'Alsace. Edelvarianten des französischen Tresterbrands reifen meist in Eichenfässern und teilweise über Jahrzehnte.

MAREKA ▸ Yam

MARGARETENKUCHEN
Rührkuchen aus Marzipanmasse, steif geschlagenem Eiweiß, Butter, Zucker, Mehl und Spei-

sestärke, in einer mit weicher Butter und Semmel- oder Biskuitbröseln „ausgekleideten“ Margaretenform gebacken und nach dem Erkalten mit Schokoladenglasur überzogen

MARGARINE
Ein Streichfett, das als Emulsion aus pflanzlichen und tierischen Fetten bzw. Ölen (mindestens 80 %) und Wasser (maximal 20 %) hergestellt wird. Margarine galt lange Zeit nur als billigerer und qualitativ minderwertiger Buttersatz, bis die Hersteller in der Werbung stärker ihre pflanzliche Herkunft betonten und sie als gesundheitlich wertvollere Alternative zur Butter propagierten. Das soll auch eine „gesunde“ gelbliche Farbe signalisieren, deshalb wird Margarine oft mit Karotin eingefärbt. Auf der anderen Seite geriet die Margarine wegen ihres hohen Anteils an gehärteten Fetten etwas in Verruf. Die Industrie hat deshalb das Herstellungsverfahren geändert. So werden die bei der Produktion zerstörten ungehärteten Fette bzw. ungesättigten Fettsäuren sowie Vitamine am Ende wieder zugesetzt und der Anteil der gefährlichen Transfettsäuren auf ein Minimum reduziert. Es gibt sogar Margarinen, die durch die Verwendung von Palm- und/oder Kokosfett ganz frei von gehärteten Fetten sind; das gilt auch für sogenannte Reform- oder Biomargarine. Als Pflanzenmargarine deklarierte Streichfette müssen mindestens 98 % pflanzliche Öle und Fette enthalten. Diese können z. B. aus Sonnenblumenkernen, Sojabohnen, Erdnüssen, Mais- und Weizenkeimen, Kokosnüssen und Ölpalmfrüchten gewonnen werden.

MARIBO
Gepresster Schnittkäse (▸ Käse) aus Dänemark, der einen hellgelben Wachsüberzug hat und dem ▸ Gouda ähnlich ist. Maribo wird aus pasteurisierter Kuhmilch hergestellt und hat einen Fettgehalt von 30–45 % Fett i. Tr. Im Geschmack ist er mild herb bis kräftig säuerlich.

MARILLEN
Andere Bezeichnung für ▸ Aprikosen, die vor allem in Österreich üblich ist. Dort werden aus Marillen auch zwei für die Alpenrepublik typische Spirituosen hergestellt, Marillenbrand und Marillenlikör.

MARILLENKNÖDEL
Ursprünglich tschechisch, sind die Marillenknödel heute eine der besonderen Spezialitäten der österreichischen Küche, die nicht nur in den Marillenanbaugebieten wie Wachau und Vinschgau auf fast keiner Speisekarte fehlen darf. Die mit Teig umhüllten Knödel werden gekocht, in gerösteten Semmelbröseln gewälzt und mit Puderzucker bestreut. Sie bestehen, je nach Rezept bzw. regionaler Variante, entweder aus Topfen- (Quark-) oder Kartoffelteig.

MARINADE
(Beize)
1. Würzig saure Flüssigkeit aus Essig, Wein, Butter-/Sauermilch oder Zitronensaft, die mit Gemüse, Kräutern und Gewürzen sowie auch süßen Zutaten (wie Honig oder Zucker) angereichert sein kann. In Marinaden werden Schlachtfleisch, Wild, Geflügel, Fisch, Gemüse usw. für Stunden oder sogar Tage eingelegt (▸ marinieren). Klassische Marinadengewürze

SCHON GEWUSST?

Den Anstoß zur Erfindung der Margarine gab Napoleon III. (1808–1873) mit einem Wettbewerb, den er 1869 ausschreiben ließ. Die Aufgabe lautete, für seine Truppen ein Streichfett herzustellen, das der Butter möglichst ähnlich, nahrhaft und wohlschmeckend, zugleich aber billiger ist. Das gelang dem Chemiker Hippolyte Mège-Mouriés. Sein Erzeugnis erhielt den Namen Oleomargarin (von lat. „oleum“ = „Öl“ und griech. „margaros“ = Perlmuschel, wegen ihrer Farbe) und sie wurde zum Vorläufer der heutigen Margarine.

sind Pfeffer, Piment, Senfkörner, Dill, Koriander, Lorbeer, Knoblauch und andere (für Schweinefleisch z. B. noch Majoran und Salbei, für Wild Basilikum und Rosmarin).
2. Oft werden auch Salatsaucen – vor allem wenn sie nicht nur aus Essig und Öl bestehen – als Marinaden bezeichnet.

MARINARA, ALLA
Teigwaren und Fisch in Tomatensauce mit mediterranen Kräutern (Basilikum, Oregano, Thymian, Rosmarin, Knoblauch usw.), auch Oliven, Kapern und Anchovis

MARINIEREN
(beizen)
Das Einlegen von verschiedenen Nahrungsmitteln in eine ▸ Marinade, das ursprünglich ausschließlich zu ihrer Haltbarmachung diente. Heute setzt man es auch zur Veränderung der Konsistenz und zur geschmacklichen Verbesserung z. B. von Fleischstücken (sie werden weicher und zarter) ein.

MARITHES
in der griechischen Küche kleine, in Öl gebratene Heringsfische

MARK
1. das weiche Innere bestimmter Pflanzen (z. B. der Vanilleschote) bzw. fein zerkleinertes Obst (Fruchtmark) oder Gemüse
2. das Innere von Röhrenknochen (▸ Knochenmark)
3. ▸ Knollensellerie

MARKEN
Mittelitalienische Region und Weingegend. Die Weinanbaufläche beträgt rund 25 000 ha mit insgesamt 14 DOCG- und DOC-Zonen. Der berühmteste Weißwein ist der ▸ Verdicchio, die wichtigsten roten Rebsorten sind ▸ Sangiovese und ▸ Montepulciano.

MARKERBSE feine Erbsenart (▸ Erbsen)

MARKGRÄFINKARTOFFELN
(Tomatenkartoffeln)
Kroketten aus Herzoginkartoffelmasse (▸ Herzoginkartoffeln) mit Tomatenmark

MARMELADE
Im Volksmund noch heute eine synonym verwendete Bezeichnung für ▸ Konfitüre, was bereits seit 1982 lebensmittelrechtlich im Verkauf aber ein „Etikettenschwindel" wäre. Gemäß der Konfitüren-Verordnung der EU ist die Bezeichnung Marmelade nämlich Konfitüren vorbehalten, die ausschließlich aus einer oder mehreren ▸ Zitrusfrüchten (z. B. Orangen, Pomeranzen, Grapefruits) hergestellt sind.

MARMORA ▸ Danablu

MARMORIERUNG
Netz von Fettablagerungen im Fleisch, dessen Feinheit auch ein Indiz für die Qualität des Fleisches ist und dafür sorgt, dass dieses beim Garen saftig bleibt.

MARMORKARPFEN
aus China stammende Zuchtform der ▸ Karpfen (▸ Fische)

MARMORKUCHEN
luftig leichter und lockerer Rührkuchen aus höchstens ²/₃ hellem Teig (aus Mehl, Milch, Butter, Eiern, Zucker, Vanillezucker und etwas abgeriebener Schale einer unbehandelten Zitrone) und mindestens ¹/₃ dunklem Teig (mit Kakao, Rum und oft auch Kuvertürestückchen)

MAROILLES
Sehr würziger nordfranzösischer Weichkäse (▸ Käse) mit Rotschmiere, der oft für einen entfernten Vorfahren bekannter Käsesorten wie ▸ Munster oder ▸ Pont L'Évêque gehalten wird. Der Maroilles wird auch ähnlich hergestellt und hat eine sehr pikante Art. Die Herstellung aus roher oder pasteurisierter Kuhmilch unterliegt AOC-geschützten Vorschriften. Maroilles, benannt nach einem Marktflecken, hat in der Regel 45–50 % Fett i. Tr., reift mindestens 3 Monate in kühlen und feuchten Kellern und wird regelmäßig mit Salzlake abgewaschen.

MAROKKANISCHE ART
1. Schaffleisch auf Pilawreis mit Safran und Tomatenpüree

2. Salat aus Würfeln von Bananen, Datteln, gekochten Kartoffeln und Tomaten in einer Essig-Öl-Sauce, garniert mit Streifen von roten Paprikaschoten und Bleichsellerie, angerichtet auf Kopfsalatblättern

MARONE ▸ Maronenröhrling

MARONEN
(Edel-, Esskastanien, Kastanien, Maroni)
Viele Früchte, die den Handelsnamen „Nüsse" tragen – wie z. B. ▸ Erdnuss, ▸ Kokosnuss oder ▸ Walnuss – sind botanisch gar keine echten Nüsse. Die Maronen dagegen, von denen man es kaum vermuten würde und deren Name auch nicht darauf hindeutet, sind wirklich 1- bis 3-samige Nüsse. Edel- bzw. Esskastanien und Maronen werden allgemein gleichgesetzt, streng genommen sind Maronen aber die Zuchtform. Die in stachelige Fruchtbecher eingeschlossenen Kastanien wachsen an bis 30 m hohen Bäumen, die uralt (bis 1000 Jahre) werden können und erst nach 20–30 Jahren die ersten Früchte tragen. Der Kastanienbaum dürfte seine ursprüngliche Heimat in Kleinasien und im Mittelmeerraum haben, wo die Nüsse – wie auch in China – in früheren Zeiten Grundnahrungsmittel waren. Heute werden Maronen vor allem in Frankreich, Spanien, Portugal, Italien und Süddeutschland angebaut. Der kulinarische Wert von Maronen beschränkt sich längst nicht nur auf die Verwendung als geröstete heiße Gaumenfreude, die man auf Weihnachtsmärkten kaufen kann.
VERWENDUNG: *In vielen Ländern sind Maronen eine traditionelle Beilage zu Geflügel, Wild und Gemüsegerichten. Püriert oder in Stücken geben Esskastanien auch eine leckere Füllung für Geflügel (z. B. Gans) ab. Die Insel Korsika ist bekannt für ihr Kastanienmehl, aus dem u. a. Suppen und eine Art ▸ Polenta hergestellt werden. Außerdem verarbeitet man Maronen dort zu Kuchen und legt sie gerne in Cognac ein. Kastanienpüree ist von Ungarn bis Frankreich eine beliebte Spezialität.*

KÜCHENTIPP

Beim Kochen, Schmoren, Dämpfen und Rösten entwickelt sich das typische Aroma von Maronen besonders stark. Sie lassen sich glasiert oder karamellisiert, salzig oder süß vielseitig in der Küche verarbeiten.

MARONENRÖHRLING
(Braunhäubchen, Braunkappe, Marone)
In Mitteleuropa besonders weit verbreiteter Speisepilz, den auch nicht so geübte Pilzsucher aufgrund seines häufigen Vorkommens leicht finden und erkennen (u. a. an den gelblichen Röhren des Hutes, die sich auf Daumendruck bläulich verfärben). Zudem sind die Pilze, mit denen er verwechselt werden könnte ebenfalls gute Speisepilze (z. B. ▸ Steinpilze). Das alles macht die Maronenröhrlinge, die man von Juli bis Oktober bzw. November bevorzugt in Nadelwäldern findet, besonders beliebt. Dennoch sollten sie in manchen Gegenden Deutschlands nur dosiert verwendet werden, weil sie das radioaktive Caesium besonders stark speichern und aufgrund des Reaktorunglücks von Tschernobyl im Jahre 1986 zum Teil noch heute die EU-Lebensmittelgrenzwerte für Caesium überschreiten. Durch Abziehen der Huthaut kann die radioaktive Belastung aber deutlich verringert werden.

MARONI ▸ Maronen

MARSALA
Einst ein berühmter, heute aber etwas aus der Mode gekommener ▸ Wein aus ▸ Sizilien, der nach der gleichnamigen Hafenstadt Marsala benannt ist und seit 1984 eine eigene DOC hat. Die Reben für den Marsala werden nur noch auf gut 5000 ha Anbaufläche angebaut. Die jährliche Produktionsmenge von rund 110 000 hl entspricht nur noch 1/5 früherer Zeiten. Marsala gilt allgemein als gespriteter und süßer Wein (▸ Likörweine), was aber nur für die beiden Qualitätsstufen Fine (der einfachste Marsala mit mindestens 17 Vol.-% Alkohol und 1 Jahr Reifezeit, nicht unbedingt im Fass) und Superiore (mindestens 2 Jahre bzw. als Riserva mindestens 4 Jahre Reifezeit im Fass und 18 Vol.-% Alkohol) gilt. Diesen Weinen darf sowohl „Mosto cotto" (gekochter, eingedickter Most) zum Süßen als auch „Sifone" (gespriteter Most) zur Erhöhung des Alkoholgehaltes zugesetzt werden. Nicht erlaubt ist dies bei der hochwertigsten Variante, dem stets trocken ausgebauten Vergine oder Soleras (Reifezeit mindestens 5 Jahre im Fass, 18 Vol.-% Alkohol). Dafür werden Weine aus verschiedenen Jahrgängen nach dem vom ▸ Sherry als ▸ Solera bekannten Verfahren miteinander verschnitten. Die Krönung ist eine Vergine (Soleras) Riserva (manchmal auch als Stravecchio bezeichnet) mit mindes-

tens 10 Jahren Reifezeit im Fass. Ausgangsbasis für Marsala sind stets unterschiedliche Verschnitte aus alten weißen und roten Rebsorten Süditaliens. Je nach Cuvée und Ausbau gibt es unterschiedliche Farbtypen und Süßegrade.

Schon gewusst?

Der ▸ Marsala gilt zwar als sizilianische Spezialität, erfunden wurde er aber von einem englischen Kaufmann und Weinexperten namens John Woodhouse. Er kam im Jahre 1770 auf der Suche nach Alternativen zum ▸ Port und ▸ Sherry nach Sizilien und begann mit dem Export sizilianischer Weine in seine Heimat. Als die Geburtsstunde des Marsala gilt das Jahr 1773, als er erstmals den für Großbritannien bestimmten 400-l-Fässern jeweils 8 l Weingeist beimengen ließ.

MARSCHKÄSE ▸ Wilstermarschkäse

MARSHMALLOWS
Besonders in den USA beliebte Schaumzuckerware, die aber französischen Ursprung hat, und deren größte Fans in Europa die Engländer sind. Marshmallows sind von weicher, zähelastischer Konsistenz und werden aus geschlagenem Hühnereiweiß, Stärke, Zucker, Geliermittel, Farb- und Aromastoffen in mundgerechten Stücken unterschiedlicher Form hergestellt. Die französische Variante sind Pâtes de guimauve mit Rosen- oder Vanillearoma.

MARTINI
Bekannter italienischer Familien- und Markenname für einen ▸ Wermut, der bereits 1863 als weißer oder roter Aperitifwein mit seinen 15 Vol.-% Alkoholgehalt kreiert wurde. Martini wird mit rund 50 Kräuter-, Blumen-, Blätter-, Rinden- und Samenextrakten aromatisiert. Er ist u. a. auch Bestandteil vieler Cocktails.

MARTINSFISCH ▸ Petersfisch

MARTINSGANS
ohne dass es dafür ein einheitliches Rezept gibt, allgemeine Bezeichnung für die zum so genannten Martinstag (11. November) gebratene und aufgetragene Gans

MARZEMINO
Rote Rebsorte (▸ Wein) aus Norditalien, die bereits seit dem 15. Jh. im Lagarina-Tal im Trentino nachgewiesen ist. Der spät reifende Marzemino war früher weiter verbreitet (u. a. als Bestandteil in der typischen Rebsortenmischung des ▸ Chianti), wird heute aber nur noch in geringen Mengen in Trentino/Südtirol, Lombardei, Venetien und Emilia-Romagna angebaut. Er liefert meist einfachere fruchtige Weine mit feiner Würze und zarter Bitternote.

Schon gewusst?

Der ▸ Marzemino war einst am österreichischen Kaiserhof in Wien hoch geschätzt und ein Österreicher war es auch, der ihm ein musikalisches Denkmal setzte: Wolfgang Amadeus Mozart (1756–1791), in dessen berühmter Oper „Don Giovanni" der Ausruf „Versa il vino! Eccellente Marzemino!" zu hören ist.

MÄRZEN
Sozusagen die Urform von ▸ Lagerbier, denn das Märzen wurde einst von den Bayern erfunden, damit sie das ganze Jahr über nicht auf ihr heiß geliebtes ▸ Bier verzichten mussten. Nach der bayerischen Brauordnung von 1539 durfte nur zwischen 29. September und 23. April Bier gebraut werden. Also wurde versucht, das untergärige bayerische Bier haltbarer zu machen, was durch eine Erhöhung des Stammwürze- und Alkoholgehalts sowie die Lagerung in Felsenkellern mit Eisblöcken erreicht wurde. Heute wird die Bezeichnung Märzen nur noch für etwas stärkere Lagerbiere verwendet, die eigentlich unter ▸ Exportbier fallen. Das klassische Münchner Oktoberfestbier war ein Märzen und im englischsprachigen Raum werden beide Begriffe als Synonyme verwendet.

MARZIPAN
Hochwertige Süß- bzw. Zuckerware, die ursprünglich aus dem Orient stammt und deren

VERWENDUNG

Marzipan ist traditionell ein wichtiger Rohstoff bei der Herstellung von Konditorei-, Konfiserie- und Süßwaren. Es werden u.a. Pralinen damit gefüllt, Figuren und Fantasiegebilde hergestellt, Kuchen und Torten verziert. Mit oder ohne Schokoladenüberzug kann man es auch „pur" als Süßigkeit verspeisen, wie z.B. das berühmte ▸ Lübecker Marzipan. Aus Kostengründen ersetzt man heute das teure Marzipan durch das billigere ▸ Persipan aus Aprikosenkernen. Manchmal verwendet man grünes Marzipan aus Pistazien, so bei den berühmten ▸ Mozartkugeln.

Herstellung auch in Europa eine mindestens bis ins 14. Jh. zurückgehende Tradition hat. Der erste und entscheidende Schritt im aufwendigen Produktionsprozess ist die Verarbeitung von ▸ Süßmandeln zur sogenannten ▸ Marzipanrohmasse. Bei der traditionellen handwerklichen Herstellung werden die Mandeln gebrüht, von Gummiwalzen geschält, grob zerkleinert, mit Zucker vermischt und von Porzellanwalzen fein zerrieben. Die so gewonnene Paste wird anschließend in offenen Kesseln geröstet. Die industrielle Herstellung von Marzipan erfolgt in geschlossenen Anlagen, in denen der ganze Prozess sozusagen „in einem Aufwasch" abläuft.
Die Rohmasse besteht in der Regel aus $^2/_3$ Mandelmasse und $^1/_3$ Zucker, wird eventuell noch mit etwas Rosenwasser aromatisiert und zur Pasteurisierung auf über 60 °C erhitzt. Das Endprodukt Marzipan wird schließlich durch das Vermischen der Rohmasse mit Puderzucker oder anderen Süßstoffen im Verhältnis von maximal 1:1 hergestellt. Die Qualität des Marzipans hängt im Wesentlichen von der Güte der verwendeten Mandeln sowie der Feinheit und Plastizität der Masse ab. Bei der Herstellung von Marzipanwaren können als weitere Zutaten noch Stärkesirup, Kakaopulver, Schokolade, Nüsse, Honig, Spirituosen usw. dazukommen.

MARZIPANROHMASSE
(Mandelmasse)
Aus vorwiegend süßen und einem geringen Anteil an bitteren ▸ Mandeln (▸ Süßmandeln, ▸ Bittermandeln) hergestellte Masse, die das Grundmaterial für die Produktion von ▸ Marzipan ist; je höher dabei der Anteil an Bittermandeln, desto geringer die Qualität.

MASALA
Sammelbegriff für verschiedene indische Gewürzmischungen, von denen das ▸ Garam Masala die bekannteste ist. Zu den am häufigsten enthaltenen Gewürzen zählen grüne Chilis, Kreuzkümmel, Koriander, Mohn, Zimt, Kurkuma, Gelbwurz, Fenchelsamen, Ingwer, Nelken und Kokosnuss. Es gibt viele unterschiedliche Zusammensetzungen und Geschmacksrichtungen von mild würzig bis sehr scharf.

MASCARPONE

Sahniger Frischkäse (▸ Käse) der Doppelrahmstufe (60–85 % Fett i. Tr.), der früher in der Lombardei aufgrund seiner schnellen Verderblichkeit nur im Winter hergestellt wurde. Heute gibt es ihn das ganze Jahr über. Mascarpone wird in ganz Italien aus frischer Sahne von Kuhmilch, Crème fraîche und je nach Marke auch Buttermilch hergestellt. Durch einen „Schuss" Zitronen- oder Weinsteinsäure erhält Mascarpone seinen feinen, süß-säuerlichen Geschmack, der diesen cremigen und vielseitig verwendbaren Frischkäse so beliebt macht.
VERWENDUNG: *Mascarpone ist prädestiniert für die Verwendung als Dessertkäse und als Schlagsahneersatz bei der Herstellung von Süßspeisen, kommt aber auch in pikante Gerichte. Er kann, mit Zucker, Kakao, Kaffee, Rum oder Marsala angereichert, alleine als Nachtisch gegessen oder in Desserts, Torten usw. verarbeitet werden, wie z.B. im italienischen Dessertklassiker ▸ Tiramisu. Bei manchen Gerichten (vor allem Pasta) kommt Mascarpone in Sugos und Saucen oder wird in Füllungen verarbeitet. Und es gibt sogar eine Variante des ▸ Gorgonzola mit Schichten von Mascarpone.*

MASCARPONECREME
(Zola)
cremige Mischung aus Mascarpone und ▸ Gorgonzola, teils mit Nusskernen, zerdrückter Knoblauchzehe, grünem Pfeffer usw. gewürzt

MASSALAM
Indisches Gericht: In Jogurt mit Chilis, Kümmel und Zwiebeln mariniertes Huhn, das mit zahlreichen Gewürzen geschmort und mit gehackten Nüssen serviert wird.

MASSEN
Schaumige, weiche bis zähe oder dickflüssige Gemische, die durch einfaches Mischen oder Rühren, Schlagen, Quetschen, Walzen und ähnliche Verfahren aus Getreideerzeugnissen, Nüssen, Stärke usw. mit oder ohne weitere Zutaten (z. B. Fett, Eier, Zucker) hergestellt werden. Im Gegensatz zu Teigen (▸ Teige) lassen sich Massen nicht auswalzen, rollen oder formen, sondern werden aufgespritzt oder in For-

men eingefüllt. Außerdem kommen sie ohne Backtriebmittel aus. Gängige Beispiele sind ▸ Biskuitmasse, ▸ Brandmasse, ▸ Rühr(kuchen)masse, ▸ Sandmasse, ▸ Wiener Masse und ▸ Marzipanrohmasse.

MASSENTIERHALTUNG
Die technisierte, industrielle Haltung von möglichst vielen Tieren auf möglichst engem Raum (wie z. B. die Käfighaltung von Hühnern), die der Massenerzeugung tierischer Produkte wie Fleisch, Eier, Milch usw. dient. Die positiven Seiten der modernen Massentierhaltung sind, dass sie die Versorgung der Bevölkerung sichert, dass die Betriebe ihre Produktivität steigern und die Erzeugungskosten senken können. Der Verbraucher profitiert davon durch niedrigere Preise. Trotzdem ist die Massentierhaltung in Verruf gekommen, u. a. durch Fleischskandale und Berichte über die Lebensbedingungen von Hühnern in Legebatterien (▸ Eier). Aufgrund der nicht artgerechten Haltung der Tiere – für Tierschützer ein klarer Fall von Tierquälerei – ist die Massentierhaltung ethisch umstritten. Daneben gibt es gesundheitliche und kulinarische Vorbehalte gegen die Produkte aus Massentierhaltung aufgrund der Fütterung, der Hygiene und des Einsatzes von Arzneipräparaten (z. B. Antibiotika). Ein weiteres kritisches Feld in diesem Zusammenhang sind Viehtransporte.

MASSEPAIN
Gebäck bzw. Konfekt aus zerstoßenen Mandeln, Eiweiß und Zucker

MASTHAHN ▸ Kapaun

MASTHÄHNCHEN/-HUHN
spezielle Art von ▸ Hähnchen

MASTIKA
Dem griechischen ▸ Ouzo ähnliche Spirituose (der Kategorie ▸ Anisée), deren Geschmack ebenfalls von ▸ Anis bestimmt wird. Im Unterschied zum Ouzo enthält der vorwiegend in Bulgarien und Mazedonien erzeugte Mastika aber auch ▸ Mastix. Ausgangsmaterial für die Destillation sind meist Feigen, Pflaumen oder Zwetschgen (Alkoholgehalt rund 45 Vol.-%).

MASTIX
Das Harz einer mediterranen Pistazienart, das auf vielfältige Weise Verwendung findet. Es werden damit u. a. Süßwaren überzogen sowie Backwaren und Spirituosen – vor allem der ▸ Mastika – gewürzt. Die Mastixsamen enthalten außerdem bis zu 25 % Öl, das wie Pistazienöl für Speisezwecke verwendet werden kann.

MASTOCHSE
3–4 Jahre altes, kastriertes männliches Rind, das meist bei einem Gewicht von rund 600 kg geschlachtet wird. Durch die frühzeitige Kastration im Alter von 6–8 Wochen und deren Einfluss auf die körperliche Entwicklung des Rindes erhält das Fleisch von Mastochsen feine Fasern und ist besonders zart und saftig.

MASURKA
polnischer Nationaltanz, aber auch eine traditionelle Süßspeise in mehreren osteuropäischen Ländern aus schaumig geschlagenem Eigelb mit Zitronenschale, Zitronensaft, Zucker, Eischnee und Haselnüssen, in einer Springform gebacken und anschließend gestürzt

MATAMBRE
Südamerikanische Spezialität (vor allem Argentinien): Eine Riesenroulade aus der Querrippe vom Rind, die in Rotweinessig mit Gewürzen (z. B. Thymian, Knoblauch) einen Tag mariniert und mit Spinat, Möhren, Zwiebeln und gekochten Eiern gefüllt wird. In einer Kasserolle wird Matambre in Bouillon und Wasser im Ofen geschmort und heiß oder kalt quer in Scheiben geschnitten serviert.

MATCHA
Japanischer grüner Tee in Form von Pulver, welches in einer Schale mit 60 °C heißem Wasser übergossen und mit einem kleinen Bambusbesen so schnell und stark durchgerührt wird, dass sich an der Oberfläche etwas Schaum bildet. Das soll die Aroma- und Geschmacksentfaltung fördern.

MATE
(Herva, Paraguaytee, Yerba)
Aus den Blättern des Matestrauches hergestelltes teeähnliches Aufgussgetränk, das in Süd-

amerika eine lange Tradition hat. In seinen Anbaugebieten in Paraguay, Uruguay, Argentinien und Brasilien genießt Mate als Genussmittel, das mit seinen 0,3–1,7 % Koffein u. a. anregende Wirkung hat, geradezu Kultstatus. Original wird Mate aus ausgehöhlten ▸ Kalebassen durch ein kleines Saugrohr mit Sieb getrunken; trotz seiner kräftigen Gerbsäure ungezuckert und nur etwas aromatisiert (z. B. mit Karamellzucker oder Orangenschale).

MATJES(FILETS)

(Heringsfilets)

Besonders nach einer feucht-fröhlichen Silvesternacht beliebter Klassiker der Fischküche sind Matjesfilets (▸ Matjeshering), die häufig in einer Marinade aus saurer oder süßer Sahne, weißem Pfeffer, etwas Zucker und Essig mit Scheiben von säuerlichen Äpfeln und Salzgurken, Zwiebelringen, Lorbeer und Senfkörnern serviert werden; dazu Pellkartoffeln und Bier.

MATJESHERING

(Jungfernhering)

Junger, noch nicht geschlechts- bzw. laichreifer Hering, der in diesem Stadium einen besonders hohen Fettgehalt (über 15 %) hat. Matjesheringe werden nur in einem relativ kurzen Zeitraum von Mitte Mai bis Anfang Juni hauptsächlich vor Dänemark, Norwegen, Schottland und Irland gefangen und noch am Fangtag zur Konservierung mild gesalzen. Sie reifen durch Enzyme in einer Salzlake. Der Herstellungsprozess wurde bereits im Mittelalter in Holland entwickelt. Ein kleiner aber feiner und kulinarisch entscheidender Unterschied verbirgt sich hinter den Handelsbezeichnungen Matjes bzw. Matjeshering und Hering nach Matjesart. Letzterer wird nämlich nicht aus dem echtem Matjeshering produziert, sondern aus normalem (geschlechtsreifem) und deshalb qualitativ nicht so hochwertigem Hering, der lediglich wie Matjes weiterverarbeitet wird.

VERWENDUNG

Ein klassisches Küstengericht sind Matjes mit Pellkartoffeln, grünen Bohnen, Speck und Zwiebeln, in Skandinavien isst man Matjes gerne mit Roten Rüben. Das bekannteste deutsche Matjesgericht sind aber die ▸ Matjesfilets nach Hausfrauen Art.

Schon gewusst?

Das Geheimnis des typischen Aromas und Geschmacks von ▸ Matjeshering ist nicht nur die Reifung in Salzlake, sondern auch ein „Trick“ beim Ausnehmen. Dabei bleibt ein bestimmter Teil des Magens, vor allem die enzymhaltige Bauchspeicheldrüse im Fisch zurück.

MATROSENGERICHTE

Pikante Ragouts mit den verschiedensten Fischen, teilweise auch Krebsschwänzen und Muscheln, in Rotwein- oder Weißweinsud mit weiteren Zutaten wie gedünstete Champignons, Zwiebelchen, Spinat, Kartoffeln usw.

MATTENKÜMMEL ▸ Kümmel

MATZE

Ungesäuertes jüdisches Fladenbrot, das nur aus Mehl und Wasser (seltener auch noch mit Eiern) ohne Salz und ohne Triebmittel wie Hefe oder Sauerteig hergestellt wird. Traditionell backen und essen die Juden Matze am Pessach-Fest, das an den Auszug aus Ägypten und die Befreiung der Israeliten aus der Sklaverei erinnert. Daraus entstanden auch die ▸ Oblaten, die bei der christlichen Eucharistiefeier eine zentrale Rolle spielen.

MAUERRAUTE ▸ Weinraute

MAULBEEREN

Die Früchte von Bäumen aus der botanischen Familie der Maulbeergewächse ähneln in Aussehen und Geschmack ▸ Brombeeren. In den gemäßigten und subtropischen Zonen der nördlichen Halbkugel sind sie weit verbreitet, in Europa allerdings nur als Ziergehölz. Zu den wichtigsten Arten zählen die süße und saftige, aber nicht sehr aromatische Weiße Maulbeere (vor allem China und Ostasien), die etwas säuerliche und kulinarisch wertvollste Schwarze

Maulbeere (Iran, Kaukasus, östliches Mittelmeer) und die aromatische Rote Maulbeere (USA). Als Marktobst haben die Früchte bei uns aber kaum Bedeutung.

VERWENDUNG: *Maulbeeren eignen sich vor allem für fruchtige Desserts und als Kuchenbelag sowie zur Herstellung von Säften, Konfitüren, Kompotten und Spirituosen.*

> **SCHON GEWUSST?**
>
> Die Maulbeerbäume (▸ Maulbeeren) dienten in früheren Zeiten der Seidenraupenzucht und damit der Seidenproduktion. Das war auch der Hauptgrund für ihre Einführung in Europa. So wurde ihr Anbau im 18. Jh. auch in Preußen von Friedrich dem Großen (1712–1786) gefördert, woran noch die Maulbeerallee in Potsdam erinnert.

MAULFLEISCH ▸ Ochsenmaul

MAULSCHELLEN
Traditionelles Gebäck aus kleinen geschälten und ausgestochenen Äpfeln, gefüllt mit gezuckerter Butter, die in einer Hülle aus Blätter- oder Mürbteig im Ofen gebacken werden; dazu reicht man süße Sahne.

MAULTASCHEN
Eine der großen schwäbischen Spezialitäten: Rechteckige Taschen aus ausgerolltem Nudelteig, die mit einer Masse aus Fleisch(resten) oder Hackfleisch, Spinat und/oder anderem Gemüse, Zwiebeln und in Milch eingeweichtem Weißbrot gefüllt werden. Die Füllung wird u. a. mit Majoran, geriebener Muskatnuss, Salz und Pfeffer gewürzt. Bevor die Maultaschen vorwiegend als Suppeneinlage oder als Bereicherung von verschiedenen Salaten auf den Tisch kommen, lässt man sie noch einige Zeit in kräftiger Fleischbrühe gar ziehen. Auch in die feine Küche haben Maultaschen Eingang gefunden: Es gibt sie heute, neben der traditionellen Variante, mit vielen raffinierten und auch edlen Füllungen. Man serviert sie gerne auch in Brühe, mit Butter und Zwiebeln abgeschmälzt oder mit Ei überbacken.

MAURY
Bekannte Appellation für ▸ Vin doux naturel in der französischen Weinregion ▸ Roussillon (▸ Wein). Auf den rund 1700 ha Rebfläche rund um den Ort Maury werden süße, gespritete Weine (▸ Likörweine) vorwiegend aus den roten Rebsorten ▸ Grenache Noir, Macabéo, ▸ Carignan, Cinsault, ▸ Syrah sowie aus den weißen Grenache Blanc und ▸ Muscat erzeugt.

MÄUSEÖHRCHEN ▸ Feldsalat

MAYONNAISE
(Majonäse, Ölsauce)
Weiche, dickflüssige und fettreiche ▸ Emulsion, die aus Eigelb (das Lecithin als ▸ Emulgator enthält), Pflanzenöl, Salz, Zucker, Essig und Zitronensaft angerührt wird. Je nach Verwendungszweck und Geschmack können weitere Zutaten dazukommen (z. B. Senf, Kräuter, Chilis, Meerrettich, Ketchup, Spirituosen) und die Mayonnaise kann für „leichtere“ Varianten mit Sahne oder Jogurt „gestreckt“ (und im Fettgehalt reduziert) werden.
Mayonnaise wird im Handel als Fertigprodukt in Tuben oder Gläsern und in 3 Grundtypen angeboten. Vollwertige Delikatessmayonnaise hat den höchsten Fettgehalt mit mindestens 80 % und damit auch den intensivsten Geschmack. Normale Mayonnaise verfügt immer noch über einen Fettgehalt von mindestens 70 % und sogenannte Salatmayonnaise hat mindestens 50 %. Der Verbrauch von Mayonnaise als Handelsware liegt bei 2 kg pro Jahr und Haushalt (zum Vergleich: in der Schweiz ist er nur halb so hoch).

VERWENDUNG

Mayonnaise ist in der kalten und warmen Küche vielseitig einsetzbar, u.a. zu Fleisch, Aufschnitt, Geflügel, Fisch, Meeresfrüchten, rohen und gekochtem Gemüse, hart gekochten Eiern und Salaten. Sie bildet außerdem die Grundlage für verschiedene (Würz-)Saucen.

> **SCHON GEWUSST?**
>
> Die „Erfindung“ der Mayonnaise nimmt man in 2 Ländern für sich in Anspruch. Die Spanier pochen darauf, dass sie auf der Insel Menorca ihren Ursprung hat. Als am 28. Juni 1756 der Hafen Mahón vom französischen Herzog von Richelieu (1696–1788), Großneffe des berühmten Kardinals Richelieu, eingenommen wurde, gab es zu Ehren des Eroberers ein großes Fest. Dazu soll erstmals die „Mahonnese“ kreiert worden sein. Die Franzosen behaupten, die Mayonnaise sei als Bayonnaise im südwestfranzösischen Bayonne entstanden. Sicher ist, dass die Sauce von Frankreich aus ihren Weg in viele Länder weltweit gefunden hat.

MAZARIN
französischer Kuchen aus einer Schicht Pralinencreme zwischen zwei Baiserböden

MAZERATION
Fachausdruck für das „Ausziehen", d. h. das Lösen von Farb- und Aromastoffen, von Pflanzenteilen (aromatische Früchte, Kräuter, Gewürze) in kalter Flüssigkeit (Alkohol oder Wasser), wodurch ein Mazerat gewonnen wird. Die Mazeration kennt man besonders von der Weinbereitung und der dabei eingesetzten Maischegärung (▸ Maische) und von der Spirituosenherstellung. In der Küchensprache bedeutet mazerieren auch das Tränken von Speisen in aromatischen Flüssigkeiten (z. B. Früchte oder Gebäck in Likör oder Branntwein).

MAZIS ▸ Muskat(blüte)

MEAUX-SENF
sehr aromatischer, mittelscharfer französischer Senf aus grob gemahlenen und zerquetschten schwarzen Senfkörnern, Weinessig, Gewürzen und Kräutern

MEDAILLONS
(Tournedos)
Die schönsten und mit ihrer runden oder leicht ovalen Form auch besonders appetitlich aussehenden Scheiben aus dem Mittelteil oder der Spitze des Filets von Kalb, Rind (auch Tournedos genannt), Schwein und Wild. Medaillons werden stets kurz gebraten. In der Küchensprache wird heute darüber hinaus häufig ein rundes, feines Fleischstück als Medaillon bezeichnet, dies kann auch von Fischen oder Krustentieren stammen.

MEDIUM
(demi-anglais, halb durchgebraten)
Garstufe beim Fleisch (▸ Garstufen)

MEDIUM RARE
(à point, anglais, englisch, rosa)
Garstufe beim Fleisch (▸ Garstufen)

MEERAAL
(Conger)
Dem Flussaal (▸ Aal) ähnlicher Raubfisch (▸ Fische) des Meeres, der vor allem den östlichen Atlantik von Westafrika bis zum Golf von Biskaya besiedelt. Meeraale mit ihrem lang gestreckten, schlangenartigen Körper werden deutlich größer und schwerer als Flussaale; die Weibchen erreichen bis 3 m Länge und 100 kg Gewicht, die Männchen bis 1,30 m und 40 kg. Im Handel darf Meeraal nicht einfach als Aal bezeichnet werden. Das Fleisch kann bei größeren Exemplaren fest und faserig sein, hat aber einen feinen Geschmack. Meeraal eignet sich für alle Zubereitungsarten außer Grillen. Sein Fleisch wird bevorzugt für Schmorgerichte, Eintöpfe und Fischsuppen verwendet.

MEERÄSCHEN
(Granäschen)

Eine vielfältige Gruppe von Meeresfischen (▸ Fische), die in großen Mengen den Atlantik, aber auch Mittelmeer, Pazifik und asiatische Gewässer bevölkern (z. B. die Großköpfige, Dicklippige, Dünnlippige oder Diamantschuppige Meeräsche). Die Fische haben regional große wirtschaftliche Bedeutung. Ihr festes, relativ fettes weißes Fleisch ist schmackhaft und eignet sich für alle Zubereitungsarten. Der Rogen von Meeräschen dient teilweise als Kaviarersatz (▸ Kaviar), in Japan unter dem Namen Karasumi, in der Provence als Boutargue bekannt.

MEERBARBEN
Eine Familie der barschartigen ▸ Fische, die über 50 Arten umfasst und weit verbreitet, mit den im Süßwasser lebenden ▸ Barben aber nicht näher verwandt ist. Meerbarben kommen in warmen Küstenregionen praktisch aller Meere vor. Ein geschätzter Speisefisch ist vor allem die Rote (Meer-)Barbe , die in Schwärmen

im Mittelmeer und an der Atlantikküste von Nordafrika bis England lebt und ausgewachsen nur eine Größe von ca. 30 cm und ein Gewicht von rund 500 g erreicht. Andere Arten wie die Streifenbarbe oder Gestreifte Meerbarbe werden deutlich größer (bis 50 cm), haben aber ein nicht ganz so feines Fleisch. Als besondere Delikatesse gilt bei Meerbarben die Leber.

MEERBARSCH ▸ Wolfsbarsch

MEERBRASSEN
Artenreiche Familie von Meeresfischen (▸ Fische), die meist in Schwärmen die Küstenregionen aller tropischen und gemäßigten Meere bevölkern. Die Meerbrassen gehören zur Ordnung der ▸ barschartigen Fische und haben einige sehr geschätzte Speisefische in ihren Reihen, vor allem die ▸ Goldbrasse, die ▸ Rotbrasse, die ▸ Zahnbrasse und den ▸ Graubarsch. Meerbrassen eignen sich auch gut zur Herstellung von Räucherfischerzeugnissen.

MEERESFISCHE
(Seefische)
in den Weltmeeren lebende ▸ Fische

MEERESFRÜCHTE
Sammelbegriff für alle anderen Meerestiere, die außer den Fischen noch auf den Tisch kommen und (mit Genuss) gegessen werden können. Die Weltmeere sind eine wahre Fundgrube für Feinschmecker. Zu den Meeresfrüchten zählen u. a. ▸ Schaltiere wie ▸ Austern, ▸ Muscheln oder ▸ Meeresschnecken, ▸ Krebstiere wie ▸ Garnelen, ▸ Hummer oder Langusten, ▸ Seeigel und ▸ Tintenfische.

MEERESKASTANIEN ▸ Seeigel

MEERESSCHNECKEN
Alle Arten von Schnecken (▸ Schaltiere), die im Meereswasser – vor allem in Brandungszonen und an Korallenriffen – leben. Meeresschnecken können von sehr unterschiedlicher, teils muschelähnlicher Gestalt sein, von der ursprünglichsten Form bis zu fortentwickelten Arten. Eine Reihe von ihnen sind an felsigen Küsten als ▸ Meeresfrüchte kulinarische Delikatessen. Bekannte Meeresschnecken sind z. B. ▸ Abalone und ▸ Strandschnecken.

MEERESSPARGEL ▸ Queller

MEERFENCHEL
(Bazillenkraut)
Auf den Felsen der Mittelmeer- und Atlantikküste wachsender Halbstrauch, dessen fleischige und salzig-bitter schmeckende Blätter regional für Salate, als Gemüse (in Essig eingelegt oder gekocht) und auch zum Würzen verschiedener Speisen verwendet werden. Der Meerfenchel ist u. a. auf den Balearen verbreitet und ein wichtiger Bestandteil der typischen mallorquinischen Küche. Teilweise wird Meerfenchel bei uns als Pulver angeboten, doch schmeckt das ansonsten herzhafte Kraut in dieser Form nach fast nichts.

MEERFORELLE
(Lachsforelle)
Der vor allem an den europäischen Atlantikküsten sehr verbreitete Meeresfisch (▸ Fische) gilt als die Stammform der ▸ Forellen. Als typischer Wanderfisch erinnert er in seiner Lebensweise und seinem Verhalten stark an ▸ Lachse. Wie diese steigen die Meerforellen zum Laichen die Flüsse hinauf und aufgrund ihrer Nahrung haben sie rötliches Fleisch. Deshalb wurde die Meerforelle in der Fischerei ursprünglich als ▸ Lachsforelle bezeichnet, was aber keine korrekte Artbezeichnung ist. Der kulinarische Wert von Meerforellen ist weit niedriger als der ihrer Artgenossen aus dem Süßwasser.

MEERKOHL
Vor allem an den kahlen Küsten der Nordsee und der westlichen Ostsee, seltener auch des Schwarzen Meeres, ist diese 30–60 cm hohe

Staude aus der botanischen Familie der Kreuzblütengewächse verbreitet. Sie hat große blaugrüne und fleischige Blätter mit einem typisch salzigen Geschmack. In England und Frankreich wird Meerkohl als Gemüsepflanze angebaut, in der freien Natur steht er in Deutschland und auch einigen anderen europäischen Ländern unter Naturschutz.

MEEROHR ▸ Abalone

MEERPFAFF ▸ Himmelgucker

MEERRETTICH

(Beißwurzel, Greinwurzel, Kren, Scharfwurzel)
Buchstäblich zu Tränen gerührt wird man immer wieder von dieser extrem scharfen Pfahlwurzel einer frostharten Staudenpflanze. Der Meerrettich gehört wie der ▸ Rettich der botanischen Familie der Kreuzblütengewächse an, bildet darin aber eine eigene Gattung. Er stammt vermutlich aus dem östlichen Mittelmeerraum und wird heute vor allem in Mittel- und Osteuropa angebaut. Frischer Meerrettich hat ein unvergleichliches Aroma und in Geruch und Geschmack eine beißende Schärfe, die auch Nase und Augen sehr stark reizen kann.
In den Handel kommt das Würzmittel mit besonderer Note auch als sogenannter Gemüsemeerrettich (roh, gerieben und konserviert, aber ohne Zusatz von Geschmacksstoffen) und in Tuben oder Gläsern als „Tafelfertiger Meerrettich" (frisch geriebener Meerrettich, der Zusätze wie Mayonnaise, Essig, Salz, Zucker, Rahm, Gewürze usw. enthalten kann). Japaner lieben als Beigabe zu Sushi eine grüne Meerrettichart mit dem Namen ▸ Wasabi. Produkte aus bzw. mit Meerrettich sind u. a. Salatsaucen, Meerrettichsenf und Meerrettichessig.

KÜCHENTIPP

Meerrettich verleiht vielen Speisen eine besondere Note; bei warmen Gerichten aber nur, wenn er erst am Schluss zugegeben wird, weil sich beim Kochen sein typisches Aroma „in Luft auflöst".

SCHON GEWUSST?

Solange die Wurzel „unverletzt" ist, spürt man nichts von der besonderen Schärfe des ▸ Meerrettichs, doch bei jeder Zellzerstörung (durch Schneiden, Reiben usw.) wird durch ein Enzym ein bestimmtes Senföl (Allylisothiocyanat) gebildet, das dafür verantwortlich ist.

VERWENDUNG: *Die „Würzwurzel" passt zu vielen kalten Speisen (z. B. Wurstaufschnitt, Schinken), zu gebratenem oder gekochtem Fleisch, Gegrilltem, Würstchen, Räucher- und gedünstetem Fisch oder Eiern. In Österreich ist der ▸ Apfelkren obligatorisch zum ▸ Tafelspitz, zum Wild passt eine Preiselbeer-Meerrettich-Sauce und zum geräucherten Forellenfilet mit Sahne abgemilderter Meerrettich. Als Brotaufstrich wird Meerrettich mit Quark oder Frischkäse gemischt.*

MEERRETTICHSAUCE
weiße Mehlschwitze mit würziger Fleischbrühe, geriebenem Meerrettich, Sahne, Salz, Zucker und Essig, teils auch mit Senf wie bei der englischen Variante (▸ Horseradish Sauce)

MEERSALAT ▸ Algen

MEERSALZ

Aus Verdunstung von Meerwasser gewonnenes Speisesalz, das seinen Ursprung aber wie normales Salz in der Gesteinsverwitterung hat. Mit dem Regenwasser gelangen die Mineralsalze ins Grundwasser und in fließende Gewässer und werden von diesen ins Meer gespült. An vielen europäischen Atlantik- und Mittelmeerküsten (vor allem in Frankreich, Portugal, Spanien, Italien und Afrika) wird Meerwasser in die sogenannten Salzgärten – künstlich angelegte flache Becken oder Seen – geleitet. Dort kann das Wasser verdunsten und sich das Salz kon-

SCHON GEWUSST?

Die Bezeichnung ▸ Meersalz impliziert, dass die Zusammensetzung seiner Mineralstoffe den Konzentrationen im Meerwasser entspricht. Tatsächlich aber ist dies aufgrund der Herstellungs- und Reinigungsverfahren fast nie der Fall, außer bei der teuersten Variante, dem ▸ Fleur de Sel. Auch Meersalz besteht wie jedes andere Salz zu 96–98 % aus Natriumchlorid und enthält nur geringe Mengen an Mineralstoffen und Spurenelementen.

zentrieren und absetzen. Das Meersalz wird anschließend maschinell „geerntet" und auf großen Bergen zwischengelagert. Viele Köche bevorzugen Meersalz wegen seines besonders intensiven Geschmacks.

MEERSPINNE
(Teufelskrabbe)
Besonders wohlschmeckende Krabbe und eines der feinsten ▸ Krebstiere aus dem Mittelmeer mit hummerähnlichem Fleisch, das bei weiblichen und nicht zu großen Tieren am besten schmeckt. Es lässt sich gut backen, braten, dämpfen, grillen und pochieren.

MEERTANG ▸ Algen

MEHL
1. Im weiteren Sinne ein Sammelbegriff für jedes Pulver, das aus Getreide, aber auch aus Hülsenfrüchten (wie Bohnen, Sojabohnen, Erbsen, Linsen), entfetteten Ölsamen (u. a. Senf, Ölsaaten), stärkehaltigen Wurzeln (Bataten, Kartoffeln) oder tierischen Ausgangsstoffen (z. B. Fische) gewonnen wird.
2. Im engeren Sinne ausschließlich reines Getreidemehl, das aus Körnern ausgemahlen wird; also z. B. aus Weizen, Roggen, Dinkel, Hafer, Gerste, Hirse, Mais, Reis. In Rezepten ist mit der Bezeichnung Mehl in der Regel Weizenmehl gemeint. Soll eine andere Mehlart verwendet werden, wird diese namentlich genannt. Backfähig sind ohnehin nur 3 Mehlarten: Weizen-, Roggen- und Dinkelmehl.
Die Qualität des Mehls wird dadurch bestimmt, wie viel gesunde Reste des Getreidekorns im Endprodukt enthalten sind. Je stärker der Ausmahlungsgrad, desto dunkler und reicher an Vitaminen und Mineralstoffen – und somit hochwertiger – ist das Mehl. Um dies für den Verbraucher transparent zu machen, gibt es in Deutschland seit 1992 eine DIN-Norm mit den sogenannten Mehltypen. Die Typenzahl gibt dabei den Mineralstoffgehalt in mg je 100 g Trockenmasse an. Die Auswahl des Mehls richtet sich aber weniger nach der Typenzahl als vielmehr nach dem jeweiligen Verwendungszweck. Das hellste und an Inhaltsstoffen ärmste ist Weizenmehl Type 405, weiter gibt es 550, 812, 1050, 1600 und Weizenbackschrot 1700. Bei Roggenmehl unterteilt man in die Typen 815, 997, 1150, 1370, 1740 und Roggenbackschrot 1800, bei Dinkelmehl in die Typen 630, 812 und 1050. Vollkornmehle sind nicht typisiert, denn sie enthalten grundsätzlich alle Bestandteile des Korns – einschließlich der Keimlinge, die beim Backschrot fehlen.
LAGERUNG: *Mehl sollte möglichst kühl (unter 20 °C) und trocken (Luftfeuchtigkeit maximal 60 %) gelagert werden, damit es nicht klumpig wird. Zudem sollte der Lagerort nicht direktem Sonnenlicht ausgesetzt sein. Unter diesen Bedingungen sind hellere Mehle (bis Type 812) 1 Jahr lagerfähig und dunklere Mehle 6–8 Monate. Im Nachteil sind hier Vollkornmehle, die nur 6–8 Wochen ohne Qualitätsverlust gelagert werden können; denn dann beginnen sie ranzig zu werden.*

MEHLBANANEN
▸ Kochbananen (▸ Bananen)

MEHLBUTTER ▸ Beurre manié

MEHLIEREN
Fachausdruck in der Küchensprache für das Wenden von Lebensmitteln (meist Fleisch oder Fisch) in Mehl, was meist zur Vorbereitung der Stücke zum Braten dient oder den ersten Schritt beim Panieren darstellt. Außerdem verbessert vorheriges Mehlieren besonders bei Eiweiß reichem Bratgut den Geschmack.

MEHLSCHWITZE
(Einbrenn(e), Roux)
Der Name ist wörtlich zu nehmen: Mehl und Fett wird in einem Topf unter Rühren so eingeheizt, dass sie „schwitzen" und zu einem Bindemittel für Saucen und Suppen eindicken. Je nach Erhitzungs- bzw. Bräunungsgrad kennt man weiße, blonde oder braune Mehlschwitze als Grundlage klassischer Grundsaucen wie ▸ Béchamel-Sauce oder ▸ Mornaysauce.

MEHLSPEISEN
Vor allem in der bayerischen und österreichischen Küche gehören die mehr oder weniger süßen Speisen, die mit Mehl (seltener anderen Getreideerzeugnissen), Butter und Eiern gebacken, gebraten oder gekocht werden, zu den großen Spezialitäten. Zu den klassischen

VERWENDUNG

Mehl wird vor allem für Teige von ▸ Backwaren und ▸ Teigwaren sowie ▸ Mehlspeisen verwendet. In ▸ Mehlschwitze und ▸ Beurre manié dient es zum Binden von Saucen und vor allem im Süden Deutschlands und in der Schweiz kennt man auch eine Mehlsuppe, ein typisches „Arme-Leute-Essen".

Mehlspeisen werden u. a. ▸ Kaiserschmarrn, ▸ Germknödel, ▸ Topfenknödel, verschiedene ▸ Strudel, ▸ Palatschinken (bzw. ▸ Pfannkuchen) und ▸ Salzburger Nockerl(n) gezählt.

MEIRAN ▸ Majoran

MELANGANEN ▸ Auberginen

MELANGE
Wiener Kaffeespezialität, die nicht einmal in den berühmten Kaffeehäusern ihrer „Geburtsstadt" nach dem gleichen „Rezept" hergestellt wird. Meist besteht die Melange (frz. „mélange" = „Mischung", „Gemisch") ähnlich dem italienischen ▸ Cappuccino zu gleichen Teilen aus Kaffee und aufgeschäumter Milch.

MELANZANE
italienische Bezeichnung für ▸ Auberginen

MELASSE
Dunkelbrauner, honigartiger Zuckersirup, der als Nebenprodukt bei der Zuckerproduktion anfällt und neben Mineralstoffen und Vitaminen noch etwa 50 % Zucker enthält. Melasse wird für unterschiedliche Zwecke verwendet. Sie dient u. a. zur Herstellung von ▸ Spirituosen (vor allem ▸ Rum), ▸ Backhefe und Zitronensäure. Vor allem in der karibischen und US-amerikanischen Küche wird sie als Süßmittel verwendet. Backwaren (z. B. Brot) sowie braunem Zucker gibt Melasse die dunkle Farbe.

MELCHIOR
eine der ▸ Großflaschen für Wein/Champagner

MELDE ▸ Gänsefuß

MELIEREN
im Küchenjargon das Mischen oder Vermengen von Zutaten unterschiedlicher Konsistenz, wie z. B. Teige, Saucen, Cremes usw. (frz. „mêler" = „mischen", „vermischen")

MELLOWFRÜCHTE ▸ Pepinos

MELONEN
Denkt man an andere Beeren wie Wein-, Johannis- oder Himbeeren, dann möchte man es kaum glauben: Aber botanisch sind Melonen Beerenfrüchte, die aufgrund ihrer harten Schale manchmal – wie Kürbisse – als Panzerbeeren bezeichnet werden. Sie gehören zur großen Familie der Kürbisgewächse. Im Gegensatz zu ihren „Familienangehörigen" werden sie aber als Obst verwendet. Der Name kommt aus dem Griechischen und bedeutet so viel wie „großer Apfel". Die besonders saftreichen Melonen werden vor allem in subtropischen und tropischen Regionen kultiviert und in zwei große Gruppen unterteilt: Wassermelonen, die eine eigene Gattung der Kürbisgewächse bilden, und Zuckermelonen (Gattung der Gurken).

Wassermelonen*:* Rund 150 Sorten werden von dieser fast immer rotfleischigen Melonenart kultiviert, deren Fleisch besonders saftig ist und zu 93–95 % aus Wasser besteht. Wassermelonen werden u. a. in ganz Süd- und teilweise auch Osteuropa, im Orient, in China und Südamerika angebaut.
Zuckermelonen*:* Von dieser Melonenart gibt es rund 500 verschiedene Sorten, deren Fruchtfleisch meist gelblich, grünlich oder orangefarben ist. Vor allem aber zeichnen sie sich dadurch aus, dass sie fester, weniger „wässrig" und aromatischer als Wassermelonen sind – also den höheren kulinarischen Wert haben. Zuckermelonen werden u. a. fast im gesamten Mittelmeerraum, in Südafrika, Asien, den USA sowie in Mittel- und Südamerika angebaut. Die wichtigsten Unterarten sind die besonders süße und aromatische Honigmelone, die Cantaloupe oder Warzenmelone, die Netzmelone und die Ogenmelone.
VERWENDUNG: *Wassermelonen sind gerade in heißen Ländern im Sommer ein beliebter Durstlöscher. Sie eignen sich weiter für süße Salate und Kaltschalen, aber weniger für pikante Gerichte. Anders die Zuckermelonen, die u. a. gut zu Räucher- und luftgetrocknetem Fleisch bzw. Schinken, Krebstieren (Garnelen), Gerichten mit Geflügel und in Salate passen. Mit Süßwein oder Port übergossen ergeben sie ein raffiniertes Dessert.*

MELONENBIRNEN ▸ Pepinos

MENEMEN
türkische Spezialität aus dem Schmortopf mit fein gehackten gerösteten Zwiebeln, Paprikaschoten, Tomaten und aufgeschlagenen Eiern, alles gut durchgerührt und zuletzt mit gehackter Petersilie bestreut

MENTHOL
Aromastoff mit einem prägnanten pfefferminzartigen Geschmack (leicht brennend und kühlend), der sowohl aus Pfefferminz- und anderen ätherischen Ölen gewonnen als auch synthetisch hergestellt werden kann.

MENÜ
(Speisenfolge)
Wenigstens 3 Gänge (▸ Gang) müssen auf den Tisch kommen, damit der Feinschmecker von einem Menü spricht; es können aber auch 5 und mehr sein. Wenn der Koch sein Handwerk versteht, sind die Gänge untereinander abgestimmt und harmonieren in ihrer Abfolge. Das klassische Menü bestand aus nicht weniger als 13 Gängen: kalte Vorspeise, Suppe, warme Vorspeise, Fischgericht, großer Fleischgang, warmes Zwischengericht, kaltes Zwischengericht, Sorbet, Braten oder Salat, Gemüsegericht, warme Süßspeise, kalte Süßspeise und Käse (deshalb heißt es auch: Käse schließt den Magen). Heutzutage besteht ein vollständiges Menü in der Regel aus ▸ Amuse bouche, kalter Vorspeise, Suppe, warmer Vorspeise, Hauptgang, Käse und Dessert. Beim Menu surprise begibt man sich ganz in die Hände des Küchenchefs und lässt sich von seinen kulinarischen Kompositionen überraschen. Der Genuss wird erst perfekt, wenn auch der Wein bestmöglich auf das Menü abgestimmt ist. Eine passende Weinbegleitung zusammenzustellen, ist die besondere Kunst des ▸ Sommelier. Die Weine werden dann glasweise zu jedem Gang gereicht.

MERANER KONFEKT
mit glasiertem Schmelzzucker überzogenes Fondantkonfekt (Meran: die zweitgrößte Stadt in Südtirol)

MERGUEZ
Scharf gewürzte Wurstspezialität aus Nordafrika (Marokko, Algerien), die auch in Spanien und Frankreich sehr beliebt ist (meist als Grillwurst). Ursprünglich wurde Merguez aus Schaffleisch hergestellt, heute gibt es sie aber auch aus Lamm- oder Rindfleisch und sogar aus Entenfleisch (Frankreich). Typische Gewürze sind Kreuzkümmel, Paprika, Knoblauch, ▸ Harissa und Pfeffer. Merguez passt zu ▸ Couscous, ▸ Taboulé und anderen nordafrikanischen und arabischen Gerichten.

MERINGE ▸ Baiser

MERINGENMASSE ▸ Baisermasse

MERK ▸ Knollensellerie

MERLAN ▸ Wittling

MERLOT
In vielen Weinregionen (▸ Wein) auf der ganzen Welt verbreitete, hochwertige rote Rebsorte, die ihren Ursprung in ▸ Bordeaux haben dürfte. Dort wurde sie 1784 erstmals erwähnt und ist noch heute die am meisten angebaute Rebe. Weltweit sind mit ihr rund 200 000 ha Produktionsfläche bestockt. Außerhalb Frankreichs hat der Merlot in Italien und Kalifornien die größte Bedeutung. Oft wird er wegen seiner Weichheit und Geschmeidigkeit besonders geschätzt, weil er z. B. im Vergleich zum ▸ Cabernet Sauvignon weniger Säure und Tannin hat.

MESCAL ▸ Agavenbranntwein

MESCLUN
bunter und aromatischer französischer Mischsalat (ursprünglich Provence) aus jungen Salaten (vor allem im Frühling) wie Löwenzahn, Eichblatt, Kerbel, Chicorée, Radicchio, Bocksbart, Kresse, Portulak, Rauke und anderen

MET
Das sagenumwobene und in der nordischen Mythologie geradezu „verklärte" Getränk der alten Germanen, das aus den Hauptzutaten Honig, Wasser und Hefe durch Vergärung hergestellt wird. Als Aromaten können Gewürze und Kräuter zugegeben werden. Met hat meist zwischen 8 und 15 Vol.-% Alkohol und kann heiß oder kalt getrunken werden. Zusammen mit

Schon gewusst?

Met spielte in der nordischen Mythologie eine wichtige Rolle und war bei den alten Germanen u. a. Trank und Geschenk für die Gottheiten, die Asen. Nicht nur bei Festen und Feiern wurde er getrunken, auch bei kultischen Zeremonien durfte der Honigwein nicht fehlen. Er war Festtagsgetränk, Opfergabe für die Götter, Grabbeigabe, Jungbrunnen, Heilmittel und mehr.

Wein und Bier zählt der Honigwein zu den ersten alkoholischen Getränken, die der Mensch hergestellt hat. Das Wort Met hat seine Wurzeln im indogermanischen „medhu", womit einst Honig bezeichnet wurde. Dieser Wortstamm ist noch heute oft zu finden, z. B. im spanischen und französischen „miel" für Honig.

METAXA
Neben dem ▸ Ouzo die bekannteste griechische Spirituose, durch deren Erfindung sich der Winzer Spyros Metaxa quasi unsterblich gemacht hat. Er kreierte 1888 eine ganz eigene, sehr parfümierte Art von Weinbrand, den Metaxa. Sein Geheimnis liegt in der Kombination von Weindestillaten verschiedener Rebsorten mit natürlichen Aromen (von Kräutern), wobei die genaue Rezeptur aber gut gehütet wird. Die Destillate reifen zunächst getrennt, werden dann zu einer Cuvée verschnitten und verbringen noch einmal längere Zeit im Eichenholzfass. Die Branntweinspezialität gibt es in verschiedenen Qualitätsstufen, vom 3*-Metaxa über den 5*-Metaxa bis hin zum 7*-Metaxa, wobei die Sterne für die Reifejahre im Fass stehen. Gehobene Varianten sind der 12 Grand Olympian Reserve und der mindestens 15 Jahre in Fässern von feinster französischer Limousin-Eiche gereifte Grande Fine in der bunt bemalten Porzellankaraffe.

METHUSALEM
eine der ▸ Großflaschen für Wein/Champagner

METT ▸ Hackepeter

METTWURST
Gut gewürzte und geräucherte oder getrocknete Rohwurst (▸ Rohwürste), die regional unterschiedlich aus Schweinehackfleisch hergestellt wird. In Süddeutschland und Österreich versteht man unter Mettwurst eine sehr weiche Streichmettwurst (ähnlich der ▸ Teewurst). In Nord- und Ostdeutschland ist die Mettwurst härter (länger geräuchert oder getrocknet) und wird auch ▸ Knackwurst genannt. Je nach Art werden Mettwürste aus der Hand gegessen, als Brotbelag verwendet oder in Eintöpfe und andere rustikale Gerichte gegeben.

METZELSUPPE
(Kesselsuppe, Schlachtsuppe)
Nach süddeutscher Tradition eine Suppe, die noch am Schlachttag zubereitet und gegessen wird. Grundlage ist die Brühe, die nach dem Schlachten beim Kochen von Fleisch und Würsten entsteht. Früher nahm man als Einlage die Würste, die beim Kochen zerplatzt waren. In die Suppe kommen Schweineschmalz, Blut- und Leberwürste, geröstete Zwiebeln, Majoran, Muskat, Salz, Pfeffer und Schnittlauch.

MEUNIÈRE, À LA ▸ Müllerin(-Art)

MEURETTE
braune Rotweinsauce (Burgunder) mit Speckstückchen, Champignons und kleinen Zwiebeln bzw. ein Eintopf auf ihrer Basis mit Flussfischen, Kalb- und Hühnerfleisch

MEVLANA KÖFTE
türkische Bratklöße aus Hackfleisch mit einem Stück Schafskäse in der Mitte

MEXICAINE, À LA ▸ mexikanische Art

MEXICAN SLAW
Vor allem im Süden der USA beliebter Krautsalat aus fein gehobelten Weißkohlblättern, gehackten Zwiebeln, Avocados, grünen Chilischoten, Speck und hart gekochten Eiern in einer Weinessig-Öl-Sauce mit Knoblauch, Oregano, Salz und Grünem Pfeffer

MEXIKANISCHE ART
(mexicaine, à la)
1. gegrillte Beilagen wie mit geschmolzenen Tomaten gefüllte Champignonköpfe, Auberginen, Paprikaschoten usw. in einer scharf ge-

würzten, tomatierten ▸ Demiglace zu großen gebratenen oder geschmorten Fleischstücken 2. Fischrouladen mit einer Füllung aus geschmolzenen Tomaten und Champignons in Weißwein-Tomaten Sauce mit Paprikastreifen

MEXIKANISCHE SAUCE
frische und würzige Sauce aus fein gehackten Chilis, Tomaten und Zwiebeln mit Koriander und Limettensaft, besonders zu Vorspeisen oder knusprigen Snacks

MEXIKANISCHES TEEKRAUT
▸ Jesuitentee

MEZEDES
(Meza, Mezethakia, Mezethes)
Sortiment kleiner Appetithappen bzw. Vorspeisen in unterschiedlichen Kombinationen und Variationen in den Balkanländern, auch als Häppchen zum Wein (▸ Retsina) oder zu Spirituosen wie ▸ Ouzo oder ▸ Raki

MICHELIN
(Guide Michelin)
Es gibt heute diverse Restaurantführer (z. B. Gault Millau, Varta oder Aral Schlemmeratlas) mit verschiedenen Bewertungssystemen. Doch als höchste Auszeichnung gilt für Köche nach wie vor, einen der Sterne des Guide Michelin (meist kurz Michelin) zu ergattern – und wenn 3 davon über einem Restaurant strahlen, dann ist sein Küchenchef im Kocholymp angekommen. 1 Stern bedeutet nach Michelin-Diktion „Eine sehr gute Küche, welche die Beachtung des Lesers verdient“, 2 Sterne „Eine hervorragende Küche – verdient einen Umweg“ und 3 Sterne „Eine der besten Küchen – eine Reise wert“. Die erste Ausgabe des Guide Michelin erschien im Jahr 1900, zunächst auf Frankreich beschränkt. Vor allem die Einführung der Sterne ab 1926 leitete ein neues Zeitalter in der Spitzengastronomie ein. Die deutsche Ausgabe wurde 1964 erstmals herausgegeben.

MIDDER ▸ Kalbsbries

MIE DE PAIN
durch ein Drahtsieb geriebenes Weißbrot ohne Rinde (frz. „mie de pain“ = „Brotkrume“)

MIESMUSCHELN
(Pfahlmuscheln)
Zumindest was die Menge anbelangt noch vor den Austern die wichtigste der essbaren ▸ Muscheln, deren Hauptlebensraum die europäischen und nordamerikanischen Meeresküsten sind. Miesmuscheln setzen sich gerne im Brackwasser von Flussmündungen an Steinen, Pfählen usw. fest. Meist kommen die grauen bis blau-violetten und ca. 5–10 cm langen Muscheln aber aus der Zucht. In sogenannten Muschelgärten werden sie an Holzpflöcken oder Senkseilen massenhaft gemästet. In Frankreich betreibt man die lukrative Muschelzucht auf diese Art bereits seit dem 13. Jh., weitere wichtige Erzeugerländer von Miesmuscheln sind außerdem Holland, Deutschland und Italien. Allein in Europa kommen rund 100 000 Tonnen Miesmuscheln pro Jahr in den Handel.
VERWENDUNG: *Mit Saucen und Garnituren können Miesmuscheln als Hauptgericht zubereitet werden. Sie sind aber auch eine feine Beilage in Suppen, zu Fisch (mit Sauce), Omeletts usw. und eignen sich für alle Zubereitungsarten.*

KÜCHENTIPP

Miesmuscheln müssen vor der Zubereitung noch leben und geschlossen sein (bzw. ihre Schale schließen). Andernfalls sind sie bereits verendet und verdorben, im Extremfall sogar giftig, und müssen aussortiert werden. Das gilt auch für Muscheln, die nach dem Kochen geschlossen bleiben.

SCHON GEWUSST?

Bei der Nahrungsaufnahme sind ▸ Miesmuscheln nicht besonders wählerisch. Sie ernähren sich von organischen Abfällen und Mikroorganismen, die sie aus dem Wasser filtern. Dabei nehmen sie auch alle Schadstoffe aus ihrer Umgebung auf. Wenn das für den Menschen giftige Plankton dabei war, kann es sogar zu einer Muschelvergiftung kommen. Den Genuss der Muscheln muss man sich deshalb nicht vermiesen lassen, zu oft und in zu großen Mengen sollte man sie aber nicht essen.

MIGNON ▸ Filet mignon

MIGNONKARTOFFELN
feine Streifen von rohen Kartoffeln, in Becherformen im Ofen gebacken und nach dem Stürzen mit Butter beträufelt und leicht gesalzen

MIHALIC
harter türkischer Schafskäse (▸ Käse), meist mit 45 % Fett i. Tr. und 2–3 Monate in schwacher Salzlake gereift, aus der Bursa-Region an der Meerenge der Dardanellen

MIJOTIEREN
eine Speise besonders schonend bei nur schwacher Hitze dünsten oder schmoren (wörtliche Übersetzung von frz. „mijoter")

MIKROFLORA
Sammelbezeichnung für alle Mikroorganismen (wie z. B. Bakterien, Hefen und Pilze), die im oder auf dem jeweiligen Lebensmittel vorhanden sind. Bei vielen Produkten sind mehrere Keimarten parallel enthalten, wobei ihre Menge durch die Keimzahl bestimmt wird. Die Mikroflora verleiht Lebensmitteln oft – besonders bei Milchprodukten und Wurst – typische sensorische Eigenschaften.

MIKROORGANISMENKULTUREN
Gezüchtete Reinkulturen von Bakterien, Hefen oder Schimmelpilzen, die bei der Lebensmittelherstellung bestimmte biologische Vorgänge in Gang setzen sollen. Mikroorganismenkulturen kommen u. a. bei der Produktion von Milcherzeugnissen, Sauerkonserven, Rohwurst, Bier und Wein zum Einsatz.

MILANAISE, À LA ▸ Mailänder Art

MILCH
1. Grundsätzlich jede Nährflüssigkeit, die weibliche Säugetiere aus ihren Milchdrüsen abgeben – die Muttermilch –, um ihre Jungen damit großzuziehen. In der EU darf im Handel als „Milch" aber nur jene von Kühen bezeichnet werden (▸ Seite 362).
2. Samenflüssigkeit männlicher Fische

MILCHLINGE
Artenreiche Pilzgattung (▸ Pilze), deren Vertreter bei Verletzungen eine milchige Flüssigkeit absondern. Manche Milchlinge sind geschätzte Speisepilze, besonders der ▸ Brätling und der ▸ Reizker, die meisten aber ungenießbar bis giftig. Sie wachsen in Mykorrhiza mit Nadel- und Laubbäumen, das heißt in Symbiose mit deren Feinwurzelsystem.

MILCH(N)ER
1. Wachstumsdrüse beim Kalb (▸ Kalbsbries)
2. geschlechtsreifer, männlicher Fisch (das „Gegenstück" zum ▸ Rogner)

MILCHPRODUKTE
Sammelbezeichnung für eine Vielzahl von Erzeugnissen auf der Basis von ▸ Milch

MILCHPULVER
(Trockenmilch)
durch Trocknung und Wasserentzug von pasteurisierter ▸ Milch gewonnenes Pulver, u. a. als Voll-/Magermilch und als Babynahrung

MILCHREIS
Süßspeise aus Rundkornreis (▸ Reis), der in Milch mit Zucker gekocht und als Hauptmahlzeit, Zwischenmahlzeit oder auch Dessert (mit Kompott oder Roter Grütze) warm oder kalt gegessen wird. Je nach Rezept wird Milchreis durch verschiedene Zutaten ergänzt und aromatisiert, z. B. Eigelb und Eiweiß, Butter, Vanilleschote, Zimt und Zucker. Auch der zur Zubereitung verwendete Reis selbst wird gelegentlich als Milchreis bezeichnet.

SCHON GEWUSST?

Seine typische breiartige Konsistenz erhält Milchreis durch die im Reis enthaltenen kurzkettigen Stärkemoleküle. Diese werden beim Kochen herausgelöst und dicken die Milch ein.

MILCHREIZKER ▸ Brätling

MILCHSÄURE
Organische Säure, die als Stoffwechselprodukt bei der Vergärung von Kohlenhydraten unter Einwirkung von Bakterien entsteht. Milchsäure ist in allen Sauermilchprodukten enthalten

bzw. an deren Entstehungsprozess beteiligt, außerdem im Sauerteig, im Sauerkraut, in Salzgurken sowie in manchen Würsten (Salami). Als Lebensmittelzusatzstoff spielt sie in der Genussmittelindustrie eine wichtige Rolle.

MILCHSÄUREBAKTERIEN
▸ Laktobazillen

MILCHWURZ ▸ Beinwell

MILCHZUCKER
(Lactose, Laktose)
In der Milch von Säugetieren enthaltene, nicht sehr süße Zuckerart, deren Anteil zwischen 1,5 und 8 % schwankt und die sich aus ▸ Galaktose und ▸ Traubenzucker (Glukose) zusammensetzt. Milchzucker wird u. a. für Babynahrung, Suppen, Saucen und Trockenprodukte verwendet, außerdem ist er Ausgangsprodukt bei der Herstellung von Milchsäure.

MILKEN ▸ Kalbsbries

MILLEFANTI
italienische Brot- bzw. Einlaufsuppe mit geriebenem bzw. zerbröseltem Weißbrot, Eiern, geriebenem Parmesan, gewürzt mit Muskatnuss, Salz und Pfeffer

MILLE-FEUILLES
Als besonders feine Stücke der Kuchenbäckerei gelten diese französischen Cremeschnitten aus Blätterteig in mehreren Lagen. Es gibt die Mille-feuilles auch in pikanten Varianten, z. B. mit Geflügel-, Fisch- oder Krebstierfüllungen.

MILZ
Eines der inneren Organe von Wirbeltieren, die auch kulinarisch verwertet werden können (▸ Innereien), vor allem von Rind und Kalb (seltener von Schwein und Lamm). Milz wird vor allem zu Würsten (Milzwurst, Blutwurst usw.) verarbeitet, kann aber auch geschabt als Suppeneinlage oder als Zutat zu Leberknödeln verwendet werden.

MIMOLETTE
An der Ober- und Unterseite abgeflachter, kugeliger Schnittkäse (▸ Käse) vom Typ ▸ Edamer, der in Nordfrankreich und Holland aus pasteurisierter Kuhmilch hergestellt wird und mindestens 40 % Fett i. Tr. hat. Mimolette (von frz. „mimou“ = „halb weich“) reift zwischen 2 Monaten und 2 Jahren und hat – je nach Alter – einen mild säuerlichen (zitronigen) bzw. zart bitteren bis kräftig würzigen Geschmack. Er eignet sich auch bestens als Reibekäse. Seine typische gelb-orange bis orange-braune Farbe erhält Mimolette in Frankreich durch den Zusatz des Pflanzenfarbstoffs ▸ Annatto, während bei niederländischer Ware auch Möhrensaft als Färbungsmittel eingesetzt wird.

MINARETTKOHL ▸ Romanesco

MINCEMEAT
Typisch englische Pastetenfüllung, die besonders auch für das Weihnachtsgericht Mince Pie (oder Christmas Pie) Verwendung findet. Ihre Grundlage ist Hackfleisch, weiter enthält sie getrocknete und kandierte Früchte (Rosinen, Korinthen, Sultaninen usw.), Zitronat, Orangeat, Gewürze und sowie Spirituosen wie Weinbrand, Rum und Madeira.

MINDESTHALTBARKEITSDATUM
Innerhalb der EU und auch in vielen anderen Ländern muss bei allen Lebensmittel, die in den Handel kommen, auf den Verpackungen das so genannte Mindesthaltbarkeitsdatum aufgedruckt oder eingeprägt sein. Der Hersteller gibt dem Verbraucher damit die Garantie, dass das jeweilige Lebensmittel seine Qualität und seine spezifischen Eigenschaften mindestens bis zum angegebenen Datum behält bzw. dass er andernfalls die Ware ersetzt bekommt. Das Mindesthaltbarkeitsdatum bedeutet aber nicht, dass Lebensmittel, die es überschritten haben, damit automatisch ungenießbar werden. Im Einzelfall können sie noch geraume Zeit ohne Einbußen an Qualität und Geschmack verwendet werden. Nicht zu verwechseln ist das Mindesthaltbarkeitsdatum allerdings mit dem ▸ Verfallsdatum.

MINERALSTOFFE
(Nährsalze)
Anorganische Verbindungen, die im Erdboden, in Gesteinen, Erzen, Mineralien und teilweise

In Europa gilt: Milch gleich Kuhmilch

Natürlich geben nicht nur Kühe Milch, die von Menschen getrunken oder zu Milchprodukten verarbeitet werden kann, sondern auch andere Tiere wie Ziegen, Schafe, Pferde, Büffel, Kamele usw. In weiten Teilen Europas wird im Volksmund – und auch rechtlich durch die EU manifestiert – nur Kuhmilch allgemein als „Milch" bezeichnet, während bei anderen Milcharten das jeweilige Tier zwingend angegeben sein muss.

MILCHKONSUM STEIGT WELTWEIT

Milch ist eines der ältesten und wichtigsten Nahrungsmittel des Menschen, von dem heute weltweit über 600 Millionen Tonnen pro Jahr produziert werden. Rund 85 % davon entfallen auf Kuhmilch, deren vier größte Erzeuger Indien, die USA, Russland und Deutschland sind. Der Milchkonsum steigt weltweit an, wobei vor allem die verarbeiteten ▸ Milchprodukte überproportional Anteil an dieser Entwicklung haben. Die Popularität der Milch kommt nicht von ungefähr, denn sie ist ein hochwertiges Nahrungsmittel, in dem in beträchtlichen Mengen Kohlenhydrate, Eiweiße (Proteine), Vitamine und Spurenelemente enthalten sind. Das Milcheiweiß hat zudem einen besonders hohen Anteil an essenziellen Aminosäuren.

DER „URGESCHMACK" VON MILCH

Freilich wissen heute nur noch die wenigsten Menschen, wie naturbelassene, vielleicht sogar noch „kuhwarme" Milch schmeckt. Den „Urgeschmack" von Milch erlebt man lediglich noch bei 2 Milcharten: bei der direkt ab Hof vom Erzeuger verkauften und völlig unbehandelten Rohmilch (ca. 3,5–5 % Fett) und bei der im Handel erhältlichen Vorzugsmilch (verpackte und streng kontrollierte Rohmilch mit 3,5–4 % Fett).

Jede andere Milch ist homogenisiert (verhindert die Bildung einer Rahmschicht auf der Milch) und wärmebehandelt (pasteurisiert, sterilisiert, ultrahocherhitzt) und fällt unter den Oberbegriff Trinkmilch. Diese Verfahren machen die Milch stabiler und haltbarer, haben aber auch Einfluss auf den Geschmack. Sie werden angewendet bei Landmilch (mindestens 3,8 % naturbelassener Fettgehalt), Vollmilch (auf mindestens 3,5 % Fett eingestellt), fettarmer Milch (1,5–1,8 % Fett) und Magermilch (entrahmte Milch mit maximal 0,3 % Fett).

Weiter gibt es spezielle Milcharten wie z. B. die praktisch fettfreie ▸ Buttermilch, die eingedickte ▸ Kondensmilch oder die am längsten haltbare ▸ H-Milch. Neben den verschiedenen Milcharten kommen aus Molkereien und Käsereien noch viele ▸ Milchprodukte. Einige davon sind ▸ Butter, ▸ Käse, ▸ Quark, ▸ Jogurt, ▸ Kefir usw.

VERWENDUNG

Neben der Verarbeitung zu einer Vielzahl von Milchprodukten ist Milch ein ernährungsphysiologisch hochwertiges Getränk und Babynahrung (▸ Milchpulver). Weiter wird sie u. a. in der Schokoladenindustrie, bei der Backwaren- und Eiscremeherstellung sowie bei der Fleischverarbeitung verwendet.

In der Küche kann Milch den Geschmack vieler Speisen abrunden, mildern und sie leichter verdaulich machen. Vor allem Suppen und Saucen geraten oft feiner und bekömmlicher, wenn man die fette Sahne zumindest zum Teil durch Milch ersetzt. In vielen anderen Speisen ist Milch eine unverzichtbare Zutat, z. B. im ▸ Kartoffelpüree, im ▸ Kaiserschmarrn oder im ▸ Milchreis, ebenso in einer Vielzahl von Backwaren. Fleisch mit besonders kräftigem Aroma und Geschmack (wie Wild, Hammel, Kaninchen usw.), verschiedene Innereien und auch Salzfische legt man oft in Milch ein, um sie zu verfeinern. Auch Brühwürste werden gerne vor dem Braten in Milch eingelegt – sie erhalten dann eine besonders appetitliche Bräunung.

auch im Wasser vorkommen. Ein ganze Reihe davon ist für den menschlichen (und tierischen) Organismus lebensnotwendig, man bezeichnet sie deshalb auch als essenzielle Mineralstoffe. Der Körper kann diese wichtigen Substanzen nicht selbst bilden und ist deshalb auf eine Zufuhr von außen – mit der Nahrung – angewiesen. Von der früheren Trennung zwischen Makroelementen (auch: Mengenelemente) mit einem Tagesbedarf über 100 mg und den Spurenelementen (auch: Mikroelemente), die man nur in geringen Spuren (Tagesbedarf unter 100 mg) benötigt, nimmt man heute Abstand. Sie macht wenig Sinn, denn beim Fehlen fast jedes einzelnen Mineralstoffes wären wichtige Körperfunktionen lahmgelegt oder zumindest stark eingeschränkt. Die wichtigsten und unter dem jeweiligen Stichwort näher erklärten Mineralstoffe sind: Chlor, Chrom, Eisen, Fluor, Jod, Kalium, Kalzium, Kobalt, Kupfer, Magnesium, Mangan, Molybdän, Natrium, Nickel, Phosphor, Schwefel, Selen und Zink.

MINERALWASSER

Im Volksmund meist jedes zum Trinken bestimmte Wasser außer dem, das als normales Trinkwasser aus der Leitung kommt. Die Mineral- und Tafelwasserverordnung legt strengere Maßstäbe an und schreibt für (natürliches) Mineralwasser wie auch für ▸ Heilwasser u. a. vor, dass es von seinem Ursprung her frei von Verunreinigungen sein, unterirdischen Wasservorkommen entstammen und direkt am Quellort abgefüllt sein muss. Außerdem sind deutlich höhere Mengen an (natürlichen) Mineralstoffen vorgeschrieben, die ernährungsphysiologische Wirkung haben müssen, und es ist eine amtliche Anerkennung notwendig. Kein Mineralwasser im eigentlichen Sinne sind somit ▸ Quellwasser und ▸ Tafelwasser. Mittlerweile ist Mineralwasser in einzelnen Fällen zum Luxusprodukt geworden. So kann es passieren, dass man in Gourmettempeln wie beim Wein eine Wasserkarte „kredenzt" bekommt und eine Flasche eines exotischen Höhlenquellwassers 50 Euro und mehr kostet.

MINERALWASSER

Zu kontroversen Diskussionen führt häufig die Frage, was gesünder ist: ▸ Mineralwasser oder Leitungswasser. Gesetzlich geschützt liegt der Gehalt an Mineralstoffen beim Mineralwasser weit höher, richtig ist aber auch, dass der Mensch seinen Bedarf an lebenswichtigen Mineralien bei normalen Ernährungsgewohnheiten aus der festen Nahrung decken kann. Es macht folglich ernährungsphysiologisch keinen Unterschied, ob er seinen Flüssigkeitshaushalt mit Mineral- oder Leitungswasser ausgleicht. Die Mineral- und Tafelwasserverordnung schreibt allerdings strengere mikrobiologische Grenzwerte vor, außerdem wird bei der Trinkwasseraufbereitung erheblich in das Produkt eingegriffen, während Mineralwasser unverändert ist. Ein wichtiges Argument in einer Zeit, in der besonders natürlich erzeugte Lebensmittel propagiert werden.

MINESTRONE

(Italienische Gemüsesuppe)

Ein italienisches Nationalgericht ist diese dicke Suppe aus zerkleinertem Gemüse in bunter und regional variierender Mischung (Knollensellerie, Möhren, Porree, Tomaten, Gurken, Zwiebeln), Bohnen, Kartoffeln, Räucherspeckstücken und Nudeln oder Reis. Den Italienern schmeckt sie aufgewärmt am besten, in manchen Regionen wird sie auch kalt gegessen.

MIN(N)EOLAS

Leicht schälbare ▸ Zitrusfrüchte aus der Gruppe der ▸ Tangelos, die aus einer Kreuzung von ▸ Grapefruits und ▸ Tangerinen entstanden sind. Die an ihrer leichten Glockenform gut erkennbaren Minneolas schmecken ähnlich wie ▸ Mandarinen. Sie kommen vor allem aus Israel, Zypern, der Türkei, Spanien den USA, Argentinien, Uruguay und Südafrika zu uns.

MINT SAUCE

(Pfefferminzsauce)

In Großbritannien sehr beliebte, für nicht-britische Gaumen aber ziemlich gewöhnungsbedürftige Sauce aus fein gehackten frischen Minzeblättern mit Essig und Zucker. Wer jedoch einen Versuch wagt, wird zugeben müssen, dass die stets kalt verwendete Mint Sauce sehr gut zu Lammfleisch passt. Die wie die Minzsauce ebenfalls als Handelsprodukt erhältliche geleeartige Variante heißt Mint Jelly.

MINUTE, À LA

ein auf den Punkt genau und zeitlich passend zubereitetes Gericht, so dass es zur rechten Zeit mit den anderen Speisen aufgetragen werden kann, ohne warm gehalten zu werden

MINZE

1. Gattung aus der botanischen Familie der Lippenblütengewächse, deren krautige Pflanzen sich durch ihr kräftiges, erfrischendes und in gewisser Weise kühlendes Aroma sowie oft einen leicht pfeffrigen Geschmack auszeichnen. Minze macht sich gut in vielen Suppen, Fleischgerichten, Gemüse, Salaten, Saucen, Chutneys, Marinaden sowie auch Obstsalaten und Süßspeisen. Einige Minzarten tragen Namen, die auf eine Geschmacks- bzw. aromatische Ähnlichkeit mit anderen Pflanzen hinweisen, z. B. Apfelminze, Basilikumminze, Bergamotteminze, Orangenminze oder Zitronenminze.
2. Synonym für ▸ Pfefferminze, die wichtigste Würzpflanze dieser Gattung

MIRABELLEN

(Gelbpflaumen)

Sehr süße, weiche und saftige Pflaumenvarietät (▸ Pflaumen) in Mitteleuropa, die orange- bis rötlich-gelbe Früchte mit 3–5 cm Durchmesser hat. Mirabellen reifen von Juli bis September und werden außer zum Frischverzehr hauptsächlich zur Herstellung von ▸ Spirituosen (▸ Liköre und ▸ Edelbrände) verwendet.

MIRAKELFRÜCHTE

Nomen est omen: Die Beerenfrüchte eines afrikanischen Strauches vollbringen wirklich ein kleines geschmackliches Wunder, für das es aber keine gesicherte Erklärung gibt. Wer ihr Fruchtfleisch länger kaut, kann anschließend mit Wonne in die sauerste Orange oder eine Zitrone beißen ohne die geringste Miene zu verziehen. Die Mirakelfrüchte enthalten offensichtlich Stoffe, die Saures süß schmecken lassen – ein Effekt, der 1–2 Stunden anhält.

MIREPOIX

(Röstgemüse)

1–2 cm große Würfel von verschiedenem Gemüse (Karotten, Zwiebeln, Wurzelwerk usw.), mit Schinken- bzw. Räucherspeckstückchen leicht in Fett angeröstet und gewürzt mit Nelken, Rosmarin, Lorbeer und Thymian als Beigabe zu Saucen, Suppen, Schmorbraten, Ragouts oder Fisch

MIRIN

Süßer japanischer ▸ Reiswein (mit Zucker, Wasser, Gewürzen), der anders als ▸ Sake nicht zum Trinken bestimmt ist. Mirin hat einen niedrigeren Alkoholgehalt und schmeckt süßer als Sake. Er wird in der Küche vielfältig verwendet, u. a. als Zusatz zu Misosuppe, im Suriyaki und zum Beträufeln von Sushireis.

MISCHBROT

aus den Mahlerzeugnissen verschiedener Getreidearten hergestelltes Brot, meist als Weizen- oder Roggenmischbrot (mit mindestens 45 % Anteil der Namen gebenden Mehlart)

MISCHFRÜCHTE

gemischtes ▸ Trockenobst wie vor allem Apfelringe, Birnen, Aprikosen, Pfirsiche und Pflaumen, teilweise auch mit Mandeln, Pistazien und Rosinen

MISCHKONSERVEN

bunte, stets küchenfertig vorbereitete Mischungen aus verschiedenen Gemüsearten, Hülsenfrüchten, Reis, Nudeln, teils mit Fleisch, Speck und Kartoffeln, im Handel in luftdichten Gläsern oder Dosen angeboten

MISCHKOST

Bewusst zusammengestellte und abwechslungsreiche Kost aus pflanzlichen und tierischen Lebensmitteln, die den Körper mit allem versorgt, was er braucht – also nichts anderes als eine ausgewogene Ernährung. Die Faustregel der Mischkost lautet, dass 50–55 % der Energie aus Kohlenhydraten, 30–35 % aus Fett und 15–20 % aus Eiweiß geliefert werden sollen. Ansonsten soll sie natürlich alle wichtigen ▸ Mineralstoffe und ▸ Vitamine enthalten.

MISCHPILZE
Allgemeine Bezeichnungen für verschiedene Pilzmischungen, die von sehr unterschiedlicher Qualität sein können. Sehr oft handelt es sich bei der Handelsware um zweitklassige Speisepilze, die alleine in einem Gericht nicht fein genug schmecken würden.

MISLI ▸ Ghee

MISO
Japanische Würzpaste, die hauptsächlich aus gekochten und fermentierten Sojabohnen hergestellt wird. Die Sojabohnen werden mit Meersalz, Wasser und einer Pilzkultur vermischt, sodass die Masse zu gären beginnt. 6 Monate bis 3 Jahre dauert die Lagerung in Fässern. Nach diesem „Rezept" kannte man die Würzpaste bereits um 600 v. Chr. im chinesischen Kaiserreich, wo sie ihren Ursprung haben dürfte. Das Mamemiso ist die Reinform ausschließlich aus Sojabohnen, beim Komemiso kommt noch ein Anteil Reis dazu und beim Mugimiso Gerste. Weitere Zusätze wie Algen oder Fisch hat das Namemiso. Für die unterschiedlichen Geschmacksrichtungen und Farben stehen Bezeichnungen wie „shiro" (elfenbeinfarbig, mild, süßlich, relativ geschmacksneutral), „aka" (rot, intensiver, würziger), „hatcho" (dunkelbraun, kräftig, salzig).
VERWENDUNG: *Miso ist ein wichtiger Bestandteil des japanischen Frühstücks. Weiter ist es in Asien eine weit verbreitete Zutat in vielen Marinaden, Saucen, Suppen, Eintöpfen, Gemüse- und Getreidegerichten.*

MISPELN
(Nespeln)
Das Kernobst eines Strauches oder kleinen Baumes aus der Pflanzenfamilie der Rosengewächse stammt vermutlich vom Kaspischen Meer und ist heute vor allem in ganz Europa, in Japan und den USA verbreitet. Mispeln werden nur noch relativ selten genutzt, weil den meisten Menschen die richtige Behandlung der Früchte unbekannt oder zu umständlich ist. Selbst im späten Herbst sind Mispeln am Baum oder Strauch noch hart, sauer und ungenießbar. Zu einer weichen und aromatischen Frucht mit aprikosenähnlichem Geschmack werden sie erst, wenn der Frost sie „erwischt" und man sie anschließend 2–3 Wochen kühl und feucht lagert – also überreif werden lässt.

MISPELN, JAPANISCHE ▸ Loquats

MISTKRATZERLE
Badische und schweizerische Bezeichnung für Hähnchen, die streng genommen nur auf solche Hühner zutrifft, die in Freilandhaltung aufgewachsen sind und mit ihren Füßen auf dem Misthaufen „kratzen" durften.

MITONAGE ▸ Brotpanade

MITTELKORNREIS
eine Gruppe von Reissorten (▸ Reis)

MITTELRIPPENSTÜCK ▸ Entrecôte

MIXED GRILL
verschiedene Fleischstücke (Lende, Nuss, Kotelett usw., auch Innereien wie Leber, Bries) von Schlachttieren (Rind, Kalb, Lamm, Schwein usw.), mit Würstchen und/oder Speck auf dem Grill, am Spieß oder auch in der Pfanne gebraten und mit gegrillten Tomaten, weiterem Gemüse, Kartoffeln, Kräuterbutter usw. serviert

MIXED PICKLES
Eine besonders beliebte Art von ▸ Essiggemüse und ein bunter Mix, der vor allem aus Blumenkohlröschen, Cornichons, Minimaiskolben und Silberzwiebelchen besteht. Weiter können junge Karotten, Prinzessbohnen, Spargelstücke, rote Paprikaschoten, Erbsen oder Pilze dazukommen. Mixed Pickles werden mit Gewürzen und Kräutern in Essig eingelegt und können Beilage zu verschiedenen Gerichten sein.

MOCKTURTLESUPPE
Schmeckt verblüffend ähnlich wie die echte ▸ Schildkrötensuppe, ist aber – wie der Name schon verrät – eine (wesentlich billigere) Nach-

VERWENDUNG

Mispeln werden meist zu Konfitüre oder zu Kompott und Gelee verarbeitet. Vor allem auf italienischen Bauernhöfen stellt man in Mischung mit Äpfeln einen Obstwein aus Mispeln her. Die Früchte schmecken aber auch roh zu Ente und Huhn, im Müsli oder in fruchtigen Desserts.

SCHON GEWUSST?

Früher war die ► Mockturtlesuppe nur die Schildkrötensuppe des kleinen Mannes, der sich die von Feinschmeckern in aller Welt geschätzte und sehr kostspielige Delikatesse nicht leisten konnte. Heute aber hat sie aus Tierschutzgründen die echte Suppe aus Schildkrötenfleisch komplett ersetzt.

ahmung aus ganz anderen Zutaten: Das englische „Mockturtle" heißt übersetzt so viel wie „unechte" oder „falsche Schildkröte". Mockturtlesuppe wird vor allem aus gekochtem Kalbskopf, Skelettmuskulatur von Kalb oder Rind und Innereien vom Kalb hergestellt. Weitere Zutaten sind Madeira oder Sherry, Zwiebeln Schildkrötenkräuter und andere Gewürze. In den Handel kommt Mockturtlesuppe in Dosen oder als Brühwürfel.

MOGADORPASTETCHEN

kleine Pasteten mit schichtweiser Füllung aus Gänseleberpüree und einem Ragout aus kleinen Würfeln von gebratenem Hühnerfleisch und Räucherzunge mit Geflügelrahmsauce

VERWENDUNG

Besonders gut eignen sich Mohnsamen zur Herstellung von Back- und Süßwaren (z.B. Mohnbrötchen, ► Mohnkuchen) sowie Mehlspeisen (z.B. ► Germknödel). Ungemahlen werden sie zum Bestreuen von süßen und salzigen Teigen verwendet, gemahlen auch als Füllung für pikante Gerichte. Die österreichische Küche ist besonders reich an Mohnrezepten.

MOHN

(Magsamen)

Die Samen dieser Pflanzengattung (bzw. bestimmter Arten) aus der botanischen Familie der Mohngewächse sind eines der ältesten ► Genussmittel des Menschen. Sie kommen bei uns ausschließlich vom Schlafmohn und nicht vom heimischen, wild wachsenden Klatschmohn, der ab Ende Mai leuchtend rot blüht. Der Schlafmohn ist eine bis 1,5 m hohe Kulturpflanze, die aus dem östlichen Mittelmeerraum stammt und dort nachweislich schon um 6000 v. Chr. angebaut wurde. Heute wird er in vielen verschiedenen Zuchtsorten vor allem in Südeuropa, Tschechien, Ungarn, Iran, China, Indien und Australien kultiviert. Die hühnereigroßen Fruchtkapseln enthalten viele kleine, runde Samen, die sehr ölhaltig sind und ein prägnantes, leicht nussiges Aroma haben (gemahlen oder im Mörser zerstoßen noch stärker). Die Mohnsamen können blauschwarz, blaugrau oder cremeweiß (vor allem aus Indien) sein.

SCHON GEWUSST?

Schlafmohn (► Mohn) wird auch zur Herstellung einer Droge für medizinische Zwecke und eines gefährlichen und illegal gehandelten Rauschgifts verwendet: Opium. Dieses wird aus dem Milchsaft der bereits dick angeschwollenen, aber noch grünen Mohnkapseln gewonnen. Die illegalen Hauptanbaugebiete liegen in Afghanistan und Südostasien, legaler Anbau wird in Indien, der Türkei und den GUS-Staaten betrieben.

MOHNBEUGEL

österreichisches Hefegebäck in Hörnchenform mit einer Füllung aus gebrühtem Mohn, Butter, Milch, abgeriebener Schale von unbehandelten Zitronen, Zimt und Zucker

MOHNKUCHEN

Kuchen aus Hefeteig (seltener Rühr- oder Sandteig) mit mindestens 60 % Mohnmasse sowie vor allem Mandeln, Rosinen und Zitronat

MOHNÖL

Aus Mohnsamen gewonnenes kalt gepresstes oder raffiniertes Speiseöl, das mit seinem feinherben Geschmack wie Olivenöl verwendet wird und in Frankreich als Olivette bekannt ist. Mohnöl passt zu Salaten und Rohkost, aber auch zu Süßspeisen und Gebäck.

MOHNSTRUDEL

ein ► Strudel mit gemahlenem oder zerstoßenem Mohn, zerlassener Butter, Eigelb, Honig, Rosinen, Vanille, Schale von unbehandelten Zitronen, Zucker und Rotwein

MÖHREN ▸ Mohrrüben

MÖHRENTORTE ▸ Rüeblitorte

MOHR IM HEMD
beliebte Nachspeise aus Biskuitbröseln, gemahlenen Mandeln, Bitterschokolade, Butter, Zucker und Eiern, die in einer Puddingform im Wasserbad gegart und mit Schokosauce überzogen und Sahne garniert serviert wird

MOHRRÜBEN
(Gelbe Rüben, Goldrüben, Möhren, Wurzeln)
essbare Wurzeln einer auf der ganzen Welt verbreiteten Pflanze aus der botanischen Familie der Doldenblütengewächse (▸ Seite 368)

MOKKA
Ursprünglich Bezeichnung für den Kaffee aus einer ganz bestimmten Gegend am Roten Meer und aus einer speziellen Kaffeebohnensorte, kennt man Mokka heute in der Gastronomie meist als Kaffeespezialität aus einem extra starken und konzentrierten Kaffee, der stark gesüßt wird. Mokka wird traditionell in kleinen Tässchen serviert. Türkischer Mokka ist der mit Zucker aufgekochte, aufgeschäumte Kaffeesatz des ersten Brühdurchlaufs.

SCHON GEWUSST?

Historisch und geographisch ist ▸ Mokka (auch Moka, Makha oder Mocha) ein jemenitischer Hafen am Roten Meer, der vor allem im 15./16. Jh. ein großer Umschlagplatz für Kaffee war. Diese Bedeutung hat er heute zwar nicht mehr, doch trotzdem kennt ihn jeder Kaffeetrinker, weil er einer Kaffeespezialität seinen Namen gegeben hat.

MOLBO
dem ▸ Danbo und ▸ Edamer ähnlicher Kuhmilch-Schnittkäse (▸ Käse) aus Dänemark mit 40–45 % Fett i. Tr., mild würzig, leicht säuerlich

MOLEKULARKÜCHE
Die einen bejubeln sie als innovative Kochkunst der Zukunft, die anderen halten sie für die Spinnerei einiger abgehobener Kultköche. Unbestritten ist, dass die Molekularküche dem Spanier Ferran Adrià und seinem Restaurant El Bulli ihre Popularität verdankt. In seiner Küche wurden und werden Aromen isoliert und mit ungewohnter Konsistenz kombiniert. Bodenständige Küche kann man hier nicht erwarten, vielmehr wird der entdeckungsfreudige Feinschmecker ständig mit neuen Geschmackserlebnissen konfrontiert. Im Mittelpunkt des Interesses stehen bei den Molekularköchen die biochemischen und physikalisch-chemischen Prozesse bei der Zubereitung von Speisen und Getränken. Dabei wird untersucht, wie sich z. B. Temperaturveränderungen oder die Verwendung von Zusatzstoffen auf die Lebensmittel auswirken. Aromen werden isoliert und in neuer Form auf den Teller gebracht.
Da jede physikalische oder chemische Einwirkung die molekulare Struktur eines Lebensmittels beeinflusst bzw. verändert, könnte man auch die konventionelle Kochkunst als Molekularküche bezeichnen. Die Innovation besteht darin, dass Prozesse auf ungewöhnliche Weise in Gang gesetzt werden. Stickstoff wird z. B. zum Garen eingesetzt, Essig oder Natron um chemische Reaktionen anzuregen. Damit kann man so ausgefallene Gaumenfreuden wie Camparikaviar herstellen oder Aal als Lutscher servieren. Auch wenn die Grundzutaten oft nicht mehr zu erkennen sind, so sind auch für die Molekularküche die absolute Frische und ausgezeichnete Qualität der Zutaten Grundvoraussetzung für gutes Gelingen.

MOLE POBLANO DE GUAJOLOTE
In Mexiko ein National- und Festtagsgericht aus Truthahnfleisch (auch Huhn und Schweinehals), das mit Knoblauchzehen und Zwiebeln gekocht wird, in einer pikanten und reichhaltigen Sauce. Zutaten sind Chilis, Knoblauch, Anis, Nelken, Pfefferkörner, Zimt, Tomaten, Sesam, Zwiebeln, Erdnüsse, Mandeln, Rosinen, Koch- und Blockschokolade.

MOLITERNO
(Canestrato di Moliterno)
Süditalienischer ▸ Käse als regionale Variante des ▸ Pecorino aus der Milch von Schafen und Ziegen, die in rund 60 Gemeinden der Basilica-

Gesunde Wurzeln: Mohrrüben

Weit mehr als nur Lieblingsnahrung für tierische Nager und sprichwörtliche Stärkung für die Sehkraft: Die Wurzeln (so werden Mohrrüben in einigen Gegenden auch kurz und knapp genannt) als Kulturform der Wilden Möhre zeichnen sich durch mehrere Eigenschaften aus, die sie auf der ganzen Welt zu einem beliebten Gemüse machen. Sie haben eine auffallende und appetitliche rot-orange Farbe und besitzen enorme geschmackliche Qualitäten. Besonders hervorzuheben ist auch ihr hoher Gehalt an ▸ Karotinen, aus denen Vitamin A gebildet wird.

SORTENVIELFALT

Weltweit werden heute Mohrrüben in mehr als 60 Zuchtformen und Hunderten von verschiedenen Sorten (geschätzt etwa 500) angebaut und die Jahresernte beläuft sich auf etwa 13 Millionen Tonnen. Für den Volksmund sind Mohrrüben allgemein oft gleich Karotten. Wie in vielen anderen Fällen geht man hier mit der Botanik aber etwas lässig um. In Wirklichkeit sind Karotten kein Synonym von Mohrrüben, sondern nur eine sehr populäre Art davon: kürzer, kleiner, rundlicher und feiner.

EINES DER BELIEBTESTEN GEMÜSE

In Deutschland sind Mohrrüben nach der Kartoffel das am zweitmeisten verbreitete Gemüse, das auf einer Fläche von knapp 10 000 ha angebaut wird. Diese Stellung haben sie sich aber im Laufe der Jahrhunderte hart erarbeiten müssen. Den „Durchbruch" schafften sie erst im 19. Jh., als französische Landwirte aus der mitteleuropäischen Gartenmöhre und der mediterranen Riesenmöhre die heutigen Mohrrüben mit ihrer orangeroten Farbe und ihrem feineren Geschmack züchteten. Deren Vorläufer waren noch rot, violett oder schwarz gewesen.

Je nach Sorte sind die Wurzeln kugelig, länglich-kegelig oder walzenförmig mit einem mehr oder weniger holzigen Kern. Junge Mohrrüben kommen meist am Grün zusammengebunden als ca. 10 cm lange, spitze Bund-, Finger- oder Zuckermöhren in den Handel. Die älteren, meist walzenförmigen und mittellangen Sommer- und Herbstmohrrüben haben eine stumpfe Oberfläche. Die teilweise über 20 cm langen und 4–5 cm dicken Spät- oder Wintermohrrüben sind deutlich heller und haben einen holzigen Kern, der oft entfernt werden muss.

VERWENDUNG

Mohrrüben werden in erster Linie als Rohkost (direkt aus der Hand oder scheibchenweise bzw. geraspelt in vielen Salaten) gegessen oder gekocht bzw. geschmort als Gemüse gereicht. Sie passen als Beilage zu einer Vielzahl von Fleisch- und Fischgerichten, entweder einzeln oder in verschiedenem Mischgemüse (oft in Kombination mit grünen Markerbsen). Ein fester Bestandteil sind Mohrrüben außerdem in vielen Suppen und Eintöpfen. Damit die enthaltenen fettlöslichen Inhaltsstoffe (vor allem Vitamine) aufgenommen werden, bereitet man besonders oft Mohrrüben mit Öl, Butter und Sahne zu. Das schmeckt nicht nur besonders gut, sondern hat auch einen praktischen Grund: Dadurch können nämlich ihre fettlöslichen Inhaltsstoffe (vor allem die Vitamine) vom menschlichen Organismus besser aufgenommen werden.

In Saftbars wird oft frisch gepresster Karottensaft als Durstlöscher angeboten und selbst in Desserts und Torten sind Mohrrüben keine „Fremdkörper". Eine besondere Schweizer Spezialität ist die ▸ Rüeblitorte und auch in Norwegen kennt man traditionelle Rezepte für Karottentorten mit einem Guss aus Frischkäse und Puderzucker.

ta weiden. Er reift nach alter Tradition mindestens 2 Monate, hat einen harten Teig und einen leicht scharf-würzigen Geschmack. Nach längerer Lagerung eignet sich Moliterno auch als Reibkäse für die warme Küche.

MOLKE
(Käsewasser, Schotte)
Nur ein Abfallprodukt bei der Weiterverarbeitung von Milch, trotzdem aber nicht wertlos: Die Lab- oder Süßmolke bleibt bei der Käseherstellung nach dem Abzug von Fett und Kasein (Dicklegung der Milch) übrig. Sauermolke entsteht, wenn die Milch bei der Käse- oder Quarkherstellung mit Milchsäurebakterien versetzt wird. Die Molke besteht zu 90 % aus Wasser, enthält aber – abgesehen vom Kasein – noch rund 50 % aller wertvollen Inhaltsstoffe der Milch und kaum mehr Fett. Molkeproteine sind die wertvollsten natürlichen Proteine.
VERWENDUNG: *Schon bei den alten Griechen galt die Molke als Schön-, Schlank- und Fitmacher. Hippokrates von Kós (um 460–375 v. Chr.), der berühmteste Arzt der Antike und Begründer der Medizin als Wissenschaft, verordnete Molke bei den unterschiedlichsten Leiden. Und zwischen dem 17. und 19. Jh. hatten Molkekurorte vor allem in Österreich und der Schweiz großen Zulauf.*

MOLKENGETRÄNKE
in den unterschiedlichsten Geschmacksrichtungen hergestellte Erfrischungsgetränke auf der Basis von Molke

MOLKENKÄSE
Käseähnliches Produkt, das aus Molke (teils unter Zusatz von Milch, Sahne, Butter oder Butterschmalz) hergestellt wird und eine Art von ▸ Zigerkäse ist. Der vielleicht bekannteste Molkenkäse dürfte der ▸ Ricotta sein. Auch der norwegische ▸ Gjetost und ▸ Mysost fallen in diese Kategorie.

MOLLUSKEN ▸ Weichtiere

MOLT(E)BEEREN ▸ Multbeeren

MOLYBDÄN
Einer der für den menschlichen Organismus wichtigen ▸ Mineralstoffe (chemisches Zeichen Mo), der vor allem in Innereien von Schlachttieren, Hülsenfrüchten, Blumenkohl, Vollkorn- und Milchprodukten sowie Kakao enthalten ist. Molybdän braucht der Körper für verschiedene Stoffwechselprozesse, das Immunsystem, zur Vorbeugung gegen Gicht und zum Schutz vor Karies.

MONASTRELL
In Spanien großflächig angebaute rote Rebsorte (▸ Wein), die rund 100 000 ha einnimmt. Die kleinen Beeren haben dicke Schalen, viel Tannin und erreichen hohe Zucker- und Alkoholwerte. Sie wurde in ihrer Qualität aufgrund vieler Massenweine lange Zeit unterschätzt, findet heute aber immer mehr Liebhaber.

MÖNCHSKÄSE ▸ Tête de Moine

MÖNCHSKOPF
1. Vorzüglicher Speisepilz (Gattung Trichterlinge), der von August bis Dezember in Wäldern, auf Waldwiesen und Weiden häufig in Hexenringen wächst. Der auch als Riesentrichterling bekannte Pilz ist dickfleischig und weiß bis cremefarben. Er hat einen sehr feinen Geruch und einen milden Geschmack.
2. ▸ Tête de Moine

MONDBOHNE ▸ Limabohne (▸ Bohnen)

MONDSEER (KÄSE)
Ursprünglich aus dem österreichischen Salzkammergut stammender Schnittkäse (▸ Käse), der mit ▸ Munster und ▸ Limburger verwandt, aber fester ist. Mondseer wird in Lizenz auch in oberösterreichischen und Salzburger Molkereien aus pasteurisierter Kuhmilch mit 45 % Fett i. Tr. hergestellt. Im Aroma ist er kräftig-würzig, im Geschmack süßsauer.

SCHON GEWUSST?

Der Legende nach sollen während der Napoleonischen Kriege (1792–1815) französische Soldaten nahe Schloss Hüttelstein (zwischen Wolfgangsee und Mondsee) versucht haben, ihren vertrauten Münsterkäse herzustellen. Das gelang ihnen nicht ganz, doch das Ergebnis soll der ▸ Mondseer gewesen sein, der 1830 erstmals urkundlich erwähnt wurde.

MONTASIO
Von einem Berg im italienischen Friaul hat dieser Hartkäse (▸ Käse), der aus Kuhrohmilch hergestellt wird, seinen Namen. Seit 1986 ist der Montasio durch eine eigene Herkunftsbezeichnung (DOC) geschützt. Es gibt ihn in 3 Reifevarianten mit mindestens 32 % Fett i. Tr.: Montasio fresco (2–5 Monate Reifezeit, milder Geschmack), Montasio mezzano (5–10 Monate gereift, kräftigeres Aroma) und Montasio stravecchio oder stagionato (länger als 10 Monate gereift, kräftig würziger Geschmack).

MONT BLANC
(Montebianco)
Klassisches französisches und italienisches Dessert, das nach dem höchsten Berg Europas in den Alpen benannt ist. Hauptzutat sind gekochte, pürierte und gezuckerte Maronen mit untergehobener Schlagsahne. Die Masse wird kegelförmig auf einen Teller gesetzt und erhält wie ein schneebedeckter Berg oben eine kleine Kuppe aus Sahne. Bei manchen Rezepten kommt noch Schokolade in die Masse oder der „Berg" sitzt auf einem Boden aus süßem Teig.

MONTEBIANCO ▸ Mont Blanc

MONTÉLIMARNUGAT
▸ Türkischer Honig (▸ Nugat)

MONTEPULCIANO
In ganz Mittelitalien, vor allem aber in den ▸ Abruzzen und den ▸ Marken verbreitete rote Rebsorte (▸ Wein), mit der eine Anbaufläche von rund 30 000 ha bestockt ist. Sie liefert vollmundige und langlebige Weine mit weicher Säure und kräftiger Tanninstruktur. Die Rebsorte Montepulciano ist nicht zu verwechseln mit Vino Nobile di Montepulciano aus dem Ort Montepulciano in der ▸ Toskana, denn dieser Wein wird aus ▸ Sangiovese gekeltert.

MONTIEREN ▸ aufschlagen

MOORBEEREN
(Rauschbeeren, Sumpfheidelbeeren)
Den ▸ Heidelbeeren ähnlich, allerdings größer sind diese blauschwarzen Beerenfrüchte eines Strauches, der vorwiegend auf feuchten und sumpfigen Böden (Torfmooren) wächst. Die Beeren werden im August reif, sind aber auch dann wenig aromatisch. Einen höheren kulinarischen Wert und größere wirtschaftliche Bedeutung haben dagegen die ▸ Moosbeeren, mit denen sie oft verwechselt werden.

MOORKARPFEN ▸ Karausche

MOORWURZELN ▸ Pastinaken

MOOSBEEREN
(Torfbeeren)
Mit den ▸ Preiselbeeren eng verwandt sind diese roten und leicht säuerlichen Beerenfrüchte eines Heidekrautgewächses. Erst nach Frosteinwirkung sind Moosbeeren zum Frischverzehr geeignet. Außerdem lassen sie sich, auch dank ihrer hohen Gelierfähigkeit, gut zu Kompott, Gelee, Konfitüre und Saft verarbeiten. Große wirtschaftliche Bedeutung hat ihre Kulturform, die amerikanischen ▸ Cranberrys.

MOOSSCHWAMM ▸ Maipilz

MOPPEN
kleines rundes Gebäck, mit Kümmel oder Gewürznelken kräftig gewürzt und mit Zuckerglasur überzogen, vor allem aus Westfalen (Ruhrpott) bekannt

MORBIER
Französische Käsespezialität (▸ Käse) aus Kuhmilch mit einem unverwechselbaren Erkennungszeichen: In der Mitte zieht sich eine essbare Schicht aus pflanzlicher Asche horizontal durch den Laib. Den Namen verdankt der Morbier einem Dorf in der Franche-Comté (Jura), wo er seit über 200 Jahren hergestellt wird. Der gepresste, halbfeste Schnittkäse hat mindestens 45 % Fett i. Tr. und ist durch eine ei-

gene AOC geschützt. Heute kommt er meist aus industrieller Produktion und ist im Geschmack mild, fein-würzig und cremig. Manchmal findet man ihn noch handwerklich aus Rohmilch hergestellt, dann ist er deutlich würziger und interessanter. Morbier ist aufgrund seiner hervorragenden Schmelzeigenschaften auch in der Küche vielseitig einsetzbar.

Schon gewusst?

Der Aschestreifen im ► Morbier hatte früher praktische Gründe. So sollen einst die Bauern auf den einsam gelegenen Höfen in den Wintermonaten – wenn sie die Milch ihrer Kühe nicht ins nächste Dorf bringen konnten – einen kleinen Käse hergestellt haben. Dabei mischten sie die Milch der Melkgänge vom Morgen und Abend und bestreuten den frischen Bruch mit Asche, damit sich in der Zwischenzeit keine Kruste bildete und zum Schutz gegen Austrocknung sowie die Bildung von Keimen. Heute dagegen dient die Ascheschicht im Morbier nur noch der Verzierung und Aufrechterhaltung der Tradition.

MORCHELN

Wenn man nicht wüsste, dass sich dahinter ein kulinarischer Hochgenuss verbirgt, würde die Optik dieser ► Speisepilze eher abstoßen. Doch die kegeligen bis spitzen kleinen „Hohlköpfe" mit ihrer wabenartigen Oberfläche gelten bei Gourmets in aller Welt als einzigartige Delikatesspilze und sind entsprechend teuer. Und nicht einmal die Tatsache, dass sie roh giftig sind, kann ihrer Beliebtheit schaden.
Die Speisepilze können an sehr unterschiedlichen Standorten vom Flachland bis ins Hochgebirge wachsen – u. a. in Europa, den USA, Kanada, Indien, Pakistan und der Türkei. Von den beiden essbaren der rund 15 bekannten Arten aus der botanischen Klasse der Schlauchpilze wird von Feinschmeckern die Spitzmorchel noch etwas höher geschätzt als die Speisemorchel. Ihr einzigartiges Aroma macht sie zur echten Konkurrenz für die ► Trüffeln, die ebenfalls von einigen Schlauchpilzarten stammen (allerdings handelt es sich hier um die unterirdischen Fruchtkörper). Im Gegensatz zu diesen kommen Morcheln meist getrocknet (in diesem Zustand haben sie das konzentrierteste Aroma) und seltener frisch in den Handel. Es gibt sie auch tiefgekühlt und als Konserven, allerdings mit deutlichen Qualitätseinbußen.
KÜCHENTIPP: *Getrocknete Morcheln muss man mehrere Stunden wässern – damit sie weich und sauber werden. Das Einweichwasser, das viel vom wertvollen Morchelaroma „aufsaugt", auf keinen Fall wegschütten: Es bildet – durch einen Kaffeefilter gegossen – die Grundlage für die Sauce. Die im Handel erhältlichen getrockneten Morcheln sind giftfrei, frische Morcheln dagegen kleine „Giftzwerge". Sie müssen gründlich gewaschen werden und die restliche Entgiftung erfolgt durch mindestens 5-minütiges Kochen. Wasch- und Kochwasser dürfen nicht weiterverwendet werden.*

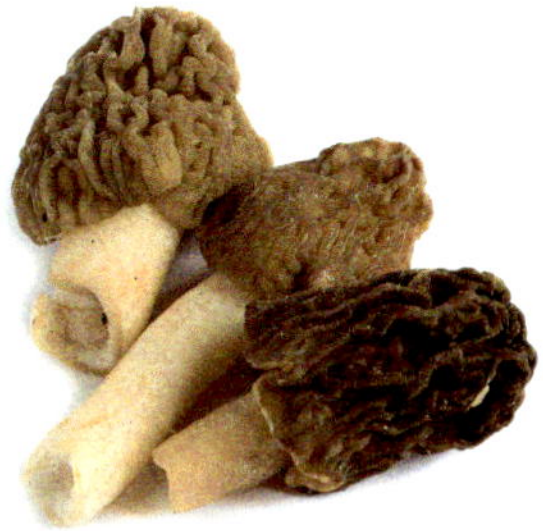

VERWENDUNG

Morcheln als Beilage bzw. in Saucen können viele Fleisch-, Geflügel- und Wildgerichte, aber z.B. auch Omeletts und Suppen „veredeln". Sie lassen sich auf unterschiedliche Art ganz, grob oder fein gehackt zubereiten, in Butter schmoren oder in Wasser kochen. Größere Morcheln sind gefüllt (z.B. mit Brät und Kräutern) ein exklusiver Genuss. In Saucen harmonieren die Delikatesspilze besonders gut mit Zutaten wie Madeira, Port und Sahne.

MORELLEN

(Weichseln)
dunkelrote und am häufigsten angebaute Sauerkirschenart (► Kirschen)

MORGENROTSAUCE ► Aurorasauce

MORILLON

im österreichischen Weinanbaugebiet ► Steiermark (► Wein) als besondere Spezialität geltender Klon des weißen ► Chardonnay

MORNAYSAUCE

(Käsesauce, Sauce Mornay)
Ein Saucenklassiker: Mit Eigelb und Sahne gebundene ► Béchamel-Sauce, die noch mit Butterflocken, steif geschlagenem Eiweiß und geriebenem Käse (Parmesan oder Emmentaler) angereichert und mit Salz und Pfeffer gewürzt wird. Mornaysauce dient vor allem zum Überbacken, u. a. von hellem Fleisch und Geflügel, Fisch, Krebstieren, Gemüse, Pilzen und Eiern.

MORSELLEN

Fondantkonfekt (► Fondant) aus geschmolzenem Zucker mit zerkleinerten Mandeln, Zitronat und Orangeat sowie verschiedenen Gewürzen (u. a. Zimt, Galgant, Ingwer, Nelken, Muskat und Kardamom), das vor allem in Norddeutschland als traditionelle Advents- und Weihnachtsleckerei hergestellt wird.

MORTADELLA

Bekannte italienische Brühwurstspezialität (▸ Brühwürste), die auch als gefüllter Schinken bezeichnet wird und auffallend rosafarben ist. Die Wurstmasse wird fein gekuttert und besteht zu 70–100 % aus Schweinefleisch (ansonsten meist Rindfleisch). Sie ist durchsetzt mit Speckstückchen und bezieht ihre Würze aus Knoblauch, Oliven, Pistazien, Mazisblüte, Pfeffer und verschiedenen Kräutern.
Die ursprüngliche und beste ihrer Art soll die Mortadella di Bologna sein, die es in 3 Qualitätsstufen („extra“, „super“ und „normale“) und mit geschützter Herkunftsbezeichnung gibt. Den Italienern kann ihre Mortadella gar nicht groß genug sein; deshalb gibt es Riesenwürste bis 100 kg Gewicht. Deutsche Mortadella ist wesentlich kleiner und unterscheidet sich auch im Geschmack deutlich vom Original, denn sie wird wie Fleischwurst geräuchert.

Schon gewusst?

Bevor der Pfeffer in Europa bekannt war, wurde Mortadella in früheren Zeiten mit Myrtenbeeren gewürzt. Sie hieß deshalb früher auch „Myrtatella“ und letztlich leitet sich ihr Name vom Lateinischen „murtum“ = „Myrte“ ab.

MOSCATO

in Italien gebräuchliche Bezeichnung für eine dort weit verbreitete Variante der in vielen Ländern und zahlreichen Varietäten angebauten weißen Rebsorte ▸ Muskateller (▸ Wein)

MOSCHUSENTE

gezähmte Wildente und kulinarisch hochwertige Entenrasse (▸ Flugente, ▸ Ente) mit kräftig entwickelter Brust und wenig Fett

MOSCHUSKÜRBISSE

Sortengruppe der Speisekürbisse (▸ Kürbisse)

MOSCOVITE

1. eine Art ▸ Bayerische Creme mit Früchten
2. Mandel- oder Vanilleeis mit Schlagsahne und kandierten Früchten

MOSEL

Mit rund 11 000 ha Anbaufläche nur das fünftgrößte, aber wohl prominenteste unter den deutschen Weinanbaugebieten (▸ Wein) erstreckt es sich über rund 245 km zwischen Koblenz und dem Quellgebiet der Mosel an der Grenze zu Luxemburg. Dominierende Rebsorte ist mit rund 55 % Flächenanteil der ▸ Riesling. Das Anbaugebiet umfasst 19 Großlagen und 524 Einzellagen (▸ Lage), von denen manche mit Neigungen bis zu 45 ° zu den steilsten Weinbergen der Welt zählen – darunter viele berühmte Namen wie z. B. Winninger Uhlen und Röttgen, Graacher Domprobst und Himmelreich, Wehlener Sonnenuhr, Bernkasteler Doctor und viele mehr. Traditionell genießen die Weine von der Mosel – die trockenen aus den großen Lagen wie auch die (teils sehr teuren) edelsüßen Spezialitäten – höchste Wertschätzung bei Weinkennern.

MOST

Der durch Pressen aus Weintrauben (Traubenmost) oder Kernobst (vor allem Äpfel und Birnen) gewonnene Saft, der noch nicht vergoren ist. Er dient frisch als Erfrischungsgetränk (oft verdünnt mit Wasser), wird zu Fruchtsäften weiterverarbeitet oder ist eine Zwischenstufe bei der Weinkelterung (▸ Wein). Erst wenn die Hefen ihre Arbeit aufnehmen, entsteht daraus durch ▸ Gärung Wein. Der Fachausdruck für den Gehalt an Zucker, der im Most zur Umwandlung in Alkohol vorhanden ist, heißt Mostgewicht. Die Maßeinheit dafür sind in Deutschland die sogenannten ▸ Öchsle(grade). In Bayern und Baden-Württemberg versteht man unter Most teilweise auch angegorenen, mit Wasser verdünnten Apfel- und Birnensaft. Der unvergorene, süße Traubenmost wird auch als ▸ Süßmost bezeichnet, doch schließt dieser Begriff noch mehr ein.

MOSTARDA

In Italien nicht nur allgemeine Bezeichnung für Senf und Senfkörner, sondern auch für pikante Konfitüren bzw. Saucen, die unter Verwendung von gepressten Senfsamen hergestellt werden, sowie für mit Senfpulver und anderen Gewürzen eingelegte und kandierte Früchte (auch Senffrüchte). Das können Äpfel, Birnen, Melonen, Quitten, Pflaumen, Kirschen oder Weintrauben, aber auch Tomaten oder Paprika sein. Die süßlich-scharfen Würzbeilagen passen u. a. zu gekochtem Rind- und Schweinefleisch, kaltem Braten, Ente und Wild.

MOSTGEWICHT
Fachausdruck für den Zuckergehalt von ▸ Most

MOSTRICH
In den allermeisten Fällen als Synonym für ▸ Speisesenf gebraucht, hat diese Bezeichnung ursprünglich aber eine speziellere Bedeutung. Sie geht darauf zurück, dass früher den zerriebenen Senfsamen prickelnder Traubenmost zugegeben wurde. Erst dadurch entwickelten sie ihre typische Schärfe.

MOURVÈDRE
Ihre Hauptverbreitung hat diese französische rote Rebsorte (▸ Wein) im ▸ Languedoc-Roussillon, in der ▸ Provence und an der südlichen ▸ Rhone mit zusammen rund 5600 ha. Die kleinen, dickschaligen Beeren liefern alkohol-, tannin- und fruchtreiche Weine, meist aber nicht reinsortig sondern in Cuvées mit anderen typischen Rebsorten ihrer Heimat (z. B. ▸ Grenache, ▸ Cinsault und ▸ Syrah). Die lange Zeit bestehende Vermutung, dass sie identisch mit der spanischen ▸ Monastrell ist, hat sich bei DNA-Analysen als falsch herausgestellt.

MOUSSAKA
Traditioneller griechischer Auberginenauflauf aus Lamm- oder Rinderhackfleisch, Kartoffeln, Tomatenscheiben, Knoblauchzehen, Zwiebeln, der kräftig gewürzt (Rosmarin, Salbei, Thymian, Cayennepfeffer usw.) und mit Eiermilch übergossen, mit Semmelbröseln bestreut und mit Olivenöl beträufelt im Backofen goldgelb gebacken wird (viele regionale Varianten).

MOUSSE
Die Sammelbezeichnung für schaumig-luftige Köstlichkeiten, die ihre lockere, aber dennoch

feste Konsistenz in erster Linie durch geschlagenes Eiweiß und geschlagene Sahne im Zusammenwirken mit Butter, Eigelb oder Gelatine erhalten. Eine Mousse kann salzig oder süß sein, die Geschmacksrichtung wird von den weiteren, fein untergemischten Zutaten bestimmt. Bei einer pikanten Mousse als kalte Vorspeise oder warmes Zwischengericht können das Wild, Geflügel, Gänseleber, Fisch, Meeresfrüchte und Gemüse sein. Eine süße Mousse kann mit Früchten, Nüssen, Kaffee, Schokolade usw. zubereitet werden.

MOUSSE AU CHOCOLAT
Für viele die ▸ Mousse schlechthin, zumindest aber ein Klassiker der Dessertküche, der – je nach Art der verwendeten (und geschmacksbestimmenden) Schokolade – schwarz, braun oder weiß sein kann. Weitere traditionelle Zutaten sind Eiweiß, Eigelb, Zucker und Sahne, Varianten gibt es z. B. mit Mokka, Vanillezucker oder Spirituosen.

MOUSSELINE
1. Feine ▸ Schaumfarce von Fleisch, Geflügel, Wild oder Fisch und Sahne bzw. weiteren pürierten Zutaten, die mit Gelee vermischt und in ausgebutterte Förmchen gefüllt wird. Anschließend wird sie stark abgekühlt und eiskalt serviert. Aufgrund der Form werden Mousselines auch als Schaumbrötchen bezeichnet.
2. Sauce der klassischen französischen Küche und Variante der holländischen Sauce aus Eigelb, Butter, Schlagsahne, Weißwein (oder Weinessig), Schalotten und Kräutern, vor allem zu weißem Geflügel, Hummer, Spargel und anderem Gemüse (auch: Schaumsauce)

MOUSSIEREN
Fachausdruck für das Aufsteigen von Kohlendioxidbläschen (auch „Perlen“) in Getränken, das

man vor allem vom ▶ Schaumwein und ▶ Perlwein kennt. Wie fein die Perlen sind und wie lange sie an die Oberfläche drängen und dort „tanzen", sind für den Experten Hinweise auf die Qualität. Eine Normalflasche ▶ Champagner (0,75 l) soll nach wissenschaftlichen Untersuchungen rund 50 Mio. Perlen enthalten. Das Kohlendioxid kann durch unterschiedliche Verfahren in die Flasche kommen. Es gibt einige an sich stille Weine, denen man bei der Abfüllung einen Rest Kohlendioxid (ein Nebenprodukt bei der ▶ Gärung) belässt, um ihnen einen Tick mehr Frische zu geben. Ein Wein kann aber auch aufgrund einer fehlerhaften Nachgärung in der Flasche moussieren.

MOZARTKUGELN

Berühmtes Konfekt, das der Salzburger Konditor Paul Fürst (1856–1941) im Jahre 1890 kreierte und dem großen Komponisten Wolfgang Amadeus Mozart (1756–1791), der rund 100 Jahre zuvor gelebt hatte, widmete. Noch heute werden die „Original Salzburger Mozartkugeln" nur von der Konditorei Fürst und in reiner Handarbeit hergestellt. Nachdem der Name „Mozartkugel" alleine aber nicht geschützt ist, sind viele Nachahmerprodukte – vor allem aus industrieller Herstellung und nach geänderten Rezepten – auf dem Markt. Nach dem Originalrezept bestehen Mozartkugeln aus grünem Pistazienmarzipan, umgeben von Nougat und einer äußeren Schicht aus Kuvertüre.

MOZZARELLA

Neben dem ▶ Parmesan eine weitere Käsespezialität (▶ Käse) aus italienischen Landen, die es zu Weltruhm gebracht hat. Der Mozzarella ist eine Art ▶ Frischkäse, der nach einem speziellen, ▶ Filata genannten Verfahren hergestellt wird. Als der klassische, beste (und teuerste) Mozzarella gilt der Büffelmozzarella mit mindestens 50 % Fett i. Tr. Heute wird der Käse in ganz Italien und auch in anderen Ländern vorwiegend aus Kuhmilch (oder in Mischung beider Milcharten) mit 45 % Fett i. Tr. hergestellt. Mozzarella aus Kuhmilch ist in seinem süß-säuerlichen und milchigen Geschmack wesentlich neutraler als Büffelmozzarella und in seiner Konsistenz gummiartiger.

VERWENDUNG

Mozzarella ist ein wichtiger Bestandteil der italienischen Küche. Er wird als Tafelkäse frisch verzehrt, kommt in Salate und auf einen anderen berühmten „Exportartikel" aus Italien, die ▶ Pizza. Ein Vorspeisenklassiker in den italienischen Nationalfarben ist die „Insalata Caprese" (▶ Caprese), Mozzarella mit Tomaten, Basilikumblättern und Olivenöl.

SCHON GEWUSST?

Das erste Dokument, in dem ▶ Mozzarella schriftlich erwähnt wurde, stammt vom Beginn des 15. Jh. aus der Stadt (und ehemaligen Grafschaft) Aversa in Kampanien. Dort soll der Käse seinen Ursprung haben und gibt es auch die einzige geschützte Herkunftsbezeichnung, den Mozzarella di Bufala Campana.

MUCKALICA

Spezialität aus dem ehemaligen Jugoslawien, bestehend aus geschmorten Kalbs- oder Schweineschulterwürfeln bzw. -streifen mit grünem Paprika, Pepperoni und Zwiebeln

MU-ERR

(Chinesische Morchel, Holunderpilz, Judasohr)

Oftmals (nicht zuletzt wegen des Namens) als typisch asiatisch geltender Modepilz (▶ Pilze), der aber auch in Europa beheimatet ist. Er wächst u. a. wild auf Birken, Holunder- und Walnussbäumen und kann auf Holz gezüchtet werden. Mu-Err-Pilze finden vor allem in vielen ostasiatischen Suppen und anderen Gerichten Verwendung, sind aber in Aroma und Geschmack im Vergleich zu vielen anderen Pilzen relativ neutral. In Gewürz- und Asialäden gibt es sie meist getrocknet und oft sind sie in Mischpilzen „versteckt".

SCHON GEWUSST?

Der ▶ Mu-Err ist ein Pilz mit vielen Namen. Einige davon erinnern an seine flache, einer Ohrmuschel ähnlichen Form und daran, dass sich der Legende nach Judas nach seinem Verrat an Jesus an einem Holunderbaum erhängt haben soll.

MUFFINS

So geläufig der Begriff mittlerweile auch ist, so wenig weiß man über seine genaue Herkunft. Und auch was sich dahinter verbirgt, ist nicht immer eindeutig definiert. Vielfach werden als Muffins generell kleine Kuchen (meist aus Rührteig) bezeichnet, was aber nicht dem Original oder besser gesagt den beiden Originalen – dem englischen und dem amerikanischen Muffin – entspricht. Englische Muffins sind Minibrote aus einem speziellen Hefeteig, die auf einer heißen Platte in runden Formen ausgebacken werden. Sie sind bereits seit dem 10. Jh. bekannt. Die Engländer essen sie meist zum Frühstück (mit Konfitüre, Butter usw. bestrichen) und zum Tee.
Englische Auswanderer brachten den Muffin Mitte des 19. Jh. nach Amerika, wo das Gebäck abgewandelt wurde. Amerikanische Muffins sind in speziellen Formen im Ofen ausgebackene kleine Kuchen, die – als erster großer Unterschied zu ihren englischen „Brüdern" – aus verschiedenen Teigarten bestehen können, aber niemals aus Hefeteig. Es werden andere ▸ Backtriebmittel (z. B. ▸ Backpulver und/oder ▸ Natron) verwendet und auch die Backmethode ist anders. Bei amerikanischen Muffins werden die festen (trockenen) Zutaten (Mehl, Backpulver, Salz, Zucker usw.) und die flüssigen Zutaten (Milch, Buttermilch, Jogurt, Ei, Öl usw.) zunächst getrennt verarbeitet, ehe man sie vermischt und die weiteren Zutaten (Früchte, Nüsse, Schokoraspeln usw.) unterrührt. Es gibt Tausende von Muffinrezepten.

MUHAMARA

pikante türkische Würzpaste aus Walnüssen und scharfem Paprika (Chilis)

MÜLLERIN(-ART)

(meunière, à la)
Beliebte Zubereitungsart, die sich für viele Meeres- und Süßwasserfische (▸ Fische) eignet. Diese werden durch gewürzte Milch gezogen, in Mehl gewendet und in der Pfanne mit Butter gebraten. Zum Servieren wird der Fisch mit Petersilie bestreut, mit Zitronensaft beträufelt und mit brauner Butter übergossen.

MÜLLERREBE ▸ Schwarzriesling

MÜLLER-THURGAU

(Rivaner)
Eine etwas kuriose Kreuzung (Jahrgang 1882) aus dem edlen ▸ Riesling (▸ Wein), und der qualitativ bescheidenen und meist nur als Tafeltraube oder Zierrebe verwendeten Madeleine Royale. Ihr Name geht zurück auf ihren Züchter Professor Dr. Hermann Müller (1850–1927), Gründer und damaliger Leiter des Weinbauinstituts Wädenswil im Kanton Thurgau in der Schweiz. Die Rebsorte wird heute weltweit auf rund 40 000 ha angebaut, davon knapp die Hälfte in Deutschland, wo sie quantitativ die Nummer 2 hinter dem Riesling ist. In der Qualität kann sie diesem das Wasser aber nicht reichen. Meist steht sie für fruchtig-frische, säurearme und jung zu trinkende Weine.

Schon gewusst?

Lange hielt man den ▸ Müller-Thurgau für eine Kreuzung aus ▸ Riesling und ▸ Silvaner. Nachdem der Name nicht gut klang und das Image durch viele Massenweine gelitten hatte, ersannen pfiffige Verkaufsstrategen als neuen Namen Rivaner, abgeleitet von den vermeintlichen Eltern. Doch bald stellte man fest, dass Silvaner nicht die Vaterrebe sein konnte, und vermutete nun ▸ Gutedel. Mittlerweile ist auch diese Annahme überholt und es wurde durch DNA-Analysen nachgewiesen, dass es sich um Madeleine Royale handelt.

MULLIGATAWNY (SOUP)

Nur etwas für Genießer, die es „very spicy" mögen, ist – zumindest im Original – diese ursprünglich südindische Hühnersuppe. Weitere Ingredienzien sind gekochter Reis, Reismehl, Butter, Kokosmilch, Jogurt oder Quark, Suppengrün, Zwiebeln, Pistazienkerne und vor allem viel scharfes Currypulver sowie weitere Gewürze (Nelken, Ingwer, Kurkuma usw.).

MULTBEEREN

(Bay-Kapples, Molt(e)beeren, Zwergbrombeeren)
Den ▸ Brombeeren ähnliche, allerdings gelbe Beeren einer Sumpf- und Heidepflanze, die in nördlichen Breiten (vor allem Finnland, Norwegen und Kanada) zuhause ist. Die Finnen verwenden die kleinen Vitamin-C-Bomben mit

herb-würzigem Geschmack (ähnlich ▸ Preiselbeeren) in vielen Desserts und Süßspeisen und machen daraus einen Likör mit dem Namen Lakka. Multbeeren lassen sich außerdem gut zu Kompott, Konfitüre und Saft verarbeiten.

MULUCHIJA

(Mulukhiyya)

1. spinatähnliche Gemüsepflanze aus dem Nahen Osten
2. dickflüssige Suppe und ägyptische Spezialität mit Muluchija, gekocht in einer Brühe aus Huhn oder Hammelfleisch und verfeinert mit in Öl angebratenem Knoblauch und Koriander

MUNG(O)BOHNE

(Jerusalembohne, Linsenbohne)

Bohnenart (▸ Bohnen)

MUNSTER

(Münsterkäse)

Bereits seit dem 7 Jh. stellten Benediktinermönche im Munstertal im Elsass diesen Weichkäse (▸ Käse) mit Rotschmiere her, ursprünglich aus der Rohmilch von Kühen, die in den Tälern und an den Hängen der Vogesen weideten. Das ist heute aber nur noch ganz selten bei kleinen Produzenten der Fall, während bei der industriellen Herstellung normale pasteurisierte Milch verwendet wird.

Munster hat 44–52 % Fett i. Tr. und einen sehr glatten und weichen Teig. Gut gereift ist sein Aroma sehr würzig, oft sogar streng, im Mund hat er dann aber einen überraschend milden Geschmack. Im Elsass wird er gern mit warmen Pellkartoffeln gegessen oder als „Magenschließer" sogar noch nach dem Dessert; auf jeden Fall aber mit Kümmel oder Kreuzkümmel. Mit dem Munster identisch und in einer gemeinsamen AOC vereint ist der ▸ Géromé aus dem benachbarten Gérardmer. Die deutschen Versionen des Munster heißen Münsterkäse und werden entweder genau nach dem elsässischen Vorbild oder in abgewandelter Form (u. a. als halbfester Schnittkäse) hergestellt.

> **Schon gewusst?**
>
> So wie der Blauschimmelkäse ▸ Roquefort und der Bordeaux-Süßwein ▸ Sauternes ein kulinarisches Traumpaar sind, ergänzen sich auch ▸ Munster und ein Gläschen ▸ Gewürztraminer perfekt, vor allem wenn letzterer gereift ist und Restsüße hat.

MUNSTER DES VOSGES ▸ Géromé

MURÄNE

Vom abschreckenden Aussehen sollte man sich nicht täuschen lassen: Der aalartige und bis 150 cm lange Meeresfisch (▸ Fische) hat ein sehr schmackhaftes und grätenarmes Fleisch. Als Speisefisch haben die Muränen, die hauptsächlich das Mittelmeer und die Atlantikküsten Westeuropas und Westafrikas besiedeln, aber nur regionale Bedeutung. Sie werden aber als Delikatesse geschätzt. Doch Vorsicht: Der Biss, das Blut und je nach Jahreszeit auch das Fleisch der Muräne sind giftig.

MÜRB(E)BRATEN

in Norddeutschland ein Lendenbraten vom Schwein oder aus der äußeren Hüftmuskulatur des Rindes

MÜRB(E)GEBÄCK

Sammelbegriff für trockene Backwaren aus Mürbteig wie z. B. Sand- und Spritzgebäck sowie ▸ Vanillekipferl

MÜRB(E)TEIG

(Knetteig)

Fettreicher Teig, der nur wenig aufgeht und hauptsächlich für Kekse, verschiedene Kleingebäcke sowie Torten- und Kuchenböden verwendet wird. Mürbteig besteht in der Grundform aus drei Teilen Mehl (meist Weizenmehl), 2 Teilen Fett, 1 Teil Zucker und einer Prise Salz. Je nach Art des Teiges und Geschmack kann ein Teil des Mehls durch geriebene Nüsse ersetzt, etwas Ei zugegeben oder bei pikantem Gebäck der Zuckeranteil durch geriebenen Käse ersetzt werden. Aus Mürbteig mit Gewürzen werden ▸ Spekulatius hergestellt.

MUROL

Sanft aromatischer bis relativ neutral schmeckender Abkömmling des bekannten ▸ Saint-

Nectaire (▸ Käse), der nach dem gleichnamigen Dorf in der Auvergne benannt ist. Murol ist ein halbfester Schnittkäse mit gepresstem Teig, hat meist 45 % Fett i. Tr. und das typische Loch in der Mitte. Die beste Zeit ist Juli–November.

MUS
Zubereitungen von weicher Konsistenz (siehe ▸ Brei, ▸ Püree), die heute oft auch als Creme bezeichnet werden. Zu Mus verarbeiten kann man u. a. Gemüse, Hülsenfrüchte, Obst sowie Fleisch und Fisch.

MUSCADET
Noch vor ▸ Pinot Grigio und ▸ Chardonnay war der weiße Muscadet – so heißt sowohl die Rebsorte, die ansonsten als Melon de Bourgogne bekannt ist, als auch die Appellation – einst ein Modewein (▸ Wein). Mittlerweile ist der leichte und frisch-fruchtige Muscadet aber wieder in der Gunst gesunken. Seine Besonderheit: Er reift 6 Monate auf der Hefe („sur lie“) und enthält damit etwas natürliche Kohlensäure. Muscadet ist vor allem als Begleiter von frischem Fisch prädestiniert.

MUSCAT (BLANC)
international oft gebrauchte Bezeichnung für eine Varietät der weißen Rebsorte ▸ Muskateller (▸ Wein)

MUSCHELCOCKTAIL
(Clam Cocktail)
in einer Sektschale oder einem breiten Cocktailglas eiskalt servierte Vorspeise mit Muscheln (aus dem Glas) in – je nach Rezept – unterschiedlichen Saucen

MUSCHELN
Für viele Feinschmecker das reinste Vergnügen ist jeder Biss in das Fleisch dieser ▸ Weichtiere (innerhalb dieses Tierstammes bilden die Muscheln eine eigene Klasse) mit einer zweiklappigen Kalkschale (▸ Schaltiere). Die meisten der geschätzten 7500–10 000 Arten in den Gewässern der Erde leben im Salzwasser (etwa 80 %). In der Regel ernähren sich die Muscheln vom Plankton, das sie mit speziellen Kiemen aus dem Wasser filtern. So unterschiedlich die Erscheinungsformen dieser Lebewesen sein können, so weit klafft auch ihre Lebenserwartung auseinander: von 1 bis zu 300 Jahren. Kulinarisch interessant ist dabei nur eine vergleichsweise geringe Zahl der Meeresbewohner. Sie sind unter dem jeweiligen Stichwort näher erklärt, so z. B. ▸ Austern, ▸ Jakobsmuscheln, Herzmuscheln, ▸ Miesmuscheln oder ▸ Venusmuscheln. Im Handel gibt es Muscheln frisch, gesalzen, mariniert und geräuchert zu kaufen. Ihre Zucht auf sogenannten Muschelbänken ist heute neben dem Fischfang ein wichtiger Wirtschaftszweig an nahezu allen Meeresküsten auf der Welt.

KÜCHENTIPP: *Muscheln sollten immer fest geschlossen sein und sich erst beim Kochen öffnen. Ist die Schale bereits vorher (auch nur einen Spalt) offen, müssen sie aussortiert werden.*

> **SCHON GEWUSST?**
>
> Die meisten ▸ Muscheln sind sogenannte „Filtrierer“, das heißt sie filtern ihre Nahrung – aber auch alle Schadstoffe – aus dem vorbei fließenden Wasser heraus. Deshalb wird davor gewarnt, Muscheln zu oft und in zu großer Menge zu essen – andernfalls können Vergiftungserscheinungen die Folge sein.

MUSCHELPILZ ▸ Austernpilz

MUSCOLI ALLA MARINARA
beliebte italienische Zubereitungsart für Miesmuscheln, in einer Sauce aus Wein und Tomaten mit fein gehackten Zwiebeln, Knoblauch, Lorbeerblatt, Thymian, Petersilie, Salz und Pfeffer, dazu geröstete Weißbrotscheiben

MUSKAT
Abgekürzter Name für 2 Gewürze der gleichen „Abstammung“: Sowohl die Muskatnuss als auch die Muskatblüte liefert der tropische Muskatbaum aus der botanischen Familie der Muskatnussgewächse. Sei-

VERWENDUNG

In der Regel sind Muskatnuss und -blüte in der Küche alternativ einsetzbar, wobei Macis aber immer mitgekocht werden muss. Es werden mit den Muskatgewürzen u.a. Suppen und Saucen, Fleisch und Fisch, Käsegerichte, Currys und andere Reisgerichte, Eintöpfe, Teigwaren und Gemüse aromatisiert. Besonders gut macht sich das Muskataroma auch zu Kartoffeln (z.B. im ▸ Kartoffelpüree) und in Fleisch- und Wurst-, Back- und Konditoreiwaren. Muskatöl kommt in der Lebensmittelindustrie zum Einsatz.

nen Ursprung dürfte er auf den Banda-Inseln haben, einer kleinen Inselgruppe im Indonesischen Archipel, die zu den auch als Gewürzinseln bekannten Molukken zählt. Dort war die Muskatnuss, wie auch in Indien und Ägypten, schon vor Christus bekannt und früher eines der begehrtesten Gewürze überhaupt. Im 12. Jh. brachten sie arabische und venezianische Händler mit nach Europa und zwischen dem 15. und 18. Jh. führten die Kolonialmächte immer wieder Kriege um die Anbaugebiete. Heute werden Muskatbäume vor allem in Indonesien, Sri Lanka, Madagaskar, in der Karibik und Südamerika kultiviert. Sie erreichen bis 20 m Höhe, werden in Kultur aber 5–8 m niedrig gehalten.

1. Muskatnuss *(Bonda-, Papuanuss)*: Der von seinem Mantel (Macis) befreite Samenkern ist trotz des Namens botanisch keine Nuss. Die 20–25 mm langen und 15–20 mm dicken Samen sind in der Farbe hell- bis dunkel- oder graubraun und weisen an ihrer Schnittfläche die typische Marmorierung auf. Sie haben ein fein-intensives Aroma und einen kräftig-würzigen, „warmen" Geschmack. Man sollte sie immer ganz frisch gerieben verwenden, weil sich der feine Duft sonst schnell verflüchtigt.

2. Muskatblüte *(Macis, Mazis)*: Die getrockneten Samenmäntel der Muskatnuss werden in Stücken bzw. als Fäden oder gemahlen ebenfalls als Gewürz verwendet. Der Muskatblüte sagt man sogar ein noch etwas feineres Aroma nach als der Muskatnuss, doch sind die Unterschiede nicht besonders groß.

MUSKATELLER

Eine der aromatischsten (weißen) Rebsorten (▸ Wein) überhaupt, die wie der ▸ Gewürztraminer auch als Bukettraube bezeichnet wird. Es gibt rund 200 Spielarten, wobei die wichtigste der Gelbe oder Weiße Muskateller (oft ohne weiteren Zusatz einfach als Muskateller bezeichnet) und der Rote Muskateller (trotz seines Namens eine weiße Rebsorte) sind. International verbreitete Namen sind Moscato und Muscat blanc. Typisch für alle Muskateller-Spielarten ist der mehr oder weniger stark ausgeprägte traubige Muskatton. Der auch in einigen Süß- und Likörweinspezialitäten wie ▸ Banyuls, ▸ Malaga, ▸ Maury oder ▸ Rivesaltes enthaltene Muskateller ist bei Weintrinkern in den südlichen Ländern (Italien, Frankreich, Spanien) generell beliebter als im deutschsprachigen Raum.

SCHON GEWUSST?

Die Rebsorte ▸ Muskateller hat ihren Namen von dem typischen Muskatton im Geruch – das ist für viele Weintrinker eine ganz klare Sache. Rebsortenforscher vertreten kurioserweise aber eine andere Meinung. Danach soll sich der Name des Muskateller vom lateinischen „musca" = „Fliege" ableiten, weil der intensive Duft der Trauben Insekten anlockt.

MÜSLI

Heute auf der ganzen Welt vor allem bei gesundheits- und ernährungsbewussten Menschen populäre Zubereitung, die vor allem zum Frühstück, teils aber auch als „leichter" Mittagssnack oder einfach mal zwischendurch gegessen wird. Müslis gibt es in vielerlei Varianten, immer aber handelt es sich um Gemische mit Haferflocken oder anderen Getreideprodukten (geschroteten Getreidekörnern, Maisflocken) als Hauptanteil und Milch oder Milchprodukten. Als weitere Zutaten können Obst bzw. Trockenobst, Honig, Nüsse, Samen usw. dazukommen. Umstritten sind dagegen andere Zusätze wie z. B. Schokoladenflocken in Fertigmüslis; und Müsliriegel sind in den meisten Fällen eher als Süßigkeiten einzustufen denn eine gesunde „Kraftquelle", wie die Werbung uns gerne glauben machen will.

Das Müsli wurde in der Schweiz „erfunden". Seine Urform ist das ▸ Bircher-Müsli als wichtiger Bestandteil der sogenannten Bircher-Benner-Gesundheitskost nach dem Schweizer Arzt und Diät-/Ernährungsexperten Dr. Maximilian Oskar Bircher-Benner (1867–1939).

Müsli dürfte mit größter Wahrscheinlichkeit das einzige schweizerdeutsche Wort sein, das als fester Begriff Eingang in nahezu alle Sprachen der Welt gefunden hat.

MUSSAKA ▸ Moussaka

MUTSCHELMEHL
süddeutsche Bezeichnung für ▸ Paniermehl

MUTTERKÜMMEL ▸ Kreuzkümmel

MUTTON BROTH
schottische Gerstensuppe aus Lammfleisch (meist von der Schulter) bzw. Schaffleisch mit verschiedenem Gemüse (Lauch, Mohrrüben, Stangensellerie, Weißen Rüben, Zwiebeln), kräftig gewürzt mit Knoblauch, Lorbeer, Muskat, Schwarzem Pfeffer und Meersalz

MUTZEN(MANDELN)
Rheinländisches Karnevalsgebäck, das in Abwandlungen traditionell auch im Advent, zu Silvester oder während der örtlichen Kirmes hergestellt wird. Grundlage ist ein weicher Mürbeteig aus Mehl, Eiern, Butter, Zucker und Backpulver oder Hirschhornsalz (teils auch mit geriebenen Mandeln oder Schale von unbehandelten Zitronen). Daraus werden bei den beiden Hauptarten entweder kleine Teigplatten gefertigt (dann als Mutzen bezeichnet) oder mit dem Löffel mandelförmige Klößchen abgestochen (Mutzenmandeln) und in Butterschmalz oder Frittierfett schwimmend ausgebacken.

MYCELLA
dem italienischen ▸ Gorgonzola ähnlicher, aromatischer dänischer Blauschimmelkäse mit 50 % Fett i. Tr. und grünen Schimmeladern

MYRTE

Wenn auch etwas in Vergessenheit geraten, sind die getrockneten Blätter und seltener auch die Beeren dieses bis 5 m hohen und immergrünen Halbstrauches aus der botanischen Familie der Myrtengewächse eine alte Gewürz- und Heilpflanze. Von ihrer Bedeutung für die alten Völker zeugt auch ihre häufige Erwähnung im Alten Testament. Im Alterum war sie u. a. Symbol für Frieden, Fruchtbarkeit, Keuschheit und Jungfräulichkeit. Seine Hauptverbreitung hat der Myrtestrauch vom Mittelmeerraum bis Vorderasien. Myrte riecht aromatisch und erfrischend, der Geruch erinnert an Eukalyptus und Weihrauch.
VERWENDUNG: *In ihren Heimatländern würzt man mit Myrte Fleisch mit kräftigem Geschmack (z. B. Lamm und Wildschwein), Saucen und Grillmarinaden. In Südeuropa wird aus den Blättern auch das ätherische Öl gewonnen und als Zusatz zu Aromaessenzen sowie zum Aromatisieren von Likören und auch spezieller Weine (in Griechenland) verwendet.*
KÜCHENTIPP: *Beim Grillen über Holzkohle werden die getrockneten Blätter der Myrte in ihren Heimatländern gerne in die Glut gestreut, das gibt dem Fleisch besondere Würze. Den gleichen Effekt kann man mit Rosmarin und Thymian erzielen.*

MYSOST
Norwegischer ▸ Molkenkäse (▸ Käse) nach Art des ▸ Gjetost, der im Gegensatz zu diesem allerdings ausschließlich aus Kuhmilch hergestellt wird. Er hat zwischen 10 (in diesem Fall auch als Pultost bezeichnet) und 30 % Fett i. Tr. Mysost ist streichfähig und hat einen süßlichen, karamellartigen Geschmack.

NACHGESCHMACK ▸ Abgang

NACHOS
Mexikanische Spezialität in Form von Maismehlchips (kleine ▸ Tortillas), die in Dreiecke geschnitten und frittiert werden. In ihrer einfachsten Form werden Nachos lediglich mit Salz, Chilis und Zwiebeln gewürzt und pur geknabbert bzw. in ▸ Guacamole oder andere pikante Cremes oder Saucen gedippt. Manchmal werden sie auch mit Käse überbacken, mit ▸ Jalapenos serviert oder mit Hackfleisch, Hühnerfleisch und Garnelen garniert.

NACHTISCH ▸ Dessert

NACKEN
Fleischstück bei Kalb, Lamm, Rind und Schwein aus dem Hals- bzw. Schulterbereich (▸ Kamm)

NACKE(R)TE ▸ Wollwürste

NACKTGETREIDE
eine der beiden Grundarten von ▸ Getreide

NACKTKARPFEN ▸ Lederkarpfen

NAGAMIS ▸ Kumquats

NAGELFLEISCH
luftgetrocknetes, nicht geräuchertes Rindfleisch (vor allem in Westfalen bekannt)

NAGELKÄSE
mit Nelken oder Kümmel gewürzter holländischer Schnittkäse (▸ Käse) mit 20–40 % Fett i. Tr. nach Art des ▸ Gouda

NAHE
Deutsches Weinanbaugebiet (▸ Wein) entlang des gleichnamigen Flusses. Die rund 4400 ha Anbaufläche gliedern sich in sieben Groß- und 312 Einzellagen (▸ Lage), darunter so berühmte wie Hermannsberg und Hermannshöhle in Niederhausen. Vor allem in den letzten Jahren hat diese Weinregion mit ihren klimatischen, topographischen (schöne und steile Lagen) und geologischen (interessante Bodenformationen) Vorzügen erheblich an Profil gewonnen. 80 % der Anbaufläche sind mit weißen Rebsorten bepflanzt, an erster Stelle stehen ▸ Riesling und ▸ Müller-Thurgau.

NÄHRHEFE
(Pulverhefe, Vitaminhefe)
Getrocknete und haltbar gemachte, aber nicht mehr gärfähige ▸ Hefe mit würzigem Geschmack und hohem Gehalt an wertvollen Eiweißen, Vitaminen der B-Gruppe und Mineralstoffen. Nährhefe kann zur Geschmacks-/Aroma- und Vitaminanreicherung über Speisen gestreut werden, spielt aber vor allem bei der industriellen Herstellung von Suppen, Backwaren und Süßspeisen eine Rolle.

NÄHRMITTEL
Oberbegriff für aus Getreide, Stärke oder Hülsenfrüchten hergestellte Trockenprodukte, u. a. ▸ Suppen, ▸ Saucen, ▸ Graupen, ▸ Grütze, ▸ Cornflakes, ▸ Popcorn, ▸ Puffreis oder ▸ Chips

NÄHRSALZE ▸ Mineralstoffe

NÄHRSTOFFE
Sammelbezeichnung für alle Inhaltsstoffe von Lebensmitteln, die dem Körper Energie liefern (wie Kohlenhydrate, Eiweiße, Fette), dem Körperaufbau dienen, die Schutzkräfte des Organismus stärken bzw. aktivieren und verbrauchte Körpersubstanz regenerieren (wie Vitamine, Mineralstoffe, Ballaststoffe, sekundäre Pflanzenstoffe). Einer ausgewogenen Ernährung kommt heutzutage deshalb so große Bedeutung zu.

NAHRUNGSERGÄNZUNGSMITTEL
Produkte bzw. Präparate, die einer gezielten Ergänzung der Nahrung bzw. der Versorgung des menschlichen Organismus mit bestimmten Nähr- und Wirkstoffen dienen, wobei es sich in erster Linie um ▸ Mineralstoffe und ▸ Vitamine handelt. Nahrungsergänzungsmittel sind im Grenzbereich zwischen Lebens- und Arzneimitteln angesiedelt und werden wie letztere meist in Form von Kapseln, Pillen, Flüssigampullen usw. angeboten.

NAHRUNGSFASERN ▸ Ballaststoffe

NAHRUNGSMITTEL
Sammelbezeichnung für alle ▸ Lebensmittel, die aufgrund der enthaltenen ▸ Nährstoffe einen nennenswerten ▸ Nährwert für den menschlichen Organismus besitzen. Die Hauptgruppen sind Getreideprodukte, Hülsenfrüchte, Gemüse und Früchte, Fleisch, Geflügel, Fisch, Eier, Milchprodukte, Fette, Süßigkeiten und Zucker. Die wichtigsten Nahrungsmittel bezeichnet man auch als Grundnahrungsmittel, wobei es aber historisch, kulturell und regional Unterschiede gibt.

NÄHRWERT
Bezeichnung für den ernährungsphysiologischen Wert eines Lebensmittels, der sowohl von der Menge als auch von Verhältnis und Zusammensetzung der Inhaltsstoffe sowie deren Verfügbarkeit für den menschlichen Organismus abhängig ist. Man unterscheidet den rein quantitativen Nährwert (▸ Brennwert), der in ▸ (Kilo)kalorien oder ▸ Joule angegeben wird, und den qualitativen Nährwert, der Verhältnis, spezifische Eigenschaften und Wechselwirkungen der in einem Lebensmittel enthaltenen Substanzen berücksichtigt.

NALESNIKI
polnische ▸ Pfannkuchen mit einer Füllung aus Quark, Eiern, Zucker, Milch und auch Gewürzen.

NAM PLA ▸ Nuoc Mam

NANGKAS ▸ Jackfrüchte

NANTAISER ART
(nantaise, à la)
1. Garnitur aus glasierten Weißen Rüben, in Butter geschwenkten Grünen Erbsen und Kartoffelpüree zu gebratenem oder geschmortem Fleisch mit Bratensaft
2. Krebstiere oder Fisch in mit Butter aufgeschlagener Weißweinsauce, oft mit Schalotten (Nantes: französische Stadt an der Loire)

NAPA VALLEY
Als Zentrum des kalifornischen (▸ Kalifornien) Weinanbaus genießt diese Region nahe San Francisco einen großen Ruf in der Weinwelt. Auf rund 50 km Länge, 10 km Breite und einer Anbaufläche von 18 000 ha werden viele erstklassige Weine – aber noch weit mehr Massenprodukte – erzeugt. Oft ist mit Napa nicht nur das berühmte Tal gemeint, sondern das gesamte Napa County. Die Rebflächen des eigentlichen Napa Valley liegen meist im Talgrund, während die teils besonders guten Lagen der umliegenden Berghänge erst seit den 1980er-Jahren für den Weinbau genutzt werden. Auf zwei Dritteln der Fläche stehen rote Rebsorten, allen voran ▸ Cabernet Sauvignon, ▸ Merlot, ▸ Pinot Noir und ▸ Zinfandel. Bei den weißen Rebsorten dominiert klar der ▸ Chardonnay.

NAPFKUCHEN
(Aschkuchen, Topfkuchen)
Kuchen aus Hefe- oder Rührteig, der nach unterschiedlichen Rezepten, aber immer in einer speziellen runden Form mit einem „Kamin“ in der Mitte gebacken wird. Der bekannteste und beliebteste Napfkuchen ist der ▸ Guglhupf.

NAPFPASTETEN ▸ Terrinen

NAPFSCHNECKEN
Essbare ▸ Weichtiere bzw. ▸ Meeresschnecken, die im europäischen Atlantik, teils auch im Mittelmeer vorkommen. Napfschnecken haben ein festes Fleisch mit kräftigem Salzwassergeschmack und können roh oder gegrillt gegessen bzw. in Füllungen verarbeitet werden.

NAPOLÉONS
Kleingebäck aus zwei ovalen Blätterteigscheiben, mit Mandelcreme gefüllt, an der Oberseite bestrichen und mit Puderzucker bestreut

NAPOLETANA, ALLA
▸ Neapolitanische Art

NAPPIEREN

(übergießen, überziehen)

Speisen mit einer dicken Sauce oder Gelee überziehen bzw. übergießen und bedecken, vor allem bei lang gebratenem Fleisch, verschiedenen Fischzubereitungen oder Gemüse

NARGISI KOFTA

Vom Balkan bis Indien bekannte Klöße (▸ Köfte) aus mit Ei gebundenem, kräftig gewürztem Lammhackfleisch, in deren Mitte ein hart gekochtes Ei eingeschlossen ist. Sie werden im Fett schwimmend ausgebacken, dann aufgeschnitten und in Zwiebelsauce gegart.

NASE

1. Menschliches Riechorgan, das uns die ganze Welt der Aromen und Gerüche erschließt, z. B. beim Essen oder beim Genuss von feinen Weinen. Oft wird vieles, was man riecht, fälschlich für Geschmack gehalten. Doch ist der auf der Zunge sitzende Geschmackssinn in seiner „Wahrnehmungsfähigkeit" sehr eingeschränkt, denn er kann lediglich zwischen süß, sauer, salzig und bitter unterscheiden.

2. Gestreckter Süßwasserfisch (▸ Fische) mit einer weit nach vorne ragenden Schnauze (daher kommt auch sein Name), der zu den Weißfischen zählt. Wie alle ihre Artgenossen hat die Nase viele Gräten und ist deshalb nicht so beliebt, ihr Fleisch schmeckt aber sehr gut und eignet sich besonders zum Braten und Grillen. Nasen sind im Rhone-, Rhein- und Donaugebiet bis zum Kaspischen Meer verbreitet.

NASHIS

(Apfelbirnen, Asiatische/Chinesische/Japanische Birnen, Sandbirnen)

Asiatische Birnenart, die man von ihrem Aussehen her aber für Äpfel halten würde. Und auch bei stärkerer Reife bleibt das Fruchtfleisch – anders als bei unseren Birnen und ähnlich wie bei Äpfeln – fest. Ihr süß-säuerlicher Geschmack ist wie eine Mischung aus Apfel und Birne, von der Nashis ihre Saftigkeit haben. Ursprünglich stammt die Frucht aus China, ihre stärkste Verbreitung hat sie in Ostasien und Japan. Außerdem werden Nashis im Mittelmeerraum, in den USA, in Australien und Neuseeland angebaut.

VERWENDUNG

Nashis werden meist frisch gegessen oder in Obstsalaten verarbeitet. Sie können aber auch eine exotische Beilage zu Steak oder Wildgerichten sein. Dazu werden sie in Butter mit Zwiebeln gedünstet und mit grünem Pfeffer und Salz gewürzt.

NASI GORENG

Das indonesische Nationalgericht ist auch außerhalb seiner Heimat so populär, dass es in vielerlei Variationen als Fertiggericht bzw. Fast Food angeboten wird. Das „Geheimnis" seiner Zubereitung verrät bereits der Name, der frei übersetzt so viel wie „gekochter Reis gebraten" heißt. Der Reis wird also bei der Zubereitung vorgekocht und sollte dann mehrere Stunden stehen, ehe er zusammen mit den weiteren Zutaten in der Pfanne gebraten wird. Von Nasi Goreng gibt es viele Zubereitungsarten mit Gemüse und Zwiebeln, Fleisch (Huhn, Schwein, Rind), Garnelen (Scampis, Shrimps) und Muscheln. Gemeinsam haben alle Varianten kräftige Gewürze wie Galgant und Kurkuma, die unbedingt dazugehören, sowie Chili, Knoblauch, Koriander, Sambal, Sojasauce usw.

NATILLAS

Spanische bzw. mexikanische Dessertcreme aus den Hauptzutaten Eigelb, Milch, Mais- bzw. Speisestärke (oder Mehl) und Zucker (manchmal auch Rosinen), aromatisiert mit Zimtstange und Vanilleschote

NATRIUM

Einer der für den menschlichen Organismus wichtigen ▸ Mineralstoffe (chemisches Zeichen Na), der u. a. für die Regulierung des Wasserhaushalts, zur Aktivierung von Enzymen sowie für Muskel- und Nervenfunktionen benötigt wird. Der Tagesbedarf an Natrium beträgt 650 mg. Er wird in erster Linie durch Salz gedeckt, das praktisch in allen zubereiteten und konservierten Lebensmitteln (Pökel-, Fleisch- und Wurstwaren, Fleisch- und Gemüsebrühen, gesalzenem und geräuchertem Fisch usw.) sowie in Backwaren und Käse enthalten ist.

NATRON

(Natriumhydrogencarbonat)

Saures Natriumsalz der Kohlensäure in Form eines feinen weißen Pulvers, das bei Temperaturen oberhalb 50 °C und unter Säureeinwirkung u. a. Kohlendioxid freisetzt. Diese Eigenschaft macht Natron zu einem guten ▸ Backtriebmittel. Wird es allerdings ausschließlich beim Backen verwendet, kann es einen bitteren Geschmack hinterlassen. Deshalb wird es von der Industrie zur Herstellung von Back- und Brausepulver, weniger aber direkt in der Küche eingesetzt. In der Medizin ist Natron u. a. als wirksames Mittel bei Sodbrennen und Magenübersäuerung sowie als Bestandteil von Brausepulvern (z. B. Aspirin) bekannt.

NATTO

Traditionelles und besonders nahrhaftes japanisches Lebensmittel bzw. eine Art Sojakäse, der aus vergorenen und mit einem Bazillus geimpften Sojabohnen hergestellt wird und eine charakteristische Ammoniaknote hat. Sein Aroma gleicht dem von kräftigem Schimmelkäse. Japaner essen Natto auf Reis mit Frühlingszwiebeln und Sojasauce sogar zum Frühstück.

NATUR(ELL)

In der Küche bzw. im Restaurant ein Zusatz bei Gerichten, die ohne besondere Zutaten und aufwendige Garnituren zubereitet werden; z. B. das Schnitzel natur (oder ▸ Naturschnitzel).

NATURKOST

Bei wörtlicher Auslegung eine Sammelbezeichnung für Lebensmittel, die naturgerecht, umweltschonend und ohne Chemie erzeugt wurden – letztlich also ▸ Bio(kost). Aber Vorsicht: Im Gegensatz zu Bio ist Naturkost kein geschützter Begriff und so ist es im Einzelfall umso wichtiger, nähere Produktinformationen zu haben. Sonst läuft man Gefahr, teures Geld für konventionell erzeugte Lebensmittel auszugeben, die man bei gleicher Qualität billiger haben könnte.

NATURSCHNITZEL

In Butter gebratenes, damit übergossenes und ohne Beilagen oder allenfalls mit Salat und/oder Baguette serviertes Kalbsschnitzel

NAVARIN

Fleischragout (meist Hammel oder Lamm) mit tournierten Kartoffeln, glasierten Zwiebeln und verschiedenem anderen Gemüse (vor allem Mohrrüben und Weiße Rüben)

NAVARRA

Weinregion im Nordosten Spaniens, die in den letzten Jahren auf dem internationalen Markt stark an Bedeutung gewonnen hat. Die gut 17 000 ha Anbaufläche mit eigener DO werden von über 6000 Winzern bewirtschaftet, die 90 große Bodegas beliefern, auf denen jährlich über 700 000 hl Wein abgefüllt werden. Die dominierenden Rebsorten sind die roten ▸ Garnacha und ▸ Tempranillo, während Weißwein nur eine geringe Rolle spielt.

NAVETTEN

1. Kleine Teigboote aus Butter, Mehl und Zuckersirup, die mit Orangenblütenwasser aromatisiert werden. Navetten waren früher ein typisches Feiertagsgebäck und ihr Ursprung soll in der christlichen Mythologie liegen.
2. Eine auch als Mairüben bekannte, besonders kleine und zarte Rübenart (▸ Weiße Rüben), die gelb oder weiß, rund oder länglich sein kann. Sie eignet sich für Gemüseeintöpfe und -suppen oder bunte Salate und kann kurz gebraten oder glasiert als Beilage gereicht werden. Wie andere Rüben, können auch Navetten Schlankheitskuren unterstützen.

NEAPOLITANISCHE ART

(napoletana, alla)

besonders populäre italienische Zubereitungsart mit Tomatensauce und den typischen Kräutern/Gewürzen (z. B. Basilikum, Oregano, Knoblauch, scharfer Paprika usw.), Olivenöl und geriebenem Parmesan, vor allem zu Teigwaren, Pizza und Grillfleisch

NEBBIOLO

Eine der ältesten und edelsten italienischen Rebsorten (▸ Wein), die praktisch ausschließlich im Piemont und in der Lombardei kulti-

Schon gewusst?

Der Name ▸ Nebbiolo leitet sich wahrscheinlich vom italienischen „nebbia" = „Nebel" ab. Die spät reifende Rebsorte gedeiht nämlich dort am besten, wo es im Herbst milde Frühnebel, aber am Tag noch viel Sonne bei gleichzeitig nicht zu hohen Temperaturen gibt. Diese Bedingungen sind im Piemont ideal gegeben.

viert wird. Im Piemont ist er als Traube des berühmten Barolo und Barbaresco bekannt für säure- und tanninreiche Weine mit großem Alterungspotenzial und vielschichtigen Aromen (oft mit einer Teernote). Außerhalb Italiens wird die Rebsorte in geringen Mengen in Kalifornien, Argentinien und Australien angebaut, in Deutschland gibt es Anbauversuche.

NEBELGRAUER TRICHTERLING

▸ Graukappe

NEBELKAPPE

▸ Graukappe

NEBUKADNEZAR

eine der ▸ Großflaschen für Wein/Champagner

NECCI

toskanische Pfannkuchen aus Kastanienmehl, die meist mit Frischkäse gegessen werden

NEKTAR

1. In der griechischen Mythologie wie Ambrosia Nahrung der Götter, die ihnen Unsterblichkeit verleihen soll. In den Dichtungen Homers ist Nektar ein Getränk, Ambrosia eine Speise.
2. In der Biologie die vor allem für Bienen verlockend süße, zuckerreiche Flüssigkeit, die von Pflanzen als Drüsensekret ausgeschieden wird. Nektar ist für die Bienen Nahrungsquelle und Rohstoff für die Honigproduktion.
3. In der Saftindustrie eine elegante Verschleierung der Tatsachen: Fruchtnektar ist kein reiner und besonders konzentrierter Fruchtsaft, vielmehr muss gemäß der Fruchtsaft-Verordnung je nach Obstsorte der Fruchtsaftgehalt nur 25–50 % betragen und dürfen bis zu 20 % Zucker beigemischt werden.

NEKTARINEN

Nach heutigem Wissensstand keine Kreuzung von Pfirsich und Pflaume (wie früher angenommen), sondern vermutlich eine Pfirsichmutante, die natürlich entstanden ist. Das entscheidende, genetisch rezessive Merkmal der Nektarine ist die glatte Haut im Gegensatz zum leicht pelzigen Pfirsich, während die Kerne beider Arten kaum zu unterscheiden sind. Bekannt sind Nektarinen bereits seit mindestens 2000 Jahren (ursprünglich vor allem in China, Persien und Griechenland). Richtig populär wurden sie aber erst in den letzten Jahrzehnten, vor allem durch Züchtungen in den USA. Heute werden Nektarinen vor allem in den europäischen Mittelmeerländern sowie in Kalifornien, Chile und Südafrika angebaut. Die Verwandtschaft zwischen Pfirsich und Nektarine ist so eng, dass Pfirsichbäume gelegentlich Nektarinen tragen oder aus einem Nektarinenkern ein Pfirsichbaum wächst.

NELKEN

(Gewürznelken, Nägelein)
Populäres Gewürz eines immergrünen Baumes aus der botanischen Familie der Myrtengewächse, der nur selten blüht, denn die Knospen werden meist noch vor der Blüte abgenommen. Die vollständig entwickelten, aber noch nicht geöffneten Blütenknospen mit einer Länge von 12–17 mm werden getrocknet (im Ganzen oder in Pulverform) als Gewürz verwendet. Ihren Ursprung haben Gewürznelken auf den auch als Gewürzinseln bekannten Molukken im Indonesischen Archipel, wo noch heute – zusammen mit Sansibar und Madagaskar – die beste Qualität herkommt. Weitere wichtige Produzenten sind u. a. Sri Lanka, Indien und Brasilien. In früheren Jahrhunderten galten Gewürznelken als besondere Kostbarkeit, deshalb standen sie mit einigen anderen Gewürzen im Mittelpunkt erbitterter Eroberungskriege unter den Kolonialmächten. Ihren aromatischen, süßlichen Duft und brennenden Geschmack verdanken Nelken dem hohen Anteil an ätherischen Ölen (bis 15 %), vor allem dem auch im Zimt enthaltenen Eugenol. Wegen dessen betäubender Wirkung gilt das Kauen von Nelken als Hausmittel gegen Zahnschmerzen.

VERWENDUNG: *In der Küche sollte man Nelken aufgrund ihrer starken Würzkraft mit Fingerspitzengefühl verwenden, dann geben sie Marinaden, Saucen, Wurst sowie Fleisch- und Fischgerichten eine interessante Würze. Unverzichtbar sind sie in Rotkohl oder Currys. Weiter sind Nelken Bestandteil von Gewürzmischungen wie beispielsweise*

▸ *Garam Masala. Besonders gut macht sich ihr Aroma in Backwaren (wie z. B. Lebkuchen), in Desserts mit Obst (Kompott, Bratapfel usw.), in Glühwein, Punsch und Feuerzangenbowle. Nelken werden weltweit als Gewürz beim Kochen verwendet, am wenigsten aber in ihrer Heimat. Über 50 % der Welternte werden in der indonesischen Zigarettenindustrie zu Kretek (Nelkenzigaretten) verarbeitet, die neben Tabak über einen erheblichen Anteil an geschroteten Gewürznelken verfügen.*

Schon gewusst?

Die gleichnamigen Blumen verdanken ihren Namen dem Gewürz (▸ Nelken) und nicht umgekehrt. Wegen ihres angeblich ähnlichen Duftes wurden sie nach dem Gewürz benannt. Die Bezeichnung Nelken leitet sich von der an Nägel erinnernden Form der Knospen ab, was in dem volkstümlichen Namen „Nägelein“ noch besser zum Ausdruck kommt.

NELKENPFEFFER ▸ Piment

NEPTUNSALAT
marinierte, gekochte Meeresfische auf Salatherzen in einer Vinaigrette aus Essig, Öl, Estragon, Kerbel, Petersilie, Kapern und Zwiebeln

NERFLING ▸ Orfe

NEROLIÖL ▸ Orangenblütenöl

NESPELN ▸ Mispeln

NESSELKRAUT ▸ Brennnessel

NETZ
Das hautartige Bindegewebe von Schlachttieren, das die Organe in der Bauchhöhle zusammenhält, wird zu den essbaren Innereien gezählt. Meist wird das Netz (besonders von Schwein und Lamm) als Hülle für Fleisch- und Wurstwaren verwendet und lässt sich backen, braten oder grillen. Auch Rouladen oder andere gefüllte Fleischstücke werden zum Garen gerne in Schweinenetz gehüllt, da es die Garstücke gut zusammenhält, ohne dass man Spießchen oder Garn verwenden muss. Dafür muss man das Netz vorher aber gut wässern.

NETZBRATEN
Braten aus feinem Brät (meist vom Kalb) in einem Schweinenetz

NETZMAGEN
faltiger Vormagen der Wiederkäuer, Bestandteil der ▸ Kutteln

NETZMELONEN
Unterart der ▸ Zuckermelonen (▸ Melonen)

NETZWÜRSTCHEN
(Crépinettes)
flache Würstchen aus Hackfleisch (von Schlachtvieh oder Geflügel) mit gehackter Petersilie im Schweinenetz

NEUBURGER
Weiße, vermutlich aus Österreich stammende Rebsorte (▸ Wein), die als autochthone Spezialität auf rund 1100 ha fast ausschließlich dort angebaut wird (bis auf kleine Flächen in Osteuropa). Wahrscheinlich handelt es sich um eine spontane Kreuzung von Rotem Veltliner und ▸ Silvaner. Charakteristisch sind das walnussartige Bouquet und die milde Säure.

NEUE DEUTSCHE KÜCHE
Sie wurde von der ▸ Nouvelle Cuisine inspiriert und basiert auf den gleichen Grundsätzen.

NEUENBURGER FONDUE
▸ Fondue Neuchâteloise

NEUFCHÂTEL
In einer großen Vielfalt an Formen und Größen (block-, brot-, laibförmig, rund oder quadratisch), aber immer nach dem gleichen Verfahren hergestellter cremiger Weichkäse (▸ Käse) mit weißem Edelschimmel, der 45 % Fett i. Tr. aufweist. Neufchâtel kommt aus der nördlichen Normandie und trägt den Namen und die AOC eines Marktstädtchens im Pays de Bray, wo er schon seit fast 1000 Jahren produziert wird. Das Herstellungsverfahren entspricht zunächst dem des ▸ Camembert, doch nach dem

Abseihen der Molke wird der Neufchâtel vor der weiteren Reifung noch mit einem bereits reiferen Käse „beimpft" und verknetet. Das verleiht seinem feinen, säuerlich-salzigen Geschmack eine besondere Note. Nahe verwandt mit dem Neufchâtel ist ein anderer Käse aus der Normandie, der ▸ Gournay.

NEUGEWÜRZ ▸ Piment

NEUNAUGEN
(Bricken, Lampreten, Pricken)
Ein appetitliches Aussehen kann man diesen aalähnlichen Wasserbewohnern, die zoologisch zur primitivsten Wirbeltiergruppe, den Rundmäulern, gehören, nicht nachsagen. Zudem sind sie gefährliche Schmarotzer, die sich mit ihrem Saugmund an anderen Fischen festsaugen und ihnen Blut und sonstige Körpersäfte entziehen. Trotz allem: Feinschmecker schätzen die in Küstengewässern und auch Flüssen lebenden Neunaugen bereits seit der Antike als Delikatesse, denn sie sind dem Aal bei gleicher Zubereitung geschmacklich weit überlegen. Mittlerweile kann man Neunaugen eher selten genießen, weil sie zu den bedrohten Arten zählen. Wenn überhaupt, dann stehen Neunaugen heute vor allem noch in Frankreich und Portugal auf traditionellen Speisekarten. In den großen Seen Nordamerikas sind Neunaugen allerdings zur Plage und Bedrohung für die Fischbestände geworden.

NEUSIEDLERSEE
Den 36 km langen und rund 320 qk großen Steppensee im Osten Österreichs umrahmen gleich 2 Einzelanbaugebiete im großen Weinland ▸ Burgenland (▸ Wein). Weingeographisch versteht man unter Neusiedlersee das gesamte Nord- und Ostufer bis zur ungarischen Grenze. Im Volksmund wird das rund 8300 ha große Anbaugebiet auch Seewinkel genannt, weil es sich winkelförmig um den See legt. Das zweite Anbaugebiet mit knapp 4000 ha erstreckt sich am Westufer ebenfalls bis zur ungarischen Grenze im Süden und heißt Neusiedlersee-Hügelland. Vom Neusiedlersee kommen sehr gute Weiß- und Rotweine, eine große Spezialität sind aber die ▸ Süßweine. Nirgendwo sonst auf der Welt findet man großflächig so perfekte Bedingungen zur Bildung der ▸ Edelfäule und zur Erzeugung süßer Weinspezialitäten vor. Dafür sorgt die große Wasserfläche als Wärmespeicher und „Nebelproduzent" und das besondere Klima der pannonischen Ebene.

SCHON GEWUSST?

Mittlerweile sind die edelsüßen Spezialitäten vom ▸ Neusiedlersee bei Weinkennern wieder hoch geschätzt. Lange Zeit jedoch litten die Winzer dort unter dem Glykolskandal von 1985. Damals hatten einige Weinerzeuger ihre Süßweine mit geruchs- und geschmacklosem Diäthylenglykol (einem Frostschutzmittel) versetzt, um ihnen mehr Süße und Körper zu geben. Die Panscherei flog auf und im Jahr darauf schrumpfte der Weinexport der Alpenrepublik auf ein Fünftel der Vorjahresmenge. Trotzdem hatte der Glykolskandal auch eine gute Seite. Österreich erließ ein strenges Weingesetz, das heute Vorbildcharakter hat.

NGO ▸ Rambutan

NICKEL
Einer der für den menschlichen Organismus wichtigen ▸ Mineralstoffe (chemisches Zeichen Ni), der u. a. am Kohlenhydrat-Stoffwechsel beteiligt ist und die Wirkung verschiedener Hormone unterstützt. Nickel ist vor allem in Nüssen, Hülsenfrüchten, Getreide und Getreideprodukten, Gemüse (u. a. Brokkoli) sowie in einigen Fischen (Hecht, Bückling) und Schaltieren (Hummer, Muscheln) enthalten.

NICOISE, À LA ▸ Nizzaer Art

NIEDERWILD
Alles Wild, das bejagt werden kann, im Gegensatz zum vermeintlich edleren ▸ Hochwild, in früheren Zeiten dem Adel aber zu gering war. Zum Niederwild gehören Hase, Kaninchen, Fuchs usw. Der Geschmack von Niederwild galt als ordinär und sein Fleisch als minderwertig, deshalb wurde es gnädig dem gemeinen (niederen) Volk überlassen, daher sein Name.

NIEREN

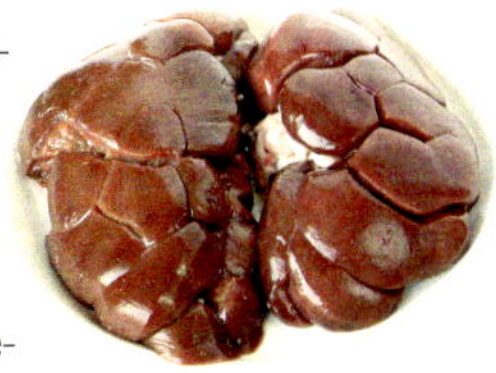

Bei manchen Liebhabern von ► Innereien gelten Nieren (besonders von Kalb, Lamm, Schwein, Rind und sogar Huhn) als besondere Delikatesse. Die wichtigste Aufgabe der Nieren ist die Bildung von Harn und die Ausscheidung von überflüssigen bzw. giftigen Stoffen. Das hat Einfluss auf ihren Geschmack. Selbst nach längerem Wässern (mit Essig) bleibt eine typische Harnnote, die auf viele Menschen abstoßend wirkt. Nieren sollten stets schlachtfrisch sein und von jungen Tieren stammen, dann sind sie am feinsten und am mildesten.

VERWENDUNG: *Häufige Zubereitungsarten für Nieren sind u. a. kurz gebraten, sauer oder als Suppen (vor allem England, Tschechien). Als Ragout kommen sie in Frankreich oft auf den Tisch, in Deutschland als Kalbsnierenbraten und in Italien kennt man Penne mit Nieren. Schweinenieren werden oft geschmort und Rindernieren in Blut- und Leberwürsten verarbeitet. Eine österreichische Spezialität ist Nierndl mit Hirn (vom Kalb).*

NIERENSTÜCK ► Sattel(stück)

NIGELLA ► Schwarzkümmel

NILBARSCH ► Viktoriabarsch

NIOLO

Weichkäse (► Käse) aus Schaf- und/oder Ziegenmilch mit 45 % Fett i. Tr. aus der gleichnamigen Region im Norden der Insel Korsika. Jung schmeckt er mild und sahnig, entwickelt mit der Reife eine pikante Schärfe und wird dann unter dem Namen Calenzana verkauft.

NISPERO ► Sapodilla

NISSLSALAT ► Feldsalat (► Salate)

NITRITPÖKELSALZ

(Pökelsalz)

Leistet wertvolle Dienste bei der Konservierung von Fleisch (► pökeln) und gibt ihm eine appetitlich rote Farbe, wird gesundheits- und ernährungswissenschaftlich aber kritisch gesehen: Nitritpökelsalz besteht zwar zu 99,5 % aus Kochsalz und nur zu 0,5 % aus Natriumnitrit, dennoch ist es mit Vorsicht zu genießen. Nitrite können nämlich durch Bildung der gefährlichen ► Nitrosamine toxische bzw. gesundheitsschädliche Wirkung haben, deshalb sollte man Pökelwaren nicht in zu großen Mengen verzehren und nie hohen Temperaturen (wie beim Grillen) aussetzen (► Pökelfleisch).

NITROSAMINE

Hoch gefährliche, krebserregende Stoffe, die bei der Reaktion von Nitriten und Aminen entstehen. Nitrosamine kommen in einigen Lebensmitteln, wie z. B. Bier, Fischen, Käse, gepökelten Fleisch- und Wurstwaren, direkt vor, im Normalfall jedoch in gesundheitlich unbedenklichen Mengen. Sie können unter bestimmten Voraussetzungen aber bei der Zubereitung von Lebensmitteln (durch starkes Erhitzen, Braten und Räuchern) und vor allem im sauren Milieu, wie es u. a. im menschlichen Magen herrscht, gebildet werden und dann bedenkliche Konzentrationen erreichen. Deshalb wird z. B. dringend davon abgeraten, geräucherte und gepökelte Fleisch- und Wurstwaren auf den Grill zu legen. Grundsätzlich lässt sich sagen, dass der Nitrosamingehalt umso geringer ist je naturnäher und schonender Lebensmittel produziert werden. Im Tierversuch stellten sich Nitrosamine als einer der gefährlichsten krebserregenden Stoffe heraus. Sie greifen die Erbsubstanz des Menschen an und können bei größeren Veränderungen der DNA zu Krebs führen.

NIZAMPERLEN

kleine Kügelchen von ► Tapioka als Einlage für klare Suppen

NIZZAER ART

(nicoise, à la)

1. Garnitur aus mit Knoblauch in Öl geschmolzenen Tomaten (auch Zucchini), Grünen Bohnen und Schlosskartoffeln mit Estragon zu Fleisch oder Geflügel im Bratensaft
2. geschmolzene Tomaten, schwarze Oliven, Kapern und Sardellenfilets zu Meeresfisch

(Nizza: exklusives Seebad an der französischen Riviera)

NIZZA-SALAT

Salatklassiker (▸ Salate) aus Prinzessbohnen, geschälten und entkernten Tomatenvierteln, gekochten Kartoffeln, entsteinten Oliven, Sardellenfilets und Kapern in Essig-Öl-Sauce

NOCKEN

(Nockerl)

Runde oder längliche Klößchen, die aus Mehl, Grieß usw., Eiern und Butter (teils auch Wasser und Milch) sowie geschmacksgebenden Zutaten hergestellt werden. Nocken können pikant oder süß sein, werden mit dem Löffel abgestochen und geformt und meist in Salzwasser gegart. Sie sind vor allem aus der süddeutschen, österreichischen, ungarischen und slowenischen Küche bekannt. Nocken können Suppeneinlage (▸ Grießnocken), Beilage, Haupt- oder Süßspeise (▸ Salzburger Nockerl) sein.

NOILLY PRAT

Aufwendiger im Herstellungsverfahren und aromatischer als die Konkurrenzprodukte: Der französische Noilly Prat gilt als der feinste ▸ Wermut. Er trägt den Namen der beiden Männer, mit dem seine Erfolgsgeschichte verknüpft ist: Joseph Noilly, der bereits um 1800 das Rezept entwickelte, und Claudius Prat, der 1843 in die 30 Jahre zuvor gegründete Firma einstieg und den Wermut zur Marke machte. Basis des Noilly Prat sind zwei alte Weißweinreben aus dem südfranzösischen Département Herault, nämlich Clairette und Picpoul de Pinet. Die besondere Qualität von Noilly Prat hat zwei Gründe: die Zusammensetzung der insgesamt 20 verschiedenen Kräuter, die angeblich aus vier Kontinenten stammen sollen, und den Produktionsprozess. Noilly Prat ist ein beliebter Aperitif, der mit Zimmertemperatur oder kalt getrunken werden kann – aber nie mit Eis, das wäre für Kenner ein wahres Sakrileg. In der feinen Küche gibt er vielen Saucen und Süppchen eine raffinierte Note.

Schon gewusst?

Die Grundweine für ▸ Noilly Prat werden zunächst getrennt in 600 l fassenden Eichenholzfässern ein Jahr lang unter freiem Himmel gelagert, wobei sie Wind und Wetter ungeschützt ausgesetzt sind, dabei verdunsten bis zu 10 % der Weine. Nach dem Umfüllen in große Fässer (auf überdachten Lagerflächen) reifen sie weitere zwei Jahre. Erst dann werden sie zu einer Cuvée verschnitten und Traubensaft, Weinalkohol, Obstdestillate und der Kräutermix zugegeben.

NOISETTE

1. französischer Name für die Haselnuss und Bezeichnung für eine beliebte Schokolade
2. kleine Fleischscheibe aus dem Rücken bzw. dem Filet, vor allem von Kalb, Lamm und Reh

NÖKKELOST

Norwegischer Schnittkäse aus Kuhmilch, der mit Nelken gewürzt ist. Nökkelost hat 45 % Fett i.Tr. und reift 3 Monate. Die Skandinavier brachten ihn im 17. Jh. aus Holland mit. Zu jener Zeit besaß die holländische Stadt Leiden das Gewürzmonopol in Westeuropa und so trägt der Nökkelost auf seiner Rinde noch heute einen Stempel mit den zwei gekreuzten Schlüsseln aus dem Wappen der Stadt.

NONNENFÜRZLE

Dahinter verbirgt sich nichts Anrüchiges, sondern ein typisch schwäbisches Schmalzgebäck aus Brandmasse. Nonnenfürzle werden mit Teelöffeln zu Nocken geformt, in Fett goldgelb ausgebacken und noch heiß in Puderzucker gewälzt. Dazu gehört Schlagsahne. Manche Varianten werden nach dem Backen mit Creme oder Konfitüre gefüllt.

Schon gewusst?

Eigentlich müssten die ▸ Nonnenfürzle richtig Nonnenfürtchen heißen. Der lautmalerische Begriff leitet sich nämlich nicht von den „Winden" der Nonnen ab, sondern kommt vielmehr vom mittelhochdeutschen „nunnenkerfurt", was so viel bedeutet wie „von Nonnen gemacht". Einer der netten Geschichten nach entstand der Name, als ein alter Domherr mit Nonnen speiste und sich aus einem Topf mit den dampfenden Kräpflein das größte herausfischte und dabei mit einem Augenzwinkern sagte: „Ich nehme das von der Mutter Oberin ..."

NONPAREILLES
1. die kleinsten und feinsten ▸ Kapern
2. besonders kleine, auch Streukügelchen genannte ▸ Liebesperlen zum Bestreuen und Verzieren von Gebäck, Schokolade usw.

NORDAMERIKANISCHER WASSERREIS ▸ Wildreis

NORDISCHER SALAT
(norwegischer Salat)
Salat aus in feine Streifen geschnittenem gekochten Rindfleisch, Bücklingen, gekochten, Roten Rüben und Äpfeln in Essig-Öl-Sauce, garniert mit Sardellenfilets

NORDSEEGARNELEN
▸ Sandgarnelen (▸ Garnelen)

NORDSEEKRABBEN
fälschlicherweise manchmal für ▸ Sandgarnelen (▸ Garnelen) verwendetes Synonym

NORIBLÄTTER

Getrocknete und geröstete Blätter der wichtigsten Algenart (▸ Algen) der japanischen Küche (Nori), mit denen u. a. ▸ Sushi umwickelt werden. Die Algen werden vor allem in Japan (wo sie einen bedeutenden Wirtschaftszweig darstellen) und Korea eigens zu ihrer küchentechnischen Verwertung angebaut. Streifig geschnitten oder zerkrümelt sind die dunkelgrünen, quadratischen und papierartigen Blätter auch Bestandteil von verschiedenen japanischen Gewürzmischungen für Fischgerichte, Suppen, Salate, Omlettes. Noriblätter können zu Tüten gerollt und mit Fisch, Reis oder Gemüse gefüllt werden. Koreanisches Nori ist dem japanischen in der Qualität gleichwertig, bei uns im Handel aber meist günstiger.

NORMANNISCHE ART
(normande, à la)
Garnitur aus Austern, Miesmuscheln, Krebsen, Garnelenschwänzen, frittierten Fischchen, Champignons und Trüffeln zu Meeresfischen (Normandie: Region in Nordfrankreich am Ärmelkanal, früher Heimat der Normannen)

NORMANNISCHE SAUCE
(Sauce normande)
weiße Fischgrundsauce mit Champignonfond, gebunden mit Eigelb, Butter und Schlagsahne, zu Meeres- und Süßwasserfischen

NORWEGISCHE ART
(norvégienne, à la)
1. mit einem Püree aus Räucherlachs gefüllte Gurken oder mit Garnelenmousse gefüllte Hälften von hart gekochten Eiern zu kaltem Fisch oder Krebstieren (meist in Gelee)
2. Blätterteigschnitten mit einer Füllung aus Sardellen bzw. Sardellenbutter zu verschiedenen warmen Fischen

NORWEGISCHER SALAT
▸ nordischer Salat

NOUGAT ▸ Nugat

NOUVELLE CUISINE
Eine geradezu revolutionäre Entwicklung in der Kochkunst war die Entstehung der „neuen Küche", die mit vielen Traditionen brach und neue Wege besritt. Kürzere Garzeiten, „leichtere" und besser verdauliche Saucen und Gerichte (zucker- und salzärmer, weniger Fett, aber mehr Kräuter und Gewürze), ausschließlich frische Zutaten, stärkere Einbeziehung regionaler Produkte (natürlich nur von bester Qualität) und Abkehr von der klassischen Menüfolge waren und sind ihre wichtigsten Attribute. Gleichzeitig wurde das Anrichten der Speisen auf dem Teller zur Kunst erhoben.

Der Begriff der Nouvelle Cuisine wurde erst 1973 geprägt, als Henri Gault und Christian Millau (Gault Millau) in ihrem Feinschmecker-

SCHON GEWUSST?

Für den Schöpfer der ▸ Nouvelle Cuisine wird oft der „Jahrhundertkoch" Paul Bocuse, geboren 1926 in Collonges-Mont-d'Or nahe Lyon, gehalten. In Wirklichkeit gehen ihre Wurzeln aber noch weiter zurück zu dessen Lehrmeister Fernand Point (1897–1955), einst berühmter Patron des legendären „La Pyramide" in Vienne südlich von Lyon. Bocuse und andere später prominente Schüler entwickelten lediglich weiter, was sie beim „Altmeister" gelernt hatten.

magazin gemeinsam jubelten: „Vive la nouvelle cuisine française". Die Wurzeln der „neuen Küche" gehen aber viel weiter zurück. Im Laufe der Jahrzehnte konnten dabei naturgemäß auch manche Auswüchse nicht ausbleiben – z. B. Miniportiönchen, bei denen man selbst in einem mehrgängigen Menü nicht satt wurde, Kreativität um jeden Preis mit Kombinationen nach dem Motto je verrückter desto besser, „abgehobene" Speisekartentexte oder Gerichte, bei denen der Genuss für das Auge weit größer war als der für den Gaumen. Doch wie nicht anders zu erwarten, hat sich auf Dauer die „goldene Mitte" als richtiger Weg erwiesen. Aus der Nouvelle Cuisine hat sich die ▸ Neue Deutsche Küche entwickelt.

NOVEL FOOD

Moderne Bezeichnung für sogenannte neuartige Lebensmittel, die bislang noch nicht in nennenswertem Umfang Bestandteil der Nahrung sind und für die strenge Zulassungsvorschriften und Kennzeichnungspflicht bestehen. Der Umgang mit ihnen ist in der Novel-Food-Verordnung der EU von 1997 geregelt, unter die Lebensmittel und Lebensmittelzutaten vor allem dann fallen, wenn sie

- eine neue bzw. gezielt veränderte Molekularstruktur aufweisen,
- aus Mikroorganismen, Pilzen oder Algen bestehen bzw. aus diesen isoliert wurden,
- aus Pflanzen bestehen bzw. aus Pflanzen oder Tieren (nur für Lebensmittelzutaten) isoliert wurden,
- ihre Zusammensetzung bzw. Struktur bei der Herstellung bzw. Verarbeitung nach einem nicht allgemein üblichen Verfahren verändert haben.

Früher wurden unter Novel Food auch gentechnisch veränderte Lebensmittel eingereiht. Für ▸ Genfood gibt es seit 2004 aber eine eigene EU-Verordnung.

NUDELN

Der weltweite „Bestseller" unter den ▸ Teigwaren ist möglicherweise das älteste aller ▸ Konvenienzprodukte, das schon seit Tausenden von Jahren von Menschen kochfertig hergestellt wird. Die klassische Nudel besteht aus Weizengrieß oder -mehl, Wasser und Salz. Weitere farb- und geschmacksgebende Zutaten können z. B. Spinat, Tomaten, Safran oder Sepiatinte (▸ Tintenfische) sein. Neben einer sorgfältigen Herstellung ist vor allem die Qualität des Weizens (je härter desto besser) für die Qualität der Nudel – und wie gut sie sich „al dente", also bissfest, kochen lässt – entscheidend. Bei Verwendung von Weich- oder Saatweizen müssen dem Nudelteig Eier als Bindemittel beigemischt werden, damit er die nötige Festigkeit bekommt. Weil Hart- oder Durumweizen mehr Sonne benötigt, gibt es vor allem in nördlicheren Gefilden die sogenannten Eiernudeln aus Weichweizen – eine Bezeichnung, die im Nudelland Italien, auch in der Übersetzung, ein Fremdwort ist. Bei der Nudelherstellung wird der Teig dünn ausgerollt, in Formen geschnitten und getrocknet. Fertig ist ein lange haltbares Konvenienzprodukt, das bei Bedarf nur noch in heißem Salzwasser gekocht werden muss. Ursprünglich hatten Nudeln immer die Form feiner Streifen oder breiter Bänder, mittlerweile gibt es sie in großer Formenvielfalt. Die unumstrittenen Weltmeister in Sachen „Nudeldesign" sind die Italiener. Ihre heiß geliebte ▸ Pasta hat als trendige Bezeichnung längst auch in Deutschland die gute alte Nudel zumindest zum Teil ersetzt.

NUDELN, GRIECHISCHE

▸ Kritharaki

NUGAT

(Nougat)

Produkt der Konfiserie, das nach dem Grundrezept zu gleichen Teilen aus gerösteten Mandeln und/oder Haselnüssen (teils auch Pistazien) sowie karamellisiertem Zucker und Kuvertüre in unterschiedlicher und dem Verwendungszweck angepasster Menge besteht. Nugat gibt es in vielen Varianten als Süßware, Füllung oder Garnitur von Kuchen, Torten und Pralinen, Bestandteil von Desserts usw. So genannter Brauner Nugat wird mit Zitronensaft aromatisiert und heißt dann Pariser Nugat. Eine besonders feine Art von Nugat wird im italienischen Piemont hergestellt und ist unter dem Namen ▸ Gianduja bekannt. Der aus ganz anderen Zutaten hergestellte Weiße Nugat ist eine berühmte und bei uns meist als ▸ Türkischer Honig angebotene Spezialität aus der Stadt Montélimar im französischen Rhonetal.

NULLDIÄT

(Crashdiät)

Eine radikale Fastenkur, vor der nur gewarnt werden kann. Ganz davon abgesehen, dass der Verzicht auf feste Nahrung und die ausschließliche Ernährung mit kalorienfreien Flüssigkeiten sowie eventuell Nahrungsergänzungsmitteln nicht gesund für den Körper ist, führt die Nulldiät zwar zu einem raschen Gewichtsverlust, auf Dauer aber genau zum Gegenteil. Der Körper stellt seinen Stoffwechsel nämlich auf den Nahrungsentzug ein und kocht sozusagen auf Sparflamme. Sobald man nach der Diät wieder normal isst, setzt der gefürchtete Jo-Jo-Effekt ein: Jetzt legt sich der Körper, der aus der Vergangenheit gelernt hat, umso schneller und stärker Fettreserven an, um für die nächste „Hungersnot“ gewappnet zu sein.

NUOC MAM

(Nam Pla)

Was den Chinesen ihre Sojasauce und den Amerikanern ihr Ketchup, ist den Vietnamesen ihr Nuoc Mam. Die Fisch- und Würzsauce ist zwar auch in anderen asiatischen Ländern (z. B. in Thailand als Nam Pla oder auf den Philippinen als Patis) bekannt, aber nur in Vietnam ist sie in Gedichten und Volksliedern besungene Nationalkultur und in der Küche allgegenwärtig. Dort ist sie ein Gewürz, wie bei uns Salz. Zusammen mit Limettensaft, Wasser, Knoblauch und Chilis wird aus der salzigen Fischsauce ein Dip für praktisch alles Essbare, was sich in Stücken eintunken lässt. Für die Herstellung werden kleine Fische (manchmal auch Krebstiere) gesalzen, anschließend lässt man sie mehrere Wochen bis Monate in offenen Gärbottichen aus Holz – der Sonne ausgesetzt – fermentieren. Weitere Zutaten sind etwas Mehl und enzymreiche Früchte wie Ananas oder Papaya zur Beschleunigung der Fermentation. Die Flüssigkeit wird einmal abgezogen, wieder auf die Fischmasse geschüttet und nach einigen weiteren Monaten Fasslagerung in Flaschen abgefüllt. Qualität und Feinheit des Nuoc Mam, das es auch in Pulver- oder Pastenform gibt, werden von den verwendeten Fischen und dem Holz der Fässer bestimmt.

NÜRNBERGER BRATWÜRSTE

Traditionelle Brühwürstchen aus der Frankenmetropole, die aus Schweinefleisch (seltener Kalb- oder Rindfleisch) und Brät hergestellt und u. a. mit Majoran, Ingwer, Kardamom, Muskatblüte gewürzt werden. Sie werden über dem mit Buchenholz geschürten offenen Feuer auf dem Grill gebraten, deshalb heißen sie eigentlich Rostbratwürstl. Man erhält sie landauf und landab, aber nur wenn sie aus Nürnberg kommen, dürfen sie sich „Original Nürnberger Rostbratwürste“ nennen.

NÜRNBERGER LEBKUCHEN

Bereits seit dem Jahre 1927 als Herkunftsbezeichnung geschützt, haben die Nürnberger Lebkuchen seit 1996 auch EU-weit eine sogenannte „geschützte geografische Angabe“. Sie bestehen aus Nüssen (vor allem Mandeln,

SCHON GEWUSST?

Der Anfang der Lebküchnerei dürfte auf fränkische Klosterbrüder im Mittelalter zurückgehen. Das älteste schriftliche Rezept für Nürnberger Lebkuchen stammt aus dem 16. Jh. Es wird im Germanischen Nationalmuseum aufbewahrt.

Nüsse: Viel mehr als eine Knabberei

Schwierige Rätsel oder Denkaufgaben werden im Volksmund häufig als „harte Nuss" bezeichnet, weil sie wie Nüsse nicht leicht zu „knacken" sind. Wissenschaftlich betrachtet ist auch die Botanik der beliebten Schalenfrüchte eine ausgesprochen „harte Nuss". Denn im rein botanischen Sinn sind die meisten gängigen Nuss-Sorten „Mogelpackungen" – allerdings überaus leckere und in der Küche vielseitig einsetzbare.

NICHT JEDE NUSS IST AUCH EINE

Nach der korrekten botanischen Definition sind Nüsse trockene Schließfrüchte mit einer holzigen Fruchtwand, die in der Regel einen (selten auch zwei) Samen umhüllt und sich nicht öffnet, um den Samen auszustreuen. Alle drei Schichten der Frucht – das Exokarp (äußere Schicht), das Mesokarp (mittlere Schicht) und das Endokarp (innere Schicht) – müssen dabei miteinander verwachsen sein. Diese strengen Kriterien erfüllen nur die wenigsten der als Nüsse bezeichneten Früchte.
Von den bekannten Nüssen sind unzweifelhaft nur ▸ Haselnüsse, ▸ Maroni und ▸ Bucheckern echte Nüsse. In Bezug auf ▸ Cashewnüsse, ▸ Macadamianüsse, ▸ Paranüsse und ▸ Pistazien sind sich selbst die Botaniker nicht immer ganz einig; die einen beschreiben sie als echte Nüsse, die anderen als Kapsel- bzw. Steinfrüchte. Diese botanische Einordnung gilt auch für andere beliebte Nüsse wie ▸ Kokosnüsse, ▸ Walnüsse, ▸ Pekannüsse oder ▸ Mandeln. Völlig aus der Art schlagen ▸ Erdnüsse, denn sie gelten botanisch als ▸ Hülsenfrüchte.

DIE NUSS ALS HANDELSPRODUKT

Ungeachtet solcher botanischer Feinheiten werden handelsüblich und für den Küchengebrauch alle Früchte mit einer harten, verholzten Schale und einem Kern (Samen) im Inneren als Nüsse bezeichnet. Die Unterschiede in der Qualität können dabei – je nach Herkunft – groß sein. Die richtige Wahl ist allerdings schwierig, weil es für Nüsse im Gegensatz zu anderen Früchten weder feste EU-Vermarktungsnormen noch deutsche Handelsklassen gibt. Gerade bei abgepackter Ware kommt das böse Erwachen oft erst zu Hause beim Geschmackstest.
Beim Einkauf sollte man deshalb auf einwandfreie Ware achten und von schimmeligen oder ranzigen Nüssen auf jeden Fall die Finger lassen. Sie können mit gesundheitsschädlichen Stoffen belastet sein, allen voran die so genannten Mykotoxine (Schimmelpilzgifte). Zu diesen zählen auch die Aflatoxine, die in den letzten Jahren als krebserregend und erbgutschädigend besonders in Verruf geraten sind.

ERNÄHRUNGSPHYSIOLOGISCH WERTVOLL

Nüsse sind auf der ganzen Welt nicht nur eine beliebte Knabberei, sondern spielen in den Küchen ihrer jeweiligen Herkunftsregionen oft eine wichtige Rolle als Bestandteil einer ausgewogenen Ernährung. Im Vergleich dazu nimmt sich der Nusskonsum der Deutschen mit durchschnittlich 4 kg pro Kopf und Jahr (wobei ▸ Erdnüsse in der Beliebtheitsskala ganz oben stehen) nach wie vor sehr bescheiden aus.
Das kommt auch daher, dass Nüsse bei uns ernährungsphysiologisch lange Zeit einen schlechten Ruf als Fett- und Kalorienbomben hatten, die nur dick machen. Nach neueren Studien sind die Nüsse trotz ihres unbestritten sehr hohen Fettanteils zwischen 40 und 70 % im Ansehen deutlich gestiegen. Sie haben nämlich einen besonders hohen Anteil an wertvollen mehrfach ungesättigten Fettsäuren und bieten einen hochwertigen Mix aus weiteren wichtigen Nährstoffen. Am besten kommen ihre Vorzüge zur Geltung, wenn sie in der Küche verarbeitet und nicht pur geknabbert werden (Näheres dazu unter den jeweiligen Stichworten der Nusssorten).

Hasel- und Walnüssen), Honig, Mehl, Zucker, Eiern, Orangeat und Zitronat, Marzipan (bzw. Persipan) und Gewürzen (in erster Linie Kardamom, Macis, Koriander, Nelken, Anis, Ingwer, Piment und Zimt). Oft werden sie auf ▸ Oblaten gesetzt, damit sie beim Backen nicht am Blech kleben bleiben und einige mit Zuckerguss überzogen. Heute sind die Nürnberger Lebkuchen weltbekannt und für viele Menschen zum Synonym für dieses typische Weihnachtsgebäck geworden. Eine besondere Spezialität mit hochwertiger Zusammensetzung sind die ▸ Elisenlebkuchen.

NUSS
1. fachlich korrekt als ▸ Kugel bezeichnetes Fleischstück aus der Keule von Rind oder Kalb
2. trockene Schließfrucht ▸ Nüsse

NUSSBUTTER
1. frisch gemahlene bzw. geraspelte Nusskerne mit Butter vermengt und durch ein Sieb gestrichen, z. B. Haselnuss-, Mandelbutter usw.
2. Butter, die in einer Pfanne leicht gebräunt und anschließend gefiltert wird; zum Aromatisieren von beispielsweise Pfannkuchen

NUSSCREME
1. Creme aus Milch, Zucker, Gelatine und Sahne mit zerkleinerten Nüssen (geröstet oder natur) wie Mandeln, Walnüssen, Maroni usw.

2. Brotaufstrich aus gemahlenen Nüssen und weiteren Zutaten. Dazu gehört auch ▸ Erdnussbutter, die bei uns unter dieser Bezeichnung allerdings nicht in den Handel kommen darf, da der Begriff „Butter" für Molkereiprodukte reserviert ist.

NÜSSE
Handelsübliche Bezeichnung für Schalenfrüchte mit einem essbaren Kern, die oft auch anderen botanischen Gattungen als den Nüssen angehören (▸ Seite 392).

NUSSKARTOFFELN ▸ Pariser Kartoffeln

NUSSKIPFERL
österreichische Blätterteighörnchen, mit einer Füllung aus Nusskernen, Milch, Honig und abgeriebener, unbehandelter Zitronenschale

NUSSKUCHEN
in einer Kasten- oder Springform gebackener Rührkuchen mit gemahlenen Nusskernen

NUSSÖLE
aus verschiedenen Nuss-Sorten gewonnene Öle, z. B. Erdnuss- oder Walnussöl

NUSSPASTE
nugatähnliche Rohmasse aus geschälten Nusskernen und Zucker

NUSSSCHINKEN
sehr magerer gepökelter und warm geräucherter ▸ Schinken aus der hinteren Schweinekeule ohne Knochen und Speck

OBATZTER

(Obatzta)

„Angemachter“ oder auch „Vermischter“ heißt frei ins Hochdeutsche übersetzt diese bayerische Käsespezialität, die aus reifem Camembert oder Doppelrahmfrischkäse, weicher Butter, fein gehackten Zwiebeln, Kümmel, Paprikapulver, Salz, Pfeffer und einem Schuss Bier (manche schwören auf Weißbier) gemischt wird. Je nach regionaler Variante und Geschmack, können auch andere weiche Käsesorten (z. B. Limburger) verwendet werden. Obatzter ist eine „urbayerische“ Brotzeit, die gern zu Bier und im Biergarten gegessen wird.

OBERRÜBEN ▸ Kohlrabi

OBERS

in Teilen Süddeutschlands und in Österreich gebräuchliche Bezeichnung für süße ▸ Sahne

OBERSCHALE

besonders gut als Bratenstück und für Rouladen geeigneter Teil aus der Keule von Schlachttieren (vor allem beim Rind)

OBERSKREN

vor allem in Österreich gerne zu gekochtem Rindfleisch (mit Äpfeln auch zum ▸ Tafelspitz) gereichte Sauce aus Schlagsahne oder Milch, Mehl, Butter, Zucker, Salz und Meerrettich

OBLATEN

Dünne runde Dauerbackwaren aus ungesäuertem Teig (meist Weizen), die ohne Zusatz von Backtriebmitteln hergestellt werden. Oblaten werden zwischen zwei heißen Platten im Oblateneisen gebacken und als Unterlage für Gebäck verwendet, das selbst keinen stabilen Boden hat – z. B. Leb-, Honig- und Pfefferkuchen oder Makronen. In diesem Fall heißen sie Back- oder Tafeloblaten, im Gegensatz zu gefüllten Spezialitäten wie den ▸ Karlsbader Oblaten.

Schon gewusst?

In der katholischen und anglikanischen Liturgie und Eucharistie werden ▸ Oblaten als Hostie verwendet – also als das Brot, das bei der Wandlung nach katholischer Lehre zum Leib Christi wird. Zur Verwendung von Oblaten statt normalem Brot ging man in der westlichen Kirche im 11. Jh. über, in Anlehnung an das ungesäuerte Brot (▸ Matze) des jüdischen Pessach- oder Paschafestes. Von ihrer Rolle in der Eucharistie haben die Oblaten auch ihren Namen, abgeleitet vom lateinischen „oblata“ = „Opfergaben“.

OBST

Sammelbezeichnung für alle ▸ Früchte (ob kultiviert oder wild gewachsen), die bereits roh und nicht erst nach industrieller und küchentechnischer Auf- und Zubereitung für den Menschen essbar sind. Obst wird in 4 große Gruppen unterteilt: ▸ Kernobst (z. B. Äpfel, Quitten, Hagebutten), ▸ Beeren (z. B. Erd-, Heidel- und Himbeeren) oder Beerenobst, ▸ Steinobst (z. B. Aprikosen, Kirschen, Pflaumen) und ▸ Schalenobst (z. B. alle Arten von Nüssen und Kernen). Eine immer größere Palette an bunten Obstsorten kommt neben dem heimischen Obst aus tropischen und subtropischen Regionen nach Europa. Sie werden oft auch als ▸ Süd- oder exotische Früchte bezeichnet. Eine weitere Obstart sind die ▸ Zitrusfrüchte. In der Küche findet Obst vielfältig Verwendung, Näheres dazu unter den Stichworten einzelner Früchte. Generell enthält Obst – von Nüssen und Trockenobst einmal abgesehen – wenig Kalorien, ist aber reich an wertvollen Vitaminen und Mineralstoffen. Damit spielt es bei einer ausgewogenen Ernährung eine wichtige Rolle.

OBSTBANANEN

(Süßbananen)

Wenn Europäer von ▸ Bananen sprechen, sind immer Obst- oder Süßbananen gemeint, das ist aber nur eine von drei großen Bananenarten.

OBSTBRAND

Im Sinne des Wortes jeder ▸ Branntwein (▸ Spirituosen), der aus alkoholischer Gärung und Destillation von frischem Obst bzw. des Mostes oder der Maische daraus hergestellt wird. Der gesamte Alkohol muss dabei aus dem Zucker in der Frucht stammen und deren typisches Aroma erhalten bleiben. Damit sind Obstbrände so genannte ▸ Edelbrände und haben einen Mindestalkoholgehalt von 38 Vol.-% bzw. 40 Vol.-% (mit geschützter Herkunftsbezeichnung wie u. a. Schwarzwälder Kirschwasser). Als Verkehrsbezeichnung ist Obstbrand jenen Bränden vorbehalten, die aus mehreren Obstarten (z. B. Äpfel und Birnen) hergestellt sind. Die traditionelle Bezeichnung dafür ist Obstler. Bei Obstbränden nur aus einer Frucht ist diese in der Regel dem „...brand" (oft auch „...wasser") vorangestellt wie beim Kirschbrand/-wasser oder Pflaumenbrand. Manchmal steht der Name der Frucht auch allein auf dem Etikett (z. B. Kirsch, Williams).

OBSTESSIG

Nach korrekter Definition ein aus vergorenen Fruchtmosten bzw. Obstweinen hergestellter ▸ Essig, der meist nur einen geringen Säureanteil von 5 % hat. Er entsteht durch Bakterien, die den Alkohol in Essigsäure umwandeln. Der populärste Obstessig ist der ▸ Apfelessig. Teilweise wird auch mit Obst aromatisierter Weißweinessig als Obstessig bezeichnet.

OBSTGEIST

Nicht jedes Obst eignet sich zur Herstellung von ▸ Obstbrand, doch mit einem anderen Verfahren kann daraus ebenfalls ein Branntwein entstehen: Obstgeist. Früchte (wie z. B. Brom-, Him- und Johannisbeeren), die bei Maischegärung eine zu geringe Alkoholausbeute versprechen bzw. deren Aroma zu stark verändert würde, werden mit hochprozentigem Alkohol versetzt und nach längerem Einwirken destilliert. Diese Branntweine tragen den Namen der Frucht mit dem Zusatz „...geist" (z. B. ▸ Himbeergeist). Obstgeiste sind oft nur ein Zwischenprodukt zur Verfeinerung von Likören.

OBSTKRAUT

(Birnenkraut)

stark eingedickter Saft von Äpfeln (▸ Apfelkraut) und/oder Birnen als Brotaufstrich oder Süßungsmittel als Ersatz für Zucker

OBSTKUCHEN

Kuchen aus Teigen und Massen, die auf dem Blech oder in der Springform gebacken werden und eines gemeinsam haben: einen Belag, eine Füllung oder einen Aufstrich aus Früchten. Bei nur einer Obstsorte ist deren Name dem „...kuchen" vorangestellt, also z. B. Erdbeerkuchen.

OBSTLER

traditionelle deutsche Bezeichnung für einen ▸ Obstbrand aus mehr als einer Obstsorte

OBSTSALAT

Für Auge und Gaumen eine kunterbunte Mischung verschiedener frischer Früchte, die in Stücke geschnitten und je nach Geschmack mit mehr oder weniger Zucker und /oder Honig gesüßt werden. Die Zusammensetzung wird in erster Linie durch die Jahreszeit bestimmt. Klassische Mischungen enthalten vor allem Äpfel, Birnen, Orangen, Bananen, Weintrauben, Ananas und Mandarinen. Wer es exotischer mag, kann Obstsalate mit weiteren Südfrüchten (z. B. Mango, Kiwi oder Papaya) anreichern und auch Beeren sowie Rosinen und Nüsse sind beliebte Zutaten. Für den letzten geschmacklichen „Kick" kann ein Schuss Likör oder Höherprozentiges sorgen. Etwas Zitronensaft gibt zusätzliche Frische und schützt manche Obstsorten vor dem Braunwerden.

OBSTWEIN

Nur 1,2 Vol.-% Alkoholgehalt als Minimum genügen, dann darf sich ein durch alkoholische Gärung von Saft oder Maische aus dafür geeigneten Obstsorten hergestelltes Getränk „...wein" nennen. Meist ist der Name der Frucht vorangestellt. Obstwein kann u. a. aus Kernobst (Birnen, Quitten usw.), Steinobst (Zwetschgen, Marillen usw.) und Beeren (Johannisbeeren, Holunder usw.) gekeltert werden. Besonders populär ist ▸ Apfelwein (in Frankreich ▸ Cidre, in England Cider, in Hessen Äppelwoi). Absolut naturrein ist so genannter „Obstmost aus traditioneller Herstellung“; er enthält weder Wasser, Süßungsmittel (wie Zucker oder Fruchtsaftkonzentrat) und Farbstoffe noch sonstige Zusätze. Als Obstdessertwein wird ein mit Alkohol, Zucker oder Fruchtsaft versetzter Obstwein mit 13–22 Vol.% Alkohol bezeichnet. Obstperlwein muss mindestens 5 Vol.-% Alkohol und 1–2,5 bar Kohlensäure-Überdruck haben, Obstschaumwein mindestens 3 bar.

SCHON GEWUSST?

Nach der Definition von ▸ Obstwein fiele im Prinzip auch aus Trauben gemachter ▸ Wein darunter. Doch im Sinne des Gesetzes zählen Weintrauben – wenn es um die Weinherstellung geht – nicht zum Obst. Das hat gute Gründe: Obstwein ist in Bezug auf Aroma, Geschmack, Inhaltsstoffe, Langlebigkeit, Aufwand bei der Produktion, kulturgeschichtliche und wirtschaftliche Bedeutung nicht mit „echtem“ Wein zu vergleichen.

OCHSE

Kastriertes männliches Rind, das ursprünglich nur deshalb „entmannt“ wurde, um es als Arbeitstier gefügiger zu machen. Erst mit der Zeit hat man entdeckt, dass der Verlust von Männlichkeit und fleischlicher Lust auch kulinarisch ein Gewinn ist. Ochsenfleisch wird nämlich dafür geschätzt, dass es besonders feinfaserig, zart und saftig ist. Alle Fleischteile bis einschließlich dem ▸ Ochsenschwanz lassen sich für Metzgerei und Küche verwerten.

OCHSENAUGEN

1. kleines Gebäck aus Mürbteig mit einer roten Konfitürenfüllung in der Mitte
2. manchmal auch eine volkstümliche Umschreibung für ▸ Spiegeleier

OCHSENGURGELN

traditionelles altbayerisches Schmalzgebäck in Form von kleinen Krapfen aus Brandmasse

OCHSENMARK

das für kulinarische Zwecke verwertbare ▸ Rückenmark (▸ Knochenmark) des Ochsen, wegen der BSE-Gefahr heute häufig verschmäht

OCHSENMAUL

(Maulfleisch)

Bezeichnung für Rindfleisch, das aus Mäulern und Gaumen von Rindern (nicht nur Ochsen) stammt. Wegen der Rinderseuche BSE gilt der Kopf von Rindern als Risikomaterial, weshalb Ochsenmaul nur von Tieren aus BSE-freien Ländern uneingeschränkt verwertet werden darf. Die Verarbeitung des durchwachsenen und an Bindegewebe reichen Fleisches ist aufwendig. Ochsenmaul muss – oft nach vorherigem Pökeln – überbrüht, von Haut befreit und mehrere Stunden gekocht werden, um es weich und genießbar zu machen. Fein geschnitten kann es dann für ▸ Ochsenmaulsalat, Sülzen, Ragouts und Würste verwendet werden.

OCHSENMAULSALAT

Vor allem in Süddeutschland und Österreich bekannter Salat aus dem gepökelten Maulfleisch vom Rind (nicht nur vom Ochsen), das in feine Scheiben oder Streifen geschnitten und mit einer einfachen Vinaigrette aus Weißweinessig und neutralem Pflanzenöl angemacht wird. Dazu gibt man noch reichlich Zwiebeln, Stückchen von Gewürzgurken oder Kapern sowie, je nach Geschmack, Kräuter, Salz und Pfeffer. Serviert wird Ochsenmaulsalat traditionell mit Bratkartoffeln oder Brot. Wenn er als Handelsware angeboten wird, sollte er nach den Leitsätzen des Deutschen Lebensmittelbuches zu mindestens 50 % aus Rindermaul bestehen.

OCHSENSCHWANZ

Egal ob der Schwanz am Hinterteil eines männlichen, weiblichen oder kastrierten Rindes gewedelt hat: Bei der Verwertung in der Küche bleibt er ein Ochsenschwanz. Sein kerniges, im Geschmack kräftiges Muskelfleisch lässt sich grillen, braten, panieren und schmoren. Gut eignet es sich für Ragouts und Suppen (▸ Ochsenschwanzsuppe), eine geschmorte Spezialität ist Ochsenschwanz auf Italienisch mit Zwiebeln, Karotten, Staudensellerie, Knoblauch, Petersilie, Speck, Weißwein und Tomatenmark. Ochsenschwanz ist meist nur auf Vorbestellung erhältlich.

OCHSENSCHWANZSUPPE

Suppenklassiker aus klarer oder gebundener Brühe mit Stückchen von Ochsenschwanz und Rindfleisch sowie Gemüse (z. B. Lauch, Karotten, Knollensellerie) und würzenden Zutaten wie u. a. Zwiebeln, Tomatenmark, Rotwein, Madeira, Lorbeerblatt, Thymian, Cayennepfeffer

OCHSENZÄHNE

traditioneller Eintopf aus Thüringen, bestehend aus fettem Schweinefleisch, Weißen Bohnen und Zuckerrübensirup als Hauptzutaten

OCHSENZUNGEN

1. Auch Schuhsohlen genanntes ovales, in der Form an Sohlen oder Zungen erinnerndes Blätterteiggebäck, das mit Puderzucker bestreut gebacken (anschließend manchmal mit Schlagsahne und Preiselbeerkonfitüre gefüllt) wird.
2. Eine Pflanzengattung aus der botanischen Familie der Raublattgewächse, die aus etwa 50 in Europa, Nord- und Südafrika heimischen Arten besteht. Sie blühen sehr lange und sind eine wichtige Nahrungsquelle für Bienen.

ÖCHSLE(GRADE)

Gehört haben schon viele davon, die wenigsten wissen aber genau, was sich dahinter verbirgt. Öchslegrade, kurz Öchsle bzw. °Oe, sind ein Fachbegriff aus der Weinherstellung und die Maßeinheit für das so genannte Mostgewicht bzw. den Zuckergehalt der Trauben. Daraus lässt sich der potenzielle Alkoholgehalt errechnen – d. h. die Menge an Alkohol, die entstehen würde, wenn der vorhandene Zucker bis zum letzten Gramm vergoren wird. 1 °Oe ist definiert als die Gewichtserhöhung von 1000 ml Most um 1 g, folglich wiegt 1 l Most mit 100 °Oe 1100 g. Der Umrechnungsfaktor (bzw. Multiplikator) von °Oe in den potenziellen Alkoholgehalt beträgt 0,125. Um beim vorherigen Beispiel zu bleiben: Ein Wein mit 100° Oe hat folglich einen potenziellen Alkoholgehalt von 12,5 Vol.-%. Die Bezeichnung geht zurück auf ein Universalgenie: den deutschen Physiker, Goldschmied, Optiker und Erfinder Ferdinand Öchsle (1774–1852) aus Pforzheim. Ihm verdanken wir u. a. die Erfindung der ersten Mostwaage mit einer Gradeinteilung auf den Spindeln; ab 1830 wurde sie in Serie hergestellt. Nach ihm benannt wurden sowohl die Waage (Öchslewaage) als auch die Maßeinheit für das Mostgewicht (Grad Öchsle).

SCHON GEWUSST?

Im deutschen Weingesetz sind die ▸ Öchsle das entscheidende Kriterium für die Einstufung in der Hierarchie von ▸ Qualitäts- und ▸ Prädikatsweinen. Doch die Formel Zucker = Qualität ist zu einfach und geht in der Praxis oft genug nicht auf. Das ist einer der Gründe, warum das deutsche Weingesetz heute bei vielen Experten in der Kritik steht.

OFENKARTOFFELN ▸ Folienkartoffeln

OFENKATZE

dünner Kuchen aus Pfannkuchen- oder Hefeteig, mit verschiedenen Früchten im Ofen oder in der Pfanne gebacken, vor allem in Österreich und in Teilen Süddeutschlands verbreitet

OFENKÜCHLEIN ▸ Windbeutel

OFENNUDELN ▸ Rohrnudeln

OFENPLENT

Maisbrei mit Obstschnitzen, vor allem eine Tiroler Spezialität

OFENSCHLUPFER

Einst erfunden, um altes Brot zu verwerten, sind Ofenschlupfer in Baden-Württemberg noch heute ein traditionelles Gericht als Nach- oder Hauptspeise. Der süße Auflauf aus altbackenen Brötchen oder Weißbrot, Äpfeln, Rosinen und Mandelblättchen sowie Eiermilch oder -sahne wird mit Vanillesauce serviert. Hauptzutaten für die pikante Variante sind magerer Speck, Zwiebeln, Käse (Gouda) und Quark.

OGENMELONEN
verbreitete Unterart der ▸ Zuckermelonen (▸ Melonen)

OHREN
Die am Kopf angewachsenen knorpeligen Teile des Hörorgans erwecken das Interesse von Metzgern und Köchen dann, wenn sie von Schwein oder Kalb stammen. Obwohl man nur die äußeren Teile der Ohren isst, werden sie kurioserweise zu den Innereien gezählt. Bevor sie kulinarisch verwertet werden können, muss man sie lange vorgaren bzw. weich kochen. Danach können sie gebraten, gegrillt, frittiert oder geschmort werden. Erbsensuppe mit Schweinsohren sind eine deutsche Spezialität, in Frankreich kennt man sie gefüllt.

OHRSCHNECKE ▸ Abalone

ÖKO(LOGIE)
Zunächst nur in der Biologie gebrauchte Bezeichnung für eine ihrer Teildisziplinen, die sich mit der Lehre vom Haushalt der Natur bzw. den Wechselbeziehungen zwischen Organismen und ihrer natürlichen Umwelt befasst. Mit dem wachsenden Umweltbewusstsein erweiterten sich Bedeutung und Forschungen der Ökologie über die reine Naturwissenschaft hinaus in viele Lebensbereiche hinein. Einer davon ist die ökologische Landwirtschaft. Wie ▸ Bio ist Öko heute ein großes Schlagwort und letztlich meinen beide Begriffe das gleiche: Die landwirtschaftliche Produktion von Lebensmitteln (und anderen Produkten) mit natürlichen Methoden und unter völligem Verzicht auf den Einsatz von Chemie. Im Gegensatz zu Bio ist Öko aber keine geschützte Bezeichnung und so tragen Produkte aus kontrollierter ökologischer Erzeugung in Deutschland das staatliche Bio-Siegel (oder ein anderes anerkanntes Label diverser Verbände). International ist die englische Bezeichnung „organic“ weit verbreitet.

OKRAS
(Bamias, Eibischfrüchte, Gambos, Gombos, Gumbos, Hibiskusfrüchte, Ladyfingers)
Okras sind die etwa 8–20 cm großen, pelzigen Früchte einer aus dem Hochland Ostafrikas (vermutlich Äthiopien) stammenden Gemüsepflanze, die auch unter dem Namen Rosenpappel bekannt ist. Das ist ein bis 2,5 m hoher Strauch aus der botanischen Familie der Malvengewächse. Okraschoten wurden schon vor mindestens 3000 Jahren an den Ufern des Nils angebaut, vermutlich geht ihre Verwendung als Gemüse durch den Menschen aber noch mindestens 1000 Jahre weiter zurück. Heute werden sie in vielen tropischen und subtropischen Gebieten im arabischen, afrikanischen und asiatischen Raum, aber auch in Süd- und Mittelamerika, in der Karibik und in Südosteuropa kultiviert. Die hell- oder dunkelgrünen, sechs- bis achteckigen Okras mit ihren weißen, essbaren Samen werden unreif geerntet. Sie erinnern in ihrem säuerlich-herben, aber milden Geschmack ein wenig an Grüne Bohnen.
VERWENDUNG: *Okras sind ein kalorienarmes Gemüse, solo oder kombiniert mit anderen Gemüsearten (z. B. Möhren, Paprika, Sellerie, Spinat, Tomaten), Pilzen und Maiskörnern. Sie sind Bestandteil vieler Reisgerichte, Eintöpfe, dicker Suppen und Ragouts sowie Beilage zu Fleisch und Meeresfrüchten. Amerikaner essen Okraschoten gerne zum Huhn, Ägypter mögen sie zum Lamm und in der kreolischen Küche gehören sie in den traditionellen Eintopf ▸ Gumbo. Sauer eingelegt werden sie zur pfiffigen Vorspeise. Besonders gut vertragen sich Okras mit Gewürzschärfe (Chilis, Koriander, Knoblauch, Curry, Pfeffer usw.).*

SCHON GEWUSST?

Beim Kochen sondern ▸ Okras eine schleimige Substanz ab, die leicht überschäumt, sich aber zum Eindicken von Speisen eignet. Hat man keine Verwendung dafür, sollte man Okras (ohne Spitze und Stielansatz) 5 Minuten in Essigwasser blanchieren oder sie vor der Verarbeitung 1–2 Stunden in kaltem Zitronenwasser „schwimmen“ lassen.

OKROSCHKA
eisgekühlt servierte russische Suppe aus ▸ Kwass und saurer Sahne mit Gemüse, harten Eiern, Kräutern und gehobelten Gurken, Rindfleisch, Schinken, Pökelzunge, Hühnerfleisch und/oder Fisch und Krebsschwänzen

OKTOPUSSE ▸ Kraken (▸ Tintenfische)

OKUMO ▸ Tannia

ÖLE flüssiges Fett (▸ Speiseöle)

OLIVEN
Steinfrüchte des Olivenbaumes, die eines der wertvollsten ▸ Speiseöle überhaupt liefern und eine bedeutende Rolle in der mediterranen Küche spielen (▸ Seite 400).

OLIVENKARTOFFELN
Nicht weil es mit Oliven zubereitet wird, sondern der Form wegen hat dieses Kartoffelgericht seinen Namen. Kartoffeln werden dabei in Größe von Oliven ausgestochen und dann gekocht oder roh in Butter goldgelb gebraten.

OLIVENÖL
eines der wertvollsten ▸ Speiseöle und der prägendsten Elemente in der mediterranen Küche (▸ Oliven)

OLIVET
Französischer Weichkäse nach Art des ▸ Camembert mit weißer Schimmelrinde, der mit geschützter Herkunftsbezeichnung aus der Gegend des gleichnamigen Ortes kommt. Olivet aus Kuhmilch mit 40–55 % Fett i. Tr., hat einen würzigen Geschmack und kommt in verschiedenen Variationen auf den Markt. Olivet Cendre beispielsweise ist mit Asche bestreut, Fleur d'Olivet mit Pfeffer gewürzt.

OLMÜTZER QUARGEL ▸ Quargel

OLORON
Schafskäse aus dem französischen Baskenland; fast nur von regionaler Bedeutung

ÖLPALME
Eine alte, ursprünglich auf dem afrikanischen Kontinent beheimatete Kulturpflanze, welche heute zu den wirtschaftlich bedeutendsten Palmenarten zählt. Die bis zu 30 m hohen Palmen produzieren Fruchtstände mit einem Gewicht von bis zu 50 kg und liefern zwei wichtige Öle, die aus dem Fruchtfleisch (Palmöl) bzw. aus den Kernen der Früchte (Palmkernöl) gewonnen werden. Von der Gesamtproduktion beider Öle mit jährlich rund 28 Mio. Tonnen kommen mehr als 80 % aus Malaysia und Indonesien. Weiter wird sie in Afrika und zunehmend auch im tropischen Amerika angebaut. Bei der weltweit erzeugten Menge pflanzlicher Öle nimmt Palmöl hinter Sojaöl den 2. Platz ein, beim Umsatz im Welthandel steht es an erster Stelle.

ÖLRAUKE
1. ▸ Jambaraps
2. ▸ Ruc(c)ola

ÖLSAAT
Handelsübliche Bezeichnung für Pflanzen, deren Samen besonders fett- bzw. ölhaltig und – unter Anwendung unterschiedlicher Verfahren – zur Ölgewinnung geeignet sind. Darunter fallen z. B. verschiedene Nussarten (Hasel-, Wal-, Kokosnuss usw.), Hülsenfrüchte wie Erdnuss und Sojabohne, Sonnenblume, Raps, Mohn, Olive, Ölkürbis und andere.

ÖLSAMEN
die Samen der Pflanzen unter dem Sammelbegriff ▸ Ölsaat

ÖLSARDINEN
Für eine andere Verwendung nicht geeignete und als zu klein aussortierte Sardinen, die – von Kopf und Eingeweiden, nicht aber von den Gräten befreit – gerade in die typischen Rechteckdosen passen, in denen sie in den Handel gelangen. Ölsardinen kommen u. a. aus Frankreich, Spanien, Portugal und Marokko. Bei der Herstellung werden sie in Salzwasser gepökelt, gedämpft, manchmal zusätzlich geräuchert, in siedendes Öl getaucht und schließlich in Essigmarinade, Öl oder Tomatensauce eingelegt. Damit sind sie bestens konserviert und praktisch unbegrenzt haltbar gemacht. Außerdem werden die kleinen Gräten so weich, dass sie ohne unangenehme Begleiterscheinungen mitgegessen werden können. Meist werden sie direkt aus der Dose verzehrt, noch besser schmecken sie aber mit Kapern, gehacktem Ei, Petersilie und Zitronenscheiben sowie mit etwas Zitronensaft beträufelt.

VERWENDUNG

Palmöl ist in Afrika ein traditionelles Küchenfett, das sich gut zum starken Erhitzen eignet. Vor allem aber wird es als Rohstoff bei der Herstellung von Margarine, Süßigkeiten und Fertiggerichten verwendet. Das wertvollere Palmkernöl gehört zu den festen Pflanzenfetten und dient ebenfalls zur Herstellung von Speisefetten. Außerdem eignet es sich zur Verarbeitung in Kakaoglasuren, Eiskonfekt, Eiscremeüberzügen, Schokoladenfüllungen sowie in hochwertigen Spezialfetten für die Süßwarenindustrie.

Oliven: für die mediterrane Küche

Mit seinem knorrigen Stamm und seinen silber-grünen Blättern ist er ein bestimmendes Element der mediterranen Vegetation und Kulturlandschaft: Schon seit Tausenden von Jahren genießt der Olivenbaum die Wertschätzung der Menschen.

FRÜCHTE MIT LANGER TRADITION

Die Geschichte des Oliven- oder Ölbaums reicht weit zurück. Archäologische Funde lassen vermuten, dass der Olivenbaum bereits um 4000 v. Chr. in Kultur genommen wurde (wild gab es ihn vermutlich schon vor 9000 v. Chr.). Der Ursprung des Ölbaumes wird in Kleinasien bzw. Syrien vermutet.

„GELOBTES OLIVENLAND"

Die weltweite Anbaufläche von Oliven beträgt rund 8,6 Mio. Hektar, auf denen jährlich über 17 Mio. Tonnen Oliven produziert werden. 60 Prozent der Bäume stehen auf dem Boden der EU, die zugleich größter Verbraucher ist, und allein 4 Länder sorgen für etwa 80 % der Weltproduktion: an allererster Stelle Spanien (rund 7 Mio. Tonnen), gefolgt von Italien (knapp 3 Mio. Tonnen), Griechenland (ca. 2,5 Mio. Tonnen) und Syrien (etwa 1 Mio. Tonnen). Allein im Mittelmeerraum wird die Zahl der verschiedenen Sorten von Oliven auf über 1000 geschätzt.

VON GRÜN BIS SCHWARZ

Die Oliven werden entweder grün (also noch unreif) oder rot, braun bis schwarz geerntet. Schwarz ist die Farbe vollreifer Früchte, im Handel angebotene schwarze Oliven sind oft aber nur dunkel eingefärbte grüne Früchte. Der Versuchung, in frische und rohe Oliven zu beißen, sollte man tunlichst widerstehen – sonst macht man eine im wahrsten Sinne des Wortes bittere Erfahrung: Als „Genussbremse" wirkt nämlich ein bitteres Glycosid, das erst durch eine Behandlung der Früchte mit Lauge seine Wirkung verliert.

Meist werden Oliven eingelegt in Wasser, Salzwasser, Essig, Öl oder trocken in Salz sowie mit oder ohne Kräuter und Gewürze im Handel angeboten. Entkernte größere Sorten werden auch mit Kapern, Anchovis, Mandeln, Paprika usw. gefüllt. Oliven sind in der mediterranen Küche allgegenwärtig . Noch mehr gilt dies für das Speiseöl, das aus rund 90 % aller angebauten Oliven gepresst wird.

„EXTRA VERGINE" – SEHR WERTVOLL

Aus den 20–25 % des Öls, das in Oliven enthalten ist, wird eines der hochwertigsten und gesündesten ▸ Speiseöle überhaupt gewonnen. Ein Olivenbaum liefert im Schnitt 20 kg Früchte, aus deren Fruchtfleisch 3–4 l hochwertiges, in der Farbe dunkelgrünes bis goldgelbes Olivenöl gepresst werden können. Bei schlechteren Qualitäten werden auch die Kerne mit ausgepresst.

Entscheidender Hinweis auf die Qualität des Öls ist auf dem Etikett die Bezeichnung „nativ", die ausschließlich kalt gepresstem und ohne stärkere Temperatureinwirkung schonend hergestelltem Olivenöl vorbehalten ist. Die höchste Qualitätsstufe ist dabei „extra" (in Italien auch „extra vergine", in Frankreich „vierge extra", in Spanien „virgen extra", in Griechenland „extra virgin") aus erster Pressung. Die teuerste (nach Meinung mancher Kenner snobistische) Variante ist das so genannte (ungepresste) Tropföl.

Die Unterschiede in Farbe, Konsistenz, Geschmack und Qualität von Olivenöl können je nach Terroir und Herstellung eklatant sein. Einfaches Olivenöl (ohne den Zusatz nativ) besteht aus raffiniertem und nativem Olivenöl zur Verbesserung des Geschmacks, wobei das Mischungsverhältnis aber nicht vorgeschrieben ist. Meist bewegt sich der Anteil an nativem Öl unter 2 %, entsprechend große Abstriche sind bei der Qualität zu machen.

In der Mittelmeerküche ist Olivenöl ein wahres Allzwecköl, von der Verwendung für Salate bis zum Braten und Frittieren. Dafür eignet sich Olivenöl ganz besonders durch seinen hohen Rauchpunkt von 190 °C bei nativem und 220 °C bei raffiniertem Olivenöl. Besonders hoch in der Gunst stehen allgemein die Öle aus Italien und Spanien, unter manchen Kennern gilt aber das Olivenöl aus Kreta als „erste Wahl".

ÖLSAUCEN
Sammelbezeichnung für alle mit Öl angemachten klaren oder gebundenen ▸ Saucen, von der einfachen ▸ Vinaigrette bis zur ▸ Mayonnaise

OMELETTS

Im Prinzip die einfachste Form der ▸ Eierspeise, deren Basis ausschließlich aus Eiern – mindestens drei sollten es sein – besteht und die weder Mehl noch Milch enthält, denn sonst würde daraus ein dicker ▸ Pfannkuchen (Eierkuchen). Die Frische und Qualität der Eier, die Güte der Butter, die richtige Pfanne und Brattechnik sowie der perfekte Zeitpunkt, wann man das Omelett aus der Pfanne nimmt, machen die feinen Unterschiede aus. Für geschmackliche Vielfalt sorgen die weiteren Zutaten der Omeletts, die schon bei den alten Römern beliebt waren und später in vielen Variationen aus den Pfannen der kreativen französischen Kochkünstler kamen. Omeletts können pikant oder süß, flach bzw. gewölbt sein, gerollt bzw. zusammengefaltet und gefüllt werden, auf beiden Seiten oder nur auf einer gebräunt sein und flambiert (z. B. mit Rum, Kirschwasser oder Weinbrand) oder souffliert werden. Für pikante Omeletts (in Italien als ▸ Frittatas und in Spanien als ▸ Tortillas bekannt) eignen sich u. a. Zutaten wie Pilze, Kräuter, Spargelspitzen, Tomaten, Paprika, Zwiebeln, Käse, Speck, Ragouts, Geflügelleber, Kalbshirn, Sardellen, Krabben oder Muscheln. Süße Omeletts werden vor allem mit Früchten und Beeren sowie Konfitüre zubereitet.

OMELETTE SURPRISE
(Überraschungsomelett)
Frisch aus dem Ofen auf den Tisch gebracht, erlebt man beim Anschneiden die namensgebende Überraschung: Unter der Biskuithülle kommt nämlich Speiseeis zum Vorschein. Je nach Geschmack kann das Omelette surprise z. B. noch mit kleinen Früchten (frisch oder getrocknet), Mandeln und Pistazien garniert werden. Am größten ist die Überraschung, wenn man die Süßspeise flambiert serviert.

ÖNOLOGIE
Vom griechischen „Oinos" = „Wein" abgeleitete Bezeichnung für die moderne Lehre und Wissenschaft vom Wein, die in Deutschland an der Justus-Liebig-Universität Gießen (in Zusammenarbeit mit der Weinbauforschungsanstalt Geisenheim) als Studiengang belegt werden kann. Wer erfolgreich abschließt, darf sich Önologe nennen. Als wissenschaftlich ausgebildete Fachkraft kennt dieser sich in Biologie, Physik und Chemie des Weines aus und beherrscht den Anbau ebenso wie die Weinbereitung. Hauptaufgabe des Önologen ist es, angepasst an Standortbedingungen, Kellerausstattung, Anbautraditionen und Philosophie eines Winzers, alle Schritte von der Rebe bis zum Wein zu optimieren und so die bestmögliche Weinqualität zu erreichen. Deshalb lassen sich immer mehr Winzer von Önologen beraten oder der Nachwuchs studiert selbst Önologie.

OOLONGTEE
Traditionelle chinesische Art von ▸ Tee, die halb fermentiert und damit (auch beim Koffeingehalt) ein Mittelding zwischen Grünem und Schwarzem Tee ist.

OPTIMA
Weiße deutsche Rebsortenzüchtung (▸ Wein), die aus Rieslaner und Müller-Thurgau gekreuzt wurde. Seit 1971 ist die Optima für den Anbau freigegeben, mit rund 200 ha Rebfläche, vor allem an der Mosel und in Rheinhessen, hat sie es aber nicht zu großer Verbreitung gebracht.

ORANGEADE
der Limonade ähnliches Erfrischungsgetränk aus Orangensaft, Zucker und Sodawasser, manchmal mit Zitronensaft gesäuert

ORANGEAT
Oft in Begleitung und Ergänzung von ▸ Zitronat auftretende Backzutat, die aus den ungefärbten und kandierten Schalen unbehandelter ▸ Pomeranzen (oder anderer Bitterorangen) hergestellt wird. Im Handel ist Orangeat unzerkleinert mit oder ohne Zuckerglasur überzogen oder klein gewürfelt erhältlich. Das kräftigste Aroma hat die glasierte ganze Schale, die man erst vor Gebrauch in kleine Stücke schneidet.

VERWENDUNG

Orangen und ihr ausgepresster Saft schmecken nicht nur frisch. Damit und mit den geriebenen Schalen unbehandelter Orangen lassen sich viele Speisen garnieren und aromatisieren, wie z.B. Fleisch, Innereien, Wild- und anderes Geflügel, Fisch oder Krebstiere. Auch bei Süßspeisen, Konditor- und Backwaren sowie der Herstellung von Marmeladen und Gelees sind die Einsatzmöglichkeiten groß. Am wichtigsten sind Orangen für die Getränkeindustrie, wo sie pur oder in Mischungen zu Säften verarbeitet werden.

ORANGEGALETTEN
► Florentiner

ORANGEN
(Apfelsinen)
Ihre Geschichte ist wenig bewegt und in der Mythologie fremder Völker spielten sie nie eine Rolle wie andere Früchte aus fernen Ländern (z. B. ► Mangos). Also muss es andere Gründe haben, dass Orangen, die in ihrer süßen Variante vermutlich erst im 15. Jh. nach Europa kamen, die weltweit meist angebauten ► Zitrusfrüchte sind. Ihr reizvoller Geschmack, ihr Saftreichtum, der sie für die Getränkeindustrie so wertvoll macht, und ihr hoher Gehalt an Vitamin C sind das große Plus der Apfelsinen, wie Orangen ursprünglich hießen.
Sie wachsen meist an bis 5 m hohen, immergrünen Bäumen, die auch in Europa in klimatisch begünstigten Regionen gedeihen. Die mit Abstand größten Orangenerzeuger sind aber Brasilien mit jährlich über 18 Mio. Tonnen und die USA mit knapp 12 Mio. Tonnen. Die meisten europäischen Orangen, rund 3 Mio. Tonnen, kommen aus Spanien. Groß ist die Sortenvielfalt bei Orangen, es gibt sie klein und dünnschalig, groß und dickschalig, saftig oder mit weniger Saft, mit oder ohne Kerne, süß oder süß-säuerlich usw. Immer aber haben sie ihr unverwechselbares Aroma. Man unterscheidet drei große Gruppen: die süßen Blondorangen (dazu gehören auch die Navelorangen), die säuerlichen Blutorangen (mit rotem Fruchtfleisch) und die bitteren, roh ungenießbaren ► Pomeranzen (auch Bitterorangen). Verwandte der Orangen sind u. a. ► Tangerinen, ► Kumquats, ► Mandarinen und ► Klementinen.

SCHON GEWUSST?

In einen sauren und vor allem ungenießbar bitteren „Apfel aus China“ (daraus entstand dann der Name Apfelsine) bissen die ersten Europäer, als sie im 11. Jh. (vielleicht auch früher) mit ► Orangen Bekanntschaft machten. Es handelte sich um die Urform der Orangen und anderer ► Zitrusfrüchte, die bitteren ► Pomeranzen. Vermutlich mit arabischen Händlern waren diese auf dem Landweg aus China, wo sie seit Jahrtausenden angebaut wurden, nach Europa gelangt.

ORANGENBLÜTENÖL
(Neroliöl)
Ätherisches Öl, das durch Wasserdampfdestillation oder Extraktion mit organischen Lösungsmitteln aus den frischen, voll geöffneten Blüten des Orangenbaumes (meist von ► Pomeranzen) abgeschieden wird (aus 1000 kg Blüten etwa 1 kg Öl). Der wertvolle Duftstoff für die Parfümindustrie wird auch zum Aromatisieren von Fruchtlikören, Limonaden, Back- und Süßwaren verwendet.

ORANGENBLÜTENWASSER
Ein Nebenprodukt bei der Destillation von Orangenblütenknospen (meist von ► Pomeranzen), das ähnlich wie ► Rosenwasser zum Aromatisieren von Süßspeisen und Gebäck verwendet wird. Vor allem in Marokko ist es beliebt und wird auch in Eigenproduktion hergestellt, in Deutschland erhält man es meist in speziellen Gewürzläden oder Apotheken.

ORANGENSAUCE
(Sauce bigarade)
klassische Sauce zur Ente aus in Orangen- und Zitronensaft aufgelöstem karamellisiertem Zucker, verkocht mit Demiglace und Entenfond, vermischt mit streifig geschnittenen, in Portwein, Sherry oder Curaçao gedünsteten Schalen von unbehandelten Orangen oder Zitronen

ORANGEQUAT
Kreuzung aus ► Kumquats und ► Orangen

ORECCHIETTE
eine der italienischen Nudelarten (► Pasta, ► Teigwaren) in Form von kleinen Ohren

OREGANO
(Dost, Origano, Wilder Majoran)
Mediterranes Gewürz, das jedem Kind – zumindest im Geruch – vertraut ist: als typisches Aroma der ► Pizza. Der aus dem Griechischen abgeleitete Name (von „origonos“ = „berggeboren“) hat sich auch in Deutschland durchgesetzt, vermutlich weil er einfach schöner klingt als Dost oder Wilder Majoran. Die 20–60 cm hohe Staude aus der botanischen Familie der Lippenblütengewächse stammt ursprünglich aus dem Mittelmeerraum und wird heute welt-

weit, vor allem aber in Europa, in warmen und gemäßigten Breiten (auch in Deutschland) angebaut. Allerdings büßt er von seinem Aroma immer stärker ein, je weniger Wärme er bekommt. Im Geruch ist Oregano sehr kräftig und dem ▸ Majoran ähnlich, sein Geschmack ist aromatisch und warm mit einer leichten Pfeffer- und Bitternote. Im Handel wird das Kraut meist getrocknet (oft sogar mit Blüten) angeboten. Die Pflanze ist sehr kreuzungsfreudig, deshalb gibt es viele verschiedene Sorten.

VERWENDUNG: *In der italienischen, spanischen griechischen und türkischen Küche hat Oregano seinen festen Platz, in Deutschland spielt er dagegen nur eine untergeordnete Rolle. Das Würzkraut passt außer auf Pizza auch bestens in italienische Saucen, Suppen, Tomatengerichte, Gemüseaufläufe, zu Wild- und anderem Geflügel, Lamm und Grillfleisch. In der Tex-Mex-Küche ist eine in Zentral- und Nordamerika heimische Pflanze gleichen Namens feste Zutat u. a. im ▸ Chili con carne. Der noch würzigere Mexikanische Oregano ist mit dem europäischen zwar nur entfernt verwandt, im Aroma sind sich beide aber sehr ähnlich.*

Schon gewusst?

Als Würzkraut hat ▸ Oregano eine relativ kurze Tradition. Während er als Arznei- und Heilpflanze bereits im Alterum bekannt war, startete er in Deutschland seine „Küchenkarriere“ vermutlich erst vor 300–400 Jahren. Der älteste eindeutige Nachweis dafür – ein Pfannkuchenrezept – stammt jedenfalls aus dem 17. Jh.

OREGON

Nördlich an Kalifornien anschließender Bundesstaat an der Westküste der USA, der mittlerweile auch als Weinanbaugebiet (▸ Wein) international von sich reden macht. Als besondere Spezialität gilt der rote ▸ Pinot Noir, der auf rund 6000 ha Produktionsfläche die meist angebaute Rebsorte ist und hier – was Böden und Klima betrifft – beste Bedingungen vorfindet.

ORFE

(Aland, Nerfling)

Im Süßwasser lebender, 30 - 50 cm großer Vertreter aus der Familie der ▸ Karpfenfische (▸ Fische). Die Orfe ist fast in ganz Mittel- und Osteuropa sowie auf dem Balkan heimisch, wo sie in Flüssen und Seen in Ufernähe und oberflächennah anzutreffen ist. Die Weißfische haben zwar viele Gräten, aber ein sehr schmackhaftes Fleisch, das sich vor allem zum Braten und Grillen eignet.

ORGANOLEPTISCH

(sensorisch)

Fachbegriff für ein „Prüfverfahren“ von Nahrungs- und Genussmittel, für das man keine technischen Geräte und Apparaturen braucht: Bei der organoleptischen Prüfung verlässt sich der Tester nur auf Nase, Gaumen und Zunge, sprich auf seinen Geruchs- und Geschmackssinn. Speziell bei der Weinverkostung wird alternativ der Begriff sensorisch verwendet.

ORIENTALISCHE ART

1. Garnitur aus mit griechischem Reis gefüllten Tomaten und Batatenkroketten zu Fleisch oder Geflügel in Tomatensauce
2. in Weißwein und Öl gedünstete Fischfilets mit Fenchel, Lorbeer, Petersilienwurzel, Safran und Knoblauch

ORIENTALISCHE BOHNE ▸ Reisbohne

ORIENTALISCHER SALAT

Grüne Bohnen, Würfel von grünen und roten Paprika, gebratene Tomatenhälften und Reis in einer Essig-Öl-Marinade, gewürzt mit Knoblauch und Curry, garniert mit Sardellenfilets.

ORION

Den Namen eines bekannten Sternbildes trägt diese weiße Rebsortenzüchtung (▸ Wein) aus Deutschland, so „strahlend“ ist sie allerdings nicht. Außer ihrer Resistenz gegen Pilze und ihrer Frostbeständigkeit hat sie keine bemerkenswerten Eigenschaften und so beschränkt sich ihr Anbau in Deutschland auf rund 7 ha.

ORLANDO
Vertreterin der ▸ Zitrusfrüchte und als Kreuzung zwischen ▸ Grapefruits und ▸ Tangerinen zu den so genannten ▸ Tangelos zählend

ORLÉANER ART
1. Garnitur aus gedünstetem Chicorée und mit in Milch oder Wasser und Butter gekochten Kartoffelscheiben sowie gehackter Petersilie zu großen Fleischstücken
2. Seezungenroulade mit klein gewürfelten Garnelen und Champignons
(Orléans: Universitätsstadt und Bischofssitz an der Loire in Frankreich, berühmt durch Jeanne d'Arc, die „Jungfrau von Orléans", 1412–1431)

ORLEANSAMEN ▸ Annatto

ORSIÈRES
Bergkäse aus der Gegend um die gleichnamige politische Gemeinde im schweizerischen Kanton Wallis mit pikantem Aroma, eine der typischen Käsesorten für das ▸ Raclette

ORTANIQUES
Eine der Kreuzungen von ▸ Orangen und ▸ Tangerinen, die zu den ▸ Mandarinen zählt. Ortaniques haben viele Kerne, sind aber besonders saftig und mit ihrem pikant süßsäuerlichen Fruchtfleisch eine beliebte Dessertfrucht.

ORUJO
Die spanische Antwort auf den italienischen ▸ Grappa. Wie der berühmte italienische Branntwein wird auch der Orujo aus den Rückständen bei der Weinkelterung (▸ Tresterbrand, ▸ Branntweine) hergestellt. Die besten Orujos lagern mindestens 2 Jahre im Eichenfass, ehe sie in den Handel kommen, und runden sich dabei geschmacklich ab. Der Alkoholgehalt beträgt zwischen 38 und 50 Vol.-%.

OS(S)IETRA(KAVIAR)
der Rogen (▸ Kaviar) vom ▸ Waxdick

OSSAU-IRATY
Leicht gepresster Schnittkäse (▸ Käse) aus den französischen Pyrenäen, der aus Schafsmilch mit 50 % Fett i. Tr. hergestellt wird und eine eigene AOC hat. Er hat die Form eines Zylinders und ein Gewicht von 2–7 kg. Die Rinde ist dick und orangegelb bis grau, der Teig glatt und weiß mit fester Konsistenz. Das erdige Aroma und der mild-würzige Geschmack kommen am besten zur Geltung, wenn der Käse in den Sennhütten der Hochtäler gemacht wurde. In seiner Heimat wird der Ossau-Iraty von Schäfern und Bauern traditionell als zweites Frühstück gegessen. Mit zunehmender Reife eignet er sich auch zum Reiben und zum Überbacken z. B. von Gratins. Die beste Zeit für Ossau-Iraty ist der Frühsommer bis Herbst.

OSSOBUCO
Ein klassisches Schmorgericht der italienischen Küche aus Kalbshachse, die quer zum Knochen in 4–5 cm dicke Scheiben geschnitten wird. So kann man auch das Knochenmark herausholen, das als besondere Delikatesse gilt. Der „Knochen mit Loch" (so lautet die wörtliche Übersetzung von Ossobuco) wird in Mehl gewendet, kurz angebraten, dann in Weißwein oder Fleischbrühe geschmort und je nach Rezept mit Tomaten, Staudensellerie, Karotten, Zwiebeln usw. kräftig gewürzt (z. B. mit Thymian, Rosmarin, Oregano, Salz und Pfeffer). Vollendet wird die Würze mit ▸ Gremolata, die entweder die letzten 10 Minuten mitgekocht oder (meist) erst unmittelbar vor dem Servieren über das Fleisch gegeben wird.

OSTERBROT ▸ Pinza

ÖSTERZOLA
dem ▸ Gorgonzola ähnlicher (was bereits mit dem Namen angedeutet werden soll) Grün- oder Blauschimmelkäse aus Österreich mit üblicherweise 45 % Fett i. Tr.

OUZO
Bekannte griechische Spirituose (der Kategorie ▸ Anisée) mit 35–50 Vol.-% Alkohol, deren charakteristisches Aroma vor allem von Anis und teils auch von Fenchelsamen bestimmt wird. Hochwertiger Ouzo wird bis zu dreifach aus reinem Alkohol gebrannt, wobei weitere Gewürze und Kräuter (Nelken, Angelikawurzel, Zimt, Kardamom) hinzukommen können, und über Jahre gelagert. In griechischen Restaurants ist eiskalter Ouzo der obligatorische Aperitif vom Haus, der einen „guten“ Magen für die deftig-würzigen Speisen macht und deren Verdauung erleichtert. Die Griechen selbst lieben ihren Ouzo so sehr, dass sie ihn (oft mit Wasser verdünnt) auch nach dem Essen oder sogar direkt dazu trinken.

Schon gewusst?

Am besten schmeckt ▸ Ouzo eiskalt getrunken. Beim Verdünnen mit Wasser oder stark gekühlt wird wird er milchig-trüb. Für diesen Vorgang gibt es einen wissenschaftlichen Fachbegriff: opaleszieren. Je höher der Alkoholgehalt des Ouzo, desto stärker tritt dieser Effekt auf.

OXALIS ▸ Sauerkleewurzeln

OXFORDSALAT
ein Klassiker der Salatküche (▸ Salate)

OXIDATION
Wenn in Zusammenhang mit Nahrungs- und Genussmitteln von Oxidation die Rede ist, dann ist damit stets eine chemische Reaktion in Verbindung mit und unter Einwirkung von Sauerstoff gemeint – auch wenn dies streng wissenschaftlich nur eine von vielen möglichen Arten der Oxidation ist. Besonders beim ▸ Wein kommt man oft damit in Berührung. Ein oxidierter Wein hat seine beste Zeit in der Regel bereits hinter sich, weil er einfach zu alt ist oder durch einen schlechten Korken Schaden genommen hat. Ein so genannter oxidativer Ausbau mit dosiertem Sauerstoffkontakt – im Gegensatz zum reduktiven unter völligem Ausschluss von Sauerstoff – wird dagegen heutzutage von vielen Winzern bewusst angestrebt, weil er das Aroma im Wein fördert. Ebenfalls erwünscht ist ein gewisses Maß an Oxidation auch bei der Kaffeeröstung und Kakaoverarbeitung, während Fett dadurch ranzig wird und das jeweilige Nahrungsmittel einen Qualitätsverlust bis hin zur Ungenießbarkeit erleidet. Eine Folge von Oxidation sind auch die typischen farblichen Veränderungen bei angeschnittenem Obst oder Gemüse, das man liegen lässt. Man kann diese Beeinträchtigung aber durch das Beträufeln mit Zitronensaft relativ leicht verhindern bzw. hinauszögern.

OYSTER SAUCE
Eine dunkelbraune, dickflüssige und im Geschmack sehr intensive süß-salzige Würzsauce der asiatischen Küche, die aus Austern (bzw. dem Fleischextrakt der Austernmuschel), Maismehl, verschiedenen Gewürzen, Salz und Zucker, vermischt mit Sojasauce, hergestellt wird. Oyster Sauce kommt in Fleisch-, Geflügel-, Fisch-, Reis- und Gemüsegerichte. Sie ist bei uns in Asialäden oder gut sortierten Lebensmittelmärkten erhältlich.

PACHARÁN
Roter und süßer spanischer Anis-Schlehen-Likör (ein sogenannter ▸ Anisée), der vor allem in Navarra und auch im Baskenland weit verbreitet ist. Pacharán hat in der Regel 25–30 Vol.-% Alkohol und wird meist gekühlt oder mit Eiswürfeln als Digestif getrunken.

PAELLA
Im Ausland gilt sie als spanisches Nationalgericht, tatsächlich ist die Paella aber eine regionale Spezialität, die ihren Ursprung in Valencia (drittgrößte spanische Stadt an der Ostküste der iberischen Halbinsel) haben dürfte. Von dort aus hat sie sich an der ganzen Mittelmeerküste des Landes und in den dortigen Urlaubsregionen ausgebreitet, wodurch sie zu größerem internationalen Ruhm als jedes andere spanische Gericht gekommen ist.
Paellas kommen heute in einer bunten Vielfalt von Rezepten und Zutaten aus der Pfanne auf den Tisch, ihre Grundbestandteile sind aber immer Reis und Olivenöl. Weitere Zutaten können verschiedene Arten von Fleisch, Geflügel, Fisch, Meeresfrüchten und Gemüse – bis hin zur vegetarischen Paella – sein. Das wichtigste Würz- und Färbemittel, das die typische gelbe Farbe gibt, ist im besten Fall Safran. Bei der billigen Fertigpaella wird sie auch durch andere Gewürzpulvermischungen oder Lebensmittelfarbstoffe (wie ▸ Annatto) erzeugt. Am besten schmeckt Paella, wenn sie original und frisch in speziellen, oft riesigen Pfannen über dem offenen Holzfeuer zubereitet wird und dadurch zusätzlich eine rauchige Note erhält. Die Pfannen werden als Paellaras bezeichnet, woher das Reisgericht auch seinen Namen hat.

SCHON GEWUSST?

Besonders Meerurlauber denken bei ▸ Paella automatisch an Muscheln, Garnelen, Hummer, Scampi und Fisch. Was sie meist nicht wissen: Die original Paella valenciana enthält nichts davon, sondern Hähnchen, Kaninchen, Schnecken, Tomaten, Paprika und Grüne Bohnen. Über die heute verbreitete Variante mit Meeresfrüchten, Fisch und Fleisch rümpfen die Einheimischen oft als „Paella de turistas" (also nur für Touristen) die Nase. Auch die Verwendung von Safran dürfte dem Ursprungsrezept nicht entsprechen. Die Paella war traditionell eine Resteverwertung für das einfache Volk – und darin war Safran als eines der teuersten Gewürze nicht vorgesehen.

PAGEL ▸ Rotbrasse

PAGLIA E FIENO
Kein „Stroh und Heu", wie die wörtliche Übersetzung ist, sondern eine kulinarische Spielerei der Italiener: Weiße und grüne feine ▸ Bandnudeln (▸ Pasta) werden dafür gemischt und oft mit gehacktem Fleisch, Pilzen, Knoblauch und geriebenem Parmesan zubereitet.

PAGLIETTA
italienischer Weichkäse aus Kuhmilch (50 % Fett i. Tr.), je nach Reife mit zartem bis kräftig-würzigem Geschmack

PAILLARD
dünn geklopfte und in der Regel kurz gebratene Rind- und Kalbfleischscheiben

PAK-CHOI
(Chinesischer Blattsenf, Senfkohl)

Fernöstliche Kohlart mit enger botanischer und geschmacklicher Verwandtschaft zum ▸ Chinakohl, die aber keinen geschlossenen Kopf bildet und im Aussehen eher ▸ Mangold ähnelt. Pak-Choi wird vorwiegend in China, Korea, Taiwan und Japan angebaut. Auch in Europa (Niederlande) hat man mit der erwerbsmäßigen Kultivierung begonnen, weil Pak-Choi auch in unseren Breiten gut gedeiht.
VERWENDUNG: *Der kulinarisch wertvollste Teil von Pak-Choi sind die knackigen dunkelgrünen Blattrippen. Diese kann man wie Chinakohl als*

fein geschnittenen Salat anrichten, häufiger werden sie jedoch als warmes Blattgemüse und als Beilage zu Fleisch- und Fischgerichten zubereitet.

PALATSCHINKEN
Österreichische und osteuropäische Spezialität, die mittlerweile so bekannt ist, dass der Name kaum mehr jemand kulinarisch in die Irre führt: Natürlich handelt es sich um keine Schinkenart, sondern um besonders dünn ausgebackene ▸ Pfannkuchen, die herzhaft (mit Spinat, Hackfleisch, Kalbshirn usw.) oder süß (mit Konfitüre bzw. Marmelade, Topfen, Eis, Nüssen, Schokolade usw.) gefüllt sein können. Das Wort kommt vom ungarischen „palacsinta", das wiederum vom lateinischen „placenta" = Kuchen abgeleitet ist.

PALERBSE ▸ Schalerbse (▸ Erbsen)

PALM(EN)HERZEN
(Palmitos, Palmkohl)
Das essbare Mark der jungen Triebe bzw. Blattknospen im oberen Bereich verschiedener Palmenarten, die hauptsächlich in Südamerika (Brasilien, Paraguay und Argentinien) vorkommen. Palmherzen haben eine zarte Konsistenz und einen leicht nussigen Geschmack, der an Spargel und Artischocken erinnert. Teilweise werden sie auch mit den noch nicht entwickelten Blättern, die sie umhüllen, gegessen – dann heißen sie Palmkohl. Bei uns kommen Palmherzen fast ausschließlich in Salzlake konserviert in Dosen oder Gläsern in den Handel.

PALMKANDIS
Meist brauner ▸ Kandiszucker aus kristallisiertem Palmsaft, der sich vor allem zum Süßen von Grog, Punsch, Glühwein und Tee eignet. Als bester Palmkandis gilt der indische.

PALMKERNÖL
Eines der beiden Öle (das andere ist das ▸ Palmöl), die der sogenannten ▸ Ölpalme „entlockt" werden können.

PALMKOHL
1. ▸ Palm(en)herzen
2. eine vor allem in Frankreich angebaute Grünkohlsorte

PALMÖL
(Lagosöl)
Eines der beiden Öle (das andere ist das ▸ Palmkernöl) der ▸ Ölpalme.

PALMWEIN
(Toddy)
Leicht berauschendes, durch Gärung hergestelltes Getränk aus dem zuckerhaltigen Blutungssaft, der aus den Stielen junger Blütenstände oder den Stämmen bestimmter Palmenarten gewonnen wird. In den Anbauregionen ist Palmwein Alltags- wie Festtagsgetränk (bei weltlichen und religiösen Feierlichkeiten), mit Kräutern vermischt wird er auch in der Volksmedizin eingesetzt. Destillierter Palmwein wird zur Herstellung von ▸ Arrak verwendet.

PALMZUCKER
Extrakt aus dem Saft verschiedener Palmenarten, der in honigähnlicher Konsistenz oder als Granulat in Asialäden, Reformhäusern oder Drogerien erhältlich ist. Palmzucker ist von hoher Süßkraft und hat ein spezielles Aroma.

PALO
Likörspezialität der spanischen Insel Mallorca, die dort sowohl vor dem Essen als Aperitif als auch zum Abschluss eines Mahls als Digestif gerne getrunken wird. Der sämige dunkle Kräuterlikör (25–36 Vol.-%) Alkohol wird aus Chinarinde, Enzian, karamellisiertem Zucker und pflanzlichem Äthylalkohol hergestellt. Im Geschmack hat er neben feiner Kräuterwürze eine zarte Karamell- und Bitternote.

PALOMINO
Die wichtigste und typische Rebsorte (▸ Wein) für den spanischen ▸ Sherry (▸ Likörweine) nimmt in dessen Heimat ▸ Jerez rund 90 % der Anbaufläche (gut 10 000 ha) ein. Die Palomino bringt säure- und zuckerarme Weine hervor, die zur Oxidation neigen – das prädestiniert sie für einen Weintyp wie den Sherry.

PAMPELMUSEN
(Adamsäpfel, Bambolmas, Kürbisorangen, Riesenorangen, Shaddocks)
Die größten der ▸ Zitrusfrüchte sind – zumindest in Europa – in der Wertschätzung eher

klein und werden oft auch mit falschen Namen von Früchten bedacht, bei denen sie nur ein Kreuzungspartner waren: ▸ Grapefruits und ▸ Pomelos. Echte Pampelmusen, die es schon lange vor ihren populäreren Abkömmlingen gegeben hat, werden bei uns im Handel nur relativ selten angeboten. Die Hauptanbaugebiete liegen in Asien, in der Karibik sowie in Mittel- und Nordamerika. Die dickschaligen Früchte können bis zu 6 kg wiegen. Im Gegensatz zur gelben Grapefruit, von der sie geschmacklich meist schwer zu unterscheiden sind, haben sie teilweise eine grünliche Schale. Der extrem bittere und saure Geschmack der Pampelmusen sagt nicht jedem zu, deshalb hat man „entschärfte“ Varianten wie ▸ Pomelos gezüchtet.

Schon gewusst?

Wenn ▸ Pampelmusen bisweilen als Shaddocks bezeichnet werden, dann erinnert dies an den gleichnamigen englischen Kapitän, der sie im 17. Jh. nach Jamaika brachte. Von dort breiteten sie sich dann in der ganzen Karibik und auch nach Puerto Rico aus, wo um 1750 aus einer natürlichen Kreuzung mit der Orange die Grapefruit entstand.

PANADE

Es gibt einige Kochfachbegriffe, die in der häuslichen Küche besonders häufig falsch gebraucht werden. Die Panade gehört dazu, denn entgegen landläufiger Meinung ist z. B. die semmelbröselige Umhüllung eines Wiener Schnitzels keine Panade, sondern eine ▸ Panierung. Im Gegensatz dazu versteht man unter Panade ein Binde- bzw. Lockerungsmittel aus Brot, Mehl (mit oder ohne Eier) oder Reis und Flüssigkeit für Füllungen und Farcen.

PANAMAKIRSCHEN ▸ Jamaikakirschen

PANCAKE

In den USA und Kanada ein ▸ Pfannkuchen aus Mehl, Backpulver, Ei, Buttermilch, flüssiger Butter, Salz und Zucker, der mit Ahornsirup gerne zum Frühstück gegessen wird.

PANCETTA

Italienischer Bauchspeck vom Schwein, der durchwachsen ist und luftgetrocknet (gelegentlich auch geräuchert), gesalzen und regional unterschiedlich mit Kräutern wie Rosmarin und Salbei gewürzt wird. Pancetta wird roh gegessen oder zum Kochen verwendet, z. B. für Spaghetti alla carbonara (▸ carbonara, alla).

PANETTONE

Ursprünglich in Mailand kreierte italienische Kuchenspezialität in Zylinderform mit einer Kuppel, die als traditionelle und typische Oster- und Weihnachtsbackware gilt und die Italiener auch zu Silvester gerne essen. Panettone wird aus unvollständig gebackenem Teig mit kandierten Früchten, Sultaninen, Zitronat und Orangeat sowie Zedernessenz hergestellt. Nach dem Originalrezept wurde Weizensauerteig verwendet, während Panettone heute in den allermeisten Fällen ein Hefekuchen ist. Das hat seiner Beliebtheit – u. a. in Kombination mit heißen und süßen Getränken oder einem süßlichen Wein – aber keinen Abbruch getan.

Schon gewusst?

Um die Ursprünge des ▸ Panettone ranken sich mehrere Geschichten, aber immer mit viel Amore. Einmal soll ihn ein verliebter Bäckerlehrling namens Antonio für seine Angebetete kreiert haben. Ein andermal soll es ein Adeliger gewesen sein, der inkognito als Lehrling beim Bäcker Tonio arbeitete, weil er sich in dessen wunderschöne Tochter verliebt hatte. Und bei einer wieder anderen Version kreierte der Bäcker Tonio selbst den Kuchen als Ersatz für die fehlende Mitgift für seine von einem Adeligen begehrte Tochter. In jeder Geschichte taucht aber der Name Antonio bzw. Tonio auf und aus dem „Pane di Tonio“ („Tonios Brot“) wurde mit der Zeit Panettone.

PANFORTE (SENESE)

Berühmter italienischer Leb- bzw. Pfefferkuchen, der aus Siena stammt. Das „Panforte“

(= „starkes Brot") wurde bereits 1205 in einer Urkunde des dortigen Benediktinerinnenklosters Montecelso erwähnt. Es besteht aus Haselnüssen, Mandeln, Zitronat und Orangeat, alles fein gehackt, gewürzt mit Koriander, Nelken und Zimt, gesüßt mit Zucker und Honig.

PANIEREN
(einbröseln)
Fleisch-, Geflügel- und Fischspeisen sowie auch anderes Bratgut in Mehl, Ei (als „Haftmittel") und ▸ Paniermehl wenden, damit die Hülle beim Braten schön knusprig wird und das Innere saftig bleibt.

PANIERMEHL
(geriebene Semmeln, Mutschelmehl, Reib(e)brot, Semmelbrösel)
Getrocknetes Weißbrot oder altbackene Semmeln, die mit oder ohne Kruste zerrieben oder gemahlen werden, um sie zum ▸ Panieren oder Binden von Füllungen zu verwenden. Paniermehl kann man auf einfache Art selbst herstellen oder als mal körnigeres, mal feineres Fertigprodukt kaufen. Im Handel angebotenes Paniermehl kann weitere Zutaten wie Enzyme, Soja- und Maismehl, Gewürze, künstliche Aromen oder Geschmacksverstärker enthalten.

PANIERUNG
Hülle aus Mehl, Ei und ▸ Paniermehl für verschiedene Speisen, im Gegensatz zur ▸ Panade

PANINI
längliche italienische Brötchen mit den verschiedensten Belägen (Parmaschinken, Salami, Käse, Eier, Krabben usw.) als Mittagsimbiss

PANISSA
Oberitalienisches Gericht und eine Art ▸ Polenta aus Kichererbsenmehl, das in Wasser zu einem Brei gekocht und mit Zitronensaft, Pfeffer und Olivenöl abgeschmeckt wird. Im Piemont kennt man unter gleichem Namen auch ein deftiges Eintopfgericht aus Reis, Bohnen, Wurst und Speck in Rotwein und Fleischbrühe.

PANNA COTTA
Nationaldessert der Italiener (vor allem in den nördlichen Regionen) aus gekochter (süßer) Sahne (so auch die wörtliche Übersetzung), die mit Gelatine fest wird – entweder in einer großen Schüssel oder in Förmchen gefüllt, aus denen man sie auf Teller stürzt. Als aromatische Zutat ist vor allem Vanille beliebt, serviert wird Panna cotta meist mit Fruchtsaucen (z. B. Erdbeer- oder Himbeersauce) oder eingemachten Früchten (z. B. Portwein-Pflaumen).

PANNEQUETS
Kleine, hauchdünne französische ▸ Pfannkuchen, die ein- bis zweimal zusammengefaltet und süß z. B. mit Konfitüre oder Schokoladensauce sowie pikant mit Hackfleisch, Käse, Pürees, Cremes usw. gefüllt werden. Letztlich nichts anderes als ▸ Crêpes mit Füllung.

P(F)ANNFISCH
Traditionelles norddeutsches Pfannengericht aus entgräteten, enthäuteten und gekochten Fischstücken (Kabeljau, Seelachs, Rotbarsch usw.), die zerkleinert und mit angeschwitzten, fein gehackten Zwiebeln und gekochten Kartoffeln (manchmal auch Speck) in Butter oder Margarine gebraten werden. Für Würze sorgen Salz, teilweise Senf und Petersilie oben drauf.

PANSCHEN
Das (verbotene) Vermischen von Nahrungsmitteln bzw. Lebensmittelprodukten mit minderwertigen, im Extremfall sogar gesundheitsschädlichen Stoffen und ein Begriff, den man vor allem in Zusammenhang mit Weinskandalen kennt. Kein Panschen liegt allerdings vor, wenn Weine unterschiedlicher Rebsorten, Jahrgänge oder Herkunft vermischt werden. Sofern sich alles im gesetzlichen Rahmen bewegt, nennt man das in der Fachsprache „verschneiden" bzw. „Verschnitt".

PANSEN

größter Abschnitt des Magens von Wiederkäuern und Hauptbestandteil der ▸ Kutteln

PANZANELLA

Eine pfiffige kulinarische Idee aus der Toskana, um altbackenes Weißbrot (das praktisch zu jedem Essen gereicht, aber nicht immer aufgebraucht wird) zu verwerten: Man macht daraus (in kleine Stücke geschnitten und eingeweicht) einen Salat mit gewürfelten Tomaten, gehackten Zwiebeln und dünnen Gurkenscheiben in Weißweinessig und Olivenöl, gewürzt mit grob gehacktem Basilikum, Knoblauch, Salz, Pfeffer.

PANZERKREBSE

wichtige Gruppe der ▸ Krebstiere mit rund 40 Familien und besonders edlen und von Gourmets hoch geschätzten Vertretern wie ▸ Hummer und ▸ Langusten

PAPA ASADA

argentinische Ofenkartoffeln mit Kräuterbutter aus zerdrückter Knoblauchzehe

PAPAIN

eingetrocknetes und pulverisiertes Enzym aus dem schleimigen Milchsaft unreifer ▸ Papayas, in der Küche – teils mit Salzen oder Gewürzen vermischt – ▸ Zartmacher für zähes Fleisch

PAPAYAS

(Engelfrüchte, Papaifrüchte)

Die Früchte des südamerikanischen Melonenbaums, der sich längst von seiner Heimat aus in andere tropische bzw. subtropische Gebiete rund um den Erdball weiterverbreitet hat (u. a. in die USA, an die Elfenbeinküste, nach Indien, Thailand und auf die Philippinen). Von den länglich-ovalen, bis 45 cm langen und bis 6 kg schweren Papayas kommen bei uns meist nur relativ kleine Exemplare mit einem Gewicht von 0,5–1 kg in den Handel. Auch wenn es ihr Aussehen nicht vermuten lässt und sie den bei uns bekannten Beeren kein bisschen gleichen, gehören Papayas botanisch zu diesen. Im Geschmack erinnern sie an Aprikose und Melone, am süßesten und intensivsten schmecken reife Früchte. Papayas sind nicht sehr aromatisch, doch ein paar Spritzer Zitronensaft, etwas Zucker oder Ingwer können als Geschmacksverstärker Wunder wirken. Essbar sind auch die Kerne, deren scharfer Geschmack Ähnlichkeit mit dem von ▸ Kapuzinerkresse hat.

EINKAUFSTIPP: *Papayas reifen bei Zimmertemperatur zwar nach, aber nicht so stark wie andere exotische Früchte (z.B. ▸ Bananen). Deshalb sollte man sie möglichst reif kaufen. Die Schale ist bei voll ausgereiften Früchten mehr gelb oder rot als grün, das Fruchtfleisch hellorange bis rosa. Je stärker die Schale auf Daumendruck nachgibt, desto besser der Reifezustand. So lange sie nicht gären, sind Papayas dabei niemals überreif.*

VERWENDUNG: *Papayas schmecken als Frischobst, als Bestandteil fruchtiger Desserts und zum Käse. Gerne „schwimmen" sie in Portwein oder Weinbrand. Mit Schinken oder geräuchertem Fleisch kann daraus eine Vorspeise werden. Vor allem in den asiatischen Anbauländern werden Papayas noch grün und unreif wie Gemüse zubereitet und gegessen, kommen in Chutneys, Currys und Salsas. In Thailand kennt man einige scharfe Salate mit Meeresfrüchten und Papayas.*

PAPET VAUDOIS

Deftiger Eintopf und Spezialität des Kantons Waadt in der Westschweiz, die es in vielen regionalen Varianten gibt: Kartoffeln, Porree und kleine Zwiebeln werden mit Butter, Speckschwarte, Brühe, Weißwein und Béchamelsauce oder Sahne verkocht. Dazu isst man Waadtländer Wurst, die nur kurz mitgekocht wird.

PAPPA AL POMODORO

italienische Tomatensuppe (Toskana) mit Broteinlage (altbackenes Weißbrot), Zwiebeln, Olivenöl, Basilikum und Knoblauch

PAP(P)ADAMS

Sehr dünne indische Fladen aus Linsen-, Reis- oder Kichererbsenmehl, die in Erdnuss- oder Maisöl frittiert und teilweise auf einem Rost gegrillt werden. Pikante Würze erhalten Papadams z. B. durch Pfeffer, Chili, Kreuzkümmel, Knoblauch. In der indischen Küche dienen sie als Beigabe zu Currys oder als Snack.

PAPPARDELLE

breite bis sehr breite italienische Bandnudeln (▸ Pasta, ▸ Teigwaren) in kürzeren Stücken

PAPRIKA
(Beißbeere, Paprikaschoten, Spanischer Pfeffer, Türkischer Pfeffer)
Die Früchte eines in den Tropen beheimateten, krautartigen und buschigen, bis 1 m hohen Nachtschattengewächses werden im Volksmund zwar gerne als Paprikaschoten bezeichnet. Nach botanischer Definition ist dieser Name falsch, denn Paprikas sind Beeren – genauso wie manch anderes Gemüse und Obst, bei dem man das auch nicht auf den ersten Blick vermuten würde, z. B. bei Kürbis und Banane. Durch die spanischen Eroberer (daher auch das Synonym Spanischer Pfeffer) wurde die Pflanze im 16. Jh. in Europa bekannt und auch eingebürgert – zunächst allerdings nur als Zierpflanze, erst später wurde sie auch als Gemüse bzw. Gewürz angebaut. In Europa ist dies heute vor allem in Spanien, Südfrankreich, Italien, Ungarn und Griechenland der Fall, also in den wärmeren Gegenden, denn die Paprikapflanze stellt hohe Ansprüche an ihre Vegetationsbedingungen. Paprikas können in der Küche vielfältig verarbeitet werden, und zwar in zwei Hauptformen: als Gemüse (▸ Gemüsepaprika) und als Gewürz (▸ Gewürzpaprika). Eine besonders scharfe Variante von Paprika ist ▸ Chili.

PAPRIKAMARK
in Butter angeschwitzte, gewürzte, durch ein Sieb gestrichene Stücke von rotem Paprika, bevorzugt Tomatenpaprika (▸ Gemüsepaprika)

PAPRIKAPULVER
getrockneter und gemahlener Gewürzpaprika in unterschiedlichen Schärfegraden, je nachdem welche Paprikaarten bzw. welche Teile davon verwendet werden, von mild und süßlich bis zum Rosenpaprika als schärfster Variante.

PAPRIKASAUCE
bäunlich rote, (mit saurer oder süßer Sahne) gebundene Sauce für pikante Fleisch- und Fischgerichte, aber auch Kartoffeln, Reis und Teigwaren, als Fertigprodukt erhältlich

PAPRIKASCH
Was man heute als ▸ Gulasch bezeichnet, ist ursprünglich das Paprikasch. Darunter versteht man in Ungarn und teils auch auf dem Balkan meist Gerichte mit hellen Fleischstücken und Paprika als geschmacklich bestimmendem Element in einer mit Sahne gebundenen Sauce.

PAPRIKASCHNITZEL
beliebtes Kalbsschnitzel in mit Paprikasauce verkochtem Bratenfond

PAPUANUSS ▸ Muskat(nuss)

PARADEIS(ER)
vor allem in Österreich und teils auch im Süden Deutschlands gebräuchliche Bezeichnung für ▸ Tomaten

PARADIESÄPFEL ▸ Tomaten

PARADIESFEIGEN ▸ Bananen

PARADIESKÖRNER
(Guineapfeffer)
Die getrockneten Samen einer in Westafrika beheimateten Pflanze aus der botanischen Familie der Ingwergewächse waren im Mittelalter als billigerer Ersatz für den teuren Pfeffer in Mitteleuropa weit beliebter als heute. Im Laufe der Zeit wurden sie aus der heimischen Küche verdrängt. Entsprechend schwer sind sie erhältlich; wenn überhaupt, dann nur bei speziellen Gewürzhändlern. Ein Schicksal, das sie mit ihrem pikant-scharfen Geschmack und ihrem würzigen Aroma nicht verdient haben.

VERWENDUNG

Paradieskörner eignen sich vor allem für Schmorgerichte mit langer Kochzeit und werden außer in ihrer westafrikanischen Heimat gerne in der marokkanischen Küche verwendet. In Europa dagegen tauchen sie nur noch in einigen alten Rezepten oder bei der Herstellung von Lebkuchen, Würsten und Kräuterlikören auf.

PARAGUAYTEE ▸ Mate

PARANÜSSE
(Amazonenmandeln, Brasilkastanien, Brasilnüsse, Juvia-, Tucanüsse)
Wie einige andere „Artgenossen“ streng botanisch eine „Mogelpackung“: Paranüsse sind

VERWENDUNG

Paranüsse sind für uns Europäer meist nur eine Knabberei, in ihrer Heimat jedoch ein wichtiges Nahrungsmittel mit hohem Nährwert. Sie können vielen würzigen Gerichten und Salaten – im Ganzen, gehackt oder gemahlen – eine exotische Note geben und vor allem in Mehl- und Süßspeisen sowie Backwaren (Nussbrot, Kuchen, Gebäck) verwendet werden.

keine echten ▸ Nüsse, sondern die Samen der Kapselfrüchte eines Baumriesen der Regen- und Urwälder Südamerikas bzw. des Amazonasgebietes (Brasilien, Bolivien, Peru und Venezuela). Der wild wachsende Paranussbaum gilt als der „König der brasilianischen Wälder“, weil er mit seiner Höhe von bis zu 75 m alle anderen Urwaldgewächse überragt. Seinen Namen hat er von der brasilianischen Provinz Pará, in der sein Ursprung liegen dürfte. Die der Kokosnuss ähnlichen Kapselfrüchte werden in der Regel 1–2 kg schwer und enthalten 12 bis 24 Samen, die Paranüsse. Geschmacklich sind diese eine Mischung aus Kokosnuss, Mandel und Makadamianuss. Die Paranüsse zählen zu den wenigen Früchten, die heute nicht in großem Umfang kultiviert werden, sondern hauptsächlich wild wachsen. Alle Versuche, den Paranussbaum außerhalb seiner Heimat in anderen Ländern anzubauen, sind bis auf kleine Ausnahmen gescheitert.

VERWENDUNG

Kulinarischen Wert hat beim Parasol nur der Hut mit seinem angenehm nussigen Geruch und Geschmack. Am besten ist das weiße Fleisch, wenn der Schirm noch relativ frisch (etwa zur Hälfte) geöffnet ist. Der Parasol eignet sich eigentlich nur zum Braten in der Pfanne („natur“ oder paniert), so zubereitet ist er aber ein besonderer Leckerbissen.

PARASOL(PILZ)

(Riesenschirmpilz, Schirmling)

Die Möglichkeiten der Zubereitung sind zwar sehr beschränkt, dennoch gilt der Parasol unter Pilzliebhabern als ausgezeichneter Speisepilz. Er wächst zwischen Juli und Oktober bevorzugt in Gesellschaft von Artgenossen und an lichten Stellen im Wald sowie an Wald- und Wegrändern – und ist dabei immer besonders gut „beschirmt“: Der mit hell- und dunkelbraunen Schuppen besetzte Hut des Parasol, dem der Pilz seinen kulinarischen Wert verdankt, kann bei ausgewachsenen Exemplaren einen Durchmesser von bis zu 30 cm erreichen, sein Stiel kann bis 40 cm hoch werden.

PARFAIT

In seiner ursprünglichen Bedeutung ein besonders feines, mit frischer Sahne und nicht in der Eismaschine hergestelltes ▸ Speiseeis. Heute wird das cremige Gefrorene in vielelerlei Varianten aus Eiern, Sahne und Zucker mit aromatischen Zutaten (wie z. B. Vanille, Schokolade, Marzipan, Zimt, Nüssen, Likören) angerührt, in spezielle Formen gefüllt und tiefgekühlt. Die wohlklingende Bezeichnung „Parfait“ – zu Deutsch „vollkommen“, „vollendet“ – hat aber im Laufe der Zeit die Kochkünstler dazu animiert, ihn auch auf besonders edle Erzeugnisse der kalten Küche – ähnlich ▸ Pasteten bzw. als eine Art ▸ Mousse oder ▸ Farce – zu übertragen. Zu besonderer Berühmtheit hat es das ▸ Gänseleberparfait gebracht.

PARFORCEKOHL

Zubereitungsart für in feine Streifen geschnittenen ▸ Rotkohl, der mit Apfelscheiben in Schweineschmalz, Weinessig und Rotwein gedünstet wird. Zur geschmacklichen Abrundung gibt man Salz, Pfeffer, Zucker und gestoßenen Kümmel dazu.

PARFÜMIEREN

Einer Speise mit einer besonders aromatischen (meist alkoholischen) Flüssigkeit wie z. B. Obstbrand, Likör und Likörwein oder Cognac eine zusätzliche Geschmacks- bzw. Geruchsnote verleihen. Den Begriff „parfümiert“ kennt man außerdem aus der Weinsprache, hier aber mit leicht negativem Touch. Davon spricht man bisweilen bei extrem aromatischen Weinen (z. B. ▸ Gewürztraminer oder ▸ Muskateller). Deren überschwänglicher Duft ist bisweilen für sensible Weinnasen zu viel des Guten.

PARIEREN

Ein Fachbegriff aus dem Pferdesport (Einwirken auf das Pferd) und aus dem Fechten (Abwehr von Attacken des Gegners), der auch eine Küchentechnik beschreibt. Beim Kochen versteht man unter „parieren“ das Zurechtschneiden von Fleisch oder Fisch (Fett entfernen, Haut abziehen, Sehnen herausschneiden, Knochen herauslösen, in Stücke zerteilen usw.) für die weitere Zubereitung. Die (nicht wertlosen!) Abfälle nennt man ▸ Parüren.

PARILLADA
gängige spanische Bezeichnung für Grillgerichte aus Fleisch oder Fisch

PARISER CREME
Feine Creme aus Schokolade bzw. Kuvertüre, die in warmer Sahne geschmolzen (Verhältnis 1:1), dann einige Stunden gekühlt und dann wie Schlagsahne aufgeschlagen wird. Je nach Variante kann die Pariser Creme noch mit Butter (für Torten), Nugat, Nüssen, Spirituosen usw. angereichert werden.

PARISER KARTOFFELN
(Nusskartoffeln)
geschälte rohe Kartoffeln in Form bzw. Größe von Haselnüssen in Butter goldgelb gebraten und mit fein gehackter Petersilie bestreut

PARISER SCHNITZEL
Ein ▸ Schnitzel vom Kalb aus der klassischen französischen Küche, das Ähnlichkeit mit dem ▸ Wiener Schnitzel hat. Der Hauptunterschied: Die Hülle, in der das Pariser Schnitzel gebraten oder frittiert wird, enthält nur Mehl und geschlagenes Ei, aber kein Paniermehl.

PARMA-ART
(parmigiana, alla)
mit geriebenem Parmesankäse und Butterflöckchen ausgebackene Speisen verschiedener Art oder Auberginen mit Tomatensauce und Parmesan (Parma: Stadt und Provinz in der oberitalienischen Emilia-Romagna)

PARMASCHINKEN
(Prosciutto di Parma)

Luftgetrocknete italienische Schinkenspezialität aus der Provinz Parma, die ursprünglich in dem Dorf Langhirano am Fluss Parma entstand. Dort wird auch heute noch ein Großteil des Prosciutto di Parma aus den Keulen mindestens 10 Monate alter Schweine bestimmter Rassen, die nach genau vorgeschriebenen Zucht- und Mastmethoden gehalten werden, produziert. „Parmaschinken" ist seit 1970 eine geschützte Herkunftsbezeichnung; Etikettenschwindel ist damit streng verboten. Prosciutto di Parma wird nicht gekocht und nicht geräuchert, sondern lediglich gesalzen und luftgetrocknet. Dabei wird er mit einer Paste aus Schmalz, Reismehl und Pfeffer bestrichen, was u.a. der Grund für seine Saftigkeit ist. Über 10–12 Monate (manchmal noch länger) reift er zur Delikatesse heran. Parmaschinken hat einen mild-würzigen Geschmack und eine rosarote Farbe mit feiner Fettmaserung, seine Konsistenz ist besonders zart und mürbe.

PARMESAN(KÄSE)
(Parmigiano Reggiano)
Die zweite kulinarische Spezialität neben dem ▸ Parmaschinken, deren Name in enger Verbindung mit Parma steht und die es zu internationaler Berühmtheit gebracht hat. Der gepresste, nachgewärmte und langsam gereifte Hartkäse mit 32–35 % Fett i. Tr. wird aus Kuhrohmilch hergestellt. Die Mindestreifezeit beträgt 12–24 Monate, die härtesten Varianten des Parmesan sind aber 3 und mehr Jahre (bis zu 10) gelagert. Die Toskana und die Provinz Parma streiten sich darum, wer den Parmesan, der in seiner Heimat auch als „König der Käse" bezeichnet wird, im 11. bzw. 13. Jh. erfunden hat. Tatsache ist, dass er bereits seit 1955 mit geschützter Herkunftsbezeichnung auf den Markt kommt, jedodch nicht unter seinem bei uns geläufigen Namen, sondern unter seinem Originaletikett „Parmigiano Reggiano".
Nur wenn er unter dieser Bezeichnung gehandelt wird, hat man die Gewähr, echten Parmesan zu kaufen – auch wenn dieser nicht immer aus der Provinz Parma stammt. Parmigiano Reggiano darf nämlich auch in Modena, Reggio Emilia, Mantua und Bologna hergestellt werden. Ernste Konkurrenz hat der Parmesan durch den ▸ Grana Padano bekommen, der auf fast identische Art ebenfalls in Oberitalien hergestellt wird und alternativ verwendet werden kann. Vielfach ist Parmesan nur als typischer Reibkäse bekannt. Doch darüber hinaus ist Parmigiano Reggiano vermutlich der am vielseitigsten verwendbare Käse überhaupt und es gibt ganze Kochbücher ausschließlich mit Rezepten, in denen er eine wichtige Zutat ist.

VERWENDUNG

Typisch italienisch wird Parmaschinken in hauchdünne Scheiben geschnitten auf Melonenspalten oder mit anderen Früchten (z.B. Feigen oder Weintrauben) und nur mit frisch gemahlenem Pfeffer bestreut als Vorspeise gereicht. Er schmeckt aber natürlich auch zu Weißbrot und Oliven, und das zu jeder Tageszeit.

VERWENDUNG

Parmesan schmeckt vorzüglich, wenn er hauchdünn in Scheiben über gekochtes, gedünstetes oder gebratenes Gemüse gehobelt wird. Hervorragend entfaltet er seinen delikaten Geschmack außerdem in Gerichten, die mit Parmesan überbacken werden, oder in Farcen, verschiedenen Pestos usw. Sogar zu Desserts mit Früchten wird er in seiner Heimat gerne gegessen. Und natürlich gehört Parmesan auf die Käseplatte und ist ein beliebter Begleiter von kräftigen Rotweinen.

PARRILLADA MIXTA

So lieben es die Argentinier: Gemischtes Fleisch und Innereien (Rindfleisch von der Rippe, Hammel von Keule oder Schulter, Rinderherz und -niere, weich gekochte Kutteln und Euter sowie Kalbsbries), die in kleine Stücke geschnitten auf dem Holzkohlengrill gebraten werden. Dabei streicht man sie laufend mit einer Marinade aus Essig, Öl, Wasser, Zwiebeln, Knoblauch, Paprika, Rosmarin und Salz ein.

PARTYBRÖTCHEN

Frische oder geröstete halbe Brötchen bzw. kleine Weißbrotscheiben, die bunt und fantasievoll belegt sowie nett garniert bei Gartenpartys, Picknicks, Stehempfängen usw. als ▸ Fingerfood gereicht werden. Steckt man die Zutaten auf kleine Spieße, dann werden daraus für den gleichen Zweck Partyspießchen.

PARÜREN

Alles, was bei der Vorbereitung (dem ▸ Parieren) von Fleisch oder Fisch in der Küche als Abfall weggeschnitten wird – dennoch aber nicht wertlos ist und nicht gleich weggeworfen werden sollte. Die Parüren können nämlich zur Herstellung von ▸ Fonds oder ▸ Saucen noch einmal weiterverwendet werden.

PASSENDALE

Aus pasteurisierter Kuhmilch nach einem alten Klosterrezept in der belgischen Region Flandern hergestellter Schnittkäse (▸ Käse), der eine feste Konsistenz und kleine, unregelmäßige Löcher hat. Charakteristisch für den besonders in England beliebten Passendale ist seine Form eines Bauernbrotes mit einem Gewicht von ca. 3 kg (Passendale: Ortsteil der Gemeinde Zonnebeke in Westflandern).

PASSIEREN

In der Küchensprache das Durchseihen, -streichen oder -drücken von Saucen, Suppen, Pürees und anderen Flüssigkeiten durch ein Sieb oder ein Passiertuch. Zweck der Übung ist, gröbere Bestandteile zurückzuhalten (wenn sie unerwünscht sind) bzw. zu zerkleinern, um dem jeweiligen Endprodukt eine feinere und gleichmäßige Konsistenz zu geben (frz. „passer" = „vorübergehen").

PASSIONSFRÜCHTE

(Purpurgranadillas)

Eine exotische „Wundertüte": Die Passionsfrucht an sich gibt es nämlich nicht, sondern hinter dieser Bezeichnung verbirgt sich eine ganze Gruppe der ▸ Südfrüchte, die in den Tropen und Subtropen zuhause sind. Es handelt sich um die essbaren Früchte (botanisch als Beeren eingestuft) verschiedener Arten aus der Gattung der Passionsblumen, die nicht nur mit ihren prächtigen Blüten glänzen. Die optische Vielfalt der Passionsfrüchte – manche sehen aus wie kleine Zitronen, andere wie große verschrumpelte Pflaumen – ist ebenso groß wie die geschmackliche. Die mit Abstand wichtigsten Passionsfrüchte sind ▸ Granadillas, ▸ Maracujas und ▸ Curubas. Sie werden vor allem gerne für Fruchtsäfte, Fruchtcocktails, Speiseeis, Pürees und Cremes verwendet.

SCHON GEWUSST?

Entdeckt wurden die ▸ Passionsfrüchte im 16. Jh. von spanischen Jesuiten in Südamerika. Die strenggläubigen Missionare erkannten in den farbenprächtigen und mit vielen Details ausgestatteten Blüten wichtige Symbole der Leidensgeschichte Christi wie Dornenkrone, Geißel und Kreuznägel wieder – und benannten sie danach.

PASSITO

Ein italienischer Süßwein, der nach uralter Methode (zurückgehend bis ins antike Rom) aus sonnen- bzw. luftgetrockneten und rosinierten Trauben hergestellt wird. Zur Trocknung bleiben die Trauben entweder über den normalen Erntezeitpunkt hinaus am Stock hängen oder werden nach der Ernte an Holzgestellen aufgehängt oder auf Stroh- bzw. Schilfrohrmatten ausgelegt (wie z. B. der berühmte ▸ Vin Santo). Dabei verlieren sie Wasser, während Zucker- und Extraktgehalt ansteigen. Vereinzelt gibt es auch trocken ausgebaute Varianten; demnach ist auch der Amarone ein Passito. Allerdings wird er nicht als solcher bezeichnet und auch die nach dem Passito-Verfahren hergestellten Süßweine haben in ihrer Heimat einen anderen, regionalen Namen, nämlich ► Recioto.

PASTA

Sammelbegriff für italienische ► Nudeln (► Teigwaren) und Nudelgerichte (► Seite 417)

PASTETEN

Sammelbegriff für besondere kulinarische Köstlichkeiten aus Farcen von Fleisch, Wild, Geflügel, Innereien und Fisch, die in einer Hülle aus verschiedenen Teigarten gebacken werden. Die Pasteten werden meist nach dem Auskühlen in Scheiben geschnitten und mit oder ohne Sauce kalt als Vorspeise serviert. Seltener sind Pasteten für den warmen Verzehr gedacht. Zu den verschiedenen Arten von Pasteten zählen u. a. ► Becherpasteten, ► Bouchées, ► Galantinen, ► Rissolen und ► Vol-au-vents. Ohne Teighülle kommen sie als nicht minder feine ► Terrinen auf den Tisch. Vermutlich weil sie einfach gut klingt, wurde die Bezeichnung Pastete auch auf manche süße Backwaren übertragen.

> **SCHON GEWUSST?**
>
> Die Pastetenbäckerei (► Pasteten) hat eine lange Tradition und ist in Europa vermutlich um das Jahr 1000 – natürlich in Frankreich – entstanden. Ihre Blütezeit begann in der Renaissance (ab dem 14. Jh.), als sie beim Adel und der hohen Geistlichkeit sogar die Krönung eines Festmahls bildeten. Weiter verfeinert und in immer größerer Zahl erdacht wurden die Pastetenrezepte mit dem Beginn der klassischen Küche ab dem 16. Jh. und in der Folge entstanden „unsterbliche" Pasteten wie z. B. die ► Gänseleberpastete.

PASTETENGEWÜRZ

Neben den anderen Zutaten machten auch edle Gewürze im Mittelalter (ab dem 14. Jh.) Pasteten zum Luxusprodukt von Adel und Klerus. Damals entstand die klassische, noch heute als Pastetengewürz bekannte und als Handelsware erhältliche Mischung aus weißem Pfeffer (15 Teile), Piment (5 Teile), Muskatblüte (2 Teile) sowie Nelke, Lorbeer, Majoran, Muskatnuss, Rosmarin, Salbei und Zimt (je 1 Teil).

PASTETENTEIG

(Knetteig)

vielfach für ► Pasteten (vor allem ► Kastenpasteten, ► Becherpasteten und ► Rissolen) verwendeter Mürbteig aus Mehl, Butter, Schweineschmalz, Eigelb und Wasser ohne Zucker

PASTEURISIERUNG

Verfahren zur Haltbarmachung von Lebensmitteln, das auf die Forschungen des großen französischen Chemikers und Biologen Louis Pasteur (1822–1895) zurückgeht und nach ihm benannt wurde. Bei der Pasteurisierung werden Lebensmittel (und auch andere Stoffe) kurzzeitig auf 60–90 °C erhitzt und so die enthaltenen Mikroorganismen (z. B. Milchsäurebakterien, Hefen, Schimmelpilze, potenzielle Krankheitserreger), die sonst den Verderb beschleunigen bzw. die Genussfähigkeit beeinträchtigen würden, abgetötet. Neben einer Verlängerung der Haltbarkeit von Lebensmitteln durch die Pasteurisierung ist der zweite wichtige Effekt dieses Verfahrens, dass dabei die Nährstoffe bei nur marginalen geschmacklichen Veränderungen weitestgehend „unversehrt" bleiben. Am weitesten verbreitet ist die Pasteurisierung bei Milch und Milchprodukten. In der Lebensmittelindustrie werden aber auch Fruchtsäfte, Bier, Wein und Konserven unterschiedlichster Art häufig pasteurisiert.

PASTINAKEN

(Hammelmöhren, Hirschmöhren, Moorwurzeln)

Die gelblich-weißen Rüben einer Pflanze aus der botanischen Familie der Doldenblütengewächse schmecken nicht nur vielen Menschen, auch Haarwild und Schafe futtern sie gerne. Zwar weniger in Deutschland, jedoch in einigen anderen europäischen Ländern sind sie ein beliebtes Wurzelgemüse mit langer Tradition bis zurück in die Antike. Bis ins 18. Jh. hinein zählten sie auch in Deutschland und Österreich zu den Grundnahrungsmitteln,

VERWENDUNG

Eine gute Gemüsebeilage sind Pastinaken vor allem zu gebratenem oder gegrilltem Fleisch. Besonders gut eignen sie sich für die Verarbeitung zu Cremesuppen oder zu Püree, das aromatisch das Kartoffelpüree aussticht. Die Wurzelrüben werden auch in großer Menge zur industriellen Herstellung von Babynahrung verwendet. Aus ihrem Saft lässt sich ein dickflüssiger Sirup als Brotaufstrich und Süßungsmittel kochen.

wurden im Laufe der Zeit aber von Kartoffeln und Mohrrüben immer stärker verdrängt (ein Grund dafür ist sicher ihre relativ lange Vegetationszeit). In anderen Teilen Mittel- und Nordeuropas (u. a. Großbritannien, Frankreich, den Niederlanden und Skandinavien) und auch in den USA spielen sie dagegen noch immer eine wichtige Rolle. Wieder etwas an Boden gewonnen haben die Pastinaken in Deutschland und Österreich im Zuge der ökologischen Landwirtschaft.
Sieht man vom Fehlen der ▸ Karotine ab, haben Pastinaken eine starke Ähnlichkeit mit ▸ Mohrrüben. Auch die geschmackliche Verwandtschaft mit den Mohrrüben (sowie Sellerie und Petersilienwurzeln) können die süßlich-würzigen Wurzelrüben nicht verleugnen. Geerntet werden Pastinaken vorwiegend im Spätherbst und Winter, nach dem ersten Frost sollen sie am besten schmecken. Kleinere Rüben sind in der Regel delikater als sehr große, die holzig sein können. Pastinaken können grundsätzlich wie Kartoffeln und Mohrrüben in der Küche verarbeitet werden

PASTIRMA
türkisches Dörrfleisch (meist Rinderlende), in hauchdünne Streifen oder Scheiben geschnitten und mit Knoblauch und Kümmel gewürzt

PASTIS
Traditionell mit ▸ Anis, heute aber meist mit dem billigeren ▸ Sternanis hergestellte und im Geschmack davon geprägte ▸ Spirituose, die als typisch französisch gilt und 40–45 Vol.-% Alkohol hat. Weitere Zutaten sind Zucker, Fenchelsamen, Süßholzwurzeln, andere Würzkräuter, Wasser und Alkohol. Pastis ist zusammen mit dem griechischen ▸ Ouzo der bekannteste ▸ Anisée, doch das war nicht immer so. Sein Aufstieg begann erst Anfang des 20. Jh. mit dem Niedergang des ▸ Absinth (wegen seines Inhaltsstoffes Wermut), als der Markt beherrschende Absinthproduzent ▸ Pernod das Rezept änderte und ein neues Getränk schuf.

PASTIZIO
griechischer Auflauf aus gewürztem Hackfleisch mit Paniermehl, Tomatenmark, Weißwein und geriebenem Käse, darüber gekochte und mit Ei gebundene Makkaroni

PASTORENKRAUT ▸ Eberraute

PASTRAMI
Jüdisch-amerikanische Spezialität (als Brotbelag oder auch als ▸ Sandwich) aus gepökeltem und geräuchertem Rindfleisch, das mit Pfeffer, Kreuzkümmel, Paprika und Knoblauch gewürzt, gekocht und kalt aufgeschnitten wird.

PATATEN ▸ Bataten

PÂTÉ
Das französische Wort für „Pastete" steht für streichfähige Massen aus gekochtem und fein zerkleinertem Fleisch oder Innereien sowie eventuell weiteren Zutaten (z. B. Eier, Pilze, Rotwein) in einer dünnen Teighülle (▸ Pasteten, ▸ Terrinen). Pâtés werden kalt oder warm mit oder ohne Sauce gegessen.

PATERKORN ▸ Buchweizen

PATIENCEGEBÄCK ▸ Russisch(es) Brot

PATISSERIE
Mehrdeutige Bezeichnung, hinter der sich letztlich aber immer feinste Back- und Konditoreiwaren verbergen. Mit Patisserie können die süßen Köstlichkeiten (z. B. Gebäck, Pralinen, Eiscreme) selbst ebenso gemeint sein wie Konditoreien, in denen sie hergestellt werden, und zum Dritten auch der Arbeitsplatz eines Patissiers in einem Hotel oder Restaurant.

PATLICAN SALATASI
dicke türkische Sauce aus mit gehackter Zwiebel in Öl angebratenen, weich gedämpften und passierten Auberginen, mit Öl aufgeschlagen und mit Salz, Pfeffer, Zitronensaft und Honig abgeschmeckt (zu gebratenem Meeresfisch)

PATNAREIS
eine der wichtigsten Reissorten (▸ Reis)

PAUPIETTES
französische ▸ Rouladen aus dünnen Kalb-, Rind-, Lammfleisch- oder Fischscheiben

Pasta: italienisches Nationalgericht

Für andere Europäer sind es oft einfach nur ▸ Nudeln (▸ Teigwaren), die meist aus Hartweizengrieß, Kochsalz und Wasser sowie teilweise noch mit Ei und/oder weiteren Zutaten hergestellt werden. Doch die Italiener verbindet mit ihrer Pasta eine alte und immer noch heiße Liebe. Damit erklärt sich auch ihr Erfindungsreichtum, wenn es um Formen, Größen und Zubereitungsarten der Pasta geht.

KEIN ESSEN OHNE PASTASCIUTTA

Auch wenn sie es vielleicht gerne wären und entgegen einem weit verbreiteten Irrtum sind die Italiener nicht die Erfinder der Nudel. In China wurden schon vor etwa 4000 Jahren nachweislich Nudeln hergestellt. In der Antike waren bereits bei den Griechen Nudelgerichte bekannt und in etruskischen Gräbern wurden u. a. Abbildungen von Geräten zur Nudelherstellung gefunden.

Vom alten Hellas gelangte die Pasta schließlich erst nach Italien. Dort allerdings wurde sie zum einzig wahren Nationalgericht. Jede italienische Region hat ihre speziellen Nudelarten und Pasta-Rezepte, insgesamt sollen es weit über 300 Varianten sein. Ein Mahl ohne Pastasciutta (zu Deutsch „Trockenteig"), wie man die diversen Nudelgerichte in ihrer Heimat gesammelt bezeichnet, ist für einen Italiener nichts Halbes und nichts Ganzes.

VIELFALT AN FARBEN UND GESCHMACK

Noch heute wird die handwerkliche Nudelherstellung auf vielen italienischen Landgütern und in Kleinbetrieben gepflegt. Die meisten Nudeln kommen mittlerweile aber aus industrieller Herstellung. In der großen Masse bestehen sie aus Hartweizengrieß, es gibt als weitere Sorten aber auch noch Eiernudeln mit dem Namenszusatz „all' uovo", Pasta Integrale (Vollkornnudeln), Pasta con Soia (aus Hartweizengrieß mit Sojamehl), Pasta Cinque Cereali (aus Gerste, Hafer, Roggen, Weizen und Buchweizen), Pasta Farro e Lenticchie (mit Dinkel und Linsen) und schließlich Pasta Orzo e Grano Saraceno (aus Gerste und Buchweizen).

Je nach den weiteren Zutaten, die eventuell im Teig verarbeitet werden, kann aus der an sich weißen bzw. mehr oder weniger gelben Nudel auch eine rote, orange- bis ockerfarbige, grüne, braune oder schwarze Pasta werden – so wenn z. B. Tomatenmark, Safran, Spinat, Kräuter, Pilze oder Sepiatinte dazugemischt werden. Das gibt den Nudeln nicht nur eine besondere Geschmacksnote, sondern sorgt auch für Farbtupfer auf dem Teller.

Nudeln von hoher Qualität lassen sich leichter perfekt ▸ al dente kochen und können allein schon mit etwas geschmolzener Butter oder Olivenöl, mit oder ohne Kräuter herrlich schmecken. Mit hauchdünn darüber gehobelten Trüffeln werden sie zur edlen Delikatesse. Fast „grenzenlos" ist die geschmackliche Vielfalt der Nudelgerichte durch die unterschiedlichsten Saucen, Pestos und ihre weiteren Zutaten.

IN ALLEN GRÖSSEN UND FORMEN

Die Namensendungen geben oft Hinweise auf Größe oder Form der Nudeln. Pastasorten, die auf „-elle" enden, sind meist breitere Bandnudeln (z. B. ▸ Tagliatelle). Schmal bzw. klein sind Nudeln mit „-ette" (z. B. ▸ Bavette) hinten dran. Meist die kleinere Ausgabe von Nudeln, die es auch in einer größeren Normalversion gibt, oder generell kleine Nudelsorten sind alle „-ine" bzw. „-ini" (z. B. Spaghettini von ▸ Spaghetti). „Übergröße" haben im Gegensatz dazu alle „-oni" (wie z. B. Ditaloni von ▸ Ditali). Glatte Nudeln werden teilweise mit dem Zusatz „Lisce" versehen, geriffelte mit „Rigate". Ebenfalls verschiedene Nudelsorten können den Zusatz „Mezze" (= „halbe") tragen, wenn sie abgeschnitten bzw. verkürzt sind.

PAZIFIKLACHS
(Alaskalachs, Kanadalachs)
Sammelbegriff für alle im Pazifik vorkommenden Lachsarten (▸ Lachs)

PEANUTS ▸ Erdnüsse

PECAN PIE
amerikanischer Mürbteigkuchen mit einer Füllung aus gehackten Pekannüssen, Butter, Honig, manchmal mit Spirituosen aromatisiert (z. B. Rum) und mit gehackten Nüssen oder Nusshälften garniert

PECORINO
Bei Käseliebhabern ist er buchstäblich in aller Munde und hoch gelobt: Der Pecorino gilt als bekanntester und bester italienischer ▸ Käse aus Schafmilch, wobei die Qualitäts- und Geschmacksunterschiede aber groß sein können. Es handelt sich zwar immer um einen gepressten Hartkäse, doch ist Pecorino nur eine von „pecora" = „Schaf" abgeleitete Sammelbezeichnung für verschiedene und nicht nach einem einheitlichen Verfahren hergestellte Käse unterschiedlicher Herkunft mit 36–48 % Fett i. Tr. Bei billigeren Varianten wird auch Kuhmilch beigemischt. Um sich von diesen eindeutig zu distanzieren, tragen rein aus Schafmilch hergestellte Pecorinos oft Zusätze wie „tutti di latte de pecora" oder „pecora completo". Pecorino wird jung, mittelreif und durchgereift gehandelt. Es gibt ihn auch geräuchert oder mit Tomatenmark gebürstet, andere Arten werden geölt und mit Holzkohle eingerieben. Junger Käse ist fast weiß und mild im Geschmack mit einer zitronig frischen Note. Mit zunehmender Reife dunkelt der Pecorino nach, wird härter und entwickelt immer deutlicher einen nussigen Geschmack. Pecorino ist nicht nur eine Bereicherung für jede Käseplatte, sondern eignet sich auch als Reibekäse sehr gut.

SCHON GEWUSST?

Der ▸ Pecorino hat eine uralte Tradition. Schon vor über 2000 Jahren gehörte der Pecorino romano aus Latium zur Essensration der römischen Legionäre. Heute allerdings wird in der Gegend um Rom nur noch ein kleiner Teil des italienischen Pecorino produziert und es kommen die großen Mengen aus Sardinien, Sizilien und der Toskana, jeweils mit kontrollierter Herkunftsbezeichnung als Pecorino sardo, Pecorino siciliano und Pecorino toscano. Nicht geschützt ist allerdings die Bezeichnung Pecorino alleine und so sind auch Käse aus Deutschland und anderen Ländern auf dem Markt, die sich so nennen.

PEDRO XIMÉNEZ
Neben ▸ Palomino die zweite wichtige (weiße) Rebsorte (▸ Wein) des berühmten ▸ Sherry, die auf rund 27 000 ha Rebfläche angebaut wird. Der zuckerreiche Pedro Ximénez liefert reinsortig u. a. die süßeste Variante des Sherry, unter Kennern kurz als PX bezeichnet, und ist auch Bestandteil in einem anderen bekannten Süßwein, dem ▸ Málaga.

PEKANNÜSSE
(Hickorynüsse)

Im Handels-, Küchen- und Sprachgebrauch als ▸ Nüsse bezeichnet, botanisch aber die Steinfrüchte des nordamerikanischen Hickorybaumes aus der Familie der Walnussgewächse. Er kann bis zu 1000 Jahre alt werden und bis zu 200 kg Nüsse abwerfen. Die Pekannüsse ähneln Walnüssen in Aussehen und Geschmack. Sie sind aber milder und etwas süßer und ihre weiche Schale lässt sich ohne großen Kraftaufwand mit der Hand knacken. Der Ursprung der Pekannuss liegt in den Warmzonen Nordamerikas, wo sie bereits ein wichtiges Nahrungsmittel der Indianer war. Heute wird der Hickorybaum auf großen Plantagen vor allem in den südlichen USA (Texas, Oklahoma) angebaut, weiter in Mexiko, Israel, Indien, China und Australien.
VERWENDUNG: *Pekannüsse gibt es in allen möglichen Handelsformen – ganz, gemahlen oder gehackt, naturbelassen, gesalzen, gesüßt oder gewürzt – zu kaufen. Besonders gerne werden sie für Geflügel- oder Wildfüllungen, Salate, Desserts und Backwaren genommen. Eine klassische amerikanische Spezialität ist die ▸ Pecan Pie.*

PEKING-ENTE
1. Eine domestizierte Art der Stockenten und die häufigste Form der Hausenten (▸ Ente), die ihren Ursprung in Südostasien hat.
2. Eines der klassischen und berühmtesten Ge-

richte der chinesischen Küche, in das die Köche aus dem Reich der Mitte ihren besonderen Ehrgeiz legen. Das Rezept für Peking-Ente stammt aus der Ming-Dynastie (1368–1644). Wegen der extrem aufwendigen Zubereitung wird Peking-Ente meist in darauf spezialisierten Restaurants angeboten. In der Hauptstadt Peking verarbeiten einige von ihnen teilweise über 1000 Enten pro Tag. Diese dürfen nur 2 Monate alt und 2–3 kg schwer werden und sich in den letzten 2–3 Wochen ihres kurzen Lebens nicht mehr bewegen, damit ihr Fleisch zart und die Haut dünn wird. Die wichtigsten Geheimnisse der arbeits- und zeitintensiven Zubereitung sind das Aufblasen der Haut (wobei sie sich vom Fleisch löst), das Übermälzen mit Zucker, Honig und Ingwer, die Lufttrocknung und das Braten der am Hals aufgehängten Enten in Spezialöfen oder über dem offenen Holzkohlenfeuer. Vor allem die unvergleichlich knusprige Haut ist dabei der Stolz der Köche. Die Vor- und Zubereitung von Peking-Ente kann bis zu 4 Tage dauern, je nachdem wie lange die Lufttrocknung ausgedehnt wird. Serviert wird sie traditionell in mehreren Gängen mit besonderen Pfannkuchen, verschiedenem Gemüse sowie süßen, scharfen und süßsauren Saucen.

PEKINGKOHL ▸ Chinakohl

PEKINGSAUCE ▸ Hoisinsauce

PEKTINE
Natürliches, in vielen Pflanzen enthaltenes Gelier- und Dickungsmittel, dessen Zusammensetzung nicht nur von Pflanze zu Pflanze unterschiedlich ist, sondern auch vom Typ und Alter des Pflanzengewebes abhängt. Besonders viel Pektin enthalten z. B. Zitrusfrüchte, Äpfel, Johannis- und Preiselbeeren, andere säuerliche Früchte und Rüben. Ihre besondere Fähigkeit, Gelee zu bilden, macht die Pektine zu einem wichtigen Bestandteil vieler Produkte der Lebensmittelindustrie – in der EU sind sie als Lebensmittelzusatzstoff E 440 ohne Höchstmengenbeschränkung zugelassen. Pektine sind Festmacher in Gelees, Konfitüren und Marmeladen, Süß- und Backwaren. Sie kommen auch in der Küche zum Einsatz und sind sie im Handel flüssig oder in Pulverform erhältlich.

PÉLARDON
Auch wenn er nicht so bekannt ist wie viele andere französische ▸ Käse, wird der im Languedoc bzw. in der Ardèche und den Cévennen beheimatete Pélardon mit seinem nussigen Aroma von Kennern besonders geschätzt. Der Weichkäse wird aus Rohmilch von Ziegen hergestellt, die auf Wiesen und mit Sträuchern bewachsenen Berghängen grasen dürfen, und hat mindestens 45 % Fett i. Tr. Eine Spezialität im Süden Frankreichs ist grüner Salat mit paniertem und in Olivenöl gebackenem Pélardon.

PELLKARTOFFELN
Kleine bis mittelgroße Kartoffeln, die mit der Schale gar gekocht und nach dem Abgießen und Ausdampfen geschält werden. Dadurch wird der Verlust an Geschmacks- und Nährstoffen verringert. Am besten eignen sich dafür neue festkochende Kartoffeln. In ihrer Einfachheit besonders köstlich sind Pellkartoffeln mit Butter und Quark oder Käse ebenso wie mit ▸ Matjesfilets. Sie bilden die Grundlage für ▸ Bratkartoffeln, ▸ Kartoffelsalat, ▸ Kartoffelpüree und ▸ Kartoffelklöße.

PELMENI
Russisches Nationalgericht, das unverkennbare Ähnlichkeit mit den italienischen ▸ Ravioli, den schwäbischen ▸ Maultaschen und den chinesischen ▸ Jiaozi hat. Die in Wasser oder Brühe gekochten Teigtaschen werden meist mit Hackfleisch aus verschiedenen Schlachttieren und Geflügel gefüllt, in der süßen Variante auch mit Früchten, Rosinen und Quark.

PEMMIKAN
In früheren Zeiten vor allem als Reiseproviant und Notration von den Indianern verwendet,

dient das legendäre Pemmikan noch heute ähnlichen Zwecken. Die extrem haltbare, pastöse Trockennahrung aus getrocknetem, angeröstetem und zerstoßenem bzw. zermahlenem Dörrfleisch und Fett gehört – industriell hergestellt – noch heute zur Marschverpflegung bei Expeditionen, anderen Outdoor-Aktivitäten und beim Militär. Pemmikan, das ursprünglich aus Bisonfleisch hergestellt wurde (heute nimmt man auch anderes dunkles Fleisch), ist äußerst nahrhaft und wiegt nur noch $^1/_5$ des verwendeten Frischfleischs.

PENEDÈS
Spanisches Weinanbaugebiet (► Wein) im Nordosten des Landes, das zu Katalonien gehört und vielfach als Wiege des modernen Weinbaus auf der iberischen Halbinsel gilt. Auf rund 265 000 ha Anbaufläche werden über 100 Rebsorten kultiviert, nur 15 sind aber für DO-Weine zugelassen. Neben der Erzeugung von Rot- und Weißweinen ist das Penedès das Zentrum der spanischen Cava-Produktion.

PENNE
dicke und kurze sowie diagonal abgeschnittene italienische Röhrennudeln (► Pasta, ► Teigwaren), in der Normalversion glatt, mit dem Zusatz „rigate“ geriffelt

PEPERONATA
italienisches Gemüseragout aus Paprika, Tomaten, Zwiebeln, Peperoni, Knoblauchzehen, Kapern und Weinessig als warme oder kalte Beilage zu gekochtem Fleisch

PEPINOS
(Birnenmelonen, Mellowfrüchte, Melonenbirnen)
So süß und saftig wie einige bekanntere ► Südfrüchte, doch im Aroma können es die eiförmigen und bis 20 cm langen Pepinos nicht ganz mit Mangos, Litschis oder Maracujas aufnehmen. Dennoch bringen die Früchte eines gerade einmal meterhohen Nachtschattengewächses exotische Abwechslung in das Sortiment heimischer Obsthändler. Ihr Geschmack erinnert an Birnen und Zuckermelonen. Pepinos werden vor allem in ihrer Heimat Südamerika, den USA (Kalifornien, Florida), Südspanien und Neuseeland angebaut.

VERWENDUNG: *Pepinos eignen sich für Obstsalate, fruchtige Desserts und Früchteeisbecher. Sehr gut schmecken sie auch in kalten Vorspeisen mit Meeresfrüchten und als „Unterlage“ für Parmaschinken können sie Melonen pfiffig ersetzen.*

PEPPERONI
scharf mit Paprika gewürzte, mittelfeine bis feine Rohwurst aus Rind-, Schweinefleisch und Fettgewebe, meist geräuchert

PEP(P)ERONI
Trotz aller Begriffsverwirrung sind Peperoni, Peperoncini, Peperone, Pfefferoni und Pfefferschoten letztlich nur besonders scharfe Paprikasorten und damit ► Chillis, nur die ► Pepperoni schlägt als Wurst aus der Art.

PÉRIGORD-ART
Zubereitungsart mit den berühmten Erzeugnissen des Périgord, einer Landschaft im Südwesten Frankreichs: schwarzen Trüffeln, Enten- und Gänseleber

PERILLA
(Shiso)
Gattung aus der botanischen Familie der Lippenblütengewächse, die als monotypisch gilt – d. h. sie hat nur eine einzige Art – und als Heil- und Würzpflanze dient. Sie wird in Ostasien, in Indien, im Iran und in Südeuropa kultiviert, vor allem in China und Japan auf Feldern auch als Ölpflanze. Als Gewürz werden verschiedene Pflanzenteile verwendet, die alle leicht scharf sind und ein markantes Aroma haben.
VERWENDUNG: *Blätter, Knospen und Blüten werden in ihren Heimatländern oft als Gemüse zubereitet. Die Keimlinge dienen als Sprossengemüse, Knospen und Samen werden zum Würzen zahlreicher Gerichte verwendet. In Japan aromatisiert man damit u. a. ► Sushi, in Korea werden die Blätter gerne frisch als Salat oder scharf eingelegt als Beilage gegessen. Das aus den Samen gewonnene Öl ist in Ostasien ein beliebtes Speiseöl.*

PERLBOHNE ► Weiße Bohne (► Bohnen)

PERLHUHN
Ursprünglich aus Westafrika stammender Hühnervogel, der mit dem Haushuhn (► Huhn)

eng verwandt, aber kulinarisch wertvoller ist. Perlhühner haben ein besonders zartes und etwas dunkleres Fleisch mit leichtem und reizvollem Wildgeschmack – vor allem wenn sie in freier Wildbahn gelebt haben. Heute werden sie in Europa (vor allem Frankreich) und den USA auch als Hausgeflügel gehalten. Das Fleisch sollte nie durchgebraten werden, weil es schnell trocken und zäh wird.

PERLLAUCH ▸ Perlzwiebeln

PERLPILZ
Schmackhafter Lamellenpilz (▸ Pilze), um den weniger erfahrene Pilzsammler aber trotzdem einen Bogen machen sollten. Der Perlpilz kann nämlich leicht mit dem tödlich giftigen Pantherpilz verwechselt werden. Hauptunterscheidungsmerkmal sind die rosaroten bis rötlichen Verfärbungen, die nur der Perlpilz an verletzten Stellen aufweist. Zu finden ist er von Juni bis Oktober vor allem in Laub- und Nadelwäldern. Wenn die Huthaut abgezogen ist, kann er gebraten, gedünstet oder gekocht werden.

PERLWEIN
Ein ähnlich dem ▸ Schaumwein hergestellter „Sprudler“, der allerdings nur unter 1–2,8 bar Kohlensäuredruck statt 3–6 bar steht. Dass sie keine vollwertigen Schaumweine sind, zeigt sich bei Perlweinen schon darin, dass ihr Korken (wenn sie nicht gleich Schraubverschluss oder Kronkorken haben) nicht mit einem Drahtkorb fixiert sein darf. Landestypische Bezeichnungen für Perlweine sind z. B. in Italien Frizzante oder in Frankreich Pétillant.

PERLWÜRSTCHEN ▸ Chipolatas

PERLZWIEBELN
(Perllauch, Silberzwiebeln)
Diese kleinste und feinste Zwiebelart findet man nur selten frisch auf den Märkten. Dagegen kennen wir sie alle als essigsaure Konserve allein oder in ▸ Mixed Pickles. Dabei hätten die kleinen, aromatischen Zwiebelchen weit mehr zu bieten, denn glasiert und mit Aceto aufgekocht ergeben sie eine feine Vorspeise. Sie sind die ideale Zutat für Schaschlik- und andere Spieße (▸ Zwiebeln).

PERNOD
Eine auch unter dem Begriff ▸ Pastis bekannte Anisspirituose (▸ Anisée), deren Name (zurückgehend auf die 1798 gegründete Destillerie) Allgemeingut geworden ist. Allerdings weicht Pernod im Herstellungsverfahren von vergleichbaren Spirituosen ab, weil er nicht kalt angesetzt, sondern aus Anethol (vom Sternanis) destilliert und mit Wasser, Alkohol und Kräuterextrakten nach geheimer Rezeptur vermischt wird. Ursprünglich war Pernod ein ▸ Absinth und erhielt erst nach dem Verbot von Wermut die heutige Zusammensetzung.

PERSILLADE
südfranzösische Gewürzmischung aus Knoblauch und Petersilie zu Bratkartoffeln und Gemüsegerichten

PERSIMONEN ▸ Kaki(pflaumen)

PERSIPAN
Dem ▸ Marzipan ähnliches, aber preisgünstigeres Ersatzprodukt, das aus Aprikosen-, Pfirsich- oder Bergmandelkernen (statt Süßmandelkernen) hergestellt wird. Persipan besteht zu 40 % aus Kernrohmasse und zu 60 % aus Zucker. In der Konditorei wird es teils anstelle von Marzipan für Gebäck und Süßwaren verwendet

PERSISCHER SENF ▸ Jambaraps

PESTO
Kalte und typisch italienische Würzpaste bzw. -sauce, die in der klassischen Version als Pes-

VERWENDUNG

Ein kulinarisches Traumpaar bildet Pesto mit ▶ Pasta und anderen ▶ Teigwaren. Außerdem schmeckt es zu gegrilltem Gemüse, Fleisch und Fisch oder einfach nur zu Weißbrot..

to alla genovese aus Knoblauchzehen (im Mörser zerstoßen), Pinienkernen, frischem Basilikum, grobem Salz und schwarzem Pfeffer, geriebenem Parmesan und/oder Pecorino und Olivenöl hergestellt wird. Pesto gibt es auch als tafelfertige Handelsware und in vielen modernen Abwandlungen z. B. mit Rucola, Bärlauch, Walnüssen, Kürbiskernen oder als Pesto rosso mit getrockneten Tomaten und Peperoncini.

PETERMÄNNCHEN

(Sterngucker)

Besonders in Südeuropa sehr geschätzter Speisefisch (▶ Fische), der vor allem im Mittelmeer und im warmen Ostatlantik vorkommt. Das Fleisch ist zwar gerne etwas zäh, entschädigt aber mit viel Geschmack – vor allem gebraten. Die beiden wichtigsten Vertreter sind das Große Petermännchen, das im Vergleich zu seinen Artgenossen mit maximal 40 cm Länge zwar relativ groß werden kann, damit aber noch immer zu den kleineren Meeresfischen zählt, und das Gestreifte Petermännchen. Wenn man ihnen in „freier Wildbahn" begegnet, ist Vorsicht geboten: Die Stacheln der Rückenflosse sind sehr giftig, auch noch lange nach dem Fang. In Frankreich ist es deshalb gesetzlich vorgeschrieben, die Stacheln zu entfernen, bevor die Fische in den Handel kommen.

PETERSFISCH

(Christusfisch, Heringskönig, John-Dory, Martinsfisch, Saint-Pierre)

Eine Schönheit ist dieser Meeresräuber (▶ Fische) nicht, doch seine inneren (kulinarischen) Werte sind umso größer. Dass sein Vorkommen im östlichen Atlantik von Südafrika bis Norwegen, im Mittelmeer und im Schwarzen Meer sowie um Japan, Australien und Neuseeland eher gering ist, macht den Petersfisch für Feinschmecker nur noch wertvoller. In der Regel wird der sehr flache (wie ein Diskus) und aufrecht schwimmende Fisch maximal 60 cm lang und 4 kg schwer. Sein makellos weißes Fleisch ist fest, trotzdem nicht zäh und überaus schmackhaft. Es braucht den Vergleich mit Seezungenfilets nicht zu scheuen und eignet sich für alle gängigen Zubereitungsarten. Einziger Nachteil: Beim Petersfisch hat man viel Abfall.

SCHON GEWUSST?

Die Flanken des ▶ Petersfisches tragen einen runden schwarzen und oft gelb umrandeten Fleck. Der Legende nach soll es sich dabei um einen Fingerabdruck des Apostels und Berufsfischers Petrus handeln, der dem Fisch eine Goldmünze als Tribut an Jesus aus dem Maul zog, ehe er ihn ins Wasser zurückwarf.

PETERSILIE

Das uralte Küchen- und Heilkraut wurde bereits von dem berühmten griechischen Arzt der Antike, Hippokrates von Kós (460–375 v. Chr.), als Heilmittel empfohlen und ist heute eines der bekanntesten und beliebtesten Kräuter zum Würzen und Garnieren von Speisen. Die vermutlich aus dem westlichen Mittelmeerraum stammende Pflanze aus der botanischen Familie der Doldenblütengewächse wird in 2 unterschiedlichen Arten kultiviert: Blattpetersilie und Wurzelpetersilie. Bei der Blattpetersilie unterscheidet man zwei Sorten. Die vor allem in Südeuropa stärker verbreitete glattblättrige Petersilie hat einen intensiven würzig-bitteren Geruch und Geschmack. Die krausblättrige Petersilie als mitteleuropäische Hauptsorte gleicht den kleinen Nachteil beim Aroma mit ihrem dekorativeren Aussehen und ihrem besonders hohen Vitamingehalt aus.

VERWENDUNG: *Blattpetersilie ist ein echtes Universalwürzkraut für Fleisch-, Geflügel-, Fisch- und Gemüsegerichte, für Eierspeisen, Salate, Saucen, Suppen, Mayonnaisen, Marinaden, Vinaigrettes* *usw. Als unverzichtbarer Bestandteil gehört sie ins ▸ Bouquet garni, in die französische ▸ Persillade und die italienische ▸ Gremolata. Die gelblich-weißen Rhizome der Wurzelpetersilie werden als Suppengemüse oder Wurzelzeug verwendet.*

Schon gewusst?

Neben verschiedenen Heilwirkungen wurde der ▸ Petersilie in der Naturheilkunde auch potenzfördernde Wirkung zugeschrieben. Davon zeugen volkstümliche Bezeichnungen wie Stehsalat, Geilwurz oder Bockskraut.

PETITS FOURS

Immer in der Mehrzahl und in vielerlei köstlichen Kreationen sind die Petits fours sozusagen die „Kleinkunst“ des Konditors bzw. Patissiers (▸ Patisserie). Das klassische französische Back- und Naschwerk in kleinen Stücken (rund oder eckig) bzw. Türmchen besteht als glasierte Petits fours meist aus Biskuitteig, mit den unterschiedlichsten süßen und fruchtigen Zutaten raffiniert verarbeitet. Die trockenen Petits fours dagegen sind in der Regel kunstvolle kleine Blätterteiggebäcke ohne Zuckerglasur. Die feinen Gebäckstückchen werden gerne zum Tee oder Kaffee gereicht und eine bunte Auswahl davon beschließt in feinen Restaurants ein Menü. Häufig wird Petits fours mit „kleine Stückchen“ ins Deutsche übersetzt, was zwar optisch stimmt, sprachlich aber falsch ist. Die richtige Übersetzung lautet vielmehr „kleine Öfen“, denn in solchen wurden die Petits fours im 18. Jh. gebacken.

PE-TSAI ▸ Chinakohl

PFAFFENKÜMMEL ▸ Kreuzkümmel

PFAFFENLAUS ▸ Kaulbarsch

PFAHLMUSCHELN ▸ Miesmuscheln

PFALZ

Nach ▸ Rheinhessen das zweitgrößte deutsche Weinanbaugebiet (▸ Wein), das bis 1995 als Rheinpfalz bezeichnet wurde. Die Rebfläche beläuft sich auf rund 23 500 ha. Im Jahre 2005 wurde die neue Herkunfts- und Qualitätsbezeichnung Districtus Controllatus Pfalz (DCP) eingeführt, deren lateinischer Name daran erinnert, dass die Pfalz einst der Weinkeller des Römischen Reiches war. Die besten Weine dürfen sich Großes Gewächs nennen. Die Pfalz gliedert sich in zwei große Bereiche, Mittelhaardt-Deutsche Weinstraße und Südliche Weinstraße, mit 25 Groß- und 330 Einzellagen.

PFÄLZER SAUMAGEN

Böse Zungen behaupten ja, man bräuchte selbst einen „Saumagen“, um diese deftige Pfälzer Spezialität verdauen zu können. Das ist aber meist nur ein Vorurteil, denn gut zubereitet kann der gefüllte Schweinemagen auch die Gunst von Gourmets erobern – ganz besonders in Verbindung mit einem passenden Wein (am besten einem gehaltvollen Riesling) aus seiner Heimat. Die Füllung des Saumagens besteht aus einer Mischung von magerem Schweinefleisch, Bratwurstbrät und Kartoffeln, je nach Rezept können weitere Zutaten wie Eier und Karotten dazukommen. In jedem Fall wird die Füllmasse kräftig gewürzt, vor allem mit Zwiebeln, Majoran, Muskat und Pfeffer, teilweise auch mit Nelken, Koriander, Knoblauch, Kardamom, Kümmel usw. Der gefüllte Saumagen darf im heißen Wasser nur ziehen, nicht aber kochen (sonst platzt die Hülle). Serviert wird er in Scheiben geschnitten, teilweise in der Pfanne angebraten; nur dann isst man den Schweinemagen mit, der sonst nur als Hülle dient.

PFANNKUCHEN

(Eierkuchen)

Schnell angerührte ▸ Mehlspeise(n), die – je nach den weiteren Zutaten – in vielen süßen oder pikanten Varianten aus der Pfanne kommen und manchmal als flambiertes Dessert sogar ganz kurz lichterloh brennen. Pfannkuchen sind in der Pfanne gebackene ▸ Eierspeisen wie auch ▸ Omelettes, im Gegensatz zu diesen enthalten sie neben Eiern aber auch noch Milch und Mehl. Je nach Art können als weite-

re Zutaten Salz, Zucker, Kräuter, Gewürze, Rosinen, abgeriebene Schale unbehandelter Zitronen und Orangen usw. zugegeben werden. Vielfältig wie die regionalen Varianten sind auch die Namen: Ob französische ▸ Pannequets und ▸ Crêpes, österreichische ▸ Palatschinken oder schwäbische ▸ Flädle, stets hat man Pfannkuchen auf dem Teller – nur nicht bei den so genannten ▸ Berliner Pfannkuchen. Je dünner Pfannkuchen gebacken sind, desto leichter lassen sie sich rollen, falten, bestreichen und füllen – z. B. herzhaft mit Speck und Champignons oder süß mit Vanilleeis, Konfitüre, Schokosauce, Nüssen, Schlagsahne usw.

VERWENDUNG

Da sich die ätherischen Öle aus den gemahlenen Körnern mit der Zeit stark verflüchtigen, macht es einen großen Unterschied aus, ob man bereits gemahlenen Pfeffer kauft und verwendet oder die Körner unmittelbar vor der Verwendung frisch im Mörser zerstößt bzw. in der Mühle zerkleinert. Pfeffer ist ein Universalgewürz, das in kaum einem pikanten Gericht fehlt.

PFEFFER

Das für den Welthandel mit einer jährlichen Produktion von rund 200 000 t wichtigste und in den Küchen am meisten verwendete Gewürz, das seinen typischen aromatisch-scharfen Geschmack vor allem dem Alkaloid Piperin verdankt. Sowohl der Schwarze wie auch der Grüne, Weiße und Rote Pfeffer kommen von der gleichen Pflanze, einem bis 9 m hoch rankenden Strauch aus der botanischen Familie der Pfeffergewächse. Seinen Ursprung hat der Pfeffer in Indien (vermutlich an der Malabarküste), wo er bereits in über 3000 Jahre alten Schriften erwähnt wird. Vor rund 1000 Jahren breitete sich sein Anbau nach Indonesien und Malaysia aus; nimmt man noch Brasilien hinzu, sind die vier größten Pfefferproduzenten weltweit genannt.
Grüner Pfeffer sind die früh und unreif geernteten Früchte des Pfefferstrauchs, die entweder frisch in Salzwasser eingelegt oder schnell getrocknet werden und dabei ihre eigentliche Farbe behalten. Schwarzer Pfeffer wird ebenfalls von noch grünen oder kurz vor der Reife dann gelb-orangen Beeren gewonnen, die man durch Fermentation schwarz und runzlig werden lässt. Weißer Pfeffer sind die nach der Vollreife aus ihrer (dann roten) Schale gelösten Samenkörner und die in der Schärfe mildeste Pfefferart. Roter Pfeffer besteht aus den vollreifen Beeren mit Schalen. Letzterer ist allerdings ziemlich selten und darf nicht mit dem einer anderen botanischen Familie angehörenden ▸ Rosa Pfeffer verwechselt werden, der in der Pfeffermühle oft aus optischen Gründen zum echten Pfeffer dazugemischt wird. Keinerlei Verwandtschaft besteht auch mit dem ▸ Szechuanpfeffer, während der ▸ Kubebenpfeffer zu den Pfeffergewächsen zählt.

SCHON GEWUSST?

Bereits in der Antike wurde der ▸ Pfeffer auf dem Landweg von Indien mit Karawanen in den Mittelmeerraum transportiert. Das Gewürz war über Jahrtausende ein kostbares Gut und wurde nur mit den wertvollsten Zahlungsmitteln wie Gold aufgewogen. Als Christoph Kolumbus (1451–1506) sich am 3. August 1492 aufmachte, den Seeweg nach Indien zu finden, spielte auch der Pfefferhandel eine wichtige Rolle. Was Kolumbus verwehrt blieb, gelang 1498 einem anderen legendären Seefahrer, Vasco da Gama (1469–1524): Er brachte erstmals eine Ladung Pfeffer per Schiff aus Indien nach Europa.

PFEFFERFISCH

Für verschiedene ▸ Fische (wie ▸ Goldbarsch, ▸ Dorsch bzw. ▸ Kabeljau oder ▸ Schellfisch) geeignete Zubereitungsart, bei der man den Fisch innen und außen mit einer Mischung aus Senf, weißem Pfeffer und Salz einreibt. Mit klein geschnittenem roten Paprika, halbierten Tomaten sowie Essig und Öl wird er anschließend in Fisch- oder Fleischbrühe gedünstet.

PFEFFERGURKEN

in Essig und Wasser mit Salz und Gewürzen (Dill, Estragon, Gurkengewürz, Pfefferkörner und andere) eingelegte kleine Gurken, selbst gemacht oder in Gläsern im Handel erhältlich

PFEFFERKNÖTERICH ▸ Wasserpfeffer

PFEFFERKRAUT ▸ Bohnenkraut

PFEFFERKUCHEN

Kräftig gewürzte ▸ Lebkuchen, die aber keinen Pfeffer enthalten. Die Bezeichnung entstand vermutlich deshalb, weil in früheren Zeiten ein würziger Geschmack stets mit Pfeffer in Verbindung gebracht wurde (▸ Pfeffernüsse).

PFEFFERKÜMMEL ▸ Kreuzkümmel

PFEFFERMINZE

(Englische Minze)
Für den Küchengebrauch mit Abstand die wichtigste der verschiedenen Arten von ▸ Minze (wie sie oft auch verkürzend genannt wird). Aus zwei von ihnen, der Bachminze und der Waldminze, soll die Pfefferminze Ende des 17. Jh. in England als Kulturform gezüchtet worden sein. Noch heute wird die krautige Pflanze aus der botanischen Familie der Lippenblütengewächse in der englischen Küche besonders gerne und in vielen Gerichten verwendet. Kultiviert wird die Pfefferminze u. a. in Mittel- und Südeuropa, wo sie auch wild wächst, in Nordafrika, Südamerika, den USA und China. Ihr charakteristischer würzig-frischer und brennender Geruch und Geschmack wird durch den hohen Anteil an Menthol bestimmt. Pfefferminzöl aromatisiert noch stärker als das frische Kraut. Den typischen Pfefferminzgeruch kennt jedes Kind von Kaugummis, Bonbons oder Arzneimitteln, die Menthol enthalten.
VERWENDUNG: *Pfefferminztee ist ein Klassiker unter den Kräutertees und auch in einigen Spirituosen macht sich eine frische Pfefferminznote gut. Ihr typisches Aroma kommt aber auch gut in vielen Saucen, Suppen, Fleisch- und Fischgerichten sowie Obstsalaten, Desserts, Eiscremes, Sorbets und Erfrischungsgetränken zur Geltung. Und sogar einer eigenen Sauce hat die Pfefferminze ihren Namen gegeben: ▸ Mint Sauce.*

PFEFFERNÜSSE
kleine, runde bzw. halbkugelige und kräftig gewürzte ▸ Lebkuchen (▸ Pfefferkuchen), oft mit Zuckerglasur überzogen

PFEFFERONI ▸ Peperoni

PFEFFERPOTHAST
Traditionelles westfälisches Ragout (auch: Pothast) aus Rindfleischwürfeln, die mit Zwiebeln in Schmalz angebraten werden, ehe man alles in Brühe kocht und mit Kapern und Zitronensaft abschmeckt. Dazu gibt es eine mit geriebenem Zwieback oder Weißbrot gebundene Sauce und im Sommer Salzkartoffeln und Salat, im Winter Gewürzgurken und Rote Bete.

PFEFFERSAUCE
(Sauce poivrade)
1. Mit klein geschnittenen Zwiebeln, zerdrückten Pfefferkörnern, Würzkräutern, Weißwein und Essig verkochte und mit Butter verfeinerte ▸ Kraftsauce, die mit Zitronensaft und Johannisbeergelee abgeschmeckt und zu Fleisch und Wild bzw. Wildgeflügel serviert wird.
2. ▸ Tabascosauce

PFEFFERSCHOTEN ▸ Pepperoni

PFEFFERSTEAK
Mit grob zerstoßenem bzw. gemahlenem weißen Pfeffer gewürztes, teils mit Weinbrand flambiertes Filetsteak vom Rind, über das man den mit Butter verfeinerten Bratfond mit grünen Pfefferkörnern gießt. Als Beigabe werden Pommes frites und Gemüse serviert.

PFEFFERWURZEL ▸ Pimpinelle

PFEILHECHT ▸ Barrakuda

PFEILWURZELMEHL ▸ Arrowroot

PFERD
Einen Status wie die Kuh in Indien, die dort als heiliges Tier nicht geschlachtet werden darf, hat das Pferd bei uns sicher nicht. Aber es ist in Europa den Menschen aus langer Tradition heraus als Helfer bei der Arbeit, herrschaftliches Tier, Fortbewegungs- und Reisemittel, Kriegsgefährte, Freizeit- und Sportkamerad so nahestehend und vertraut, dass sie es sich meist nicht vorstellen können, Pferdefleisch zu essen. Wer den „inneren Schweinehund" überwindet, kann die Probe aufs Exempel machen, warum gerade Pferdefleisch unter Feinschmeckern sehr geschätzt wird. Es ist dunkelroter als Rindfleisch, sehr mager, fest und doch zart und schmeckt nach Rind und Wild mit leicht süßlicher Note. Aus Pferdefleisch lassen sich fast alle bekannten Fleischerzeugnisse herstellen, vom Steak bis zur Rossbratwurst. Pferdemetzgereien sind spezialisierte Betriebe.

Pferd

In Europa gibt es Völker, die weit weniger Berührungsängste mit Pferdefleisch als wir Deutsche haben; so z. B. die Franzosen. In unserem Nachbarland gibt es Pferdemetzgereien in weit größerer Zahl und es werden ganze Herden nur für die Schlachtung gehalten; das aber im Gegensatz zu den meisten anderen Tierarten, die für Ernährungszwecke bestimmt sind, unter artgerechten Bedingungen. Ein noch größerer Pferdefleischerzeuger ist aber mit 40 000 t pro Jahr Argentinien (in Deutschland sind es ganze 4000 t).

PFERDEBANANEN

▸ Kochbananen (▸ Bananen)

PFERDEBOHNE

▸ Dicke Bohne (▸ Bohnen)

PFIFFERLINGE

(Dotterpilze, Dotter-, Eierschwämme, Galuschel, Gelblinge, Gelbröhrchen, Reherl)

Allein schon seine originelle Form macht diesen dottergelben, trichterförmigen Delikatesspilz fast unverwechselbar – zumindest hat er nur einen annähernden „Doppelgänger", der zwar nicht gut schmeckt, aber nicht weiter gefährlich ist. Pfifferlinge verzücken die Feinschmecker mit ihrem unvergleichlichen, leicht pfeffrigen Geschmack und können uneingeschränkt verarbeitet werden. Sie wachsen von Juni bis November meist in größeren Gruppen in Fichtenwäldern, unter Buchen sowie in der Nähe von Birken, Eichen und Kiefern. Während Pfifferlinge früher massenhaft verbreitet waren, sind sie heute in unseren Wäldern rar geworden. Wesentlich häufiger kommt der Pilz noch in Osteuropa vor und von dort stammen in den meisten Fällen auch die im Handel angebotenen Pfifferlinge.

VERWENDUNG: *Besonders oft werden Pfifferlinge mit Fleisch- und Pilzgerichten kombiniert. Viele Pilzliebhaber schwören aber darauf, dass sie aus der Pfanne nur mit Ei und angeschwitzten Zwiebeln am besten schmecken.*

AUFBEWAHRUNG

Im Gegensatz zu den meisten anderen Speisepilzen können Pfifferlinge nicht getrocknet aufbewahrt werden. Sie werden so hart, dass sie sich später nicht wieder aufweichen lassen. Frisch gesammelt und gereinigt kann man sie jedoch blanchieren und anschließend tiefkühlen. Das macht sie für mehrere Monate lagerfähig.

PFIRSICHE

Mittlerweile gibt es zwar auch Züchtungen bzw. Mutationen mit nackter und glatter Haut, allen voran die ▸ Nektarinen, doch die Schale des klassischen Pfirsichs ist von einem samtigen Flaum bedeckt. Das Steinobst wächst an einem bis zu 8 m hohen Baum aus der botanischen Familie der Rosengewächse, der seine ursprüngliche Heimat in China haben dürfte. Jedenfalls wurde er dort schon um 2000 v. Chr. kultiviert. Im Mittelmeerraum wurde er ebenfalls bereits vor über 1000 Jahren eingebürgert. Die Hauptanbaugebiete für Pfirsiche liegen in Südeuropa, Südamerika und den USA (Kalifornien). Voll ausgereift – wie man sie meist aber nur vor Ort in den Erzeugerländern bekommt – haben sie ein sehr süßes, aromatisches und saftiges, weißes, gelbes oder rotes Fruchtfleisch. Der Pfirsich will es warm und mild, deshalb findet man ihn in Mitteleuropa nur in den klimatisch begünstigten Weinanbaugebieten, wo es auch eine eigene Art gibt, den kleineren und nicht so süßen, aber besonders aromatischen Weinbergpfirsich.

VERWENDUNG: *Pfirsiche sind ein beliebtes Obst für den Frischverzehr, machen sich aber auch gut in vielen Desserts und Süßspeisen, auf dem Obstkuchen, zu Speiseeis verarbeitet oder in Kombination mit Quark oder Sahne. Ein Nachspeisen-Evergreen ist ▸ Pfirsich Melba. Außerdem krönt das intensive Pfirsicharoma eine Reihe von Spirituosen.*

Schon gewusst?

Der Samen im harten Kern der ▸ Pfirsiche ist sehr giftig. Wie bei Bittermandeln und Aprikosen enthält er die Blausäure abspaltende Substanz Amygdalin. Trotzdem sind die Samen nicht wertlos, sondern werden nach ihrer „Entgiftung" wie Aprikosenkerne zum Marzipanersatz ▸ Persipan verarbeitet.

PFIRSICH MELBA

Eine Hommage des französischen Meisterkochs Auguste ▸ Escoffier (1846–1935) an die australische Sängerin Nellie Melba. Als diese 1892 während Escoffiers Londoner Zeit in der britischen Hauptstadt gastierte, kreierte er für sie den Dessertklassiker aus halbierten und in

Läuterzucker gedünsteten Pfirsichen unter Himbeerpüree auf Vanilleeis, dekoriert mit Schlagsahne und Waffeln.

PFITZAUF
Ein luftiger Eierkuchen bzw. eine Art Soufflé, das in Baden-Württemberg traditionell aus Mehl, Salz, Milch, Eiern und Butter zubereitet und in speziellen Formen im Ofen gebacken wird. Pfitzauf kann pikant (ohne süße Zutaten) z. B. mit grünem Salat gegessen werden. Meist aber kommt er als Nachspeise mit Puderzucker und Kirschkompott, Apfelmus oder Vanillesauce auf den Tisch.

PFLANZENGELATINE ▸ Agar-Agar

PFLASTERSTEINE
mit Zuckerguss überzogene ▸ Lebkuchen in Form von Pflastersteinen

PFLAUMEN

Steinfrüchte eines Baumes aus der botanischen Familie der Rosengewächse, dessen verschiedene Arten weltweit etwa 2000 Sorten hervorbringen. Zu den Pflaumen zählen u. a. ▸ Mirabellen und ▸ Zwetschgen. Die Verwandtschaft mit Aprikose, Pfirsich, Schlehe und Kirsche kann man mehr oder weniger deutlich schmecken. Alle bei uns bekannten Pflaumen sind Zuchtsorten der asiatischen Wildpflaume, die ihren Ursprung vermutlich in China hat. Alexander der Große soll sie von seinen Feldzügen aus Kleinasien mit in den Mittelmeerraum gebracht haben. Das Fruchtfleisch ist je nach Sorte und Art rot, orange, gelb oder grünlich-gelb, ebenso variiert es in Saftigkeit, Süße und Aromenintensität. Als Frischobst und in der Küche sind Pflaumen allgemein unterbewertet, weil zu jeder Jahreszeit aus irgend einem Winkel der Erde teils nicht gut ausgereifte und geschmacksneutrale Früchte in den Handel gelangen. Darüber wird oft ganz übersehen, wie köstlich heimische Pflaumen sein können, wenn sie Saison haben.

VERWENDUNG: *Pflaumen sind nicht sehr haltbar, sie werden deshalb bevorzugt zu Kompott, Mus oder Saft verarbeitet, süßsauer eingelegt oder getrocknet. Frisch gekauft und reif, können damit leckere fruchtige Desserts zubereitet werden. Die Asiaten lieben Pflaumenwein, der in chinesischen Restaurants das Mahl eröffnet und beschließt.*

PFLAUMENRÖSTER ▸ Zwetschgenröster

PFLÜCKERBSE ▸ Gartenerbse (▸ Erbsen)

PFLÜCKSALAT ▸ Blattsalat (▸ Salate)

PFUNDKUCHEN
Gehaltvoller Kuchen, dessen Teig aus der jeweils gleichen Menge – 500 g (1 Pfund) – der Hauptzutaten Mehl, Fett (Butter oder Margarine), Eier und Zucker besteht. Weitere Zutaten können neben Backpulver und Vanillezucker, Trockenfrüchte, Kakaopulver, Schokoladenraspel, Haselnüsse usw. sein.

PHILADELPHIA PEPPERPOT
in den USA ein deftiger, lange gekochter Wintereintopf aus in Stücke geschnittenen Kutteln, fettem Schweinerücken, Kartoffeln, Porree, Sellerie und Zwiebeln in einer Brühe mit grünen und weißen Pfefferkörnern sowie Kräutern (u. a. Lorbeer, Thymian, Rosmarin, Petersilie) (Philadelphia: viertgrößte Stadt der USA)

PHOSPHATE
Salze und Ester der Phosphorsäure, denen auch in der menschlichen Ernährung – wie dem ▸ Phosphor eine wichtige Rolle zukommt. Einige Phosphate sind als Lebensmittelzusatzstoffe zugelassen und werden in der Lebensmittelindustrie als Konservierungsmittel, Säuerungsmittel, Säureregulator und Emulgator eingesetzt – so in verschiedenen nicht alkoholischen Getränken, H-Milch, Milchpulver, Schmelzkäse und in der Fleischverarbeitung.

PHOSPHOR
Einer der für den menschlichen Organismus wichtigen ▸ Mineralstoffe (chemisches Zeichen P), der u. a. Energiestoffwechsel, Knochenaufbau und Zellbildung fördert. Der Tagesbedarf liegt bei 800–900 mg und kann bei

normaler Ernährung problemlos gedeckt werden. Phosphor ist in den meisten Lebensmitteln enthalten, besonders in Fleisch- und Wurstwaren, Geflügel, Fisch, Hülsenfrüchten, Vollkornprodukten, Brot, Käse, Nüssen.

PHYLLOTEIG ▶ Filoteig

VERWENDUNG

Physalis sind in erster Linie für den Rohgenuss bestimmt, wobei ein paar Spritzer Zitronensaft oder Weinbrand das Aroma heben. Ansonsten lassen sie sich zu Konfitüre, Kompott, Eiscreme und bei der Herstellung von Gebäck gut verarbeiten.

PHYSALIS
(Ananas-, Blasenkirschen, Goldbeeren, Judenkirschen, Kapstachelbeeren)
Der botanische Name für eine ganze Gattung, nämlich die Blasenkirschen aus der Familie der Nachtschattengewächse, steht im allgemeinen Sprachgebrauch nur für eine bestimmte Art, die auch als Kapstachelbeere bekannt ist - Indiz dafür, dass die Physalis in Südafrika stark angebaut wird und in ihrem süßsäuerlichen Geschmack u. a. an Stachelbeeren erinnert; ihre Heimat dürfte aber Südamerika sein und botanisch besteht keine Verwandtschaft mit Stachelbeeren. Die etwa kirschgroßen, grüngelblichen bis orangefarbigen Beeren sind von einem pergament-ähnlichen Blütenkelch wie ein Lampion umgeben. Das macht sie optisch besonders dekorativ, doch oft ist der Genuss für das Auge größer als für den Gaumen, weil die bei uns erhältlichen Physalis vielfach nicht ausgereift sind und säuerlich und neutral schmecken. Physalis werden außer in Südamerika und Südafrika vor allem in Kenia, Indien Australien, Neuseeland und den USA angebaut. Sie kommen das ganze Jahr über auf dem Luftweg zu uns und reifen als nicht klimakterische Früchte nach der Ernte nicht mehr nach.

PIADINA
Dünnes italienisches Fladenbrot, das auf einer Platte oder in der Pfanne aus Weizenmehl, Wasser, Salz und manchmal Hefe – teils mit Schweineschmalz oder Olivenöl – knusprig gebacken wird. Piadina ist eine Spezialität der Emilia-Romagna und wird am besten noch warm zu Salat, Käse, Wurstwaren, Schinken usw., teils damit gefüllt und zusammengefaltet, aus der Hand gegessen.

PICADILLO
In Lateinamerika stark verbreitet und in Kuba sogar eine Art Nationalgericht ist diese Hackfleischzubereitung (vom Rind) mit Zwiebeln, gehackten Knoblauchzehen, Tomatenmark, schwarzen Oliven, Paprika und Rosinen. Je nach Rezept ist das Picadillo schärfer (mit Chilis) oder milder. Es wird meist mit Reis serviert und auch als Füllung für ▶ Tortillas verwendet.

PICCADILLY-SAUCE
sämige englische Sauce aus ▶ Mayonnaise, saurer Sahne, fein gehacktem Fenchelgrün, Zitronensaft und Worcestersauce zu kaltem Fisch (Piccadilly: berühmte Geschäftsstraße in der Londoner City)

PICCALILLI
(Senfgemüse, Senfpickles)
Englisches Senfgemüse, vorwiegend aus Cornichons, Blumenkohlröschen und Silberzwiebeln, die aber mit anderem Gemüse beliebig ergänzt werden können. Das Gemüse wird nach dem Blanchieren in einer kochenden Marinade aus Senfpulver, Essig, Zucker, Kräutern und Gewürzen eingelegt. Piccalilli ist eine beliebte Beilage zu kaltem Fleisch und zu Fisch.

PICCATA
bekanntes italienisches Fleischgericht aus dünngeklopften Kalbfleischscheiben, vor dem Braten in Mehl gewendet und durch eine gewürzte Masse aus Ei und geriebenem Parmesan gezogen, mit viel Zitronensaft zubereitet

PICHELSTEINER
Traditionelles deutsches Eintopfgericht aus gewürfeltem und scharf angebratenem Fleisch (von Rind, Schwein und Kalb, manchmal auch Hammel) und grob geschnittenem Gemüse (Kartoffeln, Karotten, Lauch, Petersilienwurzel, Wirsing usw.), das in einer herzhaften Fleischbrühe zugedeckt gegart wird. Für Würze sorgen Salz, Pfeffer und fein gehackte Kräuter der Provence. Je nach Region kommen Kümmel, Knoblauch, Zwiebeln oder Knochenmark (vor allem in Schwaben) dazu und variiert auch die Dicke des Eintopfs. Aufgrund der einfachen Zubereitung war Pichelsteiner nicht nur in Großmutters Küche besonders beliebt, sondern wird auch in Großküchen gerne zubereitet, weil er gut schmeckt und darüber hinaus überaus sättigend ist.

Schon gewusst?

Oft wird das ▸ Pichelsteiner für eine Berliner Spezialität gehalten, es kommt aber ursprünglich aus dem Bayerischen Wald. Das Eintopfgericht geht zurück auf das Jahr 1847, als die Grattersdorfer Wirtin Auguste für die Verköstigung beim gemütlichen Beisammensein einiger Beamter, Lehrer und Geistlicher auf dem nahe gelegenen Büchelstein sorgen sollte. Sie erfand ein Mischgericht, das für den Transport auf den 862 m hohen Berg gut geeignet war. Im Volksmund wurde daraus das Pichelsteiner, dem zu Ehren seit 1874 im Ort Regen sogar das Pichelsteinerfest gefeiert wird.

PICHE-PACHE
spanisches Ragout aus in Butter mit gehacktem Knoblauch und Zwiebeln gebräuntem Putenklein, mit Mohrrüben, weißen Rüben und Weißkohl in Bouillon mit Knochenmark gekocht und mit Tomatensauce serviert

PICKERT
Vor allem in Westfalen bekannte Spezialität, entweder als ▸ Pfannkuchen (Lippischer Pickert, Pfannenpickert) oder auf einer heißen Platte aus Gusseisen (Westfälischer Pickert) zubereitet oder zunächst in einer Kastenform gebacken (Kastenpickert) und anschließend in Scheiben geschnitten in der Pfanne mit heißem Fett gebraten. Die Hauptzutaten sind – mit regionalen Unterschieden – geriebene Kartoffeln, Mehl, Eier, Wasser oder Milch, Salz und teilweise Hefe. Gegessen wird der Pickert nur mit (möglichst gesalzener) Butter oder Aufstrichen wie Pflaumen- bzw. Zwetschgen- oder Apfelmus, Konfitüre, Kompott, Rübenkraut usw.

PICKLES RELISH
eine Würzsauce aus fein gehacktem Essiggemüse (▸ Mixed Pickles) für Hamburger, Hot Dogs usw.

PICODON
Kleiner runder Ziegenweichkäse (▸ Käse) aus Südfrankreich (Languedoc und südliche Rhone), der mit mindestens 45 % Fett i. Tr. in verschiedenen Varianten hergestellt wird. Seine Rinde ist mit weißem oder bläulichem Edelpilz überzogen. Jung hat Picodon einen milchig-säuerlichen Geschmack, mit zunehmender Reife entwickelt er eine nussige Note. Manche Sorten werden mit Wein oder Branntwein gewaschen und in ein Weinblatt gewickelt, bei einer anderen Art wird der Käse mit grob zerdrückten schwarzen Pfefferkörnern, frischem Thymian und Rosmarin in Olivenöl aufbewahrt. Gut schmeckt Picodon auch gegrillt.

PIDE
türkisches ▸ Fladenbrot, ähnlich dem griechischen ▸ Pita

PIE
Mal pikant, mal süß (als gefüllte Kuchen), aber immer englische bzw. amerikanische Schüsselpasteten mit Teigdeckel, die es in vielen verschiedenen Variationen und mit oder ohne Teigwand gibt. Die Füllung kann aus Fleisch, Geflügel, Fisch, Gemüse usw. oder bei süßen Pies aus Obst, Nüssen usw. bestehen.

PIEMONT
Mit rund 57 000 ha Rebfläche nur das sechstgrößte Weinanbaugebiet (▸ Wein) Italiens, teilt sich das Piemont mit der ▸ Toskana aber den Ruhm der berühmtesten Weinregion seines Heimatlandes. Dieser Ruf gründet sich vor allem auf die für ihre Spitzenqualität und ihre Langlebigkeit gerühmten roten DOCG-Weine Barolo und Barbaresco aus der Rebsorte ▸ Nebbiolo. Die vorherrschende rote Rebsorte in den Piemonteser Weinbergen beiderseits der oberen Po-Ebene im nordwestlichen Italien ist mit einem Flächenanteil von rund 50 % Barbera.

Daneben ist das Piemont mit über 50 DOC-Zonen eine Fundgrube für Weinliebhaber mit vielen autochthonen Rebsorten. Und nicht zuletzt kommt aus dem Piemont noch eine andere edle Delikatesse: die weißen ▸ Trüffel.

PIEMONTESER ART
(alla piemontese)
Risotto mit geriebenen weißen Trüffeln zu Fleisch oder Geflügel in Tomatensauce

PIEMONTESER SALAT
körnig gekochter Reis mit Tomatenwürfeln und feinen Scheiben von weißen Trüffeln in einer mit Knoblauch gewürzten Essig-Öl-Marinade

PIGNATELLI
in Schweineschmalz gebackene italienische Klößchen aus Brandmasse mit geriebenem Parmesan und gehacktem Kochschinken

PILAW
Eine orientalische und auch auf dem Balkan verbreitete Reiszubereitung, die ursprünglich in erster Linie dazu gedacht war, Langkornreis bei gleichzeitiger geschmacklicher Aufwertung für längere Zeit haltbar zu machen. Dazu wird Pilaw in Butter angebraten und nach dem Abkühlen in einer gewürzten Brühe (in der zuvor schon Fleisch, Geflügel, Fisch usw. zubereitet wurden) aufgekocht. So behandelt ist er Grundlage für eine Vielzahl von Fleisch- und Fischgerichten (u. a. sogar für die spanische ▸ Paella) mit verschiedenen Geschmacksrichtungen und Farben. Die Gerichte werden im erweiterten Sinn ebenfalls als Pilaws bezeichnet.

PILCHARDS
selten verwendete Bezeichnung für ausgewachsene ▸ Sardinen (wozu es meist nicht kommt, weil die zu Speisezwecken begehrten ▸ Fische bereits jung gefangen werden)

PILGERMUSCHELN ▸ Jakobsmuscheln

PILIEREN
Lebensmittel im Mörser zerstoßen, fein zerreiben bzw. zerquetschen und zugleich miteinander vermischen, z. B. Gewürze, Kräuter, Nüsse, Samen, aber auch Fleisch oder Fisch

PILINÜSSE
(Kanariennüsse)
Die mit einer dicken und harten Schale umgebenen Früchte eines in den asiatischen Tropen kultivierten Baumes sind in Europa zwar wenig bekannt, gehören aber zu den am besten verdaulichen Nüssen überhaupt. Die Kerne nehmen nur 12–18 % der Frucht ein und enthalten 75 % Fett. In der asiatischen Küche werden sie in vielen Gerichten verwendet.

PILLEKUCHEN
nordrhein-westfälische Eierkuchen-Spezialität (vor allem Bergisches Land) aus Weizenmehl mit in Fett gedünsteten Stiften von rohen Kartoffeln, Räucherspeckwürfeln und saurer Sahne, in Öl knusprig gebacken

PILS(E)NER
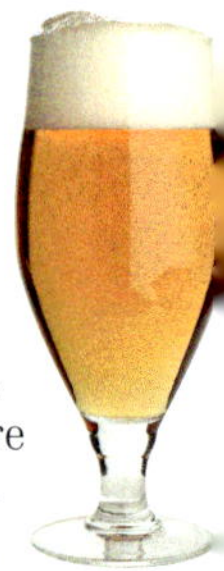
Nach der tschechischen Stadt Pilsen, wo sie erstmals gebraut wurde, benannte Bierspezialität (▸ Bier), die sozusagen eine böhmisch-bayerische Koproduktion ist. Weil das einheimische Bier so schlecht war, dass eines Tages aus Protest mehrere Fässer auf dem Rathausplatz von Pilsen ausgeschüttet wurden, holte das dortige Bürgerliche Brauhaus den bayerischen Braumeister Josef Groll (1813–1887) aus Vilshofen zu sich. Und der braute am 5. Oktober 1842 den ersten Sud nach dem Vorbild der bereits damals bekannten Bayerischen Brauart – das Pils(e)ner war geboren. Einen Monat später wurde das Bier erstmals ausgeschenkt und damit begann sein unaufhaltsamer Siegeszug von einer regionalen Biersorte zu einem weit verbreiteten Biertyp. Das Pils(e)ner, meist nur verkürzt Pils genannt, ist ein untergäriges Vollbier mit höchstens 12,5 % Stammwürze. Dem Original Pilsner Urquell kommen heute die verschiedenen Pils(e)ner Biere, die sich vor allem durch eine höhere Hopfengabe und einen bitter-herben Geschmack auszeichnen, nur mehr bedingt nahe.

PILZE
(Schwammerl, Speisepilze)
Schon viel Kopfzerbrechen hat diese sehr heterogene Gruppe von Lebewesen den Biologen

bereitet. Lange Zeit wurden die Pilze den Pflanzen zugerechnet, doch dann stellte man fest, dass sie eigentlich mit den Tieren viel näher verwandt sind. Heute bilden sie neben Pflanzen, Tieren und den Protisten (den primitivsten Ein- oder Wenigzellern) ein eigenes biologisches Reich. Die wissenschaftliche Lehre von den Pilzen ist die so genannte Mykologie. Von den Pflanzen unterscheiden sie sich vor allem durch das gänzliche Fehlen von Chlorophyll und durch ihren Stoffwechsel. Pilze beziehen die für den Zellaufbau benötigten Stoffe aus organischen Substanzen und ernähren sich – so der wissenschaftliche Fachausdruck – heterotroph; d. h. sie scheiden Enzyme in ihre unmittelbare Umgebung aus, mit deren Hilfe sie wasserunlösliche Nährstoffe aufnehmen können. Kulinarisch von besonderem Interesse sind die im Wald, auf Feld und Wiesen in vielerlei Formen wachsenden und in begrenztem Umfang auch gezüchteten Speisepilze, also ▸ Champignons, ▸ Pfifferlinge, ▸ Steinpilze, ▸ Maronenröhrlinge und wie sie alle heißen. In der Gunst von Feinschmeckern ganz oben stehen zwei teure Delikatessen, ▸ Trüffeln und ▸ Morcheln.

PILZFARCE ▸ Duxelles

PILZPULVER

getrocknete und sehr fein gemahlene Pilze einer (z. B. Steinpilzpulver) oder mehrerer Pilzarten zur Zubereitung von Suppen, Saucen, Farcen usw., als Handelsware erhältlich

PIMENT

(Allspice, Englisches Gewürz, Gewürzkörner, Jamaika-, Nelkenpfeffer, Neugewürz)

Eine leichte Schärfe, die an Schwarzen Pfeffer erinnert, mit Anklängen an Nelken, Zimt und Muskat: Die aromatische Vielfalt macht es aus, dass Piment auch als Allspice (zu deutsch „Allgewürz) bezeichnet wird. Es handelt sich dabei um die unreifen getrockneten, pfefferkorn- bis erbsengroßen (4–8 mm Durchmesser) Beerenfrüchte eines immergrünen Baumes aus der botanischen Familie der Myrtengewächse. Entdeckt wurde das Gewürz von Christoph Kolumbus (1451–1506) bei seiner zweiten Reise auf den Antillen, einer Inselgruppe in der Karibik. Noch heute ist Jamaika der wichtigste Produzent von Piment, der rund ²/₃ der Welternte liefert. Besonders beliebt ist das Gewürz traditionell in der karibischen Küche, wo man auch die frischen Blätter und das ebenfalls sehr aromatische Holz (zum Grillen) verwendet. Besonders hoch ist die Würzkraft, wenn man die Beeren direkt bei der Zubereitung zerdrückt.

SCHON GEWUSST?

In der Parfümindustrie wird das Öl von ▸ Piment (mit der Hauptkomponente Eugenol) gerne eingesetzt. Sein balsamisch-würziger und pfeffriger Duft erinnert an Nelkenöl und ist vor allem in würzigen Herrenparfüms zu finden.

VERWENDUNG

Auch wenn es bei uns weniger in den häuslichen Küchen verwendet wird als vielmehr bei der gewerblichen Produktion von Wurstwaren und verschiedenen Backerzeugnissen (vor allem Lebkuchen), ist Piment ein sehr vielseitiges Gewürz. Man kann damit Fleisch- und Fischgerichte, Gemüse, Salate, Saucen usw. würzen, aber auch Puddings und Kompotte. Außerdem ist es Bestandteil vieler Gewürzmischungen.

PIMPERNÜSSE ▸ Pistazien

PIMPINELLE

(Bibernelle, Pfefferwurzel, Pimpernell)

Wild wachsend ist dieses vielseitige Küchenkraut vor allem im Mittelmeerraum sehr verbreitet. Man findet es aber auch bei uns bevorzugt an Waldrändern. Mit seinem pikant würzigen und zart bitteren Geschmack kann es als Pfefferersatz für Menschen mit empfindlichem Magen dienen. Das Aroma von Pimpinelle erinnert entfernt an Gurken.

VERWENDUNG: *Die frisch gepflückten, klein gehackten Blätter können – vor allem wenn sie noch jung sind und in sparsamer Dosierung – für Salate, fast alle Kräutersaucen, Suppen, Gemüse und auch Fischgerichte verwendet werden. Ganz besonders gut passt Pimpinelle in Kartoffelsalat.*

KÜCHENTIPP: *Man sollte Pimpinelle keinesfalls mitkochen, weil durch Hitze, ebenso wie beim Trocknen, ihr feines Aroma zerstört wird. Wer sich einen Vorrat anlegen möchte, friert die Blätter am besten ein.*

PINIENKERNE

Allgemein in die botanisch sehr heterogene „Familie" der Nüsse eingereiht, sind Pinienkerne tatsächlich die essbaren Samenkerne der Zapfen mediterraner Pinienarten (ursprüngliche Heimat Kleinasien), vor allem der so genannten Schirmpinie. Besonders große Zapfen

VERWENDUNG

Pinienkerne werden ganz oder gemahlen verwendet und passen besonders gut zu Spinatgerichten, aber auch zu Fisch oder Fleisch, zu Reisgerichten und Salaten, in Füllungen sowie in Desserts und Obstsalate. Eine ganz wichtige Zutat sind sie im italienischen Pesto. Als besonders fein und kostbar gilt Pinienkernöl.

können bis zu 100 der begehrten Knabberkerne auswerfen – allerdings nicht freiwillig, sondern nur nach mühsamer händischer „Gewaltanwendung". Das macht Pinienkerne im Vergleich zu anderen Nüssen nicht gerade billig. Pinien sind vor allem im Mittelmeerraum verbreitet, wo die Samenkerne seit langem ihren festen Platz in den Küchen haben. Mittlerweile kommen sie auch aus Asien nach Europa, können aber in der Qualität mit den mediterranen Kernen, die weniger Fett und mehr Aroma haben, aber nicht mithalten. Pinienkerne haben einen mandelähnlichen Geschmack und ein leicht harziges Aroma, das beim Rösten allerdings weitestgehend verschwindet.

PINKEL

Regionale Spezialität im Norden Deutschlands (vor allem Niedersachsen und Bremen), die im Traditionsgericht ▸ Kohl und Pinkel ihre kulinarische Vollendung erfährt. Die rote Grützwurst besteht im Wesentlichen aus Speck, Rindertalg, Schweineschmalz, Grütze von Hafer oder Gerste, Zwiebeln, Salz, Pfeffer und anderen Gewürzen – mit regionalen Unterschieden.

PINOT

eine auf der ganzen Welt verbreitete Rebsortenfamilie (▸ Wein) mit lauter „Musterknaben", vor allem Pinot Noir oder ▸ Spätburgunder, Pinot Blanc (auch Pinot Bianco. Klevner) oder ▸ Weißburgunder, Pinot Gris (auch Pinot Grigio) oder ▸ Grauburgunder, Pinot Meunier oder ▸ Schwarzriesling

PINOTAGE

Große südafrikanische Rebsorten- und Weinspezialität (▸ Wein), die im Jahre 1924 aus einer Kreuzung von zwei französischen Rebsorten, Pinot Noir (▸ Spätburgunder) und ▸ Cinsault, entstanden und seit 1961 unter dem Namen Pinotage bekannt ist. Sie wird fast ausschließlich in ihrer Heimat Südafrika auf gut 7000 ha kultiviert und bietet eine reizvolle Kombination der Finessen eines Pinot Noir mit der rustikalen Struktur des Cinsault. Die früh reifende Rebe bringt hohe Zucker- und Säurewerte, die Weine sind vollmundig, fruchtigwürzig und meist gut lagerfähig.

PINZA

(Kreuzbrot, Osterbrot)

Traditionelles Ostergebäck, das vor allem im Norden Italiens und im Süden Deutschlands bekannt ist. Hergestellt wird es vorwiegend aus Weizenmehl, Wasser, Milch, etwas Hefe, Butter, Salz und Zucker. Weitere Zutaten können z. B. Rosinen, Mandeln oder Trockenpflaumen sein. Pinza schmeckt lediglich mit Butter bestrichen oder auch mit gekochtem Schinken.

PINZIMONIO

Hinter dieser Bezeichnung verbirgt sich der vor allem in der italienischen Toskana gepflegte alte Brauch, entweder zu Beginn oder zum Abschluss eines Mahls rohes Gemüse – nur in einen Dipp bzw. eine Sauce aus erstklassigem Olivenöl, Weißweinessig, Salz und Pfeffer getunkt – zu essen. Nur bestes frisches und zartes junges Gemüse wird dafür verwendet – was der Markt gerade hergibt von Artischocken bis Karotten, von Fenchel bis Sellerie, von Radieschen bis Porree, von Zwiebelchen bis Zucchini.

PIPÉRADE

im Baskenland (Südwestfrankreich bzw. Nordspanien) ein deftiges Omelett oder Rührei mit Paprika, Chili, Tomaten, Zwiebeln, Knoblauch, Olivenöl, Salz und Pfeffer, manchmal auch Schinken-, Huhn- oder Thunfischstücken, serviert mit Baguette oder als Beigabe zu Fleisch

PIROGGEN

Eines der beliebtesten Gerichte überhaupt sind in vielen osteuropäischen Ländern von Tschechien über Polen und Russland bis zur Ukraine diese Teigtaschen bzw. Pasteten aus salzigem Blätter-, Hefe- oder Mürbteig. Die regionalen Unterschiede beginnen bei der Teigherstellung, setzen sich bei der Form fort (offen oder gedeckt, groß oder klein, dreieckig oder halbmondförmig) und enden bei den Füllungen in unzähligen Varianten. Piroggen werden in heißem Wasser gegart oder in der Pfanne in Schweineschmalz gebraten. Für die Füllungen werden Fleisch, Geflügel, Fisch, Speck, Gemüse, Sauerkraut, Pilze, Eier, Käse und mehr verarbeitet. In süße Piroggen kommen z. B. Obst (Beeren), Quark und Konfitüre. Eines bleibt aber bei allen Füllungen gleich: Traditionell wird auf besonders feine Zutaten großen Wert gelegt, weil Piroggen vor allem an Festtagen auf den Tisch kommen. Je nach Zubereitung können sie Vorspeise, Beigabe zu Suppen (vor allem zu ▸ Borschtsch) oder einem anderen Gericht, selbst das Hauptgericht oder der Nachtisch sein.

SCHON GEWUSST?

In der russischen Küche kennt man eine Vielzahl von Teiggerichten, doch der besondere Stolz russischer Hausfrauen sind die ▸ Piroggen. Kein Fest- oder Gastmahl darf ohne sie vergehen und ein altes geflügeltes Wort macht dies deutlich: „Das Haus wird nicht durch seine Ecken schön, sondern durch seine Piroggen."

PISANGFEIGEN ▸ Bananen

PISSALADIÈRE

Von der italienischen ▸ Pizza abgeschaut haben die Franzosen diese provenzalische Spezialität in Form eines Zwiebelkuchens, der aus Hefeteig zubereitet und mit Sardellenfilets und schwarzen Oliven belegt bzw. in einer Abwandlung mit Fischpüree bestrichen wird. Pissaladière kann warm oder kalt gegessen werden (Provence: Region in Südfrankreich).

PISTAZIEN

(grüne Mandeln, Pimpernüsse)

Allgemein in die botanisch sehr heterogene „Familie" der Nüsse eingereiht, sind Pistazien tatsächlich die essbaren, runden bis ovalen Samen der Steinfrüchte eines 5–12 m hohen Baumes aus der botanischen Familie der Sumachgewächse. Der Pistazienbaum trägt zweimal im Jahr Früchte und wächst am besten in heißem, trockenem Klima. Er mag große Höhen, verträgt mehr Trockenheit als viele andere Bäume und ist zugleich sehr widerstandsfähig gegen Frost. Ursprünglich stammt der Baum aus Kleinasien und in seiner natürlichen Heimat, den Gebirgsregionen des Irans, Afghanistans und Russlands, wächst er wild. Angebaut wird er hauptsächlich im Nahen Osten (Iran), im Mittelmeerraum (besonders Türkei) und in den USA. Die Pistazien haben einen feinen, süßlichmandelartigen und zugleich würzigen Geschmack; die besten Kerne sollen aus Sizilien kommen. Bei uns kommen Pistazien meist geröstet und gesalzen (mit oder ohne Schale) als Knabberei für zu Hause oder auch den Lokaltresen in den Handel, im Orient dagegen werden sie ausschließlich roh verwendet.

PISTAZIENÖL

Ein besonders feines, aber auch rares Speiseöl, das selbst in Feinkostgeschäften nicht immer zu finden ist. Mit seinem typischen Nussgeschmack gibt das kalt gepresste Öl Obstsalaten und Desserts schon bei sparsamer Dosierung eine raffinierte aromatische Note. Pistazienöl darf nicht erhitzt werden und ist innerhalb von 6 Monaten zu verbrauchen.

PISTOU

Die provenzalische Antwort auf das italienische ▸ Pesto ist diese Würzpaste aus Basilikum, Knoblauch und Olivenöl, in Varianten auch mit Tomatenmark und Käse. Pistou wird u. a. als Zutat zu Suppen, gebratenem oder gegrilltem Fisch und Teigwaren verwendet (Provence: bekannte Region in Südfrankreich).

PITA(BROT)

Vor allem durch die griechische und türkische Küche in der ganzen Welt populär gewordenes nahöstliches ▸ Fladenbrot, ohne das Griechen und Türken bei kaum einer Mahlzeit auskommen. Pita wird aus einem einfachen, leicht gesalzenen Hefeteig hergestellt, der auch etwas Öl oder Butter enthalten kann. Der Koch drückt

VERWENDUNG

Ihr milder Nussgeschmack macht Pistazien vielseitig einsetzbar in Salaten, Saucen, Füllungen (vor allem für Geflügel) oder Pasteten. In der asiatischen und Mittelmeerküche sind sie Bestandteil von Fleisch- und Geflügelgerichten, in Indien werden sie püriert zu einer würzigen Speise mit Reis und Gemüse verarbeitet. Weiter gehören Pistazien in ▸ Mozartkugeln und viele Pralinen und sind manchmal in ▸ Halva und ▸ Nugat enthalten. Auch die italienische ▸ Mortadella kommt ohne sie nicht aus.

VERWENDUNG

Selbst in ihrer Heimat werden Pitahayas vorwiegend nur zur Dekoration verwendet. Dafür eignen sich die von warzigen Hökern und Stacheln übersäten Früchte sehr gut. Vor dem Export werden ihnen die Stacheln allerdings ausgerissen. Frisch ausgelöffelt ist das Fruchtfleisch eine säuerliche Erfrischung und Obstsalate erhalten dadurch eine exotische Note.

häufig mit dem Daumen ein Rautenmuster in die Pita, die mit einer Eigelb-Öl- oder einer gekochten Mehl-Wasser-Mischung eingestrichen und mit Sesam oder Schwarzkümmel bestreut wird. Das Pita wird (wie das türkische ▸ Pide) oft aufgeschnitten und nimmt wie eine Tasche verschiedene Füllungen als Imbiss auf, u. a. das griechische ▸ Gyros. Das türkische Pendant dazu ist ▸ Döner Kebab.

PITAHAYAS
(Drachenfrüchte)
Sammelbezeichnung für die süß-säuerlichen Beerenfrüchte verschiedener Kakteenarten, die vorwiegend in Mittelamerika (Nicaragua und Kolumbien) und im Mittelmeerraum (vor allem Israel) sowie in China und Vietnam vorkommen bzw. teilweise angebaut werden. Das weiße bis lila-rote Fruchtfleisch in meist gelber, seltener roter Schale hat bis auf den süß-säuerlichen Geschmack aromatisch eher bescheidene Qualitäten.

PITANGAS ▸ Surinamkirschen

PITHIVIERS
Französischer Weichkäse aus Kuhmilch (▸ Käse), dessen Heimat das gleichnamige Arrondissement und Städtchen etwa 80 km südlich von Paris ist. Typisches Merkmal des Pithiviers ist die weißschimmelige Rinde mit einer Heuauflage, die dem Käse einen würzigen Geschmack verleiht. Pithiviers hat nur eine relativ kurze Reifezeit (2–3 Wochen), ehe er mit 40–45 % Fett i. Tr. in den Handel kommt.

PIZZA
Neben der ▸ Pasta das zweite typisch italienische Gericht, das zum Exportschlager für sein Land geworden ist und Weltruhm erlangt hat (▸ Seite 437).

PIZZA PANE
Italienisches Fladenbrot, das aus Pizzateig (▸ Pizza) gebacken und vorwiegend zum ▸ Aperitif bzw. zu ▸ Antipasti gereicht wird. Pizza Pane kann nur zart oder auch kräftig gewürzt sowie mit ▸ Sugo bestrichen sein.

PLATANO ▸ Kochbananen (▸ Bananen)

PLATTEISEN ▸ Scholle

PLATTENKUCHEN
Blechkuchen meist aus Hefeteig, mit Zuckerglasur bestrichen und gerne mit Nüssen (Mandeln bestreut), aber auch mit anderen (fruchtigen) Belägen

PLATTERBSE ▸ Kichererbse

PLATTFISCHE
Nomen est omen: Das wesentliche Merkmal dieser wichtigen Ordnung der ▸ Knochenfische (▸ Fische), die mit ihren über 500 Arten praktisch alle Weltmeere besiedelt (wenige Arten leben auch im Süßwasser), ist ihre mehr oder weniger platte Körperform. Die Bauchseite (auch Blindseite genannt) ist bei den Plattfischen meist blass bzw. weiß, die Oberseite (auch Augenseite) hat „Tarnfarbe“ für die vorwiegend auf dem Grund nicht so tiefer Gewässer lebenden Fische. Schon immer hatten die Plattfische große wirtschaftliche Bedeutung für den Menschen. Der Feinschmecker schätzt sie, weil einige der besten Speisefische zu ihnen zählen, so u. a. ▸ Seezunge, ▸ Steinbutt, ▸ Limande, ▸ Flunder und ▸ Scholle.

PLATTIEREN
In der Küchensprache eine Fleischscheibe (Lendenschnitte, Filetsteak usw.) mit dem Handballen oder einem geeigneten Küchenwerkzeug flachdrücken bzw. -klopfen, damit das Gewebe locker und zart wird.

PLÄTZCHEN

Meist süßes Kleingebäck, das aus verschiedenen Teigen in vielerlei Formen und Geschmacksrichtungen besonders gerne und traditionell zur Advents- und Weihnachtszeit hergestellt und „vernascht“ wird. Besonders wenn ▸ Mürbteig verwendet wird, lassen sich die Plätzchen mit vielen kleinen Förmchen aus dem dünn ausgerollten Teig ausstechen. Andere Plätzchensorten werden in Handarbeit geformt (z. B. ▸ Vanillekipferl), sind ▸ Spritzgebäck oder erhalten ihre Form durch Model (z. B. ▸ Spekulatius). Häufig werden Plätzchen nach einer für den Geschmack charakteristischen Zutat benannt. Besonders populäre Beispiele sind ▸ Vanillekipferl, ▸ Kokosmakronen und ▸ Zimtsterne.

AUFBEWAHRUNG: *In Blechdosen mit Deckel können Plätzchen an einem kühlen und trockenen Ort und nach Sorten getrennt etwa 4–8 Wochen lang aufbewahrt werden. Danach beginnen sie hart zu werden.*

Schon gewusst?

Das Backen von ▸ Plätzchen zu Weihnachten in den Familien hat eine lange Tradition. Ursprünglich aber waren die Plätzchen reine Konditorei-Erzeugnisse, die in Deutschland seit dem 18. Jh. – mit dem steigenden Konsum von Kaffee, Tee und Kakao – bei den Kaffeekränzchen der gehobenen Gesellschaft zum guten Ton gehörten. Damals war das Kleingebäck aufgrund der hohen Zuckerpreise noch ein für das normale Volk unerschwinglicher Luxus.

PLETTENPUDDING

Hanseatische Süßspeise, die außerhalb ihrer Heimat vor allem auch durch den Familienroman „Buddenbrooks" des großen Schriftstellers Thomas Mann (1875–1955) überregional bekannt wurde. Plettenpudding besteht aus mehreren Schichten von Löffelbiskuits in einer Glasschüssel mit Himbeerkonfitüre, Makronen und Vanille- bzw. Eiercreme, bedeckt mit fein gehacktem Zitronat und Orangeat.

PLIETE ▸ Güster

PLINSEN

Eine Art von runden ▸ Pfannkuchen, die aus einem Teig von Eiern, Salz, Milch und Mehl auf beiden Seiten goldgelb bis braun gebacken werden. Von Region zu Region unterschiedlich können weitere Zutaten wie Quark oder sogar Hefe dazukommen. Plinsen können wie Pfannkuchen mit verschiedenen Belägen süß oder pikant zubereitet werden.

PLJESKAVICA

Serbische bzw. kroatische Spezialität aus Hackfleisch (Rind, Schwein und/oder Kalb), das mit Knoblauch, Paprika usw. scharf gewürzt und zu kleinen Laiben geformt auf dem Rost gegrillt wird. Dazu serviert man scharfe Zwiebeln und ▸ Djuvecreis. Eine Abwandlung ist gefüllte Pljeskavica mit Schafskäse.

PLOCKFINKEN

Traditioneller norddeutscher Eintopf, der je nach regionaler Art (z. B. Hamburger Plockfinken) aus folgenden Zutaten bestehen kann: Weiße Bohnen, Kartoffeln, Mohrrüben, Zwiebeln, Speckscheiben, Rind- und Schweinefleisch (mit oder ohne Innereien), Apfelstücke.

PLOCKWURST

Je nach Herkunft eine geräucherte oder ungeräucherte, aber stets luftgetrocknete Rohwurst, die aus grob entsehntem Rindfleisch, fettem Schweinefleisch und Speck besteht. In der Gastronomie und der Lebensmittelindustrie wird Plockwurst gerne als billiger Ersatz für Salami (z. B. auf der ▸ Pizza) verwendet.

PLÖTZE

(Rotauge)

In Europa nördlich der Alpen und der Pyrenäen bis zum Ural verbreiteter Süßwasser- und Schwarmfisch aus der Familie der ▸ Karpfenfische (▸ Fische), der vorwiegend in stehenden und langsam fließenden Gewässern lebt. Plötzen werden 25–45 cm lang und in der Regel höchsens 1,5 kg schwer. Sie haben ein sehr schmackhaftes Fleisch und sind gebraten oder paniert am besten. Nur die vielen Gräten beeinträchtigen den Genuss dieser ▸ Weißfische.

PLUMPUDDING

(Christmas Pudding, Weihnachtspudding)

Ebenso traditionelle wie originelle englische Weihnachtsspeise, die jedes richtige Christmas Dinner erst krönt. Sie besteht aus einer Vielzahl von lange im Wasserbad gekochten Zutaten wie Rindernierenfett, Mehl, Weißbrotkrumen, Eiern, Farinzucker, Korinthen, Rosinen, Backpflaumen, säuerlichen Äpfeln, kandierten Kirschen, gedörrten Aprikosen, Mandeln, verschiedenen Gewürzen (Ingwerpulver, Nelken-

pulver, Zimt, Piment, geriebener Muskatnuss), Zitronat und Orangeat usw. sowie Sherry und Weinbrand oder Rum. Plumpudding wird mit Rum- oder Weinbrandbutter und Schlagsahne gegessen oder mit Rum übergossen und flambiert serviert.

Schon gewusst?

Wer einen echten englischen ▸ Plumpudding zu Weihnachten servieren will, der sollte spätestens am 1. Advent mit der Zubereitung beginnen. Denn er entwickelt seinen unvergleichlichen Geschmack erst dann, wenn er mindestens 3 Wochen – noch besser sind 1–3 Monate – gelagert wurde. Haltbar ist Plumpudding 1–2 Jahre.

PLUNDERGEBÄCK
aus ▸ Plunderteig hergestelltes und vor allem in Skandinavien beliebtes Kleingebäck in Form von Schnecken, Taschen, Dreiecken, Rollen usw.

PLUNDERTEIG
Ein süßer ▸ Hefeteig, in den durch mehrmaliges Ausrollen (touren) Fett eingearbeitet wird. Beim anschließenden Backen blättern die einzelnen Schichten dann auf und geben dem Gebäck eine besonders feine, blätterteigähnliche Beschaffenheit. Plundergebäck gibt es mit verschiedenen Füllungen wie Vanillecreme, Konfitüre, Nugat-Nuss-Masse usw.

POCHIEREN ▸ gar ziehen

POCHIERTE EIER ▸ verlorene Eier

POCHOUSE
vor allem im französischen Burgund traditionelle und mit Mehlbutter gebundene Fischsuppe aus Süßwasserfischen (Aal, Flussbarsch, Gründling, Hecht, Karpfen, Schleie usw.) mit Knoblauch und Weißwein, serviert mit gerösteten Knoblauchcroûtons.

PÖCKLINGE ▸ Bücklinge

POELIEREN
(braundünsten)
Eine kombinierte Garmethode (trocken und feucht), die auch als Zwischenstufe zwischen braten bzw. schmoren und dünsten umschrieben werden kann. Das Gargut wird dabei in einem geschlossenen Topf oder in einer Kasserolle und im Ofen bei schwacher Hitze mit wenig Flüssigkeit im eigenen Saft geschmort und ab und zu damit begossen. Zum Ende der Garzeit wird der Deckel entfernt und die Hitze erhöht, bis das Gargut noch eine leichte Bräune annimmt. Zum Poelieren eignen sich besonders zarte Fleischstücke von Rind und Kalb, Geflügel, Federwild und auch Fisch in der Haut (frz. „poêle“ = „Bratpfanne“).

POGANZE
Kuchen bzw. süße Mehlspeise, die in der österreichischen Steiermark traditionell zu Pfingsten aus Mürb- oder Strudelteig zubereitet und mit ▸ Topfen (Quark), Eiern und Sahne gefüllt wird. Ebenfalls Poganze heißt auch ein Schichtkuchen aus Hefeteig mit Lagen bzw. Füllungen aus geraspelten Äpfeln, Rosinen und Zucker.

PÖKELFLEISCH
(Lakfleisch, Salzfleisch, Surfleisch)
gepökeltes und so haltbar gemachtes Fleisch, vor allem von Rind und Schwein (▸ pökeln)

PÖKELINGE ▸ Bücklinge

PÖKELLAKE ▸ Lake

PÖKELN
(suren)
Bereits seit der Antike bekanntes und bewährtes Verfahren, mit dem Fleisch- und Wurstwaren mit Hilfe von Kochsalz oder ▸ Nitritpökelsalz konserviert werden. Dadurch wird die Bildung von schädlichen Mikroorganismen gehemmt und die Haltbarkeit des Fleisches, das zudem seine appetitliche rote Farbe behält, verlängert. Begleitet werden diese Wirkungen vom typischen „Pökelaroma“, aber auch einem Verlust an Mineralstoffen und Eiweißen. Man kennt zwei grundlegende Methoden. Beim Trockenpökeln wird das Fleisch in Lagen geschichtet und mit Pökelsalz eingerieben oder bedeckt – mit 6 Wochen das langsamste Verfahren, aber nach dem Motto „Gut Ding braucht Weile“ das wirksamste. Beim Nasspökeln wird das Fleisch

Traditionsgericht mit Fast-Food-Karriere

Sie gilt im Ausland als das italienische Nationalgericht schlechthin, für die Italiener selbst aber nur mit Einschränkungen: Im Gegensatz zur wirklich im ganzen Land und in jeder regionalen Küche heiß geliebten ▸ Pasta ist die Pizza bei weitem nicht in jedem Landesteil gleich beliebt und für die Einheimischen manchmal nur ein typisches Touristenessen. Und auch der Ruhm, die Pizza erfunden zu haben, gebührt den Italienern nicht zweifelsfrei.

ANTIKE VORLÄUFER

Auf die Idee, ▸ Fladenbrote (nichts anderes ist die Pizza letztlich) mit verschiedenen Belägen zu „veredeln", sind auch andere Völker schon so früh gekommen, dass man nicht mehr genau sagen kann, wer letztlich am schnellsten war. Niemand kann den Italienern aber die Ehre streitig machen, ihre Pizza zu einem auf der ganzen Welt bekannten und hergestellten Produkt gemacht zu haben.
Der Ursprung der heutigen Pizza als Fladenbrot aus einem einfachen Hefeteig (mittlerweile wird sie teilweise auch aus anderen Teigarten hergestellt) mit einem Belag aus Olivenöl, Tomatenscheiben und Oregano oder Basilikum (damals noch ohne Käse!) geht zurück in die Mitte des 18. Jh. nach Neapel, wo 1830 auch die erste Pizzeria eröffnet wurde. Vorläufer gibt es aber bereits seit der Antike, wie z. B. die ▸ Focaccia.
Eine richtige Pizza wird bei sehr hohen Temperaturen (400–500 °C) in speziellen Holzöfen, wie ihn echte Pizzerias haben, gebacken. Früher wurde der Teig zu Hause hergestellt und belegt und anschließend zum örtlichen Bäcker gebracht; daraus entwickelte sich schon früh ein eigener Handwerksberuf, nämlich jener der „pizzaiola" oder „Pizzabäcker".
Noch im 19. Jh. wurde die Pizza durch italienische Auswanderer in den USA verbreitet, nach dem Zweiten Weltkrieg eroberte sie den „Rest" von Europa außerhalb Italiens. Die erste Pizzeria auf deutschem Boden wurde 1952 in Würzburg eröffnet. Etwa zur gleichen Zeit „entdeckten" die Amerikaner die Pizza als Fast-Food-Produkt und es entstanden Pizza-Restaurantketten. Heute ist die Pizza nicht nur in italienischen Restaurants das am häufigsten bestellte Gericht, sondern tiefgekühlt auch eines der beliebtesten Fertiggerichte überhaupt.

DIE UR-PIZZA

Die erste Pizza heutiger Art wurde höchstwahrscheinlich am 11. Juni 1889 von dem neapolitanischen Pizzabäcker Raffaele Esposito hergestellt. Er hatte den Auftrag, für König Umberto I. (1844–1900) und seine Frau Margherita (1851–1926) eine neue Pizza zu kreieren, und verwendete erstmals auch Käse.
Den weißen Mozzarella benötigte er, um dem Pizzabelag mit grünem Basilikum und roten Tomaten die italienischen Nationalfarben zu geben. Seine Kreation wurde zu einem Klassiker, der den Namen der Königsgemahlin erhielt: Pizza Margherita.

BELÄGE FÜR JEDEN GESCHMACK

Neben der Pizza Margherita gelten als weitere klassische Arten die Pizza aglio e olio (nur mit Knoblauch, Olivenöl und Oregano), Pizza alla marinara (mit den gleichen Zutaten und zusätzlich Tomaten), Pizza alle cozze (mit Miesmuscheln) bzw. ... alle vongole (mit Venusmuscheln), Pizza Napoli (mit Tomaten, Mozzarella, Parmesan, Sardellen, Olivenöl, Oregano und Basilikum) und Pizza Regina (mit Tomaten, Mozzarella, Champignons, Kochschinken, Oregano und teilweise schwarzen Oliven). Daneben gibt es noch unzählige Abwandlungen durch weitere Zutaten wie andere Käsesorten, Salami, scharfe Wurst, Peperoni, Zwiebeln, Kapern, Pilze, Anchovis, Thunfisch, Scampi und wie sie alle heißen. Speisekarten mit 20 verschiedenen Pizzas sind keine Seltenheit.

VERWENDUNG

Die Polenta dient entweder als Beigabe – nur mit kalter Milch übergossen bzw. mit zerlassener Butter und Parmesan – zu verschiedenen Gerichten oder wird wie Pasta mit einer Sauce serviert. Köstlich kann sie auch mit Zutaten wie Oliven oder Trüffeln schmecken. Die fertige Polenta wird oft auch flach auf ein befeuchtetes Holzbrett gestrichen und in dicke Scheiben geschnitten. Diese werden dann in Butter oder auf dem Grill gebraten als Beigabe zu geschmorten Fleischgerichten wie Ragouts und Gulasch.

in ▸ Lake eingelegt; dafür reichen etwa 4 Wochen. Daneben gibt es Spezialverfahren, um die Pökelzeit weiter zu verkürzen; z. B. durch Einspritzen der Lake direkt in das Fleisch.

PÖKELSALZ ▸ Nitritpökelsalz

PÖKELZUNGE
Von Schleimhaut, Speicheldrüsen und Muskulatur befreite Rinderzunge, die vor der weiteren Zubereitung 24 Stunden (voll gepökelt) oder auch nur 10–12 Stunden (halb gepökelt) gewässert wird (▸ pökeln). Pökelzungen sind im Handel auch tafelfertig als Konserven erhältlich. Sie eignen sich in Scheiben geschnitten für kalte Platten, vor allem mit Meerrettichsahne, geriebenem Meerrettich und Madeiragelee oder Senffrüchten angerichtet.

POLENTA
(Maisbrei, Maispudding)
Dicker Brei aus mehr oder weniger fein gemahlenem Maisgrieß, der vor allem in Norditalien, in Teilen der Schweiz und Österreichs und auf dem Balkan Bestandteil der traditionellen Küche ist. Im 17. Jh. war Maisbrei ein typisches Arme-Leute-Essen. Diesen Ruf hat die Polenta aber abgelegt, denn heute wird sie auch von Feinschmeckern geschätzt – besonders natürlich in Edelvarianten wie mit weißen Trüffeln. Traditionell wird Polenta allerdings ohne derartige Zutaten zubereitet, was sehr mühsam sein kann. Der Maisgrieß muss langsam in kleinen Mengen und immer in der gleichen Richtung in kochendes Salzwasser eingerührt werden, damit die Polenta eine schöne Konsistenz erhält und nicht anbrennt.

POLLACK
(Kalmück, Steinköhler)
Nicht sehr häufig vorkommender Meeresfisch (▸ Fische) aus der Familie der Dorsche, der meist nur als Beifang mit in die Netze gerät. Der Pollack wird 40–80 cm lang (selten auch 1,20 m) und 1–8 kg schwer. Er hat große Ähnlichkeit mit dem ▸ Seelachs (oder Köhler), im Gegensatz zu diesem aber ein makellos weißes Fleisch, das sehr schmackhaft ist. Sein Hauptvorkommen hat der Pollack vor den Küsten Westeuropas (Atlantik) und Nordafrikas (auch westliches Mittelmeer). Nicht verwechselt werden darf der Pollack mit dem Pazifischen oder Alaskapollack – er ist einer der wichtigsten Fische für die japanischen ▸ Surimi.

POLNISCHE
schnittfeste mittelgrobe Rohwurst aus Rind- und Schweinefleisch sowie Fettgewebe, mit Knoblauch gewürzt, wird häufig mit Sauerkraut oder Grünkohl zusammen gekocht

POLNISCHER SALAT
ein ▸ Heringssalat aus Würfeln von Kartoffeln, Champignons, Mohrrüben, Salzgurken sowie roten und weißen Rüben mit Heringsfilets und hart gekochten und mit Mayonnaise gefüllten Eiern in Essig-Öl-Sauce

POLONAISE
in Butter braun geröstete Semmelbrösel (bzw. geriebenes Weißbrot), in Österreich oft als Beilage zu ▸ Mehlspeisen

POLSTERKARTOFFELN
(Kissen-, Soufflékartoffeln, Pommes soufflés)
Zweimal müssen die in etwa 3 mm dicke, runde Scheiben geschnittenen Kartoffeln (ohne Schale) bei dieser Zubereitung gebacken werden. Zunächst kommen sie in ein tiefes Fettbad, bis sie an die Oberfläche steigen. Nach dem Abkühlen werden sie in sehr heißem Fett nochmals gebacken, bis sie schön goldbraun werden und aufgehen.

SCHON GEWUSST?

Um die Entstehung der ▸ Polsterkartoffeln rankt sich eine nette Geschichte. So soll 1837 bei der Eröffnung der Bahnstrecke Paris-Saint-Germain der Zug mit den Ehrengästen Verspätung gehabt haben. Deshalb musste der Küchenchef für das Festmahl seine fast fertigen Kartoffeln aus dem Fett nehmen und sie später (die Kartoffeln waren bereits kalt) schnell noch einmal backen. Damit hatte er – ohne dass es seine Absicht war – die Pommes souffl\u00e9es erfunden und die Ehrengäste waren begeistert von seiner „Kreation“.

POMELOS
Oft als ▸ Pampelmusen bezeichnete ▸ Zitrusfrüchte, was aber nur zur Hälfte (für einen Elternteil) richtig ist. Pomelos sind botanisch korrekt eine Rückkreuzung aus Pampelmusen und ▸ Grapefruits (selbst Abkömmlinge von Pampelmusen und ▸ Orangen). Die Pomelo wurde um 1970 in Israel gezüchtet, heute wird sie außerdem in Kalifornien, Südafrika und China angebaut. Ihre dicke Schale ist weißgelb bis grünlich, das gemäßigt saure Fruchtfleisch (mit einer zarten süßlichen Note) hellgelb bis rosafarben.
VERWENDUNG: *Pomelos sind roh nur mit etwas Zucker ein saftiger Genuss, schmecken aber auch in Obstsalaten und Süßspeisen oder zu Marmelade verarbeitet. Die Schale unbehandelter Früchte eignet sich gut zum Kandieren und Aromatisieren.*

POMERANZEN
(Bigaradie, Bigarrade, Bitterorangen)
Die Urform der ▸ Orangen und anderer ▸ Zitrusfrüchte steht heute stark im Schatten ihrer „Abkömmlinge“. Das liegt vor allem daran, dass die wie kleine Orangen aussehenden Früchte mit ihrer dicken und höckerigen Schale aufgrund ihrer Bitterkeit und der vielen Kerne roh ungenießbar sind und nicht frisch als Tafelobst in den Handel kommen. Allerdings sind Pomeranzen in vielen bekannten Produkten ein wichtiger Bestandteil. Deshalb werden sie – ausgehend von ihrer Heimat China, wo man sie seit Jahrtausenden kennt – in ganz Südostasien, in Süd- und Ostafrika, in Mittelamerika und den südlichen USA sowie im Mittelmeerraum angebaut.
VERWENDUNG: *Pomeranzen werden vor allem zur Herstellung von ▸ Marmelade (u. a. die englische Orange Marmalade), verschiedenen Likören (z. B. ▸ Curacao, ▸ Cointreau oder ▸ Grand Marnier) und Limonaden verwendet. Die Schalen werden kandiert und zu ▸ Orangeat verarbeitet. Außerdem liefert die Schale bzw. andere Pflanzenteile wichtige Duftbausteine für die Parfümindustrie und als Nebenprodukt der Destillation der Blütenknospen fällt das ▸ Orangenblütenwasser an.*

POMMES ALLUMETTES
▸ Streichholzkartoffeln

POMMES FRITES
(French fries, Kartoffelstäbchen, Fritten)
Die Kartoffelstäbchen, als deren Erfinder die Belgier gelten, gibt es schon viel länger als ▸ Fast Food, doch weltweite Berühmtheit haben sie erst als Paradeprodukt der schnellen Küche erlangt. Als Tiefkühlprodukt werden alleine in Deutschland über 290 000 t Pommes frites pro Jahr vertilgt. „Pommes“ oder „Fritten“, wie sie im Volksmund auch genannt werden, sind eine „Allerweltsbeilage“ zu den unterschiedlichsten Gerichten oder werden nur mit Ketchup oder Mayonnaise gegessen. Doch selbst bei einer vermeintlich so einfachen Beilage können die Qualitätsunterschiede groß sein. Am besten schmecken frisch zubereitete Pommes frites, deren Zubereitung aber relativ aufwendig ist. Die 1 cm dicken und 5–6 cm langen, aus rohen geschälten Kartoffeln geschnittenen Stäbchen müssen in zwei „Etappen“ und genau bei der richtigen Temperatur im heißen Fett bzw. Öl schwimmend gebacken werden. Nur bei einem Durchgang, wenn das Fett zu kalt oder zu heiß, zu schlecht gefiltert oder zu alt ist oder zu viele Stäbchen auf einmal in die Fritteuse gefüllt werden, leidet die Qualität. Heute werden für die Gastronomie und auch für den Privatbedarf Pommes frites in großer Zahl als Halbfertigprodukt im Handel angeboten. Sie müssen dann nur noch einmal frittiert oder im Ofen gebacken werden.

POMMES SOUFFLÉS ▸ Polsterkartoffeln

PONT-L'EVÊQUE
Meist aus pasteurisierter Milch und immer seltener aus Rohmilch hergestellter Kuhmilchkäse (▸ Käse) aus der französischen Normandie. Bereits im 17. Jh. wurde damit von dem gleichnamigen Städtchen aus, in dessen Umgebung er – seit 1976 mit eigener AOC – erzeugt wird, reger Handel betrieben. Der Weichkäse mit Rotschmiere (45–50 % Fett i. Tr.) hat einen kräftig würzigen Geschmack. Seine „Markenzeichen“ sind die quadratische Form und die hübsche Spanholzschachtel, in welcher der aromatische Käse angeboten wird.

POPCORN
(Puffmais)
Maiskörner, die so stark erhitzt werden, bis sie der in ihrem Inneren entstehende Überdruck zum Platzen bringt. Neben den professionellen Popcorn-Maschinen gibt es auch verschiedene Geräte für den Haushalt, die für den kleinen „Knalleffekt" sorgen. Kleine Portionen lassen sich ohne Probleme auch in einer gefetteten Pfanne (mit Deckel!) herstellen. Fertiges Popcorn gibt es gesalzen, gezuckert oder karamellisiert. Ungepoppten Popcornmais erhält man im Lebensmittelhandel.

PÖRKÖLT
Ungarische Gulaschspezialität aus größeren Fleischstücken (von Rind, Schwein, Kalb, Schaf, Wild oder Geflügel), die mit fein geschnittenen Zwiebeln und kräftig mit Paprika gewürzt in einer braunen Sauce geschmort werden. Teilweise werden noch Pilze, grüne Paprika und klein geschnittene Tomaten dazugegeben. Als Beigabe serviert man getrennt gekochte Nudeln oder Nocken.

VERWENDUNG

Porree lässt sich vielseitig und ganz unterschiedlich gewürzt als Gemüse verwenden. Er passt zu Fleisch- und Fischgerichten oder wird in Vorspeisen und Salaten verarbeitet. Als Belag auf der Quiche und Füllung in Pasteten schmeckt er ebenfalls lecker. In Suppen und Eintöpfen schätzt man ihn sowohl als Haupt- wie auch als würzende Zutat.

PORREE
(Beiß-, Breit-, Gemüse-, Küchenlauch)
Mit den ▸ Zwiebeln der wohl älteste und wichtigste jener Vertreter aus der botanischen Familie der Zwiebelgewächse, die Würze in die Küche bringen bzw. teilweise auch als Gemüse verwendet werden können. Der Sammelbegriff dafür ist ▸ Lauch, im Volksmund steht diese Bezeichnung oft aber nur für den Porree. Dieser stammt ursprünglich aus dem Mittelmeerraum bzw. Orient und wird heute vorwiegend in Süd- und Mitteleuropa angebaut. Die krautige Pflanze hat keine richtige Zwiebel, sondern wächst aus einer unscheinbaren Knolle 60–80 cm in die Höhe. Die weißen Scheinstängel bzw. Blattscheiden, die in lange grüne Blattspreiten münden, ergeben ein feines Gemüse mit einem mild-würzigen und sogar leicht süßlichen Geschmack. Bleich- oder gelber Lauch wird im Dunkeln unter schwarzen Folien gezogen und ist noch etwas feiner im Aroma. Lange weiße Stängel erhält man durch ein etwas höheres Anhäufeln der Erde.

SCHON GEWUSST?

Der ▸ Porree soll schon um 2100 v. Chr. im Zweistromland Mesopotamien in den Gärten der legendären Stadt Ur angebaut worden sein. Im alten Ägypten diente er den Arbeitern, die die Pyramiden bauten, als vitamin- und nährstoffreiche Nahrung für ihre schwere Knochenarbeit.

PORRIDGE ▸ Hafergrütze

PÖRSCHKOHL ▸ Wirsing

PORT(WEIN)
Geradezu legendären Ruf als Aperitif oder zum Dessert genießen unter Kennern die meist roten ▸ Likörweine (▸ Wein) aus dem Douro-Tal im Norden Portugals, wo auf rund 33 000 ha Rebfläche in teils steilsten Lagen zunehmend auch hervorragende trockene Weine erzeugt werden. Die rund 80 000 einzelnen Weinberge sind nach einem detaillierten Kriterien- und Punktekatalog in insgesamt 6 Klassen eingeteilt, von der besten A (1200 Punkte und mehr) bis zur schlechtesten F (unter 400 Punkte). Von rund 80 Rebsorten, die im Douro-Tal angebaut werden, ist etwa die Hälfte für den Port zugelassen. Seine Süße erhält er durch den natürlichen Zucker, der den Trauben belassen wird. Der Winzer stoppt dazu die ▸ Gärung an dem von ihm gewünschten Punkt durch Zusatz von farb- und geschmacklosem Weingeist. Das Endprodukt hat in der Regel 19–22 Vol.-% Alkoholgehalt und 40–60 g Restzucker. Der beste (und teuerste) Portwein ist der „Vintage Port", der nur in besonders guten bzw. Spitzenjahrgängen abgefüllt wird. Die „Colheita" ist ebenfalls ein Jahrgangsport, der länger (mindestens 8 Jahre) im Holzfass reift und im Gegenstz zum VP sofort nach der Abfüllung genussreif ist. Ein „Late Bottled Vintage Port" (LBV) ist ebenfalls ein (preiswerterer) Vintage Port, der entweder erst später (nach 2–3 Jahren Fassreife) abgefüllt wurde oder aus einem Jahrgang stammt, der nachträglich „hochgestuft" wurde. Die günstigsten Varianten sind ohne Jahrgangsangabe „Vintage Character" (auch „Vintage Reserve" oder „Finest Reserve), „Tawny" und „Ruby". Seltener gibt es, trocken oder süß, auch weißen Portwein („White Port").

PORTER

Eine besonders dunkelbraune, bitter und malzig schmeckende Sorte von ▸ Ale, die um 1720 erstmals gebraut wurde. Es wurde in früheren Zeiten besonders von den Lastträgern, die auf Englisch „porter“ heißen, gerne getrunken – und daher hat es auch seinen Namen.

PORTERHOUSE STEAK

Genau das richtige Stück Fleisch für besonders Hungrige, das noch größer als das T-Bone-Steak ist. Der „Riesenfleischlappen“ wird aus dem flachen ▸ Roastbeef samt Filet und Knochen etwa 6 cm dick und 700–1000 g schwer geschnitten. Seinen Namen hat es von einem Gasthaustyp in Großbritannien, in dem vor allem ▸ Porter ausgeschenkt wird. Schon seit Mitte des 19. Jh. bekommt man dort das Riesensteak aufgetischt, das ausgehungerte Schwerarbeiter alleine „verdrückt“ haben sollen, normalerweise aber für 2–3 Personen reicht.

PORT-SALUT

(Trappistenkäse)

Ursprünglich im Trappistenkloster hergestellter halbfester Schnittkäse (▸ Käse) aus der französischen Normandie, der heute nur noch industriell aus Kuhmilch (45–50 % Fett i. Tr.) hergestellt wird. Port-Salut hat einen cremigweichen Teig, ist in Aroma und Geschmack aber meist neutral. Trappistenkäse wird auch in anderen Ländern in vielen Varianten – wie z. B. der dänische ▸ Esrom – hergestellt.

PORTUGIESER

Allgemein geläufige verkürzte Bezeichnung für eine rote Rebsorte (▸ Wein), die mit vollem Namen Blauer Portugieser (es gibt auch andere, aber weit seltenere Varietäten) heißt. Einer umstrittenen Theorie nach soll sie aus Portugal stammen und von dort im 18. Jh. nach Österreich gelangt sein. In Deuschland wird der Portugieser nachweislich seit 1840 angebaut und heute nimmt er hier nach ▸ Spätburgunder und ▸ Dornfelder mit rund 5000 ha die drittgrößte Fläche unter den roten Rebsorten ein.

PORTULAK

(Burzelkraut, Kreusel)

Eine krautige, wild wachsende Würz- und Gemüsepflanze, die seit mehreren tausend Jahren Ernährungszwecken dient, heute aber etwas in Vergessenheit geraten ist. Der Ursprung des Portulak lässt sich nicht mehr genau nachvollziehen. Er stellt sehr geringe Ansprüche an Boden und Klima und ist weltweit so stark verbreitet, dass er vielfach als Unkraut disqualifiziert wird. Am meisten geschätzt wird er im Mittleren Osten und in Indien.

VERWENDUNG

Die gelben, saftigen Blätter und fleischigen Stängel des jungen Portulak eignen sich mit ihrem leicht säuerlichen Geschmack gut für Salate und Quarkzubereitungen. Fein gehackt geben sie Suppen und Saucen eine frische Note. Ältere Blätter sind bitterer, lassen sich aber wie Spinat zubereiten oder in Essig und Öl einlegen.

PORTWEINPFLAUMEN

Köstliches Kompott, das solo als Dessert oder in Kombination mit Parfait, Mousse oder Speiseeis mundet. Die Pflaumen (oder Zwetschgen) werden dazu in Portwein mit z. B. Zitronensaft, Honig und Zimtstange gekocht.

PORTWEINSAUCE

dick eingekochte, mit Stärkemehl gebundene und passierte Sauce aus Portwein und Kalbsjus mit fein gehackten Schalotten, abgeschmeckt mit Zitronen- und Orangensaft sowie Cayennepfeffer, zu gebratenem oder gegrilltem Fleisch

POT-AU-FEU

In ländlichen Gegenden besonders beliebter französischer Eintopf aus Fleisch, Brühe und Gemüse, der in vielen regionalen Varianten

SCHON GEWUSST?

Traditionell wird ▸ Pot-au-feu in zwei Gängen serviert: zuerst die Suppe mit dem Mark mitgekochter Knochen auf gerösteten Weißbrotscheiben und anschließend das Fleisch mit dem Gemüse, manchmal noch mit getrennt gekochten Kartoffeln.

und meist mit besonderem lokalen Ehrgeiz zubereitet wird. Hauptzutaten können Rind- und bzw. oder Schweinefleisch, Geflügel, Mohrrüben, Pastinaken, Zwiebeln, Porree, Sellerie und Tomaten sein. Auch bei den Kräutern und Gewürzen herrscht große Vielfalt, gerne wird das ▸ Bouquet garni sowie Salz und Pfeffer genommen (frz. „pot au feu“ = „Topf auf dem Feuer“).

POTÉE
deftiger französischer Eintopf aus Fleisch, Würsten (teils auch Fisch), Kohl und anderem Gemüse, in vielen regionalen Varianten mit sehr unterschiedlichen Zutaten

POTHAST ▸ Pfefferpothast

POTTASCHE
(Kaliumkarbonat)
Weißes, geruchloses und ein wenig nach Lauge schmeckendes Kaliumsalz der Kohlensäure, das teilweise auch als ▸ Backtriebmittel verwendet wird. Vor allem bei der Weihnachtsbäckerei (z. B. Plätzchen und Honigkuchen) und bei besonders zuckerhaltigen Teigen leistet Pottasche gute Dienste. Ansonsten wird sie u. a. bei der Schnelltrocknung von Rosinen und bei der Behandlung von Kakao sowie in der chemischen Industrie eingesetzt.

POTTSUSE
Brotaufstrich aus durchwachsenem Schweinefleisch (Schulter oder Nacken), das mehrere Stunden mit etwas Wasser, Schmalz und Gewürzen (je nach Rezept Thymian, Majoran, Zwiebeln, Lorbeer, Salz und Pfeffer) gekocht wird. Die fertige Masse wird noch heiß in Gläser gefüllt und ist so mehrere Wochen haltbar.

POULARDE
spezielle Art von ▸ Hähnchen

POULET
spezielle Art von ▸ Hähnchen

POULET DE BRESSE ▸ Bressehuhn

POULIGNY-SAINT-PIERRE
Der „Tour Eiffel“ (Eiffelturm) der ▸ Käse: So wird dieser Ziegenkäse aus dem Loiregebiet in seiner Heimat wegen seiner charakteristischen Pyramidenform gerne genannt. Pouligny-Saint-Pierre, benannt nach einem gleichnamigen Dorf, ist ein Weichkäse mit mindestens 45 % Fett i. Tr. und einem sehr feinen und dezenten Ziegenaroma sowie einem leicht säuerlichen und nussigen Geschmack.

POVESEN
österreichische bzw. böhmische Spezialität aus den beiden Scheiben einer durchgeschnittenen Semmel (bzw. eines Brötchens), mit Konfitüre oder einer Farce bestrichen bzw. gefüllt, in Eiermilch getränkt und in Fett gebacken

POWIDL
Böhmisch-ungarisch-österreichische Bezeichnung für ein ungezuckertes Pflaumen- bzw. Zwetschgenmus, das ohne Gelier- oder Konservierungsstoffe nur durch Einkochen hergestellt wird. Powidl kommt in viele ▸ Mehlspeisen, u. a. in ▸ Powidl-Tatschkerl, ▸ Germknödel, ▸ Buchteln und ▸ Kolatschen, oder wird als Brotaufstrich gegessen. Die Bezeichnung Powidl kommt aus dem Böhmischen und bedeutet so viel wie „Marmelade“.

POWIDL-TATSCHKERL
(Zwetschgentaschen)
Böhmische bzw. österreichische Mehlspeise (auch: Powidl-Tascherln) aus flachen, halbmondförmigen oder dreieckigen Teigtaschen, die mit ▸ Powidl gefüllt, manchmal noch mit Zimt und Rum verfeinert und in Salzwasser gekocht werden. Am Ende noch in geröstetem Paniermehl gewälzt und mit Puderzucker bestreut, kommen sie noch warm auf den Tisch.

PRÄDIKATSWEINE
In Deutschland und Österreich gebräuchliche Bezeichnung für Weine, die allgemein der Kategorie ▸ Qualitätswein (▸ Wein) angehören, innerhalb dieser Gruppe aber auf höheren Stufen stehen. Bei Prädikatsweinen werden noch strengere Qualitätsanforderungen (vor allem beim ▸ Mostgewicht) gestellt und die Winzer müssen noch strengere Vorschriften erfüllen. Die Prädikate in Deutschland sind (in aufsteigender Reihenfolge) ▸ Kabinett, ▸ Spätlese, ▸ Auslese, ▸ Beerenauslese, ▸ Trockenbeeren-

auslese und ► Eiswein, in Österreich zusätzlich ► Ausbruch und ► Strohwein (Schilfwein).

PRALINEN

Sammelbegriff für Konfekt aus Schokolade und besonders feine Produkte der Konfiserie, die seit dem 17. Jh. in verführerisch mundgerechten und auch optisch verlockenden Stücken hergestellt werden. Nur die feinsten Zutaten kommen in Pralinen (oder Pralinés) und so verbergen sie in ihrem Inneren edle Füllungen aus Ganache, Nougat, Krokant, Nüssen, Früchten, Marzipan, Likör usw., die sich erst im Mund „offenbaren". Pralinen dürfen die feinen Konfiseriewaren dabei nur heißen, wenn der Schokoladenanteil mindestens 25 % beträgt.

> **Schon gewusst?**
>
> Ihren Namen haben die ► Pralinen von einem Feldmarschall und Minister des Sonnenkönigs Ludwig XIV. (1638–1715), dem Comte de Plessis-Praslin. Dessen Koch stellte für seinen Dienstherrn ein Konfekt aus Mandeln und Zucker her, worunter man in Frankreich noch heute eine Praline versteht. Für Schokoladenkonfekt beschränkt sich die Bezeichnung Pralinen dagegen weitgehend auf den deutschsprachigen Raum.

PRAWNS ► Garnelen

PREISELBEEREN

(Bernitschken, Grandeln, Fuchs-, Krack-, Kran-, Kraut-, Krons-, Steinbeeren)

Die kleinen, kugeligen Früchte (Beeren) eines 10–40 cm hohen Zwergstrauchs bzw. eine Art aus der botanischen Familie der Heidekrautgewächse und der Gattung der Heidelbeeren, die unter vielen regionalen Namen bekannt sind. Preiselbeeren sind unempfindlich gegen Frost und wachsen weltweit in der nördlichen Hemisphäre (insbesondere in Skandinavien) bis hinauf nach Grönland wild, bevorzugt an sonnigen und trockenen Standorten. Die erbsengroßen, leuchtend scharlachroten und festen Preiselbeeren sind in den Küchen vieler Länder und Regionen eine geschätzte Frucht. In Schweden gelten sie sogar als das „rote Gold", in Anlehnung an das einzigartige Farbschauspiel, wenn die Moore im Herbst für die Preiselbeerernte geflutet werden. Roh werden Preiselbeeren aufgrund ihres herbsäuerlichen Geschmacks nur selten gegessen, doch in ihrer pikant aromatischen Art sind sie für die Verwendung in der Küche prädestiniert.

> **Schon gewusst?**
>
> Die sogenannten Kulturpreiselbeeren sind keine „echten"► Preiselbeeren, sondern Abkömmlinge der verwandten ► Moosbeeren. In den USA und teils auch in Europa sind sie besser bekannt unter dem Namen ► Cranberrys.

PREMIUM

Hört sich in Verbindung mit Lebensmittelprodukten stets gut an und gaukelt hohe Qualität vor, ohne dieses Versprechen immer zu halten: Der Begriff „premium" ist nicht geschützt und bietet damit keine Garantie für den Verbraucher. So kann es sich bei einem Premiumartikel wirklich um ein Spitzenprodukt handeln oder nur um einen „billigen" Verkaufstrick.

PRESSSACK

(Presskopf)

Kochwurst mit groben Stücken von Schweinefleisch und Schweineschwarten, die im Süden Deutschlands meist als Presssack (in Österreich Presswurst), weiter nördlich als Presskopf bekannt ist und in zwei Typen hergestellt wird. Weißer Presssack ist eine Sülzwurst, roter Presssack erhält seine rote Farbe durch die Verwendung von Schweineblut. Hergestellt werden beide traditionell im Schweinemagen, ansonsten im Naturdarm oder in Kunststoffschläuchen, anschließend schneidet man sie in Scheiben. Presssack ist eine typisch bayerische Brotzeit, die meist mit Essig, Öl, Zwiebeln und frischem Brot serviert wird.

VERWENDUNG

Neben der Verarbeitung zu Konfitüre, Gelee und Kompott passen Preiselbeeren gekocht bzw. als Püree besonders gut zu Wild und Geflügel (u.a. zum amerikanischen Truthahn an Thanksgiving und zu Weihnachten) sowie auch zu Kartoffelpuffern, Pfannkuchen und Pasteten. Eine andere delikate Kombination ist geriebener Meerrettich mit dick eingekochtem Preiselbeerkompott zum geräucherten Forellenfilet.

PRICKEN ▸ Neunaugen

PRIMEUR
Einstmals nur vom Wein bekannte, wohlklingende französische Bezeichnung, die mittlerweile auch für andere Lebensmittel wie Obst oder Gemüse, die besonders früh in den Handel kommen, verwendet wird. Begonnen hat alles mit dem Beaujolais Primeur, einem bereits unmittelbar nach der Gärung abgefüllten und verkauften – damit aber noch nicht voll entwickelten – Rotwein aus dem Burgund. Fruchtigkeit, Frische und ein höherer Kohlensäuregehalt sind seine Markenzeichen. Mittlerweile hat er viele Nachahmer gefunden.

PRIMITIVO
Vorwiegend in der süditalienischen Region Apulien heimische rote Rebsorte (▸ Wein), die mittlerweile auch international geschätzt wird. Sie liefert Weine mit sehr tiefer und dunkler Farbe, rustikaler Würze und hohem Alkoholgehalt. Aufgrund von DNA-Analysen wurde eine nahe Verwandtschaft zum amerikanischen ▸ Zinfandel nachgewiesen. Vermutlich sind beide Klone einer kroatischen Rebsorte.

PRINTEN ▸ Aachener Printen

PRINZESSBOHNEN
▸ Bohnen, ▸ Gartenbohne

PRINZESSKARTOFFELN
Mit wenig Milch, Ei, Mehl und eventuell würzenden Zutaten hergestellter Kartoffelbrei, der in kleinen Portionen auf ein Backblech gespritzt wird. Die Prinzesskartoffeln werden anschließend mit Eigelb bestrichen und im Ofen überbacken.

PRINZREGENTENTORTE
Was den Österreichern die ▸ Sachertorte ist den Bayern ihre Prinzregententorte, namenshalber zurückgehend auf Prinzregent Luitpold von Bayern (1821–1912). Wer die Torte allerdings kreiert hat, ist bis heute umstritten. Unabhängig davon muss eine echte Prinzregententorte aus mindestens 6 dünnen Biskuitschichten mit einer Schokoladen-Buttercreme-Füllung bestehen und mit Schokoladenguss (▸ Kuvertüre) überzogen sein. Häufig wird sie auch mit 7 Schichten hergestellt, gemäß der Zahl der bayerischen Regierungsbezirke.

PRIORATO
Schon im Mittelalter bekanntes, aber erst in neuerer Zeit besonders in den Fokus der Weinliebhaber gerücktes Weinanbaugebiet (▸ Wein) in Spanien, das nur rund 1400 ha groß ist, jedoch das Prädikat „klein aber fein“ verdient. In urwüchsiger Landschaft wurden spektakuläre Weinberge an steilen Hängen angelegt. Aus zu 90 % roten Trauben werden tief dunkle und ungemein konzentrierte Weine gekeltert, von denen bereits einige Berühmtheit erlangt haben und zu hohen Preisen gehandelt werden.

PROBIOTISCHE PRODUKTE
(Probiotika)
Moderne Bezeichnung für Lebensmittel mit einer nennenswerten Menge an Mikroorganismen (z. B. verschiedene Bakterien), die gegen zerstörende Säuren resistent sind und durch den Magen bis in den menschlichen Darm vordringen. Dort nehmen sie am Stoffwechsel teil und können ihre gesundheitsfördernden Wirkungen entfalten – so versprechen es jedenfalls die Hersteller und die Werbung. Positive Einflüsse verschiedener Bakterienstämme auf den Organismus sind zwar nachgewiesen, doch besteht nach Ansicht von Ernährungswissenschaftlern noch Forschungsbedarf. Probiotische Produkte gibt es vor allem bei Jogurt Quark, Milchdrinks, Käse und Wurst.

PROFITEROL(L)ES
Kleine ▸ Windbeutel aus Brandmasse ohne Zucker, die pikant mit feinen Pürees oder Käse

creme gefüllt werden und eine delikate Einlage in klaren Suppen sind oder als Snack gegessen werden können. Sie sind in der süßen Variante auch ein klassisches Dessert der französischen und italienischen Küche, meistens mit Schlagsahne, Vanille- oder Mokkacreme gefüllt und mit Schokoladensauce übergossen.

PROPHETENKUCHENTEIG
▸ Briocheteig

PROSCIUTTO
der italienische Schinken, entweder roh als „crudo", gekocht als „cotto" oder geräuchert als „affumicato"

PROSECCO
Die meisten Weintrinker (▸ Wein) setzen diesen Namen gleich mit einem populären, mehr (Spumante) oder weniger (Frizzante) sprudelnden Aperitif aus Italien. In Wirklichkeit bezeichnet Prosecco aber nicht einen bestimmten Schaumweintyp, sondern die weiße Rebsorte, aus der er vorwiegend in ▸ Venetien hergestellt wird. Von Prosecco gibt es folglich auch einen stillen Wein, wenn auch viel seltener. Prosecco zeichnet sich im besten Fall durch ein Apfelaroma und leicht nussigen Geschmack aus.

PROTEIN ▸ Eiweiß (2.)

PROVENCE
Landschaftlich eine der reizvollsten Gegenden Frankreichs und ein uraltes Weinanbaugebiet (▸ Wein) in der südöstlichen Ecke Frankreichs. Neben ▸ Syrah, ▸ Cabernet Sauvignon, ▸ Grenache, ▸ Mourvèdre oder ▸ Carignan werden auf rund 25 000 ha Rebfläche auch viele autochthone Rebsorten angebaut. Entsprechend groß ist die Vielfalt der Weine der Provence, die auch für ihre vielen Rosé-Weine bekannt ist.

PROVENZALISCHE ART
(provencale, à la)
1. allgemein mit gehacktem Knoblauch, Petersilie und Olivenöl gewürzt
2. verschiedene Garnituren zu Fleisch oder Geflügel, aus gehäuteten Tomaten und mit Knoblauch-Kartoffel-Püree gefüllten Champignonköpfen oder aus geschmolzenen Tomaten und entkernten Oliven oder aus Auberginenstücken mit Tomatenmark, grünen Bohnen und Schlosskartoffeln

PROVENZALISCHE SAUCE
(Sauce provençale)
klein geschnittene, enthäutete und entkernte Tomaten zugedeckt in Olivenöl schmelzen lassen und mit Knoblauch, Zucker, Salz und Pfeffer würzen, zu Fleisch (z. B. Rinderfilet), Innereien (Kalbsleber), Backhähnchen oder in Öl gebratenem Fisch

PROVENZALISCHE TOMATEN
Mit der Schnittseite nach unten in Olivenöl angebratene und mit Salz und Pfeffer gewürzte Tomatenhälften, die anschließend gewendet und mit einer Mischung aus gehacktem Knoblauch, Petersilie und Paniermehl bedeckt werden. Anschließend werden sie im Ofen überbacken und warm oder kalt serviert.

PROVENZALISCHER SALAT
Artischockenböden und Tomatenscheiben (oder -würfel) mit entsteinten schwarzen Oliven in einer Essig-Öl-Marinade mit gehacktem Basilikum, Knoblauch und Sardellen

PROVITAMINE
Die Vorstufen von Vitaminen, die mit der Nahrung aufgenommen und erst im Körper in die jeweiligen Vitamine umgewandelt werden (wie z. B. die in vielen Pflanzen als Farbstoffe enthaltenen und auch Provitamin A genannten ▸ Karotine). Der große Vorteil der Provitamine gegenüber den Vitaminen: Der Organismus verwertet davon nur so viel, wie er braucht; eine Vitaminvergiftung ist ausgeschlossen.

PROVOLONE
Ursprünglich aus Süditalien stammender Knetkäse (▶ Käse) vom Typ ▶ Filata, der heute vorwiegend in Norditalien – seit 1993 mit DOC und seit 1996 EU-weit geschützt – aus pasteurisierter Kuhmilch mit 44 % Fett i. Tr. und in großer Formenvielfalt hergestellt wird. Manche Käser entwickeln dabei eine geradezu künstlerische Ader und geben ihrem Provolone die Form von Gestalten bzw. Tieren. Teilweise gilt er als Abkömmling des ▶ Caciocavallo, der älteste bekannte Filatakäse. Die (auch im Namen) ähnlichen Käsesorten Provatura und Provole werden aus Büffelmilch hergestellt.

PRÜNELLEN
geschälte, entsteinte und getrocknete, meist auch gepresste Pflaumen aus Frankreich und Italien, als Handelsware erhältlich (frz. „prune“ = „Pflaume“)

PRUNKBOHNE ▶ Feuerbohne (▶ Bohnen)

PSE-FLEISCH
Neben dem ▶ DFD-Fleisch eine weitere Form von Fleisch mit deutlich verminderter Qualität, das sich aus gesundheitlicher Sicht aber noch zum Verzehr eignet. Die Abkürzung PSE steht dabei für: „Pale“ (= „blass“), „Soft“ (= „weich“) und „Exudative“ (= „wässrig“). Die Mangelerscheinungen treten meist bei besonders hochgezüchteten Schweinen auf.

PUDDING
In Deutschland stets eine Süßspeise und ein traditioneller Nachtisch von cremiger bis schnittfester Konsistenz, der meist aus Milch, Stärke, Grieß und Eiern mit weiteren unterschiedlichen Aroma- und Geschmackszutaten in speziellen Formen zubereitet wird. Auf den Tisch kommt Pudding noch warm oder kalt, meist mit Kompott, Fruchtsirup oder einer süßen Sauce. Er ist heute eines der gängigsten Fertig- oder Halbfertigprodukte.

SCHON GEWUSST?

Eine längere Tradition als die Süßspeise, wie wir Deutsche ihn kennen, hat der ▶ Pudding in Großbritannien als pikantes Gemisch, ursprünglich aus Brot, Gemüse und/oder Fleisch. So ein Pudding – das Wort bezeichnete die runde und knödelartige Form – ist beispielsweise auch das schottische Nationalgericht ▶ Haggis.

PUDERZUCKER
(Staubzucker, Zuckermehl)
Extrem fein, sozusagen zu Staub gemahlener raffinierter weißer Zucker, der zum Verfeinern vor allem von Süßspeisen zum Einsatz kommt und auch Grundlage für ▶ Zuckerguss ist.

PUERTO-RICO-KIRSCHEN ▶ Acerolas

PUFFBOHNE ▶ Dicke Bohne (▶ Bohnen)

PUFFMAIS ▶ Popcorn

PUFFREIS

Geschälter weißer Reis, der durch Erhitzen und unter Überdruck gelockert und auf das 15-fache seines ursprünglichen Volumens aufgebläht wird. Im Handel wird Puffreis meist in Waffelform angeboten.

PULPA
botanische Bezeichnung für das saftreiche Fruchtgewebe verschiedener Obstarten (z. B. Bananen, Passionsfrüchte, Zitrusfrüchte)

PULP(E)
breiartige Masse aus in Stücke geschnittenem und gedämpftem Obst als Ausgangsmaterial für die Herstellung von Konfitüre, Marmelade, Gelee, Back- und Süßwaren, Saft usw.

PULPOS ▶ Kraken (▶ Tintenfische)

PULQUE
(Agavenwein)
Vermutlich bereits vor 2000 Jahren bekanntes Nationalgetränk der Mexikaner, das aus dem fermentierten Saft verschiedener Agavenarten (Alkoholgehalt 2–6 Vol.-%) hergestellt wird.

PULTOST
Norwegischer Sauermilchkäse (▶ Käse) aus Kuhmilch mit niedrigem Fettgehalt (10 % i. Tr.

oder etwas mehr), der meist mit verschiedenen aromatischen Zusätzen (Gewürze, Kräuter) oder angereichert mit Sahne hergestellt wird.

PUMPERNICKEL
Westfälische Brotspezialität, die mit ihrem besonderen Geschmack, ihrem klangvollen Namen und ihrer langen Haltbarkeit weit über die Grenzen ihrer Heimat hinaus Berühmtheit erlangt hat. Das gehaltvolle, kompakte und leicht feuchte Roggenvollkornbrot wird in einem speziellen Verfahren mehr gedämpft als gebacken. Dabei erhält es seine tief braune Farbe und den typischen süßlich-bitteren Geschmack. In Folie eingeschweißt hält es sich mehrere Monate, in Dosen sogar bis zu 2 Jahre. Das machte es in früheren Zeiten zum idealen Bestandfteil der Soldatenverpflegung.

SCHON GEWUSST?

Bereits seit dem 17. Jh. ist ▸ Pumpernickel als eine etwas verächtliche Bezeichnung für Kommissbrot bekannt. Woher der Begriff kommt, dazu gibt es verschiedene, letztlich nicht eindeutig gesicherte Theorien. Eine besonders originelle Geschichte dreht sich um Soldaten von Napoléon Bonaparte (1769–1821), die das ihnen fremde westfälische Brot nur als „bon pour Nickel" bezeichnet haben sollen. Nickel hieß das Pferd Napoléons.

PUMPKIN PIE
Traditioneller nordamerikanischer Kürbiskuchen, der im Spätherbst bzw. Frühwinter (zu Halloween, Thanksgiving, Weihnachten) gerne zubereitet wird. Der Pie wird gefüllt mit einer Masse aus Kürbismus, Ei und Sahne, gewürzt mit Zimt, Ingwer, Muskatnuss und Weinbrand.

PUNISCHER APFEL ▸ Granatapfel

PUNSCH
Heißes, innerlich wärmendes, aber auch besonders schnell berauschendes alkoholisches Mischgetränk, das vermutlich Ende des 16. oder Anfang des 17. Jh. Seefahrer der britischen Ostindien-Kompanie aus Indien nach Europa importierten. Heute wird Punsch meist aus den Grundzutaten Rotwein, Rum, Orangen, Zucker und Gewürzen (vor allem Anis und Zimt) zubereitet. Eine besonders populäre Abwandlung ist die ▸ Feuerzangenbowle. Autofahrerpunsch (meist aus Schwarzem Tee und Orangensaft) und Kinderpunsch (auf der Basis von Früchtetee) sind nicht alkoholische Varianten.

PÜREE
Verfeinerter Brei bzw. Mus, hergestellt aus Gemüse, Hülsenfrüchten, Maroni, Obst, aber auch Fleisch oder Fisch, die oft als weitere Zutaten Sahne, Milch, Fleischbrühe, Butter und Gewürze enthalten. Besonders gängige Pürees sind u. a. Kartoffel-, Bohnen-, Erbsen-, Linsen-, Pastinaken- und Maronenpüree.

PÜRIEREN
Lebensmittel mit einem geeigneten Küchengerät zu Püree bzw. Mus verarbeiten

PURPURAPFEL ▸ Granatapfel

PURPURGRANADILLAS
▸ Passionsfrüchte

PUTE(R) ▸ Truthahn

PUTIZ
österreichischer ▸ Strudel aus Hefeteig mit Mohn- oder Nussfüllung

PUY-LINSEN
Von Feinschmeckern besonders geschätzte grüne ▸ Linsen (▸ Hülsenfrüchte), die aus dem Herzen der Region Auvergne in Zentralfrankreich kommen, haben einen leicht nussigen Geschmack. Dort wird die kleine und besonders feine Linse bereits seit Jahrhunderten und mittlerweile sogar mit eigener AOC angebaut.

PYRENÄENKÄSE
Halbester Schnittkäse (▸ Käse), der früher aus Schafsmilch hergestellt wurde, heute aber fast nur noch aus Kuhmilch erzeugt wird. Der geschmeidige Käse mit mindestens 45 % Fett i. Tr. ist im Geschmack mild und leicht haselnussig (Pyrenäen: Hoch- und Grenzgebirge zwischen Frankreich und Spanien).

QBA

Begriff aus dem deutschen Weinrecht und Abkürzung für Qualitätswein eines bestimmten Anbaugebietes (► Qualitätswein)

QUADREFIORE

italienische Nudeln (► Pasta, ► Teigwaren) in Form kleiner Quadrate mit geriffelten Kanten

QUALITÄTSWEIN

Nach dem Weingesetz der EU die höchste Qualitätsstufe für ► Wein, innerhalb der es aber – von den nationalen Weingesetzen geregelt – noch weitere Abstufungen bzw. spezifische Klassifikationen geben kann. In jedem Fall unterliegen Anbau und Kelterung von Qualitätsweinen strengeren Vorschriften als z. B. bei ► Tafelwein und ► Landwein. So müssen u. a. die verwendeten Rebsorten zu 100 % aus einem der 13 amtlich zugelassenen Weinanbaugebiete stammen. Neben dem „einfachen" Qualitätswein gibt es noch die ► Prädikatsweine.

VERWENDUNG

Quark kann pikant (mit Kräutern und Gewürzen) oder süß in vielerlei Variationen angemacht werden. Auf ein Brot gestrichen und nur mit Schnittlauch bestreut wird er zum sommerlich leichten Snack. Er gehört u.a. in den ► Käsekuchen, ist Belag oder Füllung für andere Kuchen oder Torten. In Österreich heißt Quark Topfen und ist Grundlage für viele Spezialitäten.

QUARK

(Glumse, Schotten, Topfen)

Ein ► Frischkäse (► Käse), der in Deutschland nur aus pasteurisierter Milch hergestellt werden darf. Diese lässt man durch Zugabe von Milchsäurebakterien und/oder Lab gerinnen (mit Fachausdruck die „Dicklegung"), anschließend werden die flüssigen Bestandteile, die Molke, durch unterschiedliche Verfahren entfernt. Der übrig bleibende Käsebruch wird durch feine Siebe passiert und je nach gewünschtem Fettgehalt mit Sahne angereichert. Im Prinzip kann Quark in jeder gängigen Fettstufe hergestellt werden, am häufigsten sind aber 10, 20, oder 40 % Fett i. Tr. Er muss weich, geschmeidig und streichfähig sein.

QUARKKÄULCHEN

Eine sächsische Süßspeisenspezialität in Form von ovalen Plätzchen, die vor allem aus $^2/_3$ geriebenen Pellkartoffeln und $^1/_3$ magerem Quark bestehen. Weitere Zutaten sind Rosinen, Eier, Mehl, Zucker, Zimt, Vanillezucker und geriebene Schale von unbehandelten Zitronen. Die Quarkkäulchen werden in Butterschmalz oder Leinöl goldbraun gebacken, mit Puderzucker bestreut und oft mit Apfelmus serviert.

QUARKSTRUDEL ► Topfenstrudel

QUATRE-ÉPICES

Gewürzmischung aus vier gemahlenen bzw. geriebenen Bestandteilen, in der klassischen Variante sind das Schwarzer Pfeffer (5 Teile), Muskatnuss (2 Teile), Gewürznelken und Ingwer (je 1 Teil). In ihrer Heimat Frankreich ist die Mischung besonders beliebt und wird für Pasteten Terrinen, Ragouts und als Wurstgewürz verwendet. Fast jede regionale Küche hat dafür ihr eigenes Rezept. Entscheidend ist allerdings, dass stets bester Schwarzer Pfeffer den Hauptbestandteil bildet.

QUEENSLANDNÜSSE

► Macadamianüsse

QUELLER

(Glasschmelz, Meeresspargel)

Pflanzengattung aus der botanischen Familie der Fuchsschwanzgewächse, deren Vertreter Erstbesiedler der oft überfluteten Wattböden an den Meeresküsten bzw. von Dünen und Salzgärten sind. Die grünen, grün-gelben oder braun-rötlichen, dickfleischigen Salzpflanzen werden 5–45 cm hoch und kommen hauptsächlich an den Küsten der gemäßigten Breitengrade der Nordhalbkugel von Europa bis Asien und Amerika vor. Auch wenn man es aufgrund der massenhaften Verbreitung und seines Lebensraumes nicht vermuten würde, ist Queller ein wertvolles Wildgemüse und eine biologisch hochwertige Jod-Quelle.

VERWENDUNG: *Für kulinarische Zwecke werden vom Queller nur die Spitzen verarbeitet. Sie können roh als Salat oder blanchiert bzw. kurz im Wok angebraten als Gemüse zubereitet werden.*

QUELLWASSER

Wie ► Mineralwasser aus natürlichen bzw. künstlich erschlossenen Quellen „abgezapftes" Wasser, das direkt am Quellort abgefüllt sein muss. Allerdings unterliegt Quellwasser weniger strengen Vorschriften.

QUENDEL

(Feldkümmel, Feldthymian, Wilder Thymian)

Ein naher Verwandter des ► Thymian und ein Würzkraut der wilden Art, allerdings nur was seine Wachstumsgewohnheiten betrifft und nicht in Bezug auf seine geschmacklichen Eigenschaften. Da ist der Quendel dem Echten Thymian zwar ähnlich, aber deutlich „zahmer“ und nicht so intensiv.

VERWENDUNG: *Mit getrocknetem und zerriebenem Quendel werden vor allem in den Mittelmeerländern gerne verschiedene Salate, Fleischgerichte und gebratene Kartoffeln gewürzt. Im Prinzip ist er wie Thymian in der Küche verwendbar.*

QUENELLES

Kulinarische Bezeichnung, die in Frankreich (vor allem im Elsass) für kleine aber feine Klößchen aus zerstoßenem Fleisch, Geflügel, Wild oder Fisch mit Grieß- oder Brandmasse bzw. Eigelb, Mehl usw. steht. In ihrer kleineren Form dienen Quenelles als Suppeneinlage oder für Ragouts, größer werden sie als Beilage gereicht oder sogar als Hauptgericht.

QUERRIPPE

(Blatt-, Flach-, Spannrippe)

großflächiges, von Rippen durchzogenes und von Fett durchwachsenes Fleischstück vom Brustkorb des Rindes, zum Kochen geeignet

QUESADILLAS

Eine spezielle Form der mexikanischen ▸ Tortillas bzw. ▸ Tacos, die mit verschiedenen Zutaten belegt und zuletzt – vor dem Backen – noch mit geriebenem Käse (spanisch „queso“ = „Käse“) dick bestreut werden. In einer amerikanischen Variante werden zwei dieser „Käsetortillas“ zusammengeklappt und anschließend gebacken.

QUETSCHKARTOFFELN

▸ Kartoffelpüree

QUICHE

Heute gibt es so viele Varianten dieses traditionellen Gerichts aus Elsass-Lothringen, dass das ursprüngliche Rezept kaum mehr bekannt bzw. nur noch selten anzutreffen ist. Die echte Quiche Lorraine (zu Deutsch Lothringer Speckkuchen) wurde aus Brotteig mit einem Belag ausschließlich aus kleinen Stücken Räucherspeck, Eiern und Schmand hergestellt. Mittlerweile hat sich die Verwendung von Mürbteig durchgesetzt und kommen oft weitere Zutaten wie z. B. Sahne, Milch, geriebener Käse, Lauch, Zwiebeln, Spinat, Kartoffeln und sogar Meeresfrüchte hinzu. Außerdem wird die Quiche nicht mehr auf dem Blech, sondern in einer niedrigen Porzellanform gebacken.

QUINOA

(Inkakorn, -reis, -weizen, Kiwicha, Reismelde)

Bereits seit rund 6000 Jahren in seiner südamerikanischen Heimat ein Hauptnahrungsmittel, das trotz Synonymen wie Inkakorn oder -weizen nicht zu den Getreidearten gezählt wird. Die Samen der Pflanze aus der botanischen Familie der Fuchsschwanzgewächse haben aber eine dem Getreide ähnliche Zusammensetzung. Quinoa wurde früher fast ausschließlich in den Hochebenen der Anden angebaut. In den Handel kommt Qiunoa als Samen oder Flocken sowie als Zutat in Müslimischungen. Quinoa lässt sich wie Reis zubereiten.

QUITTEN

Im Aussehen Äpfeln und Birnen ähnelndes Kernobst, das aber mit seinem holzigharten, körnigen und gerbstoffreichen Fruchtfleisch nicht roh verzehrt werden kann. Die Heimat der zitronen-, gold- oder grün-gelben Frucht ist Kaukasien; Kultursorten sind heute in vielen Ländern (u. a. Deutschland) verbreitet. Quitten haben ein kräftiges Aroma und einen angenehm herb-säuerlichen Geschmack. Sie eignen sich zur Herstellung von Kompott, Konfitüre, Gelee oder Trockenobst.

RACLETTE
Im schweizerischen Wallis ist dieses zweite Nationalgericht der Eidgenossen (neben dem ▸ Käsefondue) aus ▸ Käse entstanden. Bereits in klösterlichen Handschriften aus dem Mittelalter wird der Bratchäs (Bratkäse), wie man Raclette damals nannte, als besonders nahrhafte Speise der Alphirten erwähnt. Heute ist es vor allem ein geselliges Essvergnügen. Auch der verwendete Käse wird oft kurzerhand als Raclette bezeichnet (▸ Raclettekäse). Auf traditionelle Art, nämlich am offenen Feuer, wird heute kaum mehr ein Raclette zubereitet. Bereits seit den 1950er Jahren gibt es dafür elektrische Tischöfen, die dem Raclette auch erst zum Durchbruch verholfen haben. In kleinen Pfännchen lässt man den Käse schmelzen, entweder getrennt oder direkt über weiteren Zutaten wie kleinen Fleischstücken, Schinken, Meeresfrüchten, Gemüse (vor allem Kartoffeln), Pilzen usw. Weitere Favoriten bei den Beilagen sind Mixed pickles.

SCHON GEWUSST?

Im Original wird beim ▸ Raclette (heute nur noch ganz selten) der Laib von einem besonders fein schmelzenden Alpkäse halbiert und dann in einer speziellen Halterung nahe am bzw. zum Teil über einem offenen Feuer erwärmt. Der Schmelz, der sich durch die Hitze bildet, wird dann jeweils abgeschabt. Daher hat das Raclette auch seinen Namen, denn frz. „racler“ heißt zu Deutsch so viel wie „schaben, kratzen“.

RACLETTEKÄSE
Klassische Käsesorten für das ▸ Raclette sind z. B. Bagnes, Forclaz, Gomser, Orsières oder Simplon; alles vollfette (mindestens 45 % Fett i. Tr.) und halbharte Bergkäse, die aus der Westschweiz kommen. Im Handel wird aber auch deutscher oder französischer Raclettekäse, teilweise mit Knoblauch, Pfeffer oder Paprika aromatisiert, angeboten. Das bleibt letztlich eine Geschmacksfrage, nicht aber das entscheidende Kriterium für Raclettekäse: Egal wie er heißt und schmeckt, er muss auf jeden Fall gute Schmelzeigenschaften besitzen.

RADI
süddeutsche Bezeichnung für ▸ Rettich

RADIATORI
gedrehte italienische Nudeln (▸ Pasta, ▸ Teigwaren) mit vielen Rippen

RADICCHIO
(Cicorino, Rosettensalat, Rosettenzichorie)

Die rote Zuchtform und die italienische Variante des ▸ Chicorée fällt zunächst einmal durch ihr Erscheinungsbild auf, denn ihre länglich fleischigen Blätter mit ihrer wein- bis purpurroten Farbe und den weißen Blattrippen sehen sehr dekorativ aus. Durch seine mehr oder weniger starke Bitterkeit hat Radicchio auch geschmacklich einen eigenen Charakter. Von Natur aus milder ist der Radicchio di Treviso, der als beste Sorte dieser Salat-/Gemüsepflanze gilt.

KÜCHENTIPP: *Die Bitterkeit, die nicht jedermanns Sache ist, kann durch ein mehrminütiges Bad in lauwarmem Wasser etwas gemildert werden. Auch etwas Zucker oder süßliche Früchte können wirksame Neutralisationsmittel sein.*

VERWENDUNG: *Radicchio kann als Rohkost im Prinzip wie ▸ Kopfsalat zubereitet und in unterschiedlichen Variationen verwendet werden. Die Italiener mögen ihn auch als gebratenes, gegrilltes und sogar gefülltes Gemüse und essen ihn u. a. zur ▸ Pasta, zum ▸ Risotto oder auch zu Krebsen.*

RADIESCHEN
(Eiszapfen)
Durch besonderen „Biss“ – was ihre Konsistenz ebenso wie ihre würzige Schärfe betrifft – zeichnen sich die runden bis ovalen Minirettiche (▸ Rettich) einer Pflanze aus der botanischen Familie der Kreuzblütengewächse aus. Der Name der meist roten bis rosafarbenen (seltener violetten) kleinen Knollen kommt von lat. „radix“ = „Wurzel“. Für die Schärfe der Radieschen ist der beträchtliche Gehalt an Senföl verantwortlich. Neben ihren geschmacklichen Vorzügen sind sie sowohl als Bund mit dem frischen Grün als auch einzeln z. B. auf kalten Platten eine überaus dekorative Erscheinung. Teilweise schmecken Radieschen etwas holzig und unangenehm – ein Zeichen dafür, dass sie zu spät geerntet wurden.

VERWENDUNG: *Radieschen werden – meist in Scheiben bzw. Streifen geschnitten oder geraspelt – ausschließlich als Rohkost gegessen und eignen sich nicht für Garverfahren. Das macht sie aber nicht weniger köstlich; einfach mit etwas Salz zur Brotzeit, auf oder zum Butterbrot, in Salaten, mit Quark oder als Garnitur.*

AUFBEWAHRUNG: *Am besten schmecken Radieschen ganz frisch. Im Gemüsefach des Kühlschranks halten sie sich maximal 2 Tage, wenn man das Laub entfernt und sie in ein feuchtes Tuch einwickelt bzw. in wenig Wasser legt. Beginnen die Blätter zu welken und werden die Minirettiche schrumpelig, sind sie bereits überlagert und hat ihr Geschmack gelitten.*

RADLER

Vor allem im Sommer im Biergarten und bei Autofahrern, die auf ihren Alkoholpegel achten müssen, ein beliebtes Mischgetränk, das aus Bier und Zitronenlimonade (meist im Verhältnis 50:50) hergestellt wird. Ursprünglich wurde dafür dunkles Bier genommen, während es heute in der Regel aus hellem Bier besteht. Mittlerweile wird das Radler von den Brauereien bereits fertig in Flaschen angeboten. Im Geschmack geht aber nichts über ein frisch gemixtes Radler, das als Halbe (0,5 l) oder gleich als Maß (1 l) bestellt wird. Eine bayerische Abwandlung des Radler ist der ► Russ mit ► Weizenbier statt hellem Bier. Die in Norddeutschland bekannte Variante mit Pils und manchmal Orangenlimonade heißt ► Alsterwasser und in Österreich spricht man von „gespritztem Bier".

SCHON GEWUSST?

Erfunden haben soll das ► Radler im Jahre 1922 der Wirt Franz Xaver Kugler, der im Münchener Vorort Oberhaching ein vor allem bei Radfahrern beliebtes Ausflugslokal betrieb. An einem Samstag drohte ihm aufgrund des großen Andrangs in seinem Wirtshaus das Bier auszugehen und da machte er aus der Not eine Tugend: Der Wirt der Kugler-Alm streckte sein Bier mit weißer Limonade und setzte seinen Gästen die Radlermaß vor, die schnell zum Renner wurde.

RAFFINADE

Gereinigter und „blütenweißer" ► Zucker von gehobener Qualität, der grob-, mittel- oder feinkörnig angeboten wird und der am meisten verwendete Haushaltszucker ist. Extraweißer Streuzucker heißt Doppelraffinade.

RAFFINATION

Vor allem vom ► Zucker bekannter Fachbegriff für das Entfernen aller Verunreinigungen und „Fremdstoffe", die Farbe, Geruch, Geschmack und/oder Haltbarkeit beeinträchtigen können. Bei der Raffination wird der ► Rohzucker mehrmals aufgelöst und die dadurch gewonnene sehr reine Zuckerlösung zur Kristallisation gebracht. Weitere Stoffe, die oft raffiniert und damit veredelt werden, sind z. B. Fette und Öle.

RAGOUT

Sammelbegriff für ein im wörtlichsten Sinne appetitliches (frz. „ragoûtant" = „appetitlich") Durcheinander von geschmorten oder gedünsteten Fleisch-, Geflügel-, Wild- oder Fischstücken, die in mundgerechte Happen zurechtgeschnitten sind, und anderen Zutaten wie z. B. Gemüse, kleine Klößchen, Pilze usw. Alles zusammen wird in reichlich Sauce zubereitet, die stets pikant und oft sämig ist. Folglich sind u. a. auch Gerichte wie ► Gulasch, ► Geschnetzeltes oder ► Bœuff Stroganoff Ragouts. Traditionelle Beilagen sind dazu u. a. Reis, Spätzle, Kartoffeln und Nudeln. Ein Weißes Ragout (Blankett, Blanquette) besteht aus weißem Fleisch (Kalb, Lamm, Huhn, Kaninchen), manchmal auch Fisch oder Gemüse, in einer weißen, mit Eigelb und Sahne gebundenen Sauce. Ragouts aus besonders stark zerkleinerten Zutaten werden auch als ► Haschee bezeichnet.

RAGOUT FIN

Aus besonders feinen Fleischstücken – nach klassischer Art vom Kalb – und Zutaten zubereitetes Ragout, das oft als Vorspeise bzw. Pastetenfüllung auf den Tisch kommt oder als überkrusteter oder überbackener Leckerbissen. In modernen Variationen werden aber auch Fische, Krebstiere, Muscheln, Wildenten oder Lamm in ein stets raffiniert gewürztes Ragout fin verwandelt.

RAGÙ ALLA BOLOGNESE
in der italienischen Küche ein dickflüssiges ▸ Ragout aus kleinen Fleischstücken von Rind oder Schwein mit Speck, Mohrrüben, Tomaten und Zwiebeln in trockenem Rotwein (viele regionale Varianten)

RAGUSANO
Von der größten italienischen Insel Sizilien kommt dieser Brühkäse (▸ Käse) aus Kuhrohmilch, der nach dem als ▸ Filata bekannten Verfahren hergestellt wird. Ragusano hat in der Regel 40 % Fett i. Tr. und kommt in quaderförmigen Blöcken von 6–16 kg Gewicht auf den Markt. Jung hat er eine goldene Farbe, ist weich und süßlich im Geschmack, mit zunehmendem Alter (ab 6 Monaten) wird er immer bräuner, härter und würziger.

RAHM ▸ Sahne

RAHMKARTOFFELN
(Bürgermeisterkartoffeln)
in Sahne langsam gekochte und am Ende damit übergossene Kartoffelscheiben, gewürzt mit Salz, Cayennepfeffer und Muskatnuss

RAHMKÄSE
▸ Käse mit 50–59,9 % Fett i. Tr.

RAHMSCHNITZEL
Überaus populärer Klassiker der deutschen Küche, meist in Form eines Schweineschnitzels, das in Mehl gewendet und auf beiden Seiten (in Öl) knusprig gebraten wird. Es gibt zwar regionale Variationen in der Zubereitung und beim Würzen, doch eines haben alle Rezepte gemeinsam: Der Bratensatz wird mit saurer Sahne zu einer mehr oder weniger stark eingekochten Sauce verarbeitet und das Schnitzel damit übergossen. Passende Beigaben zum Rahmschnitzel können Salzkartoffeln, Spätzle oder Nudeln und Gemüse sein.

RAHMSUPPEN ▸ Cremesuppen

RAHNEN ▸ Rote Rüben

RAITA
indische Rohkost-Spezialität mit Gemüse (Gurken, Tomaten usw.) oder Früchten, aber stets mit viel Jogurtsauce und gut gewürzt (z. B. mit Kreuzkümmel, Koriander und Ingwer)

RAKI
Was den Griechen ihr ▸ Ouzo, ist den Türken ihr Raki – und in beiden Fällen haben die geografischen Nachbarn einen ▸ Anisée im Glas, also eine mit Anis oder Sternanis aromatisierte Spirituose. Raki wird aus der vergorenen Maische von reif geernteten und getrockneten Weintrauben, Feigen, Datteln oder Rosinen mit einem Alkoholgehalt von 40–50 Vol.-% destilliert. Bereits seit dem 15. Jh. brennen die Türken ihren Nationalschnaps, der wie der französische ▸ Pastis oft mit Wasser verdünnt (wobei er milchig trüb wird) getrunken wird.

SCHON GEWUSST?

Auch auf der griechischen Insel Kreta kennt man einen ▸ Raki, der aber trotz Namensgleichheit nicht mit dem türkischen Anisschnaps verwechselt werden darf. Der kretische Raki ist ein traditioneller ▸ Tresterbrand.

RAMBUTAN
(Ngo)
Mit den ▸ Litschis nahe verwandte Südfrucht aus der botanischen Familie der Seifenbaumgewächse, die ihr stacheliges Äußeres sogar im

Namen trägt. Rambutan leitet sich vom malaiischen Wort „rambut" ab, das „Haar" bedeutet. In Malysia bzw. im indonesischen Archipel liegt auch die Heimat des in freier Wildbahn 8–10 m und in Kultur 3–5 m hohen Rambutanbaumes, der heute nicht nur in ganz Südostasien, sondern in tropischen Gebieten rund um den Erdball (u. a. Afrika, Karibik, Mittelamerika, Hawaii und Australien) kultiviert wird. In „Bestform" kann ein Baum bis zu 6000 Früchte tragen. Die etwa 5 cm großen, rundlich-ovalen Früchte sind rosafarben bis leuchtend rot und haben eine ledrige Schale mit grünlich-gelben Borsten. Das süßaromatische und saftige Fruchtfleisch ist wie bei den Litschis leicht glasig und umschließt einen nicht essbaren, mandelähnlichen Samenkern.
VERWENDUNG: *Vor allem in Asien sind Rambutans überaus beliebte Früchte, die roh als Obst und in vielen – auch pikanten – Zubereitungen verwendet werden. Aufgrund ihrer schlechten Haltbarkeit kommen sie oft auch in Dosen in den Handel. Sie schmecken als Kompott und im Obstsalat und geben auch Geflügel- oder Fischgerichten eine interessante exotische Note.*

RAMEQUINS
In Deutschland versteht man unter Ramequins kleine Käsetörtchen bzw. Windbeutel aus geriebenem Teig mit Eiern, Milch, Sahne, Käse (Parmesan, Emmentaler) und Gewürzen. In der Schweiz kennt man eine Art Gratin aus Toastbrot und geriebenem Emmentaler oder Greyerzer als Ramequin und in Frankreich sind Ramequins Auflaufformen in Einzelportionsgröße bzw. die darin zubereiteten Köstlichkeiten.

RAMMLER
das männliche Tier von ▸ Hase, ▸ Kaninchen

RAND ▸ Bordüre

RANDEN ▸ Rote Rüben

RANZIG
Beschreibung für den speziellen Geruch bzw. Geschmack von überlagertem, altem bzw. mehrfach erhitztem Fett, Öl oder generell fetthaltigen Nahrungsmitteln

RAPFEN
Von Mitteleuropa bis zum Ural und von Südskandinavien bis zu den Alpen in fließenden Gewässern und größeren Seen vorkommender Süßwasserfisch (▸ Fische) mit gestrecktem Körper, der bis 1,20 m lang und 12 kg schwer werden kann. Seine wirtschaftliche Bedeutung ist zwar gering, doch unter Feinschmeckern gilt der Rapfen als Geheimtipp. Sein feines Fleisch ist eiweißreich und fettarm und eignet sich für alle Zubereitungsarten.

RAPIEREN
Fleisch durch Schaben von Sehnen, Häuten und Knochen befreien, seltener auch Gemüse und Kartoffeln abschaben

RAPSÖL
(Kohlsaatöl, Kolzaöl)
Hochwertiges pflanzliches ▸ Speiseöl, das aus den Samen verschiedener Kohlarten gepresst wird. Überhaupt erst möglich wurde die küchentechnische Verwertung von Rapsöl durch die Züchtung von Rapssorten, die sich gegenüber der Wildpflanze durch einen weit niedrigeren Gehalt an Erucasäure und Bitterstoffen auszeichnen und seit 1973 in Deutschland amtlich zugelassen sind. Rapsspeiseöl wird bei uns fast ausschließlich aus den Samen von Winterraps gewonnen, die einen vergleichsweise sehr hohen Ölgehalt (über 40 %) aufweisen. Meist wird es für Speisezwecke kalt gepresst und raffiniert (▸ Raffination), wodurch es rund 18 Monate haltbar wird (naturbelassenes Öl 6 Monate). Beim Rapskernöl werden die gelben Samenkerne vor dem Pressen von der schwarzen Schale befreit; durch diese „Entziehungskur" enthält es am Ende weniger Bitterstoffe.

VERWENDUNG
Neben der direkten Nutzung als Speiseöl wird Rapsöl auch für die Herstellung von ▸ Margarine verwendet. Außerdem dient es außerhalb der Lebensmittelindustrie als Rohstoff z.B. für Kosmetika, Futtermittel, Kraftstoff und weitere Erzeugnisse der chemischen Industrie.

SCHON GEWUSST?

Dass Olivenöl ernährungsphysiologisch besonders wertvoll ist, hat sich fast überall herumgesprochen. Weit weniger bekannt ist dagegen, dass ▸ Rapsöl aus Doppelnull-Raps sogar eine noch bessere Fettsäurenzusammensetzung als das hochgelobte Olivenöl hat.

RAPUNZEL ▸ Feldsalat (▸ Salate)

RARE
(blutig, saignant, sehr englisch, underdone)
Garstufe beim Fleisch (▸ Garstufen)

RAREBITS
(Rabbits)
Sammelbegriff für britische Toastvariationen, stets mit viel Käse und im Ofen überbacken, die abends als Imbiss oder als Abschluss eines Essen auf den Tisch kommen. Meist sind die Rarebits besonders würzig, damit sie kräftig Durst machen und eine gute Unterlage für die anschließenden Drinks schaffen. Besonders populär ist der ▸ Welsh Rarebit.

RASCASSE ▸ Drachenkopf, Großer Roter

RASPELSCHOKOLADE
geraspelte oder in kleine Späne geschnittene bzw. gehackte Schokolade, meist zum Bestreuen von Süßspeisen und Eiscreme

RASTEGAI
kleine russische Fischpastetchen aus Hefeteig in Halbmondform, gefüllt mit einer Fischfarce und ▸ Vesiga

RATATOUILLE
Fast zu einem Inbegriff mediterraner Küche ist dieses ursprünglich aus der Provence (Gegend um Nizza) stammende und heute im französischen Süden weit verbreitete Gemüseragout geworden. Seine Hauptzutaten sind in mittelgroße bis kleine Stücke geschnittene Auberginen, Zucchini, Tomaten und Paprika. Bezüglich Art und Menge weiterer Zutaten (z. B. Zwiebeln, schwarze Oliven, Kapern, Staudensellerie usw.) und den verwendeten Gewürzen bzw. Kräutern hat in der Heimat des Ratatouille fast jeder Koch sein eigenes Rezept, wobei es sehr auf die Feinheiten ankommt. Eines der „Geheimnisse" eines feinen Ratatouille ist z. B., dass die einzelnen Gemüsesorten (außer den Tomaten) separat kurz in Olivenöl angebraten werden, bevor die Tomaten dazukommen und man alles mit dem Olivenöl entweder nur im eigenen Saft oder mit Weiß- oder Rotwein dünstet. Zum Würzen nimmt man neben Salz, Pfeffer und Knoblauch frische Kräuter, allen voran Thymian, Majoran, Basilikum, Rosmarin und Lavendel, oder – wenn man nur über getrocknete Kräuter verfügt – ▸ Herbes de Provence.

VERWENDUNG

Ratatouille kann als sommerliches Gericht, das nicht schwer im Magen liegt, nur mit frischem Baguette kalt oder warm gegessen werden. Es ist aber auch eine köstliche Beilage (wofür es meist in etwas kleinere Stücke geschnitten wird) zu Fleischgerichten wie z.B. zu Lammkeule, zu Geflügel oder gedünstetem Fisch.

RÄUBERSPIESS
(Hajducki Cevap)
am Spieß gebratenes Lamm-, Rind-, Schweine- und Kalbfleisch mit ▸ Djuvecreis, Spezialität aus Kroatien und anderen Balkanstaaten

RÄUCHERAAL
gepökelter und heiß geräucherter Aal (▸ Räucherfische, ▸ Räuchern), ausgenommen und mit Kopf

RÄUCHERFISCHE
Fische bzw. Teile davon, die für längere Zeit direkt dem Rauch von schwelendem unbehandelten Holz ausgesetzt werden (▸ Räuchern). Dabei nehmen sie den typischen Rauchgeruch und -geschmack an und werden – je nach Verfahren mehr oder weniger stark – konserviert. Bekannte Räucherfischerzeugnisse sind u. a. ▸ Räucheraal, ▸ Schillerlocken, ▸ Räuchermakrelen, ▸ Räucherlachs und ▸ Bücklinge.

RÄUCHERHERING
veraltete Bezeichnung für ▸ Lachshering

RÄUCHERKÄSE
Verschiedene Käsesorten mit einer Gemeinsamkeit: Sie haben vom mehr oder weniger starken ▸ Räuchern zusätzlich zu ihren anderen Geschmackskomponenten noch eine rauchwürzige Note.

RÄUCHERLACHS

Als besondere Delikatesse unter den Räucherfischerzeugnissen (▸ Räucherfische, ▸ Räuchern) gilt der Räucherlachs, der vorwiegend aus Norwegen, Schweden, Irland, Russland, den USA und Kanada kommt. Im Gegensatz zum ▸ Stremellachs wird er in ganzen Seiten bzw. Stücken nach dem Salzen stets kalt geräuchert. Räucherlachs isst man nur mit frischer Butter und gerösteten Weißbrotscheiben.

RÄUCHERMAKRELE
ausgenommene, heiß geräucherte Makrele (▶ Räucherfische, ▶ Räuchern) ohne Kopf

RÄUCHERN
Lebensmittel – vor allem Fleisch, Fisch, Wurstwaren und Käse – dem Rauch von brennendem bzw. schwelendem Holz auszusetzen, ist eine der ältesten Methoden zur Trocknung und Haltbarmachung. Schnell sind die Menschen dabei aber auch auf den Geschmack des typischen Raucharomas gekommen, das viele nicht nur beim Grillen so lieben. Heutzutage wird nicht mehr wie in früheren Zeiten über dem offenen Feuer geräuchert, sondern in speziellen Räucherkammern bei kontrollierter Temperatur. Das besonders schonende Kalträuchern dauert bei Temperaturen von 15–25 °C oft mehrere Tage und hat den größten Konservierungseffekt. Beim Heißräuchern (Temperaturen 70–90 °C) genügen ein paar Stunden, doch sind so behandelte Lebensmittel für den baldigen Verzehr bestimmt. Seltener ist das Warmräuchern bei Temperaturen von 30–60 °C.

SCHON GEWUSST?

Beim ▶ Räuchern ist Rauch nicht gleich Rauch, denn das auf die Lebensmittel übergehende typische Aroma wird auch durch das verwendete Holz beeinflusst. Die feinsten Rauchnoten gibt hartes Holz wie von Eiche, Buche oder Birke, die Amerikaner schwören dagegen auf Hickory. Weiche Nadelhölzer dagegen hinterlassen generell zwar ein noch intensiveres oft aber plumpes Aroma und einen leicht bitteren Geschmack.

RÄUCHERSCHINKEN ▶ Geräuchertes

RÄUCHERSPECK
(Fleischspeck)
Der trocken gepökelte und kalt geräucherte (▶ räuchern) fette Rückenspeck des Schweins wird in der Küche besonders vielseitig verarbeitet. Er wird u. a. in Eintöpfe gestückelt und in mageres Fleisch gespickt, füllt Pfannkuchen, Fleischrouladen oder Klöße, ummantelt kleine Fleisch-, Geflügel-, Fisch- oder Gemüsestücke oder wird durch den Fleischwolf gedreht und in Farcen für Pasteten usw. verarbeitet.

RÄUCHERZUNGE
geräucherte (▶ Räuchern) ▶ Pökelzunge

RAUCHFLEISCH
Sammelbegriff für gepökeltes und kalt geräuchertes (▶ Räuchern) Fleisch bzw. Stücke davon aller Art

RAUCHSALZ
(Hickorysalz)
Ein Rauch bzw. Holzkohlenaroma, das eigentlich gar keines ist, lässt sich mit diesem aromatisierten Speisesalz erzeugen. Rauchsalz ist besonders in den USA beliebt und macht dort Gerichte aller Art schön „smoky“ (= „rauchig“). Beim Grillen mit einem Gas- oder Elektrogrill lässt sich damit der typische Geruch und Geschmack vortäuschen, den man sonst nur auf dem Holzkohlengrill „produzieren“ kann.

RAUE SCHARBE ▶ Doggerscharbe

RAUKE ▶ Jambaraps, Ruc(c)ola

RAUSCHBEEREN ▶ Moorbeeren

RAUSCHER ▶ Federweißer

RAVIGOTE
(Sauce ravigote)
Bekannte französische Kräutersauce bzw. -mayonnaise, die in vielen Variationen Salate, rohes Gemüse, hart gekochte Eier, aber auch kaltes oder gegrilltes Fleisch und pochiertes Geflügel begleitet. Neben vielen Kräutern (wie z. B. Estragon, Kerbel, Petersilie, Schnittlauch und Kresse) sind weitere gängige Zutaten – je nach Rezept – Zwiebeln, Kapern, Sardellenfilets, Senf, Salz, Pfeffer, Essig, Öl und Wein.

RAVIOLI
Frisch hergestellt können sie ein Hochgenuss mit den edelsten Füllungen sein, aus industrieller Produktion in Dosen und Tomatensauce aber auch ▶ Fast Food der übelsten Sorte: Die ursprünglich aus Ligurien stammende ita-

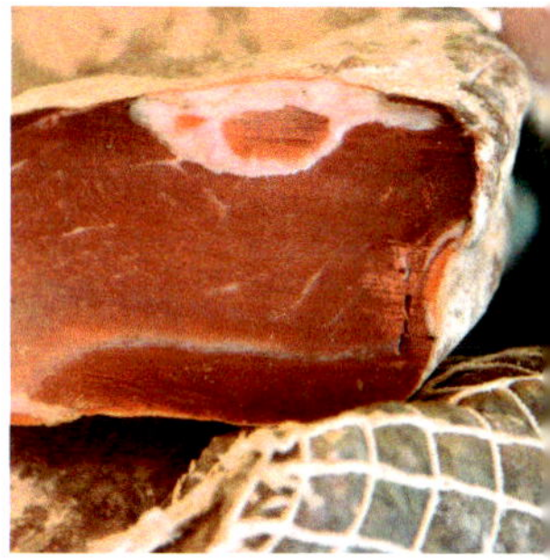

lienische Nudelspezialität (▸ Nudeln, ▸ Teigwaren) lässt kulinarisch alle Möglichkeiten offen. Die Täschchen aus dünn ausgerolltem Eiernudelteig kommen als Quadrate, Halbkreise oder Dreiecke mit zwei Lagen und fein gehacktem Fleisch, Fisch, Gemüse, Käse usw. in der Mitte auf den Tisch. In Italien kennt man eine Vielzahl von Rezepten für Ravioli mit einfachen Standardfüllungen (z. B. Spinatravioli mit Spinat, Ricotta, Ei, Parmesan und Muskatnuss) oder sehr aufwendige Zubereitungen mit exklusiven Zutaten wie z. B. Trüffeln, Krebstieren, Austern und Kalbsbries. Serviert werden Ravioli meist nur mit zerlassener Salbeibutter oder einer Tomatensauce und Parmesan. Ähnliche Gerichte in anderen Ländern sind die russischen ▸ Pelmeni, die chinesischen ▸ Jiaozi und die schwäbischen ▸ Maultaschen.

SCHON GEWUSST?

Die ▸ Ravioli wurden auch von der ▸ Haute Cuisine als kleine kulinarische „Geheimnisträger" entdeckt, in denen man feinste Füllungen verstecken kann. Der Ursprung der Nudelteigtäschchen ist banaler: Bereits im Mittelalter waren sie in Italien eine ideale Form der Verwertung von Speiseresten.

RAW

(blau, bleu, blue, sehr blutig, very rare)
Garstufe beim Fleisch (▸ Garstufen)

RAZNJICI

dem ▸ Schaschlik ähnliche und nicht nur auf dem Balkan beliebte Spezialität aus dem ehemaligen Jugoslawien in Form von Rindfleisch-, Paprika- und Zwiebelstücken vom Brat- bzw. Grillspieß

REBHUHN

Von Feinschmeckern sehr geschätztes fasanenartiges Wildgeflügel, das in seinem Lebensraum zurückgedrängt wurde und dessen Bestände in freier Wildbahn stark abgenommen haben. Noch ist es allerdings als „nicht gefährdet" eingestuft. Das Rebhuhn ist von Nord- und Mitteleuropa bis Zentralasien heimisch und besiedelt bevorzugt flache Landstriche mit dichtem Buschwerk. In Nordamerika wurde der Hühnervogel, der etwas größer als eine Taube ist, zu Jagdzwecken eingebürgert. Wenn heute Rebhuhn auf der Speisekarte steht, kommt es in den allermeisten Fällen aus der Zucht; auf den charakteristischen Wildgeschmack muss man dann aber verzichten. Das Fleisch, von Hahn und Henne qualitativ gleichwertig, ist leicht verdaulich und zart, fettarm und doch saftig, vor allem von jungen Hühnern. Schon immer galt das Rebhuhn als besonderer Leckerbissen, deshalb wird es auch zum ▸ Hochwild gezählt.

VERWENDUNG: *Junge Rebhühner eignen sich zum Braten und Schmoren, oft mit Speckstreifen oder Weinblättern umwickelt. Es gibt dafür eine Vielzahl von Rezepten mit unterschiedlichen Füllungen. Auch als Pasteten, Ragouts (▸ Salmi) und Haschees sind Rebhühner ein Hochgenuss. Ältere Tiere werden bevorzugt zu Terrinen und Farcen verarbeitet. Passende Beilagen: Wirsing, Sauerkraut, Kartoffelpüree und Maroni.*

REBLOCHON

Französischer Käseklassiker (▸ Käse) aus Savoyen, der seit 1958 als Reblochon Savoy eine geschützte Herkunftsbezeichnung tragen darf. Der halbfeste Schnittkäse wird mit mindestens 45 % Fett i. Tr. aus der rohen oder pasteurisierten Milch von Kühen hergestellt, die auf den kräuterreichen Wiesen dieser Region weiden. Er hat ein nussiges, buttriges Aroma und einen sahnig-cremigen Geschmack. Seine graurosa- bis gelborangefarbene Rinde wird nicht mitgegessen. Wenn der Käse zum Zerfließen reif ist, riecht sie deutlich modrig.

Schon gewusst?

Der ▶ Reblochon soll bereits im 15. Jh. zu einer Zeit entstanden sein, als die Bauern den Großgrundbesitzern für die genutzten Wiesen „Pacht" in Form von Naturalien (Käse) bezahlen mussten. Als Berechnungsgrundlage diente dabei die gemolkene Milch. Deshalb melkten die Bauern die Euter ihrer Kühe nicht leer und warteten damit bis zur Abfahrt der Kontrolleure. Aus der beim Nachmelken noch fettreicheren Milch wurde der besonders cremige Käse hergestellt, der auch seinen Namen von dem kleinen Schwindel hat: Er leitet sich von dem savoyischen Dialektwort „reblocher" ab, was frei übersetzt so viel heißt wie „eine Kuh zum zweiten Mal melken".

REBSORTEN ▶ Weintrauben

RECIOTO

Süßweinspezialität (▶ Süßweine, ▶ Weine) aus der Region ▶ Venetien, die im Prinzip nach dem im übrigen Italien als ▶ Passito bekannten Verfahren hergestellt wird. Die Trauben für Recioto werden nach der (späten) Lese 4–6 Monate auf speziellen Gestellen in gut durchlüfteten Hallen oder auf Strohmatten (teils auf dem Dachboden) getrocknet. Sie rosinieren dabei, Wasser geht verloren und die Zuckerkonzentration steigt an, wodurch der Alkoholgehalt von Recioto am Ende nicht selten über 15 Vol.-% beträgt. Es gibt auch eine trockene Version, den berühmten ▶ Amarone.

RED SNAPPER

Der Lieblingsfisch der Amerikaner, weil er genau die Eigenschaften hat, die man in den USA besonders schätzt: Red Snapper hat ein trockenes weißes Fleisch mit wenigen Gräten. Außerdem eignet er sich für alle Zubereitungsarten, besonders auch für das Grillen, was den Amerikanern als „Weltmeistern" des ▶ Barbecue besonders wichtig ist. Aber auch in Europa ist man auf den Geschmack des Red Snapper gekommen, der als Schwarmfisch in den wärmeren Gewässern des westlichen Atlantiks (besonders im Golf von Mexiko) vorkommt. Bei weitem nicht alles, was bei uns im Handel als Red Snapper angeboten wird ist auch der echte Rote Schnapper. Oft wird er z. B. mit dem Tiefsee-Rotbarsch verwechselt, der teils als Pacific Red Snapper in den Verkauf kommt.

REDUZIEREN

In der Küchensprache eine Flüssigkeit (vor allem Saucen) stark einkochen, so dass sie durch die Wasserverdampfung eindickt und sich die Geschmacksstoffe konzentrieren. Eine stark eingekochte Sauce wird auch als Reduktion bezeichnet (lat. „reducere" = „zurückführen").

REFORMHÄUSER

Wenn man so will eine Art Vorläufer (zumindest gedanklich) der Bio- und Naturkostläden, die den klassischen Reformhäusern in Teilbereichen mittlerweile ein wenig den Rang abgelaufen haben. Die Grundausrichtung unter dem Schlagwort „zurück zur Natur" ist jedenfals die gleiche; in den Reformhäusern wird sie mit der angebotenen Produktpalette nur noch ganzheitlicher umgesetzt, und das bereits seit rund 120 Jahren. Als das erste deutsche Reformhaus gilt die „Gesundheitszentrale", die ein gewisser Carl Braun 1887 in Berlin eröffnete. Das erste Reformhaus, das auch so hieß, entstand im Jahre 1900 in Wuppertal. Neben Lebensmitteln aus ökologischer oder zumindest naturnaher Produktion umfasst das Angebot in den Regalen der Reformhäuser vor allem Naturheilmittel, Präparate zur Nahrungsergänzung, Naturkosmetik und bisweilen (nach alter Tradition) sogar bequeme natürliche Kleidung. Die angebotenen Lebensmittel müssen nicht zwangsläufig ▶ Bio sein; im Reformhaus stehen der gesundheitliche und ernährungsphy-

Schon gewusst?

Die Entstehung der ▶ Reformhäuser geht letztlich auf die sogenannte „Lebensreform" zurück, eine Ende des 19. Jh. von Deutschland und der Schweiz ausgehende geistige Strömung, die eine naturnahe, gesunde und vegetarische Lebensweise propagierte. Sie setzte schon damals der Industrialisierung mit ihren negativen Begleiterscheinungen und den sich verändernden Lebensgewohnheiten u. a. ökologische Landwirtschaft, vollwertige Ernährung, natürliche Heilmittel und Bewegung in der Natur entgegen.

siologische Wert an erster Stelle. Auch werden keine frischen Produkte angeboten – ein weiterer Unterschied zu Bioläden – und ist die Ausrichtung vegetarisch.

REGENSBURGER
Kurze dicke Brühwürste aus feinem oder grobem Rind- und Schweinefleischbrät, die leicht geräuchert sind. Erstmals hergestellt wurden sie in der zweiten Hälfte des 19. Jh. in der Stadt Regensburg, Hauptstadt des bayerischen Regierungsbezirks Oberpfalz und Bischofssitz an der Donau, von der sie auch ihren Namen haben. Regensburger können warm mit Senf und Sauerkraut oder nur Brot gegessen werden, eignen sich aber auch sehr gut für ▸ Wurstsalat.

REGINA
Populäre italienische Garnitur aus mit Risotto und Parmesan gefüllten Tomaten und geröstetem Gemüsepaprika, die vor allem mit Fleisch in Madeirasauce kombiniert wird – nicht zu verwechseln mit der Pizza Regina (▸ Pizza).

REGINETTE
am Rand gewellte italienische Bandnudeln (▸ Pasta, ▸ Teigwaren)

REGIONALKÜCHE
Gerichte, die von den verwendeten Zutaten her regionalen Charakter haben und damit typisch für die Gegend sind, aus der sie kommen. Vor allem mit der Rückbesinnung auf regionale und saisonale Produkte in der gehobenen Gastronomie haben auch die Regionalküche und Rezepte aus Omas Küche – teilweise raffiniert verfeinert – eine Renaissance erlebt.

REH
Das in ganz Europa und Kleinasien vom Flachland bis zur alpinen Baumgrenze verbreitete Haar- und Schalenwild ist in Mitteleuropa der häufigste Vertreter der ▸ Hirsche und das beliebteste ▸ Wildbret mit den größten Beständen. Im Gegensatz zu anderen Wildarten hat die Rehpopulation durch die Hege und das Aussterben natürlicher Feinde wie Wolf und Luchs stark zugenommen und sorgen nur noch die Menschen – Jäger und Liebhaber von Wildfleisch – für ihre Reduzierung. Auch die deutlich erhöhten Abschussquoten reichen kaum aus, um die Bestände im Gleichgewicht zu halten. Rehe – die männlichen, Geweih tragenden Tiere werden auch als Bock bezeichnet, die weiblichen als Ricke und die bis 1 Jahr alten Tiere als Kitz – gelten als Feinschmecker unter den Tieren und wählen ihr Fressen sorgfältig aus. Ihre bevorzugte Nahrung sind Pilze, Eicheln, Bucheckern, Laubholzknospen, junge Gräser und Klee. Fein wie die Nahrung ist auch das Fleisch mit seinem unvergleichlichen Wildgeschmack, vorausgesetzt das Reh war nicht älter als 3 Jahre. Grundsätzlich lassen sich alle Stücke küchentechnisch verwerten.
VERWENDUNG: *Als kulinarische Krönung gelten vom Reh Rücken (oft gespickt oder bardiert) bzw. die Medaillons daraus und Keule. Ein zarter Rehrücken (von einem jungen Tier) schmeckt besonders gut zart rosa gebraten, kann aber auch sanft geschmort in einer sämigen Sauce mit Pilzen (am besten Pfifferlinge oder Seitenpilze) auf den Tisch kommen. Passende Beilagen sind Spätzle, Semmelknödel, Rotweinbirnen und Preiselbeeren. Die übrigen Teile (Hals, Schulter, Brust, Rippenbogen) lassen sich zu Rehpfeffer, Koteletts, Rollbraten, Ragouts, Pasteten, Terrinen usw. verarbeiten.*

REHERL ▸ Pfifferlinge

REHOBOAM
eine der ▸ Großflaschen für Wein/Champagner

REHPILZ ▸ Habichtspilz

REHRÜCKEN
1. das kulinarisch feinste Stück vom Reh, veraltet auch Ziemer genannt
2. ein Konditoreiprodukt in Form eines Sandkuchens mit einer Schokoladen-Buttercreme-Füllung, überzogen mit Schokoladenglasur und gespickt mit Mandeln

REIB(E)BROT
geriebenes Weißbrot (▸ Paniermehl)

REIB(E)KÄSE
Sammelbezeichnung für verschiedene Schnitt- und – teilweise lang gereifte – Hartkäse (▸ Kä-

se), die roh kalte oder warme Speisen würzen und verfeinern oder zum Überbacken verwendet werden können. Als der Reibkäse schlechthin gilt der ▸ Parmesan. Weitere gängige Reibkäse sind u. a. die Schnittkäse ▸ Gouda, ▸ Edamer und ▸ Emmentaler sowie die Hartkäse ▸ Pecorino, ▸ Manchego und ▸ Sbrinz.

REIBEKNÖDEL
bayerische Klöße aus geriebenen Kartoffeln (roh oder gekocht) mit eingeweichtem Weißbrot und Salz

REIBEKUCHEN ▸ Kartoffelpuffer

REIBE(R)DATSCHI
▸ Kartoffelpuffer

REIFPILZ
Sehr guter und ergiebiger, aber relativ selten gesammelter Speisepilz, den auch die Maden gerne mögen. Sein charakteristisches Merkmal ist der strohgelbe und mit einem lilagrauen Reif bedeckte Hut. Der Reifpilz wächst in Mittel- und Nordeuropa – vom Flachland bis ins Hochgebirge und von Juli bis Oktober – vor allem in sandigen Fichten- und Kiefernwäldern.

REINDLROSTBRATEN
(Reinbraten)
in einer kleinen, flachen Kasserolle (dem Reindl) und nach verschiedenen Rezepten zubereiteter österreichischer ▸ Rostbraten

REINECLAUDEN
(Renekloden, Ringlotten)

Wie ▸ Mirabellen und ▸ Zwetschgen eine Unterart der ▸ Pflaumen, die sich ebenfalls unter das ▸ Steinobst einreiht. Die gelben bis grünen, manchmal auch roten Reineclauden wachsen vor allem in Mitteleuropa an frostharten Bäumen und Sträuchern. Sie erreichen zur Reife Mitte August je nach Sorte 3–7 cm Durchmesser. Das hellgrüne Fruchtfleisch mit dem Kern in der Mitte ist aromatisch, würzig und meist sehr süß. Neben dem Direktverzehr eignen sich die saftigen Früchte besonders für die Herstellung von Konfitüre.

SCHON GEWUSST?

Um 1800 wurden die ▸ Reineclauden zufällig als Sämling auf einem Landgut in der Franche-Comté entdeckt. Ihr Name ist Ausdruck der hohen Wertschätzung, die ihr schon damals entgegengebracht wurde: Reineclaude geht auf die französische Königin Claudia oder Reine Claude (1499–1524) zurück, die von 1515 bis zu ihrem Tod das Land regierte.

RE(I)NETTEN
verschiedene Apfelsorten (▸ Äpfel) mit festen, saftigen, schmackhaften und gut lagerfähigen Früchten, besonders gut zum Dünsten, als Füllung usw. geeignet

REINHEITSGEBOT
die älteste noch heute angewendete lebensmittelrechtliche Vorschrift der Welt, im Jahre 1516 in Bayern für ▸ Bier erlassen

REIS
zu den 7 Getreidearten zählendes Korn einer Gattung mit dem botanischen Namen Oryza aus der Familie der Süßgräser (▸ Seite 460)

REISBOHNE
(orientalische Bohne)
Bohnenart (▸ Bohnen)

REISBRANNTWEIN ▸ Arrak

REISESSIG
Besonders milder Essig, der aus ▸ Reiswein hergestellt wird und in Asien als Speisewürze beliebt ist. Die Japaner würzen damit z. B. den Reis für ▸ Sushi und Suppen, in China wird u. a. die Peking-Ente mit Reisessig gebeizt. Außerdem dient er zum Marinieren von Geflügel, Fisch, Gemüse und anderen „Rohstoffen“.

REISFLEISCH
Typische Spezialität der österreichisch-ungarischen Küche, deren Herkunft aber nicht gesichert ist. Die Hauptzutaten sind Langkornreis und Schweinefleisch meist von der Schulter (seltener auch Kalbfleisch) mit Wasser oder Brühe, Öl oder Schmalz, Tomatenmark, Paprikapulver, Kümmel, Salz und Pfeffer. Angerichtet wird das Reisfleisch mit geriebenem Käse.

Reis: Grundnahrungsmittel Nr. 1

Das möglicherweise älteste und weltweit ganz sicher wichtigste Grundnahrungsmittel überhaupt, von dem sich mehr als die Hälfte der Menschheit ernährt: Kein Wunder also, dass der Reis bereits in den indischen Veden, den heiligen Schriften des Hinduismus, als „Erhalter der Menschheit" gepriesen wurde und dass in vielen asiatischen Sprachen und Dialekten das jeweilige Wort für Reis gleichgesetzt wird mit „Nahrung" oder „Landwirtschaft" bzw. dass „essen" und „Reis essen" die gleiche Bedeutung haben.

150 KG REIS PRO KOPF UND JAHR

Es gibt Hinweise, dass Reis bereits vor 10 000–11 000 Jahren in seiner vermutlichen Heimat China – mit annähernd 30 % der weltweiten Produktion auch heute noch das Zentrum des Reisanbaus – kultiviert wurde. Rund 90 % der Welternte von über 600 Mio. Tonnen kommen aus Asien, die restlichen 10 % u. a. aus den USA und Europa (Griechenland, Italien, Frankreich und Spanien). Mehr als drei Viertel der Reiserzeugung wandern in die Kochtöpfe der Asiaten, die pro Kopf und Jahr rund 150 kg Reis vertilgen. Zum Vergleich: In den USA sind es 11 kg, in Deutschland dagegen nur knapp 3 kg.

80% „SUMPFREIS"

Am liebsten mag die Reispflanze das feuchte und heiße tropische Klima, in dem bis zu 3 Ernten pro Jahr möglich sein können. Die traditionelle Anbau- und Erntemethode, der so genannte Nassreisanbau, ist bis einschließlich der Ernte mühsame Handarbeit in mehreren Schritten, verbunden mit härtesten Bedingungen für die Landarbeiter, inklusive der Überflutung der Felder während der Wachstums- und Reifzeit der Setzlinge und der Trockenlegung nach 4–6 Monaten.

Rund 80 % der weltweiten Produktion sind noch heute Sumpf- oder Wasserreis. Die verbleibenden 20 % sind mehr oder weniger „trocken" angebauter Berg-, Land- oder Trockenreis. Maschinell angebaut wird Reis in Südeuropa und vor allem in den USA, wo er mit Hilfe von Flugzeugen auf leicht gefluteten Feldern ausgesät und später nach dem Trocknen mit Mähdreschern geerntet wird.

DIE 4 HAUPTARTEN

Hauptsächlich unterscheidet man 4 große Sortengruppen beim Reis, 3 „echte" (als botanische Unterarten der wichtigsten Art Oryza sativa) und 1 „falsche". Der in den tropischen Regionen am stärksten verbreitete *Langkornreis* (Unterart „indica") hat ein längliches und schmales Korn von 6–8 mm Länge, das auch gegart locker und körnig bleibt. Dies gilt mit Einschränkungen auch für die kleinste Gruppe mit einem dicken und breiten Korn von 5–6 mm Länge, den *Mittelkornreis* (Unterart „javanica"), der aber beim Abkühlen gerne etwas zusammenklebt. Der nur 4–5 mm lange und im Verhältnis relativ dicke *Rundkornreis* (Unterart „japonica", auch Kurzkornreis) schließlich wird beim Kochen durch seinen höheren Stärkegehalt meist klebrig – er ist der typische Klebreis. Bleibt noch als vierte Art der sogenannte ▸ *Wildreis*, der handelsüblich zwar zu den Reisarten gezählt wird, botanisch aber einer anderen „Fraktion" angehört.

Außerdem können die Reisarten nach der Stufe bzw. Art der Verarbeitung unterschieden werden. Sogenannter Cargoreis ist zwar im Gegensatz zum Rohreis oder Paddyreis bereits von den Spelzen befreit, aber noch von dem meist bräunlichen Silberhäutchen umgeben, in dem besonders viele Nährstoffe sitzen. Er wird deshalb auch als Brauner Reis, Natur- oder Vollkornreis bezeichnet. Beim Polieren und der Weiterverarbeitung zum Weißen Reis gehen Mineralstoffe und Vitamine dagegen verloren. Verhindert wird dies durch das sogenannte Parboiled-Verfahren, bei dem die Nährstoffe unter großem Druck vor dem Polieren in das Korn hineingepresst werden.

STÄBCHENTAUGLICH

Wenn die Reiskörner beim Kochen total miteinander verkleben, so ist das nicht unbedingt ein böser Fauxpas des

Kochs. Besonders in Asien ist dieser Effekt oft erwünscht und so gibt es sogar spezielle Reissorten, die sich durch einen höheren Gehalt an Stärke auszeichnen und bei denen er besonders stark ist. Erst dadurch wird der Reis für Chinesen, Japaner und andere Asiaten so richtig „stäbchentauglich“.

REISSORTEN

Die Zahl der unterschiedlichen Reisarten wird weltweit auf 7000–10 000 geschätzt, Reissorten soll es sage und schreibe rund 120 000 geben. Einige wenige besonders wichtige sind nachfolgend kurz beschrieben.

Arborio: Italienischer Rundkornreis, der vor allem im Piemont (in der Po-Ebene) angebaut wird, und die klassische Reissorte für ▸ Risotto ist. Er hat die Fähigkeit, viel Flüssigkeit aufzusaugen ohne dabei breiig zu werden.

Basmatireis: Besonders aromatischer und feiner Langkornreis, dessen Name frei aus dem Indischen übersetzt „der Duftende“ bedeutet. Er wird am Fuße des Himalaja angebaut.

Carnaroli: Gilt als der beste italienische Langkornreis und bleibt beim langsamen Garen wunderbar körnig und locker.

Carolina: In Nordamerika besonders verbreiteter Langkornreis, der sich durch eine hohe Qualität auszeichnet.

Duftreis (Jasminreis, Siamreis): Vor allem in Thailand, Vietnam, Laos und auch Italien angebauter Langkornreis von ausgezeichneter Qualität, der sehr aromatisch ist und beim Kochen einen leichten Jasminduft entfaltet.

Patnareis: Besonders bekannter und beliebter Langkornreis, der ursprünglich nur aus der geichnamigen indischen Stadt kam, heute aber weltweit angebaut wird.

Roter Reis (Camarguereis): Naturreis mit charakteristischer rotbrauner Außenhaut, der aus Indien stammt und seit den 1980er Jahren in Europa vor allem in der französischen Camargue angebaut wird.

ZUBEREITUNG

Fast schon zur küchentechnischen Glaubensfrage hochstilisiert wird bisweilen die „richtige“ Zubereitung von Reis: Waschen oder nicht, in Butter kurz andünsten oder nicht, im kalten Wasser aufsetzen oder erst dazugeben wenn das Wasser kocht – diese und andere Fragen werden oft unterschiedlich beantwortet und viele Köche haben ihre speziellen Tricks.

Grundsätzlich kann Reis auf verschiedene Arten zubereitet werden (vor allem Kochen, Dämpfen und Garen in Fett) und kann man mit allen Methoden ein gutes Ergebnis erzielen – sofern man die speziellen „Bedürfnisse“ der unterschiedlichen Reissorten und die Eigenheiten des jeweiligen Gerichts beachtet.

VERWENDUNG

Geradezu unerschöpflich sind die Verwendungsmöglichkeiten von Reis. Während er bei uns meist als Beilage zu Speisen aller Art gereicht wird, stellt er vor allem in Asien das Hauptgericht selbst dar, das mit den unterschiedlichsten Zutaten und einer Vielzahl von Variationen auf den Tisch kommt. Absolute Reisklassiker sind die indischen ▸ Currys, das indonesische ▸ Bami Goreng und natürlich die ▸ Reistafel, die chinesischen Entengerichte, die stets mit Reis auf den Tisch kommen, die japanischen ▸ Sushi, das italienische ▸ Risotto oder die spanische ▸ Paella. Außerdem wird Reis zu verschiedenen Produkten wie z. B. ▸ Reiswein, ▸ Reisessig, ▸ Reismehl oder ▸ Reisnudeln verarbeitet.

REISFLOCKEN
Kochfertiges Nährmittel aus Reiskörnern, die auf beheizten Walzen zu sehr dünnen Flocken gepresst werden und vor allem zu Kindernahrung und zu ▸ Müsli verarbeitet werden.

REISMEHL
Feines weißes Mehl aus Langkornreis, das vor allem als Bindemittel dient. Zum Backen kann Reismehl dagegen gar nicht und oder nur sehr bedingt und in Mischung mit anderen Mehlarten verwendet werden, weil es kein Klebereiweiß (▸ Gluten) enthält. Andererseits ist es eine Alternative für Menschen mit einer Glutenunverträglichkeit.

REISNUDELN
Aus ▸ Reismehl hergestellte ▸ Nudeln, die dünn wie Spaghetti oder breiter wie Bandnudeln sein können. Vor allem in den Küchen Chinas und Südostasiens sind Reisnudeln Beilage zu einer Vielzahl von Gerichten, in Suppen oder gebraten. Sie müssen stets einige Minuten in kochendem Wasser eingeweicht werden.

REISPAPIER
Es hat nichts mit dem Getreide Reis und mit echtem Papier zu tun, sondern wird aus dem Mark der Zweige des sogenannten Reispapierbaumes aus der botanischen Familie der Araliengewächse hergestellt. Der ursprünglich aus Sumpfwäldern kommende Baum wird u. a. in Japan, China und Taiwan angebaut. Neben der Verwendung des papierähnlichen Materials z. B. für die Aquarellmalerei, künstliche Blumen oder auch für Trennwände im Wohnbereich können verschiedene essbare Sorten auch in der Küche verwertet werden, so z. B. als Hülle für ▸ Frühlingsrollen oder Teigtaschen.

REISTAFEL
In seiner Heimat Indonesien ein traditionelles und geselliges Schlemmeressen, für das man sich den ganzen Abend Zeit nimmt und bei dem die ganze Vielfalt der indonesischen Küche aufgetischt wird – folglich auch der Stolz jedes Kochs und jeder Köchin. Im Mittelpunkt der Tafel stehen – je nach Teilnehmerzahl – eine oder mehrere große Schüsseln mit körnig gekochtem und ungewürztem Langkornreis sowie jede Menge Schälchen mit pikanten Saucen und köstlichen Kleinigkeiten, u. a. verschiedene Arten von ▸ Chutney und ▸ Sambal, ▸ Mixed Pickles, geröstete Kokosraspeln und Erdnüsse, Kroepoek (▸ Krabbenchips), gekochte und scharfe Eier. Bei einer richtigen Reistafel werden außerdem mindestens 2 und bis zu 20 oder mehr warme Gerichte aufgetragen. Sie beginnt stets mit einer exotisch gewürzten Curry- bzw. Gemüsesuppe. Weitere klassische Gerichte der Reistafel sind ▸ Frühlingsrollen, gebackene Garnelen, ▸ Satay, Curryhähnchen, gebratener Fisch, gedünstetes Gemüse usw. Dazu werden oft noch exotische Früchte gereicht.

SCHON GEWUSST?

Der Name ▸ Reistafel stammt noch aus der Zeit, als Indonesien holländische Kolonie war (von Anfang des 17. bis ins 20. Jh. hinein) und die Kolonialherrn dort gerne üppige Bankette abhielten. Besonders große Reistafeln mit teils 30–40 verschiedenen Gerichten gibt es auch heute noch, dann meist zu religiösen Festlichkeiten oder auch zum Ende der Regenzeit.

REISWEIN
Reis, Wasser und Hefe sind die Grundzutaten für dieses japanische Gärungsgetränk, das zwar Reiswein heißt, in seinem Herstellungsverfahren dem ▸ Bier aber ähnlicher ist als Wein. Besser bekannt ist es meist als ▸ Sake, eine süße Variante heißt ▸ Mirin.

REIZKER
Mehrere Pilzarten aus der Gattung ▸ Milchlinge mit zwei sehr guten Speisepilzen, dem Edelreizker (auch Echter Reizker) und dem Kiefernreizker. Ihr charakteristisches Merkmal ist – wie bei allen Milchlingen – die wässrige, orange- bis weinrote Milch, die an Verletzungsstellen austritt. Beide sind Mykorrhiza-Pilze der Kiefer, wachsen also in Symbiose mit deren Feinwurzelsystem. Reizker sind in unseren Wäldern von August bis Oktober zu finden und eignen sich am besten zum Braten.

RELISH

Sozusagen die englische Version von ▸ Sambal oder ▸ Chutney: Relish (zu Deutsch „Würze") ist eine milde süßsaure bis pikant scharfe Würzsauce aus fein gehacktem Obst oder Gemüse, Essig, Zucker und Gewürzen (oft mit Chilis oder Cayennepfeffer). Im Handel gibt es Relish in vielerlei Variationen fertig zu kaufen. Es gehört ebenso zum Barbecue, wie es asiatische Gerichte (z. B. Currys), rohes Gemüse oder kaltes Fleisch begleitet. Eine besondere Art ist das ▸ Gentleman's Relish.

REMOULADE(NSAUCE)

(Sauce rémoulade)

Auch als Fertigprodukt erhältlich ist diese besonders gehaltvolle ▸ Mayonnaise, die zusätzlich mit Kräutern, Kapern, Senf, klein geschnittenen Essiggurken, fein gehackten Sardellenfilets und hart gekochtem Eigelb angereichert wird. Remouladensauce ist u. a. eine gute Begleiterin von kaltem Fleisch bzw. Braten (auch ▸ Roastbeef), Sülze, Geflügel und Gemüse, aber auch von paniertem Fisch, Krustentieren oder ▸ Tafelspitz.

RENKEN

(Felchen, Maränen)

Die artenreichste Gattung innerhalb der Familie der Forellen- und Süßwasserfische (▸ Fische) bevölkert vor allem tiefere Seen und größere Flüsse in Nord-, Mittel- und Osteuropa, Sibirien und im Norden des nordamerikanischen Kontinents. Besonders bekannte und als Speisefische geschätzte Vertreter der Renken sind ▸ Blaufelchen und Edelmaräne. Sie zählen beide zu den Schwebrenken, die ihre Nahrung im freien Wasser aufnehmen, im Gegensatz zu den auf dem Grund der Gewässer lebenden und nach Nahrung suchenden Bodenrenken.

VERWENDUNG: *Die fettarmen Renken können im Prinzip wie Forellen zubereitet werden und eignen sich zum Braten, Backen, Kochen und Dünsten. Geräuchert werden sie dagegen seltener.*

REN(TIER)

Im Gegensatz zu einigen „Artgenossen" ist der Hirsch des Nordens mit 90–140 cm Schulterhöhe und 120–220 cm Länge (bei einem Gewicht von 60–300 kg) relativ klein gewachsen; die Tiere beiderlei Geschlechts tragen ein Geweih. Das Rentier ist als weitere Besonderheit der einzige Vertreter der zoologischen Familie der Hirsche, der schon vor Jahrtausenden in großem Stil domestiziert wurde. Schon immer schätzten die Menschen den fein-würzigen und wildähnlichen, bei gefütterten Tieren etwas süßlicheren Geschmack des Rentierfleisches. Einst war das Ren auch in gemäßigten Klimazonen verbreitet, heute aber ist es ein arktisches Tier in Eurasien und Nordamerika sowie in Grönland. Dabei unternehmen die Herdentiere – um dem arktischen Winter zu entgehen – große Wanderungen über Strecken von bis zu 5000 km. Eine Herde kann aus 100 000 und mehr Tieren bestehen, die größte in Alaska soll rund 500 000 Tiere zählen.

VERWENDUNG: *Beim Ren kann das ganze Tier kulinarisch verwertet werden, wobei die besten Stücke Rücken (auch als Steaks) und Keulen sind. In Rotwein und mit Wacholderbeeren mariniert, kommt der ausgeprägte Eigengeschmack des Fleisches, das kaum Gewürze braucht, am besten zur Geltung. Als Delikatessen gelten Rückenmark, geräucherte Zunge und Rentatar. Der Schinken ist luftgetrocknet oder geräuchert ein Genuss.*

RESERVA

Zweithöchste Qualitätsstufe für spanischen ▸ Wein mit klarer gesetzlicher Vorgabe: Ein als Reserva gekennzeichneter Rotwein muss mindestens 36 Monate gelagert und gereift sein, bevor er das Weingut verlassen und in den Handel kommen darf. Mindestens 12 Monate davon muss er im kleinen Eichenholzfass (▸ Barrique) zugebracht haben (siehe auch ▸ Gran Reserva und ▸ Crianza).

RESTAURANT

Vom einfachen Wirtshaus bis zum Gourmettempel mit Michelin-Sternen, in jedem Fall ein Ort leiblicher Genüsse, an dem der Gast neben Getränken auch eine Auswahl von Speisen angeboten bekommt und verzehren kann. Das erste Restaurant im heutigen Sinne eröffnete vermutlich 1765 ein Pariser Suppenkoch namens Boulanger, der sich damals gegen den erklärten Widerstand der Zunft der Köche.

die Genehmigung erstritt, in seiner Suppenküche auch kleine Gerichte anzubieten. In der 1782 ebenfalls in Paris aufgemachten „La Grande Taverne de Londres" konnten die Gäste dann erstmals an Einzeltischen tafeln – und dieses Beispiel machte schnell Schule.

Schon gewusst?

Ursprünglich wurden als Restaurants nicht die Gaststätten bezeichnet, sondern stärkende Suppen und Brühen (Bouillon) – analog leitet sich der Ausdruck ▸ Restaurant vom französischen „restaurer" = (sich) „stärken" ab. Erst im Laufe der Zeit wurde Restaurant dann auf den Ort der Bewirtung übertragen.

RESTAURANTFÜHRER

Für viele Restaurants ein Segen (bei guten Bewertungen), für andere ein Fluch, wenn es schlechte Kritiken gibt, und für Feinschmecker eine nützliche Informationsquelle – wenn auch nicht immer objektiv und verlässlich, was in der Natur der Sache liegt. Viel hängt dabei von der Tagesform ab, sowohl bei den Testessern als auch bei den Küchen der 1–2-mal im Jahr bewerteten Restaurants. Zu den beschreibenden und kommentierenden Texten dekorieren die bekannten Restaurantführer Küchen- und Serviceleistungen sowie die Weinauswahl mit Sternen, Kochlöffeln, Hauben, Punkten und Noten. Als die „Bibel" für Gourmets gilt vielfach noch immer der ▸ Michelin, andere populäre Restaurantführer sind z. B. Gault Millau, Varta, Aral Schlemmeratlas und Feinschmecker.

RESTZUCKER

(Restsüße)

Restmenge an Zucker, die im ▸ Wein nach dem natürlichen Ende (wenn der Hefe die Kraft ausgegangen ist) bzw. dem gezielten Abstoppen der ▸ Gärung zurückbleibt. Um den Gärungsdrang der Hefen abzutöten und Weine mit höherem Restzucker und süßerem Geschmack herzustellen, stehen dem Winzer bzw. Kellermeister heute mehrere kellertechnische Verfahren wie Kühlung, Filtrieren oder auch das Versetzen mit hochprozentigem Alkohol (für ▸ Likörweine) zur Verfügung. Nicht zu verwechseln ist Restsüße mit der ▸ Süßreserve.

RETSINA

Griechische Weinspezialität (▸ Wein), die ihren besonderen Charakter der speziellen Machart verdankt: Während der Gärung wird dem Retsina Harz der Aleppo-Kiefer zugesetzt. Dieses wird zwar beim Schönen und Filtrieren wieder aus dem Wein entfernt, doch hinterlässt es in dem meist weißen Wein sein typisch harziges Aroma. Der Anteil von Retsina an der griechischen Weinproduktion beträgt rund 10 %.

RETTICH

(Bierrettich, -wurzel, Radi)

Der bayerische „Radi" ist eine alte Kultur- und Gemüsepflanze und eine Gattung aus der botanischen Familie der Kreuzblütengewächse, von der einige Arten eine rübenartig verdickte Wurzel ausbilden. Auch der Name leitet sich von lat. „radix" = „Wurzel" ab. Die kugel- oder spindelförmigen Knollen kommen saisonabhängig vor allem als Sommer- und Winterrettich ganz weiß, grau, rötlich, braun oder gar schwarz (in der schärfsten Variante) in den Handel. Der kalorienarme, wasserreiche Rettich hat einen charakteristisch würzig-scharfen bis brennenden Geschmack. Der extreme Gaumen- und Nasenreiz wird vom hohen Gehalt an ätherischen Senfölen verursacht.

VERWENDUNG: *Rettich kann gedünstet und gekocht werden, das macht ihn zu einem pikanten Gemüse. Er ist eine Bereicherung in Suppen oder (meist geraspelt) Salaten. Besonders beliebt ist er aber als Rohkost und typisch bayerische Brotzeit zum Bier, nur mit Salz gewürzt. Dazu wird er in Scheiben oder mit einer speziellen Technik in dekorative Spiralen geschnitten.*

RETTICHGRÜN ▸ Daikonkers

REVENIEREN

Ein Fleischstück (auch Fisch und Gemüse) schnell und scharf anbraten, damit sich die Poren schließen und kein Saft verloren geht (frz. „revenir" = „wiederkommen", „zurückkehren")

REZEPT

Ursprünglich (bis ins 17. Jh.) die nur im medizinischen Sinne verwendete Anweisung des Arztes an den Apotheker, wie er eine Arznei –

bezüglich der Ausgangsstoffe und ihrer Zusammensetzung – zu mischen hatte. Im 18. Jh. wurde der Begriff auf die Speisenzubereitung übertragen und heute setzen sich Kochrezepte, die es in unzähligen Varianten gibt und die Abertausende von Kochbüchern füllen, aus der detaillierten Zutaten- und damit zugleich Einkaufsliste und einer genauen Zubereitungsanleitung zusammen.

RHABARBER

Botanisch zählen die langen und dick-kantigen Stängel einer Kulturpflanze aus der botanischen Familie der Knöterichgewächse zum Gemüse, gegessen werden sie aber meist als Obst. Als solches wurde der Rhabarber erst vor rund 250 Jahren in England entdeckt. Bis dahin hatte er – erstmals um 2700 v. Chr. dokumentiert – ausschließlich als Arznei- und Zierpflanze gedient. In den Obst- und Gemüsehandel kommen die Stiele des Rhabarber, der 1–3 m hoch werden kann, ohne die Blätter, die aufgrund ihres hohen Gehaltes an Oxalsäure giftig sind.

Schon gewusst?

Die im ▸ Rhabarber enthaltene Oxalsäure greift den Zahnschmelz an. Dieser Effekt wird noch verstärkt wenn man ihn in Kombination mit Milchprodukten isst. Die Oxalsäure ist auch der Grund, dass Rhabarber früh zwischen April und Mitte Juni geerntet werden muss, denn ab diesem Zeitpunkt beginnt ihre Konzentration mit zunehmender Reife auch in den Stielen in gesundheitlich bedenkliche Höhen anzusteigen.

Der eigenwillige Geschmack von Rhabarber ist sauer und herb, besonders wenn er grün ist; ein roter Stiel und rotes Stängelfleisch signalisieren mildere Sorten. Etwas Zucker lässt das Aroma von Rhabarber aufblühen.

VERWENDUNG

Rhabarber wird meistens wie Obst zubereitet. Besonders gut schmeckt er als Kompott; dazu wird er in kurze Stücke geschnitten kurz aufgekocht bzw. im eigenen Saft leicht gedünstet. Auch als Kuchenbelag erfreut er sich großer Beliebtheit, außerdem kann er zu Konfitüre und Saft verarbeitet werden.

RHEINGAU

Mit nur rund 3200 ha eines der kleinen deutschen Weinanbaugebiete (▸ Wein), das qualitativ aber zu den führenden Regionen zählt. Dafür bürgt allein schon der extrem hohe Riesling-Anteil (knapp 80 %). Der Rheingau erstreckt sich vom Untermain östlich Wiesbaden über rund 50 km entlang des rechten Rheinufers bis nördlich von Rüdesheim. Er ist unterteilt in 11 Großlagen und 120 Einzellagen mit bekannten Namen wie Höllenberg in Assmannshausen, Nussbrunnen in Hattenheim oder Jesuitengarten in Oestrich-Winkel.

RHEINHESSEN

Das auch als „Land der 1000 Hügel" bezeichnete größte deutsche Weinanbaugebiet (▸ Wein), in dem rund 26 300 ha unter Reben stehen. Es erstreckt sich am linken Ufer des Rheinknies im Viereck zwischen Bingen, Mainz, Worms und Alzey. Rheinhessen ist in 24 Großlagen und 442 Einzellagen untergliedert. Berühmte Einzellagen sind u. a. Ölberg in Nierstein, Scharlachberg in Bingen sowie Kirchspiel und Morstein in Westhofen.

RHEINISCHER ROSTBRATEN

traditioneller ▸ Rostbraten mit Kartoffelscheiben in einer Sauce aus Bouillon, fein gehackten Zwiebeln und pürierten Tomaten, gewürzt mit Majoran und Kümmel

RHEINISCHER SALAT

„fleischig-fischiger" Salat mit Würfeln von gebratenem Kalbfleisch, Pökelzunge, gekochtem Schinken, Cervelatwurst, Salzheringen, Sardellen, Äpfeln, Senfgurken, Champignons und gehackten Zwiebeln in Mayonnaise mit Heringsmilch, Senf, Rotwein, Salz und Pfeffer

RHEINISCHER SAUERBRATEN

Traditioneller ▸ Sauerbraten, der ursprünglich aus Pferdefleisch zubereitet wurde, heute aber meist aus Rindfleisch. Dieses wird mehrere Ta-

ge lang in einer Marinade aus Essig, Rotwein, Suppengrün und Gewürzen (u. a. Wacholderbeeren, Lorbeerblätter, Nelken, Pfeffer- und Senfkörner) eingelegt, damit es mürber wird. In die Sauce kommen Rosinen und/oder andere Süßungsmittel wie Aachener Printen, Lebkuchen oder Pumpernickel, die auch als Bindemittel dienen. Als klassische Beigaben werden Kartoffelklöße (auch Salzkartoffeln oder Nudeln) und Apfelmus oder Rotkohl gereicht.

RHEINISCHES WEINKRAUT
mildes ▸ Sauerkraut mit in Schweineschmalz angedünsteten gehackten Zwiebeln, Weißwein, geriebenen säuerlichen Äpfeln, Wacholderbeeren, Schweinefleisch, durchwachsenem Speck

RHEINRIESLING
früher verbreiteter und manchmal auch noch heute in Österreich verwendeter Name für die deutsche Rebsorte ▸ Riesling und ihre klare Differenzierung vom nicht verwandten österreichischen ▸ Welschriesling

RHIZOM
Botanische Bezeichnung für einen dicht unter (selten auch über) der Erde wachsenden Spross mit Wurzeln, der in der Gärtnersprache auch als Wurzelstock bezeichnet wird. Essbare Rhizome sind u. a. ▸ Ingwer und ▸ Kurkuma.

RHÔNE
Bekannte französische Weinregion (▸ Wein), die sich entlang des gleichnamigen Stroms (mit Nebenflüssen) ab Lyon über rund 200 km in Nord-Süd-Richtung bis Avignon erstreckt. Das rund 60 000 ha große Anbaugebiet, in dem überwiegend Rotwein erzeugt wird, ist unterteilt in zwei Bereiche: An der nördlichen Rhône (zwischen Vienne und Valence) ist ▸ Syrah die dominierende Rebsorte und liefert berühmte Weine wie Côte Rotie, Hermitage oder Cornas, während im südlichen Abschnitt (zwischen Montélimar und Avignon) ▸ Grenache die wichtigste Rebsorte unter den 21 zugelassenen ist. Von der südlichen Rhône kommt u. a. der berühmte Châteauneuf-du-Pape, eine andere bekannte Appellation ist Gigondas. Die größte Fläche nimmt aber die Appellation Côtes du Rhône (mit der höheren Klasse Villages) ein.

RIBERA DEL DUERO
Nordspanisches Weinanbaugebiet (▸ Wein) in der Region Kastilien-León, das mittlerweile international einen ähnlich guten Ruf wie z. B. ▸ Rioja genießt. Die rund 18 500 ha Rebfläche erstrecken sich auf über 100 km entlang des gleichnamigen Flusses, der bald danach die portugiesische Grenze passiert und dann als Douro (Heimat des ▸ Portwein) weiter in Richtung Atlantik fließt. Wichtigste Rebsorten sind die roten ▸ Tempranillo und ▸ Garnacha, es werden aber auch französische Rebsorten wie ▸ Cabernet Sauvignon und ▸ Merlot angebaut.

RIBIS(E)LN ▸ Rote Johannisbeeren

RIBOLLA
Autochthone weiße Rebsorte und eine besondere Spezialität im Weinanbaugebiet (▸ Wein) ▸ Friaul im Nordosten Italiens, wo sie sehr blumige Weine mit kräftiger aber feiner Säurestruktur hervorbringt.

RICARD
Markenname eines bekannten französischen ▸ Pastis (▸ Anisée), der erstmals 1932 in Marseille produziert wurde. Benannt ist er nach seinem Erfinder Paul Ricard (1909–1997), Unternehmer und Gründer der gleichnamigen Firma, die 1975 mit Pernod fusionierte.

RICKE
das ausgewachsene weibliche ▸ Reh

RICOTTA

Leicht krümeliger, kaum süßer italienischer Frischkäse mit bis zu 30 % Fett i. Tr., der aus Süßmolke hergestellt wird und damit unter die Kategorie ▸ Zigerkäse fällt. Die bei der Hartkäse-Produktion übrig gebliebene Molke wird dabei nochmals aufgekocht (ital. „Ricotta“ = „die Wiedergekochte“). Ricotta ist also eine Art Restverwertung oder Nebenprodukt, allerdings ein sehr beliebtes und vielseitig verwendbares. Im Handel gibt es Ricotta in einer milderen und süßlicheren sowie einer salzigeren Variante, denn sie kann sowohl für pikante Gerichte wie auch für Süßspeisen verwendet werden.

VERWENDUNG: *Zusammen mit anderen Zutaten (z. B. Spinat) füllt die Ricotta ▸ Pasta, ▸ Ravioli, ▸ Canelloni oder ▸ Pfannkuchen. Sie lässt sich in vielen anderen Füllungen verarbeiten und auf der Pizza den Käse ersetzen. Ihre süße Seite zeigt die Ricotta z. B. als Kuchenbelag und in cremigen Desserts. Im Zweifelsfall genügen etwas süßende Zutaten (wie Konfitüre oder Marsala) und sie wird selbst zum schnellen Nachtisch.*

RI(E)BELE
schwäbische Nudelteigbröckchen in Graupengröße als Suppeneinlage

RIESENBOVIST
(Riesenstäubling)
Im Gegensatz zu vielen anderen seiner Artgenossen, bei denen es ein geschultes Auge braucht, um sie zu entdecken, ist dieser auf Wiesen wachsende Speisepilz kaum zu übersehen. Zum Blickfang und praktisch unverwechselbar macht ihn sein ungewöhnlich großer Fruchtkörper von 10–50 cm Durchmesser. Jung sind Riesenboviste durch und durch weiß, alt wird die Haut grau- bis dunkelbraun und das Fruchtfleisch olivbraun, pulvrig und ungenießbar. Mit rund 7 000 000 000 000 Sporen in jedem Fruchtkörper ist der Riesenbovist der vermutlich fruchtbarste Pilz überhaupt. Er wächst von Juni bis September bevorzugt auf Wiesen, Weiden und in lichten Wäldern.

VERWENDUNG: *Junge, noch weiße Riesenboviste gelten als sehr gute Speisepilze. Pilzkenner bereiten sie besonders gerne in Scheiben geschnitten wie ▸ Wiener Schnitzel (also paniert) zu.*

RIESENGARNELEN ▸ Geißelgarnelen

RIESENORANGEN ▸ Pampelmusen

RIESENSCHIRMPILZ ▸ Parasol

RIESENTRICHTERLING ▸ Mönchskopf

RIESLANER
Eine nur noch vereinzelt angebaute deutsche Weißwein-Rebsorte (▸ Wein), die im Jahre 1921 aus den Eltern ▸ Silvaner und ▸ Riesling gekreuzt wurde. Ganze 60 ha sind noch in ▸ Franken, ▸ Pfalz und ▸ Rheinhessen damit bepflanzt. Zur vollen Entfaltung ihrer an sich hohen Qualität benötigt die Rebsorte hervorragende Lagen, doch es ist ihr Schicksal, dass dort meist anderen, populäreren Trauben (vor allem Riesling) der Vorzug gegeben wird.

RIESLING
Die in Deutschland mit über 21 000 ha am häufigsten angebaute aller Rebsorten (▸ Wein) wird von vielen Weinkennern sogar für die beste weiße Traube der Welt gehalten. Auf jeden Fall hat der Riesling eine Reihe von Attributen, die ihn „adeln“: Er erzeugt so viel Aroma und Geschmack bei so moderatem Alkoholgehalt wie keine andere Rebsorte, hat ein außergewöhnlich hohes Alterungspotenzial und deckt die ganze Palette von trocken bis edelsüß mit Spitzengewächsen ab. Das gilt in erster Linie für die Rieslinge aus Deutschland, erstklassige Rieslinge kommen sonst nur noch aus Österreich und dem französischen Elsass.

RIGATONI
Italienische Nudeln (▸ Pasta, ▸ Teigwaren) in Form von dicken, geriffelten und rund 6 cm langen ▸ Makkaroni

RILLETTES
Deftige französische Terrinen aus verschiedenen Fleischarten (meist von Schwein, Ente oder Gans), die eine typische Spezialität der Metzgereien sind und als Vorspeise bzw. Brotaufstrich gegessen werden. Das Fleisch wird zur Herstellung in viel Schmalz und im eigenen Saft unter Zugabe von Gewürzen so weich gekocht, dass man die Stücke zerdrücken kann. Auf diese Art entsteht eine zwar etwas faserige, aber streichfähige Masse, die in Gläser gefüllt und mit einer Fettschicht bedeckt wird. Seltener gibt es auch Fischrillettes.

RIND
Nimmt man alle Verwertungsmöglichkeiten zusammen, so ist das Rind das am besten „ausschlachtbare“ Haustier bzw. Schlachtvieh überhaupt. Alle Teile vom Schwanz bis zur Zunge und sogar das Rindermaul bieten – fachmän-

nisch zerlegt und zubereitet – die unterschiedlichsten Gaumenfreuden und die weiblichen Tiere (Kühe) geben außerdem in riesigen Mengen wertvolle ▸ Milch. Je nach Alter und Geschlecht hat das Rind unterschiedliche Namen. Jungtiere (beiderlei Geschlechts) werden zunächst allgemein als ▸ Kalb bezeichnet, im Alter von 4 Monaten bis zu 1 Jahr heißen sie Fresser. Ein geschlechtsreifes, aber noch junges männliches Rind ist ein Jungbulle, später wird es zum Bullen (auch Farren, Fasel, Stier) und wenn man es kastriert zum Ochsen. Das weibliche Tier ist vor dem ersten Kalben eine Kalbin (auch Färse, Queene, Starke) und danach eine Kuh bzw. eine Milchkuh oder Mutterkuh, wenn sie zur Milch- oder Fleischerzeugung bestimmt ist. Als was auch immer die Tiere zur Schlachtbank geführt werden, am Ende kommen sie entweder als Kalbfleisch oder als Rindfleisch in den Handel. Unter den zahlreichen Rinderrassen, die vom Menschen gezüchtet wurden, ist ▸ Hereford weltweit der wichtigste Rindfleisch-Lieferant. Aufgrund der hervorragenden Fleischqualität besonders geschätzte Rassen sind u. a. ▸ Angus, ▸ Charolais, ▸ Chianina, ▸ Durham, ▸ Galloway oder ▸ Limousin. Den Appetit auf Rindfleisch etwas gedämpft haben verschiedene Fleischskandale und die gefährliche Krankheit BSE. Deshalb kaufen viele Verbraucher heute direkt beim Erzeuger in ihrer Region ein oder nur bei einem Metzger, dessen Quellen sie kennen.

VERWENDUNG

Für Rindfleisch kennen die Küchen in aller Welt unzählige Rezepte und Zubereitungsarten. Allein schon die Klassiker ▸ Rinderfilet (vom ▸ Chateaubriand bis zum ▸ Bœuf Stroganoff) und Rinderbraten lassen sich auf vielerlei Art zubereiten. Unübertroffen in ihrer Art sind auch die verschiedenen Rindersteaks (z.B. ▸ Porterhouse Steak oder ▸ T-Bone-Steak). Weitere besondere Spezialitäten sind u.a. ▸ Ochsenmaul sowie verschiedene Innereien.

SCHON GEWUSST?

Die heutigen Hausrinder (▸ Rind) sind in den allermeisten Fällen Abkömmlinge des Auerochsen (auch kurz als Ur bezeichnet), der in Mitteleuropa vor etwa 250 000 Jahren auftauchte. Möglicherweise bereits im 9. Jahrtausend v. Chr. wurde das Rind vom Menschen domestiziert, zunächst vor allem als Arbeitstier. Heute werden die verschiedenen Rinderrassen speziell auf ihre Verwendung hin gezüchtet.

RINDERFILET
(Lenden-, Lummel-, Lungenbraten)
Das Feinste vom Feinsten unter den Fleischstücken des Rindes ist der lange Muskel auf der inneren Seite des Rinderrückens. Dort sitzt das edelste, zarteste und geschmacklich beste Fleisch, für das man aber auch am meisten Geld ausgeben muss. In der Regel wird Rinderfilet kurz und manchmal sogar extrem kurz (so dass es innen noch blutig bzw. fast roh ist) gebraten (▸ Garstufen).

RINDERROULADE
(Rindsroulade)
Eine besondere „Leibspeise", die traditionell am Sonntag mit Rotkohl sowie Kartoffeln oder Knödeln lauf den Tisch kommt. Zubereitet werden Rinderrouladen aus groß und dünn geschnittenen Scheiben aus der Rinderkeule, die mit Salz, Pfeffer und Senf gewürzt werden. In das angebratene Fleisch werden klassisch Speck (Würfel oder kleine Scheiben), Zwiebeln und Essiggurken eingerollt, doch es gibt viele regionale Variationen. Die Rouladen werden kurz angebraten und dann im Topf oder in einer Form im Backofen geschmort.

RINGKUCHEN ▸ Savarin

RINGLOTTEN ▸ Reineclauden

RIOJA
Auch wenn es bei weitem nicht mehr alleine an der Qualitätsspitze des Landes steht, ist Rioja noch immer das berühmteste und für langlebige Weine bekannte spanische Weinanbaugebiet (▸ Wein) mit eigener DO (kontrollierter Ursprungsbezeichnung) und einer Rebfläche von rund 620 000 ha. Rund 75 % der Weine sind rot, die beiden wichtigsten Rebsorten sind die roten ▸ Tempranillo (mit allein rund 28 000 ha „einsamer" Spitzenreiter) und ▸ Garnacha. Die 3 Unterzonen des Anbaugebietes sind Alta, die als qualitativ führende gilt, Alavesa und Baja.

RIPPCHEN
vor allem in Süddeutschland und Hessen mild gepökeltes Kotelett aus dem Karree oder Nackenstück des Schweins, kalt oder in Fleischbrühe sanft gegart und serviert mit Sauerkraut und Kartoffelpüree

RIPPENSPEER
▸ Kasseler (Rippenspeer)

RIPPENSTÜCK ▸ Kotelett, ▸ Roastbeef

RISERVA
Eine über die normale ▸ DOC oder DOCG hinausgehende Qualitätsbezeichnung für ▸ Wein aus Italien, die allerdings im Gegensatz zur spanischen ▸ Reserva nicht einheitlich für alle Weinbaugebiete des Landes geregelt ist. Üblicherweise verbringt eine Riserva bzw. eine Riserva Speciale als Steigerung eine längere Reifezeit in Holzfass und Flasche.

RISI
kleine und reiskornförmige italienische Nudeln (▸ Pasta, ▸ Teigwaren)

RISIBISI
Eine Variante des ▸ Risotto und ein Klassiker der venezianischen Küche, die einst am St. Markustag auch dem Dogen als erster Gang des Festmahls serviert wurde. Die besonderen Zutaten sind junge grüne Erbsen, Speck, Zwiebeln und Petersilie, manchmal auch noch Pilze (ital. „Risi e bisi" = „Reis und Erbsen").

RISOTTO
Heute weit verbreitetes Reisgericht (▸ Reis), für das man in Italien über 100 verschiedene Rezepte und Zubereitungsarten kennt, ursprünglich aber eine norditalienische Spezialität aus zwei für diesen Teil des Landes typischen Produkten: Reis aus der Poebene, wo das größte Reisanbaugebiet Europas liegt, und ▸ Parmesan. Für ein original Risotto wird Rundkornreis (am besten ▸ Arborio oder ▸ Carnaroli) mit Zwiebeln in Fett (Butter, Olivenöl) angedünstet und in Fleischbrühe gegart. Zum Abschluss wird meistens frisch geriebener Parmesan zugegeben. Groß ist die Vielfalt bei den weiteren möglichen Zutaten. Je nach Rezept kommen Pilze (z. B. Steinpilze oder in der Edelvariante Trüffeln), allerlei Gemüse, verschiedene Gewürze, Fleisch bzw. Geflügel, Meeresfrüchte und Wein dazu. Serviert wird Risotto als Hauptgericht bzw. erster Hauptgang in einer Speisenfolge oder als Beilage zu Schmorgerichten wie z. B. ▸ Ossobuco, in diesem Fall meist mit Safran als „Risotto alla milanese".

SCHON GEWUSST?

Das „Geheimnis" eines echten ▸ Risotto ist das langsame und dosierte Zugeben der Brühe, während man ständig umrührt. Nur die richtige Technik führt auch zum gewünschten Ergebnis: Der Reis quillt vollkommen aus und bleibt am Löffel kleben, ist innen aber noch bissfest – genau so muss es sein.

RISPENTOMATEN ▸ Strauchtomaten

RISSOLEN
(Halbmondpasteten)
kleine ▸ Pasteten meist aus Blätter- oder Hefeteig mit feinen Füllungen (pikant z. B. aus gehacktem Fleisch, Geflügel, Meeresfrüchten oder Champignonpüree, süß u. a. aus Cremes, Kompott, Konfitüre), die paniert und in heißem Fett schwimmend gebacken (frittiert) werden.

RISSOLIEREN
in der Küchensprache Speisen braun und knusprig (an)braten, backen oder rösten (frz. „rissoler" = „goldbraun braten oder backen")

RITSCHERT
Traditioneller Eintopf in alpinen Zonen von Österreich, Bayern und Slowenien, der aus am Vortag eingeweichter Rollgerste und Hülsenfrüchten (meist Bohnen, seltener Erbsen und Linsen) und geselchtem Schweinefleisch zubereitet wird. Regionale Unterschiede gibt es bei den verwendeten Gewürzen (Bohnenkraut, Liebstöckel, Petersilie, Knoblauch, Salz, Pfeffer) und Suppengemüse (Lauch, Mohrrüben, Sellerie). Zum Ritschert gibt es meist nur Brot.

RITTERKREBSE ▸ Langusten

RIVANER ▸ Müller-Thurgau

RIVESALTES
Mit rund 14 000 ha Anbaufläche die mit Abstand größte französische Appellation für ▸ Vin doux naturel (gespriteten süßen ▸ Wein), die im Anbaugebiet ▸ Roussillon liegt. Rivesaltes ist eine in seiner Heimat hoch geschätzte, international aber nur wenig bekannte Spezialität. Für ihre Herstellung sind zahlreiche weiße und rote Rebsorten zugelassen. Als Rivesaltes Rancio werden Weine bezeichnet, die in Holzfässern reifen, während diese der Sonneneinstrahlung ausgesetzt sind.

ROASTBEEF
(Beiried, Rippenstück)
Zwischen der ▸ Hochrippe und der ▸ Hüfte gelegenes Teilstück aus dem Hinterviertel des Rindes und auch der Braten daraus, der vor allem in der englischen Küche häufig zubereitet wird. Das Roastbeef untergliedert sich in das vordere hohe Roastbeef und das hintere flache Roastbeef (auch: Contrefilet, Rostbraten, Lendenbraten oder Englischer Braten). Ein original Roastbeef, wie die Engländer es lieben (serviert mit ▸ Yorkshire-Pudding), wird am Stück im Backofen bei mäßiger Temperatur schonend gebraten, so dass es innen rosa wird und schön saftig bleibt. In dünne Scheiben geschnitten ist Roastbeef mit Meerrettich oder Remoulade ein Klassiker als Brotzeit und auf dem kalten Buffet. Außerdem werden daraus bekannte Steaks wie ▸ Rumpsteak, ▸ T-Bone-Steak oder ▸ Porterhouse Steak geschnitten.

ROBINIENHONIG ▸ Akazienhonig

ROBIOLA
Vollfetter ▸ Frischkäse (▸ Käse) mit bis zu 70 % Fett i. Tr., der im norditalienischen Piemont aus Kuh- oder Ziegenmilch bzw. aus einer Mischung davon (manchmal auch noch mit Schafmilch) hergestellt wird. Im Geschmack ist er leicht säuerlich und würzig.

ROCHEN
Eine Familie von Knorpelfischen (▸ Fische), deren Mitglieder wie platt gewalzt aussehen und „Flügel" haben, wie man die stark verbreiterten Brustflossen nennt. Rochen kommen in verschiedenen Arten in den europäischen Meeren vor und werden in einigen Ländern als Speisefisch geschätzt. Wer sich von der Optik und dem strengen Geruch (nach Ammoniak) frisch gefangener Rochen, der beim Kochen ganz verschwindet, nicht abschrecken lässt, den erwartet eine gebratene, frittierte, gekochte oder geräucherte Fischdelikatesse. Als solche gilt der Rochen u. a. in Italien, Frankreich, Portugal und Holland.

ROCKENBOLLE
Gemüse- und Gewürzpflanze, die mit dem ▸ Knoblauch verwandt ist und auch ähnlich wie dieser verwendet werden kann. Sie bildet an ihren dekorativ geringelten Blütenstängeln kurioserweise keine richtigen Blüten aus, sondern kleine Brutzwiebelchen. Sie können Speisen eine interessante Würze geben oder wie Perlzwiebeln in Essigsauce eingelegt werden.

RODONKUCHEN
in einer Napfform hergestellter Rührkuchen, oft mit Zutaten wie Trockenfrüchten, Nüssen, Schokolade (Kakaopulver) oder Quark und mit Kuvertüre überzogen

ROEBUCK
1. englische Wildsauce aus ▸ Kraftsauce mit gerösteten Würfeln von Schinken und Zwiebeln, Johannisbeergelee, Essig und Portwein
2. angeröstete Wildabfälle und Röstgemüse mit Pfeffer- und Rotweinsauce, gewürzt mit Cayennepfeffer und Zucker.

ROGEN ▸ Fischrogen

ROGGEN
In den gemäßigten Zonen Mittel-, Nord- und Osteuropas stark verbreitetes Brotgetreide

(► Roggenbrot), das u.a. durch seinen hohen Gehalt an Lysin (eine der ► Aminosäuren) und Schleimstoffen als ernährungsphysiologisch besonders wertvoll gilt. Vermutlich bereits vor 2000–3000 Jahren in Kleinasien als „Unkraut" in den Weizenfeldern vorkommend, hat vor allem die Genügsamkeit und Robustheit des Roggens zu seiner starken Verbreitung beigetragen. Das ► Nacktgetreide gedeiht selbst unter kühlen und trockenen Witterungsbedingungen bestens und ist ertragssicher. Roggenmehl ist dunkler und würziger als Weizenmehl; die Gebäcke daraus zeichnen sich durch dunklere Farbe sowie einen aromatischen, festen und kompakten Teig mit weniger Luftblasen aus.

VERWENDUNG: *Außer bei Spezialbrotsorten wird Roggenmehl meist in Mischung mit anderen Mehlarten verwendet. Seit uralten Zeiten wird die Herstellung von ► Sauerteig (als Triebmittel) aus Roggenschrot praktiziert. Roggen dient weiter zur Herstellung diverser ► Branntweine (z.B. Korn, manchmal Wodka, Whiskey aus den USA).*

ROGGENBROT

Mit mindestens 90 % Roggenmehl und mit Sauerteigführung hergestelltes ► Brot, das noch mit Gewürzen wie Kümmel, Anis, Fenchel oder Koriander versehen sein kann. Ein „reinrassiges" Roggenbrot von sehr spezieller Art ist z.B. auch ► Pumpernickel.

ROGGENMEHL

aus ► Roggen hergestelltes ► Mehl mit dem höchsten Mineralstoffgehalt der gängigen Mehlarten (darf maximal 5 % anderer Getreidearten enthalten)

ROGGENVOLLKORNBROT

(Schwarzbrot)

populäre Variante von ► Vollkornbrot mit dunkler Farbe und süßlichem Geschmack

ROGNER

weibliche ► Fische mit dem Laich (► Rogen) in ihren Samenstöcken (vor dem Ablegen)

ROHFLEISCH ► Carpaccio

ROHKOST

Nicht ganz einheitlich verwendeter Begriff, mit dem sowohl bestimmte Lebensmittel als auch im übertragenen Sinne eine bestimmte Ernährungsphilosophie – manchmal mit ideologischen Zügen – gemeint sein kann. In der Regel werden zur Rohkost vor allem Gemüse, Früchte, Keimlinge, Kerne, Samen, Pilze und sonstige Pflanzenteile gezählt, die frisch, naturbelassen und roh verzehrt werden. Der große Klassiker der Rohkost sind Salate. Ob auch tierische Produkte inbegriffen sein können oder die Nahrung rein vegetarisch sein muss, darüber sind sich Rohkostler nicht ganz einig. Auf jeden Fall darf Rohkost nicht gegart sein, denn beim Erhitzen gehen ein Teil der Vitamine, Mineralstoffe und anderer wertvoller Inhaltsstoffe verloren. Fans der salz-, eiweiß- und fettarmen Rohkost propagieren, dass man sich nicht gesünder ernähren kann. In der Tat ist ein gewisses Quantum an Rohkost ein unverzichtbarer Bestandteil einer ausgewogenen Ernährung und kann auch als Diätnahrung sehr wertvoll sein. Andererseits ist durch Studien belegt, dass alleinige Rohkost zu gefährlichen Mangelerscheinungen und einer „Überfütterung" mit Vitaminen führen kann.

ROHMILCH

Naturbelassene (weder pasteurisierte noch homogenisierte), vielleicht sogar noch „kuhwarme" ► Milch, deren „Urgeschmack" man heute kaum mehr kennt. Rohmilch hat ca. 3,5–5 % Fett und kann nur ab Hof direkt vom Erzeuger gekauft werden – was man nur bei kontrollierten und vertrauenswürdigen Betrieben tun sollte. Selbst dann empfiehlt es sich, die Milch vor dem Verbrauch abzukochen. Wer „Naturmilch" trinken will, ohne ein Risiko einzugehen, der ist mit der so genannten ► Vorzugsmilch auf der sicheren Seite.

ROHMILCHKÄSE

Aus ► Rohmilch von Kühen, Schafen, Ziegen oder Wasserbüffeln hergestellter ► Käse, der vor allem von kleinen Käsereien bzw. bäuerlichen Betrieben hergestellt wird. Viele Feinschmecker ziehen Käse aus Rohmilch dem aus pasteurisierter Milch klar vor. Andererseits gibt es Länder – allen voran Australien und

Neuseeland –, in denen nur Hitze behandelte Milchprodukte gehandelt werden dürfen und Rohmilchkäse wegen möglicher Gesundheitsgefahren mit einem Handelsverbot belegt ist.

RÖHRLINGE
wichtige Familie der ▸ Pilze mit einigen sehr geschätzten Speisepilzen wie z. B. ▸ Steinpilz, ▸ Maronenröhrling oder ▸ Rotkappe

ROHRNUDELN
(Buchteln, Ofennudeln, Wuchteln)
Ein vor allem aus Österreich, Bayern und Böhmen bekanntes, mit ▸ Dampfnudeln verwandtes Gebäck aus Hefe- oder seltener Mürbteig, das mit Pflaumenmus (▸ Powidl), Aprikosenmarmelade, Kirschen oder Zwetschgen, gemahlenen Nüssen, Quark oder Käse gefüllt wird. Rohrnudeln werden in einem gefetteten Topf ohne Deckel im Backofen gegart und oft mit Vanillesauce oder Kompott serviert.

ROHRZUCKER
Handelsbezeichnung für Haushaltszucker (▸ Saccharose), der aus ▸ Zuckerrohr bzw. aus dem süßen Saft der Pflanze gewonnen wird. In Mitteleuropa häufiger ist allerdings der so genannte ▸ Rübenzucker als Produkt von Zuckerrüben. Chemisch lässt sich allerdings kein Unterschied zwischen beiden feststellen.

ROHSCHINKEN
Sammelbegriff für ▸ Schinken, der durch Salzen, Lufttrocknung und Räucherverfahren haltbar gemacht, aber nicht gekocht ist (im Gegensatz zum ▸ Kochschinken). Bei dieser Behandlung reift das Fleisch durch enzymatische und bakterielle Prozesse, wird weich und entwickelt sein typisches Aroma.

ROHWÜRSTE
Ein Wursttyp (wie ▸ Brühwürste und ▸ Kochwürste), bei dem man 2 Arten unterscheidet: schnittfeste und streichfähige Rohwürste. Die Basis ist in beiden Fällen rohes Fleisch und Fett. Bestimmte Bakterienkulturen und das richtige Klima während der Reifung tragen bei Rohwürsten zur Entfaltung des Geschmacks und zur Konservierung bei. Oft werden sie geräuchert und teilweise (bei den schnittfesten Würsten) getrocknet. Typische Rohwürste sind z. B. bei den streichfähigen Sorten ▸ Mettwurst, bei den schnittfesten ▸ Salami oder ▸ Cervelatwurst.

ROHZUCKER ▸ Farin(zucker)

ROLLBRATEN
Zur Einzelverarbeitung zu dünne oder zu kleine Fleischteile – z. B. vom Schwein –, die zusammengerollt und mit einer Schnur zusammengebunden bzw. von einem Netz zusammengehalten werden. So „verpackt" und kräftig gewürzt wird der Braten in den Ofen geschoben. Typische Beigaben zum Rollbraten sind Kartoffelsalat und Klöße.

ROLLFONDANT
Fondant von besonders fester Konsistenz, der auch ausgerollt werden kann. Mit Rollfondant, den es fertig zu kaufen gibt, lassen sich Kuchen und Torten überziehen und verzieren.

ROLLGERSTE ▸ Graupen

ROLLMOPS

In einer sauren Essig- und Salzlake eingelegte, filetierte Stücke vom ▸ Hering, die kopf-, schwanz-, flossen- und grätenlos als Konserve in den Handel kommen. Der Rollmops wird, wie der Name verrät, zusammengerollt und in die Mitte kommt ein Stück Essig- bzw. Gewürzgurke und Zwiebel. Zusammengehalten wird er durch zwei kleine, angespitzte Holzstifte. Rollmops gilt als typisches Katerfrühstück.

SCHON GEWUSST?

Der ▸ Rollmops entstand in der ersten Hälfte des 19. Jh. Seinen originellen Namen erhielt er in Anlehnung an eine Hunderasse mit einem dicklich-runden Körperbau: den Mops. Dieser gehörte einst in den Salons der Damen fast schon zum „lebenden Inventar".

ROLLOT
Traditionsreicher Weichkäse (▸ Käse) aus dem Norden Frankreichs, der aus Kuhmilch hergestellt wird und den angeblich schon „Sonnenkönig" Ludwig XIV. (1638–1715) liebte. Rollot hat 45 % Fett i. Tr. und eine mit Rotschmiere überzogene Rinde. Er schmeckt pikant aromatisch und deutlich erdig.

ROLLPASTETEN ▸ Galantinen

ROLLSCHINKEN
gepökelter und warm geräucherter Schweineschinken aus der Hinterkeule oder (dann besonders fein) der Nuss, zusammengerollt und mit einem Bindfaden umwickelt

ROMADO
im Mittelmeer verbreiteter und in den dortigen Ländern geschätzter Speisefisch aus der großen Familie der ▸ Meeräschen

ROMADUR
Vermutlich aus Belgien stammender, meist aus pasteurisierter Kuhmilch hergstellter Weichkäse (▸ Käse) mit Rotschmiere, der heute u. a. in Deutschland weit verbreitet ist. Romadur hat bis zu 60 % Fett i. Tr. und ist eine milde Variante des ▸ Limburger. Gegessen wird er meist pur mit Zwiebeln, auf ▸ Pumpernickel oder als Bestandteil pikanter Salate, außerdem eignet er sich zum Gratinieren.

ROMANA ▸ Römischer Salat

ROMANESCO
(Minarettkohl, Türmchenblumenkohl)

Angeblich in der Nähe von Rom (woher sich auch der Name ableiten soll) entstandene grüne Blumenkohl-Züchtung (▸ Blumenkohl, ▸ Kohl), die ihrer „Stammpflanze" im Nährstoffgehalt sogar überlegen ist. Außerdem sieht sie mit ihren Röschen, die an die Spitzen von Minaretttürmen erinnern, besonders dekorativ aus. Auch der Romanesco gehört botanisch zur Familie der Kreuzblütengewächse. Er war in Deutschland bereits im 16. Jh. beliebt und hat einen sehr intensiven, aber zugleich feineren und weniger kohligen Geschmack als andere Kohlarten. In der Küche kann er wie Blumenkohl verwendet werden.

RÖMERBRATEN
gepökelter und geräucherter Schweinebauch, gekocht und knusprig gebraten

RÖMISCHE ART
(à la romaine, alla romana)
gratinierte Gnocchi mit kleinen Spinatküchlein (teils mit gehackten Sardellen) in einer hellen Tomatensauce bzw. tomatiertem Kalbsfond zu Fleisch

RÖMISCHE SAUCE
(Sauce romaine)
Ein Saucenklassiker zu Wild und Wildgeflügel auf der Basis von in Essig aufgelöstem und hellbraun karamellisiertem Zucker, der mit Kraftsauce und Wildfond aufgekocht wird. Als Einlage werden in die Sauce Rosinen und Korinthen sowie geröstete Pinienkerne gegeben.

RÖMISCHER KOHL
eine Art von ▸ Mangold

RÖMISCHER SALAT
(Binde-, Bund-, Kochsalat, Romana, Römersalat)
Eine schlanke und längliche Art von ▸ Kopfsalat (▸ Salate), deren dickrippige Blätter besonders aufrecht wachsen und im Herz bleich sind. Im Geschmack ist er etwas würziger und herber als die meisten anderen Kopfsalate. Bei der Verarbeitung wird Römischer Salat in Streifen geschnitten oder in mundgerechte Stücke gezupft.

VERWENDUNG

Römischer Salat wird sowohl als Rohkostsalat wie als Blattgemüse zubereitet. Er eignet sich zum Dünsten, Gratinieren und Überbacken. Besonders gut harmoniert er mit Basilikum, Oregano, Knoblauch und mit Zwiebeln.

RONCAL
Traditioneller spanischer Hartkäse (▸ Käse) aus der Milch von 2 speziellen Schafrassen, die im Roncal-Tal in den östlichen Pyrenäen gehalten werden. Der feste Schnittkäse mit seinem fein pikanten Geschmack ist nach seiner Heimat benannt und trägt eine geschützte Herkunftsbezeichnung. Nach deren Vorschriften muss er mindestens 4 Monate lang reifen, ehe er in den Handel gelangen darf.

ROOIBOS

(Rotbusch)

In Südafrika heimische Pflanzenart aus der botanischen Familie der Schmetterlingsblütengewächse, die nur in den Zedernbergen im Südwesten des Landes vorkommt. Der aus den Zweigen bzw. nadelartigen Blättern hergestellte ► Tee gilt als Nationalgetränk der Südafrikaner und ist seit den 1990er-Jahren auch zu einem Exportschlager geworden. Als alternative Teesorte erfreut sich Rooibos, auch wenn er botanisch kein echter Tee ist, weltweit großer Beliebtheit und wird in 140 Länder exportiert. Seine rotbraune Farbe und sein fruchtiges Aroma erhält er durch Fermentation. Es gibt auch grüne (nicht fermentierte) Sorten sowie natürlich oder künstlich aromatisierte.

Schon gewusst?

Wie lange der ► Rooibos in Südafrika schon als Getränk verwendet wird, ist nicht geklärt. Alte Bezeichnungen für den daraus hergestellten Tee (wie z. B. Buschmanntee oder Massaitee) und andere Überlieferungen lassen aber darauf schließen, dass die Pflanze schon von den südafrikanischen Ureinwohnern, den Khoisan, genutzt wurde.

ROQUEFORT

Ein Name, bei dem nicht nur passionierte Käseliebhaber (► Käse) mit der Zunge schnalzen: Schließlich hat der berühmte Edelschimmelkäse neben dem außergewöhnlichen Geschmack und der speziellen Herstellungsmethode noch weitere Besonderheiten zu bieten. So ist er einer der traditionsreichsten Käse überhaupt und erhielt 1926 als erster französischer Käse das AOC-Siegel. Schon die alten Römer kannten und liebten einen dem Roquefort sehr ähnlichen Käse und um 1060 fand er unter seinem heutigen Namen erstmals in alten Klosterbüchern Erwähnung. Ein glühender Verehrer des Roquefort war auch der französische König Karl VI. (1380–1422), der bereits 1411 den Bewohnern des gleichnamigen Ortes des Monopol für die Herstellung erteilte.

Damals wie heute wurde der grün-blau marmorierte Edelpilzkäse als halbfester Schnittkäse aus roher und nicht entrahmter Schafmilch (45–52 % Fett i. Tr.) in der Umgebung des Dorfes Roquefort-sur-Soulzon in den Cevennen im Süden Frankreichs hergestellt. Er wird er mit einer speziellen Pilzkultur (Penicillium glaucum roqueforti) vorgeimpft, gesalzen und pikiert (fein gelöchert). Anschließend reift der Roquefort im Höhlensystem von Combalou – 17 Höhlen, die sich in 12 Stockwerken bis zu 2 km tief durch den Fels ziehen. Unter den besonderen klimatischen Bedingungen, die das Wachstum des auch natürlich in den Höhlen vorhandenen Schimmelpilzes fördern, holt er sich dort seinen unvergleichlichen Geschmack: pikant, würzig-salzig, mit Anklängen an Milch, Rosinen und Nüsse. Roquefort von guter Qualität ist nicht bröselig, sondern cremig und von vielen Schimmeladern durchzogen. Aufgrund der weltweiten Beliebtheit des Käses können die heimischen Lacaune-Schafe nicht mehr genügend Milch liefern, um die Nachfrage zu befriedigen. Deshalb darf heute vorbehandelter Jungkäse aus den Pyrenäen und von der Insel Korsika bezogen und als Roquefort verkauft werden, sobald er die Reifungsprozedur in den Höhlen von Combalou hinter sich hat.

VERWENDUNG: *Auf einer klassischen Käseplatte (bzw. auf dem Käsewagen in gehobenen Restaurants) darf Roquefort nicht fehlen. Er schmeckt am besten pur mit Birnen, frischen Feigen, Nüssen und Baguette. In der warmen Küche ist er die „Idealbesetzung“ für alle Rezepte mit Blauschimmelkäse. Ein „Traumpaar“ sind Roquefort und ein edelsüßer ► Sauternes, gut harmonieren auch ein schwerer Rotwein wie ein Châteauneuf-du-Pape von der ► Rhône oder ein gereifter ► Port.*

Schon gewusst?

In Australien (wie auch Neuseeland) sind Produkte aus Rohmilch wie z. B. ► Roquefort wegen einer möglichen Gesundheitsgefährdung generell mit einem Handelsverbot belegt. Nur eine Ausnahmegenehmigung haben die Australier bislang (im Jahre 1995) erteilt, und zwar für Roquefort.

ROSA

(à point, anglais, englisch, medium rare)

Garstufe beim Fleisch (► Garstufen)

ROSA PFEFFER

(Schinusfrüchte, Weihnachtsbeeren)
Der Name ist irreführend: Rosa Pfefferkörner sind ganz im Gegensatz zum Schwarzen, Grünen, Weißen und Roten kein echter ▸ Pfeffer, sondern die Früchte eines brasilianischen und auch in den USA sehr stark verbreiteten Baumes aus der botanischen Familie der Sumachgewächse (nicht der Pfeffergewächse). Der Rosa Pfeffer hat nicht den typischen Pfeffergeschmack, er ist mild-aromatisch und süßlich-fruchtig. Lediglich das Laub verströmt einen pfefferähnlichen Geruch. Die Früchte mit ihrer auffälligen roten Farbe stehen in dichten Rispen beisammen und werden gerne als Weihnachtsschmuck verwendet; das hat ihnen den Zweitnamen Weihnachtsbeeren eingebracht.
VERWENDUNG: *Rosa Pfeffer wird in der Pfeffermühle gerne echtem Pfeffer beigemischt, allerdings eher aus optischen denn aus geschmacklichen Gründen. Ansonsten eignet er sich für Saucen zu Fleisch, Fisch und für Käsegerichte.*

ROSÉ

Nach EU-Recht ein ▸ Wein, der nach verschiedenen Verfahren aus roten Trauben hergestellt wird – und zwar immer so, dass nur ein geringer oder etwas größerer Teil der in den Beerenhäuten enthaltenen Farbstoffe in den Wein gelangt. Dadurch erhält der Rosé, der in der Kelterung einem ▸ Weißwein näher als einem ▸ Rotwein steht, seine hell- bzw. blassrötliche oder rosa Farbe. Der klassische deutsche und immer nur aus einer Rebsorte gekelterte Rosé ist der Weißherbst. Das Verschneiden von fertigem Weiß- und Rotwein ist nach Weingesetz verboten. Erlaubt ist dagegen, weiße und rote Trauben vor dem Pressen zu mischen bzw. deren Maische miteinander zu verschneiden. So hergestellte Rosés laufen unter der Sammelbezeichnung Rotling (so der Badisch Rotgold in Baden und der Schillerwein in Württemberg).

ROSEN

Kandiert „blühen" sie auf Torten, Süßspeisen und Büfetts – nicht nur zum Anschauen, sondern auch zum Essen. Rosen lassen sich außerdem zu Konfitüre, Marmelade und verschiedenen ▸ Aromaten wie ▸ Rosenessig, ▸ Rosenöl und ▸ Rosenwasser verarbeiten.

ROSENÄPFEL

(Jambos, Javaäpfel)
Entgegen ihrem irreführenden Namen ist diese Frucht eines exotischen Baumes bzw. Strauches, der vor allem in Thailand, Malaysia, Indonesien, Süd- und Mittelamerika kultiviert wird, weder mit Äpfeln noch mit Rosen verwandt. Die kuriose Namensschöpfung kommt vielmehr von der apfelähnlichen Konsistenz des Fruchtfleisches und von dem an Rosen erinnernden Aroma der säuerlich und frisch schmeckenden Früchte. Die Form der grünen oder rötlichen Rosenäpfel gleicht dagegen Minibirnen. Man isst sie in ihre Heimat meist roh als Obst mit Zucker oder Salz. Beliebt ist auch Rosenapfelgelee.

ROSENBEEREN ▸ Hagebutten

ROSENESSIG

mit fein duftenden Rosenblättern durch ▸ Mazeration aromatisierter Wein- oder Apfelessig

ROSENKOHL

(Brüsseler Kohl, Kohlsprossen)
Ein typisches Wintergemüse einer Pflanze aus der botanischen Familie der Kreuzblütengewächse und der Gattung ▸ Kohl, die bis 1 m hohe Stängel ausbildet. Daran wachsen in relativ dichter Anordnung Knospen bzw. Blattröschen, aus denen sich im Frühjahr Sprossen und im Sommer Blüten bilden – meist aber nur theoretisch, weil sie noch im Winter abgeschnitten und als Gemüse verzehrt werden. Erst Ende des 18. wurde diese Kohlvariante in Belgien gezüchtet, sie ist damit der jüngste Spross der Kohlfamilie. Umso schneller aber trat sie ihren Siegeszug durch ganz Europa an. Heute wird Rosenkohl vor allem in den Niederlanden, Frankreich, Großbritannien und auch Deutschland angebaut. Am besten schmeckt Rosenkohl nach den ersten Frösten; dadurch erhält er erst seine besondere süßliche und ganz zart bittere Note, die entfernt an Bittermandeln erinnert.

VERWENDUNG

Rosenkohl lässt sich auch als Salat zubereiten, meist aber wird er kurz in Wasser gekocht. Am besten bleiben die vielen Vitamine und Nährstoffe erhalten, wenn man ihn langsam in Fett dünstet. Je nach Geschmack kann Rosenkohl nur gesalzen oder mit Muskat, Pfeffer, geriebenem Käse, Madeira oder Zitronensaft gewürzt werden. Er passt zu Fleisch-, Geflügel- und Wildgerichten. Die Belgier mögen besonders die Kombination mit Maronen.

ROSENKRANZ
Im kulinarischen Sinne eine westfälische Spezialität als Kranz aus zusammenhängenden Mettwürstchen, die zusammen mit Kartoffeln in der Pfanne gebraten und daraus gegessen werden. Die Bezeichnung ist angelehnt an die katholische Gebetszählkette aus Perlen.

ROSENÖL
ätherisches Öl aus den Blütenblättern verschiedener Rosenarten zum Aromatisieren von Süßspeisen und Likören, auch Ausgangsprodukt für ▸ Rosenwasser, vor allem aber Duftstoff in kosmetischen Erzeugnissen

ROSENPAPRIKA
scharfes ungarisches Paprikapulver (▸ Gewürzpaprika)

ROSENWASSER
Entweder das bei der Gewinnung von ▸ Rosenöl anfallende Nebenprodukt oder in Wasser aufgelöstes Rosenöl, wobei in beiden Fällen eine wässrige und aromatische Flüssigkeit mit charakteristischem Duft entsteht. Neben der Verwendung in der Kosmetikindustrie ist sie eine wichtige Zutat in Marzipan, Süßspeisen (z. B. Cremes), Back- bzw. Konditoreiwaren und Likören. In der orientalischen Küche werden damit auch pikante Gerichte aromatisiert.

ROSETTENSALAT/-ZICHORIE
▸ Radicchio

ROSINEN
Sammelbegriff für getrocknete Weinbeeren, die zu den ältesten vom Menschen konservierten Lebensmitteln zählen. Spezielle Traubensorten und bestimmte klimatische Bedingungen sind Voraussetzungen für die Rosinenproduktion, die heute rund 1 Mio. Tonnen beträgt und bei der die USA, die Türkei, Griechenland und Australien führend sind. Man unterscheidet als Hauptarten zwischen ▸ Korinthen (kleine, dunkle und kernlose Beeren), ▸ Sultaninen (ebenfalls kernlos, aber heller) und ▸ Zibeben (große Beeren mit Kernen und dickerer Schale). Bei der Rosinenproduktion werden die Weintrauben reif geerntet und im Freien getrocknet, bis ihr Wassergehalt zumindest unter 25 % sinkt (und die Zuckerkonzentration dabei erheblich ansteigt). Rosinen von hoher Qualität haben maximal 10–13 % Feuchtigkeit.

VERWENDUNG

Meist finden Rosinen als Backzutat oder in Süßspeisen Verwendung, aber auch im ▸ Couscous, in Gerichten auf der Basis von ▸ Pilaw und in Saucen zu Fleisch- und Wildgerichten, vor allem wenn auch Portwein und Aceto Balsamico enthalten sind.

SCHON GEWUSST?

Die hohe Wertschätzung für ▸ Rosinen schon in früherer Zeit drückt sich auch in einer alten Redewendung aus. „Jemand pickt sich die Rosinen heraus" heißt im übertragenen Sinne, er nimmt sich die besten Stücke.

ROSMARIN

(Brautkraut, Brautkräutl, Weihrauchkraut)
Eines der „unverwüstlichsten" und im Aroma kaum zu überdeckenden, deshalb besonders dosiert zu verwendenden Würzkräuter sind die nadelähnlichen Blätter eines Halbstrauches aus der botanischen Familie der Lippenblütengewächse. Der Rosmarin wächst vor allem in den Küstenregionen des Mittelmeeres (von Portugal bis Kleinasien), woher er auch ursprünglich stammt, an sonnigen und trockenen Standorten wild oder in Kultur. Außerdem wird er u. a. in Indien, Australien, den USA und Mexiko kultiviert. Rosmarin hat ein sehr intensives Aroma und einen würzig-herben, leicht bitteren Geschmack. Frisch erinnert der Duft an Kampfer, Eukalyptus und Kiefer, getrocknet stellt sich eine harzige Note ein. Aufgrund des ähnlichen Geruchs wurde er früher teilweise auch als Ersatz für Weihrauch verwendet.
VERWENDUNG: *Als typisch mediterranes Gewürz ist Rosmarin in der französischen und italienischen Küche besondrs beliebt – auch als Bestandteil klassischer Gewürzmischungen wie z. B. ▸ Herbes de Provence. Es werden damit Salate, Suppen, Saucen und Gemüse gewürzt (u. a. das ▸ Ratatouille), besonders gut harmoniert Rosmarin auch mit Kartoffeln (vor allem wenn sie gebraten sind) und mit Pilzgerichten. Und natürlich ist das Würzkraut aus mediterranen Fleisch- (vor allem Lamm und Schwein), Geflügel- und Wildgerichten nicht wegzudenken.*

Schon gewusst?

Im Gegensatz zu anderen Würzkräutern verliert ▸ Rosmarin auch bei großer und langer Hitzeeinwirkung nichts von seinem Aroma und seiner Würzkraft. Ein „dufter" Geheimtipp beim Grillen ist ein Rosmarinzweig in der Glut. Besondere Würze gibt auch das Einreiben des Fleisches mit frischem Rosmarin.

ROSTBRATEN
Ein Teil vom ▸ Roastbeef des Rindes bzw. eine fingerdicke, saftige und marmorierte Scheibe daraus, gleichzeitig eine Sammelbezeichnung für Gerichte, die aus diesem feinen Fleischstück des Rindes zubereitet werden. Ein Rostbraten wird stets gebraten oder geschmort, die weiteren Zutaten bzw. Beigaben unterscheiden sich aber. Klassische Rostbraten sind z. B. der Wiener Rostbraten, der ▸ Thüringer Rostbraten und der ▸ Zwiebelrostbraten.

ROSTBRATWÜRSTE
(Griller, Grillwürste)
zum Braten in der Pfanne oder zum Grillen auf dem Rost bestimmte ▸ Bratwürste

RÖSTBROT ▸ Toast

RÖSTEN
Gemäß der ursprünglichen Bedeutung „auf dem Rost braten" wird „rösten" regional nach wie vor als Synonym für „braten" oder „grillen" verwendet. Nach heutiger Definition versteht man darunter aber das trockene und fettlose Erhitzen ausschließlich pflanzlicher Lebensmittel (z. B. Kaffee-/Kakaobohnen, Nüsse, Getreide und Malz) bei hohen Temperaturen (um 300 °C) zur Aromenbildung bzw. -verstärkung.

RÖSTER
Österreichischer Ausdruck für ein Kompott oder Mus aus Früchten (z. B. Zwetschgen bzw. Pflaumen, Holunderbeeren, Kirschen), das oft zu Mehlspeisen serviert wird.

RÖSTGEMÜSE ▸ Mirepoix

RÖSTI
Eine um die Mitte des 19. Jh. entstandene Spezialität der Schweizer Küche (ausgesprochen „Rööschti"), die auch in Süddeutschland sehr beliebt ist. Sie wird aus geriebenen bzw. geraspelten Kartoffeln hergestellt, die als flacher Fladen in heißem Fett (ohne Zugabe von Mehl oder Ei) in der Pfanne ausgebacken werden. Fast eine Glaubensfrage ist dabei, ob man rohe (wie es die Züricher tun) oder vorgekochte Kartoffeln (wie in Bern üblich) verwendet. Je nach regionaler Variante wird das Rösti mit weiteren Zutaten wie Zwiebeln, Speck, Gemüse, frischen Kräutern oder Äpfeln angereichert und manchmal mit Käse überbacken. Traditionell wurde Rösti bei der Schweizer Landbevölkerung als Frühstück und Hauptgericht serviert und manche Bauern essen noch heute einen gehäuften Teller dieses Nationalgerichts, bevor sie zur Arbeit gehen. Meist ist es aber Beigabe zu Fleischgerichten (besonders ▸ Geschnetzeltes), Eierspeisen oder Gemüse.

RÖSTKARTOFFELN ▸ Bratkartoffeln

ROTALGE
eine der essbaren Arten von ▸ Algen

ROTAUGE ▸ Plötze

ROTBARBE
die kulinarisch am meisten geschätzte Art der ▸ Meerbarben

ROTBARSCH
(Bergilt, Goldbarsch)
Mit seinen stacheligen Flossen und seinen harten Schuppen äußerlich unnahbar, mit seinem rosa-weißen und festen Fleisch aber ein sehr beliebter und wirtschaftlich bedeutender Speisefisch (▸ Fische) aus dem Meer, der entgegen seinem Namen nicht zu den Barschartigen zählt. Er gehört vielmehr einer anderen Ordnung innerhalb der Stachelflosser an, und zwar den so genannten Panzerwangen. Der Rotbarsch ist ein Tiefseefisch, der vor allem im gesamten Nordatlantik vorkommt und in riesigen Mengen gefangen wird. Er kann bis 1 m lang und 15 kg schwer werden. In den Handel kommt er in der Regel filetiert (frisch, geräu-

chert oder tiefgekühlt). Außer Dünsten und Schmoren eignet er sich für alle Zubereitungsarten. Die Bestände an ▸ Rotbarsch sind mittlerweile erheblich zurückgegangen. Experten fordern daher ein zumindest teilweises Fangverbot für den Stachelflosser.

ROTBRASSE
(Page)
Seinen Namen verdankt dieser Speisefisch (▸ Fisch) das warmen Ostatlantiks und des Mittelmeeres der leicht rötlichen Färbung seines ovalen Körpers. Ein weiteres besonderes Erkennungsmerkmal sind die schwarzen Mund- und Kiemenhöhlen. Vor allem in den Mittelmeerländern ist die für alle Zubereitungsarten geeignete Rotbrasse sehr beliebt.

ROTBRAUNER RIESENTRÄUSCHLING
(Braunkappe)
Speisepilz, der gerne an von Sträuchern und Bäumen beschatteten Plätzen, aber weniger im geschlossenen Wald wächst und sich auf Holzhäcksel, Rindenmulch oder Stroh relativ leicht züchten lässt. Auf den Märkten wird er aus der Zucht oft (etwas irreführend) als Braunkappe angeboten. Aroma und Genusswert sind allerdings nur mäßig und über die Bezeichnung „Steinpilz unter den Zuchtpilzen", die manchmal gebraucht wird, rümpfen Kenner die Nase.

ROTBUSCH ▸ Rooibos

ROTE BANANEN
Eine Bananenspezialität (▸ Bananen), die vor allem aus Südostasien auf dem Luftweg zu uns kommt. Sie fällt durch ihre rötlich-braune Schale auf und auch ihr Fruchtfleisch ist leicht gerötet. Im Geschmack unterscheiden sich rote kaum von normalen Bananen.

ROTE BETE ▸ Rote Rüben

ROTE GRÜTZE
Kaltes, erfrischendes und süßsaures Fruchtmus, das eine norddeutsche und skandinavische Spezialität ist. Die Beeren werden kurz aufgekocht, passiert und unter Zugabe von Zucker und Fruchtsaft mit Speisestärke (oder einem anderen geeigneten Verdickungsmittel) gebunden. Bei einigen Rezepten werden alle Früchte passiert, bei anderen dagegen ein Teil der Früchte ganz gelassen. Klassisch wird rote Grütze nur aus roten und schwarzen Johannisbeeren sowie Himbeeren hergestellt, gerne gesellen sich Sauerkirschen und Brombeeren dazu. Im Prinzip kann man jede Beerenfrucht verwenden, die gerade verfügbar ist, dann wird aus der roten Grütze vielleicht eine gelbe oder grüne. Gegessen wird sie bevorzugt als Dessert mit Milch, Schlagsahne oder Vanillesauce.

SCHON GEWUSST?

Ihren Namen verdankt die ▸ rote Grütze der Tatsache, dass sie ursprünglich mit echter Grütze hergestellt wurde. Als weitere Zutat kam nur Fruchtsaft dazu.

ROTE JOHANNISBEEREN
(Ribis(e)ln)
neben weißen und schwarzen die dritte Art von ▸ Johannisbeeren

ROTE RÜBEN
(Bete, Rahnen, Randen, Rote Bete)

Mit ▸ Zuckerrübe und ▸ Mangold verwandte Art der ▸ Rüben mit einem charakteristisch säuerlichen und erdigen Geschmack, der entweder geliebt oder gehasst wird – dazwischen gibt es kaum etwas. Ihren Ursprung hat die fleischige Knolle vermutlich im Mittelmeerraum, man kennt sie heute aber nur noch als Kulturpflanze. Die gleichmäßige und kräftige rote Farbe der Rüben ist Ergebnis ihrer Weiterveredelung im 19./20. Jh. Sie wird durch den Farbstoff Betanin hervorgerufen, der nicht nur jede Sauce einfärbt, mit der er in Berührung kommt, sondern auch industriell erzeugte Lebensmittel „erröten" lässt (z. B. Süßwaren, Speiseeis und Konfitüren). Rote Rüben werden auf breiter Front in gemäßigten Klimazonen angebaut, so auch in Deutschland, wo sie als typisches Wintergemüse gelten.

VERWENDUNG: *Der hohe Nährstoffgehalt macht Rote Rüben besonders wertvoll als Rohkost (für Salate) und als Gemüse zu unterschiedlichen Gerichten. Sie sind u. a. Bestandteil in ▸ Labskaus und ▸ Borschtsch.*

ROTE ZWIEBELN

Diese aromatische Zwiebel wird meist aus Italien oder den Balkanländern importiert. Ihre Schale ist rot bis rotblau oder dunkelviolett gefärbt, eine Färbung, die sich abgeschwächt im Innern fortsetzt. Rote Zwiebeln sind eine hübsche Garnitur, ansonsten können sie wie alle ▸ Zwiebeln verwendet werden.

RÖTELI

1. ▸ Rotfeder
2. Traditionsreiche Likörspezialität des Schweizer Kantons Graubünden bzw. seiner Hauptstadt Chur, mit der in früheren Zeiten – am besten aus Eigenproduktion – fast ausschließlich auf den Jahreswechsel angestoßen wurde. Heute dagegen ist der Röteli in seiner Heimat das ganze Jahr über beliebt und findet dort auch in vielen kulinarischen Rezepten Verwendung. Die Hauptzutaten von Röteli sind Obstbranntwein, schwarze Berg- oder Biokirschen und verschiedene Gewürze. Für den süßen Likör gibt es viele verschiedene, teils geheim gehaltene Rezepturen, in der Regel hat er 25–30 Vol.-%.

ROTELLE

italienische Nudeln (▸ Pasta, ▸ Teigwaren) in der Form kleiner Räder

ROTER CHICORÉE

neu gezüchtete Sorte des ▸ Chicorée

ROTER KAVIAR ▸ Lachskaviar

ROTER REIS

(Camarguereis)

wichtige Reissorte (▸ Reis)

ROTER SENF ▸ Amsoi

ROTFEDER

(Röteli)

Unter die ▸ Weißfische (▸ Fische) wird dieser hellschuppige Flossenschwimmer eingereiht, der sich bevorzugt in stehenden und langsam fließenden Gewässern (Seen, Bäche, kleinere Flüsse) in ganz Europa aufhält. Die maximal 2–3 kg, meist aber nur 250–300 g schweren Rotfedern haben ein schmackhaftes Fleisch, das sich vor allem zum Grillen eignet, getrübt wird der Genuss aber durch die vielen Gräten.

ROTFISCH ▸ Huchen

ROTFUSSRÖHRLING

So lange er jung und fest ist, ein guter Speisepilz aus der Familie der ▸ Röhrlinge, der in vielen Variationen mit gelb-bräunlichem bis dunkelbraunem Hut und gelbem Schwamm (wird auf Druck grün oder blau) vorkommt. Ältere Exemplare sollte man stehen lassen, weil sie schwammig werden, oft von Maden befallen sind und sich auf ihnen giftige Schimmelpilze bilden. Den weit verbreiteten Pilz findet man von Juli bis November in Nadel- und Laubwäldern. Er lässt sich u. a. gut trocknen.

ROTGIPFLER

Eine bronze-rote Farbe haben nur die Triebspitzen dieser österreichischen Rebsortenspezialität (▸ Wein), deren Beeren aber weiß sind. Die Kreuzung zwischen ▸ Traminer und Rotem Veltliner (einer Varietät von ▸ Grünem Veltliner) wird fast ausschließlich in der ▸ Thermenregion angebaut, zusammen mit dem ▸ Zierfandler, der die gleichen Eltern hat.

ROTKAPPE

(Rothäubchen)

Sehr guter Speisepilz aus der großen Familie der ▸ Röhrlinge, der einen kräftigen Stiel und einen orange- bis zimtfarbenen, fast kugelig gewölbten Hut hat. Es gibt verschiedene Arten von Rotkappen, deren Vorkommen oft an bestimmte Bäume gebunden ist (z. B. Birken, Eichen, Fichten oder Pappeln). Der Pilz wird beim Schmoren schwarz, worunter aber der Geschmack nicht leidet. Rotkappen sind von Juni bis Oktober in Mittel- und Nordeuropa in Wäldern und unter Gebüschen zu finden.

AUFBEWAHRUNG

Rotkohl ist zwar ursprünglich ein Wintergemüse (das in der kalten Jahreszeit auch am besten schmeckt), durch die Züchtung früher und mittelfrüher Sorten aber praktisch das ganze Jahr über erhältlich. Im Gemüsefach des Kühlschranks ist er bis zu 14 Tage haltbar, außerdem eignet er sich gut zum Tiefkühlen.

ROTKOHL

(Blaukraut, Rotkraut)

Kohlart (▸ Kohl) mit besonders kräftig-würzigem Geschmack, die sich mit verschiedenen Zutaten verfeinern bzw. gut variieren lässt. Außerdem ist der runde Kohlkopf besonders ergiebig, denn die Blätter liegen sehr dicht und fest aneinander. Angebaut wird der vermutlich aus Kleinasien stammende Rotkohl heute auf der ganzen Welt. Besonders beliebt ist er aber in Nord- und Mitteleuropa, wo jede Landesküche spezielle Zubereitungsarten kennt. Wie alle Kohlarten hat er einen hohen ernährungsphysiologischen Wert.

VERWENDUNG: *Die Blätter des Rotkohls können – in Streifen geschnitten – roh als Salat gegessen oder gekocht werden. Als Gemüse ist Rotkohl eine beliebte Beilage vor allem zu Schweine-, Sauer-, Enten- und Gänsebraten sowie Wildgerichten. Typische Gewürze sind Nelken, Muskat und Lorbeerblätter. In Deutschland wird Rotkohl auch gerne mit Schmalz und Äpfeln zubereitet, in Teilen Frankreichs mit Maronen und Schweineschmalz. Die Griechen mögen ihn mit Erbsen, roten Paprika, Hammelbrühe und Räucherwurst.*

SCHON GEWUSST?

Blaukraut oder ▸ Rotkohl? Das ist nicht nur eine Frage regional unterschiedlicher Interpretationen der Farbe und der Zubereitung dieser Kohlart, sondern hat auch einen wissenschaftlichen Hintergrund. Der Rotkohl ändert seine an sich stärker ins Lila gehende Farbe nämlich je nach pH-Wert des Bodens: Bei sauren Böden erscheint sie mehr rot, bei alkalischen eher bläulich. Die Farbe des Rotkohls als Gemüse wird außerdem von der Zubereitung beeinflusst. Je mehr säurehaltige Zugaben (Essig, Wein, Äpfel) dazugegeben werden, desto röter wird er (wie in norddeutschen Rezepten), je mehr Zucker oder basische Zutaten (z. B. Natron, Backpulver) verwendet werden, desto blauer wird der Rotkohl (wie vor allem in Bayern und Schwaben).

ROTSCHMIERE

Fachausdruck für eine orange-rötliche und leicht schmierige Käserinde bzw. -oberfläche, die bei der Herstellung und Reifung von ▸ Käse besonders behandelt wird, damit sich darauf bestimmte Bakterien einnisten. Dazu wird die Oberfläche regelmäßig mit verschiedenen Flüssigkeiten wie Salzlake, Wein, Bier usw. gewaschen. Die Bakterien tragen zur Reifung und zur Entwicklung eines besonders würzigen Aromas bei. Bekannte Käse mit Rotschmiere sind z. B. ▸ Romadur, ▸ Limburger, ▸ Munster, ▸ Reblochon, ▸ Taleggio, ▸ Harzer Käse und ▸ Pont-l'Evêque.

SCHON GEWUSST?

Bei Käsesorten mit ▸ Rotschmiere sollte die Rinde nicht mitgegessen werden. Abgesehen davon, dass sie möglicherweise auch gesundheitlich nicht unbedenklich ist, entwickelt sie oft ein scharfes Aroma, das den Geschmack erheblich beeinträchtigen kann.

ROTWEIN

Aus roten bzw. blauen Trauben gekelterter ▸ Wein, der außer der Traubenfarbe aber noch einen zweiten großen Unterschied zum ▸ Weißwein aufweist, und zwar in der Herstellungsmethode. Im Gegensatz zu Weißweinen werden Rotweine auf der ▸ Maische (d. h. auf den gequetschten bzw. gepressten Traubenschalen) vergoren. Dabei werden die Farb- und Aromastoffe, Tannine sowie viele weitere Substanzen aus den Häuten herausgelöst (extrahiert), was als ▸ Mazeration bezeichnet wird. Je nach Weintyp dauert die Maischegärung

SCHON GEWUSST?

Weißwein aus weißen Trauben, ▸ Rotwein aus roten Trauben – selbst diese einfach und logisch klingende Formel ist so nicht richtig. Der Saft ist nämlich auch in den allermeisten roten Trauben (eine Ausnahme bilden lediglich die so genannten Färbertrauben wie z. B. der ▸ Dornfelder) weiß. Das bedeutet: Auch aus roten Trauben kann Weißwein gekeltert werden, wenn man auf die Maischegärung verzichtet. Traditionell und in großem Stile wird dies beim ▸ Champagner praktiziert. Er trägt in diesem Fall die Zusatzbezeichnung „Blanc de Noirs", also „Weißer aus Schwarzen".

kürzer oder länger bei niedrigeren oder höheren Temperaturen und wird in unterschiedlichen Behältern (vom Stahltank über große Holzfässer und offene Bottiche bis zum Barrique) durchgeführt, was den Charakter des Weines erheblich mitbestimmt. Nach der alkoholischen Gärung erfolgt bei Rotweinen in der Regel noch die sogenannte ▸ malolaktische Gärung. In den Schalen roter Trauben sitzen auch viele der gesundheitsfördernden Stoffe, die im Wein nachgewiesen sind. Dem Wein werden heute viele positive gesundheitliche Wirkungen zugeschrieben, vor allem Rotweinen gehobener Qualität aus dem Barrique.

ROTWILD
Zum ▸ Schalenwild zählende Wildfamilie, die vom Rothirsch mit seinem gewaltigen und als Jagdtrophäe begehrten Geweih angeführt wird. Rotwild ist von der iberischen Halbinsel über ganz Europa bis nach Asien sowie in den USA, Kanada, Argentinien, Australien und Neuseeland verbreitet. Ein Rothirsch kann eine Länge bis zu 2,5 m, eine Schulterhöhe von 1,5 m und ein Gewicht von über 300 kg erreichen, ist dann aber kulinarisch nicht mehr interessant. Am besten schmeckt das Fleisch von Kälbern bis 1 Jahr sowie von Spießern (männlich) und Schmaltieren (weiblich) bis 2 1/2 Jahre.

ROTWURST ▸ Blutwurst

ROTZUNGE
für zwei Fische (beides ▸ Plattfische), nämlich die ▸ Hundszunge und die ▸ Limande, synonym gebrauchter Name

ROUENENTE
Vermutlich im 18. Jh. in Frankreich nahe der Stadt Rouen (Hafenstadt an der Seine unweit der Mündung in den Ärmelkanal) aus Landenten gezüchtete Entenrasse (▸ Ente), die in der zweiten Hälfte des 19. Jh. auch in Deutschland eingeführt wurde. Das Fleisch von Rouenenten wird für seine Qualität geschätzt, zudem sind sie mit einem Gewicht bis 4,5 kg sehr ergiebig

ROUGEMONT
mit Senf und gehacktem Estragon gewürzte Mayonnaise

ROUILLE
Sämige und scharfe provenzalische Würzsauce, die traditionell auf in Olivenöl geröstete oder mit Knoblauch abgeriebene Weißbrotscheiben gestrichen und zu südfranzösischen Fischgerichten und -suppen (vor allem ▸ Bouillabaisse) gegessen wird. Die Hauptzutaten für die Rouille sind Chilis bzw. kleine rote Pepperoni (im Mörser zerstoßen), Knoblauch, gekochte Kartoffelpulpe oder Weißbrotkrümel, Olivenöl und Fischbrühe. In einigen Rezepten kommen noch Safran und Eigelb hinzu, was die Sauce einer Mayonnaise ähnlich macht.

ROULADEN
1. Die ▸ Rinderroulade und ▸ Kohlrouladen als „Dauerbrenner" der deutschen Küche gelten vielfach als die Rouladen (frz. „rouler" = „rollen") schlechthin. Küchentechnisch sind aber natürlich alle Rollen aus dünnen Scheiben von Fleisch, Fisch und Kohlblättern mit einer pikanten Füllung (auch als Farce) und meist in Fond oder Sauce geschmort Rouladen; so z. B. auch die italienischen ▸ Involtini.
2. Feine Backwaren vorwiegend aus Biskuitmasse in Form von Rollen, von denen Scheiben heruntergeschnitten werden. Gefüllt sind Rouladen als Gebäck meist mit mehr oder weniger sahnigen Cremes und Fruchtgelees.

ROUSSANNE
Vor allem im Süden Frankreichs und außerhalb ihrer Heimat nur sporadisch angebaute weiße Rebsorte (▸ Wein), die einen sehr ausgeprägten Charakter hat. Weine aus Roussanne sind weich, füllig und aromatisch mit deutlichen Blumen- und Kräuteraromen. Oft ist sie Partner in Cuvées, vor allem mit der ähnlichen Rebsorte Marsanne.

ROUSSILLON
der wesentlich kleinere und ganz im Südwesten gelegene Teil des größten zusammenhängenden Weinanbaugebietes der Welt, des ▸ Languedoc-Roussillon im Hinterland der französischen Mittelmeerküste

ROUX ▸ Mehlschwitze

ROYALE ▸ Eierstich

ROYALP
(Schweizer Tilsiter)
Die Schweizer Version des ▸ Tilsiter aus Ostpreußen, nach dessen Vorbild dieser Käse aus vollfetter (45 % Fett i. Tr.) pasteurisierter Kuhmilch hergestellt wird. Ende des 19. Jh. brachten Schweizer Heimkehrer das Rezept mit in die Heimat und kopierten den Tilsiter mit ihrer besonders rahmhaltigen Alpenmilch – und das Ergebnis war besser als das Original. So fand der Schweizer Tilsiter schnell viele Liebhaber, wurde herkunftsgeschützt und ein Exporgut.

RÜBCHEN
die kleinsten und feinsten ▸ Rüben, vor allem ▸ Teltower Rübchen und ▸ Mairüben

RÜBEN

Mit der Botanik der Rüben ist das eine ziemlich komplizierte Geschichte. Zunächst versteht man darunter die zu einer fleischigen Knolle verdickten und meist unterirdisch wachsenden Speicherorgane von Pflanzen. Die große Gruppe von Pflanzen, die Rüben ausbilden, ist aber sehr heterogen und man kennt eine Reihe von Kulturformen, die verschiedenen Gattungen angehören. Eine dieser Gattungen (zugleich eine Art nach botanischer Systematik) heißt ebenfalls Rüben, und dazu gehören u. a. ▸ Rote Rüben und ▸ Zuckerrüben. Vertreter anderer Gattungen sind ▸ Weiße Rüben und ▸ Kohlrüben (beide Gattung Kohl), eigene Gattungen bilden z. B. ▸ Mohrrüben bzw. Möhren, ▸ Rettiche, ▸ Pastinaken und ▸ Sellerie (Knollensellerie). Näheres zur küchentechnischen Verwendung jeweils unter den Stichworten der verschiedenen Rübenarten.

RÜBENKRAUT
1. ▸ Zuckerrübensirup
2. Gehobelte, für mehrere Tage bis Wochen sauer eingelegte Weiße Rüben, die als Sauergemüse ähnlich wie Sauerkraut durch Milchsäuregärung konserviert werden. Rübenkraut wird nur regional begrenzt hergestellt, vor allem im Elsass sowie in Teilen Süddeutschlands, Österreichs und Sloweniens. Saure Rüben können kalt gegessen oder gekocht (traditionell mit Schweinefleisch, Speck und Zwiebeln) werden.

RÜBENSAFT/-SIRUP
▸ Zuckerrübensirup

RÜBENZUCKER
aus Zuckerrüben gewonnener weißer Zucker

RÜBSEN
Eine Kohlart aus der botanischen Familie der Kreuzblütengewächse, zu der auch einige für kulinarische Zwecke interessante ▸ Rüben wie ▸ Weiße Rüben, aber auch ▸ Stielmus und asiatische Gemüse wie ▸ Chinakohl und ▸ Pak-Choi zählen.

RUC(C)OLA
(Ölrauke, Rauke, Senfkohl, Senfrauke)
Hinter diesem wohlklingenden italienischen Namen steckt nichts anderes als die gute alte Rauke, die in Deutschland eine Salatpflanze (botanische Familie der Kreuzblütengewächse) mit langer Tradition ist. Zu neuer Popularität verholfen hat ihr allerdings erst das sprachliche „Fremdgehen". Die ursprünglich mediterrane Pflanze hat sich auch an das Klima in Mitteleuropa bestens angepasst. Als Salat werden die grünen Blätter noch vor dem Austrieb des Stengels geerntet. Rucola hat einen sehr markanten, scharf-würzigen Geschmack (der Kresse ähnlich), unterlegt von einem feinen Walnussaroma. Wer davon noch mehr will, nimmt für die Vinaigrette Walnuss- statt Olivenöl.

VERWENDUNG: *Rucola ist Bestandteil vieler Salate, in denen er für besondere Würze sorgt. Gerne werden Pinienkerne zugegeben, wäh-*

rend die Kombination mit grünem Salat besonders in der Toskana verbreitet ist. Rucola kann aber auch als würzende Zutat in der Pasta, im Risotto, im Pesto, in Suppen und Ragouts auftauchen.

RÜEBLITORTE

(Karottentorte, Möhrentorte)

Eine Schweizer Tortenspezialität aus Biskuitteig, die u. a. geraspelte Rüeblis – so nennen die Eidgenossen im Volksmund Mohrrüben – enthält. Weitere Hauptzutaten sind Eiercreme (aromatisiert mit Kirschwasser) mit geriebenen Haselnüssen oder Mandeln, Mehl und Backpulver. Die Torte wird nach dem Backen mit Aprikosenkonfitüre bestrichen und mit einer Spritzglasur überzogen oder mit Puderzucker bestreut. Als Dekoration nimmt man kleine Karotten aus Marzipan.

RÜHREIER

Eier in die Pfanne schlagen und beim Garen durchrühren, das schafft jeder. Die kleinen Tricks machen aber auch hier den feinen Unterschied. Ein gutes Rührei muss bei lediglich milder Hitze und mit etwas Butter und/oder Sahne und Milch ständig gerührt bzw. geschlagen werden – das aber möglichst sanft, dann bleibt es schön weich und cremig. Die am Boden und an den Seiten der Pfanne gestockte Eimasse hebt man mit einem Spatel unter; wie stark bzw. wie viel man von der Eimasse stocken lässt, ist Geschmackssache. Gewürzt werden Rühreier lediglich mit Salz und Pfeffer.

SCHON GEWUSST?

In erster Linie sind ▸ Rühreier ein beliebtes Frühstück, manchmal auch deftig mit Speck und Zwiebeln. Mit Rühreiern harmonieren aber auch gehackte Kräuter, geräucherter Lachs, Spargel, Schinken und Pilze (besonders Pfifferlinge), Geflügelleber und Garnelen. Zur Delikatesse werden sie mit Trüffeln oder Kaviar.

RÜHRKUCHEN

Ein aus ▸ Rührmasse mit den verschiedensten weiteren Zutaten hergestellter ▸ Sandkuchen, der in einer länglichen oder einer runden Form gebacken wird. Weitere Zutaten können frische oder getrocknete Früchte, Nüsse usw. sein.

RÜHRMASSE

Halbflüssiger „Teig", der einfach angerührt werden kann und keine Hefe, nur wenig bis gar keine Milch und keinen Frischkäse braucht. Nicht einmal ein Backtriebmittel ist zwingend erforderlich. Nach backtechnisch korrekter Definition handelt es sich um eine Masse, die aus Fett, Zucker, Eiern und Mehl als Hauptzutaten besteht. Die Reihenfolge in der diese zugegeben bzw. verarbeitet werden, entscheidet darüber, ob der Kuchen lockerer oder fester wird.

RÜHRTEIG

gängige, backtechnisch aber nicht korrekte Bezeichnung für ▸ Rührmasse

RULÄNDER ▸ Grauburgunder

RUM

Meist aus den Rückständen bzw. Nebenprodukten bei der Herstellung von Rohrzucker (u. a. ▸ Melasse) und nur selten aus frischem Zuckerrohrsaft gebrannter Schnaps, der vor allem in der Karibik, auf Madagaskar und Mauritius, aber auch in Indien und auf den Philippinen hergestellt wird. Die „Buddel voll Rum" war für die alten Seeleute, Piraten, Schmuggler, Räuber usw. Rauschmittel wie Medizin und Nahrungsergänzung. Bei der Rumherstellung wird die zuckerhaltige Maische zunächst zu einer Art Zuckerwein vergoren und dieser dann destilliert. Im „Urzustand" hat der Rum 65–80 Vol.-% Alkohol. „Original Rum" darf er nur heißen, wenn er im Importland völlig unverändert (also so wie er aus Übersee gekommen ist) verkauft wird. „Echter Rum“ ist dagegen eine deutlich „entschärfte“ Variante, die durch Zugabe von destilliertem Wasser auf Trinkstärke von 38–54 Vol.-% eingestellt wird. Ein „Rum-Verschnitt“ muss im Verschnitt mit neutralen Alkoholen und Wasser nur mindestens 5 Vol.-%, Original Rum einen Mindestalkoholgehalt von 37,5 Vol.-% aufweisen. Kunst-Rum schließlich enthält überhaupt keinen echten Rum und wird ausschließlich aus neutralen Alkoholen und Aromastoffen produziert. Ein Spezial-Rum ist der bekannte österreichische ▸ Stroh Rum. Weißer Rum kommt in der Regel aus dem Stahltank, während der typische braune Rum meist zwischen 6 und 30 Monate in Eichenholzfässern gelagert wird und zusätzliche Aromen aus dem Holz annimmt. Die geschmacklichen Unterschiede der verschiedenen Rumsorten (davon gibt es über 100) beruhen neben dem Holzkontakt auf verschiedenen würzenden Zutaten bei der Destillation.

VERWENDUNG

Der in der Regel weniger aromatische Weiße Rum wird hauptsächlich für Mischgetränke verwendet. Brauner Rum dagegen entfaltet sein Aroma in Backwaren, Süßspeisen sowie heißen Getränken (▸ Punsch, ▸ Grog, ▸ Tee) besonders gut. Welche Art man für die legendäre ▸ Feuerzangenbowle und den ▸ Rumtopf verwendet, bleibt eine Frage des persönlichen Geschmacks.

SCHON GEWUSST?

Nicht immer ist die Farbe beim ▸ Rum ein verlässlicher Indikator für die Lagerungsmethode. So kann brauner Rum auch nur mit Zuckercouleur oder Karamellsirup gefärbter Rum ohne Lagerung in Holzfässern sein oder weißer Rum im Eichenholz gelegen haben, danach aber einer „Entfärbungskur“ unterzogen worden sein.

RUMKUGELN
Typisches Erkennungszeichen dieses beliebten Konfekts sind die Schokoladenstreusel, mit denen die kleinen Kugeln ganz bedeckt sind. Sie umhüllen eine Masse aus Kakao- bzw. Schokoladenpulver, Nüssen, Puder- und Vanillezucker, Rum oder Rumaroma und Pflanzenfett (Kokosfett) als Hauptzutaten.

RUMPSTEAK
Aus der Rinderhüfte (als Verlängerung des Roastbeefs) oder aus dem flachen Roastbeef geschnittene, etwa 200–300 g schwere Fleischscheibe, die meist kurz gebraten wird. Das Rumpsteak sollte an der Längsseite einen möglichst weißen Fettrand haben, den man vor dem Braten in kurzen Abständen einschneidet, damit sich das Fleisch nicht wölbt.

RUMTOPF

Eine im wahrsten Sinne des Wortes „berauschende“ Art, um die Früchte aus dem eigenen Garten oder auch gekauftes Obst lange haltbar zu machen. Dazu werden von Frühsommer bis Herbst immer wieder Früchte mit der halben bis maximal gleichen Gewichtsmenge Zucker vermischt und in einem großen Gefäß in Rum eingelegt. Am besten eignen sich dafür ein großer Steintopf oder ein großes Glas, bedeckt mit einem Teller oder mit einer Einmachhaut bzw. Pergamentpapier zugebunden. Je 10 kg Früchte rechnet man etwa 1,5 l Rum – welche Sorte und wie hochprozentig (mindestens 54 Vol.-% sollten es aber schon sein), das bleibt dem persönlichen Geschmack überlassen. Von ihrer Oberkante sollten die Früchte noch 2 cm hoch mit Rum bedeckt sein, deshalb immer wieder kontrollieren, von Zeit zu Zeit durchrühren und Rum nachfüllen. Als Rumtopffrüchte besonders geeignet sind Erdbeeren, Kirschen, Brombeeren, Pflaumen bzw. Zwetschgen, Himbeeren, Birnen, Aprikosen und Pfirsiche. Im Winter ist der Rumtopf fertig. Er wird gerne als Nachtisch mit Vanilleeis oder -creme gegessen, zu verschiedenen Süßspeisen serviert oder auch als Kuchen- bzw. Tortenbelag verwendet.

RUNDKORNREIS
(Kurzkornreis)
Sammelbegriff für eine wichtige und große Gruppe von Reissorten (▸ Reis)

RUNKELRÜBEN ▸ Kohlrüben

RUOTE
Italienische Nudeln (▸ Pasta, ▸ Teigwaren) in Form von kleinen Rädchen mit Speichen, mit dem Zusatz „tricolore“ (wie manchmal auch bei anderen Nudelsorten) in den italienischen Nationalfarben Rot, Weiß und Grün

RUSS
wie das ▸ Radler eine vor allem in Süddeutschland und Österreich beliebte und erfrischende 50:50-Mischung aus Bier und weißer Zitronen-

limonade, in diesem Fall allerdings mit ▸ Weißbier und nicht mit hellem Bier

RUSSE, À LA ▸ russische Art

RUSSISCHE ART
(russe, à la)
Steinpilze in saurer Sahne und saure Gurken zu verschiedenem Fleisch oder zu Wild in ▸ russischer Sauce

RUSSISCHE CREME
Eierschaum mit Vanillezucker, untergezogener Schlagsahne und einem Gläschen Rum oder Brandy, eiskalt serviert

RUSSISCHE EIER
Kalte Vorspeise auf der Basis von hart gekochten Eiern, die halbiert und garniert bzw. gefüllt werden. In der klassischen Variante werden die Eierhälften mit Remouladensauce und einem Häufchen Kaviar angerichtet, woher sie vermutlich auch ihren Namen haben. Bei den meisten anderen Zubereitungsarten wird das Eigelb durch ein Sieb gestrichen, mit würzenden Zutaten wie z. B. Senf, Mayonnaise, Sardellen, Kapern, Kräutern usw. vermengt und die Masse wieder auf das Eiweiß gesetzt.

RUSSISCHE SAUCE
(Sauce russe)
mit saurer Sahne verkochte sowie mit geriebenem Meerrettich, Kräutern und etwas Essig gewürzte ▸ weiße Grundsauce

RUSSISCHER SALAT
reichhaltiger Feinkostsalat aus hart gekochten Eiern, Gurken, Mohrrüben, Weißen Rüben, Grünen Bohnen und Champignons mit gekochtem oder gebratenem Fleisch, Pökelzunge, Wurst, Hummer, Sardellenfilets, manchmal sogar Kaviar, kräftig gewürzt und mit dicker saurer Sahne oder Mayonnaise gebunden

RUSSISCH(ES) BROT
(Buchstabenkeks, Patiencegebäck)
Feingebäck, das traditionell und zur Freude der Kinder – weil es nicht nur lecker schmeckt, sondern auch noch ihren Spieltrieb befriedigt – in Form von Buchstaben hergestellt wird. Die trockenen braunen Kekse mit glatter Oberfläche bestehen aus einer schaumigen Kakao-Eiweiß-Masse und ihre Oberfläche ist dünn mit Zuckerglasur bestrichen. Der Klassiker der industriellen Lebensmittelproduktion wird in Deutschland seit Ende des 19. Jh. hergestellt und in alle Länder der Welt exportiert.

SCHON GEWUSST?

In Deutschland wurde es erstmals industriell produziert, ursprünglich dürfte ▸ Russisch Brot aber aus Sankt Petersburg (zweitgrößte russische Stadt) stammen. Ein Bäcker aus Dresden namens Ferdinand Wilhelm Hanke (1816–1880), soll es Mitte des 19. Jh. von dort mit in seine Heimat gebracht haben.

RUWER
Neben der ▸ Saar der zweite Nebenfluss der ▸ Mosel, an dem Wein angebaut wird, allerdings nur auf einer bescheidenen Rebfläche von rund 400 ha. Dennoch verfügt die Ruwer, die bei Trier in die Mosel mündet, über zwei berühmte Riesling-Lagen: Maximin Grünhäuser und Eitelsbacher Kartäuserhof.

SAANENKÄSE
Vollfetter Hartkäse (▸ Käse) mit 50 % Fett i. Tr., der aus dem Bezirk Saanen bzw. dem Tal der Saane im südlichen Teil des Schweizer Kantons Bern kommt und aus Kuhmilch hergestellt wird. Saanenkäse ist lange lagerfähig (bis 10 Jahre), jung schmeckt er mild-aromatisch, älter wird er nussiger. Traditionell wird er gehobelt und zu Brot und Weißwein gegessen. Er eignet sich aber auch gut zum Kochen und Reiben.

SAANENSENF
Eine Spezialität aus dem Bezirk Saanen im Schweizer Kanton Bern ist dieser Brei aus grob gemahlenem, hell geröstetem, in Wasser gekochtem Weizenmehl mit Kirschenmus, Rosinen, Pfeffer, Zimt, Rotwein und Zucker. Saanensenf wird oft zu Fleischgerichten serviert.

SAAR
Nebenfluss der ▸ Mosel, an dem auf rund 1200 ha ▸ Wein angebaut wird. Die Weine von der Saar werden zum größten Teil aus ▸ Riesling gekeltert. Einige Weinbergslagen zählen mit Neigungen bis zu 45° zu den steilsten der Welt. Spitzenlagen sind z. B. Scharzhofberg, Gottesfuß und Kupp in Wiltingen, Altenberg in Kanzem oder Schloss Saarsteiner in Serrig.

SABAYON
(Weinchaudeau, Zabaglione, Zabaione)
1. Unter ihrem französischen Namen ist diese beliebte Nachspeise international bekannt, das Original kommt aber aus Italien: die Zabaglione oder Zabaione. Es handelt sich um eine im warmen Wasserbad geschlagene Weinschaumcreme aus Eigelb, Zucker und Wein. Für die feinen Geschmacksunterschiede sorgt neben der Zugabe von Gewürzen wie Vanille oder Zimt vor allem die Wein- und Spirituosenauswahl: trockener oder süßer Wein bzw. ▸ Likörweine (z. B. Marsala, Madeira oder Banyuls) oder eine Mischung daraus. Serviert wird das schaumige Dessert traditionell in einem Glas nur mit ▸ Löffelbiskuits; zusätzlich kann man Früchte und Eis dazu reichen.
2. Auch Bezeichnung für verschieden aromatisierte Saucen auf der Basis von Eigelbschaum.

SACCHARIDE ▸ Kohlenhydrate

SACCHAROSE
Unter den verschiedenen Zuckerarten gilt die Saccharose (ein Disaccharid oder Zweifachzucker aus Glukose und Fruktose) als „der Zucker" schlechthin, vor allem weil sie die Grundsubstanz im Haushaltszucker (▸ Zucker) bildet. Sie wird in vielen Pflanzen durch Fotosynthese erzeugt und aus ▸ Zuckerrohr, ▸ Zuckerrüben sowie Zuckerahorn gewonnen.

SACCOTTINI
kleine italienische Nudeltäschchen (▸ Pasta, ▸ Teigwaren) mit verschiedenen Füllungen

SACHERTORTE
Legendäre Schokoladentorte mit Marillenkonfitüre und Schokoglasur, als deren Erfinder der junge Franz Sacher gilt. Im Jahre 1832 soll der damals erst 16-jährige Kochschüler am Hof des Fürsten Metternich (1773–1859) für den erkrankten Patissier eingesprungen sein und eine der fortan berühmtesten Spezialitäten Wiens kreiert haben. Franz Sachers Sohn Eduard, der 1876 das Hotel und Restaurant Sacher in Wien gründete, ließ die Original Sachertorte als Markenzeichen schützen. Hauptzutaten der Sachertorte sind Butter, Staubzucker, Kakaomasse, gesiebtes Mehl, Eigelb, Eischnee und Vanille. Das genaue Rezept wird aber streng gehütet. Das Geheimnis könnte in der Glasur liegen, denn nach Angaben des Hotels

SCHON GEWUSST?

Über Jahrzehnte zog sich ein Rechtsstreit um die Original ▸ Sachertorte zwischen dem Hotel Sacher und dem Hofzuckerbäcker Demel hin, zu dem 1930 ein Spross der Familie Sacher gewechselt hatte. Beide beanspruchten für sich, das Rezept für die echte Sachertorte zu besitzen. Im Mittelpunkt der Auseinandersetzung stand dabei, ob diese in der Mitte eine zweite Schicht Konfitüre haben darf (wie im Hause Sacher) oder nur eine unter der Kuvertüre (wie im Hause Demel) und ob statt Butter auch Margarine erlaubt sei. Die Gerichte entschieden für die Familie Sacher.

Sacher werden dafür drei Schokoladensorten verwendet, die exklusiv produziert werden. Die Original Sachertorte wird heute vom Hause Sacher in einer Stückzahl von rund 300 000 pro Jahr hergestellt – seit 1999 in einer eigenen Produktionsstätte im Ortsteil Simmering.

SACKBRASSE
Mit der ▶ Goldbrasse (Dorade) nahe verwandter Meeresfisch (▶ Fische), der vor allem den Ostatlantik von Angola bis zur Biskaya und das Mittelmeer besiedelt. Das vorzügliche Fleisch schmeckt am besten vom Grill oder gebraten.

SAFLORÖL ▶ Distelöl

SAFRAN
edles und aromatisches Gewürz (▶ Seite 488)

SAFT
Sammelbegriff für Flüssigkeiten, die nicht alle zum Trinken bestimmt sind. Landläufig versteht man unter Saft in erster Linie ein durch das Pressen von Obst oder Gemüse hergestelltes Getränk. Als Saft bezeichnet man auch den bei „Verletzungen" von Pflanzen austretenden Blutungssaft sowie Körperflüssigkeiten tierischen Ursprungs (z. B. Fleischsaft).

SAFTGULASCH
(Wiener Gulasch)
Aus der österreichischen Küche stammende Variante des ▶ Gulasch aus Rindfleisch, dessen Besonderheit der Verzicht auf Mehl und der besonders hohe Anteil an Zwiebeln sind. Das Fleisch wird ohne Zugabe von Flüssigkeit mehrere Stunden im eigenen Saft geschmort, bis die Zwiebeln zerfallen sind und sich mit dem Fleischsaft zu einer sämigen Sauce verbinden. Gewürzt wird mit süßem und scharfem Paprika, Kümmel, Majoran, Knoblauch, Salz, Pfeffer, manchmal werden Tomatenmark, Fleischbrühe oder Rotwein zugegeben. Traditionell isst man zum Saftgulasch lediglich dunkles Brot.

SÄGEBARSCHE
Eine große Meeresfischfamilie (▶ Fische) innerhalb der ▶ Barschartigen, die zahlreiche Arten umfasst – vom kleinen Gürtelsandfisch mit nur 10 cm Länge bis zum großen Riesenzackenbarsch, der fast 3 m lang und 400 kg schwer werden kann. Kulinarisch von Bedeutung sind die ▶ Zackenbarsche.

SAGO
Ursprünglich aus dem Mark der Sagopalme, heute auch aus anderen tropischen Pflanzen (z. B. ▶ Maniok) gewonnenes, geschmacksneutrales ▶ Bindemittel, das als Granulat in Kügelchen von 1–3 mm Durchmesser angeboten wird. Deshalb wird es oft auch als Perlsago bezeichnet. Beim Kochen quellen die Kügelchen auf und werden glasig, beim Erkalten wirken sie dann bindend. Sago wird vor allem zum Andicken von Puddings, Grützen, Kaltschalen und anderen Süßspeisen verwendet, außerdem kommt es als Einlage in Brühen und Suppen.

SCHON GEWUSST?

Der Name ▶ Sago kommt aus dem Papuanischen und bedeutet „Brot". Traditionell wird Sago auf Neuguinea und anderen Inseln in Südostasien als Mehl zur Herstellung von Brot und Fladen verwendet. Vor allem für Singapur ist Sago ein wichtiger Exportartikel.

SAHNE
(Creme, Flott, Obers, Rahm)
Sozusagen das „Sahnehäubchen" der Milch in Form von Rahm, der sich mit der Zeit von selbst von dem mageren Anteil der Milch trennt, auf der Oberfläche absetzt und abgeschöpft werden kann. Wenn es schneller gehen soll, kann durch Zentrifugieren nachgeholfen werden. Der Rahm ist u. a. Ausgangsprodukt für die Butter- und Käseherstellung und wird in der Küche „süß" oder gesäuert verwendet.
Allgemein als „süße Sahne" wird im Volksmund frischer und nicht weiter verarbeiteter (außer eventuell ultrahoch erhitzter bzw. sterilisierter) Rahm bezeichnet. Je nach Fettanteil wird „süße Sahne" unter verschiedenen Namen gehandelt. Vor allem unterscheidet man zwischen Kaffeesahne (10–15 % Fett), Sahne (25–29 % Fett), Schlagsahne (30–33 % Fett), Schlagsahne extra (mindestens 35 % Fett), Tee-

Safran: Das kostbarste Gewürz

Das teuerste und kostbarste Gewürz der Welt verdanken wir einer besonderen Krokusart aus der botanischen Familie der Schwertliliengewächse. Als Gewürz werden die getrockneten dünnen Narbenäste der im Herbst erscheinenden violetten Blüten – jede Blüte hat 3 Stück davon – verwendet. Im Volksmund sind diese allgemein als Safranfäden bekannt. Bei billigeren Qualitäten werden auch die Griffel, an denen die Narben sitzen, mit verarbeitet.

FÜR FARBE UND GESCHMACK

Die ursprüngliche Heimat des Safran wird im östlichen Mittelmeerraum vermutet, möglicherweise auf der Insel Kreta. Dort zeigen jedenfalls rund 4000 Jahre alte Wandgemälde bereits die Übergabe von Safran als einen Teil des Tributs an mesopotamische Herrscher. Angebaut wird Safran hauptsächlich im Mittelmeerraum und im Nahen Osten. Die beiden mit Abstand größten Erzeuger, auf die allein rund 80 % der Welternte entfallen, sind der Iran und Spanien. Kleine Anbaugebiete gibt es sogar in Österreich und der Schweiz.

Safran duftet süß-aromatisch und hat einen bitter-scharfen Geschmack, der sich allerdings im Gegensatz zum typischen Aroma erst bei höherer Dosierung – wie man sie in der Küche normalerweise nicht praktiziert – entwickelt. Ebenso verhält es sich mit einer Geruchsnote nach Jod und der toxischen Wirkung von Safran, die bei hohen Konzentrationen auftreten kann kann. Grundsätzlich sollte man deshalb Safran immer nur sehr dosiert einsetzen. Viele Speisen werden durch Safran nicht nur geschmacklich veredelt, sondern auch optisch durch die kräftige und schöne gelbe Farbe, hervorgerufen durch die enthaltenen ▸ Karotine. In orientalischen Gerichten kommt diese freilich oft von ▸ Kurkuma und nicht von Safran.

OFT GEFÄLSCHT

Gewiss ist Safran auch geschmacklich ein edles Gewürz, so exorbitant teuer mit Preisen im Handel von etwa 4–14 Euro je Gramm macht ihn aber erst die mühevolle „Produktion". Um 1 kg Safran zu gewinnen, müssen in mühevoller Handarbeit die Fäden aus rund 150 000 Blüten herausgezupft werden. Aufgrund der hohen Preise hat der Safran stets auch auf Betrüger und Fälscher besondere Anziehungskraft ausgeübt – und so wurde Safran selbst zu Zeiten, als noch die Todesstrafe darauf stand, verfälscht und gestreckt.

Auch heute noch ist man vor Fälschungen nicht sicher. Deshalb sollte man Safran grundsätzlich nicht gemahlen als Pulver kaufen, wenn man nicht Gefahr laufen will, nur eine Mischung mit ▸ Kurkuma zum Wucherpreis zu erhalten. Zwar gibt es auch gefälschte Fäden, doch ist der Schwindel hier für ein geübtes Auge und eine geschulte Nase leichter zu erkennen.

VERWENDUNG

Safran kann viele Speisen bzw. Saucen aromatisch veredeln. Besonders gut harmoniert er mit Lammfleisch, Fisch und Meeresfrüchten sowie mit Reis. So ist er fester Bestandteil bekannter europäischer (wie dem italienischen Risotto alla milanese (▸ Risotto) oder der spanischen ▸ Paella) und auch asiatischer Reisgerichte. Unbedingt gehört Safran in die ▸ Bouillabaisse und in andere Fischsuppen. Außerdem werden feine Backwaren und Liköre damit aromatisiert.

AUFBEWAHRUNG

Damit er seine Qualität behält, muss Safran fachkundig gelagert werden. Er wird am besten vor Licht und Feuchtigkeit geschützt in einem fest verschließbaren Metall- oder Glasgefäß aufbewahrt, weil er – wenn er Licht und frischem Sauerstoff ausgesetzt ist – in der Farbe schnell ausbleicht und sich das für das Aroma verantwortliche ätherische Öl schnell verflüchtigt.

sahne (maximal 40 % Fett) und Crème double (40–45 % Fett, in der Schweiz mindestens 45 %). Saure Sahne ist ein mit Milchsäurebakterien versetzter Rahm, der dadurch einen fein säuerlichen Geschmack und feste Konsistenz erhält. Auch saure Sahne gibt es unter verschiedenen Handelsnamen: Saure Sahne oder Sauerrahm (10–15 % Fett), Saure Sahne extra (18 % Fett), Schmand (20–29 % Fett) und Crème fraîche (30–40 % Fett bei gleichzeitig reduziertem Milchzuckergehalt von maximal 15 %).

SAHNECREME

Nachspeisencreme aus mit Gelatine gebundener Milch, Eigelb und Zucker, unter die kurz vor dem Erstarren Schlagsahne gezogen wird.

SAHNEGEBÄCK

In der Konditorei üblicher Sammelbegriff für alle Erzeugnisse mit ▸ Sahne als eine der Hauptzutaten und mit einem deutlich sahnigen Geschmack, wie z. B. ▸ Windbeutel, ▸ Hippen, ▸ Schaumrollen oder Sahnetorten.

SAHNEJOGURT

besonders cremiger Jogurt aus ▸ Sahne mit mindestens 10 % Milchfett

SAHNEMAYONNAISE

eine ▸ Mayonnaise mit ungesüßter Schlagsahne, vor allem zu kaltem Geflügel, Fleisch, Fisch, Krusten- und Schaltieren (ähnlich der ▸ Chantillysauce)

SAHNEMEERRETTICH

mit Schlagsahne, Essig, Öl, Salz und Zucker verfeinerter frisch geriebener Meerrettich, als Handelsware in Tuben oder Gläsern erhältlich

SAHNEPULVER

(Trockensahne)

durch verschiedene Verfahren gewonnene Trockenbestandteile der ▸ Sahne mit 40–45 % Fett, in erster Linie für die Herstellung von Rahmschokolade

SAHNEQUARK

Quarkzubereitung aus Sahne bzw. mit Sahnezusatz und 40–60 % Milchfett

SAHNESAUCE

(Sauce à la crème)

▸ Béchamel-Sauce mit Sahne zu gekochtem Geflügel oder Lendenschnitten, Fisch, gekochtem Gemüse, Eierspeisen usw.

SAHNETORTEN

Torten mit den unterschiedlichsten Zutaten, immer aber mit viel Sahne.

SAIBLINGE

Süßwasserfische (▸ Fische) der Familie der Forellenfische, die sich durch besonderen Artenreichtum auszeichnen und auf der gesamten Nordhalbkugel in Flüssen und Seen zu Hause sind. Sie fühlen sich in kaltem, klarem und sauerstoffreichem Wasser am wohlsten und sind deshalb auch die am weitesten in arktische und alpine Gewässer vorgedrungenen Süßwasserfische. Saiblinge gelten als vorzügliche Speisefische mit festem und zart lachsfarbenem Fleisch, sind jedoch weit seltener als z. B. ▸ Forellen. Die beiden Hauptarten sind der Bach- und der Wander- bzw. Seesaibling, der Elsässer Saibling ist eine Kreuzung aus beiden.

VERWENDUNG

Saiblinge kann man braten oder grillen, ihre geschmacklichen Feinheiten entfalten sie aber am besten pochiert oder gedünstet und in Kombination mit nicht zu fetten Saucen.

SAIGNANT

(blutig, rare, sehr englisch, underdone)

Garstufe beim Fleisch (▸ Garstufen)

SAIJOOR

indonesische Gemüsesuppen (aus grünen Erbsen, Bohnen, Porree, Weißkohl und anderem Gemüse, Fadennudeln, Reis, exotisch gewürzter Hühnerbrühe), Bestandteil der ▸ Reistafel

SAINT-ALBRAY

Mildwürziger Weichkäse aus Kuhmilch mit orangeweißer Schimmelrinde, dessen Heimat das ▸ Jurancon ist. Erkennungsmerkmal ist die sechsblättrige Blütenform mit einem Loch in der Mitte. Der Fettgehalt liegt bei 50 % i. Tr.

SAINT-MARCELLIN

Ursprünglich aus Ziegenmilch, heute auch aus Kuhmilch bzw. einer Mischung aus beiden hergestellter französischer ▸ Käse, der an der südlichen Rhone mit eigener AOC aus Roh- oder pasteurisierter Milch produziert wird. Der vollfette Weichkäse (50 % Fett i. Tr.) muss nur zwischen 2 und 6 Wochen reifen. Charakteristisch für Saint-Marcellin ist der milde und leicht säuerliche Geschmack. Eingelegt wird er zu der provenzalischen Käsespezialität ▸ Le Pitchou.

SAINT-NECTAIRE
Französischer Kuhmilchkäse (▸ Käse) mit 45 % Fett i. Tr., der mit geschützter Herkunftsbezeichnung (AOC) nach der gleichnamigen Stadt benannt ist und aus der Region Auvergne in Zentralfrankreich kommt. Er darf dort in 72 Ortschaften hergestellt werden. Der halbfeste, cremige Schnittkäse hat eine rosa bis rote, je nach Reifungsgrad auch gelblich-bräunliche bis dunkelgrau-fleckige Rinde, die häufig mit Salzlake gewaschen wird. Das Aroma von Saint-Néctaire erinnert an Pilze und Nüsse. Die qualitativ besten Käse werden in bäuerlichen Kleinbetrieben erzeugt, sie tragen dann den Zusatz „fermier" bzw. sind an ihrem kleinen, grünen Etikett zu erkennen.

SAINT-PAULIN
Halbfester Schnittkäse (▸ Käse) aus der Normandie, der um 1930 als erster aus pasteurisierter Milch hergestellter französischer Käse in den Handel kam. Heute wird Saint-Paulin in ganz Frankreich aus Kuhmilch mit mindestens 40 % Fett i. Tr. produziert. Im Geschmack ist er sehr mild bis leicht säuerlich bzw. würzig.

SAINT-PIERRE ▸ Petersfisch

SAINTE-MAURE
Der Strohhalm in der Mitte und die traditionell mit Holzkohlenasche bestäubte Rinde machen diesen Ziegenkäse (▸ Käse) in Stangen- bzw. Rollenform (▸ Ziegenrolle) schon äußerlich unverwechselbar. Der Sainte-Maure kommt aus der Touraine (französische Provinz) und hat in der Regel 45 % Fett i. Tr. Er macht sich auf jeder Käseplatte gut, schmeckt aber auch in Scheiben auf getoastetem Brot oder warm auf Salat.

SAITENWÜRSTCHEN
Diese Brühwürstchen aus Rind-/Schweinefleisch und Speck in zarter Hülle (▸ Saitling) sind die schwäbischen ▸ Wiener Würstchen und Bestandteil eines Nationalgerichts der Schwaben, nämlich Linsen mit Spätzle und Saitenwürstchen – auch kurz LSS genannt.

SAITLING
Die zarteste Form von Naturdärmen, die als Wursthülle verwendet werden. Saitling ist ein bestimmter Abschnitt des Dünndarms von Schafen und umhüllt viele Brüh-, Grill- und Knackwürste, u. a. ▸ Wiener Würstchen.

SAKE
Im Japanischen eigentlich die Sammelbezeichnung für Alkoholika, im engeren Sinn ein alkoholisches Gärungsgetränk aus Reis, Wasser und Hefe. Dieses wird oft als ▸ Reiswein bezeichnet, obwohl es im Herstellungsprozess dem ▸ Bier näher steht. Das gilt aber nicht für den Alkoholgehalt, denn Sake hat 15 Vol.-% oder mehr. Es wird angenommen, dass der japanische Reiswein bereits seit der Einführung des Nassreisanbaus im 3. Jh. v. Chr. hergestellt wird. Sake wird in Japan als Aperitif, Digestif und auch zum Essen selbst – abhängig von der Jahreszeit – heiß oder kalt serviert. In der japanischen Küche ist er Bestandteil vieler Saucen und Marinaden. Eine süße Variante, der ▸ Mirin, wird nur zum Kochen verwendet.

SAKUSKI
Verschiedene kalte Vorspeisen und Salate, mit denen in Russland nach alter Tradition ein festliches Essen begonnen wird, eine alte Tradition, die mindestens schon seit dem 10. Jh. gepflegt wird. Es war früher der besondere Ehrgeiz russischer Hausfrauen, immer wieder neue Rezepte für Sakuski zu entwickeln.

SALAKS
Früchte einer tropischen Palmenart, die bis 6 m hoch werden kann und im gesamten Malaiischen Archipel in vielen Unterarten halb oder ganz domestiziert verbreitet ist. Salaks sind 6–8 cm große Beeren. Ihr süßsäuer-

lich und erfrischend schmeckendes weißliches Fruchtfleisch hat Ähnlichkeit mit ▸ Litschis. Bei uns werden die Salaks auch als Schlangenfrüchte (wegen ihrer schuppigen Haut) angeboten.

SALAMI
Besonders populäre Vertreterin der ▸ Rohwürste, deren Mutterland Italien ist. Mittlerweile wird Salami in fast jedem europäischen Land aus Rind- und Schweinefleisch hergestellt, allein in Italien in mehr als 40 Sorten. Im Original bestand die italienische Salami aus Esel- oder Maultierfleisch, was heute aber eine rare Spezialität ist. Die geschmacklichen Unterschiede der meist luftgetrockneten Schnittwurst werden durch die Größe der enthaltenen Fettstücke und die Gewürze bestimmt. Von den gängigen Wurstarten enthält die Salami am wenigsten Wasser und am meisten Fett.

SALATDRESSINGS ▸ Dressings

SALATE
Begriff, der die verschiedenen Salatpflanzen und -sorten einschließt sowie die große und bunte Vielfalt der Zubereitungen mit ihnen. Als Salate werden auch andere Mischungen aus gestückelten rohen oder gegarten Lebensmitteln wie Fleisch, Fisch, Meeresfrüchten, Gemüse, Kartoffeln, Pilze, Reis, Nudeln, Eiern, Früchten usw. bezeichnet. Je nach Art und Rezept kann ein Salat – kalt oder warm serviert – sowohl Hauptgericht als auch Beilage sein. Der Name richtet sich in der Regel nach der Hauptzutat, z. B. Fleisch-, Nudel-, Eier-, Obstsalat.

SALATGURKEN
eine der Hauptgruppen von ▸ Gurken

SALATHERZEN
das zarte Innere verschiedener Kopfsalatsorten (▸ Kopfsalat, ▸ Salate)

SALATKRÄUTER
Sammelbegriff für frische, junge Kräuter, die gut mit Blattsalaten (▸ Salate) harmonieren. Typische Salatkräuter sind u. a. Borretsch, Brunnenkresse, Estragon, Kerbel, Dill, Petersilie, Pfefferminze, Pimpinelle und Schnittlauch.

SALATSAUCEN
Klare oder cremige Saucen, mit denen Salate angemacht werden und die heute in vielen Varianten auch als Fertigprodukt erhältlich sind. Die einfachste Salatsauce besteht aus Essig und Öl, für weitere Geschmacksnuancen sorgen die verwendeten Gewürze und Kräuter. Cremige Salatsaucen können u. a. mit Eigelb, Mayonnaise, Jogurt, Quark, Senf usw. hergestellt werden. Häufig werden Salatsaucen in der Küchensprache auch als ▸ Marinade oder ▸ Dressing bezeichnet.

SALBEI
(Altweiberschmecken)
Gewürz- und Heilpflanze aus der gleichnamigen botanischen Gattung, die aus dem Mittelmeerraum stammt, wo sie heute neben anderen europäischen Ländern noch am stärksten verbreitet ist (hauptsächlich Italien). Erste Hinweise auf die Nutzung von Salbei gehen bis auf 6000 v. Chr. in Ägypten zurück. Als Gewürz werden die frischen oder getrockneten, silbergrauen bis graugrünen und filzig behaarten Blätter des bis 80 cm hohen, immergrünen Halbstrauches verwendet. Während Salbei als Arzneipflanze bereits seit Jahrtausenden bekannt ist, wurde er erst im Mittelalter für die Küche entdeckt. Das Würzkraut hat ein sehr charakteristisches Aroma und einen würzigen, etwas bitteren und adstringierenden Geschmack.

SCHON GEWUSST?

In Mittelamerika kennt man einige etwas mildere und fruchtigere Arten des ▸ Salbei, wie z. B. den Ananas- oder den Pfirsichsalbei, die oft zur Teeherstellung genutzt werden. Eine andere Art ist der Heilige Salbei oder Aztekensalbei, der als Rauschmittel Halluzinationen hervorruft und von den Indianern früher bei religiösen Zeremonien verwendet wurde.

VERWENDUNG

Salbei ist eines der prägenden Würzkräuter der italienischen Küche und Bestandteil einiger ihrer Klassiker wie z.B. ▸ Saltimbocca. Er passt besonders gut zu fetten Speisen (Schweine-/Lammbraten, Aal usw.), weil er schwere Kost für den Magen bekömmlicher macht, und würzt Gemüse, Saucen und Marinaden (oft als Bestandteil von Gewürzmischungen). In Butter oder Olivenöl knusprig gebratene Salbeiblätter sind das i-Tüpfelchen auf ▸ Pasta und ▸ Gnocchi.

SALM ► Lachse

SALMANAZAR
eine der ► Großflaschen für Wein/Champagner

SALMIS
Sammelbezeichnung für verschiedene Federwild- und Geflügelragouts bzw. -haschees in einer braunen ► Demiglace (Salmisauce) mit Wildabfällen, klein geschnittenen Knoblauchzehen, Schalotten, Weiß- oder Rotwein, Lorbeer, Petersilie und Thymian.

SALMONELLEN
Schreckgespenst für Lebensmittelerzeuger, Gastronomen und Verbraucher, bei denen sie Lebensmittelvergiftungen auslösen können: Salmonellen sind Bakterien, die sich vor allem bei leicht verderblichen Lebensmitteln und bei mangelnder Hygiene im Umgang damit bilden können. Bei deren Genuss können Salmonellen schwere Darm- und Durchfallerkrankungen verursachen, für Risikogruppen im Extremfall sogar mit tödlichem Ausgang. Salmonelleninfektionen zählen nach dem deutschen Infektionsschutzgesetz zu den meldepflichtigen Erkrankungen. Trotz eines starken Rückgangs in den letzten 20 Jahren, werden noch immer rund 50 000 Fälle von Salmonellenverseuchung pro Jahr amtlich registriert. Als besonders „anfällig" für Salmonellen gelten z. B. Geflügel und Geflügelprodukte, wie z. B. Eier.

SALONBEUSCHEL
(Wiener Beuschel)
Österreichische Spezialität aus langsam gekochter Kalbslunge (teils auch Herz), die in einer dicken Sauce mit Semmelknödeln serviert wird. In die Sauce kommen u. a. in brauner Mehlschwitze leicht geröstete Gewürzgurken, fein gehackte Zwiebeln, Sardellen, Kapern, Lorbeer, Thymian und Petersilie sowie Salz, Pfeffer, Essig, Senf und Sahne oder Sauerrahm.

SALPICON
(Kleinragout)
besonders feines Ragout aus in sehr kleine Würfel geschnittenem Fleisch, Geflügel, Wild, Fisch, Krebstieren, Gemüse oder Früchten, meist in nur wenig brauner oder weißer Sauce

SALSA

Genauso wie der temperamentvolle lateinamerikanische Tanz gleichen Namens bietet die Salsa auch im kulinarischen Sinn in den allermeisten Fällen ein „feuriges" Geschmackserlebnis. Als pikant-scharfe Sauce in verschiedenen Variationen mit Zutaten wie Chilis, Tomaten, Zwiebeln, Knoblauch, Koriander, Olivenöl, Zitronensaft usw. ist sie ein unverzichtbarer Bestandteil in der kreolischen, südamerikanischen und Tex-Mex-Küche für Fleisch, Fisch, Gemüse usw. Bei uns wird Salsa vielfach auch als Fertigprodukt angeboten, das mit dem Original meist aber nur wenig zu tun hat. In Italien ist Salsa eine Sauce aus pürierten Tomaten, Butter, Olivenöl, Basilikum, Knoblauch, Zwiebeln, geriebenem Parmesan, Salz und Pfeffer zur ► Pasta, zu Reis (► Risotto), ► Polenta, ► Gnocchi und Omeletts. Die grüne Variante (Salsa verde) enthält gehackte Essiggurken, Sardellenfilets, Kapern, Knoblauch, grünen Gemüsepaprika, Schalotten und Petersilie und wird bevorzugt zu gekochtem Fleisch, kaltem Fisch, Eiern und Gemüse gegessen.

SALSICCIA
Eine grobe italienische Wurst im Naturdarm, die in der Regel aus Schweinefleisch, manchmal auch auf Wildschwein-Basis hergestellt wird. Je nach Region ist die Wurst mit verschiedenen Kräutern und Gewürzen aromatisiert, z. B. mit Paprika, Pfeffer, Knoblauch oder Fenchel. Es gibt sie frisch oder luftgetrocknet.

VERWENDUNG: *Salsiccia kann in der Küche vielseitig verwendet werden: als Ganzes gebraten oder gegrillt, ohne Haut als Füllung für Fleisch- oder Geflügel, Einlage für Suppen und Aufläufe oder für Nudelsaucen anstelle von Hackfleisch.*

SALSIZ
Schweizer Wurstspezialität aus dem Kanton Graubünden, die in Herstellung und Geschmack Ähnlichkeit mit der ▸ Salami hat und ebenfalls unter die ▸ Rohwürste fällt. Salsiz wird aus Schweine- und Rindfleisch mit Rückenspeck hergestellt, kräftig gewürzt und über Wochen an der Luft getrocknet oder bei niedriger Temperatur im Kamin geräuchert.

SALTIMBOCCA (ALLA ROMANA)
Spezialität der römischen Küche, die es international zu Ruhm gebracht hat. Das gebratene und mit Schinken und frischem Salbei belegte Kalbsschnitzel ist auch bei uns in italienischen Restaurants eines der beliebtesten Fleischgerichte. Traditionelle Beilagen zum Saltimbocca sind Kartoffelpüree oder Risotto.

SALZ
(Koch-, Speise-, Tafelsalz)
Chemische Verbindung der Elemente Natrium und Chlor (Natriumchlorid), die ihren Ursprung in der Gesteinsverwitterung hat und in der Küche unentbehrlich ist (▸ Seite 494).

SALZBURGER GOLDHÜHNER
in Schweineschmalz ausgebackene kleine Brandteighäufchen bzw. Auflaufkrapfen

SALZBURGER NOCKERL(N)
Berühmt gewordene Süßspeisenspezialität aus der österreichischen Stadt Salzburg, die sogar schon in einer Operette („Saison in Salzburg“ vom österreichischen Komponisten Fred Raymond, 1900–1954) als „süß wie die Liebe und zart wie ein Kuss“ besungen wurde. Das süße ▸ Soufflé gilt als die feinste aller ▸ Mehlspeisen und besteht aus den Zutaten Eigelb, Zucker, steif geschlagenem Eiweiß und etwas Mehl oder Speisestärke, die zu einer luftigen Masse verarbeitet werden. Davon werden üblicherweise drei große Nocken abgestochen, in einer feuerfesten Form im Ofen gebacken und vor dem Servieren mit Puderzucker bestreut.

SALZFISCHE
Sammelbegriff für Erzeugnisse aus geköpften und ausgenommenen Fischen oder Fischteilen, die durch Salzung länger haltbar und genussfähig gemacht werden. Grundsätzlich kann jeder Fisch zu Salzfisch verarbeitet werden, besonders häufig ist aber der ▸ Salzhering. Auch aus ▸ Kabeljau, ▸ Leng, ▸ Lumb und ▸ Seelachs wird viel Salzfisch hergestellt.

SALZGEBÄCK
Gesalzenes und knuspriges Gebäck (oft ▸ Laugengebäck), das gerne als Snack beim Fernsehen, zum Wein oder in geselliger Runde nebenbei als ▸ Fingerfood geknabbert wird. Salzgebäck gibt es in Form von Brezeln, Stäbchen, Stangen und Kringeln, aber auch Hartkekse (Cracker), Kartoffel- und Tortillachips sowie Erdnussflips fallen darunter.

SALZGEMÜSE
In hoher Konzentration mit Salz konserviertes Gemüse, das als sogenanntes Halberzeugnis in erster Linie für die industrielle Weiterverarbeitung bestimmt ist. Wenn diese nicht unmittelbar erfolgt, wird durch starkes Salzen verhindert, dass es verdirbt. Vor den weiteren Produktionsschritten muss dem Gemüse dann wieder Salz entzogen werden.

SALZGURKEN
Schon im antiken Rom waren diese durch Milchsäuregärung (▸ Milchsäure, ▸ Gärung) haltbar gemachten Gurken sehr beliebt, später wurden sie vor allem im östlichen Europa gerne hergestellt. Dazu legt man mittelgroße, feste, unversehrte, gewaschene und leicht gesalzene Gurken mit – je nach Rezept unterschiedlichen – Zutaten wie Nelken, Dill, Basilikum, Lorbeer, Pfefferkörnern, Piment und Zucker in Salzlake ein. Stilechte Gefäße dafür sind Steinguttöpfe und Holzfässer, man kann aber auch große Glasbehälter nehmen. Ein paar Tage sollte man die Gurken bei höherer Temperatur (30 °C) lagern, um die Milchsäuregärung schneller in Gang zu setzen, danach bei Kellertemperatur. Nach rund 6 Wochen sind die Salzgurken fertig und lange haltbar.

SALZHERINGE
In der Regel schon an Bord der Fangschiffe ausgenommene und in Salz bzw. Salzlake eingelegte Heringe, die vor dem Verzehr gewässert

Salz: nicht nur in der Suppe

Auch wenn man es im eigentlichen Sinne nicht unter die ▸ Gewürze einreiht, ist das Salz (auch Speise-, Koch- oder Tafelsalz) als Speisenwürze in der Küche und für die menschliche Ernährung unentbehrlich geworden. Es ist also noch viel mehr als das sprichwörtliche „Salz in der Suppe", wovon man im übertragenen Sinne bei Dingen spricht, die auf keinen Fall fehlen dürfen. Und sogar unser Geschmackssinn ist neben süß, sauer und bitter als vierte Komponente auf salzig „geeicht".

STEINSALZ UND MEERSALZ

Seinen Ursprung hat das Salz in der Gesteinsverwitterung und in der Verdunstung von Grund- und Meerwasser. Hauptbestandteil von Speisesalz ist Natriumchlorid, andere Salze (z. B. Magnesiumchlorid und -sulfat) sind lediglich bis zu einer Größenordnung von 3 % enthalten. Mit geringen Mengen weiterer Stoffe wie z. B. Jod oder Fluor wird Speisesalz teilweise noch angereichert.
Salz wird zum weit überwiegenden Teil bergmännisch gewonnen (man spricht hier auch von Steinsalz) – entweder im Abbau unter Tage oder in Salinen, aus denen allein 2/3 der weltweiten Salzproduktion kommen. Dazu werden die unterirdischen Salzlagerstätten angebohrt und das Salz mit Wasser ausgewaschen und anschließend durch Eindampfen wieder getrennt. Zu Speisesalz werden aber nur etwa 3 % der geförderten Steinsalzmenge weiterverarbeitet, während rund 85 % für industrielle Zwecke genutzt werden.
Die zweitwichtigste und vermutlich älteste Methode zur Salzgewinnung ist das Verdunsten von ▸ Meersalz (ausführlich Beschreibung unter dem Stichwort) und so genannten Salzgärten. Meersalz ist zwar nie so rein wie Steinsalz, wird von Köchen teilweise aber wegen seinen besseren geschmacklichen Eigenschaften bevorzugt.

DAS „WEISSE GOLD"

Zeugnisse für die Gewinnung und Verwendung von Salz gibt es schon aus den ältesten menschlichen Kulturen und Zivilisationen, z. B. von den Sumerern ab dem 4. Jahrtausend v. Chr. und den Babyloniern ab dem 2. Jahrtausend v. Chr. In der Antike war Salz bereits überall begehrt, in vielen Regionen aber rar und deshalb sehr teuer. Viele Städte stiegen durch die Salzgewinnung bzw. den Handel mit dem „weißen Gold" – wie Salz früher genannt wurde – zu bedeutenden Metropolen auf; so auch in Mittel- und Süddeutschland, wo große Salzlager gefunden wurden.
Heute ist Deutschland mit seinen 7 Salzbergwerken und 5 Salinen der mit großem Abstand führende Salzproduzent in Europa mit jährlich rund 14 Mio. Tonnen (davon ca. 440 00 Tonnen Speisesalz). Es folgen Frankreich (rund 7,5 Mio. Tonnen), Großbritannien (rund 6 Mio. Tonnen) sowie Österreich und die Schweiz (jeweils rund 400 000 Tonnen).
Städte, die schon seit früheren Zeiten von der Gewinnung von Salz oder dem Handel damit profitieren, tragen im deutschsprachigen Raum das „Salz" oder das keltische bzw. althochdeutsche Wort „Hall" dafür in ihrem Namen. Beispiele sind u. a. Halle (an der Saale), Bad Reichenhall, Schwäbisch Hall, Salzgitter, Hallstatt, Hallein, Hall (in Tirol) und Salzburg.

BEDEUTUNG IN DER KÜCHE

Mengenmäßig ist Salz der wichtigste der ▸ Mineralstoffe in der menschlichen Ernährung. 150–300 g davon enthält der Körper eines Erwachsenen und in unseren Breitengraden bzw. klimatischem Umfeld müssen ihm täglich 3–6 g zugeführt werden, um den Verlust durch Schwitzen und Ausscheidungen auszugleichen. Das Salz spielt vor allem für den Wasserhaushalt, das Nervensystem, die Verdauung und den Knochenaufbau eine lebenswichtige Rolle.
Salz ist in der Küche zwar eine universelle Speisenwürze und ein wichtiger Geschmacksverstärker, ohne den viele Speisen fad schmecken würden, die Salzaufnahme erfolgt zum größten Teil aber über industriell verarbeitete Lebensmittel und nicht über das direkte Würzen. Allerdings kommt es auch beim Salzen auf das richtige Maß an, ein Zuviel kann genauso ungesund für den Organismus sein wie ein Mangel an Salz.

oder zu anderen Salzfischerzeugnissen weiterverarbeitet werden. Aus in Essigmarinade eingelegten Salzheringen werden z. B. ▸ Bismarckheringe, andere gängige Produkte sind ▸ Bratheringe, ▸ Rollmops und als besonders feine Variante ▸ Matjeshering.

SALZKARTOFFELN

Ohne Schale und in Salzwasser gekochte ▸ Kartoffeln, die in der deutschen Küche eine der traditionellen und populärsten Beigaben zu vielen Gerichten sind. Häufig werden Salzkartoffeln in Butter geschwenkt oder mit Kräutern wie Dill oder Petersilie verfeinert.

SALZKRUSTE

Vor allem Fisch und teilweise auch Fleisch wird von Köchen manchmal in einer festen Schale aus Salz, Eiweiß und Mehl „versteckt" gegart. Allerdings weniger, weil sie damit einen Überraschungseffekt erzielen wollen, wenn die harte Kruste vor dem Verzehr aufgebrochen wird. Vielmehr soll die Salzkruste den Eigengeschmack des Garguts besonders gut bewahren.

SALZLAKE(N)KÄSE

Sammelbezeichnung für verschiedene ▸ Käse vorwiegend aus Kuh- oder Schafmilch (teilweise auch Ziegen- oder Büffelmilch bzw. Mischungen davon), die traditionell auf dem Balkan hergestellt werden. Durch das Einlegen und Reifen in Salzlake wird dem Käse Wasser entzogen und seine Haltbarkeit verlängert, vor allem aber erhält er dadurch seinen charakteristischen salzig-säuerlichen Geschmack.
Salzlake(n)käse ist schnittfest, aber weicher als Schnittkäse und er bröckelt leichter. Sein Fettgehalt liegt meist zwischen 45 und 50 % i. Tr. Der bekannteste Salzlake(n)käse ist der griechische ▸ Feta. Ähnliche Käse kommen u. a. unter der Bezeichnung ▸ Sirene aus der Türkei, Bulgarien und Mazedonien sowie aus Serbien (Sir), Rumänien (Branza) und Russland (Brynsa). Oft wird Salzlake(n)käse in Olivenöl, teils mit Kräutermischungen, eingelegt. In griechischen oder türkischen Läden kann man ihn auch offen kaufen, ansonsten kommt er luftdicht in Folie eingeschweißt und mit etwas Lake oder in Blechdosen mit mehr Lake in den Handel. Noch verpackt ist er bis 6 Monate haltbar, einmal angebrochen muss er schnell verbraucht werden, weil der Kontakt mit Sauerstoff den Käse schnell gären lässt.
VERWENDUNG: *Vor allem in den Küchen der Balkanländer wird Salzlake(n)käse nicht nur als Tafelkäse und als Zutat zu vielen Salaten (vor allem mit Tomaten) in rauen Mengen vertilgt. Er ist auch Bestandteil vieler Rezepte – von kalten Vorspeisen über Nudeln bis zu Fleischgerichten –, wobei er warm (z. B. als Füllung von Fleisch, Paprika und Blätterteig) sein volles Aroma entwickelt.*

SALZMANDELN

gebrühte, enthäutete, in Öl geröstete und mit Salz bestreute süße Mandeln (Handelsware)

SALZSTANGEN

Beliebte Knabberei (▸ Salzgebäck) in Form von dünnen Stangen aus Weizen- oder Roggenmehl, die vor dem Backen in Natronlauge getaucht und mit grobem Salz bestreut werden.

SAMBALS

Traditionelle und meist scharfe indonesische Würzsaucen auf der Basis von ▸ Chilis, die auch in anderen asiatischen Küchen weit verbreitet sind und selbst in Europa gerne als kulinarische „Scharfmacher" eingesetzt werden. In ihrer Heimat Indonesien sind Sambals fester Bestandteil der ▸ Reistafel und werden in verschiedenen Variatonen in kleinen Schälchen zu Geflügel, Fisch, Krebstieren, Gemüse und Reis aufgetragen. In der Schärfe können die Sambals je nach Zubereitung und weiteren Zutaten erheblich variieren und in 2 Gruppen eingeteilt werden. Die besonders scharfe Variante vertreten die aus frischen Chilis mit Salz und Essig kalt zubereiteten Sambals wie z. B. das bei uns populäre Sambal Oelek. Wesentlich größer ist aber die Gruppe der milderen Sambals aus in Öl gebratenen Chilis und Tomaten, oft mit weiteren Zutaten wie Garnelen, Tintenfisch, Knoblauch, Zwiebeln, Ingwer, Erdnüssen, Sojasauce usw. angereichert.

SAMBUCA

Traditioneller farbloser und klarer Likör aus der mittelitalienischen Region Latium (Hauptstadt Rom), der nach unterschiedlichen Rezepten als ▸ Anisée (mit Anis oder Sternanis, Süß-

EINKAUFSTIPP

In griechischen und türkischen Lebensmittelläden und Restaurants wird Salzlake(n)käse fälschlicherweise oft einfach als „Schafskäse" angeboten. Hier wird nämlich die Unterscheidung nach der Milchart (▸ Schafskäse ist jeder aus Schafmilch hergestellte Käse) einfach mit der Unterscheidung nach der Herstellungsmethode (Einlegen in Salzlake) gleichgesetzt.

holz und anderen Gewürzen) oder Holunderbeeren (und weiteren Gewürzen) hergestellt wird. Sein Alkoholgehalt liegt in der Regel zwischen 38 und 42 Vol.-%. Sambuca wird gerne als Digestif zum Kaffee/Espresso getrunken und ist nach einiger Leute Meinung nur „con la mosca“ (= „mit der Fliege“) stilecht. Mit „Fliege“ sind die drei Kaffeebohnen gemeint, mit denen Sambuca oft serviert wird. Zur Vollendung des Rituals werden diese bisweilen im brennenden Likör für einige Sekunden geröstet.

Schon gewusst?

Teilweise wird ▸ Sambuca mit den Beeren vom Holunder, der auf Italienisch „sambuco“ heißt, hergestellt. Sein Name hat aber einen anderen Ursprung und geht auf die ebenfalls „sambuco“ genannten Schiffe zurück, mit denen die Sarazenen im Mittelalter orientalische Gewürze nach Italien brachten.

SAMFAINA
eine Art spanisches bzw. katalanisches ▸ Ratatouille aus (je nach Rezept) verschiedenen Zutaten wie z. B. Auberginen, Paprika, Zucchini, Tomaten, Zwiebeln, Knoblauch und Olivenöl, vor allem zu Hühnerfleisch, Kaninchen, Schweinshaxe und Fisch (Kabeljau)

SÄMIG
in der Küchensprache vor allem bei Saucen gerne anstelle von „dickflüssig“ verwendeter Ausdruck

SÄMLING
österreichischer Name für die weiße Rebsorte ▸ Scheurebe (▸ Wein)

SAMMELFRÜCHTE
Botanische Bezeichnung für eine Ansammlung von Einzelfrüchten (▸ Früchte), die aber alle aus den Fruchtblättern einer einzigen Blüte entsprungen sind. Als Sammelfrüchte sind nach dieser Definition u. a. ▸ Brombeeren, ▸ Himbeeren, ▸ Hagebutten und auch der ▸ Sternanis einzuordnen.

SAMNA ▸ Ghee

SAMOS
Nicht nur der Name einer bekannten griechischen Insel in der östlichen Ägäis, sondern auch die allgemeine Bezeichnung für in Charakter und Qualität unterschiedliche ▸ Süßweine, die dort fast ausschließlich aus einer weißen Varietät des ▸ Muskateller produziert werden. Mit ihr sind rund 95 % der insgesamt etwa 1800 ha Anbaufläche bestockt. Der goldgelbe Nektar wird entweder wie natürlicher Süßwein aus sonnengetrockneten Trauben hergestellt oder als Likörwein mit hochprozentigem Alkohol aufgespritet. Die besten Weine aus Samos haben ein unvergleichliches Aroma nach Orangen und Gewürzen. Als die besten Weine gelten die Kategorien Vin doux naturel, Grand Cru (aus edelfaulen Trauben) und Vin naturallement doux (natürlich süß aus sonnengetrockneten Trauben und mit mindestens 3-jähriger Lagerung in Eichenfässern).

SAMOSA
Pikante indische Teigtaschen, die mit verschiedenen Zutaten gefüllt werden – z. B. mit Hackfleisch (von Rind oder Schaf) oder Fisch bzw. in der vegetarischen Variante ausschließlich mit Kartoffeln und Gemüse. Samosas werden gerne als Vorspeise serviert und sind meist scharf gewürzt, u. a. mit Curry, Knoblauch, Ingwer, Koriander, Minze und Zwiebel.

SAMSOE
Ursprünglich eine dänische Kopie (benannt nach der gleichnamigen Insel) des Schweizer ▸ Emmentaler, hat sich der Samsoe im Laufe der Zeit zu einem ▸ Käse mit ähnlicher Ge-

schmacksrichtung, aber eigenem Charakter entwickelt. Der goldgelbe Schnittkäse mit erbsen- bis kirschgroßen Löchern wird aus pasteurisierter Kuhmilch mit 30–45 % Fett i. Tr. hergestellt. Er eignet sich aber auch zum Gratinieren und als Fonduekäse.

SAMTSAUCE ▸ weiße Grundsauce

SAMTSUPPEN
mit Eigelb und Sahne gebundene ▸ Suppen aus weißer Mehlschwitze, Kalbs-/Geflügelfond mit püriertem Fleisch, Geflügel, Fisch, Gemüse

SAN-DANIELE-SCHINKEN
Schinkenspezialität (▸ Schinken) aus Italien, die nach ihrem Herkunftsort San Daniele in der norditalienischen Region Friaul benannt ist. Unter den besonderen klimatischen Bedingungen dieser Gegend wird der Schinken luftgetrocknet und erhält dadurch seinen typischen Charakter und seinen aromatisch-süßlichen, leicht morbiden Geschmack. Hergestellt wird er mit geschützter Herkunftsbezeichnung ausschließlich aus den Keulen bestimmter Schweinerassen und von Tieren, die nach strengen Aufzucht- und Mastvorschriften gehalten werden müssen. Die Produktion hat mittlerweile industrielle Ausmaße angenommen und beläuft sich auf jährlich über 1,5 Mio. Schinken von 25 großen Herstellern.

SANDBIRNEN ▸ Nashis

SANDBUTT ▸ Flunder

SANDDORNBEEREN
(Korallenstrauch-, Weidendornbeeren)
Die orangeroten bis gelben Beerenfrüchte eines dornigen Strauches aus der botanischen Familie der Ölweidengewächse. Sein Verbreitungsgebiet reicht von Europa bis nach Sibirien und China, seine ursprüngliche Heimat dürfte in Nepal liegen. Angesichts seiner Herkunft verwundert es nicht, dass der Sanddorn oft an Gebirgsbächen und in hochalpinen Regionen bis 5000 m Meereshöhe wächst, genauso kommt er aber in Steppen und küstennahen Dünen vor. Die Beeren (und Blätter) vom Sanddorn spielen seit uralten Zeiten in der Volks-

heilkunde eine wichtige Rolle, heute weiß man auch um ihren ernährungsphysiologischen Wert (vor allem aufgrund des hohen Gehalts an Karotinen und Vitamin C). Am aromatischsten sind die Sanddornbeeren kurz vor der Vollreife, für den Rohgenuss sind sie in ihrer sauren und bitterstoffreichen Art aber kaum geeignet.

SANDGARNELEN
(Granat, Nordseegarnelen)
Garnelenart (▸ Garnelen, ▸ Krebstiere)

SANDKLAFFMUSCHELN
Eine der häufigsten Muschelarten (▸ Muscheln) der Wattenmeere auf der Nordhalbkugel (vor allem Nordatlantik, Nord- und Ostsee), die sich auch in den Pazifik ausgebreitet hat. Sandklaffmuscheln können bis 15 cm groß werden und sind – lange genug gewässert – auch roh essbar. Besser eignen sie sich zum Backen, Braten, Frittieren, Dämpfen und Kochen.

SANDKUCHEN
Im weiteren Sinne jede Art von ▸ Kuchen aus gerührten (▸ Rührkuchen) oder geschlagenen ▸ Massen, im engeren Sinne aber nur ein feines, locker luftiges Backwerk, das aus ▸ Sandmasse hergestellt wird.

SANDMASSE
Gerührte oder geschlagene Masse zur Herstellung feiner Backwaren, in der als Hauptbestandteile Butter (oder Margarine) und Vollei (sie zählt deshalb zu den so genannten ▸ Volleimassen) enthalten sind. Diese sollen nach den Leitsätzen des deutschen Lebensmittelbuches jeweils mindestens 20 % ausmachen. Weitere Zutaten sind Mehl, Stärke und Zucker.

VERWENDUNG

Gut lassen sich Sanddornbeeren zu Konfitüre, Gelee und Saft, Sirup, Süßmost und Tee (vor allem in Indien) verarbeiten. Teilweise wird auch das eingedickte Fruchtmark angeboten, das als Brotaufstrich ebenso schmeckt wie mit Milchprodukten (z. B. Frischkäse, Jogurt und Quark) oder zum Grießbrei und Milchreis oder im Müsli.

SANDRÖHRLING

Von Juni bis November ist dieser essbare Pilz fast ausschließlich unter Kiefern vom Flachland bis ins Hochgebirge zu finden. Er hat ein eigenwillig säuerliches Aroma, was ihn nicht bei allen Pilzsammlern beliebt macht, überrascht aber mit seinem milden Geschmack. Bei jungen und festen Exemplaren ist er ein guter Speisepilz, der aber meist nur als Mischpilz verwendet wird.

SANDWICHES

Ein klassischer Imbiss sind diese „Doppeldecker" aus zwei mit Butter bestrichenen Scheiben Weißbrot (teilweise auch aus anderen Brotarten ohne harte Rinde), zwischen die verschiedene Füllungen gelegt werden. Eine besonders beliebte „Zwischenlage" sind Schinken und Käse, es eignen sich aber auch kalter Braten, Geflügel, alle Arten von Wurst, Fisch (z. B. Lachs und Thunfisch), Meeresfrüchte, Eier, Salate, Gemüse in vielerlei Variationen. Oft hat das Sandwich Dreiecksform, wenn die quadratischen Weiß- bzw. Toastbrotscheiben diagonal durchgeschnitten werden. Es gibt das Sandwich auch eine Nummer größer mit 3 Brotscheiben und 2 Fülllagen, wie z. B. beim ▸ Club Sandwich. Der ▸ Burger und andere Fast-Food-Produkte sind letztlich nichts anderes als eine Weiterentwicklung des Sandwich, das vor allem in England und den USA ebenfalls von ganzen Ketten unter die eiligen Esser gebracht wird. Eine französische Variante des Sandwich ist bekannt als ▸ Croque-monsieur oder -madame, die italienische als ▸ Tramezzini.

SCHON GEWUSST?

Die Erfindung des ▸ Sandwich wird John Montagu (1718–1792), 4. Earl of Sandwich, zugeschrieben. Der Diplomat und Staatsmann war ein leidenschaftlicher Spieler und soll ganze Nächte mit Pokern und Cribbage (beliebtes englisches Kartenspiel) verbracht haben. Bei einer dieser ausgedehnten Spielrunden hat er sich der Überlieferung nach das Essen von seinem Dienstmädchen zwischen zwei Scheiben Brot legen lassen, um nicht vom Kartentisch aufstehen zu müssen. Seine Idee kam nicht nur bei seinen Mitspielern bestens an, sie wurde schnell auf breiter Ebene nachgeahmt.

SANDZUNGE

Mit der ▸ Seezunge nahe verwandter Vertreter der ▸ Plattfische (▸ Fische), der als Meeresfisch vor allem in den warmen Gewässern des Atlantiks und im Mittelmeer zuhause ist. Die Sandzunge ist von mittlerem kulinarischen Wert und kommt meist tiefgekühlt in den Handel. Außer Dünsten und Schmoren eignet sie sich für alle Zubereitungsarten.

SANGIOVESE

Die rote Paraderebsorte der ▸ Toskana, die auf knapp 100 000 ha angebaut wird und damit bei der Weinproduktionsfläche (▸ Wein) in Italien nur vom weißen ▸ Trebbiano übertroffen wird. Sangiovese ist u. a. die Haupt- bzw. alleinige Rebsorte in berühmten Weinen wie ▸ Chianti und ▸ Brunello di Montalcino, außerdem Bestandteil vieler teurer Nobel- bzw. Prestigeweine der Toskana, teils in Cuvées mit ▸ Cabernet Sauvignon, ▸ Merlot und anderen französischen Rebsorten. Der Sangiovese ist säurebetont mit einer charakteristischen Sauerkirschfrucht, bei hoher Qualität haben die Weine ein ausgezeichnetes Alterungspotenzial.

SANGRIA

In Spanien und Portugal ein erfrischendes, aromatisiertes und leicht berauschendes Weingetränk nach Art von ▸ Bowle oder ▸ Punsch, dessen Bezeichnung gesetzlich geschützt und aufgrund seiner Farbe von spanisch „sangre" = „Blut" abgeleitet ist. $^2/_3$ Rotwein und $^1/_3$ Mineralwasser oder Fruchtsaft ist die traditionelle Mischung für einen Sangria, der außerdem Stücke von Zitrus- und anderen Früchten, Gewürze und Zucker enthält. Er wird bevorzugt im Sommer mit Eiswürfeln getrunken. Manchmal wird ein „Schuss" Branntwein dazugegeben, allerdings darf der Alkoholgehalt 12 Vol.-% nicht übersteigen. Eine mit Weinbrand versetzte Version, für die bis 14 Vol.-% erlaubt sind, heißt Zurra. Bei einem „Sangria blanca" (in Spanien auch „Clarea") darf statt Rotwein auch ▸ Cava oder Weißwein verwendet werden.

SANKT LAURENT

Als österreichische Spezialität geltende rote Rebsorte (▸ Wein), deren Herkunft aber geographisch und botanisch nicht eindeutig geklärt ist. Möglicherweise stammt die Rebsortenkreuzung, von der nur ein Elternteil aus der Pinotfamilie (▸ Pinot) bekannt ist, aus dem Elsass. Von dort kam der St. Laurent im 19. Jh. nach Österreich, wo er auf gut 400 ha angebaut wird, und Deutschland (rund 200 ha). Charakteristisch für die Rebsorte sind die ausgeprägte Frucht (Kirsche, Pflaumen) und ein vollmundiger Geschmack bei relativ weicher Säure.

SAN-LA-TAN(G)

sauer-scharfe Suppenspezialität der chinesischen Küche aus Hühner- oder Schweinefleisch, Garnelen (oder anderen Krebstieren), in kleine Streifen geschnittenem Gemüse und Glasnudeln in Hühnerbrühe

SANSSOUCISALAT

Würfel von Artischockenböden und gebratener Fasanenbrust in einer Johannisbeer-Mayonnaise, garniert mit kleinen Melonenkugeln (Sanssouci: Schloss und Park in Potsdam, erbaut von Friedrich dem Großen, 1712–1786)

SAPODILLA

(Breiapfel, Chico, Nispero)

Botanisch als Beerenfrucht geltende Vertreterin der ▸ Sapoten, die an bis 20 m hohen immergrünen Bäumen wächst. Schon vor der Entdeckung Amerikas wurde der Sapodilla-Baum in Süd- und Mittelamerika kultiviert, heute ist er in den Tropen bis Südostasien weit verbreitet. Die Vielfalt in Größe, Form und Geschmack ist bei Sapodillas sehr groß, in Europa kennt man aber vorwiegend zimtfarbene und eiförmige Sorten mit 5–8 cm Durchmesser. Bei Vollreife ist das rötlich-braune Fruchtfleisch mit bis zu 12 Samenkernen geleeartig und sehr süß mit einem an Aprikosen und Birne, vielleicht auch etwas Honig erinnernden Aroma.

VERWENDUNG: *Für den Frischverzehr lässt sich das Fruchtfleisch von Sapodillas bequem aus der Schale löffeln oder in kleinen Stücken oder Spalten (ohne Kerne) für Obstsalate verwenden. Es eignet sich aber auch gut für die Zubereitung von Kompott, Cremes, Speiseeis oder Konfitüre.*

SAPOTE, GROSSE

(Mamey Sapote, Zapote)

Eine der bedeutendsten Tropenfrüchte, die zu den ▸ Sapoten zählt und hauptsächlich in Süd- und Zentralamerika sowie in Florida und der Dominikanischen Republik angebaut wird. Die runde bis ovale Beerenfrucht wächst an immergrünen, bis 30 m hohen Bäumen und wird bis 20 cm groß. Sie hat eine holzig-raue, aber dünne rötlich-braune Schale, die das saftige und weiche orangerote Fruchtfleisch umschließt. Der Geschmack ist sehr süß, das Aroma erinnert an Aprikosen und Dörrpflaumen.

VERWENDUNG

Die Große Sapote wird bevorzugt frisch aus der Schale gelöffelt. Sie lässt sich aber auch bestens zu Cremes, Speiseeis oder Konfitüre verarbeiten.

SAPOTEN

Eine Gruppe exotischer Früchte, die vor allem im tropischen Amerika und in der Karibik sowie teilweise auch in Asien zu Hause sind und unterschiedlichen botanischen Familien angehören können. Die meisten von ihnen haben in etwa die Größe von Äpfeln, einige sehen diesen auch optisch ähnlich und tragen Namen mit „Apfelzusatz“, wie etwa der ▸ Mameyapfel. Im Geschmack zeigen sich die Sapoten aber ganz und gar exotisch. Weitere bei uns bekannte und – wenn auch eingeschränkt – erhältliche Sapoten sind ▸ Sapodilla, ▸ Lucuma, ▸ Sternapfel und die Große Sapote (▸ Sapote, Große).

SAPSAGO ▸ Zi(e)gerkäse

SARDELLEN

Besonders kleine und fette Familie der heringsartigen ▸ Fische, deren über 100 Arten sich in großen Schwärmen in tropischen und gemäßigt warmen Meeren tummeln. In Europa sind Sardellen vorwiegend im Nordostatlantik und

SCHON GEWUSST?

Vor allem in den romanischen und skandinavischen Ländern werden in Salz oder Gewürztunke eingelegte ▸ Sardellen mit dem Handelsnamen ▸ Anchovis bezeichnet. In Deutschland allerdings heißen auch gesalzene und mit Kräutern gewürzte ▸ Sprotten oder ▸ Breitlinge (▸ Anchosen) im Handel so.

im Mittelmeer anzutreffen. Sie werden maximal 15 cm lang und haben ein intensiv würziges Fleisch. Meist werden sie stark gesalzen bzw. in einer pikanten Gewürztunke bis zu 2 Jahre in Eichenfässern eingelegt. Dabei entfalten sie ihr typisches Aroma, das sie zu einer beliebten Koch- bzw. Speisenzutat macht.
VERWENDUNG: *Als salzig-würzige und nicht zu überschmeckende Zutat können Sardellen in der Küche vielfältig eingesetzt werden. Für pikante Würze sorgen sie u. a. in vielen Salaten, Saucen und Garnituren zu Fleisch- und Fischgerichten.*

SARDELLENBUTTER

Buttermischung und Brotaufstrich aus Butter oder Butterfett mit einer Paste aus fein zerkleinerten und durch ein Sieb gestrichenen bzw. pürierten ▸ Sardellen (auch als fertiges Handelsprodukt erhältlich) sowie je nach Geschmack mit Gewürzen und Kräutern.

SARDELLENPASTE

streichfähige und pikant gewürzte Masse aus fein zerkleinerten und pürierten ▸ Sardellen mit Öl als Brotaufstrich oder zum Garnieren kalter Speisen (Handelsprodukt in Tuben)

SARDELLENSAUCE

(Sauce aux anchois)
verfeinerte ▸ weiße Grundsauce (bzw. Fischgrundsauce) mit Sardellenbutter und klein geschnittenen Sardellenfilets, zu gedünstetem Fisch, Kalbfleisch und auch rohem Gemüse

SARDINEN

Zur zoologischen Familie der ▸ Heringe zählende Art der ▸ Knochenfische (▸ Fische), die meist keine Chance bekommt, sich bis zum maximal 30 cm langen ▸ Pilchard auszuwachsen. Die als Sardinen bekannten und zur kulinarischen Verwertung begehrten Jungfische mit ihrem lang gestreckten Körper werden nämlich bereits bei einer Länge von 13–16 cm gefangen. Ihr Hauptvorkommen haben Sardinen im nordöstlichen Atlantik bis auf Höhe des afrikanischen Kontinents sowie im Mittelmeer und im Schwarzen Meer. Sie treten in großen Schwärmen auf, was den Fischfängern ihre Arbeit leicht macht. Die größten Mengen gehen in spanische und portugiesische Netze. Sardinen zeichnen sich durch ein würziges, fettreiches und schmackhaftes Fleisch aus, sind im Gegensatz zu ihren Fangregionen bei uns kulinarisch aber allgemein unterbewertet.

VERWENDUNG

Bei uns kommen Sardinen in der Regel in Öl eingelegt, geköpft und ausgenommen als sogenannte Ölsardinen in Dosen in Handel, wofür nur die kleinsten Fische verwendet werden. Ganz selten sind sie frisch zu finden, doch in den Fangländern kennt man eine Vielzahl von Rezepten zur Zubereitung von Sardinen. Vor allem sind sie ideale Grillfische, sie eignen sich aber auch für die meisten anderen Zubereitungsarten.

SAREPTASENF ▸ Amsoi

SARMA

(Serbische Krautroulade)
Auf dem Balkan und in der Türkei verbreitete Variante der deutschen ▸ Kohlrouladen, die aus gesäuerten Weißkohl- oder Grünkohlblättern (manchmal auch Weinblättern) zubereitet wird. Die Füllzutaten gewürzter Reis, Zwiebeln, Speck und Hackfleisch werden angebraten und die Rouladen in einem großen Topf in Tomatensauce und Wasser gedünstet (in Österreich als Serbische Krautroulade bekannt).

SASAKA

Besonders im Grenzgebiet von Österreich (Kärnten), Slowenien und Italien (Friaul) bekanntes ▸ Griebenschmalz mit Zwiebeln, das u. a. in Restaurants mit traditioneller Küche als Brotaufstrich und Appetitmacher bzw. als kleiner Willkommensgruß des Hauses serviert wird. Gewürzt wird Sasaka vor allem mit gehackter Knoblauchzehe, Pfeffer, Kümmel, Nelken, Wacholder und Senf.

SASHIMI

Eine typische japanische Zubereitungsart für ▸ Fische und Meeresfrüchte, die möglichst frisch, roh und ungewürzt auf den Tisch kommen. Dabei geht es vor allem um den kunstvollen Schnitt mit Spezialmessern in verschiedenen Formen und die ästhetische Präsentation. Der Geschmack von Sashimi ist dagegen relativ neutral, doch die Kombination mit ▸ Wasabi, ▸ Sojasauce oder ▸ Gari sorgt für überraschende Geschmacksnuancen. In erster Linie werden ▸ Meeresfische und ▸ Meeresfrüchte zu Sashimi verarbeitet, die im Gegensatz zu ▸ Sushi nicht mit Reis serviert werden. Nur ganz selten sind sie gekocht, gegrillt oder eingelegt. Geeignet sind, auch abhängig von der Jahreszeit, u. a. ▶ Thunfisch bzw. ▶ Bonito, ▶ Dorade, ▶ Makrele, ▶ Schwertfisch, manche ▶ Haifische, ▶ Lachs, ▶ Aal, ▶ Tintenfische, ▶ Riesengarnelen, ▶ Austern, ▶ Jakobsmuscheln und sogar ▶ Seeigel. Passende Getränke zu Sashimi sind ▶ Grüner Tee, ▶ Sake oder japanisches ▶ Bier. Original werden Sashimi aus noch lebenden Fischen geschnitten.

SATAR
Gewürzmischung aus dem Libanon, Syrien und Irak, die auch in der türkischen und der jordanischen Küche gerne verwendet wird und in Nordafrika unter dem Namen Zahtar bekannt ist. Satar besteht hauptsächlich aus gerösteten Sesamsamen, Sumach und Thymian. Je nach Geschmack können noch Koriander, zerstoßene Nüsse, Kümmel und Zimt dazukommen. Mit etwas Olivenöl lässt sich daraus auch eine Würzpaste herstellen.

SATARAC
Serbokroatisches Gulasch, das ursprünglich von den Hirten in großen Kesseln über dem offenen Feuer zubereitet wurde. Zutaten sind in grobe Würfel geschnittenes Hammel-, Rind- und Schweinefleisch, Gemüsepaprika, Tomaten, Zwiebeln und Sauerrahm sowie als Gewürze Knoblauch, Kümmel und Salz.

SATAY
Auf Holzkohlenglut gegrillte indonesische Fleischspieße, die heute – in verschiedenen Variationen – auch in anderen Ländern Südostasiens (z. B. Malaysia, Singapur, Vietnam und Thailand) sowie in Japan als ▶ Yakitori bekannt sind. Die Unterschiede in Zutaten und Zubereitung können von Land zu Land aber groß sein. Als Grillgut, das auf Bambusstäbchen gespießt wird, dienen u. a. Schweine-, Rind- oder Hammelfleisch

(teils in Kurkuma mariniert), Geflügel, Fisch und Garnelen. Zu den Spießen werden gerne würzige Erdnusssauce, verschiedene Sambals und gepresster Reis serviert.

SATSUMAS
Eine mit ihrer Urform weitgehend identische Mutation der ▶ Mandarinen ist diese aus dem südlichen Japan stammende Art der ▶ Zitrusfrüchte. Die süßen und in der Regel kernlosen und leicht schälbaren Satsumas werden heute u. a. auch in einigen Mittelmeerländern, in den USA und in Südamerika angebaut.

SATTEL(STÜCK)
(Nierenstück)
der hintere Teil des Rückens (zwischen Rippenstück und Keule) mit Filet und Nieren von Kalb, Lamm, Hammel, Reh und anderen Tieren

SÄTTIGUNGSBEIGABEN ▶ Beigaben

SAU
das weibliche Hausschwein (▶ Schwein), in der Jägersprache das weibliche ▶ Wildschein

SAUBOHNE ▶ Dicke Bohne (▶ Bohnen)

SAUCEN
(Soßen)
Sie sind für jeden Koch eine große Herausforderung und sein Meisterstück, mit dem er seinen feinen Gaumen und seine handwerkliche Kunst unter Beweis stellen kann. Rein kochtechnisch gesehen versteht man unter Saucen mehr oder weniger flüssige bzw. sämige Beigaben aus unterschiedlichen Zutaten auf der Basis von Fonds, Ölen, Milchprodukten usw., die oft gebunden sind (z. B. mit Mehl, Kartoffelstärke oder Eigelb). Zu warmen und kalten Speisen, Salaten und Desserts kann eine Sauce ebenso unauffälliger Begleiter sein wie potenter Aromenträger bzw. -verstärker, der letztlich über Geschmack und Charakter eines Gerichts entscheidet. Zudem können Saucen auf dekorativ angerichteten Tellern auch ein optischer Leckerbissen sein (▶ Saucenspiegel) oder „bindende Wirkung“ haben (z. B. bei Ragouts und Salaten). Die Zahl der unterschiedlichen Variationen von Saucen wird auf mindestens 200 ge-

schätzt. Letztlich basieren aber fast alle von ihnen auf 4 Grundsaucen: ▶ weiße Grundsauce, ▶ braune Grundsauce, ▶ Buttersaucen und ▶ Ölsaucen. Heute gibt es „schnelle" Saucen in großer Zahl als Fertig- oder Halbfertigprodukte, doch geht qualitativ und geschmacklich nichts über eine selbst und frisch zubereitete Sauce – was ziemlich aufwendig sein kann.

Schon gewusst?

Von dem französischen Schriftsteller, Gastronom und Feinschmecker ▶ Brillat-Savarin (1755–1826) soll folgender Satz stammen: „Eine gute Sauce in höchster Vollkommenheit zu bereiten, ist das Schwierigste, was es auf dem Gebiet der Kochkunst gibt."

Sauce ...
... à la crème ▶ Sahnesauce
... à l'éstragon ▶ Estragonsauce
... à l'indienne ▶ indische Sauce
... allemande ▶ deutsche Sauce
... américaine ▶ amerikanische Sauce
... andalouse ▶ andalusische Sauce
... au curry ▶ Currysauce
... au verjus ▶ Traubensauce
... au vin blanc ▶ Weißweinsauce
... aux anchois ▶ Sardellensauce
... aux fines herbes ▶ Kräutersauce
... bâtarde ▶ Bastardsauce
... béarnaise ▶ Béarner Sauce
... Béchamel ▶ Béchamel-Sauce
... Bercy ▶ Bercyer Sauce
... bigarade ▶ Orangensauce
... blanquette ▶ Einmachsauce
... bolognaise ▶ Bologneser Sauce
... bordelaise ▶ Bordelaiser Sauce
... bourguignonne ▶ Burgundersauce
... bretonne ▶ bretonische Sauce
... broglie ▶ Brogliesauce
... chantilly ▶ Chantillysauce
... chasseur ▶ Jägersauce
... civette ▶ Schnittlauchsauce
... Diane ▶ Dianasauce
... Duxelles ▶ Duxellessauce
... écossaise ▶ schottische Sauce
... genevoise ▶ Genfer Sauce
... génoise ▶ Genueser Sauce
... gratin ▶ Gratinsauce
... hollandaise ▶ holländische Sauce
... homard ▶ Hummersauce
... Mornay ▶ Mornaysauce
... mousseline ▶ Mousseline
... moutarde ▶ Senfsauce
... normande ▶ normannische Sauce
... poivrode ▶ Pfeffersauce
... provençale ▶ provenzalische Sauce
... ravigote ▶ Ravigote
... rémoulade ▶ Remoulade(nsauce)
... romaine ▶ römische Sauce
... russe ▶ russische Sauce
... suédoise ▶ schwedische Sauce
... suprême ▶ Geflügelrahmsauce
... tartare ▶ Tatarensauce
... tomate ▶ Tomatensauce
... tyrolienne ▶ Tiroler Sauce
... vénitienne ▶ venezianische Sauce
... verte ▶ grüne Sauce
... Victoria ▶ Victoriasauce
... Villeroi ▶ Villeroisauce

SAUCENSPIEGEL

Eine Saucenunterlage auf dem Teller, auf der Speisen (vor allem Desserts) besonders dekorativ angerichtet werden können. In feinen Restaurants bringen die Köche dabei oft kleine Kunstwerke hervor, vieles kann mit vergleichsweise geringem Aufwand nachgemacht werden. Dazu spritzt man auf den Saucenspiegel, der eine möglichst kräftige und attraktive Farbe haben sollte, Sahne oder eine andere Sauce, die sich farblich abhebt. Mit einem Stäbchen lassen sich dann die unterschiedlichsten Muster und Formen in den Grundspiegel zeichnen.

SAUCIEREN

Speise vorm Servieren mit Sauce übergießen

SAUCISSONS

In Frankreich Sammelbezeichnung für verschiedene dicke Brüh- und Bratwürstchen, in der Schweiz auch grobkörnige Roh- und Räucherwürste ausschließlich aus Schweinefleisch.

SAUERAMPFER

In unseren Breiten wild wachsende und 30–100 cm hohe krautige Pflanze aus der botanischen Familie der Knöterichgewächse, die als so genanntes ▸ Wildgemüse gesammelt wird. Kulinarischen Wert haben nur die jungen Blätter mit ihrem erfrischend säuerlichen Geschmack und sehr viel Vitamin C. Weniger beliebt ist der Sauerampfer als Unkraut bei Landwirten, weil er sich massenhaft vermehren kann und seine Bekämpfung schwierig ist.

VERWENDUNG: *Man kann Sauerampfer ähnlich wie Spinat zubereiten oder mit diesem mischen und ihn zu verschiedenen Fleischgerichten servieren. Gut macht er sich auch in Salaten und cremigen Suppen. Allerdings sollte man ihn sparsam verwenden, weil die enthaltene Oxalsäure in größeren Mengen gesundheitsschädlich sein kann.*

SAUERBRATEN

Traditionelles Gericht der deutschen Küche (als ▸ Rheinischer Sauerbraten) und in vielerlei Variationen bekannter ▸ Schmorbraten aus Rindfleisch, das für mehrere Tage in einer Marinade aus Essig, Rotwein, Suppengrün und Gewürzen (Wacholderbeeren, Nelken, Lorbeerblätter, Pfeffer-, Senfkörner) eingelegt wird. Das Marinieren macht zäheres Fleisch mürbe, so dass auch billigere und qualitativ nicht nur die besten Stücke zu Sauerbraten verarbeitet werden können. Zum Sauerbraten gehört immer eine sämige und süßliche Sauce.

SAUERFLEISCH

Mageres Schweinefleisch (Bauch oder Nacken), das in einem Sud aus Weißweinessig mit Gewürzen (z. B. Lorbeer, Senfkörner, Piment, Kümmel, Wacholderbeeren), teils auch mit Zwiebeln und sauren Gurken, gar gekocht wird. Anschließend lässt man alles über Nacht gelieren und bekommt eine Art ▸ Sülze, zu der traditionell Bratkartoffeln gegessen werden.

SAUERKIRSCHEN

Gruppe von Kirschsorten (▸ Kirschen)

SAUERKLEEWURZELN

(Glückskleewurzeln, Oxalis)

Die kleinen, dicken, rübenartigen und essbaren Wurzelknollen verschiedener Arten aus der botanischen Familie der Sauerkleegewächse stammen ursprünglich vermutlich aus Mexiko, werden heute aber auch in Europa kultiviert. Die Wurzeln sind gelblich bis rotbraun, haben ein weißes Fleisch und einen scharf säuerlichen Geschmack. Vor allem in Südamerika werden sie als Gemüse (gekocht, gedünstet oder gebraten) für Eintöpfe zubereitet.

SAUERKONSERVEN

in Essig, Gewürze, Kräuter und Salz süßsauer eingelegtes und konserviertes, manchmal pasteurisiertes Gemüse wie z. B. ▸ Gewürzgurken, ▸ Sauerkraut und ▸ Mixed Pickles

SAUERKRAUT

(Sauerkohl, Zettlkraut)

Einer der Klassiker der deutschen Küche ist der gehobelte bzw. fein geschnittene ▸ Weißkohl, der durch Milchsäuregärung konserviert wird und dabei seinen reizvollen säuerlichen Geschmack erhält. Dazu wird frischer Weißkohl in großen Gefäßen zerstampft, damit der Zellsaft austreten kann, und kräftig eingesalzen. Anschließend setzen Milchsäurebakterien einen natürlichen Gärungsprozess in Gang, der mindestens 1–2 Wochen (besser sind 4–6 Wochen) dauert und unter Sauerstoffabschluss vor sich gehen soll, sonst droht Fäulnis. Bereits seit dem 19. Jh. wird Sauerkraut auch industriell hergestellt. Nicht nur die Deutschen essen gern und viel Sauerkraut, auch in den Küchen der osteuropäischen Länder oder z. B. im französischen Elsass spielt es eine wichtige Rolle. Sauerkraut (vor allem roh) ist reich an Milchsäure, Vitaminen und Mineralstoffen, dabei aber arm an Kalorien und praktisch fettlos. Es hat somit einen hohen ernährungsphysiolo-

gischen Wert und ist vor allem im Winter ein wichtiger Vitamin-C-Lieferant.

VERWENDUNG: *Rohes Sauerkraut lässt sich z. B. ähnlich wie Salat anmachen. Meist aber wird Sauerkraut als warme Beilage bzw. fester Bestandteil von vielen Gerichten mit Wasser oder Fleischbrühe und Fett (meist Schmalz) gedünstet und z. B. mit Lorbeerblättern, Wacholderbeeren, Nelken, Kümmel, Salz, Pfeffer usw. gewürzt. Regional unterschiedliche Zugaben können Äpfel, Weintrauben, Zwiebeln, Fleisch, Speck oder Würste sein. Typische Sauerkrautgerichte sind die schwäbische und bayerische ▸ Schlachtplatte, ▸ Eisbein (Berlin), ▸ Rippchen (Hessen), ▸ Krautkrapfen (im Süden Deutschlands), verschiedene Würstchen mit Sauerkraut (in ganz Deutschland), das elsässische ▸ Choucroute garni, das polnische ▸ Bigos oder das ungarische ▸ Szegediner Gulasch.*

SCHON GEWUSST?

International gesehen ist das ▸ Sauerkraut die unangefochtene Nummer 1 unter den als „typisch deutsch" angesehenen Speisen. Trotzdem ist es keine deutsche Erfindung, denn gesäuerter Weißkohl war u. a. bereits im antiken Griechenland und Rom sowie im alten China bekannt.

SAUERKRAUTSALAT

in Öl angemachtes rohes Sauerkraut mit klein geschnittenen Äpfeln, Weintrauben (halbiert und ohne Kerne), Würfeln von Knollensellerie, gewürzt mit etwas Zucker, Rosmarin, Ingwerpulver und Salz

SAUERMILCH

(Dickmilch)

Durch Milchsäurebakterien geronnenes (dick gelegtes) Milch- bzw. Molkereiprodukt, das als Getränk dient und die Grundlage für weitere Erzeugnisse bildet. Unter anderem wird Sauermilch zur Herstellung von ▸ Quark, ▸ Jogurt, ▸ Kefir und ▸ Sauermilchkäse verwendet.

SAUERMILCHKÄSE

Festigkeitsstufe und Sammelbezeichnung von ▸ Käse, bei dessen Herstellung aus ▸ Sauermilch oder ▸ Quark die Gerinnung durch Milchsäure oder Säure erfolgt und nicht durch Lab. Der anfangs krümelige und weiße Sauermilchkäse (ähnlich Quark) wird nach nur kurzer Reifezeit fest und zäh-elastisch sowie durchscheinend gelblich. Bekannte Sauermilchkäse sind u. a. ▸ Handkäse, ▸ Harzer Käse, ▸ Quargel, ▸ Kochkäse und ▸ Graukäse.

SAUERRAHM

(Saure Sahne, Sour cream)

Handelsname für eine saure ▸ Sahne mit 10–15 % Fett (mit dem Zusatz „extra" 18 %)

SAUERTEIG

Durch Milchsäurebakterien und Hefen in Gärung gehaltener Teig (▸ Teige) aus Wasser und Mehl, der als ▸ Backtriebmittel wirkt und z. B. Roggenteig überhaupt erst backfähig macht. Sauerteig verbessert die Verdaulichkeit von Backwaren, „hebt" Aroma und Geschmack und macht sie länger haltbar – ein Effekt, der von den Menschen seit Jahrtausenden genutzt wird. Eine moderne Erkenntnis ist dagegen, dass er auch die ernährungsphysiologischen Eigenschaften von Backwaren verbessert. Deshalb ist die Sauerteigführung heute wieder stärker verbreitet, nicht nur wie früher bei Teigen und Backwaren aus Roggenmehl, sondern auch aus anderen Mehlarten sowie besonders auch bei Vollkornprodukten.

SAUERTEIGBROT

aus Roggenmehl hergstelltes Brot mit ▸ Sauerteig als Backtriebmittel

SÄUERUNGSMITTEL

Weit verbreitete ▸ Lebensmittelzusatzstoffe, die einer Vielzahl von ▸ Lebensmitteln im weitesten Sinne einen säuerlichen Geschmack verleihen und zum großen Teil konservierende Wirkung haben. Dazu zählen u. a. Apfel-, Ascorbin-, Essig-, Milch-, Wein-, Zitronensäure.

SÄURE

Wichtige Komponente der chemischen Zusammensetzung von ▸ Wein, die ihm u. a. eine mehr oder weniger frische Geschmacksnote gibt (bzw. ihn im schlechten Fall sauer schmecken lässt) und für die Lagerungsfähigkeit eine Rolle spielt. Die wichtigsten im Wein natürlich enthaltenen Säuren sind die Apfel-, Wein- und Zitronensäure. Die Säurewerte sind abhängig von Rebsorte, Klima und Kellertechnik.

SAURE KUTTELN
Vor allem schwäbische Spezialität aus in Streifen geschnittenen ▸ Kutteln, die mit würzenden Zutaten wie z. B. Lorbeerblättern, Wacholderbeeren, Nelken und Pfeffer in einer Mehlschwitze weich gekocht werden. Für den sauren Geschmack sorgen Essig oder ein sehr trockener, säurehaltiger Wein. Serviert werden Saure Kutteln mit Bratkartoffeln oder Brot.

SAURE NIEREN
Im Süden Deutschlands traditionelles Gericht aus in Streifen geschnittenen und in Butter gebratenen Kalbs- oder Schweinenieren (manchmal auch mit Speck), die in einem Bratfond aus Mehl und Fleischbrühe, gewürzt mit Essig oder Zitronensaft, Salz, Pfeffer und eventuell Kümmel, noch einmal erwärmt werden. Serviert werden Saure Nieren mit Semmelknödeln.

SAURE SAHNE
Mit Milchsäurebakterien versetzte ▸ Sahne, die dadurch einen säuerlichen Geschmack und eine festere, cremige Konsistenz erhält. Saure Sahne mit hohem Fettgehalt ist zum Binden von warmen Speisen besonders gut geeignet. Im Handel gibt es verschiedene Varianten mit unterschiedlichem Fettgehalt, so z. B. ▸ Sauerrahm, ▸ Schmand und ▸ Crème fraîche.

SAURE ZIPFEL ▸ Blaue Zipfel

SAURER KÄSE
Vor allem im Allgäu eine Art Salat aus Scheiben von ▸ Limburger (oder einem anderen besonders würzig pikanten Käse) mit Zwiebelringen in einer gepfefferten Weinessig-Öl-Sauce, dazu Pellkartoffeln oder Bauernbrot

SAURES LÜNGERL ▸ Lüngerl

SAUSER ▸ Federweißer

SAUTÉ ▸ Schmorfleisch

SAUTERNES
Legendärer ▸ Süßwein aus ▸ Bordeaux, der in der gleichnamigen Appellation auf einer Rebfläche von rund 1700 ha erzeugt wird. Dazu kommen weitere 600 ha im angrenzenden Barsac, meist als Sauternes-Barsac bezeichnet. Sauternes wird aus edelfaulen bzw. -süßen Trauben der Rebsorten ▸ Sémillon und ▸ Sauvignon Blanc hergestellt, wobei für die Bildung der ▸ Edelfäule (▸ Botrytis) in der Appellation besonders günstige klimatische Bedingungen herrschen. Um die kontrollierte Herkunftsbezeichnung Sauternes AC tragen zu dürfen, müssen die Weine u. a. mindestens 13 Vol.-% Alkohol haben (meist erreichen sie 14 Vol.-% und mehr) und darf ein Höchstertrag von 25 hl je ha nicht überschritten werden. Hochklassiger Sauternes zeichnet sich durch eine besonders harmonische Süße, deutliche Frucht, Honig- und die typischen Botrytisnoten aus.

SCHON GEWUSST?

Die Süßweine aus ▸ Sauternes sind ein hervorragender Begleiter zu vielen Desserts und zur Gänseleber. Ein kulinarisches Traumpaar bilden sie außerdem mit Blauschimmelkäse, allen voran ▸ Roquefort.

SAUTIEREN
Verbreitete Garmethode, die eine besondere Form des Kurzbratens darstellt. Dabei wird das dünn bzw. flach geschnittene Gargut (Fleisch, Geflügel, Fisch usw.) in einer flachen Pfanne, die dabei kurz bewegt wird, unter starker Hitzeeinwirkung in etwas Butter oder Öl schnell angebraten (oder auch durchgebraten). Dabei soll nur so viel Gargut in die Pfanne gegeben werden, dass alle Stücke nebeneinander liegen und die Hitze schnellstmöglich und gleichmäßig aufnehmen können.

SAUVIGNON BLANC
Eine der edelsten weißen Rebsorten (▸ Wein), die von ihrer Heimat Frankreich aus in der ganzen Weinwelt Verbreitung gefunden hat und

auf über 60 000 ha angebaut wird. Sehr guten Ruf genießen u. a. die Sauvignon-Blanc-Weine aus Frankreich (vor allem von der ▶ Loire und aus ▶ Bordeaux) und aus der österreichischen ▶ Steiermark. Erfolgreich wird die Rebsorte auch in Übersee angebaut, so in Kalifornien, Südafrika und Neuseeland. Ihr unverkennbares Markenzeichen ist die expressive grün-grasige Aromatik (Kräuter, Stachelbeere, Blätter der schwarzen Johannisbeere).

SAVARIN
(Ringkuchen)
In einer kleinen Ringform gebackener Kuchen aus ▶ Hefeteig, der nach dem Abkühlen mit Zuckersirup oder Hochprozentigem (Kirschwasser, Rum) getränkt wird. Das „Loch" in der Mitte wird mit Schlagsahne bzw. Konditorcreme und frischen oder gedörrten Früchten gefüllt und der Savarin meist aprikotiert bzw. glasiert und garniert. Die kleinen Kuchen werden als Dessert oder zum Kaffee serviert.

SCHON GEWUSST?

Der ▶ Savarin soll das Ergebnis von Abwandlungsversuchen eines französischen Konditormeisters im 19. Jh. für ▶ Baba sein. Er gab seiner neuen Kreation, mit der er sehr zufrieden war, den ehrenvollen Teilnamen von Anthelme ▶ Brillat-Savarin (1755–1826), bekannter französischer Gourmet seiner Zeit.

SAVOURIES
Besonders in der anglo-amerikanischen Küche beliebte kleine und würzige Happen wie Käsetörtchen, pikant belegte Minitoasts, kleine Pastetchen, die Appetit und Durst anregen. In Großbritannien und den USA werden Savouries als Vorspeise oder am Ende einer Mahlzeit anstelle der Käseplatte gereicht. Heute sind sie auf Partys auch beliebtes ▶ Fingerfood.

SAVOYER ART
mit Milch oder Crème fraîche und Käse (traditionell Gruyère) überbackene rohe Kartoffelscheiben mit tomatiertem Bratensaft zu gebratenem und geschmortem Fleisch (Savoyen: Landschaft in den französischen Alpen)

SAVOYER FONDUE
▶ Fondue Neuchâteloise

SBRINZ
(Hasliberg-Käse)
Als der älteste ▶ Käse der Alpenregion, der schon bei den alten Römern beliebt war, gilt der vollfette (mindestens 45 % Fett i. Tr.) und extra harte Sbrinz aus Kuhmilch. Urspünglich aus dem Ort Brienz im Berner Oberland stammend, wird er heute von 34 Tal- und Alpkäsereien in der Innerschweiz produziert, vor allem in den Kantonen Luzern, Schwyz, Ob- und Nidwalden, Zug und Bern. Außer Rohmilch, Lab und Salz enthält er keine weiteren Zutaten. Sbrinz reift mindestens 18 Monate. Sein volles Aroma entwickelt er erst nach etwa 2 Jahren, noch besser sind 3 Jahre, wobei er immer aromatischer und würziger wird und Ähnlichkeit mit dem italienischen ▶ Parmesan hat, zu dem er auch alternativ verwendet werden kann.
VERWENDUNG: *Sbrinz ist eine Bereicherung für jede Käseplatte und ein idealer Reibe- bzw. Hobelkäse zu Nudelgerichten und anderen Speisen. Er eignet sich auch gut zum Überbacken. Wie Parmesan sollte er nicht geschnitten, sondern gebrochen oder gehobelt werden.*

SCALLOPED
in der Schale zubereitete (oft überbackene) und angerichtete Austern und andere Muscheln

SCALLOPS ▶ Jakobsmuscheln

SCALOPPA
allgemeine Bezeichnung der italienischen Küche für Kalbs- oder Schweineschnitzel in verschiedenen Zubereitungsarten

SCALOPPINE
allgemeine Bezeichnung der italienischen Küche für Kalbs- oder Schweinemedaillons in verschiedenen Zubereitungsarten

SCAMORZA
Wie der ▶ Mozzarella ein italienischer Brühkäse (▶ Käse) vom Typ ▶ Filata, der meist in der

typischen Birnenform in den Abruzzen, in Molise und im Piemont aus Kuhmilch oder einer Mischung von Kuh- /Schafmilch hergestellt wird. Scamorza hat 45–50 % Fett i. Tr. und reift im Gegensatz zum Mozzarella kurze Zeit (14 Tage), bevor er in den Handel kommt. Als besondere Delikatesse gilt geräucherter Scamorza, der schon äußerlich an seiner dunkelgelb gefärbten Rinde zu erkennen ist.

VERWENDUNG: *Scamorza bringt nicht nur Abwechslung auf die Käseplatte, sondern eignet sich auch sehr gut zum Überbacken von Speisen. Die Italiener braten und füllen ihn außerdem gerne.*

SCAMPI

Vor allem in Italien gebräuchliche Bezeichnung für Tiefseekrebse (▸ Krebstiere). Scampi sind allerdings weder eine Garnelenart (▸ Garnelen) noch darf man sie – wie es früher vielfach üblich war – als Langustenschwänze (▸ Langusten) verkaufen, sonst macht man sich strafbar. Es sind vielmehr die Schwanzteile des ▸ Kaisergranat, eines kleineren Hummerverwandten (▸ Hummer). Den Handelsnamen Scampi dürfen in Italien aber auch die Schwänze des ▸ Heuschreckenkrebses tragen, der dem Kaisergranat sehr ähnlich ist.

SCHABZI(E)GER

(Glarner Kräuterkäse)

Erst hat dieser Kräuterkäse (▸ Käse) aus der Schweiz seinen Namen selbst bei einer Pflanze „entliehen“ (dem Schabzigerklee), dann hat er ihn – bzw. einen Teil davon – als Bezeichnung für einen bestimmten Käsetyp weitergegeben, den ▸ Zi(e)gerkäse. Schabziger wird vor allem in den Kantonen Glarus, wo er seinen Ursprung hat, und Graubünden hergestellt, außerdem im österreichischen Vorarlberg und Tirol. Seine Farbe und Würze erhält er durch Schabzigerklee und andere Kräuter. Der harte Käse wird gerne als Reibekäse verwendet.

Schon gewusst?

Der Glarner ▸ Schabzi(e)ger soll bereits seit dem 8. Jh. in den Glarner Alpen hergestellt werden. Das Rezept sollen irische Mönche im Gepäck gehabt haben, als sie in die Alpen kamen. 1463 erhielt er das erste überlieferte „Markenzeichen“ in seiner Heimat und gilt damit als ältestes Markenprodukt der Schweiz.

SCHÄCHTEN

Das rituelle Schlachten von Tieren, das besonders im Judentum und im Islam praktiziert wird. Dabei muss den Tieren mit einem speziellen Messer und genau nach Vorschrift mit einem einzigen großen Schnitt Luft- und Speiseröhre sowie die beiden Hauptschlagadern durchtrennt werden, damit sie völlig ausbluten – nur dann ist das Fleisch (das nur von bestimmten Tierarten stammen darf) nach strengem jüdischen Glauben ▸ koscher und sein Genuss erlaubt. In Deutschland verstößt das Schächten gegen das Tierschutzgesetz und ist verboten. Es kann aber eine Ausnahmegenehmigung erteilt werden, wenn es aus religiösen Gründen zwingend erforderlich scheint.

SCHADSTOFFE

Im lebensmitteltechnischen Sinn die Sammelbezeichnung für alle chemischen Verbindungen, die über die Nahrung aufgenommen werden und den menschlichen Organismus schädigen – sei es akut oder erst über einen längeren Zeitraum bzw. in höheren Dosen. Das können z. B. Umweltgifte oder Pestizidrückstände ebenso sein wie Schimmelpilze und Bakterien verdorbener Lebensmittel oder auch Lebensmittelzusatzstoffe (wenn die erlaubten Höchstgrenzen überschritten werden).

SCHAF

Das Hausschaf ist wie die ▸ Ziege eines der wichtigsten Nutztiere in der Geschichte der

Menschheit, das neben der „kleidsamen“ Wolle zwei kulinarisch bedeutende Produkte liefert: Schafe geben Milch, aus der ▸ Schaf(s)käse hergestellt wird, ihr Fleisch wird – vor allem vom ▸ Lamm (maximal 1 Jahr altes Schaf) und ▸ Hammel (kastriertes, über 1 Jahr altes männliches Schaf) – von Feinschmeckern hoch geschätzt. Gefürchtet ist allerdings der oft strenge Geruch und Geschmack älterer Mutterschafe und Schafböcke. Seine große Bedeutung als Nutztier verdankt das Schaf u. a. seiner Robustheit und Genügsamkeit – sowie seiner Anpassungsfähigkeit an klimatische Bedingungen und unterschiedliche Nahrungsangebote.

Schon gewusst?

Das ▸ Schaf ist auf der ganzen Erde verbreitet. Insgesamt gibt es über 1 Milliarde Schafe – davon rund 40 % in Asien, etwa 20 % in Afrika und ca. 15 % in Ozeanien (vor allem Australien und Neuseeland). Die restlichen 25 % leben in Europa, vor allem in Großbritannien, und in Amerika. In Deutschland dagegen hat die Schafzucht eine relativ geringe Bedeutung.

SCHAFGARBE

Eine alte Wild- und Heilpflanze aus der botanischen Familie der Korbblütengewächse, die vor allem auf Wiesen und an Wegrändern wächst. Die aromatische, krautige Pflanze kann 15–80 cm hoch werden. Neben der Nutzung in der Volksheilkunde war sie früher auch als Gemüse beliebt. Die jungen Blätter mit ihrem süßen und leicht bitteren Geschmack können wie Spinat zubereitet oder in Suppen gekocht werden.

SCHAF(S)KÄSE

Aus der Milch von Schafen (manchmal unter Zusatz von etwas Kuhmilch) hergestellter ▸ Käse, der wie ▸ Ziegenkäse oft sehr aromatisch im Geruch und kräftig im Geschmack ist. Besonders für den Mittelmeerraum ist Schafskäse typisch; er wird dort von Kleinasien bis Spanien nach unterschiedlichen Herstellungsverfahren, mit variierenden Fettgehalten und in vielen verschiedenen Geschmacksrichtungen produziert. Bekannte Schafskäse sind u. a. der spanische Manchego, der italienische ▸ Pecorino, der griechische ▸ Feta und der französische ▸ Roquefort.

SCHALENOBST

Handelsübliche Sammelbezeichnung für alle zum Verzehr geeigneten ▸ Nüsse und ▸ Kerne.

SCHAL(EN)TIERE

Eine eigentlich veraltete Bezeichnung, die in der Gastronomie- und Küchensprache aber nach wie vor für Schalenweichtiere (so der zoologisch korrekte Name) gebräuchlich ist – allerdings oft zu Missverständnissen führt. Unter Schaltieren versteht man in diesem Sinne alle essbaren ▸ Muscheln (Austern, Miesmuscheln, Jakobsmuscheln usw.) und ▸ Schnecken, nicht aber ▸ Tintenfische, obwohl auch diese biologisch zu den Schalenweichtieren zählen. Fälschlicherweise werden oft auch Meerestiere wie ▸ Hummer oder ▸ Langusten als Schaltiere bezeichnet, sie sind aber ▸ Krebstiere.

SCHALENWILD

Alle dem Jagdrecht unterliegenden Paarhufer, deren Hufe in der Jägersprache als Schalen bezeichnet werden und die zugleich zum ▸ Haarwild und mit einer Ausnahme (dem Reh) auch zum ▸ Hochwild zählen. Schalenwild sind u. a. ▸ Damwild, ▸ Rotwild, ▸ Sikawild, ▸ Reh, ▸ Rentier und ▸ Schwarzwild.

SCHALERBSE

(gelbe Erbse, Palerbse)

häufige Erbsenart (▸ Erbsen)

SCHÄLGURKE

(Aziagurke)

verbreitete Gurkenart (▸ Gurken)

SCHALOTTEN

(Aschlauch, Askalonzwiebeln, Eschlauch, Kartoffelzwiebeln)

Besonders kleine und feine Zwiebeln, die eine eigene Art innerhalb der botanischen Gattung der Zwiebeln (Familie Zwiebelgewächse) bilden. Die Schalotten bilden Tochterzwiebeln aus, mit denen sie in ganzen Büscheln wachsen. Unter der gelben bis bräunlichen Außenhaut sind die eiförmigen Knollen mehr oder weniger rötlich bzw. violett gefärbt. Schalotten

gelten als die edelsten Zwiebeln. Sie zeichnen sich gegenüber der ▸ Speisezwiebel durch ein würziges aber weniger scharfes Aroma und einen feinen Geschmack aus. In Europa werden Schalotten vor allem in Frankreich, Spanien, Deutschland und Ungarn angebaut, auf dem Weltmarkt führend ist aber Mexiko.

VERWENDUNG: *Das feine Aroma von Schalotten kommt nicht nur in der kalten Küche zur Geltung. Auch gedünstet behalten sie ihren milden Geschmack. Wenig geeignet sind sie dagegen für scharfes Anbraten, denn dabei werden sie bitter.*

Schon gewusst?

Das Synonym Askalonzwiebeln für ▸ Schalotten deutet auf ihren Ursprung hin. Kreuzfahrer brachten sie nämlich einst aus dem palästinensischen Mittelmeerhafen Askalon mit nach Europa.

SCHÄLRIPPE
Stück aus dem (gepökelten) ▸ Bauch oder ▸ Karree vom Schwein, Bestandteil u. a. von Eintöpfen und auch vom ▸ Kasseler

SCHARBE ▸ Kliesche

SCHARFWURZEL ▸ Meerrettich

SCHASCHLIK
Diese Spezialität dürfte ihren Ursprung in der Grenzregion zwischen Europa und Asien bzw. im Orient haben. Das Original bestand vermutlich aus scharf gewürzten Hammelfleischstücken, die auf Spieße gesteckt und gegrillt wurden. Heute gibt es Schaschlik in vielen Variationen: außer mit Hammel- auch mit Lamm-, Schweine-, Rindfleisch und Innereien (Leber und Niere), vom Grill oder gebraten, oft mariniert und durch weitere Zutaten wie kleine Stücke von Paprika, Zwiebeln, Tomaten, Gurken und Speck geschmacklich und optisch aufgewertet. Die Fleischspieße sind vor allem auf dem Balkan, in Osteuropa, im Orient und in Teilen Asiens ein traditioneller Imbiss. Sie werden dort meist ohne weitere Zutaten nur mit Brot gegessen, während sie in Westeuropa gerne mit pikanten Würzsaucen und Beilagen wie Reis oder Pommes frites serviert werden. In Westeuropa ist Schaschlik zum Synonym für Grill- und Bratspieße aller Art (z. B. mit Fisch und Meeresfrüchten, Geflügel und Wild) geworden. Der kundige Feinschmecker kennt diese aber unter der Bezeichnung ▸ Brochettes.

SCHATTENMORELLEN
bekannte Sorte der ▸ Sauerkirschen (▸ Morellen, ▸ Kirschen)

SCHAUMBRÖTCHEN ▸ Mousseline (1.)

SCHAUMCREME
dicke und gehaltvolle Creme aus Milch, Zucker, Vanille, Speisestärke und Schlagsahne, gekühlt und oft mit frischen Früchten serviert

SCHAUMFARCE
Füllmasse aus rohem und durch den Fleischwolf gedrehten Kalb-, Geflügel-, Wild-, Fisch- oder Krebstierfleisch, mit Eiweiß, Sahne u. a. auch Grundlage für ▸ Mousseline

SCHAUMGEBÄCK
Sammelbezeichnung für feine Backwaren aus Eiweiß- oder Schaummasse, wie z. B. ▸ Baiser

SCHAUMMASSE ▸ Baisermasse

SCHAUMROLLEN
mit Schlagsahne oder süßem Schaum gefüllte Blätterteigrollen, an den Enden offen oder mit Kuvertüre überzogen

SCHAUMSAUCE ▸ Mousseline (2.)

SCHAUMSCHOKOLADE
▸ Aeroschokolade

SCHAUMWEIN
Der französische ▸ Champagner ist einer, der deutsche ▸ Sekt, der spanische ▸ Cava und der italienische ▸ Spumante: Schaumwein ist die Sammelbezeichnung für alle Weine mit einem

so hohen Anteil an Kohlensäure, dass sie schäumen. Nach EU-Weingesetz müssen es bei Schaumwein (Ausgangsprodukt ▸ Tafelwein) mindestens 3 Bar Kohlensäure-Überdruck bei 20 °C sein, bei Qualitätsschaumwein (Ausgangsprodukt ▸ Qualitätswein) 3,5 Bar bei mindestens 9,5 Vol.-% Alkohol und mindestens 60-tägiger Lagerung auf der Hefe. Ansonsten können Schaumweine nach verschiedenen Verfahren hergestellt sein. Ein Qualitätsmerkmal beim Schaumwein ist u. a. seine Perlfähigkeit – je mehr und je feinere Perlen er produziert, desto besser. Weine mit geringerem Kohlensäure-Überdruck und groben Perlen heißen ▸ Perlwein. Über den Trocken- bzw. Süßegrad geben folgende Bezeichnungen Aufschluss:

- brut nature (zéro, sauvage, intégral oder ultra brut) = sehr stark durchgegoren mit einem Restzuckergehalt unter 3 g/l
- extra brut (extra herb) = unter 6 g/l
- brut (herb) = unter 15 g/l
- extra dry (extra trocken) = 12–20 g/l
- sec (trocken, dry) = 17–35 g/l
- demi-sec (halbtrocken) = 33–50 g/l
- doux (süß) = mehr als 50 g/l

Schon gewusst?

Die erste bekannte Erwähnung des Begriffs ▸ Schaumwein stammt von dem deutschen Dichter Wilhelm Hauff (1802–1827), und zwar in seiner Satire „Der Mann im Mond". In einem Wörterbuch tauchte der Begriff dann erstmals 1876 auf.

SCHAUMZUCKERWARE
schaumig-süßes Erzeugnis aus Zucker, Stärkesirup, geschlagenem Eiweiß und Bindemitteln (Gelatine, Agar-Agar), weich (z. B. ▸ Schokoküsse) oder hart (z. B. ▸ Baiser)

SCHAWARMA
Ein dem türkischen ▸ Döner Kebab ähnliches Fleischgericht der arabischen Küche, für das mariniertes Hühner- oder Lammfleisch auf einen Drehspieß gewickelt und beim Grillen in Stückchen abgeschnitten wird. Mit einer Knoblauch-Jogurt-Sauce sowie frischem oder eingelegtem Gemüse wird das Fleisch meist in ein dünnes Riesenfladenbrot „eingepackt".

SCHEFSNUT ▸ Flügelbutt

SCHEIBENHONIG ▸ Wabenhonig

SCHEIBLETTEN(KÄSE)
handelsübliche Bezeichnung für in Scheiben geschnittenen ▸ Schmelzkäse

SCHEINFRÜCHTE
Botanische Bezeichnung für ▸ Früchte, die nicht nur aus dem verdickten Fruchtblatt bzw. -knoten, sondern auch aus anderen Pflanzenteilen (z. B. Blütenboden und -achse) gebildet werden. Bekannte Scheinfrüchte sind u. a. ▸ Ananas, ▸ Äpfel, ▸ Erdbeeren und ▸ Feigen.

SCHEITERHAUFEN
Vor allem in Süddeutschland und Österreich verbreiteter süßer ▸ Auflauf, der eine gute Resteverwertung für altbackene Semmeln ist. Diese werden in Scheiben geschnitten, mit Äpfeln, Zimt, Zucker, Rosinen und Mandeln in eine Auflaufform gefüllt, dann mit süßer Eiermilch übergossen und im Ofen bei mittlerer Hitze gebacken, mit Staubzucker bestreut und mit Fruchtsauce oder Kompott serviert.

SCHELLFISCH
Der zur Familie der Dorschfische (▸ Fische) zählende Magerfisch ist ein gesunder Genuss, denn Schellfisch enthält zwar reichlich Eiweiß, Vitamine und Mineralien, aber in 100 g seines zarten weißen Fleisches nur $^1/_2$ g Fett. Schellfisch wird als naher Verwandter des ▸ Kabeljau bis 1 m lang und 12 kg schwer. Seine Hauptverbreitung hat er in Nordsee und Nordatlantik, wo er meist in Schwärmen auftritt. Der Räuber

ernährt sich von Würmern, Muscheln und Krebsen, die er am Meeresboden aufspürt.
VERWENDUNG: *Schellfisch ist ein traditioneller Kochfisch, eignet sich aber z. B. auch zum Braten. Als besondere Delikatesse gilt er geräuchert: So lieben ihn die Engländer als Smoked ▸ Haddock zum Frühstück, die Norweger machen daraus Fischklößchen, die Holländer mögen ihn paniert.*

SCHENKELI
typisches Schweizer Fastnachtsgebäck in Form kleiner Kugeln oder Keulchen aus Butter, Mehl, Eiern, Zucker und Backpulver, etwas Salz und Schale einer unbehandelten Zitrone, im heißen Fett schwimmend ausgebacken

SCHEUREBE
(Sämling 88)
Deutsche Rebsortenzüchtung (▸ Wein) aus dem Jahre 1916, die man lange für eine Kreuzung aus Riesling und Silvaner hielt. DNA-Untersuchungen ergaben, dass Riesling wirklich ein Elternteil ist, mit ihm aber eine unbekannte Wildrebe gekreuzt wurde. In Deutschland wird die weiße Scheurebe auf knapp 700 ha angebaut, in Österreich sind es knapp 500 ha. Die Weine zeichnen sich durch ein besonders aromatisches Bukett, eine fruchtige Säure mit Ähnlichkeiten zum Riesling aus.

SCHON GEWUSST?

Benannt ist die ▸ Scheurebe nach ihrem Züchter Georg Scheu (1879–1949), der an der Landesanstalt für Rebenzüchtung in Alzey (Rheinhessen) tätig war. In Österreich ist sie als Sämling 88 bekannt. Diesen Namen verdankt sie der Tatsache, dass einst der Sämling mit der Nummer 88 von Georg Scheu als bester ausgewählt und züchterisch vermehrt wurde.

SCHICHTKÄSE
Dem ▸ Quark ähnlicher ▸ Frischkäse (▸ Käse), der aus Kuhmilch hergestellt wird und aus 3 Schichten mit unterschiedlichem Fettgehalt besteht. Während die weiße obere und untere Schicht aus Magermilch besteht, hat die gelbliche mittlere Schicht mindestens 40 % Fett i. Tr. Schichtkäse ist in der Konsistenz fester als Quark und im Geschmack deutlich milchsauer.

SCHIEDLING ▸ Mairenke

SCHIFFCHEN
(Barquettes)
Der Name bezieht sich auf die Form dieser länglich-spitzen Gebäckschälchen aus Blätter-, Mürb-, Pastetenteig, seltener auch aus Sand-, Grieß- oder Reismasse. Pikant gefüllt dienen sie meist als Vorspeise (z. B. mit Fleisch- oder Fischfüllungen), mit süßem Inhalt (z. B. mit Cremes oder Fruchtpüree) als Dessert.

SCHILCHER
An diesem Getränk scheiden sich die Weingeister: Einige lieben den kompromisslos durchgegorenen ▸ Rosé (▸ Wein) aus der österreichischen ▸ Steiermark, andere fürchten ihn als „Rachenputzer". Gekeltert wird Schilcher zu 100 % aus der Rebsorte Blauer Wildbacher, die in geringem Umfang auch andernorts in Österreich angebaut wird. Schilcher darf sich der Rosé aber nur in der Steiermark nennen.

SCHILDKRÖTEN
Man kennt knapp 300 Arten der gedrungenen Reptilien mit Bauch- und Rückenpanzer, einige davon haben ein schmackhaftes Fleisch, das für kulinarische Zwecke aber nicht mehr zur Verfügung steht. Schildkröten gelten nämlich als akut bedroht und stehen deshalb weltweit unter Artenschutz: Deshalb ist der Handel mit Schildkrötenfleisch seit 1988 offiziell verboten.

SCHILDKRÖTENSUPPE
Dieses bekannte Gericht gibt es nur noch als Imitat unter dem Namen ▸ Mockturtlesuppe.

SCHILFWEIN ▸ Strohwein

SCHILL ▸ Zander

SCHILLERLOCKEN
1. Handelsname für die zarten, geräucherten Bauchlappen des ▸ Dornhai, benannt nach der lockigen Haarpracht des deutschen Dichters Friedrich von Schiller (1759–1805)

2. Gebäck aus Blätterteig, der zu kleinen Tüten gewickelt wird. Diese können süß mit Sahne oder Cremes sowie pikant mit Ragouts, Pürees usw. gefüllt werden.

SCHILLERWEIN
eine spezielle Art von ▸ Rosé (▸ Wein)

SCHIMMEL
In der Mikrobiologie eine Gruppe von niederen Pilzen, die als faseriger, pelziger, flockiger oder staubiger Überzug in verschiedenen Farben (weißlich, grau, bläulich-grün, gelblich, rötlich, bräunlich oder schwarz) vor allem auf verfaulenden organischen Stoffen in Erscheinung treten, so z. B. auch auf verdorbenen Lebensmitteln. Das Tückische daran: Der Schimmelbefall und die Ausbreitung der Mikroorganismen, deren rasante Vermehrung vor allem durch Feuchtigkeit gefördert wird, bleiben zunächst unsichtbar und sind erst in einer späten Phase – wenn der Pilz bereits munter gewuchert hat – erkennbar. Das alles wäre nicht so schlimm, wenn die Pilze nicht gesundheitsschädliche Gifte – so genannte Mykotoxine – produzieren würden. Als die gefährlichsten gelten die u. a. krebserregenden ▸ Aflatoxine. Nicht zu verwechseln ist schädlicher Schimmel mit ▸ Edelschimmel, der in einigen Lebensmitteln (u. a. bei Käse, Salami) erwünscht und typisch ist.

SCHON GEWUSST?

Stellt man auf Lebensmitteln einen Befall mit ▸ Schimmel fest, so genügt es nicht, die sichtbar betroffenen Stellen bzw. die „infizierte" Schale einfach zu entfernen. Im gesamten Inneren des Lebensmittels hat das Mycel des Pilzes längst gewuchert und die gefährlichen Mykotoxine erzeugt.

SCHIMMELKÄSE ▸ Edelpilzkäse

SCHINKEN
Für Fleischer allgemein die hinteren Oberschenkel vom ▸ Schwein, als Schinken werden aber auch die Metzgereiprodukte bezeichnet, die daraus durch Pökeln, Brühen, Braten, Lufttrocknung oder Räuchern hergestellt und meist kalt gegessen werden. Häufig trifft man auch die Bezeichnung Hinterschinken als Abgrenzung zum qualitativ nicht so hochwertigen Vorderschinken an.

Dieser wird zwar wie „echter" Schinken hergestellt, sein Fleisch stammt aber aus der Schweineschulter. Die unterste Stufe aus kulinarischer Sicht ist der Formfleischvorderschinken, ein Imitat aus zerkleinerten Fleischresten, die mit Bindewebe und Bindemitteln zu einer schnittfesten Masse verarbeitet werden. Weiter unterscheidet man ▸ Kochschinken (gepökelt, gebrüht), ▸ Rohschinken (mit verschiedenen Methoden haltbar gemacht), luftgetrockneten Schinken (z. B. ▸ Parmaschinken), Räucherschinken (z. B. ▸ Schwarzwälder Schinken). Als besonders fein gilt der magere Nussschinken. Kein „echter" Schinken ist dagegen ▸ Lachsschinken.
VERWENDUNG: *Schinken gehört zur Brotzeit und auf jedes kalte Büfett. Hauchdünn geschnittener luftgetrockneter Schinken paart sich mit Melonen, in Streifen geschnittener gekochter Schinken kommt oft in Salate. Breit sind die Einsatzmöglichkeiten auch in der warmen Küche, so findet man ihn in vielen Nudelgerichten. Schinken und Käse sind ein beliebtes Gepann, z.B. auf Toast oder im ▸ Cordon bleu.*

SCHINKENNUDELN
ein Pfannengericht oder Ofengericht aus Nudeln, Schinkenwürfeln oder -streifen, Eiern, Sahne und geriebenem Käse

SCHINUSFRÜCHTE ▸ Rosa Pfeffer

SCHIRMPILZ ▸ Parasol(pilz)

SCHLACHTFLEISCH
Bezeichnung für Fleisch von ▸ Schlachttieren

SCHLACHTPLATTE
(Schlachtschüssel)
Rustikales und deftiges Gericht, traditionell aus ▸ Kesselfleisch, gekochten Blut- und Leberwürsten, Sauerkraut und Kartoffeln oder Brot, das je nach regionaler Variante weitere Würste, Speck, Innereien usw. enthalten kann. Im Elsass ist die typische Schlachtplatte als ▸ Choucroute garni bekannt, in Süddeutschland sagt man Schlachtschüssel dazu.

SCHLACHTSUPPE ▸ Metzelsuppe

SCHLACHTTIERE
Nutztiere, die vom Menschen zur Fleischerzeugung gehalten (und gemästet) werden. In Deutschland sind dies vor allem Rind, Kalb, Schwein, Schaf und Ziege. Keine Schlachttiere sind dagegen Geflügel, Wild und Fische. Die Haltungsbedingungen in den großen „Fleischfabriken" sind heute heftig umstritten – bei Tierschützern, aber auch vom gesundheitlichen und vom kulinarischen Standpunkt aus. Deshalb verlangen immer mehr Verbraucher Informationen über die Herkunft des Fleisches und bevorzugen Fleisch aus heimischer und biologischer bzw. ökologischer Produktion.

SCHLACKWURST ▸ Cervelat(wurst)

SCHLAGSAHNE
Süße ▸ Sahne mit 30–33 % Fett (Schlagsahne extra mit mindestens 35 % Fett), die durch kräftiges Schlagen unter Sauerstoffeinwirkung steif geschlagen wird und manchmal schon auf der Verpackung so heißt. Sahne muss gekühlt aufbewahrt werden und sollte beim Schlagen – wie die verwendeten Geräte und Gefäße – möglichst kalt (unter 10 °C) sein.

SCHLANGEN
Die meisten Menschen, zumindest in unseren Breiten, würden nicht im Traum daran denken, eine Schlange zu essen. Einige haben jedoch ein feines Fleisch. In ihren Hauptverbreitungsgebieten wandern Schlangen oft in den Kochtopf. Vor allem in Asien gibt es auf den Märkten ein breites Angebot an Schlangen, die – oft mariniert – für Suppen, Nudel- und Reisgerichte verwendet oder wie ▸ Aal zubereitet werden. Auf den Philippinen gilt das Fleisch von Würge- bzw. Riesenschlagen (vor allem der Dschungelpython) als Delikatesse und wird neben der Verwendung in Eintöpfen sogar gebraten, paniert usw. Die australischen Ureinwohner, die Aborigines, grillen Schlangen über dem offenen Feuer und in den USA stehen sogar Klapperschlangen in manchen Restaurants auf der Speisekarte.

SCHLANGENKRAUT ▸ Estragon

SCHLAPPKRAUT
traditionelles Gericht in verschiedenen Gegenden in der südlichen Hälfte Deutschlands aus Weißkohl, Zwiebeln, Kartoffeln und Schweineschmalz, oft mit Schweinebauch und -nacken

SCHLAUCHPILZE
Eine der großen Abteilungen im Reich der Pilze, die für den Menschen in mehrfacher Hinsicht von Bedeutung ist. Viele Hefe- und Schimmelpilze zählen zu den Schlauchpilzen, die „gut" sind und wertvolle Dienste bei der Herstellung bestimmter Lebensmittel leisten (z. B. Käse, Wein, Bier) oder „schlecht" sind und die Gesundheit von Menschen, Tieren und Pflanzen schädigen können. Andererseits gehören zu den Schlauchpilzen auch Speisepilze, allen voran die edlen ▸ Trüffeln und ▸ Morcheln.

SCHLEGEL
Regional gebräuchliche Bezeichnung für die Keule bzw. den Schinken von Schwein, Kalb, Schaf, Geflügel und Wild

SCHLEHEN
(Haagpflaumen, Hagedorn-, Heckendorn-, Schwarzdornfrüchte)
Die kugeligen, dunkelblauen bis schwarzen ▸ Steinfrüchte eines stacheligen Strauches bzw. kleinen Baumes aus der botanischen Familie der Rosengewächse, der als Stammform der Kulturpflaume gilt. Der Schlehdorn ist besonders in Europa an sonnigen Weg- und Waldrändern, an felsigen Hängen und als Heckenpflanze weit verbreitet. Schlehen sind sauer und herb (adstringierend) und brauchen den ersten Frost, bis sie genießbar werden.

VERWENDUNG

Sehr gut schmecken Schlehen als Kompott, Konfitüre, zu Fruchtsäften und -wein oder Spirituosen verarbeitet (z. B. Schlehenfeuer und ▸ Pacharán aus Spanien, Navarra). Für Schlehenlikör ist eine Vielzahl von Hausrezepten mit weiteren Zutaten wie Korn, Wodka, Gin, Rum, Zucker, Zimt, Nelken, Muskat oder Sternanis überliefert. Branntwein aus Schlehen kommt als Schlehenwasser in den Handel.

SCHLEIE
Geschätzter Speise- und Süßwasserfisch (▸ Fische) aus der Familie der ▸ Karpfenfische, dessen bevorzugter Lebensraum von Europa bis weit nach Sibirien hinein stehende oder langsam fließende, schlammige Gewässer sind. Auf deren Grund „wühlt" die meist dunkelgrüne Schleie gerne nach Plankton, kleinen Bodentieren usw., von denen sie sich ernährt. Schleien können bis 70 cm lang und 20 kg schwer werden. Am besten schmecken sie bei ei-

VERWENDUNG

Schleien sollten – besonders wenn sie in sehr schlammigen Gewässern zu Hause waren – vor dem Verkauf/Verzehr noch ein paar Tage in sauberem und fließendem Süßwasser gehalten werden, damit sie den genussfeindlichen Modergeschmack verlieren. Ihre schleimige Haut prädestiniert sie zum Blaukochen (► blau), sie eignen sich aber auch zum Braten und Grillen sowie für deftige Suppen, Eintöpfe und Ragouts.

nem Gewicht von 2–3 kg. Dann ziehen Kenner ihr schmackhaftes und sehr aromatisches, wenn auch fettes und grätenreiches weißes Fleisch dem des ► Karpfen vor. Teilweise werden sie mit Karpfen gemeinsam in Teichen gezüchtet.

SCHON GEWUSST?

Im Jahr 2007 wurde die ► Schleie vom Verband Deutscher Sportfischer (VDSF) zum „Fisch des Jahres" gekürt. Ein Titel, der aber weniger für besondere Schönheit steht als vielmehr auf die Gefährdung bestimmter Fischarten aufmerksam machen soll. Die Auswahl erfolgt nämlich nach schädigenden Einflüssen des Menschen auf den Lebensraum des jeweiligen Fisches.

SCHLEIMSUPPEN

Schleimige Diätsuppen aus Wasser oder Brühe mit Getreideprodukten (z. B. ► Haferflocken) als bindenden Einlagen

SCHLESISCHES HIMMELREICH

(Himmelreich)

Traditionelles, aus Schlesien stammendes Fleischgericht: Geräucherter Schweinebauch, der mit Backobst, Zimt und Schale unbehandelter Zitronen gekocht wird. Dazu werden schlesische Kartoffel- oder Hefeklöße serviert.

SCHLIESSFRÜCHTE

Früchte, bei denen die Samen von einer Fruchtwand umhüllt sind, die sich auch beim Reifen und Abfallen von der Pflanze nicht öffnet. Zu den Schließfrüchten gehören u. a. ► Beeren, ► Steinfrüchte, ► Nüsse und ► Zitrusfrüchte.

SCHLOSSERBUBEN

Im österreichischen und süddeutschen Raum beliebtes, warm serviertes Dessert: Dörrpflaumen, deren Stein entfernt und durch Marzipan oder einer Mandel ersetzt wird. Die Früchte werden dann in Backteig getaucht, in heißem Fett schwimmend ausgebacken und vor dem Servieren in geriebener Schokolade gewälzt und/oder mit Puderzucker bestäubt.

SCHLOSSKARTOFFELN

oval zugeschnittene rohe Kartoffeln, in Butter goldgelb bzw. leicht braun gebraten, gesalzen und mit gehackter Petersilie bestreut

SCHLÜTERBROT

Spezielles Roggenbrot, das einen Zusatz von 25 % Schlütermehl enthält. Bei dessen Herstellung wird die Kleie unter Druck mit Wasserdampf behandelt, um Eiweiß aufzuschließen.

SCHLUTZKRAPFEN

(Schlickkrapfen, Schlüpfkrapfen)

Besonders im österreichischen und im italienischen Teil von Tirol beliebte Nudelspezialität, die den schwäbischen ► Maultaschen und den italienischen ► Ravioli ähnlich ist. Schlutzkrapfen sind kleine Teigtaschen, die meist aus einer Mischung von Roggen- und Weizenmehl hergestellt und traditionell mit Fleisch oder Kartoffeln gefüllt werden. Die Füllung kann aber auch aus Spinat und Topfen (wie oft in Südtirol) oder Roten Rüben bestehen.

SCHMALTIERE

die weiblichen Tiere von ► Rotwild, ► Damwild und ► Sikawild im 2. Lebensjahr

SCHMALZ

Durch Erhitzung ausgeschmolzenes und weiterverarbeitetes Fett aus den fettreicheren Teilen der Schlachttiere (vor allem von Schwein und Gans), das aber nicht gebleicht oder raffiniert werden darf. Der Entzug von Wasser und Eiweiß macht Schmalz zu einem sehr haltbaren Produkt, das kühl und dunkel gelagert

kaum verdirbt. Auch bei Schmalz gibt es Qualitätsunterschiede. Generell ist das bei niedrigeren Temperaturen ausgeschmolzene Fett das bessere; wobei Flomen- (▸ Flomen) sowie Gänse- und Entenschmalz als besonders fein gelten. Eine vor allem süddeutsche Spezialität ist das ▸ Griebenschmalz. Das Schmelzfett von Rindern hat einen höheren Schmelzpunkt und wird als ▸ Talg bezeichnet. Aus Butter ohne Molke wird ▸ Butterschmalz hergestellt.
VERWENDUNG: *Schmalz ist generell ein gutes Brat- und Speisefett, sein kräftiges Aroma macht sich vor allem in deftigen Gerichten wie Braten, Eintöpfen usw. gut. Darüber hinaus ist es ein beliebter Brotaufstrich.*

SCHMÄLZEN
Kartoffeln oder Teigwaren mit gebräunter Butter und evtl. Zwiebeln oder Bröseln übergießen

SCHMALZFLEISCH
aus fettem Schweinefleisch unter Zusatz von Gewürzen hergestellte Konserve mit Flomen, Speck und Bindegewebe

SCHMALZGEBÄCK
Gebäck, das in heißem Fett schwimmend ausgebacken wird. Dabei kann es sich wirklich um Schmalz handeln, aber auch um jedes andere von seiner Beschaffenheit her geeignete Fett. Traditionelles Schmalzgebäck sind u. a. ▸ Krapfen und Kirchweihnudeln.

SCHMALZNUDELN ▸ Kirchweihnudeln

SCHMALZÖL
(Lardöl)
aus Schweineschmalz gewonnenes gelbliches Öl mit leichtem Fettgeruch und mildem Geschmack, sowohl für Ernährungs- wie industrielle Zwecke

SCHMAND
Handelsname für saure ▸ Sahne mit einem Fettanteil von 20–29 %

SCHMANKERL
Vor allem in Bayern und Österreich gerne verwendeter Begriff, der für einen besonderen Leckerbissen, eine Spezialität bzw. einen nicht alltäglichen Genuss steht – und das mittlerweile nicht mehr nur im kulinarischen Sinne.

SCHMARRN
In Bayern und Österreich Bezeichnung für in der Pfanne gebackene und mit einer Gabel in kleine Stücke zerzupfte ▸ Pfannkuchen. Dabei denkt man an allererster Stelle natürlich an den berühmten ▸ Kaiserschmarrn.

SCHMELZEN
hartes Fett, Schokolade, Zucker etc. erhitzen und flüssig machen

SCHMELZGLASUR ▸ Fondant

SCHMELZKARTOFFELN
(Fondantkartoffeln)
im Ofen mit Butter (auch Fett oder Schmalz) gebackene, rohe Kartoffeln, ganz oder halbiert

SCHMELZKÄSE
In großen Mengen hergestelltes Produkt aus verschiedenen Sorten ▸ Käse, die mit oder ohne Zugabe von Schmelzsalzen (zur Verbesserung der Emulsionsfähigkeit) erhitzt und geschmolzen werden. Die flüssige Käsemasse kommt dann in Formen, in denen sie sich beim Erkalten wieder verfestigt. Schmelzkäse wird in allen Fettstufen von 20–70 % i. Tr. und teilweise mit weiteren Zusätzen wie Gewürzen, Kräutern, Pilz- oder Schinkenstückchen, Milchprodukten (Butter, Molkecreme) usw. hergestellt. Es gibt vor allem 2 Handelsformen: die streichfähigen Dreiecke in Alufolie und die schnittfesten, in Kunststofffolie eingeschweißten Scheiben, die so genannten Scheibletten. Wird nur eine Käsesorte verwendet, darf der Schmelzkäse deren Sortennamen tragen.

SCHON GEWUSST?

Seine Heimat hat der ▸ Schmelzkäse in der Schweiz. Er wurde im Jahre 1911 von den Käseproduzenten Walter Gerber und Fritz Stettler in Thun erfunden, die ▸ Emmentaler einschmolzen, um ihn für den Export haltbarer zu machen.

VERWENDUNG

Sehr beliebt ist Schmelzkäse (in Scheiben) zum Überbacken, von ▸ Toast, sowie als Auflage von Cheeseburgern und anderen Fast-Food-Produkten. Dreieckskäse wird oft aufs Brot gestrichen, eignet sich aber auch zum Abschmecken von Saucen, Suppen und Aufläufen.

SCHMELZKROKETTEN

(Fondants)

kleine, fein gewürzte Kroketten aus püriertem Fisch-, Geflügel- oder Wildfleisch, die mit Sauce, Sahne und Ei gebunden, dann paniert und in Fett schwimmend ausgebacken werden

SCHMER

Fett aus der Bauchwand des Schweins, wie ▸ Flomen für die Herstellung von ▸ Schmalz verwendet

SCHMETTERLINGSSCHNITZEL

Eine dicke Scheibe Schweinefleisch aus dem Schinken oder dem entbeinten Kotelettstrang, die horizontal in der Mitte auf-, aber nicht ganz durchgeschnitten wird. Die beiden Hälften sind noch verbunden, lassen sich aber aufklappen – wie die Flügel eines Schmetterlings.

SCHMIER(E)KÄSE

Weiche ▸ Käse mit Rot- oder Gelbschmiere, deren Rinde in der Regel vor dem Verzehr entfernt werden sollte. Im Gegensatz zu Weiß- oder Blauschimmel gilt Rotschmiere als gesundheitlich nicht ganz unbedenklich.

SCHMORBRATEN

(Braten)

Aus aller Herren Länder und in unzähligen Varianten gibt es Gerichte, die unter die Sammelbezeichnung Schmorbraten eingereiht und oft auch nur verkürzt als „Braten" bezeichnet werden. Man nimmt dafür in der Regel große und parierte Fleischstücke. Kennzeichnend für einen Schmorbraten ist das spezielle Garverfahren, das auch in seinem Namen „steckt": ▸ schmoren. Die besten Stücke dafür sind vom Kalb: Brust, Schulter und Hachse; vom Rind: Kamm, Schulter, Hüfte und Unterschale sowie vom Schwein: Hals und Schulter. Groß sind die Variationsmöglichkeiten nicht nur durch die Auswahl des Fleisches, sondern vor allem durch weitere Zutaten wie Gemüse, Kräuter und Gewürze sowie die Schmorflüssigkeit (Fleischbrühe, Wein, Port, Madeira usw.).

SCHMOREN

(braisieren)

Eine Verbindung zwischen Braten und Kochen ist diese Garmethode, die sich vor allem für eher langfaseriges und mit viel Bindegewebe durchsetztes Fleisch eignet, das beim ▸ Braten zäh werden würde. Das Fleisch wird kurz und scharf angebraten, dann mit etwas Wasser abgelöscht und anschließend in einem geeigneten Kochgefäß (großer Topf, Bräter) mit Fett und Flüssigkeit die meiste Zeit zugedeckt geschmort. Bei diesem klassischen Garverfahren werden die Aromen besonders gut vom Fleisch aufgenommen und es wird zugleich schön mürbe. Der Garvorgang dauert oft mehrere Stunden, vor allem wenn er – was am besten ist und das Fleisch am zartesten macht – bei niedrigen Temperaturen von nur 80–100 °C durchgeführt wird. Als willkommenes „Nebenprodukt" lässt sich aus dem reduzierten und gereinigten Bratenfond eine besonders aromatische und geschmacksintensive Sauce zubereiten.

SCHMORFLEISCH

(Sauté)

Im Gegensatz zum ▸ Schmorbraten kein großes Fleischstück, sondern ein Ragout aus gewürfeltem Fleisch, das kräftig angebraten und nach dem Ablöschen in Sauce, Bratenjus usw. gar geschmort wird. Ein berühmtes Gericht dieser Art ist z. B. ▸ Bœuf Stroganoff.

SCHMORGURKEN

eine der Hauptgruppen von ▸ Gurken

SCHNAPPER

eine Familie tropischer Meeresfische (▸ Fische) mit dem ▸ Red Snapper als kulinarisch wichtigsten Vertreter

SCHNAPS ▸ Branntweine

SCHNAUZE
Mund- und Nasenbereich verschiedener Tiere, in der Küchensprache unter die Innereien von Rind und Schwein eingereiht

SCHNECKEN
(Gastropoden)
1. Mit mehr als 43 000 die an Arten reichste Klasse der ▸ Weichtiere, die zum Teil auf dem Land aber auch im Süß- und Salzwasser leben. Der Anblick der kleinen „Schleimer", die ihre Häuser auf dem Rücken tragen, ruft bei vielen Menschen eher Ekel hervor und oft sind sie auch als gefräsige Gartenschädlinge verhasst. Sie können aber trotz allem in Einzelfällen kulinarisch interessant sein. Als Delikatesse gelten vor allem die ▸ Weinbergschnecken.
2. Ein beliebtes Gebäck, das natürlich mit weitaus weniger Vorbehalten als die echten Schnecken zu kämpfen hat. Diese Art von Schnecken besteht aus einem relativ dünn ausgerollten und in Streifen geschnitten Hefeteig, der zusammengerollt wird und in der Form an ein Schneckenhaus erinnert. Weitere Zutaten können Rosinen, Nüsse, Mohn, Zuckerglasur usw. sein.

SCHNECKENBUTTER
(Beurre d'escargot)
Eine Variante der ▸ Kräuterbutter, die mehr Schalotten, Knoblauch und Zitronensaft enthält. Schneckenbutter ist typischer Bestandteil des Gerichts „Weinbergschnecken auf burgundische Art", bei dem vorgekochte Weinbergschnecken im Gehäuse mit Schneckenbutter überbacken werden.

SCHNECKENKAVIAR
die teilweise als Kaviarersatz (▸ Kaviar) angebotenen Eier von ▸ Weinbergschnecken

SCHNEE
in der Küchensprache Kurzform für steif geschlagenes Eiweiß

SCHNEEBÄLLCHEN
In einigen Teilen Deutschlands eine Beigabe vorwiegend zu Braten in Sauce und zu Gulasch, die aus gekochten und durchgepressten Kartoffeln zubereitet wird. Die Kartoffelmasse wird mit weiteren Zutaten wie Mehl, Milch, Eiern, Majoran, geriebener Muskatnuss, gehackten und angedünsteten Zwiebeln u. a. vermischt und zu kleinen Klößen geformt. Diese lässt man in kochendem Wasser ziehen und übergießt sie unmittelbar vor dem Servieren mit in Butter angebräunten Semmelbröseln.

SCHNEEEIER
(Schneebälle, -klöße, -kugeln)
In vielen Variationen bekannte Süßspeise in Form von kleinen Klößen aus Eischnee bzw. ▸ Baisermasse, die mit unterschiedlichen Zutaten (z. B. Vanille bzw. Vanillezucker, Karamell, Sahne, Eigelb) aromatisiert bzw. angereichert werden. Anschließend gart man die Schneeeier in siedender Milch und serviert sie mit Vanillesauce, Fruchtsauce oder Konfitüre.

SCHNEEKARTOFFELN
(Kartoffelfäden)
geschälte, in Salzwasser gekochte und durch ein Sieb passierte Kartoffeln

SCHNELLKOCHREIS
Eines der typischen ▸ Konvenienzprodukte: Nach dem Schleifen vorgekochter oder zumindest wärmebehandelter weißer ▸ Reis, der anschließend wieder getrocknet wird und in der Küche nur noch eine Kochzeit von 3–5 Minuten benötigt.

SCHNEPFE
Bei Feinschmeckern besonders begehrtes kleines ▸ Federwild, von dem besonders 2 Arten bejagt werden: die Waldschnepfe und die Bekassine oder Sumpfschnepfe. In der Regel erreichen Schnepfen ein Gewicht von 300–400 g. Sie gelten als eines der feinsten Wildgeflügel und haben einen delikaten Geschmack, sind aber ziemlich schwer zu erlegen. Das macht sie in Verbindung mit der Tatsache, dass sie in verschiedenen Gebieten auch geschützt sind, zu einem relativ raren Genuss. Bei der Jagd auf das Wildgeflügel bedienen sich die raffinierten

VERWENDUNG

Schnepfen werden bevorzugt gebraten, ähnlich wie ▸ Taube oder ▸ Wachtel, mit ihrem Fleisch lassen sich aber auch feine Ragouts und ▸ Salmis zubereiten oder eine leckere ▸ Pâté. Als besondere Delikatesse gilt der so genannte ▸ Schnepfendreck.

Jäger einer so genannten „Schnepfenpfeife“, die den Lockruf des Weibchens täuschend echt nachahmt.

Schon gewusst?

Wird die ▸ Schnepfe gebraten serviert, ist es wie z. B. auch beim Fasan üblich, den Fuß nicht wegzuschneiden. Damit hat der Gourmet den Beweis, dass auch tatsächlich einer der relativ seltenen Wildvögel auf seinem Teller liegt.

SCHNEPFENDRECK
Der Name klingt nicht gerade appetitlich, doch gilt Schnepfendreck bei Feinschmeckern als besondere Delikatesse, die man unbedingt probieren sollte. Es handelt sich dabei um den Darm der Wildvögel samt Inhalt – nur gut, dass Schnepfen extrem wählerisch bei der Wahl ihrer Nahrung sind. Der Schnepfendreck wird zusammen mit Speck und Gewürzen (Rosmarin, Thymian) fein gehackt, mit Eigelb (manchmal auch Brotbröseln) vermischt, auf goldgelb geröstete Toastscheiben gelegt und im Ofen leicht gratiniert. Teils werden auch Leber und Herz oder etwas Gänseleber beim Schnepfendreck mit verarbeitet.

SCHNITTBOHNEN
Handelsform der ▸ Gemüsebohne (▸ Bohnen)

SCHNITTCHEN ▸ Canapés

SCHNITTKÄSE
Festigkeitsstufe beim ▸ Käse

SCHNITTKNOBLAUCH
(Chinalauch, Chinesischer Schnittlauch, Knolau)
Ursprünglich aus Asien (China) stammende, heute aber weltweit angebaute, 25–60 cm hohe krautige Pflanze, in deren Namen die beiden Eltern vereinigt wurden: Sie ist eine Kreuzung aus ▸ Schnittlauch und ▸ Knoblauch, die sich in der Küche wachsender Beliebtheit erfreut. Äußerlich ist der Schnittknoblauch mit seinen lang gestreckten, grasähnlichen Blattstielen dem Schnittlauch ähnlich, in Aroma und Geschmack erinnert er an Knoblauch.
VERWENDUNG: *Die Blätter des Schnittknoblauchs werden meist frisch verwendet und geben in der kalten Küche z. B. Salaten, Quark und dem Butterbrot eine reizvolle Würze. Sie können aber – geschnitten oder gehackt – auch mitgekocht werden in Suppen, Saucen und Fleischgerichten. Vor allem in der asiatischen Küche werden auch die knospigen Blütenstände und Wurzeln verwertet.*

SCHNITTKOHL
(Butterkohl)
Ein rapsähnliches Blattkohlgemüse (▸ Kohl), von dem nur die (meist krausen) Blätter geschnitten werden. Es gibt grüne, gelbe und violette Sorten von Schnittkohl, der vor allem in Norddeutschland, Holland und an den Mittelmeerküsten angebaut und in der Küche verwendet wird. Im Geschmack ähnelt er dem weiter verbreiteten ▸ Grünkohl.
VERWENDUNG: *Die Blätter von Schnittkohl werden meist wie Wirsing geschmort oder nach Spinatrezepten zubereitet.*

SCHNITTLAUCH
(Binsen-, Breis-, Graslauch, Jakobszwiebel)
In Aroma und Geschmack vielleicht der feinste, ganz sicher aber der zierlichste Vertreter der botanischen Familie der Zwiebelgewächse. Vom Schnittlauch werden im Gegensatz zu einigen Artgenossen nur die Pflanzenteile in der Küche verwendet, die über der Erde wachsen. Das sind vor allem die bis 35 cm langen, dünnen und röhrenförmigen Blätter, die knapp über dem kleinen Wurzelstock abgeschnitten werden und mehrmals pro Jahr wieder nachwachsen. Der Schnittlauch stammt aus nördlicheren Gefilden (Sibirien, Kanada) und ist heute in gemäßigten Breiten sowohl in der freien Natur wie in Kräuter- und Hausgärten fast überall anzutreffen. Er kann frisch, getrocknet oder tiefgekühlt verwendet werden und hat die besondere Gabe, nicht nur sein eigenes Aroma und seinen frisch-würzigen Geschmack gut zur Geltung zu bringen, sondern auch das Aroma anderer Kräuter zu verstärken.
VERWENDUNG: *Der Schnittlauch ist ein universell einsetzbares Küchenkraut, er sollte aber nicht mitgekocht und nur roh verwendet werden, weil er*

sonst seine Würzkraft verliert. Eine feine Zutat ist er in Frischkäse, Quark, Salaten, klaren und cremigen Suppen, Saucen, gekochtem Gemüse, Eierspeisen, Teigwaren und Eintöpfen – oder ganz einfach auf dem Butterbrot. Besonders gut harmoniert er mit Petersilie, Kerbel und Estragon, mit denen er auch in den ▸ Fines Herbes enthalten ist.

SCHON GEWUSST?

Auch die Blüten vom ▸ Schnittlauch können in der Küche verwertet werden, z. B. als zusätzliche Würze und Farbtupfer in Salaten. Kurz gedünstet sind sie auch ein Geheimtipp zu Lammfleisch.

SCHNITTLAUCHSAUCE
(Sauce civette)
Samtsauce (▸ weiße Grundsauce) aus Mehlschwitze und Fleischbrühe (manchmal durch weitere Zutaten ergänzt), der zur Vollendung reichlich fein geschnittener Schnittlauch zugegeben wird. Schnittlauchsauce ist ein Küchenklassiker zu gekochtem Fleisch oder Fisch.

SCHNITTSALAT ▸ Blattsalat (▸ Salate)

SCHNITTSELLERIE
(Blattsellerie, Würzsellerie)
Eine besondere Form von ▸ Sellerie, die wie der ▸ Bleichsellerie als Stielgemüse verwendet wird und nur eine kleine oder gar keine Knolle ausbildet. Die breit gefiederten Blätter haben einen kräftigen Selleriegeschmack und eignen sich auch gut zum Trocknen.
VERWENDUNG: *Schnittsellerie ist ein beliebtes Suppengrün bzw. -kraut, kommt aber fein gehackt auch in Salate, Saucen, Gemüse- und Fischgerichte. Er harmoniert mit Petersilie und Schnittlauch.*

SCHNITZEL
Sammelbezeichnung für dünne Fleischscheiben, die Schlachttieren aus den Rippen bzw. dem Rücken (ähnlich wie Koteletts, aber ohne Knochen), vor allem aber aus dem Schlegel geschnitten werden und zum Braten bestimmt sind. Auf „Schnitzeljagd" geht der Metzger in den meisten Fällen bei Kalb und Schwein, teilweise bei Pute, Reh und Hirsch. Ein Schnitzel wird entweder „natur" gebraten oder mit einer ▸ Panierung, wie z. B. das ▸ Wiener Schnitzel. Andere Schnitzelklassiker sind ▸ Jägerschnitzel, ▸ Zigeunerschnitzel, ▸ Cordon Bleu, ▸ Pariser Schnitzel und ▸ Cotoletta alla milanese. Auch in der vegetarischen Küche gibt es – zumindest dem Namen nach – Schnitzel, die aus Gemüse, Pilzen, Soja- oder Weizenprodukten zubereitet werden (▸ vegetarische Schnitzel).

SCHNITZEL, MAILÄNDER
▸ Cotoletta alla milanese

SCHNITZEL WIENER ART
Wie das ▸ Wiener Schnitzel zubereitetes Gericht, dessen Fleisch aber nicht vom Kalb stammt, sondern vom Schwein. Dieser feine Unterschied muss auch für den Gast in einem Restaurant klar erkennbar sein. Deshalb darf ein paniertes Schweineschnitzel (wenn es nicht gleich so angeboten wird) allenfalls Schnitzel Wiener Art (gemäß der Zubereitung) heißen. Ob es hier allerdings jede Speisekarte so genau nimmt, bleibt dahingestellt. Wer sich vergewissern will, fragt am besten nach.

SCHNITZ UND DRUNDER
traditioneller Schweizer Eintopf mit frischen oder gedörrten Äpfeln (oder Birnenschnitzen), Kartoffeln und Räucherspeck als Hauptzutaten

SCHNÖCK ▸ Hecht

SCHNUSCH
Süßlicher Eintopf aus Schleswig-Holstein, der quer durch den Gemüsegarten geht und neben Kartoffeln, Butter, Milch und Zucker z. B. verschiedene Bohnensorten, Erbsen, Porree, Wirsing und Mohrrüben enthalten kann. Dazu werden traditionell roher oder geräucherter Schinken bzw. Speck, je nach Region auch Matjesheringe oder Rollmöpse gegessen.

SCHÖBERLSUPPE
Österreichische Spezialität: Kräftige Rinds-, Hühner- oder Gemüsebrühe mit kleinen Bis-

kuits als Einlage, die in der einfachsten Form nur aus Eiern, Salz und Mehl hergestellt werden. Es gibt aber viele Variationen mit Schinken, Käse, Erbsen, Hirn, Milz, Leber und Mark.

SCHOKOKÜSSE
Beliebte Süßware, die aus gezuckertem Eiweißschaum mit einem Überzug aus schwarzer, brauner oder weißer Schokolade auf einer Waffel hergestellt wird. Teilweise wird der Schaum mit Kakao oder Rumaroma versetzt und werden die Schokoküsse mit Kokosraspeln, Krokantstreuseln, Mandeln usw. bestreut. Die ersten Schokoküsse dürften im 19. Jh. in Konditoreien in Frankreich produziert worden sein, in Deutschland gibt es sie seit Ende des 19. Jh. bzw. Anfang des 20. Jh.

SCHON GEWUSST?

Traditionell wurden ▸ Schokoküsse im Volksmund als Negerküsse oder vor allem im süddeutschen Sprachraum als Mohrenköpfe bezeichnet. Manchmal hört man diese Begriffe heute noch, sie sind mittlerweile aber verpönt und gelten als politisch unkorrekt.

SCHOKOLADE
Das wichtigste und nicht nur bei ausgesprochenen Naschkatzen beliebte Erzeugnis aus ▸ Kakao, das in vielen Geschmacksrichtungen hergestellt wird (▸ Seite 521).

SCHOKOLADENAUFLAUF
Im Ofen gebackene Creme bzw. Masse aus aufgelöster Schokolade (mit oder ohne zusätzlicher Kakaomasse), schaumig gerührtem Eigelb, Zucker, Eischnee und Mehl, eventuell mit aromatischen Zutaten vermischt. Serviert wird der Schokoladenauflauf oft mit gedünsteten Früchten bzw. Frucht- oder Vanillesauce.

SCHOKOLADENCREME
Variante der ▸ Bayerische(n) Creme mit weniger Zucker und einem mehr oder weniger hohen Anteil an in Milch aufgelöster Schokolade.

SCHOKOLADENFONDANT
1. geraspelte und mit Zucker eingekochte Schokolade als Aufstrich für Gebäck, Kuchen usw.
2. verfeinerter Pudding aus Schokolade, Zucker, Butter, Eiern und Stärkemehl, im heißen Wasserbad gegart und anschließend im Kühlschrank auf Serviertemperatur gekühlt

SCHOKOLADENGUSS ▸ Kuvertüre

SCHOKOLADENKUCHEN
Das eine einzige Rezept für den Schokoladenkuchen schlechthin gibt es nicht. Vielmehr vereint dieser Sammelbegriff eine Vielzahl von ▸ Kuchen, die mit Schokolade überzogen sind oder deren Teige einen höheren Anteil von Schokolade haben.

SCHOKOLADENPUDDING
Besonders populärer und in vielen Variationen zubereiteter ▸ Pudding aus geschmolzener Schokolade (bzw. aus Kakaopulver und Milch), die mit Eigelben, Vanillemark (bzw. Vanillezucker) und Zucker schaumig gerührt und je nach Rezept mit weiteren Zutaten vermengt wird (z. B. fein geriebene Mandeln, Semmelbrösel, Eischnee, Schokoladenraspel, aromatisierende Spirituosen usw.). Der Pudding wird im Wasserbad im Ofen schonend gegart und entweder noch heiß oder nach dem Erkalten z. B. mit Vanillesauce oder halb steif geschlagener Sahne serviert. Schokoladenpudding gibt es auch als Fertigprodukt in Form von Pulver, das nur noch in Milch kurz aufgekocht werden muss oder sogar kalt angerührt wird.

SCHOKOLADENPULVER
gezuckertes ▸ Kakaopulver

SCHOKOLADENRASPEL
(Schokoladenflocken, -streusel)
zerkleinerte Schokolade in Form von Raspeln, Streusel, Flocken usw. als Handelsware zum Bestreuen von Back- und Süßwaren

SCHOKOLADENSAUCE
im Wasserbad geschmolzene und mit Butter, Milch, Crème fraîche oder süßer Sahne und Zucker verrührte Schokolade, zu Süßspeisen und zum Speiseeis, im Handel auch als Fertigprodukt erhältlich

SCHOLET ▸ Tscholent

Schokolade: Ein süßer Genuss

Sie ist Seelentröster und Dickmacher, süßer wie bitterer Hochgenuss, Grundlage für allerfeinste Konfiserie und böser „Fleckenteufel", wenn sie in den Fingern von Kindern geschmolzen ist: Als Lebens- und Genussmittel hat die Schokolade viele Facetten. Ihre Hauptbestandteile sind ▸ Kakao – genauer gesagt Kakaomasse und Kakaobutter –, Zucker und vielfach Milchprodukte (in der Regel Milchpulver).

ES BEGANN MIT EINEM KAKAOGETRÄNK

Die Geschichte der Schokolade begann im Prinzip, als die spanischen Entdecker und Eroberer 1528 den ▸ Kakao aus Amerika mit nach Europa brachten – zunächst allerdings noch als Getränk. Die ersten Schokoladenfabriken in Deutschland und der Schweiz – die beiden Länder haben mit durchschnittlich über 11 kg pro Kopf den höchsten Jahresverbrauch – wurden Anfang des 19. Jahrhunderts gegründet. In den folgenden Jahrzehnten wurde das Herstellungsverfahren immer weiter verbessert und die Schokolade immer feiner.

Bei der Schokoladenproduktion werden die verschiedenen Zutaten zunächst miteinander vermischt und in Walzwerken zu einer hoch pastösen Masse vermahlen. Ein weiterer wichtiger Arbeitsschritt ist anschließend das so genannte Conchieren, ein 1879 von dem Schweizer Schokoladenproduzenten und Gründer des gleichnamigen Unternehmens Rodolphe Lindt (1855–1909) entwickeltes Verfahren. Dabei wird die Schokoladenmasse erwärmt und gerieben, zur Reduzierung der Feuchtigkeit, zur besseren Entfaltung bzw. „Reinigung" der Aromen und für noch mehr Schmelzigkeit der Masse. Zur weiteren Verbesserung der Viskosität dürfen neben Kakaobutter maximal weitere 5 % Fette bestimmter tropischer Pflanzen beigemischt werden.

Letztlich ist die Schokolade – wenn man so will – die spanische Weiterentwicklung eines beliebten Getränks der Azteken, hergestellt aus Wasser, Kakao, Vanille und Cayennepfeffer und als Xoco(l)atl oder („Xococ" = „bitter", „atl" = „Wasser", also „bitteres Wasser") bekannt. Den spanischen Eroberern war das Kakaogetränk, das 1544 erstmals auch am Hof in Madrid getrunken wurde, in der Tat zu bitter. Deshalb süßten sie den Kakao kräftig mit Zucker – und hatten damit die Schokolade erfunden.

FÜR JEDEN GESCHMACK

Groß ist die Vielfalt an Schokoladensorten, Qualitäten, und Geschmacksrichtungen. Wie sich z. B. Haushalts-, Block-, Milch- und Bitterschokolade genau definieren, ist in der Kakaoverordnung geregelt. Grundsätzlich gilt: Je höher der Anteil der Kakaotrockenmasse ist, desto bitterer – allerdings auch aromatischer und nach Ansicht vieler Schokoladenliebhaber edler – schmeckt die Schokolade. Überhaupt keine Kakaomasse enthält sogenannte ▸ Weiße Schokolade. Eine andere Spezialschokolade ist die ▸ Kuvertüre (als Überzugsmasse in der Konfiserie).

Neben diesen Grundarten werden heute Schokoladen auch mit verschiedenen Gewürzen aromatisiert, mit Nuss- oder Fruchtmassen gefüllt oder mit Nussstücken bzw. ganzen Haselnüssen usw. hergestellt. Gewaltig können dabei die Qualitätsunterschiede sein, allein schon durch die Herkunft der Kakaobohnen. Bei edleren Schokoladen werden deshalb zunehmend Anbaugebiete auf der Verpackung mit angegeben und aus dem Weinbau übernommene Begriffe für hochwertige Produkte wie z. B. Premier Cru oder Grand Cru übernommen.

Außerdem ist Schokolade Ausgangsbasis bzw. wichtiger Bestandteil feinster Konfiserie- und Konditoreierzeugnisse wie z. B. ▸ Pralinen, ▸ Trüffel, Torten oder Kuchen sowie „himmlischer" Desserts, an erster Stelle natürlich die ▸ Mousse au chocolat.

SCHOLLE

(Goldbutt, Platteisen)

Fast in allen europäischen Meeren (außer dem östlichen Mittelmeer) ist dieser populäre Speisefisch (▸ Fische) aus der Ordnung der ▸ Plattfische zu Hause. Ihre Augen trägt die Scholle auf der rechten (oberen) Körperflanke mit den Pigmentflecken als Erkennungszeichen (die blinde Unterseite ist weiß). Zur Tarnung kann sich der Schwarm- und Wanderfisch dem Sand- oder Schlickgrund, über dem er lebt, farblich anpassen. Ausgewachsene Schollen werden 40–70 cm lang. Sofern sie nicht vorher gefangen werden, können sie bis zu 50 Jahre alt und dann sogar bis 1 m lang und 10 kg schwer werden. In den Handel kommen aber nur weit jüngere und kleinere Exemplare bis maximal 50 cm und 4 kg. Mit einem weltweiten Fang von 100 000–120 000 Tonnen ist die Scholle einer der wirtschaftlich bedeutendsten Speisefische. Allerdings droht eine Überfischung, weil die Fische zunehmend schon vor der Geschlechtsreife gefangen werden.

VERWENDUNG

Schollen eignen sich für fast alle Zubereitungsarten (außer Dünsten, mit Ausnahme von ganz jungen Schollen, und Schmoren), am besten aber schmecken sie gebraten, gebacken oder gegrillt sowie besonders auf ▸ Müllerin-Art.

SCHON GEWUSST?

Als besonders feine und zarte ▸ Scholle gilt die im Frühjahr gefangene Maischolle. Freilich wird mit dieser Bezeichnung viel Schindluder getrieben. Wer sich nicht auskennt, bekommt schon mal in einem Restaurant einen zuvor tiefgefrorenen und qualitativ nicht mehr so feinen Fisch als Maischolle serviert. Sicheres Erkennungszeichen sind die Äderchen neben den Gräten im Fleisch. Sind sie rotbräunlich oder blassrosa und deutlich sichtbar, ist der Fisch frisch.

SCHÖNEN ▸ klären

SCHONKOST

Ein Begriff aus der Diätetik (▸ Diät), dessen Bedeutung sich gewandelt hat. Früher verstand man unter Schonkost eine besonders bei Erkrankungen des Magen-Darm-Traktes und der Leber verabreichte Nahrung, die hauptsächlich aus Milchprodukten, Eiern und Getreidebreien oder -schleimen bestand. Diese Kost war in der Tat „schonend" für die lädierten Organe, allerdings auch sehr einseitig. Heute verbindet man mit Schonkost dagegen eine vollwertige Ernährung, die den Organismus mit allen notwendigen Nährstoffen und ausreichend Ballaststoffen versorgt und zugleich besonders bekömmlich ist. Entscheidend sind dabei die Auswahl der Zutaten und die Art der Zubereitung. So wird u. a. auf schwer verdauliche und blähende Nahrungsmittel (z. B. Hülsenfrüchte und Fetthaltiges) verzichtet und mit Salz und Gewürzen sparsam umgegangen.

SCHOPFTINTLING

(Spargelpilz, Tintenpilz)

Ein weiß bis grau gefärbter Speisepilz (▸ Pilze) aus der Gattung der ▸ Tintlinge, dessen auffallende Merkmale der zylindrische bis glockenförmige und besonders schuppige Hut und ein lose am Stiel sitzender Ring sind. Der Schopftintling sprießt besonders lange und ist von Mai bis November vor allem an Wegrändern, auf Wiesen und Feldern in größeren Gruppen anzutreffen. Er riecht und schmeckt angenehm würzig und ist jung – nur so sollte er gesammelt werden – ein sehr guter Speisepilz.

VERWENDUNG: *Der Schopftintling wird sehr oft als Mischpilz verwendet, damit aber unter Wert verkauft. Junge und frische Pilze lassen sich sehr gut in Butter braten oder panieren und in Olivenöl ausbraten. Man kann sie auch wie Spargel im Wasser kochen und mit Sauce Hollandaise essen.*

SCHÖPS ▸ Hammel

SCHÖPSENGULASCH

Eine österreichische Spezialität ist dieses ▸ Gulasch aus Hammelfleisch, das in einer würzigen Fleischbrühe mit Weißwein und Tomatenmark geschmort wird. Dazu kommen am Ende gedünstete Mohrrüben, grüne Erbsen und Bohnen sowie gekochte Kartoffelwürfeln.

SCHORLE

(Gespritzter)

Vor allem in Süddeutschland gebräuchliche Bezeichnung für verschiedene, vor allem im Sommer beliebte fruchtige Mischgetränke, die in

Österreich und der Schweiz als Gespritzter bekannt sind. Hauptsächlich unterscheidet man 2 Arten von Schorle: die Weinschorle (Mineralwasser und Wein als so genannte saure Weinschorle oder Zitronenlimonade und Wein als süße Weinschorle) und die Fruchtsaftschorle (Mineralwasser und Fruchtsaft), meist im Mischungsverhältnis 1:1.
Am meisten getrunken wird die Apfel- oder Apfelsaftschorle. Besonders lecker ist die Mischung mit frischem Traubensaft, wie man sie vor allem in den Weinanbaugebieten erhält. Aufgrund ihrer großen Popularität werden heute verschiedene Arten von Schorle auch industriell vorgemischt und in Flaschen abgefüllt angeboten.

SCHOTEN
(Schotenfrüchte)
Botanischer Fruchttyp, der vor allem bei Pflanzen aus der Familie der Kreuzblütengewächse häufig anzutreffen ist. Schoten sind charakterisiert durch 2 Samen tragende und 2 sterile Fruchtblätter, die bei der Reife abfallen. Nicht alle Früchte, die im Volksmund als Schoten bezeichnet werden, gehören botanisch auch wirklich zu diesem Fruchttyp; das gilt z. B. für die ▸ Hülsenfrüchte, für manche ▸ Beeren wie Paprika und Chilis und ▸ Kapselfrüchte.

SCHOTENFRÜCHTE
1. ▸ Schoten
2. umgangssprachliches und botanisch falsches, aber dennoch oft gebrauchtes Synonym für ▸ Hülsenfrüchte

SCHOTENGEMÜSE
Die rein auf die Verwendung bezogene und allgemein gebräuchliche – wenn auch botanisch falsche – Bezeichnung für verschiedene ▸ Hülsenfrüchte, die noch vor der Reife in ihren Hülsen geerntet und in der Küche verarbeitet werden können. Es sind dies einige Bohnenarten (▸ Bohnen), allen voran die Gartenbohne, und Erbsen. Sie kommen als Gemüse auf den Tisch und werden im Gegensatz zu ihren reif geernteten Artgenossen mit den Hülsen verzehrt.

SCHOTENPFEFFER ▸ Gewürzpaprika

SCHOTTE ▸ Molke

SCHOTTEN ▸ Quark

SCHOTTISCHE ART
(écossaise, à l')
1. grüne Butterbohnen, Schmelzkartoffeln und ▸ schottische Sauce zu Fleisch
2. klein gewürfeltes Wurzelgemüse und ▸ normannische Sauce zu Fisch

SCHOTTISCHE SAUCE
(Sauce écossaise)
leichte Béchamel-Sauce, gebunden mit hart gekochtem und zerdrücktem Eigelb und vollendet mit steifem Eiweiß, zu gedünstetem Fleisch, Geflügel oder Gemüse

SCHOTTISCHER SALAT
Kopfsalatstreifen mit gekochten Kartoffelwürfeln und grob gehackten Trüffeln in Essig-Öl-Sauce, mit Currymayonnaise überzogen, mit gehacktem Ei und Sardellenfilets garniert

SCHÖTZENMIEREN ▸ Schwarzwurzeln

SCHROT
Schrot ist grob zerkleinertes ▸ Getreide, das in der Schrotmühle oder auf dem Weizenstuhl durch Mahlen oder Quetschen gewonnen wird. Heute findet es als Backzutat (Backschrot) und – wenn die Keimlinge nicht vorher entfernt wurden – als Vollkornschrot in der Vollwerternährung Verwendung.

SCHTSCHI
In Teilen Osteuropas weit verbreitete und deftige russische Suppenspezialität, die nach vielen regionalen Rezepten zubereitet und mit saurer Sahne gebunden wird. Die Grundlage bilden aber immer Weißkohl oder Sauerkraut, meist mit Fleisch und Speck. Weitere Zutaten können Wurzelgemüse, Porree, Zwiebeln, Pilze, Gewürze und Kräuter sein. Wie viele andere osteuropäische Suppen- und Eintopfgerichte wird auch das Schtschi zur besseren Geschmacksentfaltung besonders lange und bei geringer Hitze gegart.

SCHTUNGGIS
traditioneller Schweizer Eintopf aus Würfeln von Schweinefleisch (oder Fleischresten) mit klein geschnittenem Gemüse (nach Saison), Gewürzen (Thymian, Majoran, Muskatnuss usw.) und Fleischbrühe

SCHÜBLINGE
regionaler Name in Teilen Süddeutschlands und in der Schweiz für kurz gebrühte und geräucherte ▶ Knackwürste aus Rind- und Schweinefleisch sowie Speckwürfeln und für ▶ Brühwürste aus feinem Brät

SCHUHSOHLEN ▶ Ochsenzungen

SCHULTER ▶ Bug

SCHUPFNUDELN

Die Bezeichnung „Bauchstecherle" sollen die ▶ Schupfnudeln Carl Spitzweg (1808–1885) zu verdanken haben. Angeblich hatte der berühmte deutsche Maler eine besondere Vorliebe für Schupfnudeln und klebte in sein Kochbuch neben das Rezept ein Bild, das zwei fechtende Eheleute zeigte, von denen einer gerade einen Stich in den Bauch erhält. Um den schwäbischen Namen Bubenspitzle (bzw. Buabaspitzle) deuten zu können, braucht es nur ein wenig Fantasie, dann kommt man schon dahinter, welches Körperteil gemeint sein könnte.

VERWENDUNG

Schupfnudeln passen zu Fleisch mit Sauce, aber auch in Eintöpfe. Am beliebtesten sind sie mit Sauerkraut, gewürfeltem Räucherspeck und Zwiebeln in der Pfanne gebraten.

SCHUPFNUDELN
(Bauchstecherle, Bubenspitzle)
Vor allem im süddeutschen Raum eine beliebte Spezialität. Schupfnudeln werden mit der Hand gerollt und sehen aus wie kleine Finger. Ihren Namen verdanken sie der typischen Handbewegung dabei, denn „schupfen" bedeutet so viel wie „wegstoßen" bzw. „wegrollen". Hauptbestandteile sind Mehl und Kartoffeln – üblicherweise zu gleichen Teilen, doch kann je nach Region und Rezept der Mehlanteil auch höher sein, was sich auf Geschmack und Konsistenz auswirkt. Weitere Zutaten sind Ei, Salz und eventuell etwas Muskat. Schupfnudeln werden in kochendem Salzwasser gegart, dann getrocknet und anschließend in Fett gebraten.

SCHUPPENFISCH ▶ Ukelei

SCHUPPENKARPFEN
europäische Zuchtform der ▶ Karpfen (▶ Fische)

SCHÜPPLING ▶ Stockschwämmchen

SCHÜTTELBROT
Besonders für Südtirol typische Brotspezialität, deren Name auf die Herstellungsweise anspielt. Der Teig besteht aus Roggenmehl oder aus einer Mischung von Weizen- und Roggenmehl, Wasser, Hefe, Gewürzen und manchmal etwas Sauerteig. Um das Brot in seine Form zu bringen, wird der zähe Teig mit der flachen Hand geschüttelt.

SCHWABENKORN ▶ Dinkel

SCHWÄBISCHE KALBSVÖGEL
mit Kalbsfarce gefüllte ▶ Rouladen aus der Kalbskeule, in Weißwein-Sahne-Sauce geschmort; regional verschiedene Varianten

SCHWALBENNESTERSUPPE
Ohne das Werk von „Nesträubern" würde es diese kostbare und vor allem in der chinesischen Küche begehrte asiatische Spezialität nicht geben. Dass sie die teuerste Suppe der Welt ist, liegt an der mühsamen Beschaffung der Nester sowie ihrer angeblichen medizinischen Wirkung. Die mit dem eiweißreichen zähen Speichel der Vögel „verklebten" Nester, die nach gründlicher Reinigung für die Suppe verwendet werden, stammen allerdings nicht von Schwalben, sondern von Salanganen, einer vor allem in Südostasien vorkommenden Art aus

SCHON GEWUSST?

Die ▶ Schwalbennestersuppe gilt zwar als chinesische Spezialität, doch muss die Hauptzutat aus Indonesien, Indien und Thailand importiert werden, weil es in China keine Nester bauenden Seglerarten gibt. Das Sammeln der Nester ist ein gefährliches Unterfangen, denn die Salanganen bauen diese in Höhlen an den Felsenküsten im unwegsamen Gelände.

der zoologischen Familie der Segler. Die Nester werden mit Kalbfleisch in Hühnerbrühe gegart, die Suppe – je nach Rezept – unterschiedlich gewürzt und mit einem edlen Wein vollendet. Bei uns kommt Schwalbennestersuppe in Konserven in den Handel.

SCHWAMMERL ▸ Pilze

SCHWANZ
nach küchentechnischer Definition zu den Innereien zählendes „Anhängsel" von Kalb, Rind und Schwein

SCHWANZPFEFFER ▸ Kubebenpfeffer

SCHWANZSTÜCK
Name für den oberen Teil der Rinderkeule

SCHWARTE

Ursprünglich Bezeichnung für die Haut von Tieren, heute fast ausschließlich für die gebrühte, enthaarte Haut der Schweine, die oft zu Wurst und Fleischerzeugnissen verarbeitet wird. Manche Gerichte macht erst die Schwarte richtig gut – z. B. ▸ Eisbein bzw. ▸ Schweinshachse oder ▸ Schwärtelbraten. Schweineschwarte ist der wichtigste Grundstoff bei der Herstellung von ▸ Gelatine.

SCHWÄRTELBRATEN
mit der eingeschnittenen ▸ Schwarte zubereiteter Schweinebraten aus der Keule, je nach Rezept mit weiteren Zutaten wie Mohrrüben, Tomaten, Zwiebeln, dazu Sauerkraut und Semmelknödel (u. a. in Bayern und Schlesien)

SCHWARTENMAGEN
pikante Koch- bzw. Sülzwurst (▸ Kochwürste, ▸ Sülze) aus Schwarte, Schweinekopffleisch, Schweinebacken, Speck, Innereien usw. mit dem Magen als Hülle (▸ Pfälzer Saumagen)

SCHWARZBEEREN ▸ Heidelbeeren

SCHWARZBROT
volkstümlich für ▸ Roggenvollkornbrot

SCHWARZDORNFRÜCHTE
▸ Schlehen

SCHWARZE DATTELN ▸ Lotuspflaumen

SCHWARZE JOHANNISBEEREN
(Ahl-, Cassis-, Gicht-, Wanzenbeeren)
neben roten und weißen die dritte Varietät von ▸ Johannisbeeren mit „eigenem" Charakter

SCHWARZENBERGER (KÄSE)
dem ▸ Limburger ähnlicher, pikanter österreichischer Kuhmilchkäse (▸ Käse) mit Schmierrinde, elastischem Teig und 45 % Fett i. Tr., benannt nach einem Ort in Vorarlberg

SCHWARZER SAMT ▸ Black Velvet

SCHWARZER TEE
Eine der Hauptarten von ▸ Tee, der seine dunkle Farbe durch ▸ Fermentation erhält.

SCHWARZGRUNDEL
Wenig bekannter Meeresfisch (▸ Fische), der meist nur dort angeboten wird, wo er gefangen wird, vor allem im Mittel- und Schwarzen Meer sowie im Nordostatlantik. Der kleine karpfenartige Fisch hat ein delikates Fleisch, das sich besonders gut braten und frittieren lässt.

SCHWARZKÜMMEL
(Nigella)
Er zählt zur botanischen Familie der Hahnenfußgewächse und ist trotz Namensähnlichkeit weder mit dem ▸ Kümmel noch mit dem ▸ Kreuzkümmel verwandt. Die einjährige und 20–60 cm hohe krautige Pflanze ist besonders in Südeuropa, Nordafrika und vom Nahen Osten bis Indien verbreitet. Ihre schwarzen Samen werden im Orient schon seit mehr als 2000 Jahren als pfefferähnliches Gewürz verwendet. Solange sie noch ganz sind, haben die reifen, getrockneten Samen so gut wie kein Aroma. Werden sie jedoch gemahlen oder gekaut, entwickeln sie ihren entfernt an Oregano erinnernden Geruch und ihren pfeffrigen und leicht bitteren Geschmack.

VERWENDUNG

In seinen Herkunftsgebieten ist Schwarzkümmel eines der typischen Gewürze in einer Vielzahl von Saucen, Suppen, Fleischgerichten usw. Zerstoßen werden die Samen auch für Backwaren (u.a. Fladenbrot), Süßigkeiten, Quark und Käse verwendet. Schwarzkümmelöl werden vielfältige Heilwirkungen nachgesagt; es wird deshalb gerne in der Naturheilkunde und zunehmend auch von der Schulmedizin verwendet.

SCHWARZRÄUCHERN
in dichtem Rauch besonders kräftig ▸ räuchern, verbunden mit einer verstärkten Ablagerung von Rauch und einer besonders dunklen Farbe des behandelten Nahrungsmittels

SCHWARZRIESLING
(Müllerrebe)
Im ▸ Burgund bereits seit über 400 Jahren bekannte rote Rebsorte (▸ Wein), die in Deutschland auf immerhin rund 2000 ha angebaut wird. Der Schwarzriesling dürfte aus dem ▸ Pinot Noir entstanden sein. Schwarzriesling liefert fruchtbetonte und würzig-kräftige Weine.

SCHWARZSAUER
Vor allem in Norddeutschland und Ostpreußen ein traditionelles Gericht. Schwarzsauer ist eine Art ▸ Blutwurst, die in Gläsern konserviert wird. Zur Herstellung wird Schweineblut in einem Essigsud mit verschiedenen Gewürzen (u. a. Nelken, Lorbeer, Pfefferkörner, Zwiebeln) und Wurzelgemüse so lange gekocht, bis es gerinnt, völlig schwarz wird und die Wurstmasse aus Fleischresten und Schwarten verbindet.

SCHWARZWÄLDER KIRSCHTORTE
Dieser deutsche Tortenklassiker mit Weltruhm besteht aus mehreren mit Kirschwasser aromatisierten Schokoladenbiskuitböden und Zwischenschichten aus Sahne oder Buttercreme, Kirschkompott, ganzen Sauerkirschen und Schokoladenraspeln als Verzierung. Allerdings wurde die Schwarzwälder Kirschtorte vermutlich nicht im Schwarzwald erfunden. Als ihr Schöpfer gilt mittlerweile vielmehr der Konditormeister Erwin Hildenbrand, der sie im Jahre 1930 im Café Walz in Tübingen erstmals kreiert haben soll.

SCHON GEWUSST?

Warum die ▸ Schwarzwälder Kirschtorte so heißt, darüber gibt es verschiedene ungesicherte Theorien. Einer zufolge könnte der Name von der Zutat Kirschwasser hergeleitet sein, einer Spezialität aus dem Schwarzwald. Einer anderen Deutung zufolge soll er an die typische Frauentracht im Schwarzwald angelehnt sein: schwarzes Kleid (wie die Schokoladenstreusel), weiße Bluse (wie die Sahne) und Bollenhut (wie die Kirschen).

SCHWARZWÄLDER SCHINKEN
Nach alter Methode traditionell im Schwarzwald hergestellter geräucherter ▸ Rohschinken, mit geschützter Herkunftsbezeichnung. Der zunächst trocken gepökelte, mit Koriander, Pfeffer, Knoblauch und Wacholder gewürzte Schinken wird in speziellen Räucherkammern über frischem Nadelholz geräuchert. Dabei wird die Schwarte schwarzbraun und der Schinken erhält sein typisches Aroma. Auf die gleiche Art und Weise wird auch Schwarzwälder Speck aus Bauchspeck hergestellt.

SCHWARZWILD ▸ Wildschwein

SCHWARZWURST ▸ Blutwurst

SCHWARZWURZELN
(Schötzenmieren, Winterspargel)
Botanisch eine ganze Gattung innerhalb der Familie der Korbblütengewächse mit rund 100 Arten, im allgemeinen Sprachgebrauch ist aber nur eine bestimmte Art gemeint: die Gartenschwarzwurzel. Diese stammt vermutlich von der iberischen Halbinsel und verbreitete sich im 17. Jh. in Mitteleuropa, wo sie heute u. a. in Holland, Belgien, Frankreich und der Schweiz angebaut wird. Nur die Außenhaut der essbaren Wurzeln ist schwarzbraun, innen sind sie weiß. Da sie in Form und Farbe dem Spargel ähnlich sind und wegen ihrer saisonalen Verfügbarkeit von November bis März werden sie auch Winterspargel und Spargel des kleinen Mannes genannt.
VERWENDUNG: *Mit ihrem säuerlich-würzigen, aber milden Geschmack können Schwarzwurzeln Abwechslung in die Salat- und Gemüseküche bringen. Sie sind wie Spargel vielseitig verwendbar. Zum Schälen der Wurzeln am besten leichte Gummihandschuhe tragen, denn der austretende Milchsaft ist unangenehm klebrig. Alternativ die Wurzeln in Essigwasser etwa 20 Minuten garen, dann lässt sich die Schale ganz leicht abziehen.*

SCHWEDENFRÜCHTE
Ein Cocktail aus verschiedenen frischen und gewürfelten Früchten, die in Punsch und Zucker eingelegt und mazeriert werden. Mit dicker süßer Sahne serviert man Schwedenfrüchte in hohen Gläsern.

SCHWEDENPLATTE

Auch für das Auge reizvoll arrangiertes Sortiment aus verschiedenen kalten Fischspezialitäten, die als Vorspeise gereicht werden und Bestandteil von ▸ Smörgasbord sind. Das können z. B. Räucheraal und -lachs, Heringsfischerzeugnisse, Muscheln, Krabben, Hummer, Garnelen, Thunfisch und Kronsardinen sein.

SCHWEDISCHE ART

mit Backpflaumen gefüllter ▸ Schweinebraten und Äpfel mit der gleichen Füllung

SCHWEDISCHE SAUCE

(Sauce suédoise)

eine ▸ Mayonnaise mit dem Mus von in Weißwein gekochten Äpfeln und geriebenem Meerrettich, zu gebratenem Fleisch und für Salate

SCHWEDISCHER SALAT

kleine Würfel von gekochtem Rindfleisch, Bücklingen, Pellkartoffeln, Roten Rüben, Salzgurken, Äpfeln mit Kapern und grünen Oliven in Essig-Öl-Sauce, garniert mit gehackten Kräutern (teils auch hart gekochten Eiern)

SCHWEFEL

Einer der für den menschlichen Organismus wichtigen ▸ Mineralstoffe (chemisches Zeichen S), der u. a. bei Energiestoffwechsel und Entgiftungsprozessen im Körper wertvolle Dienste leistet sowie gut für Haut und Haare ist. Schwefel ist vor allem in eiweißhaltigen Lebensmitteln (insbesondere Fleisch und Fisch, bestimmtem Gemüse, Hülsenfrüchten, Eiern, Milchprodukten und Nüssen) enthalten. Schwefeldioxid, schweflige Säure und deren Salze sind in der Lebensmittelindustrie unverzichtbare Konservierungsmittel, die u. a. bei Trockenfrüchten, Kartoffelgerichten, Konfitüre, Fruchtsäften und Wein eingesetzt werden.

SCHWEIN

Das domestizierte ▸ Wildschwein, kurz nur Schwein genannt, ist zusammen mit dem Rind der weltweit wichtigste Fleischlieferant, von dem fast alle Stücke in den Kochtopf, die Pfanne oder das Bratrohr wandern können. Schon früher wussten die Menschen um den Wert des Schweinefleisches für ihre Ernährung – außer im Islam und im strengen Judentum, wo es als unrein gilt und deshalb nicht verzehrt werden darf. Vermutlich bereits seit rund 9000 Jahren wird das Schwein als Haustier gehalten – mit am längsten von allen Tieren in der Geschichte der Zivilisation. Männliche Tiere heißen Eber, die weiblichen Sau. Die Jungen bis 5 kg nennt man Ferkel, das als besonders fein geltende Spanferkel ist ein junges Schwein, das noch am Span (der Zitze der Sau) saugt. Schlachtreif sind Schweine nach rund 6–9 Monaten bei einem Gewicht von etwa 100 kg. Werden sie nicht geschlachtet, können Schweine bis 12 Jahre alt und 1000 kg schwer werden. Die Qualität des Fleisches hängt wie bei anderen Schlachttieren entscheidend von Futter und Haltungsbedingungen ab.

VERWENDUNG

Für Schweinefleisch kennen die Küchen in aller Welt unzählige Rezepte und Zubereitungsarten. Besonders beliebt sind Braten in vielen Variationen, Koteletts, feine Filets und – die deutsche „Leibspeise" – Hachsen aller Art. Einige Stücke vom Schwein (z.B. der Halsgrat) eignen sich als Grillfleisch. Weiter liefert es in großen Mengen Fleisch und Fett für die Wurst- und Schinkenherstellung und bestückt die ▸ Schlachtplatte.

SCHON GEWUSST?

Trotz seines hohen kulinarischen Werts ist das ▸ Schwein in der Kulturgeschichte widersprüchlicher behandelt worden als jedes andere Tier, das die Menschen essen: einerseits Sinnbild für mangelnde Reinlichkeit und Dummheit – was modernen Studien zufolge keineswegs zutrifft –, andererseits Symbol für Glück und Wohlstand.

SCHWEINEBAUCH

Mit Fett gut durchwachsenes und von Rippen durchzogenes Fleischstück von hinteren Brustkorb des Schweins, das noch einmal in ▸ Schälrippe und ▸ Wammerl unterteilt wird.

SCHWEINEBRATEN

Nach allgemeiner Definition jeder mit Schweinefleisch zubereitete ▸ Braten. Die verwendeten Fleischstücke stammen in der Regel aus Schulter, Nacken oder Schinken und werden im Backofen gebraten, bis die Haut bzw. Schwarte schön knusprig ist. In vielen Rezepten wird der Schweinebraten mit Gemüse (z. B. Karotten, Sellerie, Petersilienwurzeln, Zwiebeln) gebraten und mit Kümmel, Koriander und Knoblauch gewürzt. Mit Fleischbrühe und dunklem Bier wird aus dem Bratfond eine kräftige Sauce. Typische Beigaben zum

Schweinebraten sind Sauerkraut (auch Krautsalat) oder Rotkohl mit Semmel- oder Kartoffelknödeln, als kalter Braten wird er mit geriebenem Meerrettich und/oder Senf und Brot gegessen.

SCHWEINESCHMALZ
(Liesenschmalz)
Perlmuttweißes ► Schmalz, das aus verschienen Fettgewebeteilen des Schweins gewonnen wird. Schweineschmalz ist ein streichfähiges Speisefett und eignet sich mit einem Schmelzpunkt von 26–40 °C auch zum Kochen und Backen, wegen seines geringen Wasseranteils aber nicht zum Frittieren. Es hat einen angenehmen, milden Geschmack. Als besonders fein gilt das aus dem Bauchwandfett hergestellte Flomenschmalz.

SCHWEINESCHNITZEL
Sammelbezeichnung für verschiedene Schnitzel aus Schweinefleisch

SCHWEINSHACHSE
unterer Teil des Beins bei Schweinen und traditionelles Gericht (► Eisbein, ► Hachse)

SCHWEINSKÄSE
grobes Wursterzeugnis aus Schweinefleisch und Speck, als Laib gebacken oder gebrüht und warm oder kalt zur Brotzeit gegessen

SCHWEINSKOPF
Früher war er oft auf einem rustikalen Büfett zu finden. Heute tauchen Schweinsköpfe nur noch ganz selten im Ganzen und unverarbeitet auf. Sie werden zur Herstellung von Fleisch- und Wurstwaren verwendet (u. a. für ► Sülze), wobei vor allem Schnauze und Backen gepökelt und gegart in den Handel kommen, die Zunge getrennt verwertet wird und die Ohren oft zu einer Knabberei für Hunde verarbeitet werden.

SCHWEINSOHREN
Nicht die Lauscher des Tiers, sondern der originelle Name für ein Gebäck aus mehreren Lagen ► Blätterteig, das in seiner Form entfernt an „Schweineohren" erinnert. Schweinsohren werden im Ofen gebacken und erkaltet an den Spitzen manchmal in Schokolade getaucht.

SCHWEINSWÜRSTCHEN
Dünne, längliche Brühwürstchen aus Schweinefleisch, die in Dünndarm gefüllt werden. Schweinswürstchen werden meist gebraten oder gebrüht, mit Sauerkraut (manchmal auch Kartoffelpüree) serviert und mit Senf gegessen. Vor allem im Süden Deutschlands gehören sie zu den Standardgerichten in Gaststätten.

SCHWEIZER ART
in Milch gegarte und mit geriebenem Käse (Emmentaler) im Ofen überbackene Kartoffelscheiben oder Nocken aus Brandmasse mit geriebenem Emmentaler, mit Butter übergossen und ebenfalls im Ofen gebacken

SCHWEIZER KÄSE ► Emmentaler

SCHWEIZER SALAT
Würfel von Roten Rüben, gekochtem Knollensellerie in Essig-Öl-Sauce, mit Feldsalat

SCHWEIZER TILSITER ► Royalp

SCHWEIZER WURSTSALAT
► Wurstsalat, dem Streifen von Käse (meist Emmentaler) zugefügt werden

SCHWENKBRATEN
Typisch saarländisches Fleischgericht in Form von Nackensteaks (meist vom Schwein), die mariniert und gegrillt werden. Die in der Regel 1–3 cm dicken und 100–300 g schweren Koteletts können grillfertig vorbereitet beim Metzger gekauft oder selbst in einer Marinade aus Öl, Senf, Zwiebeln und Gewürzen (z. B. Knoblauch, Oregano, Thymian, Paprika, Lorbeer) eingelegt werden. Auf dem Grill wird Schwenkbraten gerne mit etwas Bier übergossen.

SCHON GEWUSST?

Der Name ► Schwenkbraten leitet sich von einem als „Schwenker" bekannten dreibeinigen Grill ab. Der Rost hängt an Ketten frei schwebend über dem Feuer und kann gedreht und vor allem geschwenkt werden.

SCHWENKEN
das Hin- und Herbewegen von festen Bestandteilen (wie Fleisch oder Gemüse) vor allem in zerlassener Butter oder anderen Fetten

SCHWENKKARTOFFELN
▸ Butterkartoffeln

SCHWERTFISCH
Dieser räuberische Meeresfisch (▸ Fische) kommt weltweit in gemäßigt warmen bis tropischen Meeren vor. Ganz so gefährlich, wie er mit seiner „Waffe" in Form des spitz zulaufenden und etwa ein Drittel der Körperlänge ausmachenden Schnabels aussieht, ist der makrelenartige Fisch nicht. Keinesfalls sollte man sich – kulinarisch betrachtet – von seinem Aussehen abschrecken lassen. Schwertfische sind mit ihrem festen und mageren Fleisch, das in der Konsistenz Thunfisch ähnelt und wie dieser einen delikaten und nicht mehr ganz fischtypischen Geschmack hat, eine gefragte Delikatesse. Und zudem eine sehr ergiebige, denn sie werden bis 4 m lang und 500 kg schwer.

SCHON GEWUSST?

Nicht eindeutig geklärt ist beim ▸ Schwertfisch die Funktion seines langen und spitzen Schnabels, der wie ein Schwert aussieht und ihm seinen Namen eingebracht hat. Möglicherweise dient er zum Erlegen von Schwarmfischen, vielleicht ist er in erster Linie aber auch ein wichtiger Baustein des stromlinienförmigen Körpers. Damit sollen Schwertfische – mit die schnellsten Fische überhaupt – Geschwindigkeiten bis 100 km/h erreichen.

SCHWESER ▸ Kalbsbries

SCHWIMMKRABBE
Kleiner Meereskrebs, der vom Mittelmeer über die europäischen Atlantikküsten bis zur Nordsee stark verbreitet ist. Sein schmackhaftes Fleisch lässt sich kochen, backen, braten, dünsten und schmoren.

SCHWINDELKORN ▸ Koriander

SCONES
Traditionelles Gebäck der Briten, das seinen Ursprung in Schottland haben dürfte. Heute sind Scones in ganz Großbritannien und Irland beliebt und werden bevorzugt zur „Tea Time" gereicht. Sie bestehen aus Weizen-, Gersten- oder Hafermehl, Backpulver, Eiern und süßer Sahne. Die geschmeidige Konsistenz der Miniküchlein rührt von der Kombination der Zutaten und ihrer vorsichtigen Verarbeitung her. Den Briten schmeckt das Gebäck vor allem mit ▸ Clotted Cream, Butter, Konfitüre oder Honig.

SCOTCH BROTH
deftiger schottischer Graupeneintopf mit Hammelfleischwürfeln und verschiedenem Gemüse (z. B. Mohrrüben, Weißkohl, Kohlrabi, Erbsen, Porree, Weiße Rüben, Sellerie, Zwiebeln)

SCOTCH EGGS
hart gekochte Eier, mit Wurstscheiben umwickelt und kalt oder warm mit Salat serviert

SEC
(dry, trocken)
Angabe zum Trocken- bzw. Süßegrad bei ▸ Schaumwein

SECHSÄMTERTROPFEN
Traditioneller deutscher Kräuterlikör (▸ Liköre), der noch heute nach der Originalrezeptur von 1895 hergestellt wird. Der Pharmazeut und Destillateur Gottlieb Vetter „komponierte" damals die Likörspezialität, die im Laufe der Jahrzehnte zu einer bekannten Marke wurde. Ihr Geheimnis sind die Extrakte von Kräutern,

Beeren und Wurzeln aus dem Fichtelgebirge. Besonders prägen den Geschmack von Sechsämtertropfen die ▶ Ebereschenbeeren.

Schon gewusst?

Seinen Namen verdankt der ▶ Sechsämtertropfen nicht etwa der Tatsache, dass er in Amtsstuben heimlich getrunken wurde; er hat einen historisch-geografischen Ursprung. Im 15. Jh. entstanden nämlich im „Land vor dem Böhmischen Wald" 6 Verwaltungsbezirke, für die sich im Volksmund der Name „Sechsämterland'" einbürgerte. Hauptstadt dieser Markgrafenschaft war Wunsiedel, wo der Likör erfunden wurde.

SEEAAL
Handelsname für den geräucherten und besonders saftigen Rücken des ▶ Dornhai

SEEANKE ▶ Mairenke

SEEBARSCH ▶ Wolfsbarsch

SEEFISCHE ▶ Meeresfische

SEEGURKEN
(Trepang)
Appetitlich sehen die artenreichen, walzenförmigen Meeresbewohner der Gattung Stachelhäuter zwar nicht aus, sie sind aber essbar. Seegurken können zwischen 1 mm und 1 m lang werden. Im Fernen Osten gilt eine 10–30 cm lange Art als Delikatesse, während Europäer Seegurken meist verschmähen.

VERWENDUNG

Vor allem in Asien schätzt man verschiedene Arten von Seegurken kulinarisch. Sie werden oft getrocknet, danach 2–3-mal gekocht und über Monate geräuchert und schließlich unter ihrem malaiischen Namen Trepang gehandelt (Grundlage der chinesischen Trepangsuppe). Die Innereien von Seegurken gelten als Delikatesse und die Gonaden (Geschlechtsdrüsen) der sogenannten Königsseegurke werden in Spanien gekocht und zu Nudeln serviert.

SEEHAHN ▶ Knurrhahn

SEEHASE
(Lumpfisch, Meerhase, Seebulle)
Der gleichnamigen zoologischen Familie angehörende Stachelflosser (▶ Fische), die sich in den Küstengewässern des gesamten Nordatlantiks einschließlich Nord- und Ostsee, im Nordpazifik und im Arktischen Meer tummeln. Der Bodenfisch wird 40–70 cm lang und 1,5–3 kg schwer. Das in Konsistenz und Geschmack bessere, wenn auch nicht höchste kulinarische Ansprüche befriedigende Fleisch, haben die Männchen, während von den weiblichen Fischen vor allem der Rogen verwertet wird.
VERWENDUNG: *Vor allem in den nordischen Ländern wird das Fleisch der Seehasenmännchen geräuchert oder gesalzen angeboten, während es frisch gebraten und paniert am besten schmeckt. Der Rogen der Weibchen dient als preisgünstiger Kaviarersatz (▶ Kaviar) und kommt schwarz gefärbt und nach einer Behandlung mit Salzlake als ▶ Deutscher Kaviar in den Handel.*

SEEHECHTE
Mit den Hechten aus dem Süßwasser ist diese Familie von Meeresfischen (▶ Fische) aus der Gattung der Dorschartigen nicht näher verwandt, sie verdankt ihren Namen nur der schlanken und lang gestreckten Körperform. Seehechte leben in weiten Teilen des Atlantiks, vor allem in südlichen Gewässern und im Mittelmeer, und werden bis 1,30 m lang und 15 kg schwer. Die gefräßigen Räuber ernähren sich von Heringen, Makrelen, Sprotten und Sardinen. So fein wie das Futter ist das zarte, magere, weiße Fleisch der Seehechte. In den Handel kommt es bei uns meist tiefgekühlt als Filets.
VERWENDUNG: *Grundsätzlich eignen sich Seehechte für alle Zubereitungsarten, am wenigsten zum Grillen. Große wirtschaftliche Bedeutung hat der Langschwanz-Seehecht, der in Japan auf verschiedenste Art, vielfach auch roh als ▶ Sushi zubereitet wird.*

SEEIGEL
(Meereskastanien)
Annähernd 1000 Arten kennt man von diesem wirbellosen Stachelhäuter, mit denen viele Meeresurlauber schon unliebsame und äußerst schmerzhafte Bekanntschaft gemacht haben. Die skurrilen Meerestiere, deren Stacheln bei einigen Arten sogar Gift abgeben, haben aber kulinarisch einiges zu bieten. Seeigel kommen in allen Meeren der Welt vor und werden heute teilweise (vor allem in Frankreich) auch in Aquakulturen gezüchtet. Wirtschaftliche Bedeutung haben sie u. a. in Frankreich, Chile, Kalifornien und in Japan, wo die Nachfrage nicht aus den eigenen Beständen gedeckt werden kann und Seeigel aus anderen Ländern

importiert werden. Auf den Tisch kommen sie z. B. aber auch in Süditalien und Marokko.

VERWENDUNG: *Von den Seeigeln werden (roh oder in Salzwasser gekocht) die Geschlechtsorgane gegessen, wobei vor allem Eierstöcke von weiblichen Tieren, wenn sie Rogen enthalten, als besondere Delikatesse gelten. Japaner lieben Seeigel bzw. deren Rogen in den verschiedensten Variationen, so auch als ▸ Sashimi oder ▸ Sushi. Seeigeleier (in Japan Uni genannt) werden in verschiedenen Qualitätsstufen gehandelt und gelten neben ▸ Konowata und ▸ Karasumi als eine der 3 größten Delikatessen der japanischen Küche.*

SEEKARPFEN ▸ Graubarsch

SEELACHS
Handelsbezeichnung für den ▸ Köhler

SEEOHR ▸ Abalone

SEESCHWALBE ▸ Knurrhahn

SEESPINNEN
(Dreieckskrabben)
Eine Familie der ▸ Krabben (▸ Krebstiere), deren Arten teilweise auch kulinarische Bedeutung haben – allen voran die Japanische Riesenkrabbe als größte ihrer Art mit einer Spannweite von 3–4 m und als wichtiger Lieferant von ▸ Crab Meat. Feinschmecker schätzen auch das Fleisch der u. a. im Mittelmeer vorkommenden ▸ Meerspinne (auch als Teufelskrabbe bekannt). Der Rückenpanzer der Seespinnen ist länger als breit und vorne etwas zugespitzt. Von oben sehen sie deshalb dreieckig aus, daher auch ihr Name Dreieckskrabben.

SEETANG ▸ Algen

SEETEUFEL
(Anglerfisch, Krötenfisch, Lotte)
Nur der hässliche Kopf mit dem überdimensionalen Maul ist abschreckend, doch der Rest dieses Knochenfisches (▸ Fische) – genauer gesagt das als Lotte gehandelte große Schwanzstück, das völlig grätenfrei ist – lässt Genießerherzen höher schlagen. Der Seeteufel kommt im gesamten nordöstlichen Atlantik von Norwegen bis an die Küste Marokkos einschließlich Nord- und Ostsee, westlichem Mittelmeer, nördlicher Ägäis und Schwarzem Meer vor. Der vorzügliche Speisefisch kann bis zu 2 m lang und über 50 kg schwer werden. Sein Fleisch, das auch beim Garen schön fest und fast weiß bleibt, ist aromatisch und erinnert im Geschmack ein wenig an Hummer.

VERWENDUNG

Seeteufel eignet sich für alle Zubereitungsarten außer Kochen, entsprechend groß ist die Vielfalt der Rezepte. Wer es noch nicht kennt, sollte Seeteufel in Pernodsauce probieren.

SEEWOLF
(Austernfisch, Karbonadenfisch, Katfisch, Loup de mer, Steinbeißer, Wolfsfisch)
Begehrter Speisefisch (▸ Fische) aus der Ordnung der Barschartigen, der in weiten Teilen des Nordatlantiks bis zum Weißmeer am Grund lebt. Seewölfe mit ihrem lang gestreckten Körper und dem massigen Kopf können bis 1,5 m lang und 25 kg schwer werden. Ihr kräftiger Körperbau, der mit vielen Zähnen besetzte Kiefer und die Angriffslust der Seewölfe, mahnen zu besonderer Vorsicht beim Umgang mit ihnen. Der Seewolf hat ein festes, überaus feines und würziges Fleisch mit wenig Fett. Er kommt frisch oder tiefgekühlt als ganzer Fisch, als Filet oder Karbonadenfisch in den Handel.

VERWENDUNG

Der Seewolf lässt sich backen, braten und grillen, kochen, dämpfen, dünsten, pochieren, schmoren und sogar räuchern. Gerade die mediterrane Küche kennt viele Rezepte.

SCHON GEWUSST?

Der ▸ Seewolf wird des Öfteren mit dem ▸ Wolfsbarsch verwechselt. Beide Fische kommen nämlich als ▸ Loup de mer in den Handel.

SEEZUNGE
(Sole)
Einer der begehrtesten und auch teuersten Speisefische (▸ Fische) ist dieser etwas längliche Plattfisch, der ausschließlich die europäischen und nordafrikanischen Atlantikküsten

VERWENDUNG

Außer zum Schmoren ist die Seezunge für alle Zubereitungsarten geeignet. Besonders beliebt ist sie nach ► Müllerin-Art oder als Seezungenröllchen mit delikater Füllung.

einschließlich Mittelmeer sowie Nord- und Ostsee besiedelt. Seezungen können bis 60 cm groß und rund 4 kg schwer werden. Im Handel werden in der Regel aber nur jüngere Fische mit einem Gewicht bis 600 g angeboten, die meist im Ganzen auf den Teller kommen. Die Seezunge kann von ihrem Aussehen leicht mit der kulinarisch nicht ganz so wertvollen ► Rotzunge verwechselt werden. Bei vielen Feinschmeckern gilt die Seezunge als der feinste Meeresfisch überhaupt mit ihrem zarten, aber dennoch festen Fleisch, das man sogar rollen und vorsichtig klopfen kann, ohne dass es zerfällt. Zudem ist es fettarm und leicht verdaulich. Die Fische kommen frisch oder tiefgekühlt im Ganzen oder als Filets in den Handel.

SEHR BLUTIG
(blau, bleu, blue, raw)
Garstufe beim Fleisch (► Garstufen)

SEHR ENGLISCH
(blutig, rare, saignant, underdone)
Garstufe beim Fleisch (► Garstufen)

SEKT
Deutscher ► Schaumwein, der unter Einhaltung bestimmter Qualitätskriterien hergestellt wird. Der Unterschied zum ► Champagner besteht darin, dass beim Sekt die zweite Gärung vielfach in Stahltanks erfolgt und nicht in der Flasche. Eine Reihe von hochwertigen Sekten werden auch nach dem Champagnerverfahren hergestellt, dürfen sich allerdings nicht Champagner nennen. Die große Masse der Sekte wird heute aus billigem Traubengut hergestellt, das auch aus anderen Ländern (vor allem Italien) stammen kann. Deutscher Sekt darf ein Schaumwein nur dann heißen, wenn er ausschließlich aus Grundweinen zugelassener deutscher Anbaugebiete, die miteinander verschnitten sein können, produziert wurde. Beim Sekt b. A. kommen die Trauben nur aus einem einzigen Anbaugebiet, das auf dem Etikett angegeben ist. Einen Winzersekt dürfen nur Erzeugerbetriebe im Sinne des deutschen Weingesetzes vermarkten. Die mit Abstand wichtigste heimische Rebsorte für die Sektherstellung ist der ► Riesling.

SEKUNDÄRE PFLANZENSTOFFE
Seit man bei einigen von ihnen gesundheitsfördernde bzw. krankheitshemmende Wirkungen entdeckt hat, sind die sekundären Pflanzenstoffe in aller Munde. Dabei sind diese chemischen Verbindungen, die kein primärer Bestandteil des Stoffwechsels von Pflanzen sind und nur sekundär in bestimmten Zelltypen produziert werden, noch weitgehend unerforscht. Von den geschätzten rund 10 000 sekundären Pflanzenstoffen hat die Wissenschaft derzeit von kaum mehr als 100 nähere Erkenntnisse in Bezug auf deren gesundheitlichen Wert. Dazu zählen u. a. Phenole bzw. phenolische Verbindungen, Terpene, Steroide, Glykoside, Carotinoide, Alkaloide und Aminosäuren. In einigen sekundären Pflanzenstoffen wurden Wirkungen entdeckt wie: Senkung des Blutdrucks und des Cholesterins sowie des Risikos von Thrombosen und Herzinfarkten, Regulierung des Blutzuckerspiegels, Förderung der Verdauung, Aktivierung des Immunsystems und Vernichtung von Bakterien, Hemmung von Entzündungen und des Entstehens von Krebserkrankungen. Einige sekundäre Pflanzenstoffe haben beim Menschen allerdings auch toxische Wirkung.

SELCHFLEISCH ► Geselchtes

SELEN
Einer der für den menschlichen Organismus wichtigen ► Mineralstoffe (chemisches Zeichen Se), der u. a. das Immunsystem stärkt, die Funktion von Bauchspeicheldrüse, Leber, Muskeln und Zellen fördert bzw. als Zellschutz wirkt. Selen ist vor allem in Fleisch, Innereien, verschiedenen Süßwasser- und Meeresfischen sowie Meeresfrüchten, Sojabohnen, Getreideprodukten, Milch und Eiern enthalten.

SCHON GEWUSST?

Bis Mitte des 19. Jh. hieß in vielen Ländern noch jeder schäumende Wein Champagner – was sich in der umgangssprachlichen Bezeichnung „Schampus“ gehalten hat –, dann aber kam der Gebietsschutz für den berühmten Schaumwein aus der Champagne. ► Sekt setzte sich erst ab Ende des 19. Jh. als Begriff für schäumenden Wein durch.

SELLERIE
(Eppich)
Etwa 20 Arten umfassende Gattung innerhalb der botanischen Familie der Doldenblütengewächse und Kurzform für den Echten Sellerie, eine Salat-, Gemüse- und Gewürzpflanze. Vom Sellerie können alle ober- und unterirdischen Pflanzenteile frisch oder getrocknet in der Küche zum Einsatz kommen. Mittlerweile hat man eine Reihe von Sorten gezielt nach der Art der Verwendung gezüchtet. Man unterscheidet vor allem 3 Varietäten: ▸ Schnittsellerie (auch Würzsellerie) hat nur eine kleine oder gar keine Knolle und an Petersilie erinnernde Blätter, die ausschließlich zu Würzzwecken verwendet werden; er kommt der Urform am nächsten.

Eine Sonderzüchtung ist der sogenannte ▸ Bleichsellerie (auch Englischer Sellerie, Stangen-, Stauden- oder Stielsellerie) von dem die fleischigen Blattstiele verwertet werden; diese können pro Pflanze bis zu 1 kg wiegen. Dem Knollensellerie (Wurzelsellerie) schließlich wurde eine dickere runde Knolle angezüchtet, die halb unterirdisch wächst und einen Durchmesser von bis zu 20 cm haben kann. Schon im Altertum wurde er als Heil-, Würz- und Gemüsepflanze geschätzt und galt als Aphrodisiakum. Im alten Ägypten diente er u. a. als Grabbeigabe. Heute wird er in fast ganz Europa und weltweit vorwiegend auf der nördlichen Halbkugel in den gemäßigten Breiten sowie in tropischen Höhenlagen angebaut.
VERWENDUNG: *Schnittsellerie dient als Würzkraut z. B. für Salate, Suppen, Fischgerichte. Bleichselleriestangen werden als Rohkost oder Gemüse zubereitet. Sellerieknollen finden als Rohkost und Suppengrün ebenso wie als Röst- oder Wurzelgemüse Verwendung. Als Beilage werden sie zu Püree verarbeitet. In Scheiben wie Schnitzel gebraten sind sie ein vegetarisches Hauptgericht. Selleriesamen, -knollen und -blätter sind außerdem Bestandteil verschiedener Gewürzmischungen und von Gewürzsalz.*

SELLERIEKOHL ▸ Chinakohl

SELLERIESALAT
In feine Streifen geschnittener Knollen- oder Stangensellerie oder Scheiben bzw. Streifen von gekochtem oder rohem Knollensellerie mit klassischer Vinaigrette oder Sahne-Mayonnaise-Dressing. Die berühmteste Variante ist der Waldorfsalat.

SELLERIESAUCE
Variante der ▸ Béchamel-Sauce mit in weißem Fond weich gekochtem, passiertem Knollensellerie und Sahne oder ▸ Kraftsauce mit Selleriefond und Streifen von gedünstetem Sellerie.

SELLES-SUR-CHER
Französischer Weichkäse (▸ Käse) aus Ziegenmilch mit 45 % Fett i. Tr., dessen natürliche Rinde mit Pflanzenkohle bestäubt ist und dadurch ihre typische grau-bläuliche Färbung erhält. Die Kohle schützt den Käse vor dem Austrocknen, kompensiert die Milchsäure und schafft ein gutes „Klima“ für das Wachstum von Edelpilzen. Der Selles-sur-Cher, dessen Heimat das Loire-Tal ist, schmeckt am besten von Mai bis Oktober. In seiner Heimat wird er gerne in Scheiben zum Aperitif gegessen.

SELTERS(WASSER)
(Aqua Seltzer)
Ursprünglich nur der Markenname für ein in den Quellen der Gemeinde Selters im Taunus sprudelndes ▸ Mineralwasser, der zwischenzeitlich in Teilen Deutschlands im Volksmund zum Synonym für kohlensäurehaltiges Mineralwasser wurde. Selterswasser ist auch heute noch populär, es kommt aber mittlerweile aus Selters an der Lahn.

SEMIFREDDO ▸ Halbgefrorenes

SÉMILLON
Aus Frankreich stammende weiße Rebsorte, die bis 1968 in ihrer Heimat dominierte, mittlerweile in der Fläche aber zurückgegangen ist. Weltweit wird Sémillon auf rund 50 000 ha, vor allem noch in Südafrika, Chile, Argentinien und Australien angebaut. Neben der Produktion reinsortiger Weine ist sie mit ihrem kräfti-

gen Körper und der niedrigen Säure ein idealer Partner in Cuvées mit ▶ Sauvignon Blanc, u. a. in den trockenen Weißweinen aus ▶ Bordeaux und dessen berühmten Süßweinen aus ▶ Sauternes. Durch seine Anfälligkeit für ▶ Botrytis ist der Sémillon für die Erzeugung edelsüßer Weine prädestiniert.

SEMMELBRÖSEL
geriebenes altbackenes Brot, oft synonym gebraucht für ▶ Paniermehl

SEMMELBROT ▶ Knödelbrot

SEMMELKNÖDEL
Spezialität der süddeutschen, österreichischen und böhmischen Küche, die aus altbackenen und in Milch eingeweichten Semmeln oder Knödelbrot und Eiern hergestellt wird. Über die Zugabe weiterer würzender Zutaten neben dem obligatorischen Salz – wie z. B. Zwiebeln, Petersilie, Muskatnuss oder geriebene Schale unbehandelter Zitronen – entscheiden regionale Gepflogenheiten. Besondere Varianten sind Böhmische Knödel, die Mehl enthalten, ▶ Servietten-, ▶ Speck- und Brezenknödel, letztere mit altbackenen Laugenbrezeln anstelle von Semmeln. Im Handel sind Semmelknödel auch als ▶ Konvenienzprodukte erhältlich.

VERWENDUNG

Semmelknödel sind eine beliebte Sättigungsbeigabe zu Braten. Oft werden sie in Kombination mit Sauerkraut serviert. Unzertrennlich sind Semmelknödel und Saures ▶ Züngerl oder Schwammerl in Sahnesauce. Vom Vortag übrig gebliebene Semmelknödel kommen in Scheiben geschnitten und in der Pfanne knusprig gebraten als geröstete Knödel mit oder ohne Ei, meist aber mit Salat auf den Tisch. Semmelknödel schmecken auch sauer angemacht und kalt mit Zwiebeln, Essig, Öl, Salz und Pfeffer.

SEMMELKREN
Besonders in der österreichischen Küche bekannte Beilage zu gekochtem Fleisch (traditionell zum ▶ Tafelspitz) aus entrindeten und klein geschnittenen Semmeln. Diese werden in Fleischbrühe gekocht, eventuell passiert und mit geriebenem Meerrettich (Kren) vermischt. Je nach Rezept werden die Semmelstücke vorher in Schmalz angeröstet oder es kommen weitere Zutaten wie Milch, Sahne oder Butter in die Masse.

SEMMELN
die bayerischen und österreichischen ▶ Brötchen, meist aus Weizenmehl

SENF
Verschiedene 50–100 cm hohe Pflanzen aus der botanischen Familie der Kreuzblütengewächse, deren getrocknete, als Senfkörner bekannte Samen eine zu Tränen reizende Schärfe entwickeln können, allerdings erst bei Zerstörung ihres Zellgewebes und beim Kontakt mit Flüssigkeit. Man unterscheidet zwischen Schwarzem, Braunem und Weißem Senf, entsprechend der Farbe der Senfkörner, die zugleich den Schärfegrad signalisiert: weiß ist milder, braun oder schwarz schärfer. Die ursprüngliche Heimat der Senfpflanze liegt möglicherweise in China. Jedenfalls sollen die Samenkügelchen dort schon vor rund 3000 Jahren ein geschätztes Gewürz gewesen sein. Im Ägypten der Pharaonen wurde Senf als Speisewürze und Heilmittel ebenso geschätzt wie im 4. Jh. v. Chr. bei den alten Griechen. Das erste überlieferte Rezept für die Herstellung von ▶ Speisesenf stammt von den Römern, wobei es nach unterschiedlichen Quellen zwei Schriftstellern zugeschrieben wird: Lucius Inunius Moderatus Columella (1. Jh. n. Chr.) und Rutilius Taurus Aemilianus Palladius (4. Jh. n. Chr.). Nach Mitteleuropa kam der Senf im 8. Jh. und erfreute sich schon bald großer Beliebtheit. Damals war er neben Meerrettich das einzige scharfe Gewürz, das in größerer Menge auch für das einfache Volk verfügbar war. Heute werden Senfpflanzen u. a. in weiten Teilen Europas, in Indien, Pakistan, China und Kanada in größerer Menge angebaut.

SCHON GEWUSST?

Für die spezielle Schärfe der Senfsamen sind verschiedene Glykoside verantwortlich, die neben dem nussig-milden Senföl (20–36 %) und Eiweiß (28 %) u. a. noch in den Körnern enthalten sind. An sich sind auch die Glykoside nicht scharf, doch bei Zerkleinerung der Samen und beim gleichzeitigen Kontakt mit Flüssigkeit (wie bei der Herstellung von ▶ Speisesenf) wird ein spezielles Enzym aktiv, das die Glykoside aufspaltet – u. a. in die „höllisch" scharfen Isothiocyanate (auch Senföl), die auch ▶ Meerrettich und ▶ Wasabi ihre Schärfe geben.

VERWENDUNG: *Senfkörner – vor allem die weißen – werden in erster Linie zur Herstellung von ▸ Speisesenf verwendet. Mehr oder weniger grob gemahlen dienen die Samenkügelchen bzw. das aus ihnen gepresste Öl aber auch als pikantes Gewürz, z. B. für Saucen, Marinaden aller Art, eingelegtes Gemüse, Wurstwaren, Suppen, Eintöpfe, Hülsenfrüchte, Fleisch- und Fischgerichte.*

SENFFRÜCHTE ▸ Mostarda

SENFGEMÜSE/-PICKLES ▸ Piccalilli

SENFGURKEN
in Essig mit (weißen) Senfkörnern, weiteren Gewürzen, Kräutern, Salz und Zucker aufgekochte und eingelegte Gurken

SENFKOHL ▸ Pak-Choi, ▸ Ruc(c)ola

SENFKÖRNER
die als Gewürz und zur Herstellung von ▸ Speisesenf verwendeten Samen der Senfpflanzen

SENFÖL
1. Aus schwarzen, braunen oder weißen ▸ Senfkörnern gepresstes Öl, das vor allem in der chinesischen und indischen Küche als Speisewürze verwendet wird.
2. Vor allem aus schwarzen Senfkörnern destilliertes ätherisches Öl, das für die Herstellung von Gewürzaromen und Arzneimitteln Verwendung findet.

SENFPULVER
Feines Würzpulver aus gemahlenen Senfkörnern ohne weitere Zusätze, das mit seinem reinen Senfgeschmack vor allem in der englischen Küche zum Aromatisieren zahlreicher Speisen verwendet wird – teils auch mit Wasser sowie eventuell Essig, Wein oder Likörwein zu einer Paste angerührt. Besonders scharfes Senfpulver kann Cayennepfeffer enthalten.

SENFRAUKE ▸ Ruc(c)ola

SENFSAUCE
(Sauce moutarde)
Sammelbezeichnung für verschiedene Saucenvarianten, die mit Senf gewürzt werden

SEPIEN
neben ▸ Kalmaren und ▸ Kraken die dritte der kulinarisch interessanten Ordnungen in der zoologischen Unterklasse der ▸ Tintenfische

SERBISCHER BOHNENTOPF
In vielen regionalen Varianten bekannter, traditioneller Eintopf aus Serbien, dessen Grundlage Weiße Bohnen (bisweilen auch noch andere Bohnen) und Würfel von gepökeltem und geräuchertem Schweinefleisch bzw. Räucherspeck sind. An weiteren Zutaten sind u. a. Kartoffeln, Mohrrüben, grüner Paprika, Mais, Tomaten, Lauch, Knoblauch, Zwiebeln möglich.

SERBISCHES REISFLEISCH
Nationalgericht aus Serbien, das auf dem ganzen Balkan beliebt ist. Das Ragout von Schweine- oder/und Kalbfleisch wird mit Reis, Paprika, Tomaten, Zwiebeln und Fleischbrühe im Schmortopf gegart. Dabei soll die Flüssigkeit fast vollständig verdampfen, so dass man einen dicken Eintopf und keine Suppe erhält.

SEREHGRAS ▸ Zitronengras

SERRA
Mild-würziger portugiesischer Bergkäse (▸ Käse) mit geschützter Herkunftsbezeichnung, der nach traditioneller Methode noch heute in Handarbeit aus Schafmilch mit 45 % Fett i. Tr. und in kleinen runden Laiben mit 1,5–2 kg Gewicht hergestellt wird. Der Teig von Serra ist geschmeidig und manchmal fein gelocht.

SERRANOSCHINKEN
Schinkenspezialität aus Spanien, die luftgetrocknet wird und dadurch ihren typischen, im Vergleich zum italienischen Pendant, dem Parmaschinken, aber milderen Geruch und Ge-

SCHON GEWUSST?

Den besten Ruf genießt der ▸ Serranoschinken aus der Umgebung von Trevélez, einem am Südrand der Sierra Nevada auf 1700 m Meereshöhe gelegenen Ort. Das dortige Klima soll ideale Bedingungen für die Lufttrocknung des Schinkens bieten, was auch seinen Namen geprägt hat. Serrano leitet sich nämlich von „sierra" ab, dem spanischen Wort für Gebirge.

schmack erhält. Serranoschinken zeichnet sich durch sein mageres und kaum faseriges Fleisch aus. Entgegen einem verbreiteten Irrtum wird Serranoschinken nicht von den dunkelhäutigen iberischen Schweinen geliefert, sondern er stammt von hellhäutigen weißen Schweinen, die von rund 1700 Erzeugern in Intensivhaltung aufgezogen werden. Nach dem Schlachten werden die Hinterschinken mehrere Tage in grobem Meersalz gepökelt und für mindestens 12 Monate – bei qualitativ hochwertigen Schinken können es aber auch bis zu 32 Monate sein – luftgetrocknet.

SERVIETTENKNÖDEL

▸ Klöße, die in einer Serviette oder einem Leintuch gegart werden. Grundsätzlich können Serviettenknödel aus verschiedenen Teigen hergestellt werden, als Klassiker gilt aber die süddeutsche Variante, ein großer ▸ Semmelknödel, der im Dampf oder im siedenden Wasser gegart wird. Zuvor wird die Knödelmasse zur Rolle geformt, in ein Leintuch gewickelt und dieses an den Enden zugebunden. Nach dem Garen schneidet man den Knödel in Scheiben.

SESAM

Vermutlich die älteste Ölpflanze der Welt und zumindest eine der am längsten von Menschen kultivierten Pflanzen ist dieses 0,5–1m hohe Kraut aus der botanischen Familie der Sesamgewächse, dessen Ursprung in Ostafrika oder Asien (Indonesien) vermutet wird. Vor allem die Samen werden bereits seit mehreren tausend Jahren für Ernährungs-, Heil- und rituelle Zwecke genutzt. Die Sesampflanze ist heute in den tropischen und subtropischen Gebieten auf der ganzen Welt verbreitet. Die beiden mit Abstand größten Erzeuger von Sesamkörnern sind Indien und China mit etwa 800 000 bzw. 600 000 Tonnen Jahresproduktion. Außerhalb Asiens wird Sesam vor allem in Afrika sowie Süd- und Mittelamerika angebaut. Die gelben, roten, braunen oder schwarzen kleinen Samenkörner sind in rund 2 cm langen, fingerhutförmigen Kapselfrüchten eingebettet. Als Gewürz werden die Sesamsamen im Ganzen (geschält oder ungeschält) oder gemahlen verwendet. Vielfach werden sie auch geröstet, wobei sich ihr nussiges und feines Aroma entfaltet. In ihren Erzeugerregionen werden geröstete Sesamkörner oft wie Erdnüsse geknabbert.

VERWENDUNG

Hauptbestimmung der Sesamsamen ist das Würzen zahlreicher Speisen, gerade in der fernöstlichen, arabischen und afrikanischen Küche. Es werden damit u.a. Saucen, Salate, Füllungen, Hühnerfleisch- und Fischgerichte gewürzt. Außerdem sind sie Zutat in diversen Süßspeisen wie z. B. ▸ Halva und dienen zum Verfeinern und/oder Dekorieren von Backwaren (wie z.B. auch dem türkischen ▸ Simit). Typische und verbreitete Produkte aus Sesamkörnern sind das besonders in Japan beliebte ▸ Gomasio (Sesamsalz) und ▸ Tahin(a), eine Würzpaste für das arabische ▸ Humm(o)us und andere orientalische Speisen. Außerdem wird aus den Samen das hochwertige ▸ Sesamöl gewonnen.

SCHON GEWUSST?

Die kolbenförmigen Kapselfrüchte des ▸ Sesam, in dem die Samen enthalten sind, öffnen sich nur schwer und geben ihren Inhalt erst spät frei. Darin dürfte auch die bekannte Beschwörungsformel „Sesam, öffne dich" in der 270. Geschichte der orientalischen Märchensammlung „Tausendundeine Nacht" mit dem Titel „Ali Baba und die 40 Räuber" ihren Ursprung haben.

SESAMBLATT ▸ Perilla

SESAMÖL

Hochwertiges Speiseöl mit einem besonders hohen Anteil an wertvollen ungesättigten Fettsäuren, das aus gerösteten Sesamsamen kalt gepresst wird. Die Ausbeute ist dabei gut, denn die Körner enthalten rund 50 % von dem fast geruchlosen und leicht süßlichen Öl. Dieses wird zwar kaum ranzig, verliert aber bei längerer Lagerung relativ schnell sein Aroma. Die chinesischen und japanischen Köche greifen beim Kochen besonders gerne zu Sesamöl.

SESAMPASTE ▸ Tahin(a)

SESAMSALZ ▸ Gomasio

SESAMSAUCE ▸ Tehine

SEVRUGA

Synonym für den ▸ Sternhausen und seinen Rogen (▸ Kaviar)

SFINCIONE

Die sizilianische Variante der ▸ Pizza, für die es eine Reihe verschiedener Rezepte gibt. Sie wird ebenfalls aus Hefeteig hergestellt, der allerdings dicker als bei der Pizza und leicht gesüßt ist. Statt mit Mozzarella wird Sfincione außerdem mit Schafskäse, den obligatorischen

Tomaten und Sardellen belegt. Weitere Zutaten können z. B. Oliven, Zwiebeln, Knoblauch, Salami und ein Ragout aus gehacktem Schweinefleisch sein. Bei einer anderen Variante besteht der Hefeteig aus Kartoffeln und Mehl.

SFOGLIATELLA
süditalienische Süßspeise (vor allem Kampanien, Apulien) in Form einer Blätter- oder Mürbteigtasche, gefüllt mit Frischkäse, Konditor- oder Fruchtcreme und kandierten Früchten

SHABUSHABU
In Japan besonders beliebtes Fleisch- oder Gemüsefondue, bei dem die Stückchen in Hühnerbrühe mit Seetang gegart werden. Allerdings stochern die Gäste bei diesem traditionellen Essen nicht selbst in dem Kochgefäß herum, sondern der Gastgeber füllt jedem von ihnen eine Portion in kleine Schüsseln mit Sesamsauce und serviert dazu heißen Reiswein. Zutaten für Shabushabu sind z. B. Rindfleisch, Tofuscheiben, Champignons, Shiitake, Bambussprossen, Mohrrüben und Porree.

SHADDOCKS ▸ Pampelmusen

SHARONFRUCHT
Beliebte israelische Zuchtsorte der ▸ Kaki

SHERRY
(Jerezwein)

Der wohl berühmteste aller mit Alkohol gespriteten ▸ Likörweine (▸ Wein) kommt aus dem Anbaugebiet ▸ Jerez (de la Frontera) rund um die gleichnamige Stadt in der andalusischen Provinz Cádiz. Erst seit 1966 ist die Herkunftsbezeichnung geschützt. Auf gut 10 000 ha Anbaufläche werden die Trauben für den Sherry erzeugt, vor allem aus der weißen Rebsorte ▸ Palomino, die allein rund 90 % Flächenanteil hat. Das Geheimnis des besonderen Geschmacks von Sherry sind neben Klima und Rebsorten auch die Nähe und Ausrichtung der Weingärten zum Atlantik, die Kreideböden, auf denen die meisten Reben wachsen, und das traditionelle Herstellungsverfahren mit Ausbau, Lagerung und Verschneiden von Weinen unterschiedlicher Jahrgänge nach einem ▸ Solera genannten System. Sherry ist kein normal vergorener Wein, sondern wird je nach Typ auf Alkoholgehalte zwischen 15 und 22 Vol.-% aufgespritet. Grundsätzlich lassen sich aber 3 Typen unterscheiden: der Fino (der klassische trockene Sherry), der Oloroso und der ▸ Pedro Ximénez (die süßeste Variante des Sherry).

SCHON GEWUSST?

Allein schon bei der Farbe ist die Bandbreite des ▸ Sherry sehr groß. Sie kann je nach Typ von hell bis sehr dunkel gehen, doch stets ist der Likörwein aus weißen Trauben hergestellt; einen „Tinto“ gibt es also nicht. Ebenso groß ist die Vielfalt beim Süßegrad – von knochentrocken bis zu einer sehr süßen Art Trockenbeerenauslese (▸ Pedro Ximénez).

SHERRYESSIG
Edler spanischer ▸ Weinessig, der nicht nur aus Jerez als Anbaugebiet des Namen gebenden ▸ Sherry stammt, sondern, wie dieser, über Jahre in Eichenholzfässern nach dem als ▸ Solera bekannten Verfahren reift. Der leicht rötliche Essig ist überaus geschmacksintensiv und aromatisch. Besonders lange im Fass gelagerter Sherryessig kommt auch mit der vom Wein geläufigen Bezeichnung „Reserva“ auf den Markt und hat eine unverkennbare Holz- bzw. Kastaniennote im Geruch.

VERWENDUNG

Sherryessig eignet sich gut zum Abrunden und Abschmecken von dunklen Saucen, Linsen, Leber oder Fischmarinaden. Eine besonders feine Note verleiht er auch Wild und anderem Fleisch (z.B. Sauerbraten).

SHIITAKE(PILZ)
(Donkopilz, Eichenpilz, Tongku)
Bevorzugt auf Laubbäumen mit hartem Holz, wie z. B. Buche, Eiche, Birke und Ahorn, wächst dieser Blätterpilz – und dieser Vorliebe verdankt er auch seinen Namen. Das „Shii“ steht nämlich für einen der Eiche ähnlichen Hartholzbaum und „Take“ bedeutet nichts anderes als „Pilz“. In China und Japan wird der Shiitake seit Jahrtausenden als Speisepilz und für Heilzwecke geschätzt.

VERWENDUNG

Shiitakepilze eignen sich für verschiedene Garverfahren (Kochen, Braten, Dünsten, Grillen) und werden gerne für Salate, Suppen, Saucen, Pasteten und als Beilage zu Fleisch, Geflügel oder Wild verwendet.

Mittlerweile erfreut sich der feste und saftige asiatische Pilz auch in vielen anderen Teilen der Erde großer Beliebtheit. Er lässt sich auf künstlichem Substrat in klimatisierten Räumen relativ problemlos kultivieren und steht dann wild wachsenden Shiitake mit seinem feinen Pilzgeruch und seinem harmonischen Geschmack in nichts nach. So hat er es mittlerweile weltweit zur Nummer 2 unter den Zuchtpilzen gebracht.

Schon gewusst?

Nach Ansicht japanischer Feinschmecker hat gerade der ▸ Shiitake „Umami". Unter diesem Begriff versteht die moderne Wissenschaft eine fünfte über den Geschmackssinn auf der Zunge wahrnehmbare Geschmacksempfindung neben süß, sauer, salzig und bitter, deren Träger die Glutaminsäure – eine auch als Geschmacksverstärker verwendete Aminosäure – ist. Sie ist als „fleischig und herzhaft" beschrieben und wird vor allem durch proteinreiche Lebensmittel aktiviert. Die Japaner bringen sie auch mit einigen Pilzarten – allen voran der Shiitake – in Verbindung.

SHIRATAKI
eine Art von japanischen Glasnudeln aus dem Mehl einer stärkehaltigen Wurzel

SHIRAZ
vor allem in Australien, Neuseeland und Südafrika gebräuchlicher Name für die rote Rebsorte ▸ Syrah

SHISO ▸ Perilla

SHORTBREAD
In Großbritannien, vor allem in Schottland, ein beliebtes süßes Mürbteiggebäck, das in unterschiedlichen Formen hergestellt und bevorzugt auch zur typisch englischen„Tea Time" gereicht wird. Die Zutaten für Shortbread sind Butter, Zucker, Mehl und Reismehl oder Stärke. Manchmal wird es auch mit gehackten Nüssen und/oder Früchten gefüllt.

SHRIMPS ▸ Geißelgarnelen (▸ Garnelen)

SIAMINGWER/-WURZEL ▸ Galgant

SIAMREIS ▸ Duftreis (▸ Reis)

SIEBENBÜRGER KRAUT
Traditionelles Gericht der Landsmannschaft der Siebenbürger Sachsen, das dem ungarischen ▸ Szegediner Gulasch ähnlich ist. Die Hauptzutaten sind Schweinefleisch und Speck in Würfeln, Wurststücke, Sauerkraut und Reis, gewürzt mit Paprikapulver, Knoblauch und Zwiebeln. Das Siebenbürger Kraut wird mit einer Sauce aus saurer Sahne, Milch und Rosenpaprika übergossen und im Ofen überbacken.

SIGNALKREBS
Ein ursprünglich aus Nordamerika stammender Wasserkrebs aus der „Großfamilie" der ▸ Flusskrebse, der um 1960 auch in Europa angesiedelt wurde. Der „US-Import" ist dem heimischen ▸ Edelkrebs sehr ähnlich, allerdings mit 12 cm Durchmesser und 80 g Gewicht (Weibchen) beziehungsweise 16 cm und 200 g (Männchen) etwas kleiner. Der Signalkrebs hat am liebsten kühle Fließgewässer, wie er sie aus seiner nordamerikanischen Heimat kennt; er verträgt aber auch etwas höhere Temperaturen und ist auch in kleineren Seen zu finden. Sein feines Fleisch wird von Gourmets geschätzt.

SIKAWILD
In Ostasien (vor allem China) heimische Hirschart (▸ Hirsche), die vom Menschen in vielen Teilen der Welt – auch in Europa und in Deutschland – eingebürgert wurde und zum so genannten ▸ Schalenwild zählt. Mit einer Länge von 100–150 cm, einer Rumpfhöhe von 75–110 cm und einem Gewicht von 40–80 kg ist der Sikahirsch deutlich kleiner als z. B. der Rothirsch (▸ Rotwild). Aus kulinarischer Sicht zeichnet sich das Sikawald durch ein kurzfaseriges, feines und saftiges rotbraunes Fleisch aus. Für die küchentechnische Verwertung eignen sich vor allem die ▸ Schmaltiere.

SILBERAPRIKOSEN ▸ Ginkgopflaumen

SILBERKARPFEN
aus China stammende Zuchtform der ▸ Karpfen (▸ Fische)

SILBERKRAUT ▸ Gänsefingerkraut

SILBERZWIEBELN ▸ Perlzwiebeln

SILD
kleine (ca. 10 cm lange), zu verschiedenen pikanten Happen bzw. Konserven wie z. B. ▸ Appetitsild verarbeitete ▸ Heringe

SILVANER
Traditionsreiche weiße Rebsorte (▸ Wein), die in Deutschland als Nummer 3 unter den „Weißen" rund 6500 ha Rebfläche belegt und in Franken als besondere Spezialität gilt. Nur noch geringe Bedeutung hat der Silvaner dagegen in dem Land, in dem er vermutlich seinen Ursprung hat: in Österreich. Guter Silvaner zeichnet sich durch ein erdiges Bukett mit grünen Noten (Apfel, Stachelbeere) und feine Säure aus. Einen Namen gemacht hat sich der Silvaner auch als Partner bei Neuzüchtungen wie z. B. ▸ Bacchus und ▸ Rieslaner. Über die Herkunft der Rebsorte ▸ Silvaner gibt es verschiedene Theorien, aufgrund von DNA-Analysen ist aber wahrscheinlich, dass es sich um eine in Österreich entstandene (spontane) Kreuzung zwischen ▸ Traminer und einer heute nicht mehr angebauten Rebsorte handelt.

SIMIT
In der Türkei und auch in Griechenland (unter dem Namen Koulouri) beliebtes ringförmiges Gebäck, das in Sesamsamen gewendet wird. Die anderen Zutaten sind Hefe, Wasser, Mehl, Butter und Salz. Wie z. B. Brezen ist Simit außen kross, der Teig innen aber weich.

SIMPLON
Bergkäse aus dem schweizerischen Wallis mit pikantem Aroma, eine der typischen Käsesorten für das ▸ Raclette

SIRAZ
Vor allem auf dem Balkan bekannter ▸ Käse aus Kuhmilch, der seinen besonderen Geschmack dadurch erhält, dass er gesalzen und im Freien an der Sonne getrocknet wird und schließlich in Holzbehältern reift. Der Schnittkäse mit dünner Rinde hat 45 % Fett i. Tr. und wird zu kleinen Laiben mit 200–400 g geformt, die wie große Kieselsteine aussehen.

SIRENE
In Griechenland gibt es den ▸ Feta, in Rumänien den ▸ Brinza und das bulgarische Gegenstück zu diesen beiden Lakekäsen (▸ Käse) ist der Sirene. Der halbfeste und leicht bröckelige Käse wird aus Kuh- oder Schafmilch mit 45 % Fett i. Tr. hergestellt und macht den Großteil der Käseproduktion in Bulgarien aus.

SIRLOIN STEAK
Ein echtes Riesensteak, das in einer 4–6 cm dicken Scheibe mit Knochen aus dem flachen ▸ Roastbeef geschnitten wird und 1–2 kg wiegen kann. Das Sirloin Steak wird am besten bei mittlerer Hitze langsam gegrillt oder im Ofen gebraten. Die Faustregel lautet 10 Minuten je cm Dicke, wobei man es zuvor mit heißem Fett übergießt, damit sich die Poren schließen.

SIRNIKI
Russische bzw. ukrainische Pfannkuchenart in Form von kleinen Teigkugeln, die in Fett (Sonnenblumenöl oder Butter) außen knusprig gebraten werden und innen weich bleiben. Der Teig wird aus Quark (bzw. einem speziellen Hüttenkäse), Eiern, wenig Mehl, Salz, Zucker und zerlassener Butter hergestellt. Je nach Rezept werden Sirniki nach dem Anbräunen im Ofen gebacken und mit zerlassener Butter übergossen. Serviert werden sie mit Konfitüre, saurer Sahne oder Schmand, Apfelmus usw.

SIRUP
Sammelbegriff für dickflüssige, konzentrierte Lösungen, die in der Regel nicht unverdünnt getrunken werden. Hergestellt wird Sirup aus zuckerhaltigen Flüssigkeiten – wie z. B. dem Saft von Früchten, Zuckerrübensaft, Zuckerwasser, Pflanzenextrakten – durch Einkochen

SCHON GEWUSST?

In der Lebensmittelindustrie spielt Sirup als im Gewicht deutlich reduziertes Frachtgut eine wichtige Rolle. Das beste Beispiel ist der Orangensaft, der international fast ausschließlich als Konzentrat transportiert und erst im jeweiligen Bestimmungsland mit Wasser zum Handelsprodukt verdünnt wird.

VERWENDUNG

Sirupe werden oft mit Wasser oder anderen Flüssigkeiten zu Getränken aufgegossen bzw. zum Mixen von Cocktails verwendet. Sie dienen weiter zum Süßen von Süßspeisen oder Backwaren, als Brotaufstrich und bilden die Grundlage für die Limonadenherstellung.

oder andere technische Verfahren, die zu einem Verlust an Flüssigkeit und einer Konzentration des Zuckers führen. Das macht ihn u. a. auch besonders haltbar. In der Natur kommen sirupähnliche Lösungen z. B. als ▸ Ahornsirup und ▸ Honig vor.

SIZILIANISCHE ART
(sicilienne, à la)
1. Nudeln mit Butter, Hühnerleberpüree und geriebenem Parmesan zu Fleisch
2. panierter und in Butter gebratener Fisch, bedeckt mit gehackter Petersilie, Kapern, Sardellenfilets und Zitronenscheiben belegt, dazu braune Butter

SIZILIANISCHER SALAT
Apfelstückchen, Tomaten, gekochter Knollensellerie und Artischockenböden in einer leichten Mayonnaise

SIZILIEN
Die mit rund 25 000 qkm größte italienische Insel ganz im Süden an der Stiefelspitze stellt zugleich das größte Weinanbaugebiet (▸ Wein) Italiens mit einer Rebfläche von über 130 000 ha dar, auf der jährlich rund 9 Mio. Hektoliter Wein erzeugt werden. Den Weinbau brachten bereits die alten Griechen nach Sizilien mit, als sie dort ab dem 8. Jhd v. Chr. einige Kolonien gründeten. Der berühmteste sizilianische Wein und eine besondere Spezialität ist der ▸ Marsala. Traditionell ist Sizilien aber vor allem ein Erzeuger von billigem Massenwein und einfachen Grundweinen für die Branntweinherstellung, während die Weine mit DOC- oder DOCG-Qualitätssiegel nur knapp 3 % der Produktion (Tendenz aber steigend) ausmachen. Zunehmend kommen von dort aber auch qualitativ anspruchsvolle Weine.

SKORBUTKRAUT ▸ Löffelkraut

SKORTHALIA
in der griechischen Küche verbreitete Knoblauchsauce aus gekochten und zerquetschten Kartoffeln, zerstoßenen Knoblauchzehen, Olivenöl, Weißweinessig und Zitronensaft, in einigen Rezepten noch mit gemahlenen Nüssen, zu Fleisch, Fisch, Krebstieren und Gemüse

SKYR
Unserem ▸ Quark oder einem dicken ▸ Jogurt ähnliches und ebenfalls mit Hilfe bestimmter Bakterienkulturen hergestelltes Milchprodukt, das einst durch die Wikinger nach Island gebracht worden sein soll und dort ein wichtiges Nahrungsmittel für die Bauern wurde. Noch heute hat Skyr für die Isländer – allerdings von den großen Molkereien hergestellt – große Bedeutung. Er wird besonders gerne mit Heidelbeeren gegessen, ist im Handel – wie unser Quark oder Jogurt – aber auch mit anderen Früchten, Schokolade usw. erhältlich.

SLIBOWITZ
(Sliwowitz)
Fast auf dem ganzen Balkan, in Österreich, Tschechien, der Slowakei, Polen und Ungarn gebräuchlicher Name für einen ▸ Obstbrand, der aus Zwetschgen (▸ Zwetschgenwasser) gebrannt wird. Vor allem in Serbien, Kroatien und Bosnien ist der Slibowitz mit einem Alkoholgehalt von 37,5–47 Vol.-% ein Nationalgetränk. Bessere Qualitäten werden wie andere Spirituosen auch in Holzfässern (u. a. Eiche, Robinie oder Maulbeerpflanze) gelagert, was man meist an der goldgelben Farbe erkennt.

SLINZEGA
Neben dem noch bekannteren ▸ Bresaola die zweite Schinkenspezialität, die aus der Lombardei (genauer dem Valtellina) kommt. Nach dem antiken Originalrezept wird Slinzega aus Pferdefleisch hergestellt, heute nimmt man dafür – um einen größeren Kundenkreis anzusprechen – auch Stücke vom Rind. Das Fleisch wird mit einer Mischung aus Salz und Gewürzen (Lorbeer, Wacholder, Knoblauch, Pfeffer) eingerieben und manchmal mit Wein gewaschen und mindestens 1 Monat luftgetrocknet.

SLOW FOOD
Unter dem bekannten Logo der Schnecke – Symbol für Langsamkeit, aber auch essbar – „firmiert" die Gegenbewegung zu Fast Food. Langsames und bewusstes Genießen von Produkten der regionalen Landwirtschaft und Küche nach dem Motto „Qualität braucht Zeit", das ist der Grundgedanke von Slow Food. Gegründet wurde die Bewegung 1986 in Italien

von dem Piemonteser Wein- und Food-Journalisten Carlo Petrini, der für seine Idee Zuspruch in der ganzen Welt fand. Heute ist seine Organisation, die sich den Begriff „Slow Food" als Markennamen schützen hat lassen, eine internationale Vereinigung in Form eines gemeinnützigen Vereins mit über 80 000 Mitgliedern in über 100 Ländern. Die deutsche Sektion wurde 1992 gegründet und hat rund 6000 Mitglieder in 58 regionalen Gruppen, so genannten Convivien.

Schon gewusst?

Als Verteidiger der Esskultur wurde ▸ Slow Food im Jahre 1986 aus einem aktuellen Anlass gegründet. Die Bewegung war die Reaktion auf einen wahren „Kulturschock" für viele traditionsbewusste Italiener: 1986 wurde nämlich in Rom die erste Filiale des amerikanischen Fast-Food-Giganten McDonald's eröffnet, und das auch noch direkt neben einer der berühmtesten Sehenswürdigkeiten der „Ewigen Stadt", der Spanischen Treppe, was damals zu vielen Protesten führte.

SMARAGD

Die höchste von 3 Qualitätsstufen – die beiden anderen sind von unten nach oben Steinfeder und ▸ Federspiel – für trockene Weißweine (▸ Wein) im österreichischen Anbaugebiet ▸ Wachau. Sie geht allerdings nicht, wie man vermuten könnte, auf den wertvollen Edelstein als Namensgeber für besonders edle Weine zurück, sondern leitet sich von der in der Wachau heimischen Smaragdechse ab. Die Erzeugung der Smaragdweine ist mit strengen Qualitätsbestimmungen verbunden.

SMÖRGASBORD

Üppiges kaltes Büfett mit den besten traditionellen Spezialitäten, welche die schwedische Küche zu bieten hat. Bis zu 60 verschiedene Speisen können dabei angerichtet sein. Neben dem kulinarischen Genuss legen die Köche beim Smörgasbord besonderen Ehrgeiz in die Dekoration und die verlockende optische Präsentation. Die verschiedensten Fischspezialitäten gehören ebenso dazu wie Fleischspeisen, Wurst und Schinken, auf unterschiedliche Art zubereitete Eier, Salate, eingelegtes Gemüse und eine Käseauswahl. Grundsätzlich sind der Fantasie des Kochs kaum Grenzen gesetzt.

SMOERREBROED

In seiner Heimat Dänemark fast schon Kult ist dieser ▸ Snack aus einer dick mit Butter bestrichenen und varianten- bzw. erfindungsreich belegten Scheibe Misch-, Vollkorn-, Roggen- oder Weißbrot. Ein Weinlokal in der Hauptstadt Kopenhagen nimmt für sich in Anspruch, das Smoerrebroed erfunden und mit den unterschiedlichsten Belägen (Fisch, Fleisch, Wurst, alle Arten von Käse, Eiern usw.) „salonfähig" gemacht zu haben. Die traditionelle Zubereitung von Smoerrebroed ist mit festen Regeln verbunden. So müssen die Zutaten frisch sein und es ist auch festgelegt, welche miteinander kombiniert werden dürfen und welche nicht.

SNACK

Mittlerweile eingedeutschter und auch in den Duden (als oberste Instanz für die Rechtschreibung, aufgenommener Begriff aus dem Englischen bzw. Amerikanischen, der für ein kleines kulinarisches „Zwischenspiel" – mit deutschen Worten also ein ▸ Imbiss bzw. eine ▸ Zwischenmahlzeit – und teilweise auch für kleine, mundgerechte Happen steht.

SNERT

dicke, eintopfartige holländische Erbsensuppe mit Gemüse (Porree, Knollensellerie, Zwiebeln) und deftiger Fleisch- bzw. Wursteinlage (z. B. durchwachsener Speck, gepökelte Schweinshachse, Schweinerippchen, geräucherte Mettwürste), dazu Roggenbrot

SOBRAS(S)ADA

Wurstspezialität von der Balearen-Insel Mallorca, die dort seit dem 15. Jh. hergestellt wird – seit 1993 mit geschützter Herkunftsbezeichnung in Spanien und seit 1996 nach EU-Diktion als „Besondere Qualität mit Ursprungsbezeichnung" geadelt. Sobrasadas werden aus rohem Hack aus dem besten Fleisch normaler Schweine oder einer besonderen schwarzen

Rasse, die auf Mallorca gezüchtet wird, hergestellt – dann mit dem Zusatz „de Cerdo Negro“. Die mit Salz und Gewürzen vermischte Wurstmasse wird in Naturdärme gefüllt und reift in Trockenkammern unter kontrollierten klimatischen Bedingungen. Das ist das Geheimnis ihres besonderen Geruchs und Geschmacks, sowie ihrer Konsistenz und Haltbarkeit.

SOCKEL
Nicht nur Statuen stehen fest und sicher darauf, als Sockel werden in der Küchensprache auch Unterlagen bezeichnet, auf denen Speisen dekorativ angerichtet werden. Ein solcher Sockel besteht z. B. aus Grieß, Reis, Kartoffelmasse oder gerösteten Weißbrotscheiben.

SODA(WASSER)
Ein ▸ Tafelwasser, das Natron (kohlensaures Natrium) enthält und dadurch leicht nach Lauge schmeckt. Mit Soda werden besonders gerne ▸ Cocktails und ▸ Longdrinks gemixt.

SOFFRITTO
In der italienischen Küche eine dicke und besonders aromatische Mischung aus verschiedenem klein geschnittenen bzw. gehackten Gemüse auf der Basis von Zwiebeln und Knoblauch, das in Olivenöl angeröstet und kräftig gewürzt wird. Soffritto ist eine Grundlage für viele Saucen, Suppen und auch Schmorbraten.

SOFRITO
1. dickflüssige Würzsauce und Grundlage vieler Gericht der spanischen, mexikanischen und kreolischen Küche (ähnlich dem italienischen ▸ Soffritto) vor allem aus Gemüsepaprika, Tomaten, Zwiebeln und Knoblauch sowie weiterem Gemüse und Gewürzen
2. Spezialität der griechischen Insel Korfu als Schmorgericht aus magerem, in Olivenöl gewendetem und kräftig angebratenem Kalb- oder Rindfleisch mit Weinessig, Knoblauch, Lorbeer, Salz und Pfeffer, dazu als Beilagen Reis, gebackene Kartoffeln oder Kartoffelpüree

SOJABOHNE
Eines der wichtigsten Weltnahrungsmittel und eine Pflanze, die eine eigene Gattung innerhalb der botanischen Familie der ▸ Leguminosen bildet und innerhalb der ▸ Hülsenfrüchte eine Sonderstellung einnimmt (▸ Seite 543).

SOJA(BOHNEN)KÄSE ▸ Tofu

SOJADRINK ▸ Sojamilch

SOJAKEIMLINGE ▸ Sojasprossen

SOJAMEHL
Trockenprodukt aus gerösteten oder ungerösteten gemahlenen Sojabohnen, bei dem man 2 Arten grundsätzlich unterscheidet: vollfettes Mehl (18–20 % Fett, 38 % Eiweiß) und entfettetes Mehl (50 % Eiweiß und 1 % Fett), das als Nebenprodukt bei der Gewinnung von ▸ Sojaöl anfällt. Sojamehl wird vor allem als Zusatz in Back- und Teigwaren, Suppen und Süßspeisen sowie zur Proteinanreicherung bei Fertiggerichten und Frühstücksflocken verwendet.

SOJAMILCH
(Sojadrink)
In seinen Inhaltsstoffen der ▸ Milch von der Kuh sehr ähnliches pflanzliches Getränk, das durch Einweichen, Pürieren und Kochen von getrockneten Sojabohnen hergestellt wird und aus Öl, Wasser und Proteinen (Eiweiß) besteht. Ernährungsphysiologisch gilt Sojamilch als gesunde Alternative zur Kuhmilch, u. a. weil sie weniger bis gar keine Antibiotika, Hormone und Cholesterin enthält, aber biologisch hochwertiges Fett und Eiweiß sowie Lezithin, Vitamin E und Isoflavone liefert.
VERWENDUNG: *Sojamilch ist in der chinesischen und japanischen Küche weit verbreitet. Aber auch*

SCHON GEWUSST?

In Deutschland darf ▸ Sojamilch nur unter der Bezeichnung Sojadrink angeboten werden. Die Bezeichnung „Milch“ ist durch eine EU-Verordnung geschützt und Flüssigkeiten vorbehalten, die durch das Melken von Tieren gewonnen werden. Und ist das Tier nicht namentlich genannt und nur von ▸ Milch die Rede, handelt es sich nach EU-Recht immer um Kuhmilch.

Grundnahrungsmittel Sojabohne

Sie ist seit Jahrtausenden eines der wichtigsten Grundnahrungsmittel in vielen Teilen der Erde, eine der ältesten Kulturpflanzen der Welt und der Marktführer bei den Hülsenfrüchten, unter denen sie mit der Zusammensetzung ihrer Inhaltsstoffe ebenso aus der Rolle fällt wie mit den vielfältigen Möglichkeiten der Weiterverarbeitung: Die Sojabohne darf ernährungstechnisch ohne Übertreibung als „Segen für die Menschheit" gepriesen werden.

GRÖSSTER SOJAPRODUZENT USA

Der Ursprung der Sojapflanze wird vor über 10 000 Jahren in der Mandschurei im Nordosten der heutigen Volksrepublik China vermutet. Im Gegensatz zu anderen aus Asien stammenden Lebensmitteln fand die Sojabohne vergleichsweise spät – im 17./18. Jh. – den Weg in andere Erdteile und auch nach Europa. Dafür aber war ihr Siegeszug umso rasanter und unaufhaltsamer, vor allem auf dem amerikanischen Kontinent.
So stehen heute in der Rangliste der wichtigsten Sojaproduzenten 3 Länder aus diesem Teil der Welt noch vor China (der Nummer 4) und allen anderen asiatischen Erzeugern. Der mit Abstand größte Sojaproduzent sind die USA, die mit über 82 Mio. Tonnen alleine fast 40 % der weltweiten Gesamtmenge von rund 215 Mio. Tonnen liefern. Dahinter folgen die beiden südamerikanischen Länder Brasilien mit rund 50 Mio. Tonnen und Argentinien mit rund 39 Mio. Tonnen. Die wichtigsten Importländer für Sojaprodukte sind Japan, die Niederlande und Deutschland.

WERTVOLLE INHALTSSTOFFE

Ihr Nährstoffgehalt macht Sojabohnen, von dene es nach Schätzungen rund 7000 verschiedene Sorten gibt, zu einer absoluten Ausnahmeerscheinung unter den Hülsenfrüchten. Die Sojabohnen sind im Vergleich zu ihren „Artgenossen" – zusätzlich zu den anderen wertvollen Inhaltsstoffen – auch noch ungewöhnlich kalorien-, fett- und eiweißreich. Das enthaltene Eiweiß kann dabei nicht nur in der Menge, sondern auch – was die Zusammensetzung der Aminosäuren betrifft – in der „Qualität" mit dem von Fleisch mithalten.
Biologisch besonders hochwertig ist aber auch das Fett (zu mehr als 75 % aus ungesättigten Fettsäuren und cholesterinfrei) in Sojabohnen. Kurzum: Sie haben den höchsten ernährungsphysiologischen Wert aller Hülsenfrüchte, sind für Vegetarier und Veganer ein guter Fleischersatz und auch für Diabetiker geeignet.

VERWENDUNG

Sojabohnen können frisch (wie vor allem in den großen Erzeugerländern) oder getrocknet als Gemüse verwendet werden. Der größte Teil aber wird zu einer Vielzahl von Sojaprodukten verarbeitet, als da vor allem sind: ▶ Sojasauce, ▶ Sojaöl, ▶ Tofu, ▶ Sojamehl, ▶ Sojamilch, ▶ Tempeh, ▶ Miso oder ▶ Hamanatto.
Ein anderes recht beliebtes Sojaprodukt, allerdings nicht aus den Bohnen, sind ▶ Sojasprossen. Weiter werden aus Sojabohnen auch verschiedene vegetarische Fleischersatzprodukte hergestellt wie z. B. Sojawürstchen, Sojabratlinge bzw. -burger und Hot Dogs.

GENTECHNISCH VERÄNDERT

Das Loblied auf die Sojabohne ist heute nicht mehr frei von Dissonanzen. Für die Misstöne sorgt die Tatsache, dass gerade in den wichtigsten Produktionsländern der Anbau gentechnisch veränderter Pflanzen weit verbreitet ist. Das hat zur Folge, dass mit der weltweiten Verbreitung der Sojaprodukte bzw. von Erzeugnissen, in denen diese noch einmal weiterverarbeitet sind, auch die Verbraucher mit einer Vielzahl von Produkten mit genmanipulierten Bestandteilen „gefüttert" werden, ohne dass ihnen dies im Einzelfall immer bewusst ist.

in westlichen Ländern wird sie geschätzt, besonders von Veganern und Vegetariern, die sie in vielen Rezepten als Ersatz für Kuhmilch verwenden. Aus Sojamilch wird u. a. auch ▸ Tofu, die japanische Spezialität ▸ Yuba und Sojajogurt hergestellt.

SOJAÖL

Hochwertiges raffiniertes (bei Bioprodukten auch unraffiniertes) Speiseöl bzw. gehärtetes Speisefett, das durch Extraktion oder Pressen aus Sojabohnen oder Sojaschrot gewonnen wird. Der milde und angenehme Geruch und Geschmack des gelblichen bis braungelben Öls erinnern etwas an Fleischextrakt.

VERWENDUNG

Über die Verwendung in der Küche hinaus ist Sojaöl in vielen anderen Produkten „versteckt“. Es dient u.a. zur Herstellung von Margarine, Back- und Bratfetten, Fischkonserven und auch Süßwaren.

SOJASAUCE

(Choju)

In der ostasiatischen Küche (vor allem China und Japan) allgegenwärtige Würzsauce, die aus Sojabohnen, Wasser, Getreide (Weizen, Reis, Gerste) und Salz als Grundzutaten hergestellt wird. Entstanden sein dürfte die Sojasauce bereits vor über 2500 Jahren in China, nach Japan kam sie vermutlich erst im 6. Jh. n. Chr. Ihre Beliebtheit nahm aber rasch zu, weil sie mehr Geschmack und Abwechslung in die eintönige, fast ausschließlich auf Reis aufgebaute Nahrung brachte. Im Gegensatz zum Original aus China, das nur aus Sojabohnen hergestellt wurde, ging man in Japan dazu über, als weitere Zutat Weizen zu verwenden (bis zur gleichen Menge wie die Bohnen). Außerdem verfeinerten die Japaner den Herstellungsprozess – und damit auch das Endprodukt, das im 17. Jh. nach Europa kam.

Bei der traditionellen Herstellung von Sojasauce werden gemahlene, gedünstete und geröstete Sojabohnen mit gemahlenem Weizen- oder Reisschrot gemischt. Durch Zusatz von speziellen Mikroorganismen, Salz und Wasser wird ein langwieriger Fermentationsprozess (▸ Fermentation) eingeleitet. Etwa 6–8 Monate, bei Spitzenqualitäten sogar mehrere Jahre dauert die Reifung, bei der sich Farbe, Aroma und Geschmack der Würzsauce entwickeln. Bei der industriellen Herstellung dagegen wird der ganze Prozess durch technische Verfahren auf wenige Tage verkürzt. Derartige Produkte können mit traditionellen Sojasaucen in der Qualität nicht mithalten, deshalb werden sie bisweilen mit hochwertigen Saucen verschnitten und oft Karamell (u. a. zur Färbung), Zucker sowie Konservierungs- und Aromastoffe zugesetzt.

VERWENDUNG

In Ostasien darf die Sojasauce in keinem Restaurant und auch zu Hause nicht auf dem gedeckten Tisch fehlen. Sie verstärkt den Eigengeschmack von Speisen und harmoniert mit asiatischen Gerichten und vor allem mit Reis gut. Auch europäischen Fleisch-, Geflügel-, Wild- und Fischgerichten, Teigwaren, Suppen, Gemüse, Salaten usw. kann sie eine interessante Note geben.

SOJASPROSSEN

(Sojakeimlinge)

Wie der Name eigentlich sagt: Die Keimlinge der Sojabohnen, was aber keineswegs eine Garantie dafür ist, dass man unter dieser Bezeichnung immer echte Sojasprossen erhält. Nicht selten werden auch die Keimlinge von Mungbohnen so bezeichnet. Sojasprossen sind knackig, sehr schmackhaft und vitaminreich – Eigenschaften, die man nicht nur in Asien schätzt.

VERWENDUNG: *Sojasprossen schmecken als Rohkost in Salaten, auf Broten oder als Zutat in Müslis und Obstsalaten. Aber auch in warmen Speisen sind sie als Gemüse eine kulinarische Bereicherung, so vor allem in Fleisch-, Geflügel- und Fischgerichten, aber auch zu Reis, Teigwaren, Eierspeisen usw.*

SOLE ▸ Seezunge

SOLEIER

Hartgekochte Eier, die mit angeknickter Schale in einer starken Kochsalzlösung eingelegt werden. Der Sud aus Wasser, Salz und – je nach Rezept unterschiedlichen – Gewürzen (z. B. Kümmel, Pfefferkörner, Walcholderbeeren, Senfkörner, Lorbeer, Dill, Piment, Zwiebelschalen) wird eingekocht und heiß über die Eier geschüttet. Darin ziehen die Eier 3–6 Tage. Vor dem Verzehr werden sie halbiert und in die Mulde unter dem herausgelösten Dotter kommt etwas Öl, Essig, Pfeffer und Senf.

SCHON GEWUSST?

Die ▸ Soleier sind vor allem in der Berliner Küche ein traditionelles Gericht. Die Eierhälften werden ohne weiteres Zerteilten mit einem Bissen verschlungen. Das ist nicht etwa Ausdruck von besonderer Gefräßigkeit, sondern alte Sitte.

SOLERA
Das seit Jahrhunderten gebräuchliche und bewährte System für den Fassausbau, die Lagerung und das Verschneiden beim ▸ Sherry (▸ Likörweine, ▸ Weine), das aber auch bei anderen bekannten Weinspezialitäten wie ▸ Madeira und ▸ Marsala sowie bei der Erzeugung von ▸ Sherryessig angewandt wird. Dieses Verfahren ist auf mehrere übereinander liegende Fassreihen (mindestens 3, meist 6–7, manchmal aber sogar bis zu 14) aufgebaut, wobei die unterste – die Solera – Namensgeber war. Die weiteren Fassreihen werden als Criaderas bezeichnet. In der untersten Reihe ruht der älteste Wein (in der obersten der jüngste) und von Zeit zu Zeit – die Abstände variieren je nach Art und Güte des Sherrys – wird ganz unten bis zu 1/3 des Weines abgezapft und in Flaschen gefüllt. Der Schwund wird durch Nachfüllen aus der 2. Fassreihe ausgeglichen, in die Fässer der 2. Reihe lässt man Wein aus der 3. Reihe nachlaufen usw., während in die oberste Reihe ganz junger Wein (neuer Jahrgang) nachgefüllt wird. Sinn dieses Verfahrens ist es, den Sherry in möglichst gleichbleibender Qualität auf die Flasche zu bringen. Die Mindestreifezeit beträgt 3 Jahre. Die Soleras mit den Spitzenprodukten werden nur mit Weinen aus den besten Jahrgängen befüllt, entsprechend länger sind auch die Zeiträume zwischen den Abfüllungen. Je nach Größe, Qualität und Abfüllquote kann es dabei Jahrzehnte dauern, bis ein Wein aus den obersten Fässern unten ankommt.

SOLJANKA

Würzig-scharfe und säuerlich-salzige Suppe, die in der russischen und ukrainischen Küche eine lange Tradition hat und in vielen Varianten zubereitet wird. Nach den Zutaten Fleisch, Süßwasserfische oder Pilze lassen sich 3 Arten unterscheiden. „Verbindendes Element" ist, dass sie stets mit eingelegtem Gemüse (Gewürz- und Salzgurken, Mixed Pickles) zubereitet und mit saurer Sahne vollendet werden.

SOMMELIER
In einem Restaurant der „Herr des Weines" und nicht selten Verwalter Tausender von edlen Flaschen mit hohem Wert, der immer öfter auch in Frauengestalt als Sommelière auftritt. Als gelernter und erfahrener Weinexperte ist es seine Aufgabe, die Restaurantgäste bei der Weinauswahl zu beraten, aber nicht zu bevormunden (diese Zeiten sind zum Glück vorbei). Deshalb darf der Sommelier die Wahl des passenden Weines nicht nur auf das jeweilige Gericht bzw. Menü abstimmen, sondern muss auch Vorlieben, Geschmack und Geldbeutel des Gastes berücksichtigen. Nur ein Restaurant der gehobenen Kategorie kann sich aber einen eigenen Sommelier bzw. eine Sommelière leisten. In normalen Restaurants mit kleinerer Weinkarte kann die Weinberatung auch ein gut geschulter Kellner übernehmen.

SOMMERKÜRBISSE
eine der beiden großen Gruppen der ▸ Speisekürbisse (▸ Kürbisse)

SONNENBLUMENKERNE

Samenkerne der Sonnenblume, die in einem großen „Nest" in der Mitte der überaus dekorativen Riesenblume aus der botanischen Familie der Korbblütengewächse sitzen. Bereits um 1000 v. Chr. soll die Sonnenblume domestiziert worden sein, ohne damals um ihre großen „inneren" Werte zu wissen. Die geschälten Kerne enthalten 40–60 % fettes Öl und das von besonderer Güte mit einem hohen Anteil an ungesättigten Fettsäuren. Weiter sind die Samen reich an Proteinen (ca. 30 %), Vitaminen, Mineralstoffen und Lecithinen.

VERWENDUNG
Sonnenblumenkerne werden roh als Knabberei oder in Salaten gegessen und in der Vollwertkost eingesetzt. Sie können Backwaren verschiedenster Art „Biss" und eine besondere Geschmacksnote verleihen und in vielen Rezepten alternativ zu Nüssen verwendet werden. Noch relativ jung ist aber ihre Hauptverwertung: Erst seit dem 19. Jh. wird ▸ Sonnenblumenöl hergestellt.

SONNENBLUMENÖL
Biologisch besonders wertvolles Speiseöl, das aus den Samenkernen der Sonnenblume teilweise auch kalt gepresst wird. Das hellgelbe und klare Öl zeichnet sich durch einen sehr feinen und milden Geschmack aus, ist in der kalten und warmen Küche vielseitig verwendbar und dient als Grundlage bei der Herstellung von ▸ Margarine.

SONNWENDKRAUT ▸ Beifuß

SORBET

Schon bei den alten Arabern, wo es nicht nur sprachlich seinen Ursprung hat, wurde das Sorbet zur Erfrischung des Magens bei größeren Mahlen serviert. Diese Sitte hat sich bis heute gehalten und so wird es bisweilen bei mehrgängigen Menüs eingeschoben, um den Geschmack zu neutralisieren und den Verdauungsorganen vor dem üppigen Hauptgang Abkühlung zu verschaffen. Das Sorbet selbst, einstmals ein gut gekühltes Getränk, hat sich allerdings verändert. Heute versteht man darunter eine Art von ► Speiseeis aus Fruchtsaft bzw. Fruchtpüree, eventuell auch Kräutern oder sogar Gemüse, mit Zucker, Zuckersirup, Aroma gebenden Zutaten (u. a. Wein und Spirituosen) und eventuell etwas Eischnee zur Auflockerung. Der große Unterschied zum Speiseeis besteht darin, dass das Sorbet keine Milchprodukte enthält. Ob es wirklich mitten in ein Menü passt, ist mittlerweile umstritten, weil die Kälte auch die Geschmacksnerven betäubt. Keine Diskussion gibt es aber darüber, dass ein feines Sorbet ein besonders leckeres Dessert sein kann und dass es mit Schaumwein aufgegossen ein wahrlich prickelnder Genuss ist.

Schon gewusst?

Teilweise wird ► Sorbet als ► Halbgefrorenes bezeichnet, was zwar dem arabischen Ursprung des Wortes entspricht, aber nicht korrekt ist. Nach heutiger küchentechnischer Definition versteht man unter einem Halbgefrorenen nämlich ein beliebtes Eisdessert, das im Gegensatz zum Sorbet Milchprodukte enthält.

SORBINSÄURE

Organische Säure, die auf breiter Front als Konservierungsstoff nicht nur in der Lebensmittelindustrie, sondern auch in der Arzneimittel-, Kosmetika-, Reinigungs- und Futtermittelherstellung zum Einsatz kommt. Dafür prädestiniert ist die Sorbinsäure aufgrund ihrer Wirkung gegen Hefen, Schimmelpilze und andere Mikroorganismen. Die organoleptisch (durch Geruch und Geschmack) nicht wahrnehmbare Säure wird u. a. zur Konservierung bzw. Stabilisierung von Backwaren, Margarine, Käse, Wurstwaren und Wein eingesetzt.

SORGHUMHIRSE

(Kaffernhirse)

Eines der wichtigsten Nahrungsmittel in Afrika, China und Indien, wo damit etwa 70 % der Ernährung abgrdeckt werden. Sorghumhirse ist eine der wichtigsten Sammelarten unter den ► Hirsen. Sie wird vor allem zu Brei, aber auch zu Fladenbrot verarbeitet.

SOSSEN ► Sauce

SOUCHET

Weißweinsauce mit in Butter und Fleischfond gedünsteten Mohrrüben-, Porree- und Selleriestreifen

SOU-FASSUM

Mit gehacktem Fleisch, Speck, Mangold, Zwiebeln und Reis gefüllter Wirsingkopf, Spezialität der französischen Provence

SOUFFLÉ

Mehr als nur „heiße Luft" ist dieser schaumige und luftig-leichte Eischneeauflauf, der in unterschiedlichen Variationen sowohl als Vorspeise wie als Hauptgericht oder auch als Dessert serviert werden kann – aber immer mit besonderer Vorsicht, damit das kulinarische „Luftschloss" nicht schon vorzeitig zusammenfällt (fr. „souffle" = „Hauch", „Atem"). Auch die Zubereitung selbst verlangt viel Fingerspitzengefühl. Süße Soufflés wie z. B. die berühmten ► Salzburger Nockerln sind meist ► Mehlspeisen mit verschiedenen Aromenträgern (u. a. Früchte mit niedrigem Wassergehalt), pikante Soufflés (u. a. mit Fleisch, Schinken, Geflügel, Garnelen, Trüffeln, Gemüse, Kräutern) werden in der Regel aus Brandmasse hergestellt. Entscheidend für das dekorative Aufgehen und das Gelingen des Soufflés ist aber das Eiweiß, das am besten von Hand mit dem Schneebesen geschlagen wird.

SOUFFLÉ GLACÉ ► Eisauflauf

SOUFFLÉKARTOFFELN
▸ Polsterkatoffeln

SOUFFLIEREN
als küchentechnischer Begriff das Aufblähen einer Speise, aber auch das Füllen mit Soufflé-Masse (▸ Soufflé) und das anschließende Überbacken oder Dünsten

SOUPER ▸ Diner

SOUR CREAM
auch im deutschen Sprachraum gängige englische Bezeichnung für ▸ Sauerrahm, oft aber auch für Quark/Sahne-Zubereitungen mit Mayonnaise, Kräutern und Gewürzen

SOUS-VIDE
(vakuumgaren)
Modernes und in der Gastronomie immer stärkere Verbreitung findendes Garverfahren, mit dem sich ▸ Konvenienzprodukte sogar von gehobener Qualität herstellen lassen. Hinter der französischen Bezeichnung Sous-Vide (= „vakuumverpackt") verbirgt sich das Garen von Lebensmitteln (Fleisch, Geflügel, Fisch, Krebstiere, Gemüse und Früchte) unter Luftabschluss. Sie werden dazu in Beutel gefüllt, denen in einer speziellen Vakuummaschine der gesamte Sauerstoff entzogen wird – und damit auch die Lebensgrundlage für schädliche Mikroorganismen. Der Inhalt der Beutel wird anschließend bei Temperaturen zwischen 70 und fast 100 °C meist im Wasserbad gegart. In einem so genannten Schockkühler werden die vorgekochten Speisen schnell auf (0–3 °C) heruntergekühlt und können so meist noch mehrere Wochen gelagert werden. Die Sous-Vide-Methode hat einige Vorteile wie das schonende Garen, bei dem Geschmacks- und Nährstoffe sowie Farbe voll erhalten bleiben.

SOUVLAKI
(Suflaki)
Die traditionellen griechischen Fleischspieße, die in Griechenland selbst an jeder Imbissbude angeboten und oft aus der Hand gegessen werden und auch in den griechischen Restaurants in Deutschland eines der beliebtesten Gerichte sind. Die Schweine-, Hammel- oder Hähnchenfleischstücke werden mit Oregano, Salz, Pfeffer und Zitronensaft mariniert und auf Spießen gegrillt (original über Holzkohlenglut).

SPACCATELLE
kurze und gebogene italienische Nudeln (▸ Pasta, ▸ Teigwaren)

SPAGHETTI
Die langen (25 cm) oder extralangen (bis 50 cm) italienischen Nationalnudeln (▸ Pasta, ▸ Teigwaren), die in verschiedener Dicke – mit besonders großem Durchmesser heißen sie auch Spaghettoni, besonders dünne Spaghetti sind Spaghettini (ital. „spago" = „Schnur", „Bindfaden") – und in Deutschland auch als kürzere Fadennudeln im Handel angeboten werden. Bekannte Zubereitungsarten sind Spaghetti alla napoletana (mit Tomatensauce, gewürzt mit Knoblauch und Basilikum), die auch als ältestes Spaghettirezept gelten, Spaghetti alla bolognese (mit ▸ Bologneser Sauce), Spaghetti alla carbonara (mit ▸ Pancetta, Eiern, Sahne und Wein) und die einfachen Spaghetti aglio e olio (mit Knoblauch und Olivenöl).

SPAGHETTIBOHNE
▸ Spargelbohne (▸ Bohnen)

SPAGHETTIKÜRBISSE
wichtige Sortengruppe der Speisekürbisse (▸ Kürbisse)

SPALTFRÜCHTE
Besonderer Typ der ▸ Schließfrüchte, dessen Vertreter bei der Vollreife in einsamige Teilfrüchte zerfallen. Die Früchte lösen sich dabei längs ihrer Verwachsungsnähte voneinander.

SPANFERKEL
In der Küchensprache besonders junge ▸ Ferkel (▸ Schwein), die noch spanen (= säugen) und aus kulinarischen Gründen schon früh zur Schlachtbank geführt werden. Sind sie noch nicht älter als 6 Wochen (Gewicht von 12–15 kg), werden sie auch als Milchferkel bezeichnet, als noch besser aber gelten 8–9 Wochen alte Spanferkel (Gewicht rund 20 kg). Ihr Fleisch ist besonders zart, hell und mild im Geschmack. Die Haut muss schön knusprig sein,

deshalb wird das Spanferkel im Ganzen auf dem Rost oder einem großen Grill gebraten. Wer die kleinen Tricks kennt, dem gelingt es besonders gut – z. B. wenn man die Haut beim Grillen mehrfach mit dunklem Bier einstreicht und den Rücken mit einer Schwarte schützt, weil er sonst schneller gart als die Keulen.

SPANISCHE ART
(espagnole, à l')
1. generell mit in Öl angerösteten roten Paprika, Knoblauch und Tomaten
2. Garnitur aus mit Reis gefüllten Tomaten und klein geschnittenen Zwiebeln zu kleinen Fleischstücken in Madeirasauce

SPANISCHE ARTISCHOCKEN
▸ Karden

SPANISCHE SAUCE
▸ braune Grundsauce

SPANISCHER SALAT
in 8 Spalten geschnittene Tomaten, Prinzessbohnen, Streifen von rotem und grünem Paprika sowie Zwiebelringe in Essig-Öl-Sauce

SPANISCHER WIND ▸ Baiser

SPARERIBS
Sowohl das fleischarme obere Drittel des Schweinebauchs (auch: ▸ Schälrippe) als vor allem auch ein populäres Grillgericht aus den USA, das einer der großen Klassiker beim ▸ Barbecue ist. Spareribs, in ihrer amerikanischen Heimat meist „Ribs" genannt, werden in Teilstücken von 2–3 Rippen roh oder vorgekocht in eine würzig-süßliche Marinade (meist aus Ketschup, Zitronensaft, Honig und Gewürzen) eingelegt und über Holzkohlenglut auf dem Rost gegrillt. Zum Essen nimmt man sie nach alter Sitte in die Hand und nagt sie ab.

SPARGEL
Botanisch eine eigene Gattung aus der Familie der Spargelgewächse, deren Arten mehrjährige krautige Pflanzen bzw. Halbsträucher sind. Im engeren Sinn die Kurzform für den besonders geschätzten Gemüsespargel (▸ Seite 549).

SPARGELBOHNE
(Spaghetti-, Stricknadel-, Strumpfbandbohne)
Bohnenart (▸ Bohnen)

SPARGELPILZ ▸ Schopftintling

SPARGELSALAT
Nicht nur ein aus den weißen oder grünen Delikatessstangen (▸ Spargel) zubereiteter Salat, sondern auch der Name für eine Salatsorte (▸ Salate), die dicke und fleischige Sprossachsen hat. Der Spargelsalat stammt ursprünglich aus China, wird heute aber auch in Europa und den USA angebaut. Er kann zu Salat oder Gemüse verarbeitet werden.

SPÄTBURGUNDER
(Blauburgunder, Pinot Noir)
In Deutschland üblicher Name für die alte französische Rebsorte Pinot Noir (▸ Wein), die in ihrer Heimat u. a. die Traube der berühmten roten Burgunder ist. Der Pinot Noir gilt als „Mutterrebe" der Pinotfamilie (mit ▸ Grauburgunder und ▸ Weißburgunder). Heute ist er in der ganzen Weinwelt auf rund 60 000 ha Anbaufläche verbreitet und steht in Deutschland mit rund 10 000 ha sogar an erster Stelle bei den roten Rebsorten. Die oft säurebetonten Weine machen vielen Weintrinkern den Zugang nicht so leicht wie z. B. der ▸ Cabernet Sauvignon, zeichnen sich aber durch Finesse aus.

SPÄTLESE
Qualitätsstufe/-prädikat für ▸ Wein nach dem deutschen Weingesetz, für die neben anderen Kriterien vor allem ein bestimmtes ▸ Mostgewicht vorgeschrieben ist. Bei der Spätlese muss es je nach Anbaugebiet und Rebsorte mindestens bei 76–90 ° ▸ Öchsle liegen.

Spargel: „Königliches" Gemüse

Die Qualität und der feine Geschmack des Spargels sind der eine Grund; die Tatsache, dass er sich – was die Länge der Saison betrifft – ziemlich rar macht, der andere: Als „König der Gemüse" werden die weißen oder grünen Delikatessstangen oft geadelt. Die jungen Triebe der krautigen Pflanze sind in der „Spargelzeit" ein heiß begehrtes Gemüse, ob zu Hause oder in Gaststätten und Restaurants bis hinauf in die Luxusklasse.

DEUTSCHLAND: BESTES SPARGELLAND

Es wird vermutet, dass der Spargel seinen Ursprung im Orient hat. Heute liegen seine Hauptanbaugebiete in Süd- und Mitteleuropa (Deutschland, Frankreich, Italien und Spanien). In vielen Regionen Deutschlands wird Spargelanbau (in den letzten Jahren mit steigender Tendenz) auf rund 20 000 ha betrieben, von Schleswig-Holstein ganz im Norden bis nach Baden und Bayern. Aus den südlichen Regionen Deutschlands kommt nach Meinung vieler Feinschmecker der beste Spargel überhaupt.

FOLIEN VERLÄNGERN DIE SAISON

Relativ kurz ist die Saison des feinen Gemüses. Früher begann sie Anfang/Mitte Mai, seit einigen Jahren kann ihr Start dank einer ebenso simplen wie pfiffigen Idee etwa bis Mitte April nach vorne gezogen werden. Dazu werden die Spargelfelder mit großen Folien abgedeckt, unter denen sich die Wärme speichert. Ende der Spargelsaison ist stets der Johannistag am 24. Juni, an dem traditionell der letzte Spargel geerntet – oder wie Spargelanbauer sagen – „gestochen" wird. Die Ernte der delikaten Gemüsestangen ist reine Handarbeit. Weißer oder Grüner Spargel? Das ist eine Frage der Anbautechnik und des Geschmacks bzw. der Verwendung; der erste schmeckt feiner und „edler", der zweite würziger und „gemüsiger". Weißer Spargel hat nie das Tageslicht gesehen und kein Chlorophyll bilden können, weil er nur unterirdisch in aufgehäuften Erdhügeln – den Bifängen – wächst. Der grüne Spargel dagegen darf ins Freie sprießen und Sonne tanken, bis er seine kräftige Farbe annimmt.

EINKAUF UND LAGERUNG

Die verschiedenen Handelsklassen für Spargel (Extra, I und II) richten sich vor allem nach optischen Kriterien – also Dicke, gerader Wuchs und (vor allem beim weißen Spargel) keine Verfärbung der Spitzen. Dickere Stangen mögen besser aussehen und machen weniger Arbeit beim Schälen, sie müssen deswegen aber nicht besser schmecken als dünnere.

Wichtiger ist die Frische des Spargels. Sie erkennt man u. a. an fest geschlossenen Köpfen bzw. Spitzen, noch feuchten und nicht hohlen Enden, aus denen bei Druck Wasser austreten sollte, und an dem typischen quietschenden Geräusch, das Spargelstangen verursachen, wenn man sie aneinander reibt. Das delikate Gemüse sollte grundsätzlich möglichst frisch verarbeitet und gegessen werden. In ein feuchtes Tuch eingewickelt, hält er sich im Kühlschrank jedoch 2–3 Tage und auch zum Tiefkühlen sind die Stangen gut geeignet.

VERWENDUNG

Spargel wird meistens im Wasser gekocht, manche Köche bevorzugen aber das Garen im eigenen Saft, bei dem Aroma und Nährstoffe noch besser erhalten bleiben sollen. Ein Geheimtipp ist, den rohen Spargel in Stücke zu schneiden und im Wok zu garen, denn dabei wird er am knackigsten und hat den stärksten Eigengeschmack. Um diesen nicht zu überdecken, wählt man beim Spargel grundsätzlich eher einfache Zubereitungsarten.

Das gilt auch für die klassische Variante, bei der Spargel nur mit jungen Pellkartoffeln und zerlassener Butter oder Holländischer Sauce serviert wird. Teilweise gibt es aber auch Schinken, ein Rinderfilet oder ein Kalbsschnitzel dazu. In Baden isst man Spargel mit ▸ Flädle, in anderen Rezepten werden die Stangen z. B. in Pfannkuchen eingerollt. Die Reste beim Schälen lassen sich auskochen und zu einer feinen Suppe verarbeiten. Vor allem grüner Spargel schmeckt auch als Salat und ist ein schmackhaftes und dekoratives Element bei kalten Vorspeisen.

VERWENDUNG

Als Mehlspeise können Spätzle Saucen sehr gut aufnehmen, sie sind deshalb im „Ländle“ und in in anderen Gegenden Süddeutschlands sowie in der Schweiz eine überaus beliebte Sättigungsbeigabe zu einer Vielzahl von Fleischgerichten. Mit verschiedenen Zutaten werden sie oft auch zum Hauptgericht, so z.B. in Eintopfgerichten, als ► Käsespätzle, als ► Krautspätzle oder ► Spinatspätzle. Beliebt sind auch ► Leberspätzle, die in Suppe oder geschmälzt gegessen werden.

SPÄTZLE
Der Schwaben Leibspeise Nummer 1 sind keine kleinen Vögel (Spatzen), sondern sie zählt zu den ► Teigwaren: Die Zutaten für die mal dicken, mal dünnen, langen oder kurzen Spätzle sind Mehl, Eier, Wasser und Salz. Spätzleteig ist zähflüssig und muss – am besten von Hand – kräftig geschlagen werden, bis er Blasen wirft. Hausgemachte Spätzle werden mit einem Messer direkt vom Nudelbrett in kochendes Salzwasser geschabt. Wer diese Technik nicht beherrscht, kann sie mit speziellen Werkzeugen pressen oder hobeln. Gar sind die Spätzle, wenn sie im Topf an die Oberfläche steigen. Dann werden sie mit einem Schaumlöffel abgeschöpft. Spätzle gibt es getrocknet oder als gekühltes Fertigprodukt zu kaufen.

SPECK
Speziell bei Schweinen gängige Bezeichnung für die Fettgewebeschicht, die direkt unter der Haut sitzt. Damit gemeint ist vor allem der aus dem weißen Fettgewebe bestehende Rückenspeck (auch fetter Speck), der hauptsächlich zum Spicken und Bardieren von magerem Fleisch, als Bestandteil von Würsten und zur Herstellung von ► Schmalz verwendet wird. Weitere Arten sind der mit Muskelfleisch durchwachsene Bauchspeck und der Schinkenspeck (► Schinken) aus der Hüfte, die teilweise in großen Stücken bzw. aufgeschnitten in den Handel kommen – das aber verschieden behandelt: roh („grün“), luftgetrocknet, gepökelt, geräuchert (► Räucherspeck) oder gegart.

SPECKFISCH
Knorpelfreie, heiß geräucherte Stücke vom Grauhai, als Konserve erhältlich

SPECKKARTOFFELN
in der Form von Oliven geschnittene Kartoffeln mit in Butter gebräunten kleinen Zwiebelchen und Speckwürfeln, gehacktem Knoblauch und Kräutern in Fleisch- bzw. Rinderbrühe

SPECKKNÖDEL
(Grammelknödel)
vor allem im Süden Deutschlands und in Österreich beliebte Variante der ► Semmelknödel mit gerösteten kleinen Räucherspeckwürfeln

SPECKKUCHEN
Regionale hessische Spezialität aus Roggenbrotteig mit einer deftigen Auflage aus Schmand, Eiern, Porree, Speckwürfeln und verschiedenen Gewürzen.

SPECKSTIPPE
In Norddeutschland eine Beilage bzw. Garnitur, die u. a. gerne zu Fleisch- und Fischgerichten serviert wird. Dafür werden Räucherspeck- und Zwiebelwürfel in Fett angebraten, mit Brühe oder Wasser übergossen und so lang gegart, bis eine sämige, braune Sauce entsteht. Abgeschmeckt wird mit Salz und Pfeffer, manchmal kommt etwas saure Sahne dazu.

SPECKTORTE, LOTHRINGER
► Quiche

SPECKWURZ ► Beinwell

SPEISEDISTELN ► Artischocken

SPEISEEIS
(Eis, Eiscreme, Eiskrem, Glace)

Nicht nur bei Kindern beliebter kalter Genuss, der hauptsächlich aus Wasser, Milch, Sahne, Zucker, teilweise Eigelb und Aroma bzw. Geschmack gebenden Zutaten – wie Vanille, Schokolade bzw. Kakao oder Früchte – hergestellt wird. Bei der handwerklichen Methode werden die Zutaten vermischt und die Masse unter ständigem Rühren gefroren. Je höher der Fettgehalt ist und je schneller man rührt, desto feiner ist das Endprodukt. Diese Arbeit übernehmen heute im Haushalt spezielle Eismaschinen, die weitaus größte Menge an Speiseeis wird aber industriell und unter zusätzlichem Einsatz von Bindemitteln, Emulgatoren, Stabilisatoren sowie Aroma- und Farbstoffen produziert. Allein in Deutschland werden pro Jahr an die 600 Mio. Liter Markeneis abgesetzt. Nach der Speiseeisverordnung werden verschiedene Arten von Speiseeis unterschieden (z. B. Frucht-, Milch-, Rahm- oder Sahneeis, Cremeeis und ► Sorbet), vor allem nach dem jeweils enthaltenen Anteil an Früchten und Milchprodukten. Offiziell kein Speiseeis, aber kaum weniger beliebt, ist das nach einem besonderen Verfahren hergestellte

Softeis. Besondere Eis- und Dessertspezialitäten sind u.a. ► Eisbombe, ► Eisparfait, ► Eistorte, ► Birne Helene oder ► Pfirsich Melba.

Schon gewusst?

Die Herstellung von ► Speiseeis hat eine längere Tradition als vielfach angenommen wird. Bereits in der Antike soll Gletscherschnee mit Früchten, Honig oder Rosenwasser nach Art des Sorbets aromatisiert worden sein. Besonders starke Verbreitung fand das Speiseeis – von Italien ausgehend – ab dem 16. Jh. Um 1790 wurde die erste Eismaschine gebaut, und zwar in den USA, wo 1851 auch die erste Eisfabrik eröffnet wurde. Die revolutionäre Erfindung der Kältemaschine aber machte 1881 der deutsche Ingenieur und Gründer des gleichnamigen Konzerns Carl von Linde.

SPEISEESSIG ► Essig

SPEISEFETT
Sammelbezeichnung für alle der menschlichen Ernährung dienenden Fette, die von harter, schnittfester oder streichfähiger Konsistenz sein können. Ihr Ursprung kann tierischer (z.B. Butter, Schweine-, Hammel- und Gänseschmalz) oder pflanzlicher Natur (z.B. Kokosfett, Palmfett, Kakaobutter) sein. Durch industrielle bzw. technologische Eingriffe gehärtete Fette werden zur klaren Abgrenzung auch als Kunst-Speisefett bezeichnet, weil im Zuge ihres Produktionsverfahrens so genannte Transfette entstehen. In der modernen Ernährungsphysiologie werden die Transfette als minderwertige bis ungesunde Bestandteile der Nahrung angesehen. Sie sind vor allem in Fast-Food-Gerichten, Fertigprodukten, industriellen Backwaren usw. enthalten und haben früher auch die ► Margarine etwas in Verruf gebracht, worauf die Hersteller aber mit einer Verbesserung des Produktionsverfahrens reagierten.

SPEISEKÜRBISSE
Die große Gruppe der essbaren ► Kürbisse

SPEISENFOLGE ► Menü

SPEISEÖLE
(Öle)
In der Küchensprache alle pflanzlichen Fette, die zu Ernährungszwecken verwendet werden können und bei Zimmertemperatur flüssig sind. Speiseöle können aus bestimmten Früchten, Samen, Körnern und Nüssen gewonnen werden. Meist werden sie durch Kalt- (bei qualitativ besonders hochwertigen Produkten mit maximal 50 °C) oder Warmpressung (bei etwa 80 °C) abgeschieden. Als ernährungsphysiologisch besonders wertvoll gilt ► Olivenöl, andere gängige Sorten sind z.B. ► Maiskeimöl, ► Sonnenblumenöl, ► Kürbiskernöl, ► Haselnussöl, ► Kokosöl, ► Mandelöl, ► Sojaöl und ► Walnussöl. Im Handel werden als Speiseöle manchmal auch einfachere gemischte Öle bezeichnet. Tafelöle sind qualitativ besonders hochwertig. Salatöle sind so behandelt, dass sie auch bei der Aufbewahrung im Kühlschrank nicht trüb werden.

Schon gewusst?

Kalt gepresste ► Speiseöle sollte man nie bis zum Rauchpunkt erhitzen, denn dabei bilden sich krebserregende Stoffe. Zum Braten und Frittieren immer hoch erhitzbares Fett, z.B. Kokosfett bzw. -öl, verwenden.

SPEISEPILZE
alle essbaren ► Pilze

SPEISESENF
(Mostrich)
Mehr oder weniger scharfe Paste aus Senfmehl, das mit Wasser und/oder Wein bzw. Most, Essig und Salz vermischt wird. Speisesenf wird vor allem aus weißen und (in geringerem Umfang) braunen Senfkörnern hergestellt, seltener dagegen aus schwarzem Senf, weil dessen ätherische Öle flüchtiger sind (das typische Aroma also schneller verfliegt) und er nicht maschinell geerntet werden kann. Erst durch den Kontakt mit Flüssigkeit wird ein Enzym aktiv und setzt einen chemischen Prozess in Gang, der dem an sich neutralen Senfpulver seine Schärfe gibt. Qualität und Charakter von Speisesenf – von süßlich bis sehr scharf – wer-

VERWENDUNG

Speisesenf wird gern zur Brotzeit zu Pökelwaren und warmen Würsten gegessen, auch auf Hot Dogs und vielen Burgers darf er nicht fehlen. Er gibt Saucen, Fleisch- (z.B. dem ► Bœuf Stroganoff), Fisch- und Gemüsegerichten besondere Würze und seine emulgierende Wirkung (► Emulgator) macht ihn zu einem beliebten Zusatz in ► Vinaigrette und ► Mayonnaise.

den von den verwendeten Senfsorten, dem Mahlgrad der Körner und den weiteren Zutaten wie z. B. Zucker, Meerrettich, Cayennepfeffer, Knoblauch, Tomaten, Paprika und Estragon bestimmt. In Deutschland am beliebtesten ist Mittelscharfer Senf (überwiegend aus weißen bzw. gelben und braunen Senfkörnern). Scharfer Senf hat einen höheren Anteil an braunen Samenkörnern. Besondere Senfspezialitäten sind ▸ Bayerischer Senf und der französische ▸ Dijon-Senf. Hochwertiger Speisesenf darf reifen, bevor er in Gläser oder Tuben gefüllt wird.

Schon gewusst?

Schon bei den Römern wurde zur Herstellung von ▸ Speisesenf Traubenmost verwendet, davon leitet sich die traditionelle, in Teilen Deutschlands noch heute gebrauchte Bezeichnung Mostert oder Mostrich für Senf ab. Sie geht zurück auf das Lateinische „mustum ardens", zu Deutsch „brennender Most".

SPEISESTÄRKE

(Stärke, Stärkemehl)

Sammelbezeichnung für Bindemittel in Pulverform, die aus Weizen, Roggen, Reis, Mais, Kartoffeln oder tropischen Wurzeln (z. B. ▸ Maniok) und Getreidearten hergestellt werden. Speisestärke wird sowohl in der Küche als auch in der Lebensmittelindustrie in vielfältiger Form verwendet. Sie dient u. a. zum Binden von Suppen und Saucen sowie zur Herstellung von Nudeln, Brot und anderen Backwaren und ▸ Nährmitteln, als Süßungsmittel für Limonaden, Speiseeis, Konfitüren, Puddings, Süßwaren usw. sowie als Verdickungsmittel in Fertiggerichten aller Art.

SPEISEWÜRZE

Industriell hergestellte Würzmittel aus proteinreichen Rohstoffen pflanzlicher oder seltener tierischer Herkunft, die einen „fleischigen" Geschmackseindruck vermitteln (Umami). Flüssig bzw. als feineres oder gröberes Pulver findet Speisewürze in der Lebensmittelindustrie breite Verwendung, z. B. bei der Herstellung von ▸ Maggi, Brüh- bzw. Suppenwürfeln (mit weiteren Aromastoffen, Geschmacksverstärkern usw.), Konserven und Fertiggerichten.

SPEISEZWIEBEL

Universell einsetzbare Gemüse- und Würzpflanze, die eine eigene Art innerhalb der botanischen Gattung der ▸ Zwiebeln (Familie der Zwiebelgewächse) bildet und ihren Ursprung vermutlich in den Steppen West- oder Zentralasiens haben dürfte. Sie wird bereits seit mehr als 5000 Jahren zu Ernährungs- und Heilzwecken kultiviert und wurde z. B. von den alten Ägyptern als Opfergabe für die Götter dargebracht und Toten als „Verpflegung" auf ihren Weg ins Jenseits mit ins Grab gelegt. Mit der Züchtung von in Form, Farbe und Geschmack unterschiedlichen Sorten wurde bereits im 15. Jh. in Holland begonnen. Grundsätzlich unterscheidet man nach Anbaumethode bzw. -zeitpunkt 2 Hauptgruppen: Sommer- und Winterzwiebeln. Kulinarisch ist die würzige und leicht süßliche Speisezwiebel vielleicht nicht die allerfeinste ihrer Art, dafür aber jederzeit und auch aus deutschen Landen in großer Vielfalt verfügbar.

VERWENDUNG: *Speisezwiebeln werden in Ringe geschnitten roh gegessen (z. B. im Salat oder auf ▸ Presssack und ▸ Wurstsalat). Geröstet garnieren und würzen sie z. B. Käsespätzle, gedünstet, gebraten oder gekocht geben sie vielen Gerichten und Saucen den letzten Schliff. Klassiker mit Zwiebeln sind z. B. ▸ Zwiebelrostbraten, ▸ Zwiebelsuppe, ▸ Gulasch, viele Eintöpfe, ▸ Zwiebelkuchen und elsässischer ▸ Flammkuchen.*

SPEKULATIUS

Knusprigs und würzig-süßes Bild- bzw. Figurengebäck aus Mürbteig, das vor allem in Belgien und Holland das ganze Jahr über gerne vertilgt wird, während es in Deutschland als typische Weihnachtsleckerei gilt. Das trifft vor allem auf die häufigste und beliebteste Art zu, den Gewürzspekulatius mit den typischen Weihnachtsgewürzen wie Kardamom, Nelken und Zimt. Dazu passen auch die Motive, die den Spekulatius vor dem Backen in speziellen Holz- und Metallformen – sogenannten Modeln – aufgepresst werden, denn sie zeigen in der Regel die Nikolausgeschichte.

SPELZ ▸ Dinkel

SPELZGETREIDE
eine der beiden Grundarten von ▸ Getreide

SPEZEREIEN
etwas angestaubte, bereits im Mittelalter gebräuchliche Bezeichnung für orientalische bzw. exotische Gewürze, Leckereien usw.

SPICKEN
(bigarrieren, lardieren)
Technik, die angewandt wird, um ein zu starkes Austrocknen von magerem Fleisch (besonders von Rind, Wild und Wildgeflügel) beim Braten zu verhindern und ihm zusätzlich Aroma zu geben. Meist nimmt man dazu frischen und nicht geräucherten Speck, der mit einer speziellen Spicknadel in Streifen von mehreren Zentimetern Länge so durch das Fleisch gezogen wird, dass die Enden noch leicht herausschauen. Bisweilen werden zum Spicken aus aromatischen Gründen auch Pökelzunge, Gemüse- und Käsestreifen, Knoblauch und sogar Trüffeln verwendet.

SPIEGELEIER
(Ochsenaugen)
Klassisch im Backofen zubereitete, heute aber meist in die Pfanne geschlagene Eier, die kurz (2–3 Minuten bei mittlerer Hitze) bzw. so lange gegart werden, bis das Eiweiß gerinnt, aber das Eigelb in der Mitte noch glänzend und wachsweich ist. Das funktioniert am besten mit frischen Eiern. Spiegeleier gehören z. B. zum ▸ Strammen Max oder zu ▸ Ham and Eggs, In der Luxusversion kombiniert man sie mit Kalbsbries, Gänseleber und Trüffeln.

SPIEGELKARPFEN
europäische Zuchtform der ▸ Karpfen (▸ Fische)

SPIERLING ▸ Stint

SPINAT
Die krautige Pflanze aus der gleichnamigen botanischen Gattung (Familie der Fuchsschwanzgewächse) kommt nur als kultivierte Gemüsepflanze in etwa 50 verschiedenen Sorten vor, deren schmackhafte und nährstoffreiche Blätter in der Regel eine Höhe von 20–30 cm erreichen. Ein Vorläufer der heutigen Kulturform wurde einst vermutlich in Persien angebaut, erstmals überliefert im 9. Jh. Heute ist der Spinat weltweit (außer in tropischen Regionen) verbreitet, die Hauptanbaugebiete in Europa liegen in Deutschland, Frankreich und Italien. Rund 85 % der deutschen Spinaternte werden von der Lebensmittelindustrie verarbeitet.

VERWENDUNG:
Zarter Frühlings- und Sommerspinat (Ernte von März bis Mai) kann im Gegensatz zum kräftigen Herbst- und Winterspinat, der gekocht werden muss, auch roh als Salat gegessen werden. Als Blattspinat schmeckt er mit Salz, Pfeffer, Knoblauch und Olivenöl. Püriert wird er mit Butter und Sahne abgeschmeckt. Passende Gewürze und Kräuter zum Spinat sind u. a. Muskatnuss, Chilis, Oregano, Zitronengras. Je nach Zubereitungsart ist Spinat eine vielseitige Beilage zu zahlreichen Gerichten. Außerdem kann man mit ihm andere Lebensmittel färben (▸ Spinatmatte).

ZUBEREITUNG

Der manchmal bittere und leicht adstringierende Geschmack von Spinat kann gemildert werden, wenn man ihn vor der weiteren Zubereitung blanchiert. Außerdem reduziert sich dabei sein Nitratgehalt um bis zu 70 %. Grundsätzlich sollte Spinat möglichst frisch zubereitet und verzehrt werden – roh innerhalb von 2 Tagen und gekocht spätestens am nächsten Tag –, weil sich das Nitrat in Nitrit und gefährliche ▸ Nitrosamine umwandelt. Freilich verliert der Spinat beim Blanchieren auch wertvolle Inhaltsstoffe.

SCHON GEWUSST?

Wenn der Comic-Held Popeye (der Seemann) einst dosenweise ausgerechnet ▸ Spinat verschlang und dadurch für kurze Zeit Superkräfte „tankte“, dann war das natürlich in erster Linie ein origineller Gag und eine maßlose Übertreibung. Trotzdem: Ein Fünkchen Wahrheit steckt schon darin, denn das prallgrüne Gemüse hat einen besonders hohen Gehalt und guten Mix an Mineralstoffen und Vitaminen.

SPINATKARTOFFELN
Nester aus Herzoginkartoffelmasse, mit gedünstetem Spinat gefüllt, mit Béchamel-Sauce überzogen, mit Parmesan bestreut, mit Butter beträufelt und im Ofen gebacken.

SPINATMATTE
Aus Spinatblättern bzw. ihrem Saft (dem Blattgrün) gewonnenes Färbemittel z. B. für ▸ Teigwaren und Saucen, das in Handarbeit oder in-

dustriell erzeugt werden kann. Bei der Eigenproduktion wird Spinat im Mörser zerstoßen, der austretende Saft abgeseiht und auf einem Teller erhitzt, bis er gerinnt und eine dünne Schicht, die Spinatmatte, übrig bleibt.

SPINATSPÄTZLE
Eine Abwandlung der klassischen ▸ Spätzle, deren Teig fein gehackter Spinat beigemischt wird und die man gerne mit Speckwürfeln oder in Schinken-Rahm-Sauce serviert.

SPIRITUOSEN
Sammelbezeichnung für alle höher- bis hochprozentigen Getränke, die hauptsächlich durch ▸ Destillation (nach vorangegangener Einmaischung bzw. ▸ Gärung) oder ▸ Mazeration von pflanzlichem Ausgangsmaterial mittels ▸ Sprit hergestellt werden. Die beiden großen Gruppen der Spirituosen sind demnach die ▸ Branntweine (unterteilt in ▸ Edelbrände und ▸ Trinkbranntweine) und die im Alkoholgehalt in der Regel moderateren ▸ Liköre.

SPITZBUBEN
Bekanntes Weihnachtgebäck: rund ausgestochene ▸ Plätzchen aus feinem Mürbteig, oft mit gemahlenen Mandeln, von denen immer zwei noch warm mit Gelee bzw. Konfitüre (meist von Johannis- oder Himbeeren) gefüllt und dann in Vanillezucker gewendet werden.

SPITZKOHL
1. Besonders klein und fein ist diese mit dem ▸ Weißkohl verwandte Kohlart (▸ Kohl), die vermutlich aus China stammt und erst im 19. Jh. in Europa eingebürgert wurde. Ihre zarten bläulich-grünen Blätter schmecken leicht süßlich und erinnern an Blumenkohl, Wirsing und Nüsse. Spitzkohl eignet sich gut für Salate und Rohkost, langes Garen mag er nicht.

2. Eine als Filderkraut bekannte schwäbische Variante des Weißkohls, die nur auf den Fildern (daher ihr Name) – einer fruchtbaren Hochebene 200 m oberhalb der baden-württembergischen Landeshauptstadt Stuttgart – angebaut wird. Diese spezielle Sorte soll vor rund 400 Jahren im dort gelegenen Kloster Nellingen gezüchtet worden sein. Filderkraut wird vorwiegend zu Sauerkraut verarbeitet.

SPITZKUCHEN
▸ Leb- bzw. ▸ Honigkuchen in Dreiecksform, meist mit Schokoladenguss überzogen

SPITZMORCHEL
kulinarisch geschätzte Art der ▸ Morcheln

SPITZWEGERICH
Wenn es um die Verwendungsmöglichkeiten in der Küche geht, der wichtigste Vertreter aus der botanischen Gattung der Wegeriche. Die Blätter des Spitzwegerich, der bevorzugt an Wegrändern und auf Äckern wächst, lassen sich in Mischsalaten verwenden oder als Gemüse kochen. Dem Spitzwegerich werden viele Heilwirkungen zugeschrieben, deshalb verwendet man ihn gerne für Teeaufgüsse oder stellt Saft und Sirup daraus her. Groß ist die Nachfrage nach der Droge von Seiten der Pharmaindustrie; um sie zu decken, wird der Spitzwegerich auch großflächig kultiviert.

SPRENGLING ▸ Äsche

SPRINGERLE
Wie ▸ Spekulatius ein weihnachtliches Bild- bzw. Figurengebäck, das man vor allem in Süddeutschland, Österreich, Ungarn und der Schweiz kennt. Die Hauptzutaten für den Teig sind Eier, Puderzucker, Mehl, Hirschhornsalz und Anis, der den Geschmack der Plätzchen prägt. Ihre Form erhalten die Springerle in Holzmodeln. Damit auch die feinsten Details

SCHON GEWUSST?

Woher die Bezeichnung ▸ Springerle, die schwäbische Verkleinerungsform von Springer, abgeleitet ist, darüber gibt es 2 Theorien. Die eine besagt, dass sie von einem der beliebtesten Motive des Bildgebäcks kommt, dem Reiter. Die andere sieht den Ursprung darin, dass der Teig beim Backen regelrecht „aufspringt" und seine Höhe verdoppelt.

zum Vorschein kommen, muss der Teig geschmeidig sein. Vor dem Backen werden die Plätzchen 24 Stunden getrocknet. Früher hatten Springerle in erster Linie kirchliche Motive. Im Laufe der Zeit kamen auch weltliche Abbildungen dazu, z.B. feine Damen, prächtige Reiter, Fruchtbarkeits- und Liebessymbole.

SPRIT
▸ Alkohol mit 90 oder 96 Vol.-%

SPRITZGEBÄCK
(Dressiergebäck)

Eine spezielle Art von Plätzchen, die nicht ausgestochen, sondern aufgespritzt werden. Dafür füllt man den weichen Mürb-, Butter- oder Sandteig in einen Spritzbeutel oder eine Gebäckspritze und presst die Plätzchen in verschiedenen Formen direkt auf das Backblech.

SPRITZGLASUR
Zuckersüß und dekorativ ist diese ▸ Glasur aus Eiweiß, gesiebtem Puderzucker und etwas Zitronensaft für Torten, Kuchen und Gebäck. Entscheidend ist die richtige Konsistenz, damit die Glasur beim Aufspritzen von Figuren, Buchstaben etc. weder reißt noch auseinanderläuft.

SPRITZKUCHEN
(Auflaufkrapfen, Beignets soufflés, Strauben, Viktorianer)
▸ Schmalzgebäck aus gesüßter und eventuell aromatisierter Brandmasse, die aus einem Spritzbeutel mit Sterntülle kringel- bzw. ringförmig gepresst wird. Nach dem Ausbacken in heißem Fett lässt man die Spritzkuchen abtropfen, um sie zum Schluss mit Puderzucker zu bestreuen oder mit Fondant zu überziehen.

SPROSSEN ▸ Keimlinge

SPROSSENGEMÜSE
Sammelbezeichnung für Gemüse aus Pflanzen, die auch in den Entwicklungsstufen zwischen Keimling und Jungpflanze bereits nennenswerten kulinarischen und ernährungsphysiologischen Wert besitzen, ein Wissen, über das die Asiaten schon lange verfügen. Seit auch in Europa gerne asiatisch gekocht wird, hat man die feinen und nahrhaften ▸ Keimlinge hier ebenfalls entdeckt. Als Sprossengemüse eignen sich u. a. die Keimlinge der bekannten Getreidearten (Reis, Weizen, Roggen, Hafer, Gerste, Hirse und Mais) und von Hülsenfrüchten (vor allem Sojabohnen und Mungbohnen), aber auch von anderen Pflanzen wie Senf, Meerrettich, Rettich, Radieschen, Sonnenblumen, Kresse und anderen. Die Verwendungsmöglichkeiten in der Küche sind je nach Art der Sprossen und wie bei anderem Gemüse äußerst vielfältig.

SPROSSKOHL ▸ Brokkoli

SPROTTEN
(Breitlinge, Brislinge)

Kleine, Schwarm bildende, silbern glänzende Heringsfische (▸ Heringe, ▸ Fische) von 10–17 cm Länge, die von Nord- und Ostsee über den östlichen Atlantik bis ins Mittelmeer verbreitet sind. Sprotten ernähren sich vorwiegend von tierischem Plankton und sind in Europa einer der wirtschaftlich bedeutendsten Fische überhaupt.

VERWENDUNG

Sprotten werden in erster Linie zu Konserven verarbeitet, wie die ▸ Kieler Sprotten oft geräuchert, wofür sie sich wegen ihres Fettgehalts besonders eignen. Gesalzen und mit Kräutern gewürzt werden Sprotten zu ▸ Anchosen verarbeitet und kommen in Deutschland oft als (unechte) ▸ Anchovis in den Handel. Sie schmecken auch frisch, z.B. in Mehl gewendet und gebacken.

SPUMANTE
Nicht jeder ▸ Schaumwein darf sich in Italien so nennen, ein Spumante muss unter Einhaltung bestimmter Qualitätskriterien hergestellt sein – in etwa dem deutschen ▸ Sekt entsprechend. Als Mindestalkoholgehalt sind 11 Vol.-% vorgeschrieben und der Kohlsensäuredruck muss (bei 20 °C) mindestens 2,5 bar betragen, andernfalls ist es nur ein ▸ Frizzante (Perlwein). Die bekanntesten Vertreter ihrer Art sind der Asti Spumante und der Franciacorta.

SPUNDEKÄS
Vor allem im geografisch und historisch weit gefassten Rheinland ist diese Käsezubereitung sehr verbreitet. Die Grundlage dafür ist – je nach Rezept – Frischkäse, Quark, Schmand oder Crème fraîche, verfeinert mit Butter oder Margarine, Eigelb, Zwiebeln, Pfeffer, Salz oder süßem Paprikapulver. Spundekäs kommt meist als kleiner Imbiss mit dunklem Bauernbrot

oder als Vorspeise mit Salz- oder Laugenbrezeln auf den Tisch. In den rheinischen Weinbaugebieten findet man ihn auf fast jeder Brotzeitkarte.

Schon gewusst?

Die traditionelle Form des ► Spundekäs ist konisch und erinnert an den Spund im Weinfass. Diesem Umstand verdankt die Käsespezialität ihren Namen.

SPURENELEMENTE

eine Gruppe der für den menschlichen Organismus wichtigen ► Mineralstoffe

SQUASHS

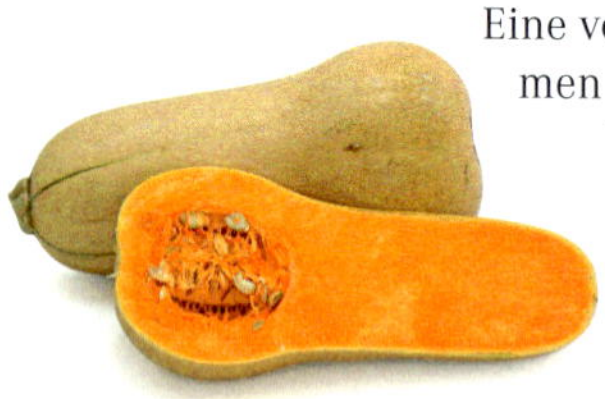

Eine vor allem wegen ihrer originellen Formen populäre Gruppe der ► Sommerkürbisse (► Kürbisse), die einer fliegenden Untertasse oder einem Turban ähneln können. Ihre Formenvielfalt drückt sich auch in einigen Synonymen wie Ufo oder Bischofsmütze aus.

STABWURZ ► Eberraute

STACHELANNONE

(Guanabana)

Tropische Frucht (nach botanischer Definition eine Beere) mit einer stacheligen grünen Schale, die an bis 10 m hohen immergrünen Bäumen wächst. Kommerziell wird die Stachelannone in erster Linie in Südostasien und in Südamerika angebaut. Auf dem europäischen Markt spielt sie frisch kaum eine Rolle, weil sie nicht länger als eine Woche lagerfähig und sehr druckempfindlich ist. Sie wird deshalb hauptsächlich tiefgekühlt oder in Konserven exportiert. Das blüten- bis gelblich-weiße und bei voller Reife sehr weiche und saftige Fruchtfleisch der Stachelannone hat einen hohen Gehalt an Apfel- und Zitronensäure, was sich im Mund mit erfrischender Säure bemerkbar macht. Das Aroma erinnert an Ananas. Aber Vorsicht: Die Samen sind giftig und dürfen nicht mitgegessen werden.

VERWENDUNG

Die Stachelannone kann als Dessertfrucht oder in Obstsalaten eine Bereicherung sein. Besonders häufig aber dient sie als Saftlieferant für Erfrischungs- und auch vergorene Getränke. In der Lebensmittelindustrie findet sie außerdem u.a. bei der Herstellung von Speiseeis, Backwaren, Jogurt und Cerealien Verwendung.

STACHELBEEREN

(Hecken-, Kloster-, Kraus-, Kruse(l)beeren)

Die Beerenfrucht asiatischer Abstammung (vermutlich aus dem Himalaja) hat es erst in Europa zu größerer Bedeutung gebracht. Die an stacheligen Sträuchern mit einer Höhe von 60–120 cm wachsenden Beeren mit einem Durchmesser von 10–20 mm werden vermutlich seit dem 14. Jh. in Europa kultiviert. Ihre größte Blütezeit erlebten sie aber im 18. und 19. Jh. in England, als dort in nur wenigen Jahrzehnten über 400 Sorten gezüchtet wurden. Auch heute noch sind Stachelbeeren vor allem in der englischen Küche geschätzt. Die meist noch grün geernteten, säuerlichen Strauchbeeren, die bei Vollreife (wenn sich ihre Haut gelb oder rot färbt) auch kräftige Süße entwickeln können, haben ein sehr charaktervolles Aroma. Dies gilt übrigens auch für eine als ► Jostabeeren bekannte Kreuzung zwischen Stachelbeeren und Schwarzen Johannisbeeren.

VERWENDUNG: *Stachelbeeren werden gerne zu Kompott, Konfitüre und Obstwein verarbeitet und als Kuchenbelag, für Desserts und Süßspeisen verwendet. In der britischen Küche ist man wesentlich kreativer und macht aus Stachelbeeren z. B. auch Saucen und Füllungen für pikante Gerichte.*

STACHELBEEREN, CHINESISCHE

► Kiwis

STACHELBIRNEN, -FEIGEN

► Kaktusfrüchte

STACHELHUMMER ► Langusten

STACHELMAKRELE ► Bastardmakrele

STACHYS

(Chinesische/Japanische Artischocken, Japanische Kartoffeln, Knollenziest)

Die kleinen weißen Wurzelknollen sind ein Import aus China, in Europa wurden sie erst 1887 eingeführt. Hier ist es heute das einzige angebaute Gemüse einer Pflanze aus der botanischen Familie der Lippenblütengewächse. Die essbaren Wurzeln der krautigen, 30–45 cm hohen Pflanze sind etwa 8 cm lang und 2 cm dick. Ihre dünne Haut kann mitgegessen werden. Die Wurzelknöllchen enthalten eine besondere Zuckerart, die so genannte Stachyrose, die aus 2 Molekülen ▸ Galaktose und je 1 Molekül ▸ Fruktose und ▸ Glukose zusammengesetzt ist. Dem nährstoffreichen und leicht verdaulichen Gemüse werden u. a. Geschmacksnoten von Artischocke, Blumenkohl und Haferwurzel nachgesagt.

VERWENDUNG: *In ihrer Heimat werden Stachys im Wok gedünstet, in Essig eingelegt und sogar roh mit Zucker und einer speziellen Sauce gegessen. Die Wurzeln schmecken aber auch blanchiert und in Butter oder Olivenöl gebraten als Gemüse.*

STAMMWÜRZE

Analog zum ▸ Mostgewicht beim ▸ Wein die entscheidende Messgröße beim Bierbrauen, nach der sich der spätere Alkoholgehalt eines Bieres berechnen lässt. Die Stammwürze gibt die Menge der aus Malz und Hopfen im Wasser gelösten nicht flüchtigen Stoffe – vor allem Malzzucker, Eiweiß, Vitamine und Aromastoffe – vor der Gärung an. Die Brauhefe macht daraus je 1/3 Alkohol, Kohlendioxid und nicht mehr vergärbaren Restextrakt. Von der Stammwürze hängen Alkoholgehalt und Nährwert des späteren Bieres ab. Die Besteuerung erfolgt nach 4 Biergattungen: Einfachbiere (unter 7 % Stammwürze), Schankbiere, (7–10,99 %), Vollbiere (11–15,99 %), Starkbiere (16 % und mehr).

STAMPFKARTOFFELN ▸ Kartoffelpüree

STÄNDERPILZE

Aus kulinarischer Sicht eine besonders bedeutende Klasse im großen botanischen Reich der ▸ Pilze, weil ihr die meisten ▸ Speisepilze angehören. Ihre aus dem unterirdischen Wurzelgeflecht, dem Myzel, oberirdisch wachsenden Fruchtkörper bestehen aus Stiel und Hut, an dessen Unterseite die Pilze Sporen produzieren. Die wichtigsten Ordnungen sind z. B. Blätter-, Röhren- und Leistenpilze.

STANGENKÄSE

manchmal für ▸ Sauermilchkäse (▸ Käse) in Stangenform verwendete Bezeichnung, vor allem ▸ Harzer Käse

STANGENSELLERIE ▸ Bleichsellerie

STANGENWURZ ▸ Eberraute

STÄRKE

1. Durch Photosynthese in den chlorophyllhaltigen Teilen von Pflanzen gebildete chemische Verbindung, welche die überschüssige Energie – vor allem in Form von Glukose – in die so genannten Reserveorgane wie Knollen, Zwiebeln, Wurzeln, Rhizomen und Rüben transportiert und dort speichert. Stärke ist das wichtigste Kohlenhydrat für die menschliche Ernährung. Besonders stärkehaltige Lebensmittel bzw. landwirtschaftliche Produkte sind z. B. verschiedene Getreidearten und Kartoffeln.
2. ▸ Speisestärke

STÄRKEMEHL ▸ Speisestärke

STÄRKESIRUP

(Glukosesirup)

Aus Stärke durch enzymatische Aufspaltung – ähnlich dem ▸ Invertzucker – gewonnene dickflüssige Lösung, deren Hauptbestandteil Traubenzucker (Glukose) ist. Stärkesirup wird in der Lebensmittelindustrie u. a. als Süßungsmittel von Speisen, Süßwaren und Getränken eingesetzt. Gegenüber normalem Zucker hat er wie auch ▸ Stärkezucker den Vorteil, dass er aus ökonomischen Pflanzen wie Kartoffeln, Mais, Weizen usw. hergestellt werden kann.

STÄRKEZUCKER

alle aus ▸ Stärke hergestellten Zuckerarten; gleiche Verwendung wie bei ▸ Stärkesirup

STAUBZUCKER ▸ Puderzucker

STAUDENSELLERIE ▸ Bleichsellerie

STEAK

Der Inbegriff von kurz gebratenem Fleisch sind Steaks aus besonders feinen Stücken – Lende oder Hüfte – von Rindern. Steaks können na-

türlich auch anderen Schlachttieren aus den Rippen geschnitten werden, die in diesem Fall auf der Speisekarte namentlich genannt sein müssen, wie z. B. beim Kalbs-, Schweine-, Lamm-, Pferde- oder Kängurusteak. Die Qualität eines Steaks hängt in erster Linie von der des Fleisches ab, das gut abgehangen sein soll. Die perfekte Zubereitung tut ein übriges. Klassiker sind u. a. ▸ Chateaubriand, ▸ Entrecôte, ▸ Filet mignon, ▸ Porterhouse Steak, ▸ Rumpsteak, ▸ Sirloin Steak und ▸ T-Bone-Steak.

Schon gewusst?

Auch aus verschiedenen Fischen kann ein ▸ Steak quer zur Wirbelsäule aus dem Filet geschnitten werden. Davon spricht man meist aber nur bei größeren und festfleischigen Fischen wie z. B. Schwertfisch, Thunfisch oder Hai. Für den Steakschnitt eignen sich außerdem Lachs, Heil- und Steinbutt. Fischsteaks werden meist gegrillt, gebacken oder frittiert.

STECKERLFISCHE
Vor allem bei größeren Festen, besonders in Bayern und Österreich, beliebte Fischspezialität (▸ Fische). Steckerlfische werden auf schräg hochgestellten Spießen und speziellen Grills über dem offenen Holzfeuer knusprig braun gebraten. Dafür eignen sich fettreiche Fische wie z. B. ▸ Makrelen und ▸ Heringe.

STECKRÜBEN ▸ Kohlrüben

STEEPLECHASE
Neben der sportlichen Bedeutung auch Bezeichnung für verschiedene Fleisch-, Geflügel- und Wildgerichte (vor allem auf Büfetts). Zum Steeplechase werden sie durch besonders reichhaltige Garnierungen.

STEIERMARK
Das landschaftlich einzigartige Weinanbaugebiet (▸ Wein) in Österreich, das rund 3300 ha Rebfläche umfasst. Am meisten angebaut wird der weiße ▸ Welschriesling, die besonderen Spezialitäten der Steiermark aber sind die weißen ▸ Morillon (Chardonnay) und ▸ Sauvignon Blanc sowie der Rosé ▸ Schilcher.

STEIFMACHEN ▸ anbraten

STEINAAL ▸ Dornhai

STEINBEEREN ▸ Preiselbeeren

STEINBEISSER ▸ Seewolf

STEINBIRNEN ▸ Felsenbirnen

STEINBUSCHER
Ursprünglich ostpreußischer, heute aber in verschiedenen Regionen Deutschlands hergestellter halbfester Schnittkäse aus vorgewärmter Kuhmilch, der 30–50 % Fett i. Tr. hat. Der Steinbuscher wird meist in quadratischen Stücken mit einer feuchten, intensiv duftenden und gelben bis goldbraunen oder rötlichen Rinde angeboten, die mit Rotschmierekulturen behandelt wurde. Sein geschmeidig-weicher Teig hat vereinzelte Löcher. Je nach Alter schmeckt der Steinbuscher mild bis pikant-würzig.

STEINBUTT
(Turbot)
Der kulinarisch besonders geschätzte Vertreter der ▸ Plattfische (▸ Fische) verdankt seinen Namen der mit kleinen Knochenhökern übersäten Haut. Die Augen liegen beim Steinbutt auf der linken Körperflanke. Er besiedelt vorwiegend den Nordostatlantik bis Island einschließlich Nord- und Ostsee sowie Mittelmeer. Meist wird er 50–70 cm lang, selten bis 1 m, bei einem Gewicht von 20–25 kg.
VERWENDUNG: *Das feine, geschmacksintensive Fleisch des Steinbutts eignet sich außer zum Dünsten und Schmoren ganz oder filettiert für alle gängigen Fischzubereitungsarten. Man kann ihn auch gut füllen und überbacken.*

STEINFRÜCHTE
Bei dieser Gruppe der ▸ Schließfrüchte wird der Samen von einem verholzten Kern – dem Endokarp – umschlossen. Das umgebende Mesokarp bildet in vielen Fällen die für den Menschen essbare fleischige Frucht, zusammen mit der Haut, dem Exokarp. So z. B. bei ▸ Kir-

sche, ▸ Pfirsich, ▸ Pflaume. Anders verhält es sich bei Kokosnuss, Mandel und Pistazie, die ebenfalls zu den Steinfrüchten gehören.

STEINHÄGER
Ein Klassiker der deutschen Schnapsbrennerkunst, der wie ▸ Gin und ▸ Genever mit Wacholderbeeren aromatisiert wird. Der Ursprung des populären Branntweins liegt in der Gemeinde Steinhagen in Ostwestfalen, die ihm seinen seit 1989 sogar mit geographischer Herkunftsbezeichnung der EU geschützten Namen gegeben hat. In der 2. Hälfte des 19. Jh. entwickelte sich in dem Ort am Südhang des Teutoburger Waldes die Herstellung von Steinhäger, zunächst allerdings nur zu Heilzwecken. Doch schon bald kamen nicht nur die Deutschen auf den Geschmack und Steinhäger kam zu Weltruf. 20 Brennereien gab es einst in Steinhagen, doch heute wird der echte Steinhäger nur noch von 2 Firmen hergestellt. Geblieben ist aber seine charakteristische längliche Flasche aus braunem Steingut, die so genannte Kruke.

STEINKÖHLER ▸ Pollack

STEINOBST
Sammelbezeichnung für ▸ Steinfrüchte bildende Pflanzenarten

STEINPILZ
(Herrenpilz)
Einer der begehrtesten Vertreter der ▸ Speisepilze. Der Steinpilz zählt zu den Ständer- und Röhrenpilzen (Familie der Röhrlinge) und hat als charakteristische Merkmale einen großen (bis 20 cm Durchmesser oder noch etwas mehr) braunen Hut mit weißen bis olivgrünen Röhren und einen knollig dicken bzw. keulenförmigen Stiel. Verwechselt werden kann er mit dem ▸ Maronenröhrling und dem Gallenröhrling. Im ersten Fall macht das nicht viel aus, weil auch der „Doppelgänger" ein guter Speisepilz ist, im zweiten Fall allerdings ist das Essen durch nur einen Fremdpilz verdorben, weil der Gallenröhrling extrem bitter schmeckt. Steinpilze wachsen von Juni bis Oktober in den europäischen Laub- und Nadelwäldern und haben ein mild-würziges und fein-nussiges Aroma. In Deutschland steht der Steinpilz unter Naturschutz; er darf zwar privat gesammelt und verzehrt werden, Handel und Verkauf sind aber verboten. Als Handelsware kommt er deshalb aus dem (meist osteuropäischen) Ausland.

STEINPILZ-CHAMPIGNONS
besondere Champignonsorte mit braunen Köpfen und kräftigem Geschmack, kommt ausschließlich aus der Zucht

STEINWILD
Vor allem in den eurasischen Gebirgsregionen verbreitete, Horn tragende und ziegenähnliche Wildart (▸ Wild) mit kräftig würzigem Fleisch (u. a. Steinbock).

STELLENBOSCH
Berühmter südafrikanischer Weinbaudistrikt (▸ Wein), der nach einer rund 50 km östlich von Kapstadt liegenden Stadt benannt ist und zum großen Bereich Coastal Region zählt. Stellenbosch gilt als die heimliche Hauptstadt des Weines in Südafrika, denn dort sind einige der besten Winzer ansässig, und auf rund 15 000 ha Anbaufläche werden viele der besten Weine des Landes produziert. Auch praktisch alle wichtigen Weinbaubehörden und -organisationen haben dort ihren Sitz. Hohes Ansehen genießen vor allem die Rotweine aus ▸ Cabernet Sauvignon, ▸ Merlot und der heimischen Spezialität ▸ Pinotage.

STELZE ▸ Eisbein, ▸ Hachse

STENGELGEMÜSE
wichtige Gruppe beim ▸ Gemüse

VERWENDUNG

Die selbst roh essbaren und fein schmeckenden Steinpilze passen zu vielen Gerichten mit oder ohne Fleisch und lassen sich auf unterschiedliche Art zubereiten. Man kann sie kochen, braten, backen, grillen und mit pikanten Farcen füllen. Geschnitten werden sie getrocknet oder durch Einlegen in Essig und Öl konserviert.

VERWENDUNG

Beim Sternanis werden als Gewürz die getrockneten Sterne inklusive Samen ganz oder gemahlen verwendet. Er gibt traditionell vielen Fleischgerichten, Reis-, Eier- und Gemüsespeisen der chinesischen Küche ihr typisches Aroma. Er ist u.a. Bestandteil der ▸ Fünf Gewürze. In erster Linie wird er zum Backen, Aromatisieren von Süßspeisen, Kompott und Glühwein sowie als Ersatz für das teurere Anisöl verwendet. Das ist vor allem bei alkoholischen Getränken wie ▸ Anisée (wie z.B. ▸ Pastis, ▸ Ouzo oder ▸ Raki) der Fall.

STEPPENKÄSE, DÄNISCHER ▸ Danbo

STERILISATION
Gängiges Verfahren zur dauerhaften Konservierung von Lebensmitteln (u. a. Fleisch, Geflügel, Gemüse, Obst und Milch), bei dem Bakterien und Keime abgetötet, allerdings auch Teile der wertvollen Inhaltsstoffe (wie Vitamine) vernichtet werden. Bei der Sterilisation werden Lebensmittel in der Regel für 15–20 Minuten hoch erhitzt (Temperaturen 110–135 °C).

STERLET
Weniger als Speisefisch (▸ Fische) denn als einer der Lieferanten von ▸ Kaviar hat diese Art aus der Gattung der ▸ Störe Bedeutung. Der Süßwasserfisch lebt in den Flüssen im Einzugsgebiet von Schwarzem -, Asowschem -, Kaspischem - und Nordpolarmeer, in Flüssen und Seen des nördlichen Russland und einigen Zuflüssen der Ostsee. Mit einer Länge von 35–60 cm zählt der Sterlet zu den kleinen Stören. Als Kaviarlieferant wird er oft in Aquafarmen gehalten, in der freien Natur dagegen genießt er Artenschutz und gilt laut der so genannten „Roten Liste“ als „vom Aussterben bedroht“.

STERNANIS
(Chinesischer Anis)
Die Früchte des zypressenähnlichen, immergrünen Baumes aus der botanischen Familie der Sternanisgewäsche sind in Aroma und Geschmack dem ▸ Anis sehr ähnlich, ja übertreffen ihn sogar an Intensität. Die Heimat des Sternanisbaumes ist Südchina und Vietnam, wo er bereits seit rund 4000 Jahren seine würzende Kraft bei der Zubereitung von Speisen entfalten darf. Außerdem wird er in Laos, auf den Philippinen, auf Sumatra und Jamaika angebaut. Er kann über 15 m hoch werden, wird in Kultur in der Regel aber auf 4–10 m gehalten. Die sternförmigen ▸ Sammelfrüchte haben meist 8 Strahlen (manchmal auch bis zu 12) mit je 1 eingeschlossenen Samen.

STERNAPFEL
Etwa die Größe eines Apfels und ein sternförmiges Kerngehäuse: So erklärt sich der Name dieser exotischen Frucht, die vor allem in Mittelamerika und auf den Westindischen Inseln angebaut wird. Das helle und weiche Fruchtfleisch hat einen an Birne erinnernden Geschmack und wird meist roh verzehrt, sie kann aber auch gut zu Konfitüre verarbeitet werden.

STERNEKÖCHE
In der Gastronomieszene geprägtes Kunstwort für die Meister der Kochkunst, über denen 1, 2 oder gar 3 der begehrten Sterne des ▸ Michelin strahlen. Küchenchefs, die sich 3 Sterne erkochen, haben ihren Platz im Kocholymp sicher.

STERNFRÜCHTE ▸ Karambolen

STERNGUCKER ▸ Petermännchen

STERNHAUSEN
(Sevruga)
Einer der wichtigsten Lieferanten einer großen Fischdelikatesse – des ▸ Kaviar und in diesem Fall speziell des ▸ Sevruga – ist diese Art aus der Gattung der ▸ Störe. Voll ausgewachsen ist der lang gestreckte und relativ schlanke Sternhausen in der Regel 1,3–1,5 m lang und wiegt maximal 12 kg. Er besiedelt hauptsächlich das Schwarze und das Kaspische Meer und steigt zur Laichzeit die Zuflüsse (u. a. die Donau) hinauf. Aufgrund der hohen Nachfrage und Fangquote sind die Bestände mittlerweile reduziert, im nördlichen Bereich des Kaspischen Meeres ist der Sternhausen aber nach wie vor der am häufigsten anzutreffende Stör.

STERZ
Getreidebrei (ähnlich der ▸ Polenta), der in Fett gebacken oder in heißem Wasser gekocht und dann in kleine Stücke gerissen wird. Den Sterz gibt es in Österreich in mehreren Varianten, unter denen der vor allem in der Steiermark aus Buchweizenmehl hergestellte ▸ Heidensterz der wohl bekannteste ist. In Vorarlberg und Tirol kennt man ein ähnliches Gericht unter dem Namen Ri(e)bel. Für ▸ Türkensterz (oder Gelben Sterz) ist Maisgrieß die Grundlage, für Kartoffelsterz Kartoffeln. Das einfache Gericht war früher genau richtig für die Landarbeiter, die schwere körperliche Arbeit verrichten mussten.

STIELMUS
Sammelbezeichnung für Blätter und Stiele verschiedener Speiserüben- und Kohlpflanzen, die in der rheinischen und westfälischen Küche als Gemüse und Salat Verwendung finden, wie für eine Varietät der ▸ Rübsen. Das entscheidende Kriterium für den Anbau von Stielmus ist die dichte Aussaat, damit sich nur die jungen Blätter entwickeln können. Stielmus schmeckt fein-säuerlich und hat das typische Kohlaroma, das wie bei Kohl und Rüben von den enthaltenen Senfölglykosiden stammt.
VERWENDUNG: *Am besten wird Stielmus frisch gepflückt in der Küche verarbeitet, weil die zarten Blätter schnell welken. Es kommt bevorzugt gehackt und gedünstet als Beilage zu Fleischgerichten und in Eintöpfen auf den Tisch, kann aber auch roh zu Salat verarbeitet werden. Tradition hat das Mischen von Stielmus mit Kartoffelpüree.*

STIELPFEFFER ▸ Kubebenpfeffer

STIELSELLERIE ▸ Bleichsellerie

STIER ▸ Bulle

STIFADO
Traditionelles griechisches Ragout bzw. Eintopfgericht, das aus Rind-, Kalb- oder Lammfleisch zubereitet werden kann und stundenlang vor sich hin köchelt. Weitere Zutaten sind u. a. geschälte Tomaten, Zwiebeln, Rotwein und als Gewürze Knoblauch, Nelken und Zimt.

STILTON
(Blue Stilton)
Weltbekannt und in seiner Heimat gern als der „king of cheeses" („König der Käse") betitelt: Bei Käseliebhabern steht der englische Blauschimmelkäse (▸ Edelpilzkäse, ▸ Käse) mit langer Tradition hoch im Kurs. Nur von 7 Molkereien und einigen kleinen Erzeugern wird der Weichkäse mit EU-geschützter Herkunftsbezeichnung in den Grafschaften Leicestershire, Derbyshire und Nottinghamshire aus pasteurisierter Kuhmilch mit 48–55 % Fett i. Tr. erzeugt. Jährlich werden über 1 Mio. Laibe mit einem Gewicht von 6–8 kg produziert, der mit den gleichen Blauschimmelkulturen wie ▸ Roquefort geimpft ist. Diese durchziehen im Laufe der 3–4-monatigen Reifezeit den Stilton mit feinen bläulich-grünlichen Adern. Dabei wird die Rinde mehrmals „pikiert", also mit langen Edelstahlnadeln durchbohrt, um das Schimmelwachstum durch den eintretenden Sauerstoff zu fördern. Stilton hat eine faltige graubraune Rinde mit weißem Schimmel. Der elfenbeinfarbene Teig mit seiner schönen Marmorierung bröckelt jung noch relativ stark, wird im Alter dann aber weicher und dunkler. Aroma und Geschmack von gereiftem Stilton sind unvergleichlich: trotz Würzigkeit mild, ausgeprägt nussig und harmonisch. Der beste Stilton ist der im Sommer produzierte, der im Spätherbst und Winter in den Handel kommt.

SCHON GEWUSST?

Benannt ist der ▸ Stilton nach der gleichnamigen Ortschaft in der mittelenglischen Grafschaft Cambridgeshire, obwohl er dort niemals produziert wurde. Vielmehr führte dort einst ein gewisser Cooper Thornhill an der wichtigen Reiseroute zwischen London und York ein bekanntes Gasthaus namens „Bell Inn", das eine wichtige Zwischenstation für die Reisekutschen war. Alles begann im Jahre 1730 bei einem Besuch Thornhills auf einem Bauernhof nahe Melton Mowbray in der benachbarten Grafschaft Leicestershire. Dort entdeckte er den ungewöhnlichen Käse und war so begeistert von ihm, dass er mit der Bäuerin Frances Pawlett einen Vertrag schloss und ihn künftig in seinem Gasthaus verkaufte.

VERWENDUNG

Stilton ist ein Dessertkäse und eine Bereicherung für jedes Käsebüfett. Er gibt als feine Zutat auch Salaten, Saucen, Suppen und diversen Füllungen (u.a. für Kartoffeln, Pilze) ein besonderes Aroma. Besonders kreativ geht man in seiner englischen Heimat mit ihm um: Mit Pickles und Brot oder mit Bleichsellerie wird er zur kleinen Mahlzeit und gemischt mit Butter, Brandy und Muskat zur Würzpaste für Steaks. Zum kulinarischen Traumpaar werden Stilton und ▸ Port (oder andere ▸ Likörweine wie ▸ Sherry, ▸ Madeira oder ▸ Marsala). Fast ein Ritual ist es in England, in den Stilton-Laib eine Vertiefung zu drücken, das Loch mit Port aufzufüllen und das cremig-köstliche Portwein-Stilton-Gemisch auszulöffeln.

STINKASANT ▸ Asant

STINKFRUCHT ▸ Durian

STINT
(Spierling)
Einer der kleinsten lachsartigen ▸ Fische mit 2 Arten, die als ▸ Meeresfische in den Küstengewässern Europas von Nord- und Ostsee bis zur Biskaya oder als ▸ Süßwasserfische in den großen Seen Nordeuropas leben. Der Stint wird in der Regel 15–18 cm, in seltenen Fällen 30 cm lang. Zur Laichzeit wandern die Stinte gerne in die Unterläufe der großen Ströme und wurden dort in früheren Zeiten in Mengen gefangen. Mittlerweile hat der kleine Fisch kommerziell zwar an Bedeutung verloren, er gilt aber noch immer als regionale Spezialität und steht in vielen Fischrestaurants des deutschen Nordens auf der Speisekarte. Weitaus größere Bedeutung hat der Stint allerdings als Futterfisch, z. B. in Zoos.

VERWENDUNG:

Der Kopf wird in der Regel entfernt, ansonsten wird der Stint aber komplett verspeist – also mit Gräten und Schwanz. Eine beliebte Zubereitungsart ist Backen, in Norddeutschland wendet man die kleinen Fische traditionell aber auch in Roggenmehl, um sie dann mit Butter und Speck zu braten und mit Bratkartoffeln oder Kartoffelsalat zu servieren. Der Stint wird außerdem geräuchert und wie ▸ Brathering sauer eingelegt.

STIPPMILCH
vor allem in Norddeutschland bekannte einfache Süßspeise (vermutlich aus Ostpreußen) aus Quark, Milch und Zucker, manchmal zusätzlich Sahne, Vanillezucker und Zimt, oft in Kombination mit Obst gegessen

STÖCKER ▸ Bastardmakrele

STOCKFISCH
Wie der ▸ Klippfisch eine luftgetrocknete Fischspezialität (▸ Fische), zu der vor allem ▸ Kabeljau, ▸ Schellfisch, ▸ Seelachs, ▸ Leng und ▸ Lumb verarbeitet werden. Die Fische werden dazu paarweise an den Schwänzen zusammengebunden und auf großen hölzernen Gestellen – früher waren es einzelne Stöcke, daher der Name – aufgehängt. Das Fleisch bleibt dabei weiß und wird hart, trocken und lange haltbar. Erst kräftiges Wässern macht den Stockfisch später verwertbar.
Viele Gerichte mit Stockfisch kennt man in der spanischen, portugiesischen und brasilianischen Küche. Dort soll es einem Sprichwort zu Folge sogar 365 Stockfischzubereitungen geben – für jeden Tag eine. Eine Spezialität der französischen Provence mit Stockfisch ist die ▸ Brandade. Er ist in Skandinavien weit verbreitet und gilt sogar in Japan als Leckerbissen.

SCHON GEWUSST?

Unentbehrlich war ▸ Stockfisch früher als haltbare Massenverpflegung für Soldatenheere und Schiffsmannschaften. Die großen Entdeckungs- und Eroberungsreisen ab dem 15. Jh. wurden überhaupt erst durch die Rückbesinnung auf die bekannten Konservierungsmethoden Lufttrocknung und Einsalzen möglich. Weitere Bedeutung kam dem Stockfisch im Mittelalter als Fastenspeise zu.

STOCKMORCHELN ▸ Lorcheln

STOCKSCHWÄMMCHEN
(Schüppling)
Vorzugsweise an den Stümpfen von Laubbäumen (Buchen, Birken und Erlen) und seltener von Nadelbäumen lässt sich dieser kleine Speisepilz nieder – und das nie alleine, sondern immer in Gesellschaft mit bis zu 100 Artgenossen. Von April bis in den späten Oktober kann er an den heimischen Standorten gesammelt werden. Dabei ist allerdings Vorsicht geboten: Das Stockschwämmchen ist für nicht so erfahrene Pilzsammler leicht mit dem „bösen“ Gifthäubling zu verwechseln, der das gefährliche Gift Amanitin (bekannt auch vom Grünen Knollenblätterpilz) enthält. Deshalb im Zweifel lieber den Rat eines Experten einholen oder zu Stockschwämmchen greifen, die aus der Zucht angeboten werden.

VERWENDUNG: *Kulinarischen Wert haben beim Stockschwämmchen nur die Hüte. Sie eignen sich zum Braten, allein oder mit anderen Pilzen zum Dünsten, für Saucen und Suppen.*

STOLLEN
Gebäcke aus schwerem Hefeteig in der typischen Stollenform, die aus Butter, Mehl, Trockenfrüchten (vor allem Rosinen, Korinthen und Sultaninen) sowie Zitronat und Orangeat hergestellt werden. Der Klassiker und wenn man so will das „Original" ist der ▸ Christstollen, doch gibt es heute eine Reihe von Abwandlungen mit weiteren Zutaten, die dann auch im Namen genannt sind: u. a. Mandel-, Marzipan-, Mohn- oder Quarkstollen.

STOLZER HEINRICH
Synonym für eine als Johanniskraut bekannte Heilpflanze, im kulinarischen Sinn aber auch der Name einer deftigen Bratwurstspezialität, die man vor allem im Norden Deutschlands kennt. Die Bratwürste werden zunächst mit Zwiebeln in Butter oder Margarine angebraten und dann in einer Sauce aus dunklem oder hellem Bier, geriebenen Lebkuchen, Salz, Pfeffer, Zucker und Zitronensaft oder aus Fleischbrühe, Essig, Weißwein, Lorbeerblättern. Salz, Pfeffer, Ingwerpulver und Kapern gekocht. Dazu isst man Salzkartoffeln oder Kartoffelpüree.

STONSDORFER
Aus Schlesien stammender traditioneller Kräuterlikör (▸ Liköre, ▸ Spirituosen) aus Heidelbeeren und einer Vielzahl von Kräutern (u. a. Arnika, Bärwurz, Baldrian, Engelwurz, Enzian, Fingerhut, Läusekraut, Milzfarn, Pestwurz, Pfefferminze) mit 32 Vol.-% Alkoholgehalt.

STOPFLEBER ▸ Gänseleber

STÖR
Eine Reihe dieser sowohl im Meer, als auch im Brack- und Süßwasser lebenden ▸ Fische haben zwar ein schmackhaftes Fleisch, doch ihre Berühmtheit in Gourmetkreisen verdanken die Störe dem ▸ Kaviar. Unter dieser Bezeichnung werden die Rogen verschiedener Störarten teilweise zu Höchstpreisen gehandelt, vor allem vom ▸ Hausen, ▸ Sternhausen, ▸ Sterlet und ▸ Waxdick, die im Kaspischen, Schwarzen und Asowschen Meer zu Hause sind. Aufgrund der starken Be- bzw. Überfischung gelten die Störe mittlerweile auch dort als bedroht und gewinnt ihre Zucht immer stärker an Bedeutung. Im westlichen Europa sind sie längst ausgestorben, doch gibt es mittlerweile Erfolg versprechende Versuche, sie hier wieder anzusiedeln. Wenn man sie unbehelligt lässt, können Störe ein Alter von mehr als 100 Jahren erreichen.

STOUT
Ein Biertyp (▸ Bier), der sich vor allem in den englischsprachigen Ländern großer Beliebtheit erfreut – namentlich in Großbritannien, Irland, Kanada, Australien, Neuseeland und den USA. Der Charakter des schwarzbraunen Stout wird durch die hohe Hopfengabe und das besonders stark geröstete Gerstenmalz bestimmt. Das bekannteste und auf der ganzen Welt verbreitete Stout ist das irische ▸ Guinness.

STRACCHINO
Italienischer Weichkäse (▸ Käse) aus der Lombardei, der eine gewisse Ähnlichkeit mit dem viel berühmteren ▸ Gorgonzola hat, obwohl ihm keine Edelschimmelkulturen eingeimpft wurden. Stracchino wird aus pasteurisierter Kuhmilch mit mindestens 45 % Fett i. Tr. hergestellt. Er hat einen mild süß-säuerlichen und sahnigen Geschmack und ist für den schnellen Verzehr bestimmt.

STRAMMER MAX
Populäres Gericht der einfachen deutschen Küche, das gern als Imbiss gegessen wird. Es besteht aus einer großen, mit Butter bestrichenen oder angerösteten Scheibe Mischbrot, die mit rohem Schinken bzw. Schinkenspeck und mit einem Spiegelei belegt wird. Es gibt verschie-

SCHON GEWUSST?

Nicht zweifelsfrei geklärt ist der Ursprung der ungewöhnlichen Bezeichnung ▸ Strammer Max. Man nimmt an, dass sie um 1920 im Sächsischen entstanden ist, wo man damit schamhaft einen erigierten Penis umschrieb. Vermutlich assoziierte man, dass das reich belegte Brot auch die Manneskraft stärke.

dene Varianten, z. B. mit Käse, Tomatenscheiben und Zwiebelringen oder Salami bzw. gekochtem Schinken und mit anderen Brotsorten.

STRANDSCHNECKEN
Essbare ▸ Meeresschnecken (▸ Schaltiere, ▸ Weichtiere), die an den europäischen Meeresküsten häufig zu finden sind. Verschiedene Anpassungen erlauben es ihnen, zeitweise außerhalb des Wassers zu leben. Ihr Fleisch, das mit Nadeln oder Spießchen aus dem Haus gelöst wird, schätzen Feinschmecker für seine Zartheit und den feinen Geschmack – sowohl roh, wie auch gedünstet oder pochiert.

STRASSBURGER ART
Sauerkraut mit magerem Bauchspeck und gebratene Gänseleberscheiben zu Fleisch- oder Geflügelstücken (vor allem Gans und Ente)

STRAUBEN
1. regional verwendete Bezeichnung für ▸ Spritzkuchen
2. Im süddeutschen Raum sowie in Österreich und Südtirol verbreitetes süßes Backwerk, das vor allem bei großen Festen und zu besonderen Anlässen gerne hergestellt wird. Der Teig aus Mehl, Butter, Milch, Schnaps, Eiern und Öl muss so flüssig sein, dass man ihn durch einen Trichter spiralförmig in eine Pfanne laufen lassen kann. Die ausgebackenen Strauben werden zum Schluss mit Puderzucker bestreut und oft mit Preiselbeerkompott serviert.

STRAUCHBOHNE
▸ Katjangbohne (▸ Bohnen)

STRAUCHTOMATEN
(Rispentomaten)
Spezielle Art von ▸ Tomaten, die sich großer Beliebtheit erfreut. Die Strauchtomaten reifen an der Pflanze voll aus, werden mit dem ganzen Zweig gepflückt und so auch im Handel angeboten. Ihr herzhafter Geschmack kommt roh am besten zur Geltung.

STRAUSS
Der größte lebende Vogel der Erde, der das Fliegen freilich verlernt hat und sich nur noch mit seinen langen Beinen, allerdings ziemlich schnell, fortbewegen kann. Im 18. Jh. hat man vor allem wegen der heiß begehrten Federn als Hutschmuck und wegen des Leders so intensiv Jagd auf Strauße gemacht, dass sie in vielen Regionen ausgerottet wurden und sich ihr natürliches Verbreitungsgebiet mittlerweile auf die südlich der Sahara gelegenen Savannen und Wüsten vor allem im östlichen Afrika beschränkt. Heute dagegen ist ihr fett- und cholesterinarmes Fleisch für kulinarische Zwecke gefragt und werden die bis 250 cm hohen und 135 kg schweren (männliche Tiere) bzw. bis 190 cm hohen und 110 kg schweren (weibliche Tiere) Laufvögel in der Regel nicht in der freien Wildbahn erlegt. Sie stammen aus der Zucht, die in vielen Ländern und in kleinerem Umfang wie auch beim ▸ Emu sogar in Deutschland betrieben wird.

VERWENDUNG: *In der Küche werden vor allem junge, noch nicht geschlechtsreife Strauße im Alter von 1–2 Jahren verwendet. Sie haben das beste Fleisch (vor allem wenn es von Oberkeule und Brust stammt), das im Geschmack irgendwo zwischen Rind und Pute angesiedelt ist und sich besonders gut zum Marinieren und Braten eignet.*

STREICHHOLZKARTOFFELN
(Allumettes, Pommes allumettes)
in streichholzdünne und -lange Streifen geschnittene und in heißem Fett schwimmend ausgebackene Kartoffeln (ähnlich den ▸ Pommes frites), mit feinem Salz bestreut

STREICHKÄSE
Lebensmitteltechnisch nicht genau definierte Sammelbezeichnung für alle Arten von ▸ Käse, die sich relativ leicht streichen lassen, aber von recht unterschiedlicher Art sein können

wie z. B. ▸ Frischkäse, ▸ Schmelzkäse, ▸ Liptauer oder ▸ Quark, um nur die wichtigsten Vertreter der Streickäse zu nennen.

STREICHLEBERWURST
fein gekutterte Kochstreichwurst mit mehr als 10 % Leberanteil

STREIFENBARSCH
Ein reiner Zuchtfisch ist diese Kreuzung aus dem im Süßwasser lebenden Felsenbarsch und dem Weißbarsch, einem Meeresfisch – und ein wahrer Herkules, denn er erreicht bei einer stattlichen Größe von bis zu 2 m rund 50 kg Gewicht. Sein zartes, festes und vor allem fast grätenfreies Fleisch erinnert an Zander und macht ihn zu einem beliebten Speisefisch, der sich für beinahe alle Zubereitungsarten eignet. Seinen Namen verdankt er den blauen und grünen Streifen, die seine Flanken zieren. Der Streifenbarsch ist vor allem in Israel, Italien, der Türkei und den USA bekannt und beliebt.

STREMELLACHS
Ein geräucherter Lachs und doch nach Definition kein ▸ Räucherlachs, weil er im Gegensatz zu diesem bei Temperaturen von über 70 °C heiß und in Streifen – die so genannten Stremel – geschnitten geräuchert wird. Das Geheimnis seines besonderen Geruchs und Geschmacks sind die Verwendung von feinstem atlantischen Lachs und das Herstellungsverfahren. Die Räucherung erfolgt schonend und nach traditioneller handwerklicher Überlieferung, zum Schluss wird der Lachs nach altem Rezept mit Gewürzen und Kräutern verfeinert.

STREUKÜGELCHEN ▸ Nonpareilles

STREUOBST
Auf hochstämmigen Bäumen, die auf Wiesen oder Weiden verstreut in der Landschaft stehen, mit umweltverträglichen Bewirtschaftungsmethoden (ohne „Chemie") erzeugtes Obst. Deutschlandweit werden die Streuobstbestände auf rund 400 000 ha geschätzt, davon über 95 % Streuobstwiesen. Über 3000 Obstsorten sind auf den Streuobstwiesen zu finden, vor allem Äpfel, Birnen, Kirschen, Pflaumen, Zwetschgen und Walnüsse.

STREUSEL
in Form von dünnen und kurzen Stäbchen hergestellte Schokoladenerzeugnisse oder bunte Zuckerwaren bzw. ein krümeliger Belag aus Butter, Mehl und Zucker zum Verzieren von vielen süßen Köstlichkeiten wie Kuchen und Torten, Back- und Süßwaren, Speiseeis usw.

STREUSELKUCHEN
Ein ▸ Blechkuchen mit oder ohne Füllung und einer Streuselauflage, unter der z. B. auch eine Schicht aus Pudding oder Creme „versteckt" sein kann. Streuselkuchen ist oft aus Hefeteig.

STRIEZEL
Synonym für ▸ Hefezopf, in früheren Zeiten auch für ▸ Christstollen

STROHKARTOFFELN
kleine kurze Kartoffelstäbchen, goldgelb frittiert und mit feinem Salz bestreut, ähnlich wie ▸ Pommes frites und ▸ Streichholzkartoffeln

STROH RUM
Spezieller Rum aus Österreich, der mittlerweile offiziell nicht mehr Rum heißen darf und heute je nach Alkoholgehalt als „Original 80" (mit 80 Vol.-%) und „Original 60" (analog mit 60 Vol.-%) auf den Markt kommt. Im Volksmund hat sich aber die alte Bezeichnung Stroh Rum gehalten. Stroh steht hier für den Namen der Firma, die ihn erstmals herstellte. Er wird aus sorgfältig ausgewähltem und zugekauftem Rum aus Übersee, der nach einer geheimen Rezeptur des Firmengründers Sebastian Stroh (1792–1852) veredelt wird, hergestellt. Das ist beim echtem Rum nicht erlaubt, gibt aber dem Stroh Rum seinen unverwechselbaren Geruch und Geschmack.

VERWENDUNG:

Nur in den seltensten Fällen wird Stroh Rum aufgrund seines hohen Alkoholgehalts pur getrunken. Sehr geschätzt wird sein außergewöhnliches Aroma in dosierter Menge aber beim Backen, bei der Herstellung von Süßspeisen und in Mischgetränken aller Art, von der ▸ Feuerzangenbowle bis zu ▸ Cocktails.

STROHWEIN
(Schilfwein)
In verschiedenen Ländern bekannter Süßweintyp (▸ Süßweine, ▸ Wein) aus rosinierten Trauben, die auf Stroh oder Schilfmatten ausgelegt und unter den besonderen klimatischen Bedingungen in den Weinanbaugebieten luftgetrocknet werden. Dieser Prozess kann Monate dauern. So erzeugte Weine sind u. a. aus Österreich vom ▸ Neusiedlersee bekannt, in großer Zahl

auch aus Italien als ▸ Passito und ▸ Recioto. In Frankreich nennt man ihm Vin de paille.

STROZZAPRETI
kurze geschwungene italienische Nudeln (▸ Pasta, ▸ Teigwaren)

STRUDEL

Die vor allem im süddeutschen Raum und in Österreich beliebten Strudel werden als stollenartige Rollen aus Blätter-, Hefe- oder Strudelteig mit verführerischen süßen (aber auch herzhaften) Füllungen gebacken. Der große Klassiker ist nach wie vor der ▸ Apfelstrudel, der mittlerweile aber „Konkurrenz" bekommen hat. Großer Beliebtheit erfreuen sich u. a. auch Kirsch-, Mohn- und ▸ Topfenstrudel. Meistens wird ein Strudel frisch und warm, seltener auch kalt als Süßspeise bzw. Dessert serviert, er kann aber auch ein Hauptgericht sein.

STRUDELTEIG
Speziell für die Aufnahme süßer oder pikanter Füllungen (▸ Strudel) ist diese Teigart (▸ Teige) aus lauwarmem Wasser, Öl, Salz und Mehl gemacht. Der Strudelteig wird durchsichtig ausgezogen und mit zerlassenem Fett bestrichen.

STRUMPFBANDBOHNE
▸ Spargelbohne (▸ Bohnen)

STUBBERN ▸ Blaufelchen

STUBENKÜKEN
Das kleinste und jüngste ▸ Hähnchen, das für kulinarische Zwecke geschlachtet wird. Dem Leben der Stubenküken wird bereits im zarten Alter von 3–5 Wochen (bei einem Gewicht von 300–600 g) ein Ende gesetzt. Ihr Fleisch ist zart und leicht gelblich gefärbt.

Schon gewusst?
Die ▸ Stubenküken wurden einst wirklich in der guten und warmen Stube aufgepäppelt. Das machte man bei „Hühnerbabys", deren Geschlecht noch nicht sofort zu bestimmen war. Entpuppten sie sich nach wenigen Wochen als männliche Tiere, wurden sie geschlachtet, während die weiblichen Tiere als Legehennen großgezogen wurden.

VERWENDUNG: *Stubenküken werden in der Regel im Ganzen gebraten, gebacken oder gegrillt, sehr gut eignen sie sich außerdem zum Füllen. Eine klassische Zubereitungsart ist das Hamburger Stubenküken mit einer Füllung bzw. Farce aus Kartoffeln und Artischockenböden, serviert mit hauchdünn darübergehobelten Trüffeln.*

STUDENTENFUTTER
Kunterbunte Knabbermischung mit ulkigem Namen, für den es natürlich auch eine (mehr oder weniger) plausible Erklärung gibt. Sie hängt mit der Tatsache zusammen, dass die Kombination aus getrockneten Früchten (meist Rosinen) und verschiedenen Nussarten (vor allem Cashew-, Para-, Erd-, Wal- und Haselnüssen sowie Mandeln) einen besonders hohen Nährwert hat und angeblich auch fördernd für Intelligenz und Denkvermögen sein soll. Das ideale Futter für Studenten also, die viel Kopfarbeit leisten müssen.

STUMMENTE ▸ Flugente (▸ Ente)

STUTEN
In den Küchen keine weiblichen Pferde, sondern Sammelbegriff für verschiedene süße Hefeteiggebäcke, die wie Brote rund und flach oder kastenförmig sein können. Ihre Hauptzutaten sind Weizenmehl, Wasser, Fett, Hefe, Zucker und Salz, weitere Bestandteile können u. a. Rosinen oder Mandeln sein. In Scheiben geschnitten werden Stuten wie Brot mit Butter oder auch mit Marmelade oder Honig bestrichen gegessen. Nach dieser Definition zählen folglich u. a. auch ▸ Stollen bzw. ▸ Christstollen, ▸ Klöben und ▸ Hefezopf zu den Stuten.

SUD
anderer Name für die würzige, mit Aroma- und Mineralstoffen angereicherte ▸ Brühe nach dem Auskochen von Lebensmitteln

SÜDFRÜCHTE
Sammelbezeichnung für die essbaren ▸ Früchte bzw. Obstarten (▸ Obst), die aus tropischen und subtropischen Regionen importiert werden. In Ausnahmefällen kann die eine oder andere Frucht an mikroklimatisch besonders begünstigten Stellen auch in Europa (z. B. in Weinanbaugebieten) wachsen. Die bekanntesten Südfrüchte sind Bananen, Ananas und Zitrusfrüchte, die bei uns ganzjährig und so preiswert erhältlich sind, dass sie kaum mehr als „exotisch" angesehen werden. Andere gängige Tropenfrüchte sind z. B. ▸ Kiwis, ▸ Mangos, ▸ Papayas, ▸ Passionsfrüchte, ▸ Physalis, ▸ Litschis und ▸ Karambolen.

SÜDTIROLER BAUERNSPECK
über Nadelholz kalt geräucherter und lange gereifte Schinkenspezialität aus Südtirol mit kräftigem, würzigem Geschmack

SÜDWEINE ▸ Dessertweine

SUFLAKI ▸ Souvlaki

SUFU
(Tosufu)
Vor allem im Orient verbreiteter Sojakäse (▸ Sojabohne) mit hohem Salzgehalt, der durch weitere Fermentierung von ▸ Tofu entsteht. Sufu wird als Würzmittel und als Beilage zu Fleisch- und Gemüsegerichten verwendet

SUGO
Bei ▸ Pasta und anderen ▸ Teigwaren geht in Italien ohne Sugo fast gar nichts. Die dickflüssige Sauce – in vielen Fällen eher ein Püree – krönt in fast unzähligen regionalen Varianten eine Vielzahl von Gerichten. Sugo wird u. a. aus Gemüse, aromatischen Kräutern, Pilzen, Fleisch, Fisch und Meeresfrüchten hergestellt.

SUKIYAKI
Populäres Eintopfgericht der japanischen Küche, das meist wie ein ▸ Fondue direkt am Tisch in einem großen gusseisernen Topf zubereitet und daraus gegessen wird – und das, eine weitere Parallele zum Fondue, vorwiegend in den Wintermonaten und besonders gerne bei Partys, mit denen der Jahreswechsel gefeiert wird. Die wichtigsten Zutaten von Sukiyaki sind hauchdünn geschnittenes Rindfleisch nur von den besten Stücken, Gemüse, Pilze, Tofu, teilweise auch Nudeln und Reis. Gekocht wird alles in einer aromatischen Brühe aus Sojasauce, ▸ Mirin und Zucker.

SUKKADE ▸ Zitronat

SULTANINEN
Geringe Größe, goldgelbe Farbe, dünne Haut, besonders süßer Geschmack und keine Kerne: Das sind die wichtigsten Attribute, die diese getrockneten Weinbeeren und besondere Art der ▸ Rosinen so beliebt macht. Die Sultaninen werden ausschließlich aus der Sultana-Traube in der Türkei, in Griechenland, Südafrika, Australien und den USA (Kalifornien) erzeugt.

SÜLZE
(Sulz)
In Scheiben oder kleine Stücke geschnittenes Fleisch oder Geflügel (manchmal noch mit hart gekochtem Ei, Tomate, Gurke usw.) in einem ▸ Aspik aus der Brühe (angereichert mit Weißwein und Essig), in dem es zuvor gekocht wurde. Die Verfestigung wird notfalls durch Gelatine unterstützt. Sülze ist im weiteren Sinne auch die Kurzbezeichnung für ▸ Sulzgerichte.

SULZGERICHTE
Sammelbezeichnung für alle Speisen mit gelierten Flüssigkeiten, in die verschiedene Lebensmittel (wie z. B. Fleisch, Fisch, Gemüse, Eier, Käse und auch Obst) eingeschlossen sind. Kleine Sülzen bzw. Sulzgerichte (vor allem als pfiffige und auch optisch verlockende Vorspeisen) haben mittlerweile auch die Topklasse der Restaurants erobert – dann natürlich mit besonders feinen Zutaten, die aus einer ansonsten eher der rustikalen Brotzeitküche angehörenden Speise einen wahrhaft delikaten Leckerbissen machen.

SULZSAUCE ▸ Chaudfroidsauce

VERWENDUNG

Sumach ist vor allem im östlichen Mittelmeerraum ein beliebtes Tischgewürz, das oft großzügig über Salate, Fleisch- und Reisgerichte (wie z. B. das türkische ▶ Lahmacun) gestreut wird. Teilweise werden die Früchte auch gekocht und der saure rote Sud verschiedenen Fleisch- und Gemüsegerichten zugegeben.

SUMACH
(Essig-, Färberbaum, Gerbersumach)
Vielseitige Talente hat diese Gewürz-, Gerber- und Färberpflanze aus der botanischen Familie der Sumachgewächse, die verkürzt einfach als Sumach bezeichnet wird. Wild kommt der kleine Sumachbaum oder -busch mit seinen tief violettroten Steinfrüchten in Sizilien über den östlichen Mittelmeerraum bis in den gesamten Orient vor – dort dürfte er auch seinen Ursprung haben. Kultiviert wird er u. a. in Italien, Griechenland, der Türkei, im Iran und in Afghanistan. Als Gewürz werden die getrockneten und meist gemahlenen Früchte verwendet, die als rotbraunes und purpurrotes Pulver (oft bereits mit 15–20 % Salz gemischt) in den Handel kommen. Qualitativ hochwertiger Sumach enthält aber weder Salz noch wird er gemahlen, sondern nur in einer dünnen Schicht vom Fruchtfleisch abgeschabt und getrocknet. In dieser Form ist er aber wesentlich teurer und selten im Handel zu finden. In jedem Fall aber ist Sumach ein eigenwilliges Gewürz, das kaum Aroma hat, aber einen charakteristischen fruchtig-säuerlichen und adstringierenden Geschmack (durch die reichlich enthaltenen Fruchtsäuren, Tannine und ätherischen Öle). Die einzelnen Pflanzenteile werden traditionell zum Gerben und Färben eingesetzt.

SUMPFHEIDELBEEREN ▶ Moorbeeren

SUMPFKREBS ▶ Galizierkrebs

SUMPFSCHNEPFE
(Himmelsziege)
geschätztes Federwild (▶ Schnepfe)

SUPERIORE
Bei vielen italienischen Weinen (▶ Wein) eine gängige Zusatzbezeichnung, die frei übersetzt bedeutet, dass der jeweilige Rebensaft noch höhere Qualitätsanforderungen erfüllt als es die jeweilige DOC oder DOCG vorschreibt. Der Begriff Superiore ist im italienischen Weingesetz aber nicht einheitlich geregelt und kann von Region zu Region unterschiedliche Bedeutung haben. Gerne wird er auch auf andere (angeblich) qualitativ besonders hochwertige Produkte übertragen, vor allem bei Feinkost.

SUPPEN
Mal klar und dünnflüssig, mal sämig und mal breiig-flüssig: Kaum ein anderes Küchenprodukt kann mit solch unendlicher Vielfalt aufwarten wie Suppen – angefangen von der feinen ▶ Consommé bis zum deftig-rustikalen und sättigenden Eintopf als Gegensatz. Im Allgemeinen bestehen Suppen aus Wasser bzw. ▶ Brühe (teils mit weiteren Flüssigkeiten wie z. B. Wein bzw. Likörwein) mit Extraktstoffen von Fleisch, Fisch, Gemüse sowie Kräutern, Gewürzen und Salz. Darin können noch feste ▶ Suppeneinlagen „schwimmen". Grundsätzlich unterscheidet man vor allem zwischen klaren Suppen (u. a. ▶ Brühe, ▶ Kraftbrühe, ▶ Essenz) und gebundenen Suppen (mit ▶ Bindemittel, vor allem Püreesuppen, Creme- oder Rahmsuppen sowie Samt- oder Schleimsuppen). Wenn man noch die beiden Sonderformen ▶ Eintöpfe und ▶ Kaltschalen zu den Suppen zählt, kann eine Suppe je nach Art Vorspeise, Zwischengericht, vollwertiges Hauptgericht oder sogar Dessert sein.

SUPPENEINLAGEN
Alle festen Bestandteile, die in ▶ Suppen in Form von Klößchen, Streifen, Würfeln usw. „schwimmen". Das können z. B. Stücke von Fleisch, Fisch, Meeresfrüchten, Leberspätzle, Pfannkuchenstreifen (Flädle), Grießnockerl, Backerbsen, Nudeln, Reis, Hülsenfrüchte, Gemüsestücke und Brot bzw. Croûtons sein.

SUPPENFLEISCH
Begriff aus der Küchensprache, unter dem man verschiedene (kulinarisch nicht die hochwertigsten) Fleischstücke von Rind und Kalb versteht, die der Zubereitung von ▶ Brühe dienen. Dafür nimmt man vorwiegend langfaseriges Fleisch (u. a. Dünnung, Querrippe, Brust, Schwanz) mit einem hohen Anteil an Bindegewebe, Fett und Sehnen, zum Teil auch noch mit Knochen. Das typische Suppenfleisch gibt beim langen Kochen auf mäßiger Temperatur besonders viel Fett, Aroma und Geschmack an die Brühe ab. Die höherwertigen Stücke können nach genügend langer Garzeit auch gegessen werden. Brühen lassen sich auch mit ähnlichen Stücken von Schwein und Lamm herstellen, doch sind diese nicht so fein im Ge-

schmack und dienen meist nur als Kochbrühe für Eintöpfe, Eisbein und andere Gerichte.

SUPPENGRÜN
(Suppengemüse, Wurzelwerk, Wurzelzeug)
Vom Handel in fertigen Bündeln angebotene Mischung verschiedener ▸ Wurzelgemüse, die in erster Linie dazu bestimmt sind, Brühen und Suppen zusätzlich Aroma und Geschmack zu geben. Sie werden in der Regel im Ganzen mitgekocht. Typische Bestandteile von Suppengrün sind Mohrrübe, Steckrübe, Knollensellerie, Petersilienwurzel, Lauch, Zwiebel, Petersilienwurzel, Selleriekraut und Thymian. Die Zusammensetzung kann je nach Land und Region variieren. Nach der „Erstverwertung" wird das Suppengrün oft noch klein geschnitten und in Schmorgerichten mitgekocht, und zu einer sämigen und aromatischen Sauce verarbeitet.

SUPPENHUHN
Im Gegensatz zum Masthuhn (▸ Hähnchen) kommt das Suppenhuhn aus einem Legebetrieb und hat fleißig Eier gelegt. Wenn die weiblichen Hühner als Legehennen ausgedient haben, werden die leichteren für die Lebensmittelindustrie geschlachtet, während die schwereren (im Alter von bis zu 3 Jahren und mit einem Gewicht von bis zu 3,5 kg) im Einzelhandel verkauft werden.
VERWENDUNG: *Der Name der Suppenhühner weist bereits auf ihre hauptsächliche Verwendung hin: Sie sind eine hervorragende Wahl, wenn man eine gehaltvolle Suppe oder eine Brühe kochen bzw. einen Fond als Grundlage für die Geflügelküche herstellen will.*

SUPPENKONSERVEN
Sammelbezeichnung für vorgekochte ▸ Suppen, die eines der am meisten verbreiteten ▸ Konvenienzprodukte sind und schon lange verwendet wurden, bevor dieser Begriff der Lebensmittelkunde geprägt wurde. Suppenkonserven werden im Handel tafelfertig (müssen nur noch erwärmt werden) als Dosensuppen, konzentriert (muss unter Zugabe von Flüssigkeit erwärmt werden) oder kochfertig als so genannte Instantsuppe in Pasten- oder Pulverform (muss unter Zugabe von Flüssigkeit erwärmt oder gekocht werden) angeboten.

SUPPENKRÄUTER
Im Prinzip alle zum Würzen von ▸ Brühen und ▸ Suppen geeigneten Kräuter, wobei diese Definition aber auch von regionalen und nationalen Kochgepflogenheiten sowie dem persönlichen Geschmack abhängig ist. Als typische Suppenkräuter werden auf jeden Fall u. a. Basilikum, Bohnenkraut, Borretsch, Dill, Estragon, Kerbel, Liebstöckel, Majoran, Petersilie, Schnittlauch und Sellerie angesehen.

SUPPENNUDELN
Kleine ▸ Nudeln, die nur eine kurze Kochzeit benötigen und eine besonders beliebte Art der ▸ Suppeneinlagen sind. Bei Kindern der große Renner ist die Buchstabensuppe – ganz besonders dann, wenn sie es schaffen, aus den kleinen Buchstabennudeln ihren Namen zusammenzusetzen. Suppennudeln gibt es aber auch noch in vielen anderen Formen.

SUPPENTOPF
pikant gewürzte klare Fleischbrühe mit reichlicher Einlage von Fleisch (eventuell auch Fisch) und Gemüse

SUPPENWÜRFEL ▸ Brühwürfel

SUPRÊME
Wie das mit Superlativen so ist: Nicht immer hält das, wofür er gebraucht wird, die vollmundigen Versprechungen. In der kulinarischen Sprache versteht man unter Suprême ein Gericht aus dem besten Stück eines Tieres – also z. B. Filet bei Schlachttieren und Fisch oder Brust beim Geflügel –, das zudem besonders fein und mit edlen Zutaten wie z. B. Trüffeln zubereitet wurde. Es gibt auch eine Sauce suprême, die klassische ▸ Geflügelrahmsauce. Als „Suprême" werden auch gerne Lebensmittelprodukte angepriesen, ob sie es immer sind, steht auf einem anderen Blatt.

SUREN ▸ pökeln

SURF AND TURF
Vor allem in den nordamerikanischen Steakhäusern populäres Gericht, das erstmals anlässlich der Weltausstellung 1962 auf der Speisekarte eines Restaurants in Seattle angeboten

worden sein soll. Surf and Turf kombiniert tierische Zutaten aus dem Meer und vom Land – genauer gesagt Krebstiere (Hummer oder Garnelen) und Fleisch (in der Regel Steaks) – miteinander. Auch in Großbritannien erfreut sich Surf and Turf mittlerweile zunehmender Beliebtheit und wird u. a. auf den Speisekarten einer großen Restaurantkette unter diesem Namen als Standardgericht angeboten, während es eine amerikanische Restaurantkette als „Steak and Tail" führt. In Australien ist es unter der Bezeichnung „Reef and Beef" bekannt.

Schon gewusst?

Die Erfindung von ▸ Surf and Turf löste seiner Zeit nicht einhellige Begeisterung aus. Der Steakhausbesitzer Michael Stern beispielsweise ließ daran in seiner „Enzyklopädie des schlechten Geschmacks" kein gutes Haar und schrieb: „Es geht nur darum, die hedonistische Extravaganz zu maximieren", indem man die zwei teuersten Gerichte der Speisekarte kombiniere. Surf and Turf werde also nicht aus geschmacklichen Gründen, sondern lediglich zur „vulgären Selbstdarstellung" bestellt.

SURFLEISCH ▸ Pökelfleisch

SURHAXE
im süddeutschen Raum und in Österreich die gepökelte Schweinshachse (▸ Eisbein)

SURIMI
Ein kulinarisch überaus geschmackvoller „Etikettenschwindel" ist dieses wichtige Produkt der japanischen Fischindustrie. Hergestellt werden Surimi vor allem aus dem gekochten Fleisch von zerkleinerten Fischen, die anderweitig nicht verwertet werden können, und auch von ▸ Krill. Unter Zusatz von Eiweiß, Stärke, Öl, Zucker, Salz und Geschmacksverstärkern wird die weitgehend neutral schmeckende Masse zu verschiedenen Formen gepresst bzw. geknetet. Die künstlich aromatisierten und außen oft mit Paprikaextrakt oder Farbstoff rotorange oder pink eingefärbten Surimi schmecken nie nach den für ihre Herstellung verwendeten Fischen, sondern nach Meeresfrüchten wie z. B. Hummer, Krebsen, Garnelen, Krabben und Jakobsmuscheln oder auch nach Tintenfisch und Lachs – und das zum Verwechseln ähnlich, dass selbst geübte Zungen und Gaumen kaum einen Unterschied schmecken.

SURINAMKIRSCHEN
(Cayennekirschen, Pitangas)
Ein echter „Exot" unter den Früchten: Ursprünglich aus Brasilien stammend, werden Surinamkirschen heute in weiten Teilen der Tropen und der Subtropen angebaut. Sie sind die hell- bis dunkelroten, bis 5 cm großen Früchte eines Strauches bzw. kleinen Baumes aus der botanischen Familie der Myrtengewächse. Die süß-säuerlich und leicht harzig schmeckenden Surinamkirschen werden meist als Frischobst verzehrt, das saftig weiche Fruchtfleisch lässt sich aber auch gut zu Konfitüre, Gelee, Chutneys und Getränken verarbeiten.

SURINAMPORTULAK ▸ Ceylonspinat

SURPRISE
Überraschen lässt man sich immer gerne, natürlich auch kulinarisch – sofern man keine böse Überraschung erlebt. Und so heißt es auf Speisekarten an der Stelle, wo sonst Näheres über die Zubereitung verraten wird, immer wieder mal nur „(en) surprise". Die „Überraschung" können z. B. besondere Zubereitungsarten oder in der jeweiligen „Verpackung" vielleicht unerwartete Füllungen sein. Sie kann aber sogar so weit gehen, dass ein ganzes Menü und jeder einzelne Gang „surprise" ist. Das allerdings setzt beim Gast großes Vertrauen in den Koch und seine Kunst voraus.

SUSER ▸ Federweißer

SUSHI

Nationalgericht der Japaner, das mittlerweile auch in Europa immer mehr Anhänger findet. Grundlage für die mundgerechten Bällchen, Röllchen Scheiben, Kugeln oder anderen Formen von Sushi ist immer der klebrige ▸ Sushireis, der einen ganz besonderen Geschmack hat und alleine schon alles zusammenhält, trotzdem oft aber noch in ▸ Noriblätter eingewickelt wird. Die weiteren Hauptzutaten für Sushi sind – wie in so vielen anderen Gerichten der japanischen Küche und auch bei ▸ Sashimi – roher Fisch, teilweise auch deren Rogen, und Gemüse. Man unterscheidet hauptsächlich 2 Arten von Sushi. Maki-Sushi werden mit einer kleinen Bambusmatte gerollt und teilweise in ▸ Noriblätter gewickelt oder in Sesamkörnern gewälzt. Für Nigiri-Sushi dagegen wird der Reis mit den Fingern meist zu einer kleinen Rolle geformt und mit Fisch oder Omelette belegt, manchmal noch mit einem dünnen Noristreifen zusammengebunden. Gegessen werden Sushi traditionell mit Stäbchen und als gemischtes Sortiment. Man taucht sie zunächst seitlich in eine Mischung aus ▸ Sojasauce und ▸ Wasabi und schiebt sie dann in einem Stück und ohne davon abzubeißen in den Mund. Sonst zerfallen die dekorativen Köstlichkeiten, was für die Japaner geradezu ein Sakrileg ist. Als Beilage ist ▸ Gari Pflicht, von dem man immer wieder ein kleines Stück zur Erfrischung der Geschmacksnerven isst. Besonders populär ist heute in den einschlägigen Restaurants als moderne Art das so genannte „Running Sushi“. Dabei laufen die kleinen Köstlichkeiten in all ihrer verlockenden optischen und geschmacklichen Vielfalt auf einem kleinen Förderband – jeweils ein Sushi auf einem Tellerchen – permanent an den hungrigen Gästen vorbei, die selbst zugreifen dürfen und meist nur schwer widerstehen können.

SCHON GEWUSST?

Seinen Ursprung dürfte ▸ Sushi in einer uralten Konservierungsmethode der Japaner für Fisch haben. Der Fisch wurde dazu gesalzen und in gekochtem Reis in Erdlöchern eingelegt, wo er fermentierte und so haltbar wurde. Der Reis diente dabei ursprünglich nur als Schutzschicht, doch irgendwann – vermutlich in Notzeiten, als die Nahrung knapp war – entdeckte man wohl, dass auch der Reis noch genießbar war und sogar hervorragend schmeckte.

SUSHIREIS
Rundkörniger ▸ Klebreis, der gekocht und traditionell in Holzbottichen mit einer Mischung aus Reisessig, Salz und Zucker versetzt wird. So eingelegt erhält er mit der Zeit seinen typischen süß-säuerlichen Geschmack, der zu einem großen Teil den besonderen kulinarischen Reiz von Sushi ausmacht.

SUSINEN ▸ Japanische Pflaumen

SÜSSER KÜMMEL ▸ Anis

SÜSSER SENF ▸ Bayerischer Senf

SÜSSHOLZ
Innerhalb der botanischen Familie der Schmetterlingsblütengewächse eine eigene Gattung mit etwa 20 Arten, die im Mittelmeerraum, in Asien, Australien und auf dem amerikanischen Kontinent vorkommen. Die kulinarisch einzig wichtige davon ist ▸ Lakritz(e).

SÜSSKARTOFFELN ▸ Bataten

SÜSSKÄSE ▸ Lab

SÜSSKIRSCHEN
wichtige Gruppe der ▸ Kirschen

SÜSSMANDELN
Wie die ▸ Bittermandeln einsamige Steinfrüchte des Mandelbaumes (▸ Mandeln), die handelsüblich und für den Küchengebrauch unter die ▸ Nüsse eingereiht werden, auch wenn sie im strengen botanischen Sinn keine sind. Die

VERWENDUNG

Süßmandeln sind nicht nur eine leckere Knabberei. Ihr mildes und feines Aroma passt zu vielen pikanten Gerichten (Fleisch, Geflügel, Nudeln, Reis, Gemüse, Salate) genauso wie zu Süßem (Obstsalat, Kuchen, Torten, Puddings, Mehlspeisen, Gebäck, Eiscreme). Besonders dienen sie auch zur Herstellung von gebrannten Mandeln, ▸ Nugat, ▸ Pralinen und ▸ Marzipan.

besten Süßmandeln kommen aus Frankreich, Spanien, Italien und Kalifornien. Sie sind letztlich das Produkt jahrhundertelanger züchterischer Bemühungen mit dem Ziel, das in den Bittermandeln enthaltene, Bläusäure freisetzende Amygdalin zu eliminieren und die Mandeln essbar zu machen. Trotzdem tragen auch heute noch Süßmandelbäume vereinzelt bittere Mandeln.

SÜSSMITTEL
alle zum Süßen von Speisen verwendbaren Mittel wie z.B. die verschiedenen Arten von Zucker, Honig, Sirup oder auch ▸ Süßstoffe

SÜSSMOST
der unvergorene, süße und direkt trinkbare ▸ Most von Äpfeln, Birnen und Weintrauben, aber auch die aufgezuckerten Muttersäfte von Beeren, Sauerkirschen und anderen Früchten mit einem besonders hohen Säuregehalt

SÜSSREIS ▸ Klebreis

SÜSSRESERVE
Im deutschen Weingesetz (▸ Wein) definierte Bezeichnung für einen durch Zusatz von Schwefeldioxid oder durch Filtration steril gemachten Traubenmost, der nicht zu Wein vergoren wird. Als Süßreserve darf er in gesetzlich geregeltem Maße dem bereits fertig vergorenen Wein zugesetzt werden, um die Säure zu mildern und den Zuckergehalt zu erhöhen. In der Weinszene ist dieses Verfahren umstritten.

SÜSSSPEISEN
Sammelbezeichnung für süß schmeckende Speisen, die kalt oder warm sein können und in den allermeisten Fällen als Dessert – also als süßes Finale eines Mahls – gegessen werden. Manche Süßspeisen können aber Hauptgericht sein, so z.B. manche Mehlspeisen (wie der ▸ Kaiserschmarrn), Strudel und Aufläufe. Sie werden meist auf der Basis von stärkehaltigen Lebensmitteln (z.B. Mehl, Reis, Grieß), Eiern, Milch und Milchprodukten, Früchten und Kombinationen daraus zubereitet. Gängige Süßspeisen sind ▸ Creme, ▸ Pudding, ▸ Mousse, ▸ Flammeri und ▸ Speiseeis.

SÜSSSTOFFE
Ersatzstoffe für ▸ Zucker, die eine wesentlich höhere Süßkraft besitzen und deshalb in wesentlich geringeren Dosen eingesetzt werden können. Die Süßkraft wird dabei immer an ▸ Saccharose mit dem Faktor 1 gemessen. Von den derzeit als ▸ Lebensmittelzusatzstoffe zugelassenen Süßstoffen verfügt Thaumatin über die stärkste Süßkraft, die 2000- bis 3000-fach größer als bei normalem Zucker ist. Im Gegensatz zu diesem und anders als die so genannten ▸ Zuckeraustauschstoffe sind Süßstoffe nicht aus Kohlenhydraten aufgebaut und haben überhaupt keinen oder nur minimalsten Nährwert. Der erste künstliche Süßstoff überhaupt war das heute noch gängige Saccharin, das im Jahre 1885 auf den Markt kam. In der Lebensmittelindustrie werden die Süßstoffe auf breiter Front eingesetzt, oft auch in Kombination mit Zuckeraustauschstoffen, um einen Geschmack zu erzielen, der dem von Saccharose möglichst nahe kommt. Auch für den Privatgebrauch (vor allem für Diabetiker und andere Kranke, Abnehmwillige und Linienbewusste) sind Süßstoffe in verschiedenen Verpackungsformen im Handel erhältlich.

SÜSSWAREN
Einst ein Luxusartikel für den Adel und andere Privilegierte, sind Süßwaren heute fester Bestandteil unserer Esskultur. Den meisten Menschen fällt es schwer, den süßen Verlockungen zu widerstehen. Nicht immer ganz einfach ist die Abgrenzung zu den ▸ Süßspeisen, zumal die Grenzen fließend sind, was in der Literatur zu unterschiedlichen Definitionen führt. Das gilt z.B. bei Konditoreiwaren, Speiseeis, Konfitüre und Marmelade. Grundsätzlich lässt sich sagen, dass Süßwaren (im Gegensatz zu den Süßspeisen) niemals Bestandteile einer Mahlzeit sind, zum größten Teil aus Zucker, Fetten, Aroma- und Farbstoffen hergestellt werden und meist aus industrieller Produktion kommen. Klassische Süßwaren sind ▸ Bonbons, ▸ Türkischer Honig, ▸ Halva, ▸ Marzipan, ▸ Schokolade, ▸ Nugat, ▸ Lakritze, ▸ Zuckerwatte, ▸ Krokant, ▸ Dickzuckerfrüchte und viele mehr.

SÜSSWASSERFISCHE
in Flüssen und Seen lebende ▸ Fische

SÜSSWEINE

Im eigentlichen Sinn alle Weine mit einem sehr hohen Gehalt an natürlichem ▸ Restzucker – unabhängig vom Alkoholgehalt, der je nach Art des Süßweins sehr hoch sein oder – wie z. B. bei einer deutschen ▸ Trockenbeerenauslese – auch nur 6 Vol.-% betragen kann. Süßweine werden aus rosinierten Trauben mit erhöhter Zuckerkonzentration hergestellt – hervorgerufen durch späte Lese und Witterungseinflüsse (▸ Edelfäule) oder künstliche Trocknungstechniken (wie z. B. beim ▸ Strohwein). Im weiteren Sinn versteht man darunter auch süß schmeckende Weine, bei denen die Gärung durch Spriten mit Alkohol gestoppt wird. Diese Weine werden heute nach EU-Weinrecht aber als Likörweine deklariert. Früher wurden diese auch als Dessertweine bezeichnet.

SVECIAOST

In seiner Heimat Schweden ein populärer Verwandter des holländischen ▸ Edamer (▸ Käse), der aus pasteurisierter Kuhmilch mit 30–50 % Fett i. Tr. hergestellt und in verschiedenen Varianten mit Nelken, Kümmel oder Pfeffer gewürzt und sogar geräuchert angeboten wird.

SYLLABUB

Traditionelles englisches Dessert, das bereits seit dem 17. Jh. bekannt und noch heute populär ist. Syllabub ist eine schaumige Creme aus geschlagener Sahne (bisweilen auch noch Eiweiß) mit Weißwein, Saft und Schale unbehandelter Zitronen, Sherry oder Portwein (manchmal auch Brandy oder Süßwein). Die weinige „Schaumschlägerei" nach englischer Art unterscheidet sich von der ▸ Sabayon durch das fehlende Eigelb und weil sie nicht erwärmt wird.

SYRAH

(Shiraz)

Eine der führenden französischen Rebsorten (▸ Wein), die vor allem im Süden des Landes in den Anbaugebieten ▸ Rhone und ▸ Languedoc-Roussillon auf rund 50 000 ha angebaut wird. Die rote Traube hat alles im Überfluss – Farbe, Frucht, Säure, Tannin, Extrakt, Zucker (und damit auch Alkohol) – und liefert meist tiefdunkle und in jeder Beziehung üppige Weine. Auch außerhalb Frankreichs wird Syrah mit großem Erfolg angebaut, u. a. in Italien und in Überseeländern wie vor allem USA, Chile, Südafrika und Australien, wo sie als Shiraz bekannt ist.

SZECHUANPFEFFER

(Bergpfeffer, Chinesischer/Japanischer Pfeffer)

Den „Pfeffer" hat es zwar im Namen und sein Geschmack ist scharf, zu den Pfeffergewächsen im botanischen Sinn gehört dieses Gewürz aber nicht und auch sonst hat es mit dem echten ▸ Pfeffer so gut wie nichts gemeinsam. Die Bezeichnung Szechuanpfeffer leitet sich von der zentralchinesischen Provinz Sichuan ab, wo das Gewürz seinen Ursprung haben soll. Der dornige Strauch oder kleine Baum ist außer in China noch in Tibet, Korea und Japan verbreitet sowie in Afrika und auf dem amerikanischen Kontinent. Als Gewürz werden die getrockneten rotbraunen bis schwarzen Kapselfrüchte verwendet, allerdings ohne Samen. Im Geruch hat Szechuanpfeffer eine leicht zitronige und holzige Note, der Geschmack ist scharf und prickelnd. Charakteristisch ist das leichte Taubheitsgefühl, das er an Lippen, Zunge und Gaumen zurücklässt.

VERWENDUNG

Bei uns weniger bekannt, wird Szechuanpfeffer in seinen Heimatländern vielfach verwendet, z.B. in Fleisch-, Geflügel-, und Fischgerichten, Suppen und Saucen, aber auch Süßspeisen und Konditoreiwaren. Außerdem ist er ein wichtiger Bestandteil der ▸ Fünf Gewürze.

SZEGEDINER GULASCH

(Ungarisches Krautfleisch)

Besondere Variante des ▸ Gulasch, dessen Hauptzutat außer Rind-/Schweinefleisch Sauerkraut mit Kümmel ist. Weiter gehören ins Szegediner reichlich Rosenpaprika, Zwiebeln, Sauerrahm oder Crème fraîche und Knoblauch. Gegessen wird es mit Kartoffeln oder Brot.

Schon gewusst?

Das ▸ Szegediner Gulasch ist zwar allgemein unter diesem Namen bekannt, heißt eigentlich aber Székely-Gulasch. Der Name leitet sich nicht wie beim ▸ Szegediner Rostbraten von der ungarischen Stadt Szegedin ab, sondern geht auf den ungarischen Schriftsteller und Dichter József Székely (1825–1895) zurück.

SZEGEDINER ROSTBRATEN

Ungarischer ▸ Rostbraten mit Kartoffeln, Mohrrüben, Gemüsepaprika, Tomaten, Sellerie, Petersilienwurzeln, Zwiebeln und gezupften Nudeln bzw. Nocken.

TABAKROLLE

Beliebtes Fastnachtsgebäck in der Ostschweiz, das aus einem um Holzstäbe gewickelten Teig mit Mehl, Sahne, Butter, geriebenen Nüssen (Mandeln), Weißwein, Zucker, Zimt und Salz auf Holzstäben in heißem Öl (ca. 170 °C) schwimmend gebacken wird. Die Hohlräume füllt man mit Himbeerkonfitüre oder Sahne.

TABASCO(SAUCE)

(Pfeffersauce)

Kleine Menge, große Wirkung: Nur ein paar Tropfen genügen von dieser weltweit bekanntesten und auch in Deutschland – hinter Japan die Nummer 2 in der Exportstatistik für Tabasco – sehr beliebten Pfeffersauce, um einem „braven" Gericht höllische Schärfe einzuhauchen. Sie wird seit 1868 von der McIlhenny Co. auf Avery Island im US-Bundesstaat Louisiana nach einem Rezept des Firmengründers Edmund McIlhenny hergestellt. Grundlage für das Würzkonzentrat in den charakteristischen kleinen Fläschchen ist die besonders scharfe Chilisorte (▸ Chilis) Tabasco, die der Sauce ihren Namen gegeben hat. Als weitere Zutaten sind Essig und Salz bekannt, der Rest wird als Firmengeheimnis gehütet; Konservierungsmittel und Farbstoffe sind nicht enthalten. Ihren besonderen Geschmack entwickelt die Tabascosauce durch ▸ Fermentation während der 3-jährigen Lagerung in Fässern aus Eichenholz.

Schon gewusst?

Im Gegensatz zu anderen weltweit verkauften Produkten gibt es bei ▸ Tabasco keine länderspezifischen Unterschiede bei Inhaltsstoffen und Geschmack. Lediglich einige Varianten sind heute auf dem Markt – ebenfalls von der Firma McIlhenny: die Tabasco Green Pepper Sauce (aus grünen ▸ Jalapenos), die Tabasco Garlic Pepper Sauce (mittelscharf), die Tabasco Habanero Pepper Sauce (der allerschärfste Tabasco), die Tabasco Chipotle Pepper Sauce (mittelscharf mit geräucherten Jalapenos) und die Tabasco Sweet & Spicy Pepper Sauce (die mildeste und süßeste Variante).

TABOULÉ

(Tabbouleh)

Erfrischend-nahrhafte Salatspezialität der arabischen Küche (vor allem Libanon und Syrien), die aus ▸ Bulgur (alternativ ▸ Couscous) mit Petersilie, Tomaten, Zwiebeln, Olivenöl und Zitronensaft zubereitet und vor allem mit Pfefferminze, Salz und Pfeffer gewürzt wird. Taboulé kann kalt oder warm sowohl als Vorspeise und Beilage wie auch als Zwischenmahlzeit und sogar als Hauptgericht auf den Tisch kommen.

TACOS

Man könnte auch gefüllte ▸ Tortillas zu dieser mittlerweile auch außerhalb ihrer mexikanischen Heimat weitverbreiteten Speise sagen, denn nichts anderes sind Tacos. Für die Füllung können die unterschiedlichsten Zutaten wie Fleisch, Fisch, Geflügel, Bohnen, Gemüse, Eier, Käse (dann sind es ▸ Quesadillas) usw. verwendet werden. Tacos isst man stets mit einer mehr oder weniger scharfen ▸ Salsa und direkt aus der Hand.

TAFELBOUILLON ▸ Fleischextrakt

TAFELESSIG

Aus reinem Alkohol bzw. klarem Branntwein hergestellter ▸ Essig mit neutralem Aroma, der dann gerne eingesetzt wird, wenn nur sein saurer Geschmack erwünscht ist. Außerdem ist er Grundlage für Gewürz- oder Kräuteressig.

TAFELFERTIG

Bezeichnung für industriell fertig zubereitete bzw. vorgekochte und mit den gängigen Konservierungsmethoden (z. B. ▸ Sterilisation, ▸ Pasteurisierung, ▸ Tiefkühlen) haltbar gemachte ▸ Nahrungsmittel, die vor dem Verzehr nur noch warm gemacht werden müssen. Tafelfertige Lebensmittel sind Inbegriff der schnellen Küche und der ▸ Konvenienzprodukte.

TAFELOBST
im Gegensatz zum ▸ Wirtschaftsobst überwiegend für den Frischverzehr bzw. die frische Verarbeitung in der Küche bestimmtes Obst von hoher Qualität

TAFELÖLE ▸ Speiseöle

TAFELSPITZ
1. Das spitz zulaufende Schwanzstück vom Rind (auch: Hüftdeckel, Kluftschale, Rosen-, Stertspitz); besonders feinfaseriges und zartes wenn auch etwas trockenes Fleisch.
2. Berühmtes Gericht der Wiener Küche aus dem in Wasser oder Fleischbrühe mit Suppengrün gekochten Schwanzstück vom Rind, das in Scheiben geschnitten und mit ▸ Semmelkren oder ▸ Apfelkren und Brühe serviert wird. Beliebte Beilagen sind in Brühe gekochte Wurzelgemüse und Kartoffeln, Röstkartoffeln, Grüne Bohnen in Dill-Sahne-Sauce oder Spinat.

TAFELTRAUBEN

Bestimmte Traubensorten der botanischen Gattung der Weinreben (Familie der Weinrebengewächse), die für den Frischverzehr als Obst und nicht für die Weinerzeugung bestimmt sind – im Gegensatz zu den richtigen ▸ Weintrauben. Demgemäß werden an Tafeltrauben auch unterschiedliche Anforderungen gestellt: Sie sollen u. a. früh reifen und möglichst lockerbeerig und groß sein, viel Saft und einen besonders süßen Geschmack haben, aber wenig Kerne und eine zarte Haut.

TAFELWASSER
Nichts anderes als normales ▸ Trinkwasser (und dessen gesetzlichen Anforderungen entsprechend), eventuell angereichert mit Kohlendioxid, Kochsalz und/oder diversen Mineralsalzen. Im Gegensatz zum höherwertigen ▸ Mineralwasser sind keine Mindestmengen an Mineralstoffen vorgeschrieben, werden keine besonderen Anforderungen an die Produktionsmethoden gestellt und darf Tafelwasser außerhalb des Quellortes abgefüllt sein. Eine spezielle Form von Tafelwasser ist ▸ Soda(wasser).

TAFELWEIN
(Vin de table, Vino da Tavola, Vino de mesa)
Nach EU-Weinrecht die niedrigste Qualitätsstufe beim ▸ Wein (in Frankreich Vin de table, in Italien Vino da Tavola, in Spanien Vino de mesa), bei der theoretisch sogar ein Verschnitt von Weinen aus allen Mitgliedsstaaten der EU und verschiedene Anreicherungsmethoden erlaubt sind. So deklarierter Deutscher Tafelwein muss wenigstens aus einem als Tafelweingebiet definierten Bereich stammen.

TAGLIATELLE
Eine der bekanntesten Spielarten der italienischen ▸ Pasta (▸ Teigwaren) und ein Klassiker vor allem der Region Emilia-Romagna sind diese Bandnudeln in verschiedener Breite bis 2 cm. Handwerklich zubereitet haben sie eine leicht raue und poröse Konsistenz und sind damit ideal zur Aufnahme von Saucen. Dünnere oder besonders dünne Bandnudeln werden auch als Taglierini oder Tagliolini bezeichnet.

SCHON GEWUSST?

Der Legende nach wurden die ▸ Tagliatelle 1847 erfunden. Die Haartracht der berühmtem italienischen Fürstin Lucrezia Borgia (1480–1519) bei ihrer Hochzeit – der vierten und letzten – mit Alfonso I. d'Este (1476–1534) soll einen Koch zur Zubereitung der Bandnudeln inspiriert haben.

TAHIN(A)
(Sesampaste)
In der arabischen Küche eine sehr beliebte ölige und mit Gewürzen aromatisierte Paste aus fein gemahlenen Sesamkörnern, die geschält (dann dunkler und bitterer) oder ungeschält verwendet wird (manchmal auch gemischt). Tahina ist u. a. eine Grundzutat im ▸ Hummus, es wird aber auch – mit Knoblauch und Zitronensaft vermischt – als Beilage oder Dipp verwendet. Aufgrund seines hohen Vitamin- und Kalziumgehalts ist Tahina vor allem auch bei Vegetariern und Veganern sehr geschätzt.

TALEGGIO
Eine der ältesten Käsespezialitäten (▸ Käse) Italiens, die noch heute in ihrer ursprüngli-

VERWENDUNG

Taleggio ist ein feiner Dessertkäse und eine Bereicherung für jede Käseplatte. In Kombination mit Früchten und Walnussbrot schmeckt er besonders köstlich. In seiner Heimat serviert man ihn auch als kleinen Imbiss mit bitter-würzigen Salaten wie ▸ Radicchio oder ▸ Rucola oder mit vollreifen Tomaten und legt ihn auf ▸ Bruschetta. In der warmen Küche machen ihn seine guten Schmelzeigenschaften interessant, z.B. bei ▸ Risotto und ▸ Polenta.

chen Form erzeugt wird; so wie möglicherweise schon vor dem 10. Jh. auf den Almen und in den Höhlen des gleichnamigen Taleggio-Tales nahe Bergamo in der norditalienischen Region Lombardei. Ab dem 13. Jh. ist der florierende Handel damit bereits in Dokumenten belegt. Taleggio wird nach einem besonderen Verfahren als Weichkäse oder halbfester Schnittkäse aus pasteurisierter oder roher Kuhmilch mit mindestens 48 % Fett i. Tr. hergestellt, seit 1993 mit geschützter Herkunftsbezeichnung. Anschließend reift er 6–10 Wochen, wobei die Laibe mit Salzwasser und Rotschmierekulturen gewaschen werden. Im Geschmack ist er fruchtig-würzig und das Aroma hat Nuancen von Rosinen, gerösteten Nüssen und Zitronen.

TALG

(Inselt, Unschlitt)

Aus Schlachtteilen von Wiederkäuern – insbesondere Rind und Hammel – gewonnenes festes Körperfett, das aufgrund seines hohen Schmelzpunktes und seines Cholesteringehalts heute aber kaum mehr für Speisezwecke verwendet wird. Auch als „Rohstoff" für die Herstellung von ▸ Margarine hat Talg weitgehend ausgedient und wurde durch pflanzliche Öle ersetzt. Anders verhält es sich mit dem so genannten Nierentalg aus dem Fettgewebe um die Nieren, der vor allem in der britischen und US-amerikanischen Küche ein gängiges Back- und Bratfett ist.

TAMARILLOS

(Baumtomaten)

Eine gewisse Ähnlichkeit mit Eiertomaten – vor allem auch im Anschnitt – haben diese roten oder gelben tropischen Beerenfrüchte, die zur botanischen Familie der Nachtschattengewächse gehören und folglich u. a. mit Tomaten und Kartoffeln verwandt sind. Sie wachsen an 2–5 m hohen Sträuchern bzw. kleinen Bäumen vor allem in den Höhenlagen der südamerikanischen Anden, werden aber auch in Kalifornien, auf Madeira und den Kanarischen Inseln, in Kenia, Indien und Neuseeland kultiviert. Ihr geleeartiges Fruchtfleisch ist saftig und hat einen reizvollen herb-süßen Geschmack. Die bittere Schale wird meist entfernt, vor allem wenn man die Früchte roh essen will.

VERWENDUNG

Tamarillos eignen sich neben dem Frischverzehr gut zur Herstellung von Konfitüre, Gelee, Kompott, Chutney, Sorbet, als Bestandteil von Obstsalaten und als Kuchenbelag. Sie können auch in pikanten Saucen mitverarbeitet und als tomatenähnliches Gemüse zubereitet werden.

TAMARINDE

(Indische Dattel)

Die 15–20 cm langen Fruchthülsen des ursprünglich in Ostafrika beheimateten, immergrünen Tamarindenbaumes aus der botanischen Familie der Schmetterlingsblütengewächse, der heute rund um den Indischen Ozean und in der Karibik verbreitet ist. Die im Volksmund auch als Schoten bezeichneten Hülsen umschließen die Pflanzenteile, die vor allem in der indischen, thailändischen und indonesischen Küche als Gewürz verwendet werden: die Samen und ein klebriges dunkelbraunes Mark (Pulpa). Im Handel ist Tamarinde in Form der getrockneten Früchte, als Paste (Konzentrat) unter dem Namen Asem oder als Granulat erhältlich. Das für europäische Gaumen besonders exotische Gewürz hat einen betont herb-sauren Geschmack, hervorgerufen durch die enthaltenen Fruchtsäuren, mit feiner Süße. In ihren Heimatländern wird sie in allen Variationen verwendet: frisch und getrocknet, eingelegt, süß, sauer und salzig.

VERWENDUNG: *In Indien würzt man mit Tamarinde Fleisch und Hülsenfrüchte, während sie in China oft als Einlage in süß-sauren Suppen auftaucht. In Thailand und Vietnam isst man sie in einer Vielzahl von Gerichten, in Indonesien ist sie Bestandteil der ▸ Reistafel und Basis für pikante süß-saure Marinaden für Fleisch und Tofu. Aber auch den Europäern ist das Gewürz – ohne dass die meisten von ihnen es wissen – alles andere als fremd: Die englische ▸ Worcester(shire)sauce verdankt ihren typischen Geschmack nämlich unter anderem der Tamarinde. Zudem ist sie oft Bestandteil orientalischer Gewürzmischungen.*

TAMBOR

aus einer Kreuzung zwischen ▸ Tangerinen und ▸ Orangen hervorgegangene, sehr saftreiche Vertreterin der ▸ Zitrusfrüchte mit extrem dünner Schale und wenig Kernen (USA, Südamerika, Afrika, Zypern)

TANDURI
(Tandoori)

Im exakten wörtlichen Sinn ist ein Tandur ein indischer Lehmofen, in dem ein Holzkohlefeuer brennt, und „tanduri" das Adjektiv dazu. Es wird aber auch für Lebensmittel bzw. Speisen verwendet, die im Tandur gegart bzw. gebacken wurden, vor allem Fladenbrot, Fleisch und Geflügel (z. B. das Tanduri-Hühnchen). Eine Gewürzmischung bzw. Marinade, die dabei gerne verwendet wird, heißt auch Tanduri masala und besteht u. a. aus Koriander, Kreuzkümmel, Chilis, Knoblauch, Kurkuma, Tamarinde, Zwiebeln, Ingwer, Salz und Zitronensaft.

TANGELOS
Sammelbezeichnung für etwa orangengroße ▸ Zitrusfrüchte, die aus Kreuzungen von ▸ Grapefruits mit ▸ Mandarinen, ▸ Satsumas oder ▸ Tangerinen hervorgegangen ist. Tangelos haben eine dünne Schale und keine Kerne, sind sehr saftig und erfrischend süßlich, allerdings nicht sehr aromatisch (u. a. aus Israel, Sizilien, Südafrika, Süd- und Mittelamerika).

TANGERINEN
kleinste Varietät aus der Familie der Mandarinen (▸ Zitrusfrüchte), ohne oder nur mit sehr wenigen Kernen, säurearm und aromatisch

TANGOR
Sammelbezeichnung für mittelgroße ▸ Zitrusfrüchte, die aus Kreuzungen von ▸ Orangen mit ▸ Mandarinen, ▸ Satsumas oder ▸ Tangerinen hervorgegangen sind. Die Früchte sind sehr saftig und erfrischend aromatisch, haben meist aber viele Kerne (vor allem aus Israel, Afrika, Australien, Kalifornien und Florida).

TANNAT
Von manchen Weintrinkern geliebte, von anderen gefürchtete rote Rebsorte (▸ Wein), die vor allem bei noch jungen Weinen den Gaumen – worauf auch der Namen schon hindeutet – mit Unmengen von ▸ Tannin malträtiert. Lässt man die Weine aber lange genug reifen, entwickeln sie ungeahnte Finessen. In Frankreich ist Tannat vor allem im Anbaugebiet ▸ Madiran im Südwesten verbreitet, außerhalb Frankreichs in Uruguay und Argentinien.

TANNENPILZ ▸ Hexenröhrling

TANNIA
(Malanga, Okumo)
Mit ▸ Taro verwandte tropische Nutz- und Gemüsepflanze aus der botanischen Familie der Aronstabgewächse, die ursprünglich aus dem tropischen Amerika und der Karibik stammen dürfte. Heute wird sie in den gesamten Tropen angebaut und hat in einigen Regionen große wirtschaftliche Bedeutung. In der Küche finden vor allem Teile der bis zu 25 cm langen Rhizomknollen, seltener auch die jungen Blätter und die Triebe Verwendung. Das Kochwasser muss dabei unbedingt mehrmals gewechselt werden. Tannia enthält nämlich – wie auch andere Aronstabgewächse – in allen Pflanzenteilen so genanntes Calciumoxalat, ein aggressives Reizmittel für die Schleimhäute. Beim Kochen löst es sich und geht ins Wasser über.

VERWENDUNG

Als Gemüse werden nur die kleineren Nebenknollen verwendet, während die Hauptknollen an Schweine verfüttert werden. Die Nebenknollen lassen sich nach dem Kochen noch grillen, backen oder frittieren und können ähnlich vielfältig zubereitet werden wie Kartoffeln. In seinen Heimatländern ist Tannia außerdem ein wichtiger Stärkelieferant, aus seinem Mehl werden u. a. Brot und andere Backwaren hergestellt.

TANNIN
(Gerbsäure)
In vielen Pflanzen enthaltene, vor allem aber vom ▸ Wein bekannte Gerbstoffe, die im Mund das typische zusammenziehende, pelzige und austrocknende Gefühl – der Fachmann spricht von adstringierend – hinterlassen. Das Tannin sitzt vor allem in den Beerenschalen sowie in Kernen und Stielen von roten Trauben. Rebsorten mit hohem Tanningehalt sind z. B. ▸ Cabernet Sauvignon, ▸ Syrah und ▸ Tannat. Damit nicht zu viel Gerbsäure in den Wein gelangt und er nicht zu „streng" und tanninbetont wird, werden die Beeren vor der weiteren Ver-

SCHON GEWUSST?

Viele Weine beziehen ihren Gehalt an ▸ Tannin nicht nur aus den Beeren. Wenn sie im kleinen Holzfass, dem ▸ Barrique, ausgebaut wurden, enthalten sie auch Gerbstoffe aus dem Holz. Tannine kommen in der Natur in vielen Pflanzen bzw. bestimmten Teilen davon vor, u. a. in Tee, Kakao, generell Hölzern und vielen Wurzeln.

arbeitung im Keller oft entrappt (d. h. entstielt). Andererseits ist das Tannin ein wichtiger Inhaltsstoff in Weinen, die über längere Zeit reifen sollen (z. B. ▸ Bordeaux).

TAPAS
Die typisch spanische Art von Appetithappen, die in speziellen Tapas-Bars und Bodegas meist als Stehimbiss zu normalen Weinen, aber auch Likörweinen (wie Sherry oder Portwein) und Bier gereicht werden. Raffiniertere Varianten werden in Restaurants gerne als kleiner Gruß aus der Küche, als ▸ Amuse bouche, aufgetragen. Unüberschaubar ist die Vielzahl regional unterschiedlicher Tapas, von ganz einfachen naturbelassenen" Kleinigkeiten (wie z. B. Oliven, Erdnüsse, mit ▸ Chorizos belegtes Weißbrot, Serranoschinken, Muscheln und Krabben) bis zu aufwendigeren Zubereitungen wie z. B. in Essig marinierte Sardellen, kleine Fleischspeisen, ▸ Tortillas im Miniformat, gefüllte Calamari, gegrillte Paprika, Hackfleischbällchen, gebratene Garnelen usw.). Im östlichen Mittelmeerraum und im Nahen Osten kennt man Ähnliches als ▸ Mezedes.

TAPENADE
In der südfranzösischen bzw. provenzalischen Küche eine würzig-pikante Olivenpaste, deren weitere Hauptbestandteile Kapern und Anchovis sind. Je nach Rezept können Thunfischstücke, Knoblauch, Lorbeer und Senf dazukommen. Tapenade wird meist als Brotaufstrich oder Dip verwendet, teilweise aber auch zu rohem Gemüse, gekochten Eiern und gegrilltem Fleisch oder Fisch gereicht.

TAPIOKA
Eine spezielle Form von Stärke, die aus den getrockneten und gerösteten Wurzeln des ▸ Maniok (einem seit uralten Zeiten in Südamerika beheimateten Wolfsmilchgewächs) gewonnen wird. Tapioka hat einen weitgehend neutralen Geschmack. In den Handel kommt es in Form von dünnen, getrockneten Flocken oder als feine weiße Stärkekügelchen, dann auch als Perltapioka bezeichnet. Vor allem in der südamerikanischen, westafrikanischen und südostasiatischen Küche wird es oft eingesetzt.

VERWENDUNG

Tapioka ist ein sehr gutes Bindemittel für Suppen und Saucen, es eignet sich aber auch sehr gut zur Verfestigung von Süßspeisen. In Brasilien wird aus Tapiokamehl eine Art Eierkuchen zubereitet, den man mit Butter, Käse oder auch Kokosmilch isst.

TARAMA(S)
In der griechischen, türkischen und arabischen Küche bekannt ist diese beliebte Paste aus rotem Fischrogen (meist vom Dorsch), was ihr die typische pinkfarbene Optik verleiht. Dem Rogen beigemischt werden außerdem Brotkrumen, Eigelb, Knoblauch, Zwiebeln und Zitronensaft und Olivenöl. Tarama wird als Vorspeise (oft als Bestandteil von ▸ Mezedes) bzw. als Dip mit ▸ Pita oder Brot gegessen.

TARATOR
1. In vielen regionalen Varianten in den Balkanländern als Vorspeise servierte pikante ▸ Kaltschale, deren Hauptbestandteile Salatgurken, Knoblauch und Olivenöl sind. Weitere Zutaten können zerstampfte Walnusskerne, Gemüsepaprika, Frühlingszwiebeln und aufgeweichtes Brot sein. Ähnlich, nur wesentlich fester ist das griechische ▸ Tsatsiki.
2. im Nahen Osten eine Art dicke Mayonnaise aus Pinien- oder Walnussbrei (gewürzt mit Knoblauch, Petersilie und Zitrone, angedickt mit Brotkrumen), zu weißem Fisch

TARBUTT ▸ Glattbutt

TARHANA
Als Grundlage für die Zubereitung von Suppen dient in der türkischen Küche diese Mischung aus Mehl (oft noch Grieß), Jogurt und gekochtem und püriertem oder klein geschnittenem Gemüse (Paprika, Zwiebeln und Tomaten). Die geknetete Teigmasse aus diesen Zutaten muss einige Tage zugedeckt gären. Anschließend wird sie in kleine Stücke zerteilt an der Luft getrocknet, mit den Händen zerrieben und ein zweites oder sogar drittes Mal getrocknet, so dass man daraus Suppen aufbrühen kann.

TARHONYA
(Eiergraupen)
Traditionelle Nudelbeilage der ungarischen Küche, die auf Deutsch als Eiergraupen bekannt ist und aus Hartweizenmehl und Eiern hergestellt wird. Die Graupen werden getrocknet und sind so lange haltbar. Heute gibt es die Teigware auch aus industrieller Produktion.
VERWENDUNG: *Besonders fein schmeckt Tarhonya in Schweineschmalz mit Paprika und Zwiebelstücken angeröstet, u. a. als Beilage zu den ungarischen Klassikern ▸ Gulasch und ▸ Paprikasch. Die Eiergraupen tauchen allerdings auch in vielen Eintöpfen und Suppen auf und unter.*

TARO
(Dasheen)
In der Karibik, in Indien, in Teilen Afrikas und Südamerikas gehören die Wurzelknollen dieser Sumpfpflanze aus der botanischen Familie der Aronstabgewächse seit mehr als 2000 Jahren zu den wichtigsten Nahrungsmitteln, bei uns sind sie dagegen kaum bekannt. Die oft mehrere Kilo schweren, leicht süßlich schmeckenden Wurzeln sind besonders stärkehaltig. Mittlerweile ist die Pflanze auch mit Mittelmeerraum verbreitet.
VERWENDUNG: *Taro kann man wie Kartoffeln vielfältig zubereiten. Oft werden sie in Suppen und Eintöpfen verwendet, genauso aber als Beilage zu Fleisch- oder Fischgerichten. In ihren Heimatländern kennt man sogar Rezepte für Süßspeisen aus den Wurzelknollen.*

TARTE
Für deutsche Ohren klingt es zwar mehr nach Torte, doch ist die Tarte der typische französische Kuchen, in der Regel flach und rund als ▸ Blechkuchen und entweder süß oder pikant und salzig. Die verwendeten Teige können ebenso unterschiedlich sein wie die weiteren Zutaten von Käse und Gemüse bis zum Obst. Besonders bekannt sind die ▸ Tarte tatin und die Tarte flambée (▸ Flammkuchen).

TARTE FLAMBÉE ▸ Flammkuchen

TARTELETTES
bei den Franzosen besonders beliebte Törtchen bzw. Küchlein (ein Tartelette ist also eine kleine ▸ Tarte), vorwiegend aus Mürbteig mit fruchtigen Belägen und einer Schicht Pudding (▸ Torteletts)

TARTE TATIN
Der traditionelle französische Apfelkuchen (als Variante auch mit Birnen oder Aprikosen) wird mit Blätter- oder Mürbteig hergestellt. Der Clou dabei: Die Tarte tatin wird kopfüber gebacken, d. h. die Apfelschnitten werden in der Spring- bzw. Tarteform auf eine dünne, beim Backen karamellisierende Butter-Zucker-Schicht gesetzt und von oben mit dem Teig bedeckt. Nach dem Backen wird der Kuchen gestürzt.

TARTUFFELN ▸ Kartoffeln

TARTUFO
In Anlehnung an die Trüffelpralinen kreierte italienische Eisspezialität, die in der klassischen Version aus einer mit bitterer Schokoladensauce gefüllten, mit einer Schicht Schokoladeneis umhüllten und mit Kakao bestäubten Vanilleeiskugel besteht. Statt Vanilleeis wird dabei auch Mokka- oder Schokoladeneis verwendet sowie zum Garnieren Schokoladensauce, Sahne, Schokostreusel, Eierlikör und Früchte.

TASCHENKREBS
Europäische Krabbenart (▸ Krabben, ▸ Krebstiere), deren Panzer eine Breite von bis zu 30 cm erreichen kann. Der bis zu 1 kg schwere Taschenkrebs besiedelt am liebsten sandige und felsige Meeresböden in Atlantik, Mittelmeer und Nordsee. Seine besonders kräftigen Scheren sind nicht nur eine gute Waffe gegen Feinde und beim Aufbrechen von hartschaliger Nahrung wichtig, in ihrem Inneren sitzt auch ein besonders feines Fleisch. Aber auch der „Rest" des Krebsfleisches ist sehr schmackhaft.

TASMANISCHER PFEFFER
Außerhalb seiner Heimat Australien (Südwesten und Insel Tasmanien) nur sehr schwer zu bekommen und deshalb entsprechend teuer ist dieses für europäische Gaumen überaus exotische Gewürz. Im Mund wirkt es zunächst süßlich, doch weicht dieser Eindruck schnell kräftiger Schärfe, die ein leicht taubes Gefühl hinterlässt. Als Gewürz werden (vor allem zu Fleischgerichten wie Känguru und Emu) die frischen oder getrockneten Beeren der verholzten Pflanze aus der botanischen Familie der Magnoliengewächse verwendet, die ähnlich wie schwarze Pfefferkörner aussehen.

TASSERGAL ▸ Blaubarsch

TATAR
(Beefhacksteak, Rohfleisch, Schabefleisch, Tartar)
Die „Edelvariante“ von normalem ▸ Hackfleisch wird nur aus hochwertigen, sehnenfreien und fettarmen Stücken vom Rind hergestellt (wie z. B. dem Filet) und noch feiner zerkleinert. Der Klassiker der kalten Küche wird meist roh (gesalzen und gepfeffert) und portionsweise zu Ballen geformt nur mit Brot gegessen. In die Mitte drückt man ein Loch, in das man rohes Eigelb, fein gehackte Zwiebeln, Sardellenfilets und Kapern füllt. Dazu isst man nur Brot. Ähnliche Gerichte sind z. B. ▸ Hackepeter oder mit Fisch ▸ Häckerle.

SCHON GEWUSST?

Der Name ▸ Tatar taucht zum ersten Mal im Roman „Der Kurier des Zaren“ des französischen Schriftstellers Jules Verne (1828–1905) auf. Darin nimmt er Bezug auf die Sitte der Tataren (eines wilden mongolischen Reiterstammes), rohe Fleischstücke unter ihrem Sattel mürbe zu reiten, um es essen zu können.

TATARENKORN ▸ Buchweizen

TATARENSAUCE
(Sauce tartare)
mit Olivenöl zu einer Mayonnaise aufgeschlagenes Eigelb von hart gekochten Eiern mit Salz, Pfeffer und Essig, vermischt mit gehacktem Schnittlauch, zu Fisch aller Art

TATARENSPIESS
eine der vielen Arten der ▸ Fleischspieße, in diesem Fall mit marinierten Lammfleischstücken sowie Schinken- und Räucherspeckwürfeln, gegrillt und mit körnigem Reis serviert

TAUBEN
Vermutlich die ersten Vögel überhaupt, die vom Menschen als Zier- und Nutztauben – als „Luftpost-Überbringer“ und zu Ernährungszwecken – bereits vor rund 7000 Jahren gezüchtet wurden. Alle domestizierten Arten der großen Vogelfamilie mit rund 40 Gattungen und über 300 Arten dürften auf die wilde Felsentaube zurückgehen. Besonders das zarte weiße Fleisch bis 4 Wochen alter Tauben wird von Gourmets hoch geschätzt. In Deutschland kommen sie aber nur relativ selten in den Handel, weil ihre Zucht hier (anders als in Italien und Frankreich) weitgehend Liebhaberei ist und keinen kommerziellen Zwecken dient. Ein besonders seltener Genuss sind ▸ Wildtauben.
VERWENDUNG: *Tauben können wie kleines und feines Wildgeflügel (im Speckmantel) gebraten und gefüllt werden. Als Beilagen passen vor allem Linsen (auch als Püree), Curryreis und grüne Erbsen. Ältere Tauben lassen sich gut zu Farcen, Ragouts, Pasteten und in Suppen verarbeiten.*

TAUBENKRAUT ▸ Eisenkraut

TAUSEND-BLÄTTER-KUCHEN
▸ Cremeschnitten

TAUSENDJÄHRIGE EIER
▸ Chinesische Eier

TAYBEEREN
wie ▸ Loganbeeren eine Kreuzung aus ▸ Brombeeren und ▸ Himbeeren, roh sehr sauer schmeckend aber gut geeignet zur Herstellung von Konfitüre und Gelee oder als Kuchenbelag

T-BONE-STEAK
Ein Steakklassiker ist diese etwa 4 cm dicke Scheibe aus dem Rippenstück des Rindes mit ihrem Knochen in Form eines T. Das meist ca. 500–700 g schwere Steak hat einen kleinen Filetanteil und wird besonders gerne mariniert und auf dem Rost gebraten.

TEE

Sowohl Bezeichnung für die Teepflanze als auch für die im Handel erhältlichen Produkte daraus sowie die heißen Aufgussgetränke, die aus ihnen hergestellt werden (▸ Seite 582).

TEECREME

im Wasserbad aufgeschlagene und mit Gelatine verfestigte ostfriesische Dessertcreme aus Wasser und/oder Milch, frisch gebrühtem und starkem Tee, Eigelb und Vanille- oder Kandiszucker und Sahne

TEEGEBÄCK

feines Kleingebäck in vielen Variationen mit oder ohne Füllung, meist aus Mürb- bzw. Sandteig oder Brandmasse, zur „Teestunde", zum Kaffeeklatsch oder anderen Gelegenheiten

TEESAHNE

Handelsname für eine ▸ Sahne mit besonders hohem Fettanteil (maximal 40 %)

TEEWURST

Fein oder grob gibt es diese ursprünglich aus Pommern stammende Rohwurst aus Schweine- und Rindfleisch sowie Speck im Verhältnis von etwa 2:1. Ihren typischen und überaus beliebten rauchig-würzigen und feinsäuerlichen Geschmack erhält sie durch leichtes Räuchern über Buchenholz und Milchsäuregärung. Der relativ hohe Fettanteil von 30–40 % macht Teewurst besonders streichfähig.

TEHINE

(Sesamsauce)

dicke Sauce aus Sesamöl und Zitronensaft mit eingedrückter Knoblauchzehe, gehackten hart gekochten Eiern und Petersilie zu Hammelfleisch, Gemüse und Salaten

TEIGE

Die ursprünglichste Form bestand nur aus Mehl bzw. Grieß und Wasser, doch heute stehen viele weitere Zutaten zur Verbesserung der Backeigenschaften und des Geschmacks von Teigen zur Verfügung: Milch, Butter, Öl, Margarine, Backtriebmittel, Eier, Zucker, Salz, Quark usw. Teige können süß oder pikant sein. Die wichtigsten Grundteigarten sind ▸ Hefeteig, ▸ Blätterteig, ▸ Mürbteig, ▸ Sauerteig und ▸ Strudelteig. Im allgemeinen Sprachgebrauch werden auch ▸ Massen vielfach als Teig bezeichnet (z. B. ▸ Brandmasse, ▸ Rührmasse oder ▸ Wiener Masse), obwohl backtechnisch ein feiner Unterschied besteht.

TEIGMANTEL

teigige Umhüllung für salzige oder süße Füllungen, u. a. aus Ausback-, Blätter-, Brot- oder Strudelteig

TEIGSÄUERUNGSMITTEL

die Säuerung beschleunigende Backhilfsmittel bei der Herstellung von Sauerteig, meist wirksam durch ihren Gehalt an Essig-, Milch-, Wein- oder Zitronensäure

TEIGWAREN

Sammelbegriff für alle kochfertigen Erzeugnisse vorwiegend aus Hart- oder Buchweizen, aber auch aus anderen Getreidearten bzw. -mehlen und Vollkorn, die in unterschiedlichen Formen hergestellt werden und (mehr oder weniger getrocknet) lange haltbar sind. Weitere Zutaten können z. B. Wasser, Eier, Salz, Milch (oder Milchpulver), Gemüse und Gewürze sein. Der absolute Bestseller unter den Teigwaren sind die ▸ Nudeln bzw. in Italien die ▸ Pasta. Aber auch die schwäbischen ▸ Spätzle und ▸ Maultaschen zählen zu den Teigwaren und im erweiterten Sinne rechnet man auch ▸ Gnocchi und ähnliche Erzeugnisse dazu, auch wenn sie nicht aus Getreidemehl hergestellt sind.

TELEMEA

beliebter rumänischer ▸ Käse aus Schaf- oder Kuhmilch, ähnlich wie der griechische ▸ Feta in Salzlake gereift mit zart säuerlichem Geschmack und 25 und 45 % Fett i. Tr.

TELLERFLEISCH

Mit Suppengemüse bzw. Wurzelwerk in einer kräftigen Brühe weichgekochtes Rindfleisch, das in Bayern oft mit frisch geriebenem Meerrettich serviert wird. Dazu isst man nur Brot oder in Fleischbrühe gekochte Kartoffeln. Tellerfleisch ist ein ähnliches Gericht wie der ▸ Tafelspitz, allerdings wird dafür weniger hochwertiges Fleisch verwendet.

Tee: Ein „kultiges“ Getränk

Der Tee als besonderes wohltuendes Getränk für Körper, Geist und Seele genießt nicht nur in seiner Heimat Asien hohe Wertschätzung. Deshalb schmücken sich mit dieser Bezeichnung auch gerne viele Getränke auf pflanzlicher Grundlage, die aber mit Tee im fachlich und botanisch korrekten Sinn (etwa Früchtetee) herzlich wenig zu tun haben. Danach versteht man unter Tee nur für die Teepflanze selbst, die im Handel erhältlichen Produkte aus ihren Blättern, Knospen, Blüten und Stängeln und die daraus zubereiteten heißen Aufgussgetränke.

TEEGENUSS: EINE ZEREMONIE

Als Heimat der gedeihenden Teepflanze aus der botanischen Familie der Teestrauchgewächse gilt China. Sie wird dort schon seit Tausenden von Jahren angebaut, um Tee daraus herzustellen – und zwar lange Zeit nur schwarzen. Die neue Variante der Verarbeitung zu Grünem Tee dürfte erst viel später um 600 v. Chr. entstanden sein. Im 7. Jh. n. Chr. wurde er von dem chinesischen Dichter Lu Yü ausführlich beschrieben und im gleichen Jahrhundert verbreiteten ihn buddhistische Mönche auch in Japan, wo er sich besonders großer Beliebtheit erfreut. Vor allem in China und Japan wurde der Teegenuss auch zur regelrechten Zeremonie erhoben und in der Kultur beider Länder spielt er eine wichtige Rolle.
Sie sind auch die Hauptproduzenten von Grünem Tee. Bei der Gesamtproduktion an Tee nimmt ebenfalls China mit knapp 860 000 t die Spitzenposition ein, allerdings ganz dicht gefolgt von Indien mit nicht einmal 10 000 t weniger. Es folgen Sri Lanka und Kenia, die mit über 95 % die höchsten Exportquoten haben, sowie die Türkei, während Japan hier erst auf Rang 8 aufscheint. Weltweit werden rund 3,35 Mio. Tonnen Tee hergestellt. Die bedeutendsten Importländer sind Großbritannien, Russland, Pakistan, die USA und die arabischen Länder. Besonders wohl fühlt sich die als Strauch oder auch als Baum vorkommende Teepflanze in tropischen und subtropischen Höhenlagen mit feuchten, heißen Sommern und relativ trockenen und auch kalten Wintern.

SCHWARZER TEE: FERMENTIERT

Obwohl oft generell mit Tee gleich gesetzt, ist Schwarzer Tee lediglich eine bestimmte Art davon und es verbirgt sich hinter diesem Begriff auch ein spezielles Herstellungsverfahren, bei der dieser Tee (anders als z. B. Grüner Tee) seine dunkle Farbe erhält. Die Teeblätter werden nach der Ernte in Weidenkörben geschüttelt, wobei die Zellsäfte mit dem Sauerstoff der Luft stärker in Berührung kommen und durch die Selbsterhitzung eine ▸ Fermentation einsetzt.
Dieser Prozess wird beim Schwarzen Tee nicht gestoppt und kann vollständig ablaufen. Bei der Fermentation entwickelt sich der typische Geschmack von Schwarzem Tee, während er die dunkle Farbe erst bei der anschließenden Trocknung in einem Heißlufttrockner erhält. Als besonders fein gelten die Schwarzen Tees aus Nordindien (Darjeeling und Assam), Sri Lanka und teilweise aus China.

GRÜNER TEE: ALLES BEWAHRT

Im Gegensatz zum Schwarzen Tee ist Grüner Tee nicht fermentiert. Dadurch behält er seine hellgrüne Farbe sowie auch alle Inhaltsstoffe in ihrer ursprünglichen Konzentration und in unveränderter Zusammensetzung und unterscheidet sich auch im Geschmack deutlich vom Schwarzen Tee. Der Grüne Tee ist bitterer und hat ein süßlicheres, und feineres Aroma. Außerdem wird er in den Ursprungsländern wegen seiner vielfältigen gesundheitsfördernden Wirkungen als Naturheil- und Schönheitsmittel besonders geschätzt.
Die populärsten Sorten sind: der Sencha, der in Japan am meisten getrunken wird und im Geschmack entfernt an Meeresalgen erinnert; der Gunpowder (= „Schießpulver“), dessen Name von dem Knistern kommt, das beim Aufgießen mit heißem Wasser zu hören ist; der Chun Mee, der mit seinem kräftigen und fruchtigen Aroma be-

sonders auch bei den Europäern beliebt ist. Als teuerster Grüntee gilt der Gyokuro, der an den Hängen des Fudschijama bzw. im Umkreis der alten Kaiserstadt Kyoto auf der japanischen Hauptinsel Honshu angebaut wird.

Grüner Tee sollte nicht mit kochendem Wasser aufgegossen werden, weil das seine gesundheitsfördernden Inhaltsstoffe schädigt und seine Bitterkeit – bei manchen Sorten bis zur Ungenießbarkeit – verstärkt. Deshalb sollte man das Wasser vor dem Aufguss auf 70–80 °C, bei manchen besonders edlen Sorten sogar bis auf 50 °C oder sogar noch darunter abkühlen lassen. Hochwertigen grünen Tee sollte man auch nicht so lange ziehen lassen wie schwarzen Tee; in der Regel nicht mehr als 3 Minuten.

Nur in Europa wird der erste Aufguss getrunken, in den Heimatländern dieser Teespezialität dagegen erst der zweite oder dritte. Grüner Tee kann auch problemlos mehrmals (je nach Sorte 3–5, manchmal sogar 7 Mal aufgegossen werden).

ECHTE TEE-VARIATIONEN

Großer Beliebtheit erfreuen sich auch aromatisierte Grün- oder Schwarztees in den unterschiedlichsten Geschmacksrichtungen. Vor allem in China nimmt man dafür gerne frische Blüten, wie beim Jasmintee oder beim Rosentee. Oft werden Tees aber auch mit zugesetzten Aromen angereichert, vor allem von Früchten (z. B. Kirsche, Maracuja, Orange oder Zitrone), Gewürzen (z. B. Vanille, Anis, Zimt), Ein Klassiker unter den aromatisierten Tees ist der Earl Grey, der sein typisches Aroma der ▸ Bergamotte verdankt.

Die künstlich zugesetzten Aromen können aber auch noch „exotischer" sein, wie Mandel, Bratapfel, Schokolade, Pfefferminz, Erdbeere – die Vielfalt ist riesig. Allerdings sind die aromatisierten Teesorten teilweise nur dazu da, auch weniger feine Teesorten besser vermarkten zu können. Bei ihnen ist die Qualität des verwendeten Tees oft nur zweitrangig, da er nur als Trägermaterial für den jeweiligen Aromastoff benötigt wird.

Eine weitere Art von Tee ist der Oolong, dessen Blätter man nach dem Pflücken in der Sonne welken und anschließend in einem Raum fermentieren lässt. Dabei werden sie immer wieder gerieben und leicht geschüttelt, damit der austretende Saft mit dem Sauerstoff der Luft reagiert. Anders als beim Schwarztee. wird die Fermentation dann aber durch Erhitzen in Eisenpfannen gestoppt. Außer in China wird Oolong-Tee noch in Indien, Malaysia und Vietnam angebaut, der beste seiner Art soll von der Insel Taiwan kommen.

Eine seltene Variante aus jungen Trieben, die geerntet und wie Heu getrocknet werden, ist der Weiße Tee – so genannt, weil die Epillärhärchen an der Blattunterseite den getrockneten Teeblättern eine weiß-silberne Farbe geben. Weißer Tee ist nicht bzw. nur ganz wenig fermentiert, für seine Herstellung sind nur absolute Spitzentees geeignet. Unter Rauchtee versteht man schließlich eine Teesorte, bei der die Blätter beim Trocknen im Rauch von harzreichem Holz geräuchert werden – was ihm eine ganz besondere Note gibt.

„UNECHTER" TEE"

Nicht alles was Tee heißt, ist auch echter Tee. Eine Vielzahl von meist heißen Aufgussgetränken wird heute als Tee bezeichnet. Einerseits sicher ein absatzfördernder „Etikettenschwindel", andererseits aber auch Ausdruck für die hohe Wertschätzung, die dem Tee entgegengebracht wird, wenn sein Name so zum Inbegriff für einen bestimmten Typ von Getränken werden kann.

„Unechte" Tees, weil sie eben nicht aus Teilen der Teepflanze hergestellt werden, sind demnach – unabhängig von ihren teilweise ebenfalls sehr positiven gesundheitlichen Wirkungen – alle Früchtetees (z. B. Hagebutte, Apfel, Orange, Wildkirsche, Malve), Kräutertees (z. B. Pfefferminze, Kamille, Lindenblüten, Brennnessel, Zitronengras) und Gewürztees (z. B. Yogitee). Gleiches gilt auch für den populären ▸ Rooibos und für ▸ Mate.

TELLERSÜLZE

In einem Teller angerichtete ▸ Sülze, die ursprünglich mit Kalbsfüßen und -zunge zubereitet wurde. Heutzutage werden dafür aber ganz unterschiedliche Fleischstücke verwendet. Ihren Rang als bevorzugte Beilage verteidigt haben dagegen die Bratkartoffeln.

TELTOWER RÜBCHEN

eine besonders geschätzte kleine Sorte der ▸ Rüben (▸ Weiße Rüben)

TEMPEH

Ein altes indonesisches Volksnahrungsmittel aus getrockneten und gekochten Sojabohnen (seltener auch aus anderen Bohnenarten), die mit einem speziellen Schimmelpilz geimpft und fermentiert (▸ Fermentation) werden. Roh hat die Masse einen plastikartigen Geruch, der sich bei der weiteren Zubereitung aber in ein pilzartiges Aroma verwandelt. Der Geschmack ist mild und leicht nussig, damit passt sich Tempeh vielen Gewürzen gut an. Ernährungsphysiologisch ist es vor allem durch seinen hohen Gehalt an hochwertigem Eiweiß und Ballaststoffen wertvoll. Gerade für die indonesische Landbevölkerung ist Tempeh als eine preisgünstige Eiweißquelle aus der Ernährung nicht wegzudenken.

VERWENDUNG

Meist wird Tempeh in einer würzigen Sauce oder nur in Salzwasser mariniert und anschließend in heißem Öl gebacken oder frittiert. In den Städten wird es in einer Vielzahl von Variationen als Imbiss angeboten.

TEMPRANILLO

So etwas wie der spanische ▸ Cabernet Sauvignon, aber nicht weil die beiden Traubensorten (▸ Wein) näher miteinander verwandt sind. Vielmehr hat Tempranillo als qualitativ hochwertige rote Rebsorte für den spanischen Weinbau ähnlich große Bedeutung wie der Cabernet Sauvignon in Frankreich. Auf der iberischen Halbinsel sind etwa 100 000 ha damit bepflanzt. Die Weine zeichnen sich durch kräftige Frucht, viel Tannin und moderate Säure aus.

TEMPURA

Einst nur eine Verwertung von Resten in der Fett- bzw. Frittierpfanne, ist Tempura heute in der japanischen Küche eine überaus beliebte Zubereitungsart vor allem für Fleisch, Fisch, Meeresfrüchte, Pilze und Gemüse. Kleinere Stücke davon werden in einem dünnen Teigmantel aus Weizenmehl, Eiern und Wasser bei einer Temperatur von etwa 140–190 °C in Öl schwimmend schnell ausgebacken.

TEQUILA

Der bekannteste ▸ Agavenbranntwein und einer der Exportschlager Mexikos, von dessen Produktion etwa 300 000 Menschen direkt oder indirekt leben, hat seinen Namen von der Stadt Tequila im Bundesstaat Jalisco. Dort und in weiteren 4 Bundesstaaten wird der Schnaps je nach Sorte ausschließlich oder zu mindestens 51 % aus dem Saft bzw. Zucker der Blauen oder Tequila-Agave mit einem Alkoholgehalt von 38–50 Vol.-% hergestellt. Vermutlich ist Tequila bzw. Agavenbranntwein eine Weiterentwicklung aus dem uralten mexikanischen Nationalgetränk ▸ Pulque ab dem 16. Jh. durch die spanischen Eroberer. Heute exportiert Mexiko Tequila in die ganze Welt. Wer ihn stilecht genießen will, muss zunächst etwas Salz vom Handrücken lecken, dann eine Zitronenspalte auslutschen und schließlich einen kräftigen Schluck Tequila nehmen. Außerdem ist er Grundlage für viele Cocktails.

SCHON GEWUSST?

Der Wurm im ▸ Tequila ist ein Märchen, das sich hartnäckig hält und immer wieder erzählt wird – allerdings nicht ganz ohne realen Hintergrund. In der Tat gibt es in anderen Regionen Mexikos nämlich einige Mescal-Sorten mit einem Wurm bzw. einer Raupe in der Flasche, deren Verzehr potenzsteigernd sein soll.

TERASI

(Garnelenpaste, Krabbenpaste)

Scharfe Würzpaste der südostasiatischen Küche, die aus getrockneten, gemahlenen und in Salzlösung marinierten Garnelen hergestellt wird. In Asialäden ist Terasi in Dosen erhältlich oder als getrocknetes Produkt. Von dem strengen Geruch der Paste sollte man sich nicht abschrecken lassen, denn sehr dosiert verwendet, entwickelt sie beim Kochen in Fleisch-, Geflügel- und Fischgerichten, Eintöpfen, Reis und Gemüse ein feines Aroma.

TERBIYE

(Jogurtsauce)

türkische Jogurtsauce mit Ei, Stärkemehl, Zitronensaft und Weißem Pfeffer als weiteren Zutaten, eiskalt zu verschiedenem Gemüse (z. B. Auberginen, Gurken, Kürbisse)

TERIYAKI

Zubereitungsart der japanischen Küche, die auch in westlichen Ländern Einzug gehalten hat. Teriyaki ist eine spezielle Sauce zum Marinieren von Fleisch (besonders Rindfleisch), Geflügel, Fisch und Gemüse vor dem Braten, Grillen oder Schmoren. Sie besteht aus Sojasauce, ▸ Mirin, Zucker, Essig und Gewürzen.

TEROLDEGO

Im italienischen Weinanbaugebiet ▸ Trentino-Alto Adige heimische autochthone Rebsorte (▸ Wein), die eine interessante Spezialität der Rotaliano-Ebene (Anbaufläche ca. 500 ha) ist und dort eine eigene DOC hat. Außerhalb seiner Heimat wird der rote Teroldego vereinzelt in Kaifornien und Neuseeland angebaut. Die Rebsorte ergibt kirschfruchtige Weine mit gutem Tannin- und Säuregerüst.

TERRASSENTORTE

Bezeichnung für eine Torte mit 2 oder mehreren verschieden großen (nach oben hin in der Breite abnehmenden) Böden

TERRINEN

(Napfpasteten)

Sowohl das Kochgefäß wie auch den Inhalt, der darin gebacken wird, meint dieser vom Französischen ins Deutsche unverändert übergegangene Begriff: Die essbaren Terrinen sind ihrer Teighülle beraubte ▸ Pasteten und werden in ähnlich vielen Variationen wie diese hergestellt. Man gart sie im Backofen im Wasserbad und stellt sie anschließend mit einem schweren Deckel gepresst kalt. Angeschnitten bieten sie einen besonders schönen Anblick.

TERROIR

Für die Franzosen nicht nur die „Gegend" oder „Region", wie die deutsche Übersetzung lautet, sondern ein ganzheitlicher Begriff mit fast mystischem Klang. Er umfasst das Zusammenspiel aller naturgegebenen Faktoren bei der Produktion landwirtschaftlicher Erzeugnisse und deren große Bedeutung. Gesamt- und Mikroklima, Topografie, Geologie (physikalische und chemische Struktur des Bodens) und Hydrologie (Bodenfeuchtigkeit) sind die wichtigsten Einzelfaktoren. Mehr noch als in anderen landwirtschaftlichen Kulturen spielt das Terroir beim ▸ Wein eine entscheidende Rolle. Zum Terroir hat der Besitzer eines berühmten Weingutes in Boredaux, Bruno Prats vom Château Cos d'Estournel, Folgendes gesagt: „Der ganz und gar französische Begriff Terroir erfasst alle natürlichen Voraussetzungen, welche die Biologie des Weinstocks und demzufolge die Zusammensetzung der Traube selbst beeinflussen. Terroir ist das Zusammentreffen von Klima, Boden und Landschaft, das Zusammenwirken einer unendlichen Anzahl von Faktoren: die Nacht- und Tagestemperaturen, Niederschlagsverteilung, Sonnenscheinstunden, Hangneigung und Bodendurchlässigkeit, um nur einige wenige zu nennen. Alle diese Faktoren reagieren miteinander und bilden in jedem einzelnen Teil eines Weinbaugebietes das, was der französische Winzer Terroir nennt."

TÊTE DE MOINE

(Mönchskäse, Mönchskopf)

Eine in ihrer Art unvergleichliche Käsespezialität (▸ Käse) aus dem Berner Jura in der Schweiz, die nicht in Scheiben, Stücken, Ecken usw. verkauft und gegessen wird, sondern in Form kleiner Röschen bzw. Rosetten. Der Halbhartkäse mit mindestens 50 % Fett i. Tr. aus roher oder pasteurisierter Kuhmilch hat in der

Mitte ein Loch und wird auf ein spezielles, Girolle genanntes Werkzeug gesteckt. Mit einer Art Kurbel lässt er sich hauchdünn abschaben und ringelt sich dabei dekorativ zu Röschen zusammen. Das ist mehr als nur Show, denn durch die vergrößerte Oberfläche entwickelt der Käse seinen mild-würzigen Geruch und Geschmack noch besser.

Schon gewusst?

Die Ursprünge des ▸ Tête de Moine gehen ins 12. Jh. zurück und liegen im ehemaligen Kloster Bellelay im Berner Jura. Das ist aber nicht der Grund dafür, dass er „Mönchskopf" (so die deutsche Übersetzung) heißt. Vielmehr spielt der Name darauf an, dass das Aussehen des Käses entfernt an die Tonsur der Patres erinnert, wenn man die Rinde an der Oberseite wegschneidet, um ihn auf die Girolle zu stecken.

TEUFELSDRECK ▸ Asant

TEUFELSGURKEN
mit Chilis und anderen scharfen Gewürzen eingelegte ▸ Gewürzgurken

TEUFELSKRABBE ▸ Meerspinne

TEUFELSPFEFFER ▸ Chilis

TEUFELSREMOULADE
eine „verschärfte" ▸ Remoulade mit zerdrückten und in Essig reduzierten Pfefferkörnern und Wacholderbeeren, Senf, Cayennepfeffer und Zucker, vor allem zu kaltem Braten

TEUFELSSAUCE
(Sauce diable)
verfeinerte braune ▸ Kraftsauce mit fein gehackten und in Butter angeschwitzten Schalotten in Tomatenpüree, Paprikapulver, Cayennepfeffer und Weißwein, zu gegrilltem Fleisch und Geflügel

TEXASSAUCE
Fleischbrühe mit Mehl, fein gehackten und in Butter angeschwitzten Zwiebeln, Tomatenmark, Currypulver, Safran, Zitronensaft, Petersilie und Champignonketchup, zu gebratenen oder gegrillten Steaks

TEXTILBANANEN
eine von drei großen Arten von ▸ Bananen

THAI-BASILIKUM
In seiner Heimat Ostasien beliebtes und in Europa zunehmend verwendetes Würzkraut, das eine Verwandte des ▸ Basilikum ist. Es hat eine leicht pfefferminzige Note und entwickelt einen ausgeprägten süßsauren Geschmack. Thai-Basilikum erhält man in Asialäden als Fertiggewürz oder im Blumentopf gezogen. In Rezepten mit asiatischem Einschlag lässt es sich vielfältig einsetzen– von Fleisch, Fisch und Meeresfrüchten bis zu Reis und Gemüse.

THERMENREGION
Im Jahre 1985 durch den Zusammenschluss der Bereiche Gumpoldskirchen und Bad Vöslau entstandenes österreichisches Weinanbaugebiet (▸ Wein) südlich von Wien, das trotz der „Fusion" mit rund 2300 ha immer noch relativ klein ist. Die meist angebaute Rebsorte ist der rote ▸ Portugieser, als besondere lokale Spezialitäten gelten aber die weißen ▸ Zierfandler und ▸ Rotgipfler. Der „Gumpoldskirchner" hat aber zumindest außerhalb Österreichs heute nicht mehr den Ruf früherer Zeiten.

THORNER KATH(A)RINCHEN
Kleine, rundliche (auch herzförmige), kräftig gewürzte braune Leb- bzw. Pfefferkuchen, die nach ihrem Entstehungsort, der polnischen Stadt Thorn, benannt sind. Bereits um 1557 sollen sie im dortigen Kloster jeweils ab dem 25. November, dem Gedenktag der Heiligen Katharina von Alexandrien, gebacken worden sein. In ihrer Heimat haben die Thorner Kathrinchen einen ähnlichen Stellenwert wie bei uns die ▸ Nürnberger Lebkuchen.

THOUSAND-ISLANDS-DRESSING

Klassische Salatsauce der US-amerikanischen Küche, so wie es die Amerikaner mögen: alles andere als leicht, sondern ziemlich mastig. Das auch zum ▸ Burger beliebte Dressing besteht aus Mayonnaise, Ketchup (oder Tomatenmark), fein gehackten roten und grünen Paprikas, Paprikapulver und ▸ Tabasco. Weitere Zutaten können hart gekochte Eier, Zwiebeln, Oliven oder gehackte Pickles sein.

THUNFISCHE

(Germon, Königsmakrele)

Einer der wirtschaftlich wichtigsten Speisefische (▸ Fische), der in allen Weltmeeren zu Hause ist und als eigene Gattung zur gleichen zoologischen Familie wie die ▸ Makrelen gehört. Die verschiedenen Arten unterscheiden sich stark in Größe und Gewicht, nicht aber im grundlegenden Körperbau: Sie haben stets einen kräftigen, torpedoförmigen Rumpf und eine sichelförmige Schwanzflosse und sind sehr schnelle Schwimmer mit Spitzengeschwindigkeiten bis knapp 80 km/h. Die wichtigsten Arten sind der Weiße Thun (über 1,40 m, rund 60 kg), der Gelbflossen-Thun (bis 2,40 m und 200 kg), der Schwarzflossen-Thun (bis 1 m und 20 kg), der Blauflossen-Thun (bis 2,50 m und 260 kg), der Großaugen-Thun (bis 2,50 m und 210 kg), der Rote Thun (bis 4,50 m und 600 kg) und der kleine Langschwanz-Thun (maximal 15 kg). Bei einigen Arten bleibt das tief dunkelrote Fleisch auch beim Erhitzen so, bei anderen mit hellerem roten Fleisch wird es noch heller. In der Fischwirtschaft werden auch andere Gattungen aus der gleichen Familie zu den Thunfischen gezählt, z. B. der ▸ Bonito.

VERWENDUNG: *Thunfische haben ein festes und überaus schmackhaftes Fleisch, das wegen der massenhaften Verfügbarkeit als in Öl eingelegte Konservenware oft unterschätzt wird. Es lässt sich wie Kalbfleisch zubereiten und eignet sich zum Backen, Braten, Grillen, Dünsten und Schmoren. In Japan ist Thunfisch sehr beliebt für ▸ Sushi und auch roh für ▸ Sashimi.*

> **SCHON GEWUSST?**
>
> Verschiedene Arten der ▸ Thunfische sind mittlerweile im Bestand bedroht,. In der Kritik steht vor allem die so genannte Mästung der Thunfische, für die ganze Schwärme gefangen und in Aufzuchtstationen geschleppt werden. Dort werden die Fische aber nur gefüttert und geschlachtet und es wird keine echte Züchtung und Vermehrung betrieben.

THÜRINGER KLÖSSE

(Grüne Klöße, Höbes, Hütes, Knölla)

Kartoffelklöße auf traditionelle thüringische Art, das heißt aus $^{2}/_{3}$ geriebenen rohen und $^{1}/_{3}$ zerkochten Kartoffeln. Weitere Zutaten sind Milch, Grieß, Semmelbrösel und Fett. In ihrer ursprünglichen Heimat, aber auch im fränkischen, sächsischen und vogtländischen Raum sind die Thüringer Klöße eine Art Nationalbeilage zum Sonntagsbraten (z. B. Sauerbraten, dunkles Wild), und wenn Klöße übrig bleiben, werden sie unter der Woche aufgewärmt oder gebraten der Resteverwertung zugeführt. Besonders gut passen Thüringer Klöße zu Sauerkraut und Rotkohl.

THÜRINGER METT

Mit Salz und Pfeffer gewürztes ▸ Hackfleisch vom Schwein

THÜRINGER ROSTBRATEN

Neben der ▸ Thüringer Rostbratwurst die zweite Grillspezialität des Landes, die für jeden Barbecue-Fan ein besonderer Leckerbissen ist. 2 oder 3 cm dicke Steaks vom Schweinenacken werden vor der weiteren Zubereitung 2–24 Stunden gesalzen, gepfeffert, mit Senf bestrichen und mit Zwiebeln, eventuell auch noch Knoblauch und Kümmel, in Pilsener Bier mariniert. Die so vorbereiteten Fleischstücke werden bei mäßiger Hitze über Holzkohlenglut gegrillt und dabei mit der Marinade bestrichen.

THÜRINGER ROSTBRATWURST

Lokale Bratwurstspezialität in Thüringen mit einer jahrhundertelangen Tradition, die seit 2004 auch von der EU mit einer geschützten geografischen Angabe als besonderes regionales Produkt anerkannt wurde. Die Rostbratwurst gibt es roh oder gebrüht aus fein gehacktem Schweinefleisch (manchmal auch noch Kalb- oder Rindfleisch) und gewürzt mit Salz, Pfeffer, Kümmel, Majoran und Knoblauch, wobei mindestens 51 % der Zutaten aus Thüringen stammen müssen. Am liebsten grillen die Thüringer ihre Rostbratwurst und legen sie zum Verzehr in ein aufgeschnittenes Brötchen, bestrichen mit Senf oder auch mit Ketchup oder Grillsaucen. Tradition hat die Rostbratwurst auch mit Sauerkraut.

VERWENDUNG

Mit Thymian werden Fleischgerichte, Eintöpfe, Suppen, Salate, Pasteten und Wurstwaren gewürzt. Auch mit Hülsenfrüchten und Gemüse harmoniert er sehr gut und ein ▸ Ratatouille ohne Thymian wäre wie eine Suppe ohne Salz. Außerdem darf er weder im ▸ Bouquet garni noch in ▸ Herbes de Provence fehlen.

THYMIAN

(Küchenpolei)

Ein Paradegewürz der mediterranen (südfranzösischen) und auch lateinamerikanischen Küche von einem 20–45 cm hohen Halbstrauch, dessen Heimat der westliche Mittelmeerraum ist und der heute vor allem in Süd- und Osteuropa, Nordafrika, Argentinien und den südlichen USA angebaut wird. Die Würzpflanze aus der botanischen Familie der Lippenblütengewächse ist mit ▸ Majoran und ▸ Oregano verwandt. Frisch oder getrocknet sind die Blätter des Thymian, die mitgekocht werden, überaus aromatisch und sie haben einen würzigen und ganz leicht bitteren Geschmack. Jedem Gericht, in dem sie verwendet werden, geben sie eine besondere Note, die je nach Thymianart etwas anders sein kann. Man schätzt die Zahl der verschiedenen Sorten auf rund 100, vom sehr feinen und leicht exotischen Zitronenthymian bis zum weniger aromatischen Wilden Thymian (▸ Quendel).

TIEFKÜHLEN

(tiefgefrieren)

Hochwirksame, dabei besonders schonende und technisch mittlerweile perfektionierte Konservierungsmethode, die für fast alle frischen und halb oder ganz kochfertig zubereiteten Lebensmittel angewandt werden kann. Der „Gefrierschock" bei Temperaturen von minus 35–40 °C lässt die Lebensmittel sofort erstarren und stoppt alle mikrobiologischen Alterungsprozesse. Zudem wird die Bildung größerer Eiskristalle verhindert, welche die Zellstrukturen zerstören und zu einem Verlust der wertvollen Inhaltsstoffe führen könnten. Farbe, Geschmack und ernährungsphysiologischer Wert bleiben bei tiefgekühlten Lebensmitteln also bestmöglich erhalten und auch nach Monaten ist der Verlust daran im Vergleich zu anderen Konservierungsmethoden äußerst gering. Weiterer Vorteil der Tiefkühlung: Das Schockfrosten passiert in den meisten Fällen bereits am Ernte- und Produktionsort der Lebensmittel bzw. nach nur kurzem Transportweg. Somit sind Tiefkühlprodukte oft frischer als Ware vom Markt. Selbst in der gehobenen Gastronomie werden zunehmend tiefgekühlte Lebensmittel verwendet, zumal diese heute in ausgezeichneter Qualität auf dem Markt sind.

TIEFSEEGARNELEN

Garnelenart (▸ Garnelen, ▸ Krebstiere)

TIGERNÜSSE ▸ Erdmandeln

TIK(UR)MEHL

eine auch als Kurkumastärke bekannte Art von ▸ Arrowroot

TILSITER

(Tollenser)

Ursprünglich aus dem ehemaligen Ostpreußen (heute Russland) und der Stadt Tilsit (heute Sowetsk) stammender Schnittkäse (▸ Käse), der u. a. auch in Deutschland unter diesem Namen hergestellt wird, weil er nicht geschützt ist. Der Schnittkäse aus roher oder pasteurisierter Kuhmilch (30–60 % Fett i. Tr.) hat eine dünne, bräunliche Rinde, die während Reifung (ca. 6 Monate) mit Salzwasser und Rotschmierekulturen abgerieben wird, und einen hellgelben, elastischen und feuchten Teig mit kleinen Löchern. Der klassische Tilsiter schmeckt kräftig würzig, aus industrieller Herstellung ist er jedoch oft sehr mild und neutral. In seiner Art ähnlich ist der dänische ▸ Havarti und in der Schweiz, wohin Heimkehrer das Herstellungsrezept Ende des 19. Jh. mitnahmen, wird er als ▸ Royalp gehandelt.

VERWENDUNG: *Nicht zuletzt seine Vielseitigkeit macht den Tilsiter so beliebt, ob als Brotbelag, gewürfelt in Salaten oder als Bestandteil der Käseplatte. Durch seine guten Schmelzeigenschaften kann er in der warmen Küche zum Überbacken oder in Käsesaucen verwendet werden.*

TIMBALEN ▸ Becherpasteten

TINTENFISCHE

Eine zoologische Unterordnung der Kopffüßer und der Weichtiere (was sie zu Schneckenverwandten macht), von denen eine Reihe von Arten auch kulinarisch von großem Interesse sind (► Seite 590).

TINTENPILZ ► Schopftintling

TINTLINGE

Besonderes artenreiche Gattung aus der Ordnung der Blätterpilze (► Pilze), deren Vertreter auf der ganzen Welt verbreitet sind. Allein in Mitteleuropa wird die Zahl der unterschiedlichen Arten auf rund 100 geschätzt. Sie haben meistens ei- bis kegelförmige Hüte und wachsen als so genannte Saprobionten – auch Fäulnisfresser genannt – am liebsten an nährstoffreichen Standorten auf Erde, Holz, Mist und Pflanzenresten. Als sehr guter Speisepilz gilt der ► Schopftintling.

Schon gewusst?

Im „Alter" zersetzen sich die nur kurzlebigen ► Tintlinge und geben bis auf wenige Ausnahmen eine tintenartige Flüssigkeit ab, mit der sie ihre Sporen verbreiten. Daraus wurde in früheren Zeiten eine Art Tinte hergestellt, mit der man schreiben konnte – und das brachte den Pilzen ihren deutschen Namen ein.

TIRAMISU

Der italienische Dessertklassiker besteht aus abwechselnden Schichten von aromatisiertem Löffelbiskuit und einer Creme aus Mascarpone, Eigelb und Eischnee, die immer die oberste Schicht bildet. Die Löffelbiskuits werden in kaltem Espresso getränkt und mit ► Amaretto, ► Marsala oder manchmal auch Weinbrand beträufelt. Das Tiramisu (zu Deutsch „Zieh mich hoch") wird mehrere Stunden gekühlt und vor dem Servieren mit reichlich Kakaopulver bestäubt. In seiner heute bekannten Form soll es in Venetien entstanden sein, wobei sich seine Ursprünge bis etwa 1970 in die Stadt Treviso zurückverfolgen lassen. Ähnliche Rezepte fin-

det man aber schon im 15. Jh. in der Toskana (Siena und Florenz). Heute wird bei der Herstellung von Tiramisu wegen der Salmonellengefahr oft auf die Zugabe von rohen Eiern verzichtet. Das ist vor allem dann ratsam, wenn es nicht sofort frisch gegessen und bis zum Verzehr nicht optimal gekühlt werden kann.

TIRGGEL

Typisches Schweizer Bildgebäck aus Mehl, Wasser, Honig und Gewürzen, das besonders in der Ostschweiz zu Weihnachten und Neujahr hergestellt wird. Die Model wurden traditionell aus Holz mit biblischen Motiven, Wappen oder Szenen aus dem täglichen Leben geschnitzt. Sie sind wertvolle Sammlerstücke und eine Sammlung davon ist im Schweizerischen Landesmuseum in Zürich zu sehen.

TIRIKEFTEDES

Eine beliebte Variante der griechischen ► Keftedes in Form von länglichen ► Frikadellen aus Hackfleisch, die mit Schafskäse gefüllt sind. Auch die Tirikeftedes werden vor dem Braten in der Pfanne (mit Öl) in Mehl gewendet.

TIROLER ART

Garnitur aus gebackenen Zwiebelringen und geschmolzenen Tomaten zu gebratenem Fleisch, Geflügel, Innereien oder Fisch in ► Tiroler Sauce (Tirol: österreichisches Bundesland bzw. Region in den Alpen)

TIROLER GRÖSTL ► Gröstl

TIROLER LEBER

in Mehl gewendete und gebratene Scheiben von der Kalbsleber mit in Bratfond gedünsteten Zwiebelringen und Tomaten

Tintenfische: Ungewöhnliche Meerestiere

Wenn es eine Auszeichnung für die ungewöhnlichsten Meereslebewesen geben würde, dann wären die Tintenfische ohne Zweifel ein heißer Anwärter darauf. Sie haben blaues Blut, verfügen über 2 Kiemen, 2 Nieren und sogar 3 Herzen, ihr Auge funktioniert wie das des Menschen, sie schmecken mit den Armen und tragen ihre Gedanken als rasch wechselnde Farbmuster auf der Haut. Und sie sind die intelligentesten unter den Weichtieren.

IM MITTELMEER STARK VERBREITET

Rein zoologisch gesehen sind die Tintenfische zunächst einmal – ungeachtet des Namens und der Tatsache, dass sie sehr schnelle Rückstoßschwimmer sind – keine Fische, sondern gehören als Unterklasse zu den so genannten Kopffüßern, die wiederum Weichtiere sind. Ihre besonderen Erkennungszeichen sind ein von Weichteilen umschlossenes Gehäuse und natürlich der ominöse Tintenbeutel. Man unterscheidet vor allem 2 große Überordnungen, die Zehnarmigen und die Achtarmigen Tintenfische. Sie sind weltweit in einer Vielzahl von Arten verbreitet, die meisten davon kommen im Mittelmeer vor. Aus kulinarischer Sicht sind vor allem die nachfolgend beschriebenen 3 Ordnungen interessant.

KALMARE, SEPIEN UND KRAKEN

Die Kalmare (auch Calamares oder Calamari) bilden mit rund 300 Arten die größte Ordnung innerhalb der Kopffüßer. Sie haben einen Kopf mit 10 dünnen Armen und einen deutlich abgesetzten Körper in Kegel- bzw. Spindelform. Handelsübliche Kalmare sind meist 5–20 cm lang; ein ganz anderes Kaliber war aber der größte bekannte Vertreter seiner Art, der am 22. Februar 2007 von neuseeländischen Fischern in der Antarktis gefangen wurde: 10 m lang und 495 kg schwer.

Die Sepien (auch Echte Tintenfische) leben im Gegensatz zu den eifrig schwimmenden Kalmaren in Bodennähe und sind aufgrund ihres Körperbaues nicht an das Leben im freien Meer angepasst. Um den Mund herum sind bei ihnen die meist relativ kurzen Fangarme (10 Stück) angeordnet. Zum Schutz vor Feinden können sie nicht nur Tinte ausstoßen, sondern sich auch blitzschnell eingraben und durch Farbwechsel tarnen.

Die Kraken (auch Oktopusse, Pulpos) schließlich haben ein völlig anderes Aussehen, entsprechen aber genau damit der Vorstellung vieler Menschen von Tintenfischen. Sie haben einen beutelförmigen Körper mit 8 Armen, die mit Saugnäpfen bestückt sind. Damit sehen sie gefährlicher aus als sie sind und trotz einer Größe bis zu 4 m sind Berichte von Riesenkraken, die ganze Schiffe in die Tiefe reißen können, nur Seemannsgarn. Typisch ist in den südlichen Ländern das Weichklopfen der Kraken auf festem Untergrund, weil ihr Fleisch zwar ausgezeichnet schmeckt, aber sehr fest und zäh ist.

VERWENDUNG

Vor allem in der mediterranen und asiatischen Küche werden Tintenfische auf vielerlei Art zubereitet – gegrillt, paniert, frittiert, in der eigenen Tinte (oder in Wasser) gekocht oder gefüllt. Die in Deutschland so beliebten Tintenfischringe (aus den Tuben von Kalmaren und nicht aus den Fangarmen) sind dagegen in den Mittelmeerländern lediglich Bestandteil von Fritto misto. Die dunkle Tinte mancher Arten dient heute als Farbstoff für schwarze ▸ Pasta, zum Färben von Kleidern wie in früheren Zeiten wird sie dagegen kaum mehr verwendet.

Dass Tintenfische – wie oft angenommen – zur Abwehr von Feinden eine ganze Nebelwand aufbauen können, stimmt so nicht; dazu wäre der Tintenbeutel bei einigen Arten viel zu klein. Sie stoßen vielmehr eine relativ kleine, aber kompakte Wolke von Pigmentkörnchen aus. Diese schwebt dann genau an der Stelle, wo kurz zuvor noch der per Rückstoß „davongeschossene" Tintenfisch war. Erst wenn der Angreifer nach der vermeintlichen Beute schnappt, wirbelt er die Farbpigmente auf und nebelt sich damit selbst ein.

TIROLER ROSTBRATEN
Eine Variante des ▸ Rostbraten aus dem Zwischenrippenstück vom Rind bzw. Ochsen, wobei die dünnen, weich geklopften Fleischscheiben wie ▸ Rouladen zusammengerollt und geschmort werden. Zuvor bestreicht man sie mit einer Mischung aus klein gewürfelten Kartoffeln und hart gekochten Eiern in ▸ Béchamel-Sauce, gewürzt mit Petersilie, Salz, Paprika.

TIROLER SAUCE
(Sauce tyrolienne)
eine tomatisierte ▸ Béarner Sauce (mit Öl statt Butter) bzw. eine Mayonnaise mit Tomatenpüree zu gebratenem und gegrilltem Fleisch, Innereien, Geflügel, Meeresfischen, Krebstieren und Eierspeisen

TIROLER STRUDEL
mit einer Mischung aus Butter, Eigelb, gehackten Datteln und Feigen, geriebenen Nüssen, Rosinen, Zimt, Eischnee, Zucker und abgeriebener Schale von unbehandelten Zitronen gefüllter süßer ▸ Strudel, Varianten auch mit Kirschen, Quark, Mohn und Äpfeln

TOAST(BROT)
(Röstbrot)
1. Feinporiges und leicht süßlich schmeckendes Spezialweißbrot in Kastenform mit dünner Rinde und hohem Eiweißgehalt, das meist bereits in gebrauchsfertige Scheiben geschnitten ist. Es besteht hauptsächlich aus Weizenmehl, Wasser, Milch(pulver), Zucker, Salz und Backtriebmitteln. Vor dem Verzehr wird es in der Regel in einem elektrischen Toaster geröstet. Erst bei der Röstung entfaltet das Toastbrot sein spezielles Aroma, trotzdem wird es gern auch ungeröstet für verschiedene ▸ Sandwiches verwendet.
2. Kleines, oft mit Käse überbackenes Gericht auf Toastbrot, das als kleiner Imbiss nicht nur als Schinken-Käse-Toast oder ▸ Toast Hawaii zubereitet werden kann. Neben diesen einfachen Varianten harmoniert der süßliche Geschmack von Toast auch bestens mit edlen Belägen wie z. B. Kaviar, feinen Räucherfischen oder Gänseleberpastete. Mit Butter und/oder Konfitüre wird Toast auch zum Frühstück gegessen, vor allem in Großbritannien.

TOAST HAWAII
Mit Schinken, Käse und einer Ananasscheibe belegter ▸ Toast, der entgegen seinem Namen nicht in Hawaii erfunden wurde und nur wegen der Ananas so heißt. Erstmals zubereitet wurde er vermutlich Mitte der 1950er-Jahre vom holländischen Fernsehkoch Clemens Wilmenrod. In kurzer Zeit wurde er danach in dessen Heimat und auch im benachbarten Deutschland ein großer Renner.

TODDY ▸ Palmwein

TOFU
(Soja(bohnen)käse, -quark)
Aus ▸ Sojamilch von weißen bzw. gelben ▸ Sojabohnen hergestelltes, käse- bzw. quarkähnliches Lebensmittel aus Ostasien, das dort bereits eine mehr als 2000-jährige Tradition hat und heute auf der ganzen Welt verbreitet ist – vor allem in der vegetarischen und veganen Küche, wo es ein proteinreicher und bekömmlicher Ersatz für Fleisch und Milchprodukte ist. Wie und wo Tofu wirklich entstanden ist, darüber gibt es verschiedene Theorien, die aber alle ins Reich der Legenden verwiesen werden müssen. Wirklich belegt ist nur, dass er bereits im 2. Jh. v. Chr. im Kaiserreich China hergestellt wurde und dass die Kunde von dieser neuen Verwertungsmöglichkeit von Sojabohnen im 8. Jh. nach Korea und Japan drang. In diesen 3 Ländern sowie Vietnam und Thailand ist Tofu mit seinem hohen Gehalt an wertvollem Eiweiß bei gleichzeitig wenig Kalorien und Kohlenhydraten schnell zu einem wichtigen Grundnahrungsmittel geworden.
Das Herstellungsverfahren von Tofu ähnelt dem von ▸ Käse. Es gibt dafür zwar verschiedene Methoden, die Grundlage ist aber bei allen

VERWENDUNG
Tofu verlangt geradezu nach pikanter oder süßer Veredelung in der Küche. Die festeren Arten werden vor allem als Fleischersatz und für Gerichte verwendet, in denen eine widerstandsfähige Konsistenz nötig ist – z.B. von Grill und Spieß, wenn Tofu paniert, in der Pfanne gebraten oder „gespickt" werden soll. Die weicheren Tofus sind z.B. für Suppen, Saucen, Aufläufe, Desserts, quarkähnliche Zubereitungen oder einfach nur als Brotaufstrich mit Kräutern erste Wahl.

SCHON GEWUSST?

Vor allem in der asiatischen Küche kennt man unzählige Rezepte, wie ► Tofu kalt oder warm zubereitet werden kann. Es gibt dort sogar Restaurants, die sich ausschließlich auf Tofugerichte spezialisiert haben. Seine Vielseitigkeit macht Tofu auch zu einem wichtigen „Rohstoff" für die Lebensmittelindustrie.

die Gerinnung (Dicklegung) der so genannten Sojamilch (gewonnen aus getrockneten, eingeweichten, pürierten und gekochten Sojabohnen) mit Salzen oder Säuren. Das Endprodukt kann weicher (wie Quark) oder fester und in Blöcke gepresst (wie Käse) sein. Welche Variante man bevorzugt, hängt in erster Linie von der beabsichtigten Weiterverarbeitung ab. Mit seinem von Natur aus geringen Aroma und Geschmack ist Tofu vor allem ein hervorragender Aromenträger bzw- transporteur.

TOKAJER

Eine der großen Spezialitäten Ungarns und sein berühmtester ► Wein, der seinen Namen von der Stadt Tokaj im Nordosten des Landes hat. Wann genau der erste Tokajer nach heutiger Art aus edelfaulen Beeren hergestellt wurde, lässt sich nicht eindeutig belegen, sicher aber kennt man den Süßwein mit seinem geradezu legendären Alterungspotenzial seit Mitte des 17. Jh. Damit war er auf jeden Fall einer der ersten Weine der Welt aus Trauben mit Botrytisbefall. Das Anbaugebiet von Tokajer umfasst heute rund 6000 ha, neben Tokaj noch rund um die Städte Sárospatak, Sátoraljaújhely und Szerencs sowie 24 kleinere Gemeinden. Die dort herrschenden mikroklimatischen Bedingungen sind ein idealer „Nährboden" für die ► Edelfäule. Zur Herstellung von Tokajer sind ausschließlich 6 einheimische Rebsorten zugelassen: Furmint, Muskat-Ottonel, Hárslevelü, Kövérszölö, Oremus und Zéta. Tokajer wird in verschiedenen Qualitätsstufen hergestellt. Kenner wissen, dass der berühmte Wein den Zusatz Aszú oder Eszencia trägt.

TOKÁNY

Ungarisches Gulaschgericht (► Gulasch), das aus in fingerdicke Streifen von geschnittenem und angebratenem Fleisch (meist vom Rind), manchmal Gänseleber, Zwiebeln und verschiedenem Gemüse in einer mit Mehl angedickten Sauce aus saurer oder süßer Sahne, Rot- oder Weißwein zubereitet wird.

TOLLATSCHEN

traditionelle pommersche Klöße aus Mehl, Zucker, Lebkuchengewürz, Semmelbröseln, Mandeln und Rosinen, in Fleischbrühe gegart und oft angerichtet mit in Schmalz gebratenen Apfelscheiben (Pommern: Landschaft an der Südküste der Ostsee beiderseits der Oder im Norden Deutschlands und Polens)

TOLLENSER ► Tilsiter

TOMATEN

(Gold-, Liebesäpfel, Paradeis(er), Paradiesäpfel)

Weit über 2500 Sorten sind von diesen Beerenfrüchten einer krautigen Pflanze bekannt, die zur botanischen Familie der Nachtschattengewächse zählt und damit u. a mit der Kartoffel verwandt ist. Und entsprechend groß ist auch die geschmackliche Vielfalt von wässrigen Treibhaus-Exemplaren bis zu herrlich aromatischen Gemüsefrüchten, die wirklich eine „rote Versuchung" sind und volkstümlichen Bezeichnungen wie Liebes-, Paradies- oder Goldäpfel alle Ehre machen. Ihren Ursprung dürfte die Tomatenpflanze in Mittel- und Südamerika haben. Von den Azteken wurden Tomaten ab etwa 200 v. Chr. kultiviert, also deutlich später als andere Gemüsefrüchte (z. B. Kürbisse, Mais, Bohnen). Auch ihre „Küchenkarriere" in Europa startete die Tomate erst relativ spät im Laufe des 18. Jh., nachdem sie zuvor nur als Zierpflanze gedient hatte. Heute werden weltweit etwa 120 Mio. Tonnen Tomaten im Jahr produziert und jeder Deutsche vertilgt im Durchschnitt rund 22 kg. Größter Tomatenerzeuger ist China mit rund 31 Mio. Tonnen, in der EU steht Italien mit rund 7 Mio. Tonnen an der Spitze. Enorm ist die Formen- und Größenvielfalt von Minitomaten wie ► Kirschtomaten über ► Flaschentomaten und

▸ Strauchtomaten bis zu 1 kg schweren Riesentomaten. Viele Massenzüchtungen (bis zu gentechnisch veränderten Sorten) bieten optisch aber mehr als im Geschmack; mit ein Grund dafür, dass zunehmend – vor allem im Bioanbau – alte und besonders aromatische Tomatensorten wiederentdeckt werden. Tomaten müssen übrigens nicht immer rot sein, es gibt auch gelbe, orange, grüne, ja sogar violette, braune und schwarze sowie gestreifte und marmorierte Sorten – wenn auch meist nicht im normalen Handel.

VERWENDUNG: *So groß wie die Sortenvielfalt sind auch die Verwendungsmöglichkeiten von Tomaten in der Küche, vom Salat über Suppen, Saucen, Gemüsezubereitungen (wie z. B. das ▸ Ratatouille) und gefüllte Tomaten bis hin zur Grilltomate. Vor allem in der italienischen Küche geht ohne Tomaten fast gar nichts. Außerdem werden sie in riesigen Mengen industriell verarbeitet, so u. a. zu ▸ Tomatenmark, ▸ Ketchup, Dosenkonserven und Tomatensaft.*

AUFBEWAHRUNG: *Tomaten lagert man am besten bei 13–18 °C und möglichst hoher Luftfeuchtigkeit, unter diesen Bedingungen halten sie sich bis zu 14 Tage und verlieren kaum etwas von ihren wertvollen Inhaltsstoffen. Der schlechteste Aufbewahrungsort ist dagegen der Kühlschrank, denn dort verlieren sie deutlich an Aroma, Geschmack, Textur und Haltbarkeit.*

Schon gewusst?

Tomaten sind reich an Wasser (etwa 95 %), aber bei gleichzeitig wenig Kalorien auch an Vitaminen, sekundären Pflanzenstoffen und Mineralstoffen. Kraut, Stielansatz (Zilch) und der grüne Teil der Frucht enthalten jedoch das leicht giftige Solanin und sollten deshalb vor dem Verzehr sicherheitshalber entfernt werden.

TOMATENCOULIS

eingekochter und konzentrierter Tomatensaft (nach Geschmack noch mit Sellerie und Lauch) mit Salz, Zucker und Knoblauch als Basis für Tomaten- und andere Saucen, als feine Beilage zu Gemüseterrinen oder Dip (z. B. zu Fleisch)

TOMATENFLOCKEN

getrocknete Tomatenstücke für Gemüsezubereitungen, Suppen, Saucen usw.

TOMATENKETCHUP

Für die meisten Menschen der ▸ Ketchup schlechthin ist dieses süßsäuerliche Produkt aus passierten Tomaten oder Tomatenmark mit Essig und verschiedenen Gewürzen.

TOMATENMARK

In Tuben oder Konserven angebotene konzentrierte Würzpaste, die ausschließlich aus dem Fleisch (ohne Kerne und Schale) von reifen und passierten Tomaten hergestellt wird. Diese werden unter Vakuum oder Hitze in verschiedenen Konzentrationen eingedickt. Neben der Verwendung in der Küche (vor allem für ▸ Saucen) ist Tomatenmark auch Grundstoff für die Herstellung von ▸ Ketchup.

TOMATENPAPRIKA

besondere Art ▸ Gemüsepaprika (▸ Paprika)

TOMATENPULVER

pulvriges Konzentrat aus luftgetrockneten und gemahlenen Tomaten oder Tomatenmark

TOMATENSAUCE

(Sauce tomate)

Eine der wichtigsten Grundsaucen, die besonders viele Varianten erlaubt und im Handel auch als Fertigprodukt erhältlich ist. Sie besteht aus leicht gebundenem weißen ▸ Fond mit entkernten, geschälten und passierten Tomaten oder Tomatenmark. Weitere Zutaten können kleine Brustspeck- oder Schinkenwürfel, Mohrrüben, anderes Wurzelgemüse, Zwiebeln, Basilikum, Lorbeer, Thymian, Knoblauch, Pfeffer, Salz und Zucker sein. Tomatensaucen, mal dicker und sämiger, mal dünner und leichter, passen u. a. zu Fleisch-, Geflügel- und Fischgerichten, Meeresfrüchten, aber auch zu Gemüsegerichten, Teigwaren, Reis usw.

TOMATENSUPPE

In vielen Variationen und nach regional unterschiedlichen Rezepten zubereitete Suppe auf der Grundlage von Tomaten, mit oder ohne Stücke davon und anderen Einlagen wie z. B. Reis

VERWENDUNG

In den Küchen Lateinamerikas und ganz besonders in Mexiko werden Tomatillos gerne in Gemüsezubereitungen und ▸ Salsa verarbeitet; oft in Verbindung mit Chilis verwendet, weil sich beide Früchte geschmacklich und aromatisch gut ergänzen und Tomatillos die Schärfe mildern.

TOMATIEREN
Speisen mit Tomatensauce oder Tomatenmark mischen

TOMATILLOS
Ihr Name erinnert zwar stark an Tomaten, die Tomatillos gehören wie diese zur botanischen Familie der Nachtschattengewächse und sind ebenfalls Beerenfrüchte, aber trotzdem sind die verwandtschaftlichen Bande zwischen beiden Gemüsearten nicht so eng, wie man vermuten könnte. Die an 1,5–2 m hohen krautigen Pflanzen wachsenden Tomatillos gehören nämlich im Gegensatz zu den Tomaten der Gattung ▸ Physalis an. Die grünen oder grün-violetten Beeren haben eine charakteristische laternen- bzw. lampionförmige Fruchthülle. Ihre Hauptverbreitung liegt in Mittelamerika und Mexiko, in geringerem Umfang auch in Indien, Australien, Südafrika und den südlichen USA.

TOMME
Bezeichnung für einige weiche oder halbfeste ▸ Käse aus Frankreich und der Schweiz, die meist von kleinen Erzeugern bzw. Bauernhöfen kommen und aus der Rohmilch von Kühen, Ziegen, Schafen oder einer Mischung daraus hergestellt werden. Typisches Merkmal von Tomme ist auch der meist moderate Fettgehalt von 20–40 % i. Tr., weil vor dem Käsen der Rahm (zumindest teilweise) zur Butterherstellung abgeschöpft und der Käse nur aus der Magermilch gemacht wird. Der vielleicht bekannteste Käse dieser Art ist der schnittfeste *Tomme de Savoie* aus der Region Savoyen, der in der Regel direkt auf den Almen hergestellt wird. Eine besondere Spezialität ist der *Tomme au Marc (de Raisin)*, der in luftdicht verschlossenen Behältern 1 Monat lang in ▸ Marc eingelegt wird. Eine bekannte Schweizer Variante ist der besonders cremige *Tomme Vaudoise*, der meist einen höheren Fettgehalt von 45–50 % i. Tr. hat.

TONELLOSALAT
Italienischer Salat aus in kleine Stücke gezupftem Thunfisch mit Grünen Bohnen, grünen und gelben Paprikastreifen sowie Tomatenscheiben in Essig-Öl-Sauce, garniert mit hart gekochten Eiern und Oliven.

TONIC WATER
Erfrischungsgetränk und Bestandteil vieler ▸ Longdrinks und ▸ Cocktails mit einem leicht bitteren Geschmack, verursacht durch den geringen Gehalt an ▸ Chinin

TONKABOHNEN, -SAMEN
Die mandelförmigen Samen eines 20–25 m hohen immergrünen Baumes, der seinen Ursprung im nördlichen Südamerika hat und ansonsten vor allem noch in der südlichen Karibik und in Nigeria wächst. Die bräunlich-violetten, länglich-flachen Samen dienen getrocknet als Gewürz. Sie haben ein süßliches Aroma, das an Vanille und Waldmeister erinnert und von Cumarin geprägt ist. Dieser sekundäre Pflanzenstoff, der im Verdacht steht, krebserregend zu sein, ist auch in den Tonkabohnen in nennenswerten Konzentrationen enthalten. In Deutschland waren sie deshalb zur Herstellung/Zubereitung von Lebensmitteln zeitweise verboten. Heute dürfen sie unter Einhaltung der zulässigen Höchstgrenzen für Cumarin aber wieder verwendet werden.
VERWENDUNG: *Wenn überhaupt, werden Tonkasamen in erster Linie sparsam dosiert in Desserts (vor allem mit Mohn oder Kokos), Kuchen und Keksen verwendet. Die sehr harten Samen reibt man am besten wie Muskat, man kann sie aber auch auskochen oder in Rum einlegen, um ihre Aromastoffe zu lösen. In ihren Verbreitungsländern dienen sie auch als Vanilleersatz und zum Aromatisieren von Pfeifentabak sowie von Kräuter- und Bitterlikören.*

TONNATO
italienischer Zusatz für Speisen mit Thunfischsauce, vor allem ▸ Vitello tonnato

TOPAZ
eine Kreuzung in der Gruppe der ▸ Zitrusfrüchte zwischen ▸ Orangen und ▸ Tangerinen mit wenig Kernen, aber viel Saft und aromatischer Süße

TOPFBRATEN
vor allem in Thüringen bekanntes süßsaures Ragout aus besonderen Stücken vom Schwein (Bauch, Herz, Kopf, Nieren und Zunge) in einer Fleischbrühe mit Weinessig, Nelken, Lorbeer, Zwiebeln und Lebkuchen, dazu Pflaumenmus

TOPFEN ▸ Quark

TOPFENKNÖDEL
eine der berühmten süßen ▸ Mehlspeisen aus Österreich in Form von Klößen aus Butter, Eiern, Mehl, Quark (Topfen) und Semmelbröseln bzw. Grieß, meist serviert mit Früchten

TOPFENPALATSCHINKEN
mit Topfen (Quark) gefüllte österreichische ▸ Palatschinken

TOPFENSTRUDEL
(Quarkstrudel)
österreichische Strudelspezialität (▸ Strudel) mit einer Füllung aus Quark, Butter, Eigelb, geschlagenem Eiweiß und Zucker

TOPFKUCHEN ▸ Napfkuchen

TOPINAMBUR

(Erdartischocke, -birne, -schocke, - sonnenblume, Jerusalem-Artischocke)
Eine bis 3 m hohe krautige Pflanze aus der botanischen Gattung der Sonnenblumen (Familie der Korbblütengewächse), deren Knollen mit hellbrauner, gelber oder roter Schale in der Küche schon einmal bessere Tage gesehen haben. Davon zeugen noch die vielen Synonyme, unter denen sie im Volksmund bekannt sind. Aus Nord- und Mittelamerika (vermutlich Mexiko) stammend, waren die Topinamburknollen in Europa bis ins 18./19. Jh. hinein eine wichtige Nahrungs- und Futterpflanze, ehe sie zunehmend von der ergiebigeren Kartoffel verdrängt wurden. Die Hauptanbaugebiete von Topinambur befinden sich heute in Nordamerika, Russland, Australien und Asien. Auch in Südfrankreich ist die Pflanze stärker verbreitet, während sie in Deutschland nur noch geringe wirtschaftliche Bedeutung hat. Die nährstoffreichen Knollen von der Größe kleiner bis sehr kleiner Kartoffeln haben einen interessanten, leicht süßlich-erdigen und nussigen Geschmack, der roh an Artischocken erinnert.

SCHON GEWUSST?

Die Knollen des ▸ Topinambur werden auch als „Kartoffeln der Diabetiker" bezeichnet. Sie enthalten ein stärkeähnliches Kohlenhydrat – den Mehrfachzucker Inulin (nicht zu verwechseln mit dem Hormon Insulin) –, das für Diabetiker gut verträglich ist.

TORFBEEREN ▸ Moosbeeren

TORO
Weinanbaugebiet (▸ Wein) mit geschützter Herkunftsbezeichnung in der nordspanischen Region Kastilien-Léon (nahe der Grenze zu Portugal), das nach der gleichnamigen Stadt Toro benannt ist. Neben riesigen Weizenfeldern gibt es auch rund 4000 ha Weingärten in 600–750 m Höhe. Allein rund 70 % der Rebfläche nimmt die autochthone und als Urform des ▸ Tempranillo geltende Rebsorte Tinta de Toro ein. Vor allem in den letzten 15 Jahren haben die kräftig-kernigen Weine aus Toro international erheblich an Renommee gewonnen.

TORRONE
die italienische Variante der spanischen Süßware ▸ Turrón

TORTELETTS
meist blind gebackene runde oder ovale Törtchen aus Mürb- (bzw. Pasteten-), Hefe-, oder Blätterteig, pikant gefüllt als Vorspeise, Zwischengericht oder kleiner Imbiss, süß gefüllt als Nachtisch

VERWENDUNG

Topinambur kann in der Küche roh (z.B. zu Salat) oder gekocht und in vielen Fällen ähnlich wie Kartoffeln zubereitet werden. Die Knollen lassen sich backen, braten, dünsten oder pürieren. In Baden wird daraus auch ein Schnaps gebrannt und in Reformhäusern gibt es Topinambursaft.

TORTELLINI
Kleine dicke italienische Nudelringe (▸ Pasta, ▸ Teigwaren), die ähnlich wie ▸ Ravioli mit Fleischfarce oder Gemüse (meist Spinat) gefüllt werden. Daneben gibt es noch viele regionale oder der Fantasie des Kochs entspringende Varianten, z. B. mit Pilzen, Ricotta oder Parmesan. Tortellini werden gern in Suppen, mit Sahne- oder Hackfleischsauce serviert.

TORTELLONI
eckige oder halbrunde italienische Teigtaschen (▸ Pasta, ▸ Teigwaren) ähnlich den ▸ Ravioli mit Füllungen aus Hackfleisch, Wurst, Geflügel, Gemüse (z. B. Spinat, Kürbis), Ricotta oder Parmesan

TORTEN
Mehrere horizontale Schichten muss er haben und nach dem Backen eine Füllung oder Auflage aus Creme, Sahne oder Quark und/oder Früchten erhalten, dann wird aus einem ▸ Kuchen eine Torte. Und oft kommt sozusagen als „Sahnehäubchen" noch ein Überzug und eine reiche Verzierung bei den Meisterwerken der Konditoreikunst obendrauf. Grundlage für die oft runden Kalorienbomben ist meist Biskuitmasse oder Mürbteig bzw. eine Mischung daraus. Je nach Rezept können frische, getrocknete oder kandierte Früchte, Vanille, Kakao, Kaffee, gemahlene Nüsse, Marzipan, Konfitüren weitere Zutaten sein und Spirituosen verschiedenster Art für einen „Schuss" mehr Aroma sorgen. Oft werden Torten mit Glasur, Kuvertüre oder der Füllcreme überzogen. Zur Dekoration, die vor allem bei Hochzeitstorten gerne zur Kunst erhoben wird, dienen u. a. Creme oder Sahne aus dem Spritzbeutel, Marzipanmasse, Schokolade und Früchte. Tortenklassiker sind die ▸ Sachertorte, ▸ Schwarzwälder Kirschtorte, ▸ Prinzregententorte, ▸ Linzer Torte, und ▸ Malakofftorte. Zu den Torten zählt auch das italienische ▸ Tiramisu.

TORTENBÖDEN
flache, runde „Unterlagen" aus Biskuitmasse oder Mürbteig, oft mit erhöhtem Rand zum Belegen mit Früchten, Cremes usw., im Handel auch fertig erhältlich

TORTIGLIONI
diagonal bzw. spiralförmig geriffelte italienische Röhrennudeln (▸ Pasta, ▸ Teigwaren), meist mit Fleisch- oder Käsesauce zubereitet

TORTILLAS
1. Die spanische Art von ▸ Omeletts, nach dem Originalrezept (Tortilla de patatas) aus Eiern und Kartoffeln in der Pfanne in Olivenöl gebraten. Das zweite große Nationalgericht der Spanier neben der ▸ Paella gibt es in den verschiedensten Variationen mit allen Arten von Gemüse, Fisch und Wurst, oft mit viel Knoblauch. Tortillas werden warm oder kalt gegessen, gern auch als Baguette- oder Sandwichbelag.
2. Mehl- bzw. Brotfladen aus gemahlenem Mais oder Weizen, die in ihrer mexikanischen Heimat nationalen „Kultstatus" genießen und mit den verschiedensten Belägen immer und überall gegessen werden. Mit Füllung werden die Tortillas zu ▸ Tacos.

TOSKANA
Das mit dem ▸ Piemont berühmteste der italienischen Weinanbaugebiete (▸ Wein) mit seiner Regionshauptstadt Florenz erstreckt sich an der ligurischen Küste, im Norden und Osten von den Apenninen begrenzt, bis zur Maremma über mehr als 60 000 ha Rebfläche. Die Toskana gilt als eines der ältesten Weinanbaugebiete Europas, denn hier kelterten schon die Etrusker Wein, lange vor den Römern. Die wichtigste rote Rebsorte ist der ▸ Sangiovese, u. a. Grundlage für die populären Weine ▸ Chianti, ▸ Brunello di Montalcino und ▸ Vino Nobile di Montepulciano ist. Außerdem ist die Toskana Heimat des ▸ Vin Santo und hat mit rund 45 % einen besonders hohen Anteil an Weinen mit DOC- oder DOCG-Prädikat.

TOSKANISCHE ART
1. Garnitur aus gefüllten Artischockenböden, mit Pilzfarce gefüllten Tomaten und Rosenkohl zu kleinen gebratenen Fleischstücken
2. Makkaroni mit Gänseleberpüree und Trüffelwürfeln
3. Rinderkraftbrühe mit kurzen Makkaroni, gebackenen Auberginenstückchen, Champignon- und Trüffelwürfeln

TOSUFU ▸ Sufu

TOTENTROMPETE ▸ Herbsttrompete

TÖTTCHEN
Früher ein reines Arme-Leute-Essen in Westfalen bzw. im Münsterland, für das der halbierte Kopf, Lunge, Herz, Zunge und andere nicht so hochwertige Stücke vom Rind mit Zwiebeln, Weinessig und Mehl zu einem süßsauren Ragout (gewürzt mit Thymian, Nelken, Lorbeer, Pfefferkörnern usw.) verkocht wurden. Heute gibt es in Restaurants auch veredelte Varianten mit Kalbfleisch und weniger Innereien.

TOULOUSER ART
(toulousaine, à la)
kleine Geflügelklöße, Kalbs- oder Lammbriesscheiben, weiße Champignonköpfe, Trüffelscheiben und ▸ deutsche Sauce zu pochiertem, in der Pfanne gebratenem Geflügel (Toulouse: Stadt in Südwestfrankreich)

TOURIGA NACIONAL
Vor allem für den ▸ Portwein und in ▸ Douro große Bedeutung hat diese rote Rebsorte (▸ Wein) aus Portugal. Touriga Nacional gedeiht in heißem Klima am besten und gilt mit ihren kleinen Beeren mit viel Tannin und Extrakt als die beste Rebsorte für Port. Zwei nicht nur namensverwandte Rebsorten sind Touriga Francesca und Touriga Branca.

TOURNEDOS ▸ Medaillons

TOURNIEREN
Gemüse (Kartoffeln, Mohrrüben, Zucchini, Auberginen usw.) oder auch Obst in gleichförmige und gleichgroße Stücke zurechtschneiden, was zur Garnierung oder Dekoration dient, aber auch einen praktischen Zweck erfüllt. Die tournierten Stücke haben anschließend nämlich alle die exakt gleiche Garzeit.

TRAHANA
auf dem Balkan ▸ Teigwaren aus pürierten Paprikas (in der scharfen Variante auch Chilis), Mehl, gemahlenen Sesamkörnern und gegorenem Sauerteig als Beilage zu Fleisch- und Fischgerichten sowie Käse

TRAMEZZINI
Italienische Art von ▸ Sandwiches in vielerlei Variationen, die sich auch in Deutschland zunehmender Beliebtheit erfreuen. Zwischen zwei besonders weichen, feinporigen und immer in Dreiecke geschnittenen Weißbrotscheiben ohne Rinde sind die Tramezzini (Einzahl Tramezzino) mit verschiedenen Salaten, Schinken und Käse, gekochten Pilzen, Gemüse, Meeresfrüchten und meist einer kräftigen Portion Mayonnaise belegt bzw. gefüllt.

TRAMINER
Wie der ▸ Pinot ist auch der Traminer nicht eine einzige (weiße) Rebsorte (▸ Wein), sondern eine kleine Rebsortenfamilie und zudem eine der ältesten Trauben überhaupt – und damit Vorfahre vieler anderer Rebsorten. Direkte Nachkommen des Traminer sind z. B. so populäre Rebsorten wie ▸ Sauvignon Blanc, ▸ Sémillon, ▸ Grüner Veltliner und der rote ▸ Pinot Noir, beim roten „Weltenbummler“ ▸ Cabernet Sauvignon war er ein Großelternteil. Vom Traminer selbst gibt es vor allem 3 Varietäten, den Gelben oder Weißen Traminer, den Roten Traminer und den ▸ Gewürztraminer. Vor allem in diesen zwar durch äußerliche Merkmale, nicht

aber genetisch zu unterscheidenden Spielarten wird er auf der ganzen Welt angebaut, von Europa (Frankreich, Deutschland, Österreich, Italien) über die USA und Argentinien bis Australien. Aufgrund seines markanten Aromas (nach Rosenwasser und Marzipan) wird er zu den so genannten Buketttrauben gezählt.

TRAN
(Fischtran, Lebertran)
Fettes Öl, das aus dem Blubber (Fettgewebe) von Fischen und Meeressäugern wie z. B. Walen gewonnen wird. Tran hat einen penetranten Geruch und Geschmack – früher ein Schreckgespenst für Kinder, die Lebertran aufgrund seines hohen Gehaltes an Vitamin A und D schlucken mussten. Tran wird heute vor allem als Rohstoff bei der Herstellung von Margarine und Seife sowie von pharmazeutischen und kosmetischen Produkten verwendet.

TRANCHIEREN
(zerlegen)
Nicht einfach das „Zerstückeln" von Lebensmitteln, sondern eine Geschicklichkeit und gute Technik verlangende Küchenkunst – mit nicht geringem Showeffekt, wenn diese in einem Restaurant direkt vor den Augen des Gastes am Tisch zelebriert wird. Unter Tranchieren versteht man das fachgerechte in Scheiben schneiden bzw. Zerlegen von Fleisch, Geflügel, Fisch, Obst, Gemüse usw. in tellergerechte und appetitlich aussehende Stücke. Voraussetzung dafür sind auch anatomische Kenntnisse über die Tiere und die richtige Handhabung der diversen Spezialwerkzeuge wie z. B. Tranchier- bzw. Vorlegebesteck, Austernmesser, Schinkenmesser, Fischbesteck, Hummerzange usw.

TRAPPE
In fast allen europäischen Ländern geschützter Kranichvogel mit kräftigem Körperbau und langen Beinen, der für kulinarische Zwecke in der Regel aus der Zucht kommt. Trappen haben ihre Hauptverbreitung in Afrika, wo 16 der 22 Arten vorkommen. Die Laufvögel sind aber auch in Europa, Asien und Australien anzutreffen, bevorzugt in Steppen und Halbwüsten.

TRAPPISTENKÄSE ▸ Port-Salut

TRAUBEN
Im engeren botanischen Sinn ein Blüten- bzw. Fruchtstandstyp, bei dem eine größere Zahl von Früchten um eine gestreckt wachsende Sprossachse angeordnet sind. Meist spricht man von Trauben aber in Zusammenhang mit den Früchten der Familie der Weinrebengewächse, also ▸ Tafeltrauben und ▸ Weintrauben. Im Volksmund wird dabei oft kein Unterschied zwischen den Fruchtständen (Trauben) und den einzelnen Früchten gemacht, die korrekt als Beeren bezeichnet werden müssen.

TRAUBENKERNÖL
Aus den getrockneten Kernen von Weintrauben gewonnenes ▸ Speiseöl, das eine goldgelbe Farbe und einen hohen Anteil an ungesättigten Fettsäuren hat. Heiß gepresstes Traubenkernöl ist im Geschmack ziemlich neutral, kalt gepresstes dagegen süßlich-nussig mit leichter Bitternote und traubigerem Geschmack. Es eignet sich sehr gut für die kalte Küche, kann aufgrund des hohen Rauchpunktes über 190 °C aber auch zum Braten verwendet werden.

TRAUBENMOST
der unvergorene ▸ Most (▸ Süßmost) von Weintrauben als „Ausgangsmaterial" für die Herstellung von ▸ Traubensaft und ▸ Wein

TRAUBENSAFT
Der naturreine, nicht vergorene bzw. gegen weitere Vergärung geschützte Saft von Weintrauben mit maximal 1 Vol.-% Alkoholgehalt (gemäß EU-Verordnung)

TRAUBENSAUCE
(Sauce au verjus)
mit dem Saft unreifer Trauben verkochte, mit Butter aufgeschlagene und mit Sherry gewürzte ▸ Kraftsauce (Demiglace)

TRAUBENZUCKER
(Dextrose, Glukose)
Ein schwach süßender Einfachzucker aus der Gruppe der ▸ Kohlenhydrate, der u. a. in ver-

schiedenen Früchten und Honig enthalten und Spaltungsprodukt von ▸ Saccharose (damit indirekt auch ein Produkt der Fotosynthese) ist. Traubenzucker wurde erstmals im Jahre 1792 von dem deutsch-russischen Chemiker und Pharmazeut Johann Tobias Lowitz (1757–1804) in Weintrauben entdeckt; er erkannte auch den Unterschied zur Saccharose. Traubenzucker ist wichtig für viele Körperfunktionen und kommt in Pulver-, Tabletten oder Plattenform in den Handel.

TREBBIANO
Die weiße Rebsorte (▸ Wein) Nummer 1 in Italien, die vermutlich antiken Ursprungs ist. Sie wird heute in verschiedenen Spielarten auf weit über 200 000 ha angebaut, jeweils zur Hälfte in Frankreich – wo man sie als ▸ Ugni Blanc kennt – und in Italien. Die Rebsorte ist bei den Winzern vor allem wegen ihres Ertragsreichtums beliebt, die daraus gekelterten Weine haben viel Säure aber wenig Extrakt und sind meist relativ ausdrucksschwach. Trebbiano bzw. Ugni Blanc wird auch für die Destillation von Branntweinen verwendet.

TREBER ▸ Trester

TREIBHAUSGEMÜSE
(Gewächshausgemüse)
Im Gegensatz zum so genannten ▸ Freilandgemüse in Gewächshäusern oder unter Folien (wie z. B. ▸ Spargel) und anderen schützenden und Wärme speichernden Vorrichtungen angebautes ▸ Gemüse mit guten und weniger guten Eigenschaften. Vorteile sind die fast ganzjährige Ernte und die makellose Optik. Die Nachteile: In Aroma und Nährstoffgehalt ist das Freilandgemüse meist überlegen.

TRENETTE
schmale italienische Bandnudeln (▸ Pasta, ▸ Teigwaren) mit gewelltem Rand

TRENNKOST
Von ihren überzeugten Verfechtern als besonders gesund angepriesene, von vielen Ernährungsexperten aber kritisch gesehene Ernährungs- und Diätform, die im Wesentlichen auf der getrennten Aufnahme von besonders eiweiß- und kohlenhydrathaltigen Lebensmitteln beruht. Das Prinzip der Trennkost geht zurück auf den amerikanischen Mediziner Dr. William Howard Hay (1866–1940), in Deutschland wurde sie vor allem durch den Arzt Heinrich Ludwig Walb (1907–1992) bekannt gemacht. Dr. Hay wurde durch radikale Thesen bekannt und sah die Ursache aller Zivilisationskrankheiten in einer Übersäuerung des Körpers, hervorgerufen durch gleichzeitige Aufnahme von Eiweiß und Kohlenhydraten. Obwohl viele der Hay-Theorien durch die Erkenntnisse der modernen Ernährungsphysiologie widerlegt sind, wird Trennkost noch heute von vielen Menschen praktiziert. Mit Ausnahme der Hülsenfrüchte dürfen dabei fast alle Lebensmittel gegessen werden, nur nicht zusammen. Deshalb sind sie in 3 Gruppen eingeteilt: neutrale Lebensmittel (z. B. Gemüse, Salate), Eiweißgruppe (z. B. Fleisch, Fisch, viele Milchprodukte) und Kohlenhydratgruppe (z. B. Brot, Nudeln, Kartoffeln, Reis). Die Zusammenstellung der Mahlzeiten erfolgt nach speziellen Tabellen.

TRENTINO-ALTO ADIGE
Offizielle Bezeichnung für die beiden zusammengelegten italienischen Weinbaubereiche Trentino (Hauptstadt Trient) und Südtirol (italienisch Alto Adige, Hauptstadt Bozen), in denen auf knapp 13 000 ha Weinreben kultiviert werden. Die Grenze zwischen beiden Bereichen mit vielen Gemeinsamkeiten bei Rebsorten und Weinen bildet der Fluss Etsch. Wichtige Rebsorten sind die roten ▸ Lagrein, ▸ Vernatsch, ▸ Cabernet Sauvignon, ▸ Merlot und ▸ Spätburgunder sowie die weißen ▸ Chardonnay, ▸ Weißburgunder, ▸ Gewürztraminer und ▸ Müller-Thurgau.

TREPANGSUPPE
Chinesische Suppenspezialität mit eigenwilligem, aber delikatem Geschmack, die aus in der Sonne gedörrten und über schwelendem Holz geräucherten ▸ Seegurken hergestellt wird. Diese werden in feine Streifen geschnitten und zusammen mit Kalbfleisch, Hühnerbrust, Räucherschinken, exotischen Gewürzen und Wein gekocht. Zum Schluss wird die Trepangsuppe mit Cognac oder altem Port veredelt. Sie kommt auch in Dosen in den Handel.

TRESTER

(Lauer, Treber)

Die festen Rückstände bei der Weinkelterung, die nach dem Abpressen des Saftes aus den Trauben übrig bleiben, aber nicht nur Abfall sind. Nur für den Eigenbedarf dürfen Winzer den Trester mit Wasser und Zucker versetzen und zu Tresterwein vergären lassen. Viel häufiger werden ▸ Tresterbrände destilliert.

TRESTERBRÄNDE

Aus dem ▸ Trester sowohl weißer wie roter Trauben destillierte ▸ Edelbrände (▸ Branntweine), deren charakteristischen Geschmack viele Liebhaber von Spirituosen schätzen. Wie stark, fein oder rustikal das Aroma ist, hängt von der verwendeten Rebsorte, vom Herstellungsverfahren und eventuellen aromatischen Zugaben (z. B. Kräuter, Gewürze, Früchte) ab. Bekannte Tresterbrände sind der italienische ▸ Grappa und der französische ▸ Marc.

TRESTERFLEISCH

Traditionelles Gericht der mittleren und unteren ▸ Mosel, für das man Fleisch vom Schweinenacken mit Zwiebeln füllt und wie einen Rollbraten verschnürt. In einen Sud aus ▸ Trester, Wein (trockener Riesling) und Gewürzen 3–4 Tage eingelegt erhält es seine kulinarischen „Weihen“, bevor es bei etwa 180 °C in einem Bräter 2 Stunden gegart wird.

TRICHTERLINGE

vor allem in Europa und Nordamerika verbreitete Gattung von Lamellenpilzen mit rund 100 Arten und oft trichterförmigem Hut, darunter einige Speisepilze wie z. B. ▸ Bläuling oder ▸ Graukappe, aber auch einigen giftigen Arten

TRIEBKOHL ▸ Brokkoli

TRIEBMITTEL ▸ Backtriebmittel

TRIESTER ART

(triestina, alla)

auf gedünsteten Kopfsalatstreifen angerichteter gebratener Fisch mit Vierteln von hart gekochten Eiern, Nusskartoffeln und brauner Butter (Triest: norditalienische Groß- und Hafenstadt an der Adria)

TRIFLE

Britische Süßspeise mit mehreren „Lagen“, die in einer großen Glasschüssel oder portionsweise in kleineren Glasschälchen zubereitet wird. Das Schichtdessert setzt sich aus Puddingcreme, Früchten, Sandkuchen, ▸ Götterspeise und Schlagsahne zusammen und ist nicht nur geschmacklich, sondern auch optisch eine „kunterbunte Mischung“. Die Engländer mögen Trifle besonders mit einem Schuss Port, süßem Sherry oder Madeira aromatisiert.

TRINKBRANNTWEINE

Eine der beiden großen Gruppen der ▸ Branntweine, bei der im Gegensatz zur Gruppe der ▸ Edelbrände der Alkohol (in der Regel 32–50 Vol.-%) nicht ausschließlich aus der Destillation des Rohstoffes (vergorene Flüssigkeiten bzw. vergorene Maische) kommen muss. Trinkbranntweinen dürfen andere Alkoholika sowie Aroma- und Geschmacksstoffe (z. B. Auszüge und Destillate von Kräutern, ätherische Öle, Essenzen) zugesetzt werden. Bekannte Trinkbranntweine sind u. a. ▸ Wodka, ▸ Aquavit, ▸ Anisée (z. B. ▸ Ouzo oder ▸ Pastis).

TRINKMILCH

Jede Art von homogenisierter und wärmebehandelter (pasteurisierter, sterilisierter, ultrahocherhitzter) ▸ Milch fällt unter diesen Oberbegriff. Man unterscheidet Landmilch (mindestens 3,8 % natürlicher Fettgehalt), Vollmilch (auf mindestens 3,5 % Fett eingestellt), fettarme Milch (1,5–1,8 % Fett) und Magermilch (entrahmte Milch mit maximal 0,3 % Fett).

TRINKWASSER

Man muss nur den Wasserhahn aufdrehen und schon sprudelt es in scheinbar unerschöpflicher Menge; doch davon lassen sich viele Menschen darüber hinwegtäuschen, dass Trinkwasser das wichtigste und kostbarste Gut der menschlichen Ernährung überhaupt ist. Der Mensch benötigt täglich 2–3 l davon, um seine Körperfunktionen optimal aufrecht zu erhalten. Und für kein anderes Lebensmittel gelten strengere Qualitäts- und Reinheitsbestimmungen, verbunden mit einem vorgeschriebenen Mindestgehalt an Mineralstoffen. Aus Grundwasser oder Quellwasser wird meist aber erst nach chemischer oder physikalischer Aufbereitung Trinkwasser.

TRIPES ► Kutteln

TRIPMADAM
Wild an steinigen und sandigen Stellen wachsendes, gern aber auch in Steingärten angepflanztes Küchenkraut, das zur botanischen Gattung der Fetthennen zählt. Die frischen Triebe und Blätter junger Pflanzen können als süßsäuerliche Würze für Salate, Rohkost, Suppen und Saucen verwendet werden.

TRIPPA ALLA ROMANA
in Scheiben geschnittene ► Kutteln vom Kalb oder Rind in ► Consommé oder Tomatensauce mit geriebenem Parmesan und Minzeblättern

TROCKEN
Nach EU-Recht geregelte Bezeichnung für den Säure- und Süßegrad bei ► Wein, der normalerweise bis maximal 4 g/l Restzucker als trocken deklariert werden darf. Wenn allerdings die Säure um nicht mehr als 2 g/l niedriger liegt, dürfen es sogar bis 9 g/l sein. Beim ► Schaumwein ist mit der Kohlensäure noch eine weitere Komponente im Spiel, deshalb gilt er auch mit 17–35 g/l Restzucker noch als trocken.

TROCKENBEERENAUSLESE
Qualitätsstufe/-prädikat für ► Wein nach dem deutschen Weingesetz, für die neben anderen Kriterien vor allem ein bestimmtes ► Mostgewicht vorgeschrieben ist; bei der Trockenbeerenauslese je nach Anbaugebiet und Rebsorte mindestens 150–154° ► Öchsle.

TROCKENERBSEN
Reife und getrocknete Erbsen, die meist geschält in großer Vielfalt – grüne, gelbe, weiße, rote und marmorierte – im Handel angeboten werden. Getrocknete Erbsen sollte man vor dem Kochen in kaltem Wasser einweichen und quellen lassen; das verringert die Kochzeit.

TROCKENFISCH(ERZEUGNISSE)
Sammelbegriff für Fische, Fischteile bzw. Fischerzeugnisse, die durch Trocknung – traditionell an der Luft oder nach moderner Art in speziellen Anlagen – haltbar gemacht sind. Zum Trocknen eignen sich vor allem magere Fische, wie z. B. ► Kabeljau, ► Schellfisch, ► Seelachs, ► Leng und ► Lumb. Typische Trockenfischerzeugnisse sind ► Stockfisch und ► Klippfisch.

TROCKENFLEISCH
(Dörrfleisch)
Rohes Fleisch (z. B. von Rind, Schwein, Schaf, Ziege oder Wild), das durch Entzug von Wasser konserviert wird. Dazu reibt man die Fleischstücke in einem Gemisch aus Salz, Kräutern und Gewürzen ein und trocknet sie mehrere Tage bis Wochen an der Luft, wobei sie bis zu 60 % an Gewicht verlieren können und sich das typische morbide Aroma bildet. Einst ein Grundnahrungsmittel der Bergbauern gerade in den Wintermonaten, kennt man Trockenfleisch heute als Spezialitäten wie z. B. ► Bündnerfleisch und ► Parmaschinken.

TROCKENGEMÜSE
(Dörrgemüse, Quellgemüse)
Luft- oder gefriergetrocknetes ► Gemüse mit verbesserten Quelleigenschaften (abhängig von der Gemüsesorte und vom Trocknungsverfahren), das nur noch 12 % Wasser enthält und kaum etwas von seinen wertvollen Inhaltsstoffen verloren hat. Bei richtiger (kühler, trockener, luftiger) Lagerung ist Trockengemüse über Jahre haltbar, allerdings verbunden mit einem mehr oder weniger großen Nährstoffverlust.

TROCKENMILCH ► Milchpulver

VERWENDUNG

Trockenobst eignet sich gut zum Dünsten und kann in Fleischgerichten (als Füllung für Gänsebraten und anderes Geflügel oder als Beilage) bzw. Saucen für interessante Geschmacksnoten sorgen. In Alkohol eingelegt lassen sie sich in feinen Desserts verarbeiten. Weiter sind sie Hauptzutat in Früchtebrot und Bestandteil von Müsliriegeln und Fruchtschnitten.

TROCKENOBST/-FRÜCHTE
Sammelbezeichnung für Obst (je nach Größe und Art ganz oder in Stücken), das bei geringer Wärmezufuhr in der Sonne, im Ofen oder industriell in technischen Anlagen getrocknet wird, bis es nur noch eine Restfeuchtigkeit um die 20 % hat. Setzt man das Obst bei der Trocknung höheren Temperaturen von über 100 °C aus, wodurch sich ein spezielles Aroma bildet, spricht man von ▸ Backobst (auch Dörrobst). Durch die Trocknung und den Wasserverlust steigt der Zuckergehalt in den Früchten an, das reicht aber noch nicht allein, um sie sicher vor Fäulnis und Lebensmittelmotten zu konservieren. Deshalb wird Trockenobst aus industrieller Produktion in der Regel vor dem Verpacken geschwefelt, was auch einem Farbverlust vorbeugt. Besonders beliebte Trockenfrüchte sind Pflaumen bzw. Zwetschgen, Aprikosen, Weinbeeren, Pfirsiche, Äpfel und Birnen sowie Datteln und Feigen. Zunehmend werden aber auch exotische Früchte wie Bananen, Papayas, Ananas oder Mangos getrocknet angeboten.

TROCKENPILZE
Sammelbezeichnung für getrocknete bzw. gefriergetrocknete ▸ Speisepilze aller Art (auch Mischungen), die nur noch maximal 12 % Wasser enthalten dürfen und aromatischer und würziger als frische Pilze sind. Größere Pilze wie Steinpilze oder Champignons werden wegen der kürzeren Trocknungszeit in der Regel in Scheiben geschnitten. Trockenmischpilze dürfen aus höchstens 4 Pilzarten bestehen, der Mindestanteil einer Art muss 15 % betragen.
KÜCHENTIPP: *Trockenpilze müssen nach kurzem Abspülen vor der weiteren Verarbeitung in Wasser quellen, wobei sich restliche Schmutzpartikel im Wasser lösen – allerdings auch Aromastoffe. Deshalb sollte das Quell- und Waschwasser nicht weggeschüttet, sondern durch ein Tuch passiert und für die Sauce weiterverwendet werden.*

TROCKENSAHNE ▸ Sahnepulver

TROCKNUNG
Nach allgemeiner Definition der Entzug von Flüssigkeit aus unterschiedlichen Stoffen, der durch Verdunstung und Verdampfung auf natürliche Art (an der Luft bzw. in der Sonne) oder unter Einsatz von technischen und chemischen Verfahren erfolgen kann. In der Lebensmittelindustrie und teilweise auch für bäuerliche Erzeugungsbetriebe ist die Trocknung eine wichtige Methode zum ▸ Konservieren von Lebensmitteln unterschiedlichster Art, vor allem durch thermische Behandlung, ▸ Tiefkühlen (bzw. Gefriertrocknen), Lufttrocknung, Kondensationsverfahren und Vakuumtrocknung.

TROLLINGER
(Vernatsch)
Spät reifende rote Rebsorte, die in Deutschland vor allem in Württemberg angebaut wird und gut 2500 ha Rebfläche einnimmt. Die Weine sind von hellroter Farbe, säurearm und einfach strukturiert, haben ein fruchtiges Bukett und sind nicht für längere Lagerung bestimmt. In Südtirol ist der Trollinger als Vernatsch bekannt, in den USA als Black Hamburg.

TROMPETENPFIFFERLING
Bei weitem nicht so bekannt wie der ▸ Pfifferling, aber ebenfalls der Gattung der Leistlinge angehörend und ein feiner (wenn auch nicht sehr ergiebiger) Speisepilz, dessen Name auf seine Form anspielt. Er wächst im Herbst vor allem im Moos und immer in Gruppen. Mit seinem mild-würzigen Geschmack eignet er sich für Pilzmischgerichte, als Beilage zu Fleisch, Pasteten usw. und blanchiert auch für Salate.

TRÜFFEL

1. Meist kugelige Pralinen (auch: Sahnetrüffel, Trüffelpralinen), die aus im Wasserbad mit Sahne verschmolzener Schokolade hergestellt und mit ▸ Ganache in den unterschiedlichsten aromatischen Variationen gefüllt werden – und das auch heute noch meist in Handarbeit. Zum Aromatisieren bzw. als weitere Zutaten werden u. a. diverse Spirituosen bzw. alkoholische Auszüge aus Früchten, aber auch Nüsse, Marzipan, Kaffeepulver, Rosinen usw. verwendet. Der Name Trüffel rührt vermutlich daher, dass die süßen Kugeln äußerlich manchmal den gleichnamigen Edelpilzen ähneln.
2. ein besonders edler Speisepilz, ▸ Trüffeln

TRÜFFELESSENZ
aromatischer, noch einmal kurz eingekochter ▸ Trüffelfond zum Aromatisieren von Speisen, auch als Handelsware erhältlich

TRÜFFELFOND
Der mit Aroma- und Nährstoffen aus den Pilzen angereicherte Sud, in dem Trüffeln gegart worden sind, bzw. aus den Schalen hergestellte Flüssigkeit zum Aromatisieren von Speisen; wie ▸ Trüffelessenz auch als Handelsware.

TRÜFFELLEBERWURST
▸ Kalbsleberwurst mit 5 % gedünsteten Zwiebeln und 1–2 % gehackten Trüffelschalen

TRÜFFELN
die teuersten ▸ Speisepilze mit unvergleichlichem Aroma und Geschmack (▸ Seite 605).

TRÜFFELNÄGEL
(Trüffelsplitter)
in schmale Streifen geschnittene Trüffeln zum Spicken von Fleisch

TRÜFFELÖL
In Fläschchen angebotenes Öl, das ein sehr intensives Aroma hat. Viel davon bezieht es häufig aber nicht von Trüffeln, sondern von zugesetzten Aromastoffen. Trotzdem kann es eine hervorragende Würze z. B. von Teigwaren und Risotto, Kartoffelsalat und Kalbfleisch sein.

TRÜFFELSAUCE
(Sauce Périgueux)
mit Trüffelfond und gehackten Trüffeln veredelte ▸ Madeirasauce zu kleinen Fleischstücken, Geflügel, Wild, Wildgeflügel, Pasteten

TRÜSCHE ▸ Aalrutte

TRUTHAHN
(Indian, Pute, Puter, Turkey, Welschhahn)
Neben einer Vielzahl von Früchten und Gewürzen sind auch Truthahn und -henne ein „Import“ der spanischen Eroberer im 16. Jh. aus dem heutigen Mexiko, wo das Wildtruthuhn seine Heimat hat und bereits von den Azteken (ab 1375) domestiziert wurde. Der Truthahn ist die größte Art der Hühnervögel mit auffallen-

der Erscheinung: bläulich gefärbter, federloser Kopf, rote Kehle, lange Beine, dunkler Körper mit bronzefarbenen Flügeln und ein langer, fächerartiger Schwanz. Ungewöhnlich sind auch die unterschiedlichen Farben des Fleisches. In freier Wildbahn sind Truthähne vor allem in den Waldgebieten der USA und des südlichen Kanadas anzutreffen. In mehreren US-Bundesstaaten sind sie zwar offizielles Jagdwild, meist kommen sie aber aus der Massenzucht. Männliche Tiere (Puter) können bis 20 kg schwer werden, für kulinarische Zwecke werden sie in der Regel aber bei einem „zarteren“ Gewicht von 4–6 kg bzw. 7–10 kg verwendet. Als Baby-Truthahn bezeichnet man junge, 9–13 Wochen alte und nach Mästung 2–3,5 kg schwere Vögel. Vor allem in den USA ist Truthahn ein beliebtes Festtagessen und das traditionelle Mahl an Thanksgiving (Erntedankfest).

VERWENDUNG

Das Fleisch des Truthahns neigt dazu, etwas trocken zu sein. Es wird deshalb oft gefüllt, bardiert oder in Alufolie gebraten. Brust mit Filet, Schnitzel und Steak eignen sich besonders gut zum Braten und zum Räuchern. Die Oberkeule schmeckt gebraten, gegrillt und geschmort sowie in Ragouts und Frikassees am besten, Unterkeule, Schenkel und Flügel gegrillt und geschmort.

TSATSIKI
(Zaziki)
Sei es zu ▸ Pita, auf der Vorspeisenplatte (▸ Mezedes) oder zu Fleischgerichten wie ▸ Gyros und ▸ Souvlaki: Auf ihr Tsatsiki verzichten die Griechen nur ungern. Die Jogurtzubereitung mit geraspelten Gurken, Olivenöl, Knoblauch, etwas Minze und teilweise Dill (zum Garnieren) ist fast allgegenwärtig – und das nicht nur in der griechischen Küche, sondern auch in anderen Balkanländern, z. B. in der Türkei als Cacik und in Bulgarien als Tarator.

TSCHOLENT
(Chamin, Scholet)
Sammelbezeichnung für eine Reihe von jüdischen Sabbat-Gerichten, die bereits ab Freitag Nachmittag langsam schmoren dürfen, damit

sie am Mittag des Sabbat fertig sind. Tscholent wird in vielen Variationen aus Fleisch, Getreide, Gemüse und einer Kombination von Mehlklößen und Dörrobst zubereitet. Seine Entstehung geht auf die jüdischen Glaubensgesetze zurück, nach denen es u. a. untersagt ist, am Sabbat ein Feuer anzuzünden, die Nutzung eines bereits entfachten Feuers aber erlaubt ist.

TSCHORBA
In Südosteuropa und den arabischen Ländern Sammelbezeichnung für Suppen, die in vielen regionalen Variationen auf der Grundlage von Fleisch- und Geflügelstücken und verschiedenem Gemüse zubereitet werden und – je nach Rezept – unterschiedlicher Art sein können.

TUCANÜSSE ▸ Paranüsse

TURBOT ▸ Steinbutt

TÜRKENBOHNE ▸ Feuerbohne

TÜRKENKORN ▸ Mais

TÜRKENSTERZ
Österreichischer ▸ Sterz, der aus 1 Teil Maisgrieß und 2 Teilen gesalzenem Wasser gekocht wird und mit der italienischen ▸ Polenta verwandt ist. Allerdings wird der Türkensterz wie der ▸ Heidensterz mit der Gabel gerissen. Je nach Rezept gibt es süße Varianten mit Milch oder Milchkaffee, Jogurt und Sauermilch oder pikante Zubereitungen, z. B. mit Grieben.

TURKEY ▸ Truthahn

TÜRKISCHE PIZZA ▸ Lahmacun

TÜRKISCHER HONIG
(Montélimarnugat, Weißer Nugat)
Feine Süßware (▸ Nugat), die in ihrer edelsten Form in der französischen Stadt Montélimar im Rhonetal mit geschützter Herkunftsbezeichnung aus Wasser, Lavendelhonig, Eischnee, gerösteten Mandeln, Pistazien, Zucker und Glukosesirup hergestellt wird. Nur dann darf sie als Montélimarnugat angeboten werden. Es gibt aber auch billigere Varianten mit anderen Nüssen und nicht so feinem Honig.

TÜRKISCHER KAFFEE
in der Mühle staubfein gemahlene Kaffeebohnen mit Puderzucker in einem Kupferkännchen mit kaltem Wasser aufgegossen und über einer Spiritusflamme aufgekocht

TÜRLÜ
türkischer Gemüsetopf mit Hammelfleisch als buntes „Durcheinander“ (Türlü frei übersetzt), das u. a. aus Auberginen, Kartoffeln, Brechbohnen, Knoblauchzehen, Gemüsepaprika, Tomaten, Zucchini und Zwiebeln besteht

TÜRMCHENBLUMENKOHL
▸ Romanesco

TURRÓN
(Torrone)

Vermutlich von den Mauren aus Arabien mitgebrachte ▸ Süßware, deren Herstellung in Spanien bereits seit dem 16. Jh. belegt ist und die vor allem zu Weihnachten gern gegessen wird. Die Hauptzutaten sind Mandeln, Honig, Zucker und Eischnee, so dass Turrón Ähnlichkeit mit Weißem Nugat (▸ Türkischer Honig) und ▸ Halva hat. Es gibt aber auch zahlreiche Abwandlungen mit Schokolade, kandierten Früchten, Erdnüssen und Eigelb (dann dem ▸ Marzipan ähnlicher).

TUTTIFRUTTI
italienischer ▸ Obstsalat, allerdings nicht aus frischen, sondern aus gedünsteten, eingemachten oder getrockneten Früchten

TYBO
Dem bekannteren ▸ Danbo ähnlicher Schnittkäse (▸ Käse), der ursprünglich in einem kleinen Dorf auf der Insel Seeland hergestellt wurde und zu den ältesten Käsesorten Dänemarks zählt. Tybo hat 20–45 % Fett i. Tr. und wird teils auch mit Gewürzen (Kümmel) hergestellt.

TZIBEL
jüdischer Brotaufstrich aus hart gekochten und mit der Gabel zerdrückten Eiern, Gänseschmalz, fein gehackten Zwiebeln und gekochten und zerdrückten Kartoffeln, gewürzt mit Salz und Paprika

Trüffeln: „Diamanten der Küche“

Viel „Schwein“ – im übertragenen Sinn von „Glück“ und auch ganz wörtlich – kann man brauchen, um die unterirdisch wachsenden, edlen und teuersten aller Delikatesspilze aufzustöbern. Heutzutage bedient man sich dazu aber nicht mehr nur der feinen Schnüffelnasen von Wildschweinen, sondern auch von anderen speziell abgerichteten Tieren wie z. B. Hunden oder auf Sardinien auch Ziegen. Der Trüffelgeruch zieht aber auch Feinschmecker in aller Welt unwiderstehlich an und schon der berühmte französische Gourmet, Gastronomiekritiker und Buchautor seiner Zeit Jean Anthelme Brillat-Savarin (1755–1826), nannte Trüffeln die „Diamanten der Küche“.

GOURMETS EINIG, BOTANIKER NICHT

Ob die begehrten Edelpilze nun Schlauchpilze und innerhalb der Ordnung der Echten Trüffeln als Speisetrüffeln eine Familie bilden oder ob sie als Trüffelartige eine Familie der Blätterpilze darstellen, darüber mögen sich Botaniker und Mykologen (Pilzkundler) streiten. Die Feinschmecker dagegen sind sich einig bei ihrer Leidenschaft für den einzigartigen erdig-würzigen Geruch und Geschmack der Trüffeln, die keinen oberirdischen Fruchtkörper ausbilden und sich vor den Gourmetgelüsten ganz in der Erde verstecken. Dort leben sie in Symbiose mit dem feinen Wurzelgeflecht verschiedener Pflanzen, in der Botanik nennt man das Mykorrhiza.

EIN KOSTSPIELIGER GENUSS

Als die besten Trüffeln unter den rund 160 bekannten und auf der ganzen Welt verbreiteten Arten gelten die weißen Trüffeln aus dem Piemont in Italien, auch als Albatrüffel bekannt, und die schwarzen Trüffeln aus dem Perigord in Frankreich. Weitere wichtige Arten sind Sommer-, Winter- und Burgundertrüffeln sowie die preiswerteren Chinatrüffeln. Dabei gibt es auch außerhalb der klassischen Trüffelgebiete hin und wieder erstaunliche Funde und wer hätte nicht gerne das Glück von Giancarlo Zigante, der 1999 in Kroatien die bisher größte Trüffel der Welt mit einem Gewicht von 1310 g fand. Immerhin kann ein Kilo weißer Trüffeln von Spitzenqualität an die 10 000 Euro kosten und bei einer Benefizveranstaltung nahe Alba im Piemont ersteigerte ein Käufer aus Hongkong im November 2006 sogar 3 Trüffeln mit insgesamt 1,5 kg Gewicht für sage und schreibe 125 000 Euro. Aber auch unabhängig von solchen Extremen machen die kostbaren Pilze, wenn sie nicht nur in homöopathischer Menge enthalten sind, jedes Gericht zu einem kostspieligen Genuss – so auch den teuersten Burger der Welt, den „DB Burger Royale“ mit schwarzen Trüffeln, der im New Yorker „DB Bistro Moderne“ für 120 Dollar zu haben ist.

VERWENDUNG

Am besten zur Entfaltung kommen Aroma und Geschmack von Trüffeln in Verbindung mit dem richtigen „Träger“. Es gibt viele aufwendige Rezepte mit den Delikatesspilzen, doch wahre Kenner schwören auf einfache Zubereitungsarten wie hauchdünn gehobelte Trüffeln auf Nudeln mit Butter oder etwas Öl, Spiegeleiern oder Omeletts. Entsprechend zurechtgeschnitten werden sie auch zum Spicken von Fleisch verwendet. Wenn man Trüffeln mitkochen will, dann sind dafür schwarze wesentlich besser geeignet als weiße.

Im Handel werden auch eine Reihe von Trüffelprodukten angeboten wie z. B. ▸ Trüffelessenz, ▸ Trüffelöl, ▸ Trüffelpaste und konservierte Trüffeln in Dosen oder Gläsern. Diese sind bei vielen Feinschmeckern aber verpönt, weil sie oft unter Zusatz künstlicher Aromastoffe und unter Verwendung qualitativ minderwertiger Trüffeln hergestellt werden. Die Trüffelzucht galt lange Zeit als unmöglich. Doch mittlerweile gibt es vielversprechende großflächige Zuchtversuche. Man hofft, dadurch die starke Ausbeutung der natürlichen Bestände auf längere Sicht ausgleichen und preislich etwas günstigere Varianten bei trotzdem hoher Qualität anbieten zu können.

ÜBERBACKEN ▸ gratinieren

ÜBERBRÜHEN ▸ blanchieren

ÜBERFLAMMEN ▸ flambieren

ÜBERGIESSEN ▸ nappieren

ÜBERGLÄNZEN
Kalte oder warme Speisen ▸ glasieren, um ihnen ein besonders appetitliches Aussehen zu geben und/oder zu konservieren. Das kann man mit Fleisch, Fisch, Geflügel, Wild, Gemüse usw. ebenso machen wie mit Backwaren.

ÜBERKRUSTEN ▸ gratinieren

ÜBERRASCHUNGSOMELETT
▸ Omelette Surprise

ÜBERZIEHEN ▸ nappieren

ÜBERZUGSMASSE, -SCHOKOLADE
▸ Kuvertüre

UDON
Japanische Bandnudeln in unterschiedlichen Breiten, die auch in anderen asiatischen Ländern vielfach auf der Speisekarte stehen. Sie werden aus Weizenmehl, Salz und Wasser hergestellt und schmecken bereits von sich aus so salzig, dass sie meist nur in mild gewürzten Brühen (aus ▸ Sojasauce, ▸ Dashi und ▸ Mirin) serviert werden.

UGLI
Einen Schönheitspreis wird diese dickschalige und etwas grobschlächtige Vertreterin der ▸ Zitrusfrüchte kaum gewinnen, einen so wenig schmeichelhaften Namen (engl. „ugly" = „hässlich") hat die um 1930 auf Jamaika entstandene Kreuzung zwischen ▸ Tangerinen, ▸ Grapefruits und ▸ Orangen aber auch nicht verdient. Die Schale der Ugli ist zwar recht faltig, dafür lässt sie sich aber leicht schälen. Die Frucht hat einen süßlich aromatischen Geschmack, sie kommt bei uns, wenn überhaupt, zwischen Dezember und April in den Handel.

UGNI BLANC
In Frankreich verbreitete weiße Rebsorte (▸ Wein), die auf über 100 000 ha angebaut wird und damit die Nummer 2 im Rebsortenspiegel nach dem roten ▸ Carignan ist. In Italien ist sie als ▸ Trebbiano bekannt. Die meisten der erzeugten Trauben (von mäßiger Qualität) werden zur Destillation von ▸ Cognac und ▸ Armagnac verwendet.

U(C)KELEI
(Ickelei, Laube, Schuppenfisch)
Kleiner, meist nur 12–15 cm (selten bis 25 cm) langer Süßwasserfisch (▸ Fische) aus der Familie der ▸ Karpfenfische, dessen Bauch und Seiten silbrig glänzend sind. Die ▸ Weißfische leben in größeren Schwärmen in Seen und langsam fließenden Gewässern nördlich der Alpen und Pyrenäen. Sie haben ein schmackhaftes Fleisch und eignen sich besonders gut zum Backen. Die geringe Größe und die vielen Gräten setzen der Beliebtheit der Ukelei als Speisefisch aber Grenzen und meist wird sie als Köderfisch benutzt.

ULMER KUCHEN
mit weißer Glasur überzogener und mit gehackten Mandeln bestreuter ▸ Sandkuchen aus Weizen- und Reismehl, Butter und Rosinen

ULTRA BRUT ▸ brut nature

ULTRAHOCHERHITZUNG
Gängiges technisches Verfahren zur Haltbarmachung (▸ konservieren) von Lebensmitteln, das eine „Weiterentwicklung" der ▸ Pasteurisierung mit noch weit höheren Temperaturen ist. Bei der Ultrahocherhitzung werden verschiedene Lebensmittel – allen voran Milch (dann als ▸ H-Milch bezeichnet), aber auch Fruchtsäfte, Dosensuppen, Eintöpfe, Sahne und andere nicht feste Stoffe – für nur wenige Sekunden extremer Hitze von 140–150 °C ausgesetzt.

UMBERFISCHE
Eine in vielen Meeren (u. a. im östlichen Atlantik und im Mittelmeer) verbreitete Fischfamilie (▸ Fische) innerhalb der ▸ Barsche, die 70 Gat-

tungen und rund 270 Arten umfasst. Einige von ihnen können eine Länge von mehr als 2 m erreichen und rund 100 kg schwer werden. Verschiedene Umberfische haben ein feines und mageres Fleisch, das sich für alle Zubereitungsarten eignet.

Schon gewusst?

Die ▸ Umberfische werden auch als Trommler bezeichnet, weil sie beim Liebeswerben mit ihrer Schwimmblase trommelähnliche Laute erzeugen können. Dazu wird die Schwimmblase von speziellen Muskeln in Schwingungen versetzt.

UMBRIEN
Eine der wenigen Weinbauregionen (▸ Wein) Italiens, die keinen Zugang zum Meer hat und mitten im Landesinneren zwischen der ▸ Toskana an der Westküste und den ▸ Marken an der Ostküste (Adria) „eingekeilt" ist. In Umbrien wird auf gut 16 000 ha Wein angebaut, und das – wie archäologische Funde beweisen – bereits seit mehr als 3000 Jahren. Außer gängigen italienischen Rebsorten wie die roten ▸ Sangiovese und ▸ Montepulciano oder der weißen ▸ Trebbiano hat Umbrien eine Reihe autochthoner Rebsorten zu bieten, wie z. B. die weiße Grechetto oder die rote Sagrantino.

UMEBOSHI

Salzig und sauer schmeckende eingelegte japanische Aprikosen, die in ihrem Heimatland meist ohne weitere Zubereitung zum Grünen Tee gegessen werden. Zur Herstellung werden die Aprikosen unreif (grün) geerntet und mit großen Mengen Salz (12–25 %) in großen Holzbottichen einer Milchsäuregärung ausgesetzt. Nach 1–2 Monaten werden die Früchte 4–7 Tage im Freien getrocknet und mit Shisoblättern (▸ Perilla) im Gärungssud eingeweicht, um dann für 1–2 Jahre in Fässern zu reifen. Dabei nehmen sie die charakteristische rote Farbe an.

UNDERBERG
Deutscher ▸ Magenbitter und Markenprodukt der 1846 in Rheinberg gegründeten gleichnamigen Firma. Underberg wird nach geheimer Rezeptur und einem „Semper idem" genannten Verfahren aus aromatischen Kräutern aus 43 Ländern hergestellt und mehrere Monate in Fässern aus slowenischer Eiche gelagert.

UNDERDONE
(blutig, rare, saignant, sehr englisch)
Garstufe beim Fleisch (▸ Garstufen)

UNGARISCHE ART
(hongroise, à la)
allgemein mit Paprika, im Speziellen eine Garnitur aus mit ▸ Mornaysauce (mit Paprika und gehacktem Schinken) überbackenem Blumenkohl und Schmelzkartoffeln in ▸ Paprikasauce

UNGARISCHE SALAMI
besonders lange haltbare, schnittfeste Rohwurst aus Schweinefleisch und Speck (teilweise mit Paprika gewürzt), kalt geräuchert und mehrere Monate lang getrocknet

UNGARISCHE SAUCE
(Sauce hongroise)
abgewandelte ▸ braune Grundsauce mit in Butter angeschwitzten Zwiebeln und Räucherspeck (klein gewürfelt), saurer Sahne und Gewürzpaprika, vor allem zu gebratenem Rindfleisch, gefüllten Gurken und Auberginen

UNGARISCHER SALAT
gehobelter Weißkohl in Essig-Öl-Sauce mit geriebenem Meerrettich, Salz, Pfeffer, Gewürzpaprika und gerösteten Speckwürfeln

UNGARISCHES KRAUTFLEISCH
▸ Szegediner Gulasch

UNSCHLITT ▸ Talg

UNTERSCHALE
Teilstück aus der Außenseite der Keule von Kalb oder Rind mit feinfasrigem Fleisch, besonders für ▸ Rouladen und ▸ Gulasch

URSÜSSE ▸ Vollrohrzucker

VACHERIN
(Himalaja)
Süßspeise als Ring bzw. Torte aus gebackener ▶ Baisermasse, gefüllt mit Sahne und Beerenfrüchten (Waldbeeren, Schwarzen Johannisbeeren), Creme oder Speiseeis

VACHERIN FRIBOURGEOIS
▶ Freiburger Vacherin

VACHERIN MONT D'OR
(Mont d'Or)
Eine unter Käseliebhabern besonders geschätzte und nicht das ganze Jahr über verfügbare Spezialität (▶ Käse), die sich Frankreich und die Schweiz teilen müssen. Der Weichkäse aus Kuhmilch wird nämlich als Vacherin Mont d'Or (benannt nach dem gleichnamigen Berg), seit 1981 mit geschützter Herkunftsbezeichnung, sowohl im französischen Jura (Region Franche-Comté) als auch im Schweizer Jura (Gegend um den Lac de Joux) mit 50 % Fett i. Tr. hergestellt. Unter seiner „runzeligen" Rinde hat er einen besonders cremigen Teig. Charakteristisch für den Vacherin Mont d'Or sind sein Reif aus Tannenrinde und die Gebinde aus Tannen- oder Fichtenholz, in denen er reift. Davon wird sein delikater süßlich-nussiger und holzig-erdiger Geschmack deutlich beeinflusst. In den Handel kommt er nur in den Herbst- und Wintermonaten.

VERWENDUNG

Mit seinem individuellen Geschmack ist der Vacherin Mont d'Or eine Bereicherung für jede Käseauswahl, ob kleiner oder als Büfett. Für ein originelles Käsefondue tränkt man ihn in Weißwein und erwärmt ihn in Alufolie gewickelt kurz im Ofen. Dann muss man nur noch den Rindendeckel abschneiden und fertig ist das Fondue.

SCHON GEWUSST?

Nicht verwechselt werden darf der ▶ Vacherin Mont d'Or mit einem anderen Schweizer Käse mit ähnlichem Namen, dem ▶ Freiburger Vacherin. Dabei handelt es sich um einen Halbhartkäse aus dem Kanton Fribourg.

VAERST, BARON VON
Preußischer Offizier und späterer Schriftsteller – mit vollem Namen Friedrich Christian Eugen Baron von Vaerst (1792–1855), der als der Schöpfer der ▶ Gastrosophie gilt.

VAKUUMGAREN ▶ Sous-Vide

VALDEPENAS
Nach der gleichnamigen Stadt benanntes spanisches Weinanbaugebiet (▶ Wein), dessen Name wörtlich übersetzt „Tal der Felsen" lautet. Auf rund 29 000 ha wird Weißwein vor allem aus den Rebsorten Airén und Macabeo und meist in Barriques ausgebauter Rotwein fast ausschließlich aus ▶ Tempranillo gekeltert.

VALENCAY
Fester Weichkäse (▶ Käse) von der französischen Loire, der aus roher oder pasteurisierter Ziegenmilch in charakteristischer Pyramidenform hergestellt wird. Der meist 3–4 Wochen gereifte Valencay hat mindestens 45 % Fett i. Tr. und wiegt in der Regel um die 250 g. Außen grauer Wackerstein – die natürliche weiße bis Schimmelrinde ist meist mit Pflanzenasche bestäubt –, hat der Valencay innen einen weißen Teig mit einem kräftigen aber dennoch milden, leicht nussigen Geschmack bzw. Geruch nach Ziegenmilch.

VALENCIA-ART
(valencienne, à la)
eine Art Risotto bzw. fetter Reis mit einer Garnitur aus geschmolzenen Tomaten, grünen Paprikawürfeln und rohem Schinken zu kleinen Fleisch- und Geflügelstücken (Valencia: Großstadt und Provinz im Südosten Spaniens an der Mittelmeerküste)

VALENTINE
eine ▶ Mayonnaise mit Senf, geriebenem Meerrettich und gehacktem Estragon

VANILLE
Auf der ganzen Welt beliebtes Gewürz mit besonders intensivem Aroma und edler Süße, das aus den fermentierten Kapselfrüchten – entgegen der botanischen Definition umgangssprachlich als Schoten bezeichnet – verschiedener Arten der Gattung Vanilla aus der botanischen Familie der Orchideengewächse gewonnen wird. Vanille ist eines der teuersten Gewürze, vor allem die feine Bourbon-Vanille als wichtigste der rund 110 Arten, von denen etwa 15 aromatische und als Gewürz verwendbare Kapseln liefern – allerdings erst nach aufwendiger Verarbeitung. Die kurz vor ihrer Rei-

fe geernteten Kapselfrüchte einer immergrünen Kletterpflanze, die an Bäumen 10–15 m hoch ranken kann, in Kultur aber auf 1,5–2 m Wuchshöhe gehalten wird, sind nämlich „unbehandelt“ praktisch geruch- und geschmacklos. Erst durch einen speziellen Fermentations- und Trocknungsprozess entwickelt sich das unvergleichliche Aroma des enthaltenen ▸ Vanillin. Außerdem verändert sich die Farbe von gelbgrün zu schwarz-braun. Die „knallgelbe“ Farbe der im Handel angebotenen Vanilleprodukte ist dagegen auf den Zusatz von Lebensmittelfarbstoffen zurückzuführen.
Die ursprüngliche Heimat der Gewürzvanille ist Mexiko und das Vanillearoma hatte es bereits vor der Ankunft der europäischen Eroberer den Azteken so sehr angetan, dass sie die Pflanze kultivierten. In der heutigen Zeit liegt der Schwerpunkt des Anbaus auf Madagaskar und in Indonesien. Dort wird die Vanillepflanze mit den bis zu 30 cm langen Kapselfrüchten, die von Hand geerntet werden, in großen Plantagen angebaut. Favorit der Europäer ist die vor allem auf Madagaskar angebaute, in Aroma und Geschmack besonders intensive und harmonische Bourbon-Vanille, während die Amerikaner die noch süßere mexikanische Vanille bevorzugen.

EINKAUFSTIPP: *Beim Einkauf von Vanillestangen sollte man darauf achten, dass sie elastisch und lederartig sind, nicht hart und vertrocknet. Kein Indiz für schlechte Qualität, sondern im Gegenteil ein Qualitätsmerkmal ist die Bildung von Vanillinkristallen auf der Oberfläche. Ein Effekt, der durch aufgespritzte synthetische Kristalle nachgeahmt wird, was an deren gleichmäßiger Verteilung gut zu erkennen ist.*

VERWENDUNG: *Die in der Vanille enthaltenen Aromastoffe können durch Aufkochen in Flüssigkeit (vor allem Milch oder Sahne) besonders gut gelöst werden, wobei die Stangen sogar mehrmals verwendbar sind. Samen und Mark werden meist herausgekratzt und direkt mitverarbeitet. Das typische Vanillearoma ist in vielen Süßspeisen und Desserts wie Cremes, Puddings, fruchtigen Zubereitungen und Speiseeis sehr beliebt. Es verfeinert weiter Kakao und Schokolade, manchmal sogar helles Fleisch und Meeresfrüchte. Große Bedeutung hat die Vanille in der Lebensmittelindustrie, Hauptabnehmer ist die Coca-Cola Company.*

Schon gewusst?

Von einem der letzten Azteken-Herrscher, Moctezuma II. (1465–1520), wird erzählt, er habe täglich etwa 50 Tassen eines „Cocktails“ aus Kakao und ▸ Vanille getrunken – bevor er vom spanischen Konquistador Hérnan Cortés (1485–1547) besiegt wurde. Cortés dürfte auch der erste Europäer gewesen sein, der die Vanille kostete. Das blieb noch lange ein Privileg der Adeligen und Reichen, zumal die Spanier ihr Monopol streng hüteten und die Ausfuhr der Vanillepflanze aus Mexiko unter Todesstrafe stellten. Erst durch die Unabhängigkeit Mexikos 1810 wurde der Weg für die ersten Stecklinge in die botanischen Gärten von Antwerpen und Paris frei.

VANILLECREME
kalte Süßspeise als Variante von ▸ Bayerischer Creme unter Verwendung von Vanille zum Aromatisieren der Milch

VANILLEEXTRAKT
flüssiger Auszug mit dem konzentrierten Aroma der Vanille, scharfem Geschmack, rund 35 Vol.-% Alkohol (Ethanol) und manchmal noch etwas Zuckersirup vor allem für den Einsatz in der Lebensmittelindustrie

VANILLEKIPFERL
Mit ganz oben auf der Hitliste der Weihnachtsplätzchen steht vor allem im süddeutschen und österreichischen Raum dieses Nussgebäck (Mandeln oder andere) mit Vanille in der charakteristischen Hörnchenform. Die Kipferl werden mit Puderzucker oder Vanillezucker bestreut.

VANILLEPULVER
die gemahlenen Samenkörner der Vanille, in der Küche als Alternative zu Vanillestangen

VANILLESAUCE
Warm oder kalt verwendbare süße Dessertsauce, deren Zutaten heiße Milch und/oder süße Sahne, Vanillemark, Zucker, aufgeschlagenes Eigelb und Speisestärke sind. Vanillesauce

wird u. a. zu ▸ Mehlspeisen, ▸ Apfelstrudel, ▸ Pudding, süßen Aufläufen, Früchten und Speiseeis serviert. Im Handel ist sie auch als mit synthetischem ▸ Vanillin aromatisiertes Instant- oder Fertigprodukt erhältlich.

VANILLEZUCKER

Mischung von fein gemahlener echter Vanille (meist mit einem Anteil zwischen 5 und 15 %) bzw. natürlichem Vanillearoma und ▸ Raffinade (reinem Weißzucker), nicht zu verwechseln mit dem ▸ Vanillinzucker

VANILLIN

Wichtigster in der Vanille enthaltener Aromastoff (Anteil 1–4 %), der bereits seit 1874 auch synthetisch und kostengünstig vor allem aus dem in Nelkenöl enthaltenen Eugenol hergestellt werden kann. In der Lebensmittelindustrie hat künstlich hergestelltes Vanillin die echte Vanille in weiten Teilen ebenso verdrängt wie ▸ Vanillinzucker den ▸ Vanillezucker. Die Feinheit und Komplexität des natürlichen Vanillearomas sind aber unerreicht, weil es nicht nur aus Vanillin besteht, sondern aus mindestens 50 weiteren Aromastoffen gebildet wird.

VANILLINZUCKER

Billigeres Ersatzprodukt für ▸ Vanillezucker, welches das „Original" mittlerweile in der Industrie und im Haushalt aber weitgehend verdrängt hat. Analog dazu ist Vanillinzucker eine Mischung von synthetisch hergestelltem ▸ Vanillin und ▸ Raffinade

VÄSTERBOTTENKÄSE

Mit dem ▸ Sveciaost verwandter schwedischer Schnittkäse (▸ Käse) aus pasteurisierter Kuhmilch (30–50 % Fett i. Tr.), der nach nur kurzer Reifezeit von 8–10 Wochen in den Handel kommt und daher milder schmeckt.

VATAPÁ

eines der Hauptgerichte der afro-brasilianischen Küche in Form eines Eintopfes bzw. Pürees aus frischen oder getrockneten Garnelen und gebratenem Fisch, teilweise auch Fleisch oder Geflügel, und eingeweichtem Brot in einer Sauce aus Nusskernen, Palmöl und Kokosmilch, u. a. mit Ingwer und Koriander gewürzt

VDQS

Abkürzung von Vin Délimité de Qualité Supéreure, einer Qualitätsstufe für ▸ Wein in Frankreich, die direkt unterhalb der noch besseren ▸ Appellation d´Origine Contrôlée, aber über dem ▸ Landwein (Vin de pays) angesiedelt ist.

VEGANER

Anhänger der extremsten Form des Vegetarismus (▸ Vegetarier), die nicht nur Fleisch und Fisch als Nahrung verschmähen, sondern generell alle tierischen Produkte – und das nicht nur in der Ernährung. Auch bei der Kleidung und Gegenständen des Alltags gilt für reine und ethisch motivierte Veganer striktes „Tierverbot", meist wird allerdings allein schon der strenge Vegetarismus als Veganismus bezeichnet. In Deutschland soll es nach Angaben von Veganervereinigungen zwischen 250 000 und 460 000 Anhänger dieser extremen Ernährungs- und Lebensweise geben, was einem Anteil zwischen 0,3 und 0,5 % der Gesamtbevölkerung entspricht. In den USA soll dieser deutlich höher bei etwa 0,9 % liegen.

SCHON GEWUSST?

Der Veganismus (▸ Veganer) ist in England aus dem Vegetarismus (▸ Vegetarier) hervorgegangen. Treibende Kraft und Schöpfer des Wortes „vegan" war dabei Donald Watson (1910–2005), der ursprünglich Mitglied der 1847 gegründeten „Vegetarian Society" war, deren Ausrichtung ihm aber nicht weit genug ging. Deshalb hob er 1944 als Abspaltung die „Vegan Society" aus der Taufe, deren Namen er von den ersten 3 und letzten 2 Buchstaben von „vegetarian" ableitete – sozusagen als Symbol dafür, dass der Veganismus mit dem Vegetarismus beginnt und zu seinem logischen und konsequenten Endziel führt.

VEGETABILIEN

alle pflanzlichen ▸ Nahrungsmittel

VEGETARIER

Anhänger einer Ernährungsweise, bei der weder Fleisch noch Fisch auf dem Speiseplan stehen. Allerdings lehnen Vegetarier tierische Produkte nicht grundsätzlich ab und verzehren durchaus Nahrungsmittel, die von Tieren produziert wurden (wie Milch oder Eier) während für die ▸ Veganer als strengste „Ernährungsapostel" auch diese tabu sind. Die Motive für Vegetarismus (abgeleitet von engl. „vegetable" = „pflanzlich", „Gemüse") können je nach Kulturkreis und persönlicher Einstellung unterschiedlicher Art sein. Ethische und religiöse wie auch gesundheitliche und ökologische Beweggründe können ausschlaggebend für eine vegetarische Ernährung sein. Seinen Ursprung hat der bewusste Vegetarismus in England, wo der Begriff „vegetarian" laut Oxford English Dictionary erstmals 1839 belegt ist. Bedeutung erlangte er aber erst durch die Gründung der Londoner „Vegetarian Society" im Jahre 1847.

VEGETARISCHE SCHNITZEL
Sammelbezeichnung für ähnlich wie ▸ Schnitzel zubereitete Gerichte, die aber fleischlos sind. Stattdessen werden Scheiben von Gemüse bevorzugt wie das ▸ Wiener Schnitzel paniert und gebraten, so dass sie nicht gleich zu erkennen sind und die kulinarische „Schnitzeljagd" mit einer Überraschung enden kann. Zu vegetarischen Schnitzeln können u. a. Knollensellerie, Steckrüben, Fenchelknollen, große Pilze wie Parasol und Riesenbovist, Auberginen, Soja- und Weizenprodukte verarbeitet werden.

VEILCHENBLÜTEN
Die aromatischen Blüten verschiedener Arten aus der Gattung der Veilchen (botanische Familie der Veilchengewächse), die auch kulinarischen Wert haben. Kandiert sind sie eine bezaubernd duftende und optisch schöne Dekoration von Süßspeisen und Torten, die sogar essbar ist und viele gesundheitlich wertvolle Inhaltsstoffe hat. Man kann sie außerdem in Honig kochen, in Öl einweichen, mit Mandeln und Rosenwasser zu einer Art Marzipan verarbeiten oder in Essig einlegen.

VEILCHENWURZEL
(Iriswurzel)
Getrockneter Wurzelstock der Schwertlilie mit einem veilchenähnlichen Duft (daher der Name), der im Handel ganz, in Stücken, als Pulver oder Öl erhältlich ist und zum Aromatisieren von Back- und Süßwaren, Aufgussgetränken usw. verwendet werden kann.

VELOUTÉ ▸ weiße Grundsauce

VENETIEN
Große italienische Weinregion (Hauptstadt Venedig), in der auf über 75 000 ha Reben angebaut werden (▸ Wein) und die eine bis zu den Etruskern (ab etwa 1000 v. Chr.) zurückgehende Weintradition hat. Bei den weißen Rebsorten dominieren ▸ Garganega, Pinot Bianco (▸ Weißburgunder) und ▸ Trebbiano, bei den roten Corvina, Rondinella und Molinara, aus denen mit dem ▸ Amarone auch eine große italienische Spezialität gekeltert wird. Andere besonders populäre Weine aus Venetien sind der weiße Soave und der rote Valpolicella.

VENEZIANISCHE ART
(veneziana, alla)
1. Champignonköpfe, Hahnenkämme, Kalbshirnscheiben und mit Kräuterbutter aufgeschlagene Geflügelrahmsauce zu gedünstetem Geflügel
2. Blätterteighalbmonde (▸ Fleurons) und ▸ venezianische Sauce zu Fisch

VENEZIANISCHE SAUCE
(Sauce vénitienne)
mit Kräuterbutter, gehackten Schalotten, Estragon und Kerbel verfeinerte ▸ Weißweinsauce

VENEZIANISCHER SALAT
Orangenfilets, entsteinte grüne Oliven, Würfel von Bleichsellerie und Trüffeln mit grüner Sauce und Hühnerleberfarce

VERWENDUNG

Venusmuscheln schmecken u.a. in Salaten, in Meeresfrüchte-Cocktails, Suppen (wie z.B. dem amerikanischen ▸ Chowder) und Ragouts. Gehackt und gedünstet sind sie eine feine Füllung für Pfannkuchen und Omeletts.

VENUSKRAUT ▸ Eisenkraut

VENUSMUSCHELN
Mit über 400 Arten eine sehr große, entsprechend vielgestaltige Muschelfamilie (▸ Muscheln, ▸ Weichtiere, ▸ Schaltiere), deren Angehörige weltweit in Küstengewässern mit Schwerpunkt in den warmen Meeren vorkommen und teilweise in Muschelgärten gezüchtet werden. Sie können mal glatt und 3–5 cm groß sein, von anderer Art aber ebenso gut geriffelt und 8 cm groß. Die Grundform mit dem eingerollten Wirbel vor der Schalenmitte, die ein wenig an die Mainzelmännchenmütze erinnert, ist aber immer die gleiche. Roh sind Venusmuscheln manchmal etwas grob und zäh, gekocht bzw. gedämpft aber überaus delikat, vor allem in den Monaten Mai bis August.

VERDICCHIO
Vor allem in Mittelitalien (besonders in den ▸ Marken) weit verbreitete weiße Rebsorte (▸ Wein), die auf einer Fläche von rund 4000 ha angebaut wird. Das Image des Verdicchio ist durch viele Massenweine ziemlich ramponiert, was seinem wahren Potenzial aber nicht gerecht wird. Die besseren Weine sind meist mild in der Säure, von feiner Cremigkeit und aromatisch mit einer typischen Mandelnote.

SCHON GEWUSST?

Bereits die alten Griechen sollen die Rebsorte ▸ Verdicchio um Ancona an der Adria (Marken) angebaut und den Wein in irdenen Amphoren transportiert haben. Von dieser Überlieferung leitet sich die typische auch vom ▸ Metaxa bekannte Flaschenform ab, die den Verdicchio international bekannt gemacht hat.

VERFALL(S)DATUM
(Verbrauchsdatum)
Eine wichtige Angabe bei Lebensmitteln (und auch vielen anderen Gütern), an der abzulesen ist, ab wann der Verkauf eines Produkts verboten ist. Wenn das Verfallsdatum überzogen ist, sollten Lebensmittel nicht mehr gegessen werden, weil dann schädliche Veränderungen befürchtet werden müssen. Nicht zu verwechseln ist das Verfallsdatum mit dem ▸ Mindesthaltbarkeitsdatum, ab dem der Verkäufer bzw. Hersteller „nur" keine Gewährleistung für die Qualität des Produkts mehr übernimmt.

VERFAULTE EIER ▸ Chinesische Eier

VERJUS
der Saft von grünen, unreifen Trauben, in der Küche (vor allem auch in der gehobenen Gastronomie) zum Säuern und Aromatisieren anstelle von Zitronensaft

VERKOSTUNG ▸ Degustation

VERLORENE EIER
(pochierte Eier)
Ohne Schalen und für 3–4 Minuten in leicht siedendem und mit einem Schuss Essig versehenem Wasser gegarte (pochierte) Eier, die häufig mit Spinat serviert werden und Bestandteil diverser Gerichte sind – in der edelsten Form als Verlorene Eier Rossini auf Blätterteigböden mit gebratenen Gänseleberscheiben, Trüffeln und Madeirasauce.

VERLORENES BROT ▸ Arme Ritter

VERLORENES HUHN
Eierstich mit klein gewürfeltem gekochten Hühnerfleisch als Suppeneinlage

VERMENTINO
In der Familie der ▸ Malvasia wird die Herkunft dieser weißen Rebsorte (▸ Wein) vermutet, die von Madeira über Spanien nach Italien gekommen sein dürfte und dort heute vor allem in Ligurien, der ▸ Toskana und auf Sardinien verbreitet ist. Insgesamt sind rund 4000 ha damit bestockt, die sehr charaktervolle Weine mit oft mineralisch-salziger Säure und blumigen Aromen liefert. In der französischen Provence ist der Vermentino als Rolle bekannt.

VERMICELLES
1. ▸ Fadennudeln
2. in der Schweiz und in Frankreich auch ein Kastanienpüree mit Vanillezucker und Schlagsahne als Süßspeise

VERMOUTH ▸ Wermut

VERNACCIA
Gemeinsamer Name für mehrere weiße italienische Rebsorten (▸ Wein), von denen die bekannteste der Vernaccia di San Gimignano aus der ▸ Toskana ist. Dieser wurde nicht nur als erster Vernaccia überhaupt bereits im Jahre 1286 urkundlich erwähnt, sondern 1966 auch mit der ersten DOC Italiens – noch vor all den berühmten Rotweinen – geadelt

VERNATSCH
in Deutschland als ▸ Trollinger heimische rote Rebsorte (▸ Wein)

VERSCHNITT
Bezeichnung für ▸ Wein, der durch die „Vermählung" von verschiedenen Rebsorten (in Frankreich die Assemblage), Jahrgängen oder Lagen hergestellt wird. Mittlerweile wurde der Verschnitt – zumindest begriffstechnisch – von der Bezeichnung ▸ Cuvée abgelöst.

VERSOFFENE JUNGFRAU
▸ Arme Ritter

VERT-PRÉ
allgemein mit grüner Sauce und Kräutern oder spezielle Zubereitungsarten für gegrilltes dunkles Fleisch mit Brunnenkresse, Strohkartoffeln und Kräuterbutter sowie für weißes Fleisch und Geflügel mit Grünen Bohnen, Erbsen und Spargelspitzen

VERY RARE
(blau, bleu, blue, raw, sehr blutig)
Garstufe beim Fleisch (▸ Garstufen)

VESEN ▸ Dinkel

VESIGA
Der ▸ Kaviar ist zumindest dem Namen nach nicht nur jedem Feinschmecker ein Begriff, die zweite Delikatesse der ▸ Störe (vor allem vom ▸ Hausen, der auch den berühmten Beluga-Kaviar liefert) kennen aber nur die wenigsten: Vesiga ist das Rückenmark der Fische, das getrocknet als gelatineartiges Band in den Handel kommt. Die Zubereitung ist eine zeitraubende Angelegenheit, denn es muss zunächst mehrere Stunden in Wasser eingeweicht und anschließend weitere 4 Stunden in Fleischbrühe gekocht werden. So vorbereitet kann Vesiga dann fein gehackt vor allem als Füllung für Pasteten dienen.

VESPERWURST
streichfähige, grober Mettwurst ähnliche Rohwurst, oft mit Zwiebeln gewürzt

VICHYSSOISE
Von dem berühmten französischen Koch Louis Diat im Jahre 1917 in den USA kreierte Gemüsesuppe, die sich noch heute vor allem im englischsprachigen Raum sehr großer Popularität erfreut. Vichyssoise wird traditionell kalt gegessen, in den Vereinigten Staaten zunehmend aber auch warm serviert. Ihre Hauptzutaten sind Kartoffeln, Lauch, Zwiebeln und Sahne, seltener auch Hühnerfleisch. Mittlerweile schmücken sich aber auch viele andere Kartoffel-Gemüse-Suppen, die wenig mit einer echten Vichyssoise zu tun haben, gerne mit dem klangvollen Namen.

SCHON GEWUSST?

Louis Diat war von 1910 bis zur Schließung 1951 – eine Leistung, die ihresgleichen sucht – Küchenchef im legendären alten Ritz-Carlton in New York. Von ihm stammen viele großartige Kreationen, am berühmtesten aber wurde ein vergleichsweise einfaches Gericht, die ▸ Vichyssoise. Auf der Suche nach passenden Gerichten für die schwülen Sommermonate erinnerte er sich eines alten Familienrezeptes und kreierte die Gemüsesuppe, die er nach dem berühmten Kurort Vichy nahe seiner Heimatstadt benannte.

VICTORIASAUCE
(Sauce Victoria)
mit Trüffeln verfeinerte ▸ Hummersauce

VIENNOISE, À LA ▸ Wiener Art

VIER-JAHRESZEITEN-SALAT
Gurken-, Radieschen- und Tomatenscheiben mit Kopfsalatblättern, -herzen oder -vierteln in Essig-Öl-Sauce

VIERTELFETTKÄSE
▸ Käse mit 10–19,9 % Fett i. Tr.

VIKTORIABARSCH
(Nilbarsch)
Im Handel gebräuchliche Bezeichnung für einen begehrten Speisefisch aus der Familie der Riesenbarsche (Ordnung ▸ barschartige Fische), dessen angestammter Name eigentlich Nilbarsch ist. Dieser weist auf die ursprüngliche Heimat des bis 1,80 m langen und 70 kg schweren Süßwasserfisches in den Stromgebieten von Nil und Niger hin. Im ostafrikanischen Viktoriasee wurde er erst viel später in den 1960er-Jahren eingebürgert. Der Viktoriabarsch kommt heute im zweitgrößten Süßwassersee der Welt mit einer Oberfläche von fast 70 000 qkm in riesigen Mengen vor und wird noch vor Ort in zahlreichen Fabriken für den Export vor allem für den europäischen und US-amerikanischen Markt filetiert und schockgefrostet. Das weiße, feste und sehr schmackhafte Fleisch lässt sich vielseitig zubereiten.

VIKTORIANER ▸ Spritzkuchen

VIKTUALIEN
Veraltete Bezeichnung für Lebensmittel, vor allem solche für den täglichen Bedarf und Verbrauch, die heute aber kaum mehr verwendet wird. Allerdings existiert sie noch in den historischen Bezeichnungen von Märkten weiter, allen voran der weltberühmte und seit 1807 als Dauereinrichtung bestehende Münchner Viktualienmarkt.

VILLEROISAUCE
(Sauce Villeroi)
mit Eigelb und Kalbsfußextrakt gebundene ▸ weiße Grundsauce mit Zitronensaft, weißem Pfeffer und Butter (Varianten mit Gänseleberpüree, Tomatenmark, Zwiebelpüree und geriebenem Käse) zum ▸ Nappieren von Speisen

VINAIGRETTE
(French Dressing)
1. Das klassische Salatdressing, das aber auch als kalte Sauce zu gekochtem Fleisch und gedünstetem Fisch verwendet wird. Die Vinaigrette wird vor allem aus Essig und Öl (im „Original" im Mischungsverhältnis 1:3), Salz, Pfeffer sowie je nach Rezept verschiedenen gehackten Kräutern wie Petersilie, Schnittlauch, Kerbel, Estragon und Dill angemacht. Es gibt außerdem unzählige Abwandlungen mit weiteren Zutaten wie z. B. Zwiebeln, Schalotten, Knoblauch, Kapern, Senf, hart gekochten Eiern, Käse, Sardellen, Tabasco- und Worcester(shire)sauce.
2. In der russischen Küche ein Salat und Bestandteil traditioneller Festtagsgerichte, der aus gekochtem und fein geraspeltem Gemüse (Kartoffeln, Mohrrüben, Rote Bete) und Sauerkraut mit Öl und Salz zubereitet wird.

VIN DE LIQUEUR
Eine spezielle Art der ▸ Likörweine in Frankreich, bei deren Herstellung der Wein bereits nach kurzer Gärung mit hochprozentigem Alkohol versetzt (in der Fachsprache „gespritet") wird. Dadurch bleibt in einem Vin de liqueur relativ viel Restzucker bei zwischen 16 und 22 Vol.-% Alkoholgehalt erhalten, wie z. B. beim Cartagène, einer Spezialität des ▸ Languedoc. Vom bekannteren ▸ Vin doux naturel unterscheidet sich der Vin de liqueur in erster Linie durch die wesentlich frühere Alkoholzugabe.

VIN DE PAYS ▸ Landwein

VIN DE TABLE ▸ Tafelwein

VIN DOUX NATUREL
Typische ▸ Likörweine, bei denen die Gärung durch Zugabe von hochprozentigem Alkohol gestoppt wird und Restzucker im Wein erhalten bleibt (wie z. B. auch beim ▸ Port). Seinen Ursprung hat der Vin doux naturel im ▸ Roussillon, wo er eine bis ins 13. Jh. zurückgehende Tradition hat und heute noch das Zentrum seiner Herstellung liegt. Bekannte Weine dieses Typs kommen vor allem aus den Appellationen ▸ Banyuls, Rivesaltes und Maury.

VINO DA TAVOLA

Italienisch für ▸ Tafelwein (in Frankreich Vin de Table), der nach EU-Recht die niedrigste Qualitätsstufe überhaupt darstellt. Früher mussten in Italien viele erstklassige Weine – ungeachtet ihrer Qualität – als einfacher Vino da Tavola deklariert werden, weil sie z. B. bei der Rebsortenzusammensetzung nicht genau den DOC-Kriterien im jeweiligen Gebiet entsprachen. Das führte zu Missverständnissen, wenn sich Weinliebhaber wunderten, wie ein einfacher Vino da Tavola 30, 50 und noch mehr Euro kosten kann, und stellte die Qualitätshierarchie auf den Kopf. Vor allem der „Vino da Tavola aus der Toskana" wurde bei den Liebhabern italienischer Weine plötzlich zu einem besonderen Markenzeichen. Mittlerweile hat man aber für mehr Klarheit gesorgt und dürfen diese Weine in der Regel wenigstens die ▸ Indicazione geografica tipica (IGT) tragen oder es wurden die DOC-Bestimmungen angepasst.

VINO DE LA TIERRA ▸ Landwein

VINO DE MESA ▸ Tafelwein

VINO LIQUOROSO

Bezeichnung für die italienischen ▸ Likörweine, die mit Alkohol bis auf 18 Vol.-% aufgespritet und in nahezu allen Weinregionen – wenn auch meist nicht in sehr großen Mengen – hergestellt werden.

VINO NOBILE DI MONTEPULCIANO

Neben dem ▸ Brunello di Montalcino und dem ▸ Chianti vervollständigt der Vino Nobile di Montepulciano das Triumvirat der berühmten Weine der Toskana auf der Grundlage der roten Rebsorte ▸ Sangiovese (hier ein besonderer Klon namens Prugnolo Gentile). Die Rebfläche rund um die Stadt Montepulciano beläuft sich auf rund 1200 ha. Nicht verwechselt werden darf der Vino Nobile mit der Rebsorte ▸ Montepulciano, die vor allem in den Abruzzen und den ▸ Marken verbreitet ist, nicht aber im gleichnamigen toskanischen Ort.

VIN(O) SANTO

Der „heilige Wein" ist der berühmteste der italienischen ▸ Süßweine und verdankt seinen Namen der Tatsache, dass er früher besonders gerne als Messwein verwendet wurde. Die bevorzugten Rebsorten dafür sind die weißen ▸ Malvasia, ▸ Trebbiano und Grecchetto sowie die roten ▸ Sangiovese und Malvasia Nera. Um den Trauben nach der Ernte Wasser zu entziehen und in gleichem Maße den Zucker in ihrem Inneren zu konzentrieren, werden sie getrocknet, der Vin Santo ist also ein so genannter ▸ Passito mit bis zu 16 Vol.-% Alkoholgehalt. Der weitere Ausbau dieser Süßweinspezialität erfolgt bewusst oxidativ in nur halb gefüllten und versiegelten Fässern von 70–200 l Fassungsvermögen, die den starken Temperaturschwankungen zwischen Tag und Nacht ausgesetzt und frühestens nach 2–6 Jahren wieder geöffnet werden. Die bekanntesten Vin Santo kommen aus der ▸ Toskana.

VINSCHGAUER

(Vinschgerl)

Etwa handtellergroße und 2–3 cm dicke (in einigen Fällenauch noch deutlich größere) ▸ Fladenbrote mit viel Kruste, die ursprünglich aus dem Vinschgau in Südtirol stammen, sich heute aber auch im österreichischen Tirol und Vorarlberg sowie im süddeutschen Raum großer Beliebtheit erfreuen. Vinschgauer werden aus einem Roggen-Weizen-Sauerteig und mit Hefe gebacken, auf traditionelle Art paarweise zusammenhängend. Ihren typischen Geschmack gibt den Fladenbroten eine spezielle Gewürzmischung hauptsächlich aus Schabzigerklee, Koriander, Fenchel und Kümmel.

SCHON GEWUSST?

Der Ursprung und die Hauptverbreitung der ▸ Vinschgauer gerade in der Alpenregion ist alles andere als ein Zufall. Aufgrund ihrer Herstellungsweise halten sich die Fladenbrote problemlos mehrere Tage, ohne dabei zu trocken zu werden. Das macht sie zu einem idealen Proviant für längere Wanderungen und Bergtouren, der zudem zu Geräuchertem und Räucherspeck – ebenfalls eine sehr beliebte Verpflegung auf den Bergen – besonders gut schmeckt.

während parallel der Zucker zunimmt. In den letzten Jahren wurde zusätzlich der Begriff der physiologischen Vollreife geprägt, in den noch mehr Kriterien zur Bestimmung des Erntezeitpunktes einfließen als nur die Messung von Zucker- und Säuregehalt. Weitere Kriterien sind z. B. die Färbung der Beerenhaut, die Konsistenz des Fruchtfleischs und auch der Zustand der Traubenkerne.

VOLLROHRZUCKER

(Ursüße, Vollwertzucker)

Unraffinierter ▸ Zucker, der direkt aus dem eingedickten und getrockneten Zuckerrohrsaft hergestellt wird und zu 95 % aus Saccharose und anderen Zuckerarten besteht. Vollrohrzucker enthält besonders viele Vitamine und Mineralstoffe, allerdings auch mehr oder weniger Schmutzpartikel.

VOLLSALZ

Die handelsübliche Bezeichnung für ein Speisesalz (▸ Salz), das in einer dem ▸ Meersalz ähnlichen Zusammensetzung (mit 90 % Natriumchlorid und verschiedenen anderen Salzen) hergestellt wird.

VOLLWERTERNÄHRUNG

(Vollwertkost)

Ernährungskonzept, das auf der Verwendung möglichst frischer, naturbelassener und unbehandelter Lebensmittel basiert, weil diese generell „gesünder" sein sollen – letztlich die gleiche Philosophie wie bei der heute so populären ▸ Bio(kost) oder ▸ Naturkost. Streng genommen bestehen zwar Unterschiede zwischen der 1942 erstmals von dem deutschen Bakteriologen, Hygieniker und Ernährungswissenschaftler Werner Kollath (1892–1970) eingeführten Vollwertkost (auch Kollath-Kost) und der Vollwerternährung, doch baut diese weitgehend auf der Kollath-Philosophie auf. Begriff und Konzept der Vollwerternährung, wie man sie heute kennt, wurde erstmals 1981 von den Gießener Ernährungswissenschaftlern Claus Leitzmann, Karl von Koerber und Thomas Männle publiziert. Der simple Leitgedanke dabei: Nur möglichst wenig verarbeitete Lebensmittel enthalten den „vollen Wert" ihrer natürlichen Inhaltsstoffe.

SCHON GEWUSST?

Als der eigentliche Pionier der ▸ Vollwerternährung, der die Grundlagen dafür schuf, gilt der Schweizer Arzt und Diät-/Ernährungsexperte Dr. Maximilian Oskar Bircher-Benner (1867–1939), Schöpfer der gleichnamigen Rohkost und des Bircher-Müslis. Ausgangspunkt für die Ernährungs- und Lebensreformer war die Annahme, dass sich die Menschen im Zeitalter der Industrialisierung völlig falsch und ungesund (mit zu viel Fett, Zucker, Weißmehl, Gewürzen und Genussmitteln) ernähren.

Bei der Vollwerternährung werden die Lebensmittel in 4 Wertstufen eingeteilt (bei Kollath waren es noch 6). Am wichtigsten sind Gemüse und Obst, Vollkornprodukte, Kartoffeln, Hülsenfrüchte sowie Milch und Milchprodukte. Absolut verpönt sind dagegen u. a. Nahrungsergänzungsmittel, Tiefkühlkost, ▸ Novel Food, ▸ Genfood, Pommes frites, Innereien und Wurst, Sojaprodukte wie Tofu, gehärtete Margarine, Kondensmilch, Schmelzkäse, Limonade, Aromastoffe und Süßwaren. Die wichtigsten Grundsätze der Vollwerternährung, die auch ideologische, politische und ökologische Aspekte berücksichtigen, lauten:

1. Bevorzugung pflanzlicher Lebensmittel
2. Bevorzugung gering verarbeiteter Lebensmittel
3. Etwa die Hälfte der Nahrung aus Rohkost
4. Zubereitung aus frischen Lebensmitteln, schonend und mit wenig Fett
5. Vermeidung von Lebensmitteln mit Zusatzstoffen
6. Vermeidung von gentechnisch veränderten und bestrahlten Lebensmitteln
7. Bevorzugung von Erzeugnissen aus ökologisch kontrolliertem Anbau
8. Bevorzugung von regionalen Produkten
9. Bevorzugung unverpackter oder umweltschonend verpackter Lebensmittel
10. Verwendung umweltverträglicher Produkte
11. Verminderung von „Veredelungsverlusten" durch weitgehenden Verzicht auf tierische Produkte

VINO DA TAVOLA
Italienisch für ► Tafelwein (in Frankreich Vin de Table), der nach EU-Recht die niedrigste Qualitätsstufe überhaupt darstellt. Früher mussten in Italien viele erstklassige Weine – ungeachtet ihrer Qualität – als einfacher Vino da Tavola deklariert werden, weil sie z. B. bei der Rebsortenzusammensetzung nicht genau den DOC-Kriterien im jeweiligen Gebiet entsprachen. Das führte zu Missverständnissen, wenn sich Weinliebhaber wunderten, wie ein einfacher Vino da Tavola 30, 50 und noch mehr Euro kosten kann, und stellte die Qualitätshierarchie auf den Kopf. Vor allem der „Vino da Tavola aus der Toskana" wurde bei den Liebhabern italienischer Weine plötzlich zu einem besonderen Markenzeichen. Mittlerweile hat man aber für mehr Klarheit gesorgt und dürfen diese Weine in der Regel wenigstens die ► Indicazione geografica tipica (IGT) tragen oder es wurden die DOC-Bestimmungen angepasst.

VINO DE LA TIERRA ► Landwein

VINO DE MESA ► Tafelwein

VINO LIQUOROSO
Bezeichnung für die italienischen ► Likörweine, die mit Alkohol bis auf 18 Vol.-% aufgespritet und in nahezu allen Weinregionen – wenn auch meist nicht in sehr großen Mengen – hergestellt werden.

VINO NOBILE DI MONTEPULCIANO
Neben dem ► Brunello di Montalcino und dem ► Chianti vervollständigt der Vino Nobile di Montepulciano das Triumvirat der berühmten Weine der Toskana auf der Grundlage der roten Rebsorte ► Sangiovese (hier ein besonderer Klon namens Prugnolo Gentile). Die Rebfläche rund um die Stadt Montepulciano beläuft sich auf rund 1200 ha. Nicht verwechselt werden darf der Vino Nobile mit der Rebsorte ► Montepulciano, die vor allem in den Abruzzen und den ► Marken verbreitet ist, nicht aber im gleichnamigen toskanischen Ort.

VIN(O) SANTO
Der „heilige Wein" ist der berühmteste der italienischen ► Süßweine und verdankt seinen Namen der Tatsache, dass er früher besonders gerne als Messwein verwendet wurde. Die bevorzugten Rebsorten dafür sind die weißen ► Malvasia, ► Trebbiano und Grecchetto sowie die roten ► Sangiovese und Malvasia Nera. Um den Trauben nach der Ernte Wasser zu entziehen und in gleichem Maße den Zucker in ihrem Inneren zu konzentrieren, werden sie getrocknet, der Vin Santo ist also ein so genannter ► Passito mit bis zu 16 Vol.-% Alkoholgehalt. Der weitere Ausbau dieser Süßweinspezialität erfolgt bewusst oxidativ in nur halb gefüllten und versiegelten Fässern von 70–200 l Fassungsvermögen, die den starken Temperaturschwankungen zwischen Tag und Nacht ausgesetzt und frühestens nach 2–6 Jahren wieder geöffnet werden. Die bekanntesten Vin Santo kommen aus der ► Toskana.

VINSCHGAUER
(Vinschgerl)
Etwa handtellergroße und 2–3 cm dicke (in einigen Fällenauch noch deutlich größere) ► Fladenbrote mit viel Kruste, die ursprünglich aus dem Vinschgau in Südtirol stammen, sich heute aber auch im österreichischen Tirol und Vorarlberg sowie im süddeutschen Raum großer Beliebtheit erfreuen. Vinschgauer werden aus einem Roggen-Weizen-Sauerteig und mit Hefe gebacken, auf traditionelle Art paarweise zusammenhängend. Ihren typischen Geschmack gibt den Fladenbroten eine spezielle Gewürzmischung hauptsächlich aus Schabzigerklee, Koriander, Fenchel und Kümmel.

SCHON GEWUSST?

Der Ursprung und die Hauptverbreitung der ► Vinschgauer gerade in der Alpenregion ist alles andere als ein Zufall. Aufgrund ihrer Herstellungsweise halten sich die Fladenbrote problemlos mehrere Tage, ohne dabei zu trocken zu werden. Das macht sie zu einem idealen Proviant für längere Wanderungen und Bergtouren, der zudem zu Geräuchertem und Räucherspeck – ebenfalls eine sehr beliebte Verpflegung auf den Bergen – besonders gut schmeckt.

VIRGINIASALAT
Würfel von gekochtem Knollensellerie, Kartoffeln und Roten Rüben in einer Marinade aus Essig, Öl und etwas Senf

VITAMINE
Lebenswichtige (essenzielle) organische Verbindungen bzw. Nährstoffe für den menschlichen Organismus, die vom Körper überhaupt nicht oder nur in völlig unzureichender Menge produziert werden können und deshalb über die Nahrung zugeführt werden müssen. Die Vitamine – aus lat. „vita" = „Leben" und der Stickstoffverbindung „Amin" – benötigt der Körper nicht als Energielieferant, sondern für die Aufrechterhaltung anderer lebenswichtiger Funktionen. Vor allem der Stoffwechsel wird von ihnen gesteuert und angetrieben. Sie regulieren u. a. die Verwertung bzw. den Um- und Abbau anderer Nährstoffe (z. B. Kohlenhydrate, Eiweiße und Mineralstoffe), stärken das Immunsystem und sind unverzichtbar für den Aufbau von Zellen, Blutkörperchen, Knochen und Zähnen. Jedes einzelne Vitamin erfüllt dabei ganz bestimmte Funktionen.
Von den bekannten 20 Vitaminen gelten heute 13 als essenziell. Dies sind (in Klammern gebräuchliche Synonyme bzw. chemische Namen): Vitamin A (Retinol), B1 (Thianin), B2 (Vitamin G, Riboflavin), B3 (Niacin), B5 (Pantothensäure), B6 (Adermin), B7 (Biotin), B9 (Folsäure), B12 (Cobalamin), C (Ascorbinsäure), D (Calciferol), E (Tocopherol) und K (Phyllochinon und Menachinon). Ähnliche Stoffe, deren gesundheitsfördernde Wirkungen heute teilweise nachgewiesen sind, die aber keine existenzielle Bedeutung haben, sind heute als ▸ sekundäre Pflanzenstoffe bekannt. Die so genannten ▸ Provitamine werden als Vorstufen aufgenommen und erst im Körper in die Vitamine umgewandelt.

SCHON GEWUSST?

In der richtigen Menge gesund, bei Überdosis aber schädlich: Von diesem alten Grundsatz machen auch die ▸ Vitamine keine Ausnahme. Ihre positiven Wirkungen können sich bei einer Überversorgung leicht ins Gegenteil verkehren und es können z. B. Kopfschmerzen, Übelkeit, Erbrechen, Schwindel, Appetitlosigkeit, Lethargie, Lebervergrößerung, Knochen- und Gelenkschmerzen und noch viele weitere Beschwerden auftreten. Mit dem medizinischen Fachausdruck nennt man dies Hypervitaminose. Man kann auch zumindest in unserem Lebensraum davon ausgehen, dass bei einer normalen Ernährung ausreichend Vitamine zugeführt werden. Deshalb sieht man heute die künstliche Zufuhr über die auf dem Markt befindlichen Vitaminpräparate wesentlich kritischer als früher.

VITELLO TONNATO
Ein ursprünglich aus der Lombardei stammender Klassiker der italienischen ▸ Antipasti in Form von dünn aufgeschnittenem Kalbfleisch, das in einer Sauce aus Weißwein, Gemüse und Gewürzen gekocht wird. Seinen speziellen Geschmack gibt dem Vitello tonnato aber vor allem die Sauce, mit der es überzogen wird. Sie besteht aus passiertem Thunfisch, Sardellen, Mayonnaise, Zitronensaft und Kapern.

VOGELBEEREN ▸ Ebereschenbeeren

VOGELHEU
vor allem in der Ostschweiz eine sehr beliebte einfache Speise aus Brotscheiben oder -würfeln, die in der Pfanne mit Butter und nach einigen Minuten zusätzlich Reibekäse leicht geröstet und mit Eiermilch übergossen werden . Dazu gibt es Salat oder Kompott.

VOGELNEST
Nicht nur das wohl behütete Heim für kleine Piepmätze, sondern im kulinarischen Sinne auch ein Körbchen aus Strohkartoffeln, das in Fett schwimmend ausgebacken wird und nach Belieben gefüllt werden kann.

VOGERLSALAT ▸ Feldsalat (▸ Salate)

VOL-AU-VENTS

(Blätterteigpasteten, Hohlpasteten)
Luftig leichte, runde und hohe Hüllen in Zylinderform, die aus Blätterteig gebacken und meist mit feinen und besonders raffinierten Ragouts gefüllt werden. Als einer der Klassiker der feinen Küche sind Vol-au-vents als Vorspeisen bzw. als ▸ Amuse bouche überaus beliebt, wobei kreative Köche sich immer wieder neue und überraschende Füllungen für die kleinen Pasteten einfallen lassen. Für den privaten Hausgebrauch sind heute vorgebackene Vol-au-vents bei Bäckern und im Lebensmittelhandel erhältlich.

Schon gewusst?

Die Erfindung der ▸ Vol-au-vents wird dem legendären französischen Meisterkoch Marie-Antoine ▸ Carême (1784–1833) zugeschrieben und dazu gibt es eine nette kleine Anekdote. Er soll einst eine Pastete mit Blätterteig zubereitet haben. Als ein unerfahrener Gehilfe in den Ofen schaute und sah, dass der flache Teig zu einem kleinen Turm aufgegangen war, soll er erschrocken ausgerufen haben: „Maître, il vol au vent" („Meister, sie fliegt in die Luft").

VOLLBIER

gehaltvolleres ▸ Bier mit einer ▸ Stammwürze von 11–15,99 %

VOLLEIMASSEN

Sammelbezeichnung alle mit Vollei (also mit Eiweiß und Eigelb) hergestellten Massen, wie z. B. ▸ Biskuitmasse, ▸ Sandmasse und ▸ Wiener Masse

VOLLFETTKÄSE

▸ Käse mit 45–49,9 % Fett i. Tr.

VOLLKORNBROT

Spezielle Brotsorte aus geschrotetem oder gemahlenem Vollkorngetreide, das deutlich mehr Eiweiß, Fett, Vitamine, Mineralstoffe und sekundäre Pflanzenstoffe enthält als Brot aus raffiniertem Mehl. Es wird in der Regel aus Roggen (dann als Roggenvollkornbrot) oder Weizen (dann als Weizenvollkornbrot) hergestellt, wobei der Anteil der jeweiligen Getreidesorte nach den einschlägigen Bestimmungen des deutschen Lebensmittelrechts mindestens 90 % betragen muss. Sind beide Getreidearten gemischt, heißt es einfach Vollkornbrot. Roggenvollkornbrot wird auch Schwarzbrot genannt, weil es neben seinem süßlichen Geschmack als weiteres charakteristisches Merkmal eine dunkle Farbe hat. Beides ist das Ergebnis des langsamen Backens, bei dem sich eine Vielzahl von Röststoffen und Abbauprodukten von Stärke bildet.

VOLLKORNMEHL

Spezielle Art von ▸ Mehl aus gereinigtem, gesundem Getreide, das die gesamten Bestandteile des Korns – sogar einschließlich der beim Backschrot fehlenden Keimlinge – fein gemahlen enthält. Vollkornmehl ist deshalb auch nicht wie anderes Mehl typisiert. Vorzugsweise wird es aus Roggen oder Weizen hergestellt.

VOLLKORNSCHROT

Fein oder grob zerkleinertes Mahlprodukt aus Vollkorn, eventuell noch mit halben oder ganzen Getreidekörnern

VOLLMILCH

pasteurisierte ▸ Milch mit eingestelltem Fettgehalt von mindestens 3,5 %

VOLLREIFE

Vor allem im Weinbau üblicher Begriff, der analog aber auf andere Früchte übertragen werden kann. Die auch als Maturation bekannte Vollreife bezeichnet den optimalen Reifezustand der Trauben und damit auch den besten Erntezeitpunkt mit dem bestmöglichen Verhältnis von Zucker- und Säuregehalt. Die noch grünen Beeren enthalten sehr viel Säuren, die während des Reifeprozesses abgebaut werden, während parallel der Zucker zunimmt. In den letzten Jahren wurde zusätzlich der Begriff der physiologischen Vollreife geprägt, in den noch mehr Kriterien zur Bestimmung des Erntezeitpunktes einfließen als nur die Messung von Zucker- und Säuregehalt. Weitere Kriterien sind z. B. die Färbung der Beerenhaut, die Konsistenz des Fruchtfleischs und auch der Zustand der Traubenkerne.

VOLLROHRZUCKER

(Ursüße, Vollwertzucker)

Unraffinierter ▸ Zucker, der direkt aus dem eingedickten und getrockneten Zuckerrohrsaft hergestellt wird und zu 95 % aus Saccharose und anderen Zuckerarten besteht. Vollrohrzucker enthält besonders viele Vitamine und Mineralstoffe, allerdings auch mehr oder weniger Schmutzpartikel.

VOLLSALZ

Die handelsübliche Bezeichnung für ein Speisesalz (▸ Salz), das in einer dem ▸ Meersalz ähnlichen Zusammensetzung (mit 90 % Natriumchlorid und verschiedenen anderen Salzen) hergestellt wird.

VOLLWERTERNÄHRUNG

(Vollwertkost)

Ernährungskonzept, das auf der Verwendung möglichst frischer, naturbelassener und unbehandelter Lebensmittel basiert, weil diese generell „gesünder" sein sollen – letztlich die gleiche Philosophie wie bei der heute so populären ▸ Bio(kost) oder ▸ Naturkost. Streng genommen bestehen zwar Unterschiede zwischen der 1942 erstmals von dem deutschen Bakteriologen, Hygieniker und Ernährungswissenschaftler Werner Kollath (1892–1970) eingeführten Vollwertkost (auch Kollath-Kost) und der Vollwerternährung, doch baut diese weitgehend auf der Kollath-Philosophie auf. Begriff und Konzept der Vollwerternährung, wie man sie heute kennt, wurde erstmals 1981 von den Gießener Ernährungswissenschaftlern Claus Leitzmann, Karl von Koerber und Thomas Männle publiziert. Der simple Leitgedanke dabei: Nur möglichst wenig verarbeitete Lebensmittel enthalten den „vollen Wert" ihrer natürlichen Inhaltsstoffe.

SCHON GEWUSST?

Als der eigentliche Pionier der ▸ Vollwerternähung, der die Grundlagen dafür schuf, gilt der Schweizer Arzt und Diät-/Ernährungsexperte Dr. Maximilian Oskar Bircher-Benner (1867–1939), Schöpfer der gleichnamigen Rohkost und des Bircher-Müslis. Ausgangspunkt für die Ernährungs- und Lebensreformer war die Annahme, dass sich die Menschen im Zeitalter der Industrialisierung völlig falsch und ungesund (mit zu viel Fett, Zucker, Weißmehl, Gewürzen und Genussmitteln) ernähren.

Bei der Vollwerternährung werden die Lebensmittel in 4 Wertstufen eingeteilt (bei Kollath waren es noch 6). Am wichtigsten sind Gemüse und Obst, Vollkornprodukte, Kartoffeln, Hülsenfrüchte sowie Milch und Milchprodukte. Absolut verpönt sind dagegen u. a. Nahrungsergänzungsmittel, Tiefkühlkost, ▸ Novel Food, ▸ Genfood, Pommes frites, Innereien und Wurst, Sojaprodukte wie Tofu, gehärtete Margarine, Kondensmilch, Schmelzkäse, Limonade, Aromastoffe und Süßwaren. Die wichtigsten Grundsätze der Vollwerternährung, die auch ideologische, politische und ökologische Aspekte berücksichtigen, lauten:

1. Bevorzugung pflanzlicher Lebensmittel
2. Bevorzugung gering verarbeiteter Lebensmittel
3. Etwa die Hälfte der Nahrung aus Rohkost
4. Zubereitung aus frischen Lebensmitteln, schonend und mit wenig Fett
5. Vermeidung von Lebensmitteln mit Zusatzstoffen
6. Vermeidung von gentechnisch veränderten und bestrahlten Lebensmitteln
7. Bevorzugung von Erzeugnissen aus ökologisch kontrolliertem Anbau
8. Bevorzugung von regionalen Produkten
9. Bevorzugung unverpackter oder umweltschonend verpackter Lebensmittel
10. Verwendung umweltverträglicher Produkte
11. Verminderung von „Veredelungsverlusten" durch weitgehenden Verzicht auf tierische Produkte

12. Bevorzugung von Erzeugnissen, die unter sozialverträglichen Bedingungen produziert werden.

VORDERSCHINKEN

im Gegensatz zum ▸ Hinterschinken aus der Schweineschulter hergestellter ▸ Schinken

VORGERICHTE

▸ Vorspeisen

VORMAGEN

Pansen und Netzmagen bei Wiederkäuern, Teil der ▸ Kutteln

VORSPEISEN

(Vorgerichte)

Sozusagen die kulinarische Ouvertüre aus kleinen, kalten oder warmen Köstlichkeiten, die den ersten Hunger stillen und zugleich Appetit auf mehr machen sollen. In der klassischen Menüfolge mit 13 Gängen wurde die kalte Vorspeise als erster Gang aufgetischt, während die warme Vorspeise zwischen Suppe und Fischgang gereicht wurde. Heute wird meist zwar nicht mehr ganz so üppig gespeist, doch die Vorspeisen haben noch immer ihren festen Platz in Menüs. Bei ihrer Zubereitung sind der Kreativität des Kochs keine Grenzen gesetzt, denn fast alle Gerichte eignen sich – in entsprechend kleiner Menge – als Vorspeisen.

VORTEIG

(Dampf(e)l, Hebel)

Bei Hefegebäcken mit frischer Hefe stellt man zunächst einen so genannten Vorteig her. Dafür wird ein Teil (bis zu einem Viertel) des zum Backen benötigten Mehls mit der zerbröselten Hefe, etwas lauwarmer Flüssigkeit und einer Prise Zucker (auch bei salzigen Teigen) verrührt. Dann deckt man den Vorteig ab und lässt ihn an einem warmen Ort gehen. Der Zucker dient als Katalysator bei diesem Prozess. Nach etwa 15 Minuten kann man dann die restlichen Zutaten dazugeben und alles zu einem glatten Hefeteig verrühren oder verkneten.

Auch bei der professionellen und industriellen Produktion von Backwaren kennt man diese Methode, wobei hier die Zeitspanne für die Entwicklung des Vorteiges je nach gewünschtem Endprodukt auch erheblich länger sein kann. So lässt man beispielsweise in Frankreich bei der Herstellung von Baguette den Vorteig über Nacht ruhen, was zu einem intensiven Aroma der Brote beiträgt. Auch wird bei so hergestellten Broten und Brötchen die Krume besonders luftig und die Kruste schön knusprig. Der Vorteil eines Vorteigs besteht darin, dass sich die Hefekulturen ohne den Zusatz von Fett und Eiern oder anderen schweren Zutaten entwickeln können und das Gebäck anschließend besonders locker und voluminös wird.

KÜCHENTIPP: *Wichtig ist bei der Herstellung von Vorteig, dass alle Zutaten und Gerätschaften, die zum Backen benötigt werden, Zimmertemperatur haben. Dann können sich die Hefepilze umso besser entwickeln.*

VORZUGSMILCH

Im Handel erhältliche ▸ Rohmilch mit 3,5–4 % Fett, die im Gegensatz zu der direkt vom Bauern gekauften erst nach strenger Kontrolle in den Labors von den Molkereien verpackt und in den Verkehr gebracht wird.

VERWENDUNG

Sparsam dosiert sind Wacholderbeeren eine interessante Würze für viele Speisen (besonders in Verbindung mit Majoran und Rosmarin). Sie dienen u.a. zum Aromatisieren von Saucen und Marinaden von Fleisch- und Wildgerichten, gehören zum Sauerbraten und ins Sauerkraut und verfeinern eingelegtes Gemüse. Weiter beziehen ▸ Gin, ▸ Genever und ▸ Steinhäger ihr typisches Aroma von Wacholderbeeren. Das Holz, die Triebe und die Beeren werden gerne zum Räuchern verwendet (▸ Wacholderschinken).

WAADTLÄNDER EINTOPF
Lauch, Kartoffeln und Saucissons sind die Hauptzutaten dieses traditionellen Gerichts aus dem Westschweizer Waadtland. Weiter benötigt man dafür Zwiebeln, Sahne, Butter (oder Margarine), Mehl, Rinderfond, Weißwein, geriebene Muskatnuss, Pfeffer und Salz.

WABENHONIG
(Scheibenhonig)
Handelsbezeichnung für ein Stück Honig von einer frisch gebauten und verdeckelten Honigwabe, der teuerste aber auch naturbelassenste und reinste ▸ Honig

WACHAU
Mit knapp 1400 ha Produktionsfläche ein eher kleines österreichisches Weinanbaugebiet (▸ Wein), das aber einen großen Ruf hat und seit 2000 Weltkulturerbe ist. Es erstreckt sich in einem relativ engen Teil des Donautals nur über etwa 15 km von Melk mit seinem berühmten Stift bis nach Krems. Die teils terrassierten Weingärten liegen mit idealer Ausrichtung auf dem nördlichen Ufer der Donau. Auf der höchsten Stufe der Qualitätsleiter stehen die Weine der Kategorie ▸ Smaragd, die „zweite Klasse" heißt ▸ Federspiel. Die wichtigsten Rebsorten, sind ▸ Grüner Veltliner (mit allein etwas über 50 % Flächenanteil) und ▸ Riesling. Als Spitzenlagen gelten u. a. Honigvogl und Singerriedl in Spitz, Achleiten in Weißenkirchen, Loibenberg und Schütt in Loiben sowie Kellerberg und Schütt in Dürnstein

WACHOLDERBEEREN
(Kaddigbeeren, Krammetsbeeren, Kranewittbeeren, Machandel)
Die ▸ Beerenfrüchte einer Pflanzengattung aus der botanischen Familie der Zypressengewächse, deren etwa 50 Arten vorwiegend auf der Nordhalbkugel als bis 10 m hoher Baum oder als Strauch vorkommen. Der Wacholder mag besonders trockene Böden, wobei als einzige von Natur aus in Deutschland heimische Art der Gemeine Wacholder gilt. Er ist pflegeleicht und immergrün und deshalb eine überaus beliebte, in vielen Zuchtformen verbreitete Garten-, Parkanlagen- und Friedhofspflanze – mit einem kulinarischen Nebeneffekt: den blauschwarzen, kugeligen Beeren mit ihrem eigenwillig würzigen und süß-bitteren Geschmack. Die besten Wacholderbeeren kommen aus Deutschland und Italien.

WACHOLDERDROSSEL
(Krammetsvogel, Krummetvogel)
Früher wurden diese Vögel aus der zoologische Familie der Drosseln noch massenhaft gefangen und gegessen. Die Populationen waren teilweise so groß, dass sie im Obst- und Weinbau als Schadvögel galten (wobei ihr Name verrät, welche Beeren sie mit besonderer Vorliebe verspeist haben). Doch das hat sich geändert: Heute ist die Wacholderdrossel, die bevorzugt im Wald- und Buschland der kühleren Bereiche von Sibirien bis Westeuropa brütet, in Deutschland eine besonders geschützte Art. Wer sie fängt oder tötet, macht sich nach dem Bundesnaturschutzgesetz strafbar.

WACHOLDERSAUCE
(Sauce au genièvre)
zerdrückte Wacholderbeeren, gewürfelter magerer Schinken, fein gehackte Schalotten und Rotwein mit ▸ Kraftsauce, variiert mit gehackten Wildknochen, Röstgemüse, Wildessenz

WACHOLDERSCHINKEN
Schinkenspezialität (▸ Schinken) mit besonderer aromatischer Note, eingerieben mit Pfeffer, Salz und Wacholderbeeren und geräuchert über Holz (am besten vom Wacholder)

WACHSBOHNE
Bohnensorte (▸ Bohnen, ▸ Gartenbohne)

WACHSREIS ▸ Klebreis

WACHSWEICHE EIER
(Wachseier, weich gekochte Eier)
je nach Größe 5–6 Minuten in heißem Wasser gekochte Eier (in der Schale) mit festem Eiweiß, aber noch dickflüssigem und nicht harten Eigelb

WACHTEL
Das kleinste ▸ Federwild und zugleich der einzige Zugvogel unter den Hühnervögeln (Familie der Fasanenartigen), der jedes Jahr im Ok-

tober auf die Reise nach Afrika geht und sich im Mai wieder in Mitteleuropa niederlässt. Die Wachteln finden hier allerdings immer weniger geeignete Lebensräume. Das ist ein Grund dafür, dass sie in ihrem Bestand – ähnlich wie das nahe verwandte Rebhuhn – stark zurückgegangen sind und bei uns heute Jagdverbot besteht. Keine Gnade kennen dagegen die Jäger auf dem Weg der Wachteln in den Süden – der zweite Grund für die Dezimierung der Bestände. In freier Wildbahn beträgt die Lebensdauer von Wachteln in der Regel nicht mehr als 3 Jahre. Die Männchen werden maximal 20 cm groß und 250 g schwer, die kleineren Weibchen bringen es auf höchstens 180 g. Als kulinarischer Leckerbissen kommt das kleine Geflügel mit seinem zarten und saftigen Fleisch heute aus Zucht- und Mastbetrieben, meist schon küchenfertig vorbereitet mit einem Nettogewicht um die 100 g. Der feine Wildgeschmack fehlt den künstlich hochgepäppelten Wachteln allerdings in den meisten Fällen. **VERWENDUNG:** *Wachtelfleisch eignet sich besonders zum Dünsten, zum weinblätter- oder speckumwickelten Braten und auf vielerlei Art zum Füllen. Eine Delikatesse sind mit Trüffeln oder Gänseleber gefüllte Wachteln mit Madeira- oder Portweinsauce. Eine süß-pikante Note erhalten sie mit einer Apfel-Brot-Füllung und Champagnerkraut als Beilage.*

WACHTELBOHNE
(Bunte Bohne)
Bohnenart (▸ Bohnen)

WACHTELEIER

Eine kleine Delikatesse für Auge und Gaumen: Die Eier der ▸ Wachtel sehen in ihrer Miniform mit der gesprenkelten Schale überaus dekorativ aus und schmecken auch noch sehr fein. Es gibt sie frisch oder hart gekocht und konserviert in Gläsern. Eine originelle Dekoration sind Wacheleier u. a. auf Gerichten vom eigenen Legetier. Ein besonderer Leckerbissen sind sie in Senfsauce oder mit Sojasauce mariniert.

WACKELPUDDING ▸ Götterspeise

WAFFELN

Dünnes und weiches bis knuspriges Gebäck mit wabenartiger Prägung, das zwischen 2 heißen Platten bzw. Eisen gebacken wird – im privaten Haushalt mit speziellen Waffeleisen, in industrieller Massenproduktion in großen Anlagen mit langen Ketten von Backplattenpaaren. Waffeln gibt es in einer Vielzahl von Formen: quadratisch, rechteckig, rund, herzförmig segmentiert, als Becher und Hörnchen für Speiseeis, als Röllchen und Hohlhippen. Waffeln können aus mehreren Teigarten (Rühr- und Hefeteig, Biskuit- und Brandmasse) mit wechselnden Zutaten hergestellt werden. Beliebte Füllungen sind Schaumzucker, Cremes und Fruchtzubereitungen. Eine andere beliebte Variante sind mit Puderzucker bestäubte sowie mit Schlagsahne und Früchten „belegte" Waffeln. Auch pikante Zubereitungen mit salzigen Teigen können köstlich schmecken.

SCHON GEWUSST?

Den heutigen Waffeleisen ähnliche Geräte hat man bereits in Wikingergräbern gefunden. Als Begründer der Herstellung von ▸ Waffeln nach heutiger Art gelten aber die Niederländer und Belgier und auch das Wort „Waffel" kommt aus dem Niederländischen und bedeutet so viel wie „ein Gebäck".

WÄHE
in Schweizer und süddeutschen Backstuben ein flacher ▸ Blechkuchen mit süßem (meist mit Früchten und Nüssen, manchmal zusätzlich mit einem Guss aus Eiern, Sahne und Zucker) oder salzigem Belag (z. B. mit Zwiebeln, Spinat, Käse und Speck)

WAKAME
Eine vor allem in Japan verbreitete, aber auch in der französischen Bretagne angebaute Art von ▸ Algen, die getrocknet in der Küche als Meeresgemüse verwendet werden.

WALDBEEREN
Sammelbezeichnung für wild im Wald wachsende Beeren, wie ▸ Heidelbeeren, ▸ Walderd-

beeren, ► Moosbeeren, ► Brombeeren, ► Preiselbeeren, ► Johannisbeeren, ► Himbeeren und ► Vogelbeeren

WALDERDBEEREN
wild wachsende, besonders kleine und aromatische Erdbeerart (► Erdbeeren)

WALDKNOBLAUCH ► Bärlauch

WALDMEISTER
(Gliedkraut, Halskräutlein, Maikraut)
Mehrjährige krautige Pflanze aus der botanischen Gattung der Labkräuter, die bevorzugt in schattigen Buchen- und Laubmischwäldern Mittel-, Ost- und Südeuropas sowie Nordamerikas wächst. Sie wird im Mai und Juni gesammelt und gibt als Gewürz vor allem der beliebten ► Maibowle ihr typisches Aroma. In der Lebensmittelindustrie ist die Verwendung von Waldmeister zum Färben und Aromatisieren aufgrund der toxischen Wirkung des Inhaltsstoffes Cumarin seit 1981 verboten. Mit Waldmeistergeschmack angebotene Produkte wie ► Götterspeise, Speiseeis, verschiedene Limonaden, Liköre usw. gibt es heute nur noch künstlich gefärbt und aromatisiert.

SCHON GEWUSST?

Neben verschiedenen Heilwirkungen kann der Genuss von ► Waldmeister in größerer Menge auch mit unangenehmen bis gefährlichen Nebenwirkungen wie Kopfschmerzen, Benommenheit, Schwindel, Erbrechen, im Extremfall sogar Lähmung und Atemstillstand verbunden sein. „Übeltäter" ist der sekundäre Pflanzenstoff Cumarin, der aber auch für das charakteristische Aroma von Waldmeister verantwortlich ist.

WALDMEISTERBOWLE ► Maibowle

WALDMEISTERBRATEN
Eine österreichische Spezialität ist dieser Rinderbraten (vom Schwanzstück), der in verdünntem Essig mit einem Bündel frischem Waldmeisterkraut mariniert und in braunem Fond und etwas Marinade weich geschmort wird. Die Sauce wird anschließend mit Mehl gebunden und mit saurer Sahne und Rotwein vollendet. Als Beilage serviert man Bratkartoffeln oder Butternudeln.

WALDORFSALAT
Ein Klassiker der Salatküche aus Würfeln oder feinen Streifen von säuerlichen Äpfeln und Knollensellerie mit gehackten Walnüssen (oder Haselnüssen) in einer leichten Mayonnaise, die mit geschlagener Sahne, Milch oder Jogurt verdünnt wird. Abgeschmeckt werden kann der Waldorfsalat mit etwas Zitronensaft und/oder Cayennepfeffer. Er ist eine beliebte Vorspeise oder Beilage zu Wildgerichten.

SCHON GEWUSST?

Der ► Waldorfsalat wurde 1893 im New Yorker Luxushotel Waldorf-Astoria von dessen Schweizer Oberkellner Oscar Tschirky kreiert. Die Nobelherberge war von Nachfahren des deutschen Auswanderers Johann Jakob Astor (1763–1848) aus Walldorf in Baden gegründet worden – daher der Name von Hotel und Salat –, der durch Pelz- und Immobilienhandel reich wurde.

WALDSAUERKLEE
(Hasenklee)
Weit verbreitete Pflanze aus der botanischen Gattung Sauerklee (Familie der Sauerkleegewächse), dessen dreiblättriges Blatt man auch als inoffizielles Nationalsymbol von Irland kennt. Der mehrjährige, wintergrüne, krautige Waldsauerklee wird 5–15 cm hoch und wächst bevorzugt an schattigen und frischen bis feuchten Standorten in Laubmischwäldern und Nadelwäldern in den gemäßigten Breiten von Europa und Asien.

VERWENDUNG: *Die etwas fleischigen grasgrünen Blätter des Waldsauerklees passen mit ihrer säuerlichen Würze gut in verschiedene Suppen, Saucen und Salate. Sie sollten allerdings nicht in großen Mengen verwendet werden, weil sie sonst giftig wirken können.*

SCHON GEWUSST?

Als „Shamrock" bezeichnet ist der ▸ Waldsauerklee bzw. sein dreiblättriges Blatt das offizielle Nationalsymbol Irlands. Dies geht zurück auf den Heiligen Patrick, der im 5. Jh. als Missionar den Iren am Kleeblatt die Dreifaltigkeit erklärt haben soll.

WALDSCHNEPFE

von Feinschmeckern geschätzte ▸ Schnepfe

WALLER ▸ Wels

WALLISER ART

mit gehackten Mixed Pickles und Kapern angereicherte ▸ Genfer Sauce zu gekochtem bzw. pochiertem Fisch (Wallis: an den Genfer See angrenzender Kanton in der Westschweiz)

WALLISER KÄSE

Sammelbezeichnung für verschiedene Käsesorten (▸ Käse), die im Kanton Wallis hergestellt werden. Neben ▸ Bergkäse und ▸ Tomme versteht man darunter vor allem einen halbharten Kuhmilchkäse mit 45–52 % Fett i. Tr. , der ein mild pikantes Aroma hat und am besten nach mehrmonatiger Lagerung schmeckt. Er eignet sich bestens für ▸ Raclette und zum Überbacken, ist aber auch ein guter Tafelkäse.

WALLWURZ ▸ Beinwell

WALNÜSSE

(Baumnüsse, Welschnüsse)

Lange Zeit nach botanischer Definition nicht als echte Nuss, sondern als einsamige Steinfrucht geltend, sind sich die Gelehrten bei der Walnuss nach neuen Untersuchungen nicht mehr ganz einig. Vielleicht ist sie ja doch eine „richtige" Nuss, was sie nach der Handelsbezeichnung ohnehin sein darf. Otto Normalverbraucher kann es egal sein, Hauptsache es schmeckt – und das tun die eigenwillig würzig-süßlichen Kerne vielen Menschen. Die Echte Walnuss bzw. der Walnussbaum gehört der botanischen Familie der Walnussgewächse an und ist eine von rund 20 Arten der gleichnamigen Gattung. Die Bäume werden in der Regel 15–25 Meter hoch und bis zu 150 Jahre alt. Erst nach etwa 25 Jahren werden gute Nusserträge von jährlich etwa 25 kg erzielt. Bei älteren Bäumen, in den besten Jahren und an erstklassigen Standorten können es bis 150 kg sein. Seinen Ursprung dürfte der Walnussbaum in Vorder- bzw. Mittelasien haben, wo er seit Jahrtausenden kultiviert wird. Schon früh eroberte er auch den Mittelmeerraum, für seine weitere Verbreitung sorgten besonders die Römer.
Heute sind die USA (Kalifornien) mit knapp 300 000 t Jahresproduktion auf rund 82 000 ha Anbaufläche weltweit der mit Abstand größte Walnusserzeuger. Weitere Anbaugebiete liegen in den GUS-Staaten. In Mitteleuropa dagegen kommt der Walnussbaum kultiviert meist nur auf Bauernhöfen und in Hausgärten vor. Obwohl er auch ein edles Holz hat, wird er meist nur der Früchte wegen angebaut. Diese haben mit ihrer (als Zeichen der Reife) runzligen und besonders harten ovalen Schale, die den Einsatz eines Nussknackers erforderlich macht, und den beiden zusammengewachsenen Flügeln des Nusskerns eine auffallendere Erscheinung als jede andere Nuss.

WALNUSSÖL

Aus reifen, teils auch gerösteten Walnusskernen hergestelltes hochwertiges ▸ Speiseöl, das sich durch einen besonders hohen Gehalt an ungesättigten Fettsäuren (über 90 %) auszeich-

VERWENDUNG

Walnüsse machen sich außer als Knabberei auch gut in Obstsalaten, Kuchen, Plätzchen (▸ Makronen), verschiedenen Desserts und zu manchen Käsen. Ein würzender Bestandteil können sie in Saucen, Füllungen und Pasteten sein. Besonders oft werden sie in der asiatischen Küche, vor allem in Gerichten mit Hülsenfrüchten, verwendet. Im Fernen Osten werden sie auch grün und unreif mit Gewürzen süßsauer eingelegt.

net. Das blasse bis hellgelbe Öl hat einen intensiv nussigen Geschmack, die besten Qualitäten sind kalt gepresst. Es eignet sich besonders für die kalte Küche und sollte nicht erhitzt werden.

WAMME
(Koder)
von der Kehle bis zu Brust oder Bauch herunterhängende, reichlich Fettgewebe enthaltende Hautfalte bei verschiedenen Tieren, vor allem bei Rind und Schwein

WAMMERL
kräftig mit Fett durchwachsenes Bauchfleisch bzw. -speck vom Schwein (auch gesalzen oder geräuchert), in Bayern auch ein Gericht daraus mit Sauerkraut und Kartoffelpüree

WAN TAN
(Huntun)
Chinesische Appetithappen, Vorspeise bzw. Suppeneinlage in Form von dünnen Reisteigblättern, die – ähnlich den italienischen ▸ Ravioli – verschiedene Füllungen (oft mit Schweinefleisch) umhüllen. Wan Tan können im Dampfbad gegart, gebraten oder in heißem Öl frittiert werden; dazu süßsaure Sauce.

WANZENBEEREN
▸ schwarze Johannisbeeren

WANZENDILL ▸ Koriander

WARSCHAUER ART
gehackte Petersilie und hart gekochte Eier zu Fisch oder Fleisch, bestreut mit geröstetem Paniermehl und übergossen mit zerlassener Butter (Warschau: Hauptstadt von Polen)

WARZENENTE ▸ Flugente (▸ Ente)

WARZENMELONE
▸ Cantaloupe (▸ Melonen)

WASABI
(grüner Meerrettich, Japanischer Meerrettich, Wassermeerrettich)
Grüne und besonders scharfe Art von ▸ Meerrettich aus Japan, die nur dort und auf der russischen Pazifikinsel Sachalin in sumpfigen Gebieten am Rand von kühlen und mineralstoffreichen Fließgewässern wild wächst. Genau diese Bedingungen verlangt die Pflanze aus der botanischen Familie der Kreuzblütengewächse (eine bis 80 cm hohe Staude) auch beim kommerziellen Anbau, was die Sache ziemlich aufwendig macht. Um ihren hohen Bedarf an Wasabi zu decken, müssen die Japaner ihn sogar aus Taiwan, China und den USA importieren. Die „Scharfmacher" in den Wurzeln sind, wie beim europäischen Meerrettich und beim Senf, flüchtige Senföle, die nicht nur auf Zunge und Gaumen, sondern auch in der Nase stechend scharf sind und zu Tränen reizen. Frische Wurzeln findet man bei uns allenfalls in Asialäden, ansonsten erhält man Wasabi als Trockenpulver, das seine Schärfe erst einige Minuten nach dem Anrühren mit Wasser entwickelt, oder als Paste.
EINKAUFSTIPP: *Beim Einkauf von Wasabiprodukten sollte man die Angaben auf dem Etikett sehr genau lesen. Im Handel wird nämlich oft lediglich grün eingefärbter gewöhnlicher Meerrettich oder ein Meerrettich-Senf-Gemisch als Wasabi verkauft. Meist ist dieser Etikettenschwindel aber allein schon am niedrigen Preis zu erkennen, denn echter Wasabi ist relativ rar und teuer.*
VERWENDUNG: *Wasabi ist in Japan ein überaus beliebtes Gewürz, vor allem zu rohem Fisch wie ▸ Sashimi oder ▸ Sushi und in Kombination mit Sojasauce. Er passt auch gut zu vielen asiatischen Gemüsezubereitungen, geröstete Nüsse, Bohnen und Erbsen werden damit pikant verfeinert. Wasabi sollte stets luftdicht verschlossen gelagert und möglichst frisch verwendet werden, weil sich sein Aroma relativ schnell in Luft auflöst.*

WÄSCHERMÄDEL
Berufsstand, der sich im Wien des 17./18. Jh. entwickelte und nach dem eine der bekannten

österreichischen ▸ Mehlspeisen benannt wurde. Zur Belohnung für ihr Tagwerk erhielten die Wäscherinnen oft mit Marzipan gefüllte, in Aprikosenbranntwein und Staubzucker marinierte und in Wein- oder Milchbackteig in heißem Fett schwimmend ausgebackene Marillen. Die Süßspeise wird mit gehackten Mandeln bestreut und mit Marillensauce serviert.

WASSER

1. ▸ Trinkwasser
2. ▸ Mineralwasser

WASSERBAD

(Bain-Marie)

Bezeichnung für eine besondere Art der Zubereitung von empfindlichen Speisen, die nicht direkt mit dem Wasser als Wärmeleiter in Berührung kommen sollen, bzw. für spezielle Behälter, die dafür verwendet werden. Ins Wasserbad kommen im Back- oder Umluftofen u. a. verschiedene ▸ Puddings, ▸ Flammeris und ▸ Soufflés. Auch den heißen Dampf, der vom Wasserbad aufsteigt, macht man sich in der Küche für warm aufgeschlagene Saucen (vor allem ▸ Béarner Sauce und ▸ Holländische Sauce) oder Grundmassen für die Herstellung von Konditoreiwaren und Speiseeis zunutze.

WASSERKASTANIEN

(Chinesische Kastanien)

1. trotz keiner näheren botanischen Verwandtschaft Synonym für die ▸ Wassernuss
2. Den ▸ Maronen ähnliche, botanisch aber nicht verwandte unterirdische Knollen einer Wasser- bzw. Schwimmpflanze aus der botanischen Familie der Sauergräser, die in stehenden Gewässern vor allem in Thailand, China, Indien, Japan, Australien und auf den Philippinen kultiviert wird. Aufgrund des schwierigen Anbaus und geringer Erträge sind Wasserkastanien in Europa eine rare Spezialität (meist in Dosen konserviert), während das weiße und süßlich schmeckende Fleisch in ihrer Heimat eine beliebte Zutat in vielen Gerichten ist.

VERWENDUNG: *Wasserkastanien lassen sich wie Äpfel schälen und eignen sich hervorragend zum Kochen, wobei sie auch bei längerer Garzeit ihre Knackigkeit nicht verlieren. Sie werden vielfach zu Süßspeisen verarbeitet. Auch als Beilage zu Fleisch- und Geflügelgerichten, für Gemüsezubereitungen, Suppen und Füllungen (u. a. mit Reis für Lotosblätter) werden sie gerne verwendet.*

WASSERKRINGEL

Gebäckkranz aus Hefeteig, der in Norddeutschland vor allem in der Weihnachtszeit gerne hergestellt wird. Als Besonderheit wird der Teig in einen Eimer mit warmem Wasser gelegt, bis er sich umdreht. Dann kommen die weiteren Zutaten wie gehackte Mandeln, Rosinen und abgeriebene Schale von unbehandelten Zitronen sowie eventuell Kardamom, Zitronat und Orangeat dazu. Vor dem Backen in einer Spring- oder Kastenform wird der Teig mit Eigelb bestrichen und mit gehackten Mandeln bestreut.

WASSERMEERRETTICH ▸ Wasabi

WASSERMELONEN

(Zitrullengurken)

eine der beiden Hauptgruppen der ▸ Melonen

WASSERNÜSSE

(Wasserkastanien)

In früheren Zeiten dienten die dunkelbraunen und hartschaligen Früchte (bzw. ihre weißen Kerne) dieser einjährigen Wasserpflanze aus der botanischen Familie der Weiderichgewächse in Europa – wie alte Funde belegen – vielfach für Ernährungszwecke. Heute aber ist die Wassernuss in Deutschland fast ausgestorben und seit 1987 steht sie unter Naturschutz. Ihr Lebensraum sind nährstoffreiche und sommerwarme, stehende Gewässer (Teiche, Altwässer usw.) in gemäßigten und subtropischen Zonen. Ihre Fruchtkerne sind roh giftig und nur gekocht als Gemüse essbar.

WASSERPFEFFER

(Pfefferknöterich)

Den Pfeffer trägt diese krautige Pflanze nur wegen der fein würzenden und leicht prickelnden Schärfe ihrer Blätter und Samen im Namen, botanisch aber gehört sie einer ganz anderen Familie an, den Knöterichgewächsen. Der bis 1,50 m hohe Wasserpfeffer wächst an

Feuchtstandorten in gemäßigten bis subtropischen Klimazonen von Europa und Nordafrika über Asien bis nach Nordamerika.
VERWENDUNG: *In früheren Zeiten wurde der Wasserpfeffer teilweise als Ersatz für den teuren Pfeffer verwendet. Heutzutage spielt er aber nur noch in der japanischen Küche eine bescheidene Rolle als Dekoration und Würze für Salate, Suppen und Fischgerichte.*

WASSERSENF
▸ Brunnenkresse (▸ Kresse)

WASSERSPATZEN
in Salzwasser gegarte Teignocken aus Mehl, Eiern, Wasser und Salz, übergossen mit gerösteten Semmelbröseln, serviert mit Apfelmus

WASSERSPINAT
In den Tropen und Subtropen verbreitete Wasser- und Sumpfpflanze aus der botanischen Familie der Windengewächse, deren junge Blätter und zarte Triebe als spinatähnliches Gemüse zubereitet werden können. In Europa weniger bekannt, wird der Wasserspinat vor allem in asiatischen Küchen gerne verwendet.

WATERZOOI
Traditioneller belgischer bzw. flämischer Suppentopf, der aus Meeres- und Süßwasserfischen (in einer Variante auch mit Hühnerfleisch) zubereitet wird. Weitere Zutaten sind verschiedenes Gemüse (Kartoffeln, Sellerie, Zwiebeln und Lauch) und Butter oder Sahne.

WATRUSCHKI
kleine russische ▸ Piroggen aus Pastetenteig mit verschiedenen pikanten und auch süßen Füllungen oder Belägen

WAXDICK
(Ossietra)
Ein wichtiger Vertreter der ▸ Störe, einer besonders artenreichen Fischfamilie, die von Feinschmeckern in aller Welt als Lieferant des ▸ Kaviar „verehrt" wird. Der Waxdick kommt im Schwarzen, Asowschen und Kaspischen Meer vor, ist aber relativ selten. Zum Ablaichen steigt er die Flüsse hinauf und vereinzelt soll er in früheren Zeiten in der Donau bis nach Bayern gekommen sein. Er kann bis 2 m oder noch etwas länger werden und ein Gewicht von über 100 kg erreichen. Vom Waxdick kommt der feine Ossietrakaviar, doch auch sein Fleisch hat hohen kulinarischen Wert.

WECKEN ▸ Brötchen

WEGWARTEN ▸ Zichorien

WEIBERKRAUT ▸ Beifuß

WEICHKÄSE Festigkeitsstufe beim ▸ Käse

WEICHSELN ▸ Morellen

WEICHTIERE
(Mollusken)
Ein besonders vielgestaltiger und formenreicher Tierstamm mit rund 50 000 Arten, von denen einige auf den Tellern von Feinschmeckern landen – so z. B. die ▸ Schnecken als größte Gruppe der Mollusken. Weiter zählen ▸ Muscheln und ▸ Tintenfische (als Kopffüßer) zu den Weichtieren, die außer den Polarregionen und dem Hochgebirge alle Lebensräume auf der Erde in einer riesigen Vielfalt besiedeln.

WEIDENDORNBEEREN
▸ Sanddornbeeren

WEIHNACHTSBEEREN ▸ Rosa Pfeffer

WEIHNACHTSGEBÄCK
Das Backen in der Advents- und Weihnachtszeit hat in Deutschland (und auch anderen Ländern) eine lange Tradition. Dementsprechend groß ist die Zahl vorwiegend süßer Backwaren, die vor allem in diesen Wochen hergestellt werden, heutzutage teilweise aber das ganze Jahr

über im Handel erhältlich sind. Typisches Weihnachtsgebäck sind ▸ Plätzchen, ▸ Lebkuchen, ▸ Christstollen, ▸ Spekulatius und das italienische ▸ Panettone.

WEIHNACHTSSTOLLEN ▸ Christstollen

WEIHRAUCHKRAUT ▸ Rosmarin

WEIN
Alkoholisches Getränk, das durch ▸ Gärung aus dem Most (Saft) von Weintrauben hergestellt wird und in großer Vielfalt als trockene ▸ Weißweine und ▸ Rotweine, als ▸ Rosé, ▸ Süßweine, ▸ Likörweine oder ▸ Schaumweine (▸ Seite 628) auf den Markt kommt.

WEINBEEREN
So manches Mal Anlass zur Begriffsverwirrung: Oft werden Weinbeeren mit ▸ Weintrauben gleichgesetzt, dabei sind sie eigentlich nur die einzelnen Beeren des ganzen Fruchtstandes (der Traube) eines Weinstocks. Teilweise sind damit aber auch explizit getrocknete Weinbeeren gemeint, also ▸ Rosinen.

WEINBERGSCHNECKEN
Als besondere Delikatesse geltende, bis zu 10 cm lange und 30 g schwere Landschnecken (▸ Schnecken, ▸ Weichtiere), die ihr Haus stets mit sich herumschleppen. In Deutschland, Österreich und der Schweiz sowie in einigen anderen Ländern stehen Weinbergschnecken unter Naturschutz und kommen deshalb für kulinarische Zwecke in der Regel aus der Zucht – die besten davon aus dem französischen Burgund, wo sie wirklich noch in den Weinbergen herumkriechen. Die Franzosen sind die größten Schneckenliebhaber und kennen die meisten Zubereitungsarten für die kleinen Weichtiere, während sie in Deutschland meist von der Gartenschnecke ersetzt wurden, die manche Liebhaber der kleinen „Schleimer“ ohnehin für pikanter halten.

WEINBLÄTTER
Die leicht säuerlichen Blätter der jungen Weinrebe werden vor allem in Griechenland und der Türkei sowie in der orientalischen Küche gerne verwendet. Entweder frisch gepflückt oder in Salzlake eingelegt und mit Zitronensäure versetzt dienen sie als Hülle für die unterschiedlichsten Füllungen, z. B. für Dolmades (▸ Dolmas) und ▸ Yalanci Dolmasi.

WEINBRAND
(Brandy)
In schönster EU-Amtssprache als „Branntwein aus Wein“ bezeichnet, versteht man unter einem Weinbrand in der Regel eine durch Destillation von Wein hergestellte Spirituose. Ein Weinbrand muss mindestens 36 Vol.-% Alkohol haben und 6 Monate oder länger (abhängig von der Fassgröße) in Eichenholzfässern reifen. Beim Deutschen Weinbrand muss die Mindestreifezeit im Fass generell 1 Jahr betragen. Zu den bekanntesten Weinbränden zählen ▸ Armagnac und ▸ Cognac aus Frankreich (die oft 20 Jahre und länger im Holzfass zubringen), Brandy de Jerez aus Spanien, der griechische ▸ Metaxa und der deutsche ▸ Asbach Uralt.

SCHON GEWUSST?

Die Bezeichnung ▸ Weinbrand erfand 1907 Hugo ▸ Asbach, bereits 1892 Gründer der „Export-Compagnie für deutschen Cognac“ in Rüdesheim. Als der Name für den Cognac aus Frankreich 1919 geschützt und den Deutschen verboten wurde, ihn zu verwenden, übernahm man die Bezeichnung Weinbrand. 1923 fand sie auch Eingang in das deutsche Weingesetz.

WEINCHAUDEAU ▸ Sabayon

WEINESSIG
Verschiedene Essigspezialitäten, zu deren Herstellung einem Wein Essigsäure bildende Bakterien zugesetzt werden. Diese bewirken eine

Wein: Ein berauschender Genuss

Ganz nüchtern gesehen nur ein Getränk, das Alkohol enthält und je nach Quantum mehr oder weniger betrunken macht. Das ist sicher richtig – und trotzdem ist der Wein kein alkoholisches Getränk wie jedes andere. Das komplexe Aroma (aufgebaut aus mehreren Hundert verschiedenen Aromastoffen) und der Geschmack von feinen Weinen sind unvergleichlich, wovon sich die Menschen – darunter berühmte Dichter, Musiker und Staatsmänner schon vor Jahrhunderten zu überschwänglichen Kommentaren hinreißen ließen. Dabei waren damals die gesundheitsfördernden Wirkungen von moderatem Weingenuss noch weitestgehend unbekannt.

FRANKREICH UND ITALIEN FÜHREND

Unter den verschiedenen Theorien über die Herkunft der Weinrebe gilt die so genannte Wanderungstheorie – also ihre Ausbreitung im Zuge der allgemeinen kulturgeschichtlichen Entwicklung von Osten nach Westen, vom Morgen- ins Abendland – als die wissenschaftlich plausibelste. Die ersten Zeugnisse des Weinanbaus stammen aus der Zeit um 6000 v. Chr. in Kaukasien und Mesopotamien, wo auch die Wiege der ersten menschlichen Hochkultur stand.

Heute wird Wein in über 40 Ländern auf einer Fläche von knapp 8 Mio. Hektar rund um den Erdball angebaut. Die jährliche Weinproduktion beläuft sich auf 250–280 Mio. Hektoliter. Die beiden mit Abstand größten Weinerzeuger sind Kopf an Kopf die beiden klassischen europäischen Anbauländer Frankreich und Italien mit durchschnittlich um die 55 Mio. Hektoliter im Jahr. Über die größte Rebfläche verfügt mit rund 1,2 Mio. Hektar allerdings Spanien, wo die Erträge naturgegeben niedriger sind und in normalen Jahren 30 bis 35 Mio. Hektoliter Wein produziert werden. Der größte Weinerzeuger in Übersee sind die USA mit rund 20 Mio. Hektolitern, während die deutsche Weinproduktion bei 9–10 Mio. Hektolitern liegt.

ARZNEI UND GIFT

Bereits in früheren Zeiten hatten viele Menschen den Eindruck, dass Weingenuss gut für die Seele, aber auch den Körper ist. Was sie damals nur instinktiv und subjektiv zu spüren glaubten, ist heute durch viele Studien wissenschaftlich belegt. So hat man im Rebensaft mittlerweile eine Vielzahl von gesundheitsfördernden Substanzen nachgewiesen, die u. a. das Herzinfarktrisiko senken, die Verdauungsleistung steigern, Bakterien und Viren abwehren, vorbeugend gegen Krebs wirken sowie das Nervensystem und eine Reihe von Körperfunktionen positiv stimulieren. Das alles heißt aber nicht, dass man sich gesund trinken kann. So gilt noch heute eine uralte Weisheit des griechischen Philosophen (und Weinliebhabers) Plutarch (um 45–125): „Wein ist Nahrungsmittel, Flüssigkeit und Arznei, aber falsch angewendet auch Gift."

AMERIKANISCHE UNTERLAGSREBEN

Die Zahl der verschiedenen Rebsorten (▸ Weintrauben), die alle der Gattung Vitis bzw. der Untergattung Vitis vinifera angehören, wird auf 8000–10 000 geschätzt). Für den Weinbau Bedeutung haben nicht mehr als ein paar Hundert Rebsorten und hochwertige Weine werden nur aus wenigen Dutzend von ihnen gekeltert, allen voran die Cépages nobles. Hinter dieser französischen Bezeichnung verbergen sich die edelsten Rebsorten der Welt. Allerdings gibt es für die Einstufung keine objektiv messbaren Kriterien, so dass sich die „Gelehrten" nicht immer ganz einig sind. Unbestritten zählen zu den Cépages nobles die roten ▸ Cabernet Sauvignon, ▸ Merlot, ▸ Syrah, ▸ Pinot Noir und ▸ Nebbiolo sowie die weißen ▸ Chardonnay, ▸ Sauvignon Blanc, ▸ Chenin Blanc und ▸ Riesling. Sie alleine machen aber nicht die Faszination des Weines aus, sondern mehr noch seine unerschöpfliche Vielfalt, auch durch eine Vielzahl autochthoner Rebsorten, die als lokale Spezialitäten nur in einem relativ eng begrenzten Raum angebaut werden.

Dabei wachsen die europäischen Weinreben bis auf wenige Ausnahmen nicht mehr aus heimischen Wurzelstöcken, sondern sind auf amerikanische Unterlagsreben aufgepfropft. Das ist indirekt das Werk der Reblaus (ein Wurzelschädling), die in der 2. Hälfte des 19. Jh. aus den USA nach Europa eingeschleppt wurde und sich unersättlich und in einem verheerenden Ausmaß durch die europäischen Weinberge gefressen hat. Die einzige Rettung kam einige Jahrzehnte später ebenfalls aus Amerika in Form reblausresistenter Unterlagsreben.

QUALITÄT: ERGEBNIS VIELER FAKTOREN

Lebensmittelrechtlich ist Wein ein durch alkoholische ▸ Gärung des Mostes von Weintrauben – also die Umwandlung des enthaltenen Zuckers mit Hilfe von ▸ Hefe in Alkohol – hergestelltes Getränk. Charakter und Qualität eines Weines werden vom Zusammenspiel einer Vielzahl von Faktoren bestimmt – jenen im Weinberg (wie z. B. Lage, Bodenbeschaffenheit, Witterungsverlauf, Mikroklima usw.), die der Franzose in ihrer Gesamtheit als ▸ Terroir bezeichnet, und jenen im Weinkeller im Laufe der so genannten Vinifikation. Ein ganz wichtiger Qualitätsfaktor ist aber auch der Mensch (Winzer und Kellermeister) und seine Weinphilosophie. Diese bestimmt seine Arbeit im Weinberg und im Weinkeller, wo dem „Weinmacher" eine Vielzahl an technischen Möglichkeiten und „Tricks" zur Verfügung stehen. Nach unterschiedlichen Verfahren werden die Grundtypen des Weines gekeltert, also ▸ Weißweine, ▸ Rotweine, ▸ Rosé, ▸ Süßweine, ▸ Likörweine und ▸ Schaumweine (nähere Erläuterung unter den jeweiligen Stichworten).

Selbst so eine vermeintlich auf der Hand liegende „Erkenntnis", dass Weißwein eben aus weißen Trauben und Rotwein aus roten hergestellt wird, ist dabei nur die halbe Wahrheit. In den meisten Fällen stimmt das zwar, grundsätzlich kann aber auch aus (den meisten) roten Trauben Weißwein hergestellt werden, weil der Saft der Beeren weiß ist und die Farbstoffe nur in den Beerenhäuten sitzen. Verzichtet man bei roten Trauben auf die sonst übliche Gärung auf der ▸ Maische, erhält man Weißwein.

IN VINO VERITAS?

Um diese Frage ist heute vor dem Hintergrund der rasanten technischen Entwicklung in der Weinerzeugung ein regelrechter „Glaubenskrieg" unter Winzern, Fachleuten und Weinkennern entbrannt. In der Tat sind stärker denn je zwei Strömungen im Weinbau zu erkennen, die immer mehr auseinanderdriften.

Auf der einen Seite stehen die Winzer, die sich „zurück zur Natur" auf ihre Fahnen geschrieben haben – von ökologischen oder sogar biodynamischen Anbaumethoden im Weinberg bis zu einer möglichst schonenden und natürlichen Behandlung von Trauben und Wein im Keller mit Spontanvergärung und dem Verzicht auf Reinzuchthefen. Auf der anderen Seite stehen jene Erzeuger, die ein Höchstmaß an Technik einsetzen, um mainstreamige, auf ein bestimmtes Geschmacksprofil getrimmte Modeweine zu erzeugen, wie sie vor allem aus Übersee kommen. Auch Winzer in Europa springen auf diesen Zug auf und wünschen sich noch mehr Freiheiten in der Kellertechnik, wie sie ihre Kollegen in den Überseeländern genießen. Schon heute ist auf vielen Weingütern von der Romantik traditioneller Weinkelterung keine Spur mehr und nicht selten gleichen sie eher High-Tech-Betrieben.

FLUCH UND SEGEN DER TECHNIK

Die moderne Technik ist zum Teil sicher ein Segen für den Weinbau, denn die Zahl der schlechten und fehlerhaften Weine konnte mit ihrer Hilfe erheblich reduziert werden. Scheiden sich die Geister bereits bei den modernen Verfahren zur Mostkonzentration – also dem künstlichen Entziehen von Wasser zur Konzentration der Inhaltsstoffe in den Trauben – so ist eine andere technische Errungenschaft eine wahre „Höllenmaschine" des Weines: die so genannte Spinning Cone Column, zu Deutsch „Schleuderkegelkolonne" (SKK).

Diese technische Anlage kann unter Vakuum und Ausnutzung der Zentrifugalkräfte den Wein in verschiedene Fraktionen zerlegen, wie z. B. Wasser, Alkohol und verschiedene Aromagruppen. Anschließend kann er ganz nach Wunsch und in anderer Gewichtung der einzelnen Bestandteile wieder zusammengesetzt und das Geschmacksbild verändert werden. Egal wie man solchen Verfahren gegenübersteht: Mit einem Naturprodukt, wie es der Wein immer war, haben sie nichts mehr zu tun.

zweite Gärung und die Umwandlung von Wein in einen besonders aromatischen und feinen ▶ Essig. In Holzfässern lagert der Weinessig ein oder mehrere Jahre, bei einem hochwertigen italienischen ▶ Aceto Balsamico – dem berühmtesten und teuersten Weinessig – können es sogar 25 Jahre sein. Eine andere bekannte Spezialität ist der spanische ▶ Sherryessig.

WEINFEHLER
Grundsätzlich ist jeder optische Mangel, vor allem aber jede Beeinträchtigung von Geruch und Geschmack als Weinfehler einzustufen. Hier aber beginnen bereits die Probleme: Diese Fehltöne werden sensorisch unterschiedlich wahrgenommen und die Bewertung, wann im Bukett vieler Weine mit enthaltene Aromen so intensiv sind, dass sie zum Fehlton werden, fällt oft sehr subjektiv aus. Was der eine Weintrinker vielleicht noch toleriert oder vielleicht sogar als reizvolle Geruchsnote empfindet – wie z. B. den typischen Petrolton vieler gereifter Rieslinge aus Deutschland oder starke animalische Aromen in vielen französischen Weinen –, das „stinkt" dem anderen bereits. Dabei kann das Geruchs- und Geschmacksempfinden auch von nationalen oder regionalen Vorlieben geprägt sein. Weinfehler können u. a. chemische Noten (Lösungsmittel, Aceton usw.), laktische Gerüche bzw. Milchsäurestich (Buttermilch, Sauerkraut), Alters- und Firnnoten, Essigstich, Nachgärung in der Flasche und viele mehr sein – mit ebenso vielfältigen Ursachen, beginnend von „Fehlentwicklungen" im Weinberg über Pannen bei der ganzen Weinbereitung bis hin zu schlechten Korken.

WEINGELEE
Mit Wein aromatisiertes ▶ Gelee, das umso besser schmeckt je aromatischer der verwendete Wein ist. Besonders gut eignen sich ▶ Likörweine wie z. B. ▶ Madeira oder ▶ Port.

WEINKÄSE
Es gibt verschiedene Arten von ▶ Käse, die man als Weinkäse bezeichnen kann, weil sie z. B. mit Wein gewaschen werden und dadurch ein besonderes Aroma erhalten. Eine besondere Spezialität ist aber der Weinkäse aus der österreichischen Steiermark, ein Weichkäse mit einer Reifezeit von 6 Wochen. Dabei wird er wiederholt mit Zweigeltgeläger – Hefe von der Weinherstellung aus der Rebsorte ▶ Zweigelt – eingerieben. Das gibt ihm seine schwarze Rinde und den charakteristischen Geschmack.

WEINKRAUT
1. ▶ Bohnenkraut
2. mit Weißwein verfeinertes ▶ Sauerkraut
3. vor allem in Österreich und Süddeutschland in feine Streifen geschnittener Weißkohl und angeröstete gehackte Zwiebeln, mit Brühe und Weißwein aufgekocht

WEINLAGERUNG
Zunächst wird mit diesem Begriff die Reifung in Stahltanks, Holzfässern oder nach der Abfüllung in der Flasche bezeichnet, ehe ein Wein das Weingut verlässt und in die Hände der Weintrinker gelangt. Unter Weinlagerung versteht man aber auch die Aufbewahrung von Weinen im privaten Weinkeller nur für kurze Zeit oder über viele Jahre hinweg. Je länger Wein gelagert wird, desto höher die Ansprüche an die Lagerbedingungen. Grundsätzlich sollten Weinflaschen dunkel, erschütterungsfrei und in Räumen ohne starke Fremdgerüche, die der Wein durch den Korken (nach Jahren) annehmen könnte, eingekellert werden.
Ob sie wirklich zwingend liegend gelagert werden müssen, wie es oft allein schon aus Platzgründen rationell ist, daran darf nach heutigem Wissensstand gezweifelt werden. Bei undichten Korken sollte man dies auf keinen Fall tun, weil sich die Oxidation nur noch beschleunigt. In Kellern mit hoher Luftfeuchtigkeit ist auch bei stehender Lagerung gewährleistet, dass die Korken nicht austrocknen und elastisch bleiben. Die relative Luftfeuchtigkeit, die mindestens 55 %, noch besser aber 65–70 % betragen sollte, und erst an zweiter Stelle die Lagertemperatur sind die beiden wichtigsten Lagerungskriterien. Große Temperaturschwankungen in kurzen Zeiträumen sind „Gift" für den Wein. Ein Temperaturverlauf von 12–18 °C über das Jahr gesehen ist dagegen unbedenklich, denn Wein ist ein Naturprodukt, das einiges aushält. Wer es ganz perfekt haben will, der kann seinen Keller mit einem Klimagerät ausstatten oder sich Klimaschränke zulegen.

> **SCHON GEWUSST?**
>
> So manche Regel, die man früher für die ▸ Weinlagerung aufgestellt hat, ist durch moderne Untersuchungen überholt. Ein Langzeitversuch endete mit dem verblüffenden Ergebnis, dass die Luftfeuchtigkeit und nicht (wie bis dahin angenommen) die Temperatur das Kriterium Nummer 1 für die Weinlagerung ist. Identische Weine aus (nach alter Definition) viel zu warmen Kellern, die aber eine extrem hohe Luftfeuchtigkeit hatten, zeigten sich bei einer Verkostung in weit besserem Zustand als Weine aus Kellern mit perfekter Temperatur aber niedriger Luftfeuchtigkeit.

WEINRAUTE

(Gartenraute, Mauerraute)

Schon im alten Rom lieferte dieser aus dem Mittelmeerraum stammende und dort noch heute vorwiegend kultivierte Halbstrauch aus der botanischen Familie der Rauengewächse eines der charakteristischen Küchengewürze. Die frischen oder getrockneten Blätter, die kurz vor der Blüte geerntet werden, haben einen eigenwilligen süßlich-aromatischen Geruch und einen ausgeprägten würzig-scharfen Bittergeschmack. Die Weinraute ist ein typisches Gewürz der mediterranen Küche, während sie in Mitteleuropa meist nur als Zierpflanze angebaut wird. Nur sehr sparsam sollte man sie in der Küche einsetzen; einerseits wegen ihres sehr dominanten Aromas und Geschmacks, andererseits wegen einiger gesundheitlich nicht ganz unbedenklicher Inhaltsstoffe.

VERWENDUNG: *Die Würze der Weinraute passt zu kräftigen Fleisch- (Hammel und Wild) und Fischgerichten, aber auch in Saucen, Marinaden, Salate und Hülsenfrüchte. Weiter wird sie in Südeuropa gerne zum Käse gegessen sowie für die Herstellung von Kräuterbutter und Spirituosen (z. B. auch für ▸ Grappa) verwendet.*

WEINSTEIN

Ein Gemisch aus Salzen der Weinsäure in Form von kristallinen und geschmacklosen Ablagerungen, die sich in Weinflaschen niederschlagen bzw. an die Korken hängen. Weinstein ist weder ein Fehler noch ein Qualitätsmerkmal, sondern eine neutral zu sehende Erscheinung vor allem bei Weinen, die einer Kältebehandlung ausgesetzt waren und kühl gelagert werden. Weinsäure bzw. Weinstein (gemahlen) ist z. B. auch in ▸ Backpulver enthalten.

WEINSUPPE

Vor allem in Weinanbaugebieten nach verschiedenen Rezepten zubereitete und kalt servierte Suppe aus Weißwein, der mit Fleischbrühe (eventuell noch etwas Wasser) eingekocht und mit Eigelb und Mandelmilch oder Tapioka gebunden wird. Weitere mögliche Zutaten: Sahne, Butter, Gewürze (z. B. Zimt, Cayennepfeffer, Muskatnuss), Zwiebeln und abgeriebene Schale unbehandelter Zitronen.

WEINTEIG

mit Wein hergestellter ▸ Ausbackteig

WEINTRAUBEN

1. Die Früchte bzw. Fruchtstände (▸ Trauben) der Weinreben (▸ Wein), die botanisch zur großen Familie der Rebengewächse gehören. Der Volksmund spricht oft auch bei den einzelnen Früchten von Weintrauben, korrekt müssen sie aber als Beeren bezeichnet werden.

2. Bezeichnung für die Traubensorten, die im Gegensatz zu den ▸ Tafeltrauben in erster Linie für die Weinherstellung verwendet werden und im Weinjargon auch Rebsorten heißen. Sie sind im Laufe von Jahrtausenden durch spontane (natürliche und vom Menschen unbeeinflusste) Kreuzung und zufällige Mutationen ebenso entstanden wie durch gezielte Züchtung und Weitervermehrung.

WEISSBARSCH
(Königsfisch)
Im Meer (vor allem Nordatlantik) lebender Fisch der großen Familie der ▸ Barsche (▸ Fische), der mit einem Gewicht von 500–1000 g zu den leichtgewichtigen Vertretern seiner Art zählt. Trotzdem ist er ein sehr guter und für alle Zubereitungsarten geeigneter Speisefisch.

WEISSBIER
(Weizen)
Eine obergärige Bierspezialität (▸ Bier) mit einem eigenständigem Aroma- und Geschmacksprofil, durch das sie sich deutlich von anderen Biersorten unterscheidet. Weißbier wird in Deutschland mindestens zur Hälfte aus Weizenmalz mit Stammwürzegehalt von 11–14 % hergestellt. Für den Kenner ist Weißbier aber nicht gleich Weißbier. Seine Vorliebe gehört entweder dem klaren, spritzigeren Kristallweizen, bei dem die Hefe nach der Gärung durch Filtrieren entfernt wird, oder dem trüben und vollmundigeren Hefeweizen mit natürlichen Schwebstoffen und Hefe in der Flasche.

SCHON GEWUSST?

Früher wurde das Kristallweizen (▸ Weißbier) auch als Champagnerweizen bezeichnet. Heute ist das aber nach EU-Recht verboten, weil der Begriff ▸ Champagner nur noch für den berühmten französischen Schaumwein gebraucht werden darf.

WEISSBROT
(Weizenbrot)
Aus gesiebtem und von der Kleie befreitem Weizenmehl (mindestens 90 %) gebackenes helles Brot, das mit seinem milden Geschmack ein besonders guter Speisenbegleiter ist.

WEISSBURGUNDER
(Klevner, Pinot Blanc, Pinot Bianco)
Zur so genannten Burgunderfamilie zählende weiße Rebsorte (▸ Wein), die als Mutation des ▸ Grauburgunder entstanden ist. Der hohe Mostgewichte und Alkoholgrade erreichende Weißburgunder hat kein rebsortentypisches und klar zu identifizierendes Bukett wie andere weiße Rebsorten, z. B. ▸ Riesling oder Sauvignon Blanc. Die Weine strahlen neben feiner Fruchtigkeit vor allem Harmonie mit teils süßlich-buttrig angehauchter Aromatik aus. Der Weißburgunder war einst die dominierende weiße Rebsorte im französischen ▸ Burgund, ehe sie dem ▸ Chardonnay weichen musste.

WEISSE BOHNE
(Perlbohne)
Bohnenart (▸ Bohnen)

WEISSE GRUNDSAUCE
(Samtsauce, Velouté)
Grundlage für viele ▸ Saucen aus konzentriertem, leicht gebundenem weißen ▸ Fond und Mehlschwitze bzw. aus Sahne oder Milch und Mehlschwitze

WEISSE JOHANNISBEEREN
neben roten und schwarzen die dritte Varietät von ▸ Johannisbeeren

WEISSE RÜBEN

Der botanischen Gattung ▸ Kohl angehörende Rübenart (▸ Rüben), die ein beliebtes Wurzelgemüse ist und wie die verwandten Kohlrüben verwendet werden kann. Weiße Rüben sind in ihrer besten Zeit von Oktober bis April sehr fleischig, schmackhaft und nährstoffreich. Besonders kleine und feine Zuchtsorten sind die Teltower Rübchen und die ▸ Navetten.

WEISSE SCHOKOLADE
Eigentlich keine echte ▸ Schokolade, weil sie nicht ein Gramm Kakaomasse bzw. -pulver (▸ Kakao) enthält. Vielmehr wird Weiße Schokolade ausschließlich aus der gelblichen Kakaobutter mit Milchfett und Zucker hergestellt und ist ein in erster Linie süß und fett schmeckendes Produkt mit relativ wenig Aroma.

WEISSER NUGAT ▸ Türkischer Honig

WEISSER PFEFFER
eine der Hauptarten von ▸ Pfeffer

WEISSER SPARGEL
eine der beiden Arten von ▸ Spargel

WEISSER TEE
nur ganz leicht fermentierter ▸ Tee, wesentlich seltener als Grüner oder Schwarzer Tee

WEISSER THUN(FISCH)
(Albacore)
eine als besonders fein geltende Art in der Familie der ▸ Thunfische

WEISSFISCHE
Eine der Anglersprache entsprungene (aber keine zoologische) Sammelbezeichnung für einige meist kleinere und silbrig-weiß glänzende Arten der großen Familie der ▸ Karpfenfische (▸ Fische). Zu den Weißfischen zählen schmackhafte Speisefische (wie z. B. ▸ Orfe, ▸ Brachse, ▸ Zährte, ▸ Rotfeder, ▸ Plötze, ▸ Karausche, ▸ Hasel und ▸ Ukelei), die auch Fischräuber wie Zander, Hecht, Flussbarsch, Wels usw. gerne verspeisen. Die kulinarische Wertschätzung durch den Menschen hält sich in Grenzen, weil sie sehr viele und kleine Gräten haben.

WEISSHERBST
Der klassische deutsche ▸ Rosé (▸ Wein), der aus roten Trauben (▸ Wein) und stets nur einer Rebsorte (meist ▸ Spätburgunder oder ▸ Portugieser) hergestellt wird. Diese muss auf dem Etikett in Verbindung mit der Bezeichnung Weißherbst angegeben werden. Die hellrote Farbe ist das Ergebnis einer kurzen Maischegärung, bei der nur wenige Farbstoffe aus den Beerenschalen gelöst werden. Weißherbst muss die im Weinrecht festgelegten Anforderungen für ▸ Qualitätswein erfüllen, ein anderer Rosé darf diesen Namen nicht tragen.

WEISSKOHL
(Kabis, Kappes, Kaps, Kraut, Weißkraut)
Meist eine groß- und rundköpfige Art der botanischen Gattung ▸ Kohl (Familie der Kreuzblütengewächse), sieht man von der Besonderheit ▸ Spitzkohl einmal ab. Vor allem im Herbst und Winter ist Weißkohl eines der beliebtesten und durch seinen hohen Nährstoffgehalt auch wertvollsten Gemüse in deutschen Küchen. Schon die Römer sollen den grünlich-weißen Kopfkohl geschätzt haben, von dem es mittlerweile Zuchtsorten von hoher Qualität gibt. Das hat den Weißkohl sogar in der gehobenen Gastronomie salonfähig gemacht. In großen Mengen landet er aber nicht direkt in den Kochtöpfen, sondern wird zu ▸ Sauerkraut verarbeitet.

VERWENDUNG: *Weißkohl kann auf vielfältige Weise zubereitet werden: roh als Salat, geröstet, gedünstet als Gemüse oder als Püree, mit einer Vielzahl von Variationsmöglichkeiten und verfeinert mit Sahne und Speck. Er passt in Suppen, Eintöpfe und Aufläufe, zu Fleischgerichten (vor allem von Schwein und Lamm), Würsten und Salzkartoffeln. Einer der großen Klassiker der deutschen Küche sind ▸ Kohlrouladen, aber auch für andere Gerichte kann Weißkohl ein leckerer Mantel sein.*

WEISSLACKER (KÄSE)
Halbfester Schnittkäse (▸ Käse), als besondere Spezialität nur im deutschen Allgäu aus Kuhmilch hergestellt (40–50 % Fett i. Tr). Seinen pikant salzigen Geschmack und mehr oder weniger scharfen Geruch verdankt der Weißlacker einem 2-tägigen Bad in Salzlake und der regelmäßigen Salzung bei der mehrmonatigen Reifung. In den Handel kommt er meist in kleinen, etwa 60 g schweren Würfeln. Außerhalb seiner Heimat erfreut sich der weiße bis weißgelbliche Käse bei weitem nicht der Beliebtheit wie im Allgäu. Weißlacker schmeckt am besten als Brotzeit auf Butterbrot mit Bier oder in einer Vinaigrette aus Essig, Öl und Zwiebeln.

WEISSMEHL ▸ Auszugsmehl

WEISSWEIN
In der Regel aus weißen, vereinzelt aber auch aus roten Trauben gekelterter ▸ Wein. Nach dem Quetschen werden die Trauben sofort gepresst, der Saft läuft ab und wird von den Schalen (und Stielen) getrennt. Weißwein bedeutet nicht, dass der Rebensaft überhaupt keine Farbe hat; vielmehr kann die Palette von wirklich fast farblos über ein zartes Gelbgrün und ein kräftiges Goldgelb bis zu bernsteinfarben und fast braun mit allen möglichen Schattierungen reichen. Mit zunehmender Reife wird älterer Weißwein dunkler (ein Oxidationsvorgang) und die Farbe changiert immer stärker ins Bräunliche. In nördlicheren Ländern bzw. Regionen überwiegt traditionell die Weißwein erzeugung, so z. B. in Deutschland und Österreich. Die weltweit am meisten angebaute wei-

AUFBEWAHRUNG

Der beste Indikator für frische Ware sind beim Weißkohl die Blätter, die kräftig, fest und matt glänzend sein sollen. Im Gemüsefach des Kühlschranks hält er sich bis zu 14 Tage. Wenn er angeschnitten ist, sollte er in Haushaltsfolie gewickelt werden.

ße Rebsorte ist die qualitativ bescheidene Airén (rund 400 000 ha ausschließlich in Spanien), es folgen ▸ Ugni Blanc (über 200 000 ha) und Chardonnay (140 000 ha).

SCHON GEWUSST?

Rotwein aus roten Trauben, ▸ Weißwein aus weißen Trauben – selbst diese einfach und logisch klingende Formel ist so nicht richtig. Der Saft ist nämlich auch in den allermeisten roten Trauben weiß, während die Farbstoffe in den Beerenschalen sitzen. Das bedeutet: Auch aus roten Trauben kann Weißwein gekeltert werden, wenn man – wie beim Weißwein üblich – keine Maischgärung durchführt.

WEISSWEINSAUCE

(Sauce au vin blanc)
stark eingekochter Fischfond und ▸ Fischgrundsauce mit Eigelb, Weißwein, Butter (eventuell auch Sahne), Salz, Pfeffer und etwas Zitronensaft

WEISSWÜRSTE

Die in aller Welt berühmteste Münchner und bayerische Spezialität, die ihr eigenes „Ritual" hat. So muss die helle und nicht gepökelte Brühwurst aus fein gemahlenem Kalbfleisch, Schweinerückenspeck, Schweineschwarte und

SCHON GEWUSST?

Geradezu ein Sakrileg ist es für einen Bayern, Weißwürste noch nach 12 Uhr und mit anderen „Beilagen" als süßem Senf (▸ Bayerischer Senf), Brezen und Weißbier zu essen. „Weißwürste dürfen das Mittagsläuten nicht hören", heißt es bei den Einheimischen – allerdings stammt diese Regel noch aus der Zeit vor der Erfindung der Kühltechnik. Weißwürste lässt man nur in mäßig heißem Wasser „ziehen". Eine zu heiß gekochte Weißwurst mit aufgeplatzter Haut rührt ein echter Bayer nicht mehr an, man erkennt ihn außerdem an der Technik des Verzehrs von Weißwürsten. Weißwürste werden traditionell aus dem Darm „gezutzelt" (mit den Zähnen aus dem Darm gezogen).

Gewürzen (z. B. Petersilie, Zitronenschale, Macis, Zwiebeln, Ingwer, Kardamom) frühmorgens ganz frisch hergestellt sein, um auf Märkten und in Wirtshäusern als Brotzeit bzw. zweites Frühstück verzehrt zu werden. Verwandt mit den meist 12–15 cm langen und 80–90 g schweren Weißwürsten sind die ▸ Wollwürste. Auch wenn ähnliche Würste bereits im 14. Jh. in Frankreich hergestellt wurden, sehen die Münchner die Weißwürste als ihre eigene Erfindung. Diese soll Sepp Moser, dem Wirt des Gasthauses „Zum ewigen Licht", zu verdanken und aus der Not geboren sein. Als ihm am Rosenmontag des Jahres 1857 die Schafsdärme für Kalbsbratwürste ausgingen, schickte er einen Lehrling los, um neue zu holen. Der aber kam mit Schweinedärmen zurück. Moser füllte sie trotzdem mit der Kalbsmasse, brühte sie aber nur kurz in heißem Wasser, weil er befürchtete, sie könnten beim Braten aufplatzen – die Weißwurst war kreiert.

WEISSWURSTSENF ▸ Bayerischer Senf

WEIZEN

1. Die wichtigste Getreideart und Backzutat für unser tägliches Brot, die als eine der ältesten Kulturpflanzen bereits seit mehr als 6000 Jahren angebaut wird, nur die Gerste wurde früher kultiviert. Beinahe zeitgleich war Weizen in den Urformen Einkorn und Emmer in Ägypten, Babylonien, China und Europa bekannt. Es gibt über 20 verschiedene Arten von Kultur- und Wildweizen, die sich nach ihrer Chromosomenzahl in drei Hauptentwicklungslinien einteilen lassen: die Einkorn-, die Emmer- (Zweikorn-) und die Dinkelreihe. Die bei uns am häufigsten angebauten Arten Saat- und Hart- oder Durumweizen gehören zur Dinkelreihe. Der Saatweizen ist besonders verbreitet, es gibt ihn in zahlreichen, auf verschiedene Klimazonen „zugeschnittenen" Sorten und je nach Eiweiß- und Klebergehalt unterschiedlichen Qualitätsstufen. ▸ Dinkel findet als Brotgetreide und als Zutat im Müsli Verwendung. Vor allem das in der Milchreife geerntete und geröstete Dinkelkorn

erfreut sich als Grünkern großer Beliebtheit. Wie wichtig Weizen für die Ernährung der Weltbevölkerung ist zeigt diese Zahl: Etwa 20 % des täglichen Kalorienbedarfs werden weltweit mit Getreide oder Getreideprodukten gedeckt. 2. ▸ Weißbier

WEIZENBROT ▸ Weißbrot

WEIZENFLOCKEN
aus Weizen hergestellte ▸ Flocken

WEIZENKEIM
Wertvollster Bestandteil des Weizenkorns mit einem besonders hohen Anteil an Vitamin E, Vitaminen der B-Gruppe, Kalium und Phosphor. Weizenkeime sind eine beliebte Zutat in Müslimischungen, aber auch einzeln abgepackt im Naturkostladen erhältlich. Aufgrund ihres hohen Fettgehaltes werden sie schnell ranzig; sie müssen deshalb trocken und dunkel gelagert und schnell verbraucht werden. Vollkornmehl wird mit den Keimen vermahlen, weswegen es ernährungsphysiologisch besonders wertvoll, aber auch leichter verderblich ist. Bei Weißmehl wird der Weizenkeim entfernt. Es gibt aber Weißmehlsorten, bei denen Weizenkeime wieder zugesetzt werden. Sie kommen unter der Bezeichnung „Weizenmehl Type 405 mit Weizenkeimen“ auf den Markt. Darüber hinaus liefern Weizenkeime ein aromatisches, wertvolles Öl (▸ Weizenkeimöl).

WEIZENKEIMMEHL
Mehl zu Backzwecken, dem mindestens 10 % Weizenkeime zugesetzt werden müssen. Mehl mit Weizenkeimen hat einen angenehm nussigen Geschmack.

WEIZENKEIMÖL
Aus Weizenkeimen durch Pressen oder Extraktion gewonnenes, Vitamin-E-reiches Öl mit einem hohen Gehalt an ungesättigten Fettsäuren. Das rare Öl sollte am besten aus Kaltpressung kommen und vor allem für Rohkost verwendet werden.

WEIZENKORN
Aus den Weizenkörnern wird ▸ Weizenmehl in verschiedenen Ausmahlungsgraden gewonnen, als ganzes Korn spielt es aber auch in der Vollwertkost eine bedeutende Rolle. Dafür müssen die getrockneten Körner eingeweicht und dann entsprechend weiter verarbeitet werden. Sie eignen sich für die Herstellung von Suppen oder Eintöpfen, Aufläufen, Bratlingen, Müslis, Kuchen etc.

WEIZENKLEBER ▸ Gluten

WEIZENMEHL
Mehl aus Weizen, das bis zu 5 % Mehl aus anderen Getreidesorten enthalten darf. Weizenmehl gibt es in verschiedenen Ausmahlungsgraden und Typenbezeichnungen. Es wird in speziellen Mühlen aus den Getreidekörnern hergestellt. Bei Mehlen mit hohem Ausmahlungsgrad wird das ganze Korn vermahlen, man erhält Vollkornmehle, die reich an Vitaminen, Ballast- und Mineralstoffen sind. Mehle mit einem niedrigen Ausmahlungsgrad enthalten dagegen mehr Stärke.

VERWENDUNG

Helle Mehle eignen sich eher für die Herstellung von Kuchen, Torten, Feingebäck und Teigwaren, während Vollkornmehle kernige Brote oder Backwaren ergeben

SCHON GEWUSST?

Neben Ballaststoffen enthält Mehl Proteine, beim ▸ Weizenmehl ist dies Gluten, das für seine guten Backeigenschaften verantwortlich ist, aber leider auch für manch allergische Reaktion. Leidet man nämlich unter Zöliakie, darf man keine glutenhaltigen Lebensmittel zu sich nehmen.

WELL-DONE
(bien cuit, durchgebraten)
Garstufe beim Fleisch (▸ Garstufen)

WELLFLEISCH ▸ Kesselfleisch

WELLHORNSCHNECKE
Meeresweichtier mit schmackhaftem Fleisch, das in den Küstenregionen von Belgien, England, Frankreich und Irland auf keiner Meeresfrüchteplatte fehlen darf. Bei uns werden Wellhornschnecken selten angeboten.

WELS
(Waller, Weller)
Bis zu 3 m langer und 250 kg schwerer Süßwasserfisch, den man sofort an seinem breiten Kopf und den langen Bartfäden rechts und

VERWENDUNG

Welsfleisch eignet sich zum Braten, Backen, Grillen, aber auch zum Trocknen und Räuchern. In Russland genießt man Welsrogen wie Kaviar. In heimischen Restaurants werden häufig Zwerg- oder Katzenwelse einer aus Nordamerika eingeführten Art serviert.

links des Mauls erkennt. Welse leben als Grundfische in Seen (z. B. dem Bodensee) und großen Flüssen (vor allem Donau) in Mittel- und Osteuropa sowie Vorderasien. Besonders schmackhaft und fast grätenfrei ist das Fleisch junger Welse, das bis 18 % Eiweiß und 12 % Fett enthalten kann. Allerdings sollten die Fische nicht mehr als 3 kg wiegen.

WELSCHER KÜMMEL ▸ Kreuzkümmel

WELSCHHAHN ▸ Truthahn

WELSCHHASEL ▸ Haselnüsse

WELSCHKOHL/-KRAUT ▸ Wirsing

WELSCHKORN ▸ Mais

WELSCHNÜSSE ▸ Walnüsse

WELSCHRIESLING
Vor allem in Österreich und Osteuropa stark verbreitete weiße Rebsorte (▸ Wein), die außer der Namensähnlichkeit in keinem näheren „Verwandtschaftsverhältnis" zum ▸ Riesling steht. Sie wird insgesamt auf 77 000 ha angebaut, davon rund 4300 ha in Österreich. Von dort ist der Welschriesling bei uns auch meist bekannt als leichter, frischer und jung zu trinkender trockener Sommerwein mit kerniger Säure und einem Duft nach Heu und Nüssen. So kennt man ihn vor allem in der ▸ Steiermark und im ▸ Burgenland, wo auch hochwertige Süßweine aus ihm gekeltert werden.

WELSH RAREBIT

Woher der seltsame Name ▸ Welsh Rarebit kommt, ist ungeklärt. „Welsh" steht dabei nicht – wie man vermuten möchte – für „walisisch", sondern geht wohl auf eine im 17. und 18. Jh. in England verbreitete Bedeutung dieses Worts zurück. Damals wurde damit eine minderwertige Imitation bezeichnet. Außerdem hieß es ursprünglich Rabbit und nicht Rarebit, so dass sich eine Parallele zwischen dem „falschen Kaninchen" und dem deutschen „falschen Hasen" (als volkstümliche „Verschleierung" für den Hackbraten) auftut.

WELSH RAREBIT
Englische Spezialität: Mit einer Mischung aus Senf, geriebenem Käse und Milch bestrichener Toast, der im Backofen goldbraun überbacken wird. Weniger spartanisch ist der Yorkshire Rarebit, bei dem man auf den Käse eine Scheibe Schinken und ein pochiertes Ei gibt.

WENSLEYDALE
Von diesem feinen britischen Käse gibt es zwei Varianten. Mit Blauschimmel ist er Englands ältester Käse, der bereits seit dem 11. Jh. hergestellt wird und dem Blue Stilton ähnlich ist. Als Weißkäse gibt es ihn seit gut 100 Jahren. Ursprünglich bestand Wensleydale aus Schafsmilch, heute wird er aus Kuhmilch hergestellt (45 % Fett i. Tr.). Er hat eine feine Textur und erinnert im Geschmack an Honig. Traditionell wird er mit Apfelkuchen gegessen.

WERMUT
(Vermouth)
Ein alkoholisches Getränk mit etwa 18 Vol.-%, das aus Wein unter Zusatz von Wermutkraut und anderen Kräutern hergestellt wird und sich durch eine deutliche Bitternote auszeichnet. Wermut ist ein klassischer Aperitif und Bestandteil zahlreicher Cocktails. Die besten Wermutweine kommen aus Frankreich und Italien. Von süßlich bis trocken regen sie mit ihren Bitterstoffen nicht nur den Appetit an, sondern geben auch so mancher Speise den letzten Schliff.

WERMUT(KRAUT)
(Absinth, Hilligbitter, Magen-, Wiegenkraut)
Das Wermutkraut, ein halbhoher Strauch, gibt mit anderen Gewürzen und Kräutern dem berühmten ▸ Wermut seinen bitteren, die Verdauungssäfte anregenden Geschmack. Die zur Familie der Korbblütler gehörende Pflanze stellt keine hohen Anforderungen an ihre Umgebung – sie gedeiht auch auf trockenen und kargen Böden. Das Kraut ist mit Estragon und Beifuß verwandt und wächst in Europa und Asien. Er ist an seinen grau gefiederten Blättern und seinem aromatischen Geruch zu erkennen. Wermut ist als Arzneipflanze bekannt, der vielfältige Wirkungen zugeschrieben werden. Hildegard von Bingen attestierte

ihr sogar eine alle Erschöpfung heilende Wirkung zu. Um 1900 kam die Pflanze mit der Erfindung des ▸ Absinth in Verruf, weil sich viele Menschen mit dessen Genuss die Gesundheit ruinierten. Dafür machte man das in der Wermutpflanze enthaltene Nervengift Thujon verantwortlich, doch legen neuere Untersuchungen die Vermutung nahe, dass auch der hohe Alkoholgehalt ein gerüttelt Maß Anteil an den Schäden hatte.

Schon gewusst?

Dass das ▸ Wermutkraut als das bitterste aller bekannten Kräuter die Menschen auch gedanklich bewegte, zeigt die Tatsache, dass es sogar in die Sprache Eingang gefunden hat: Wer kennt nicht den berühmten Wermutstropfen, der eine an sich schöne Sache trübt und uns Menschen wieder auf den Boden der Tatsachen zurückbringt.

Wespennest

Süddeutsche Gebäckspezialität: Eine Hefeteigplatte wird mit einer Mischung aus Mandelstiften, Rosinen, Zimt und Zitronat bestreut, aufgerollt, in Scheiben geschnitten und gebacken.

Westfälische Art

1. Butternudeln mit gehacktem Schinken in ▸ Béchamel-Sauce zum Schmorbraten (Fleisch oder Geflügel)
2. Püree von säuerlichen Äpfeln, Kartoffeln und Butter, bestreut mit in Butter geröstetem Paniermehl (Westfalen: Teil von Nordrhein-Westfalen und eine historische Landschaft)

Westfälischer Salat

gekochte weiße Bohnen, Würfel von Äpfeln und gekochtem Schinken, geröstete Speckwürfel und gehackte Zwiebeln, angemacht mit einer Kräutermarinade

Westfälischer Schinken

trocken von Hand gepökelter ▸ Schinken mit Knochen, traditionell über Buchenholz kalt geräuchert, manchmal auch luftgetrocknet

Whisk(e)y

Whisky oder Whiskey? Richtig sind beide Schreibweisen, allerdings für einen anderen Typ des Getreidebranntweins. So ist Whisky in erster Linie dem schottischen Kornbrand in Verbindung mit der geschützten Bezeichnung Scotch und ähnlichen kanadischen Sorten vorbehalten, während Whiskey aus Irland und den USA kommt. Natürlich bestätigen wie immer Ausnahmen die Regel und es sind heute auch aus anderen Ländern (u. a. Deutschland) in begrenztem Umfang Whisk(e)ys auf dem Markt, die den großen Vorbildern nacheifern. Egal woher er kommt: Hergestellt wird Whisk(e)y immer durch Destillation von Getreidemaische bzw. ▸ Malz (gemälzter Gerste). Nach EU-Recht muss er mindestens 40 Vol.-% Alkoholgehalt, mindestens 3 Jahre in Holzfässern gereift sein und weitere Mindestanforderungen erfüllen. Das gilt auch für Erzeugnisse von außerhalb der EU.
Nach der verwendeten Getreideart unterscheidet man „Grain“ (aus Mais, Weizen, Roggen oder ungemälzter Gerste), „Rye“ (mindestens 51 % Prozent Roggen), „Bourbon“ (mindestens 51 % Mais), „Corn“ (mindestens 80 % Mais) und „Malt“ (aus Malz). Andere Bezeichnungen geben wichtige Hinweise auf den Herstellungsprozess. Besonders geschätzt ist der schottische „Single“ (Malt), was bedeutet, dass dieser Whisk(e)y aus einer einzelnen Brennerei stammt; in den USA steht dafür die Bezeichnung „Straight“. Ein „Blend“ ist ein verschnittener Whisky, z. B. aus Malt und Grain, wobei teilweise 50 und mehr Whiskysorten „zusammengeschüttet“ werden. Charakter und Qualität eines Whisk(e)ys werden noch von vielen weiteren Faktoren bestimmt, was die große Vielfalt erklärt. Der typische rauchige Ge-

Schon gewusst?

Die Ursprünge des ▸ Whisky dürften bis in die Zeit der Missionierung des Landes der Kelten ab dem 5. Jh. zurückgehen. Einer Legende nach waren es Mönche in Schottland und Irland, die erstmals eine wasserklare Flüssigkeit destillierten. Das Wort Whisky – abgeleitet vom gälischen „uisge beatha" bzw. vom irischen „uisce beatha", was so viel bedeutet wie „Lebenswasser" – war bereits im 16. Jh. geläufig, damals allerdings noch generell für Brände mit Würzzusätzen.

schmack vieler Whiskys kommt vom Darren des Malzes über einem Torffeuer. Vor allem beim Scotch spielt auch das Wasser, mit dem er auf Trinkstärke von meist 40–46 Vol.-% verdünnt wird (bei manchen Spezialitäten auch auf 50–65 Vol.-%) eine wichtige Rolle. Die Destillerien werden oft aus eigenen Brunnen gespeist, in denen das Wasser unterschiedlich mit Mineralstoffen angereichert ist und einen „Hausgeschmack" hat. Auch Dauer der Fasslagerung und Art der Fässer beeinflussen das Endprodukt nachhaltig. Scotch hat meist eine Lagerzeit von 8–12 Jahren, es können aber auch bis zu 50 Jahre oder länger sein. Während in den USA oft neue Eichenholzfässer verwendet werden, greift man in Schottland zu gebrauchten Weinfässern, vor allem alte Sherryfässer. Besonders hoch im Kurs stehen bei Whisk(e)ykennern zu hohen Preisen gehandelte Raritäten wie „Vintage" (ein Whisk(e)y aus einem bestimmten Jahrgang) und „Single cask" (aus einem einzelnen Fass) von einem Single Malt aus den schottischen Highlands.

WIBELE
Feines und sehr kleines Gebäck (mit der Form einer Minischuhsohle) aus Biskuitteig, das Ähnlichkeit mit ▸ Russisch Brot hat, im Gegensatz dazu aber nicht so dunkel gebacken wird. Es besteht hauptsächlich aus Eiweiß, Puderzucker, Mehl und Vanillezucker. Wibele gelten als schwäbische Spezialität, erstmals hergestellt wurden sie aber im Jahre 1763 in Franken von Christian Carl Wibel, Hofkonditor beim Fürsten Karl zu Hohenlohe-Langenburg. Er soll verlangt haben, nur noch vom „Wibele" beliefert zu werden, was dem Gebäck schon zu Lebzeiten des Konditors seinen Namen gab.

WICKELKLÖSSE
Vor allem aus der sächsischen Küche (Erzgebirge) bekannte Art von ▸ Kartoffelklößen, die in dieser Variante mit in Butter gerösteten Semmelbröseln (▸ Paniermehl) gefüllt werden. Dazu werden die Kartoffeln gekocht und nach dem Abkühlen geschält, gerieben oder durchgepresst, mit Ei und Mehl vermischt und zu einer Rolle geformt (gefüllt mit den Semmelbröseln). In Stücke geschnitten werden die Klöße mit zusammengedrückten Enden in Salzwasser gegart und zu Schmorgerichten wie Gulasch oder Kaninchenbraten serviert.

WIEGENKRAUT ▸ Wermut

WIENER ART
(viennoise, à la)
1. allgemein für panierte und knusprig gebratene Schnitzel, Hühnerbrüstchen, Fischfilets usw., mit gehackter Petersilie und Zitronenscheibe garniert
2. mit Kalbshirnpüree und Spinat gefüllte Nudelkroketten, Bratkartoffeln und Bratensaft zu Fleisch (Wien: Hauptstadt von Österreich)

WIENER BACKHENDL ▸ Backhendl

WIENER BEUSCHEL ▸ Salonbeuschel

WIENER BROTKNÖDEL
in siedendem Wasser gegarte Knödel aus Semmelwürfeln, gehackten und goldgelb gebratenen Zwiebelwürfeln, geschlagenem Ei und lauwarmer Milch, gewürzt mit Salz und frisch geriebener Muskatnuss

WIENER CREME
Dessertcreme aus hellgelb karamellisiertem und in lauwarmer Milch aufgelöstem Zucker sowie mit Eiern schaumig verrührtem Zucker, in ausgebutterten Formen im Wasserbad (zugedeckt) gegart und nach dem Abkühlen gestürzt

WIENER GULASCH ▸ Saftgulasch

WIENER KARTOFFELN
dünne Scheiben von ▸ Pellkartoffeln, mit Salz, Pfeffer und Kümmelkörnern in reichlich Butter gedünstet (wobei sie nicht braun werden)

WIENER MASSE

(Genueser Masse)

Biskuitgrundmasse für Tortenböden, feine Backwaren usw., die von der Art her eine so genannte ▸ Volleimasse ist. Sie besteht aus Eigelb und Eiweiß – entweder warm und zusammen im Wasserbad oder kalt und getrennt geschlagen – Mehl, Speisestärke und warmer Butter.

WIENER SAHNENUDELN

Süße Spezialität aus Österreich: Bandnudeln werden in Vanillemilch weich gekocht, dann mit einer Eiersahne begossen und im Backofen gebacken. Den Nudelauflauf schneidet man in Scheiben und serviert ihn mit Kompott.

WIENER SALAT

Kartoffel-Sellerie-Salat mit Gurken und hart gekochten Eiern, in einer Essig-Öl-Marinade mit Schnittlauchröllchen und Salatherzen garniert

WIENER SCHNITZEL

Für diese Wiener Spezialität, die weit über die Grenzen der Hauptstadt und Österreich hinaus Weltruhm erreicht hat, werden Fleischstücke aus der Kalbskeule etwa 1 cm dick herausgeschnitten, im Schmetterlingsschnitt geteilt, geklopft, in Mehl, Ei und Semmelbröseln gewendet und in reichlich Fett ausgebacken. Das klassische Wiener Schnitzel wird mit Zitronenscheiben und grünem Salat serviert. Manchmal reicht man dazu auch Kartoffelsalat, Bratkartoffeln oder – eine Errungenschaft der Neuzeit – Pommes frites. Wird statt Kalbfleisch Schweinefleisch verwendet, darf es nur unter der Bezeichnung „Wiener Art" angeboten werden.

KÜCHENTIPP: *Beim Wiener Schnitzel wird die Panade nicht angedrückt, weil sie nur dann richtig aufgehen kann. Die Schnitzel müssen in heißem Fett am besten schwimmend und portionsweise ausgebacken werden, damit das Fett nicht zu stark abkühlt, sonst saugt sich die Panade mit Fett voll. Nach dem Backen kurz auf Küchenpapier entfetten.*

WIENER WÜRSTCHEN

(Wiener Würstl, Wienerle)

Was dem einen seine Wiener ist dem anderen seine Frankfurter – beide meinen praktisch identische ▸ Brühwürste, die warm gegessen werden sollen, aber auch kalt schmecken. Die Wiener werden immer im Paar angeboten, wiegen pro Stück etwa 50 g und bestehen aus sehr fein gekuttertem Rind-, Schwein- und Kalbfleisch, werden mit Salz, Pfeffer, Mazisblüte, Paprika und evtl. Koriander gewürzt und im Saitling gegart.

WIESENSCHAUMKRAUT

Mit seinen hellvioletten Blüten schmückt das zu den Kreuzblütengewächsen gehörende Wiesenschaumkraut in April und Mai feuchte, nährstoffreiche Wiesen. Man findet es nicht nur in ganz Europa, sondern bis Nordasien und Nordafrika. Sein botanischer Name bedeutet übersetzt so viel wie „Kresse" und „auf Wiesen wachsend" und sagt auch schon etwas über den Geschmack bzw. die Inhaltsstoffe des Wiesenschaumkrauts aus. Vor der Blüte gepflückt schmecken die jungen Blätter gut in Salaten, Suppen sowie mit Quark, Jogurt, Sauerrahm und Frischkäse.

SCHON GEWUSST?

Schon seit langem schätzt man die schmerzstillende Wirkung des Tees aus ▸ Wiesenschaumkraut, der gerne bei Rheuma verabreicht wird. Das Kraut mit seinem hohen Gehalt an Vitamin C und Senfölglykosiden – daher sein an Kresse erinnernder scharfer Geschmack – soll außerdem anregend auf Leber und Nieren wirken, weshalb es im Volksmund im Schwäbischen auch „Bettsoicherle" heißt.

WILD

Alle Tiere, die vom Menschen gejagt werden und seiner Ernährung dienen können. Man unterscheidet zwischen Haarwild (Dam-, Reh-, Rot-, Schwarz-, Muffelwild, Hase und Wildkaninchen) und Federwild (Fasan, Rebhuhn, Schnepfe, Wachtel, Wildente etc.). Für die Jagd der meisten Wildtiere gelten per Gesetz festgelegte Zeiten, manche stehen das ganze Jahr über unter Schutz. Weil Wildfleisch einen besonders intensiven Geschmack hat und frisch

AUFBEWAHRUNG

Abgehangenes Wildfleisch sollte – sofern es nicht in einer Wildbeize eingelegt ist – spätestens am Tag nach dem Einkauf zubereitet werden, so lange muss es im Kühlschrank aufbewahrt werden. Frisch gekauftes Fleisch lässt sich auch ohne Probleme tiefkühlen.

EINKAUFSTIPP

Heute kommt Wildbret (▶ Wild) häufig nicht mehr aus dem Wald, sondern aus der Gatterhaltung. Bei diesen Wildtieren ist der Fettgehalt im Fleisch deutlich höher als bei solchen aus der freien Wildbahn. Fragen Sie deshalb nach, wenn Sie das Fleisch im Handel kaufen, woher es stammt.

nicht immer verfügbar ist, erfreut es sich in der Jagdsaison großer Beliebtheit. Wie andere Fleischsorten, so muss jede Art von Wild (Federwild in den Federn) einige Zeit abhängen um zu reifen. Das dauert je nach Art und Beschaffenheit des Wildbrets unterschiedlich lange. Aufgrund der Lebensweise von Wildtieren – allerdings nicht von im Gatter gehaltenen Tieren – ist ihr Fleisch mager und leicht verdaulich. Beim Haarwild sind die begehrtesten Teile in der Regel Rücken und Keule, beim Federwild Brust und Keule.

VERWENDUNG: *Wildfleisch eignet sich je nach Qualität zum Braten, Schmoren und Kochen. Es ergibt herrliche Vorspeisen (z. B. Wildpasteten, Medaillons in Aspik) und schmackhafte Hauptgerichte, Ragouts, Pasteten und Farcen. Aus Knochen und Resten lassen sich Suppen oder Saucen herstellen. Zu Wild passen Gewürze wie Lorbeerblatt, Wacholderbeeren, Piment, aber auch Sternanis, Gewürznelken und Zimt. Als Beilagen sind Rotkohl, Preiselbeeren, Rotweinbirnen, Spätzle, Esskastanien und Semmelknödel beliebt.*

WILDÄPFEL ▶ Holzäpfel

WILDBEIZE
Wird Wildfleisch nicht sofort verarbeitet, will man ihm einen besonderen Geschmack geben oder handelt es sich um Fleisch älterer Tiere, sollte man es marinieren. Je nach Größe des Fleischstücks und Lagertemperatur lässt man es 3 bis 5 Tage in der Marinade. Als Beizen eignen sich Sahne oder Buttermilch sowie Mischungen aus Rot- oder Weißwein, Wurzelgemüse und Gewürzen, wobei diese Beizen aufgekocht werden und der Wein erst nach dem Abkühlen dazukommt. Gekochte Marinaden eignen sich zum Mürbemachen von Fleisch älterer Tiere. Eine klassische Marinade besteht aus Zwiebel- und Möhrenwürfeln, Lorbeerblatt, Pfefferkörnern, Wacholderbeeren, Pimentkörnern und Wein. Das Fleisch muss man nach dem Marinieren gut abtropfen lassen und trockentupfen, weil es sonst beim Anbraten keine Farbe annimmt. Junges Wildfleisch kann man einfach nur in Gewürzmischungen einlegen und das Fleisch eventuell mit saurer oder süßer Sahne bestreichen. Einen Teil der Marinade kann man in die Sauce geben.

WILDBIRNEN ▶ Holzbirnen

WILDBRET Fleisch von Wildtieren

WILDENTEN
Verschiedene wild lebende Enten (wie Stockente, Krickente etc.), die jung ein besonders feines Fleisch haben. Vor allem die Brust von Wildenten ist begehrt. Sie schmeckt rosa gebraten, während die Keulen nur durchgegart munden. Wildenten lassen sich wie Hausenten auf alle möglichen Arten zubereiten, sie können gebraten, gegrillt oder geschmort werden.

WILDER KNOBLAUCH ▶ Bärlauch

WILDER MAJORAN ▶ Oregano

WILDER THYMIAN ▶ Quendel

WILDER WERMUT ▶ Beifuß

WILDESSENZ eingekochter ▶ Wildfond

WILDFARCE
Farce aus rohem oder gekochtem zerkleinertem Wildfleisch, Gemüse, Gewürzen, Brotbröseln, Ei und evtl. Cognac für die Zubereitung von Pasteten, Füllungen etc.

WILDFOND/-BRÜHE
Aromatische konzentrierte Brühe, für die Wildknochen und -fleischreste mit Aromaten (Pfefferkörner, Lorbeerblatt, Pimentkörner, Gewürznelken, Wacholderbeeren), Wurzelgemüse und Wasser aufgekocht werden. Die Brühe lässt man 1–2 Stunden knapp unterhalb des Siedepunktes ziehen und schäumt mit einem Schaumlöffel immer wieder ab. Man gießt die Brühe durch ein feines Sieb, würzt mit Salz und Pfeffer, eventuell Cognac oder Sherry und lässt das ganze bei mittlerer Hitze einkochen, bis der Fond die richtige Konzentration hat.

WILDGEFLÜGEL
▶ Federwild (▶ Wild, ▶ Geflügel)

WILDGEFLÜGELRAGOUT
Auch unter dem Namen ▶ Salmi bekanntes Gericht: Das Geflügel wird blutig gebraten, dann

in Stücke zerteilt und diese in Butter und Cognac warm gehalten. Inzwischen wird aus dem Bratenfond eine dunkle würzige Sauce mit Pilzen zubereitet, in der die Stücke dann durchgewärmt werden, bevor man sie serviert.

WILDGEMÜSE

Alle wild wachsenden Gemüsepflanzen (▸ Gemüse), die nicht oder kaum durch Kultur verfälscht wurden und roh oder gekocht verzehrt werden. Wildgemüse (dazu zählt man auch die ▸ Wildkräuter) haben meist ein sehr intensives Aroma sowie einen höheren Mineralstoff- und Vitamingehalt als Kulturgemüse, außerdem sind sie nicht mit Düngemitteln oder Pestiziden belastet. Zum Wildgemüse zählen u. a. Brunnenkresse, Löwenzahn, Pastinake, Rapunzel, Sauerampfer, Zuckerwurz etc.

WILDGESCHMACK ▸ Hautgoût

WILDKANINCHEN

Mit dem Hasen verwandtes Nagetier und „Ahn" unserer Hauskaninchen mit feinem, aromatischem weißem Fleisch, das allerdings zur Trockenheit neigt. Deshalb sollte man es nicht zu lange garen und am besten mit Sauce und kräftigen Gewürzen zubereiten. Am besten schmeckt das Fleisch junger Tiere, es verträgt sich generell gut mit südländischen Gewürzen.

WILDKRÄUTER

Wild wachsende Kräuter, die häufig auch gesundheitsfördernde Eigenschaften haben, erleben als Zutat in Salaten, aber auch in anderen Gerichten eine wahre Renaissance. Wildkräuter haben einen wesentlich höheren Gehalt an Vitamin C als Gartenkräuter und auch ihr Gehalt an Bitterstoffen zeichnet sie aus, denn diese wirken appetitanregend und verdauungsgsfördernd. Zu den Wildkräutern gehören u. a. Bärlauch, Brennnessel, Gänseblümchen, Löwenzahn, Sauerampfer etc. Will man Wildkräuter sammeln (am besten abseits viel befahrener Straßen und Wege), sollte man sie genau von giftigen Pflanzen unterscheiden können.

WILDLACHS

Er galt als König unter den Fischen (▸ Lachse) und – bevor billiges Lachsfleisch aus Zuchtbetrieben die Märkte überschwemmte – als besondere Delikatesse: Und das ist der zur Gattung Salmo und zur Familie der Forellen gehörende Wanderfisch auch heute noch, wenn man wirklich einen Wildlachs bekommt. Die bis zu 2 m großen und 40 kg schweren Fische führen ein unstetes Leben. Als Jungfische wandern sie aus den Süßgewässern ins Meer, wo sie 1–3 Jahre bleiben, dann kommen sie zur Laichablage wieder in das Gewässer ihrer Herkunft zurück.
Früher war Wildlachs in großen Mengen in europäischen Küstengewässern heimisch, doch wurden seine Laichplätze durch die zunehmende Industrialisierung und Verschmutzung der Gewässer zerstört, so dass er aus manchen Gebieten völlig verschwunden ist. Auch Überfischung reduzierte die Lachsbestände enorm. Wildlachs hat ein von weiß über rosa bis kräftig rot gefärbtes Fleisch, je nachdem welche Nahrung er bevorzugt. Die Rotfärbung ist nur beim Wildlachs natürlich – sie kommt von den Krebstierchen, die der Wildlachs gerne verzehrt. Im Geschmack ist hochwertiger Wildlachs besonders intensiv.

WILDPFEFFER

(Civet)

würziges Ragout von Haarwild in Blutsauce und Rotwein mit kleinen Zwiebeln, Pilzen und Speck, auch mit genauer Angabe des verwendeten Wilds wie z. B. Hirschpfeffer

WILDPÜREESUPPE

geröstete Wildknochen und Fleischabfälle mit Röstgemüse, Mehl oder Linsen (zum Binden), braunem Fond, Gewürzen und Rotwein auskochen, dazu geröstete Weißbrotwürfel

WILDRAHMSAUCE

braune Grundsauce und Wildfond, mit saurer oder süßer Sahne gebunden und mit Zitronensaft gewürzt

WILDREIS

(Indianerkorn, Indianerreis, Nordamerikanischer Wasserreis)

Er sieht aus wie ▸ Reis, schmeckt ähnlich wie Reis mit einer leicht nussigen Note und heißt auch so: Botanisch aber bildet der Wildreis als

VERWENDUNG

Wildlachs schmeckt frisch oder geräuchert hervorragend. Frisches Lachsfilet lässt sich auf vielfältige Weise zubereiten – hier unterscheidet er sich nicht vom Zuchtlachs. Man kann ihn braten, grillen, pochieren oder dünsten, er schmeckt roh in ▸ Sushi oder als ▸ Carpaccio, pur mit Gemüse, mit einer feinen Wein-Sahne-Sauce, auf Sauerkraut (im Elsass) oder überbacken und in kleine Stücke geschnitten in einer passenden Sauce zu Pasta und in der ▸ Lasagne.

VERWENDUNG

Wildreis kann als Beilage zu einer Vielzahl von Fleisch- oder Fischgerichten verwendet werden, am besten mit einer etwas dickeren Sauce, weil das Essen sonst eine arg trockene Angelegenheit sein kann.

Sumpfgras eine eigene Art innerhalb einer anderen Gattung als der Reis (Zizania statt Oryza) an und wird nicht zu den Getreidearten gezählt. Wenigstens gehören beide aber der gleichen Familie der Süßgräser an. Der Wildreis ist eine Sumpfpflanze, die fast ausschließlich in relativ kühlen Gebieten von Kanada und den nördlichen USA wächst und teilweise noch in mühsamer Handarbeit geerntet wird. Von ihren Kanus aus schlagen Indianer die Samenkörner aus den Halmen. Mittlerweile gibt es auf Reisfeldern im kanadischen Manitoba und im US-Bundesstaat Minnesota aber auch Kultursorten, die auf großen Feldern konventionell angebaut und geerntet werden. Das hat Wildreis preislich günstiger gemacht. Frisch geerntet sind die langen Samenkörner grün. Erst beim Darren (Rösten), das in erster Linie der Haltbarmachung dient, nehmen sie ihre braunschwarze Farbe an. Oft wird Wildreis in Mischungen mit weißen Reissorten oder zusätzlich mit rotem Camarguereis angeboten, was dekorativ aussieht und auch geschmacklich eine interessante Kombination ist.

WILDSALAT

klein geschnittenes gegartes Wildbret, teils mit Schinken und/oder anderem Fleisch in Mayonnaise oder einer anderen würzigen Salatsauce

WILDSAUCE

Saucen, die man zu Wildgerichten reicht und die nach unterschiedlichen Rezepten zubereitet werden. Klassisch besteht eine dunkle Wildsauce aus Mehl, Butter, Rotwein, ▸ Wildessenz, zerdrückten Pfefferkörnern, Wacholderbeeren, Lorbeerblatt, Gewürznelken, Cayennepfeffer. Sie kann mit Pilzen, Sahne, Cognac, Preiselbeeren, Johannisbeergelee oder Schokolade verfeinert werden.

WILDSCHWEIN

(Schwarzwild)

Die Stammform des Hausschweins (▸ Schwein) ist in Aussehen und „Benehmen“ ein wirklich wilder Allesfresser, dem man bei einer Begegnung in freier Wildbahn möglichst aus dem Weg gehen sollte. Ihre Kraft sieht man den Wildschweinen mit ihrem gedrungenen Körperbau zwar an, nicht aber ihre Schnelligkeit, mit der sie auf einen Feind losgehen können, wenn sie gereizt werden. In Mitteleuropa kann das ▸ Schalenwild bei einer Kopf-Rumpf-Länge zwischen 130 und 150 cm ein Gewicht von rund 55–90 kg erreichen, wobei die in der Jagdsprache als Keiler bezeichneten Männchen schwerer als die Weibchen (auch Bachen) sind. Frischlinge sind die frisch geborenen Jungtiere bis zum Alter von 1 Jahr, im 2. Lebensjahr werden daraus Überläufer.
Seit Urzeiten sind die Wildschweine ein wichtiges Jagdwild für den Menschen. Ihr natürliches Verbreitungsgebiet reicht von Westeuropa bis Südostasien, aufgrund von Einbürgerungen in Nord- und Südamerika sowie Australien besiedeln sie heute weite Teile der Erde. Sie sind überaus anpassungsfähig und je nach Lebensraum können Wildschweine noch wesentlich größer und schwerer werden als die bei uns verbreitete Unterart. In Russland und Sibirien wurden bereits Tiere mit einem Gewicht von über 300 kg erlegt. Durch intensive Jagd und andere menschliche Eingriffe waren die Wildschweine in Teilen von Europa vom 17. bis fast ins 20. Jh. hinein ausgerottet, so auch in einigen Gegenden Deutschlands. Mittlerweile sind sie aber wieder stark eingewandert, z. B. auch in der italienischen Toskana, in deren Küche Wildschwein eine traditionelle Spezialität ist.
VERWENDUNG: *Das geschmacksintensive Wildschweinfleisch, das wesentlich fetter als das von anderen Wildarten ist, wird von Feinschmeckern sehr geschätzt, vor allem von Frischlingen und Überläufern. Es ergibt saftige und aromatische Braten, die aber immer völlig durchgegart auf den*

SCHON GEWUSST?

Die Jagd auf einen ausgewachsenen Keiler war in früheren Zeiten, als es noch keine Schusswaffen gab, überaus gefährlich und endete manchmal auch für den Jäger tödlich, wenn er von einem verletzten Wildschwein angegriffen wurde. Sie wurde deshalb auch immer wieder in der Literatur aufgegriffen – von den Heldentaten des Herakles über das Nibelungenlied bis zu Asterix und Obelix.

Tisch kommen sollten, um vorhandene Keime abzutöten. Wildschwein muss von einem Tierarzt auf Trichinen untersucht werden, bevor man es zubereiten darf – dies gilt auch für die private Jagd.

WILDSPIESS WINDSOR
am Spieß gebratene, mit Wacholderrahmsauce überzogene Hirschmedaillons mit mageren Räucherspeckscheiben, dazu Kartoffelkroketten, in Butter geschwenkte Mandarinenfilets, gedünstete Kirschen und Preiselbeerkompott

WILDSTEAKS
aus dem Rücken (Filet) oder der Keule von Haarwild (▶ Wild) geschnittene Fleischscheiben, oft vor dem Braten mit einer Marinade gebeizt, gespickt oder in Speck gehüllt, immer aber rosa gebraten, dazu als klassische Beilagen Pilze und Beeren

WILDTAUBEN
Die wilden Verwandten der Haustauben (▶ Tauben) sind ein relativ seltener, aber – wenn man Tauben an sich mag – lohnenswerter Genuss. Sie können wie kleines und feines Wildgeflügel im Speckmanel gebraten und gefüllt werden. Selbst ältere Tiere sind kulinarisch nicht ganz wertlos; sie lassen sich gut zu Farcen, Ragouts, Pasteten und in Suppen verarbeiten. Bekannte Wildtaubenarten sind u. a. Ringel-, Türken-, Turtel- und Hohltauben.

WILLIAMS(BIRNE)
1. Die besonders edle Birnensorte Williams Christ (▶ Birnen), die um das Jahr 1770 in England erstmals in Erscheinung trat. Sie wurde möglicherweise von einem Londoner Lehrer namens Richard Williams, dessen Hobby der Gartenbau war, gezüchtet.
2. Ein spezieller Obstbrand, der aus Williamsbirnen hergestellt wird. Dazu werden überreife, fast schon teigige Früchte eingemaischt (▶ Maische) und mehrfach destilliert sowie zusätzlich oft mazeriert. Das besondere Markenzeichen der Spirituose mit mindestens 38 Vol.-% Alkoholgehalt ist die Birne in der Flasche. Stilecht wird ein Williams mit einem Stückchen Birne serviert und getrunken, das aber natürlich nicht aus der Flasche kommt, sondern aus Einmachgläsern oder aus der Dose.

SCHON GEWUSST?

Wie kommt beim ▶ Williams die Birne in die Flasche? Eine Frage, die oft gestellt wird. Das Verfahren dafür entwickelte die Schweizer bzw. Walliser Familie Germanier, die nach der Birnbaumblüte Flaschen über die Knospen stülpte und die Früchte darin wachsen ließ. Dabei entwickelt sich allerdings nur etwa ein Drittel der Birnen gut und ist der Ausschuss hoch. Einige Hersteller schneiden die Flaschen deshalb am Boden auf, schieben ausgereifte Birnen hinein und kleben den Boden wieder an. Damit man sie nicht gleich sieht, wird die Schnittstelle mit dem Etikett überklebt.

WILSTERMARSCHKÄSE
(Marschkäse)
Dem ▶ Tilsiter ähnlicher halbfester Schnittkäse (▶ Käse) aus einer Elbmarschlandschaft in Schleswig-Holstein, der in Blöcken mit mindestens 45 % Fett i. Tr. aus Kuhmilch hergestellt wird. Wilstermarschkäse reift 4–6 Wochen und ist mit seinem mild-säuerlichen Geschmack vor allem ein guter Frühstückskäse.

WINDBEUTEL
(Ofenküchlein)
Kugelige, locker luftige und vor allem hohle Gebäcke (meist von Faustgröße) aus ungesüßter Brandmasse, die vorwiegend mit Schlagsahne oder Vanillecreme sowie eventuell zusätzlich mit Früchten gefüllt werden. Es gibt auch pikante Varianten, z. B. mit Quark, Frischkäse oder Avocadocreme. ▶ Profiteroles sind eine besonders kleine Art von Windbeuteln.

WINDMASSE ▶ Baisermasse

WINDSOR-ART
1. mit Kalbsfarce und gehackten Champignons gefüllte, geschmorte Kalbssteaks und -koteletts
2. „königliche" Garnitur aus Austern und Fischmilch zu Fisch in Austernsauce (Windsor: Stadt, Stammschloss und einer der Hauptresidenzen der britischen Monarchen, seit 1917 auch Name für das britische Königshaus)

WINDSORSALAT
Scheiben von Hühnerfleisch, Champignons, Gurken und Knollensellerie in Mayonnaise mit Meerrettich und Worcester(shire)sauce, eingebettet in einen Ring aus Feldsalat

VERWENDUNG

Wirsing ist in der Küche überaus vielseitig verwendbar – von der Zutat in deftigen Eintöpfen und in Suppen bis zur Beilage von feinen Fisch- und Fleischgerichten, vor allem kurz Gebratenem oder Innereien (Leber). Er lässt sich gut füllen und die großen Blätter können zur schmackhaften Umhüllung von ▸ Kohlrouladen oder – mit Pilzfarce bestrichen – einem Rinderfilet werden.

WINTERKOHL
als Synonym für den Grünkohl (▸ Kohl) geläufige Bezeichnung

WINTERKRESSE
(Barbarakraut)
Würzkraut, eine der Arten von ▸ Kresse

WINTERSALAT
Streifen von gekochten Kartoffeln, Knollensellerie und Roten Rüben in einer Essig-Öl-Sauce mit geriebenem Meerrettich

WINTERSPARGEL ▸ Schwarzwurzeln

WINTERSPINAT ▸ Gartenampfer

WINTERZWIEBELN
(Jakobslauch, Johannislauch, Jungzwiebeln)
Art aus der botanischen Familie der Zwiebelgewächse, die ursprünglich aus Sibirien stammt und deren Vertreter sich durch kleine, längliche und nebeneinanderstehende Zwiebeln auszeichnen. Die wichtigsten Spielarten sind ▸ Frühlingszwiebeln und ▸ Lauchzwiebeln.

WIRRTEIG
ohne weiteres Kneten zu einer Kugel geformte Blätterteigreste als Grundlage für Käsestangen, Teigtaschen, kleine Pasteten usw.

WIRSING(KOHL)
(Börsch-, Pörsch-, Welschkohl, -kraut, Wirsching)

Eine Kulturform der Gattung ▸ Kohl (botanische Familie der Kreuzblütengewächse), die sich durch ebenso intensiven wie feinen Kohlgeschmack auszeichnet und wie kaum eine andere Kohlart den Spagat zwischen deftiger Hausmannskost und gehobener Küche meistert. Der Wirsing stammt aus dem Mittelmeerraum und wird heute in allen Erdteilen angebaut, wobei in Deutschland jährlich rund 50 000 t geerntet werden. Wirsing hat kraus gewellte und locker schließende gelb- bis dunkelgrüne Blätter und einen runden, manchmal leicht spitzen Kopf. Die feinsten Sorten sind Früh- und Herbstwirsing, während Dauerwirsing etwas rustikaler ist. Wirsing ist eng verwandt mit ▸ Weißkohl und ▸ Rotkohl, übertrifft diese aber an Feinheit und Nährstoffgehalt.

WIRTSCHAFTSOBST
im Gegensatz zum ▸ Tafelobst für die Weiterverarbeitung in Industrie und Haushalt zu Most, Gelee, Konfitüre und anderen Produkten bestimmtes Obst mit nicht ganz so hoher Qualität und kleinen „Fehlern“

WITLOOF ▸ Chicorée

WITTLING
(Gadden, Merlan)
Auch wenn er nicht zu den Edelfischen (▸ Fische) gerechnet wird, gehört dieser Raubfisch aus der Familie der Dorsche mit zum Besten, was das Meer kulinarisch zu bieten hat. Sein lupenreines schneeweißes Fleisch ist besonders zart, delikat und bekömmlich und hat nur einen Nachteil: seine schnelle Verderblichkeit. Der Wittling ist im Nordostatlantik verbreitet, und hier vor allem in der Nordsee und im westlichen Teil der Ostsee, während er im Mittelmeer nur selten anzutreffen ist. Er wird bis 70 cm lang und 3 kg schwer.
VERWENDUNG: *Am besten entfaltet der Wittling sein feines Aroma kurz in Butter gebraten, man kann ihn aber auch dünsten, kochen und räuchern. In Schottland gilt er getrocknet als besondere Spezialität.*

WODKA
Er zeichnet sich durch besondere Reinheit (ohne Fuselöle und andere fermentierte Stoffe außer dem Alkohol) und Weichheit sowie einen fast neutralen Geschmack aus. Wodka kann einen Alkoholgehalt von 37,5–80 Vol.-% haben als „echter Wodka“ wird er aber nur mit genau 40 Vol.-% bezeichnet. In seinen Ursprungsländern Russland und Polen, die beide für sich beanspruchen, Anfang des 16. Jh. erstmals eine dem Wodka ähnliche Spirituose hergestellt zu haben, wird er vor allem pur, eiskalt und sogar als Essensbegleiter getrunken. In Mitteleuropa bevorzugt man die farblose Spirituose vor allem in ▸ Longdrinks und ▸ Cocktails. Gemeinhin gilt Wodka als „Kartoffelschnaps“ und Kar-

toffeln sind auch das wichtigste Ausgangsmaterial für seine Herstellung. Ursprünglich und teilweise heute noch wird Wodka aber aus Getreide gebrannt, wobei Roggen als bester Rohstoff gilt, in westlichen Ländern aber meist der preisgünstigere und in größerer Menge verfügbare Weizen verwendet wird. Der billigste Wodka wird aus ▸ Melasse destilliert.

> **Schon gewusst?**
>
> Der Legende nach musste einst die beschädigte Spitze der Peter-Paul-Kathedrale in Sankt Petersburg repariert werden, doch niemand wollte diese gefährliche Arbeit in schwindelnder Höhe übernehmen. Erst ein Leibeigener erledigte sie ohne Gerüst und erhielt als Dank vom Zaren einen Becher geschenkt, mit dem er in jedem russischen Gasthaus gratis und lebenslang so viel Wodka trinken durfte, wie er wollte. Doch zweimal verlor der Handwerker den Becher im Rausch, so dass ihm der Zar unterhalb des Kieferknochens ein Zeichen auf den Hals brennen ließ. Seither musste er nur dorthin zeigen, damit ihm kostenlos Wodka eingeschenkt wurde, und noch heute bedeutet ein leichtes Antippen des Halses mit dem Finger in Russland „Lass uns Wodka trinken gehen".

WOHLGEMUT ▸ Borretsch

WOK-GERICHTE
Sammelbezeichnung für Speisen, die im Wok – einem der wichtigsten Kochgeräte in mehreren asiatischen Küchen – zubereitet werden und auch in Europa mittlerweile groß in Mode sind. Beim Garen in der hohen und gewölbten Pfanne – bei einem Originalwok aus einem Guss ohne Unterschied zwischen Boden und Wand, für normale Elektro- und Gasherde aber auch mit abgeflachtem Boden – schließen sich die Poren der Zutaten sehr schnell, so dass Saft, Aroma und Farbe besonders gut erhalten bleiben. Außerdem benötigt man vergleichsweise wenig Öl. Der Wok eignet sich im Prinzip für alle Garmethoden. Die Hitze ist vor allem auf das Zentrum konzentriert, während sie am Rande nach weiter oben immer mehr abnimmt. Dadurch lässt sich das Gargut an die jeweils gewünschte Stelle schieben und leicht durchmischen. Das Pfannenrühren ist obligatorisch für die gestückelten Zutaten – meist ein buntes Allerlei – wie Fleisch, Geflügel, Fisch, Krebstiere, Nudeln, Gemüse, Pilze, Früchte usw.
ZUBEREITUNG: *Praktisch jede Art von Gemüse kann für Wok-Gerichte verwendet werden, ein echter Geheimtipp ist aber Spargel aus dem Wok. Hier bleibt er auch fertig gegart wunderbar knackig und hat ein intensiveres Aroma als klassisch in heißem Wasser gekocht.*

WOLFSBARSCH
(Branzino, Loup de mer, Meer-, Seebarsch)
Einer der feinsten ▸ Fische aus dem Meer, wenn nicht der beste überhaupt, wie einige Feinschmecker meinen. Der Wolfsbarsch tummelt sich im Ostatlantik von Norwegen bis Marokko einschließlich des Mittelmeeres und des Schwarzen Meeres, am häufigsten aber um die Britischen Inseln in der Nordsee.

Er kann eine Länge bis 100 cm und ein Gewicht von 12 kg erreichen. Teilweise kommt der begehrte Speisefisch aus französischen und italienischen Aquakulturen. Sein Fleisch ist mager, fest, überaus aromatisch und nur von wenigen großen und leicht zu lösenden Gräten durchzogen.

VERWENDUNG

Der Wolfsbarsch eignet sich besonders gut zum Braten mit der Haut und zur Zubereitung in der Salzkruste, man kann ihn aber auch grillen oder mit anderen Garmethoden zubereiten. Dabei gilt generell: Je einfacher und „purer", desto besser, weil dann sein hervorragender Eigengeschmack am besten zur Geltung kommt.

> **Schon gewusst?**
>
> In Frankreich und teilweise auch im deutschen Fischhandel bzw. auf heimischen Speisekarten erscheint der ▸ Wolfsbarsch als Loup de mer. Allerdings kann sich hinter diesem Namen auch ein anderer ausgezeichneter Speisefisch verbergen, der ▸ Seewolf.

WOLFSFISCH ▸ Seewolf

WOLLHANDKRABBE
Ursprünglich aus Ostchina stammende Art der ▸ Krabben, die Anfang des 20. Jh. unabsichtlich in Europa eingeschleppt wurde und sich hier so invasionsartig „breitgemacht" hat, dass

VERWENDUNG

In ihrer Heimat China werden die Wollhandkrabben als besondere Delikatesse geschätzt und in riesigen Mengen vertilgt. Und auch in Europa nimmt die Zahl der Restaurants zu, die sie vor allem zur Wanderzeit als nicht alltägliches „Schmankerl" anbieten. Vor allem aber werden sie industriell verwertet und zu Chitosan (aus dem Chitin des Panzers) verarbeitet. Chitosan kommt u.a. als Filtermaterial bei der Trinkwasseraufbereitung und bei der Abwasserreinigung und in Medizin- und Arzneimittelprodukten zum Einsatz.

teilweise heimische Arten verdrängt wurden. Ihren Namen hat die Wollhandkrabbe, weil das zu Scheren umgewandelte vordere Beinpaar vor allem der männlichen Tiere dicht behaart ist. Ihr quadratischer, olivgrüner oder brauner Rückenpanzer kann bis 8 cm lang bzw. breit werden und mit den langen Beinen erreicht sie eine Gesamtbreite von bis zu 30 cm. Der Lebensraum von Wollhandkrabben sind größere Flussläufe, wo sie sich in den Uferbereichen Wohnhöhlen graben. Zu Beginn der Paarungszeit im Spätsommer wandern sie ins Meer, wo die Weibchen auch überwintern.

WOLLMISPELN ▸ Loquats

WOLLWÜRSTE
(Geschlagene, Geschwollene, Nacke(r)te)
Verwandte der ▸ Weißwürste, die sich in der Herstellung kaum von der weltweit bekannten Spezialität unterscheiden. Die etwas längeren und dünneren Wollwürste werden ebenso aus fein gemahlenen Kalb- und Schweinefleisch hergestellt. Der Hauptunterschied ist, dass sie nicht in Därme gefüllt, sondern mit einer Tülle direkt in kochendes Wasser gespritzt und bei mäßiger Temperatur etwa 10 Minuten gegart werden. Das anschließende Abschrecken mit kaltem Wasser gibt den Würsten ihre typische weiche und „wollige" Oberfläche, daher der Name. So kann man die Wollwürste sofort verzehren, meistens aber werden sie zuvor in Milch getaucht und goldgelb gebraten. Traditionell isst man dazu in Bayern warmen, mit Essig und Öl zubereiteten Kartoffelsalat.

WORCESTERSHIRESAUCE
Bereits seit 1835 in Worcester hergestellte englische Würzsauce, die zu einem Bestseller in aller Welt geworden ist und deshalb vielfach nachgeahmt wurde. Die „Imitate" kommen als Worcestersauce in den Handel. Zutaten für das Original sind Essig, Tamarindenextrakt, Melasse, Sardellen, Zwiebeln, Knoblauch, Zucker, Salz sowie weitere Gewürze und natürliche Aromen. Das genaue Rezept wird von der Herstellerfirma geheim gehalten. Bevor sie in den Handel kommt, reift die dünnflüssige, tiefbraune und hoch aromatische Sauce über mehrere Jahre in Eichenfässern.

VERWENDUNG

Worcestershiresauce ist in der Küche eine beliebte und vielseitige Würzsauce, vor allem zu Fleischgerichten. Sie wird außerdem beim Mixen verschiedener ▸ Cocktails verwendet.

WRUKEN ▸ Kohlrüben

WUCHTELN ▸ Rohrnudeln

WÜRFELKANDIS
eine Art von ▸ Kandis(zucker)

WÜRFELZUCKER
angefeuchtete ▸ Raffinade (▸ Zucker) bzw. brauner Zucker, zu Würfeln gepresst und anschließend wieder getrocknet

WURST
Wenn es sprichwörtlich „um die Wurst geht", dann steht besonders viel auf dem Spiel. Das zeigt schon, wie hoch die Wurst in ihren vielfältigen Erscheinungsformen kulinarisch im Kurs steht. Würste, egal ob roh oder gekocht, bestehen in der Regel aus zerkleinertem Fleisch, Speck, Salz und Gewürzen, manchmal auch Blut und Innereien. Die fertige Masse kommt dann in Natur- oder Kunstdärme, in Gläser oder Konserven. Es hängt von der Sorte und vom gewünschten Endergebnis ab, ob die Würste getrocknet, geräuchert oder gekocht werden.
Man kann die Wurstsorten nach den Herstellungsverfahren in drei Gruppen unterteilen: ▸ Roh-, ▸ Brüh- und ▸ Kochwurst (nähere Beschreibung unter diesen Stichworten). Die Herstellung von Wurst hat in Deutschland – wie in kaum einem anderen Land – große Bedeutung: etwa 50 % des geschlachteten Fleisches wird zu Wurst verarbeitet. Das hat zu einer enormen Sortenvielfalt geführt. Neben den klassischen Sorten wie Schinken, Salami und Lyoner gibt es viele kulinarische „Highlights", denn der Fantasie sind bei den Zutaten kaum Grenzen gesetzt. Häufig verraten sie etwas über die kulinarischen Vorlieben der Region, in der sie produziert werden.

WURSTBRÄT
zerkleinerte Masse aus verschiedenen Zutaten, die zur Herstellung von Wurst dient

WÜRSTCHEN
Kurzbezeichnung für meist kleine, schmale Würstchen im Darm, beispielsweise Wiener Würstchen, Frankfurter Würstchen, Nürnberger Rostbratwürstchen etc.

WURSTGEWÜRZ
Es gibt nicht „das Wurstgewürz“, sondern viele Gewürzmischungen, die die jeweilige Wurst zu dem machen, was sie ist. Wenn man einmal von den Grundgewürzen wie Salz und Pfeffer absieht, so kommen Majoran, Mazis und Kardamom am häufigsten in Gewürzmischungen vor. Darüber hinaus werden noch Senfkörner, Piment, Muskatnuss, Ingwer, Koriander, Paprika sowie Zimt etc. verwendet. Je nachdem in welchem Mengenverhältnis die Gewürzmischungen eingesetzt werden, bekommt die Wurst ihr ganz eigenes Aroma.

WURSTSALAT
Je nach Region aus unterschiedlichen Wurstsorten (Schinkenwurst, Schwarzwurst, Lyoner) oder einer Mischung aus zwei Sorten zubereitete Speise, wofür die Wurst in dünne Scheiben oder feine Streifen geschnitten und in einer Essig-Wasser-Öl-Marinade angerichtet wird. Dazu kommen meist noch Zwiebelringe und oft Essiggurkenscheiben. Eine Variante mit Käse ist der Schweizer Wurstsalat.

WÜRZBRÜHE
Allgemeine Bezeichnung für verschiedene ▸ Brühen oder ▸ Fonds, die in einer bestimmten Weise gewürzt sind, um der damit zubereiteten Speise ein spezielles Aroma zu geben. Würzbrühen können auf der Basis von Fleisch-, Fisch- oder Gemüsebrühen, aber auch von Sojasauce hergestellt werden, sie können gekocht oder ungekocht sein.

WURZELBRÜHE
▸ Brühe auf der Basis von ▸ Wurzelgemüse, dabei kann es sich um eine Fleisch-, eine Fisch- oder eine reine Gemüsebrühe handeln

WURZELFLEISCH
Klassische Hausmannskost, aber vom Feinsten: Schweineschulter wird dazu in einer ▸ Wurzelbrühe knapp unter dem Siedepunkt gegart, dann mit dem in Streifen geschnittenen Wurzelgemüse und eventuell gekochten Kartoffeln serviert.

WURZELGEMÜSE
Eine wichtige Gruppe beim ▸ Gemüse. Wurzelgemüse bilden unterirdische Speicherorgane, die essbar sind. Zu den Wurzelgemüsen zählen z. B. Knollensellerie, Meerrettich, Möhre, Pastinake, Petersilienwurzel, Schwarzwurzel, Sellerie, Rote Beete etc.

WURZELKNOLLEN
Verdickte Teile von Pflanzen, die essbar sind (▸ Wurzelgemüse)

WURZELN
1. Allgemein die Bezeichnung für die unterirdischen Teile von Pflanzen, von denen manche essbar sind (▸ Wurzelgemüse).
2. Synonym für ▸ Mohrrüben

WURZELPETERSILIE
Die Wurzel der ▸ Petersilie, die gekocht Suppen und Saucen einen feinen Geschmack gibt. Aber auch gedünstet als Gemüse oder frittiert schmeckt die unscheinbare Wurzel. Ihren charakteristischen Geschmack verdanken Blatt- und Wurzelpetersilie dem ätherischen Öl Apiol. Dass Petersilie als besonders gesund gilt, liegt an ihren Inhaltsstoffen: sie ist reich an Vitamin C, aber auch an Eisen, Kalzium und B-Vitaminen .

WURZELSELLERIE
▸ Knollensellerie (▸ Sellerie)

WURZELWERK/-ZEUG ▸ Suppengrün

WÜRZKRÄUTER ▸ Küchenkräuter

WÜRZSAUCEN
als ▸ Konvenienzprodukte im Handel erhältliche fertige Saucen, die zu bestimmten Speisen gereicht werden (wie z. B. Salat-, Grill- oder Fonduesaucen) oder Gerichten zum Würzen beigemengt werden können (z. B. Worcestersauce, Tabasco, Chilisauce etc.)

WÜRZSELLERIE ▸ Schnittsellerie

YABBIES
Kleine, feine Süßwasserkrebse, die aus Australien zu uns kommen und in Feinkostgeschäften erhältlich sind.

YAK
In Asien (Tibet, Mongolei) lebende Rinderart, die dort vor allem als Tragetier, Milch-, Fleisch- und Wolllieferant eine Rolle spielt. Die Milch des Yak hat einen höheren Fettgehalt als Kuhmilch, er schwankt zwischen 5,8 und 6,3 %.

YAKAYAKE
aus fermentiertem Maniokmehl hergestelltes Fladenbrot (Westafrika)

YAKINORI
getrocknete Seetangblätter zur Herstellung von ▸ Sushi

YAKITORI
japanische Grillspießchen, ursprünglich nur mit Hähnchenfleisch, heute aber auch in jeder anderen Art

YAKON
Eine zu den Korbblütlern gehörende Staude mit der Süßkartoffel ähnelnden Knollen, die von den Indianern Perus seit langem als Heil- und Lebensmittel geschätzt wird.

YAKULT
ein in Japan und Korea beliebtes Sauermilcherzeugnis und der Name eines deutschen Jogurtproduktes

YALANCI DOLMASI
Türkische Spezialität: Weinblätter, die verschieden, u. a. mit Hackfleisch, Reis, Pinienkernen, Rosinen etc., gefüllt sind und kalt oder warm gegessen werden.

YAMS/YAMSWURZEL
(Mareka)

Eine vor allem in Afrika, China, Indochina, Malaysia und auf den Philippinen vorkommende Wurzelknolle, die dort lange Zeit eine große Bedeutung als stärkereiche Nahrung hatte – vergleichbar mit unserer Kartoffel. Weil sie aber nicht leicht angebaut und geerntet werden kann, ist der weltweite Anbau rückläufig. Außerdem kann Yams geschmacklich nicht mit der guten alten Kartoffel konkurrieren. Die einzelnen Arten sind schwer und eigentlich nur anhand der oberirdischen Pflanzenteile voneinander zu unterscheiden, die Knollen weisen dagegen kaum artenspezifische Unterscheidungsmerkmale auf. Yams werden häufig auch mit Süßkartoffeln verwechselt und umgekehrt. Die am meisten verbreitete Sorte ist der Wasseryam, der in Indien, Polynesien und auf den Philippinen angebaut wird. Sein süßliches, mehliges Fleisch hat einen ähnlich hohen Gehalt an Vitamin C wie die Kartoffel. Einige Arten enthalten roh ein giftiges Alkaloid, das Dioscorin, das beim Kochen aber zerstört wird. Auf unseren Märkten spielen Yams nur eine sehr untergeordnete Rolle und werden kaum angeboten.

VERWENDUNG: *In Afrika wird aus Yams der Brei „Fufu" zubereitet, der mit scharfen Saucen zu Fleisch- und Fischgerichten gegessen wird. Man genießt sie auch wie Kartoffeln in der Schale gebacken, wie Bratkartoffeln zubereitet oder in Scheiben geschnitten und wie Chips frittiert. Außerdem eignen sich Yams zum Füllen, für Auflauf, Salat und im Grunde für alle Zubereitungsarten, die wir auch für unsere Kartoffel kennen. Die Industrie verarbeitet die Knollen zu Stärke.*

YAMSBOHNE
Trotz ähnlichem Namen nicht mit den Yamswurzeln verwandte Knollen, die in der Form Roten Beeten ähneln und bis 10 kg schwer werden können. Die Schale der Yamsbohne ist ungenießbar, dafür schmeckt das Fruchtfleisch der Knollen sehr gut, es erinnert an den Geschmack von Wasserkastanien. Die Knollen schmecken nur jung, wenn ihr weißes Fleisch noch saftig und süß ist. Mit zunehmendem Alter entwickeln sie Stärke und dienen dann auch der industriellen Stärkegewinnung.

YAMSSTÄRKE ▸ Arrowroot

YECLA
Nach der gleichnamigen Stadt benanntes Weinanbaugebiet (▸ Wein) im Südosten Spaniens, das rund 20 000 ha (davon 4300 ha mit DO) umfasst. Die Hauptrebsorte ist die rote ▸ Mona-

strell, die allein rund 60 % der Fläche belegt. Ausnahmestatus hat Yecla durch die Tatsache, dass es dort noch viele wurzelechte (und nicht auf amerikanische Unterlagen aufgepfropfte) Reben gibt, weil das Gebiet von der Reblausplage weitgehend verschont geblieben ist.

YELLOWSPUR
Eine Mutante der Apfelsorte "Golden Delicious" (▸ Apfel), deren Früchte von November bis Februar genussreif sind und die sich vor allem zum frischen Verzehr eignen.

YORKSHIRE-PUDDING
Diese englische Spezialität aus ungesüßtem Pfannkuchenteig mit etwas Fett (traditionell Rindernierenfett) wird mit Petersilie, Salz und Muskatnuss gewürzt, etwa 2 cm hoch in eine gefettete feuerfeste Form gegossen und im Backofen goldbraun gebacken. Man serviert den Yorkshire Pudding in Rauten geschnitten als Beilage zu Steaks oder anderen Fleischgerichten. In seiner Heimat wird der Pudding in kleinen Muffinformen zubereitet. Dafür werden die Formen gefettet und im Backofen etwa 15 Minuten erhitzt, erst dann gibt man den Teig hinein. Früher wurde der Yorkshire-Pudding im selben Ofen wie das ▸ Roastbeef gegart, und zwar unter diesem, so dass der Bratensaft in den Teig tropfen konnte und diesem zusätzlich ein interessantes Aroma verlieh.

YORKSHIRE-SAUCE
Dafür wird Kraftsauce mit Portwein aufgekocht, mit Johannisbeergelee, Cayennepfeffer, Orangensaft und abgeriebener unbehandelter Orangenschale gewürzt. Diese Sauce passt besonders gut zu gegrilltem Fleisch.

YOUNGBEERE
Nicht winterharte, aus Amerika stammende Himbeer-Brombeer-Hybride, die nur in südlichen Ländern angebaut wird und deren schmackhafte dunkelrote Beeren sich vor allem für die Herstellung von Kompotten, Konfitüren und Saft eignen.

YSOP
(Ibsche)
Schon seit Jahrtausenden ist Ysop als Heil- und Küchenpflanze bekannt, wobei sowohl Blüten als auch Blätter zum Einsatz kommen. Der zur botanischen Familie der Lippenblütengewächse gehörende Halbstrauch gedeiht vor allem in sonnigen Lagen. Der Geschmack von Ysop erinnert an Salbei und Rosmarin, was seinem Gehalt an ätherischen Ölen zu verdanken ist. Seine Bitterstoffe machen ihn zu einem beliebten Zusatz in einigen Kräuterlikören wie zum Beispiel dem berühmten Chartreuse. Hervorzuheben ist der hohe Gehalt an Vitamin C, der bei über 200 mg/100 g liegt.
VERWENDUNG: *Ysop passt besonders gut zu Lamm- und anderen kräftigen Fleischgerichten, aber auch zu Fisch, Kartoffeln, Bohnen-, Tomaten- und Selleriesalat, zu Quark und Leberknödeln, um nur einige zu nennen. Das frische Kraut sollte nicht mitgekocht werden, da es sonst viel von seinem Aroma einbüßt.*

YUBA
Eine typische japanische Spezialität, die aus Sojabohnenmilch hergestellt wird. Die Milch wird erhitzt, dabei bildet sich ein Häutchen, das vorsichtig abgezogen und entweder frisch mit ▸ Wasabi und ▸ Sojasauce gegessen oder zum Trocknen aufgehängt wird. Im getrockneten Zustand werden die Blätter dann gefaltet oder zu Stäbchen gerollt. Für die weitere Verwendung werden die Blätter mit einem feuchten Tuch bedeckt, die Stäbchen in Wasser eingeweicht. Mit den Blättern werden Speisen zum Braten, Dünsten oder Frittieren umwickelt, die Stäbchen werden frittiert. Weil sie an Bambusstangen erinnern, nennt man die frittierten Stäbchen auch Bamboo.

YUC(C)A ▸ Maniok

ZABAIONE ▸ Sabayon

ZACKENBARSCHE
Die zur Familie der Sägebarsche (Ordnung: Knochenfische) gehörenden ▸ Fische – eine Unterfamilie mit rund 350 Arten weltweit – sind vor allem in Küstennähe in tropischen und gemäßigten Meeren beheimatet. Sie halten sich oft in Riffen auf, was ihren Fang schwierig gestaltet. Die wertvollen Fische können bis zu 1 m groß werden. Ihr festes und aromatisches Fleisch verdanken sie ihrer Vorliebe für Krebs- und Weichtiere, es eignet sich sehr gut für die verschiedensten Zubereitungen in der Küche. Zackenbarsche erkennt man an den Hartstrahlen auf der Rückenflosse sowie an den Dornen vor der Afterflosse und an den Kiemen.

ZACKENBRÖTCHEN ▸ Brioches

ZAHNBRASSEN
Für kulinarische Zwecke geschätzte ▸ Fische, die ein feines Fleisch haben und auf vielfältige Weise zubereitet werden können. Zahnbrassen haben einen auffallend großen Kopf und eine steile Stirnwölbung, sie werden bis 1 m lang und 10 kg schwer. Man findet sie vor allem im Ostatlantik und im Mittelmeer.

ZÄHRTE
Die zur Familie der ▸ Karpfenfische (▸ Fische) gehörende Zährte kommt in Schwärmen häufig am Grund der Mündungsgebiete großer Flüsse vor, die in die Nord- und Ostsee, das Kaspische oder das Schwarze Meer münden. Die ▸ Weißfische werden 20–35 cm, manchmal sogar 50 cm groß und sind leicht an ihrem nasenartig verlängerten Maul erkennbar.

ZAMIASTÄRKE
auch als Florida ▸ Arrowroot bekannte Stärke aus den Knollen einer auf den Antillen und den Bahamas heimischen Pflanze

ZAMORANO
Würziger spanischer Hartkäse mit 45 % Fett i. Tr. aus dem Hochland von Kastilien-Léon, der aus Schafmilch hergestellt wird und an der typischen Zick-Zack-Gravur auf dem Rand (die allerdings auch der ▸ Manchego oft hat) und dem Ährenmuster auf Ober- und Unterseite leicht zu erkennen ist. Zamorano reift mindestens 100 Tage in Kellern, manchmal in Olivenöl eingelegt, um sein Aroma zu verstärken. Wird der Käse handwerklich aus Rohmilch gemacht, erhält er den Zusatz „Artesano“.

ZAMPONE
Italienische Spezialität aus der Emilia-Romana, die traditionell zu Silvester gegessen wird. Zampone ist ein mit einer würzigen Fleischfarce gefüllter Schweinefuß, der in Brühe gegart und warm mit Linsen oder Kartoffelpüree, kalt mit ▸ Cumberlandsauce serviert wird.

ZANDER
(Fogas, Fogasch, Hechtbarsch, Schill)
Der bekannte Raubfisch (▸ Fische) aus der Familie der ▸ Barsche lebt im Süßwasser, in wärmeren großen Flüssen, großen Seen und Stauseen mit festem Grund. Er kann aber auch in Teichen gehalten werden und ist ein überaus begehrter Speisefisch. Nicht nur im Aussehen ähnelt er dem ▸ Hecht, auch sein feines zartes Fleisch ist dem Hechtfleisch ähnlich, allerdings ist Zander fast grätenfrei. Er wird in der Regel bis zu 70 cm groß (in einzelnen Fällen bis 1,5 m) und kann 20 Jahre alt werden.
VERWENDUNG: *Zander ist bei uns fast nur als Filet erhältlich. Die Filets eignen sich für viele Zubereitungsarten, sie lassen sich braten oder grillen, dünsten, zu Farce verarbeiten (für Terrinen, Füllungen oder Klößchen). Er hat ein weißes, festes, grätenarmes Fleisch mit einem feinen Aroma, das von allzu kräftigen Zutaten leicht erschlagen wird.*

ZAPALLO MAKRE
Besondere Zuchtform der Kürbisse, vor allem in Peru, die als größte Frucht der Welt gilt und in erster Linie zur Sirupgewinnung dient.

ZAPOTE ▸ Sapote, große

ZARTBITTERSCHOKOLADE
▸ Schokolade mit einem relativ hohen Anteil an Kakaomasse (▸ Bitterschokolade)

ZARTMACHER
Fleischzartmacher, die prä- oder postmortal eingesetzt werden können, um das Fleisch ei-

nes Schlachttieres weich zu machen. In Deutschland ist der Einsatz an noch lebenden Tieren nicht gestattet. Die Präparate für den postmortalen Einsatz sind meist Gemische aus einer Protease und einer Gewürzmischung, mit denen das Fleisch behandelt werden kann und das die Bindegewebsstruktur so verändert, dass selbst die berühmt-berüchtigte „Schuhsohle“ zum zarten ▶ Amuse bouche mutiert. Als Proteasen dienen meist Pflanzenenzyme.

ZARZUELA
Klassisches katalanisches Fischgericht, das aus einem Potpourri an Seefischen, Langostinos und Muscheln sowie ausgewählten Gewürzen und aromatischen Zutaten besteht. Für die kulinarische Zarzuela werden verschiedene Fischsorten (z. B. Seeteufel, Seehecht, Kalamare) und Meeresfrüchte (Venusmuscheln, Hummerkrabben) mit Zwiebeln, Tomaten, Paprika und Knoblauch erhitzt, mit Weißwein abgelöscht und mit Safran gewürzt. Wie die Paella, so wird auch die Zarzuela in einer großen gusseisernen Pfanne mit zwei Henkeln zubereitet.

SCHON GEWUSST?

Die ▶ Zarzuela verdankt ihren Namen dem gleichnamigen spanischen Singspiel, das seine Anfänge im 18. Jh. hatte und sich bis ins 19. Jh. großer Beliebtheit erfreute. Dann allerdings wurde es von der italienischen Oper verdrängt.

ZA'TAR
(Satar, Zathar, Zatar)
Im östlichen Mittelmeerraum ist Za'tar die Bezeichnung für verschiedene Gewürzpflanzen wie Oregano, Majoran oder Thymian, aber auch eine Gewürzmischung (Jordanien, Palästina) aus Thymian oder Sumak, Sesam und Salz. In vielen Familien gehört sie zum typischen Abendessen: Fladenbrotstücke werden in Olivenöl, in Za'tar getaucht und gegessen.

ZAZIKI ▶ Tsatsiki

ZEDER Zitrusfrucht (▶ Zitronatzitrone)

ZEDERNBROT
Feines Weihnachtsgebäck in Halbmondform aus Eischnee, Puderzucker und gemahlenen, abgezogenen Mandeln, das mit einem Guss aus Eischnee und Zitronensaft bestrichen und dann bei niedriger Temperatur mehr getrocknet als gebacken wird. Der Guss muss hell bleiben, er darf keine Farbe annehmen.

ZEDRAT(ZITRONE) ▶ Zitronat(zitrone)

ZEHEN
Bezeichnung für die Nebenzwiebelchen der Knoblauchknolle (▶ Knoblauch)

ZEILKARPFEN
Zuchtform der ▶ Karpfen (▶ Fische)

ZELLERNUSS
Nuss einer Haselnussart, Stammform für Kultursorten (▶ Haselnuss)

ZELTEN ▶ Kletzenbrot

ZENTROFANMEHL
in einer speziellen Mühle besonders fein gemahlenes Getreide, besonders für Vollkornbrote geeignet

ZEPHIRFARCE
Feine Farce aus Rahm und weißem Fleisch, Geflügel, Wild, Fisch oder Schaltieren, Eischnee und Gewürzen, die in kleine Timbaleförmchen gefüllt und im Wasserbad gegart wird.

ZEPHIRS
feine Schaumpuddings aus ▶ Zephirfarce

ZERDE
Traditionelles türkisches Hochzeitsgericht: Ein Milchreis mit Pinienkernen, Rosinen, Granatapfelkernen, der mit Rosenwasser sowie Safranfäden gewürzt wird.

ZEREALIEN ▶ Cerealien

ZERLASSENE BUTTER
in einer Pfanne oder einem Topf bei schwacher Hitze geschmolzene Butter, zu Spargel, gebratenem oder gedünstetem Fisch etc.

ZERVELATWURST ▸ Cervelatwurst

ZESTEN
Dünne Streifen der Schale von Zitrusfrüchten, am besten nimmt man dafür einen so genannten Zestenreißer, mit dem die Schale fein abgehobelt werden kann.

ZETTLKRAUT
österreichische Bezeichnung für ▸ Sauerkraut

ZIBARTE
Die Früchte eines zur Familie der Rosengewächse und hier zur Art der ▸ Pflaumen gehörenden Strauches oder Baumes. Es handelt sich um eine Wildpflaume, die zwar kleine, dafür aber sehr aromenreiche Früchte trägt. Diese sind oft kaum größer als Schlehen und werden meist zum Brennen für den exklusiven Zibartenbrand verwendet. Bereits Hildegard von Bingen erwähnte die Zibarte in ihren Schriften.

ZIBEBEN
Eine der Hauptarten von ▸ Rosinen, die vor allem aus der Türkei und Griechenland kommen. Für den Privatgebrauch wird daraus auch Zibebenwein hergstellt.

ZIBETBAUMFRUCHT ▸ Durian

ZIBOLLE
Bezeichnung für Speisezwiebeln im Gegensatz zu Pflanzenzwiebeln, die es in vielen Formen, Farben und Größen gibt. Zibollen können mild bis würzig scharf sein (▸ Zwiebeln).

ZICHORIEN
(Wegwarte)
Die Gattung der Wegwarten, auch Zichorien genannt, gehören zu den Korbblütengewächsen. Von den acht bekannten Arten gedeiht nur die Gemeine Wegwarte in Europa. Die für die Ernährung bedeutenden, gezüchteten Wegwarten sind Kaffeezichorie (Wurzelzichorie) und Salatzichorie wie ▸ Chicoree, ▸ Endivie, ▸ Radicchio und ▸ Zuckerhut. Bereits seit dem 17. Jh. wird aus der Wurzelzichorie ▸ Zichorienkaffee hergestellt, wofür die gerösteten Wurzeln gemahlen und wie Kaffee aufgebrüht werden. In ihrer Wildform enthält die Zichorie viele Bitterstoffe, weshalb die Franzosen die Wildzichorie immer schon gebleicht als „Kapuzinerbart“ genossen haben. Später hat man diese Prozedur auch auf die Kulturform, den Chicorée, übertragen. Die Sprossen wurden verhüllt, um sie vor Licht zu schützen und der Entwicklung unerwünschter Bitterstoffe vorzubeugen. Eine Prozedur, die man erfolgreich auch bei der Endivie anwandte, deren Köpfe bis zur Ernte zusammengebunden werden.

SCHON GEWUSST?

Die Entdeckung, dass Zichorie wie Kaffee zubereitet werden kann, sollen wir Frau von Heine verdanken, die wegen eines Gallenleidens Zichoriensud trinken musste. Als sie entdeckte, dass dieser Sud anregende Wirkung hatte, kam sie auf die Idee, die Wurzeln wie Kaffee zu rösten, zu mahlen und aufzubrühen. Zahlreiche Mythen und Sagen ranken sich um die Gemeine Wegwarte. Die einen besagen, dass es sich bei den blauen Blüten um die Augen eines Burgfräuleins handelt, das voller Sehnsucht auf die Rückkehr ihres Liebsten von den Kreuzzügen wartet. Andere versprechen, dass die Blume unterm Kopfkissen einer Jungfrau im Traum den künftigen Ehemann zeigt.

ZICHORIENKAFFEE
Schon seit dem 16. Jh. kennt man die Verwendung der Wurzelzichorie als Kaffeeersatz. Kaffeezichorie kann geröstet und gemahlen wie Kaffeepulver aufgegossen werden. Es gibt aber auch ein schnell lösliches Extrakt.

ZICKLEIN
(Ziegenlamm)
6–8 Wochen altes Jungtier der Ziege mit besonders zartem Fleisch

ZIEGE
1. Als Fleischtier (auch: Geiß) die „Kuh des kleinen Mannes“ und wie diese gehört die Ziege auch zu den Paarhufern und hier zur Untergattung der Ziegenartigen. Ziegen zählen neben Hunden und Schafen zu den ersten Haus-

tieren des Menschen und werden bereits seit 1100 v. Chr. domestiziert. Für viele, die an Kuhmilch-Unverträglichkeit leiden, sind Ziegenmilch und Ziegenmilchprodukte ein willkommener Ersatz, aber auch Feinschmecker haben ▸ Ziegenkäse oder ▸ Zicklein für sich entdeckt. 2. Ein lang gestreckter Wanderfisch (▸ Fische) mit deutlich gebogenem Bauch und gerader Rückenlinie, der vor allem in den südlichen Gebieten der ehemaligen Sowjetunion von wirtschaftlicher Bedeutung ist.

ZIEGELKÄSE
regionale Bezeichnung für ▸ Limburger

ZIEGELTEE
ein zu backsteinähnlichen Tafeln gepresster Tee aus Teestaub (Dust), einem Abfallprodukt der Teeherstellung

ZIEGENBART, GELBER
(Geißbart, Hahnenkammkoralle, Hirschschwamm, Kammkoralle)
Würziger Speisepilz, dessen Hut an Blumenkohlröschen erinnert, der aber nur jung genießbar ist. Ältere Pilze dagegen verursachen Verdauungsstörungen. Gelben Ziegenbart findet man ab Juni vor allem in Laubwäldern.

ZIEGENKÄSE
(Chèvre)
Aus Ziegenmilch oder aus einer Mischung von Kuh-, Schaf- und Ziegenmilch, deren Anteil allerdings mehr als 15 % betragen muss, hergestellter Käse. Früher hatte die Produktion von Ziegenkäse in Deutschland eher untergeordnete Bedeutung, Ziegenkäse kamen vor allem aus Griechenland oder Frankreich (▸ Chèvre). Zwischenzeitlich gibt es aber auch in Deutschland

einige Käsereien, die Ziegenkäse herstellen, einige bekannte Sorten sind ▸ Altenburger oder ▸ Abertamer Käse. Anders als bei importierten Ziegenkäsen muss deutscher Ziegenkäse mit dieser Bezeichnung aus 100 % Ziegenmilch bestehen. Viele Menschen mit Kuhmilch-Unverträglichkeit können das Milcheiweiß von Ziegenkäse besser vertragen. Ziegenkäse gibt es inzwischen von weich bis hart, von jung bis alt, von zart bis kräftig in allen möglichen Variationen und Geschmacksrichtungen.

ZIEGENLAMM ▸ Zicklein

ZIEGENLIPPE
zur Familie der Röhrlinge gehörender schmackhafter Speisepilz mit braunem, samtenem Hut, beste Zeit von Juli bis November in Laub-, Nadel- und Mischwäldern

ZIEGENROLLE
in verschiedenen Regionen hergestellter Weichkäse aus Ziegenmilch (▸ Ziegenkäse), den es in charakteristischer Walzenform im Handel zu kaufen gibt

ZI(E)GERKÄSE
(Kräuterkäse)
Allgemeine Bezeichnung für einen bestimmten Käsetyp (▸ Käse), der seinen Ursprung im Schweizer Kanton Glarus hat. Ziger wird aus Molke, der entrahmte Kuhmilch (Magermilch) oder Buttermilch zugesetzt werden kann, hergestellt und meist mit Kräutern, Gewürzen und Salz aromatisiert. Der Name leitet sich von einem traditionsreichen Käse dieser Art ab, dem ▸ Schabzi(e)ger. Ein anderer sehr bekannter Zigerkäse ist der italienische ▸ Ricotta.

ZIEHBUTTER
spezielles Backfett mit einem größeren Anteil an höher schmelzendem Fett

ZIEHEN
gar ziehen, d.h. in Flüssigkeit knapp unter dem Siedepunkt garen, z. B. Klöße

ZIEMER
veraltete Bezeichnung für das feinste Stück von Reh- und Hochwild, den Rücken mit Lenden

ZIERFANDLER
Eine autochthone österreichische Rebsorte (▸ Wein), die trotz ähnlichen Namens im Gegensatz zum ▸ Zinfandel weiß ist und auch sonst nichts mit der kalifornischen Spezialität gemein hat. Es handelt sich beim Zierfandler vielmehr um eine vermutlich natürlich entstandene Kreuzung zwischen ▸ Traminer und Rotem Veltliner (einer Varietät von ▸ Grüner Veltliner). Angebaut wird sie hauptsächlich in der ▸ Thermenregion (zusammen mit ▸ Rotgipfler, der die gleichen Eltern hat), wo sie extrakt- und alkoholreiche Weine hervorbringt.

ZIERKOHL
Auch wenn er vor allem schön sein soll, Zierkohl ist durchaus genießbar. Beim Zierkohl handelt es sich um von japanischen Züchtern veränderte Gemüsekohlarten (z. B. von Blumenkohl, Brokkoli, Spitzkohl und Wirsing).

ZIERQUITTE
(Japanische Quitte)
Früchte eines zur botanischen Familie der Rosengewächse gehörenden Ziergehölzes, kleiner als ▸ Quitten, wie diese verwertbar

ZIGERKLEE
(Bisamklee, Schabzigerklee)
Eine in Mittel-, West- und Südeuropa verbreitete Würzpflanze aus der Familie der Schmetterlingsblütengewächse, die dem Zigerkäse sein typisches Aroma gibt.

ZIGEUNERBRATEN
Bezeichnung für einen speziell gewürzten, gepökelten Schweinebraten

ZIGEUNERGULASCH
gemischtes Gulasch mit reichlich Zwiebeln, Knoblauch und Paprikastücken geschmort und pikant mit Chilischoten und Paprika gewürzt

ZIGEUNERLAUCH ▸ Bärlauch

ZIGEUNERSAUCE
kräftige, mit Mehl gebundene Sauce aus Zwiebeln, Tomaten, Champignons, Paprikaschoten, eventuell Rotwein und Schinken, mit Paprika und Chili oder Cayennepfeffer abgeschmeckt

ZIGEUNERSCHNITZEL
in Mehl gewendetes und in heißem Fett gebratenes Kalbsschnitzel mit ▸ Zigeunersauce

ZIMBELKRAUT
Diese zur Familie der Wegerichgewächse gehörende Pflanze wächst vor allem an Bachufern, Wegrändern und auf kalkhaltigen Felsen und eignet sich gut für die Zubereitung in Salaten. Bereits im 16. Jh. wurde die heilende Wirkung des Zimbelkrautes erwähnt, damals vor allem zur Wundheilung und bei Frauenleiden.

ZIMINO
italienische Fischsuppe u. a. mit Klippfisch und Spinat bzw. Mangold

ZIMT
(Cassia, Ekelle, Kaneel, Kassia)

Eines der ältesten Gewürze, das man bereits 3000 v. Chr. in China verwendet haben soll. Erst 1502 brachte ihn der portugiesische Seefahrer und Entdecker des Seeweges nach Indien, Vasco da Gama (1469–1524) von Ceylon, dem heutigen Sri Lanka, mit nach Europa. Damals galt er als besonders wertvolles Gewürz und wer ihn sich leisten konnte, war ein reicher Mann. Die für uns wichtigsten Arten sind der höherwertige Ceylonzimt und der Cassiazimt. Das Gewürz wird aus der inneren Rinde der Zimtbäume, die auch heute noch von Hand abgeschält werden, hergestellt. Es kommt in Stangenform und als Pulver auf den Markt. Wie bei fast allen gemahlenen Gewürzen, so schwindet auch beim Zimtpulver das Aroma schnell, weil die ätherischen Öle „verduften". In diesem Fall sind es Zimtöl, Eugenol und das in die Diskussion geratene Cumarin.
Wie beim Pulver gibt es auch bei den Stangen erhebliche Qualitätsunterschiede. Je dünner die Rinde abgeschält wird, desto feiner ist das Aroma, das die Stangen abgeben. Von diesen Rindenrollen werden mehrere ineinander gesteckt und getrocknet. Die Qualität von Ceylonzimt wird in einer eigenen Maßeinheit, den Ekellen gemessen. Bester Zimt hat 00000 Ekellen, mit sinkender Qualität wird jeweils eine

Null weggestrichen. Noch schlechtere Qualitäten erhalten die Bewertung I–IV. In den Export nach Europa gelangt leider nicht die beste Qualität, allerdings wird hier auch vor allem gemahlener Zimt abgesetzt.
VERWENDUNG: *Bei uns gehört Zimt in jedem Fall in die Weihnachtsbäckerei, aber auch in Glühwein, Kompotten, Kuchen, Torten und Naturjogurt ist dieses aromatische Gewürz eine echte Bereicherung. Und was wären Grieß- oder Milchreisbrei ohne Zimtzucker? Selbst Fleischspeisen und Currys gibt eine Prise Zimt ein sehr feines Aroma. Zimt findet man häufig in Gewürzmischungen und Würzpasten. In Asien würzt man damit Tees und Alkoholika. Auch in der Parfümindustrie spielt Zimt eine bedeutende Rolle.*

Schon gewusst?

Cumarin, das in größerer Konzentration im Cassiazimt vorkommt, ist in den Verdacht geraten, Krebs auszulösen. Deshalb sollte man ▸ Zimt nicht in größeren Mengen zu sich nehmen und Ceylonzimt den Vorzug geben. Wer unter Stimmungsschwankungen leidet, darf sich freuen, denn Zimt besitzt euphorisierende ätherische Öle, ist also ein Gute-Laune-Macher, den man jederzeit rezeptfrei zur Hand hat. Aber auch ansonsten hat Zimt jede Menge positiver Eigenschaften: In jüngster Zeit entdeckten Wissenschaftler den Stoff MHCP, der den Blutzuckerspiegel bei Diabetes-II-Patienten senkt sowie Cholesterinspiegel und Herz-Kreislauf-System positiv beeinflusst. Ein Grund mehr, Zimt nicht nur in Zimtsternen zu verarbeiten.

ZIMT, WEISSER
hellgraue bis hellgelbe Zimtstangen aus der Rinde einer Zimtbaumart auf den Westindischen Inseln

ZIMTAPFEL ▸ Cherimoya

ZIMTERSATZ
Füllstoff, der mit Zimtöl, Zimtaldehyd und/oder Eugenol versetzt wird und als Gewürzersatz dient.

ZIMTÖL
Ein durch Destillation gewonnenes Öl aus der Rinde der Zimtbäume (▸ Zimt), das bei der Herstellung von Gebäck, Likör und in der Kosmetikindustrie verwendet wird.

ZIMTSTERNE
Traditionelles, aromatisches Weihnachtsgebäck aus einem Eischneeteig mit Mandeln, Zucker, Zitronensaft, Zimt und einem Guss aus Eischnee, der beim Backen weiß bleiben muss.

ZIMTZUCKER
Mischung aus Zucker und Zimt zum Aromatisieren von Süßspeisen wie Grießbrei, Pfannkuchen, Crêpes etc., auch als fertige Mischung im Handel erhältlich (Gewürzregal)

ZINFANDEL
Eine einzigartige Spezialität des amerikanischen bzw. kalifornischen Weinbaus (▸ Wein) ist diese rote Rebsorte, die unter Kennern auch kurz und knackig als „Zin" bezeichnet und in ihrer Heimat auf rund 20 000 ha angebaut wird. Aus Zinfandel werden die alkoholstärksten trockenen Weine gekeltert, die oft ein sehr würziges, aber auch opulent fruchtiges Aromenspiel aufweisen – mit einem Wort „Powerweine" von besonderer Ausstrahlung, die auch in Europa viele Freunde gefunden haben.

Schon gewusst?

Lange Zeit lagen die Ursprünge des ▸ Zinfandel im Dunkeln und vermutete man die italienische Rebsorte ▸ Primitivo als seine nächste Verwandte. Bei modernen DNA-Analysen hat sich jedoch herausgestellt, dass er mit einer alten kroatischen Rebsorte identisch und Primitivo ein weiterer Klon von dieser ist.

ZINK
In seiner reinen Form ist Zink (Zn) ein Schwermetall. Für den menschlichen Organismus ist es neben Eisen eines der wichtigsten ▸ Spurenelemente (▸ Mineralstoffe). Etwa 7–10 mg Zink sollten Jugendliche und Erwachsene nach den Empfehlungen der Deutschen Gesellschaft für Ernährung (DGE) zu sich nehmen, Schwangere und Stillende 10–11 mg. Auf eine regelmäßi-

ge Zufuhr ist zu achten, da Zink vom Körper nicht gespeichert werden kann. Es unterstützt das Immunsystem, ist am Zellwachstum beteiligt und steuert die Funktion von Hormonen.

ZIPFEL ▸ Fränkische Bratwürste

ZIPOLLEN ▸ Zwiebeln

ZIRBELNÜSSE

Die Zapfen der Zirbelkiefer, deren feine Samen, die ▸ Pinienkerne, in Patisserie und Confiserie eine große Rolle spielen. Aber auch in der Geschichte hat die Zirbelnuss große Bedeutung: Den Römern waren sie Fruchtbarkeits- und Unsterblichkeitssymbol und sie war das Feldzeichen der Legion, die für die Gründung der Stadt Augsburg verantwortlich war. Noch heute ziert die Zirbelnuss das Wappen der Stadt und auch an Bauten, auf Kanaldeckeln, auf dem Giebel des Rathauses, am Dom etc. kann man sie bewundern.

ZISELIEREN

Davon spricht man, wenn Fischfilets oder Fleischstücke zum Kurzbraten an den Rändern mehrmals leicht eingeschnitten werden, damit sie sich beim Braten nicht aufwölben.

ZITI

lange Rundnudeln (▸ Pasta, ▸ Teigwaren) aus Hartweizengrieß, Spezialität der Region Apulien im Südosten Italiens

ZITO

serbische Süßspeise aus gekochtem Weizen, mit Muskatnuss, Vanille, Rum und Nüssen

ZITRONAT

(Cedrat, Sukkade, Zedrat)

Unter dieser Bezeichnung erhält man im Handel die kandierte Schale der Zitronatzitrone entweder am Stück oder bereits in Würfel geschnitten, allein oder als Mischung mit ▸ Orangeat. Zusammen mit letzterem ist es aus der Weihnachtsbäckerei nicht wegzudenken. Die beiden gehören in ▸ Lebkuchen ebenso wie in den Dresdener ▸ Christstollen. Zitronat gibt einem Gebäck einerseits Würze, sorgt aber auch dafür, dass es länger frisch und saftig bleibt.

ZITRONATZITRONE

Vertreterin der ▸ Zitrusfrüchte, die auf einem bis zu 3 m hohen, dornigen Baum gedeiht. Dieser stammt ursprünglich aus Nordostindien, ist aber bereits seit etwa 300 v. Chr. auch in Europa bekannt und heute in vielen südlichen Ländern verbreitet. Zitronatzitronen werden vor allem auf Sizilien, in Marokko, auf Kreta und Korsika sowie in Puerto Rico angebaut. Die Früchte können bis zu 2 kg schwer werden und zeichnen sich durch eine dicke, höckerige Schale aus, die zu Zitronat, Marmelade oder Likör verarbeitet wird.
Für die Verarbeitung wird die Zitronatzitrone auseinandergeschnitten und das Fruchtfleisch entfernt. Die Schalen werden 1 Monat in Meerwasser eingelegt und so häufig exportiert. Zur weiteren Verarbeitung wird das Meerwasser wieder ausgewaschen, die Schalen werden in einer Zuckerlösung kandiert und glasiert als Hälften oder unglasiert in Würfel geschnitten (▸ Zitronat) auf den Markt gebracht. Das ätherische Öl der Frucht spielt bei der Parfumherstellung eine bedeutende Rolle.

SCHON GEWUSST?

Wir verdanken es dem legendären König und Eroberer Alexander dem Großen (356–323 v. Chr.), dass die ▸ Zitronatzitrone als erste Zitrusfrucht überhaupt in den Mittelmeerraum gelangte. Von den Römern wissen wir, dass sie die stark duftende Pflanze und deren Blätter als Parfum und Mittel gegen Motten schätzten.

ZITRONEN

Sie sind aus unserer Küche nicht mehr wegzudenken, aber erst seit der Mitte des 12. Jh. im Mittelmeerraum heimisch, wohin sie mit den Arabern gelangten. Zitronen wachsen auf den bis zu 4 m hohen, stark bedornten immergrünen Zitronenbäumen aus der botanischen Familie der Rautengewächse. Sie können das ganze Jahr über blühen und fruchten, so dass

Zitronen ständig geerntet werden können. Bei einigen Sorten können bis zu 4 Ernten erzielt werden. Die USA, Spanien, Italien, Argentinien, Iran, Türkei und Ägypten gehören zu den Hauptanbauländern für Zitronen, die vor allem von Japan, Deutschland und Frankreich importiert werden.
Die Früchte der Zitronenbäume sind oval bis spindelfömig, die Schale variiert von rau bis fast glatt und von dick bis dünn, ihre Farbe ist zunächst grün, mit zunehmender Reife hellgelb bis kräftig gelb. Die Schale enthält zahlreiche ätherische Öle, die in der Parfumherstellung und in der Lebensmittelindustrie eine bedeutende Rolle spielen. Das sauer aromatische Fruchtfleisch enthält einige Mineralstoffe, Zitronensäure, vor allem aber jede Menge Vitamin C. Zitronensaft gehört zu einer gesunden Ernährung und wird vor allem bei Vitamin-C-Mangel-Erscheinungen und zur Immunstärkung besonders empfohlen.

VERWENDUNG: *Pur wird Zitronen wohl kaum jemand genießen wollen, denn sie sind extrem sauer. Aber ihre abgeriebene Schale (dann müssen die Früchte allerdings unbehandelt sein) gibt Gebäck, Cremes, Marmelade und Eis einen intensiven, frischen Geschmack. Der ausgepresste Saft macht sich u. a. gut in Salat- und anderen Saucen, Drinks mit oder ohne Alkohol und in Tee. In den Erzeugerländern wird aus den Zitronenschalen das intensiv duftende ▸ Zitronenöl gewonnen.*

ZITRONENBLÄTTER

Die getrockneten aromatischen Blätter bestimmter Zitronenbäume, die in der asiatischen Küche häufig als Speisewürze dienen.

ZITRONENESSIG

mit Zitronen angesetzter oder mit Zitronenaroma aromatisierter Essig

ZITRONENGRAS

(Lemongras, Serehgras)

Pflanze aus der botanischen Familie der Süßgräser mit schilfartigen Blättern, die unten verdickt sind und vor allem asiatischen Gerichten eine frische Note geben. Aus Asien stammt die aromatische Gewürzpflanze auch und mit der Vorliebe für thailändische und vietnamesische Gerichte hat das Zitronengras bei uns Freunde gefunden. In Europa kommt es tiefgekühlt in den Handel. Von Zitronengras in Pulverform ist abzuraten; es hat nur schwaches Aroma, weil sich die ätherischen Öle leicht verflüchtigen.

VERWENDUNG

Zitronengras entfaltet sein Aroma erst beim Kochen, wenn man die verdickten Enden der Stängel einschneidet oder flach klopft, sodass die ätherischen Öle sich entfalten können. Manche Sorten werden für die Parfümherstellung benutzt oder zu medizinischen Zwecken angebaut.

ZITRONENMELISSE

(Bienenblatt/-kraut, Frauenkraut, Herztrost, Honigblume, Immenblatt, Limonenkraut)

Die aus dem Mittelmeerraum und Vorderasien zu uns gekommene Gewürzpflanze aus der botanischen Familie der Lippenblütengewächse hat ein frisches zitroniges Aroma, ohne jedoch säuerlich zu sein. Man schätzte sie bereits im Altertum als Gewürz- und Teepflanze sowie als beliebtes Bienenfutter, denn das in ihr enthaltene ätherische Öl übt einen besonderen Reiz auf die Honigbiene (melissa) aus. Die mehrjährige krautige Pflanze wird bis zu 80 cm hoch, ist anspruchslos und wuchert vergleichsweise üppig. Der Zitronengeruch entfaltet sich besonders stark beim Zerreiben der Blätter. Diese sollten unbedingt vor der Blüte geerntet werden, dann ist ihr Aroma am intensivsten.

VERWENDUNG: *Zitronenmelisse eignet sich als Gewürz in Suppen, Salaten und Desserts, denen es ein frisches Aroma verleiht – vorausgesetzt es wird nicht mitgekocht, denn dabei werden die ätherischen Öle zerstört. Es ist auch Bestandteil von Kräuterlikören wie ▸ Bénédictine oder ▸ Chartreuse und findet in der Kosmetik- und Arzneimittelindustrie (z. B. als Melissentee) Verwendung.*

SCHON GEWUSST?

Die Bezeichnung „Melisse" für die ▸ Zitronenmelisse hat ihren Ursprung im Griechischen und heißt so viel wie „Biene". Die emsigen Bienen fliegen nämlich ganz besonders auf die Melisse, die deshalb seit langem als Bienenfutterpflanze angebaut wird. Einige Imker reiben auch ihre Bienenstöcke mit Melisse ein, damit die Völker nicht ausschwärmen.

ZITRONENÖL

Das durch Pressung, Destillation oder Extraktion gewonnene Öl aus der Schale von Zitronen findet bei der Herstellung von Likören und Erfrischungsgetränken, Backwaren, Süßspeisen sowie Kosmetik- und pharmazeutischen Produkten Verwendung.

ZITRONEN-ÖL-MARINADE

Salatmarinade mit Zitronensaft statt Essig, daher etwas milder und frischer im Geschmack

ZITRONENPFEFFER

Gewürzmischung aus Pfeffer und geriebener, getrockneter Zitronenschale, gibt Fisch und Fleischgerichten eine erfrischende Würze

ZITRONENSAUCE

Erfrischende helle Sauce auf der Basis einer ▸ Holländischen Sauce oder auch einer Sahnesauce, die mit Zitronensaft und eventuell abgeriebener unbehandelter Zitronenschale abgeschmeckt wird. Eine Zitronensauce passt zu Fisch, hellem Geflügel und auch zu Pasta.

ZITRONENSCHALE

Beliebtes Würzmittel für Kuchen und Dessertcremes, wobei die dafür verwendete Schale nicht behandelt und gewachst sein darf. Auch muss sie sehr dünn – ohne weiße Innenhaut – abgeschält werden, weil diese Bitterstoffe enthält, die den Geschmack beeinträchtigen.

ZITRONENSENF

Mit Zitronenschalen aromatisierter Senf, der als Dip gegessen werden kann, aber auch in Salatsaucen oder hellen Saucen zu Fisch, Meeresfrüchten, Geflügel sehr erfrischend schmeckt.

ZITRONENTEE

Instant-Erfrischungsgetränk, das als Halbfertigerzeugnis in den Handel kommt und heiß oder kalt aufgegossen werden kann. Instant-Getränke dieser Art enthalten eine Menge Zucker und sind deshalb ernährungsphysiologisch kritisch zu sehen.

ZITRONENTHYMIAN

Eine Thymianzüchtung (▸ Thymian), die neben dem typischen Aroma eine feine, erfrischende Zitrusnote besitzt und wunderbar zu Salaten, Gemüse- oder Kräutersuppen, Fisch- und Gemüsegerichten passt.

ZITRONENVERBENE

Eine robuste Pflanze, die zur Familie der Eisenkrautgewächse gehört. Wie auch die anderen, nach Zitrone riechenden Pflanzen verdankt die Zitronenverbene diesen Duft ihrem Gehalt an ätherischen Ölen. Bei Köchen erfreut sich das erfrischende Kraut großer Beliebtheit, denn es passt zu Schweinefleischgerichten ebenso wie zu Fisch, es schmeckt in Salaten oder Süßspeisen, wobei den frischen Blättern der Vorzug gegeben werden sollte. Vor allem in Frankreich liebt man „Verveine“ als erfrischenden, aber dennoch beruhigenden Tee am Abend.

ZITRONENZUCKER

Wird Würfelzucker an der Schale einer unbehandelten Zitrone abgerieben, so erhält man Zitronenzucker. Es gibt Zitronenzucker aber auch gebrauchsfertig im Handel, dann als mit Zitronensäure gemischten Zucker.

ZITRULLENGURKEN

▸ Wassermelonen (▸ Melonen)

ZITRUSFRÜCHTE

(Agrumen)

Botanisch gesehen sind Zitrusfrüchte Beeren von immergrünen Pflanzen aus der Familie der Rautengewächse, die vor allem in subtropischen und tropischen Gebieten gedeihen und im Ursprung aus Südostasien stammen. Das Fruchtfleisch der Zitrusfrüchte besteht aus saftigen Fortsätzen, die von der Fruchtwand in die Samenfächer hineinwachsen, wodurch einzelne Segmente entstehen, die sich (meist) voneinander lösen lassen. Diese Segmente sind von einer feinen Haut umhüllt, die einzelne Saftsäckchen und die Samen umschließt. Die wichtigsten Zitrusfrüchte sind ▸ Orangen, ▸ Mandarinen, ▸ Grapefruits, ▸ Zitronen, ▸ Zedratzitronen, ▸ Limetten und ▸ Kumquats.

ZITRUSÖL
Ätherische Öle, die in der Schale diverser Zitrusfrüchte enthalten sind und durch Destillation, Extraktion etc. gewonnen werden. Zitrusöle werden zum Aromatisieren von Getränken und Lebensmitteln benutzt.

ZITRUSSCHALEN
Schalen von Zitrusfrüchten, aus denen Pektin gewonnen wird oder die getrocknet und kandiert in den Handel gelangen.

ZOBEL
Donaufisch aus der Familie der ▸ Karpfenfische, in langsam fließenden Gewässern lebend und im Bestand stark gefährdet

ZOLA-SUPPE
Eine Suppenkreation, die wir keinem Geringeren als dem französischen Meisterkoch Auguste ▸ Escoffier (1846–1935) verdanken, der sich von dem berühmten französischen Schriftsteller und Journalisten Emile Zola (1840–1902) dazu inspirieren ließ. Es handelt sich dabei um eine Fleischkraftbrühe mit einer Einlage aus Brandteigklößchen, deren Teig mit weißen Piemonteser Trüffeln und Parmesan gewürzt ist. Dazu wird geriebener Parmesan gereicht.

ZOLLFISCH ▸ Mairenke

ZOPF
Kurzbezeichnung für ein süßes Hefegebäck, aus 3 Teigsträngen zum Zopf geflochten

ZUCCHINI
(Courgetten, Gurkenkürbisse)
Die gurkenähnlichen Zucchini stammen wie viele andere Kürbisarten (▸ Kürbisse) vom amerikanischen Riesenkürbis ab. Sie gehören zu den Sommerkürbissen, die unreif geerntet werden und deshalb eine weiche Schale haben, die mitgegessen werden kann. Die Hauptanbaugebiete für Zucchini sind Frankreich und Italien, aber auch bei uns findet man sie zunehmend im Freilandanbau. Zucchini sind in der Regel schmal und länglich, ihre Farbe variiert von Grün über Gelb bis zu Grün-Grau oder Grün-Gelb gestreift oder gesprenkelt. Obwohl es Sommerkürbisse sind, bekommen wir Zucchini das ganze Jahr über – als Importe aus anderen Ländern. Zucchini sind wahre Verwandlungskünstler in der Küche. Da sie keinen ausgeprägten Eigengeschmack besitzen, lassen sie sich süß oder pikant und sehr variabel zubereiten.

VERWENDUNG: *Man kann Zucchini braten, grillen, in Pastasaucen geben, sie schmecken in Gemüseaufläufen, gefüllt, als Rohkost und sogar im Kuchen. Je nach Zubereitungsart sollte man die Früchte wählen; die großen enthalten mehr Wasser als die kleinen, erstere eignen sich also besser zum Füllen, letztere eher als Beigabe in Aufläufen oder zum Grillen und Einlegen in Öl.*

> **SCHON GEWUSST?**
>
> Ihren Namen haben den ▸ Zucchini die Italiener gegeben, die sie ganz einfach „kleiner Kürbis" genannt haben (italienisch „zucca" = „Kürbis"). Zucchini bzw. Zucchetti ist eine Verkleinerungsform davon. In der Einzahl müsste es eigentlich Zucchino heißen, was sich in Deutschland aber nicht durchsetzen konnte.

ZUCCHINIBLÜTEN
Sie stehen uns nur begrenzte Zeit zur Verfügung, sind überaus dekorativ und mutieren gefüllt oder ausgebacken zu wahren Delikatessen. Die Rede ist von den Zucchiniblüten, die auf unseren Märkten im Sommer angeboten werden. Zucchiniblüten müssen sofort nach der Ernte verarbeitet werden, bereits am nächsten Tag beginnen sie zu welken und sind dann nicht mehr zu gebrauchen. Für pikante Zubereitungen sind die weiblichen Blüten mit den daran hängenden kleinen Früchten ideal. Sollen die Blüten ausgebacken oder zu Dekorationszwecken verwendet werden, nimmt man die männlichen Blüten.

VERWENDUNG

In jedem Fall müssen die Blüten vor der Verwendung gereinigt werden. Die Stempel mit einer Schere abschneiden, die Blüten kurz in kaltes Wasser tauchen, abtropfen lassen und füllen, durch Backteig ziehen oder in Streifen geschnitten in Suppen bzw. ganz zur Dekoration verwenden. Zum Füllen eignen sich Mischungen aus Gemüse und Brot, Ei und Gewürzen ebenso wie solche mit Fleisch, Fisch, Reis oder ▸ Couscous.

ZUCCHOTTO

Üppige süße Torte aus Italien, die in einer Schüssel zubereitet und nicht gebacken, sondern gut gekühlt wird. Die unterste Schicht besteht aus mit Likör (Amaretto, Maraschino, Cointreau) getränktem Biskuitboden, mit dem die Schüssel ausgelegt wird. Darauf kommt eine Füllung aus Schlagsahne, die mit klein gewürfelten kandierten Früchten, zerkrümelten Baisers, gehackten Nüssen und Schokoladenraspeln vermischt ist. Den Abschluss bildet wieder ein getränkter Biskuitboden. Die Torte wird einige Stunden im Kühlschrank durchgekühlt, anschließend gestürzt und mit Schlagsahne, manchmal auch mit einer Schokoladenglasur überzogen und dann mit Schlagsahne, kandierten Früchten und Schokolade garniert.

ZUCHTFISCHE

Bereits ein Viertel aller auf dem Markt befindlichen ▸ Fische und manche Meeresfrüchte kommen heutzutage aus Käfigen oder Teichen. Die EFSA (Europäische Behörde für Lebensmittelsicherheit) erwartet, dass bereits 2030 mehr als die Hälfte unseres Bedarfes an Speisefisch aus Zuchtanlagen stammt. Dabei kommen Süß- wie Meerwasserfische, Muscheln, Austern und auch Algen aus so genannten Aquakulturen. In den marinen Aquakulturen, darunter versteht man mit Meerwasser gefüllte Teiche oder Tanks, aber auch Käfige oder Netzgehege (▸ Zuchtlachs) im Meer, werden alle Salzwasserarten gehalten. Die Haltung für Süßwasserarten erfolgt, wie schon lange üblich, in Teichen (Karpfen) etc. Die Probleme der Fischerei sind damit aber nicht beseitigt, denn die in den Aquakulturen gezüchteten Fische brauchen Futter, das wiederum aus Salz- oder Süßwasser abgefischt werden muss. So benötigt man pro Kilo Thunfisch aus einer Aquakultur bis zu 20 kg Futterfisch. Außerdem stellt sich die Frage, ob eine artgerechte Haltung so überhaupt möglich ist und wie sich die Haltungsbedingungen auf die Qualität auswirken.

Die EFSA wurde deshalb vom Europäischen Parlament beauftragt, zu untersuchen, welche gesundheitlichen Risiken mit dem Verzehr von Zucht- und Wildfisch verbunden sind. Dabei wurde festgestellt, dass Zuchtfisch eine höhere Fettkonzentration mit einem niedrigeren Gehalt an Omega-3-Fettsäuren aufweist. Außerdem führt die Haltung vieler Fische auf engem Raum zu einer Gefährdung des ganzen Bestandes, weil sich Krankheiten unter solchen Bedingungen extrem schnell ausbreiten. Vorbeugend werden deshalb mit dem Futter Antibiotika verabreicht, die wiederum zur Bildung resistenter Bakterienstämme führen und damit für den Menschen zu einer Bedrohung werden. Außerdem wird das Ökosystem in der Umgebung der Aquafarmen bzw. ganzer Küstenstreifen belastet, denn die Ausscheidungen verunreinigen das Wasser (eine Lachsfarm mit 200 000 Fischen verursacht so viele Fäkalien wie eine Stadt mit 62 000 Einwohnern) ebenso wie die Rückstände von Futtermitteln etc. Für Shrimpsfarmen wurden ganze Teile tropischer Mangrovenwälder gerodet und damit ein wichtiger Lebensraum für Fische und andere Lebewesen zerstört; darüber hinaus verlieren diese Gebiete den wichtigen Gezeitenschutz. Tiere, die sich von Fischen ernähren und natürlich nur zu gerne bei den Zuchtfarmen „bedienen" würden, werden im großen Stil abgeschlachtet.

Schon gewusst?

Nicht nur gegen ▸ Zuchtfische gibt es einige Vorbehalte, auch Wildfisch ist nicht frei von gesundheitsschädlichen Stoffen, so sind beispielsweise ▸ Thunfische wegen ihres hohen Quecksilbergehaltes in Verruf geraten. Dennoch sollte man nicht auf eine Fischmahlzeit in der Woche verzichten. Wenn man einige Punkte beachtet, kann man gesundheitliche Risiken nahezu ausschließen: kleine Fische bevorzugen; weder Haut noch dunkle Teile der Fische essen; keinen rohen Fisch verzehren; verschiedene Fischarten essen; auf hoher See gefangene Fische bevorzugen.

ZUCHTLACHS

Um die große Nachfrage befriedigen zu können werden besonders ▸ Lachse im großen Stil in Zuchtfarmen gehalten (▸ Zuchtfische), denn sie gelten wegen ihrer hohen Anteile an Omega-3-Fettsäuren und ihrem geringen Quecksilbergehalt als besonders gesund. Riesige Mengen an Fisch werden hier auf engstem Raum häufig in schwimmenden Netzgehegen gehalten, wovon jedes mit bis zu 15 000 Fischen besetzt sein kann. Es gibt Lachsfarmen mit einem Dutzend Netzgehegen. Etwa die Hälfte der ge-

samten verkauften Lachsmenge stammt aus solchen Farmen. Der Lachs ist damit zum „Mastschwein des Meeres“ geworden.
Wie bei anderen Zuchtbetrieben, so werden auch hier regelmäßig Antibiotika mit den Futtermitteln verteilt. Andere Schadstoffe sind im Fischmehl enthalten, mit dem die Lachse gefüttert werden. Das Fleisch der Lachse aus europäischen Farmen ist am stärksten mit krebserregenden Dioxinen oder Malachitgrün belastet, die Werte im Vergleich zum Wildlachs sind um ein Vielfaches höher. Einige Experten halten die Schadstoffkonzentration für bedenklich, andere für vernachlässigbar. Wer auf der sicheren Seite sein möchte, greift zu Wildlachs (z. B. Alaska-Wildlachs), der allerdings teurer ist. Auch Biolachs aus Zuchtfarmen ist nicht so gesund wie wilder Lachs. Zwar sind hier der Einsatz von Antibiotika und Pestiziden untersagt, aber die Lachse werden ebenfalls in Käfigen, wenn auch mit etwas mehr Platz als in konventionellen Zuchtfarmen, gehalten. Bio-Zuchtlachse werden mit Fischabfällen gefüttert. Ansonsten aber bringen sie für das Ökosystem dieselben Nachteile wie normale Farmen.

Schon gewusst?

Ohne den Farbstoff im Futter wäre der ▸ Zuchtlachs eine „graue Maus“, denn seine appetitliche rosa Färbung verdankt er dem Zusatz von Canthaxanthin, das auch in Futtermittel von Legehennen gemischt wird, damit die Eidotter eine schöne Färbung bekommen. Dieser Farbstoff, der in einer Höchstdosierung von 80 mg/kg zugesetzt werden darf, ist nun in den Verdacht geraten, beim Menschen Sehstörungen zu verursachen. Die EU erwägt deshalb, die zulässige Gesamtmenge auf 25 mg/kg Futter zu senken.

ZUCKER
Bezeichnung für ein wasserlösliches Kohlenhydrat, das meist aus Zuckerrüben oder Zuckerrohr mittels ▸ Raffination gewonnen wird und in verschiedenen Handelsformen erhältlich ist. Entsprechend dem Reinheitsgrad unterscheidet man zwischen ▸ Raffinade (weißem Zucker) und ▸ Farinzucker (gelbem bis braunem Zucker). Zucker enthält keine Ballaststoffe und wird zum Süßen von Gebäck, Getränken, Speisen etc. benutzt. Neben dem Kristallzucker gibt es zahlreiche andere Produktformen, wie ▸ Puderzucker, ▸ Würfelzucker, ▸ Kandiszucker, ▸ Zuckerhut und ▸ Rohrzucker. Darüber hinaus kennt man Zucker aus Pflanzen, z. B. Dattel-, Palm- oder Ahornzucker, die alle einen sehr eigenen, aromatisch malzigen Geschmack haben. Zucker ist reine Saccharose und wird vom Körper leicht resorbiert.
Zucker kennt man offensichtlich schon sehr lange, denn bereits 400 v. Chr. wurde in Indien Zuckerrohr angebaut, 300 v. Chr. wird erstmals die Gewinnung von Zucker aus Zuckerrohr erwähnt und 700 n. Chr. entdeckte man die Weißzuckerherstellung in Ägypten. Zunächst kam Zucker in Europa allerdings nur als Arznei in den Handel, erst Ende des 17. Jh. nutzte man ihn als Lebensmittel. Der Konsum hat in den Jahrhunderten seit Entdeckung des Zuckers ständig zugenommen, ein zu hoher Zuckerverbrauch hat jedoch viele negative Auswirkungen auf die Gesundheit (kann z. B. die Entwicklung von Karies, Diabetes etc. fördern).

VERWENDUNG

Zucker ist gut löslich, süßt Lebensmittel und wird deshalb in erster Linie in der Süßwaren- und Getränkeindustrie, bei der Herstellung von süßen Backwaren und Torten verwendet. Seine konservierenden Eigenschaften und die gelierende Wirkung spielen bei der Konfitüren-/Marmeladen- und Obstkonservenproduktion ebenso eine Rolle wie beim Kandieren von Früchten oder Blüten. Wird Zucker trocken, kühl und dunkel gelagert, ist er praktisch unbegrenzt haltbar.

ZUCKERAHORN
Eine Ahornart, die vor allem in den USA wächst und die zur Gewinnung von Ahornsirup und -zucker genutzt wird.

ZUCKERAPFEL ▸ Cherimoya

ZUCKERAUSTAUSCHSTOFFE
Allgemein versteht man darunter Stoffe, die anstelle von Zucker in ähnlicher Menge zum

Süßen benutzt werden können, so dass man sie z. B. auch zum Backen verwenden kann. Im Gegensatz zu den Süßstoffen sind sie Energielieferanten, kurbeln die Insulinproduktion aber nicht so an wie Zucker und sind deshalb für Diabetiker geeignet. Sie müssen von diesen jedoch in der Brennwertberechnung mit berücksichtigt werden. In der Diätetik spielen neben ▸ Fruktose zunehmend auch Zuckeralkohole eine Rolle, acht davon sind zugelassen: Isomalt, Laktit, Maltit, Mannit, Sorbit, Xylit. Da die Zuckeralkohole bei übermäßigem Verzehr abführend wirken, sollte man ihre Dosierung gering halten. Die Süßkraft von Zuckeraustauschstoffen ist etwa halb so stark wie die von Zucker.

ZUCKERBEEREN
in Nordamerika großflächig wachsende Wildheidelbeeren, vor allem für die Herstellung von Konserven, Konfitüren und Tiefkühlprodukten verwendet

ZUCKERBOHNEN
eine Sorte der ▸ Grünen Bohnen mit schrumpeliger Schale

ZUCKERCOULEUR
(Farbzucker)
Durch Erhitzen gewonnene, braune Zuckerlösung, die zum Färben, aber auch Aromatisieren von Suppen, dunklen Saucen, Süßspeisen, Lebensmitteln oder Erfrischungsgetränken (z. B. Cola) und Spirituosen (Whisky, Alkopops) dient (frz. „couleur" = „Farbe").

ZUCKERERBSEN
(Kaiserschoten, Zuckerschoten)
besonders beliebte Erbsenart (▸ Erbsen)

ZUCKERFAKTOR ▸ Glykämischer Index

ZUCKERGUSS/-GLASUR
Überzug für Kuchen oder Kleingebäck und Plätzchen, der aus Puderzucker und Flüssigkeit (Wasser, Zitronen- oder Orangensaft, Likör) besteht und mit einer Palette oder einem Pinsel aufgestrichen wird. Zuckerguss dient einerseits zur Verzierung, soll dem Gebäck darüber hinaus aber auch Geschmack verleihen und hält Kuchen saftig und frisch. Neben den kalt angerührten einfachen Glasuren gibt es noch einen Überzug aus eingekochter Zuckerlösung, den so genannten ▸ Fondant und Glasuren aus Eiweiß und Zucker.

ZUCKERHIRSE
bestimmte Hirsevarietäten zur Gewinnung von Zucker oder Zuckersirup aus dem Stengelmark

ZUCKERHUT
1. In die Form eines Kegels gepresster Zucker, der für die Zubereitung von ▸ Feuerzangenbowle benötigt wird. Der Zucker wird dafür feucht in Formen gepresst.
2. Salatpflanze (▸ Salate), die mit Chicorée und Radicchio verwandt ist (auch: Fleischkraut, Herbst-, Winterzichorie). Wie diese hat das Fleischkraut einen bitteren Geschmack, dafür sind Bitterstoffe, so genannte Saponine, verantwortlich, welche die Darmtätigkeit anregen. Fleischkraut kann als Rohkost, aber auch gedünstet gegessen werden.

ZUCKERKUCHEN
Ein beliebter Hefeblechkuchen, der mit einer Mischung aus Sahne, Mandelblättchen, Zucker und Zimt bestrichen und dann gebacken wird.

ZUCKERLINSEN
kleine, knapp 4 mm große und besonders aromatische ▸ Linsen

ZUCKERMAIS
(Gemüsemais)
Eine Varietät vom ▸ Mais, die durch Züchtung aus dem Feldmais entstanden und bei der die Umwandlung von Zucker in Stärke gestoppt ist und weiter Zucker gebildet wird. Die extrasüßen Sorten erfreuen sich großer Nachfrage. Allerdings muss dieser Mais bald verzehrt werden, denn der in den Körnern enthaltene Zucker baut sich rasch ab. So kann es sein, dass innerhalb von 24 Stunden beinahe 50 % des Zuckers verloren gehen. Diesen Prozess kann man stoppen, indem man die Maiskolben nach der Ernte sofort von den Hüllblättern befreit und auf 0 °C herunterkühlt, dann hält er sich, je nach Sorte, 4–10 Tage. Ob die Maiskolben noch genussfähig sind, erkennt man daran, dass sie sich im Milchreifestadium befinden,

d. h. dass aus den Maiskörnern eine milchige Flüssigkeit austritt, wenn man darauf drückt.
VERWENDUNG: *Die Körner des extra süßen Maises werden oft zu Konserven verarbeitet oder tiefgekühlt angeboten, sie schmecken als Gemüse oder in Salaten. Kleine Maiskölbchen dieser Varietät kennt man allein als Sauerkonserve oder in Mixed Pickles.*

ZUCKERMELONEN
eine der beiden Hauptgruppen der ▸ Melonen

ZUCKERPALME, ECHTE
Eine in Südostasien beheimatete Palmenart, aus deren Saft man u. a. Palmsirup, ▸ Palmzucker, Palmessig und ▸ Palmwein herstellt. Dafür werden die Blütenstände angeschnitten, der austretende Saft – immerhin etwa 1800 l pro Palme – wird aufgefangen und weiterverarbeitet. Bis zu 150 kg Zucker kann man pro Palme produzieren. In ihrer Heimat werden auch andere Pflanzenteile zu Lebensmitteln wie ▸ Sago verarbeitet, die aber bei uns keine Rolle spielen. Als Nahrungsmittel (▸ Palmherzen) dienen die Endknospen der Zuckerpalmen.

ZUCKERREIF
Eine häufige, eigentlich aber unschöne Erscheinung: Der grau-weiße Belag auf Schokolade, bei dem es sich um Zuckerkristalle handelt und der bei starken Temperaturschwankungen oder einer Luftfeuchtigkeit von mehr als 70 % entsteht.

ZUCKERROHR

Diese Sumpfgraspflanze kann bis zu 7 m hoch werden und ist einer der wichtigsten Lieferanten von ▸ Zucker, immerhin 63 % der gesamten Zuckerproduktion verdanken wir ihr. Das Zuckerrohr gedeiht nur in tropischen und subtropischen Breiten. Die Stängel haben einen Rohrzuckergehalt von bis zu 20 %. Der Zucker wird durch Pressen der Pflanzen gewonnen, wobei der austretende Saft gereinigt und dann eingedampft wird, bis er kristallisiert. Dieser Saft sieht ähnlich aus wie Milch und erinnert im Geschmack an verdünnten Traubenmost. Das ausgepresste Zuckerrohr dient als Tierfutter. Bei der Zuckerherstellung fällt ▸ Melasse an, aus der u. a. Rum erzeugt wird.

SCHON GEWUSST?

Verblüffend ist die zahnpflegende Eigenschaft von Zuckerrohr. Die Landarbeiter, die Zuckerrohr kauen, habe meist gute Zähne, was vermutlich auf den „Zahnbürsteneffekt" der Pflanzenfasern zurückzuführen ist.

ZUCKERRÜBEN
Erst zu Beginn des 19. Jh. wurde aus der Runkelrübe die Zuckerrübe gezüchtet. Es gelang, deren Zuckeranteil von ursprünglich 10 % auf bis zu 22 % zu steigern. Weil die Zuckerrübe auch in gemäßigten Klimazonen gedeiht, ist sie eine wichtige Ergänzung für die weltweite Zuckerproduktion. Anders als bei Zuckerrohr kann der Zucker bei der Rübe nicht durch Pressung gewonnen werden. Die Rüben müssen dafür gewaschen und geschnitzelt werden. Dann wird aus den gewonnen Rübenschnitzeln in einem Diffusionsverfahren mit Hilfe von Wasser der Zucker extrahiert. Aus der bei der Zuckerherstellung anfallenden ▸ Melasse wird Alkohol gebrannt oder sie wird in der Futtermittelindustrie verwendet, die ausgelaugten Rübenschnitzel dienen als Tierfutter.

ZUCKERRÜBENSIRUP
(Rübenkraut, -saft, -sirup)
Dieser dunkle, süße Sirup aus eingekochten Rübenschnitzeln wird gerne zum Süßen von Speisen oder Färben von Gebäck verwendet, schmeckt aber auch als Brotaufstrich, vor allem auf Quark. Zuckerrübensirup besteht zu mindestens 60 % aus Zucker.

ZUCKERSCHOTEN

▸ Zuckererbsen (▸ Erbsen)

ZUCKERSIRUP

1. Synonym für ▸ Läuterzucker
2. teils auch Bezeichnung für den natürlichen Zuckerrohrsaft bzw. ▸ Melasse

ZUCKERSTREUSEL

bunte Streusel aus Fondant zum Verzieren von Gebäck und Kuchen (Fertigprodukt)

ZUCKERTANG

Essbare Meeresalge (Braunalge), die vor allem in Nordatlantik vorkommt und leicht süßlich schmeckt.

ZUCKERTEIG

Ein mürber Teig, der wie Mürbteig zubereitet und verarbeitet wird und wie dieser als Boden für Obstkuchen etc. dient. Beim Zuckerteig ist der Anteil an Zucker höher als beim Mürbteig, was ihn härter macht. Dieser Teig kann bei Kuchen mit saftreichen und/oder zuckerarmen Früchten empfehlenswert sein.

ZUCKERWAREN

Von Kindern heiß begehrt und von der Industrie in den fantasievollsten Formen und Zusammensetzungen angeboten: Zuckerwaren sind zu den ▸ Süßwaren zählende Erzeugnisse aus Zucker allein oder Zucker gemischt mit anderen Stoffen (Fett, Eiern, Fruchtzubereitungen, Stärkesirup, Honig, Malzextrakt etc.). Zuckerstangen gehören ebenso dazu wie Bonbons, gebrannte Mandeln, Krokant, Marzipan, Nussmassen etc. Allen Zuckerwaren ist gemeinsam, dass sie einen hohen Anteil leerer Kohlenhydrate bei einem geringen Gehalt an Ballast- oder anderen wertvollen Inhaltsstoffen haben.

ZUCKERWATTE

Beliebte Jahrmarktssüßigkeit in Form klebriger Zuckergespinste, die um einen Holzstiel gesponnen werden (gesponnener Zucker) und weiß oder in zarten Farben angeboten werden.

ZUCKERWURZ

Diese in Europa weit verbreitete, winterharte Staude hat dicke, ▸ Pastinaken oder ▸ Mohrrüben ähnliche Wurzeln mit einem Saccharosegehalt von bis zu 11 %, weshalb sie süßlich schmecken. Ihre Hochzeit hatte sie im 16. und 17. Jh., dann fand man die Zuckerwurz lange Zeit nur noch in botanischen Gärten, jetzt erlebt sie eine Renaissance. Die Pflanze ist mehrjährig und kann im Garten leicht gezogen werden. Ihr Stärkegehalt ist im Herbst am höchsten, sehr gut schmecken aber auch die frischen Sprossen, die sich im Frühjahr bilden. **VERWENDUNG:** *Zuckerwurz wird wie Möhren gewaschen und gründlich abgebürstet. Sie kann gekocht und dann geschält als Gemüse zubereitet oder als Salat gegessen werden.*

ZUGER KIRSCHTORTE

Ein Klassiker ist diese üppige Torte aus der Schweizer Stadt Zug. Im Jahr 1921 wurde sie vom Konditormeister Heinrich Höhn erfunden und noch heute wird sie in der Konditorei Treichler, deren Besitzer der Nachfolger von Höhn ist, hergestellt und in alle Welt versandt. Da der Name aber nicht geschützt ist, wird die Zuger Kirschtorte auch von anderen Konditoreien angeboten. Auch wenn es zahlreiche Rezeptvarianten gibt, handelt es sich in der Hauptsache um eine Torte aus Nussbaiser und Biskuitböden, die mit Kirschwasser getränkt und mit Buttercreme gefüllt werden. Der Rand wird mit gerösteten Mandelblättchen verziert und die Torte mit Puderzucker bestäubt.

ZULUNÜSSE ▸ Erdmandeln

ZU MAN PO

bekanntes chinesisches Gericht aus gebratenen Rindfleischstreifen, Lauch, Pilzen, Sojabohnensprossen und Sojasauce

ZUNGE

Die einen ekeln sich davor, die anderen halten die Zunge für eines der feinsten Teile von Schlachttieren, vor allem von Rind oder Kalb erfreut sie sich großer Beliebtheit. Das zu den Innereien zählende Verdauungsorgan wird frisch, gepökelt oder geräuchert angeboten oder zu Wurstwaren und Pasteten verarbeitet. **VERWENDUNG:** *Zunge kann man im Ganzen als Braten zubereiten, sie eignet sich aber auch für Ragouts oder in Scheiben geschnitten, paniert und* *gebraten oder frittiert, ähnlich wie Tafelspitz mit Suppengemüse angerichtet, dazu Kartoffel- oder Selleriepüree. Sie schmeckt kalt aufgeschnitten auf Brot oder in Aspik und ist beliebte Zutat bei der Wurstherstellung (vor allem Schweinezunge).*

ZUNGEN

Diese ▸ Fische gehören zur Ordnung der Plattfische. Sie leben auf dem Grund von Meeren, kommen aber auch im Süßwasser vor und ernähren sich von kleinen Krebstieren oder Wirbellosen. Zu den bekanntesten Zungen, die als Speisefische für die menschliche Ernährung Bedeutung haben, gehören die ▸ Seezunge und die ▸ Rotzunge. Beide werden wegen ihres feinen Fleisches besonders geschätzt und eignen sich für viele Zubereitungsarten.

ZUNGENBUTT

(Aalbutt, Hundszunge)

Zur Familie der Schollen gehörende ▸ Plattfische mit länglich-ovalem Körper und Fleisch von mittlerer Qualität, das sich gut zum Braten und Grillen eignet. Der Zungenbutt lebt in Schwärmen im Nordatlantik in einer Tiefe von 40–100 m, er wird etwa 55 cm lang und bis 2,5 kg schwer. Er ist auf der Augenseite grau bis braun gefärbt, die Blindseite ist weiß. Der pazifische Zungenbutt lebt vor den Küsten Kaliforniens, er ist auf der Augenseite hellbraun.

ZUNGENPASTETE

Ein in einer Kastenform hergestelltes Fleischfeinkosterzeugnis aus Rind- und Schweinefleisch, Zunge, Salz, Gewürzen, das mit einem Speckrand umgeben ist und Zungenstückchen enthält. Zungenpastete wird ähnlich hergestellt wie ▸ Brühwürste.

ZUNGENRAGOUT

Gewürfelte, gekochte Rinder- oder Kalbszunge wird in einer dunklen Sauce auf der Basis einer Mehlschwitze geschmort, mit Rotwein und nach Belieben mit Pilzen verfeinert und mit Semmelknödeln oder Kartoffelpüree serviert.

ZUPPA INGLESE

Wer Zuppa Inglese bestellt und eine Suppe erwartet, wird enttäuscht – oder angenehm überrascht, denn dabei handelt es sich um eine raffinierte Dessertkreation aus mit Likör getränktem Biskuit, kandierten und in Alkohol marinierten Früchten und Konditorcreme. Obendrauf kommt als i-Tüpfelchen Sahne oder süßer Eischnee, der kurz übergrillt wird.

ZUPPA PAVESE

Suppeneinlage aus einer Scheibe Brot, frisch aufgeschlagenem Ei und geriebenem Parmesan, mit kochender Fleischbrühe übergossen

ZÜR(I)CHER GESCHNETZELTES

Es gibt mehrere Schweizer Traditionsgerichte, die eng mit dem Namen von Zürich verbunden sind, auch außerhalb der Schweiz am bekanntesten dürfte aber das Zürcher Geschnetzelte sein. In der klassischen Variante, die oft abgewandelt wird, besteht es aus in feine Streifen oder Scheibchen geschnittenem Kalbfleisch, das in Butter angebraten und dann in einer hellen, gebundenen Sauce aus gedünsteten Schalotten, Weißwein und Sahne angerichtet und mit Petersilie bestreut serviert wird. Dazu gehören unbedingt knusprig gebratene ▸ Rösti, am besten aus rohen Kartoffeln.

ZÜR(I)CHER RATSHERRENTOPF

Für dieses feine Gericht gibt es zahlreiche Rezepte. Es war im Ursprung ein Essen der reichen Ratsherren und enthielt nur feinste Zutaten: Kalbs-/Rinderfilet, Scheiben von Kalbsleber und -nieren, Kalbshirn oder Kalbsmilken, die in Butter angebraten und mit dem gelösten Bratenfond übergossen werden. Dazu reicht man Kartoffeln, Möhren- und Erbsengemüse.

ZU ZA YOK
chinesische Spezialität aus in Sojasauce, Reisessig, Palmzucker und Pfeilwurzelmehl geschmortem Schweinefleisch (Spanferkel), auf einem Bett von gebratenen Zwiebel- und Chinakohlstreifen, mit gerösteten Sesamsamen bestreut und mit Reis serviert

ZWEIERLEI
gemischtes ▸ Hackfleisch aus Rind- und Schweinefleisch

ZWEIGELT
Eine urtypische österreichische Rotweinrebe (▸ Wein), die im Jahre 1922 aus zwei anderen dort heimischen Rebsorten – nämlich ▸ Sankt Laurent und ▸ Blaufränkisch – gekreuzt wurde und sehr dunkle, beerenfruchtige und oft auch tanninreiche Weine hervorbringt. Mit gut 4300 ha Produktionsfläche ist der Zweigelt (benannt nach seinem Züchter Dr. Fritz Zweigelt) die meistangebaute rote Rebsorte in Österreich (und fast nur dort).

> **Schon gewusst?**
>
> Aufgrund der großen Bedeutung des ▸ Zweigelt für den österreichischen Weinbau wiegt die Tatsache noch schwerer, dass sie zunehmend von einer Krankheit befallen ist: der Traubenwelke. Diese kann zwar auch bei anderen Rebsorten auftreten, doch scheint der Zweigelt dafür besonders „empfänglich“, so dass man in Österreich auch von der Zweigelt-Krankheit spricht.

ZWEIKORN ▸ Emmer

ZWERCHRIPPE
Rippenstück (Querrippe) vom Rind, das ausgelöst und mit Knochen angeboten wird. Das mäßig mit Fett durchwachsene Fleisch eignet sich sehr gut für Gulasch oder für die Zubereitung von Fonds oder Brühen.

ZWERGBROMBEEREN ▸ Multbeeren

ZWERGORANGEN, -POMERANZEN
▸ Kumquats

ZWERGZITRONEN ▸ Limequats

ZWETSCHGEN

Die Zwetschgen sind eine Unterart der ▸ Pflaumen und gehören wie diese zur botanischen Familie der Rosengewächse. Man vermutet, dass sie aus einer Kreuzung von Schlehe und Wildkirsche entstanden sind. Die länglichen Steinfrüchte sind je nach Sorte blau, schwarzblau oder violett, haben ein grünlich-gelbes festes, aromatisches Fruchtfleisch und einen länglichen Stein, der sich bei reifen Früchten leicht lösen lässt. Zwetschgen haben einen hohen Gehalt an Zucker, Kalium, Provitamin A und Vitamine der B-Gruppe. Der hohe Sorbitanteil kurbelt die Darmtätigkeit an, eine Eigenschaft, die auch gedörrte Früchte noch haben.
VERWENDUNG: *Es gibt wenig Früchte, die so vielfältig in der Küche verwendet werden wie Zwetschgen. Sie schmecken frisch bestens auf Kuchen (▸ Zwetschgendatschi) und in Torten, aus ihnen lassen sich traumhafte Süßspeisen zaubern (▸ Zwetschgenknödel), sie ergeben schmackhafte Schnäpse, schmecken als Kompott oder Konfitüre und Mus oder getrocknet in Rum, Portwein bzw. Armagnac und Schokolade getaucht.*

> **Schon gewusst?**
>
> Der weiße Belag auf ▸ Zwetschgen, Pflaumen und Mirabellen ist eine Art Wachs, das die Haut der Früchte ausscheidet und das einen wirksamen Schutz vor dem Austrocknen darstellt. Aus diesem Grund sollte dieser „Reif“ auch erst kurz vor dem Verzehr abgewaschen werden.

ZWETSCHGENDATSCHI
Süddeutsche Spezialität: Süßer, dünn ausgerollter Hefeteig, der mit einem Belag aus Zwetschgen und je nach Rezept Mandelblättchen oder -splittern, Streusel oder nur Zimtzucker und Butterflöckchen gebacken wird.

ZWETSCHGENKNÖDEL
Dafür werden die Zwetschgen gewaschen und entsteint. An die Stelle des Steins gibt man

1 Stück Würfelzucker. Dann bereitet man einen Knödelteig aus zerkleinerten Kartoffeln, Eiern und Salz. Mit feuchten Händen formt man den Teig zu Klößen, indem man immer eine Zwetschge damit umschließt. Die Zwetschgenknödel werden im siedenden Salzwasser gegart, mit in Butter gebräunten Semmelbröseln begossen und mit Zimtzucker bestreut.

ZWETSCHGENKUCHEN

Im Gegensatz zum Zwetschgendatschi erhält der Zwetschgenkuchen einen Mürbteigboden, den man dicht mit entsteinten Zwetschgen belegt und mit Streuseln, Mandelblättchen oder Zimtzucker bestreut. Daneben gibt es auch Rezepte, bei denen die Zwetschgen auf einen Rührteig gesetzt werden. Man kann auch einen Biskuitboden mit gedünsteten Zwetschgen belegen und mit einem Tortenguss überziehen.

ZWETSCHGENMUS

Dafür mischt man Zwetschgen mit Zucker im Verhältnis 5:1, lässt sie über Nacht ziehen und kocht sie am nächsten Tag eventuell unter Zusatz von Zimtstange und Gewürznelken bei schwacher Hitze etwa 3 Stunden, bis die Früchte zerfallen sind. Zimtstange und Gewürznelken wieder entfernen, dann eignet sich das Mus zum Füllen von Dampfnudeln, Hefe- oder Blätterteiggebäck etc. Steril in Gläser gefüllt, kühl und dunkel gelagert hält es sich 1 Jahr.

ZWETSCHGENRÖSTER

(Pflaumenröster)
Österreichische Spezialität: Unter Zusatz von Zucker und abgeriebener unbehandelter Zitronenschale sowie anderen Gewürzen nach Geschmack gedünstete Zwetschgen als Beilage zu Pfannkuchen, ▸ Kaiserschmarrn etc.

ZWETSCHGENTASCHEN

▸ Powidl-Tatschkerl

ZWETSCHGENWASSER

Obstbranntwein aus vergorenen Zwetschgen ohne Zusatz von Alkohol und Zucker (Alkoholgehalt ca. 40 Vol.-%), der eine Spezialität in Süddeutschland, im Elsass und in den Balkanstaaten, vor allem in Serbien und Kroatien (▸ Slibowitz), ist.

ZWIEBACK

Ein trockenes Hefegebäck, das – wie sein Name schon sagt – zweimal gebacken wird. Zunächst kommt der Hefeteig in Kastenformen und wird zum ersten Mal gebacken (Einback). Der Einback wird in etwa 1 cm dicke Scheiben geschnitten und dann in einem zweiten Backgang geröstet, bis sein Feuchtigkeitsgehalt bei höchstens 7 % liegt. Zwieback gibt es angeröstet (geflämmt) oder durchgeröstet. Angerösteter Zwieback hat eine angenehm weiche Konsistenz und ist im Innern noch weiß. Durchgerösteter Zwieback ist auch im Innern gelb, hart und stark krümelig.
Zwieback gibt es in folgenden Sorten: Einfachzwieback (aus hellem Weizenmehl, Trinkvollmilch oder Magermilchpulver, Butter oder Margarine, evtl. Ei oder Soja), Kinderzwieback (aus den selben Zutaten wie Einfachzwieback, darf aber nur Butter und Trinkvollmilch enthalten), Milchzwieback (muss pro 100 kg Mehl mindestens 20 l Trinkvollmilch enthalten und Margarine), Nährzwieback (enthält pro kg Mehl 100 g Frischei und 0,1 % Butter), Sultaninenzwieback (besitzt 10 % Eitrockenmasse und 20 % Rosinen) und Biskuitzwieback (hat einen hohen Zucker- und Eianteil, aber nur wenig oder gar kein Fett). Neben dem Dauerzwieback, der mindestens 6 Monate haltbar ist, gibt es auch Sorten, die nur kurze Zeit haltbar sind.

ZWIEBACKMEHL

1. Aus zerkleinertem Zwieback bestehendes Mehl, das für die Kinderernährung von Bedeutung ist, Paniermehl zugemischt wird oder zu einem geringen Anteil der Herstellung von Zwieback wieder zugeführt werden darf.
2. Ein Weizenmehl, das für die Herstellung von Zwieback bestimmt ist.

ZWIEBELAROMA

Ihr typisches Aroma verdanken ▸ Zwiebeln ihrem Gehalt an schwefelhaltigen ätherischen Ölen wie dem Enzym Alliinase und der Aminosäure Isoalliin, die sich unter Einfluss von Sauerstoff zu Propanthial-S-Oxid entwickeln, welches uns beim Schälen und Schneiden der Knollen die Tränen in die Augen treibt.

ZWIEBELBROT

sehr aromatisches Brot (Weizen-, Roggen- oder Mischbrot) mit gebräunten Zwiebeln

ZWIEBELCREME

wie Senf in Tuben erhältliche Creme zum Würzen von Speisen

ZWIEBELGEMÜSE

Handelsüblicher Sammelbegriff für eine wichtige Gruppe beim ▸ Gemüse; zu den Zwiebelgemüsen zählen neben den Speisezwiebeln (▸ Zwiebeln) u. a. auch Bärlauch, Knoblauch, Porree und Schnittlauch.

ZWIEBELKUCHEN

Dieser aromatische Kuchen hat im Herbst Hochsaison, wenn der junge Wein in den Handel kommt, denn beide schmecken zusammen einfach himmlisch. Doch Vorsicht – zu viel davon ergibt eine explosive Mischung. Traditionell wird Zwiebelkuchen mit einem dünnen Hefeteigboden auf dem Blech hergestellt, es gibt aber auch Rezepte mit Mürb- oder Blätterteig. Auf den Teigboden kommt eine Mischung aus gedünsteten Zwiebeln, nach Belieben Speckwürfeln, Kümmel, Sahne und Ei.

ZWIEBELN

(Bollen, Zipollen)

Wenn wir sie schälen, bringt sie uns zum Weinen, dennoch ist sie eine aus der Küche nicht wegzudenkende Würz- und Gemüsepflanze: die Speisezwiebel. Sie stammt ursprünglich vermutlich aus Westasien, wo sie von den Völkern bereits vor 5000 Jahren genutzt wurde. Damit ist sie eine unserer ältesten Kulturpflanzen. Die Könige Ludwig XIV. und Ludwig XV. machten sie hoffähig und heute haben wir eine weltweite Zwiebelproduktionsfläche von geschätzten 1,7 Mio Hektar. Nach Tomaten ist die Zwiebel das am meisten verzehrte Gemüse in Deutschland.

Die Zwiebeln gehören zur Familie der Zwiebelgewächse, von denen es viele verschiedene Sorten gibt. Botanisch gesehen sind sie verkürzte Sprosse. Ihre Form variiert von rund bis länglich und oval und sie erreichen einen Durchmesser von bis zu 10 cm (bestimmte Sorten auch mehr). Die Knollen sind von weißen, gelblichen oder roten trockenen Häuten umgeben. Zwiebeln haben einen hohen Zuckergehalt, je mehr sie davon besitzen, desto besser lassen sie sich lagern. Darüber hinaus finden sich in Zwiebeln Kalzium, Vitamine der B-Gruppe und einige Mineralstoffe. Hervorzuheben ist aber vor allem ihr Gehalt an ätherischen Ölen, dem Allicin, das u. a. für den würzigen Geschmack und Geruch von Zwiebeln verantwortlich ist und uns die Tränen in die Augen treibt, wenn wir Zwiebeln schneiden. Schon seit jeher genießt die Zwiebel in der Volksmedizin hohes Ansehen als Hausmittel (z. B. mit Honig bei Husten oder bei Ohrenschmerzen). Man sagt ihr auch verdauungsfördernde, harntreibende, blutzuckersenkende und herzstärkende Wirkung nach.

Man unterschiedet verschiedene Zwiebeltypen, die wichtigsten sind: ▸ Frühlingszwiebeln, ▸ Gemüsezwiebeln, ▸ Lauchzwiebeln, ▸ Rote Zwiebeln, ▸ Schalotten, ▸ Perlzwiebeln ▸ Luftzwiebeln (Ägyptische Zwiebeln).

VERWENDUNG: *In der Küche vieler Länder spielt die Speisezwiebel eine große Rolle. Sie kommt roh in Salate, wird gebraten mit Bratkartoffeln gemischt, gehört gebräunt dick auf Käsespätzle und Zwiebelrostbraten, gibt einen aromatischen Zwiebelkuchen, ergänzt Fleisch- (Stifado) und Fischge-*

richte etc. Sie gibt mit anderem Röstgemüse Suppen und Saucen einen feinen Geschmack, mundet pikant gefüllt und überbacken – ihre Einsatzmöglichkeiten scheinen schier unbegrenzt.

ZWIEBELPÜREE
in Butter gedünstete, fein geschnittene Zwiebelringe, mit Béchamelsauce vermischt, mit Salz und Zucker gewürzt, dann durch ein Sieb gedrückt, als Beilage zu Fleisch-, Fisch, Geflügel- oder Eiergerichten

ZWIEBELROSTBRATEN
Damit ist kein Braten im eigentlichen Sinne gemeint, sondern eine etwa fingerdicke, gut marmorierte Scheibe aus dem Lendenbraten (▸ Roastbeef) des Rindes, die kurz angebraten und mit reichlich gebräunten Zwiebeln bedeckt serviert wird. Dazu gibt es meist Bratkartoffeln. Es gibt regional unterschiedliche Rezepte. In manchen Gegenden wird Zwiebelrostbraten mit einer dunklen Sauce gereicht.

ZWIEBELSAUCE
Beliebte Sauce zu gedünstetem hellem Fleisch: Zwiebeln hacken und in Butter hell dünsten, mit Mehl bestäuben, mit Wein und Fleischbrühe ablöschen, mit Zucker und Salz würzen.

ZWIEBELSTRUDEL
Eine österreichische Spezialität, die alleine oder als Beilage zu Fleischgerichten herrlich schmeckt: Strudelteig mit hell gedünsteten Zwiebeln bedecken, aufrollen und in Salzwasser gar ziehen lassen. Dann in Stücke schneiden und mit gebräunter Butter und eventuell gerösteten Semmelbröseln abschmelzen.

ZWIEBELSUPPE
1. arabische ▸ Cherbah
2. Pariser Art ((Soupe à l'oignon): Für diese berühmte Spezialität werden gedünstete, leicht gebräunte Zwiebeln mit Fleischbrühe aufgekocht und mit gerösteten Weißbrotscheiben in Suppentassen serviert.
3. rheinische: Gedünstete, mit Fleischbrühe aufgegossene Zwiebel- und Möhrenscheiben, die püriert und mit in Scheiben geschnittenen Bratwürstchen angerichtet werden.
4. Straßburger Art: Wie Pariser Zwiebelsuppe, allerdings wird die Suppe in feuerfeste Tassen gefüllt, mit gerösteten Weißbrotscheiben bedeckt, mit geriebenem Gruyère (oder einem anderen aromatischen Käse) bestreut, mit Butterflöckchen belegt und im Ofen überbacken.

ZWIEBELWÄHE
Ähnlich wie Zwiebelkuchen, jedoch in der typischen runden Wähenform zubereitete Speise. Der Boden kann aus Hefe- oder Mürbteig bestehen, am besten schmeckt die Zwiebelwähe aber mit einer Pâte brisé, einem Mürbteig, der anstelle von Ei 3–5 EL kaltes Wasser enthält und sich für pikante Zubereitungen eignet.

ZWISCHENGERICHTE
In der klassischen Speisefolge alle kleineren Gerichte, die zwischen den Hauptgängen bzw. direkt davor oder dahinter serviert wurden, wie z. B. ▸ Entrées und ▸ Entremets.

ZWISCHENMAHLZEIT
Kleine Mahlzeit zwischen den Hauptmahlzeiten, für die es je nach Region unterschiedliche Bezeichnungen (Brotzeit, Jause, Vesper) und Zusammenstellungen gibt. In der Diätetik wird über Sinn oder Unsinn solcher Zwischenmahlzeiten gestritten. Die einen halten sie für absolut notwendig (5 am Tag), die anderen meinen, dass mindestens 5 Stunden zwischen den Mahlzeiten liegen sollten. Sicher ist, dass Diabetiker Zwischenmahlzeiten wie Jogurt, Obst oder Gemüse zu sich nehmen sollten, damit der Blutzuckerspiegel nicht zu sehr schwankt.

ZWISCHENRIPPENSTÜCK ▸ Entrecôte

BILDNACHWEIS

Kosmos: S. 36 o., 47 o.r., 48 o.l., 60 r., 79 l., 94 r., 109 o., 110 u.l., 123 r., 135 u.l., 152 r., 198, 222, 226, 245 l., 267, 289 u.r., 296, 355, 374, 534, 536
Jan Brettschneider/Kosmos: S. 98 l., 533 r.,
Sepp Eder/Kosmos: S. 349 l., 477 o.r., 519 r., 647 l., 668
Ulrike Kirmse/Kosmos: S. 125, 159, 185, 214, 222 l., 378, 579 o.r.,
Michael Ruder/Kosmos: S. 21, 140 l., 247, 373 o.r., 376, 423 u.r., 449 o.r., 574 u.l., 581, 619
Fabian Silberzahn/Kosmos: S. 53, 89, 103 r., 112, 114 l., 121 u.r., 155 l., 167 r., 172 l., 192 u.l., 209 r., 256 u.r., 353 u.l., 360, 408 u.l., 409, 411, 414 l., 448, 510, 547 o.r., 579 u.l., 589, 593, 596 r., 614, 616
Thomas R.P. Sixt/Kosmos: S. 7, 32, 52, 101, 132, 163, 182, 191 l., 195, 238 u.r., 317, 344 r., 352 u.l., 363, 364, 404, 441, 466 o.l., 468, 469, 486, 527, 528, 548, 569, 570 o.l., 573, 580, 611, 639, 665 r., 669

aboutpixel.de
Astraios: S. 282 r.; Bebe: S. 80; Alexander Braun: S. 43; Kim Czuma: S. 33 u.l.; Uta Dohlenburg: S. 74; Marion Habel: S. 57; Kellermeister: S. 294; Macka: S. 19; Rosi Merlin: S. 56 u.l.; Snygo: S. 41 o.l.; Soundboy: S. 279; Rainer Sturm: S. 77; Tirrik: S. 307 u.l.

PIXELIO
© BrandtMarke: S. 155 r., 221 r.; © creature: S. 36 u.; © ex-hellbilly: S. 263 r.; © Michael Fingel: S. 210 u.r.; © H. Groh: S. 84; © Claudia Hautumm: S. 123 o.l.; © Johannes Höntsch: S. 147; © Sandy Kaliwoda: S. 210 o.l.; © P. Kirchhoff: S. 51; © manwalk: S. 105; © Paul Georg Meister: S. 60 r.; © Stanis: S. 250 u.l.

Shutterstock
S. 6, 8, 9, 10, 12, 14, 15, 16, 17, 18, 20, 22, 23, 24, 25, 29, 31, 33 o.r., 34, 35, 37, 38 u.l., 39, 40 u.l., 41 u.l., 42, 44 o.l., 45, 47 u.l., 48 o.r., 48 u.r., 49, 50 u.l., 56 o.l., 58, 59, 61, 62, 63, 65, 66, 69, 70, 72 o.l., 72 u.l., 73, 75, 76, 78, 79 r., 81, 82, 83, 86, 87, 88, 90, 92, 93, 96, 97, 98 o.l., 99, 100, 103, 104 r., 107, 110 o.r., 111 l., 115 u.r., 116, 117, 119, 121 o.l., 121 u.l., 122 l., 123 u.l., 124 o.r., 127, 128 r., 129, 131, 133, 134, 135 u.r., 137, 138, 139, 142, 143, 144, 145, 146, 148, 149, 150, 151, 152 l., 156, 157, 158, 160, 162, 164, 166, 167 l., 168, 169 r., 170, 174, 176, 177, 178, 180, 181, 184, 186, 187, 188, 189, 190, 191 r., 192 o.l., 193, 194, 196, 197, 199 u.r., 200, 201, 203, 205, 206 r., 207, 208 u.r., 211, 212 r., 213, 216 r., 218 u.l., 219, 221 u.l., 224, 225, 227, 228, 229, 230, 231, 232 u.l., 233, 234, 235, 236, 237, 238 o.r., 239 l., 240, 241, 242, 244, 245 r., 246 r., 248, 249, 250 o.r., 251, 252 r., 253, 254, 255, 256 l., 257, 258, 259, 260, 261, 262, 263 l., 265, 266, 269 l., 270, 271, 273 l., 274, 275, 276, 278, 280, 283, 284, 286, 287, 290, 291, 292 r., 293, 295, 298, 299, 300, 301, 302 r., 303, 305, 306, 307 r., 308, 310, 311, 312, 313, 314, 315, 316, 318, 320, 322, 323, 324 r., 325, 326, 328, 329, 330, 331, 334, 335, 336, 338, 339, 340, 341 l., 342, 343, 344 l., 345, 346, 347, 348 l., 350, 352 r., 353 r., 354, 359, 361, 362, 365, 366, 368, 370, 371, 372, 373 u.r., 375 l., 377, 379, 380, 381, 382, 384, 386, 387, 388, 389, 390, 391, 392, 393, 394, 395, 396, 397, 398, 399, 400, 401 r., 402, 403, 406, 407, 408 o.r., 410, 412, 413, 414 o.r., 415, 416, 417, 418, 419, 420, 421, 422, 423 l., 424, 425, 426, 427, 428, 429, 430, 431, 432, 433, 434, 435, 436, 437, 438, 439, 440, 443, 444, 445, 446, 447, 449 u.r., 450, 451, 452, 453 l., 454, 455, 456, 457, 458, 459, 460, 461, 462, 464, 465, 466 r., 470, 471, 472, 473, 474, 475, 476, 477 u.r., 478 r., 479, 480, 482, 483, 485, 487, 488, 490 r., 491, 492, 493, 494, 496 u.r., 497, 498, 499, 500, 501, 502, 503, 504, 507, 508, 509, 512, 513, 514, 515, 516, 517, 518, 519 l., 520, 521, 522, 523, 525, 526, 529, 530, 531, 533 l., 535, 537, 539, 540, 541, 543, 544, 545, 546, 547 u.r., 549, 550, 551, 552, 553, 554, 555, 556, 558, 559, 560, 561 o.r., 562, 564, 566 l., 568, 571, 572, 574 r., 575, 576 u.l., 576 r., 577 o.l., 578, 579 u.r., 582, 583, 584 u.l., 585, 587, 588, 590, 591, 592, 594 l., 595, 596 l., 597, 598, 600, 602, 603, 604, 605, 606, 609 o.l., 612, 613, 617, 618, 620, 621, 622, 623, 624, 625, 626, 627, 629, 631, 632, 633, 634, 635, 637 r., 641, 642, 643, 644, 645, 646, 647 r., 648, 649, 651, 653, 654, 655, 656, 657, 658, 659, 660, 661, 662, 663, 664, 665 l., 666, 667

Wikimedia Commons
Nino Barbieri, lizenziert unter GNU: S. 128 l., Richard Bartz, lizenziert unter cc-by-sa 2.5: S. 30, Fred Benenson, lizenziert unter GNU: S. 594, Clemens Brandstetter, lizenziert unter GNU: S. 212 l., Conrado, lizenziert unter GNU: S. 570 r., Darkone, lizenziert unter cc-by-sa 2.5: S. 95, Jarno Elonen, lizenziert unter pd-self: S. 292 l., Fir0002, lizenziert unter GNU: S. 172 r., Jean Pol Grandmont, lizenziert unter cc-by-sa 3.0: S. 215 , Markus Hagenlocher, lizenziert unter GNU: S. 638, Giovanni JL, lizenziert unter cc-by-sa 2.0: S. 27, Peter Leitheiser: S. 601, McLeod, lizenziert unter GNU: S. 586, G.Melfi, lizenziert unter pd-self: S. 297, Sten Porse, lizenziert unter GNU: S. 637 l., Rasbak, lizenziert unter GNU: S. 561 l., Dominic Rivard, lizenziert unter cc-by-sa 2.0: S. 136 l., Jérôme Sautret, lizenziert unter GNU: S. 44 u.l., Sekiuchi, lizenziert unter GNU: S. 607, Dave Souza, lizenziert unter cc-by-sa 2.5: S. 538, Doc Taxon: S. 11, Tomomarusan, lizenziert unter GNU: S. 252 l., Wolfgang Wallner, lizenziert unter GNU: S. 223, Alice Wiegand, lizenziert unter cc-by-sa 2.5: S. 173, 285, Rainer Zenz, lizenziert unter GNU, GNU, pd-self: S. 108, 122 o.r., 288, Zualio, lizenziert unter GNU: S. 246 l.
Lizenztexte nachlesen unter: http://de.wikipedia.org/wiki/GFDL, http://creativecommons.org/licenses/by-sa/1.0/

Firmen
Apollinaris GmbH, Hamburg: S. 401 u.r., 542
Assugrin, Zürich: S. 506
Aurora Mühlen GmbH, Hamburg: S. 273 r.
Bongrain Deutschland GmbH, Wiesbaden: S. 489
Bürger GmbH, Ditzingen: S. 524
Develey Senf und Feinkost GmbH, München: S. 46
Eis & Süsswarenvertrieb Andreas Keyl, Dresden: S. 175
Käserei Loose GmbH & Co. KG, Leppersdorf: S. 281
Kraft Foods Deutschland GmbH, Bremen: S. 272, 289 o.r., 351
Molkerei Alois Müller GmbH & Co. KG, Fischach-Aretsried: S. 85
SINFO, Heiligenloh: S. 208 o.r.
Unilever Deutschland GmbH, Hamburg: S. 453 r.

IMPRESSUM

Umschlaggestaltung von Groothuis, Lohfert, Consorten

Mit 880 Farbfotos

Unser gesamtes lieferbares Programm und viele weitere Informationen zu unseren Büchern, Spielen, Experimentierkästen, DVDs, Autoren und Aktivitäten finden Sie unter **www.kosmos.de**

Gedruckt auf chlorfrei gebleichtem Papier

ISBN 978-3-440-10763-8
Redaktion: Dr. Eva Eckstein, Sven Lang, Anna Ziegler
Layout: solutioncube GmbH, Reutlingen
Satz: DOPPELPUNKT Auch & Grätzbach Gbr, Stuttgart
Produktion: Eva Schmidt
Printed in Germany / Imprimé en Allemagne